法　学　阶　梯
INSTITUTIONES

普通高等教育**法学规划教材**

刑法学各论

Specific Provisions of Criminal Law

| 第三版 |

黎　宏　著

法律出版社
——北　京——
始创于1954年

好书，同好老师和好学生分享

图书在版编目（CIP）数据

刑法学各论 / 黎宏著. -- 3 版. -- 北京 : 法律出版社, 2025. -- ISBN 978 - 7 - 5244 - 0686 - 0

Ⅰ. D924.01

中国国家版本馆 CIP 数据核字第 2025VN2474 号

刑法学各论(第三版)
XINGFAXUE GELUN(DI-SAN BAN)

黎　宏　著

责任编辑　胡佳文
装帧设计　鲍龙卉

出版发行　法律出版社
编辑统筹　法律教育出版分社
责任校对　郭艳萍　王语童　张翼羽
责任印制　刘晓伟
经　　销　新华书店

开本　787 毫米 × 1092 毫米　1/16
印张　50.5　**字数**　1223 千
版本　2025 年 9 月第 3 版
印次　2025 年 9 月第 1 次印刷
印刷　三河市龙大印装有限公司

地址：北京市丰台区莲花池西里 7 号(100073)
网址：www.lawpress.com.cn
投稿邮箱：info@lawpress.com.cn
举报盗版邮箱：jbwq@lawpress.com.cn

销售电话：010 - 83938349
客服电话：010 - 83938350
咨询电话：010 - 63939796

书号：ISBN 978 - 7 - 5244 - 0686 - 0　　**定价**：125.00 元

凡购买本社图书，如有印装错误，我社负责退换。电话：010 - 83938349

出 版 说 明

法律出版社在其奋进发展的六十年光辉历程中，秉精诚之心，集全社之力，服务于我国法学教育事业，致力于法学教材出版。尤其在改革开放三十余年间，本社以“传播法律信息，推进法制进程，积累法律文化，弘扬法治精神”为宗旨，协同司法部法学教材编辑部，规划并组织出版了国家“八五”、“九五”期间的法学规划教材，为我国改革开放之初的法学教育和法治建设做出了开创性贡献；进入21世纪之后，法律出版社又根据教育部的部署和指导，相继规划并组织出版了“十五”、“十一五”和“十二五”法学规划教材，为我国法学教育事业的发展与改革付出了艰辛努力。

承蒙法学教育领域专家作者的信任，以及广大法律院校师生的支持，法律出版社经过三十年的发展与积累，相继出版各类法学教材达四百余种。在学科范围方面，完成以法学核心课程为重心，涉及法学诸学科的“全品种”横向结构；在培养层次方面，健全以本科教育为根本，兼顾职业教育和研究生教育的“多层次”纵向结构，进而打造“法律版”法学教科书体系，以期更好地为法学教育服务，为法治建设贡献绵薄之力。

近年来，法律出版社因应法学教育的发展变化，在教材编写体例及系列安排方面做出相应调整。在教材编写体例方面，结合当前教学实际与培养方案，将系统、全面的理论知识讲授与灵活、丰富的法律实践和能力训练相结合，倡导教材内容差异化，增加教材可读性，以期更好地培养法科学生的思维能力和法学素养。在教材系列安排方面，全力推进新品教材编写与注重既有教材修订相结合，根据教材风格与特色进行适当的套系整合，集中现有的国家级规划教材和在编的规划教材，形成以“普通高等教育法学规划教材”为名的全新教材系列。

本系列教材多为出版多年并广受好评的经典教科书。此次全新推出，既是向长期以来关心支持法学教育出版事业的专家作者的崇高致敬，也是法律出版社为中国当代法学教育事业发展拳拳努力之情的真诚表达。法律出版社将以高度的精品意识和质量标准，不断丰富、完善本系列教材的结构和内容；除教材文本之外，还将配有多层次、多形式的教辅材料，更好地为广大师生服务。

“好书，同好老师和好学生分享”，法律出版社愿与法律共同体诸同仁，分享好书，分享智识，分享法治进程中的点点滴滴！

法律出版社　谨识

2014年10月

作者简介

黎　宏　1966年8月生，湖北省罗田县人。武汉大学法学学士、法学博士，日本同志社大学法学硕士、法学博士。现为清华大学法学院教授、商业犯罪研究中心主任，《清华法学》主编；兼任中国法学会常务理事、中国法学会刑法学研究会副会长、中国法学会法学期刊研究会副会长。独著《不作为犯研究》、《单位刑事责任论》、《刑法总论问题思考》、《结果本位刑法观的展开》、《当代刑法的理论与课题》、《日本刑法精义》（第2版）、《刑法学》、《刑法学总论》（第2版）、《刑法学各论》（第2版）等；独译《刑事政策学》（新版）、《刑法讲义总论》（新版第2版）、《刑法讲义各论》（新版第2版）、《刑法学基础》、《刑法的基础》；作为主编、副主编或者撰稿人、翻译人，参与《刑法学》（上册、下册）（马克思主义理论研究和建设工程重点教材）、《不作为犯研究的新展开》、《中国刑法评注》、《侵财犯罪的理论与司法实践》、《刑种通论》、《近代西方刑法学说史略》、《医师法讲义》等。

第三版序言

光阴似箭！自本书第二版于2016年问世之后，转眼间已过去9年。

这9年间，刑法学界有很多的变化。

首先是立法的变化。自2017年11月起，我国立法机关相继颁布了三个《刑法修正案》，对现行刑法进行了重大修改和调整。特别是2021年3月1日起实施的《刑法修正案（十一）》，不仅下调了刑事责任年龄的起点，还增设了妨害安全驾驶罪，危险作业罪，妨害药品管理罪，为境外窃取、刺探、收买、非法提供商业秘密罪，负有照护职责人员性侵罪，袭警罪，冒名顶替罪，高空抛物罪，催收非法债务罪，侵害英雄烈士名誉、荣誉罪，组织参与国（境）外赌博罪，非法采集人类遗传资源、走私人类遗传资源罪，非法植入基因编辑、克隆胚胎罪，非法猎捕、收购、运输、出售陆生野生动物罪，破坏自然保护地罪，非法引进、释放、丢弃外来入侵物种罪，妨害兴奋剂管理罪等17个罪名。另外，2017年11月4日公布的《刑法修正案（十）》部分修改了侮辱国歌罪的内容，2024年3月1日公布的《刑法修正案（十二）》加大了对行贿犯罪惩治力度，增加了惩治民营企业内部人员腐败相关犯罪的条款。这些内容，都必须在教材中体现出来。

其次是刑法观念的变化。与传统的“制裁刑法观”或者“保障刑法观”不同，当今流行的是“风险刑法观”或者说“预防刑法观”，其主张在提高对已经具有犯罪倾向的“潜在犯罪人”进行刑罚威吓、威慑这种消极的一般预防的同时，还强调维持、唤醒说不定什么时候会成为犯罪人的“一般国民”的规范意识，从而更加早期、周延地保护法益，进而实现积极的一般预防的目的。这种积极的一般刑法观的核心要旨，就是扩张刑事制裁的范围、扩大犯罪圈。具体而言，就是前移刑事违法判断的重心，只要具有危险行为即可处罚，不用等到实害发生之后；改变法益原则的功能，使刑法从消极被动介入转向积极主动介入，从“没有法益侵害，就没有犯罪”转向“有法益侵害，就有犯罪”；改变刑法的机能，将刑法看作为社会防卫机制的一部分，淡化刑法与警察法的界限，消除传统刑法的最后手段性与辅助性特征。这种新型刑法观在近年来的刑法修正当中，体现得极为明显。对此应该如何看待，成为学者应当考虑的重要问题之一。另外，近年来，行政执法和刑事司法相互衔接的工作机制，在打破行政执法与刑事司法之间的壁垒、实现两者在打击违法犯罪行为上的协同合作、确保和维护法律的统一实施方面被赋予了重要意义。但是，这种行刑衔接工作机制的背后，涉及刑事责任、行政责任乃至民事责任区分以及判断问题，不弄清其三者之间的差别，行刑衔接工作机制的目的就会落空。有鉴于此，本次修改也对上述问题予以专门介绍。

最后是司法实务所面临问题的变化。例如，近年来，客观归责理论在学界风靡一时，对我国传统刑法理论中的因果关系理论造成了不小的冲击，二者之间的关系如何，能否协调一致，便成为学界的热门话题；又如，关于共同犯罪，我国现行刑法采用“主犯—从犯区分制”的立法，正面临着来自德日的“正犯—共犯二分说”的冲击，但大量的所谓“共犯正犯化”的立法出现之后，二者之间的差别真的有那么大吗？让人生疑。基于上述考虑，本次修订当中，笔者对此类问题的论述也进行了比较详细的补充完善。

本书第三版问世之际，正值作者接近耳顺之年。本人自1999年在大学任教，至今已有26年，其中有15年时间在学院兼职管理工作，担任棘手的学生工作副书记、教学副院长以及主持全面工作的党委书记之职，并最终在53岁的时候得以卸任，开始专心从事教学研究工作。此时已是“人到中年万事休”的尴尬境地，时常有得过且过、聊以卒岁的想法。每当此时，学生时代的恩师马克昌先生在1978年以52岁之龄复出学界、大谷实先生已经90岁高龄仍笔耕不辍的故事便在脑海中浮现，让我从望峰息心、窥谷忘反的状态中脱身，开始着手修改补充先前已经出过2版且反响尚可的本教材。诸位现在手中的这本书就是这种心境之下的产物。

禅宗有一句名言，说人对世界的认识要经历三重境界：第一重，看山是山，看水是水；第二重，看山不是山，看水不是水；第三重，看山还是山，看水还是水。我觉得，以这三重境界说来描述我问学的心路历程，再恰当不过。

学生时代，刚开始接触刑法学的时候，觉得刑法典规定的、书本上写的、老师嘴里说的都是对的，我只管作为金科玉律，照本宣科即可；初窥门径之后，因为看了一些文献特别是外文文献，于是就和多数同时代的年轻人一样，变得愤世嫉俗起来，觉得我国的刑法不堪卒读、不值一提。这种想法在我研究生时代的习作《不作为犯研究》中尽显无遗。但当我在这个领域深耕多年之后，关于刑法和刑法学，越来越有“看山还是山，看水还是水”的感觉。我在课堂上，经常对学生发出这样的感慨，我们的前辈真的聪明！在1979年那种国门初开、百废待兴的时代，竟然能够写出这么有国际水准的法条，简直让人难以置信：为了避免落入邻国那样一亿三千万人的国度竟然有“一亿犯罪人”的局面，我们的前辈设计出了效率优先的“二元制裁体系”，对同一违法行为，根据情节、后果等不同，分别采用刑事制裁和行政处罚，从而大大减少了普通人因为实施了轻微违法行为而被贴上“犯罪人”标签的机会；在行为性质的判断上，为了避免出现“违法即犯罪”的局面，我国刑法在犯罪概念中明文规定“情节显著轻微危害不大的，不认为是犯罪”，巧妙地将域外学者为到底是放在构成要件符合性阶段还是违法阶段考虑而倍感苦恼的“可罚的违法性论”这种超法规事由放到犯罪构成的判断之中；在犯罪故意的判断上，明确地将“明知自己的行为会发生危害社会的结果”作为认识内容，不仅为将域外争议不断的“违法性认识”视为故意内容提供了法律依据，也为“结果”在犯罪认定中的重要地位奠定了基础；特别是有关共同犯罪的规定，我国刑法采用的“主犯、从犯”区分方式，不仅避免了令域外刑法学者头疼不已的“正犯与共犯”的区分标准、共谋者能否成立正犯、共犯和身份等问题，还体现了我国当代刑法学人对中国古代传统的传承和致敬。

本书主要是假定司法实践的场景，从事后解决问题的角度展开叙述的。就应对犯罪而言，最理想的做法就是在事前对其严防死守，将危险扼杀在萌芽状态，这也是预防犯罪观的基本立场。遗憾的是，这仅仅只是一种理想。对从事刑事司法工作的人以及刑法研究的人而言，所面临的问题，大多是在预防犯罪的目的失败之后，对具体威胁或者侵害人们共同生活秩序的行为该如何处理的问题。此时考虑的重点，与其说是分析该行为何以会发生，倒不如说是探讨对已经发生的案件该如何依法处理。而解决这个问题，显然不能将重心仍然放在预防犯罪上。否则，在具体案件的处理中，被告人或者犯罪嫌疑人就会被手段化或者工具化，被异化为恐吓、威慑其他人不要重蹈犯罪覆辙的工具。这种做法，不仅和启蒙时代以来深入人心的“人是目的,不是手段”的原则冲突,而且也违背了“刑法既是善良公民的大宪章,又是犯罪人的大宪章”的基本理念。

本书自 2012 年问世之后,得到了许多读者的关心和支持。经常有热心的读者来信指出书中的错误和笔误;也常有同行和学生就书中的一些观点与我当面探讨。特别是在本次修订过程中,从策划到出版,法律出版社的编辑吴昉女士和胡佳文女士花费了大量心血。在本书清样出来之后,又拜托了多人帮助校对。在此,虽然没有一一列出他们的名字,但对他们的无私帮助,谨记于心,并表示衷心的谢忱。

衷心希望各位读者仍然一如既往地就本书中的各种问题不吝批评赐教!

黎　宏

2025 年 7 月 14 日于北京清华园

第二版序言

作为本书基础的《刑法学》一书于2012年4月问世之后，幸得读者好评。不少大学将其作为本科生教材，更有许多实务界人士将其作为手边的常备书。这些都让我倍感欣喜，也激发了我以《刑法学各论》的形式，对《刑法学》中各论部分的内容进行修订并出版的勇气和信心。

在本书当中，除了增补2015年年底通过的《刑法修正案（九）》的相关内容以及近几年来新出的司法解释外，还对学界近年来的一些新成果进行了介绍评说，并对一些和本书的理论体系以及逻辑结构不一致的观点进行了修订。本次修订的基本指导思想是，继续以结果本位刑法观为前提，将结果（包括行为形态）这种客观要素作为认定犯罪的起点，同时，兼顾我国当今刑事立法不断扩张的现实，对刑法条文进行最大限度的灵活解释，以求结合我国当下的社会发展和人民群众的安全需求而与时俱进。本次修订的具体内容，就刑法各论而言，主要为以下几个方面：第一，根据《刑法修正案（九）》的相关规定以及近年来所颁布的司法解释，调整了刑法分则中所规定的相关罪名的叙述说明，特别是增加了对新增罪名的解释。第二，增加了以案释法的内容。尽管我国不是判例法的国家，没有判例制度，但是，随着学界和司法机关近年来对典型案例的重视，司法工作者特别是法官水平的提高，也出现了一些我认为对于刑法理论的发展具有重要意义的案例。在这次的修订中，我也尽量以各种形式将这些案例意见补充到了本书中来。第三，对实践中常见多发的犯罪类型，如人身犯罪、财产犯罪以及危害公共安全犯罪的内容进行了调整。

在刑法学的教学和研究上，我一直秉承"西方学说的中国化"、"理论与实践相结合"以及"复杂问题简单化"的宗旨，在本书的写作当中，也力图体现这一点。因此，在刑法学说的梳理上，并不纯粹为了学术而介绍学说、为了体系而叙述学说，而是以我国刑法适用中的问题为导向，以解决问题为中心，着力阐述对解决问题具有意义的学说；相反，对一些时下新潮但对我国问题的解决没有太大价值或者没有必要引用的理论，则较少涉及或者几乎不涉及；同时，在梳理学说时，尽量结合我国实务当中出现的案例或者国外的一些经典案例，意图将抽象的观念或者概念转变为鲜活生动、具体可视的内容。这样做的直接结果之一就是，令本书的叙述和简洁无缘，篇幅有些庞大。但我认为，这种庞大如果能够体现作者的上述良苦用心，并为读者理解本书的内容提供一些便利的话，则也是有其价值的。

本书的修订之季，正值作者人到知命之年，为教学、科研以及行政等诸种琐事缠身的最繁忙时节。当此之际,能够以一己之力完成本书,除了作者内心信念的神助之外,还有赖许多人在方方面面的无私帮助。在此虽然没有一一列出他们的姓名,但对他们的高谊厚爱,我当永远铭记于心。

衷心地希望各位读者一如既往地就本书中的各种问题不吝批评赐教!

黎 宏

2016 年 7 月 20 日于北京清华园

第一版序言

本书是在给学生讲授中国刑法学的讲义基础上加笔而成的。之所以将其整理出版,原因有二:一是入行已经二十多年了,多少有些自己的感想和体会,希望能系统地整理出来与大家交流切磋;二是受不了热情的学生们的一再催促。每当听到“老师,教材什么时候出来啊?”就仿佛受到了莫大的刺激,有食不甘味、夜不能寐的感觉。

本书的指导思想,沿袭了我在2007年出版的《刑法总论问题思考》的基本立场,即现代社会的刑法既是法益保护法又是人权保障法,但二者经常处于紧张的对立之中。刑法学尤其是刑法解释学的任务,就是如何在此二者之间折冲樽俎、权衡利弊,以保持妥当的协调和衡平,而实现这一任务的最好方法,就是在罪刑法定原则的前提之下,进行犯罪认定上的合理分工,在成立犯罪的客观要件即在有无社会危害性及其大小的判断上,以行为所造成的法益侵害结果和行为人的身份等客观外在因素作为唯一标准;而在成立犯罪的主观要件即在主观责任的有无以及轻重上,仅考虑行为人的内在主观的心理状态和精神状态。

基于以上考虑,本书在叙述上,便和通常的教科书有所不同。其中,最为主要的就是,在犯罪论体系上,对传统四要件的犯罪构成体系进行了改良,采用了将客观危害和主观责任截然分开的双层次的犯罪构成体系。

在我看来,和德日传统的三阶层犯罪构成体系相比,我国传统的四要件的犯罪构成体系的精髓或者说是最为显著的特点是,在犯罪构成的要件上将客观方面与主观方面分开,而在犯罪构成的判断上将形式判断与实质判断统一。首先,关于成立犯罪的要件,尽管德日刑法学中弄得非常复杂,要求在构成要件符合性、违法性和有责性的不同阶段考虑不同的内容,但透过现象看本质,也无非是说必须考虑行为、结果、保护法益、行为人、主观意思以及责任能力等要素,而这些要素和我国传统的犯罪构成论的理解并无二致。按照我国传统的犯罪构成理论,任何犯罪,都可以拆分为四个方面的内容,即客体、客观要件、主体、主观要件。这四个方面的内容,实际上可以概括为两大部分,即客观内容(客体和客观要件)和主观内容(主体和主观要件)。任何犯罪的认定,都要本着先客观后主观的顺序进行。这种将犯罪现象分解为主、客观两方面的做法,不仅和哲学上所说的人的任何行为都是基于意思的身体动静的理解一致,也与当今各国有关犯罪成立条件的惯常理解相同,只是我国的犯罪构成体系论说得更直白、具体一些而已。同时,在行为是否构成犯罪的判断上,也一反德日将构成要件符合性作为形式判断,违法性、有责性作为实质判断,二者分开论述的传统做法,将形式判断与实质判断统一起来,一并考虑,即犯罪构成就是“判断行为的社会危害性的有无及其大小而为该行为成立犯罪的主客观要件的统一”,因此,行为符合犯罪构成,就意味着该行为不仅在形式上符合该罪的形式构成,而且实质上也满足成立该罪所必要的实质条件。换言之,行为符合具体的犯罪构成(要件),不仅是行为成立具体犯罪的必要条件,也是充分条件,用不着再进行其他后续的补充判断。

但遗憾的是,我国当今通行的刑法学说虽然坚持了上述四要件论的精髓和本质,但在具体展开和应用的过程中,却有意无意地偏离或者忽视了上述特色。如将刑法第 13 条规定的前段和后段对立起来,认为即便是“依照法律应当受到刑罚处罚的”“危害社会的行为”,但“情节显著轻微危害不大的”,仍然可以出罪;在犯罪构成体系的判断上,将犯罪构成判断和排除社会危害性事由判断分割开来,认为行为符合具体犯罪构成之后,还不能马上断定成立犯罪,还必须考虑该行为是否存在正当防卫、紧急避险等排除社会危害性事由;在行为是否具有社会危害性的判断上,必须看行为人行为时的主观要素;在行为与结果有无因果关系的判断上,除了客观存在的引起与被引起的关系之外,还要看行为人对结果有无预见;关于故意、过失的认定内容,只要求有危害性的认识,而不要求有违法性的认识;在共同犯罪的处罚根据上,必须考虑各个共犯人之间是否具有主观意思的重合;等等。这些现象,在本书看来,都是偏离传统四要件论的本来意思,而陷入了将客观与主观混杂、形式与实质脱节的泥沼的表现。

因此,本书在刑法解释特别是犯罪构成体系的论述上,坚持传统四要件说“客观与主观分开、形式与实质结合”的基本意旨,并将其进一步推向极致。本书认为,犯罪构成是认定行为构成犯罪的最初的,也是最终的唯一标准,是终局性判断,而不是预备性判断;在犯罪构成的理解上,不仅将客观方面与主观方面完全分开,而且从形式判断与实质判断统一的立场出发,将社会危害性的判断与正当防卫、紧急避险等排除社会危害性事由结合起来,将故意、过失的认识要素和具体犯罪构成的客观要素以及期待可能性等结合起来,进行实质分析;将传统学说中的犯罪主体论的内容进行拆分,分解为身份犯和责任能力两方面的内容,并分别放在相应的位置进行论述。在社会危害性的判断上,将行为造成的侵害结果(包括现实危险)和行为主体的身份作为判断依据,绝对排除行为人的主观要素;在主观责任的判断上,从规范责任论的立场出发,把对具体犯罪事实的明知以及应当知道作为中心内容,从是否值得刑罚处罚的立场出发,考察故意和过失的内容,实质地判断行为人对于危害结果是否具有主观责任,并力求将上述观念在刑法总论的各项制度以及各论的每个罪名的论述中贯彻到底。与此相应,在维持传统刑罚观的同时,根据在惩罚限度之内考虑预防需要的折中说,使各项刑罚制度的特点和界限更加明晰,更具可操作性。

另外,本书在上述思想的表达上也注意到了以下几点:

一是在传统上创新。在“开拓创新”成为我们这个时代最具标志性口号的大形势下,刑法学也未能幸免,其从内容到体例,正经历着前所未有的变革。但是,“开拓创新”的前提是“严谨求实”,这一点往往被人们所忽略。就社会科学的理论而言,往往是“破旧易,立新难”。我国刑法学经历了几十年的曲折发展,已经形成了一套为我国绝大多数学者所接受、为司法实践所普遍采用的刑法话语。在尚没有找到可以替代上述话语的理论之前,完全斥之为“苏俄时代的落后产物”,弃若敝屣,恐怕也不是科学的态度和做法。基于这一考虑,本书基本上继承了传统理论的体例。即便对于一些很有必要引入的新兴理论,也是采用了“旧瓶装新酒”“西装外面套长袍”的做法，在传统理论的架构下，使用国人耳熟能详的传统话语来叙说。

二是本土为主、域外为辅。就我于1988年踏入刑法研究之门的经历来看，在本领域，改革开放三十多年来，一个最为显著的进步是，国内刑法学对国外刑法学潮流的介绍和把握，几乎达到了同步的程度。大陆法系主要国家特别是日本的最新刑法学教科书，头一年出来，第二年就有中文版本上市；主要学术观点刚提出不久，在国内马上就有介绍、引用或者跟进，刑法学界“唯德日马首是瞻”之势已经初见端倪。想起我二十多年前上研究生时所接触到的外国学说几乎都是日本战前学说的情景，不胜唏嘘，恍若隔世。但法律毕竟是地方性知识。改革开放之后的三十多年甚至更远地追溯到新中国成立以后的六十多年来所构建起来的中国刑法学，尽管骨子里也可以说是外来的，但至少在形式上已经成为具有中国特色的地方性知识。国外同行所考虑的问题和表达的思想，大都有了我国学者的中国式表达，这是难以否认的。正因为如此，本书在解释中国刑法条文的过程中，均以我国学者的观点为主，对外国刑法学的相关知识，较少涉猎。

三是理论结合实践。理论是灰色的，而生命之树常青（歌德语）。刑法作为调节现实社会生活诸种手段中之最冰冷、最无情的手段，之所以能让青年时代的我和很多现在如我当年一般的年轻学生为之痴狂，最根本的一点，恐怕在于其强有力的执行和应用所变幻出来的让人浮想联翩而充满智慧的图景。因此，以刑法为研究对象的刑法学，如果不以解决实际应用中所出现的问题为主要内容的话，其魅力和价值就要大打折扣。正因为如此，本书在叙述过程中，穿插有大量的司法解释和案例分析，希望读者通过这些解释和案例，能够深入浅出地理解不同学说间的细微差别，也不至于在夏夜欲睡的朦胧中，因手里滑落的本书重重地砸在脚背上的疼痛而猛然恍悟：“这不是犯罪是什么！”

本书的形成，得益于很多人的帮助。其中，最为重要的有两位：一位是指引我踏上刑法学研究之路的恩师、去年六月驾鹤西去的武汉大学终身教授马克昌先生；另一位是为我在茫茫的问道之路上洞开了另一个世界、现虽年近八旬仍担任日本学校法人同志社总长的大谷实教授。和这两位刑法学巨人之间结下的师生名分是推着我向前走的动力。

最后，需要说明的是，由于刑法学思想博大精深，而本人水平着实有限，书中所论也不过为沧海一粟，而且还不一定拿捏得准。因此，敬请各位方家哈哈之后，不吝赐教。

黎　宏
2012年2月8日
于北京清华园明理楼

目　　录

第一章　刑法各论概述

第一节　刑法各论的意义和体系

一、刑法各论的意义

刑法各论，以我国刑法典第二编所规定的各个犯罪以及与之对应的刑罚为中心，以说明其各自的意义为己任。刑法各论的前提是刑法总论中所阐明的有关犯罪和刑罚的一般原理，同时通过对故意杀人罪、盗窃罪等各个犯罪的分析说明，对总论的一般原理进行阐释、补充或者修正。因此，刑法总论和刑法各论之间有着密不可分的关系，在对现实发生的危害行为适用刑法的时候，既要考虑刑法分则中的个别规定，同时也要考虑刑法总则中规定的一般原理，二者相辅相成，一体适用。

刑法各论的对象是刑法分则中所规定的犯罪和刑罚，其中特别成问题的是犯罪成立条件，尤其是犯罪构成要件的解释。在犯罪构成要件的解释上，既要考虑行为主体、行为对象、行为等客观要素，又要考虑故意、过失、目的等主观要素，这是理所当然的。另外，具体场合下，还要探讨未遂犯、共犯、罪数以及和其他犯罪的关系等问题。相反地，排除社会危害性事由、排除责任事由作为是否成立犯罪所必须考虑的重要内容，除刑法分则中有特殊规定以外，倒不一定要逐个进行探讨。这是因为在行为是否符合犯罪构成的判断过程中，已经进行了上述判断。

二、刑法各论的体系

刑法各论体系，是指根据刑法分则规定的一定的标准和规则，对各类犯罪及其所包含的各种具体犯罪，按照一定次序排列而成的有机体。

一般认为，刑法各论的体系安排，和社会整体的价值观有关。如日本，“二战”前处在军国主义体制之下，把刑法中的犯罪分为对国家法益的犯罪、对社会法益的犯罪和对个人法益的犯罪，并按此顺序进行排列的见解占据主导地位，但相反地，在战后，则普遍按照对个人法益的犯罪、对社会法益的犯罪和对国家法益的犯罪的顺序，建立刑法各论体系。这主要是因为：(1)在战后民主宪法的体制之下，个人成为一切价值的源泉，国家利益和社会利益也是依附于个人利益而存在的，国家对于个人利益必须最大限度地予以尊重。换言之，个人利益已经成为刑法保护的中心，价值观的转换要求将保护个人法益的犯罪放在分则体系的首要位置。(2)从刑法适用情况来看，实际中所处罚的犯罪，绝大部分都是有关个人法益的犯罪，其中，杀人罪、盗窃罪等基本犯罪占据了绝对多数。因此从教学的角度来看，首先讲述对个人法益的犯罪，然后再介绍其他犯罪，也很切合实际。出于这些考虑，现在日本的刑法分则教科书在讲述各个具体犯罪的时候，通常是从对个人法益的犯罪开始，考察刑法中的犯罪。

我国刑法各论的体系安排,主要是依照刑法分则的规定而进行的。我国是社会主义国家,因此,刑法分则在有关犯罪的排列顺序上理所当然地优先考虑保护国家法益、社会法益的犯罪。但实际上情况也并不完全如此,如妨害社会管理秩序的犯罪、危害国防利益的犯罪、贪污贿赂犯罪、渎职犯罪以及军人违反职责犯罪,这些也都是保护国家利益、社会利益的犯罪,但其位置却在侵犯公民人身权利、民主权利罪和侵犯财产罪之后;同时,在各种犯罪当中,保护公民个人最为重要的利益即生命的故意杀人罪也是处罚最为严厉的犯罪。由此看来,在我国刑法的分则体系安排上,仅仅从价值观的角度是难以分析的。

我国刑法分则在犯罪体系的安排上,采用了两种标准:在大的犯罪分类上,以同类客体为标准对犯罪进行分类;在同类犯罪的内部,则以犯罪的危害程度为标准对各种犯罪进行排列。

(一)以同类客体为标准对犯罪进行分类

所谓同类客体,是指刑法所保护的某一类法益,如放火、爆炸、投放危险物质、决水、破坏交通工具、重大飞行事故等犯罪行为所侵犯的公共安全,组织他人偷越国(边)境、骗取出境证件、提供伪造、变造的出入境证件、出售出入境证件、运送他人偷越国(边)境、偷越国(边)境、破坏界碑、界桩、破坏永久性测量标志等 8 种犯罪行为所侵犯的国家的出入境管理秩序,就属于此。同类客体揭示的是同一类型犯罪在客体方面的共同本质,即一类犯罪不同于其他类型犯罪的危害性质,并在相当程度上反映出各类犯罪不同的危害程度。我国刑法分则将犯罪共分为 10 类:危害国家安全罪;危害公共安全罪;破坏社会主义市场经济秩序罪;侵犯公民人身权利、民主权利罪;侵犯财产罪;妨害社会管理秩序罪;危害国防利益罪;贪污贿赂罪;渎职罪;军人违反职责罪。这种分类,正是根据同类客体划分的结果。

如背叛国家罪、分裂国家罪、煽动分裂国家罪等具体犯罪,共同侵犯的是国家安全法益,因而将它们归为危害国家安全罪。放火罪、决水罪、爆炸罪和投放危险物质罪等具体犯罪,共同侵犯的是公共安全即不特定多数人的生命、身体和财产,因而将它们归为危害公共安全罪;生产、销售伪劣产品犯罪、走私犯罪、妨害对公司、企业的管理秩序犯罪、破坏金融管理秩序的犯罪等,共同侵犯的是我国社会主义市场经济秩序,因而将它们归为破坏社会主义市场经济秩序罪;故意杀人罪、过失致人死亡罪、故意伤害罪、过失致人重伤罪、强奸罪等具体犯罪,共同侵犯的是公民人身权利、民主权利的利益,因而将它们归为侵犯公民的人身权利、民主权利罪;抢劫罪、盗窃罪、诈骗罪、抢夺罪等具体犯罪,共同侵犯的是公私财产所有权,因而将它们归为侵犯财产罪,如此等等。其他各类犯罪分类的根据,也基于同样的道理。

(二)以直接客体以及其他要素为标准对各种犯罪进行排列

各类罪中的具体犯罪,大体上是根据直接客体(特定罪刑条款所保护的具体法益)的大小,并适当考虑犯罪与犯罪之间性质上的近似性,由重到轻依次进行排列的。例如,在危害公共安全这一类犯罪中,放火、决水、爆炸、投放危险物质等罪,属于危害性最为严重的故意以危险方法危害公共安全的犯罪,因此,将它们排在该类犯罪的前面,而工程重大安全事故罪、教育设施重大安全事故罪、消防责任事故罪等,属于社会危害性相对较轻的过失危害公共安全的犯罪,因而将它们排在该类犯罪的后面。当然,这也不是绝对的。例如,故意杀人罪排在侵犯公民人身权利、民主权利罪之首,紧随其后的是过失致人死亡罪,而社会危害性显然大于过失致人死亡罪的强奸罪却在其后。这种排列是因为故意杀人罪和过失致人死亡罪都是侵犯公民生命权利的犯罪,因此将它们排在一起,这样既兼顾到了犯罪的性质,也符合逻辑。

直接客体,根据其内容的数量,可进一步分为简单客体和复杂客体。所谓简单客体,是指只有一个保护法益的场合，如故意杀人罪的保护法益只是他人的生命权；盗窃罪的保护法益就是他人的财产权。现行刑法当中，绝大多数犯罪的犯罪客体都是简单客体。所谓复杂客体，是指有两个或两个以上的保护法益的场合，如合同诈骗罪，刑法第224条要求既扰乱市场秩序，又侵犯对方当事人的财产；抢劫罪，刑法第263条要求既侵犯他人财产，又侵犯他人的人身权利。刑法没有将两种或两种以上法益作为某一犯罪构成要件的场合，即便行为事实上侵犯了两种以上的法益，也不能认为该罪的保护法益是复杂客体。简单客体与复杂客体的区分，对于正确评价犯罪和定罪量刑具有重要意义。例如，因为抢劫罪的客体既包括财产权利也包括人身权利，所以抢劫致人重伤、死亡的场合，由于该结果并没有超出刑法第263条的处罚范围，因此，以抢劫罪一罪定罪处罚就足以全面评价该抢劫行为及其伤亡结果，而不需要对伤亡结果另行处罚。再如，刑讯逼供罪的客体是复杂客体，既包括人身权利也包括司法机关的正常活动，因此其既有侵犯人身权利罪的一面，也有妨害司法活动罪的一面，但我国刑法将其作为侵犯人身权利的犯罪，表明立法者主要将其作为侵犯人身犯罪看待。刑讯逼供致人伤残或死亡的，应当依照故意伤害罪或者故意杀人罪从重处罚。之所以这样规定，主要是考虑到刑讯逼供罪不仅侵犯了人身权利，还妨害了司法秩序，所以要比普通杀人、伤害犯罪处罚重。

复杂客体当中，又有主要客体和次要客体之分。主要客体，是指两个或者两个以上保护法益中所重点保护的法益，相反地，次要客体是指非重点保护的法益。比如抢劫罪，尽管同时保护他人的财产和身体，但由于抢劫罪被规定在财产犯罪一章，重点在于保护他人财产，财产权就成为抢劫罪的主要客体，人身权利成为次要客体。主要客体和次要客体之分，一是对于犯罪的归类有意义，如抢劫罪既是财产犯又是人身犯，但由于其主要是侵犯财产的犯罪，所以，被归入了侵犯财产犯罪一章；相反地，集资诈骗罪、贷款诈骗罪之类，既是财产犯罪又是经济犯罪，但由于其主要是侵犯经济秩序的犯罪，因此，被归入了破坏社会主义市场经济秩序罪一章。二是对司法解释具有意义，如在涉及复杂客体的犯罪中，经常能见到这种现象：同为诈骗犯罪，普通诈骗罪（刑法第266条）的场合，只要诈骗公私财物价值在3000元到1万元以上，即可立案追诉，[1]而合同诈骗罪（刑法第224条）的场合则要达到2万元以上才可立案追诉。[2]之所以有这种差别，也是因为二罪的保护客体不同。普通诈骗罪的保护客体是简单客体，即他人财产的所有权以及其他本权，而合同诈骗罪的保护客体是复杂客体，即合同交易秩序和财产所有权及其他本权。特别是，就合同诈骗罪而言，由于其被规定在“破坏社会主义市场经济秩序罪”一章中，主要客体应当是合同交易秩序，而合同交易秩序没有脆弱到因为区区几千元钱就需要动用刑罚保护的程度，因此，上述司法解释才作了如此区分。

第二节 具体犯罪条文的构成

刑法分则条文的基本表现形式是规定具体犯罪和刑罚的条文，因而，具体条文一般由罪状和法定刑两部分组成；同时，由于罪状与罪名密切相关，因此，对罪状、罪名以及法定刑的研究，

---

〔1〕 2011年最高人民法院、最高人民检察院《关于办理诈骗刑事案件具体应用法律若干问题的解释》第1条第1款。

〔2〕 2022年最高人民检察院、公安部《关于公安机关管辖的刑事案件立案追诉标准的规定（二）》第69条。

是刑法各论的重要内容。

一、罪状

罪状,是指刑法分则条文对具体犯罪的基本构成特征的描述。刑法理论上,通常根据条文对罪状的描述方式的不同,将罪状分为四种:叙明罪状、简单罪状、引证罪状和空白罪状。但在理论上,根据不同的标准还可对罪状进行其他分类,即根据条文对罪状描述方式的多寡,可以将罪状分为单一罪状和混合罪状。

(一)叙明罪状、简单罪状、引证罪状和空白罪状

1. 叙明罪状,即条文对具体犯罪的基本构成特征作了详细的描述。例如,刑法第 395 条第 1 款规定:“国家工作人员的财产、支出明显超过合法收入,差额巨大的,可以责令该国家工作人员说明来源,不能说明来源的,差额部分以非法所得论,处五年以下有期徒刑或者拘役;差额特别巨大的,处五年以上十年以下有期徒刑。财产的差额部分予以追缴。”本条对巨额财产来源不明罪的犯罪构成作了详细的描述,该罪状即为叙明罪状。这种罪状由于对犯罪的特征有详细的描述,便于人们理解和掌握。

2. 简单罪状,即条文对犯罪成立特征只有简单描述,而没有详细说明。例如,刑法第 232 条规定:“故意杀人的,处死刑、无期徒刑或者十年以上有期徒刑;情节较轻的,处三年以上十年以下有期徒刑。”这里只描述了故意杀人罪的主观要件和客观方面特征(同时,也是其罪名),因而该罪状是简单罪状。这种罪状所描述的内容易于被人理解和把握,无须在法律上作过多的规定。

3. 引证罪状,即引用同一法律中的其他条款来说明和确定某一犯罪构成的特征。例如,刑法第 115 条第 1 款规定了“致人重伤、死亡或者使公私财产遭受重大损失的”放火罪、决水罪、爆炸罪、投放危险物质罪、以危险方法危害公共安全罪的罪状和法定刑,其第 2 款又规定:“过失犯前款罪的,处三年以上七年以下有期徒刑;情节较轻的,处三年以下有期徒刑或者拘役。”该款罪的特征是,要引用第 1 款规定的罪状来说明和确定失火罪、过失决水罪、过失爆炸罪、过失投放危险物质罪、过失以危险方法危害公共安全罪的罪状。采用引证罪状,是为了避免条款间文字上的重复。

4. 空白罪状,即条文不直接地具体规定某一犯罪构成的特征,但指明确定该罪构成特征所需要参照的其他法律、法规。例如,刑法第 131 条关于“重大飞行事故罪”是这样规定的,即“航空人员违反规章制度,致使发生重大飞行事故,造成严重后果的,处三年以下有期徒刑或者拘役;造成飞机坠毁或者人员死亡的,处三年以上七年以下有期徒刑”。本罪的行为是什么,条文没有明文规定,必须参照本条所规定的相关规章制度才能清楚,因而是空白罪状。采用空白罪状,是因为有关法律、法规的规定往往内容较多,而刑法条文又难以对其特征作出具体表述。

(二)单一罪状和混合罪状

1. 单一罪状,即条文仅采用叙明、简单、引证、空白罪状中的一种方式对犯罪的基本构成特征进行描述。分则条文中的绝大多数罪状,属于单一罪状。

2. 混合罪状,即条文同时采用叙明、简单、引证、空白罪状中的两种方式对犯罪的基本构成特征进行描述。例如,刑法第 338 条规定:“违反国家规定,排放、倾倒或者处置有放射性的废物、含传染病病原体的废物、有毒物质或者其他有害物质,严重污染环境的,处三年以下有期徒

刑或者拘役,并处或者单处罚金;情节严重的,处三年以上七年以下有期徒刑,并处罚金……”在该罪状中,“违反国家规定”属于空白罪状,指出确定污染环境罪的构成需要参照国家有关法规,后半段的规定则属于叙明罪状,详细描述了构成污染环境罪的对象、行为方式以及后果的要件。本条使用两种方式具体描述污染环境罪的罪状,因而是混合罪状。采用混合罪状方式,是由某些犯罪的特殊性决定的。刑法分则条文中的混合罪状并不多。

二、法定刑

法定刑,是指刑法分则条文就具体犯罪所确定的适用刑罚的种类和刑罚幅度。刑罚种类通常称为刑种,刑罚幅度通常称为刑度。法定刑,是刑法分则条文的重要组成部分。它表明罪与罚的质的因果性联系和量的相适应关系,是审判机关对犯罪人适用刑罚的依据。对犯罪人判处刑罚时,除其具备法定的减轻情节外,必须在法定刑的范围内进行。

法定刑不同于宣告刑。法定刑是立法机关针对具体犯罪的性质和危害程度所确定的量刑标准,它着眼于该罪的共性;宣告刑是法定刑的实际运用,是审判机关对具体案件中的犯罪人依法判处并宣告的应当实际执行的刑罚,它着眼于具体案件及犯罪人的特殊性。

根据立法实践,在刑法理论上通常以法定刑的刑种、刑度是否确定为标准,将法定刑分为三种形式,即刑种和刑度单一、固定、无量刑幅度的绝对确定的法定刑、刑种和刑度完全不确定的绝对不确定的法定刑以及刑种和刑度相对固定但有一定自由裁量余地的相对确定的法定刑。

我国现行刑法分则中没有绝对不确定的法定刑,但存在少量的绝对确定的法定刑。当然,我国刑法中的绝对确定的法定刑均是相对于特定犯罪的具体情形而言的,而不是对某种犯罪的所有情况都适用的。例如,刑法第 121 条规定,劫持航空器,“致人重伤、死亡或者使航空器遭受严重破坏的,处死刑”。刑法第 240 条规定,拐卖妇女、儿童,“情节特别严重的,处死刑,并处没收财产”。这就是绝对确定的法定刑,但这类法定刑在我国刑法中比较少。我国刑法分则条文中的法定刑绝大多数为相对确定的法定刑。其表现方式有以下几种:

1. 分则条文仅规定法定最低刑,其最高刑由刑法总则的相关规定决定。例如,刑法第 359 条第 2 款规定的引诱幼女卖淫罪,其法定刑为 5 年以上有期徒刑。结合刑法总则第 45 条关于有期徒刑的上限为 15 年的规定,可知该罪的法定刑实为 5 年以上 15 年以下有期徒刑。

2. 分则条文仅规定法定最高刑,其最低刑由刑法总则的相关规定决定。例如,刑法第 315 条规定的破坏监管秩序罪,其法定刑为 3 年以下有期徒刑。结合刑法总则第 45 条关于有期徒刑的下限为 6 个月的规定,可知该罪的法定刑实为 6 个月以上 3 年以下有期徒刑。

3. 分则条文同时规定法定刑的最高限度与最低限度。例如,刑法第 233 条对过失致人死亡罪规定的法定刑为 3 年以上 7 年以下有期徒刑。

4. 分则条文规定两种以上的主刑或者规定两种以上主刑并规定附加刑。例如,刑法第 238 条第 1 款规定,非法拘禁他人或者以其他方法非法剥夺他人人身自由的,处 3 年以下有期徒刑、拘役、管制或者剥夺政治权利。这里规定了三种主刑和一种附加刑。法院可以根据案件的具体情况,在其中选择一种,然后再按照有关规定确定具体刑期。

5. 分则条文规定援引性的法定刑。例如,刑法第 386 条规定:“对犯受贿罪的,根据受贿所得数额及情节,依照本法第三百八十三条的规定处罚。索贿的从重处罚。”

6. 浮动法定刑,是指法定刑的具体期限或者数量并不确定,而是根据一定标准升降,处于一种不确定状态的法定刑。例如,刑法第202条规定:“以暴力、威胁方法拒不缴纳税款的,处三年以下有期徒刑或者拘役,并处拒缴税款一倍以上五倍以下罚金;情节严重的,处三年以上七年以下有期徒刑,并处拒缴税款一倍以上五倍以下罚金。”其中,“并处拒缴税款一倍以上五倍以下罚金”即为浮动法定刑。浮动法定刑一般用于经济犯罪与财产犯罪,并且只见之于罚金刑的规定。

第二章　危害国家安全罪

第一节　概　　说

危害国家安全罪，是指故意危害中华人民共和国国家安全的行为。从世界范围来看，各国刑法均将危害国家政权的独立统一、领土完整、国体和政体安全的行为规定为最严重的犯罪。我国也不例外，刑法分则第一章就是有关危害国家安全罪的规定，共有12个罪名。

刑法中所说的国家安全，大体上包括三个方面的内容，即国家主权的独立统一、领土完整、国体和政体的安全，它们是国家政权和社会制度巩固稳定的基础。其中，国家主权，是指国家独立自主地处理内外事务、管理国家的权力，是国家最重要的属性，具有不可转让性、不可分割性、至高无上性和不可侵犯性等特征。它包括国家固有的对内统治权和对外独立权两个方面的内容；国家领土与国家主权密不可分，国家领土是国家行使主权的对象，是国家主权独立的物质表现，也是国家赖以存在的物质基础，具有不可蚕食性、不可分裂性和不可侵入性等特征；国体和政体的安全，是指我国现行的人民民主专政政权和人民代表大会制度的巩固。我国现行的国体和政体，是我国各族人民在中国共产党的领导下经过长期艰苦卓绝的奋斗取得的胜利成果，是各族人民的根本利益所在，也是建设社会主义现代化强国、实现中华民族伟大复兴的根本。因此，危害国家安全的行为，是危害中华人民共和国本身的犯罪，是一切犯罪中最为重大的犯罪。现行刑法之所以将其置于刑法分则各章之首，原因就在于此。

危害国家安全罪是我国刑法中最为重大的犯罪，这从以下几个方面就能体现出来：

一是有法定行为即构成犯罪。我国刑法分则在有关犯罪的规定上的一个重要特点是，在罪状的规定上，除实行行为外，通常还有"情节严重""造成严重后果""数额较大"之类的伴随情节或者后果要求，这主要是基于处罚效率和成本的考虑，将一些有危害但不是特别严重的违法行为交由《治安管理处罚法》等行政性法律法规处理，客观上也具有对犯罪的成立范围进行限定的效果。但是，在危害国家安全罪的场合，则没有这种限定，有行为即构成相应犯罪，并不要求发生具体后果或者伴随有某种情节。这种规定方式，在我国刑法分则其他章节中很难见到。

二是处罚阶段提前，将部分危害国家安全行为的未完成形态规定为独立犯罪。如就刑法分则所规定的普通犯罪而言，除杀人、抢劫、强奸和放火等一旦既遂便会造成不可挽回的严重后果，因而必须严加防范的特别严重的犯罪类型之外，就绝大多数犯罪来说，是不处罚其预备形态的，甚至连未遂形态都较少处罚。但是，这一点对于绝大多数危害国家安全罪来说，并不适用。如就分裂国家罪、武装叛乱、暴乱罪、颠覆国家政权罪而言，一旦既遂，后果便不堪设想。特别是在国家政权被颠覆之后，谁审判谁，情况还不好说。因此，这种犯罪在预备阶段，即有组织、策划行为，就构成犯罪，更不用说在着手之后因为行为人意志以外的原因而未得逞的未遂状态了。

三是处罚范围从宽,煽动、教唆和帮助等共犯行为亦为正犯。刑法立法的惯例是,以处罚正犯即行为人亲自着手实施犯罪的实行犯为原则,以处罚并不亲自动手实施犯罪,而是通过正犯引起侵害法益结果的帮助、教唆等共同犯罪为例外。但是,在危害国家安全罪的场合,将共犯作为正犯单独规定,即共犯正犯化的情形则十分常见。比如就分裂国家罪、颠覆国家政权罪而言,亲自实施分裂国家、颠覆国家政权的行为固然构成犯罪,以造谣、诽谤或者其他方式煽动分裂国家、破坏国家统一、煽动颠覆国家政权、推翻社会主义制度的教唆行为(广义教唆)也独立构成犯罪。

四是处罚严厉。由于国家安全是宪法和法律中最为重要的保护法益,因此,世界各国刑法对于危害国家安全的犯罪,均以最为严厉的刑罚手段加以应对,我国也是如此。我国刑法分则中危害国家安全罪总共仅有12个罪名,其中就有8个罪名属于死罪,约占我国刑法中死罪罪名的1/6,这一点为其他犯罪类型所不见。另外,犯危害国家安全罪的,可以并处没收财产,即没收犯罪分子个人所有财产的一部分或者全部。没收财产这种刑罚方法的背后,具有否定犯罪人的权利能力的一面,从个人尊严的角度来看,令人难以接受,作为一种刑罚方法而存在,在现代社会中争议较大。[1] 适用这种刑罚的,除贪利型犯罪之外,通常都是判处死刑的犯罪,意味着对犯罪分子从生命到财产全部予以剥夺和否定。对危害国家安全罪规定可以适用没收财产,也意味着对这类犯罪进行最为严厉的否定评价。[2]

第二节 危害国家、颠覆政权的犯罪

一、背叛国家罪

本罪,是指勾结外国或者境外机构、组织、个人,实施危害国家主权、领土完整和安全的行为。

本罪是身份犯,其主体只能是中国公民,而且一般是在党和国家机构中具有较高地位和较大政治影响的人。外国人和无国籍人不能独立成为本罪的犯罪主体,但可以成为本罪的共犯。本罪客观上表现为,勾结外国或者境外机构、组织、个人,危害国家主权、领土完整和安全。所谓"勾结",是指通谋、联络、策划。勾结的对象,是外国的政府、政党、政治集团或者境外的机构、组织、个人。"外国"与"境外"的区别是,境外不仅包括外国,而且也包括我国领域内的香港特别行政区、澳门特别行政区和台湾地区。所谓"危害中华人民共和国的主权、领土完整和安全",是指对我国的主权、领土完整和安全造成实际侵害或者现实危险。其中,国家主权,是指一个国家作为国际人格者,在其领域内所拥有的最高权力,这种权力,本质上和国家独立密切相关,即国家可以按照自己的意志独立处理本国事务,而不受其他国家或者外来势力的干涉。国家主权的独立性,体现在以下两个方面:一是对内统治权,即国家在其领土范围内,颁布其认可的适当的宪法和法律,行使其认为适当的行政管理权,建立其武装力量,确立其国家形

[1] [日]大谷实:《刑事政策学》(新版),黎宏译,中国人民大学出版社2009年版,第152页。

[2] 陈兴良主编:《刑种通论》(第2版),中国人民大学出版社2007年版,第312页。

式、政治和经济体制，在其领土和主权管辖范围内能够排他地行使权力，并对其国民具有优先管辖的权力。[3] 二是对外独立权，即在国际关系中，国家可以独立自主地处理其国际事务，如接受和派遣外交使节，参加国家会议，签订或加入国际公约，与他国缔结条约或者协定。[4] 与国家主权紧密相关的，是作为国家行使主权之对象和范围的领土，领土是国家的重要构成因素之一，其从属于国家主权及其管辖权，对于主权国家的生存和发展具有重要意义。没有领土，"国家"以及国家主权便无从谈起，因此，破坏国家领土的完整和统一的行为是危害国家安全罪的重要行为之一。故出卖国家主权、签订卖国条约、策划对我国发动侵略战争、制造国际争端向我国提出领土要求、干涉我国内政和组织傀儡政权等，都是危害国家主权、领土完整和安全的行为。本罪的主观要件是故意，并且具有危害中华人民共和国国家主权、领土完整和安全的目的。

依照刑法第102条和第113条第1款的规定，犯本罪的，处无期徒刑或者10年以上有期徒刑；对国家和人民危害特别严重、情节特别恶劣的，可以判处死刑。与境外机构、组织、个人相勾结，犯前款罪的，依照自然人犯本罪的规定处罚。另据刑法第56条、第113条第2款的规定，犯本罪的，应当附加剥夺政治权利，且可以并处没收财产。

二、分裂国家罪

本罪，是指组织、策划、实施分裂国家、破坏国家统一的行为。

本罪客观上表现为，组织、策划、实施分裂国家、破坏国家统一的行为。所谓组织，是指纠集他人、筹集物资，组建分裂国家的组织；所谓策划，是指商讨、制订分裂国家的计划；所谓实施，是指将分裂国家的计划付诸实行。所谓分裂国家、破坏国家统一，就是把统一的中华民族、中华人民共和国分裂成几个部分，或者使其中一部分人分离出去，通常表现为割据一方、另立政府，对抗中央人民政府领导或者破坏民族团结、制造民族分裂，意图脱离我多民族的统一国家。行为人只要实施上述组织、策划、实施三种行为之一，即可构成本罪，客观上是否发生了国家分裂的危害结果，不影响本罪的成立。

本罪与背叛国家罪之间存在部分重合。在行为人指挥、组织所谓"民族大迁徙"，将部分少数民族从中华民族中分裂出去、投奔境外的场合，行为人的行为既构成分裂国家罪又构成背叛国家罪，二者之间是竞合关系，应当从一重罪处罚。

依照刑法第103条第1款和第113条第1款的规定，犯本罪的，对首要分子或者罪行重大的，处无期徒刑或者10年以上有期徒刑；对积极参加的，处3年以上10年以下有期徒刑；对其他参加的，处3年以下有期徒刑、拘役、管制或者剥夺政治权利。对国家和人民危害特别严重、情节特别恶劣的，可以判处死刑。另据刑法第56条、第113条第2款的规定，犯本罪的，除单处剥夺政治权利的情况外，都应当附加剥夺政治权利，且可以并处没收财产。

三、煽动分裂国家罪

本罪，是指煽动分裂国家、破坏国家统一的行为。

本罪客观上表现为，煽动他人进行分裂国家、破坏国家统一的行为。所谓煽动，就其本意而言，是指公然怂恿、鼓动他人从事某种行为，就本罪而言，所谓煽动分裂国家、破坏国家统一，

---

〔3〕 王铁崖主编：《国际法》，法律出版社2020年版，第77页。

〔4〕 王铁崖主编：《国际法》，法律出版社2020年版，第77页。

就是公然怂恿、鼓动他人产生分裂国家、破坏国家统一的意思，或者助长、坚定其已经具有的分裂国家、破坏国家统一的意思。煽动必须公开进行，针对不特定或者多数人实施，否则就只是分裂国家罪的教唆犯，而不构成本罪。如此说来，煽动分裂国家罪并不仅仅是分裂国家罪的教唆犯。煽动的表现形式多样，包括口头、书面以及其他方式。煽动的内容是分裂国家、破坏国家统一。本罪是行为犯，不以被煽动者实施分裂国家罪即具体着手组织、策划、实施分裂国家、破坏国家统一的行为为必要。只要行为人实施了煽动行为，无论被煽动者是否实施分裂国家、破坏国家统一的犯罪行为，行为人都构成本罪。

根据相关司法解释，明知出版物中载有煽动分裂国家、破坏国家统一的内容而予以出版、印刷、复制、发行、传播的，〔5〕利用突发传染病疫情等灾害，制造、传播谣言，煽动分裂国家、破坏国家统一的，〔6〕都是煽动分裂国家的行为。

依照刑法第103条第2款的规定，犯本罪的，处5年以下有期徒刑、拘役、管制或者剥夺政治权利；首要分子或者罪行重大的，处5年以上有期徒刑。另外，根据刑法第56条、第113条第2款的规定，犯本罪的，除单处剥夺政治权利的情况外，都应当附加剥夺政治权利，且可以并处没收财产。

四、武装叛乱、暴乱罪

本罪，是指组织、策划、实施武装叛乱或者武装暴乱的行为。

本罪客观上表现为，组织、策划、实施武装叛乱或者武装暴乱的行为。所谓武装叛乱，是使用武器装备进行反叛国家和政府的活动，详言之，就是使用足以造成人身伤害的枪炮刀剑等武器装备，投靠或者意图投靠境外的组织或者敌对势力而公开进行反叛国家或者政府的行为。所谓武装暴乱，是指使用武器装备制造暴力事件从而引起动乱，详言之，就是纠集多人，采用武装形式实施破坏某一地域的社会基本秩序，引起骚乱的行为。武装叛乱与武装暴乱的区别表现是：叛乱以反叛国家和政府为内容，以投靠境外敌对势力为目的，而暴乱则以破坏社会基本秩序、引起骚乱为内容，不具有投靠境外敌对势力的目的。刑法第104条第1款具体列举了本罪的三种行为类型，即组织、策划、实施。其中，“组织”，是指建立机构、招集人员、筹措物资，为进行武装叛乱、暴乱行为做准备；“策划”，是指发起或者制定武装叛乱或者武装暴乱的计划、方案；“实施”，是指实行武装叛乱、暴乱的行为。

此外，刑法第104条规定：策动、胁迫、勾引、收买国家机关工作人员、武装部队人员、人民警察、民兵进行武装叛乱或者武装暴乱的，也构成本罪。也就是说，本罪除了一般情况下表现为组织、策划、实施三种行为方式，在针对特定对象时还可以是使用策动、胁迫、勾引、收买等方式。策动，是指策使、鼓动；胁迫，是指以暴力或者其他内容相威胁；勾引，是指用名誉、地位、美色等引诱；收买，是指用金钱、物资等物质利益作为代价换取。

根据刑法的规定，本罪是行为犯，只要行为人有组织、策划、实施武装叛乱、暴乱的行为，就构成本罪，是否造成危害后果在所不问。

在本罪的认定中，要注意以下两点：（1）对于实践中所出现的，因为对党和国家的某些政

---

〔5〕 1998年最高人民法院《关于审理非法出版物刑事案件具体应用法律若干问题的解释》第1条。

〔6〕 2003年最高人民法院、最高人民检察院《关于办理妨害预防、控制突发传染病疫情等灾害的刑事案件具体应用法律若干问题的解释》第10条第2款。

策不理解,或者因为某些要求没有得到政府的满足或者答复,或者因为有关部门对某件事处理的方式不妥当而聚众起哄、闹事甚至使用暴力冲击国家机关、毁坏公共财物的行为,因为其难以达到危害国家安全的程度,所以不应该按武装叛乱、暴乱罪定罪处罚。造成严重后果的,可以按照普通刑事犯罪处理。(2)对在武装叛乱、暴乱的过程中发生的杀人、伤害、放火、抢劫及毁坏财物等行为,不能按本罪和有关犯罪实行数罪并罚,而只能按本罪一罪处理。因为,武装叛乱、暴乱行为本身包括上述内容在内。

依照刑法第 104 条和第 113 条第 1 款的规定,犯本罪的,对首要分子或者罪行重大的,处无期徒刑或者 10 年以上有期徒刑;对积极参加的,处 3 年以上 10 年以下有期徒刑;对其他参加的,处 3 年以下有期徒刑、拘役、管制或者剥夺政治权利。策动、胁迫、勾引、收买国家机关工作人员、武装部队人员、人民警察、民兵进行武装叛乱或者武装暴乱的,依照本罪从重处罚。对国家和人民危害特别严重、情节特别恶劣的,可以判处死刑。另外,根据刑法第 56 条、第 113 条第 2 款的规定,犯本罪的,除单处剥夺政治权利的情况外,都应当附加剥夺政治权利,且可以并处没收财产。

五、颠覆国家政权罪

本罪,是指组织、策划、实施颠覆国家政权、推翻社会主义制度的行为。

本罪客观上表现为,组织、策划、实施颠覆国家政权、推翻社会主义制度的行为。其中,国家政权一词具有多种含义:在政府、政治和外交领域是指一个国家政体的统治体制;在国际上是指一个国家的特定的行政管理当局;在社会学范畴是指一个社会的制度,或者一个社会的秩序。但就法学来讲,是指掌握国家主权的政治组织及其所掌握的政治权力,就是宪法学上所指的“国体”。按照中华人民共和国的主要缔造者毛泽东同志的理解,“国体”就是“社会各阶级在国家中的地位”,其决定着一个国家的国家性质。我国的“国体”,就是《宪法》第 1 条第 1 款所规定的“中华人民共和国是工人阶级领导的、以工农联盟为基础的人民民主专政的社会主义国家”,因此,提及颠覆国家政权,“工人阶级领导的、以工农联盟为基础的人民民主专政”政权将首当其冲。国家政权有层级之分,包括中央政权和地方政权;国家政权还有职能之分,包括权力机关、司法机关、行政机关以及领导一切的中国共产党的机关。但刑法并没有将颠覆政权行为的对象限定为中央政权,也没有限定为权力机关。从此意义上讲,组织、策划、实施武装叛乱或者暴乱,围攻作为国家政权组织的各级权力机关、行政机关、司法机关、军事机关以及中国共产党的各级组织机关,或者以造谣、诽谤或者其他方式煽动颠覆国家政权、推翻中国共产党领导的行为,都是颠覆国家政权的危害国家安全的行为。颠覆国家政权,既可以是颠覆我国人民民主专政政权的整体,又可以是颠覆中央或地方的某一个政权机关。

社会主义制度,就我国的现实而言,是一个开放的、历史的、不断发展的概念,是中国共产党自新中国成立以来不断探索的主题。就当今所称的社会主义制度,经典表述体现在党的十八大报告中。该报告明确指出:“中国特色社会主义制度,就是人民代表大会制度的根本政治制度,中国共产党领导的多党合作和政治协商制度、民族区域自治制度以及基层群众自治制度等基本政治制度,中国特色社会主义法律体系,公有制为主体、多种所有制经济共同发展的基本经济制度,以及建立在这些制度基础上的经济体制、政治体制、文化体制、社会体制等各项具体制度。”鉴于中国共产党领导对于我国社会主义制度建设的重大意义和关键作用,党的十九大报告明确指出“中国特色社会主义最本质的特征是中国共产党领导”,并且将其写入《宪法》

第1条第2款,成为宪法条款。由此看来,“中国特色社会主义制度”是一个含义极为广泛的概念,其除了包括社会形态这一层次,还包括根本政治制度、基本经济制度、基本政治制度、基本文化制度、基本社会建设制度和社会主义法律体系。就其中的根本政治制度而言,是指人民代表大会制度(政体),其所反映和实现的是人民民主专政(国体)。就基本政治制度而言,包括中国共产党领导的多党合作和政治协商制度(政党制度)、民族区域自治制度(民族制度)和基层群众自治制度等具体制度。如此说来,作为刑法第105条所规定的颠覆国家政权类犯罪所指向的对象,即“国家政权”和“社会主义制度”,二者之间实际上有部分重合,即“社会主义制度”中包含作为国家政治制度的“人民民主专政政权”。但是,从刑法解释的角度来看,既然在“颠覆国家政权”之后接着规定“推翻社会主义制度”,这里的“社会主义制度”应当具有和“国家政权”不同的内涵。从本书的角度来看,我国刑法第105条规定中的“社会主义制度”,可以归结为一句话,就是“中国共产党的领导”。“中国共产党的领导”,意味着通过中国共产党这个政治组织,将生活在中国领域之内的人和各种组织协调起来,使之作为一个整体。一方面,中国共产党的领导是不可否认的近代历史事实。另一方面,中国共产党的领导也为中华人民共和国成立以来历次宪法所认可,具有宪法和法律上的依据。现行《宪法》中“党的领导”存在于作为总纲的国家根本制度条款中,且以“中国特色社会主义最本质特征”的形式呈现,从而使得其比社会主义的其他诸多特征更加具有独特性和稳定性,[7]也表明该特征是中国特色社会主义的诸多特征中最为重要的特征。从此意义上讲,推翻社会主义制度,意味着就是要改变社会主义的最本质特征,即中国共产党的领导。因此,组织、策划、实施推翻或者以造谣、诽谤或者其他方式煽动推翻“中国共产党的领导”的,就要构成颠覆国家政权类的犯罪。

本罪是行为犯,不要求已经造成了颠覆国家政权、推翻社会主义制度的后果,只要行为人有组织、策划、实施颠覆国家政权、推翻社会主义制度的行为,就可构成本罪。通过互联网攻击我国政治制度,宣传煽动颠覆国家政权,并组织、策划成立反动党派的,不构成煽动颠覆国家政权罪,应以颠覆国家政权罪论处。

依照刑法第105条第1款的规定,犯本罪的,对首要分子或者罪行重大的,处无期徒刑或者10年以上有期徒刑;对积极参加的,处3年以上10年以下有期徒刑;对其他参加的,处3年以下有期徒刑、拘役、管制或者剥夺政治权利。另据刑法第56条、第113条第2款的规定,犯本罪的,除单处剥夺政治权利的情况外,都应当附加剥夺政治权利,且可以并处没收财产。

六、煽动颠覆国家政权罪

本罪,是以造谣、诽谤或者其他方式煽动颠覆国家政权、推翻社会主义制度的行为。

本罪客观上表现为,以造谣、诽谤或者其他方式煽动颠覆国家政权、推翻社会主义制度。所谓造谣,是指无中生有,制造、散布敌视我国国家政权和社会主义制度的言论,从而混淆公众视听。所谓诽谤,是指捏造并散布虚假事实,诋毁我国国家政权和社会主义制度。其他方式,是指造谣、诽谤以外的能够引起人们仇视我国国家政权和社会主义制度的方式,如肆意夸大、渲染我国社会中存在的问题,许诺将来的政权和制度比现在的好,以引起人们对现实政权和社会主义制度的不满等。由于本罪属于煽动犯罪,因此,同样要求上述以造谣、诽谤或者其他方

---

〔7〕 刘怡达:《中国共产党的领导与中国特色社会主义的宪法关联》,载《武汉大学学报(哲学社会科学版)》2021年第3期。

式实施的行为必须是公然的，否则就只能构成颠覆国家政权罪的教唆犯。

根据相关司法解释，明知出版物中载有煽动颠覆国家政权、推翻社会主义制度的内容，而予以出版、印刷、复制、发行、传播的，[8]利用突发传染病疫情等灾害，制造、传播谣言，煽动颠覆国家政权、推翻社会主义制度的，[9]均属于煽动颠覆国家政权的行为。

依照刑法第 105 条第 2 款的规定，犯本罪的，处 5 年以下有期徒刑、拘役、管制或者剥夺政治权利；首要分子或者罪行重大的，处 5 年以上有期徒刑。另外，根据刑法第 56 条、第 113 条第 2 款的规定，犯本罪的，除单处剥夺政治权利的情况外，都应当附加剥夺政治权利，且可以并处没收财产。

七、资助危害国家安全犯罪活动罪

本罪，是指境内外机构、组织或者个人资助实施背叛国家罪、分裂国家罪、煽动分裂国家罪、武装叛乱、暴乱罪、颠覆国家政权罪和煽动颠覆国家政权罪的行为。

本罪客观上表现为，资助实施背叛国家、分裂国家、煽动分裂国家、武装叛乱、暴乱、颠覆国家政权和煽动颠覆国家政权的犯罪行为。资助，是指提供场所、经费及物资等方面的支持和帮助。没有提供物质上的帮助，而仅在精神、宣传舆论等方面给予帮助、支持的，不属于资助。资助的对象，不限于境内的组织或者个人，也可以是境外的组织或者个人。资助，可以在实施上述危害国家安全活动的事前、事中进行，也可以在事后进行。从共同犯罪的角度来看，资助实际上是为他人犯罪提供方便，属于上述犯罪的帮助犯，但刑法为了对这种形式的帮助予以强调并严厉处罚，便将其独立出来作为一种单独犯罪加以规定。因此，本罪的客观方面仅限于以资助的形式提供方便，如果行为人超出了提供方便的范围，直接参与组织、策划、实施背叛国家、分裂国家、煽动分裂国家、武装叛乱、暴乱、颠覆国家政权和煽动颠覆国家政权行为，则应按上述有关犯罪定罪处罚，而不能按本罪处理。同时，还应当注意，构成本罪的，只限于资助上述六种犯罪。这主要是因为，这几种犯罪对国家安全最具危险性。对于超出上述六种犯罪范围之外的其他危害国家安全犯罪的资助行为，构成各相应犯罪的共同犯罪。比如明知他人实施间谍罪而提供资助的，就构成间谍罪的共同犯罪，而不是本罪。

依照刑法第 107 条的规定，犯本罪的，对直接责任人员，处 5 年以下有期徒刑、拘役、管制或者剥夺政治权利；情节严重的，处 5 年以上有期徒刑。另据刑法第 56 条、第 113 条第 2 款的规定，犯本罪的，除单处剥夺政治权利的情况外，都应当附加剥夺政治权利，且可以并处没收财产。

第三节　叛变、叛逃的犯罪

一、投敌叛变罪

本罪，是指中国公民投奔敌人营垒为敌人效劳，或者被捕、被俘后投降敌人，实施危害国家

---

〔8〕 1998 年最高人民法院《关于审理非法出版物刑事案件具体应用法律若干问题的解释》第 1 条。

〔9〕 2003 年最高人民法院、最高人民检察院《关于办理妨害预防、控制突发传染病疫情等灾害的刑事案件具体应用法律若干问题的解释》第 10 条第 2 款。

安全的行为。

本罪的主体是特殊主体即中国公民，外国人和无国籍人可以成为本罪的共犯，而不能单独犯本罪。本罪客观上表现为，实施投敌叛变的行为。“投敌”就是投靠敌方，主要表现为两种形式：一是投奔，即主动投靠国内的敌对势力或者在国际上与我为敌的国家；二是投降，即在被敌人抓捕、俘虏后投降变节，宣布脱离我方。“叛变”，就是背叛祖国和人民。投敌叛变行为是“投敌”行为与“叛变”行为的有机统一，只有在二者完全具备的场合，才能认定为投敌叛变，而不能只要有“投敌”就马上认定为“叛变”。只是投奔国内的敌对势力或者国际上与我为敌的国家，但没有实施背叛国家和人民的行为，不足以认定为投敌叛变；同样，只是投降敌人，但没有背叛国家和人民的，也不足以认定为投敌叛变。投敌叛变后，又参加了间谍组织，被派遣回我国境内进行危害国家安全活动的，应以投敌叛变罪和其他犯罪数罪并罚。投敌叛变可以是行为人只身投敌叛变，也可以是行为人率众投敌叛变。

依照刑法第 108 条和第 113 条第 1 款的规定，犯本罪的，处 3 年以上 10 年以下有期徒刑；情节严重或者带领武装部队人员、人民警察、民兵投敌叛变的，处 10 年以上有期徒刑或者无期徒刑。对国家和人民危害特别严重、情节特别恶劣的，可以判处死刑。另据刑法第 56 条、第 113 条第 2 款的规定，犯本罪的，除单处剥夺政治权利的情况外，都应当附加剥夺政治权利，且可以并处没收财产。

二、叛逃罪

本罪，是指国家机关工作人员在履行公务期间，擅离岗位，叛逃境外或者在境外叛逃的行为；或者掌握国家秘密的国家工作人员叛逃境外或者在境外叛逃的行为。

本罪的主体，是特殊主体，即国家机关工作人员和掌握国家秘密的国家工作人员。中国共产党和中国人民政治协商会议的各级机关中从事公务的人员，也属于国家机关工作人员的范围。此外，掌握国家秘密的国家工作人员也能成为本罪的主体。需要注意的是，“国家工作人员”的范围比较广，除了国家机关工作人员，还包括“国有公司、企业、事业单位、人民团体中从事公务的人员和国家机关、国有公司、企业、事业单位委派到非国有公司、企业、事业单位、社会团体从事公务的人员，以及其他依照法律从事公务的人员”。同时，“掌握国家秘密的国家工作人员”成立本罪，只要有“叛逃境外或者在境外叛逃”的情节就够了，而没有“履行公务期间，擅离岗位”的要求。这主要是因为，掌握国家秘密的国家工作人员，一旦叛逃，将有可能对国家安全造成更大的危害。

本罪客观上表现为，在履行公务期间，擅离岗位，叛逃境外或者在境外叛逃的行为。具体来说，主要包括以下两个方面的内容：(1)行为发生在履行公务期间。所谓履行公务期间，主要是指从依照法定程序任职起到被解职为止、在境外执行公务的整个期间，而不是指国家机关工作人员或者掌握国家秘密的国家工作人员在上班以后、尚未下班的期间；履行公务的内容，是与其职务相关的一切事务，而不限于某一具体事项。因此，国家机关代表团在外访问期间、我国驻外使领馆的外交人员以及国家派驻国外执行公务的工作人员履行职务期间等，都是在履行公务期间。留学不是履行公务，因此，在外留学期间不是履行公务期间。(2)行为的具体表现形式有两种：一是擅离岗位，叛逃境外。境外，包括在我国境内的外国使领馆等。二是擅离岗位，在境外叛逃。擅离岗位，叛逃境外，是指行为人在境内履行公务期间，擅自离开工作岗位，叛变逃往境外，或者我国境内的外国使领馆等；擅离岗位，在境外叛逃，是指行为人在境外履行公职或者执行某项具体任务时，擅自离开工作岗位叛变逃走。例如，中国驻外机构的工作人员，擅离岗位，投奔外国势力；中国访问外国的代表团成员，擅离代表团，投奔外国等，都是其例。

在认定叛逃罪的过程中，要注意其与其他犯罪的界限：

1. 与背叛国家罪的界限。两者的不同之处在于：(1)主体不同。本罪的主体仅限于中国国家机关工作人员和掌握国家秘密的国家工作人员，而背叛国家罪的主体可以是任何中国公民。(2)客观行为不同。本罪在客观上表现为叛逃境外或者在境外叛逃的行为，而背叛国家罪则表现为勾结外国或者境外机构、组织、个人，危害国家主权、领土完整和安全的行为。

2. 与投敌叛变罪的界限。两者的不同之处在于：(1)主体不同。本罪的主体是特定的中国公民，即只能是中国国家机关工作人员和掌握国家秘密的国家工作人员，而投敌叛变罪的主体则可以是任何中国公民。(2)客观行为不同。本罪客观上表现为在履行公务期间，叛逃境外或者在境外叛逃，而投敌叛变罪则表现为投奔敌人营垒或者在被敌人抓捕、俘虏后投降变节。如果国家机关工作人员不是在履行公务期间叛逃境外，就不能按本罪处理。

依照刑法第109条的规定，犯本罪的，处5年以下有期徒刑、拘役、管制或者剥夺政治权利；情节严重的，处5年以上10年以下有期徒刑。掌握国家秘密的国家工作人员犯本罪的，依照本罪从重处罚。另据刑法第56条、第113条第2款的规定，犯本罪的，除单处剥夺政治权利的情况外，都应当附加剥夺政治权利，且可以并处没收财产。

第四节　间谍、资敌的犯罪

一、间谍罪

本罪，是指参加间谍组织，接受间谍组织及其代理人的任务，或者为敌人指示轰击目标，危害国家安全的行为。

本罪客观上表现为，参加间谍组织，接受间谍组织及其代理人的任务，或者为敌人指示轰击目标。具体而言，主要包括以下三种行为方式：(1)参加间谍组织。间谍组织，是指外国政府或者境外敌对势力建立的，旨在收集我国的有关情报，进行颠覆、破坏活动的组织。所谓参加间谍组织，是指行为人主动要求加入间谍组织并被间谍组织接纳，或者被动地为间谍组织所发展，同意加入间谍组织的行为。行为人有意加入间谍组织，但未获对方同意的场合，不能认定为“参加间谍组织”。(2)接受间谍组织及其代理人的任务。这是指行为人虽然没有加入间谍组织，但是接受了间谍组织及其代理人所交付的任务的行为。所谓间谍组织的代理人，是指在间谍组织或者其成员的委托、指派或者资助下，进行或者授意、指使他人从事间谍活动或者为间谍组织服务的组织或者个人。间谍组织和间谍组织代理人均由国家安全部门加以确认。所谓任务，是指刺探、收集我国秘密、情报，破坏我国设施，煽动我国公民抗拒国家法律的实施，离间我国公民与政府的关系等危害我国国家安全的活动。(3)为敌人指示轰击目标。这是指为敌人指明或者标示轰炸打击对象的行为。其方式可以是发射信号，也可以是设置标志物等。上述三种行为只要行为人实施了其中一种，就可构成间谍罪。

参加间谍组织后又实施刺探、窃取、收买、非法提供国家秘密或情报的行为或者进行其他破坏活动的,或者在接受间谍组织及其代理人派遣的任务后进一步实施的完成任务行为又触犯其他罪名的,或者为敌人指示轰击目标已经造成重大人身伤亡或财产损失的,都只能按一罪处理,而不能实行数罪并罚。对于前两种情形,应按牵连犯处理。因为间谍组织的目的在于实施其他犯罪活动,参加间谍组织的行为与接受间谍组织及其代理人派遣的任务后,必然要实施完成任务的行为,两者之间也有一种牵连关系。对于上述两种情形的牵连犯,无论目的行为构成何种犯罪,都可以按间谍罪一罪从重处罚。因为间谍罪的法定最高刑是死刑,按本罪从重处罚,既符合犯罪行为的整体情况,也可以做到罪刑相适应。上述第三种情形本身就是一个行为,重大人身伤亡或者财产损失是为敌人指示轰击目标的结果,因此,只能按间谍罪定罪,将严重的危害结果作为从重处罚的情节。

依照刑法第110条和第113条第1款的规定,犯本罪的,处10年以上有期徒刑或者无期徒刑;情节较轻的,处3年以上10年以下有期徒刑。对国家和人民危害特别严重、情节特别恶劣的,可以判处死刑。另据刑法第56条、第113条第2款的规定,犯本罪的,除单处剥夺政治权利的情况外,都应当附加剥夺政治权利,且可以并处没收财产。

二、为境外窃取、刺探、收买、非法提供国家秘密、情报罪

本罪,是指为境外的机构、组织、人员窃取、刺探、收买、非法提供国家秘密或者情报的行为。

本罪客观上表现为,为境外的机构、组织或者人员窃取、刺探、收买、非法提供国家秘密或者情报。(1)关于"境外的机构、组织或者人员",法律对其性质没有限制,只要是境外的机构、组织、人员,不管该机构、组织、人员是否与我国为敌,均不影响犯罪的成立。境外的机构、组织、人员,既包括设置在境外的机构、组织和居住在境外的人员,也包括境外机构、组织设置在境内的分支机构和居住在境内的人员。(2)关于"国家秘密",是指关系国家安全等重大利益,依法在一定时间内只限于一定范围内的人员所知悉的事项。具体而言,是指《保守国家秘密法》第2条、第13条确定的事项,[10]如国家的重大决策、国防建设和武装力量及活动、外交、国民经济发展过程中必须保密的事项以及科技和国家安全的秘密等。通常有"绝密""机密""秘密"标示。有关事项是否属于国家秘密以及属于何种密级,其鉴定由国家保密工作部门或者省、自治区、直辖市保密工作部门进行。"情报",是指国家秘密以外的、一切关系国家安全和利益的政治、经济、军事、外交和科技等不应该让境外的机构、组织、人员知悉的资料、情况和消息。(3)关于行为方式,有窃取、刺探、收买和非法提供四种。所谓窃取,是指采用平和的手段获取,如通过盗取文件、秘密复制文件或者利用计算机、窃听、窃照等器械秘密取得国家秘密或者情报的行为;所谓刺探,就是打听;所谓收买,是指利用金钱、物质利益或者其他利益换取;所谓非法提供,是指违反国家法律规定而提供。通过互联网将国家秘密或者情报非法发送给境外的机构、组织、个人的,构成非法提供。涉案国家秘密获取的难易程度不影响为境外刺探国家秘密罪的认定。

依照刑法第111条、第113条第1款的规定,犯本罪的,处5年以上10年以下有期徒刑;情节特别严重的,处10年以上有期徒刑或者无期徒刑;情节较轻的,处5年以下有期徒刑、拘

---

〔10〕 2001年最高人民法院《关于审理为境外窃取、刺探、收买、非法提供国家秘密、情报案件具体应用法律若干问题的解释》第1条第1款。

役、管制或者剥夺政治权利；对国家和人民危害特别严重、情节特别恶劣的，可以判处死刑。根据有关司法解释，[11]所谓情节特别严重，是指具有下列情形之一的：为境外窃取、刺探、收买、非法提供绝密级国家秘密或者3项以上机密级国家秘密的，或者该国家秘密或者情报的泄露对国家安全和利益造成其他特别严重损害的。为境外窃取、刺探、收买、非法提供国家秘密或者情报，具有下列情形之一的，处5年以上10年以下有期徒刑，可以并处没收财产：为境外窃取、刺探、收买、非法提供机密级国家秘密的；为境外窃取、刺探、收买、非法提供了3项以上秘密级国家秘密的；为境外窃取、刺探、收买、非法提供国家秘密或者情报，对国家安全和利益造成其他严重损害的。为境外窃取、刺探、收买、非法提供秘密级国家秘密或者情报，属于"情节较轻"，处5年以下有期徒刑、拘役、管制或者剥夺政治权利，可以并处没收财产。另据刑法第56条、第113条第2款的规定，犯本罪的，除单处剥夺政治权利的情况外，都应当附加剥夺政治权利，且可以并处没收财产。

三、资敌罪

本罪，是指战时供给敌人武器装备、军用物资资敌的行为。

本罪客观上表现为，战时供给敌人武器装备、军用物资资敌。具体包括三个方面的内容：(1)资助行为发生在战时，非战时的资敌行为不能构成本罪，构成其他罪的，按其他罪处理。根据刑法第451条的规定，所谓战时，是指国家宣布进入战争状态、部队受领作战任务或者遭敌突然袭击时。部队执行戒严任务或者处置突发性暴力事件时，以战时论。(2)资助的对象为敌人。所谓敌人，是指敌对的营垒或者敌对的武装力量。(3)资助的方式仅限于供给敌人武器装备、军用物资。武器装备，是指枪支、弹药、坦克及大炮等武器以及运兵装甲车、指挥通讯设备等直接为战斗服务的设备。军用物资，是指武器装备以外的专供部队使用的物品，如军服、军被、军用帐篷、军用药品等。

依照刑法第112条、第113条第1款的规定，犯本罪的，处10年以上有期徒刑或者无期徒刑；情节较轻的，处3年以上10年以下有期徒刑；对国家和人民危害特别严重、情节特别恶劣的，可以判处死刑。根据刑法第56条、第113条第2款的规定，犯本罪的，应当附加剥夺政治权利，且可以并处没收财产。

---

[11] 2001年最高人民法院《关于审理为境外窃取、刺探、收买、非法提供国家秘密、情报案件具体应用法律若干问题的解释》第2~4条。

第三章　危害公共安全罪

第一节　概　　说

危害公共安全罪，是指故意或过失实施危害或者足以危害不特定或多数人的生命、健康或重大公私财产安全的行为。在我国刑法分则中，它是仅次于危害国家安全罪的重罪，规定在我国刑法分则第二章中。

关于作为本章犯罪保护法益的公共安全的内容，众说纷纭。通常见解认为，其是指不特定多数人的生命健康、财产安全、重大公私财产安全和其他公共利益的安全；〔1〕但也有人认为，其是指多数人的生命和财产安全；〔2〕还有人认为，其是指不特定或者多数人的生命、健康或者财产安全。〔3〕

尽管上述理解在表述上存在细微差别，但是，总的来说，所要表达的都是一个意思，即不止单个人的生命、身体或者财产的安全。刑法上所规定的危害公共安全的犯罪，实际上是将个体的生命、身体和财产等法益抽象为社会利益加以保护的，故应当重视其社会性，即应当重视量的“多数”。换言之，“多数”是“公共安全”概念的核心，“少数”的场合应当排斥在外。尽管将“不特定”也作为公共安全的组成部分，但这里的“不特定”不是意味着“少数”或者“单个”，而是指随时有向“多数”发展的现实可能性，会使社会一般成员感到危险。比如向人烟稀少的地方开枪，即便碰巧打中了某个不特定的人，也不构成危害公共安全罪，因为，该行为不可能造成多数人的伤亡；但相反地，向人群密集之地开枪而打中一不特定之人的，因为该行为可能造成多数人的伤亡，所以，可能构成危害公共安全罪。这样说来，不特定或者多数人的生命、健康和财产的安全，就是公共安全。〔4〕 从现行刑法的规定来看，对人的生命、健康和财产的保护，不仅规定有危害公共安全罪，而且还规定有故意杀人罪、故意伤害罪和故意毁坏财物罪等。很明显，立法者将特定个人或者少数人的生命、健康和财产安全用故意杀人罪、故意伤害罪和故意毁坏财物罪等罪来保护，而对多数人和不特定人的利益，则用危害公共安全罪保护。这是因为，和少数人的利益相比，立法者必须更加关注多数人的利益，所以立法者往往将侵害多数人人身、财产安全的行为的构成犯罪的起点提前，并规定了较高的法定刑。这样，从立法本意来看，公共安全也应当是指不特定或者多数人的人身、财产的安全。〔5〕

当然，说危害公共安全罪的保护法益是不特定或多数人的生命、健康和财产的安全，是就

---

〔1〕 何秉松主编：《刑法教科书》（2000 年修订）（下卷），中国法制出版社 2000 年版，第 670 页。

〔2〕 刘志伟主编：《危害公共安全犯罪疑难问题司法对策》，吉林人民出版社 2001 年版，第 60 页。

〔3〕 张明楷：《刑法学》（第 6 版），法律出版社 2021 年版，第 878 ~ 879 页。

〔4〕 张明楷：《刑法学》（第 6 版），法律出版社 2021 年版，第 882 页。

〔5〕 刘志伟主编：《危害公共安全犯罪疑难问题司法对策》，吉林人民出版社 2001 年版，第 60 页。

该种犯罪的客观属性而言的。但是,这并不意味着这类犯罪的犯罪人在主观上不可能指向特定的对象。事实上,有许多犯罪分子在实施这类犯罪行为时,其主观上有明确的目标或对象,只是由于行为在客观上可能危害不特定或多数人的人身和财产的安全,所以构成危害公共安全罪。例如,在公共场所引爆炸弹,意图炸死在场的仇人,结果炸死仇人的同时也殃及了周围群众。此案就应认定为危害公共安全的爆炸罪。反之,有的犯罪分子虽然主观上没有选择特定的侵害对象,但其行为客观上不可能危及不特定或多数人的人身或重大财产的安全,也不能以危害公共安全罪论处,如放火烧毁游客稀少的冬日海滩上孤零零的瞭望棚的情形就是如此。可见,侵害对象在主观上的不特定性并不是危害公共安全罪的必备特征。同时,说危害公共安全的行为具有上述客观属性,也并不意味着在任何情况下的危害公共安全的行为都必然造成多人伤亡和重大财产损失的实际后果。有的交通肇事行为只致一人死亡,有的放火犯纵火之后,虽然火势经人及时控制而未酿成灾害,但上述行为仍分别构成交通肇事罪和放火罪。因为这些犯罪虽未造成不特定或多数人的生命、健康或公私财产的严重损害,但从实施该行为的环境和条件来看,完全有可能造成严重后果,符合危害公共安全罪的客观属性。

客观上危及不特定或多数人的人身和财产安全,是危害公共安全罪区别于其他各类犯罪的本质特征。从危害结果上看,这类犯罪与侵犯人身权利罪、侵犯财产罪都会造成人身伤亡和财产毁损。区分前者与后者的关键在于,行为人的行为有无造成不特定或多数人的伤亡和重大财产损失的客观危险性。如果行为指向的是特定的个人或财物,且犯罪分子能够有效地控制其损害的范围,不可能造成不特定或多数人伤亡或者重大公私财产的广泛损失,即不足以危害公共安全的,一般不以危害公共安全罪论处。相反地,如果行为人主观上是为追求某种特定犯罪目的,客观上针对某一个、某几个特定的人或某项财产实施了某种危害行为,结果却危及了不特定或多数人的生命、健康或财产利益,就构成危害公共安全的犯罪。

危害公共安全的犯罪,分为以危险方法危害公共安全的犯罪,破坏特定对象的犯罪,具有恐怖性质的犯罪,违反枪支、弹药、爆炸物、危险物品管理的犯罪以及重大责任事故的犯罪。

第二节 以危险方法危害公共安全的犯罪

一、放火罪

(一)概念和构成

本罪,是指故意放火焚烧公私财物,危害公共安全的行为。其构成如下:

1. 主体。本罪主体是一般主体,由于放火罪是一种危害后果难以控制的危险犯罪,社会危害性极大,因此,根据我国刑法第 17 条第 2 款的规定,除不能辨别是非或者不能控制自己行为的精神病人以外,凡已满 14 周岁的公民均可以成为本罪的犯罪主体。

2. 危害行为和危害结果。本罪客观上表现为,放火焚烧公私财物,危害公共安全。具体来说,包括以下方面:

(1)必须具有放火行为。所谓放火,亦称纵火,是指用引火物或者其他方法使财物燃烧,其方式多样,通常为作为,但理论上认为也可以是不作为。

作为形式的放火必须具备三个条件:一是要有火种,即引燃物;二是要有目的物,即要焚烧的财物;三是须将火种与目的物相接触。行为人将引燃物接触目的物,就是着手;目的物一旦着火,即使将火种撤离或者扑灭,目的物仍可继续独立燃烧,放火行为就实行终了。

理论上认为存在不作为形式的放火。所谓不作为形式的放火,就是在法律上具有防火的义务的人,不履行其义务,导致火灾的行为。成立不作为形式的放火,要求行为人具有防止火灾的法定义务。这种义务不限于法律上的明文规定,也包括行为人的职务或业务上的义务。另外,行为人的先行行为也能成为其作为义务的来源,如行为人在宾馆的房间内抽烟,不慎使床单着火的时候,他就负有扑灭火花,防止火灾发生的义务。行为人有能力履行这种义务而没有履行,因而导致火灾的时候,成立不作为的放火。但本书认为,先行行为导致失火,不加扑救的,就是放火。

与所谓不作为形式的放火相似的还有妨害救火的行为。它是指在发生火灾或即将发生火灾之际,隐匿或者损坏救火用具,或者以其他方法妨害救火的行为。这种情况在国外刑法中被单独规定为妨害救火罪,包括损坏放水用胶皮管、破坏灭火栓、妨害消防车出发到达现场和妨害消防人员的活动等情况。我国刑法中没有规定这一罪名,但现实生活中则完全有可能发生类似情况。这种行为实际上是积极利用已经存在的某种危险即已经发生的火灾来实现自己的目的的行为,和行为人积极主动地引起某种危险即实施放火行为,在社会危害性的评价上没有什么差别,因此,根据具体事实,可以认定为放火罪。行为人为实施放火行为而向被害人房屋内泼洒汽油,引起屋内的被害人使用照明设备进而引发火灾的行为,其行为与火灾发生之间存在刑法上的因果关系,构成放火罪。

由于放火罪对社会公共安全具有严重的社会危害性,所以,根据我国刑法的规定,只要行为人实施了足以危害公共安全的放火行为,无论是否造成严重后果,均构成放火罪。换句话说,只要实施了放火行为,即使没有造成实际的危害后果,但足以危害公共安全的,也构成放火罪;如果造成了严重的实际危害结果,则作为实害犯,适用刑法第 115 条第 1 款的规定处罚。

在放火罪的行为对象上,必须注意以下几个问题:一是针对自己财物的放火。从刑法理论上来讲,毁坏自己的财物的行为属于处分自己利益的行为,不应该构成犯罪。但是,刑法第 114 条所规定的放火等罪不完全是财产犯罪,而是危害公共安全的犯罪,虽然行为人破坏的是自己的财物,但只要该行为危及不特定或多数人的人身和财产安全,原则上仍然应当构成该条所规定的犯罪。二是对“独门独户”房屋的放火。一般情况下,住宅不仅供多人居住,而且同时也是公民财产比较集中的地方。因此,焚烧住宅必然要危害不特定多数人的生命或财产的安全,应以放火罪论处。但如果焚烧某独门独户住宅,确实不会危及公共安全,则可以故意毁坏财物罪论处,焚烧致人死亡的,应按故意杀人罪定罪科刑。三是邪教组织人员以自焚的危险方法危害公共安全的,构成放火罪。实际上,不仅是邪教组织人员,任何人以自焚方式危害公共安全的,都能构成本罪。

(2)必须危害公共安全。按照刑法第 114 条的规定,成立放火罪的既遂,仅有放火行为尚不够,还必须达到危害公共安全的程度。如何判断放火行为是否危害公共安全,理论上主要有“独立燃烧说”和“用途丧失说”的对立。这种对立来自对放火罪性质的不同认识。“独立燃烧说”看重放火罪危害公共安全的一面;而“用途丧失说”则强调其毁损财产的一面。

根据我国刑法中放火罪的规定情况,本书认为,采用独立燃烧说比较妥当。首先,在我国,放火罪是被规定在危害公共安全罪之中的,重视的是其危害公共安全的性质,因此,采用独立燃烧说与放火罪的特征是相适应的。其次,放火罪的对象主要是建筑物,我国的建筑物一般是采用砖木结构、砖混结构或钢筋混凝土结构，这种建筑结构决定了其独立燃烧需要一定的时间，而且，建筑物用途也不容易丧失，受这种建筑物特点的影响，我国也宜于采用独立燃烧说。最后，采用独立燃烧说有利于鼓励犯罪分子的中止行为。由于我国的上述建筑物的结构决定了放火行为从点火开始，到独立燃烧、造成重大损失为止，中间必然存在一段时间。在这段时间中，犯罪分子随时都可以自愿放弃犯罪，成立中止犯。这样，就有可能将犯罪的损害结果减少到最低程度。

按照独立燃烧说，成立放火罪的既遂，应当以放火对象（目的物）是否独立燃烧为标准。行为人点燃目的物之后，将火种或点火物撤离目的物，如目的物仍能继续燃烧，表明放火行为已经足以危害公共安全，就成立刑法第114条所规定的放火罪。反之，行为人或只是把点火物点燃，或点火物虽与目的物接触但目的物并未燃烧，或目的物刚一被点着就被雨水浇熄，致使目的物未能独立燃烧的，由于不具有刑法第114条所要求的公共危险状态，不能成立刑法第114条所规定的放火罪的既遂。因此，在因对公交司机心怀不满，在公交车上点燃自制的延时放火装置以泄私愤，由于作为点火装置的香烟未燃至汽油瓶发火点即被发现，未引发火灾的场合，构成放火罪未遂。

3. 主观要件。本罪的主观要件为故意，即行为人明知其放火行为会危害公共安全，并且希望或者放任该种结果发生。因此，作为放火罪的故意的认识内容，除对自己的行为属于放火，放火的对象属于公私财物具有认识外，还必须预见到自己的行为会“危害公共安全”。因为，“危害公共安全”是放火罪的客观构成条件。只是，行为人对于“危害公共安全”的认识，不要求一定要达到明确、具体的程度。只要行为人能够意识到自己所烧毁的不是一个孤立的房屋或者对象物，里面可能有人或者火势可能蔓延到周围其他房屋的程度就足够了。放火的动机是多种多样的：有的为嫁祸于人、陷害他人而放火；有的为报私仇而放火等。动机如何，不影响本罪的构成。意图放火烧毁特定财物，但客观上危及公共安全且行为人主观上对危害公共安全的后果持放任态度的，以放火罪论处。

（二）处罚

依照刑法第114条和第115条第1款的规定，放火危害公共安全，尚未造成严重后果的，处3年以上10年以下有期徒刑；致人重伤、死亡或者使公私财产遭受重大损失的，处10年以上有期徒刑、无期徒刑或者死刑。要注意的是，放火造成自己的财产损失以及自己的人身损害的，不能认定为放火罪加重构成要件中的致人重伤、死亡或者使公私财产遭受重大损失。要注意的是，在放火等危害公共安全罪中，没有造成一人以上死亡或多人以上重伤后果的，一般可不判处死刑立即执行。

根据相关司法解释，〔6〕邪教组织人员以自焚方法危害公共安全的，依照刑法第114条、第115条的规定，以放火罪定罪处罚。

二、决水罪

（一）概念和构成

本罪，是指故意破坏水利设施，制造水患，危害公共安全的行为。其构成如下：

---

〔6〕 2017年最高人民法院、最高人民检察院《关于办理组织、利用邪教组织破坏法律实施等刑事案件适用法律若干问题的解释》第12条。

1. 主体。本罪主体是一般主体。已满 12 周岁未满 16 周岁的人出于杀人或者伤害的故意而决水、造成他人死亡或重伤的严重后果时,可以构成故意杀人罪或者故意伤害罪,但不能构成本罪。

2. 危害行为和危害结果。本罪在客观上表现为,决水危害公共安全。具体来说,包括两方面的内容:

(1)决水。所谓决水,就是使原本受到控制的水的能量释放出来,超出人们的支配,到处泛滥,通常是作为,理论上认为也可以是不作为。前者如炸毁堤坝、堵塞水道、破坏水闸和破坏防洪设施等;后者如洪水来临时,水库管理人员不及时开闸溢洪,致使水库大坝决口,危害不特定或多数人的生命、身体或重大财产安全。

需要注意的是,在洪水来临之际,隐匿或损坏防洪用具或以其他方法妨害防洪的,这种情况是利用先前已经存在的某种危险来实现自己的目的的行为,和积极主动地引起洪水泛滥的行为可以同等看待,应当视为决水罪。

决水的手段是多种多样的,如使用机械挖掘,用爆炸的方法破坏,或者徒手破坏之类。无论采用何种手段,都不影响本罪的成立。值得注意的是,用爆炸的方法破坏水利设施的行为,该如何定罪的问题。这种情况下,仍然应该认定为决水罪。因为,爆炸是利用炸药爆炸所产生的能量来危害不特定或多数人的生命、健康或重大公私财产的安全,决水本质上是利用水的能量来危害不特定或多数人的生命、健康或重大公私财产的安全。利用爆炸的方法炸毁水利设施,危害公共安全,实质上是利用水的作用,而不是利用炸药爆炸所产生的能量来危害公共安全,所以,该行为应认定为决水罪。[7]

(2)危害公共安全。按照刑法第 114 条的规定,成立决水罪的既遂,仅有决水行为尚不够,还必须达到危害公共安全的程度。如何判断决水行为具有危害公共安全的危险,理论上有不同学说。“物质毁损说”以财物受水侵害或冲击而毁损为判断标准;“效用灭失说”以财物受水侵害或冲击而灭失其效用为判断标准;“物件浸没说”以财物被水淹没为标准;“公共危险说”则以决水行为足以危害不特定人的生命、健康或重大公私财产安全为标准。因为我国刑法规定的决水罪是危害公共安全的犯罪,因此,我国学者一般主张公共危险说,它以决水之后水流开始流动、冲溢为标准,即能够危害不特定多数人的生命、健康或重大公私财产安全的水流,已被行为人决开而开始流动、冲溢时,就可以说具有危害公共安全的危险。[8]

3. 主观要件。本罪的主观要件为故意。

(二)处罚

依照刑法第 114 条和第 115 条第 1 款的规定,决水危害公共安全,尚未造成严重后果的,处 3 年以上 10 年以下有期徒刑;致人重伤、死亡或者使公私财产遭受重大损失的,处 10 年以上有期徒刑、无期徒刑或者死刑。

三、爆炸罪

(一)概念和构成

本罪,是指故意引发爆炸物,危害公共安全的行为。其构成如下:

---

〔7〕 王作富主编:《刑法分则实务研究》(第 5 版)(上),中国方正出版社 2013 年版,第 48 页。

〔8〕 叶高峰主编:《危害公共安全罪的定罪与量刑》,人民法院出版社 2000 年版,第 104 ~ 106 页。

1. 主体。主体为一般主体。根据刑法第 17 条第 2 款的规定，已满 14 周岁不满 16 周岁的人犯本罪应当负刑事责任。

2. 危害行为和危害结果。本罪在客观上表现为，引发爆炸物，危害公共安全。所谓爆炸，就是释放爆炸物破坏力的一切行为。具体方式多样：有的使用炸弹、手榴弹、地雷、炸药包或雷管进行爆炸；有的使用其他各种固体、液体或气体等易爆物品进行爆炸；还有的使用技术手段使一些危险设备发生爆炸；等等。实施爆炸行为的场所，主要是人口稠密的公共场所、居民区或财物集中以及重要的建筑物等与公共安全密切相关的特定场所。设置引爆装置，公开扬言制造爆炸，尚未实施引爆行为的，应以爆炸罪（预备）论处。

构成本罪的既遂，客观上必须达到危害公共安全的程度。如果爆炸行为针对的是特定的个人或特定的财物，危害的只是而且也只能是某个人的生命、健康或公私财产安全的话，则只应构成故意杀人罪、故意伤害罪或故意毁坏财物罪等。出于盗窃的目的，炸死较大数量的鱼，将其偷走，未引起严重后果的，应认定为盗窃罪；如果不顾人畜安危，向堤坝或其他公共设施附近的水库中投掷大量炸药，严重危害公共安全，致人重伤、死亡或者使公私财产遭受重大损失的，应当认定为爆炸罪。

行为人出于杀人目的而对特定对象实施爆炸行为，结果不仅造成该特定对象的死亡，而且也危害了其他人的生命、健康或者公私财产的安全，此时是爆炸罪和故意杀人罪的竞合，按照“从一重处罚”的原则处罚。

3. 主观要件。本罪的主观要件为故意，即对自己引发爆炸物，危害公共安全的结果有认识。动机不影响本罪成立。

（二）处罚

依照刑法第 114 条和第 115 条第 1 款的规定，爆炸危害公共安全，尚未造成严重后果的，处 3 年以上 10 年以下有期徒刑；致人重伤、死亡或者使公私财产遭受重大损失的，处 10 年以上有期徒刑、无期徒刑或者死刑。

根据相关司法解释，[9] 邪教组织人员以自爆方法危害公共安全的，依照刑法第 114 条、第 115 条的规定，以爆炸罪定罪处罚。

四、投放危险物质罪

（一）概念和构成

本罪，是指故意投放毒害性、放射性、传染病病原体等物质，危害公共安全的行为。其具有以下基本特征：

1. 主体。本罪主体为一般主体，依照刑法第 17 条第 2 款的规定，已满 14 周岁不满 16 周岁的人犯投放危险物质罪的，应当负刑事责任。

2. 危害行为和危害结果。本罪在客观上表现为投放毒害性、放射性、传染病病原体等物质，危害公共安全。所谓毒害性物质，是指含有能在短期内致人及禽畜伤亡的毒质的有机物或者无机物，如氰化钾、砒霜、敌敌畏和“1059”剧毒农药等，包括有毒气体、有毒液体与有毒固体。鸦片、大麻、吗啡等虽然也是毒物，但由于其不能在短期内造成大面积的危害结果，所以，

---

〔9〕 2017 年最高人民法院、最高人民检察院《关于办理组织、利用邪教组织破坏法律实施等刑事案件适用法律若干问题的解释》第 12 条。

不包括在本罪所说的毒物之内。所谓放射性物质,是指能通过核反应时放出的射线,在一定范围内对人体健康产生伤害作用的物质,包括镭、铀、钴等物质。所谓传染病病原体,是指能够使人体健康受到某种损害以致发生生命危险的致病性微生物,如细菌、病毒、立克次体和寄生虫等。所谓投放,就是将上述物质投放到公共水井、水池或出售的食品等之中或者放置于公共场所。其方式不限,归纳起来,主要有以下三种:一是将上述物质投放于供不特定或多数人食用的食品中;二是将上述物质投放于供人、畜等使用的河流、池塘或水井等中;三是释放上述物质,如将有毒气体在一定场所释放出来。但必须注意的是,投放毒害性物质等是投放危险物质罪的犯罪手段,但并非一切用投放危险物质手段作案的,都构成投放危险物质罪。投放危险物质行为必须危害公共安全,即能够威胁或者已经威胁到不特定或者多数人的生命、身体和财产安全,否则就不构成本罪的既遂。

实务中,对于行为人明知其排放、倾倒、处置的污染物含有毒害性、放射性、传染病病原体等危险物质,仍实施环境污染行为放任其危害公共安全,造成重大人员伤亡、重大公私财产损失等严重后果,以污染环境罪论处明显不足以罚当其罪的,可以按投放危险物质罪定罪量刑。实践中,此类情形主要是向饮用水水源保护区,饮用水供水单位取水口和出水口,南水北调水库、干渠、涵洞等配套工程,重要渔业水体以及自然保护区核心区等特殊保护区域,排放、倾倒、处置毒害性极强的污染物,危害公共安全并造成严重后果的情形。〔10〕 投毒致人死亡没有危及公共安全的,不构成投放危险物质罪,应以故意杀人罪论处。

3. 主观要件。本罪的主观要件为故意,动机如何不影响本罪的成立。以杀害特定人为目的的投放危险物质行为,客观上危害公共安全,主观上对不特定多数人的伤亡后果持放任的态度的,应以本罪论处。主观上不具有放任危害公共安全的故意,即使客观上存在危害公共安全的现实危险性的,也不能认定为本罪。

(二)处罚

依照刑法第 114 条和第 115 条第 1 款的规定,投放危险物质危害公共安全,尚未造成严重后果的,处 3 年以上 10 年以下有期徒刑;致人重伤、死亡或者使公私财产遭受重大损失的,处 10 年以上有期徒刑、无期徒刑或者死刑。

五、以危险方法危害公共安全罪

(一)概念和构成

本罪,是指使用放火、决水、爆炸和投放危险物质以外的危险方法,危害公共安全的行为。其构成如下:

1. 主体。本罪的主体是一般主体。因此,年满 16 周岁、具有辨认和控制自己行为能力的自然人都能成为本罪的犯罪主体。已满 14 周岁不满 16 周岁的人实施本罪,造成他人重伤或者死亡时,根据具体情况,可以故意伤害罪或者故意杀人罪处理。

2. 危害行为和危害结果。本罪在客观上表现为,实施了用危险方法危害公共安全的行为。所谓危险方法,是指放火、决水、爆炸、投放危险物质之外的,但与其相当的危险方法。具体来说,包括两层含义:第一,本罪中的危险方法在放火、决水、爆炸、投放危险物质之外;第二,该危

---

〔10〕 2019 年最高人民法院、最高人民检察院、公安部、司法部、生态环境部《关于办理环境污染刑事案件有关问题座谈会纪要》。

险方法与放火、决水、爆炸、投放危险物质的危险性相当，足以危害公共安全。实质上具有导致不特定或者多数人重伤、死亡的现实可能性的方法，应当认定为本罪的“其他危险方法”。在认定具体危险犯时，应当以事后查明的行为时所存在的各种客观事实为基础，以行为时为标准，从一般人的立场出发判断是否存在具体危险。行为造成高概率危险的，应是本罪中的危害行为。

司法实践中，常见的所谓“其他危险方法”具体包括以下几种：在高速公路上驾车逆行的方法、私设电网的危险方法、驾车撞人的危险方法、向公共场所人群开枪的危险方法、破坏矿井下的通风设施的危险方法、医务人员制、输次血、病害血的危险方法、故意传播突发传染病病原体的方法等。[11] 行为人明知酒后驾车违法、醉酒驾车会危害公共安全，却无视法律醉酒驾车，特别是在肇事后继续驾车冲撞，造成重大伤亡，说明行为人主观上对持续发生的危害结果持放任态度，具有危害公共安全的故意。此类醉酒驾车造成重大伤亡的行为；[12] 邪教组织人员以自焚、自爆以外的其他危险方法危害公共安全的行为；[13] 采用危险方法，意图使不特定多数人感染艾滋病病毒，危害公共安全，尚未造成严重后果的行为；[14] 盗窃、破坏人员密集往来的非机动车道、人行道以及车站、码头、公园、广场、学校、商业中心、厂区、社区、院落等生产生活、人员聚集场所的窨井盖，足以危害公共安全的行为，[15] 均属以危险方法危害公共安全。另外，在水路、铁路、航空易燃易爆危险物品运输生产作业活动中违反有关安全管理的规定，有下列情形之一的，以以危险方法危害公共安全罪定罪处罚：(1)未经依法批准或者许可，擅自从事易燃易爆危险物品运输的；(2)委托无资质企业或者个人承运易燃易爆危险物品的；(3)在托运的普通货物中夹带易燃易爆危险物品的；(4)将易燃易爆危险物品谎报或者匿报为普通货物托运的；(5)其他在水路、铁路、航空易燃易爆危险物品运输活动中违反有关安全管理规定的情形。[16] 以骗取被害人财物为目的，在城市交通干道及高速路上，故意制造交通事故的，构成以危险方法危害公共安全罪与诈骗罪的牵连犯，应以以危险方法危害公共安全罪论处。

实践当中，也有将研制生产销售“瘦肉精”的行为认定为以危险方法危害公共安全罪的判例。[17] 理由是，“人类食用超过盐酸克仑特罗残留限量的肉及其制品后，会发生急性中毒，出现的中毒症状包括面红、口渴、皮肤过敏性红色丘疹、心情烦躁不安、失眠、手指震颤、足有沉感

---

〔11〕 2003年最高人民法院、最高人民检察院《关于办理妨害预防、控制突发传染病疫情等灾害的刑事案件具体应用法律若干问题的解释》第1条第1款。

〔12〕 2009年最高人民法院《关于印发醉酒驾车犯罪法律适用问题指导意见及相关典型案例的通知》第1条。其公布的两起醉酒驾车犯罪案件中，被告人黎某全和被告人孙某铭都是在严重醉酒状态下驾车肇事，连续冲撞，造成重大伤亡。其中，黎某全驾车肇事后，不顾伤者及劝阻他的众多村民的安危，继续驾车行驶，致2人死亡，1人轻伤；孙某铭长期无证驾驶，多次违反交通法规，在醉酒驾车与其他车辆追尾后，为逃逸继续驾车超限速行驶，先后与4辆正常行驶的轿车相撞，造成4人死亡、1人重伤。被告人黎某全和被告人孙某铭在醉酒驾车发生交通事故后，继续驾车冲撞行驶，其主观上对他人伤亡的危害结果明显持放任态度，具有危害公共安全的故意。二被告人的行为均已构成以危险方法危害公共安全罪。

〔13〕 2017年最高人民法院、最高人民检察院《关于办理组织、利用邪教组织破坏法律实施等刑事案件适用法律若干问题的解释》第12条。

〔14〕 2017年最高人民法院、最高人民检察院、公安部、司法部《关于依法严厉打击传播艾滋病病毒等违法犯罪行为的指导意见》第2条第8项。

〔15〕 2020年最高人民法院、最高人民检察院、公安部《关于办理涉窨井盖相关刑事案件的指导意见》第2条第1款。

〔16〕 2021年最高人民法院、最高人民检察院、公安部等10部门《关于依法惩治涉枪支、弹药、爆炸物、易燃易爆危险物品犯罪的意见》第8条第1款。

〔17〕 冀天福：《研制生产销售“瘦肉精”构成以危险方法危害公共安全罪》，载《人民法院报》2011年9月8日，第7版。

等。长期食用可致染色体畸变诱发恶性肿瘤。但由于人的体质、免疫力、食用量上的差异,上述症状的出现也有严重与轻微之别,对心律失常、高血压、青光眼、糖尿病、甲状腺功能亢进、前列腺肥大等疾病的患者更容易产生急性中毒症状,严重者可致人死亡",因此,生产销售"瘦肉精"是与放火、决水、爆炸、投放危险物质等危险性相当的其他危险方法危害公共安全的行为。不过按照上述描述,研制生产销售"瘦肉精"的行为更符合投放危险物质罪的犯罪构成。

上述作为以危险方法危害公共安全罪处理的行为的共同之处是:和放火、决水、爆炸、投放危险物质一样,一旦实施就足以造成不特定或多数人的生命、身体健康或重大财产的损失。如果行为人使用的方法,不足以一次就能危害不特定或者多数人的生命、健康或造成重大公私财产的损失,而是数次实施,造成数个危害结果的话,就不能构成本罪。比如在公共场所用小刀将不特定的多数人的脸划伤的场合,由于该结果不是一次用刀划脸行为造成的,而且该行为也不具有一次就能危害不特定或者多数人的生命、健康或公私财产程度的危险,因此,不能将其看作以危险方法危害公共安全的行为。[18] 同样,在大街上向行人扎针,传染艾滋病等病毒的行为也不构成本罪。因为,一次扎针的行为一次只能扎伤一个人,不具有与放火等一次实施就足以造成不特定多数人的生命、身体或者财产损失程度相当的危险。

实践中,有将盗窃消防铜芯之类的破坏消防设施的行为认定为本罪的判例。理由是,消防设施被破坏,一旦发生火灾,将会因为无法补充灭火用的水源而造成巨大损失。[19] 这种观点值得商榷。盗窃消防栓中的铜芯的确对消防设施造成了破坏,但消防栓只是一种预防设备,其破坏并不必然导致对公共安全的危害,与"放火、决水、爆炸以及投放毒害性、放射性、传染病病原体等物质"的直接危害性有巨大差别,因此,不宜直接以以危险方法危害公共安全罪论处,而应认定为盗窃罪。

实践中,还有为防盗而私设电网,结果致死人命的情况。对此该如何处理,理论上存在分歧。有的学者认为,私设电网是一种危险方法,其侵害的对象是不特定或多数人的生命、健康的安全。特别是在公共场所私设电网,直接威胁不特定或多数人的人身安全,其侵犯的客体是公共安全,这种行为,无论是从主观要件还是从客观方面,都符合以危险方法危害公共安全罪的特征,因此,对这种行为应认定为以危险方法危害公共安全罪。[20] 但是,本书认为,对这种情况不能一概而定,而应当区别情况,具体分析。如果私设电网是为了防止自己的财产被盗,而且事实上就拉电网的场所等来看,确实不可能危及不特定或者多数人生命、健康,只可能危及小偷之类的特定的人的生命、健康的场合,造成了他人伤亡的,应是防卫过当的行为,以故意杀人罪或者故意伤害罪论处即可;如果行为人对自己的行为后果没有预见(如行为人认为电压低,不会致人伤亡,行为人只想吓唬偷盗者),而实际上造成了他人的伤亡的,对行为人可以过失致人死亡罪或过失致人重伤罪论处;只有在行为人私设电网就是想通过使别人触电伤亡来达到保护自己的财产的目的或者其他目的,而且从架设电网当时的情况来看,确实有可能危及不特定或者多数人的生命、健康安全的时候,造成了他人人身伤亡的,才应当构成以危险方法危害公共安全罪。

---

〔18〕 王作富:《中国刑法研究》,中国人民大学出版社 1989 年版,第 422 页。

〔19〕 胡潭龙:《盗窃消防栓铜芯属于危害公共安全吗》,载《检察日报》2009 年 2 月 22 日,第 3 版。

〔20〕 叶高峰主编:《危害公共安全罪的定罪与量刑》,人民法院出版社 2000 年版,第 134 页。

3. 主观要件。本罪的主观要件是故意。

（二）处罚

依照刑法第 114 条和第 115 条第 1 款的规定，以危险方法危害公共安全，尚未造成严重后果的，处 3 年以上 10 年以下有期徒刑；致人重伤、死亡或者使公私财产遭受重大损失的，处 10 年以上有期徒刑、无期徒刑或者死刑。行为人为逃避法律制裁暴力抗法，在神志清醒控制力正常的状态下实施危害公共安全的行为，在量刑上应当重于因醉酒引起的以危险方法危害公共安全行为。

（三）刑法第 114 条和第 115 条第 1 款的关系

现行刑法第 114 条规定，放火、决水、爆炸以及投放毒害性、放射性、传染病病原体等危险物质或者以其他危险方法危害公共安全，尚未造成严重后果的，处 3 年以上 10 年以下有期徒刑；第 115 条第 1 款规定，放火、决水、爆炸以及投放毒害性、放射性、传染病病原体等危险物质或者以其他危险方法致人重伤、死亡或者使公私财产遭受重大损失的，处 10 年以上有期徒刑、无期徒刑或者死刑。其他条款中，如第 116 条（破坏交通工具罪）、第 117 条（破坏交通设施罪）、第 118 条（破坏电力设备罪和破坏易燃易爆设备罪）与第 119 条之间也存在类似内容。这些条款的特点是，将上述行为所造成的危险状态和实害结果都作为犯罪构成要件，并分别规定在不同的条文之中。这样，就产生了以下问题，即上述以危险状态为构成要件的犯罪和以实害结果为构成要件的犯罪之间，到底是什么关系？

对此，一种见解认为，二者之间是基本犯和结果加重犯的关系，即以出现危害公共安全的危险状态为构成要件的犯罪是基本犯，而以发生致人伤亡或者重大财产损失的实害结果为构成要件的犯罪是结果加重犯。〔21〕 另一种见解则认为，二者之间是未遂犯与既遂犯的关系，即以出现危害公共安全的危险状态为构成要件的犯罪是未遂犯，而以发生致人伤亡或者重大财产损失为构成要件的犯罪是既遂犯。〔22〕

本书不同意前一种见解。刑法第 115 条第 1 款所规定的犯罪不能看作刑法第 114 条所规定的危险犯的结果加重犯。

结果加重犯，在理论上，可以分为单一行为的结果加重犯和复合行为的结果加重犯。其中，单一行为的结果加重犯，是指基本罪的行为属于单一行为，基于这种单一行为发生了加重结果，法律规定加重其刑的情况。故意伤害行为致死的，就属于此。复合行为的结果加重犯，是指基本犯罪中的危害行为属于复合行为，基于这种复合行为发生了加重结果，法律上规定加重其刑的情况。抢劫致人重伤或者死亡的，就属于此。不同类型的结果加重犯，其成立条件也有区别。就单一行为的结果加重犯而言，行为人对于加重结果的心理态度只能是过失，而不能是故意，如果是持故意态度的话，就成立该加重结果的故意犯罪，而不是该基本犯罪的结果加重犯。比如在故意伤害致死的场合，行为人对基本结果是故意，对加重结果则是过失；如果对加重结果也是持故意的心理态度的话，那就不是故意伤害致死，而应当是故意杀人了。相反地，就复合行为的结果加重犯而言，行为人对于加重结果的心理态度，则既可以是故意，也可以

---

〔21〕 叶高峰主编：《危害公共安全罪的定罪与量刑》，人民法院出版社 2000 年版，第 93 ~ 95 页；鲜铁可：《新刑法中的危险犯》，中国检察出版社 1998 年版，第 136 页。

〔22〕 段立文：《犯罪“未得逞”含义辨析》，载杨敦先、周其华、姜伟编：《廉政建设与刑法功能》，法律出版社 1991 年版，第 304 ~ 305 页。

是过失。比如在抢劫致人死亡的场合,行为人对于使用暴力造成他人死亡的结果,既可以是持希望或者放任的故意态度,也可以是持疏忽大意或者过于自信的过失态度。在刑法理论上,行为人对结果加重犯中的加重结果到底是持故意还是过失一直有争议,这实际上就是由后一种情况即复合行为的结果加重犯所引起的。

刑法第 114 条和第 115 条第 1 款之间不可能是基本犯和结果加重犯的关系。就刑法第 115 条第 1 款所规定的犯罪而言,如果说其是刑法第 114 条所规定危险犯罪的结果加重犯的话,最多也只能看作单一行为的结果加重犯,因为,作为这些犯罪的客观要件的放火等行为都是单一行为。如此的话,按照上述有关结果加重犯的基本原理,行为人对于刑法第 115 条第 1 款中所规定的"致人重伤、死亡或者使公私财产遭受重大损失"的结果就只能是持过失的心理态度。但是,刑法第 115 条第 2 款规定,过失犯前款罪的,另外构成失火等罪,而不是放火等罪。换句话说,刑法第 115 条第 1 款所规定的"致人重伤、死亡或者使公私财产遭受重大损失"的加重结果只能是故意引起的,而不可能是过失引起的。既然如此,怎么能说该结果是放火等犯罪的加重结果呢?

同时,如果将刑法第 115 条第 1 款所规定的放火等罪理解为刑法第 114 条所规定的放火等罪的结果加重犯的话,还会带来一些不必要的麻烦。一是会导致两个既遂形态。刑法第 114 条和第 115 条第 1 款规定的本是同一犯罪,只是为了立法上的方便而分别放在两个不同的条款之中而已。既然如此,将造成严重后果的作为既遂犯,将没有造成严重后果的也作为既遂犯,这岂不是互相矛盾吗?〔23〕二是导致对刑法第 115 条第 2 款的理解形成障碍。刑法第 115 条第 2 款规定"过失犯前款罪的",构成失火等罪。如果说刑法第 115 条第 1 款和刑法第 114 条之间是基本犯和结果加重犯的关系的话,那么,刑法第 115 条第 2 款有关失火罪等的规定中所规定的"过失犯前款罪的"的条款就只能理解为"过失犯放火等罪的结果加重犯"了。本来,结果加重犯只是某一具体犯罪的特殊形态,不具有独立的犯罪意义,只能依附于基本犯罪。因此,如果将刑法第 115 条第 1 款规定的犯罪理解为结果加重犯的话,那么,过失犯故意罪的结果加重犯,该是什么样的一种情形呢? 难以想象。况且,结果加重犯的法定刑必定高于基本犯,而刑法第 115 条第 2 款所规定的法定刑显然低于被作为基本犯的刑法第 114 条的规定。因此,上述理解会给该条的第 2 款所规定的过失犯的解释带来不必要的混乱。〔24〕

本书认为,刑法第 114 条所规定的危险犯和刑法第 115 条第 1 款所规定的实害犯之间,属于未遂犯和既遂犯的关系。

首先,从理论上来讲,未遂犯作为犯罪受到处罚,并不仅仅是因为其在形式上符合某种犯罪的修正的构成要件,而且其在实质上具有侵害刑法上所保护的某种利益的危险。从这种意义上来说,未遂犯也是危险犯。就刑法第 114 条所规定的放火等罪而言,其是以"危害公共安全,尚未造成严重后果"为构成要件的,属于刑法理论上所谓的危险犯。因此,将刑法第 114 条所规定的放火等罪理解为刑法第 115 条第 1 款所规定的、以"致人重伤、死亡或者使公私财产遭受重大损失"作为构成要件的放火罪的实害犯的未遂犯,理论上没有障碍。

其次,从总论的相关论述中已经看出,刑法分则的各个条款并不一定是具体犯罪的既遂形态。就放火等犯罪而言,一方面,其具有烧毁财物和杀伤人命的性质,因此,具有财产犯罪和人

〔23〕 陈航:《对"危险犯属于犯罪既遂形态"之理论通说的质疑》,载《河北法学》1999 年第 2 期。
〔24〕 李邦友:《结果加重犯基本理论研究》,武汉大学出版社 2001 年版,第 9 页。

身犯罪的一面;另一方面,由于其一实施就会威胁到不特定或多数人的生命、财产,其还具有危害公共安全的犯罪的一面。所以,现行刑法一方面根据其具有财产犯罪和人身犯罪的特征的一面,将实际造成人身伤亡和重大财产损失作为成立该罪的基本形态加以规定;另一方面,考虑到该罪具有危害公共安全的特征,是各种普通刑事犯罪中社会危害性最大的一种,所以,将没有造成实际损害但已经危害到了公共安全的行为也例外地作为犯罪予以处理。这实际上是对该罪所具有的严重社会危害性的强调和强烈谴责。这种将同一犯罪的不同形态在不同的条文中加以规定的做法,并不表示它们是两种不同既遂形态,而只是一种立法技术上的选择而已。实际上,立法者完全可以将刑法第 114 条和第 115 条第 1 款的内容合并规定为:"放火、决水、爆炸、投放危险物质或者以其他危险方法致人重伤、死亡或者使公私财产遭受重大损失的,处……;危害公共安全,尚未造成严重后果的,处……"

再次,司法实践中,对于对象物刚被行为人点燃就被他人发现而扑灭,没有造成任何损失的案件,以及行为人把对象物点燃之后即脱离现场,火情被及时发现而扑灭,没有造成重大损失的情形,都是以刑法第 114 条所规定的放火罪处理的。[25] 这种做法实际上间接地承认了刑法第 114 条所规定的放火罪是刑法第 115 第 1 款所规定的放火罪的未遂犯的情形。

最后,将刑法第 114 条和第 115 条第 1 款理解为未遂犯和既遂犯的关系,能更妥当地解决司法实践中所遇到的一些比较棘手的问题。比如在行为人向他人的饭菜里投毒之后,在该饭菜被食用之前,又主动通知他人,说明事实真相,从而避免了他人中毒事故发生,或者在铁路上放置障碍物,但在火车即将到来之际,又主动将该障碍物挪开,[26] 或者行为人在点燃对象物之后又主动扑灭火苗之类的、在危险状态出现以后又主动消除的场合,该如何处理,在理论上一直争论不休。

第一种见解认为,该种行为是在犯罪已经达到既遂状态之后所发生的,不可能成立中止犯,应当以既遂犯处理;[27] 第二种见解认为,可以将上述行为认定为危害公共安全罪的危险犯的中止犯;[28] 第三种见解认为,上述行为可以成立危害公共安全罪中的与危险犯相对应的实害犯的中止犯。[29]

本书认为,上述第一种观点虽然符合危害公共安全罪中的危险犯是该种犯罪的既遂形态的一般理论,但是所得出的结论却难以令人接受。既然行为人在危害公共安全的实害结果发生之前,自动采取措施,有效地防止了危害结果的发生,完全符合刑法规定中止犯的宗旨,为何不能将这种情况考虑为中止犯呢?上述第二种观点的结论也是值得商榷的。因为,危险状态一旦出现之后,就已经符合了危险犯的成立要件,构成犯罪;不能因为该危险状态没有成为事实,就说该危险犯没有达到既遂状态。比如行为人在将他人房屋点着之后,马上又将火扑灭,这种情况下,尽管危险状态出现之后马上被解除了,但是,能说该放火行为所引起的危害公共安全的危险状态没有出现过(因为,成立中止犯必须是有效地防止了犯罪结果的发生。就危

---

〔25〕 具体内容,参见最高人民检察院《刑事犯罪案例丛书》编委会编写:《刑事犯罪案例丛书(以危险方法危害公共安全的犯罪)》,中国检察出版社 1991 年版,第 47～48、52 页等。

〔26〕 此种场合,应当说刑法第 117 条所规定的"足以使火车发生倾覆、毁坏危险"已经出现。

〔27〕 叶高峰主编:《危害公共安全罪的定罪与量刑》,人民法院出版社 2000 年版,第 64 页;张穹主编:《人民检察院检控案例定性指导》(第 2 卷),中国检察出版社 2002 年版,第 4～5 页。

〔28〕 刘志伟主编:《危害公共安全犯罪疑难问题司法对策》,吉林人民出版社 2001 年版,第 66～67 页。

〔29〕 刘志伟主编:《危害公共安全犯罪疑难问题司法对策》,吉林人民出版社 2001 年版,第 69 页。

险犯而言,当然要求没有出现过危险状态)而成立危险犯的中止犯吗?显然是不能的。上述第三种观点的结论是妥当的,但其在论证上却存在问题。因为,上述观点的前提是,危害公共安全罪中的危险犯是基本犯,而实害犯属于基本犯的结果加重犯。[30] 既然如此,前述所谓危险状态出现之后的中止行为怎么可能看作中止犯呢?因为,结果加重犯是实施基本犯的行为,意外地发生了超出基本犯所能评价的结果,法律规定要加重处罚的情况。发生了该加重结果的,就是结果加重犯;没有发生该结果的,就只能按照基本犯处理。换句话说,结果加重犯只有成立和不成立的问题,而不存在是否自动有效防止危害结果发生的情况。因此,只要坚持危险犯是犯罪的既遂形态,以及危险犯相应的实害犯是危险犯的结果加重犯的前提,则无论如何也不能得出上述第三种见解。

但按照危险犯和与其相应的实害犯之间是未遂犯和既遂犯的关系的观点,能够顺利地得出危险状态出现之后又主动消除该危险的行为,是与该危险犯相应的实害犯的中止犯的结论。行为人一旦在他人饭菜中投放了毒物,或者在铁路上放置了障碍物,或者已经将对象物点着,就应当说,已经出现了危害公共安全的危险状态。但是,由于还没有产生致人死伤或者毁坏公私财物的结果,所以,该行为还不成立与该危险犯相应的实害犯。在此之前,行为人仍可以停止下来,防止实害的发生。如果在此阶段,行为人根据自己的意愿,有效地防止了犯罪结果发生的话,就毫无疑问地应当看作该实害犯的犯罪中止。

从现行刑法第 114 条和第 115 条第 1 款,第 116、117、118 条和第 119 条第 1 款的关系来看,成立上述条文中所规定的犯罪的实害犯,均以“致人重伤、死亡或者使公私财产遭受重大损失”或者“造成严重后果”为要件。因此,按照刑法第 24 条第 2 款的规定,在中止犯的行为没有造成任何损害的场合,应当免除处罚;在造成了一定损害,但是不属于成立实害犯所必需的“致人重伤、死亡或者使公私财产遭受重大损失”的严重后果的时候,成立与该实害犯相应的危险犯,因为具有犯罪中止的情节,所以,应当比照危险犯的刑罚幅度,减轻处罚。这样,就比较合理地解决了上述中止行为的处罚问题。

六、失火罪

(一)概念和构成

本罪,是指因过失引起火灾,造成严重后果,危害公共安全的行为。其构成如下:

1. 主体。本罪主体是一般主体,为年满 16 周岁具有刑事责任能力的自然人。

2. 危害行为和危害结果。本罪客观上表现为,引起火灾,造成严重后果,危害公共安全。具体而言,首先,必须具有过失引起火灾的行为。[31] 失火一般发生在日常生活中,如吸烟入睡

---

〔30〕 鲜铁可:《新刑法中的危险犯》,中国检察出版社 1998 年版,第 27~28 页;刘志伟主编:《危害公共安全犯罪疑难问题司法对策》,吉林人民出版社 2001 年版,第 25 页。

〔31〕 刑法学的通常见解认为,过失犯罪和故意犯罪在行为方面并没有差别。但是,这种见解是值得商榷的。故意犯罪和过失犯罪最基本的差别在于行为人对于所发生的结果所持的主观态度不同,一个是故意,一个是过失,这是没有争议的。但是,人的行为是其主观心理态度的外在体现,既然故意犯罪与过失犯罪的心理态度不同,其体现于外在的行为也必然有所差别,这是不言而喻的;同时,在行为人为了杀妻而调配好有毒牛奶,放在冰箱中,准备等妻子回来后给她喝,结果被一到访的老朋友自己拉开冰箱喝下的案件中,一般认为,行为人的行为是故意杀人罪的预备犯和过失致人死亡罪的竞合。同一行为被看作过失致人死亡罪的实行行为和故意杀人罪的预备行为。换言之,本案中过失犯罪的实行行为与故意犯罪的预备行为的性质相同,这也表明,过失犯罪和故意犯罪的客观方面的差别,不仅仅在于结果要求的不同,在行为属性上也应当有差别。

将棉被引燃,做饭不照看炉火,安装炉灶、烟囱不符合防火规则而引起火灾,在森林中烧荒或者生火取暖不小心引起火灾,都属于失火。如果在工作中严重不负责任或擅离职守,或者在生产中违章作业或强令他人违章作业而引起火灾,则分别构成玩忽职守罪或者重大责任事故罪。其次,必须发生致人重伤、死亡或者重大财产损失的后果。失火行为虽然在一定程度上对公共安全造成了威胁,但是,没有造成严重后果的,也不构成失火罪。

根据有关司法解释,[32]过失引起火灾,涉嫌下列情形之一的,应予立案追诉:(1)导致死亡1人以上,或者重伤3人以上的;(2)造成公共财产或者他人财产直接经济损失50万元以上的;(3)造成10户以上家庭的房屋以及其他基本生活资料烧毁的;(4)造成森林火灾,过火有林地面积2公顷以上,或者过火疏林地、灌木林地、未成林地、苗圃地面积4公顷以上的;(5)其他造成严重后果的情形。"有林地""疏林地""灌木林地""未成林地""苗圃地",按照国家林业主管部门的有关规定确定。

3. 主观要件。本罪的主观要件是过失。这里的过失,是针对造成致人重伤、死亡或者公私财产重大损失的严重后果而言,非针对行为是有意还是无意。

(二)处罚

依照刑法第115条第2款的规定,犯本罪的,处3年以上7年以下有期徒刑;情节较轻的,处3年以下有期徒刑或者拘役。

七、过失决水罪

本罪,是指过失引起水灾,致人重伤、死亡或者使公私财产遭受重大损失的行为。

具体而言,首先,必须实施引起水灾的行为,即使受控制的水的自然力量释放出来,超出人们的支配,泛滥成灾。这种行为多发生在人们的日常生活中,由于行为人的不注意而引起。但如果是具有防洪责任的国家机关工作人员,在工作中擅离职守或严重不负责任,引起水灾,致人重伤、死亡或者使公私财产遭受重大损失,就是玩忽职守罪,而不构成过失决水罪。其次,必须造成严重后果,即致人重伤、死亡或者使公私财产遭受重大损失。如果仅有过失行为,但造成的后果不严重,或者根本没有造成严重后果,则不构成本罪。"严重后果"的具体内容,可以参照上述失火罪的相关内容。

依照刑法第115条第2款的规定,犯本罪的,处3年以上7年以下有期徒刑;情节较轻的,处3年以下有期徒刑或者拘役。

八、过失爆炸罪

本罪,是指过失引发爆炸物,致人重伤、死亡或者使公私财产遭受重大损失的行为。

具体而言,首先,必须具有引起爆炸的行为。爆炸行为具体表现形式很多,但其共同特点都是由于行为人在日常生活中不注意安全所引起的,如在堆放易爆物品的仓库中乱扔烟头,引起爆炸等。另外,如果行为人在生产、储存、运输、使用危险品过程中,违反危险物品管理规定而引起爆炸,造成严重后果,则应以危险物品肇事罪论处。其次,必须在客观上已经造成严重危害结果。没有发生危害结果,或者发生的危害结果,没有达到致人重伤、死亡或者造成公私财产重大损失的程度的,不能定罪。"严重后果"的具体内容,可以参照上述失火罪的相关

---

〔32〕 2008年最高人民检察院、公安部《关于公安机关管辖的刑事案件立案追诉标准的规定(一)》第1条。

内容。

依照刑法第 115 条第 2 款的规定,犯本罪的,处 3 年以上 7 年以下有期徒刑;情节较轻的,处 3 年以下有期徒刑或者拘役。

九、过失投放危险物质罪

本罪,是指过失投放毒害性、放射性、传染病病原体等危险物质,危害公共安全,造成严重后果的行为。

具体而言,首先,实施了过失投放危险物质的行为,行为方式没有限制。通常是行为人在日常生活中不注意而引起的,如误将毒药投入饲料中,将装过农药的口袋或瓶子又用来装食品出售,误将农药当作食用油炒菜让他人食用等,均属于此。其次,必须造成严重后果,即造成不特定或多数人的死伤或者使公私财产遭受重大损失。"严重后果"的具体内容,可以参照上述失火罪的相关内容。如果致人中毒的过失行为并不危害不特定或多数人的生命、健康或者重大公私财产的安全,如误将砒霜当作砂糖给特定人服用,造成他人死亡,由于没有导致不特定或多数人的生命、健康受到威胁,所以,不应该认定为过失投放危险物质罪,而应该认定为过失致人死亡罪。

依照刑法第 115 条第 2 款的规定,犯本罪的,处 3 年以上 7 年以下有期徒刑;情节较轻的,处 3 年以下有期徒刑或者拘役。

十、过失以危险方法危害公共安全罪

本罪,是指行为人过失地以与放火、决水、爆炸、投放危险物质等危害性相当的其他危险方法,导致他人重伤、死亡或公私财产的重大损失,危害公共安全的行为。

具体而言,首先,必须实施了失火、过失决水、过失爆炸、过失投放危险物质以外的危害公共安全的行为。这里的其他危险方法的表现形式法律上没有进行限定,在实践中可以是多种多样的。但是,从罪刑法定的角度来看,对其范围也不能无限地进行扩大,将各种不符合标准的行为都包括进来。一般认为,本罪中的其他危险方法是指,失火、过失决水、过失爆炸、过失投放危险物质行为以外的,但在社会危险性上与之相当、对公共安全造成危害的方法,如轻信照明电不会电死人而违反有关规定,私设电网,过失致人伤亡的情况,食品销售人员未尽妥善保管义务,致使所销售的食品中混入有毒有害物质的,就是如此。其次,必须造成了危害公共安全的严重后果,即造成了不特定或多数人的重伤、死亡或公私财产的重大损失。"严重后果"的具体内容,可以参照上述失火罪的相关内容。如果没有造成严重后果或者造成的危害后果尚未达到上述严重程度,就不构成本罪。实践中,要认定行为人的行为是否构成本罪,必须根据发生上述严重后果的时间、地点、条件等,判断是否危害公共安全。行为虽然造成个别人员的重伤、死亡等结果,但并不危害公共安全的,不能按本罪处理,而只能以其他犯罪(如过失致人死亡罪等)定罪处罚。

按照有关司法解释,[33] 患有突发传染病或者疑似突发传染病而拒绝接受检疫、强制隔离或者治疗,过失造成传染病传播,情节严重,危害公共安全的,依照刑法第 115 条第 2 款的规

---

〔33〕 2003 年最高人民法院、最高人民检察院《关于办理妨害预防、控制突发传染病疫情等灾害的刑事案件具体应用法律若干问题的解释》第 1 条第 2 款。

定,按照过失以危险方法危害公共安全罪定罪处罚。

依照刑法第 115 条第 2 款的规定,犯本罪的,处 3 年以上 7 年以下有期徒刑;情节较轻的,处 3 年以下有期徒刑或者拘役。

第三节　破坏公用工具、设施危害公共安全的犯罪

一、破坏交通工具罪

(一)概念和构成

本罪,是指破坏火车、汽车、电车、船只、航空器,已经造成严重后果或者足以使火车、汽车、电车、船只、航空器发生倾覆、毁坏危险,尚未造成严重后果的行为。其构成如下:

1. 主体。本罪的主体是一般主体。

2. 危害行为和危害结果。本罪客观上表现为破坏交通工具,已经或者足以使交通工具发生倾覆或毁坏危险。所谓交通工具,只限于正在使用中的火车、汽车、电车、船只和航空器。当交通工具未处于使用期间,即使盗窃或者破坏交通工具上的设备,也不足以危害公共交通安全,对这种行为只能以盗窃罪或故意毁坏财物罪论处。交通工具虽然正在使用期间,但行为人只是盗窃或者破坏该交通工具上的一般设备或附属设备(如门窗、座椅、卧具等),不足以危害公共交通安全的,也只能以盗窃罪或故意毁坏财物罪论处。破坏简单的陆用交通工具,如马车、自行车、三轮车、手推车或农用拖拉机等,一般不会造成危害公共安全的严重后果,不构成本罪。但如果破坏的对象是用作交通运输的大型拖拉机,足以危害公共安全的话,应以本罪论处。

所谓破坏,就是使交通工具本身遭受整体毁坏或失去应有的功能;所谓倾覆,是指车辆倾倒、颠覆,船只翻沉,航空器坠毁;所谓毁坏,是指烧毁、炸毁或坠毁等完全报废或受到严重破坏的情况;所谓足以,是指构成本罪并不要求实际上已经发生倾覆、毁坏的结果,只要对交通工具的破坏达到足以使其发生倾覆、毁坏的危险状态,就可以了。

判断是否足以发生倾覆、毁坏的危险,要从两个方面入手:第一,交通工具是否正在使用期间。只有破坏正在使用中的交通工具才可能危害到公共安全,“正在使用”的交通工具,既包括正在行驶或航行中的交通工具,也包括停放在车库、码头、机场上的车辆、船只和飞机等已经交付使用,随时都可开动执行运输任务的交通工具。如果破坏的是尚未检验出厂或待修、待售之中的交通工具,则不构成本罪。第二,破坏的方法和部位。破坏交通工具的方法多种多样,如果以放火、爆炸的危险方法实施破坏,则为想象竞合犯,应以放火罪、爆炸罪或者以本罪论处,不实行并罚。如果以拆卸、打砸的破坏方法,则应看破坏的部位,只有那些对交通工具的重要装置或部件进行破坏的行为,才能构成本罪。如果破坏的只是交通工具的一般性辅助设施,而不影响行驶安全,则不构成本罪。

3. 主观要件。本罪的主观要件是故意。

(二)处罚

依照刑法第 116 条、第 119 条第 1 款的规定,犯本罪,尚未造成严重后果的,处 3 年以上 10 年以下有期徒刑;造成严重后果的,处 10 年以上有期徒刑、无期徒刑或者死刑。

二、破坏交通设施罪

(一)概念和构成

本罪,是指故意破坏轨道、桥梁、隧道、公路、机场、航道、灯塔、标志或者进行其他破坏活动,足以使火车、汽车、电车、船只、航空器发生倾覆、毁坏的危险或者已经造成严重后果的行为。其构成如下:

1. 主体。本罪的主体是一般主体,已满 14 周岁、不满 16 周岁的自然人出于杀人的目的而破坏交通设施,导致他人死亡的场合,可以按照故意杀人罪对其定罪处罚。

2. 危害行为和危害结果。本罪客观上表现为,破坏轨道、桥梁、隧道、公路、机场、航道、灯塔、标志或者进行其他破坏活动,足以使火车、汽车、电车、船只、航空器发生倾覆、毁坏危险或者已经造成严重后果。

首先,必须具有“破坏”行为。这种破坏行为要使交通设施本身遭受整体毁坏或使交通设施失去应有的功能,它包括以下几种情况:(1)毁损交通设施的重要部件或基础,如拆卸铁轨、破坏路基、拔去枕木、毁损标志,熄灭灯塔上的灯光、淤塞航道、挖坑掘穴,盗拆城市道路中间的管线井盖等;(2)在交通设施上设置障碍物,如在铁轨上放置能使火车脱轨的器物、在公路上设置路障;(3)改变交通设施的正常位置或状态等,如故意错搬道岔、改变高速公路上的行车方向指示牌、在盘山公路上将“连续转弯”的标志改为“禁止鸣笛”的标志等,这种行为虽然不直接破坏交通设施,但该行为足以使交通工具发生倾覆、毁坏,因此,也可以看作破坏活动;(4)实施虽不直接破坏交通设施,但足以使交通工具发生倾覆、毁坏危险的行为,如在铁轨上涂抹机油等;(5)损害交通设施的正常功能,如使用无线电干扰信号,致使正常行驶中的交通工具与调度、指挥、导航系统无法取得联系,处于极为危险境地的行为,或者盗剪正在使用中的铁路专用调度电话线,造成混线(通话不清)的结果的行为。以上行为,都属于本罪中的“破坏”行为。因合法行为使某种合法权益处于危险状态的,行为人负有采取积极救助措施消除该危险状态的作为义务。若不履行这一义务的,构成不作为的破坏。但是,高速路上的中央栅栏作为高速公路上设置的交通附属设施,发挥引导车辆各行其道的作用,其缺失虽然可能会给过往车辆在行驶上带来不便,但本质上不会使高速路的通行功能受到任何影响,因此,盗割这种设施的行为不能认定为“破坏交通设施”。

其次,破坏的对象必须是“正在使用中的交通设施”。所谓正在使用中的交通设施,是指交通设施已经交付使用或者处于使用状态之中,而不是正在建设或正在修理且未交付使用或已经废弃不用的交通设施。如果破坏的不是正在使用中的交通设施(如正在施工、修理、储存中或废置不用的交通设施),或者与交通运输安全无关的设施(如候机楼、候车室的生活设备),因其对交通运输安全没有直接威胁,故不构成本罪。但根据案件具体情况,可以认定为故意毁坏财物罪或盗窃罪等。

交通设施是多种多样的,一般来说:轨道包括正轨、便轨;桥梁包括铁桥、钢筋混凝土桥、土桥及木桥等;灯塔包括海道或河道上使用的以各种动力或燃料点燃的灯塔;隧道包括供火车、电车及汽车等通过的或供地下运输的各种隧道,如地铁隧道等;航道是指供船只通过的主航道;机场包括军用、民用或供各种航空器起落升降的大小机场;公路是指各种专供汽车、无轨电车使用的公路;标志包括铁路上的各种信号灯、指示标、海道或河道上的航标、公路上的路标、交通灯和机场的风向标;正在使用中的社会机动车通行道路上的窨井盖[34]等。如何确定“公路”的范围,理论上还有不同的看法。本书认为,凡是经交通运输主管部门验收认定的城间、城乡间、乡间能行驶汽车的公共道路,均为“公路”。

最后,破坏行为必须足以使火车、汽车、电车、船只或者航空器发生倾覆、毁坏危险,但实际上的倾覆、毁坏结果并不是本罪的构成要件,而只是本罪的法定刑升格的要件。所谓倾覆,是指汽车、电车翻车,火车出轨,船只翻沉,飞机坠落等;所谓毁坏,是指烧毁、炸毁、坠毁,或者造成其他无法修复的严重破坏,失去交通功能。

判断某种行为是否足以使交通工具发生倾覆、毁坏危险,可以从两个方面进行考察:一是看所使用的方法。如果行为人采取爆炸、放火或拆毁的方法破坏交通设施,就可以说足以使交通工具发生倾覆、毁坏的危险。二是看破坏的部位。比如挖掉路轨、枕木,卸去轨道之间的连接部位等,这些破坏交通设施重要部位的行为直接关系到交通工具的行驶安全,足以造成交通工具的倾覆、毁坏危险。但要注意的是,和破坏交通工具罪一样,本罪中的危险不是一般意义上的危险,而是“足以使交通工具发生倾覆、毁坏”程度的危险,因此,在危险的判定上,其具体程度要比放火等危险犯的危险程度高,属于科学意义上的危险,而不是一般人感觉上的危险。比如某甲为打一把刀片,将一根拖拉机链轴用细铁丝捆绑在铁轨上,企图借助火车的力量将其压扁。当火车通过之后,某甲发现放置的链轴没有了,怕造成严重后果,即到派出所报告,谎称发现他人在铁路上放置障碍物。后经查证实系某甲所为。经有关铁路部门鉴定,在铁路上放置拖拉机链轴,如果链轴固定,车轮能上去,就有造成火车脱轨和颠覆的危险。某甲捆绑链轴时,用的是细铁丝,不是从链轴两端的孔穿过,细铁丝是用钳子拧的,捆绑得不牢固,加之链轴是平头的,引导轮撞上易掉,因此,没有使列车脱轨的危险。该案例中,危险的有无,就是根据专家的科学判断,而不是根据一般人的认识来认定的。

3. 主观要件。本罪的主观要件是故意,即明知自己破坏交通设施的行为会发生使交通工具倾覆或者毁坏的危害结果。犯罪动机多种多样,如出于报复泄愤,图谋陷害,嫁祸于人,贪财图利等,但其对构成本罪并无影响。

(二)处罚

依照刑法第117条、第119条第1款的规定,犯本罪,尚未造成严重后果的,处3年以上10年以下有期徒刑;造成严重后果的,处10年以上有期徒刑、无期徒刑或者死刑。要注意的是,铁路运输领域破坏交通设施罪的入罪标准是足以使火车发生倾覆、毁坏的危险;“严重后果”的量刑应当从火车倾覆、人员伤亡、重大的直接经济损失、中断行车时长等方面分别考量。

三、破坏电力设备罪

本罪,是指故意破坏电力设备,足以造成或已经造成严重后果,危害公共安全的行为。

其中,所谓破坏,就是使电力设备本身遭受物理上的毁坏或失去其应有的功能。破坏方法不影响行为性质的认定,但使用放火、爆炸等方法破坏正在使用中的电力设备的,属于想象竞合犯,因放火、爆炸的性质严重,所以应考虑以放火罪、爆炸罪论处。

由于本罪的保护法益是公共供电中的公共安全,因此,行为对象必须是正在使用的电力设

---

[34] 2020年最高人民法院、最高人民检察院、公安部《关于办理涉窨井盖相关刑事案件的指导意见》第1条第1款。此处的“窨井盖”,包括城市、城乡接合部和乡村等地的窨井盖以及其他井盖。

备。根据有关司法解释,[35]其是指处于运行、应急等使用中的电力设备;已经通电使用,只是由于枯水季节或电力不足等原因暂停使用的电力设备;已经交付使用但尚未通电的电力设备。但尚未安装完毕,或者已经安装完毕但尚未交付使用的电力设备不包括在内。

破坏尚未使用的电力设备的,不构成本罪。同时,拆盗某些排灌站、加工厂等生产单位正在使用中的电机设备等,但没有危及社会公共安全的,也不构成本罪。应当追究刑事责任的,根据案件的不同情况,按照后述的盗窃罪、破坏生产经营罪或者故意毁坏财物罪处理。同时构成盗窃罪和破坏电力设备罪的,依照刑法处罚较重的规定定罪处罚。

依照刑法第118条和第119条第1款的规定,犯本罪,尚未造成严重后果的,处3年以上10年以下有期徒刑。造成严重后果的,处10年以上有期徒刑、无期徒刑或者死刑。根据有关司法解释,[36]具有下列情形之一的,属于刑法第119条第1款规定的“造成严重后果”:(1)造成1人以上死亡、3人以上重伤或者10人以上轻伤的;(2)造成1万以上用户电力供应中断6小时以上,致使生产、生活受到严重影响的;(3)造成直接经济损失100万元以上的,直接经济损失的计算范围,包括电量损失金额,被毁损设备材料的购置、更换、修复费用,以及因停电给用户造成的直接经济损失等;(4)造成其他危害公共安全严重后果的。

四、破坏易燃易爆设备罪

本罪,是指故意破坏燃气或者其他易燃易爆设备,已经造成或足以造成严重后果,危害公共安全的行为。

其中,所谓破坏,就是使易燃易爆设备本身遭受整体毁坏或失去其应有的功能。可以是作为,也可以是不作为。破坏的对象为正在使用中的燃气设备或者其他易燃易爆设备。正在使用的油田输油管道,属于刑法规定的“易燃易爆设备”。只要破坏行为足以危害公共安全,即使尚未造成严重后果,也成立犯罪既遂。

在本罪的认定中,按照相关司法解释,[37]要注意以下问题:

第一,关于危害公共安全的认定。在实施盗窃油气[38]等行为过程中,破坏正在使用的油气设备,具有下列情形之一的,应当认定为刑法第118条规定的“危害公共安全”:(1)采用切割、打孔、撬砸、拆卸手段的,但是明显未危害公共安全的除外;(2)采用开、关等手段,足以引发火灾、爆炸等危险的。

第二,关于内外勾结盗窃油气行为的处理。行为人与油气企业人员勾结共同盗窃油气,没有利用油气企业人员职务便利,仅仅是利用其易于接近油气设备、熟悉环境等方便条件的,以盗窃罪的共同犯罪论处。实施上述行为,同时构成破坏易燃易爆设备罪的,依照处罚较重的规定定罪处罚。

第三,共犯的认定。在共同盗窃油气、破坏油气设备等犯罪中,实际控制、为主出资或者组织、策划、纠集、雇佣、指使他人参与犯罪的,应当依法认定为主犯;对于其他人员,在共同犯罪中起主要作用的,也应当依法认定为主犯。在输油输气管道投入使用前擅自安装阀门,在管道

---

〔35〕 2007年最高人民法院《关于审理破坏电力设备刑事案件具体应用法律若干问题的解释》第4条第1款。

〔36〕 2007年最高人民法院《关于审理破坏电力设备刑事案件具体应用法律若干问题的解释》第1条、第4条第2款。

〔37〕 2018年最高人民法院、最高人民检察院、公安部《关于办理盗窃油气、破坏油气设备等刑事案件适用法律若干问题的意见》。

〔38〕 此处所称的“油气”,是指石油、天然气。其中,石油包括原油、成品油;天然气包括煤层气。

投入使用后将该阀门提供给他人盗窃油气的，以盗窃罪、破坏易燃易爆设备罪等有关犯罪的共同犯罪论处。

第四，关于窝藏、转移、收购、加工、代为销售被盗油气行为的处理。明知是犯罪所得的油气而予以窝藏、转移、收购、加工、代为销售或者以其他方式掩饰、隐瞒，符合刑法第312条规定的，以掩饰、隐瞒犯罪所得罪追究刑事责任。“明知”的认定，应当结合行为人的认知能力、所得报酬、运输工具、运输路线、收购价格、收购形式、加工方式、销售地点、仓储条件等因素综合考虑。

第五，关于盗窃油气未遂的刑事责任。着手实施盗窃油气行为，由于意志以外的原因未得逞，具有下列情形之一的，以盗窃罪（未遂）追究刑事责任：（1）以数额巨大的油气为盗窃目标的；（2）已将油气装入包装物或者运输工具，达到“数额较大”标准3倍以上的；（3）携带盗油卡子、手摇钻、电钻、电焊枪等切割、打孔、撬砸、拆卸工具的；（4）其他情节严重的情形。

依照刑法第118条、第119条第1款的规定，犯本罪，尚未造成严重后果的，处3年以上10年以下有期徒刑；已经造成严重后果的，处10年以上有期徒刑、无期徒刑或者死刑。根据有关司法解释，[39]具有下列情形之一的，属于刑法第119条第1款规定的“造成严重后果”：（1）造成1人以上死亡、3人以上重伤或者10人以上轻伤的；（2）造成井喷或者重大环境污染事故的；（3）造成直接经济损失数额在50万元以上的；（4）造成其他严重后果的。

其中，“直接经济损失”，包括因实施盗窃油气等行为直接造成的油气损失以及采取抢修堵漏等措施所产生的费用。对于直接经济损失数额，综合油气企业提供的证据材料、犯罪嫌疑人、被告人及其辩护人所提辩解、辩护意见等认定；难以确定的，依据价格认证机构出具的报告，结合其他证据认定。对于油气的质量、标准等专门性问题，综合油气企业提供的证据材料、犯罪嫌疑人、被告人及其辩护人所提辩解、辩护意见等认定；难以确定的，依据司法鉴定机构出具的鉴定意见或者国务院公安部门指定的机构出具的报告，结合其他证据认定。

五、过失损坏交通工具罪

本罪，是指过失损坏火车、汽车、电车、船只、航空器，已经造成严重后果，危害公共安全的行为。

本罪主体为一般主体。其中，“已经造成严重后果”，是指已实际造成交通工具倾覆、毁坏的严重财产损失或者多人伤亡的后果。虽有损坏交通工具的行为，但未造成严重后果的，不构成本罪。本罪主观要件是过失，其是针对造成的严重后果而言的。

依照刑法第119条第2款的规定，过失犯本罪的，处3年以上7年以下有期徒刑；情节较轻的，处3年以下有期徒刑或者拘役。

六、过失损坏交通设施罪

本罪，是指过失损坏轨道、桥梁、隧道、公路、机场、航道、灯塔、标志等交通设施，已经造成严重后果，危害公共安全的行为。

本罪主体为一般主体。其中，“已经造成严重后果”，是指已实际造成交通工具倾覆、毁坏

---

〔39〕 2007年最高人民法院、最高人民检察院《关于办理盗窃油气、破坏油气设备等刑事案件具体应用法律若干问题的解释》第2条。

的重大公私财产的损失或者多人伤亡的后果。虽有损坏交通设施的行为,但未造成严重后果的,不构成本罪。本罪主观要件是过失,其是针对造成的严重后果而言的。

依照刑法第119条第2款的规定,过失犯本罪的,处3年以上7年以下有期徒刑;情节较轻的,处3年以下有期徒刑或者拘役。

七、过失损坏电力设备罪

本罪,是指过失损坏电力设备,已经造成严重后果,危害公共安全的行为。

其中,根据有关司法解释,[40]具有下列情形之一的,属于"已经造成严重后果":(1)造成1人以上死亡、3人以上重伤或者10人以上轻伤的;(2)造成1万以上用户电力供应中断6小时以上,致使生产、生活受到严重影响的;(3)造成直接经济损失100万元以上的;(4)造成其他危害公共安全严重后果的。虽有损坏电力设备的行为,但未造成严重后果的,不构成本罪。本罪主观要件是过失,其是针对造成的严重后果而言的。

依照刑法第119条第2款的规定,过失犯本罪的,处3年以上7年以下有期徒刑;情节较轻的,处3年以下有期徒刑或者拘役。

八、过失损坏易燃易爆设备罪

本罪,是指过失损坏燃气或者其他易燃易爆设备,已经造成严重后果,危害公共安全的行为。

其中,"已经造成严重后果",是指已实际造成多人伤亡或者重大公私财产的损失。虽有损坏易燃易爆设备的行为,但未造成严重后果的,不构成本罪。本罪主观要件是过失,其是针对造成的严重后果而言的。

依照刑法第119条第2款的规定,过失犯本罪的,处3年以上7年以下有期徒刑;情节较轻的,处3年以下有期徒刑或者拘役。

九、破坏广播电视设施、公共电信设施罪

(一)概念和构成

本罪,是指故意破坏正在使用中的广播电视设施、公共电信设施,危害公共安全的行为。其构成如下:

1. 主体。本罪的主体是一般主体,即年满16周岁、具有辨认和控制能力的自然人。

2. 危害行为和危害结果。本罪客观上表现为,破坏正在使用中的广播电视设施、公共电信设施,危害公共安全。包括以下内容:

首先,必须具有破坏行为。所谓破坏,就是使广播电视设施、公共电信设施本身遭受整体毁坏或失去其应有的功能。其既可能是直接对有关设施进行毁损,也可能是采用如截断线路等方法使有关设施无法正常工作。依照相关司法解释,拆卸、毁坏设备,剪割缆线,删除、修改、增加广播电视设备系统中存储、处理、传输的数据和应用程序,非法占用频率等手段,都属于"破坏正在使用的广播电视设施";[41]截断通信线路、损毁通信设备或者删除、修改、增加电信

---

〔40〕 2007年最高人民法院《关于审理破坏电力设备刑事案件具体应用法律若干问题的解释》第1条。

〔41〕 2011年最高人民法院《关于审理破坏广播电视设施等刑事案件具体应用法律若干问题的解释》第1条。

网计算机信息系统中存储、处理或者传输的数据和应用程序等手段，都属于“破坏正在使用的公用电信设施”。[42]

其次，必须针对正在使用中的广播电视设施和公用电信设施。所谓广播电视设施，主要是指发射无线电广播信号的发射台站，传播新闻信息的电视发射台、转播台等。所谓公用电信设施，主要是指无线电发报设施、设备、电话交换局、台、站及无线电通讯网络，用于航海、航空的无线电通讯、导航设备、设施等。故意破坏正在使用的公用电信设施尚未危害公共安全，或者故意毁坏尚未投入使用的公用电信设施，造成财物损失，构成犯罪的，依照刑法第 275 条的规定，以故意毁坏财物罪定罪处罚。盗窃公用电信设施价值数额不大，但是构成危害公共安全犯罪的，依照刑法第 124 条的规定定罪处罚；盗窃公用电信设施同时构成盗窃罪和破坏公用电信设施罪的，依照处罚较重的规定定罪处罚。

最后，破坏行为必须达到危害公共安全的程度。依照相关司法解释，破坏正在使用的广播电视设施，具有下列情形之一的，就达到了“危害公共安全”的程度：(1)造成救灾、抢险、防汛和灾害预警等重大公共信息无法发布的；(2)造成县级、地市(设区的市)级广播电视台中直接关系节目播出的设施无法使用，信号无法播出的；(3)造成省级以上广播电视传输网内的设施无法使用，地市(设区的市)级广播电视传输网内的设施无法使用 3 小时以上，县级广播电视传输网内的设施无法使用 12 小时以上，信号无法传输的；(4)其他危害公共安全的情形。[43] 破坏正在使用的公用电信设施，具有下列情形之一的，就达到了“危害公共安全”的程度：(1)造成火警、匪警、医疗急救、交通事故报警、救灾、抢险、防汛等通信中断或者严重障碍，并因此贻误救助、救治、救灾、抢险等，致使人员死亡 1 人、重伤 3 人以上或者造成财产损失 30 万元以上的；(2)造成 2000 以上不满 1 万用户通信中断 1 小时以上，或者 1 万以上用户通信中断不满 1 小时的；(3)在一个本地网范围内，网间通信全阻、关口局至某一局向全部中断或网间某一业务全部中断不满 2 小时或者直接影响范围不满 5 万(用户 × 小时)的；(4)造成网间通信严重障碍，一日内累计 2 小时以上不满 12 小时的；(5)其他危害公共安全的情形。[44]

3. 主观要件。本罪的主观要件是故意。

(二)本罪的认定

关于本罪的认定，要注意以下几点：(1)建设、施工单位的管理人员、施工人员，在建设、施工过程中，违反广播电视设施保护规定，故意损毁正在使用的广播电视设施，构成犯罪的，以本罪定罪处罚。其定罪量刑标准适用前述规定。(2)盗窃正在使用的广播电视设施，尚未构成盗窃罪，但符合本罪成立条件的，以本罪定罪处罚；同时构成盗窃罪和本罪的，依照处罚较重的规定定罪处罚。(3)破坏正在使用的广播电视设施未危及公共安全，或者故意毁坏尚未投入使用的广播电视设施，造成财物损失数额较大或者有其他严重情节的，以故意毁坏财物罪定罪处罚。(4)实施破坏广播电视设施犯罪，并利用广播电视设施实施煽动分裂国家、煽动颠覆国家政权、煽动民族仇恨、民族歧视或者宣扬邪教等行为，同时构成其他犯罪的，依照处罚较重的规定定罪处罚。

(三)处罚

依照刑法第 124 条第 1 款的规定，犯本罪的，处 3 年以上 7 年以下有期徒刑；造成严重后

---

〔42〕 2004 年最高人民法院《关于审理破坏公用电信设施刑事案件具体应用法律若干问题的解释》第 1 条。

〔43〕 2011 年最高人民法院《关于审理破坏广播电视设施等刑事案件具体应用法律若干问题的解释》第 1 条。

〔44〕 2004 年最高人民法院《关于审理破坏公用电信设施刑事案件具体应用法律若干问题的解释》第 1 条。

果的,处7年以上有期徒刑。所谓造成严重后果,就破坏广播电视设施而言,是指具有下列情形之一:(1)造成救灾、抢险、防汛和灾害预警等重大公共信息无法发布,因此贻误排除险情或者疏导群众,致使1人以上死亡、3人以上重伤或者财产损失50万元以上,或者引起严重社会恐慌、社会秩序混乱的;(2)造成省级以上广播电视台中直接关系节目播出的设施无法使用,信号无法播出的;(3)造成省级以上广播电视传输网内的设施无法使用3小时以上,地市(设区的市)级广播电视传输网内的设施无法使用12小时以上,县级广播电视传输网内的设施无法使用48小时以上,信号无法传输的;(4)造成其他严重后果的。[45]

就破坏公用电信设施而言,是指具有下列情形之一:(1)造成火警、匪警、医疗急救、交通事故报警、救灾、抢险、防汛等通信中断或者严重障碍,并因此贻误救助、救治、救灾、抢险等,致使人员死亡2人以上、重伤6人以上或者造成财产损失60万元以上的;(2)造成1万以上用户通信中断1小时以上的;(3)在一个本地网范围内,网间通信全阻、关口局至某一局向全部中断或网间某一业务全部中断2小时以上或者直接影响范围5万(用户×小时)以上的;(4)造成网间通信严重障碍,一日内累计12小时以上的;(5)造成其他严重后果的。[46]

十、过失损坏广播电视设施、公用电信设施罪

本罪,是指因过失毁坏广播电视设施、公用电信设施,已经造成严重后果,危害公共安全的行为。

本罪的主体为一般主体。客观上表现为,损坏广播电视设施、公用电信设施,造成严重后果,危害公共安全的行为。比如在施工过程中,不注意而挖断地下深埋的通信光缆,造成大面积、长时间的通信中断,或者货车超高,刮断广播电视、电信电缆,造成重大损失的行为,都属于过失损坏广播电视设施、公用电信设施的行为。[47] 所谓严重后果,参照刑法第124条第1款中有关“造成严重后果”的相关理解。本罪主观要件为过失。

依照刑法第124条第2款的规定,过失犯本罪的,处3年以上7年以下有期徒刑;情节较轻的,处3年以下有期徒刑或者拘役。

第四节　恐怖性质的犯罪

一、组织、领导、参加恐怖组织罪

(一)概念和构成

本罪,是指组织、领导、积极参加恐怖组织,危害公共安全的行为。其构成如下:

1. 主体。本罪主体是一般主体,即年满16周岁、具有辨认和控制能力的自然人。

2. 危害行为和危害结果。本罪在客观方面,表现为实施了组织、领导、参加恐怖活动组织的行为。具体而言,表现为以下两个方面:

---

〔45〕 2011年最高人民法院《关于审理破坏广播电视设施等刑事案件具体应用法律若干问题的解释》第2条。

〔46〕 2004年最高人民法院《关于审理破坏公用电信设施刑事案件具体应用法律若干问题的解释》第2条。

〔47〕 当然,后一种行为同时也是交通肇事的行为,视情况也能构成交通肇事罪。

首先,组织、领导、参加的必须是恐怖活动组织。要理解恐怖活动组织,首先必须了解何谓恐怖主义。所谓恐怖主义,是指通过暴力、破坏、恐吓等手段,制造社会恐慌、危害公共安全、侵犯人身财产,或者胁迫国家机关、国际组织,以实现其政治、意识形态等目的的主张以及行为。我国2018年修正后的《反恐怖主义法》第2条第1款规定,国家反对一切形式的恐怖主义,依法取缔恐怖活动组织,对任何组织、策划、准备实施、实施恐怖活动,宣扬恐怖主义,煽动实施恐怖活动,组织、领导、参加恐怖活动组织,为恐怖活动提供帮助的,依法追究法律责任。所谓恐怖活动,依照《反恐怖主义法》第3条的规定,是指恐怖主义性质的下列行为:(1)组织、策划、准备实施、实施造成或者意图造成人员伤亡、重大财产损失、公共设施损坏、社会秩序混乱等严重社会危害的活动的;(2)宣扬恐怖主义,煽动实施恐怖活动,或者非法持有宣扬恐怖主义的物品,强制他人在公共场所穿戴宣扬恐怖主义的服饰、标志的;(3)组织、领导、参加恐怖活动组织的;(4)为恐怖活动组织、恐怖活动人员、实施恐怖活动或者恐怖活动培训提供信息、资金、物资、劳务、技术、场所等支持、协助、便利的;(5)其他恐怖活动。其中,所谓恐怖活动组织,是指3人以上为实施恐怖活动而组成的犯罪组织;所谓恐怖活动人员,是指实施恐怖活动的人和恐怖活动组织的成员;所谓恐怖事件,是指正在发生或者已经发生的造成或者可能造成重大社会危害的恐怖活动。

任何恐怖活动组织都以实施恐怖活动为内容,而恐怖活动通常都表现为爆炸、暗杀、绑架、劫机、投毒等犯罪活动。这些活动的共同特征有以下方面:(1)犯罪手段的暴力性和破坏性。一旦得逞,往往造成人身伤亡和财产损失的严重结果。(2)犯罪对象的不特定性,即恐怖活动往往并不是由于和某个被害人个人有利害冲突,也不是为了从被害人处立即获得某种可见的利益,而往往是把被害人当作某一方面的代表,通过侵害个人,达到侵害某一群体甚至国家的效果。因此,恐怖活动针对的犯罪对象通常并不确定,只要能够满足恐怖活动的最终愿望,任何对象都可以成为恐怖活动攻击的目标。这就使恐怖犯罪侵害的对象往往具有不特定性、随意性。(3)犯罪危害范围的广泛性。恐怖活动者一般都有长期的犯罪目的和打算,因而其犯罪活动持续时间往往比较长,犯罪次数多,侵害对象广,这就大大地增强了恐怖活动危害范围的广泛性。(4)犯罪目标价值大。为了最大限度地达到恐怖效果,犯罪分子在犯罪之前通常都要精心挑选攻击目标,尽量寻找那些能以最小的代价达到最大恐怖效果的目标进行攻击。因此,有的选择外交机构、外交代表,有的选择闹市区或繁华地段、公众场所,有的选择国家重要领导人,等等。以上几点决定了恐怖活动的危害性是相当大的,能使不特定或多数人的生命健康受到危害,重大财产受到损失,并且在一定地区形成恐怖气氛,严重扰乱人民群众的安全感。因此,组织、领导、参加以实施恐怖活动为目的的恐怖活动组织,当然就会对公共安全构成严重威胁。换言之,本罪的保护法益不是一般的社会秩序,而是公共安全。

就"恐怖活动组织"而言,一般来说,具有以下特点:(1)在主体上,至少是3人,这是恐怖活动组织在人数上的最低限度。现实中的恐怖活动组织,少则六七人,多则成百上千人。(2)在结构上,必须具有稳定的组织形式。主要成员基本固定,有明显的首要分子;内部具有成文或不成文的纪律或规则,对各个成员的行为进行约束;成员之间分工合作,各司其职,成为一个严密的整体。(3)在目的上,恐怖活动组织一般具有特定目的,如政治目的、恐吓、要挟社会的目的等。恐怖活动组织通过实施恐怖行为在社会与公众中制造恐怖气氛,由此来影响公众情绪,干预国家大政方针,挑起社会冲突和争端,破坏国家之间的友好合作关系,发泄对国家和社会的不满。(4)在手段上,往往是经过精心筹备策划,在重要时间、地点或针对重要的对象,采用暗杀、绑架、爆炸、纵火、恐吓等方式实施。因此,恐怖活动组织与一般的犯罪集团或其他共犯形式具有明显的不同。

其次,有组织、领导、参加恐怖活动组织的行为。所谓组织,是指鼓动、召集若干人建立或者形成专门从事恐怖活动的比较稳定的组织或者集团;所谓领导,是指在恐怖活动组织中起策划、指挥、决定作用的行为;所谓积极参加,是指主动自觉地加入其中,或者多次参加恐怖组织实施的活动或者在为数不多的活动中起到重要作用;所谓其他参加,是指被胁迫或者被诱惑加入恐怖活动组织,但没有起到重要作用。行为人实施组织、领导、参加行为之一的,便成立本罪;是否已经开始实施恐怖活动,不影响本罪的成立。

3. 主观要件。本罪的主观要件是故意,即明知是实施恐怖活动的组织而组织、领导或者加入其中。对是否“明知”的认定,应当结合案件具体情况,坚持重证据,重调查研究,以行为人实施的客观行为为基础,结合其一贯表现,具体行为的程度、手段、事后态度,以及年龄、认知和受教育程度、所从事的职业等综合判断。曾因实施暴力恐怖、宗教极端违法犯罪行为受到行政、刑事处罚、免予刑事处罚,或者被责令改正后又实施的,应当认定为明知。经其他共同犯罪嫌疑人、被告人或者其他知情人供认、指证,行为人不承认其主观上“明知”,但又不能作出合理解释的,依据其行为本身和认知程度,足以认定其确实“明知”或者应当“明知”的,应当认定为明知。因此,因上当受骗或者不明真相而加入恐怖组织的,不能成立本罪,但加入其中发现事实真相之后拒不退出的,属于“参加”。

(二)本罪的认定

在本罪的认定上,必须注意以下几点:

1. 本罪与分裂国家罪、颠覆国家政权罪之间的界限。从犯罪构成要件上来讲,本罪与这两个犯罪之间的差别是很明显的。分裂国家、颠覆国家政权不一定要成立恐怖活动组织,采用恐怖手段;而实施恐怖活动并不一定都是为了分裂国家或颠覆国家政权。但问题是,现实生活中发生的恐怖主义案件多数是出于政治或意识形态方面的动机,制造恐怖活动通常是达到深层次政治性犯罪目的所用的一种手段,而这种深层次目的不少是和分裂国家或颠覆国家政权有关。因此,当恐怖活动组织实施的活动围绕分裂国家或颠覆国家政权而展开时,其行为性质的认定就显得格外困难。

一般来说,尽管目前发现的恐怖活动不少是以分裂国家或颠覆国家政权为目的的,但是,除少数恐怖活动确实具有直接威胁国家完整和政权安全的性质外,多数恐怖活动组织只是将分裂国家、颠覆国家政权作为自己的远景目标,而非现实目的。他们成立恐怖活动组织的现实目的是在当地制造恐怖气氛,扰乱社会秩序,给政府制造麻烦。因此,这些具体行为本身在客观上一般不具有分裂国家、破坏国家统一或颠覆国家政权的性质。对于其中的组织、领导、参加者,一般应以组织、领导、参加恐怖活动组织罪定罪处罚。当然,行为人组织、领导、参加恐怖活动组织的行为又确实构成分裂国家罪、颠覆国家政权罪时,从理论上说,是一行为触犯数罪名的问题,成立想象竞合犯,按照从一重处罚的原则处理。由于分裂国家罪、颠覆国家政权罪的法定刑重于组织、领导、参加恐怖组织罪,因此,对于这种想象竞合犯,应当按照分裂国家罪或者颠覆国家政权罪处罚。

2. 一罪与数罪的区别。本罪属于选择性罪名,故组织、领导、参加恐怖组织罪的行为人只要实施上述三种行为之一,就构成本罪。如果行为人实施了两种或两种以上的行为,如既组织恐怖活动组织又领导了恐怖活动组织,也只构成一罪,而不实行数罪并罚。但是,如果行为人在组织、领导、参加恐怖活动组织之后，又实施了杀人、爆炸、绑架等犯罪的，则应按本罪与行为人实施的其他犯罪实行数罪并罚。

（三）处罚

依照刑法第120条的规定，组织、领导恐怖活动组织的，处10年以上有期徒刑或者无期徒刑，并处没收财产；积极参加的，处3年以上10年以下有期徒刑，并处罚金；其他参加的，处3年以下有期徒刑、拘役、管制或者剥夺政治权利，可以并处罚金。犯前款罪并实施杀人、爆炸、绑架等犯罪的，依照数罪并罚的规定处罚。本罪中之所以规定财产刑，主要是针对各种恐怖组织需要大量资金维持其生存的现实，科处财产刑，就能剥夺恐怖组织的再生能力，使得被铲除的恐怖组织很难死灰复燃。关于本罪的成立标准，参见相关司法解释。[48]

二、帮助恐怖活动罪

（一）概念和构成

本罪，是指以金钱、财物等资助恐怖活动组织、实施恐怖活动的个人，或者资助恐怖活动培训，或者为恐怖活动组织、实施恐怖活动或者恐怖活动培训招募、运送人员的行为。其构成如下：

1. 主体。本罪的主体，既可以是自然人，也可以是单位。在自然人的场合，就是年满16周岁、具有辨认和控制自己行为能力的自然人。应当注意的是，本罪的主体必须是恐怖活动组织之外的其他人，而不能是其所资助的恐怖活动组织的成员。恐怖活动组织的成员对自身所在的组织提供物质帮助的，只能看作组织、领导或积极参加恐怖活动组织的行为，而不是其他的提供资助的行为。

2. 危害行为和危害结果。本罪在客观上表现为，以金钱、财物等资助恐怖活动组织、实施恐怖活动的个人，或者资助恐怖活动培训，或者为恐怖活动组织、实施恐怖活动或者恐怖活动培训招募、运送人员。

具体而言，首先，必须有资助或者其他帮助行为。所谓资助，是指提供场所、经费、物资等方面的支持和帮助。资助只能以有形的物质性利益进行帮助，即只能是提供经费、活动场所、训练基地及各种宣传通信设备、设施等。通过收取宗教课税募捐款，为暴力恐怖、宗教极端犯罪活动筹集经费的，以相应犯罪的共同犯罪定罪处罚；构成本罪的，以本罪定罪处罚。“恐怖活动培训”，是指对特定人员有组织地传授有关恐怖主义的知识、技能、信念等，使其在精神和肉体上适合恐怖活动的需要。这一规定意味着，虽然没有资助具体实施恐怖活动的个人，但资助了培训恐怖活动的机构，同样构成该罪，而无论该培训机构培训的人员是否实施了恐怖活动。为恐怖活动组织、实施恐怖活动或者恐怖活动培训招募、运送人员中的“招募”，是指征召、募集，“运送”是指利用交通工具进行空间位置上的转移。这一规定，扩大了本罪的处罚范围，意味着即便不是以资金、财物、资源等物质形式帮助，而是以招募、运送人员的方式为恐怖活动组织、实施恐怖活动或者恐怖活动培训提供方便的，也能构成本罪。

其次，资助或者帮助的对象主要是恐怖活动组织、实施恐怖活动的个人或者恐怖活动培训。所谓恐怖活动组织，是指3人以上为实施恐怖活动而组成的犯罪组织，就是3人以上，出

---

〔48〕 2018年最高人民法院、最高人民检察院、公安部、司法部《关于办理恐怖活动和极端主义犯罪案件适用法律若干问题的意见》第1条。

于政治或恐吓、要挟社会的目的,为实施恐怖活动而结成的具有一定稳定性的犯罪组织;所谓实施恐怖活动的个人,是指实施恐怖活动的人和恐怖活动组织的成员,即出于政治或恐吓、要挟社会的目的而实施杀人、放火、爆炸、绑架等恐怖活动的自然人,包括预谋实施、准备实施和实际实施恐怖活动的个人。实施恐怖活动的个人,包括已经实施恐怖活动的个人,也包括准备实施、正在实施恐怖活动的个人;包括在我国领域内实施恐怖活动的个人;也包括在我国领域外实施恐怖活动的个人;包括我国公民,也包括外国公民和无国籍人。

在本罪客观要件的认定上,必须注意的是,由于本罪实际上是相当于将共同犯罪中的帮助行为独立成罪的情形,因此,在这种类型的犯罪的认定上,作为其前提,必须是已经存在被帮助的正犯(实行犯)即实行恐怖活动的组织和个人,否则不能成立本罪。

3. 主观要件。本罪就其主观要件而言,是故意。明知是恐怖活动组织、实施恐怖活动的个人或者恐怖活动培训而为其提供经费,或者提供器材、设备、交通工具、武器装备等物质条件,或者提供场所以及其他物质便利,或者为其招募、运送人员的,以本罪定罪处罚。在本罪主观故意的认定上,应当根据案件具体情况,结合行为人的具体行为、认知能力、一贯表现和职业等综合判断。

(二)本罪的认定

在本罪的认定上,要注意本罪与组织、领导、参加恐怖组织罪的共犯的关系。给恐怖活动组织或实施恐怖活动的个人提供物质帮助的资助恐怖活动行为,为恐怖活动组织、实施恐怖活动或者为恐怖活动培训招募、运送人员的,本应构成组织、领导、参加恐怖组织罪的共犯,准确地说,就是帮助犯的性质。但由于恐怖犯罪社会危害性极大,《刑法修正案(三)》以及《刑法修正案(九)》将这种帮助或者资助恐怖活动组织或实施恐怖活动的个人的行为单独规定,并规定了独立的法定刑,将其从帮助行为升格为实行行为,从而使原本属于帮助行为的行为,由于刑法分则的规定而成为一种具体犯罪,这样,资助恐怖活动组织或实施恐怖活动的个人以及为恐怖活动组织、实施恐怖活动或者恐怖活动培训招募、运送人员的帮助行为,就不再是组织、领导、参加恐怖组织罪的共犯,而是刑法中所规定的独立的资助恐怖活动罪。

(三)处罚

依照刑法第120条之一的规定,犯本罪的,处5年以下有期徒刑、拘役、管制或者剥夺政治权利,并处罚金;情节严重的,处5年以上有期徒刑,并处罚金或者没收财产。单位犯前款罪的,对单位判处罚金,并对其直接负责的主管人员和其他直接责任人员,依照自然人犯本罪的规定处罚。本罪的成立标准,参见相关司法解释。[49]

三、准备实施恐怖活动罪

本罪是指为实施恐怖活动准备凶器、危险物品或者其他工具,组织恐怖活动培训或者积极参加恐怖活动培训,为实施恐怖活动与境外恐怖活动组织或者人员联络,为实施恐怖活动进行策划或者其他准备的行为。

本罪客观上表现为以下几个方面:

第一,为实施恐怖活动准备凶器、危险物品或者其他工具。所谓凶器,是指枪支、爆炸物、

〔49〕 2018年最高人民法院、最高人民检察院、公安部、司法部《关于办理恐怖活动和极端主义犯罪案件适用法律若干问题的意见》第1条第2项。

管制刀具等国家禁止个人携带的器械，其他为实施犯罪而足以危害他人人身安全的器械；所谓危险物品，是指可能明显地危害人身健康、安全或对财产造成损害的物品或物质，具体而言，包括易燃易爆物品、危险化学品、放射性物品等能够危及人身安全和财产安全的物品；所谓其他工具，是指在危险性上与上述凶器以及危险物品相当的物品；所谓准备，是指为了实施恐怖活动而制造、购买、收集、持有等。需要注意的是，持有上述物品并不一定能够构成本罪，只有在出于特定目的即为实施恐怖活动而准备上述物品时，才能作为本罪处理。

第二，组织恐怖活动培训或者积极参加恐怖活动培训。所谓组织，是指鼓动、召集若干人开展或者从事恐怖活动的培训；所谓积极参加，是指热情主动地加入，其表明对参与恐怖活动培训的态度，如自愿多次参加培训，或者偶尔参加，但在其中起着重要作用等。组织或者积极参加所指向的对象是“恐怖活动培训”。所谓恐怖活动培训，是指向受训者灌输有关恐怖活动的意识形态、提高受训者的体能以及掌握武器的技能，使其在精神和肉体上适合恐怖活动的需要。

第三，为实施恐怖活动与境外恐怖活动组织或者人员联络。所谓境外恐怖活动组织，是指我国国边境以外的国家或者地区的恐怖活动组织及其在我国境内的分支机构。判断一个恐怖活动组织是否为“境外恐怖活动组织”，并非只看其地理位置是否在我国境内，还要考虑这一组织的主要活动范围，即所谓的总部设在何处，主要成员经常身处何处等。“境外恐怖活动人员”，是指不隶属于任何境外恐怖活动组织的外国公民或者无国籍人。“联络”是指相互之间取得联通关系，如见面、打电话或写信等。由于本罪是将犯罪预备正犯化，因此，对“联络”应作严格限定，仅限于“内容与实施恐怖活动有直接关系”的联络。

第四，为实施恐怖活动进行策划或者其他准备。所谓“为实施恐怖活动进行策划”，是指为了日后的恐怖活动能够顺利进行而进行商量、安排、计划等。“其他准备”是指为实施恐怖活动而进行其他的事先安排，如踩点、事先演练、在道路上或者建筑物内设置或排除障碍等。

本罪实际上是把为将来打算实施的恐怖活动做准备的行为即犯罪预备行为，作为独立犯罪进行处罚，是所谓将“保护法益前置织密反恐法网”的典型体现。成立这种类型的犯罪，一方面，行为人主观上必须有“实施恐怖活动”的目的。这一目的不限于为自己将来实施恐怖活动，也可以是为他人将来实施恐怖活动。另一方面，客观上必须实施了上述法定的预备行为。从侵害法益的角度看，刑法以处罚既遂犯为原则，以处罚未遂犯为例外，因此，处罚预备犯应当是例外的例外，原则上仅限于刑法有明文规定的场合。以法律明文规定以外的方式为犯罪提供准备的，不能构成本罪。在为他人实施恐怖活动而准备了凶器、危险物品或者其他工具，他人最终没有使用的场合，也可能构成本罪。因为，为实施恐怖活动而准备凶器、危险物品本身就已经具备了危害公共安全的抽象危险，故不再要求该凶器最终被实际使用。

本罪的处罚，按照刑法第 120 条之二的规定，实施上述行为的，处 5 年以下有期徒刑、拘役、管制或者剥夺政治权利，并处罚金；情节严重的，处 5 年以上有期徒刑，并处罚金或者没收财产。本罪的成立标准，参见相关司法解释。〔50〕

由于本罪是将各种恐怖主义犯罪的预备行为单独作为一个罪名独立出来从重处罚，实践中很可能出现行为人在被抓获时已经着手实施其他恐怖犯罪的情况。因此，刑法第 120 条之二第 2 款规定，有前款行为，同时构成其他犯罪的，依照处罚较重的规定定罪处罚。这是有关

〔50〕 2018 年最高人民法院、最高人民检察院、公安部、司法部《关于办理恐怖活动和极端主义犯罪案件适用法律若干问题的意见》第 1 条第 3 项。

预备行为被实行行为所吸收,仅按吸收后的一罪处理的吸收犯规定的体现。

四、宣扬恐怖主义、极端主义、煽动实施恐怖活动罪

本罪是指以制作、散发宣扬恐怖主义、极端主义的图书、音频视频资料或者其他物品,或者通过讲授、发布信息等方式宣扬恐怖主义、极端主义的,或者煽动实施恐怖活动的行为。

其中,“恐怖主义”,是指通过暴力、破坏、恐吓等手段,制造社会恐慌、危害公共安全、侵犯人身财产,或者胁迫国家机关、国际组织,以实现其政治、意识形态等目的的主张和行为;“极端主义”,是指歪曲宗教教义和宣扬宗教极端,以及其他崇尚暴力、仇视社会、反对人类等极端的思想、言论和行为。“制作”是指编写、出版、印刷、复制载有恐怖主义、极端主义思想内容的图书、音频视频资料或者其他物品;“散发”是指通过发行、散布,或者以邮寄、网络发帖、短信、微信、电子邮件等方式发送、转载,以使他人接触到恐怖主义、极端主义信息的行为。散发的对象可以是特定的,也可以是不特定的。这里的“宣扬”,是指广泛宣示、传播,通过媒体等媒介公布恐怖主义、极端主义的理念、行径;“图书、音频视频资料或者其他物品”,包括图书、报纸、期刊、音像制品、电子出版物,载有恐怖主义、极端主义思想内容的传单、图片、标语等,在手机、移动存储介质、电子阅读器、网络上展示的图片、文稿、音频、视频、音像制品,以及带有恐怖主义、极端主义标记、符号、文字、图像的服饰、纪念品、生活用品等。“讲授”,是指为宣讲对象讲解、传授恐怖主义、极端主义思想、观念、主张。讲授可以当面进行,也可以通过电话、音频、视频进行,讲授对象可以是特定的,也可以是不特定的。“发布信息”则是面向特定或者不特定的人,通过手机短信、电子邮件等方式公布特定消息。需要注意的是,实施宣传制作、散发恐怖主义、极端主义的图书、音频视频资料或者其他物品的行为,是宣扬恐怖主义、极端主义的重要环节。因此,只是实施了制作、寄递、出售等行为,也要按照本罪处理。比如企业明知是宣扬恐怖主义、极端主义的图书、音频视频资料而仍然制作、印刷的,快递公司明知是宣扬恐怖主义、极端主义的图书、音频视频资料而仍然寄递的,书店明知是宣扬恐怖主义、极端主义的图书、音频视频资料而仍然出售的,网络平台明知是宣扬恐怖主义、极端主义的图书、音频视频资料而仍然登于网页的,同样可以构成本罪。“煽动”,是指以口头、书面、视频音频等方式对不特定的他人进行鼓动、宣传,让其实施恐怖活动的行为。

本罪中的诸种行为类型既不是有关恐怖主义、极端主义犯罪的共犯类型,也不是其预备类型,而仅仅是在特定的时空环境下,让人感到恐惧不安,基于社会防卫的需要而规定出来的犯罪类型,是属于现代风险社会中的抽象危险犯的典型。因此,煽动等行为不要求达到引起他人实际实施暴恐犯罪的程度,只要其所宣扬的内容足以让一般人对其生命、身体及财产的安全感到不安即可。

本罪的处罚,按照刑法第 120 条之三,实施上述行为的,处 5 年以下有期徒刑、拘役、管制或者剥夺政治权利,并处罚金;情节严重的,处 5 年以上有期徒刑,并处罚金或者没收财产。本罪的成立标准,参见相关司法解释。[51]

---

〔51〕 2018 年最高人民法院、最高人民检察院、公安部、司法部《关于办理恐怖活动和极端主义犯罪案件适用法律若干问题的意见》第 1 条第 4 项。

五、利用极端主义破坏法律实施罪

本罪是指利用极端主义煽动、胁迫群众破坏国家法律确立的婚姻、司法、教育、社会管理等制度实施的行为。

其中，煽动，是指用言语针对不特定的多数人即群众进行鼓动、怂恿；胁迫，是指用暴力或者其他手段对不特定的他人即群众进行心理上的强制。如强迫他人将子女送往非法开设的“经文学校”，而不准其去国家正式开设的九年制义务教育学校；禁止民众购买特定商品；强迫企业、学校、单位更改上下班时间和工作内容，以服从做礼拜的时间安排；强迫他人按照“宗教仪式”结婚、离婚，不准他人去国家民政部门结婚、离婚；鼓吹一夫多妻；将国家的计划生育政策说成是种族灭绝政策等，就是其体现。

本来，破坏法律确立的“婚姻、司法、教育、社会管理等制度”实施的行为和危害公共安全罪不相干，这一点，从“煽动暴力抗拒法律实施罪”（刑法第 278 条）被作为“扰乱社会秩序罪”中的一种而规定在刑法分则第六章妨害社会管理秩序罪中就能看出来。但既然现行刑法将本罪规定在“危害公共安全罪”一章之中，可见这里的“煽动、胁迫”群众破坏法律实施的行为，并非止步于一般扰乱社会秩序的程度，而必须达到威胁“公共安全”即“不特定多数人的生命、身体、财产安全”的程度。刑法之所以作这样的特殊规定，主要还是考虑到目前存在“极端主义”借用宗教名义，歪曲宗教教义，以暗杀、爆炸、暴乱等反人类的残暴手段进行暴力恐怖活动，危及不特定多数人的生命、身体、财产安全。因此，在本罪的适用上，不能脱离具有暴力背景的“宗教极端主义”等特定要素。在煽动、胁迫群众破坏国家法律确立的婚姻、司法、教育、社会管理等制度的实施，但不至于让不特定多数人产生生命、身体、财产上的不安的场合，要慎用本罪。

按照刑法第 120 条之四，犯本罪的，处 3 年以下有期徒刑、拘役或者管制，并处罚金；情节严重的，处 3 年以上 7 年以下有期徒刑，并处罚金；情节特别严重的，处 7 年以上有期徒刑，并处罚金或者没收财产。本罪的成立标准，参见相关司法解释。[52]

六、强制穿戴宣扬恐怖主义、极端主义服饰、标志罪

本罪是指以暴力、胁迫等方式强制他人在公共场所穿着、佩戴宣扬恐怖主义、极端主义服饰、标志的行为。

其中，所谓强制，就是以某种无形或者有形的力量对人进行约束，主要采用暴力、胁迫等方式。所谓暴力，就是对人实施殴打、捆绑、禁闭等有形的侵害，包括对他人吐口水、拿刀子划破衣服以及向人扔石头等行为在内。所谓胁迫，是指对被害人进行精神上的强制，不限于以暴力为手段，咒骂他人下地狱或者进行恐吓式的质问也包括在内。强制的内容，是要求他人在公共场所“穿戴恐怖主义、极端主义服饰、标志”。所谓宣扬恐怖主义、极端主义的服饰、标志，是指穿戴的服饰上或者标志中包含恐怖主义、极端主义的一些元素，如符号、旗帜、徽记、文字、口号、标语、图形等，它们的共同特点是，使人容易联想到极端主义、恐怖主义从而产生恐惧心理。本来，穿着衣服、佩戴服饰和个人的喜好有关，纯属个人自由。如果说强迫他人的行为构成犯罪的话，也只是构成侵犯个人人身权的犯罪而已，这一点从“侵犯少数民族风俗习惯罪”（刑法第 251 条）被规定在刑法分则第四章“侵犯公民人身权利、民主权利罪”之中就可以看出。但

---

〔52〕 2018 年最高人民法院、最高人民检察院、公安部、司法部《关于办理恐怖活动和极端主义犯罪案件适用法律若干问题的意见》第 1 条第 5 项。

是,在我国某些特定地区的特定时期,穿着宣扬恐怖主义、极端主义服饰已经成为危害公共安全的暴力犯罪分子的常用标志,穿着这种特定服饰、标志的人出现在公共场合,足以引起公众的恐慌和不安,具有危害公共安全的抽象危险。此时,强迫他人在公共场所穿着这种服饰、佩戴该种标志的行为就已经超出了干涉他人个人自由的限度,而成为危害公共安全的行为了,因此,将这种行为规定为危害公共安全罪也未尝不可。

按照刑法第120条之五,犯本罪的,处3年以下有期徒刑、拘役或者管制,并处罚金。按照相关司法解释,[53]具有下列情形之一的,以本罪定罪处罚:(1)以暴力、胁迫等方式强制他人在公共场所穿着、佩戴宣扬恐怖主义、极端主义服饰的;(2)以暴力、胁迫等方式强制他人在公共场所穿着、佩戴含有恐怖主义、极端主义的文字、符号、图形、口号、徽章的服饰、标志的;(3)其他强制他人穿戴宣扬恐怖主义、极端主义服饰、标志的情形。

七、非法持有宣扬恐怖主义、极端主义物品罪

本罪是指明知是宣扬恐怖主义、极端主义的图书、音频视频资料或者其他物品而非法持有,情节严重的行为。

基于严密法网、防患于未然的考虑,我国刑法中规定有不少持有型的犯罪,如持有假币罪、持有伪造的发票罪、非法持有枪支、弹药罪、非法持有毒品罪、非法持有国家绝密、机密文件、资料、物品罪等。之所以这么规定,是因为作为持有对象的上述物品本身就具有侵害或者威胁刑法所保护的某种法益的属性,如枪支、弹药本身就是容易危及公共安全的凶器,假币本身通常就是为破坏国家金融秩序而存在的物品,因此,它们属于法律、法规禁止个人持有或者非法持有的物品即违禁品。但“宣扬恐怖主义、极端主义的图书、音频视频资料或者其他物品”并不具有上述违禁品的性质,其只能通过对他人的思想、观念产生影响,然后通过受影响的他人而危害法益,换言之,其对具体保护法益的危险,比上述持有型犯罪更为抽象、更为间接。也正因如此,与一般的持有型犯罪不同,现行刑法规定,成立本罪,有“情节严重”的要求。其一般是指,“宣扬恐怖主义、极端主义的图书、音频视频资料或者其他物品”数量众多,或者内容恶劣等。

成立本罪,要求行为人主观上具有“明知”。曾因实施暴力恐怖、宗教极端违法犯罪行为受到行政、刑事处罚、免予刑事处罚,或者被责令改正后又实施的,应当认定为明知。经其他共同犯罪嫌疑人、被告人或者其他知情人供认、指证,行为人不承认其主观上“明知”,但又不能作出合理解释的,依据其行为本身和认知程度,足以认定其确实“明知”或者应当“明知”的,应当认定为明知。按照相关司法解释,[54]本罪的“明知”,应当根据案件具体情况,以行为人实施的客观行为为基础,结合其一贯表现,具体行为、程度、手段、事后态度,以及年龄、认知和受教育程度、所从事的职业等综合审查判断。具有下列情形之一,行为人不能作出合理解释的,可以认定其“明知”,但有证据证明确属被蒙骗的除外:(1)曾因实施恐怖活动、极端主义违法犯罪被追究刑事责任,或者2年内受过行政处罚,或者被责令改正后又实施的;(2)在执法人员检查时,有逃跑、丢弃携带物品或者逃避、抗拒检查等行为,在其携带、藏匿或者丢弃的物品

---

〔53〕 2018年最高人民法院、最高人民检察院、公安部、司法部《关于办理恐怖活动和极端主义犯罪案件适用法律若干问题的意见》第1条第6项。

〔54〕 2018年最高人民法院、最高人民检察院、公安部、司法部《关于办理恐怖活动和极端主义犯罪案件适用法律若干问题的意见》第1条第7项。

中查获宣扬恐怖主义、极端主义的物品的；（3）采用伪装、隐匿、暗语、手势、代号等隐蔽方式制作、散发、持有宣扬恐怖主义、极端主义的物品的；（4）以虚假身份、地址或者其他虚假方式办理托运，寄递手续，在托运、寄递的物品中查获宣扬恐怖主义、极端主义的物品的；（5）有其他证据足以证明行为人应当知道的情形。

按照刑法第120条之六，犯本罪的，处3年以下有期徒刑、拘役或者管制，并处或者单处罚金。本罪的入罪标准，参见相关司法解释。[55]

八、劫持航空器罪

（一）概念和构成

本罪，是指以暴力、胁迫或者其他方法劫持航空器，危害公共安全的行为。其构成如下：

1. 主体。本罪的主体是一般主体。

2. 危害行为和危害结果。本罪在客观上表现为，以暴力、胁迫或者其他方法劫持正在使用或者正在飞行中的航空器。

首先，必须使用暴力、胁迫或者其他方法进行劫持。所谓暴力，是指对航空器上的人员，包括乘客、机组人员实施殴打、伤害、捆绑、杀害等行为；所谓胁迫，是指以破坏航空器、杀害人质等相威胁，对航空器上的人员进行精神恐吓和强制；所谓其他方法，是指如使用干扰、麻醉等暴力、胁迫方法以外的，足以造成航空器内的人员不能反抗、不敢反抗、不知反抗的各种方法；所谓劫持，是指行为人按照自己的意志，强行控制航空器的行为，包括变更航空器既定的飞行线路和降落地点。劫持行为必须发生在航空器之内，航空器之外的人教唆或者帮助航空器之内的人实施劫持行为的，构成本罪的共犯。

其次，劫持的必须是正在使用或者飞行中的航空器。所谓航空器，是指在空间航行的多种航空工具，包括飞机、飞艇、热气球及宇宙飞船等在内。至于航空器是本国的还是外国的，在所不问。根据《蒙特利尔公约》的规定，从地面人员或机组为某一特定飞行而对航空器进行飞行前的准备时起，直到降落后24小时为止，该航空器被认为是“正在使用中”；根据《海牙公约》的规定，航空器从装载完毕，机仓外部各门均已关闭时起，直至打开任一机仓门以便卸载时为止，都应该认为是在飞行中；航空器迫降时，在主管当局接管对该航空器及其所载人员和财产的责任前，应被认为仍“在飞行中”。

3. 主观要件。本罪主观上是出于故意。

（二）本罪的认定

本罪在认定上，应当注意以下几点：

1. 本罪和破坏交通工具罪的区别。航空器属于交通工具的一种，破坏交通工具罪的行为对象中也包括正在使用的航空器，因此，当行为人针对正在使用中的航空器使用暴力劫持，严重影响航空安全时，构成何罪，成为问题。一般来说，二者之间的区别主要表现在：（1）目的不同。本罪的目的是将航空器劫持到指定的地点，而破坏交通工具罪的目的则是使航空器倾覆、毁坏。（2）行为方式不同。本罪是公然采用对乘客或机组人员实施暴力、胁迫或其他手段劫持正在使用中的航空器；而破坏交通工具罪则通常是采用对正在使用中的航空器进行破坏的

---

〔55〕 2018年最高人民法院、最高人民检察院、公安部、司法部《关于办理恐怖活动和极端主义犯罪案件适用法律若干问题的意见》第1条第7项。

手段。如果劫持航空器的人在使用暴力劫机的过程中,使航空器本身遭到破坏,足以造成航空器具备倾覆、毁坏危险,或者已经造成了该种严重后果,则属于一个暴力行为同时触犯了破坏交通工具罪和劫持航空器罪两个罪名,成立想象竞合犯,可以从一重处罚。由于劫持航空器罪的法定刑起点比破坏交通工具罪的要高,属于重罪,上述情况下,应当按照劫持航空器罪处理。但是,当行为人对正在飞行中的航空器使用暴力破坏,足以使航空器发生倾覆、毁坏危险,但是主观上没有劫持航空器的目的时,仍应以破坏交通工具罪定罪处罚。

2. 本罪的既遂与未遂。关于本罪的既遂标准,刑法理论上有不同观点。[56] 本书认为,劫持航空器罪客观方面由使用暴力、胁迫或者其他手段和劫持航空器这两个行为组成,行为人在着手实施暴力、胁迫等行为后,出于意志以外的原因,而没有能够实际控制航空器的情况是完全可能存在的。因此,主张劫持航空器罪是行为犯,只要行为人实施了劫持航空器的行为就构成本罪的既遂,也即本罪不存在未遂的见解是不妥的。同时,劫持航空器罪属于危害公共安全的犯罪,而行为人的行为是否危害了公共安全和航空器是否离开国境并没有关系,在行为人实际控制了正在飞行中的航空器的场合,即便没有离开国境,也现实地危害了公共安全,达到了应认定为既遂的程度。本书认为,以行为人实际控制了航空器作为本罪的既遂标准的见解是合理的。这种观点也符合有关国际条约的精神。《海牙公约》第1条明确规定,在飞行中的航空器内的任何人,如果用暴力或者暴力相威胁,或用任何其他恐吓方式,非法劫持或者控制该航空器,都构成该条约所规定的非法劫持航空器罪。

(三)处罚

依照刑法第121条的规定,以暴力、胁迫或者其他方法劫持航空器的,处10年以上有期徒刑或者无期徒刑;致人重伤、死亡或者使航空器遭受严重破坏的,处死刑。

九、劫持船只、汽车罪

(一)概念和构成

本罪,是指使用暴力、胁迫或者其他方法,劫持船只、汽车,危害公共安全的行为。其构成如下:

1. 主体。本罪主体是一般主体。

2. 危害行为和危害结果。本罪在客观上表现为以暴力、胁迫或者其他方法劫持船只、汽车。

首先,必须使用暴力、胁迫或者其他方法进行劫持。所谓使用暴力劫持船只、汽车,是指对船只、汽车上的人员,特别是驾驶人员、售票人员,实施捆绑、殴打、伤害等行为,迫使操纵船只、汽车的人改变方向或自己亲自控制船只、汽车。从本罪的最高法定刑为无期徒刑的规定来看,本罪中的"暴力",不应该包括故意杀人的情况。如果行为人以故意杀人的暴力手段劫持船只、汽车的话,就是故意杀人罪和本罪的牵连犯,按照"从一重处罚"的原则,应当以故意杀人罪定罪处罚。所谓使用胁迫劫持船只、汽车,是指对乘务人员施以精神恐吓或强制,使驾驶、操纵人员不敢反抗,听任其指挥或自己亲自操纵。所谓使用其他方法劫持船只、汽车,是指采用虽在上述暴力、胁迫方法以外的,但与暴力、胁迫方法相当的其他方法,如利用麻醉品使驾驶人员、操纵人员昏迷,使驾驶人员处于不能反抗或不知反抗的状态,就是如此。所谓劫持,是指强行控制船只、汽车,包括使船只、汽车的操纵者按照行为人的意志驾驶船只、汽车和由行为人自

〔56〕 上述观点介绍,参见王作富主编:《刑法分则实务研究》(第5版)(上),中国方正出版社2013年版,第101页。

己驾驶船只、汽车两种情况。

其次，劫持的必须是正在使用中的船只、汽车，包括正在行驶和停放码头、车站等停机待用、准备随时执行运输任务的船只、汽车。这里的船只，是指较大型的用于交通运输的机动或非机动船只，在江河湖海之中钓鱼、捕鱼用的小舢板、小渔舟等一般不包括在内；汽车是指机动车辆，包括由内燃机、柴油机、电机等机械提供动力的车辆，不包括非机动车辆和小型机动车辆，如两轮摩托车、三轮的残疾人用车等。电车、火车这两种交通工具因为都有固定的行驶轨道，难以被劫持，加之现实生活中劫持火车、电车的情况十分罕见，因此，劫持电车、火车的不构成本罪，但可以以危险方法危害公共安全罪论处。

3. 主观要件。本罪主观上只能是出于故意。主观动机在所不问。至于是出于抢劫财物的目的还是出于练习开车、游玩的目的，亦在所不问。杀人后出于逃跑的目的而劫持汽车的，不成立抢劫罪，应认定为劫持汽车罪。

（二）本罪的认定

本罪在认定上要注意本罪与破坏交通工具罪的区别：（1）手段不同。本罪往往是对乘务人员、司机或乘客实施暴力或以暴力相威胁，以达到控制船只、汽车的效果；而破坏交通工具罪是对船只、汽车本身等进行破坏。（2）对象不同。本罪的对象只限于船只、汽车；而破坏交通工具罪的对象除船只、汽车之外，还包括火车、电车、航空器。（3）主观要件不同。本罪可能对汽车造成破坏，但其主观目的在于劫夺和控制船只、汽车；而破坏交通工具罪的行为人是通过破坏船只、汽车等交通工具而使船只、汽车等交通工具倾覆或者毁坏。

行为人在使用暴力手段劫持船只、汽车时，损害了交通工具的重要部件，足以使船只、汽车倾覆、毁坏或者已经发生了倾覆、毁坏的严重后果时，该暴力行为一方面构成本罪，另一方面又构成破坏交通工具罪，属于想象竞合犯，必须按“从一重处罚”的原则处理。在该暴力劫持行为仅仅具有使船只、汽车发生倾覆、毁坏的危险，但未造成严重结果时，由于本罪的法定刑比较重，属于重罪，所以应当论以本罪；但在暴力劫持船只、汽车的行为产生了致使他人伤亡或者重大财产损失的严重后果的场合，由于劫持船只、汽车罪的法定刑为“十年以上有期徒刑或者无期徒刑”，而破坏交通工具罪的法定刑为“十年以上有期徒刑、无期徒刑或者死刑”，两相比较，可以看出破坏交通工具罪是重罪，因此，对上述行为应当以破坏交通工具罪定罪处罚。

（三）处罚

依照刑法第 122 条的规定，犯本罪的，处 5 年以上 10 年以下有期徒刑；造成严重后果的，处 10 年以上有期徒刑或者无期徒刑。所谓造成严重后果，一般是指在实施暴力、胁迫劫持过程中，致人重伤、死亡的（但故意杀人的除外）；劫持过程中，导致汽车、船只被毁坏，部分或者全部丧失效用的；或者在劫持过程中，违章操作而造成重大交通事故的，等等。

但是，在本罪的处罚中，有一个问题必须注意，即在劫持船只、汽车的过程中，即便造成船只沉没或者汽车翻车，造成不特定多数人死伤或者重大财产损失的严重后果，其最高法定刑也只是无期徒刑，而在其他能够造成不特定或者多数人的死伤或者重大财产损失的犯罪如放火、爆炸、决水、投放危险物质、以危险方法危害公共安全、破坏交通工具、破坏交通设施等犯罪的场合，其最高法定刑都是死刑；同时，船只、汽车等都是大型快速的现代交通工具，一旦犯罪分子采用暴力、胁迫等手段劫持船只、汽车，就可能造成不特定或者多数人的生命健康危险以及重大财产的损失，因此，其和劫持航空器罪一样，都是非常严重的危害公共安全的犯罪。现行刑法对于劫持航空器罪，规定“致人重伤、死亡或者使航空器遭受严重破坏的，处死刑”，而本罪即便在发生致人死亡的严重后果的场合,也只能判处无期徒刑,这显然是罪刑不相适应的。

对于这一问题,本书认为,可以法条竞合予以解决。正在使用中的船只、汽车具有装载量大、速度快等特点,这使得劫持船只、汽车行为本身就具有了较大的危险性,一旦在运行中遇到意外情况,就会发生不堪设想的后果。因此,以暴力、胁迫手段劫持船只、汽车,本质上和放火、爆炸等以危险方法严重危害公共安全的行为类似。可以说,规定劫持船只、汽车罪的刑法第122条和规定以危险方法危害公共安全罪的刑法第115条之间存在特殊法和普通法之间的竞合关系,即劫持船只、汽车的行为同时符合了刑法第115条和第122条的规定。既然如此,按照法条竞合的适用原则,在通常情况即劫持船只、汽车的行为没有造成不特定的多数人死伤或者重大公私财产毁坏的情况下,只能严格按照特殊法优于普通法的原则,按照刑法第122条规定的劫持船只、汽车罪定罪量刑;但是,在劫持船只、汽车的行为造成了不特定多数人的死伤或者重大公私财产的损失,按照劫持船只、汽车罪定罪处罚难以充分评价其社会危害性,也不足以实现罪刑相适应的原则时,就可以按照"重法优于轻法"的原则,适用刑法第115条的规定,以以危险方法危害公共安全罪对其定罪量刑,从而解决上述罪刑不相适应的问题。

十、暴力危及飞行安全罪

本罪,是指对飞行中的航空器上的人员使用暴力,危及飞行安全,尚未造成严重后果或已经造成严重后果的行为。

本罪是对飞行中的航空器上的人员使用暴力,危及飞行安全的行为,因此,本罪的行为对象是飞行中的航空器上的人员,而不是航空器本身。其中,"人员"既包括航空器的机组人员,也包括其他人员如乘客等。"暴力"必须达到足以危及飞行安全即使得航空器有坠落、毁坏、被迫中断飞行危险的程度。

在本罪的认定上,必须注意以下问题:(1)本罪与劫持航空器罪的区别。二者的区别,主要是主观要件不同。劫持航空器罪的场合,行为人具有强行控制、支配航空器的意图,而本罪的场合,行为人没有这种意图。(2)本罪与破坏交通工具罪的区别。行为人以造成航空器毁坏为目的而故意对航空器上的人员(主要是机组人员)使用暴力,直接导致航空器坠毁的严重后果的,行为同时触犯了本罪与破坏交通工具罪,应当选择较重的破坏交通工具罪对其处罚。(3)在航空器上同其他人员如乘客等发生争吵,使用暴力,但不足以危害飞行安全的,不构成本罪,视情况可以按照故意伤害罪或者寻衅滋事罪处理。

依照刑法第123条的规定,犯本罪,尚未造成严重后果的,处5年以下有期徒刑或者拘役;造成严重后果的,处5年以上有期徒刑。

第五节 违反枪支、弹药、爆炸物、危险物质管理规定的犯罪

一、非法制造、买卖、运输、邮寄、储存枪支、弹药、爆炸物罪

(一)概念和构成

本罪,是指违反国家有关枪支、弹药、爆炸物管理的法律、法规,非法制造、买卖、运输、邮

寄、储存枪支、弹药、爆炸物的行为。其构成如下：

1. 主体。本罪的主体为一般主体，因此，已满16周岁、具有辨认和控制能力的自然人都可以成为本罪的主体。另外，根据刑法第125条第3款的规定，单位也能成为本罪的主体。单位非法从事制造、买卖、运输、邮寄、储存枪支、弹药、爆炸物的活动，对其直接负责的主管人员和其他直接责任人员，以本罪论处。

2. 危害行为和危害结果。本罪客观上表现为非法制造、买卖、运输、邮寄、储存枪支、弹药、爆炸物。

其中，所谓非法制造，是指未经国家有关部门批准，私自制造枪支、弹药、爆炸物的行为，包括非法设计制造、买零件或原料组装、改装、修复、制造以及将不成套的零部件加工处理之后拼装成枪支、弹药、爆炸物等。非法制造既可以是用机器成批生产，也可以是手工制作；既可以是重新生产，也可以是以旧有的枪支、弹药、爆炸物为基础进行加工。所谓非法买卖，是指有偿的非法流转，包括以出售为目的的购买、购买后又出售以及单纯的出售行为（如将获赠、继承或者拾得的枪支出售）。不以出卖为目的的单纯购买行为不宜认定为非法买卖，视情况可认定为非法持有。非法买卖可以金钱为交换条件，也可以实物为交换条件。[57] 所谓非法运输，是指未经国家有关部门批准，擅自将枪支、弹药、爆炸物进行地点上的转移，但是，这种转移仅限于我国境内，不包括非法移送上述物品进出国（边）境的走私行为。所谓非法邮寄，是指违反国家邮电部门的管理规定，以邮件形式寄递或在邮件中夹带枪支、弹药、爆炸物。所谓非法储存，是指明知是他人非法制造、买卖、运输、邮寄的枪支、弹药、爆炸物而为其提供场所存放保管的行为。因此，将单位通过正常渠道买来、用于开采矿石后剩余的炸药私自拿回家，予以保留的行为，不是"非法储存"。同样，合法使用、储存爆炸物的单位或个人，在存放地点、存放数量上违反相关爆炸物安全管理规定而存放的行为，由于其破坏的是安全生产管理秩序，也不构成刑法第125条的非法储存爆炸物罪，应当按照《民用爆炸物品安全管理条例》的相关规定予以行政处罚。

行为对象是枪支、弹药和爆炸物。所谓枪支，是指《枪支管理法》所规定的以火药或者压缩气体等为动力，利用管状器具发射金属弹丸或者其他物质，足以致人伤亡或者丧失知觉的各种枪支，包括各种军用、民用枪支。私自制作的土枪、钢珠枪，或者体育运动用枪改装成的火药枪，在对人体具有杀伤力的场合，也应当认定为刑法意义上的枪支。用于对抗射击娱乐活动的彩弹枪的结构符合《枪支管理法》第46有关枪支定义规定的要件，属于本罪的行为对象。以气瓶、弹簧或电机等形成的压缩气体为动力、发射金属弹丸或者其他物质并具有杀伤力的"仿真枪"，具备制式气枪的本质特征，应认定为枪支。以火药为动力发射弹药的大口径武器，也被认定为枪支，[58] 因此，制作土炮的行为也能以本罪处理。要注意的是，弩尽管是具有一定杀伤能力的运动器材，但其结构和性能不符合《枪支管理法》对枪支的定义，不是枪支。

---

〔57〕 买方因购买枪支而得到随枪附赠子弹的，是非法买卖弹药。首先，从枪支弹药的非法交易来看，卖方和买方是金钱和物品的交换关系，买方得到枪支以支付货币为对价，卖方因出售枪支而获利。其次，从赠品子弹来看，子弹虽系附随于枪支的赠物，但该赠物不是单独、单纯地赠送，而是依附于购买枪支这一有偿行为。如果买方不购买枪支，卖方没有从中获利，是不会赠送子弹的。但凡卖方出售物品而附赠他物，该他物或是计入成本，或是计入利润，或是作为广告，或是为了提升服务以达到招揽更多生意的目的，总之是为了获取更多的回报和对价，不是单纯付出不图回报的赠与。

〔58〕 2004年最高人民检察院法律政策研究室《关于非法制造、买卖、运输、储存以火药为动力发射弹药的大口径武器的行为如何适用法律问题的答复》。

枪支并不要求一定是已经制作完毕的成品,成套的枪支零部件或主要零部件,以相应数量的枪支计。根据 2014 年 3 月 6 日公安部公布的《关于枪支主要零部件管理有关问题的批复》,枪支主要零部件是指组成枪支的主要零件和部件,其中,枪支主要零件是指对枪支性能具有较大影响而且不可拆分的单个制件,如枪管、击针、扳机等;枪支部件是指由若干枪支零件组成具有一定功能的集合体,如击发机构部件、枪机部件等。最高人民法院《关于审理非法制造、买卖、运输枪支、弹药、爆炸物等刑事案件具体应用法律若干问题的解释》中的枪支散件和《公安机关涉案枪支弹药性能鉴定工作规定》中的枪支专用散件等同于枪支主要零件。非成套枪支散件,以每 30 件为一成套枪支散件计。

所谓弹药,是指供枪支发射使用的,足以致人伤亡或者丧失知觉的金属弹丸或者其他物质。所谓爆炸物,是指能在瞬间爆发巨大能量产生破坏力、杀伤力的物质或者装置,包括军用爆炸物和民用爆炸物。前者包括各种手榴弹、地雷、炸弹及爆破筒等;后者主要指炸药和雷管。一般来说,作为非法制造、买卖、运输、邮寄、储存爆炸物罪中的爆炸物,必须是能够达到危害公共安全程度的物品,其破坏力、杀伤力应当比较大,因此,烟花、爆竹等一般娱乐用品不应包括在本罪的爆炸物之内。但非法生产、经营烟花爆竹及相关行为涉及非法制造、买卖、运输、邮寄、储存黑火药、烟火药,达到本罪成立标准的,也应以本罪处理。[59] 作为农用化肥之一种的硝酸铵是制造民用炸药的主要原料,极易被改造成炸药,国务院办公厅《关于进一步加强民用爆炸物品安全管理的通知》明确将硝酸铵纳入民用爆炸物品进行管理,所以,化肥硝酸铵,根据情况,也可以成为刑法第 125 条第 1 款所说的爆炸物。

根据 2011 年 9 月 22 日公安部公布的《关于对空包弹管理有关问题的批复》,空包弹是一种能够被枪支击发的无弹头特种枪弹。鉴于空包弹易被犯罪分子改制成枪弹,并且发射时其枪口冲击波在一定距离内,仍能够对人员造成伤害,因此,应当依据《枪支管理法》将空包弹纳入枪支弹药管理范畴。其中,对中国人民解放军、武装警察部队需要配备使用的各类空包弹,纳入军队、武警部队装备枪支弹药管理范畴予以管理;对公务用枪配备单位需要使用的各类空包弹,纳入公务用枪管理范畴予以管理;对民用枪支配置、影视制作等单位需要配置使用的各类空包弹,纳入民用枪支弹药管理范畴予以管理。对于射钉弹、发令弹的口径与制式枪支口径相同的,应当作为民用枪支弹药进行管理;口径与制式枪支口径不同的,对制造企业应当作为民用爆炸物品使用单位进行管理,其销售、购买应当实行实名登记管理。

本罪属于选择性罪名,行为人只要实施了非法制造、买卖、运输、邮寄、储存枪支、弹药、爆炸物行为之一的,即可构成本罪。如果在非法制造枪支、弹药、爆炸物之后,又自己运输和贩卖的,只构成非法制造、运输、买卖枪支、弹药、爆炸物一罪,不实行数罪并罚。介绍买卖、弹药、爆炸物的,以买卖枪支、弹药、爆炸物罪的共犯论处。

3. 主观要件。本罪在主观上是故意,即明知是枪支、弹药、爆炸物而故意非法制造、买卖、运输、邮寄、储存。行为人实施本罪的动机可能多种多样,如贪图盈利、实施其他犯罪等,但均不影响成立本罪。非法买卖枪支弹药,但不以牟利目的为成立要件,而是出于收藏目的购买枪支弹药的行为,构成非法买卖枪支、弹药罪。

---

[59] 2012 年最高人民法院、最高人民检察院、公安部、原国家安全生产监督管理总局《关于依法加强对涉嫌犯罪的非法生产经营烟花爆竹行为刑事责任追究的通知》。

（二）处罚

依照刑法第 125 条第 1 款和第 3 款的规定，犯非法制造、买卖、运输、邮寄、储存枪支、弹药、爆炸物罪的，处 3 年以上 10 年以下有期徒刑；情节严重的，处 10 年以上有期徒刑、无期徒刑或者死刑。另外，单位犯本罪的，对单位判处罚金，并对其直接负责的主管人员和其他直接责任人员，依照上述法定刑处罚。

其中，本罪的入罪标准以及“情节严重”的判断标准，参见相关司法解释。[60] 对于非法制造、买卖、运输、邮寄、储存、持有、私藏、走私以压缩气体为动力且枪口比动能较低的枪支的行为，在决定是否追究刑事责任以及如何裁量刑罚时，不仅应当考虑涉案枪支的数量，而且应当充分考虑涉案枪支的外观、材质、发射物、购买场所和渠道、价格、用途、致伤力大小、是否易于通过改制提升致伤力，以及行为人的主观认知、动机目的、一贯表现、违法所得、是否规避调查等情节，综合评估社会危害性，坚持主客观相统一，确保罪责刑相适应。同样，对于非法制造、买卖、运输、邮寄、储存、持有、私藏、走私气枪铅弹的行为，在决定是否追究刑事责任以及如何裁量刑罚时，应当综合考虑气枪铅弹的数量、用途以及行为人的动机目的、一贯表现、违法所得、是否规避调查等情节，综合评估社会危害性，确保罪责刑相适应。[61] 民情风俗中涉及爆炸物的生产使用，且未造成严重社会危害的，可以认定为确因生产、生活所需而非法制造、买卖、运输枪支、弹药、爆炸物，应当依法免除处罚或从轻处罚。

二、非法制造、买卖、运输、储存危险物质罪

本罪，是指违反法律规定，非法制造、买卖、运输、储存毒害性、放射性、传染病病原体等危险物质，危害公共安全的行为。

本罪的主体是一般主体，包括单位在内；客观上表现为违反法律规定，非法制造、买卖、运输、储存毒害性、放射性、传染病病原体等危险物质，危害公共安全。其中，所谓毒害性物质，是指能对人或者动物产生毒害的有毒物质，不仅包括禁用剧毒化学品，也包括纳入危险化学品名录的，易致人中毒或死亡，对人体、环境具有极大毒害性与危险性的剧毒化学品。国家严格监督管理的氰化钠等剧毒化学品，易致人中毒或者死亡，对人体、环境具有极大的毒害性和危险性，属于本罪中的“毒害性”物质。磷化铝片剂属于刑法规定的毒害性物质，但是结合磷化铝在粮食储存中的广泛使用以及案件的具体情况，可以对行为人从宽处理。含有艾滋病病毒的血液，也是危险物质，非法买卖含有艾滋病病毒的血液，危害公共安全的，构成非法买卖危险物品罪。所谓放射性物质，主要是指铀、镭、钴等能对人或动物产生严重辐射危害的物质，包括可以产生裂变或聚变等核反应的各类核材料。所谓传染病病原体等物质，是指可能导致《传染病防治法》规定的各种传染病传播的传染病菌种和毒种。为了防止可能出现投放刑法第 125 条第 2 款规定的“毒害性、放射性、传染病病原体”以外的其他危害公共安全的物质的犯罪，刑法第 125 条第 2 款在具体列举“毒害性、传染性”物质后，采用了“等物质”的写法，其为打击可能出现的同类犯罪留下了空间。本罪为选择性罪名，只要具有非法制造、买卖、运输、储存上述

---

〔60〕 2009 年最高人民法院《关于审理非法制造、买卖、运输枪支、弹药、爆炸物等刑事案件具体应用法律若干问题的解释》第 1、2 条。

〔61〕 2018 年最高人民法院、最高人民检察院《关于涉以压缩气体为动力的枪支、气枪铅弹刑事案件定罪量刑问题的批复》。

危险物质的行为之一,就构成犯罪。另外,就买卖而言,只要存在买入或卖出危险物质的行为之一即可。

本罪的主观要件是故意。如果行为人不知道是危险物质而非法制造、买卖、运输、储存,不构成本罪。

依照刑法第125条第2款和第3款的规定,犯本罪的,处3年以上10年以下有期徒刑;情节严重的,处10年以上有期徒刑、无期徒刑或者死刑。单位犯本罪的,对单位判处罚金,并对其直接负责的主管人员和其他直接责任人员,依照自然人犯本罪的规定处罚。

根据有关司法解释,非法制造、买卖、运输、储存毒鼠强等禁用剧毒化学品,即国家明令禁止的毒鼠强、氟乙酰胺、氟乙酸钠、毒鼠硅、甘氟,危害公共安全,具有下列情形之一的,构成本罪,处3年以上10年以下有期徒刑:(1)非法制造、买卖、运输、储存原粉、原液、原药制剂50克以上,或者饵料2千克以上的;(2)在非法制造、买卖、运输、储存过程中致人重伤、死亡或者造成公私财产损失10万元以上的。[62] 关于"情节严重"的理解,参见相关司法解释。[63] 确因生产、生活需要而非法制造、买卖、运输、储存毒鼠强等禁用剧毒化学品饵料自用,构成犯罪,但没有造成严重社会危害,经教育确有悔改表现的,可以依法从轻、减轻或者免除处罚。[64]

"确因生产、生活需要而非法制造、买卖、运输、储存毒鼠强等禁用剧毒化学品饵料自用"的情形,通常适用于买家,对于禁用剧毒化学品饵料的卖家而言,能否适用本规定,没有规定。对此,应结合行为人出售、储存的禁用剧毒化学品的种类、纯度成分、出售动机、交易方式,对购买剧毒化学品的周边环境、实际用途、社会危害后果等进行实质审查。如果出于日常灭鼠需要而出售、购买零散、量小的老鼠药,未导致危化品泄漏、人员伤亡等严重危害后果,可以考虑适用上述"解释"中有关剧毒饵料未造成严重社会危害予以从轻、减免处罚的规定。

三、违规制造、销售枪支罪

(一)概念和构成

本罪,是指依法被指定、确定的枪支制造企业、销售企业,违反枪支管理规定,以非法销售为目的,超过限额或者不按照规定的品种制造、配售枪支,或者制造无号、重号、假号的枪支,或者非法销售枪支或者在境内销售为出口制造的枪支的行为。其构成如下:

1. 主体。本罪主体只能是单位,即依法被指定、确定的枪支制造、销售企业。如果是个人或者非被指定的企业制造、销售枪支,构成刑法第125条规定的非法制造、买卖、储存枪支、弹药罪,不构成本罪。

2. 危害行为和危害结果。本罪客观上表现为违规制造、销售枪支。具体来说,可以分为以下三类:

(1)"以非法销售为目的,超过限额或者不按照规定的品种制造、配售枪支。"它主要是指枪支制造企业、销售企业以非法出售枪支获取非法利润为目的,超过国家有关主管部门下达的

---

〔62〕 2003年最高人民法院、最高人民检察院《关于办理非法制造、买卖、运输、储存毒鼠强等禁用剧毒化学品刑事案件具体应用法律若干问题的解释》第1条、第6条。

〔63〕 2003年最高人民法院、最高人民检察院《关于办理非法制造、买卖、运输、储存毒鼠强等禁用剧毒化学品刑事案件具体应用法律若干问题的解释》第2条。

〔64〕 2003年最高人民法院、最高人民检察院《关于办理非法制造、买卖、运输、储存毒鼠强等禁用剧毒化学品刑事案件具体应用法律若干问题的解释》第5条第2款。

生产或者配售枪支的数量指标或者任务,或者枪支制造企业未按照国家规定的技术标准生产枪支或者枪支销售企业未按照国家规定的品种、型号配售枪支,而擅自制造、配售枪支的行为。其中,“枪支”,包括枪支散件。成套枪支散件,以相应数量的枪支计;非成套枪支散件,以每30件为一成套枪支散件计。[65]

(2)“以非法销售为目的,制造无号、重号、假号的枪支。”根据《枪支管理法》的规定,制造枪支必须在指定部位铸印制造厂的名称、枪种代码和公安机关统一编制的枪支序号。所谓无号枪支,是指在制造的枪支上没有铸印枪种代码和枪支序号;所谓重号枪支,是指枪支上铸印的枪种代码和枪支序号与其他枪支重复;所谓假号枪支,是指在制造的枪支上所铸印的序号不是由公安机关确定并统一编制的枪支序号。行为人实施上述行为,是为了逃避有关部门对枪支制造的管理和监督。

(3)“非法销售枪支或者在境内销售为出口制造的枪支。”主要是指非法向不具有配枪资格的单位或者个人销售枪支,或者将为出口制造的枪支,在境内销售牟利。

3. 主观要件。本罪的主观要件为直接故意,并具有非法销售的目的。

(二)处罚

依照刑法第126条的规定,犯本罪的,对单位判处罚金,并对其直接负责的主管人员和其他直接责任人员,处5年以下有期徒刑;情节严重的,处5年以上10年以下有期徒刑;情节特别严重的,处10年以上有期徒刑或者无期徒刑。

根据有关司法解释,[66]依法被指定或者确定的枪支制造、销售企业,违规制造枪支5支以上,或者违规销售枪支2支以上,或者虽未达到上述最低数量标准,但具有造成严重后果等其他恶劣情节,即可构成本罪。具有下列情形之一的,属于“情节严重”:违规制造枪支20支以上;违规销售枪支10支以上;达到最高人民法院《关于审理非法制造、买卖、运输枪支、弹药、爆炸物等刑事案件具体应用法律若干问题的解释》第3条第1款规定的最低数量标准,并具有造成严重后果等其他恶劣情节。具有下列情形之一的,属于“情节特别严重”:违规制造枪支50支以上的;违规销售枪支30支以上的;达到最高人民法院《关于审理非法制造、买卖、运输枪支、弹药、爆炸物等刑事案件具体应用法律若干问题的解释》第3条第2款规定的最低数量标准,并具有造成严重后果等其他恶劣情节的。

四、盗窃、抢夺枪支、弹药、爆炸物、危险物质罪

本罪,是指以非法占有为目的,盗窃或者抢夺枪支、弹药、爆炸物、危险物质的行为。

本罪主体为一般主体,客观上表现为,盗窃或抢夺枪支、弹药、爆炸物、危险物质。所谓盗窃,是指采用非暴力的平和手段,非法占有他人的枪支、弹药、爆炸物、危险物质;所谓抢夺,是指对物采用暴力手段,夺取枪支、弹药、爆炸物、危险物质。枪支、弹药、爆炸物、危险物质的解释,参见前述相关内容。本罪的主观要件为直接故意,即明知是枪支、弹药、爆炸物,而进行盗窃或抢夺,意图占为己有。如果不明知是枪支、弹药、爆炸物、危险物质而进行盗窃或抢夺,构成盗窃罪或者抢夺罪,而不构成本罪。

---

〔65〕 2008年最高人民检察院、公安部《关于公安机关管辖的刑事案件立案追诉标准的规定(一)》第3条第2款。

〔66〕 2009年最高人民法院《关于审理非法制造、买卖、运输枪支、弹药、爆炸物等刑事案件具体应用法律若干问题的解释》第3条。

依照刑法第127条第1款的规定,犯本罪的,处3年以上10年以下有期徒刑;情节严重的,处10年以上有期徒刑、无期徒刑或者死刑。另外,根据刑法第127条第2款的规定,盗窃、抢夺国家机关、军警人员、民兵的枪支、弹药、爆炸物的,处10年以上有期徒刑、无期徒刑或者死刑。

根据有关司法解释,[67]具有下列情形之一的,即构成本罪:(1)盗窃、抢夺以火药为动力的发射枪弹非军用枪支1支以上或者以压缩气体等为动力的其他非军用枪支2支以上的;(2)盗窃、抢夺军用子弹10发以上、气枪铅弹500发以上或者其他非军用子弹100发以上的;(3)盗窃、抢夺爆炸装置的;(4)盗窃、抢夺炸药、发射药、黑火药1千克以上或者烟火药3千克以上、雷管30枚以上或者导火索、导爆索30米以上的;(5)虽未达到上述最低数量标准,但具有造成严重后果等其他恶劣情节的。

五、抢劫枪支、弹药、爆炸物、危险物质罪

本罪,是指以非法占有为目的,当场使用暴力、胁迫或者其他方法,强行劫夺枪支、弹药、爆炸物、危险物质的行为。

本罪主体为一般主体。已满14周岁不满16周岁的人能否成为本罪的犯罪主体,理论界有不同的看法。从理论上看,抢劫枪支、弹药、爆炸物、危险物质罪与抢劫罪,实质上是特别法与普通法之间的关系,在现行刑法设立抢劫枪支、弹药、爆炸物、危险物质罪之前,对此类现象一般是以抢劫罪论处的。既然已满14周岁不满16周岁的人能够成为抢劫罪的犯罪主体,那么,也应当能够成为本罪的主体。本罪客观上表现为,当场使用暴力、胁迫或其他方法,强行劫夺枪支、弹药、爆炸物、危险物质。其中,"暴力"是指殴打、伤害、捆绑等对人身的袭击或强制;"胁迫"是指对人实施精神上的强制,使其不敢反抗;"其他方法"是指暴力、胁迫以外的使人不能反抗、不知反抗的行为。本罪的主观要件为直接故意,并具有非法占有的目的。

依照刑法第127条第2款的规定,犯本罪的,处10年以上有期徒刑、无期徒刑或者死刑。

六、非法持有、私藏枪支、弹药罪

本罪,是指违反枪支管理规定,非法持有、私藏枪支、弹药的行为。

所谓非法持有,是指不具备配枪资格的人,违反枪支管理法规,擅自持有枪支、弹药的行为。接受依法配备公务用枪人员违法将公务用枪用作借债质押物的行为,也是"非法持有"。[68] 所谓私藏,是指具有配枪资格的人在合法配备、配置枪支、弹药的条件消失以后,将依法配备、配置的枪支、弹药私自藏匿且拒不交出的行为。受合法持有人的委托暂时代为保管枪支、弹药的,不属于非法持有、私藏。"非法持有"和"非法私藏",只有在根据在案证据尚不能证明枪支、弹药为非法制造、买卖、运输、盗窃、抢夺、抢劫之物而"持有"和"私藏"的场合,才能予以认定;否则,应以相应的犯罪论处,不构成本罪。持有、私藏必须是现实地持有,持有物必须现实存在。自供曾经持有、藏匿不能算数。行为对象是枪支、弹药,包括各种公务用枪、民用枪支及其弹药。

---

〔67〕 2009年最高人民法院《关于审理非法制造、买卖、运输枪支、弹药、爆炸物等刑事案件具体应用法律若干问题的解释》第4条第1款。

〔68〕 1998年最高人民检察院《关于将公务用枪用作借债质押的行为如何适用法律问题的批复》。

本罪属于选择性罪名，只要实施两种行为之一，即可构成本罪。事前并没有配备、配置枪支资格而擅自持有枪支的，不构成私藏枪支罪，应以非法持有枪支罪论处。在需要合法使用枪支、弹药的任务完成后，其配备枪支、弹药的条件并不自动消除，未主动交出枪支的，不构成私藏枪支罪。邀约非法持有枪支者携枪帮忙的，构成非法持有枪支的共犯。

在本罪的认定中，应注意本罪与非法储存枪支、弹药罪的界限。一般来说，这两种行为的区分，只能从行为对象的量上来考虑，即大量保存、储藏枪支、弹药的行为是储存；而少量储藏、存放枪支、弹药的行为是非法持有或私藏。因为，从犯罪主体来看，本罪的犯罪主体只能是自然人，而非法储存枪支、弹药罪的犯罪主体可以是单位；从客观方面来看，本罪是一种独立的犯罪行为，而非法储存枪支、弹药罪是与非法制造、买卖、运输枪支、弹药相关联的行为；从法定刑上看，本罪的最高刑为 7 年以下有期徒刑，而非法储存枪支、弹药罪的最高刑为死刑。[69]

依照刑法第 128 条第 1 款的规定，犯本罪的，处 3 年以下有期徒刑、拘役或者管制；情节严重的，处 3 年以上 7 年以下有期徒刑。根据有关司法解释，[70]具有下列情形之一的，即可构成本罪：(1)非法持有、私藏军用枪支 1 支的；(2)非法持有、私藏以火药为动力发射枪弹的非军用枪支 1 支或者以压缩气体等为动力的其他非军用枪支 2 支以上的；(3)非法持有、私藏军用子弹 20 发以上，气枪铅弹 1000 发以上或者其他非军用子弹 200 发以上的；(4)非法持有、私藏手榴弹 1 枚以上的；(5)非法持有、私藏的弹药造成人员伤亡、财产损失的。具有下列情形之一的，即可认定为“情节严重”：(1)非法持有、私藏军用枪支 2 支以上的；(2)非法持有、私藏以火药为动力发射枪弹的非军用枪支 2 支以上或者以压缩气体等为动力的其他非军用枪支 5 支以上的；(3)非法持有、私藏军用子弹 100 发以上，气枪铅弹 5000 发以上或者其他非军用子弹 1000 发以上的；(4)非法持有、私藏手榴弹 3 枚以上的；(5)达到最高人民法院《关于审理非法制造、买卖、运输枪支、弹药、爆炸物等刑事案件具体应用法律若干问题的解释》第 5 条第 1 款规定的最低数量标准，并具有造成严重后果等其他恶劣情节的。

七、非法出租、出借枪支罪

本罪，是指依法配备公务用枪的人员或者其单位，违反枪支管理规定，非法出租、出借枪支，依法配置枪支的人员或者其单位，违反枪支管理规定，非法出租、出借枪支，造成严重后果的行为。

本罪在客观上表现为两种情况：(1)依法配备公务用枪的人员，违反枪支管理规定，出租、出借枪支。只要行为人将配备的公务用枪出租、出借，即构成本罪，而不论是否发生严重后果。(2)依法配置枪支的人员，违反枪支管理规定，出租、出借枪支，造成严重后果。这种情况下，行为人只有因出租、出借枪支的行为造成了严重后果，才构成本罪。所谓出租，是指有偿地让其他单位或人员(包括有资格配备配置枪支的单位或个人)在一定时间内暂时使用枪支。永久性地让他人使用，则是非法买卖枪支；所谓出借，是指在一段时间之内，无偿地将枪支交给他人使用。非法将枪支赠与他人，是永久性地将枪支提供给他人使用的行为，也可以看作非法出借枪支的行为。依法配备公务用枪的人员，违反法律规定将公务用枪用作借债质押物，使枪支

[69] 刘志伟主编：《危害公共安全犯罪疑难问题司法对策》，吉林人民出版社 2001 年版，第 194 页。

[70] 2009 年最高人民法院《关于审理非法制造、买卖、运输枪支、弹药、爆炸物等刑事案件具体应用法律若干问题的解释》第 5 条。

处于非依法持枪人的控制、使用之下,严重危害公共安全的,是非法出借枪支行为的一种形式,应以非法出借枪支罪处理。所谓造成严重后果,是指因出租、出借配置用枪致人死亡、重伤或者使公私财产遭受重大损失。

在本罪的认定中,应注意其与非法买卖枪支罪的区别。两者的区别在于:(1)主体不同。前者的主体为特殊主体,即只能是依法配备公务用枪的人员或单位和依法配置民用枪支的人员和单位,后者的犯罪主体是一般主体。(2)客观方面不同。前者是在一段时间之内将依法配备的公务用枪、依法配置的民用枪支有偿出租、无偿出借给他人或者单位暂时使用,不转移枪支的所有权,行为人在一段时间后可要求收回所租、所借枪支;后者是行为人非法有偿购买或出售枪支,转移枪支的所有权。

依照刑法第128条第2~4款的规定,犯本罪的,处3年以下有期徒刑、拘役或者管制;情节严重的,处3年以上7年以下有期徒刑。单位犯本罪的,对单位判处罚金,并对其直接负责的主管人员和其他直接责任人员,依照自然人犯本罪的规定处罚。

根据有关司法解释,[71]依法配备公务用枪的人员或单位,非法将枪支出租、出借给未取得公务用枪配备资格的人员或单位,或者将公务用枪用作借债质押物的,应予立案追诉。依法配备公务用枪的人员或单位,非法将枪支出租、出借给具有公务用枪配备资格的人员或单位,以及依法配置民用枪支的人员或单位,非法出租、出借民用枪支,涉嫌下列情形之一的,应予立案追诉:(1)造成人员轻伤以上伤亡事故的;(2)造成枪支丢失、被盗、被抢的;(3)枪支被他人利用进行违法犯罪活动的;(4)其他造成严重后果的情形。

八、丢失枪支不报罪

本罪,是指依法配备公务用枪的人员,丢失枪支不及时报告,造成严重后果的行为。

本罪客观上表现为,依法配备公务用枪的人员,丢失枪支不及时报告,因而造成严重后果。首先,必须具有丢失枪支的行为。其中,"枪支"是指依法配备的公务用枪支;"丢失枪支",包括枪支被盗、被抢或者遗失等情形。其次,必须没有及时报告。所谓及时报告是指发现枪支丢失的情况之后,立即向有关部门如实报告。因此,丢失枪支之后,根本就没有报告,或者过了很久之后才报告的,都属于不及时报告。最后,必须造成了严重后果。所谓造成了严重后果,是指丢失的枪支被他人利用,实施了严重的刑事案件,或者造成了工作上的重大损失等。

在本罪的客观方面,有一个争议问题,即造成严重后果和不及时报告之间是否必须具有刑法上的因果关系。关于这一点,有两种不同意见:一种意见认为,严重后果必须是由行为人的不及时报告所引起的;[72]另一种意见则认为,即使行为人及时报告枪支丢失情况,也既不能保证找回枪支,又不能保证不发生严重后果,因此,两者之间并不要求具有因果关系。[73] 本书同意上述后一种意见。因为即便及时报告,还存在能否找回枪支的问题,因此,也并不能保证一定不会发生危害公共安全的严重后果。换句话说,不及时报告并不一定是造成严重后果的原因。因此,和造成严重后果之间有因果关系的是"丢失枪支"的行为,而不是"不及时报告"的行为。

---

〔71〕 2008年最高人民检察院、公安部《关于公安机关管辖的刑事案件立案追诉标准的规定(一)》第5条。

〔72〕 高西江主编:《中华人民共和国刑法的修订与适用》,中国方正出版社1997年版,第384页。

〔73〕 鲍遂献、雷东生:《危害公共安全罪》,中国人民公安大学出版社2003年版,第314页。

关于本罪的主观要件即行为人对于所引起的"造成严重后果"持何种心理态度,理论上存在不同看法。一种观点认为,本罪的主观要件是过失,即行为人明知丢失枪支不及时报告可能造成严重后果,但由于疏忽大意而没有预见或者虽然已经预见而轻信能够避免该种严重后果。这种过失,是行为人对所造成的严重后果的心理态度,但其对丢失枪支不及时报告的行为则可以是因为疏忽或者有意隐瞒。[74] 另一种观点认为,本罪的主观要件是故意,即明知枪支丢失但不及时报告。如果不知道枪支丢失而没有报告的,不构成本罪。行为人对于枪支的丢失,可能是出于过失,但不及时报告,却是出于故意。[75]

上述两种观点的差别在于:过失说认为,本罪的谴责重点在于行为人对于丢失枪支造成严重后果所持的心理态度,而故意说则认为,本罪的谴责重点在于行为人丢失枪支之后本应及时报告而不报告时所持的心理态度。

上述两种见解,从法律规定上来看,应该说,都能找出与其相应的根据。但从我国现行刑法有关枪支、弹药、爆炸物犯罪的规定的整体情况来看,应当说,故意说更为妥当一些。我国刑法中有关枪支、弹药、爆炸物的犯罪都是行为犯。因为枪支、弹药、爆炸物是杀伤力极强的危险物品,国家从制造、贩卖、保管、运输、储存等各个方面对其实行严格管制,绝不允许有任何松懈。在犯罪构成的规定上,也基本上是在形式上只要有违反规定的行为就构成犯罪(只有极个别例外),而没有要求"造成严重后果"或"情节严重"的条件。因此,在丢失枪支不报罪的认定上,也应当考虑到我国刑法中有关枪支犯罪规定的这一特点,即本罪之所以受到处罚,是因为行为人在丢失枪支之后,负有应当及时报告的义务而没有履行此种义务。另外,过失说认为,本罪的法定刑为"三年以下有期徒刑或者拘役",从这种较低的法定刑的配置来看,本罪应当是过失犯罪而不是故意犯罪。[76] 但是,由于"严重后果"是他人的行为引起的,而不是行为人自己引起的,因此,对行为人规定较轻的法定刑,也并无不可;同时,丢失枪支而不及时报告的行为并不必然导致严重后果,有时候,尽管行为人丢失枪支没有及时报告,但并没有造成任何后果。因此,正像违反枪支管理规定,故意非法持有枪支、弹药的行为就必须"处三年以下有期徒刑、拘役或者管制"一样,对丢失枪支故意不报的行为规定"三年以下有期徒刑或者拘役",也是可以的。

依照刑法第 129 条的规定,犯本罪的,处 3 年以下有期徒刑或者拘役。根据有关司法解释,[77] 依法配备公务用枪的人员,丢失枪支不及时报告,涉嫌下列情形之一的,应予立案追诉:(1)丢失的枪支被他人使用造成人员轻伤以上伤亡事故的;(2)丢失的枪支被他人利用进行违法犯罪活动的;(3)其他造成严重后果的情形。

九、非法携带枪支、弹药、管制刀具、危险物品危及公共安全罪

本罪,是指违反有关规定,非法携带枪支、弹药、管制刀具或者爆炸性、易燃性、放射性、毒害性、腐蚀性物品,进入公共场所或者公共交通工具,危及公共安全,情节严重的行为。具体来说,具有以下特征。

---

〔74〕 高铭暄、马克昌主编:《刑法学》(第 10 版),北京大学出版社、高等教育出版社 2022 年版,第 355 页。

〔75〕 刘家琛主编:《新刑法条文释义》(上),人民法院出版社 2004 年版,第 483 页。

〔76〕 郭立新、黄明儒主编:《刑法分则适用典型疑难问题新释新解》(第 3 版)(上册),中国检察出版社 2014 年版,第 38 页。

〔77〕 2008 年最高人民检察院、公安部《关于公安机关管辖的刑事案件立案追诉标准的规定(一)》第 6 条。

首先,非法携带的必须是枪支、弹药、管制刀具或者具有爆炸性、易燃性、放射性、毒害性、腐蚀性的物品。这是对犯罪对象的要求。其中,所谓管制刀具,根据国务院批准、公安部发布的《对部分刀具实行管制的暂行规定》的规定,管制刀具是指匕首、三棱刀(包括机械加工用的三棱刮刀)、带有自锁装置的弹簧刀(跳刀)以及其他相类似的单刃、双刃、三棱尖刀。根据2010年4月7日公安部公布并实施的《关于将陶瓷类刀具纳入管制刀具管理问题的批复》,陶瓷类刀具具有超高硬度、超高耐磨、刃口锋利等特点,其技术特性已达到或超过了部分金属刀具的性能,对符合《管制刀具认定标准》规定的刀具类型、刀刃长度和刀尖角度等条件的陶瓷类刀具,应当作为管制刀具管理。携带上述物品之外的其他物品进入公共场所的,因为不可能危及公共安全,所以,不能成立本罪。

其次,非法携带上述物品进入的必须是公共场所或者公共交通工具。这是对犯罪地点的要求。行为人非法携带此类物品,如果没有进入公共场所或者公共交通工具,不成立本罪。所谓公共场所,是指供公众休息、活动、休闲、游玩的场所,如公共活动的中心场所、体育场所、文化娱乐场所、风景旅游场所、商业服务场所、交通场所等;所谓公共交通工具,是指大型的载人的运输工具,如公共汽车、电车、地铁列车、火车、旅游客车、出租汽车、索道缆车、飞机、轮船等。个人专用、军用的各种交通工具,不属于公共交通工具的范畴。

最后,携带上述物品进入公共场所和公共交通工具,必须达到危害公共安全,情节严重的程度。这是有关犯罪情节的要求。一般来说,携带上述物品,进入公共场所或公共交通工具,就威胁到了不特定或多数人的生命、健康和重大公私财产的安全,即达到了危害公共安全的程度。但是,仅此还不够,还必须达到"情节严重"的程度。所谓情节严重,根据相关司法解释,是指携带枪支1支以上或者手榴弹、炸弹、地雷、手雷等具有杀伤性的弹药1枚以上,携带爆炸装置1套以上等。[78]

在本罪的认定中,应注意以下两个问题:

首先,本罪与非法持有枪支、弹药罪的区分。两者在犯罪对象、犯罪主体以及情节要求方面均有较大不同,然而就行为方式而言,非法携带是非法持有的表现方式之一,因此,非法持有枪支、弹药当然包括非法携带枪支、弹药。但是,按照刑法第130条的规定,非法携带枪支、弹药进入公共场所或者公共交通工具,必须危及公共安全并且情节严重,才构成犯罪;而按照刑法第128条第1款的规定,只要非法持有枪支、弹药,就可以构成犯罪;如果情节严重,则构成重罪,应当适用更高一个档次的法定刑。一般来说,非法携带枪支、弹药并进入公共场所或者公共交通工具的行为,其社会危害性要高于单纯的非法持有枪支、弹药行为,但是,法条对后者规定的法定刑却要高于前者。因此,就会出现不具备配用枪支、弹药资格的人,携带其非法持有、私藏的枪支、弹药进入公共场所或者公共交通工具,并因此而危及了公共安全,达到情节严重的程度,究竟是按刑法第130条的规定以非法携带枪支、弹药危及公共安全罪定罪,还是按照刑法第128条第1款的规定以非法持有枪支、弹药罪定罪处理的问题。这一问题,是刑法第128条第1款和刑法第130条之间属于法条竞合的关系造成的。因此,必须采取前述的法条竞合的处理原则,即通常情况下,应按"特别法优于普通法"的原则处理;在特别法规定的法定刑低于普通法所规定的法定刑时,适用"重法优于轻法"的原则来处理。在刑法第128条第1款和刑法第130条之间,前者是普通法,后者是特别法。由于不具有配用枪支、弹药资格的人

〔78〕 2008年最高人民检察院、公安部《关于公安机关管辖的刑事案件立案追诉标准的规定(一)》第7条。

携带枪支、弹药进入公共场所或者公共交通工具,危及公共安全、情节严重的行为,同时具有非法持有枪支、弹药和携带枪支、弹药进入公共场所危及公共安全、情节严重两个犯罪的行为性质,因此,单以刑法第130条所规定的非法携带枪支、弹药危及公共安全罪对其定罪处罚,显然不足以对该行为的社会危害性进行评价。这时候,可以按照"重法优于轻法"的原则,对其适用刑法第128条第1款的重罪条款,以非法持有、私藏枪支弹药罪对其定罪,在"3年以上7年以下有期徒刑"的范围之内进行处罚。

其次,少数民族人员佩带刀具乘坐火车的处理问题。根据2001年4月28日公安部公布并实施的《关于对少数民族人员佩带刀具乘坐火车如何处理问题的批复》,少数民族人员只能在民族自治地区佩带、销售和使用藏刀、腰刀、靴刀等民族刀具;在非民族自治地区,只要少数民族人员所携带的刀具属于管制刀具范围,公安机关就应当严格按照相应规定予以管理。少数民族人员违反《铁路法》和《铁路运输安全保护条例》携带管制刀具进入车站、乘坐火车的,由公安机关依法予以没收,但在本少数民族自治地区携带具有特别纪念意义或者比较珍贵的民族刀具进入车站的,可以由携带人交其亲友带回或者交由车站派出所暂时保存并出具相应手续,携带人返回时领回;对不服从管理,构成违反治安管理行为的,依法予以治安处罚;构成犯罪的,依法追究其刑事责任。

依照刑法第130条的规定,犯本罪的,处3年以下有期徒刑、拘役或者管制。

第六节 过失重大责任事故的犯罪

一、重大飞行事故罪

本罪,是指航空人员违反规章制度,致使发生重大飞行事故,造成严重后果的行为。

本罪的主体为特殊主体,为航空人员,即从事民用航空活动的空勤人员和地面人员;客观上表现为,违反规章制度,致使发生重大飞行事故,造成严重后果。其中,"违反规章制度"是指违反民用航空管理、安全飞行的各项制度,如航空器的飞行时限、执勤时限的规定,航线、飞行高度的规定,航空器的维修、操作空域、运输、安全飞行的规定等。关于"重大飞行事故,造成严重后果"的意义,理论上存在分歧:一种观点认为,它是指造成人员重伤或者航空器严重损坏等重大损失的情形;[79] 另一种观点认为,根据民航飞行事故的划分标准,它是指造成人员死亡39人以下,或者飞机失踪,该机机上人员在39人以下,或者飞机迫降到无法运出的地方。[80] 从刑法第131条规定的"造成飞机坠毁或者人员死亡的"的场合,要按照比"造成严重后果"的场合更高的一个量刑档次即"处三年以上七年以下有期徒刑"的角度来看,上述后一种理解显然是有问题的。因此,本书认为,刑法第131条中所谓的"重大飞行事故"的意义,不应根据民航飞行事故的划分标准来确定,而应根据刑法该条中有关法定刑的规定幅度来判断。在航空器飞行过程中发生航空器破坏、毁损,或者人员伤亡,以及货物毁坏造成严重损失的,都可以看作"造成了严重后果的重大飞行事故"。

---

〔79〕 胡康生、郎胜主编:《中华人民共和国刑法释义》(第3版),法律出版社2006年版,第134页。

〔80〕 曾芳文、段启俊主编:《个罪法定情节研究与适用》(第2版)(上),人民法院出版社2005年版,第108页。

本罪的主观要件为过失。至于违反规章制度,则可以表现为故意。

依照刑法第 131 条的规定,犯本罪的,处 3 年以下有期徒刑或者拘役;造成飞机坠毁或者人员死亡的,处 3 年以上 7 年以下有期徒刑。

二、铁路运营安全事故罪

本罪,是指铁路职工违反规章制度,致使发生铁路运营安全事故,造成严重后果的行为。

本罪的主体是特殊主体,为铁路职工,即具体从事铁路运营业务、与保障列车运营安全有直接关系的人员;客观上表现为,违反规章制度,致使发生铁路运营事故,造成严重后果。首先,必须违反规章制度。所谓违反规章制度,是指违反了有关铁路运营安全的各种规章制度,包括交通法规、技术操作规程和运输管理工作制度等。不按规定检修铁路运营设备,擅离职守、不及时扳道,不及时发出信号等就是其具体表现。其次,必须发生铁路运营事故,造成严重后果。所谓铁路运营事故,是指在铁路运输过程中发生的火车倾覆、出轨、撞车及爆炸等造成人员伤亡、机车毁坏以及致使公私财产遭受重大损失的严重事件。根据刑法第 132 条的规定,发生铁路运营事故,只有造成严重后果的场合才构成犯罪。所谓严重后果,是指具有下列情形之一:(1)造成死亡 1 人以上,或者重伤 3 人以上的;(2)造成直接经济损失 100 万元以上的;(3)其他造成严重后果或者重大安全事故的情形。[81]

本罪的主观要件为过失。至于违反规章制度,则可以表现为故意。

依照刑法第 132 条的规定,犯本罪的,处 3 年以下有期徒刑或者拘役;造成特别严重后果的,处 3 年以上 7 年以下有期徒刑。其中,所谓特别严重后果,是指具有下列情形之一:(1)造成死亡 3 人以上或者重伤 10 人以上,负事故主要责任的;(2)造成直接经济损失 500 万元以上,负事故主要责任的;(3)其他造成特别严重后果、情节特别恶劣或者后果特别严重的情形。[82] 对于实施危害生产安全犯罪适用缓刑的犯罪分子,可以根据犯罪情况,禁止其在缓刑考验期限内从事与安全生产相关联的特定活动;对于被判处刑罚的犯罪分子,可以根据犯罪情况和预防再犯罪的需要,禁止其自刑罚执行完毕之日或者假释之日起 3 年至 5 年内从事与安全生产相关的职业。[83]

三、交通肇事罪

(一)概念和构成

本罪,是指违反交通管理法规而发生重大事故,致人重伤、死亡或者使公私财产遭受重大损失的行为。其构成如下:

1. 主体。本罪的主体是一般主体,年满 16 周岁、具有辨认和控制自己行为能力的自然人,直接从事交通运输的人员和非交通运输人员均能成为本罪的犯罪主体。所谓交通运输人员,是指车辆、船舶的驾驶人员等从事公路交通运输、水上交通运输的人员,以及内河航运线上的灯塔看守员、引水员、交通监理员等对上述交通运输的正常、安全运行负有职责的其他人员。因为现行刑法对航空人员、铁路职工违反规章制度,致使发生重大飞行事故、铁路运营安全事

---

〔81〕 2015 年最高人民法院、最高人民检察院《关于办理危害生产安全刑事案件适用法律若干问题的解释》第 6 条第 1 款。

〔82〕 2015 年最高人民法院、最高人民检察院《关于办理危害生产安全刑事案件适用法律若干问题的解释》第 7 条第 1 款。

〔83〕 2015 年最高人民法院、最高人民检察院《关于办理危害生产安全刑事案件适用法律若干问题的解释》第 16 条。

故的情况已经作了专门规定（分别为刑法第 131 条的重大飞行事故罪和第 132 条的铁路运营安全事故罪），所以，本罪的主体不包括上述两种人员。但是，航空人员、铁路职工以外的人员造成重大飞行事故或铁路运营安全事故的，也能成立本罪。所谓非交通运输人员，是指虽然不以从事交通运输为业务，但在进行正常交通运输的人员，如没有合法手续，但被借调或受委托临时从事交通运输的人、驾车上班的医生等。上述人员在正常的交通运输过程中肇事，达到一定程度的，均可构成本罪。

实务中，通常认为，在偷开汽车的过程中因过失撞死、撞伤他人或者撞坏车辆的人，成立交通肇事罪；单位主管负责人、机动车辆所有人或者机动车辆承包人指使、强令他人违章驾驶造成重大交通事故的，也成立本罪。但在适用这个规定时必须注意，单位主管负责人、机动车辆所有人或者机动车辆承包人的指使、强令行为和他人的违章引起严重后果的行为之间必须具有因果关系。比如车主指使他人使用无牌照的货车超载矿石，在行驶过程中，他人因占道行驶，引起重大交通事故的场合，因为结果是被指使的他人的违章行为即占道行驶引起的，而不是车主指使的超载行为引起的，车主指使的内容与危害结果之间没有因果关系，因此，车主不构成交通肇事罪。

交通肇事后，单位主管人员、机动车辆所有人、承包人或者乘车人指使肇事人逃逸，致使被害人因得不到救助而死亡的，以交通肇事罪的共犯论处。[84] 从事交通运输以外的人如一般行人或者骑自行车的人等在公共交通场所，违反交通规则，交通肇事，造成严重后果的，也成立交通肇事罪。

2. 危害行为和危害结果。本罪在客观上表现为，在交通运输活动中违反交通运输管理法规，因而发生重大事故，致人重伤、死亡或者使公私财产遭受重大损失。

首先，必须是在交通运输活动过程中。所谓交通运输活动，泛指一切交通法规所调整的交通运输活动，主要指公路和水上交通运输活动。是否“在交通运输活动过程中”，可从时间和场所两方面加以判断。从时间上判断，交通运输工具必须在行驶过程中。行驶，不限于车辆正在行驶或者船舶正在航行之中，还包括发动之后上路之前、停靠之后熄火之前。换言之，车辆或者船舶从开始行驶到停止或者停泊为止，都是在交通运输过程中。停放在停车场的车辆或者停靠在码头的船舶，如因外力致其发生与人员或者财物的碰撞并致人员伤亡或者财物损毁的，不成立本罪。但是，在公路上停放的车辆，即便不在运行过程中，也是在交通运输活动过程中，如在停车排除故障时，由于未在停车方向设置警告标志，造成一人死亡、两车损坏的严重后果的场合，构成交通肇事罪。从场所上判断，交通事故必须发生在公共交通管理范围之内。这一点对于判断是否“在交通运输活动过程中”极为重要，如就陆地上所发生的交通事故而言，只有发生在公路、城市街道和胡同（里巷）以及公共广场、公共停车场等供车辆、行人通行的地方的事故，才能被认定为本罪，而在所谓非道路即根据 2021 年修正的《道路交通安全法》实行公共交通管理以外的非公用性质的道路和地点，如厂矿、农场、林场自建的不允许社会机动车辆通行，只允许单位内部机动车、特定来访机动车通行的机关、学校、单位大院、火车站、汽车站、货场、渡口、封闭式住宅小区内的大楼和楼群前后幢之外的道路和用于田间耕作、供农机具行走的机耕路上发生的交通事故，由于不在公共交通管理范围内，不可能构成本罪。如此说来，路边的汽车修理厂、加油站内发生的交通事故，都不能构成交通肇事罪。但允许社会车辆

---

〔84〕 2000 年最高人民法院《关于审理交通肇事刑事案件具体应用法律若干问题的解释》第 5 条第 2 款。

通行的校园道路属于《道路交通安全法》意义上的道路,违反交通运输管理法规,在校园道路内醉驾导致重大交通事故的,应成立交通肇事罪。

其次,必须违反交通运输管理法规。这是成立交通肇事罪的前提。没有违反交通运输管理法规的行为,即便引起了交通事故,也不能成立交通肇事罪,如以规定的限速在道路上行驶,结果将突然闯进马路中央的顽童撞死的场合,行为人不构成交通肇事罪。所谓交通运输管理法规,是指保证交通运输正常进行的有关规章制度,具体来说,就是指有关公路和水上交通运输活动的相关法规,如《道路交通安全法》、《海上交通安全法》、《道路交通安全法实施条例》、《内河交通安全管理条例》、《渔港水域交通安全管理条例》、《铁路道口管理暂行规定》以及其他有关道路、海运及船运等方面的法律法规。比如《道路交通安全法》对车辆和驾驶人、道路通行规则进行了规定;《海上交通安全法》对船舶、海上设施和船员、海上交通条件和航行保障、航行、停泊、作业等进行了规定;《内河交通安全管理条例》对船舶、排筏、设施和人员、航行、停泊和作业、危险货物管理、救助等进行了规定。

再次,必须发生重大事故,致人重伤、死亡或者使公私财产遭受重大损失。根据有关司法解释,[85] 违反交通运输管理法规,造成死亡 1 人或重伤 3 人以上,负事故全部或者主要责任的,死亡 3 人以上,负事故同等责任的,造成公共财产或者他人财产直接损失,负事故全部或者主要责任,无能力赔偿数额在 30 万元以上的,就能认定为"重大事故"。另外,交通肇事致 1 人以上重伤,负事故全部或者主要责任,并具有下列情形之一的,以交通肇事罪定罪处罚:(1)酒后、吸食毒品后驾驶机动车辆的;(2)无驾驶资格驾驶机动车辆的;(3)明知是安全装置不全或者安全机件失灵的机动车辆而驾驶的;(4)明知是无牌证或者已报废的机动车辆而驾驶的;(5)严重超载驾驶的;(6)为逃避法律追究逃离事故现场的。[86]

最后,违反交通运输管理法规和发生重大事故之间必须具有因果关系,即前行为足以导致后结果。例如,行为人在大白天驾驶尾灯损坏的卡车拉货,被醉驾司机驾驶的轿车追尾,造成轿车内两人死亡的场合,卡车司机虽有违章行为,但追尾的发生和汽车尾灯是否正常无关,换言之,前车灯光损坏并不会导致后车的追尾,故该违章行为和追尾事故的发生之间没有因果关系,前车司机不负交通事故责任。又如,行为人虽是无照驾驶,但在被害人自己闯红灯而致死的场合,也可以说该无照驾驶行为和被害人之死之间没有因果关系,不应认定行为人成立本罪。但是,行为人明知他人没有驾驶执照,而违法将车和驾驶执照交给他人,让他人驾驶,引起重大事故的场合,行为人构成交通肇事罪。交通肇事罪是过失犯,行为人只要具有违反交通运输管理法规的行为,且引起了重大事故,即可构成本罪。该案中,行为人将汽车和驾驶执照交

---

〔85〕 2000 年最高人民法院《关于审理交通肇事刑事案件具体应用法律若干问题的解释》第 2 条第 1 款。

〔86〕 需要特别说明的是,最高人民法院《关于审理交通肇事刑事案件具体应用法律若干问题的解释》第 2 条第 2 款第 6 项将逃逸规定为交通肇事基本犯罪的构成要件,即交通肇事致 1 人以上重伤,负事故全部或者主要责任,并为逃避法律追究逃离事故现场的,构成交通肇事罪的基本犯。当逃逸行为本身已经成为交通肇事罪基本犯的构成要件而成为定罪情节时,就不应再将其作为量刑情节。这是因为其对逃逸行为进行了两次评价,一是将逃逸行为作为上述第 2 条第 2 款第 6 项所规定的交通肇事罪的构成要件之一,二是还将其作为法定刑升格的依据,违反了禁止重复评价原则。可见,最高人民法院《关于审理交通肇事刑事案件具体应用法律若干问题的解释》第 2 条第 2 款第 6 项与第 3 条(交通运输肇事后逃逸)是选择性适用的关系,而不能并列适用。换言之,根据最高人民法院《关于审理交通肇事刑事案件具体应用法律若干问题的解释》的相关规定,"交通运输肇事后逃逸"除具有量刑意义外,还被赋予了定罪情节的意义,但当"交通运输肇事后逃逸"成为构成交通肇事罪的犯罪构成要件,此时的逃逸情节就不能被重复评价为加重情节,对肇事者只能在 3 年以下有期徒刑或者拘役的幅度内量刑。

给没有驾照的他人使用的行为，违反了《道路交通安全法》第 22 条“任何人不得强迫、指使、纵容驾驶人违反道路交通安全法律、法规和机动车安全驾驶要求驾驶机动车”的规定，且这种违规将驾照和车辆交给没有驾照的人使用的行为，本身就包含让没有经过交警认可的人驾驶车辆时，引起交通事故的危险。在无照者驾车最终引起重大事故的场合，就是该种违法行为的危险变为了现实，故行为人应当对其违法将车和驾驶执照交给他人驾驶所引起的重大事故后果担责。

3. 主观要件。本罪的主观要件只能出于过失，包括疏忽大意的过失和过于自信的过失。

（二）本罪的认定

在本罪的认定中，应当注意以下几点：

1. 罪与非罪的区别。行为人虽然违反交通运输管理法规，但并没有造成重大交通事故的，或者在事故发生的原因上，行为人对事故不应负主要或同等责任的，不能认定为交通肇事罪。具体认定标准，参见前述司法解释的内容。

2. 此罪与彼罪的区别。

（1）要划清本罪与利用交通工具故意杀人、故意伤害的犯罪的界限。区分二者的关键在于，交通肇事罪中，行为人对于致人重伤、死亡结果的发生，表现为过失的心理态度；而利用交通工具故意杀人或故意伤害他人的犯罪中，行为人对于结果的发生，则表现为故意的心理态度。因此，实践中，如果行为人利用交通工具冲撞特定的人，故意剥夺他人生命或者有意损害他人健康，则构成故意杀人罪或者故意伤害罪。另外，交通肇事后，行为人的表现也是区分交通肇事罪和故意杀人罪、故意伤害罪的重要标准。行为人在肇事之后积极抢救，只是因为受害人伤势过重、抢救不及时等，未能避免死亡结果发生的，应定为本罪；行为人肇事后，畏罪驾车逃跑，以致延误抢救时机，引起被害人死亡，或者在仓皇逃窜过程中又撞死、撞伤他人的，仍应构成本罪，但从重处罚。但是，行为人在交通肇事后为逃避法律追究，将被害人带离事故现场后隐藏或者遗弃，致使被害人无法得到救助而死亡或者严重残疾的，应当分别认定为故意杀人罪或者故意伤害罪。

实务中，有交通肇事之后，肇事责任人能够救助而不救助，仓皇逃离现场，造成被撞船只船员因得不到及时救助而溺水死亡 5 人，失踪 2 人，作为船长的被告人陈某某被以故意杀人罪，判处有期徒刑 15 年，剥夺政治权利 3 年的案例。理由是，被告人在明知自己先前的碰撞行为导致对方船员落水、生命处于危险境地的情况下不及时履行救助义务，造成了上述严重后果。[87] 但在本书看来，这种判罚是没有必要的。该案实际上就是一个交通肇事后逃逸致人死亡的案件。可以想一下，被告人犯故意杀人罪，致死 5 人、失踪 2 人，不仅没有被判死刑，连无期徒刑都没有被判处，最终只是判处 15 年有期徒刑，这正常吗？反之，如果按照交通肇事后逃逸致人死亡定罪处罚，对被告人判处 15 年有期徒刑，却是非常正常的情况。既然如此，为何一定要弄一个我国刑法中并无明文规定的不真正不作为犯来对其定罪处罚呢？

（2）要划清本罪与以危险方法危害公共安全罪的界限。交通肇事罪和以危险方法危害公共安全罪（包括故意和过失两种类型）侵害的法益是一样的，都是公共安全，即不特定或者多

---

〔87〕 赵微：《陈君宏故意杀人案［第 1285 号］——船舶碰撞导致船只倾覆、船员落水，肇事责任人能够救助而不救助并逃离现场致使落水船员死亡行为的认定》，载最高人民法院刑事审判第一、二、三、四、五庭主办：《刑事审判参考》总第 117 辑，法律出版社 2019 年版。

数人的生命、身体和财产上的安全。就其客观方面即实行行为来看，两罪也具有类似之处，即都是采用了危险方法。交通肇事罪和以危险方法危害公共安全罪的主要区别在于主观要件，即交通肇事罪在主观上只能是过失，相反地，以危险方法危害公共安全罪的场合，则是行为人对自己行为可能引起的危害结果有认识。因此，在行为人明知自己违反限速规定的行为可能引起危害不特定或者多数人的生命、身体或者造成财产损失的结果而仍然不停止自己的行为，以致引起了该结果的时候，就构成以危险方法危害公共安全罪。

从某种意义上讲，交通肇事罪，是刑法第 115 条第 2 款所规定的“过失以危险方法危害公共安全罪”的一种。换言之，交通肇事罪是过失以危险方法危害公共安全罪的特殊法，而过失以危险方法危害公共安全罪则是交通肇事罪的一般法。

关于特殊法和一般法的适用原则，通常情况下，是特殊法优于一般法，但在有些情况下，可以考虑重法优于轻法。本来，违反交通运输管理法规驾驶汽车等交通工具，造成不特定或者多数人员伤亡的行为，就是一种过失危害公共安全的行为，本应构成“过失以危险方法危害公共安全罪”，但现行刑法考虑到交通肇事是在交通运输过程中所发生的，具有大量、经常发生的特点，对在交通运输过程中所发生的过失危害公共安全的行为，单独规定为交通肇事罪，因此，在通常情况下，对于交通肇事行为，应当以特殊法即交通肇事罪加以处理。

但在有些情况下，尽管是交通运输过程中所发生的致人死伤行为，但该行为情节极为恶劣，以交通肇事罪难以适当评价，此时应当根据重法优于轻法的原则，以“过失以危险方法危害公共安全罪”对交通肇事行为进行评价。从刑法规定以及有关司法解释来看，和交通肇事罪相比，“过失以危险方法危害公共安全罪”属于重法。因为，按照刑法第 115 条第 2 款的规定，过失以危险方法危害公共安全，要“处三年以上七年以下有期徒刑”；情节较轻的，“处三年以下有期徒刑或者拘役”。相反地，在交通肇事罪的场合，致 3 人重伤，或者 1 人死亡或者使公私财产遭受重大损失的，只能处“三年以下有期徒刑或者拘役”；“死亡二人以上或者重伤五人以上”的，才有可能“处三年以上七年以下有期徒刑”。[88]

（3）要注意本罪的共同犯罪。按照最高人民法院《关于审理交通肇事刑事案件具体应用法律若干问题的解释》第 5 条第 2 款，交通肇事后，单位主管人员、机动车辆所有人、承包人或者乘车人指使肇事人逃逸，致使被害人因得不到救助而死亡的，以交通肇事罪的共犯论处。这一规定由于承认了作为过失犯的交通肇事罪的共犯而引起了轩然大波。本书认为，如果撇开现行刑法的规定，仅仅分析该解释的规定内容的话，上述规定也并非完全说不通。因为，在该解释看来，“交通肇事后逃逸”的行为不仅是一个量刑情节，特定情况下，它还是定罪情节。比如该解释第 2 条第 2 款第 6 项规定，交通肇事致一人以上重伤，负事故全部或者主要责任，为逃避法律追究逃离事故现场的，构成交通肇事罪。这种场合下，仅仅根据交通肇事行为所引起的后果（1 人重伤）是不足以认定行为人的行为构成交通肇事罪的，但是，在“造成一人以上重伤”的情况下，又具有“为逃避法律追究而逃离事故现场”的情节的话，就要构成交通肇事罪。换句话说，是否成立交通肇事罪，并不完全是依照肇事行为所引起的严重后果来认定的，肇事后的态度对于是否成立犯罪，也具有重要影响。这种规定，实质上是对现行刑法第 133 条有关交通肇事罪的罪状作了修改。按照最高人民法院的《关于审理交通肇事刑事案件具体应用法律若干问题的解释》的理解，交通肇事罪并不完全是一个过失犯罪，在一定条件下，也可以看

---

〔88〕 2000 年最高人民法院《关于审理交通肇事刑事案件具体应用法律若干问题的解释》第 2 条。

作故意犯罪,即在过失引起了一定结果(过失致1人以上重伤,负事故全部或者主要责任)的场合,如果又故意逃逸(出于逃避法律追究的目的)的话,就构成交通肇事罪。因为,这种情况下着重强调的是为了逃避法律追究而故意逃逸的行为,故应当看作故意犯罪,其情形,和刑法第129条规定的“丢失枪支不报罪”类似。如果这样理解交通肇事罪的话,则在交通肇事后,“单位主管人员、机动车辆所有人、承包人或者乘车人”指使肇事人逃逸,致使被害人因得不到救助而死亡的场合,将其作为交通肇事罪的共犯处理也并无不可。因为,这种场合下,尽管先前的致人重伤的肇事结果是由驾车者的行为所引起的,但是,此时尚不构成交通肇事罪。只有在行为人还具有逃逸而致使被害人死亡的情况下,才构成犯罪。也就是说,在这种场合下,行为人之所以构成交通肇事罪,主要是因为行为人故意实施了逃逸行为。因此,“单位主管人员、机动车辆所有人、承包人或者乘车人”在他人交通肇事后,教唆他人逃逸,致使被害人死亡的场合,他们之间具有共同的逃逸行为和逃逸故意,完全具备成立共同犯罪的条件,可以成立共同犯罪。[89]

(三)处罚

依照刑法第133条的规定,违反交通运输管理法规,因而发生重大事故,致人重伤、死亡或者使公私财产遭受重大损失的,处3年以下有期徒刑或者拘役;交通运输肇事后逃逸或者有其他特别恶劣情节的,处3年以上7年以下有期徒刑;因逃逸致人死亡的,处7年以上有期徒刑。

根据刑法的上述规定,对于交通肇事罪的处罚,必须区分以下三个量刑档次。

第一个量刑档次是“发生重大事故,致人重伤、死亡或者使公私财产遭受重大损失的,处三年以下有期徒刑或者拘役”。

据此,相关司法解释[90]规定,交通肇事具有下列情形之一的,处3年以下有期徒刑或者拘役:(1)死亡1人或者重伤3人以上,负事故全部或者主要责任的;(2)死亡3人以上,负事故同等责任的;(3)造成公共财产或者他人财产直接损失,负事故全部或者主要责任,无能力赔偿数额在30万元以上的。交通肇事致1人以上重伤,负事故全部或者主要责任,并具有下列情形之一的,以交通肇事罪定罪处罚:(1)酒后、吸食毒品后驾驶机动车辆的;(2)无驾驶资格驾驶机动车辆的;(3)明知是安全装置不全或者安全机件失灵的机动车辆而驾驶的;(4)明知是无牌证或者已报废的机动车辆而驾驶的;(5)严重超载驾驶的;(6)为逃避法律追究逃离事故现场的。

在这里,需要注意以下问题:(1)不能直接将公安交通管理部门出具的交通事故责任认定书作为交通肇事罪的认定依据。由于司法解释将事故责任的大小与交通肇事罪的成立捆绑在一起,实践中,只要公安机关交通管理部门认定行为人承担事故的主要或者全部责任,司法部门通常会将其作为定案依据考虑。但这种做法有问题。《刑事诉讼法》第50条第3款规定,证据必须经过查证属实,才能作为定案的根据。交通事故责任认定书承载了证据的功能,其能否作为定案依据,必须经过审查核实,看其是否反映案件客观事实,而不能将其直接作为交通肇事案件的定案依据。按照《道路交通安全法实施条例》的规定,交通肇事后逃逸的场合,行为人要负全部责任。按照前述有关交通肇事罪的司法解释,死亡2人以上或者重伤5人以上,且

---

〔89〕 具体参见黎宏:《论交通肇事罪的若干问题——以最高人民法院有关司法解释为中心》,载《法律科学·西北政法学院学报》2003年第4期。

〔90〕 2000年最高人民法院《关于审理交通肇事刑事案件具体应用法律若干问题的解释》第2条。

负事故全部责任的场合,就属于“有其他恶劣情节”,行为人就要“处三年以上七年以下有期徒刑”。但这种理解有一个很大的漏洞,即其难以排除被害人的过错导致的死伤结果,会导致在行为人仅仅是出于恐惧、害怕或者其他动机逃逸,其在发生肇事结果时并不负事故全部或者主要责任的情况下,也可能仅因其肇事后的逃逸行为,而被公安交通部门认定应承担事故的全部责任。实际上,公安交通部门的责任认定依据是顺利处理交通事故,提高行政效率,与行为人只能对自己的行为所导致的后果承担个人责任,而不能因为他人的行为承担连带责任的理念大不相同。因此,在依据事故责任大小确定是否成立交通肇事罪时,一定要审查该事故责任认定与事故结果之间是不是具有因果关系,而不能将其直接作为交通肇事案件的定案依据。(2)有关事故“同等责任”的理解。在数人交通肇事情况下,道路交通事故认定中的“同等责任”与刑法中交通肇事的“同等责任”并非同一概念,需要根据具体案情,重新对被告人的具体责任形态进行认定。比如在甲与乙斗气开车,在马路上追逐竞驶,结果两车相撞并翻滚至路边,致使人行道上正常行走的行人7人身亡的场合,虽然公安交通部门根据行为对事故发生的作用以及过错的严重程度,确定甲、乙二人对此次事故承担同等责任,但绝不能机械地套用上述司法解释,说“死亡3人以上,负事故同等责任的”,对甲、乙二人在3年以下刑期内量刑。因为,交通肇事司法解释中的“同等责任”是指加害方与受害方之间的责任分配,而公安交通部门依据《道路交通事故处理程序规定》中“因两方或者两方以上当事人的过错发生道路交通事故的,根据其行为对事故发生的作用以及过错的严重程度,分别承担主要责任、同等责任和次要责任……一方当事人故意造成道路交通事故的,他方无责任”的规定所认定的“同等责任”,还包括数个加害人之间的责任分配在内。

第二个量刑档次是“交通运输肇事后逃逸或者有其他特别恶劣情节的,处三年以上七年以下有期徒刑”。

据此,相关司法解释规定,“交通运输肇事后逃逸”,是指行为人具有最高人民法院《关于审理交通肇事刑事案件具体应用法律若干问题的解释》第2条第1款规定和第2款第1~5项规定的情形之一,在发生交通事故后,为逃避法律追究而逃跑的行为。[91] 交通肇事具有下列情形之一的,属于“有其他特别恶劣情节”,处3年以上7年以下有期徒刑:(1)死亡2人以上或者重伤5人以上,负事故全部或者主要责任的;(2)死亡6人以上,负事故同等责任的;(3)造成公共财产或者他人财产直接损失,负事故全部或者主要责任,无能力赔偿数额在60万元以上的。[92]

何谓交通运输肇事后逃逸,理论上主要有两种观点:一种观点认为,逃逸是指在发生交通事故后,为逃避法律追究而逃跑的行为。[93] 据此,逃逸行为并不限于交通肇事的当场,只要是为了逃避法律制裁而逃逸的,即使行为人把被害人送到医院后为了逃避法律制裁而逃走的,或者在交通肇事后主动报警等候交警到场勘查,在取保候审阶段又逃离事发城市的,也构成“逃逸”。另一种观点认为,逃逸行为主要是指行为人从交通肇事后的当场以及与当场紧密相关的时空(包括时空的延续)逃逸,从而延误了救助被害人的宝贵时间。[94]

从现行刑法第133条中关于“因逃逸致人死亡的,处七年以上有期徒刑”的规定来看,之

---

〔91〕 2000年最高人民法院《关于审理交通肇事刑事案件具体应用法律若干问题的解释》第3条。

〔92〕 2000年最高人民法院《关于审理交通肇事刑事案件具体应用法律若干问题的解释》第4条。

〔93〕 2000年最高人民法院《关于审理交通肇事刑事案件具体应用法律若干问题的解释》第3条。

〔94〕 侯国云:《交通肇事罪司法解释缺陷分析》,载《法学》2002年第7期。

所以将交通肇事后逃逸作为加重处罚情节，主要是考虑到被害人的生命安全，即避免被害人因为行为人的逃逸而延误治疗，目的是促使行为人积极地救助被害人，而不只是督促肇事者主动接受法律的追究。同时，犯罪后逃避法律制裁也是人之常情，不能成为加重犯罪人的刑罚的理由，因此，将“交通肇事后逃逸”理解为“为逃避法律追究而逃跑的行为”显然是不妥的。《道路交通安全法》第70条规定，在道路上发生交通事故，车辆驾驶人应当立即停车，保护现场；造成人身伤亡的，车辆驾驶人应当立即抢救伤员，并迅速报告值勤的交通警察或者公安机关交通管理部门。发生交通事故之后，如果行为人逃逸，则不仅受伤的被害人无法得到抢救，而且案发现场也无法得到有效保护，责任也无法分清。从此意义上看，将“逃逸”仅仅看作不救助被害人也是不全面的。正确的理解应当是，“发生交通事故后，不积极履行以抢救被害人为核心的各种义务的行为”。作为其主观动机的“逃避法律追究”并不是指逃避法律处罚，而是逃避履行法定的各种义务。如此说来，以下情形，均不构成“交通肇事后逃逸”：交通肇事逃离现场后，立即投案的；交通肇事弃车逃离现场后，主动报警并不逃避法律追究的；行为人在交通肇事后，将被害人送往医院抢救之后离开的场合，虽然行为人有逃避法律追究的目的，但没有耽误被害人的抢救的；在交通肇事后主动报警等候交警到场勘查，在取保候审阶段逃离事发城市的；交通肇事后，拖着被害人去医院抢救，而未能履行保护现场职责的；交通肇事后在被害人住院期间离开案发地，未影响对被害人的及时救助、未妨碍警方对事故的调查处理也没有导致事故损失扩大的。交通肇事后未逃离现场，而是抢救伤者，但找人“顶包”隐瞒自己肇事者真实身份的，也不构成“逃逸”。〔95〕 相反地，行为人在交通肇事之后并没有驾车逃走，而是躲在离事故发生地不远处观察现场的场合，虽然行为人肇事之后没有离开现场，但由于其没有履行救助被害人的义务，因此，仍然要构成“交通肇事后逃逸”。

要注意的是，交通肇事案件中，已经作为入罪要件的逃逸行为，不能再作为对被告人加重处罚的量刑情节予以重复评价。

第三个量刑档次是“因逃逸致人死亡的，处七年以上有期徒刑”。据此，相关司法解释规定，“因逃逸致人死亡”，是指行为人在交通肇事后为逃避法律追究而逃跑，致使被害人因得不到救助而死亡的情形。交通肇事后，单位主管人员、机动车辆所有人、承包人或者乘车人指使肇事人逃逸，致使被害人因得不到救助而死亡的，以交通肇事罪的共犯论处。〔96〕

在适用这一条款的时候，必须注意，“逃逸”和“致人死亡”之间必须具有因果关系；在它们二者之间没有因果关系的时候，就不能适用本规定。具体来说：(1)有足够的证据证明，交通肇事的当时，行为人已经身负不可抢救的重伤，即便及时送往医院也不能避免死亡，或者交通肇事行为发生时被害人已经死亡，即使肇事者逃逸，仍属于交通肇事后逃逸，不能认定为交通肇事后因逃逸致人死亡，不能适用“因逃逸致人死亡”的条款，而只能依照第二档的“事后逃逸”条款，对行为人进行处罚。(2)在行为人逃逸之后，由于介入了其他人的行为而导致了被害人的死亡的，或者介入了不能看作行为人的逃逸情节的行为而导致被害人死亡(如逃走之后，怕被害人被人发现，暴露自己的罪迹，于是又返回将被害人轧死)的，由于先前的肇事行为所引起的重伤和他人死亡之间的因果关系被切断，所以，这种场合下，也不能适用这一条款。

关于本罪的量刑，参见2021年最高人民法院、最高人民检察院《关于常见犯罪的量刑指导

---

〔95〕 只是找人“顶包”行为可能构成刑法第307条的妨害作证罪，而顶包者则可构成包庇罪。

〔96〕 2000年最高人民法院《关于审理交通肇事刑事案件具体应用法律若干问题的解释》第5条。

意见(试行)》第 4 条第 1 项的规定。

四、危险驾驶罪

(一)概念和构成

本罪,是指在道路上驾驶机动车追逐竞驶或者醉酒驾驶机动车等危及公共安全的驾驶行为。其构成如下:

1. 主体。本罪的主体是特殊主体,即机动车驾驶人。根据刑法第 133 条之一第 2 款的规定,机动车的所有人、管理人在一定条件下,也能成为本罪主体。教练明知学员醉酒而放任其驾驶教练车的,成立本罪。

2. 危害行为和危害结果。本罪客观上表现为,在道路上驾驶机动车辆追逐竞驶,情节恶劣;在道路上醉酒驾驶机动车;从事校车业务或者旅客运输,严重超过额定乘员载客,或者严重超过规定时速行驶;违反危险化学品安全管理规定运输危险化学品,危及公共安全。具体而言,包括以下内容:

(1)在道路上驾驶机动车辆追逐竞驶,情节恶劣。其中,所谓道路,根据《道路交通安全法》,是指公路、城市道路和虽然在单位管辖范围但允许社会车辆通行的地方,包括广场、公共停车场等用于公众通行的场所。允许不特定的社会车辆自由通行的机关、企事业单位、厂矿、校园、居民小区等单位管辖范围内的道路也属于《道路交通安全法》意义上的道路,农村中具有一定规模和较强公共性的农村道路也包括在内。只允许单位内部机动车、特定来访机动车通行的,可以不认定为“道路”。所谓机动车,是指以动力装置驱动或者牵引,上道路行驶的供人员乘用或者用于运送物品以及进行工程专项作业的轮式车辆。机动车的类型包括大型客车、牵引车、城市公交车、中型客车、大型货车、小型汽车、低速载货汽车及三轮汽车等。摩托车显然属于法律意义上的机动车,危险驾驶摩托车的行为也触犯刑法,同样构成危险驾驶。超标电动自行车虽然符合摩托车的技术条件,但不宜认定为机动车,醉酒驾驶超标电动自行车不成立危险驾驶罪。所谓追逐竞驶,就是平常所说的“飙车”,具体包括在道路上进行汽车驾驶的“计时赛”,或者若干车辆在同时行进当中相互追逐等,既包括超过限定时速的追逐竞驶,也包括没有超过限定时速的追逐竞驶。仅有一辆车在道路上狂奔的飙车行为,也包括在内。按照相关指导性案例,[97]机动车驾驶人员出于竞技、追求刺激、斗气或者其他动机,在道路上曲折穿行、快速追赶行驶的,属于“追逐竞驶”。追逐竞驶,按照刑法第 133 条之一的规定,只有“情节恶劣的”才能构成犯罪。所谓情节恶劣,应综合行为所造成的危害结果来加以认定,如造成严重的交通堵塞、致人轻伤、一定数额的公私财产的损失等,都将影响到本罪的成立。追逐竞驶虽未造成人员伤亡或者财产损失,但综合考虑超过限速、闯红灯、强行超车、抗拒交通执法等严重违反《道路交通安全法》的行为,足以威胁他人生命、财产安全的,属于“情节恶劣”。

(2)在道路上醉酒驾驶机动车。所谓醉酒,根据原国家质量监督检验检疫总局《车辆驾驶人员血液、呼气酒精含量阈值与检验》的规定,是指车辆驾驶人员血液中酒精含量大于或者等于 80 毫克/100 毫升。按照相关司法解释,[98]在道路上驾驶机动车,经呼气酒精含量检测,显示血液酒精含量达到 80 毫克/100 毫升以上的,公安机关应当依照《刑事诉讼法》和最高人民

---

〔97〕 张某某、金某危险驾驶案,最高人民法院指导案例 32 号(2014 年)。

〔98〕 2023 年最高人民法院、最高人民检察院、公安部、司法部《关于办理醉酒危险驾驶刑事案件的意见》第 4 条。

法院、最高人民检察院、公安部、司法部《关于办理醉酒危险驾驶刑事案件的意见》的规定决定是否立案。对情节显著轻微、危害不大，不认为是犯罪的，不予立案。公安机关应当及时提取犯罪嫌疑人血液样本送检。认定犯罪嫌疑人是否醉酒，主要以血液酒精含量鉴定意见作为依据。犯罪嫌疑人经呼气酒精含量检测，显示血液酒精含量达到 80 毫克/100 毫升以上，在提取血液样本前脱逃或者找人顶替的，可以以呼气酒精含量检测结果作为认定其醉酒的依据。犯罪嫌疑人在公安机关依法检查时或者发生道路交通事故后，为逃避法律追究，在呼气酒精含量检测或者提取血液样本前故意饮酒的，可以以查获后血液酒精含量鉴定意见作为认定其醉酒的依据。司法实践中，是否醉酒驾驶，其认定标准仅此一项，而没有考虑综合个人的身高、体重、健康状况、平时的酒量及醉酒的表现等因素。

(3)从事校车业务或者旅客运输，严重超过额定乘员载客，或者严重超过规定时速行驶。所谓"从事校车业务或者旅客运输"中的校车，主要是指中小学的校车，同时也包括高等院校的校车。与其他业务相比，校车运输的对象主要是学生，有必要予以特殊保护。旅客运输，主要是针对长途汽车的旅客运输和旅行社从事的旅客运输，具有人数多、路途远的特点，因此，安全驾驶的要求更高。所谓"超过额定乘员载客"，是指超过汽车核定的载客人数载客；"严重"，根据《道路交通安全法》第 92 条的规定，应当是指至少超载 20%。所谓"超过规定时速行驶"，是指超过汽车驾驶的时速要求；"严重"，根据《道路交通安全法》第 99 条的规定，应当是指至少超速 50%。

实务中，对于严重超员、严重超速危险驾驶刑事案件的立案侦查，一般采用以下标准：[99]第一条，在道路上驾驶机动车从事校车业务或者公路客运、旅游客运、包车客运，有下列严重超过额定乘员载客情形之一的，可以立案侦查：其一，驾驶大型载客汽车，载客超过额定乘员 50% 以上或者超过额定乘员 15 人以上的；其二，驾驶中型载客汽车，载客超过额定乘员 80% 以上或者超过额定乘员 10 人以上的；其三，驾驶小型、微型载客汽车，载客超过额定乘员 100% 以上或者超过额定乘员 7 人以上的。第二条，在道路上驾驶机动车从事校车业务或者公路客运、旅游客运、包车客运，有下列严重超过规定时速行驶情形之一的，可以立案侦查：其一，在高速公路、城市快速路上行驶，超过规定时速 50% 以上，且行驶时速达到 90 公里以上；其二，在高速公路、城市快速路以外的道路上行驶，超过规定时速 100% 以上，且行驶时速达到 60 公里以上的；其三，通过铁路道口、急弯路、窄路、窄桥或者在冰雪、泥泞的道路上行驶，或者掉头、转弯、下陡坡，以及遇雾、雨、雪、沙尘、冰雹等低能见度气象条件时，超过规定时速 50% 以上，且行驶时速达到 30 公里以上的；其四，通过傍山险路、连续下坡、连续急弯等事故易发路段，超过规定时速 50% 以上，且行驶时速达到 30 公里以上的。第三条，机动车所有人、管理人强迫、指使机动车驾驶人实施本标准第一条、第二条所列行为或者有其他负直接责任情形的，可以立案侦查。

(4)违反危险化学品安全管理规定运输危险化学品，危及公共安全。所谓违反危险化学品安全管理规定，是指违反国务院颁发的《危险化学品安全管理条例》，其中对"运输安全"有详细规定；所谓危险化学品，是指具有毒害、腐蚀、爆炸、燃烧、助燃等性质，对人体、设施、环境具有危害的剧毒化学品和其他化学品；所谓危及公共安全，是指对不特定多数人的生命、身体、财产有危险。因此，即便违反规定运输危险化学品，不危及公共安全的，也不构成本罪。违反

---

〔99〕 2015 年公安部《严重超员、严重超速危险驾驶刑事案件立案标准（试行）》。

危险化学品安全管理规定,未经依法批准或者许可擅自从事易燃易爆危险物品道路运输活动,或者实施其他违反危险化学品安全管理规定通过道路运输易燃易爆危险物品的行为,危及公共安全的,以本罪定罪处罚。[100]

3. 主观要件。本罪的主观要件为故意,包括间接故意。因此,行为人醉酒之后,经过一夜的休息,行为人自以为已经恢复正常状态而驾车,结果血液中的酒精含量仍然达到醉酒程度的,也还是醉酒驾车。本罪中,不要求行为人准确认识到自己血液中的具体酒精含量,只要行为人对自己的醉酒大体上有认识,即意识到自己可能仍处于醉酒状态而仍驾驶机动车,那么主观上就能认定故意。

(二)本罪的认定

刑法第133条之一第3款规定,有前款行为,同时构成其他犯罪的,依照处罚较重的规定定罪处罚。根据该条规定,具有上述想象竞合犯情形的,应当依照处罚较重的规定定罪处罚。其中,主要涉及本罪和交通肇事罪、以危险方法危害公共安全罪的关系问题。

1. 本罪与交通肇事罪的关系。本书认为,二者之间属于基本犯与结果加重犯的关系。因为,危险驾驶本质上是作为交通肇事罪前提的"违反交通运输管理法规"的行为,但现行刑法将其单独作为犯罪规定,并且在引起了超出构成要件之外的严重结果时,要加重其法定刑,完全符合结果加重犯的成立条件。因此,在行为人实施了刑法第133条之一的行为的场合,就可以构成本罪。但是,在实施该行为引起"重大事故,致人重伤、死亡或者使公私财产遭受重大损失的"后果时,就要作为交通肇事罪处理。此时,尽管行为人在实施危险驾驶罪时,主观上抱着故意态度,但对所造成的严重后果,应当是持过失态度的。

将危险驾驶罪作为交通肇事罪的基本犯理解,还能妥当地解决危险驾驶罪的中止犯的处理问题。实务中,有这种情形。被告人醉酒驾车上路之后不久,自知难以控制车辆,便主动将车辆停靠路边,准备等朋友来帮自己开回去,不巧被巡逻的警察发现。此时,由于行为人已经醉酒驾车上路,构成了危险驾驶罪既遂。但如此评价该行为,就无法对其自动将车停靠路边,防止引起进一步的危险或者危害后果的中止行为进行妥当评价。但是将危险驾驶行为理解为交通肇事罪的未遂形态,就能够避免这种结果的发生,即危险驾驶过程中自动中止的,就是交通肇事罪的中止犯。由于没有造成损害,应免除处罚,从而避免了将上述行为作为危险驾驶罪的既遂犯处罚的结局。

2. 本罪与以危险方法危害公共安全罪的关系。危险驾驶罪中,行为人对于自己的行为所可能造成的结果只能是过失态度,而不可能是故意态度;但在以危险方法危害公共安全罪的场合,行为人对于所引起的结果,至少抱有放任的间接故意。因此,行为人明知酒后驾车违法、醉酒驾车会危害公共安全,却无视法律醉酒驾车,特别是在肇事后继续驾车冲撞,造成重大伤亡,说明行为人主观上对持续发生的危害结果持放任态度,具有危害公共安全的故意。对这种醉酒驾车造成重大伤亡的,应以以危险方法危害公共安全罪论处。

(三)处罚

依照刑法第133条之一的规定,犯本罪的,处拘役,并处罚金。有前两款行为,同时构成其他犯罪的,依照处罚较重的规定定罪处罚。在决定罚金数额时,应根据危险驾驶行为、实际损

---

[100] 2021年最高人民法院、最高人民检察院、公安部等10部门《关于依法惩治涉枪支、弹药、爆炸物、易燃易爆危险物品犯罪的意见》第5条第1款。

害后果等犯罪情节，综合考虑被告人缴纳罚金的能力；在决定缓刑的适用时，应综合考虑危险驾驶行为、危害后果等犯罪事实、量刑情节，以及被告人主观恶性、人身危险性、认罪悔罪表现等因素。

按照2023年12月13日最高人民法院、最高人民检察院、公安部、司法部公布的《关于办理醉酒危险驾驶刑事案件的意见》，司法机关办理醉驾案件，应当全面准确贯彻宽严相济刑事政策，根据案件的具体情节，实行区别对待，做到该宽则宽，当严则严，罚当其罪。具体而言，必须注意以下数点：

1.对醉驾犯罪嫌疑人、被告人，根据案件具体情况，可以依法予以拘留或者取保候审。具有下列情形之一的，一般予以取保候审：(1)因本人受伤需要救治的；(2)患有严重疾病，不适宜羁押的；(3)系怀孕或者正在哺乳自己婴儿的妇女；(4)系生活不能自理的人的唯一扶养人；(5)其他需要取保候审的情形。对符合取保候审条件，但犯罪嫌疑人、被告人不能提出保证人，也不交纳保证金的，可以监视居住。对违反取保候审、监视居住规定的犯罪嫌疑人、被告人，情节严重的，可以予以逮捕。

2.醉驾具有下列情形之一，尚不构成其他犯罪的，从重处理：(1)造成交通事故且负事故全部或者主要责任的；(2)造成交通事故后逃逸的；(3)未取得机动车驾驶证驾驶汽车的；(4)严重超员、超载、超速驾驶的；(5)服用国家规定管制的精神药品或者麻醉药品后驾驶的；(6)驾驶机动车从事客运活动且载有乘客的；(7)驾驶机动车从事校车业务且载有师生的；(8)在高速公路上驾驶的；(9)驾驶重型载货汽车的；(10)运输危险化学品、危险货物的；(11)逃避、阻碍公安机关依法检查的；(12)实施威胁、打击报复、引诱、贿买证人、鉴定人等人员或者毁灭、伪造证据等妨害司法行为的；(13)2年内曾因饮酒后驾驶机动车被查获或者受过行政处罚的；(14)5年内曾因危险驾驶行为被判决有罪或者作相对不起诉的；(15)其他需要从重处理的情形。

3.醉驾具有下列情形之一的，从宽处理：(1)自首、坦白、立功的；(2)自愿认罪认罚的；(3)造成交通事故，赔偿损失或者取得谅解的；(4)其他需要从宽处理的情形。

4.醉驾具有下列情形之一，且不具有最高人民法院、最高人民检察院、公安部、司法部《关于办理醉酒危险驾驶刑事案件的意见》第10条规定情形的，可以认定为情节显著轻微、危害不大，依照刑法第13条、《刑事诉讼法》第16条的规定处理：(1)血液酒精含量不满150毫克/100毫升的；(2)出于急救伤病人员等紧急情况驾驶机动车，且不构成紧急避险的；(3)在居民小区、停车场等场所因挪车、停车入位等短距离驾驶机动车的；(4)由他人驾驶至居民小区、停车场等场所短距离接替驾驶停放机动车的，或者为了交由他人驾驶，自居民小区、停车场等场所短距离驶出的；(5)其他情节显著轻微的情形。醉酒后出于急救伤病人员等紧急情况，不得已驾驶机动车，构成紧急避险的，依照刑法第21条的规定处理。

5.对公安机关移送审查起诉的醉驾案件，人民检察院综合考虑犯罪嫌疑人驾驶的动机和目的、醉酒程度、机动车类型、道路情况、行驶时间、速度、距离以及认罪悔罪表现等因素，认为属于犯罪情节轻微的，依照刑法第37条、《刑事诉讼法》第177条第2款的规定处理。

6.对符合刑法第72条规定的醉驾被告人，依法宣告缓刑。具有下列情形之一的，一般不适用缓刑：(1)造成交通事故致他人轻微伤或者轻伤，且负事故全部或者主要责任的；(2)造成交通事故且负事故全部或者主要责任，未赔偿损失的；(3)造成交通事故后逃逸的；(4)未取得机动车驾驶证驾驶汽车的；(5)血液酒精含量超过180毫克/100毫升的；(6)服用国家规定管制的精神药品或者麻醉药品后驾驶的;(7)采取暴力手段抗拒公安机关依法检查,或者实施妨害司法行为的;(8)5年内曾因饮酒后驾驶机动车被查获或者受过行政处罚的;(9)曾因危险驾驶行为被判决有罪或者作相对不起诉的;(10)其他情节恶劣的情形。

7. 对被告人判处罚金,应当根据醉驾行为、实际损害后果等犯罪情节,综合考虑被告人缴纳罚金的能力,确定与主刑相适应的罚金数额。起刑点一般不应低于《道路交通安全法》规定的饮酒后驾驶机动车相应情形的罚款数额;每增加1个月拘役,增加1000元至5000元罚金。

8. 醉驾同时构成交通肇事罪、过失以危险方法危害公共安全罪、以危险方法危害公共安全罪等其他犯罪的,依照处罚较重的规定定罪,依法从严追究刑事责任。醉酒驾驶机动车,以暴力、威胁方法阻碍公安机关依法检查,又构成妨害公务罪、袭警罪等其他犯罪的,依照数罪并罚的规定处罚。

9. 犯罪嫌疑人醉驾被现场查获后,经允许离开,再经公安机关通知到案或者主动到案,不认定为自动投案;造成交通事故后保护现场、抢救伤者,向公安机关报告并配合调查的,应当认定为自动投案。

10. 根据最高人民法院、最高人民检察院、公安部、司法部《关于办理醉酒危险驾驶刑事案件的意见》第12条第1款、第13条、第14条处理的案件,可以将犯罪嫌疑人、被告人自愿接受安全驾驶教育、从事交通志愿服务、社区公益服务等情况作为作出相关处理的考量因素。对犯罪嫌疑人、被告人决定不起诉或者免予刑事处罚的,可以根据案件的不同情况,予以训诫或者责令具结悔过、赔礼道歉、赔偿损失,需要给予行政处罚、处分的,移送有关主管机关处理。

五、妨害安全驾驶罪

本罪是对行驶中的公共交通工具的驾驶人员使用暴力或者抢控驾驶操纵装置,干扰公共交通工具正常行驶,危及公共安全的行为。

本罪主要是针对乘客与公交车司机发生争执,在公共交通工具上抢夺方向盘、殴打驾驶人员,妨害安全驾驶案件时有发生的现状而制定的。之前,对这种行为,常论以"以危险方法危害公共安全罪"。但是,"危险方法"是兜底性质的模糊表述,在适用上随意且不确定,实际操作中的指引性不明确,难以对妨害安全驾驶行为产生有针对性的震慑。因此,有人大代表建议在刑法分则"危害公共安全罪"一章中增设"妨害安全驾驶罪",给社会上的一般人以明确的指引和心理强制,提升公民规则意识和公德意识。这一规定采用了危险犯的立法方式,行为人只要实施法定行为,干扰公共交通工具正常行驶,就构成本罪,不要求发生具体的人员伤亡或者财产损失结果。

本罪的主体主要是公共交通工具上的乘客等人员,少数情况下,也可能是车辆上的售票员或者保安人员。本罪的行为发生地点是行驶的公共交通工具上,主要是指公共汽车、公路客运车或大中型出租车上。当然,公共交通工具也包括火车、地铁、轮船、飞机,但这些交通工具上不太可能发生上述行为。

本罪的实行行为是对行驶中的公共交通工具的驾驶人员使用暴力或者抢控驾驶操纵装置。其中,"暴力"通常是指针对驾驶人员的身体实施殴打、推搡拉拽等物理力量的行为;"抢控"是指在驾驶人员正常控制操纵装置的情况下,强行介入其中,意图取代其控制操纵装置,使交通工具按照自己的意志转向、停止或者行驶,通常是指抢控方向盘、变速杆、加速踏板、驻车制动手柄等驾驶操纵装置的行为。"对驾驶人员使用暴力或者抢控驾驶操纵装置",并不要求行为人实际殴打到了驾驶人员的身体，或者实际控制了驾驶操纵装置，只要行为人有暴力殴打行为和抢控行为即可。

成立本罪，必须达到"干扰公共交通工具正常行驶，危及公共安全"的程度，因此，本罪属于具体危险犯。一般来说，对行驶中的公共交通工具的驾驶人员使用暴力或者抢控驾驶操纵装置，干扰公共交通工具正常行驶的行为本身自带危害公共安全的危险，仅此，就可以判断行为本身具有"干扰公共交通工具正常行驶，危及公共安全"的性质。但是，根据事发当时的时空环境以及车辆内载客的情况，也有可能认定不具有"危及公共安全"的情形。

本罪的处罚，按照刑法第 133 条之二，处 1 年以下有期徒刑、拘役或者管制，并处或者单处罚金。前款规定的驾驶人员在行驶的公共交通工具上擅离职守，与他人互殴或者殴打他人，危及公共安全的，依照前款的规定处罚。有前两款行为，同时构成其他犯罪的，依照处罚较重的规定定罪处罚。比如驾驶人员在公共交通工具行驶中与乘客发生纷争后没有理性应对，反而擅离职守与乘客厮打、互殴，严重危害公共安全的行为，无论是否造成严重的后果，都按以危险方法危害公共安全罪定罪处罚。但是，乘客在公共交通工具行驶过程中，随意殴打其他乘客，追逐、辱骂他人，或者起哄闹事，妨害公共交通工具运营秩序，符合刑法第 293 条第 1 款规定的，以寻衅滋事罪定罪处罚。

六、重大责任事故罪

（一）概念和构成

本罪，是指在生产、作业中违反有关安全管理的规定，因而发生重大伤亡事故或者造成其他严重后果的行为。其构成如下：

1. 主体。本罪的主体是一般主体，任何人只要是在生产、作业的过程中违反安全管理规定，即便是医院护士、春运期间汽车站临时聘任的安全检查人员或建筑工地临时聘请的保安人员等，也均可以成为本罪主体。根据有关司法解释，[101] 本罪的犯罪主体，包括对生产、作业负有组织、指挥或者管理职责的负责人、管理人员、实际控制人、投资人等人员，以及直接从事生产、作业的人员。

2. 危害行为和危害结果。本罪客观上表现为，在生产和作业过程中违反有关安全管理的规章制度，因而发生重大伤亡事故，造成严重后果。

首先，必须有在生产作业活动过程中，违反有关安全管理的规章制度的行为。所谓安全管理规定，是指和保障生产作业安全有关的劳动纪律、操作规程和劳动保护法规，如《安全生产法》《劳动法》《特种设备安全监察条例》等法律、法规中对有关安全生产的规定，如不按设计要求盲目蛮干，值班时擅离职守，在禁火区使用明火作业，擅自触碰涂有"危险禁止"标记的机器、开关或信号等，就属于此。另外，实践中，很多企业的责任人员或者管理人员在生产、作业中，为了减少成本，有意雇用一些没有技术资格的操作工，或者对于手下工人的违章作业行为不闻不问，这实际上就是一种违反安全规定的行为，造成严重后果的，可以直接根据刑法第 134 条第 1 款的规定，作为重大责任事故罪处理。

其次，必须发生重大伤亡事故或者造成其他严重后果。根据有关司法解释，[102] 具有下列

---

〔101〕 2015 年最高人民法院、最高人民检察院《关于办理危害生产安全刑事案件适用法律若干问题的解释》第 1 条。

〔102〕 2015 年最高人民法院、最高人民检察院《关于办理危害生产安全刑事案件适用法律若干问题的解释》第 6 条。

情形之一的,应当认定为“发生重大伤亡事故或者造成其他严重后果”:(1)造成死亡1人以上,或者重伤3人以上的;(2)造成直接经济损失100万元以上的;(3)其他造成严重后果或者重大安全事故的情形。

在生产、作业中违反有关安全管理规定,从高空坠落物品,发生重大伤亡事故或者造成其他严重后果,在生产、作业中违反有关安全管理的规定,擅自移动窨井盖或者未做好安全防护措施,发生重大伤亡事故或者造成其他严重后果的,以本罪定罪处罚。

3. 主观要件。本罪的主观要件是过失,即行为人没有预见到其在生产、作业中违反有关安全管理的规定的行为会引起重大伤亡事故或者造成其他严重后果。

(二)本罪的认定

在本罪的认定中,应当注意以下几个问题:

1. 本罪与失火罪、过失爆炸罪等过失危害公共安全罪的界限。二者最主要的区别在于,前者发生在生产作业过程中,并与生产作业活动直接相连,后者则多发生在日常生活中,即便发生在生产、作业过程中,作为其原因的违章行为和生产、作业活动也并无直接联系。因此,如果行为人在生产、作业过程中,由于违反安全生产等方面的规章制度而引起了火灾或爆炸事故,则是重大责任事故罪;反之,则是失火罪或过失爆炸罪。

2. 本罪与交通肇事罪的界限。两者均属危害公共安全犯罪,后者违反的是“交通运输法规”,前者违反的是“有关安全管理的规定”。一般情况下,在航道、公路等公共交通领域,违反交通运输法规驾驶机动车辆或者其他交通工具,致人伤亡或者造成其他重大财产损失,构成犯罪的,应认定为交通肇事罪;在停车场、修理厂、进行农耕生产的田地等非公共交通领域,驾驶机动车辆或者其他交通工具,造成人员伤亡或者财产损失,构成犯罪的,应区分情况,分别认定为重大责任事故罪、重大劳动安全事故罪、过失致人死亡罪等罪。需要指出的是,对于从事营运活动的交通运输组织来说,航道、公路既是公共交通领域,又是其生产经营场所,“交通运输法规”同时亦属交通运输组织的“安全管理的规定”,交通运输活动的负责人、投资人、驾驶人员等违反有关规定导致在航道、公路上发生交通事故,造成人员伤亡或者财产损失的,可能同时触犯交通肇事罪与重大责任事故罪。鉴于两罪前两档法定刑均为7年以下有期徒刑(交通肇事罪有因逃逸致人死亡判处7年以上有期徒刑的第三档法定刑),因此,此时要综合考虑行为人对交通运输活动是否负有安全管理职责、对事故发生是否负有直接责任、所实施行为违反的主要是交通运输法规还是其他安全管理的法规等,选择适用罪名。具有营运性质的交通运输活动中,行为人既违反交通运输法规,又违反其他安全管理规定(如未取得安全许可证、经营资质、不配备安全设施等),发生重大事故的,由于该类运输活动主要是一种生产经营活动,并非单纯的交通运输行为,可按照重大责任事故罪认定。交通运输活动的负责人、投资人等负有安全监管职责的人员违反有关安全管理规定,造成重大事故发生,应认定为重大责任事故罪;驾驶人员等一线运输人员违反交通运输法规造成事故发生的,应认定为交通肇事罪。[103]

3. 准确界定因果关系,依法认定投资人、实际控制人等涉案人员及相关行政监管人员的刑事责任。危害生产安全案件往往多因一果,涉案人员较多,既有直接从事生产、作业的人员,又有投资人、实际控制人等,还可能涉及相关负有监管职责的国家工作人员。如果投资人、实际控制人等实施了未取得经营资质和安全生产许可证、未制定安全生产管理规定或规章制度、不

---

〔103〕 夏某某等人重大责任事故案,最高人民检察院检例第97号(2021年)。

提供安全生产条件和必要设施等不履行安全监管职责的行为,在此情况下进行生产、作业,导致发生重大伤亡事故或者造成其他严重后果的,不论事故发生是否介入第三人违规行为或者其他因素,均不影响认定其行为与事故后果之间存在刑法上的因果关系。对发案单位的生产、作业负有安全监管、查处等职责的国家工作人员,不履行或者未正确履行工作职责,致使发案单位违规生产、作业或者危险状态下生产、作业,发生重大安全事故的,其行为也是危害结果发生的重要原因,应以渎职犯罪追究其刑事责任。

(三)处罚

依照刑法第 134 条第 1 款的规定,在生产、作业中违反有关安全管理的规定,因而发生重大伤亡事故或者造成其他严重后果的,处 3 年以下有期徒刑或者拘役;情节特别恶劣的,处 3 年以上 7 年以下有期徒刑。所谓"情节特别恶劣",是指具有下列情形之一:(1)造成死亡 3 人以上或者重伤 10 人以上,负事故主要责任的;(2)造成直接经济损失 500 万元以上,负事故主要责任的;(3)其他造成特别严重后果、情节特别恶劣或者后果特别严重的情形。[104] 对于实施危害生产安全犯罪适用缓刑的犯罪分子,可以根据犯罪情况,禁止其在缓刑考验期限内从事与安全生产相关联的特定活动;对于被判处刑罚的犯罪分子,可以根据犯罪情况和预防再犯罪的需要,禁止其自刑罚执行完毕之日或者假释之日起 3 年至 5 年内从事与安全生产相关的职业。[105]

七、强令、组织他人违章冒险作业罪

(一)概念和构成

本罪,是指在生产作业中违反有关安全管理的规定,强令他人违章冒险作业,或者明知存在重大事故隐患而不排除,仍冒险组织作业,因而发生重大伤亡事故或者造成其他严重后果的行为。

本罪犯罪构成如下:

1. 主体。本罪的主体是一般主体,包括对生产、作业负有组织、指挥或者管理职责的负责人、管理人员、实际控制人、投资人等人员。[106] 从实践来看,实施强令、组织行为的主体,必须是和他人处于同一单位的人员,而不可能是主管该单位的上级国家机关工作人员。需要注意的是,正如普通工人身份的师傅经常命令或者要求徒弟从事某种冒险活动一样,这里的强令者,既可以是单位中从事生产、作业指挥、管理的人员,也可以是和被强令者处于相同地位的一般工人,而不一定要求是具有领导身份的人。

2. 危害行为和危害结果。本罪客观上表现为,在生产作业中违反有关安全管理的规定,强令他人违章冒险作业,因而发生重大伤亡事故或者造成其他严重后果。具体而言,包括以下内容:

第一,必须有在生产作业过程中,违反安全管理的规定,强令他人违章冒险作业的行为,或者明知存在重大事故隐患而不排除,仍冒险组织作业。所谓强令,就是命令,表现为他人不愿听从,但在指挥、管理人员利用职权强迫服从的情况下,不得不违章作业。违章作业并非出于

---

〔104〕 2015 年最高人民法院、最高人民检察院《关于办理危害生产安全刑事案件适用法律若干问题的解释》第 7 条。

〔105〕 2015 年最高人民法院、最高人民检察院《关于办理危害生产安全刑事案件适用法律若干问题的解释》第 16 条。

〔106〕 2015 年最高人民法院、最高人民检察院《关于办理危害生产安全刑事案件适用法律若干问题的解释》第 2 条。

他本人的意愿,因此,不能追究他人的刑事责任,只能追究指挥、管理人员的刑事责任。“强令”不能机械地理解为说话态度强硬或者大声命令等外在表现,强令者也不一定必须身处生产、作业的现场。只要强令者所发出的信息内容所产生的影响,达到了使工人不得不违心地继续生产、作业的心理强制程度,就足以认定。具体表现为,工人若拒绝服从,就会面临扣工资、被辞退等后果,从而不得不继续生产。所谓重大事故隐患,是指可能导致重大人身伤亡或者重大经济损失的事故隐患。其认定,依照法律、行政法规、部门规章、强制性标准以及有关行政规范性文件进行。难以确定的,可以依据司法鉴定机构出具的鉴定意见、地市级以上负有安全生产监督管理职责的部门或者其指定的机构出具的意见,结合其他证据综合审查,依法作出认定。所谓不排除,是指对重大隐患不采取有效措施予以排除。所谓仍冒险组织作业,是指在明知存在重大事故隐患的情况下,仍然不听劝阻,不采纳工人或者技术人员的相关建议,组织作业,导致事故发生,或者采取一定手段掩盖生产隐患,蒙骗工人冒险作业等。下列情形,均属于“强令他人违章冒险作业”:(1)以威逼、胁迫、恐吓等手段,强制他人违章作业的;(2)利用组织、指挥、管理职权,强制他人违章作业的;(3)其他强令他人违章冒险作业的情形。明知存在重大事故隐患,仍然违反有关安全管理的规定,不排除或者故意掩盖重大事故隐患,组织他人作业的,属于“冒险组织作业”。[107]

第二,必须发生了重大伤亡事故或者造成了其他严重后果。具体是指:造成死亡1人以上,或者重伤3人以上;造成直接经济损失100万元以上;其他造成严重后果或者重大安全事故的情形。[108]

3. 主观要件。本罪的主观要件是过失,即行为人没有预见到其强令、组织他人违章冒险作业的行为会发生重大伤亡事故或者造成其他严重后果。

(二)处罚

依照刑法第134条第2款的规定以及前述司法解释,强令、组织他人违章冒险作业,因而发生重大伤亡事故或者造成其他严重后果的,处5年以下有期徒刑或者拘役;情节特别恶劣的,处5年以上有期徒刑。其中的“情节特别恶劣”,是指具有下列情形之一:(1)造成死亡3人以上或者重伤10人以上,负事故主要责任的;(2)造成直接经济损失500万元以上,负事故主要责任的;(3)其他造成特别严重后果、情节特别恶劣或者后果特别严重的情形。[109] 对于实施危害生产安全犯罪适用缓刑的犯罪分子,可以根据犯罪情况,禁止其在缓刑考验期限内从事与安全生产相关联的特定活动;对于被判处刑罚的犯罪分子,可以根据犯罪情况和预防再犯罪的需要,禁止其自刑罚执行完毕之日或者假释之日起3年至5年内从事与安全生产相关的职业。[110]

八、危险作业罪

本罪是指在生产、作业中违反有关安全管理的规定,具有发生重大伤亡事故或者其他严重后果的现实危险的行为。

---

〔107〕 2022年最高人民法院、最高人民检察院《关于办理危害生产安全刑事案件适用法律若干问题的解释(二)》第1条。

〔108〕 2015年最高人民法院、最高人民检察院《关于办理危害生产安全刑事案件适用法律若干问题的解释》第6条。

〔109〕 2015年最高人民法院、最高人民检察院《关于办理危害生产安全刑事案件适用法律若干问题的解释》第7条。

〔110〕 2015年最高人民法院、最高人民检察院《关于办理危害生产安全刑事案件适用法律若干问题的解释》第16条。

近年来，生产作业过程中的重大安全事故不断见诸报端，这些事故往往是一个不遵守操作规范的违章行为引起的，若能在严守操作规范上提要求，便可避免很多重大责任事故；同时，2016 年出台的中共中央、国务院《关于推进安全生产领域改革发展的意见》提出，要研究修改刑法有关条款，将生产经营过程中极易导致重大生产安全事故的违法行为纳入刑法调整范围。这种意见表明，中共中央也要求把生产经营中的违法、违章行为直接定罪，而不是等到事故发生后才追究刑事责任。本罪就是基于这种考虑而增设的。[111]

本罪主体为一般主体，包括对生产、作业负有组织、指挥或者管理职责的负责人、管理人员、实际控制人、投资人等人员，以及直接从事生产、作业的人员。

本罪在客观上表现为，在生产、作业中违反有关安全管理的规定，具有发生重大伤亡事故或者其他严重后果的现实危险的行为，具体而言，包括以下三种情形：

第一，关闭、破坏直接关系生产安全的监控、报警、防护、救生设备、设施，或者篡改、隐瞒、销毁其相关数据、信息的行为。该项针对的是生产、作业中已经发现危险，但故意关闭、破坏报警、监控设备，或者修改设备阈值，破坏检测设备正常工作条件，使有关监控、监测设备不能正常工作，而继续冒险作业，逃避监管的行为。关闭、破坏的“设备、设施”应当属于“直接关系生产安全的”设备设施，如果关闭、破坏与安全生产事故发生不具有直接因果关系的设备、设施，不能认定为本项犯罪。

第二，因存在重大事故隐患被依法责令停产停业、停止施工、停止使用有关设备、设施、场所或者立即采取排除危险的整改措施，而拒不执行的行为。该项是危险作业罪的核心条款。依照相关司法解释，[112] 因存在重大事故隐患被依法责令停产停业、停止施工、停止使用有关设备、设施、场所或者立即采取排除危险的整改措施，有下列情形之一的，就是“拒不执行”：(1)无正当理由故意不执行各级人民政府或者负有安全生产监督管理职责的部门依法作出的上述行政决定、命令的；(2)虚构重大事故隐患已经排除的事实，规避、干扰执行各级人民政府或者负有安全生产监督管理职责的部门依法作出的上述行政决定、命令的；(3)以行贿等不正当手段，规避、干扰执行各级人民政府或者负有安全生产监督管理职责的部门依法作出的上述行政决定、命令的。认定是否属于“拒不执行”，应当综合考虑行政决定、命令是否具有法律、行政法规等依据，行政决定、命令的内容和期限要求是否明确、合理，行为人是否具有按照要求执行的能力等因素进行判断。

第三，涉及安全生产的事项未经依法批准或者许可，擅自从事矿山开采、金属冶炼、建筑施工，以及危险物品生产、经营、储存等高度危险的生产作业活动的行为。本项规定的是在关涉安全生产的事项未经批准的情况下擅自生产经营的行为，针对的行业是具有高度危险性的安全生产领域，在安全监管方面实行严格的批准或者许可制度。一般的安全生产行业、领域有关事项未经安全监管部门批准，不构成本罪。按照相关司法解释，[113] 在易燃易爆危险物品生产、经营、储存等高度危险的生产作业活动中违反有关安全管理的规定，有下列情形之一，具有发生重大伤亡事故或者其他严重后果的现实危险的，以本罪定罪处罚：(1)委托无资质企业或者

---

〔111〕 詹瑜璞、刘笑、尹少辉等：《我国危险作业犯罪立法的几个问题》，载《中国应急管理报》2020 年 6 月 27 日，第 3 版。

〔112〕 2022 年最高人民法院、最高人民检察院《关于办理危害生产安全刑事案件适用法律若干问题的解释(二)》第 3 条。

〔113〕 2021 年最高人民法院、最高人民检察院、公安部等 10 部门联合印发《关于依法惩治涉枪支、弹药、爆炸物、易燃易爆危险物品犯罪的意见》第 5 条第 2 款。

个人储存易燃易爆危险物品的;(2)在储存的普通货物中夹带易燃易爆危险物品的;(3)将易燃易爆危险物品谎报或者匿报为普通货物申报、储存的;(4)其他涉及安全生产的事项未经依法批准或者许可,擅自从事易燃易爆危险物品生产、经营、储存等活动的情形。

按照上述规定,危险作业犯罪,只有在具有法定的发生重大伤亡事故或者其他严重后果的现实危险的场合,才能构成,属于具体危险犯。其中,“现实危险”是指真正的、实在的、迫在眉睫的危险,如已经出现“冒顶”“渗漏”等重大险情,若不是被及时发现或者被救援制止,从一般经验上看,就会造成人命伤亡或者重大财产损失。“具有发生重大伤亡事故或者其他严重后果的现实危险”是指客观存在的、紧迫的危险,这种危险未及时消除、持续存在,将可能随时导致发生重大伤亡事故或者其他严重后果。司法实践中,是否属于“具有发生重大伤亡事故或者其他严重后果的现实危险”,应当结合行业属性、行为对象、现场环境、违规行为严重程度以及纠正整改措施的及时性和有效性等具体因素,进行综合判断。对于行为人关闭、破坏直接关系生产安全的监控、报警、防护、救生设备、设施,发生了“小事故”,出于偶然性的客观原因而未造成重大严重后果的情形,可以认定为“具有发生重大伤亡事故或者其他严重后果的现实危险”。[114] 另外,根据《危险化学品目录(2015 版)》规定,汽油属于危险化学品。根据《危险化学品安全管理条例》第 33 条的规定,国家对危险化学品经营实行许可制度,未经许可,任何单位和个人不得经营危险化学品。销售、储存汽油均应取得相应证照,操作人员应当经过专业培训、规范操作,储存汽油应当具备相应条件。司法机关在办理具体案件过程中,对于行为人在未经专业培训、无经营资质、无专业设备、无安全储存条件、无应急处理能力情况下,在居民楼附近擅自从事危险物品生产、经营、储存等高度危险的生产作业活动,并由于不规范操作造成行为人本人重度烧伤、周围物品烧毁的后果的,综合考虑其行为方式、案发地点及危害后果,可以认定为本罪中的“具有发生重大伤亡事故或者其他严重后果的现实危险”。[115] 司法机关在办理具体案件过程中,对于涉及安全生产的事项未经依法批准或者许可,擅自从事矿山开采、金属冶炼、建筑施工等生产作业活动,已经发生安全事故,因开展有效救援尚未造成重大严重后果的情形,可以认定为本罪中的“具有发生重大伤亡事故或者其他严重后果的现实危险”。[116]

关于本罪的处罚,依照刑法第 134 条之一,犯本罪的,处 1 年以下有期徒刑、拘役或者管制。在生产、作业中违反有关安全管理的规定,有刑法第 134 条之一规定情形之一,因而发生重大伤亡事故或者造成其他严重后果,构成刑法第 134 条、第 135 条至第 139 条等规定的重大责任事故罪、重大劳动安全事故罪、危险物品肇事罪、工程重大安全事故罪等犯罪的,依照该规定定罪处罚。有刑法第 134 条之一行为,积极配合公安机关或者负有安全生产监督管理职责的部门采取措施排除事故隐患,确有悔改表现,认罪认罚的,可以依法从宽处罚;犯罪情节轻微不需要判处刑罚的,可以不起诉或者免予刑事处罚;情节显著轻微危害不大的,不作为犯罪

---

〔114〕 最高人民法院、最高人民检察院《人民法院、人民检察院依法惩治危害生产安全犯罪典型案例·案例 5、李某远危险作业案》。

〔115〕 最高人民法院、最高人民检察院《人民法院、人民检察院依法惩治危害生产安全犯罪典型案例·案例 4、高某海等危险作业案》。

〔116〕 最高人民法院、最高人民检察院《人民法院、人民检察院依法惩治危害生产安全犯罪典型案例·案例 6、赵某宽、赵某龙危险作业不起诉案》。

处理。[117]

九、重大劳动安全事故罪

（一）概念和构成

本罪，是指企业、事业单位的安全生产设施或者安全生产条件不符合国家规定，因而发生重大伤亡事故或者造成其他严重后果的行为。其构成如下：

1. 主体。本罪的主体为特殊主体，即企业、事业单位中对安全生产设施和安全生产条件负有管理监督职责的直接负责的主管人员和其他直接责任人员。所谓直接负责的主管人员，是指在单位业务活动时发生的犯罪中起了决定、批准、授意、纵容、指挥等作用的主管人员；所谓其他直接责任人员，是指在直接负责的主管人员之外具体实施犯罪的人员。具体而言，是指对安全生产设施或者安全生产条件不符合国家规定负有直接责任的生产经营单位负责人、管理人员、实际控制人、投资人，以及其他对安全生产设施或者安全生产条件负有管理、维护职责的人员。[118]

2. 危害行为和危害结果。本罪客观上表现为，本单位的安全生产设施或者安全生产条件不符合国家规定，因而发生重大伤亡事故或者造成其他严重后果。

首先，本单位的安全生产设施或者安全生产条件不符合国家规定。所谓安全生产设施，是指依照规定在有关生产经营单位配备的用于保护劳动者人身安全和健康、符合国家标准的各种设施、设备以及用品，主要有：（1）防护装置，即用屏护方法使人体与生产中的危险部分相隔离的装置；（2）保险装置，即能自动消除生产中由于设备事故和部件损害而引起的人身事故危害的装置，如安全阀、自动跳闸、卷扬限制器等；（3）信号装置，即应用信号警告、预防危险的装置，如信号灯、电器指示灯等；（4）危险牌示和识别标志，即危险告示标志和借助醒目颜色或图形判断是否安全的标志。所谓安全生产条件，是指生产经营单位在安全生产过程中的设备、设施、场所、环境等方面的条件。安全生产设施和安全生产条件必须符合国家规定，即符合国家立法机关、生产主管部门制定、颁布的一系列保障安全生产、保护劳动者人身安全和合法权益的法律、法规和规章制度中规定的标准。特别是从事某种特殊或者危险工作的劳动条件，如从事某些有毒、高空作业等，都必须配备相应的、符合国家安全生产标准的防毒设备和高空安全防护用具；又如用于防毒、绝缘、防火、避雷、防爆、通风等的用品和措施，确保劳动者在一个安全的劳动条件或者具备安全条件下进行劳动生产。事故隐患是指由于劳动安全设施不符合国家规定而潜藏着的发生事故的苗头、祸患，仅限于劳动安全设施方面的事故隐患。具体有以下情形：未给在有危害健康的气体、蒸汽或者粉尘的场所操作的工人发口罩、防护眼镜和防毒面具的；未给在有噪音、强光辐射热和飞溅火花碎片、刨屑的场所操作的工人发护耳器、防护眼镜、面具或帽盔的；未给从事电器操作的人发绝缘革化、绝缘手套的；未给在高空作业的工人配备安全带的；机器设备的危险部分未安装防护装置的；压力机械的施压部分未安装安全装置的；电气设备和线路的绝缘性能不佳，电器设备未设必要的可熔保险器或自动开关的；车间或者工作地点所含游离二氧化硅 10% 以上的粉尘高于每立方米 2 毫克，对散发有害健康的蒸

---

〔117〕 2022 年最高人民法院、最高人民检察院《关于办理危害生产安全刑事案件适用法律若干问题的解释（二）》第 5、10 条。

〔118〕 2015 年最高人民法院、最高人民检察院《关于办理危害生产安全刑事案件适用法律若干问题的解释》第 3 条。

汽、气体的设备未严加紧闭等。另外，新建、改建、扩建工程的安全设施未经有关部门审查批准，擅自投入使用，被关停之后仍然强行生产经营，使用不符合国家技术标准或者超过使用期限而应当报废的生产设备和设施，也属于安全生产设施或者安全生产条件不符合国家规定。厂矿企事业单位的劳动安全设施和安全生产条件不符合国家规定，存在事故隐患是发生重大劳动安全事故的直接原因，也是构成本罪的前提条件；如果重大事故的发生并不是由于劳动安全设施和安全生产条件不符合国家规定，而是出于其他原因如有人故意破坏、放火等引起的，则不构成重大劳动安全事故罪。

其次，发生重大伤亡事故或者造成其他严重后果。所谓重大伤亡事故或者造成其他严重后果，具体是指下列情形之一：(1)造成死亡1人以上，或者重伤3人以上的；(2)造成直接经济损失100万元以上的；(3)其他造成严重后果或者重大安全事故的情形。[119] 至于事故发生之前，是否有人提出过事故隐患，是否经过有关单位采取措施，都不影响本罪的成立。

3. 主观要件。本罪的主观要件为过失。

（二）本罪的认定

在本罪的认定中，应当将其与重大责任事故罪区分开来。本罪是在明知企业、事业单位的安全生产设施或者安全生产条件不符合国家规定的情况下，不采取措施消除劳动安全设施事故隐患；而重大责任事故罪是在生产、作业过程中，违反有关安全管理的规定，因而发生重大伤亡事故或者造成其他严重后果的行为。实践中，区分二者的困难在于，在两罪的主体和行为有交叉时该如何定罪？也就是在存在安全设施或者安全生产条件事故隐患的前提下，行为人既对劳动安全设施或者安全生产条件负有管理责任，又在生产、作业过程中违反安全管理规定违章生产、作业，导致发生重大伤亡事故或者造成其他严重后果的，应当如何处理？对此，一般认为，应当论以两罪的想象竞合犯，不数罪并罚。由于二罪的法定刑完全一致，无轻罪重罪之分，因此，此时只有根据安全事故发生的原因来确定构成何罪。如果事故发生的主要原因是生产、作业过程中违反安全管理规定的违章行为，则定重大责任事故罪；如果事故发生的主要原因是安全设施或者安全生产条件中所存在的事故隐患，则定重大劳动安全事故罪。

（三）处罚

依照刑法第135条的规定，犯本罪的，对直接负责的主管人员和其他直接责任人员，处3年以下有期徒刑或者拘役；情节特别恶劣的，处3年以上7年以下有期徒刑。所谓“情节特别恶劣”，是指具有下列情形之一：(1)造成死亡3人以上或者重伤10人以上，负事故主要责任的；(2)造成直接经济损失500万元以上，负事故主要责任的；(3)其他造成特别严重后果、情节特别恶劣或者后果特别严重的情形。[120] 对于实施危害生产安全犯罪适用缓刑的犯罪分子，可以根据犯罪情况，禁止其在缓刑考验期限内从事与安全生产相关联的特定活动；对于被判处刑罚的犯罪分子，可以根据犯罪情况和预防再犯罪的需要，禁止其自刑罚执行完毕之日或者假释之日起3年至5年内从事与安全生产相关的职业。[121]

十、大型群众性活动重大安全事故罪

本罪，是指举办大型群众性活动违反安全管理规定，因而发生重大伤亡事故或者造成其他

---

〔119〕 2015年最高人民法院、最高人民检察院《关于办理危害生产安全刑事案件适用法律若干问题的解释》第6条。

〔120〕 2015年最高人民法院、最高人民检察院《关于办理危害生产安全刑事案件适用法律若干问题的解释》第7条。

〔121〕 2015年最高人民法院、最高人民检察院《关于办理危害生产安全刑事案件适用法律若干问题的解释》第16条。

严重后果的行为。

本罪的主体是特殊主体，即对举办大型群众性活动直接负责的主管人员和其他直接责任人员；客观上表现为举办大型群众性活动违反安全管理规定，因而发生重大伤亡事故或者造成其他严重后果。其中，“大型群众性活动”，是指以广泛且不特定的社会成员为对象、以一定规模的主题活动为内容、以较大面积的场地为活动空间的社会活动。“违反安全管理规定”，是指没有按照国家有关安全管理的法律法规做好安全防护或者施救处理工作或者其他违反安全管理规定的行为，实践中，一般表现为以下方面：(1)未经公安机关或者公安部门批准，擅自举办大型活动或者擅自变更大型活动的时间、地点、内容或者擅自扩大大型群众性活动的举办规模；(2)对安全设施的管理责任落实不到位，分工不明确；(3)在大型群众活动中，发生安全事故后安全责任人不立即启动紧急救援预案或者不立即向公安机关报案，导致事故进一步扩大，造成更多的人员伤亡或者财产损失等。“发生重大伤亡事故或者造成其他严重后果”，是指下列情形之一：(1)造成死亡1人以上，或者重伤3人以上的；(2)造成直接经济损失100万元以上的；(3)其他造成严重后果或者重大安全事故的情形。[122] 本罪的主观要件为过失。

依照刑法第135条之一的规定，犯本罪的，对直接负责的主管人员和其他直接责任人员，处3年以下有期徒刑或者拘役；情节特别恶劣的，处3年以上7年以下有期徒刑。所谓“情节特别恶劣”，是指具有下列情形之一：(1)造成死亡3人以上或者重伤10人以上，负事故主要责任的；(2)造成直接经济损失500万元以上，负事故主要责任的；(3)其他造成特别严重后果、情节特别恶劣或者后果特别严重的情形。[123] 对于实施危害生产安全犯罪适用缓刑的犯罪分子，可以根据犯罪情况，禁止其在缓刑考验期限内从事与安全生产相关联的特定活动；对于被判处刑罚的犯罪分子，可以根据犯罪情况和预防再犯罪的需要，禁止其自刑罚执行完毕之日或者假释之日起3年至5年内从事与安全生产相关的职业。[124]

十一、危险物品肇事罪

本罪，是指违反爆炸性、易燃性、放射性、毒害性、腐蚀性物品的管理规定，在生产、储存、运输、使用中发生重大事故，造成严重后果的行为。

本罪主体为一般主体，但主要是从事生产、保管、运输和使用危险物品的职工，包括对危险物品的装卸负有管理职责的人员在内；客观上表现为违反爆炸性、易燃性、放射性、毒害性、腐蚀性物品的管理规定，在生产、储存、运输、使用中发生重大事故，造成严重后果。其中，“危险物品”，是指爆炸性、易燃性、放射性、毒害性、腐蚀性物品。宾馆使用不合格热水器致使客人洗澡时死亡的场合，由于热水器不属于爆炸性、易燃性、放射性、毒害性、腐蚀性物品，不构成本罪。对因安全管理制度不落实、仓储设施不符合安全要求、守卫看护人员擅离职守等导致爆炸物品被私拿、私藏或丢失、被盗，或者被非法转借、转送等被犯罪分子获取作案的，依照本罪追究责任人的刑事责任；明知承租人违反爆炸性、剧毒性、易燃性、放射性等危险物品管理规定，利用出租房屋生产、销售、储存、使用危险物品，不及时制止、报告，构成犯罪的，依照本罪追究刑事责任。成立本罪，必须造成严重后果。所谓严重后果，是指具有下列情形之一：(1)造成

---

[122] 2015年最高人民法院、最高人民检察院《关于办理危害生产安全刑事案件适用法律若干问题的解释》第6条。

[123] 2015年最高人民法院、最高人民检察院《关于办理危害生产安全刑事案件适用法律若干问题的解释》第7条。

[124] 2015年最高人民法院、最高人民检察院《关于办理危害生产安全刑事案件适用法律若干问题的解释》第16条。

死亡1人以上,或者重伤3人以上的;(2)造成直接经济损失100万元以上的;(3)其他造成严重后果或者重大安全事故的情形。[125] 本罪的主观要件是过失。过失是针对所造成的重大事故后果的心理态度而言,至于违反规章制度往往是明知故犯。

在本罪的认定中,依据2021年12月28日最高人民法院、最高人民检察院、公安部等10部门公布的《关于依法惩治涉枪支、弹药、爆炸物、易燃易爆危险物品犯罪的意见》第5条、第6条、第8条,必须注意以下几点:

第一,违反危险化学品安全管理规定,未经依法批准或者许可擅自从事易燃易爆危险物品道路运输活动,或者实施其他违反危险化学品安全管理规定通过道路运输易燃易爆危险物品的行为,危及公共安全的,依照刑法第133条之一第1款第4项的规定,以危险驾驶罪定罪处罚。

第二,在易燃易爆危险物品生产、经营、储存等高度危险的生产作业活动中违反有关安全管理的规定,有下列情形之一,具有发生重大伤亡事故或者其他严重后果的现实危险的,以危险作业罪定罪处罚:(1)委托无资质企业或者个人储存易燃易爆危险物品的;(2)在储存的普通货物中夹带易燃易爆危险物品的;(3)将易燃易爆危险物品谎报或者匿报为普通货物申报、储存的;(4)其他涉及安全生产的事项未经依法批准或者许可,擅自从事易燃易爆危险物品生产、经营、储存等活动的情形。

第三,实施以上两项所列举的行为,同时构成刑法第130条规定之罪(非法携带枪支、弹药、管制刀具、危险物品危及公共安全罪)等其他犯罪的,依照处罚较重的规定定罪处罚;导致发生重大伤亡事故或者其他严重后果,符合刑法第134条(重大责任事故罪、强令、组织他人违章冒险作业罪)、第135条(重大劳动安全事故罪)、第136条(危险物品肇事罪)等规定的,依照各该条的规定定罪从重处罚。

第四,在易燃易爆危险物品生产、储存、运输、使用中违反有关安全管理的规定,实施上述第1、第2项规定以外的其他行为,导致发生重大事故,造成严重后果,符合刑法第136条等规定的,以危险物品肇事罪等罪名定罪处罚。

第五,在水路、铁路、航空易燃易爆危险物品运输生产作业活动中违反有关安全管理的规定,有下列情形之一,明知存在重大事故隐患而不排除,足以危害公共安全的,依照刑法第114条的规定,以以危险方法危害公共安全罪定罪处罚;致人重伤、死亡或者使公私财产遭受重大损失的,依照刑法第115条第1款的规定处罚:(1)未经依法批准或者许可,擅自从事易燃易爆危险物品运输的;(2)委托无资质企业或者个人承运易燃易爆危险物品的;(3)在托运的普通货物中夹带易燃易爆危险物品的;(4)将易燃易爆危险物品谎报或者匿报为普通货物托运的;(5)其他在水路、铁路、航空易燃易爆危险物品运输活动中违反有关安全管理规定的情形。非法携带易燃易爆危险物品进入水路、铁路、航空公共交通工具或者有关公共场所,危及公共安全,情节严重的,依照刑法第130条的规定,以非法携带危险物品危及公共安全罪定罪处罚。

第六,与刑法第125条第2款所规定的"非法制造、买卖、运输、储存危险物质罪"之间的区别。尽管二者均为危害公共安全的犯罪,但法定刑大不相同。后者较重,前者较轻。因此,二者的区别必须从以下两方面来看待:(1)从客观方面来看,非法运输危险物质罪中的"非法运输"行为是和非法制造、买卖、储存行为并列的,因此,其从一开始就应当是和非法制造、买卖

---

[125] 2015年最高人民法院、最高人民检察院《关于办理危害生产安全刑事案件适用法律若干问题的解释》第6条。

此类物品行为有关的行为，换言之，所非法运输的危险物品必须是非法制造的危险物质；相反地，危险物品肇事罪则是违反危险物品管理规定而形成的，其应当是指在正常的生产作业活动中的行为，因此，本罪中所运输的危险物品属于合法生产或者制造的物品。(2)从主观要件看，非法运输危险物质罪主观要件表现为故意，而且这种故意的内容是明知属于非法制造或者买卖的危险物质而运输，相反地，危险物品肇事罪的主观要件则为过失，即行为人对违反危险品管理规定的行为所造成的危害结果具有疏忽大意或者过于自信的主观心理态度。因此，在行为人出于牟利目的，违反危险物品管理规定，驾驶无危险化学品运输资质的货车运输危险品，结果造成泄漏事故的场合，其应当构成危险物品肇事罪，而不构成非法运输危险物品罪。

依照刑法第 136 条的规定，犯本罪的，处 3 年以下有期徒刑或者拘役；后果特别严重的，处 3 年以上 7 年以下有期徒刑。所谓“后果特别严重”，是指具有下列情形之一：(1)造成死亡 3 人以上或者重伤 10 人以上，负事故主要责任的；(2)造成直接经济损失 500 万元以上，负事故主要责任的；(3)其他造成特别严重后果、情节特别恶劣或者后果特别严重的情形。[126] 对于实施危害生产安全犯罪适用缓刑的犯罪分子，可以根据犯罪情况，禁止其在缓刑考验期限内从事与安全生产相关联的特定活动；对于被判处刑罚的犯罪分子，可以根据犯罪情况和预防再犯罪的需要，禁止其自刑罚执行完毕之日或者假释之日起 3 年至 5 年内从事与安全生产相关的职业。[127]

十二、工程重大安全事故罪

本罪，是指建设单位、设计单位、施工单位、工程监理单位违反国家规定，降低工程质量标准，造成重大安全事故的行为。

本罪主体是建设单位、建筑设计单位、施工单位以及工程监理单位中，对建筑工程质量安全负有直接责任的人员；客观上表现为违反国家规定，降低工程质量标准，造成重大安全事故。其中，“违反国家规定”是指违反国家关于建筑工程质量监督管理的法律、法规。这里的“工程”是指建设工程，亦即土木工程、建筑工程、线路管道和设备安装工程以及装修工程。“降低工程质量标准”是指违反法律、行政法规和建筑工程质量、安全标准，降低工程勘察、设计、施工的质量标准，提供、使用不合格的建筑材料、建筑配件和在设备、施工中偷工减料、不按建筑工程质量标准进行设计或施工、降低标准进行监理等。“重大安全事故”则是指建筑工程在建设中或者交付使用后，达不到质量标准，导致楼房倒塌、桥梁断裂、铁路塌陷，造成人员伤亡或重大经济损失等。具体而言，是指具有下列情形之一：(1)造成死亡 1 人以上，或者重伤 3 人以上的；(2)造成直接经济损失 100 万元以上的；(3)其他造成严重后果或者重大安全事故的情形。[128] 窨井盖建设、设计、施工、工程监理单位违反国家规定，降低工程质量标准，造成重大安全事故的，构成本罪。

本罪的主观要件是过失。对于重大安全事故应当预见而没有预见，或者已经预见但轻信能够避免。

依照刑法第 137 条的规定，犯本罪的，对直接责任人员，处 5 年以下有期徒刑或者拘役，并

---

〔126〕 2015 年最高人民法院、最高人民检察院《关于办理危害生产安全刑事案件适用法律若干问题的解释》第 7 条。
〔127〕 2015 年最高人民法院、最高人民检察院《关于办理危害生产安全刑事案件适用法律若干问题的解释》第 16 条。
〔128〕 2015 年最高人民法院、最高人民检察院《关于办理危害生产安全刑事案件适用法律若干问题的解释》第 6 条。

处罚金;后果特别严重的,处5年以上10年以下有期徒刑,并处罚金。所谓后果特别严重,是指具有下列情形之一:(1)造成死亡3人以上或者重伤10人以上,负事故主要责任的;(2)造成直接经济损失500万元以上,负事故主要责任的;(3)其他造成特别严重后果、情节特别恶劣或者后果特别严重的情形。[129] 对于实施危害生产安全犯罪适用缓刑的犯罪分子,可以根据犯罪情况,禁止其在缓刑考验期限内从事与安全生产相关联的特定活动;对于被判处刑罚的犯罪分子,可以根据犯罪情况和预防再犯罪的需要,禁止其自刑罚执行完毕之日或者假释之日起3年至5年内从事与安全生产相关的职业。[130]

十三、教育设施重大责任事故罪

本罪,是指学校及其他教育机构的直接责任人员,明知校舍或者教育教学设施有危险,而不采取措施或不及时报告,致使发生重大伤亡事故的行为。

本罪主体为特殊主体,即对校舍、教育教学设施的安全负有直接责任的人员,如主管后勤的领导、学校校长等。对于教育设施并不负有管理监督责任的有关人员,例如从事教学工作的普通教师或者学校的学生,即便知道校舍或者教育设施有问题而不主动报告的,也不构成本罪。客观上表现为,明知校舍或者教育教学设施有危险,而不采取措施或不及时报告,致使发生重大伤亡事故。其中,"重大伤亡事故",是指造成死亡1人以上,或者重伤3人以上的结果。[131] 本罪的主观要件是过失,即应当明知校舍或教育教学设施存在危险、隐患。

依照刑法第138条的规定,犯本罪的,对直接责任人员,处3年以下有期徒刑或者拘役;后果特别严重的,处3年以上7年以下有期徒刑。所谓后果特别严重,是指具有下列情形之一:(1)造成死亡3人以上或者重伤10人以上,负事故主要责任的;(2)具有最高人民法院、最高人民检察院《关于办理危害生产安全刑事案件适用法律若干问题的解释》第6条第1款第1项规定情形即造成死亡1人以上,或者重伤3人以上的,同时造成直接经济损失500万元以上并负事故主要责任的,或者同时造成恶劣社会影响的。[132] 对于实施危害生产安全犯罪适用缓刑的犯罪分子,可以根据犯罪情况,禁止其在缓刑考验期限内从事与安全生产相关联的特定活动;对于被判处刑罚的犯罪分子,可以根据犯罪情况和预防再犯罪的需要,禁止其自刑罚执行完毕之日或者假释之日起3年至5年内从事与安全生产相关的职业。[133]

十四、消防责任事故罪

本罪,是指违反消防管理法规,经消防监督机构通知采取改正措施而拒绝执行,造成严重后果的行为。

本罪的主体为负有防火安全职责的直接责任人员;本罪客观上表现为,违反消防管理法规,经消防监督机构通知采取改正措施而拒绝执行,造成严重后果。所谓违反消防管理法规,是指违反国家有关消防安全管理的法律、法规以及有关主管部门为保障消防安全所作的规定。违反这些规定,就具备了本罪的前提条件。所谓造成严重后果,是指发生火灾,造成人员伤亡

---

〔129〕 2015年最高人民法院、最高人民检察院《关于办理危害生产安全刑事案件适用法律若干问题的解释》第7条。

〔130〕 2015年最高人民法院、最高人民检察院《关于办理危害生产安全刑事案件适用法律若干问题的解释》第16条。

〔131〕 2015年最高人民法院、最高人民检察院《关于办理危害生产安全刑事案件适用法律若干问题的解释》第6条。

〔132〕 2015年最高人民法院、最高人民检察院《关于办理危害生产安全刑事案件适用法律若干问题的解释》第7条。

〔133〕 2015年最高人民法院、最高人民检察院《关于办理危害生产安全刑事案件适用法律若干问题的解释》第16条。

或者使公私财产遭受严重损失，具体是指具有下列情形之一：(1)造成死亡1人以上，或者重伤3人以上的；(2)造成直接经济损失100万元以上的；(3)其他造成严重后果或者重大安全事故的情形。[134] 拒绝执行的行为必须与严重后果之间具有相当因果关系。如果是在消防监督机构执行消防监督职责前发生火灾事故的，不能以本罪论处。本罪的主观要件是过失。

依照刑法第139条的规定，犯本罪的，对直接责任人员，处3年以下有期徒刑或者拘役；后果特别严重的，处3年以上7年以下有期徒刑。所谓后果特别严重，是指具有下列情形之一：(1)造成死亡3人以上或者重伤10人以上，负事故主要责任的；(2)造成直接经济损失500万元以上，负事故主要责任的；(3)其他造成特别严重后果、情节特别恶劣或者后果特别严重的情形。[135] 对于实施危害生产安全犯罪适用缓刑的犯罪分子，可以根据犯罪情况，禁止其在缓刑考验期限内从事与安全生产相关联的特定活动；对于被判处刑罚的犯罪分子，可以根据犯罪情况和预防再犯罪的需要，禁止其自刑罚执行完毕之日或者假释之日起3年至5年内从事与安全生产相关的职业。[136]

十五、不报、谎报安全事故罪

(一)概念和构成

本罪，是指在安全事故发生后，负有报告职责的人员不报或者谎报事故情况，贻误事故抢救，情节严重的行为。其构成如下：

1. 主体。本罪的主体是特殊主体，即“负有报告职责的人员”，是指负有组织、指挥或者管理职责的负责人、管理人员、实际控制人、投资人，以及其他负有报告职责的人员。[137]

2. 危害行为和危害结果。本罪客观上表现为，在安全事故发生后，负有报告职责的人员不报或者谎报事故情况，贻误事故抢救，情节严重。具体而言，包括以下内容：

首先，在安全事故发生之后。这是成立本罪的前提条件。安全事故虽已发生，但已失去抢救时机，不可能对事故中的人员或财产施救，避免损害的进一步扩大，就不能认定为本罪。这里的“安全事故”没有限定，除了生产、作业安全事故、大型群众活动安全事故、工程安全事故、劳动安全事故、危险品安全事故、教育设施安全事故及消防安全事故等，还应包括食品安全事故、药品安全事故、公共卫生安全事故和重大环境污染事故等其他安全事故。

其次，不报或者谎报事故情况。所谓不报，是指安全事故发生后，根本不向上级有关部门报告事故情况，或者故意隐瞒事故情况不报告；所谓谎报，是指安全事故发生后，向上级有关部门报告了事故情况，但没有如实报告。它既包括报告安全事故情况不真实，如对人员伤亡或财产损失的报告不真实等，也包括报告事故情况不全面，即故意隐瞒安全事故部分情况不报告。“只报告了安全事故的部分情况而没有报告事故的全部情况”应属于“谎报”，而不属于“不报”。上述“不报”和“谎报”两种行为，只要具备其中之一，即可构成本罪。报告的内容，包括事故发生单位概况，事故发生的时间、地点以及事故现场情况，事故的简要经过，事故已经造成的或者可能造成的伤亡人数(包括下落不明的人数)和初步估计的经济损失，已经采取的措

---

[134] 2015年最高人民法院、最高人民检察院《关于办理危害生产安全刑事案件适用法律若干问题的解释》第6条。
[135] 2015年最高人民法院、最高人民检察院《关于办理危害生产安全刑事案件适用法律若干问题的解释》第7条。
[136] 2015年最高人民法院、最高人民检察院《关于办理危害生产安全刑事案件适用法律若干问题的解释》第16条。
[137] 2017年最高人民检察院、公安部《关于公安机关管辖的刑事案件立案追诉标准的规定(一)的补充规定》第1条。

施,其他应当报告的情况。

再次,贻误了事故抢救。贻误事故抢救是指安全事故发生后,还可以对事故进行抢救,避免事故后果进一步扩大,但不报或者谎报事故情况,使事故失去了有效抢救的时机,导致了事故后果的进一步扩大。当然,不报或者谎报事故情况的行为与贻误事故抢救之间必须具有相当因果关系。如果贻误事故抢救不是由于有关责任人员不报或者谎报事故情况引起的,而是有关负责人漠不关心或抢救不当、抢救不力等原因导致的,则不构成本罪。

最后,必须情节严重。所谓“情节严重”,是指具有下列情形之一:(1)导致事故后果扩大,增加死亡1人以上,或者增加重伤3人以上,或者增加直接经济损失100万元以上的。(2)实施下列行为之一,致使不能及时有效开展事故抢救的:①决定不报、迟报、谎报事故情况或者指使、串通有关人员不报、迟报、谎报事故情况的;②在事故抢救期间擅离职守或者逃匿的;③伪造、破坏事故现场,或者转移、藏匿、毁灭遇难人员尸体,或者转移、藏匿受伤人员的;④毁灭、伪造、隐匿与事故有关的图纸、记录、计算机数据等资料以及其他证据的。(3)其他不报、谎报安全事故情节严重的情形。[138]

3. 主观要件。本罪的主观要件是故意。

(二)处罚

依照刑法第139条之一的规定,犯本罪的,处3年以下有期徒刑或者拘役;情节特别严重的,处3年以上7年以下有期徒刑。其中,“情节特别严重”,是指具有下列情形之一:(1)导致事故后果扩大,增加死亡3人以上,或者增加重伤10人以上,或者增加直接经济损失500万元以上的;(2)采用暴力、胁迫、命令等方式阻止他人报告事故情况,导致事故后果扩大的;(3)其他情节特别严重的情形。[139] 在安全事故发生后,与负有报告职责的人员串通,不报或者谎报事故情况,贻误事故抢救,情节严重的,以本罪的共犯论处。在安全事故发生后,直接负责的主管人员和其他直接责任人员故意阻挠开展抢救,导致人员死亡或者重伤,或者为了逃避法律追究,对被害人进行隐藏、遗弃,致使被害人因无法得到救助而死亡或者重度残疾的,分别依照刑法第232条、第234条的规定,以故意杀人罪或者故意伤害罪定罪处罚。[140] 对于实施危害生产安全犯罪适用缓刑的犯罪分子,可以根据犯罪情况,禁止其在缓刑考验期限内从事与安全生产相关联的特定活动;对于被判处刑罚的犯罪分子,可以根据犯罪情况和预防再犯罪的需要,禁止其自刑罚执行完毕之日或者假释之日起3年至5年内从事与安全生产相关的职业。[141]

---

〔138〕 2017年最高人民检察院、公安部《关于公安机关管辖的刑事案件立案追诉标准的规定(一)的补充规定》第1条。

〔139〕 2015年最高人民法院、最高人民检察院《关于办理危害生产安全刑事案件适用法律若干问题的解释》第8条。

〔140〕 2015年最高人民法院、最高人民检察院《关于办理危害生产安全刑事案件适用法律若干问题的解释》第9条、第10条。

〔141〕 2015年最高人民法院、最高人民检察院《关于办理危害生产安全刑事案件适用法律若干问题的解释》第16条。

第四章　破坏社会主义市场经济秩序罪

第一节　概　　说

破坏社会主义市场经济秩序罪，简称“经济犯罪”，是指违反国家经济管理法规，破坏市场经济的正常运行以及国家经济管理活动，严重侵犯社会主义市场经济秩序的行为。本章之罪的保护法益是社会主义市场经济秩序。所谓市场经济，即市场导向经济，是一种以市场调节为基础和主导的经济运行形态，其一般经济活动都以市场调节为基础，以市场为中心而展开，市场机制成为配置社会资源的基本手段，并起基础作用。我国的市场经济是社会主义条件下的市场经济。社会主义市场经济秩序是在社会主义市场经济正常运行以及国家对市场经济的宏观管理过程中所形成的一种秩序，它涉及国民经济的生产、交换、分配、消费等各个环节，包括和人们生活有关的各个行业部门，内容十分广泛。对社会主义市场经济秩序的严重侵犯，是破坏社会主义市场经济秩序罪的本质所在，也是这类犯罪和其他犯罪相区别的重要标志。

本来，在近代市场经济体制之下，价值规律的调节作用即市场调节作用应当占据主导地位，但在市场经济运行过程中，经营者为了生存或者为了获取高额利润，往往要采取一些不正当的竞争手段，或者实施市场垄断行为，使市场竞争自身的调节功能失灵，正常的自由经济秩序被破坏，因此，国家出面对市场竞争秩序进行调节，就成为必要。这样，在现代市场经济时代，同时存在两种调节机制，或者说有两只手在对市场起作用：一种是市场调节作用，其是社会经济发展固有的、内在的调节机制；另一种是国家调节作用，其是起辅助作用的、外在的调节机制。我国目前正处于计划经济向市场经济转轨的过程中，国家调节有时甚至发挥着更为重要的关键作用。本章所讲的“破坏社会主义市场经济秩序罪”就是“国家干预经济”即“国家调节作用”的重要体现。这种犯罪，是恶用法律漏洞与经济交易所允许的经济活动方式，滥用经济秩序赖以存在的诚实信用原则，违反所有直接或间接规范经济活动之有关法令，而足以危害正常之经济活动与干扰经济生活秩序、破坏整个经济结构的贪利型犯罪，其危害的对象是正常的经济交易与经济生活秩序，甚至整个经济结构。

本章犯罪在客观上表现为违反经济管理法规，采用各种行为方式干扰国家对市场的管理活动，使社会主义市场经济秩序遭受严重损害的行为，因此，本章犯罪具有鲜明的法定犯的色彩。行为违反国家经济管理法规，是构成本章之罪的前提。为了调整和规范市场经济活动，我国制定和颁布了各种经济管理法规，其内容和范围涉及商品生产、流通、分配、消费和管理活动的各个环节和方面，对财产所有权、法人制度、民事契约、债权制度、票据制度、证券管理制度、金融保险制度以及知识产权制度等进行了规范，并且国家通过相应的行政管理部门具体负责实施或监督实施所颁布的经济管理法规。在认定破坏社会主义市场经济秩序罪时，往往要根据各种经济管理法规的规定予以把握。例如,对生产、销售假药罪和生产、销售劣药罪中的"假药""劣药",就应当依照药品管理法的规定加以认定。另外,一些犯罪的行为认定也有赖于有关经济管理法规的规定。例如,虚报注册资本、虚假出资、抽逃出资、低价折股、套取金融机构信贷资金高利转贷他人,对违法票据予以承兑、付款或者保证,串通投标报价等行为的认定,均与国家经济管理法律、法规的基本立场紧密相关。

破坏社会主义市场经济秩序罪在行为方式上大多数表现为作为,但少数犯罪如逃税罪和签订、履行合同失职被骗罪也可以表现为不作为。行为违反经济管理法律、法规的破坏市场经济秩序行为,并不都构成本章罪,所以,在多数情况下,破坏社会主义市场经济秩序罪的构成,还须以情节严重、犯罪数额较大、后果严重或造成重大损失为要件,如构成生产、销售伪劣产品罪要求销售金额在5万元以上;生产、销售劣药罪以对人体健康造成严重危害为构成要件。对这些犯罪而言,如果危害行为未达到情节严重的程度,或者数额未达到法定要求,或者未造成某种危险或法定后果,便不成立犯罪。对有的犯罪,刑法未作数额和情节上的限定,例如,走私武器、弹药罪,走私核材料罪,走私假币罪,伪造货币罪,擅自设立金融机构罪,伪造、变造金融票证罪,虚开增值税专用发票、用于骗取出口退税、抵扣税款发票罪,伪造、出售伪造的增值税专用发票罪,非法出售增值税专用发票罪,非法购买增值税专用发票、购买伪造的增值税专用发票罪等犯罪,即是如此。原则上,行为人一经实施这些法定行为,不论其数额或情节如何,均成立犯罪(行为犯)。立法上作这样的规定,主要是考虑到这些行为本身社会危害性就大。

经济犯罪与传统财产犯罪的区别,首先表现在侵犯的客体不同。传统财产犯罪所侵犯的客体为特定人的财产法益,它并不对社会整体经济利益造成侵害。而经济犯罪是市场经济时代的产物,它是在社会化大生产条件下得以产生、发展和蔓延的,犯罪受害人很少是特定的个人,主要是社会整体(如作为税收主体和发行增值税发票主体的国家)或社会的某一群人(如公司、企业股票的所有持有者),所以经济犯罪的法益侵害较传统财产犯罪要广泛得多。惩治经济犯罪,主要着眼点是寻求对社会整体经济利益动态、抽象的公平、秩序或自由的刑法保护。特别是,和传统财产犯罪相比,经济犯罪行为实施方式不同。传统财产犯罪多数为盗窃、诈骗、抢夺之类的攫取型犯罪(所谓"蓝领犯罪"),且与罪犯的职业无关,而经济犯罪多数为凭借脑力活动进行的智能型犯罪(所谓"白领犯罪"),且与罪犯所从事的职业有关。如金融机构工作人员购买假币、以假币换取货币罪的主体仅限于银行或者其他金融机构的工作人员;内幕交易、泄露内幕信息罪的主体仅限于证券、期货交易内幕信息的知情人员或者非法获取证券、期货交易内幕信息的人员;保险诈骗罪的主体是投保人、被保险人或受益人;逃税罪的主体仅限于纳税人和扣缴义务人等,并且本章犯罪中,2/3以上的罪名的主体均可由单位构成。

我国刑法分则第三章所规定的破坏社会主义市场经济秩序罪,具体来说,分为八大类,规定在八节中,依次为:生产、销售伪劣商品罪,走私罪,妨害对公司、企业的管理秩序罪,破坏金融管理秩序罪,金融诈骗罪,危害税收征管罪,侵犯知识产权罪,扰乱市场秩序罪。

第二节　生产、销售伪劣商品的犯罪

一、生产、销售伪劣产品罪

（一）概念和构成

本罪，是指生产者、销售者在产品中掺杂、掺假，以假充真，以次充好或者以不合格产品冒充合格产品，销售金额在5万元以上的行为。其构成如下：

1. 主体。本罪的主体是生产者和销售者。这里的"生产者"既包括产品的制造者，也包括产品的加工者，故为他人加工伪劣产品的，应以本罪论处；"销售者"既包括成批量销售者，也包括零散销售者。至于生产者、销售者是否取得了有关产品的生产许可证或营业执照，不影响本罪的成立。

2. 危害行为和危害结果。本罪客观上表现为，在产品中掺杂、掺假，以假充真，以次充好或者以不合格产品冒充合格产品，销售金额在5万元以上。具体包括以下内容：

首先，生产、销售的是伪劣产品。伪劣产品实际上包括伪产品和劣产品两种。伪产品是指名不副实，根本不具备其应有性能的产品，也即"以假充真"的产品；劣产品是指质量低劣，达不到规定要求的产品，也即"掺杂、掺假"的产品、"以次充好"的产品和"以不合格冒充合格"的产品。应当注意的是，此处所谓的产品，是指经过加工制作，需要有一定量的生产或销售成本为其牟取利益的基础之物，否则就不是这里所说的"产品"。其范围广泛，不管是工业用品还是农业用品，不管是生活资料还是生产资料，不管是危害人身、财产安全的产品还是不危害人身、财产安全的产品，都可能包括在本罪所规定的伪劣产品之中，但不包括建筑工程、军工产品以及禁止自由流通的产品。因为，对于这些物品，刑法中已经有其他条款对其加以规制。另外，还要把"伪劣商品"与"假冒商品"区别开来。单纯的假冒但不伪劣的产品不属于本罪的对象，制售假冒商品行为构成犯罪的，可按侵犯知识产权的犯罪处理。同时，要严格把握涉企业生产经营、创新创业的新类型案件的法律政策界限。对于企业创新产品与现有国家标准难以对应的，应当深入调查，进行实质性评估，加强请示报告，准确认定产品属性和质量，防止简单化"对号入座"，以生产、销售伪劣产品罪论处。

其次，行为表现为四种方式：掺杂、掺假，以假充真，以次充好或者以不合格产品冒充合格产品。根据有关司法解释，[1]所谓掺杂、掺假，如在面粉中掺杂滑石粉、在磷肥中掺杂泥土等，就是在产品中掺入杂质或者异物，致使产品质量不符合国家法律、法规或者产品明示质量标准规定的质量要求，降低、失去应有使用性能的行为。所谓以假充真，如以人造革冒充皮革、以柴油冒充桐油，就是以不具有某种使用性能的产品冒充具有该种使用性能的产品的行为。但要注意的是，这里的"以假充真"不包括同种产品之间的假冒，有的属于"以次充好"的产品或者"以不合格产品冒充合格的产品"，有的属于单纯的假冒产品。所谓以次充好，如以人工种植的人参冒充天然人参，是指以低等级、低档次产品冒充高等级、高档次产品，或者将残次、废旧

〔1〕 2001年最高人民法院、最高人民检察院《关于办理生产、销售伪劣商品刑事案件具体应用法律若干问题的解释》第1条，以及2008年最高人民检察院、公安部《关于公安机关管辖的刑事案件立案追诉标准的规定（一）》第16条。

零配件组合、拼装后冒充正品或者新产品的行为。所谓不合格产品,是指不符合国家《产品质量法》第26条第2款所规定的质量要求的产品。按照《产品质量法》的规定,是否为合格产品,可以从以下两方面来判断:第一,看该商品的质量是否符合国家法律法规的要求,如是否存在危及人身、财产安全的不合理危险,或是否具备产品应当具备的使用性能等。比如保温杯除了杯子的用途外,还应当具有保温的性能,否则就是伪劣产品。第二,是否符合生产者或销售者对产品性能、质量作出的明示声明或陈述。比如根据所谓水变油技术而生产出来的重油膨化剂、重柴油膨化剂是否为伪劣产品,由于没有国家标准、行业标准作为判断其质量的标志,就只能以被告人对该产品的性能的承诺作为依据,具备其所承诺的使用性能的,就是合格产品,否则,就是不合格产品。[2]

行为人只要实施上述行为之一即可构成犯罪。实践中,上述四种行为方式之间很难作出绝对的划分,实际上也没有进行这种划分的必要。一般来说,行为人只要实施了其中一种行为,即可构成本罪,即便是实施了多种行为,也只按照一罪处理。

最后,构成本罪,要求销售金额在5万元以上。"销售金额",根据有关司法解释,[3]是指"生产者、销售者出售伪劣产品后所得和应得的全部违法收入"。全部违法收入,不应当扣除成本以及各种费用,包括所得的和应得的全部违法收入。伪劣产品尚未销售,但货值金额达到刑法第140条规定的销售金额3倍即15万元以上的,以生产、销售伪劣产品罪(未遂)定罪处罚。货值金额以违法生产、销售的伪劣产品的标价计算;没有标价的,按照同类合格产品的市场中间价格计算。货值金额难以确定的,委托指定的估价机构确定。另外,按照最高人民法院和最高人民检察院发布的《关于办理非法生产、销售烟草专卖品等刑事案件具体应用法律若干问题的解释》第1条和第2条的规定,生产、销售伪劣卷烟、雪茄烟等烟草专卖品,销售金额在5万元以上的,依照刑法第140条的规定,以生产、销售伪劣产品罪定罪处罚;伪劣卷烟、雪茄烟等烟草专卖品尚未销售,货值金额达到刑法第140条规定的销售金额定罪起点数额标准的3倍以上的,或者销售金额未达到5万元,但与未销售货值金额合计达到15万元以上的,以生产、销售伪劣产品罪(未遂)定罪处罚。

3. 主观要件。本罪的主观要件只能是故意,即明知故犯。认定本罪中的"明知",不能仅凭犯罪嫌疑人或者被告人的口供,还应当根据案件的实际情况加以分析。只要证明犯罪嫌疑人或者被告人实际知道是伪劣产品而予以生产、销售,就可以认定。比如被告人通过对方暗示或者其他途径了解到是伪劣产品而予以生产、销售的,就表明其主观上是明知,符合本罪的成立要件。

(二)本罪的认定

在本罪的认定中,应当注意以下问题:

1. 罪与非罪的界限。第一,销售金额不足5万元的,或货值金额不足刑法第140条所规定的销售金额3倍以上的,不构成生产、销售伪劣产品罪,属于一般违法行为,由工商管理部门给予行政处罚。第二,过失生产、销售伪劣产品的,不构成生产、销售伪劣产品罪。本罪只能由故

---

[2] 《王洪成生产、销售伪劣产品案[第8号]——对于生产、销售不具有生产者、销售者所许诺的使用性能的新产品的行为如何适用法律》,载最高人民法院刑一庭编:《刑事审判参考》总第2辑,法律出版社1999年版。

[3] 2001年最高人民法院、最高人民检察院《关于办理生产、销售伪劣商品刑事案件具体应用法律若干问题的解释》第2条,以及2008年最高人民检察院、公安部《关于公安机关管辖的刑事案件立案追诉标准的规定(一)》第16条。

意构成，由于疏忽大意或者过于自信，生产者不知道使用的原材料被掺杂、掺假或者不符合标准，销售者不知道其销售的商品是伪劣产品的，均不构成本罪。

2. 共犯的认定。最高人民法院、最高人民检察院《关于办理生产、销售伪劣商品刑事案件具体应用法律若干问题的解释》第 9 条规定，知道或者应当知道他人实施生产、销售伪劣商品犯罪，而为其提供贷款、资金、账号、发票、证明、许可证件，或者提供生产、经营场所或者运输、仓储、保管、邮寄等便利条件，或者提供制假生产技术的，以生产、销售伪劣商品罪的共犯论处。生产、销售伪劣商品犯罪在全国许多地方已经出现了规模化、集团化、地域化的特征，制假村、制假协会等早已不是个别现象。对此，符合犯罪集团特征的，要依法认定为犯罪集团。对于虽不直接参与制假，但明知他人制假仍为他人提供贷款、资金、账号、发票、证明、许可证件，或者提供生产、经营场所或者运输、仓储、保管、邮寄等便利条件，或者提供制假技术的有关人员，由于这些人主观上与生产、销售伪劣商品的犯罪人具有共同的生产、销售伪劣产品的故意，客观上为生产、销售伪劣商品的人提供了便利，提供该种便利的行为属于共同的生产、销售伪劣商品犯罪的一部分，所以，对这种情况，可以认定为事先通谋型的共同犯罪。

3. 销售伪劣烟草犯罪数额的认定。最高人民法院、最高人民检察院《关于办理非法生产、销售烟草专卖品等刑事案件具体应用法律若干问题的解释》第 2 条规定："查获的未销售的伪劣卷烟、雪茄烟，能够查清销售价格的，按照实际销售价格计算。无法查清实际销售价格，有品牌的，按照该品牌卷烟、雪茄烟的查获地省级烟草专卖行政主管部门出具的零售价格计算；无品牌的，按照查获地省级烟草专卖行政主管部门出具的上年度卷烟平均零售价格计算。"销售伪劣烟草犯罪未遂的数额，以同类品牌型号的烟草专卖品零售价格计算。

需要注意的是，适用这个规定可能会产生未遂犯与既遂犯的处罚轻重倒置的问题。在实践中，伪劣烟草的实际销售价格通常远远低于相同品牌、相同等级的烟草的零售价格，如伪劣软盒"中华"卷烟，黑市上的非法销售价格通常为每条 100 元左右，而同类品牌型号的正规价格为每条 740 元。如此说来，销售 1000 条假冒软盒"中华"卷烟，卖出去即销售既遂的话，其犯罪金额约为 10 万元，应当在 2 年以下有期徒刑或者拘役，并处或者单处罚金的范围内处刑；没有卖出去即销售未遂的话，其货值金额为 74 万余元，应当在 7 年以上有期徒刑，并处或者单处罚金的范围内处刑。同一行为，既遂犯反而比未遂犯处罚得要轻，并且不是轻一点点，有显失均衡的嫌疑。因此，上述解释，是否合理，有商榷的余地。本书认为，对销售伪劣烟草犯罪未遂的数额，应当以同类品牌型号的伪劣烟草在黑市上的实际销售价格的中间价格为准来计算。

4. 本罪的既未遂并存情况的处罚。对于未遂与既遂并存的生产、销售伪劣产品犯罪既不能仅以既遂部分或仅以未遂部分论处，简单地根据销售金额或者未销售的货值金额来选择量刑幅度，也不能将既遂部分的销售金额与未销售部分的货值金额累计相加，而应按照吸收犯中"重行为吸收轻行为"的原则来处理。对此，最高人民法院和最高人民检察院在《关于办理非法生产、销售烟草专卖品等刑事案件具体应用法律若干问题的解释》第 2 条中明确规定："销售金额和未销售货值金额分别达到不同的法定刑幅度或者均达到同一法定刑幅度的，在处罚较重的法定刑幅度内酌情从重处罚。"此外，最高人民法院和最高人民检察院在《关于办理诈骗刑事案件具体应用法律若干问题的解释》第 6 条中亦有类似的规定："诈骗既有既遂，又有未遂，分别达到不同量刑幅度的，依照处罚较重的规定处罚；达到同一量刑幅度的，以诈骗罪既遂处罚。"据此，对于既未遂并存的案件，首先要分别根据行为人的既遂数额和未遂数额判定其各自所对应的法定刑幅度，未遂部分还需同时考虑可以从轻或减轻处罚；之后根据比较结果，如果既遂部分所对应的量刑幅度较重，或者既、未遂所对应的量刑幅度相同的，采用既遂吸收未遂方法，即以既遂部分所对应的量刑幅度为基础酌情从重处罚；反之，如未遂部分对应的量刑幅度较重的，则需要采用未遂吸收既遂的方法，以未遂部分对应的量刑幅度为基础，酌情从重处罚。

（三）处罚

依照刑法第140条和第150条的规定，犯本罪的，处2年以下有期徒刑或者拘役，并处或者单处销售金额50%以上2倍以下罚金；销售金额20万元以上不满50万元的，处2年以上7年以下有期徒刑，并处销售金额50%以上2倍以下罚金；销售金额50万元以上不满200万元的，处7年以上有期徒刑，并处销售金额50%以上2倍以下罚金；销售金额200万元以上的，处15年有期徒刑或者无期徒刑，并处销售金额50%以上2倍以下罚金或者没收财产。单位犯本罪的，对单位判处罚金，并对其直接负责的主管人员和其他直接责任人员，依照自然人犯本罪的规定处罚。

二、生产、销售、提供假药罪

（一）概念和构成

本罪，是指生产、销售假药，或者药品使用单位的人员明知是假药而提供给他人使用的行为。其构成如下：

1. 主体。本罪的主体是一般主体，既可以是单位，也可以是个人，包括药品使用单位的人员。药品使用单位的人员，包括医院、卫生防疫部门的人员在内。

2. 危害行为和危害结果。本罪客观上表现为，生产、销售假药，或者提供给他人使用。具体来说，包括以下内容：

首先，行为人生产、销售的必须是假药。所谓药品，是指用于预防、治疗、诊断人的疾病，有目的地调节人的生理机能并规定有适应症或者功能主治、用法和用量的物质，包括中药材、中药饮片、中成药、化学原料药及其制剂、抗生素、生化药品、放射性药品、血清、疫苗、血液制品和诊断药品等。非药品不得在其包装、标签、说明书及有关宣传资料上进行含有预防、治疗、诊断人体疾病等有关内容的宣传。故药品应具有功效特征和形式特征，功效特征是指药品应具有预防、治疗、诊断人的疾病，有目的地调节人的生理机能的功能，形式特征是指药品一般应规定有适应症或者功能主治、用法和用量等特征。而依照《食品安全法》第38条和第150条、《保健食品管理办法》第23条等相关规定，食品不包括以治疗为目的的物品，且生产经营的食品中不得添加除按照传统既是食品又是中药材以外的药品，不得有暗示可使疾病痊愈的宣传。故是否以治疗人的疾病为目的是区分药品与食品的重要标准，食品不包括以治疗为目的的物质，如人参蜂王浆之类的营养品不是药品，而是食品之一种。生产经营的食品中非法添加国家禁用药物，如在减肥类产品中非法添加西布曲明、在保健品中非法添加西地那非等，甚至销售、提供给他人用于治疗疾病，可以综合被告人职业、原料、产品包装（标签、说明书、标志等）、宣传资料、销售场所、销售对象、证人证言、被害人陈述、被告人供述等事实和证据材料，准确认定生产经营者生产、销售、提供涉案物品是否以治疗人的疾病为目的，进而认定涉案物品性质。生产、销售不以治疗人的疾病为目的且含有国家禁用药物的食品，应认定为有毒、有害食品。生产、销售、提供以治疗人的疾病为目的的物质，应认定为药品，至于其是否含有药品成分或具有药品应有的功效则不影响性质的认定。

所谓假药,是指依照《药品管理法》的规定属于假药和按假药处理的药品、非药品。2019年8月26日发布的《药品管理法》第98条第2款规定,有下列情形之一的,为假药:(1)药品所含成份与国家药品标准规定的成份不符;(2)以非药品冒充药品或者以他种药品冒充此种药品;(3)变质的药品;(4)药品所标明的适应症或者功能主治超出规定范围。

对于《药品管理法》第98条第2款第2项、第4项及第3款第3项至第6项规定的假药、劣药,能够根据现场查获的原料、包装,结合犯罪嫌疑人、被告人供述等证据材料作出判断的,可以由地市级以上药品监督管理部门出具认定意见。对于依据《药品管理法》第98条第2款、第3款的其他规定认定假药、劣药,或者是否属于《药品管理法》第98条第2款第2项、第3款第6项规定的假药、劣药存在争议的,应当由省级以上药品监督管理部门设置或者确定的药品检验机构进行检验,出具质量检验结论。司法机关根据认定意见、检验结论,结合其他证据作出认定。对于销售少量根据民间传统配方私自加工的药品,或者销售少量未经批准进口的国外、境外药品,没有造成他人伤害后果或者延误诊治的行为,以及病患者实施的不以营利为目的的带有自救、互助性质的制售药品行为,不作为犯罪处理。对于认定罪与非罪争议较大的案件,及时向上级检察机关请示报告。因此,在感冒清的生产中,违反国家配料标准,掺杂使假,用淀粉代替药粉,生产出来的根本不具备感冒清片应有的治疗作用的感冒清片;以鸡胆、鸭胆制作出来的蛇胆;以牛腿骨制作出来的虎骨;以萝卜根、土豆所冒充的天麻;用"庆大霉素""穿心莲注射液""百炎净"等极其便宜的普通药品所制作的"进口梅毒针""淋病清"等贵重紧俏药品,都是假药。但要注意的是,上述假药都限于用于人体的药品和非药品,如果生产、销售假农药、假兽药则不构成本罪。因为,刑法对生产、销售假农药、兽药的行为另有规定。

在假药的认定上,实践中有如下较大争议:

一是《药品管理法》第98条第2款规定的"以非药品冒充药品"的为假药的判断问题。对于如何理解"以非药品冒充药品"有两种不同意见:一种意见认为,只要是"未经监管部门批准"生产的产品,并冠以药品之名的,则为"非药品冒充药品";另一种意见则认为,是否为药品应当以其是否具有疗效为依据,不具有有效成分的产品就是非药品。以不具有有效成分的产品冒充有疗效药品的,就属于"以非药品冒充药品"。两种见解,在大量没有在工商机关注册的"黑作坊"生产的"药品"是否为药品的理解上,差别极大。根据第一种意见,所有的这类"药品"均为"以非药品冒充药品",而根据第二种意见,则须检测有效成分,只要具有有效成分的,就不构成犯罪。上述两种见解均有不妥之处。前者导致本罪与妨害药品管理罪出现交叉;后者未考虑《药品管理法》的监管要求与危害人体健康之间的协调统一。一般认为,"有效成分"只是评判药品的一个方面,从《药品管理法》对药品的要求看,药品不仅应具备一定的疗效,还要求安全、稳定,以及副作用的可控性。从此角度来看,非药品,不仅生产不符合前置法的监管要求,而且也不具有疗效上的有效性、安全性。将这类产品以药品名义流入市场的,会影响人体健康,应当属于"以非药品冒充药品"。据此,实务中大量存在的"黑作坊"生产的产品,大多能认定为"以非药品冒充药品"。首先,这类作坊的人员不掌握科学的药品配方,对于单位产品中应当添加多少有效成分并不清楚,无法保证产品疗效的有效性;其次,行为人不掌握药品主、辅料的配比关系,在添加有效成分的同时,不具备添加辅料以控制产品副作用的意识和能力,无法保证产品的安全性;最后,"黑作坊"缺乏药品生产的基础条件,涉案人员通常是以手工或者简单的设备进行生产,导致产品的规格不达标,每一批次甚至同一批次的涉案产品的成分比例均不固定,疗效不稳定。因此,此类"黑作坊"生产、销售的产品,应认定为假药。

二是实践中，有一些非药品产品的标签、说明书上不使用“功能主治”“适应症”“治疗功能”等用语，而使用“推荐食用人群”“适用范围”“功能特点”等表达将产品适用的疾病名称和疾病症状标示出来。这种标示方式所标注的“药片”可以认定为“以非药品冒充药品”即“假药”。从字面解释来看，以上标示方式也属于“明示预防疾病、治疗功能或者药用疗效”。所谓明示，是指明确指出或表示，而暗示是指不明确说出，而是用含蓄、委婉的语言或者动作使他人领会。正是为了打击实践中存在的该种现象，原国家食品药品监督管理局、原卫生部于2009年发布的《关于开展非药品冒充药品整治行动的公告》的第1条规定了“在标签、说明书中宣称具有功能主治、适应症”后，又规定了“在标签、说明书中明示预防疾病、治疗功能或药用疗效等”外延比较广泛的“非药品冒充药品”形态。该种标示方法，让人们自然而然地联想到该产品所具有的预防或者治疗疾病的功能，当然属于“明示预防疾病、治疗功能或者药用疗效”的范畴。

三是“以他种药品冒充此种药品”的情形。依照《药品管理法》第98条第2款第2项的规定，以他种药品冒充此种药品，也是假药。不同药品的最大区别在于药品的适应症或者功能主治不同，以非药品冒充药品、以不具有特定主治功能的他种药品冒充此种药品，不能达到药品应有的功效，应当认定为假药。实践中有这样的情形，如某甲在未取得药品生产许可证和药品经营许可证的情况下，用机器将溴已新、马来酸氯苯那敏、土霉素等西药片剂打磨成粉与甘草粉等进行混合，雇用被告人某乙为其分装药粉，并以“祖传秘方、中药配制”的口号对外销售“特效咳喘灵”的场合，其中的“特效咳喘灵”属于假药。一方面，案涉咳喘药外包装上标有“中药配制、药到病除”等字样，且标注有功能主治及用法用量、规格、禁忌等内容，依据《药品管理法》第2条规定，应当将其认定为药品；另一方面，就该案而言，案涉药品对外宣传的原料成分为纯中药，实际却包含马来酸氯苯那敏、醋酸泼尼松等多种西药成分，属于“以他种药品冒充此种药品”的情形。

其次，行为人必须具有生产、销售假药，或者提供给他人使用的行为。所谓生产，是指以生产、销售、提供假药、劣药为目的，合成、精制、提取、储存、加工炮制药品原料，或者在将药品原料、辅料、包装材料制成成品过程中，进行配料、混合、制剂、储存、包装的行为；所谓销售，是指有偿提供的行为。药品使用单位及其工作人员明知是假药、劣药而有偿提供给他人使用的，应当认定为刑法第141条规定的“销售”；无偿提供给他人使用的，应当认定为刑法第141条规定的“提供”。

按照现行刑法的规定，只要实施了生产、销售假药的行为，即构成犯罪，并不要求一定产生实际的危害后果。明知他人实施危害药品安全犯罪，而有下列情形之一的，以共同犯罪论处：(1)提供资金、贷款、账号、发票、证明、许可证件的；(2)提供生产、经营场所、设备或者运输、储存、保管、邮寄、销售渠道等便利条件的；(3)提供生产技术或者原料、辅料、包装材料、标签、说明书的；(4)提供虚假药物非临床研究报告、药物临床试验报告及相关材料的；(5)提供广告宣传的；(6)提供其他帮助的。[4]

3. 主观要件。本罪的主观要件只能是故意。本罪被规定在破坏社会主义市场经济秩序罪一章之内，表明本罪的主要客体是国家药品管理制度和国家药品标准。所以，对于生产者来说，明知生产的药品违反国家药品管理制度和国家药品标准而故意生产，构成本罪；对于销售

---

〔4〕 2022年最高人民法院、最高人民检察院《关于办理危害药品安全刑事案件适用法律若干问题的解释》第9条。

者来说，明知是国家禁止销售的假药而故意卖给他人的，就构成本罪。就本罪的处理而言，应当结合行为人的从业经历、认知能力、药品质量、进货渠道和价格、销售渠道和价格以及生产、销售方式等事实综合判断认定行为人的主观故意。具有下列情形之一的，可以认定行为人有实施相关犯罪的主观故意，但有证据证明确实不具有故意的除外：(1)药品价格明显异于市场价格的；(2)向不具有资质的生产者、销售者购买药品，且不能提供合法有效的来历证明的；(3)逃避、抗拒监督检查的；(4)转移、隐匿、销毁涉案药品、进销货记录的；(5)曾因实施危害药品安全违法犯罪行为受过处罚，又实施同类行为的；(6)其他足以认定行为人主观故意的情形。[5]

(二)本罪的认定

在本罪的认定上，应注意两个方面：

首先，要划清罪与非罪的界限。根据民间传统配方私自加工药品或者销售上述药品，数量不大，且未造成他人伤害后果或者延误诊治的，或者不以营利为目的实施带有自救、互助性质的生产、进口、销售药品的行为，不应当认定为犯罪。对于是否属于民间传统配方难以确定的，根据地市级以上药品监督管理部门或者有关部门出具的认定意见，结合其他证据作出认定。[6]

其次，要划清其与生产、销售伪劣产品罪的界限。二者是一般犯罪和特殊犯罪的关系。广义上讲，药品也是一种产品，假药也是一种特殊的伪劣产品。由于假药一旦进入流通环节，就会对人体健康造成严重的危害，因此，假药不同于一般意义上的伪劣产品，其社会危害性还不能仅仅用销售金额来衡量，所以，立法将生产、销售假药的行为独立出来，单独规定为一种犯罪，并且以行为犯的形式规定，即只要生产、销售假药就构成犯罪，不要求销售金额必须达到5万元以上这一数额标准。然而，生产、销售伪劣产品，是以实害犯的形式规定的，构成该罪的既遂必须满足"销售金额达到五万元以上"的标准。区分这两种犯罪，要看所生产、销售的产品是否为假药，如果生产的是假药，并且生产、销售的数额达不到5万元的标准，就以本罪处理；如果生产、销售的虽然是假药，但是销售金额特别大，就会出现法条竞合的情况，这时应该从一重罪论处。

实务中，对于无国家药品标准，仅有经核准的药品质量标准或者其他药品标准，在药品中掺杂、掺假，致使药品所含成分与经核准的药品质量标准或者其他药品标准规定的成分不符，降低、失去药品应有功效的，虽不能认定为假药，但是依照2001年4月9日公布的最高人民法院、最高人民检察院《关于办理生产、销售伪劣商品刑事案件具体应用法律若干问题的解释》第1条第1款"刑法第一百四十条规定的'在产品中掺杂、掺假'，是指在产品中掺入杂质或者异物，致使产品质量不符合国家法律、法规或者产品明示质量标准规定的质量要求，降低、失去应有使用性能的行为"之规定，应认定为伪劣产品。依照刑法第149条第1款"生产、销售本节第一百四十一条至第一百四十八条所列产品，不构成各该条规定的犯罪，但是销售金额在五万元以上的，依照本节第一百四十条的规定定罪处罚"之规定，生产经营者在药品中掺杂、掺假，生产前述药品，或者明知是前述药品而销售的，符合生产、销售伪劣产品罪构成要件的，依照刑法第140条之规定定罪处罚。如前述药品同时属于《药品管理法》第98条第3款第7项规定

〔5〕 2022年最高人民法院、最高人民检察院《关于办理危害药品安全刑事案件适用法律若干问题的解释》第10条。
〔6〕 2022年最高人民法院、最高人民检察院《关于办理危害药品安全刑事案件适用法律若干问题的解释》第18条。

的其他不符合药品标准的药品,对人体健康造成严重危害,符合生产、销售、提供劣药罪构成要件的,按特别法优先于普通法原则,按刑法第142条的规定定罪处罚。

(三)处罚

依照刑法第141条和第150条的规定,犯本罪的,处3年以下有期徒刑或者拘役,并处罚金;对人体健康造成严重危害或者有其他严重情节的,处3年以上10年以下有期徒刑,并处罚金;致人死亡或者有其他特别严重情节的,处10年以上有期徒刑、无期徒刑或者死刑,并处罚金或者没收财产。单位犯本罪的,对单位判处罚金,并对直接负责的主管人员和其他直接责任人员,依照自然人犯本罪的规定处罚。其中,"对人体健康造成严重危害",是指具有下列情形之一:(1)造成轻伤或者重伤的;(2)造成轻度残疾或者中度残疾的;(3)造成器官组织损伤导致一般功能障碍或者严重功能障碍的;(4)其他对人体健康造成严重危害的情形。"其他严重情节",是指具有下列情形之一:(1)引发较大突发公共卫生事件的;(2)生产、销售、提供假药的金额20万元以上不满50万元的;(3)生产、销售、提供假药的金额10万元以上不满20万元,并具有本解释第1条规定情形之一的;(4)根据生产、销售、提供的时间、数量、假药种类、对人体健康危害程度等,应当认定为情节严重的。"其他特别严重情节",是指具有下列情形之一:(1)致人重度残疾以上的;(2)造成3人以上重伤、中度残疾或者器官组织损伤导致严重功能障碍的;(3)造成5人以上轻度残疾或者器官组织损伤导致一般功能障碍的;(4)造成10人以上轻伤的;(5)引发重大、特别重大突发公共卫生事件的;(6)生产、销售、提供假药的金额50万元以上的;(7)生产、销售、提供假药的金额20万元以上不满50万元,并具有本解释第1条规定情形之一的;(8)根据生产、销售、提供的时间、数量、假药种类、对人体健康危害程度等,应当认定为情节特别严重的。[7]

在本罪的处罚上,要注意以下几点:

首先,生产、销售、提供假药,具有下列情形之一的,应当酌情从重处罚:(1)涉案药品以孕产妇、儿童或者危重病人为主要使用对象的;(2)涉案药品属于麻醉药品、精神药品、医疗用毒性药品、放射性药品、生物制品,或者以药品类易制毒化学品冒充其他药品的;(3)涉案药品属于注射剂药品、急救药品的;(4)涉案药品系用于应对自然灾害、事故灾难、公共卫生事件、社会安全事件等突发事件的;(5)药品使用单位及其工作人员生产、销售假药的;(6)其他应当酌情从重处罚的情形。[8]

其次,单位犯生产、销售、提供假药罪、生产、销售、提供劣药罪、妨害药品管理罪的,对单位判处罚金,并对直接负责的主管人员和其他直接责任人员,依照本解释规定的自然人犯罪的定罪量刑标准处罚。单位犯罪的,对被告单位及其直接负责的主管人员、其他直接责任人员合计判处的罚金一般应当在生产、销售、提供的药品金额2倍以上。[9]

再次,对于犯生产、销售、提供假药罪、生产、销售、提供劣药罪、妨害药品管理罪的,应当依照刑法规定的条件,严格缓刑、免予刑事处罚的适用。对于被判处刑罚的,可以根据犯罪情况和预防再犯罪的需要,依法宣告职业禁止或者禁止令。《药品管理法》等法律、行政法规另有规定的,从其规定。对于被不起诉或者免予刑事处罚的行为人,需要给予行政处罚、政务处分

---

〔7〕 2022年最高人民法院、最高人民检察院《关于办理危害药品安全刑事案件适用法律若干问题的解释》第2、3、4条。

〔8〕 2022年最高人民法院、最高人民检察院《关于办理危害药品安全刑事案件适用法律若干问题的解释》第1条。

〔9〕 2022年最高人民法院、最高人民检察院《关于办理危害药品安全刑事案件适用法律若干问题的解释》第17条。

或者其他处分的,依法移送有关主管机关处理。[10]

最后,对于犯生产、销售、提供假药罪、生产、销售、提供劣药罪、妨害药品管理罪的,应当结合被告人的犯罪数额、违法所得,综合考虑被告人缴纳罚金的能力,依法判处罚金。罚金一般应当在生产、销售、提供的药品金额2倍以上;共同犯罪的,对各共同犯罪人合计判处的罚金一般应当在生产、销售、提供的药品金额2倍以上。[11]

三、生产、销售、提供劣药罪

本罪,是指违反国家药品管理法规,生产、销售劣药,对人体健康造成严重危害,以及药品使用单位的人员明知是劣药而提供给他人使用的行为。

其中,所谓生产、销售以及提供,参见生产、销售、提供假药罪的相关部分。所谓劣药,是指依照我国《药品管理法》的规定属于劣药的药品。2019年8月26日发布的《药品管理法》第98条规定,有下列情形之一的,为劣药:(1)药品成份的含量不符合国家药品标准;(2)被污染的药品;(3)未标明或者更改有效期的药品;(4)未注明或者更改产品批号的药品;(5)超过有效期的药品;(6)擅自添加防腐剂、辅料的药品;(7)其他不符合药品标准的药品。

本罪是实害犯,生产、销售劣药的行为必须对人体健康造成严重危害,始构成本罪。所谓对人体健康造成严重危害,主要指因服用劣药造成轻伤、重伤,以及因服用劣药,延误治疗致使病情加重或难以治愈等严重后果。按照有关司法解释,[12]生产、销售劣药,具有下列情形之一的,应当认定为"对人体健康造成严重危害":(1)造成轻伤或者重伤的;(2)造成轻度残疾或者中度残疾的;(3)造成器官组织损伤导致一般功能障碍或者严重功能障碍的;(4)其他对人体健康造成严重危害的情形。生产、销售、提供劣药,致人死亡,或者具有以下情形之一的,应当认定为"后果特别严重":(1)致人重度残疾以上的;(2)造成3人以上重伤、中度残疾或者器官组织损伤导致严重功能障碍的;(3)造成5人以上轻度残疾或者器官组织损伤导致一般功能障碍的;(4)造成10人以上轻伤的;(5)引发重大、特别重大突发公共卫生事件的。[13]

在本罪的认定中,应当注意其与生产、销售假药罪的区别:(1)犯罪对象不同。前者的犯罪对象是劣药,后者的犯罪对象是假药。(2)犯罪形态不同。前者是实害犯,生产、销售劣药,只有发生了对人体健康造成严重危害的结果,该罪才能构成;后者是行为犯,生产、销售假药,即构成该罪。

依照刑法第142条和第150条的规定,犯本罪的,处3年以上10年以下有期徒刑,并处罚金;后果特别严重的,处10年以上有期徒刑或者无期徒刑,并处罚金或者没收财产。单位犯本罪的,对单位判处罚金,并对其直接负责的主管人员和其他直接责任人员,依照自然人犯本罪的规定处罚。

在本罪的处罚上,要注意以下两点:(1)单位犯本罪的,对单位判处罚金,并对直接负责的主管人员和其他直接责任人员,依照最高人民法院、最高人民检察院《关于办理危害药品安全刑事案件适用法律若干问题的解释》规定的自然人犯罪的定罪量刑标准处罚。单位犯罪的,

---

〔10〕 2022年最高人民法院、最高人民检察院《关于办理危害药品安全刑事案件适用法律若干问题的解释》第16条。
〔11〕 2022年最高人民法院、最高人民检察院《关于办理危害药品安全刑事案件适用法律若干问题的解释》第15条。
〔12〕 2022年最高人民法院、最高人民检察院《关于办理危害药品安全刑事案件适用法律若干问题的解释》第5条。
〔13〕 2022年最高人民法院、最高人民检察院《关于办理危害药品安全刑事案件适用法律若干问题的解释》第4条。

对被告单位及其直接负责的主管人员、其他直接责任人员合计判处的罚金一般应当在生产、销售、提供的药品金额2倍以上。(2)对实施最高人民法院、最高人民检察院《关于办理危害药品安全刑事案件适用法律若干问题的解释》规定之犯罪的犯罪分子,应当依照刑法规定的条件,严格缓刑、免予刑事处罚的适用。对于被判处刑罚的,可以根据犯罪情况和预防再犯罪的需要,依法宣告职业禁止或者禁止令。《药品管理法》等法律、行政法规另有规定的,从其规定。对于被不起诉或者免予刑事处罚的行为人,需要给予行政处罚、政务处分或者其他处分的,依法移送有关主管机关处理。[14]

四、妨害药品管理罪

本罪,是指违反药品管理法规,生产、销售国务院药品监督管理部门禁止使用的药品,未取得药品相关批准证明文件生产、进口药品或者明知是上述药品而销售,药品申请注册中提供虚假的证明、数据、资料、样品或者采取其他欺骗手段,编造生产、检验记录,足以严重危害人体健康的行为。

以上规定,是为了纠正我国现行刑法将生产、销售假药罪由具体危险犯变更为抽象危险犯,而生产销售劣药罪仍属于结果犯,只有产生了"对人体健康的严重危害、食物中毒与严重食源性疾病"的恶劣后果才构成犯罪的保护不均衡性而作出的。从保护人民群众生命、身体健康的角度来讲,劣药和假药具有同等的社会危害性。正如"长春疫苗事件"[15]中所显示的,没有疗效的劣疫苗让接种者暴露在感染风险下,其对于社会公众生命健康的损害事实上同假药并无二致,因此,将生产、销售劣药罪规定为"结果犯",只会带来的更低的犯罪成本和更难的犯罪认定,不能形成有效的法律威慑。同时,药品市场秩序依赖于药监部门、生产商、零售商和医疗机构等各方面的共同保障,而刑法中有关药品犯罪的刑罚对象,只是笼统地列明为生产、销售环节的主体,没有具体地指明在药品批准、进口、申请、使用等与生产、销售环节并列的各个环节中存在的、对药品安全性和有效性具有风险的各种情形,这种规定的缺失一定程度上在助推药品犯罪的发生。正是基于上述考虑,刑法中增设了本罪。从此之后,不管是假药还是劣药,只要有生产、销售禁药,未取得批文而生产、销售药品,编造生产、检验记录之类的违规行为,"足以严重危害人体健康的",就构成刑法第142条之一所规定的妨害药品管理罪。这实际上也是将有关药品犯罪的处罚时点前移到药品的生产、进口、销售阶段了。

其中,所谓"足以严重危害人体健康",按照相关司法解释,[16]是指具有下列情形之一,(1)生产、销售国务院药品监督管理部门禁止使用的药品,综合生产、销售的时间、数量、禁止使用原因等情节,认为具有严重危害人体健康的现实危险的;(2)未取得药品相关批准证明文件生产药品或者明知是上述药品而销售,涉案药品属于以孕产妇、儿童或者危重病人为主要使

---

[14] 2022年最高人民法院、最高人民检察院《关于办理危害药品安全刑事案件适用法律若干问题的解释》第16、17条。

[15] 2018年7月15日,国家药品监督管理局发布通告,长春长生生物科技有限公司在生产冻干人用狂犬病疫苗的过程中,有的批次混入了过期原液、部分批次不如实填写生产日期和批号。有关部门在调查中还发现,长春长生生物科技有限公司和武汉生物制品研究所有限责任公司生产的65万余支百白破疫苗也存在问题,并且已经销往山东、河北、重庆等地。一时间,疫苗用药安全问题得到社会空前关注,监管机构也随之对不法企业出以重拳,加大了处罚力度。原国家食品药品监督管理局吊销长春长生生物科技有限公司药品生产许可证,并罚没款91亿元;深圳证券交易所对该公司股票强制退市;公安机关第一时间依法立案侦查,公司董事长高某芳等18名犯罪嫌疑人被批准逮捕;从主管部门到省市区,多名官员被严肃问责。

[16] 2022年最高人民法院、最高人民检察院《关于办理危害药品安全刑事案件适用法律若干问题的解释》第7条。

用对象的，属于麻醉药品、精神药品、医疗用毒性药品、放射性药品、生物制品，或者以药品类易制毒化学品冒充其他药品的，属于注射剂药品、急救药品的；（3）未取得药品相关批准证明文件生产药品或者明知是上述药品而销售，涉案药品的适应症、功能主治或者成分不明的；（4）未取得药品相关批准证明文件生产药品或者明知是上述药品而销售，涉案药品没有国家药品标准，且无核准的药品质量标准，但检出化学药成分的；（5）未取得药品相关批准证明文件进口药品或者明知是上述药品而销售，涉案药品在境外也未合法上市的；（6）在药物非临床研究或者药物临床试验过程中故意使用虚假试验用药品，或者瞒报与药物临床试验用药品相关的严重不良事件的；（7）故意损毁原始药物非临床研究数据或者药物临床试验数据，或者编造受试动物信息、受试者信息、主要试验过程记录、研究数据、检测数据等药物非临床研究数据或者药物临床试验数据，影响药品的安全性、有效性和质量可控性的；（8）编造生产、检验记录，影响药品的安全性、有效性和质量可控性的；（9）其他足以严重危害人体健康的情形。对于涉案药品是否在境外合法上市，应当根据境外药品监督管理部门或者权利人的证明等证据，结合犯罪嫌疑人、被告人及其辩护人提供的证据材料综合审查，依法作出认定。对于"足以严重危害人体健康"难以确定的，根据地市级以上药品监督管理部门出具的认定意见，结合其他证据作出认定。

本罪的处罚，按照刑法第 142 条之一，构成本罪的，处 3 年以下有期徒刑或者拘役，并处或者单处罚金；对人体健康造成严重危害或者有其他严重情节的，处 3 年以上 7 年以下有期徒刑，并处罚金。有前款行为，同时又构成刑法第 141 条、第 142 条规定之罪或者其他犯罪的，依照处罚较重的规定定罪处罚。其中，"对人体健康造成严重危害"，参见生产、销售劣药罪中的相关内容；所谓"其他严重情节"，是指具有下列情形之一：（1）生产、销售国务院药品监督管理部门禁止使用的药品，生产、销售的金额 50 万元以上的；（2）未取得药品相关批准证明文件生产、进口药品或者明知是上述药品而销售，生产、销售的金额 50 万元以上的；（3）药品申请注册中提供虚假的证明、数据、资料、样品或者采取其他欺骗手段，造成严重后果的；（4）编造生产、检验记录，造成严重后果的；（5）造成恶劣社会影响或者具有其他严重情节的情形。[17]

五、生产、销售不符合食品安全标准的食品罪

本罪，是指违反国家食品卫生管理法规，生产、销售不符合食品安全标准的食品，足以造成严重食物中毒事故或者其他严重食源性疾病的行为。

所谓食品，是指各种供人食用或者饮用的成品和原料以及按照传统既是食品又是药品的物品，但是不包括以治疗为目的的物品。食品范围是广义的，既包括一般食物，也包括食物添加剂、调味品、色素、保鲜剂等，还包括酒类和其他各种饮料。至于一些口服的具有医疗或保健作用的滋补品、保健品，可以划为药品范畴。所谓不符合卫生标准的食品，按照 2021 年《食品安全法》第 34 条的规定，是指以下食品：（1）用非食品原料生产的食品或者添加食品添加剂以外的化学物质和其他可能危害人体健康物质的食品，或者用回收食品作为原料生产的食品；（2）致病性微生物，农药残留、兽药残留、生物毒素、重金属等污染物质以及其他危害人体健康的物质含量超过食品安全标准限量的食品、食品添加剂、食品相关产品；（3）用超过保质期的食品原料、食品添加剂生产的食品、食品添加剂；（4）超范围、超限量使用食品添加剂的食品；

---

〔17〕 2022 年最高人民法院、最高人民检察院《关于办理危害药品安全刑事案件适用法律若干问题的解释》第 8 条。

(5)营养成分不符合食品安全标准的专供婴幼儿和其他特定人群的主辅食品;(6)腐败变质、油脂酸败、霉变生虫、污秽不洁、混有异物、掺假掺杂或者感官性状异常的食品、食品添加剂;(7)病死、毒死或者死因不明的禽、畜、兽、水产动物肉类及其制品;(8)未按规定进行检疫或者检疫不合格的肉类,或者未经检验或者检验不合格的肉类制品;(9)被包装材料、容器、运输工具等污染的食品、食品添加剂;(10)标注虚假生产日期、保质期或者超过保质期的食品、食品添加剂;(11)无标签的预包装食品、食品添加剂;(12)国家为防病等特殊需要明令禁止生产经营的食品;(13)其他不符合法律、法规或者食品安全标准的食品、食品添加剂、食品相关产品。

本罪是危险犯,行为人生产、销售不符合食品安全标准的食品,只要足以造成严重食物中毒事故或者其他严重食源性疾病,即构成本罪。所谓严重食物中毒,是指细菌性、化学性、真菌性和有毒动植物等引起的严重暴发性中毒;所谓严重食源性疾病,是指以食物为感染源导致的严重疾病。是否"足以造成严重食物中毒事故或者其他严重食源性疾病",要经省级以上卫生行政部门确定的机构鉴定,食品中含有可能导致严重食物中毒事故或者其他严重食源性疾病的超标准的有害细菌或者其他污染物,就足以认定。具有下列情形之一的,应当认定为刑法第143条规定的"足以造成严重食物中毒事故或者其他严重食源性疾病":(1)含有严重超出标准限量的致病性微生物、农药残留、兽药残留、生物毒素、重金属等污染物质以及其他严重危害人体健康的物质的;(2)属于病死、死因不明或者检验检疫不合格的畜、禽、兽、水产动物肉类及其制品的;(3)属于国家为防控疾病等特殊需要明令禁止生产、销售的;(4)特殊医学用途配方食品、专供婴幼儿的主辅食品营养成分严重不符合食品安全标准的;(5)其他足以造成严重食物中毒事故或者严重食源性疾病的情形。[18] 如此说来,超范围添加人工合成着色类食品添加剂"柠檬黄"所制作出来的有色馒头,虽说是不符合食品安全标准的食品,但食用该馒头尚不足以造成严重食物中毒事故或者其他严重食源性疾病,故该行为不构成本罪。[19] 但在食品生产、销售、运输、贮存等过程中,违反食品安全标准,超限量或者超范围滥用食品添加剂,足以造成严重食物中毒事故或者其他严重食源性疾病的;在食用农产品种植、养殖、销售、运输、贮存等过程中,违反食品安全标准,超限量或者超范围滥用添加剂、农药、兽药等,足以造成严重食物中毒事故或者其他严重食源性疾病的,适用本罪定罪处罚。[20] 在食品生产、销售、运输、贮存等过程中,使用不符合食品安全标准的食品包装材料、容器、洗涤剂、消毒剂,或者用于食品生产经营的工具、设备等,造成食品被污染,符合刑法第143条规定的,以本罪定罪处罚。[21]

依照刑法第143条和第150条的规定,犯本罪的,处3年以下有期徒刑或者拘役,并处罚金;对人体健康造成严重危害或者有其他严重情节的,处3年以上7年以下有期徒刑,并处罚金;后果特别严重的,处7年以上有期徒刑或者无期徒刑,并处罚金或者没收财产。单位犯本罪的,对单位判处罚金,并对直接负责的主管人员和其他直接责任人员,依照自然人犯本罪的规定处罚。其中,"对人体健康造成严重危害",是指生产、销售不符合食品安全标准的食品,

---

〔18〕 2021年最高人民法院、最高人民检察院《关于办理危害食品安全刑事案件适用法律若干问题的解释》第1条。

〔19〕 同时,"柠檬黄"也不是有毒、有害的非食品原料,故也不能对在食用馒头中添加"柠檬黄"的行为以生产、销售有毒、有害食品罪定罪处罚。但添加"柠檬黄"的玉米馒头属于不合格产品,生产、销售该类馒头的行为属于以不合格产品冒充合格产品的行为,视情况构成生产、销售伪劣产品罪。

〔20〕 2021年最高人民法院、最高人民检察院《关于办理危害食品安全刑事案件适用法律若干问题的解释》第5条。

〔21〕 2021年最高人民法院、最高人民检察院《关于办理危害食品安全刑事案件适用法律若干问题的解释》第12条。

具有下列情形之一:(1)造成轻伤以上伤害的;(2)造成轻度残疾或者中度残疾的;(3)造成器官组织损伤导致一般功能障碍或者严重功能障碍的;(4)造成10人以上严重食物中毒或者其他严重食源性疾病的;(5)其他对人体健康造成严重危害的情形。[22] “其他严重情节”,是指具有下列情形之一:(1)生产、销售金额20万元以上的;(2)生产、销售金额10万元以上不满20万元,不符合食品安全标准的食品数量较大或者生产、销售持续时间6个月以上的;(3)生产、销售金额10万元以上不满20万元,属于特殊医学用途配方食品、专供婴幼儿的主辅食品的;(4)生产、销售金额10万元以上不满20万元,且在中小学校园、托幼机构、养老机构及周边面向未成年人、老年人销售的;(5)生产、销售金额10万元以上不满20万元,曾因危害食品安全犯罪受过刑事处罚或者2年内因危害食品安全违法行为受过行政处罚的;(6)其他情节严重的情形。[23] “后果特别严重”,是指具有下列情形之一:(1)致人死亡的;(2)造成重度残疾以上的;(3)造成3人以上重伤、中度残疾或者器官组织损伤导致严重功能障碍的;(4)造成10人以上轻伤、5人以上轻度残疾或者器官组织损伤导致一般功能障碍的;(5)造成30人以上严重食物中毒或者其他严重食源性疾病的;(6)其他特别严重的后果。[24]

生产、销售不符合食品安全标准的食品,符合刑法第143条规定的,以生产、销售不符合安全标准的食品罪定罪处罚。同时构成其他犯罪的,依照处罚较重的规定定罪处罚。生产、销售不符合食品安全标准的食品,无证据证明足以造成严重食物中毒事故或者其他严重食源性疾病,不构成生产、销售不符合安全标准的食品罪,但是构成生产、销售伪劣产品罪等其他犯罪的,依照该其他犯罪定罪处罚。

明知他人生产、销售不符合食品安全标准的食品,有毒、有害食品,具有下列情形之一的,以生产、销售不符合安全标准的食品罪或者生产、销售有毒、有害食品罪的共犯论处:(1)提供资金、贷款、账号、发票、证明、许可证件的;(2)提供生产、经营场所或者运输、贮存、保管、邮寄、销售渠道等便利条件的;(3)提供生产技术或者食品原料、食品添加剂、食品相关产品或者有毒、有害的非食品原料的;(4)提供广告宣传的;(5)提供其他帮助行为的。[25]

六、生产、销售有毒、有害食品罪

本罪,是指在生产、销售的食品中掺入有毒、有害的非食品原料,或者销售明知掺有有毒、有害的非食品原料的食品的行为。

其中,所谓食品原料,是指粮食、油料、肉类、蛋类、糖类、薯类、蔬菜、水果、水产品、饮品、奶类等可以制造食品的基础原料,而有毒有害的非食品原料是指既无任何营养价值、根本不能食用,又对人体具有生理病害,食后会引起不良反应,损害机体健康的非食品原料,如工业酒精、工业染料、色素、化学合成剂、毒品(精神药品)、受污染的水源等。以下物质为刑法第144条规定的“有毒、有害的非食品原料”:(1)因危害人体健康,被法律、法规禁止在食品生产经营活动中添加、使用的物质;(2)因危害人体健康,被国务院有关部门列入《食品中可能违法添加的非食用物质名单》、《保健食品中可能非法添加的物质名单》和国务院有关部门公告的禁用农

〔22〕 2021年最高人民法院、最高人民检察院《关于办理危害食品安全刑事案件适用法律若干问题的解释》第2条。
〔23〕 2021年最高人民法院、最高人民检察院《关于办理危害食品安全刑事案件适用法律若干问题的解释》第3条。
〔24〕 2021年最高人民法院、最高人民检察院《关于办理危害食品安全刑事案件适用法律若干问题的解释》第4条。
〔25〕 2021年最高人民法院、最高人民检察院《关于办理危害食品安全刑事案件适用法律若干问题的解释》第14条。

药、《食品动物中禁止使用的药品及其他化合物清单》等名单上的物质;(3)其他有毒、有害的物质。[26] 行为人在食品生产经营中添加的虽然不是国务院有关部门公布的《食品中可能违法添加的非食用物质名单》和《保健食品中可能非法添加的物质名单》中的物质,但如果该物质与上述名单中所列物质具有同等属性,并且根据检验报告和专家意见等相关材料能够确定该物质对人体具有同等危害的,应当认定为刑法第 144 条规定的“有毒、有害的非食品原料”。[27]

所谓生产有毒、有害食品,是指在食品生产、加工过程中掺入有毒、有害的非食品原料;所谓销售有毒、有害食品,包含两层意思:一是在销售他人生产的合格的食品中掺入有毒、有害的非食品原料,如在出售的白酒中掺入工业酒精;二是明知是掺有有毒、有害的非食品原料的食品而销售。本罪为行为犯,只要行为人实施了上述行为,即构成犯罪。按照有关司法解释,[28] 使用盐酸克仑特罗(俗称“瘦肉精”)等禁止在饲料和动物饮用水中使用的药品或者含有该类药品的饲料养殖供人食用的动物,或者销售明知是使用该类药品或者含有该类药品的饲料养殖的供人食用的动物的;明知是使用盐酸克仑特罗等禁止在饲料和动物饮用水中使用的药品或者含有该类药品的饲料养殖的供人食用的动物,而提供屠宰等加工服务,或者销售其制品的,以本罪追究刑事责任。在食品加工、销售、运输、贮存等过程中,掺入有毒、有害的非食品原料,或者使用有毒、有害的非食品原料加工食品的,在食用农产品种植、养殖、销售、运输、贮存等过程中,使用禁用农药、兽药等禁用物质或者其他有毒、有害物质的,在保健食品或者其他食品中非法添加国家禁用药物等有毒、有害物质的,适用本罪的规定定罪处罚。

本罪的主观要件为故意,特别是在“销售掺有有毒、有害的非食品原料的食品”的场合,要求行为人具有“明知”。是否具有明知,一般来说,采用“推定”的方式。此时,应当注意以下几个方面:推定所依赖的基础事实必须扎实可靠;基础事实与应证事实之间应具备必然的常态联系;允许辩方举证反驳推定。按照相关司法解释,[29] 刑法第 144 条规定的“明知”,应当综合行为人的认知能力、食品质量、进货或者销售的渠道及价格等主、客观因素进行认定。具有下列情形之一的,可以认定为刑法第 144 条规定的“明知”,但存在相反证据并经查证属实的除外:(1)长期从事相关食品、食用农产品生产、种植、养殖、销售、运输、贮存行业,不依法履行保障食品安全义务的;(2)没有合法有效的购货凭证,且不能提供或者拒不提供销售的相关食品来源的;(3)以明显低于市场价格进货或者销售且无合理原因的;(4)在有关部门发出禁令或者食品安全预警的情况下继续销售的;(5)因实施危害食品安全行为受过行政处罚或者刑事处罚,又实施同种行为的;(6)其他足以认定行为人明知的情形。

在本罪的适用中,应注意以下三个问题:

1. 本罪与生产、销售不符合安全标准的食品罪的界限。这两种犯罪在保护法益、犯罪主体方面存在相同或相似之处,但有根本的区别:(1)食品的性质不同,前者生产、销售的是含有有毒、有害的非食品原料的食品,后者生产、销售的是不符合食品安全标准的食品,其中某些原料

---

〔26〕 2021 年最高人民法院、最高人民检察院《关于办理危害食品安全刑事案件适用法律若干问题的解释》第 9 条。

〔27〕 北京阳光一佰生物技术开发有限公司、习某有等生产、销售有毒、有害食品案,最高人民法院指导案例 70 号(2016 年)。

〔28〕 2022 年最高人民法院、最高人民检察院《关于办理非法生产、销售、使用禁止在饲料和动物饮用水中使用的药品等刑事案件具体应用法律若干问题的解释》第 3、4 条,以及 2008 年最高人民检察院、公安部《关于公安机关管辖的刑事案件立案追诉标准的规定(一)》第 20 条。

〔29〕 2021 年最高人民法院、最高人民检察院《关于办理危害食品安全刑事案件适用法律若干问题的解释》第 10 条。

可能含有有毒、有害物质，但仍然是食品原料。(2)犯罪的形态不同，前者是行为犯，只要实施了生产、销售有毒有害的食品的行为，就构成犯罪，后者是危险犯，除实施生产、销售不符合卫生标准的食品的行为以外，还要求行为必须造成法定的危险结果，犯罪才能成立。

2. 本罪与投放危险物质罪的界限。二者之间有相互重合之处。投放危险物质，除了针对河流、水源乃至公共场所实施之外，还可以采用在所出售的食品中投放的方式，而且，在所生产、销售的有毒有害食品致人死亡或者对人体健康造成特别严重危害的场合，其法定刑和投放危险物质罪的法定刑是一样的。因此，二者具有相似的一面，存在特别法与一般法的关系。但既然刑法将它们作为两种不同的犯罪加以规定，则有必要加以区分：本罪发生在生产、经营活动中，具有使食品数额增加、成本降低、吸引顾客等牟利目的，而投放危险物质罪则与生产、经营活动基本上没有关系，投放危险物质的目的主要在于报复、陷害等。如果出现了确实难以区分的场合，可以按照特别法优于一般法的原则加以处理。

3. 有关"地沟油"犯罪处理的问题。所谓"地沟油"犯罪，是指用餐厨垃圾、废弃油脂、各类肉及肉制品加工废弃物等非食品原料，生产、加工"食用油"，以及明知是利用"地沟油"生产、加工的油脂而作为食用油销售的行为。实践中，含有淋巴的花油、含有伤肉的膘肉碎、"肚下塌"等肉制品加工废弃物生产、加工的"食用油"，即便检测报告中未检测出有毒、有害成分，也被视为"新型地沟油"。依照相关司法解释，[30]明知是利用"地沟油"生产的"食用油"而予以销售的，依照本罪的规定追究刑事责任。认定是否"明知"，应当结合犯罪嫌疑人、被告人的认知能力，犯罪嫌疑人、被告人及其同案人的供述和辩解，证人证言，产品质量，进货渠道及进货价格、销售渠道及销售价格等主、客观因素予以综合判断。对于利用"地沟油"生产的"食用油"，已经销售出去没有实物，但是有证据证明系已被查实生产、销售有毒、有害食品犯罪事实的上线提供的，依照本罪的规定追究刑事责任。虽无法查明"食用油"是否系利用"地沟油"生产、加工，但犯罪嫌疑人、被告人明知该"食用油"来源可疑而予以销售的，应分别情形处理：经鉴定，检出有毒、有害成分的，依照本罪的规定追究刑事责任；属于不符合安全标准的食品的，依照刑法第 143 条销售不符合安全标准的食品罪追究刑事责任；属于以假充真、以次充好、以不合格产品冒充合格产品或者假冒注册商标，构成犯罪的，依照刑法第 140 条销售伪劣产品罪或者第 213 条假冒注册商标罪、第 214 条销售假冒注册商标的商品罪追究刑事责任。知道或应当知道他人实施以上犯罪行为，而为其掏捞、加工、贩运"地沟油"，或者提供贷款、资金、账号、发票、证明、许可证件，或者提供技术、生产、经营场所、运输、仓储、保管等便利条件的，依照上述犯罪的共犯论处。

依照刑法第 144 条和第 150 条的规定，犯本罪的，处 5 年以下有期徒刑，并处罚金；对人体健康造成严重危害或者有其他严重情节的，处 5 年以上 10 年以下有期徒刑，并处罚金；致人死亡或者有其他特别严重情节的，依照刑法第 141 条的规定处罚。其中，"对人体健康造成严重危害"，是指具有下列情形之一：(1)造成轻伤以上伤害的；(2)造成轻度残疾或者中度残疾的；(3)造成器官组织损伤导致一般功能障碍或者严重功能障碍的；(4)造成 10 人以上严重食物中毒或者其他严重食源性疾病的；(5)其他对人体健康造成严重危害的情形。[31] "其他严重

---

〔30〕 2012 年最高人民法院、最高人民检察院、公安部《关于依法严惩"地沟油"犯罪活动的通知》第二部分(准确理解法律规定，严格区分犯罪界限)。

〔31〕 2021 年最高人民法院、最高人民检察院《关于办理危害食品安全刑事案件适用法律若干问题的解释》第 6 条。

情节”,是指具有下列情形之一:(1)生产、销售金额20万元以上不满50万元的;(2)生产、销售金额10万元以上不满20万元,有毒、有害食品数量较大或者生产、销售持续时间6个月以上的;(3)生产、销售金额10万元以上不满20万元,属于特殊医学用途配方食品、专供婴幼儿的主辅食品的;(4)生产、销售金额10万元以上不满20万元,且在中小学校园、托幼机构、养老机构及周边面向未成年人、老年人销售的;(5)生产、销售金额10万元以上不满20万元,曾因危害食品安全犯罪受过刑事处罚或者2年内因危害食品安全违法行为受过行政处罚的;(6)有毒、有害的非食品原料毒害性强或者含量高的;(7)其他情节严重的情形。[32] “其他特别严重情节”,是指生产、销售有毒、有害食品,生产、销售金额50万元以上,或者具有下列情形之一:(1)造成重度残疾以上的;(2)造成3人以上重伤、中度残疾或者器官组织损伤导致严重功能障碍的;(3)造成10人以上轻伤、5人以上轻度残疾或者器官组织损伤导致一般功能障碍的;(4)造成30人以上严重食物中毒或者其他严重食源性疾病的;(5)其他特别严重的后果。[33] 单位犯本罪的,对单位判处罚金,并对其直接负责的主管人员和其他直接责任人员,依照自然人犯本罪的规定处罚。

生产、销售有毒、有害食品,符合刑法第144条规定的,以生产、销售有毒、有害食品罪定罪处罚。同时构成其他犯罪的,依照处罚较重的规定定罪处罚。[34] 明知他人生产、销售有毒、有害食品,具有下列情形之一的,以本罪的共犯论处:(1)提供资金、贷款、账号、发票、证明、许可证件的;(2)提供生产、经营场所或者运输、贮存、保管、邮寄、销售渠道等便利条件的;(3)提供生产技术或者食品原料、食品添加剂、食品相关产品或者有毒、有害的非食品原料的;(4)提供广告宣传的;(5)提供其他帮助行为的。[35]

七、生产、销售不符合标准的医用器材罪

本罪,是指生产不符合保障人体健康的国家标准、行业标准的医疗器械、医用卫生材料,或者销售明知是不符合保障人体健康的国家标准、行业标准的医疗器械、医用卫生材料,足以严重危害人体健康的行为。

所谓不符合标准,是指不符合2018年修正的《产品质量法》第13条规定的“可能危及人体健康和人身、财产安全的工业产品,必须符合保障人体健康和人身、财产安全的国家标准、行业标准”。没有国家标准、行业标准的医疗器械,注册产品标准可视为“保障人体健康的行业标准”。所谓医疗器械,是指用于诊断、治疗、预防疾病、调节人的生理机能的仪器、设备等物品。所谓医用卫生材料,是指用于治病、防病的辅助材料,如医用包扎纱布、消毒棉等。本罪不是结果犯,而是危险犯,不要求该医用器材已经给他人的人体健康造成严重危害结果,只要具有造成该种结果的危险就可以了。按照有关司法解释,[36] 具有刑法第145条所列行为,涉嫌下列情形之一的,应予立案追诉:(1)进入人体的医疗器械的材料中含有超过标准的有毒有害物质的;(2)进入人体的医疗器械的有效性指标不符合标准要求,导致治疗、替代、调节、补偿功能部分或者全部丧失,可能造成贻误诊治或者人体严重损伤的;(3)用于诊断、监护、治疗的

---

〔32〕 2021年最高人民法院、最高人民检察院《关于办理危害食品安全刑事案件适用法律若干问题的解释》第7条。

〔33〕 2021年最高人民法院、最高人民检察院《关于办理危害食品安全刑事案件适用法律若干问题的解释》第8条。

〔34〕 2021年最高人民法院、最高人民检察院《关于办理危害食品安全刑事案件适用法律若干问题的解释》第13条。

〔35〕 2021年最高人民法院、最高人民检察院《关于办理危害食品安全刑事案件适用法律若干问题的解释》第14条。

〔36〕 2008年最高人民检察院、公安部《关于公安机关管辖的刑事案件立案追诉标准的规定(一)》第21条。

有源医疗器械的安全指标不符合强制性标准要求,可能对人体构成伤害或者潜在危害的;(4)用于诊断、监护、治疗的有源医疗器械的主要性能指标不合格,可能造成贻误诊治或者人体严重损伤的;(5)未经批准,擅自增加功能或者适用范围,可能造成贻误诊治或者人体严重损伤的;(6)其他足以严重危害人体健康或者对人体健康造成严重危害的情形。如果对人体健康造成严重危害,包括不合格的医疗器材对人体造成的直接伤害或者间接伤害,则适用加重的法定刑。

另外,在预防、控制突发传染病疫情等灾害期间,生产用于防治传染病的不符合保障人体健康的国家标准、行业标准的医疗器械、医用卫生材料,或者销售明知是用于防治传染病的不符合保障人体健康的国家标准、行业标准的医疗器械、医用卫生材料,不具有防护、救治功能,足以严重危害人体健康的,以本罪定罪,依法从重处罚。医疗机构或者个人,知道或者应当知道系不符合保障人体健康的国家标准、行业标准的医疗器械、医用卫生材料而购买并有偿使用的,以销售不符合标准的医用器材罪定罪,依法从重处罚。[37]

依照刑法第145条和第150条的规定,犯本罪的,处3年以下有期徒刑或者拘役,并处销售金额50%以上2倍以下罚金;对人体健康造成严重危害的,处3年以上10年以下有期徒刑,并处销售金额50%以上2倍以下罚金;后果特别严重的,处10年以上有期徒刑或者无期徒刑,并处销售金额50%以上2倍以下罚金或者没收财产。单位犯本罪的,对单位判处罚金,并对直接负责的主管人员和其他直接责任人员,依照自然人犯本罪的规定处罚。

八、生产、销售不符合安全标准的产品罪

本罪,是指生产不符合保障人身、财产安全的国家标准、行业标准的电器、压力容器、易燃易爆产品或者其他不符合保障人身、财产安全的国家标准、行业标准的产品,或者销售明知是以上不符合保障人身、财产安全的国家标准、行业标准的产品,造成严重后果的行为。

其中,所谓电器,是指各种照明灯具、电视机、电冰箱、电热器、录像机、电淋浴器、电饭锅等电信、电力器材;所谓压力容器,是指锅炉、氧气瓶、高压锅等高压容器;所谓易燃易爆产品,是指煤气罐、烟花、爆竹等容易燃烧、爆炸的物品;所谓其他不符合保障人身、财产安全标准的产品,是指上述电器等产品以外的产品,如啤酒瓶、汽水瓶等。生产、销售不符合安全标准的建筑材料,造成建筑毁损,致使人员伤亡的,以本罪论处,不构成生产、销售伪劣产品罪。生产、销售不符合安全标准的产品,涉嫌下列情形之一的,应予立案追诉:(1)造成人员重伤或者死亡的;(2)造成直接经济损失10万元以上的;(3)其他造成严重后果的情形。[38] 另外,生产不符合保障人身、财产安全的国家标准、行业标准的安全设备,或者明知安全设备不符合保障人身、财产安全的国家标准、行业标准而进行销售,致使发生安全事故,造成严重后果的,以本罪定罪处罚。

依照刑法第146条和第150条的规定,犯本罪的,处5年以下有期徒刑,并处销售金额50%以上2倍以下罚金;后果特别严重的,处5年以上有期徒刑,并处销售金额50%以上2倍以下罚金。单位犯本罪的,对单位判处罚金,并对直接负责的主管人员和其他直接责任人员,

---

〔37〕 2003年最高人民法院、最高人民检察院《关于办理妨害预防、控制突发传染病疫情等灾害的刑事案件具体应用法律若干问题的解释》第3条。

〔38〕 2008年最高人民检察院、公安部《关于公安机关管辖的刑事案件立案追诉标准的规定(一)》第22条。

依照自然人犯本罪的规定处罚。

九、生产、销售伪劣农药、兽药、化肥、种子罪

本罪,是指生产假农药、假兽药、假化肥,销售明知是假的或者失去使用效能的农药、兽药、化肥、种子,或者生产者、销售者以不合格的农药、兽药、化肥、种子冒充合格的农药、兽药、化肥、种子,使生产遭受较大损失的行为。

其中,所谓假农药、假兽药、假化肥,是指农药、兽药、化肥所含成分与国家标准、行业标准不符合或者以非农药、非兽药、非化肥冒充农药、化肥、兽药;所谓失去使用效能的农药、兽药、化肥、种子,是指因为过期、受潮、腐烂、变质等原因失去了原有功效和使用效能,丧失了使用价值的农药、兽药、化肥、种子;所谓不合格的农药、兽药、化肥、种子,是指农药、兽药、化肥、种子不具备应当具备的使用性能或者没有达到应当达到的质量标准。

本罪是结果犯,以实施上述行为,使生产遭受较大损失为成立条件。所谓较大损失,是指使生产遭受损失2万元以上,或者其他使生产遭受较大损失的情形。[39] 以同一科属的此品种种子冒充彼品种种子,属于刑法上的"假种子"。行为人对假种子进行小包装分装销售,使农业生产遭受较大损失的,应当以生产、销售伪劣种子罪追究刑事责任。另外,未取得农药登记证的企业或者个人,借用他人农药登记证、生产许可证、质量标准证等许可证明文件生产、销售农药,使生产遭受较大损失的,构成本罪。对于使用伪劣农药造成的农业生产损失,可采取田间试验的方法确定受损原因,并以农作物绝收折损面积、受害地区前3年该类农作物的平均亩产量和平均销售价格为基准,综合计算认定损失金额。行为人先后3次将其公司生产的不符合国家标准的145吨复合肥料当作合格产品销售给客户,货值共计人民币340,750元的场合,因为该化肥尚未造成使生产遭受较大损失的结果,因此,只能构成刑法第140条规定的生产、销售伪劣产品罪。

依照刑法第147条和第150条的规定,犯本罪的,处3年以下有期徒刑或者拘役,并处或者单处销售金额50%以上2倍以下罚金;使生产遭受重大损失的,处3年以上7年以下有期徒刑,并处销售金额50%以上2倍以下罚金;使生产遭受特别重大损失的,处7年以上有期徒刑或者无期徒刑,并处销售金额50%以上2倍以下罚金或者没收财产。单位犯本罪的,对单位判处罚金,并对直接负责的主管人员和其他直接责任人员,依照自然人犯本罪的规定处罚。另据2022年3月1日实施的《种子法》第74条第2款、第75条第2款,因生产经营假种子、劣种子犯罪被判处有期徒刑以上刑罚的,种子企业或者其他单位的法定代表人、直接负责的主管人员自刑罚执行完毕之日起5年内不得担任种子企业的法定代表人、高级管理人员。

十、生产、销售不符合卫生标准的化妆品罪

本罪,是指生产不符合卫生标准的化妆品,或者销售明知是不符合卫生标准的化妆品,造成严重后果的行为。

其中,所谓化妆品,是指以涂擦、喷洒或者类似的方法,散布于人体表面任何部位(皮肤、毛发、指甲、口唇等),以达到清洗、消除不良气味、护肤、美容和修饰目的的日用化学工业品。所谓不符合卫生标准,是指违反了《化妆品卫生标准》和《化妆品监督管理条例》等法规规定的

---

〔39〕 2008年最高人民检察院、公安部《关于公安机关管辖的刑事案件立案追诉标准的规定(一)》第23条。

化妆品卫生标准。所谓造成严重后果，是指涉嫌下列情形之一：(1)造成他人容貌毁损或者皮肤严重损伤的；(2)造成他人器官组织损伤导致严重功能障碍的；(3)致使他人精神失常或者自杀、自残造成重伤、死亡的；(4)其他造成严重后果的情形。[40]

依照刑法第 148 条和第 150 条的规定，犯本罪的，处 3 年以下有期徒刑或者拘役，并处或者单处销售金额 50% 以上 2 倍以下罚金。单位犯本罪的，对单位判处罚金，并对其直接负责的主管人员和其他直接责任人员，依照自然人犯本罪的规定处罚。

十一、生产、销售伪劣产品罪和其他生产、销售特定伪劣产品犯罪之间的关系

刑法第 140 条规定的生产、销售伪劣产品罪与第 141 条到第 148 条规定的生产、销售假药等特定伪劣产品罪之间，实际上属于法条竞合的关系，第 140 条是一般性条款，生产、销售伪劣产品罪，相对而言，是普通罪名，而第 141 条到第 148 条是特殊条款，所规定的生产、销售假药等罪名相对而言属于特殊罪名。但这种法条竞合关系，不是按照“特殊法优于普通法”的原则处理，而是按照“重法优于轻法”的原则处理的，这是刑法第 149 条第 2 款所规定的。因此，在适用本节各个条文的时候，应当注意以下两点：

1. 生产、销售本节第 141 条到第 148 条所列的产品，不构成各该条所规定的犯罪，但是销售金额在 5 万元以上的，依照刑法第 140 条生产、销售伪劣产品罪的规定定罪处罚。比如生产、销售劣药，没有对人体造成严重危害的，虽然不构成生产、销售劣药罪，但如果销售金额达到了 5 万元，则应当以生产、销售伪劣产品罪定罪量刑。

2. 生产、销售本节第 141 条到第 148 条所列产品，构成各该条规定的犯罪，同时又构成刑法第 140 条规定之罪的，依照处罚较重的规定定罪处罚。比如生产、销售不符合安全标准的产品，销售金额在 200 万元以上的场合，就不能按照刑法第 146 条的生产、销售不符合安全标准的产品罪定罪处罚，而必须以刑法第 140 条的生产、销售伪劣产品罪处罚。因为，按照刑法第 146 条的规定，上述行为最高只能判处 15 年有期徒刑，而按照刑法第 140 条的规定，上述行为最高可能处以无期徒刑。

第三节　走私犯罪

走私犯罪，规定在刑法分则第三章第二节中，其是指违反海关法规和管理制度，非法进出口国家禁止或者限制进出口的货物、物品，逃避海关监管、偷逃关税，扰乱国家对外贸易管理制度的行为。

走私犯罪侵犯的客体是国家对外贸易管理制度，即一个国家对进出口物品的控制、管理和监督制度。任何一个国家为了保护其经济上的独立自主，都规定了一定范围的对外贸易垄断，实行对外贸易管制。我国的对外贸易管制，包括以下四个方面的内容：(1)对进出口货物、物品根据其对国民经济及社会影响大小程度实行准许、限制或者禁止进出口的管理秩序；(2)对非贸易物品根据该物品的性质、种类实行限进、限出、限量、限值的管理秩序；(3)对金融、外汇

---

〔40〕 2008 年最高人民检察院、公安部《关于公安机关管辖的刑事案件立案追诉标准的规定(一)》第 24 条。

实行国家管理、控制、统一经营、禁止私下交易、兑换的管理秩序;(4)对进出口的应税货物、物品实行关税保护政策,除特许免税的以外,其余进出口货物都必须纳税。对外贸易管制对保障我国经济的独立自主地位,保护民族工商业的发展,维护社会稳定和人民健康具有十分重要的作用。走私犯罪破坏我国的对外贸易管理制度,不但破坏国家财政收入,而且冲击国内市场,阻碍民族工商业的发展,甚至危害国家主权。因此,我国刑法将走私犯罪列为破坏社会主义市场秩序罪予以打击。

走私犯罪的主体是一般主体,自然人和单位均可构成本罪;走私犯罪的主观要件是故意,过失不构成本罪。

所有走私犯罪在客观表现上都是一样的,表现为违反海关法规,逃避海关监管,运输、携带、邮寄禁止进出境或者限制进出境的货物、物品进出国(边)境的行为。其中,"违反海关法规"是指违反《海关法》及其他有关法律、法规;"逃避海关监管"是指在未设海关的国(边)境线上运输、携带货物、物品进出国(边)境,或者虽然经过海关,但以伪装、藏匿、谎报等方法,蒙骗海关检查人员,偷运、偷带、偷寄货物、物品过关的行为;"运输"是指使用交通工具运出或者运进;"携带"是指随身携带;"邮寄"是指通过邮递途径。同时,根据刑法第 155 条、第 156 条的规定,下列行为,以走私罪论处:(1)直接向走私人非法收购国家禁止进口物品的,或者直接向走私人非法收购走私进口的其他货物、物品,数额较大的;(2)在内海、领海、界河、界湖运输、收购、贩卖国家禁止进出口物品的,或者运输、收购、贩卖国家限制进出口货物、物品,数额较大,没有合法证明的;(3)与走私罪犯通谋,为其提供贷款、资金、账号、发票、证明,或者为其提供运输、保管、邮寄或者其他方便的,以走私罪的共犯论处。根据刑法第 157 条第 1 款的规定,武装掩护走私的,依照刑法第 151 条第 1 款即走私武器、弹药、核材料或者伪造货币犯罪的规定从重处罚。

一、走私武器、弹药罪

本罪,是指违反海关法规,逃避海关监管,运输、携带、邮寄武器、弹药进出国(边)境的行为。

本罪的对象是武器、弹药。武器、弹药虽然是国家禁止进出口的物品,但从对外贸易的角度看,仍然属于外贸中的货物、物品。所谓武器、弹药,主要是指军用武器、弹药和爆炸物,包括军用舰船、飞机、战车、枪、炮、弹药、地雷、手榴弹,以及其他依照我国《海关进出口税则》和《禁止进出境物品表》所规定的武器、弹药,包括民用枪支在内。"武器、弹药"的种类,参照《海关进出口税则》及《禁止进出境物品表》的有关规定确定。走私国家禁止或者限制进出口的仿真枪、管制刀具,构成犯罪的,以走私国家禁止进出口的货物、物品罪定罪处罚。走私的仿真枪经鉴定为枪支,构成犯罪的,以走私武器罪定罪处罚。不以牟利或者从事违法犯罪活动为目的,且无其他严重情节的,可以依法从轻处罚;情节轻微不需要判处刑罚的,可以免予刑事处罚。走私枪支散件,构成犯罪的,以走私武器罪定罪处罚。成套枪支散件以相应数量的枪支计,非成套枪支散件以每 30 件为 1 套枪支散件计。走私各种弹药的弹头、弹壳,构成犯罪的,以走私弹药罪定罪处罚。具体的定罪量刑标准,按照最高人民法院、最高人民检察院《关于办理走私刑事案件适用法律若干问题的解释》第 1 条规定的数量标准的 5 倍执行。走私报废或者无法组装并使用的各种弹药的弹头、弹壳,构成犯罪的,依照刑法第 153 条的规定,以走私普通货物、物品罪定罪处罚;属于废物的,依照刑法第 152 条第 2 款的规定,以走私废物罪定罪处罚。

弹头、弹壳是否属于前款规定的“报废或者无法组装并使用”或者“废物”，由国家有关技术部门进行鉴定。

走私武器、弹药，也可能同时包含了运输、邮寄、储存、非法买卖武器、弹药的行为，但符合走私武器、弹药的，不再认定为非法买卖、运输、邮寄、储存枪支、弹药罪。但行为人走私武器、弹药入境之后又非法出售的，另成立非法买卖枪支、弹药罪。

根据刑法第 151 条第 1 款的规定以及相关司法解释，[41] 对本罪的处罚区分三种不同情况，适用不同的法定刑：

1. 具有下列情形之一的，属于走私武器、弹药罪“情节较轻”，处 3 年以上 7 年以下有期徒刑，并处罚金：(1) 走私以压缩气体等非火药为动力发射枪弹的枪支 2 支以上不满 5 支的；(2) 走私气枪铅弹 500 发以上不满 2500 发，或者其他子弹 10 发以上不满 50 发的；(3) 未达到上述数量标准，但属于犯罪集团的首要分子，使用特种车辆从事走私活动，或者走私的武器、弹药被用于实施犯罪等情形的；(4) 走私各种口径在 60 毫米以下常规炮弹、手榴弹或者枪榴弹等分别或者合计不满 5 枚的。

2. 具有下列情形之一的，处 7 年以上有期徒刑，并处罚金或者没收财产：(1) 走私以火药为动力发射枪弹的枪支 1 支，或者以压缩气体等非火药为动力发射枪弹的枪支 5 支以上不满 10 支的；(2) 走私最高人民法院、最高人民检察院《关于办理走私刑事案件适用法律若干问题的解释》第 1 条第 1 款第 2 项规定的弹药，数量在该项规定的最高数量以上不满最高数量 5 倍的；(3) 走私各种口径在 60 毫米以下常规炮弹、手榴弹或者枪榴弹等分别或者合计达到 5 枚以上不满 10 枚，或者各种口径超过 60 毫米以上常规炮弹合计不满 5 枚的；(4) 达到最高人民法院、最高人民检察院《关于办理走私刑事案件适用法律若干问题的解释》第 1 条第 1 款第 1 项、第 2 项、第 4 项规定的数量标准，且属于犯罪集团的首要分子，使用特种车辆从事走私活动，或者走私的武器、弹药被用于实施犯罪等情形的。

3. 具有下列情形之一的，属于走私武器、弹药罪“情节特别严重”，处无期徒刑，并处没收财产：(1) 走私前述司法解释第 2 款第 1 项规定的枪支，数量超过该项规定的数量标准的；(2) 走私前述司法解释第 1 款第 2 项规定的弹药，数量在该项规定的最高数量标准 5 倍以上的；(3) 走私前述司法解释第 2 款第 3 项规定的弹药，数量超过该项规定的数量标准，或者走私具有巨大杀伤力的非常规炮弹 1 枚以上的；(4) 达到前述司法解释第 2 款第 1 项至第 3 项规定的数量标准，且属于犯罪集团的首要分子，使用特种车辆从事走私活动，或者走私的武器、弹药被用于实施犯罪等情形的。

依照刑法第 151 条第 4 款的规定，单位犯本罪的，对单位判处罚金，并对其直接负责的主管人员和其他直接责任人员，依照本罪的法定刑处罚。同时，依照刑法第 157 条的规定，武装掩护走私武器、弹药的，以本罪从重处罚；以暴力、威胁方法抗拒缉查走私武器弹药的，以本罪和妨害公务罪实行数罪并罚。

二、走私核材料罪

本罪，是指违反海关法规，逃避海关监管，运输、携带、邮寄核材料进出国（边）境的行为。

其中，所谓违反海关法规，就本罪而言，是指违反我国有关禁止核材料进出口的规定，主要

---

[41] 2014 年最高人民法院、最高人民检察院《关于办理走私刑事案件适用法律若干问题的解释》第 1 条。

是指违反2006年修订的《核出口管制条例》中的禁止性规定。该条例第6条规定:核出口由国务院指定的单位专营,任何其他单位或者个人不得经营。如果任何单位或者个人擅自经营进出口核材料,即便骗取了海关进出口手续,也属于走私核材料行为。所谓核材料,是指铀、钚等可以发生原子核裂变或者聚变等反应,能够用来制造核武器的各种核材料和核燃料,其具体范围,根据我国1989年加入的《核材料实物保护公约》和国务院2006年修订的《核出口管制条例》的规定加以确定。

依照刑法第151条第1款、第4款的规定,犯本罪的,处7年以上有期徒刑,并处罚金或者没收财产;情节特别严重的,处无期徒刑,并处没收财产;情节较轻的,处3年以上7年以下有期徒刑,并处罚金。单位犯本罪的,对单位判处罚金,并对其直接负责的主管人员和其他直接责任人员,依照自然人犯本罪的规定处罚。

三、走私假币罪

本罪,是指违反海关法规,逃避海关监管,运输、携带、邮寄伪造的货币进出国(边)境的行为。

所谓伪造的货币,是指依照可在国内市场流通或者兑换的人民币、境外货币的图案、形状、颜色、面额和质地制造出来的、足以让一般人误以为是真货币的假货币,包括伪造的人民币、港币、澳门币、台币,以及外国的货币如美元、日元、欧元等。变造的货币,广义上讲也是伪造的货币,能够成为本罪的处罚对象。伪造的境外货币数额,折合成人民币计算。另外,受走私分子雇用为其在我国海域运输走私伪造货币的,也构成走私假币罪。因为,是否为假币的所有者,不影响本罪的成立,只要有走私假币的行为即可。

依照刑法第151条第1款、第4款的规定以及有关司法解释,〔42〕走私伪造的货币,涉嫌下列情形之一的,应予立案追诉:(1)总面额在2000元以上或者币量在200张(枚)以上的;(2)总面额在1000元以上或者币量在100张(枚)以上,2年内因走私假币受过行政处罚,又走私假币的;(3)其他走私假币应予追究刑事责任的情形。走私伪造的货币,数额在2000元以上不满20,000元,或者数量在200张(枚)以上不满2000张(枚)的,可以认定为刑法第151条第1款规定的"情节较轻"。走私伪造的货币,具有下列情节之一的,处7年以上有期徒刑,并处罚金或者没收财产:(1)走私数额在2万元以上不满20万元,或者数量在2000张(枚)以上不满2万张(枚)的;(2)走私数额或者数量达到最高人民法院、最高人民检察院《关于办理走私刑事案件适用法律若干问题的解释》第6条第1款规定的标准,且具有走私的伪造货币流入市场等情节的。具有下列情节之一的,属于走私假币罪"情节特别严重",处无期徒刑,并处没收财产:(1)走私数额在20万元以上,或者数量在2万张(枚)以上的;(2)走私数额或者数量达到最高人民法院、最高人民检察院《关于办理走私刑事案件适用法律若干问题的解释》第6条第2款第1项规定的标准,且属于犯罪集团的首要分子,使用特种车辆从事走私活动,或者走私的伪造货币流入市场等情形的。〔43〕 单位犯本罪的,对单位判处罚金,并对其直接负责的主管人员和其他直接责任人员,依照自然人犯本罪的规定处罚。

---

〔42〕 2022年最高人民检察院、公安部《关于公安机关管辖的刑事案件立案追诉标准的规定(二)》第2条。

〔43〕 2014年最高人民法院、最高人民检察院《关于办理走私刑事案件适用法律若干问题的解释》第6条。

四、走私文物罪

本罪，是指违反海关法规，逃避海关监管，运输、携带、邮寄禁止出口的文物出国(边)境的行为。

所谓国家禁止出口的文物，根据《文物保护法》的相关规定加以确定。该法第2条规定文物受国家保护。本法所称文物，是指人类创造的或者与人类活动有关的，具有历史、艺术、科学价值的下列物质遗存：(1)古文化遗址、古墓葬、古建筑、石窟寺和古石刻、古壁画；(2)与重大历史事件、革命运动或者著名人物有关的以及具有重要纪念意义、教育意义或者史料价值的近代现代重要史迹、实物、代表性建筑；(3)历史上各时代珍贵的艺术品、工艺美术品；(4)历史上各时代重要的文献资料、手稿和图书资料等；(5)反映历史上各时代、各民族社会制度、社会生产、社会生活的代表性实物。文物认定的主体、标准和程，由国务院规定并公布。具有科学价值的古脊椎动物化石和古人类化石同文物一样受国家保护。走私具有科学价值的古脊椎动物化石、古人类化石，构成犯罪的，以走私文物罪定罪处罚。[44] 走私古脊椎动物、古人类化石以外的其他古生物化石的，走私年代久远、与人类活动无关的古脊椎动物化石，不构成本罪，应以走私国家禁止出口的物品罪论处。当然，不是所有的文物都属于本罪的对象，本罪的对象还受到"国家禁止进出口"的限制，主要是指具有重要历史、艺术、科学价值的珍贵文物以及其他国家禁止出境的文物。"国家禁止出口的文物"，依照《文物保护法》规定的"国家禁止出境的文物"的范围认定。[45] 按照《文物保护法》第77条第1款、第79条第2款的规定，国有文物、非国有文物中的珍贵文物和国家规定禁止出境的其他文物，不得出境；但是依照该法规定出境展览或者因特殊需要经国务院批准出境的除外。一级文物中的孤品和易损品，禁止出境展览。

本罪的行为方式，只限于出口，不包括进口，因为进口文物对我国不具有社会危害性。将文物从境外走私至境内，如果偷逃关税达到5万元以上的，可以成立走私普通货物、物品罪。在境内私自出售或赠送禁止出口的珍贵文物给外国人的，构成刑法第325条规定的非法向外国人出售、赠送珍贵文物罪。

依照刑法第151条第2款、第4款的规定，以及相关司法解释，[46]走私国家禁止出口的文物，按照文物等级定罪量刑，无法确定文物等级，或者按照文物等级定罪量刑明显过轻或者过重的，可以按照走私的文物价值定罪量刑。走私国家禁止出口的三级文物，或者文物价值在5万元以上不满20万元的，应当认定为"情节较轻"，处5年以下有期徒刑，并处罚金；走私国家禁止出口的二级文物的，或者走私的文物价值在20万元以上不满100万元的，以走私文物罪处5年以上10年以下有期徒刑，并处罚金；走私国家禁止出口的一级文物，或者文物价值在100万元以上的，应当认定为"情节特别严重"，处10年以上有期徒刑或无期徒刑，并处没收财产。针对不可移动文物整体实施走私行为的，根据所属不可移动文物的等级，依照上述规定定罪量刑：(1)尚未被确定为文物保护单位的不可移动文物，适用一般文物的定罪量刑标准；(2)市、县级文物保护单位，适用三级文物的定罪量刑标准；(3)全国重点文物保护单位、省级文物保护单位，适用二级以上文物的定罪量刑标准。针对不可移动文物中的建筑构件、壁画、雕塑、石刻等实施走私、盗窃、倒卖等行为的，根据建筑构件、壁画、雕塑、石刻等文物本身的等

[44] 2014年最高人民法院、最高人民检察院《关于办理走私刑事案件适用法律若干问题的解释》第12条。

[45] 2015年最高人民法院、最高人民检察院《关于办理妨害文物管理等刑事案件适用法律若干问题的解释》第1条。

[46] 2015年最高人民法院、最高人民检察院《关于办理妨害文物管理等刑事案件适用法律若干问题的解释》第1条、第12条。

级或者价值,依照上述规定定罪量刑。建筑构件、壁画、雕塑、石刻等所属不可移动文物的等级,应当作为量刑情节予以考虑。单位犯本罪的,对单位判处罚金,并对其直接负责的主管人员和其他直接责任人员,依照自然人犯本罪的规定处罚。

五、走私贵重金属罪

本罪,是指违反海关法规,逃避海关监管,运输、携带、邮寄黄金、白银或其他贵重金属出国(边)境的行为。

本罪的对象是贵重金属,包括黄金、白银以及与金、银同等重要的铱、铂、钯、铑、钛等国家禁止出口的各种贵重金属及其制品。本罪的行为方式,也只限于出口,不包括进口。将贵重金属从境外走私进我国境内的,成立走私普通货物、物品罪。

依照刑法第 151 条第 2 款、第 4 款的规定,犯本罪的,处 5 年以上 10 年以下有期徒刑,并处罚金;情节特别严重的,处 10 年以上有期徒刑或者无期徒刑,并处没收财产;情节较轻的,处 5 年以下有期徒刑,并处罚金。单位犯本罪的,对单位判处罚金,并对其直接负责的主管人员和其他直接责任人员,依照自然人犯本罪的规定处罚。

六、走私珍贵动物、珍贵动物制品罪

本罪,是指违反海关法规,逃避海关监管,运输、携带、邮寄珍贵动物及其制品进出国(边)境的行为。

所谓珍贵动物及其制品,包括列入经国家濒危物种进出口管理机构公布的《濒危野生动植物种国际贸易公约》附录Ⅰ、附录Ⅱ的野生动物及其制品,以及列入《国家重点保护野生动物名录》的野生动物及其制品。[47]《国家重点保护野生动物名录》中的国家一、二级保护野生动物和列入《濒危野生动植物种国际贸易公约》附录Ⅰ、附录Ⅱ中的野生动物以及驯养繁殖的上述物种的共同特征是,属于国家重点保护的我国特产的或濒于灭绝的野生动物,或者在世界上数量较少,濒于灭绝危险的野生动物,如大熊猫、金丝猴、白唇鹿、丹顶鹤。所谓珍贵动物制品,是指用上述珍贵动物的皮、肉、毛、骨、内脏等制成的标本、食品、药品、工艺品、服装等。

依照刑法第 151 条的规定以及有关司法解释,[48]走私国家禁止进出口的珍贵动物及其制品,价值 20 万元以上不满 200 万元的,应当依照刑法第 151 条第 2 款的规定,以走私珍贵动物、珍贵动物制品罪处 5 年以上 10 年以下有期徒刑,并处罚金;价值 200 万元以上的,应当认定为"情节特别严重",处 10 年以上有期徒刑或者无期徒刑,并处没收财产;价值 2 万元以上不满 20 万元的,应当认定为"情节较轻",处 5 年以下有期徒刑,并处罚金。实施前述规定的行为,具有下列情形之一的,从重处罚:(1)属于犯罪集团的首要分子的;(2)为逃避监管,使用特种交通工具实施的;(3)2 年内曾因破坏野生动物资源受过行政处罚的。实施前述规定的行为,但不具有上述从重处罚的情形,且未造成动物死亡或者动物、动物制品无法追回,行为人全部退赃退赔,确有悔罪表现的,按照下列规定处理:(1)珍贵动物及其制品价值 200 万元以上的,可以处 5 年以上 10 年以下有期徒刑,并处罚金;(2)珍贵动物及其制品价值 20 万元以上不满 200 万元的,可以认定为"情节较轻",处 5 年以下有期徒刑,并处罚金;(3)珍贵动物及其制

[47] 2022 年最高人民法院、最高人民检察院《关于办理破坏野生动物资源刑事案件适用法律若干问题的解释》第 1 条。
[48] 2022 年最高人民法院、最高人民检察院《关于办理破坏野生动物资源刑事案件适用法律若干问题的解释》第 2 条。

品价值2万元以上不满20万元的，可以认定为犯罪情节轻微，不起诉或者免予刑事处罚；情节显著轻微危害不大的，不作为犯罪处理。

根据刑法第151条第4款的规定，单位犯本罪的，对单位判处罚金，并对其直接负责的主管人员和其他直接责任人员，依照自然人犯本罪的规定处罚。

七、走私国家禁止进出口的货物、物品罪

本罪，是指违反海关法规，逃避海关监管，运输、携带、邮寄珍稀植物及其制品等国家禁止的其他货物、物品进出国（边）境的行为。

其中，所谓珍稀植物，包括列入《国家重点保护野生植物名录》《国家重点保护野生药材物种名录》《国家珍贵树种名录》中的国家一、二级保护野生植物、国家重点保护的野生药材、珍贵树木，《濒危野生动植物种国际贸易公约》附录Ⅰ、附录Ⅱ中的野生植物，以及人工培育的上述植物。[49] 它们均是国家重点保护的原生的天然生长的珍贵植物和原生的天然生长的并具有重要经济、科学研究、文化价值的濒危、稀有植物，如苏铁树、珙桐、金红茶、水杉、云南梧桐、野茶树、水曲柳、油杉等。所谓珍稀植物制品，是指利用上述珍稀植物加工制作的标本、药材及其他制成品。所谓国家禁止的其他货物、物品，是指刑法第151条所列货物、物品以外的，被列入国家禁止进出口货物目录或者法律规定禁止进出口的货物、物品，如来自疫区的动植物及其制品、古植物化石等。

依照刑法第151条第3款以及相关司法解释，[50]走私国家禁止进出口的货物、物品，具有下列情形之一的，处5年以下有期徒刑或者拘役，并处或者单处罚金：（1）走私国家一级保护野生植物5株以上不满25株，国家二级保护野生植物10株以上不满50株，或者珍稀植物、珍稀植物制品数额在20万元以上不满100万元的；（2）走私重点保护古生物化石或者未命名的古生物化石不满10件，或者一般保护古生物化石10件以上不满50件的；（3）走私禁止进出口的有毒物质1吨以上不满5吨，或者数额在2万元以上不满10万元的；（4）走私来自境外疫区的动植物及其产品5吨以上不满25吨，或者数额在5万元以上不满25万元的；（5）走私木炭、硅砂等妨害环境、资源保护的货物、物品10吨以上不满50吨，或者数额在10万元以上不满50万元的；（6）走私旧机动车、切割车、旧机电产品或者其他禁止进出口的货物、物品20吨以上不满100吨，或者数额在20万元以上不满100万元的；（7）数量或者数额未达到最高人民法院、最高人民检察院《关于办理走私刑事案件适用法律若干问题的解释》第11条第1款第1项至第6项规定的标准，但属于犯罪集团的首要分子，使用特种车辆从事走私活动，造成环境严重污染，或者引起甲类传染病传播、重大动植物疫情等情形的。其中，“古生物化石”，按照《古生物化石保护条例》的规定予以认定。[51]

具有下列情形之一的，应当认定为“情节严重”，处5年以上有期徒刑，并处罚金：（1）走私数量或者数额超过上述第1项至第6项规定的标准的；（2）达到上述第1项至第6项规定的标准，且属于犯罪集团的首要分子，使用特种车辆从事走私活动，造成环境严重污染，或者引起甲

---

〔49〕 2014年最高人民法院、最高人民检察院《关于办理走私刑事案件适用法律若干问题的解释》第12条。

〔50〕 2014年最高人民法院、最高人民检察院《关于办理走私刑事案件适用法律若干问题的解释》第11条。

〔51〕 2014年最高人民法院、最高人民检察院《关于办理走私刑事案件适用法律若干问题的解释》第12条。

类传染病传播、重大动植物疫情等情形的。[52]

未经许可进出口国家限制进出口的货物、物品,以及租用、借用或者使用购买的他人许可证,进出口国家限制进出口的货物、物品,构成犯罪的,以走私国家禁止进出口的货物、物品罪等罪名定罪处罚;偷逃应缴税额,同时又构成走私普通货物、物品罪的,依照处罚较重的规定定罪处罚。取得许可,但超过许可数量进出口国家限制进出口的货物、物品,构成犯罪的,依照刑法第153条的规定,以走私普通货物、物品罪定罪处罚。[53]

根据刑法第151条第4款的规定,单位犯该条规定之罪的,对单位判处罚金,并对其直接负责的主管人员和其他直接责任人员,依照该条各款的规定处罚。

八、走私淫秽物品罪

本罪,是指以牟利或者传播为目的,违反海关法规,逃避海关监管,运输、携带、邮寄淫秽的影片、录像带、录音带、图片、书刊或其他淫秽物品进出国(边)境的行为。

所谓淫秽物品,是指具体描写性行为或露骨宣扬色情淫荡形象的录像带、录音带、影片、电视片、幻灯片、照片、图画、书籍、报刊、抄本、印有这类图照的玩具、用品以及淫药、淫具;所谓其他淫秽物品,是指除淫秽的影片、录像带、录音带、图片、书刊以外的,通过文字、声音、形象等形式表现淫秽内容的影碟、音碟、电子出版物等物品。但夹杂淫秽内容的有艺术价值的文艺作品,表现人体美的美术作品,有关人体生理、医学知识和其他自然科学作品,不属于淫秽物品的范围。走私不属于淫秽物品的物品,不构成本罪。本罪的主观要件,除出于故意外,还必须以牟利或者传播为目的。所谓以牟利为目的,是指走私淫秽物品是为了出卖、出租或用其他方式牟取非法利润;所谓以传播为目的,是指走私淫秽物品是为了在社会传播、扩散。走私少量淫秽物品为了自用,或者携带淫秽物品并不知情,均不构成本罪。行为人是否具有牟利或者传播的目的,可通过走私淫秽物品的数量、次数等进行判断。行为人大量走私淫秽物品,显然超出了自用的范围,可以认定具有牟利或者传播的目的。至于"牟利"或者"传播"的目的是否实现,不影响本罪的成立。

依照刑法第152条第1款、第3款的规定,犯本罪的,处3年以上10年以下有期徒刑,并处罚金;情节严重的,处10年以上有期徒刑或者无期徒刑,并处罚金或者没收财产;情节较轻的,处3年以下有期徒刑、拘役或者管制,并处罚金。单位犯罪的,对单位判处罚金,并对其直接负责的主管人员和其他直接责任人员,依照自然人犯本罪的规定处罚。

依照有关司法解释,[54]走私淫秽物品达到下列数量之一的,属于走私淫秽物品罪"情节较轻",处3年以下有期徒刑、拘役或者管制,并处罚金:(1)走私淫秽录像带、影碟50盘(张)以上不满100盘(张)的;(2)走私淫秽录音带、音碟100盘(张)以上不满200盘(张)的;(3)走私淫秽扑克、书刊、画册100副(册)以上不满200副(册)的;(4)走私淫秽照片、画片500张以上不满1000张的;(5)走私其他淫秽物品相当于上述数量的。走私淫秽物品在上述规定的最高数量以上不满最高数量5倍的,处3年以上10年以下有期徒刑,并处罚金。走私淫秽物品在上述规定的最高数量5倍以上,或者在上述规定的最高数量以上不满5倍,但属于犯罪集团

[52] 2014年最高人民法院、最高人民检察院《关于办理走私刑事案件适用法律若干问题的解释》第11条。
[53] 2014年最高人民法院、最高人民检察院《关于办理走私刑事案件适用法律若干问题的解释》第21条。
[54] 2014年最高人民法院、最高人民检察院《关于办理走私刑事案件适用法律若干问题的解释》第13条。

的首要分子，使用特种车辆从事走私活动等情形的，应当认定为“情节严重”，处10年以上有期徒刑或者无期徒刑，并处罚金或者没收财产。走私非淫秽的影片、影碟、录像带、录音带、音碟、图片、书刊、电子出版物等物品的，依照刑法第153条规定的走私普通货物、物品罪定罪处罚。

九、走私废物罪

本罪，是指违反海关法规和国家关于固体废物、液态废物、气态废物管理的规定，逃避海关监管，将境外固体废物、液态废物、气态废物运输进境，情节严重的行为。

本罪的犯罪对象是“废物”，即固体废物、液态废物和气态废物。我国对境外的固体废物、液态废物和气态废物入境有严格的限制和批准程序，对逃避海关监管，擅自将境外的废物偷运入境的行为，必须予以严厉打击。设立本罪的目的，也就在于此。其中，所谓固体废物，是指在生产建设、日常生活和其他活动中产生的污染环境的固态、半固态废弃物质，如工业、交通等生产活动中产生的工业固体废物、在城市日常生活中或者为城市日常生活提供服务的活动中产生的固体废物，以及法律、行政法规规定视为城市生活垃圾的固体废物、列入国家危险废物名录或者根据国家规定的危险废物鉴别标准和鉴别方法认定的具有危险特性的废物，都是如此。所谓液态废物，是指有一定体积但没有一定形状，可以流动的废物；所谓气态废物，是指放置在容器中的气态形状的废物。

依照刑法第152条第2款、第3款的规定，犯本罪的，处5年以下有期徒刑，并处或者单处罚金；情节特别严重的，处5年以上有期徒刑，并处罚金。单位犯罪的，对单位判处罚金，并对其直接负责的主管人员和其他直接责任人员，依照自然人犯本罪的规定处罚。

根据有关司法解释，[55]走私国家禁止进口的废物或者国家限制进口的可用作原料的废物，具有下列情形之一的，应当认定为“情节严重”，处5年以下有期徒刑，并处或者单处罚金：(1)走私国家禁止进口的危险性固体废物、液态废物分别或者合计达到1吨以上不满5吨的；(2)走私国家禁止进口的非危险性固体废物、液态废物分别或者合计达到5吨以上不满25吨的；(3)走私国家限制进口的可用作原料的固体废物、液态废物分别或者合计达到20吨以上不满100吨的；(4)未达到上述数量标准，但属于犯罪集团的首要分子，使用特种车辆从事走私活动，或者造成环境严重污染等情形的。具有下列情形之一的，应当认定为“情节特别严重”，以走私废物罪判处5年以上有期徒刑，并处罚金：(1)走私数量超过前款规定的标准的；(2)达到前款规定的标准，且属于犯罪集团的首要分子，使用特种车辆从事走私活动，或者造成环境严重污染等情形的；(3)未达到前款规定的标准，但造成环境严重污染且后果特别严重的。走私置于容器中的气态废物，构成犯罪的，参照上述规定的标准处罚。国家限制进口的可用作原料的废物的具体种类，参照国家有关部门的规定确定。

十、走私普通货物、物品罪

(一)概念和构成

本罪，是指违反海关法规，逃避海关监管，运输、携带、邮寄普通货物、物品进出国(边)境，偷逃应缴税额较大的行为。其构成如下：

---

〔55〕 2014年最高人民法院、最高人民检察院《关于办理走私刑事案件适用法律若干问题的解释》第14、15条。

1. 主体。本罪的主体是一般主体,包括自然人和单位。

2. 危害行为和危害结果。本罪客观上表现为,行为人违反海关法规,逃避海关监管,运输、携带、邮寄普通货物、物品进出国(边)境,偷逃应缴税额较大。

(1)走私的对象是"普通货物、物品",即除武器、弹药、核材料、伪造的货币、文物、黄金、白银和其他贵重金属、珍贵动物及其制品、珍稀植物及其制品、淫秽物品、毒品、制毒物品、固体废物、液态废物和气态废物以外的货物、物品。具体来说,指以下货物、物品:一是上述物品之外的其他国家禁止进出口的货物、物品。二是国家限制进出口的货物、物品,主要包括无线电收发报机以及通信保密机,烟、酒、外币及有价证券、电视机、摩托车等。三是应纳税的货物、物品。对于这类物品,国家允许进出口,不过要根据国民经济和社会发展的需要,通过关税对其需求加以适当的调节,因而进出口这类货物、物品必须依法缴纳关税。但要注意的是,有些物品既不在刑法第 151 条和第 152 条所列的物品范围之内,也不在需要缴纳关税的物品的范围之内,如伪造的有价证券,对我国的政治、经济、文化、道德有害的印刷品、烈性毒药、炸药等。对于走私这些物品的行为,在现有的刑法之下,无法作为走私犯罪处理。

(2)必须违反海关法规,即违反我国《海关法》、《关税法》及其他有关的法律、法规。

(3)必须具有逃避海关监管的行为,即采用各种手段,躲避海关监督、管理和检查。具体来说,表现为以下几种方式:

第一,绕关行为,即不经过海关或边防检查哨卡、检查站,躲避海关监督、管理和检查,运输、携带、邮寄普通货物、物品进出国(边)境。

第二,闯关行为,即通过海关进出境,但同时采取假报、伪报、藏匿等欺骗手段,瞒过海关的监督、检查,偷运、偷带或邮寄货物、物品进出国(边)境。机械公司通过注册虚假中外合资公司,骗取免税证明,逃避海关监管,将本应以一般贸易方式进口的货物伪报成"合资合作"货物免税进口的行为,就是这种情形。在代理转口贸易中不如实报关,未造成实际损失的,不构成本罪。

第三,后续走私行为,即行为人先是合法地进口货物、物品,然后违反海关法规而出售或违法处理该货物、物品,偷逃关税,使其性质转变为走私行为。刑法第 154 条规定的就是这种情况。其包括两种情形:一是"未经海关许可并且未补缴应缴税额,擅自将批准进口的来料加工、来件装配、补偿贸易的原材料、零件、制成品、设备等保税货物,在境内销售牟利的";二是"未经海关许可并且未补缴应缴税额,擅自将特定减税、免税进口的货物、物品,在境内销售牟利的"。其中,"应缴税额",包括进出口货物、物品应当缴纳的进出口关税和进口环节海关代征税的税额。应缴税额以走私行为实施时的税则、税率、汇率和完税价格计算;多次走私的,以每次走私行为实施时的税则、税率、汇率和完税价格逐票计算;走私行为实施时间不能确定的,以案发时的税则、税率、汇率和完税价格计算。"保税货物",是指经海关批准,未办理纳税手续进境,在境内储存、加工、装配后应予复运出境的货物,包括通过加工贸易、补偿贸易等方式进口的货物,以及在保税仓库、保税工厂、保税区或者免税商店内等储存、加工、寄售的货物。"来料加工、来件装配",指从国外进口一定的原材料、零部件或同时由外商提供一定的设备技术,我国境内的企业按照外商的要求进行加工或装配,其制成品复运出境,交外商销售,中方只收取一定的加工费或装配费的合作形式。"补偿贸易",是指由外商提供技术、设备和材料供中方进行生产,中方暂不付现款而用所生产的产品偿付外商的贸易方式。"销售牟利",是指行为人主观上为了牟取非法利益而擅自销售海关监管的保税货物、特定减免税货物。该种行为是否构成犯罪,应当根据偷逃的应缴税额是否达到刑法第 153 条及相关司法解释规定的数额标准予以认定。实际获利与否或者获利多少并不影响其定罪。“特定减税、免税进口的货物、物品”,指国家法律规定可以减征或免征关税的经济特区等特定地区进出口的货物,中外合资经营企业、中外合作经营企业、外资企业等特定企业进出口的货物,有特定用途的进出口货物以及用于公益事业的捐赠物资。上述货物、物品,由于未办理纳税手续或减征、免征关税,只能加工、装配生产后复运出境,或只能用于特定企业、特定用途;如果擅自在国内销售牟利,偷逃应缴税额在 5 万元以上的,应依本罪定罪处罚。

另外,根据最高人民法院、最高人民检察院、海关总署《关于办理走私刑事案件适用法律若干问题的意见》第 9 条和第 10 条的规定,加工贸易登记手册、特定减免税批文等涉税单证是海关根据国家法律法规以及有关政策性规定,给予特定企业用于保税货物经营管理和减免税优惠待遇的凭证。利用购买的加工贸易登记手册、特定减免税批文等涉税单证进口货物,实质是将一般贸易货物伪报为加工贸易保税货物或者特定减免税货物进口,以达到偷逃应缴税款的目的,应当适用刑法第 153 条以走私普通货物、物品罪定罪处罚。如果行为人与走私分子通谋出售上述涉税单证,或者在出卖批文后又以提供印章、向海关伪报保税货物、特定减免税货物等方式帮助买方办理进口通关手续,对卖方依照刑法第 156 条以走私罪共犯定罪处罚。买卖上述涉税单证情节严重尚未进口货物的,依照刑法第 280 条的规定定罪处罚。在加工贸易经营活动中,以假出口、假结转或者利用虚假单证等方式骗取海关核销,致使保税货物、物品脱离海关监管,造成国家税款流失,情节严重的,依照刑法第 153 条的规定,以走私普通货物、物品罪追究刑事责任。但有证据证明因不可抗力原因导致保税货物脱离海关监管,经营人无法办理正常手续而骗取海关核销的,不认定为走私犯罪。

第四,间接走私行为,也称准走私,指刑法第 155 条第 1 项和第 2 项规定的两种行为,即“(一)直接向走私人非法收购国家禁止进口物品的,或者直接向走私人非法收购走私进口的其他货物、物品,数额较大的;(二)在内海、领海、界河、界湖运输、收购、贩卖国家禁止进出口物品的,或者运输、收购、贩卖国家限制进出口货物、物品,数额较大,没有合法证明的”。间接走私不是独立的罪名,需要根据走私的对象和有关条件,确定构成何种走私罪。

对第 1 项的行为,以走私罪论处必须符合以下条件:一是行为人必须是“第一手交易”。如果不是直接向走私分子收购走私进口的货物、物品,而是经过第二手、第三手甚至更多的收购环节后收购的,即使收购人明知是走私货物,也不能以走私罪论处。二是直接向走私人非法收购走私进口的其他货物、物品,必须数额较大,才构成犯罪;“数额较大”,指偷逃应缴税额在 5 万元以上。走私的货物、物品是武器、弹药、核材料、伪造的货币、珍贵动物及其制品、珍稀植物及其制品、淫秽物品的,则没有数额的限制。

对第 2 项的行为,以走私罪论处必须符合以下条件:一是在内海、领海、界河、界湖运输、收购、贩卖国家禁止进出口的物品或者国家限制进出口的货物、物品。国家限制进出口的货物、物品,指国家对进口或者出口实行配额或者许可证管理的货物、物品。“内海”,包括内河的入海口水域。不是在内海、领海、界河、界湖而是在内地运输、收购、贩卖上述货物、物品的,不能以走私罪论处。二是在内海、领海、界河、界湖运输、收购、贩卖国家限制进出口的货物、物品,数额较大,没有合法证明。“合法证明”,指有关主管部门颁发的进出口货物、物品许可证、准运证等用以证明货物、物品来源、用途合法的证明文件。限制进出口的货物、物品,只有数额较大,又没有合法证明的,才以走私罪论处。国家禁止进出口的物品,构成走私罪,则没有上述限制。

第五,其他走私行为,如刑法第156条规定,与走私罪犯通谋,为其提供贷款、资金、账号、发票、证明,或者为其提供运输、保管、邮寄或者其他方便的,以走私罪的共犯论处。其中,"与走私罪犯通谋"中的通谋,是指犯罪行为人之间事先或者事中形成的共同的走私故意。下列情形可以认定为通谋:一是明知他人从事走私活动而同意为其提供贷款、资金、账号、发票、证明、海关单证,提供运输、保管、邮寄或者其他方便的;二是多次为同一走私犯罪分子的走私行为提供前项帮助的。提供"其他方便"是指刑法所列举的帮助形式以外的其他帮助,如为走私罪犯传递重要信息等。"以走私罪的共犯论处",即依行为人在走私共同犯罪中的地位和作用,按照走私罪犯实施的走私犯罪的具体性质和相应的法定刑定罪和处罚。

第六,关于走私成品油行为。按照2019年10月24日公布并施行的最高人民法院、最高人民检察院、海关总署《打击非设关地成品油走私专题研讨会会议纪要》,走私成品油,构成犯罪的,以走私普通货物罪定罪处罚。对不构成走私共犯的收购人,直接向走私人购买走私的成品油,数额较大的,依照刑法第155条第1项的规定,以走私罪论处;向非直接走私人购买走私的成品油的,根据其主观故意,分别依照刑法第191条规定的洗钱罪或者第312条规定的掩饰、隐瞒犯罪所得、犯罪所得收益罪定罪处罚。在办理非设关地走私成品油刑事案件中,发现行为人在销售的成品油中掺杂、掺假,以假充真,以次充好或者以不合格油品冒充合格油品,构成犯罪的,依照刑法第140条的规定,对该行为以生产、销售伪劣产品罪定罪处罚。行为人与他人事先通谋或者明知他人从事走私成品油犯罪活动,而在我国专属经济区或者公海向其贩卖、过驳成品油的,应当按照走私犯罪的共犯追究刑事责任。明知他人从事走私成品油犯罪活动而为其提供资金、贷款、账号、发票、证明、许可文件,或者提供运输、仓储等其他便利条件的,应当按照走私犯罪的共犯追究刑事责任。

(4)偷逃应缴税额较大或者1年内曾因走私被给予2次行政处罚后又走私的。其中,"偷逃应缴税额较大",是指走私普通货物、物品,偷逃应缴税额在10万元以上不满50万元;"多次走私未经处理",包括未经行政处理和刑事处理。临时反补贴措施保证金属于临时性特别关税,应计入走私犯罪偷逃的应缴税额。临时反倾销措施保证金属于临时性行政措施,不属于关税,不计入偷逃税额。

在走私犯罪数额的计算上,最高人民法院、最高人民检察院、海关总署《打击非设关地成品油走私专题研讨会会议纪要》(署缉发〔2019〕210号)第3条有一个特殊规定,即非设关地成品油走私活动属于非法的贸易活动,计核非设关地成品油走私刑事案件的偷逃应缴税额,一律按照成品油的普通税率核定,不适用最惠国税率或者暂定税率。该会议纪要第7条规定:本纪要中的成品油是指汽油、煤油、柴油以及其他具有相同用途的乙醇汽油和生物柴油等替代燃料(包括添加染色剂的"红油""白油""蓝油"等);办理非设关地走私白糖、冻品等刑事案件的相关问题,可以参照本纪要的精神依法处理。据此规定,就走私成品油、白糖、冻品之类的普通货物、物品而言,其犯罪数额计算,依据行为发生地是在设关地还是非设关地而不同。换言之,在绕关的场合,偷逃应缴税额一律按照成品油的普通税率核定;而在闯关的场合,适用最惠国税率或者暂定税率。这是一个比较特殊的犯罪数额的计算方式,但其适用仅限于成品油、白糖、冻品以及与此类似的系关民计民生的货物物品,不得任意扩张适用到其他货物或者物品上去。

3. 主观要件。本罪的主观要件为故意,过失不构成本罪。行为人明知自己的行为违反国家法律法规，逃避海关监管，偷逃进出境货物、物品的应缴税额，或者逃避国家有关进出境的禁止性管理，并且希望或者放任危害结果发生的，应认定为具有走私的主观故意。走私主观故意中的“明知”是指行为人知道或者应当知道所从事的行为是走私行为。具有下列情形之一的，可以认定为“明知”，但有证据证明确属被蒙骗的除外：(1)逃避海关监管，运输、携带、邮寄国家禁止进出境的货物、物品的；(2)用特制的设备或者运输工具走私货物、物品的；(3)未经海关同意，在非设关的码头、海(河)岸、陆路边境等地点，运输(驳载)、收购或者贩卖非法进出境货物、物品的；(4)提供虚假的合同、发票、证明等商业单证委托他人办理通关手续的；(5)以明显低于货物正常进(出)口的应缴税额委托他人代理进(出)口业务的；(6)曾因同一种走私行为受过刑事处罚或者行政处罚的；(7)其他有证据证明的情形。走私犯罪嫌疑人主观上具有走私犯罪故意，但对其走私的具体对象不明确的，不影响走私犯罪构成，应当根据实际的走私对象定罪处罚。但是，确有证据证明行为人因受蒙骗而对走私对象发生认识错误的，可以从轻处罚。[56] 明知远洋渔业项目已经过期，仍违反海关规定冒用其他船舶的远洋自捕水产品免税资格，逃避海关监管，走私进口货物，构成本罪。

需要注意的是，在走私犯罪案件中，认定行为人主观上“明知”，必须综合其客观行为进行判断。行为人对夹藏的物品是否“明知”，不能采用客观归罪的方法，即发现夹藏物品就认定为有走私夹藏物品的故意，而应当根据相关合同约定、夹藏物品的归属主体及所占体积、行为人所收报酬等情况综合认定行为人对夹藏物品是否具有走私的故意。

这一点在应某敏、陆某走私废物、走私普通货物案中有具体体现。该案中，被告人应某敏、陆某为牟取非法利益，违反海关法规，逃避海关监管，将属于危险类废物的废旧线路板、废电池，属于国家禁止进口的固体废物的废旧复印机、打印机、电脑，属于国家限制进口的可用作原料的固体废物的硅废碎料，以及胶带、非家用缝纫机头、轴承等普通货物若干吨，分散在各集装箱内，走私进境，涉及税额人民币70余万元。该案在审理过程中，对被告人应某敏、陆某的行为是以走私废物罪一罪论处还是以走私废物罪和走私普通货物罪并罚，存在不同意见。一种意见认为，应当以走私废物罪一罪论处。应某敏、陆某确实对走私废物中夹带的普通货物不明知，如果以走私普通货物罪论处，则有客观归罪之嫌。另一种意见认为，应某敏、陆某构成走私废物罪和走私普通货物罪，应当实行两罪并罚。相关规范性文件对此类情形已有明确规定，应当按照相关规范性文件的规定定罪处罚。但法院基于以下考虑，最终只认定两被告人构成走私废物罪一罪，并予以处罚。理由如下：一是侦查机关和公诉机关未查获有关被告人为废旧电子产品代办通关手续的书面合同；二是被告人并非货源组织者，也非货主、收货人，仅为货主负责废旧电子产品的通关业务和运输；三是虽然本案查获的轴承、缝纫机等货物达20多吨，但该类货物密度大，单一物品所占体积较小，又分散在各集装箱，整体所占空间比例相当小，不容易被人发现；四是二被告人均是按照废旧电子产品进境的数量向货主收取报酬，而与走私夹藏物品所获利益不挂钩；五是二被告人关于不明知夹藏物品的口供完全一致。[57] 故法院最终认定，结合上述客观事实和证据，足以证明二被告人对夹藏物品没有走私故意。

(二)本罪的认定

在本罪的认定中，应当注意以下三个问题：

---

〔56〕 2014年最高人民法院、最高人民检察院、海关总署《关于办理走私刑事案件适用法律若干问题的意见》第5、6条。

〔57〕 上海市人民检察院第一分院诉应某敏、陆某走私废物、走私普通货物案，载《最高人民法院公报》2014年第5期。

1. 走私普通货物罪的保护客体就是国家税收,所以即使被告人的客观行为表面上符合走私行为的手段(申报不实),但客观上并没有偷逃税款,没有给国家造成关税损失,仍不构成走私普通货物罪。

2. 本罪与其他走私犯罪的界限。本罪与其他走私特定物品的犯罪之间处于对象不同,但手段一致的法条竞合关系,本罪为普通法,而其他犯罪则为特殊法。因此,在行为人走私了武器弹药、核材料、假币,文物、贵重金属、珍贵动物、珍贵动物制品等特定物品的时候,按照特殊法优于普通法的原则,构成其他走私特定物品的犯罪,而不构成本罪。

3. 本罪与走私废物罪的区别。二者的区别是,后者是没有办理相关手续而将废物走私进口;而前者是“经许可”即办理了进口废物的相关手续,只是没有缴纳关税而已。

(三)处罚

依照刑法第 153 条的规定,走私该法第 151 条、第 152 条、第 347 条规定以外的货物、物品的,根据情节轻重,分别依照下列规定[58]处罚:

1. 走私货物、物品偷逃应缴税额较大或者 1 年内曾因走私被给予 2 次行政处罚后又走私的,处 3 年以下有期徒刑或者拘役,并处偷逃应缴税额 1 倍以上 5 倍以下罚金。其中,“偷逃应缴税额较大”,是指走私普通货物、物品,偷逃应缴税额在 10 万元以上不满 50 万元;“一年内曾因走私被给予二次行政处罚后又走私”中的“一年内”,以因走私第一次受到行政处罚的生效之日与“又走私”行为实施之日的时间间隔计算确定;“被给予二次行政处罚”的走私行为,包括走私普通货物、物品以及其他货物、物品;“又走私”行为仅指走私普通货物、物品。

2. 走私货物、物品偷逃应缴税额巨大或者有其他严重情节的,处 3 年以上 10 年以下有期徒刑,并处偷逃应缴税额 1 倍以上 5 倍以下罚金。其中,“偷逃应缴税额巨大”,是指偷逃应缴税额在 50 万元以上不满 250 万元的;“其他严重情节”,是指偷逃应缴税额在 30 万元以上不满 50 万元的,且具有以下情节之一:(1)犯罪集团的首要分子;(2)使用特种车辆从事走私活动的;(3)为实施走私犯罪,向国家机关工作人员行贿的;(4)教唆、利用未成年人、孕妇等特殊人群走私的;(5)聚众阻挠缉私的。

3. 走私货物、物品偷逃应缴税额特别巨大或者有其他特别严重情节的,处 10 年以上有期徒刑或者无期徒刑,并处偷逃应缴税额 1 倍以上 5 倍以下罚金或者没收财产。其中,“数额特别巨大”,是指偷逃应缴税额在 250 万元以上的;“其他特别严重情节”,是指偷逃应缴税额在 150 万元以上不满 250 万元的,且具有下列情节之一:(1)犯罪集团的首要分子;(2)使用特种车辆从事走私活动的;(3)为实施走私犯罪,向国家机关工作人员行贿的;(4)教唆、利用未成年人、孕妇等特殊人群走私的;(5)聚众阻挠缉私的。[59]

4. 单位犯走私普通货物、物品罪,偷逃应缴税额在 20 万元以上不满 100 万元的,对单位判处罚金,并对其直接负责的主管人员和其他直接责任人员,处 3 年以下有期徒刑或者拘役;偷逃应缴税额在 100 万元以上不满 500 万元的,应当认定为“情节严重”;偷逃应缴税额在 500 万元以上的,应当认定为“情节特别严重”。[60]

---

[58] 2014 年最高人民法院、最高人民检察院《关于办理走私刑事案件适用法律若干问题的解释》第 16、17 条。

[59] 2014 年最高人民法院、最高人民检察院《关于办理走私刑事案件适用法律若干问题的解释》第 16 条。

[60] 2014 年最高人民法院、最高人民检察院《关于办理走私刑事案件适用法律若干问题的解释》第 24 条第 2 款。

十一、走私犯罪的认定和处理中的若干问题

在走私犯罪的认定中,还存在一些争议问题。下面就这些问题进行分析探讨。

1. 在一次走私行为中,行为人同时走私了不同货物、物品的,是按一罪处理还是按数罪处理?

上述问题涉及刑法理论上所谓一罪和数罪的认定标准问题。从本书所主张的以犯罪构成标准说为基础,根据刑法处罚的不同需要,进行适当调整的认定标准来看,对于上述问题,可以这样考虑:在一次走私行为中,行为人同时走私了不同货物、物品的,根据该货物、物品在走私犯罪中的归类的不同,分别构成数罪,应当实行数罪并罚。因为,刑法理论上所说的犯罪构成标准说虽然是区分某行为是构成一罪还是数罪的基础,但并不是对我国刑法中规定的所有犯罪都适用的原则。在有关走私犯罪中,我国刑法整体上是以行为人所侵犯的犯罪对象为标准来规定一罪与数罪的,因此,将行为人在一次走私行为中,走私不同货物、物品的,以数罪处理,也并无不可。有关司法解释主张这种观点,如最高人民法院、最高人民检察院《关于办理走私刑事案件适用法律若干问题的解释》第 22 条规定,在走私的普通货物、物品中藏匿刑法第 151 条、第 152 条、第 347 条、第 350 条规定的货物、物品,构成犯罪的,以实际走私的货物、物品定罪处罚;构成数罪的,实行数罪并罚。

2. 行为人以为是甲货物、物品,而实际走私的是乙货物、物品的,该怎么处理?

最高人民法院、最高人民检察院、海关总署《关于办理走私刑事案件适用法律若干问题的意见》第 6 条中规定:走私犯罪嫌疑人主观上具有走私故意,但对其走私的具体对象不明确的,不影响走私罪的构成,应当根据走私对象定罪处罚。但是,确有证据证明行为人因为受蒙骗而对走私对象发生错误认识的,可以从轻处罚。按照这个规定,行为人只要具有“行为是走私的”这一认识,对于具体对象则不要求具有认识,行为人在走私意识的支配下,走私了什么物品,就按照该物品成立相应的走私犯罪。

上述解释在以下两个方面具有意义:一是在有关故意的成立要件上,对传统刑法理论所主张的成立故意,行为人必须对符合该罪构成要件的事实具有明确认识(明知)的观点进行了颠覆;二是对在行为人没有重罪的认识,但是造成了重罪结果的场合,该如何处理的问题,作出了回答。

行为人对其走私的具体对象不明确包括两种情况:一种是行为人将刑法评价相同的甲种物品误以为是乙种物品而走私,如误以为是武器、弹药,但实际上是核材料而走私;误以为是文物,但实际上是贵重金属而走私的情形,就是这种情况。另一种是行为人将刑法评价不同的甲种物品误以为是乙种物品而加以走私,如误以为是枪支弹药,但实际上是普通家用电器而走私的情形,就属于这种情况。

在第一种情况之下,行为人实际上走私了什么物品,就按什么物品定罪。从刑法理论上讲,走私犯罪是故意犯罪,因此,行为人的行为要构成走私犯罪,首先在认识因素方面,行为人对其所走私的对象、走私行为和所造成的结果等客观要素必须具有大致的认识,否则,就不能说行为人具有走私犯罪的故意。但是,前面已经说过,现行刑法中的走私犯罪是根据行为人所走私的对象的不同来区分不同犯罪的。那么,这是否意味着在走私犯罪中,行为人对于其所走私的对象一定要有准确的认识,否则就不构成走私犯罪了呢?比如在行为人出于走私武器弹药的故意,结果走私了伪造的货币的场合,是不是可以说行为人的行为构成走私武器弹药罪(未遂)和走私假币罪(过失)的竞合,最终只能按照走私武器弹药罪未遂处理呢?的确,如果

按照传统的故意理论似乎只能得出这样的结论。但是,出于走私武器弹药的故意,结果却走私了假币的场合,和出于杀害某甲的故意,结果却杀死了某乙的场合,有什么区别呢?如果后者可以构成故意杀人罪,为什么前者就不可以构成故意走私犯罪呢?武器弹药和假币尽管在客观外在形式上不同,属于两种不同的物质,但是,在现行刑法中,走私这两种物质的犯罪构成、法定刑是完全一样的。换句话说,在刑法规定看来,武器弹药和假币是同一类型的物质,走私这两种物质,完全体现相同程度的社会危害性。根据这一点,本书认为,行为人尽管对于其所走私的对象具有认识错误,但是在实际走私的对象和误认的对象体现完全相同程度的社会危害性的时候,也可以说行为人具有犯罪的故意。换句话说,该种细微的错误不排除行为人的故意。因此,在行为人误以为甲种物品是乙种物品而走私,但走私该两种物品成立犯罪所需要的犯罪构成要件完全相同,并且所体现的法定刑幅度完全相同的时候,可以按照行为人所实际走私的对象定罪。在国外的刑事司法实践中也有类似情况,如行为人以为是兴奋剂而走私,但实际上是麻药的场合,尽管走私麻药和走私兴奋剂是完全不同的两个罪名,但是,日本最高法院最终还是按走私麻药罪判定被告人有罪。理由在于麻药和兴奋剂都是同等的具有社会危害性的毒品。[61]

第二种情况实际上可以分为两种情形进行分析:

一种情形是行为人具有犯轻罪的故意,但是却造成了重罪的结果,如行为人误以为是普通货物、物品而走私,结果却走私了淫秽物品或者文物。这种情形下,由于走私普通货物物品和走私淫秽物品或者文物是法定刑不同的犯罪,因此,不能以实际走私物品的结果来定罪。那么,该如何处理呢?本书认为,应当严格按照犯罪故意的成立条件来分析该行为成立何种犯罪,而不能仅根据行为人的故意内容或者仅根据行为结果来认定犯罪。就上例而言,行为人虽然在客观上实施了走私淫秽物品或者文物的行为,但是主观上却没有走私淫秽物品或者文物的故意,换句话说,行为人对其行为所引起的结果没有认识,所以,不能认定该行为是走私淫秽物品罪或者走私文物罪。但是,行为人所造成的客观上走私了淫秽物品或者文物的结果,也是其"明知自己的行为会引起危害社会的结果,而希望发生该结果"的主观意思支配下的结果,可以说行为人具有走私的故意。同时,走私普通货物、物品的行为和走私淫秽物品或者文物的行为,客观上都是走私行为。因此,这二者在走私犯罪的范围之内,具有主、客观的统一,所以,行为人的行为可以按走私普通货物、物品罪定罪。

另一种情形是行为人具有犯重罪的故意,但是却造成了轻罪的结果,如行为人误以为是核材料而走私,结果却走私了普通货物、物品。和上述情形一样,由于走私核材料和走私普通货物、物品是法定刑不同的犯罪,因此,不能按照行为人的主观意图认定该行为构成走私核材料罪。也应当和上述情况一样,按照犯罪故意的成立条件,来认定行为人的行为构成何种犯罪。就上例而言,行为人主观上虽然具有走私核材料的故意,但是客观上却没有产生核材料被走私的结果,所以,不能仅仅根据其主观意图就认定行为人的行为构成走私核材料罪(这是客观主义刑法论的体现)。但是,行为人客观上所造成的走私普通货物、物品的结果,也是在行为人"明知自己的行为会发生危害社会的结果,而希望或者放任该结果发生"的主观意思支配下所产生的,同时,普通货物、物品也是能够走私的对象物,二者在走私犯罪的范围之内,具有主、客观的统一,可以说,行为人具有概括的走私犯罪的故意。所以,对行为人的行为可以按照走私

〔61〕 [日]最判1979年3月27日《最高法院刑事判例集》第33卷第2号,第140页。

普通货物、物品罪处理。

3. 如何理解刑法第157条的规定？

刑法第157条规定，武装掩护走私的，依照刑法第151条第1款的规定从重处罚。以暴力、威胁方法抗拒缉私的，以走私罪和刑法第277条规定的阻碍国家机关工作人员依法执行职务罪，依照数罪并罚的规定处罚。

刑法第157条第1款是对武装掩护走私进行刑事处罚的规定。在该款的适用中，要注意两个问题：一是对“走私”的理解。所谓武装掩护走私，是指携带武器装备或者组织武装力量为走私行为进行保护、护送、掩护的行为。在武装掩护走私的情况下，其侵害的客体已经发生了变化，不再仅仅是海关监管制度，还突出地表现为和政府武力对抗。因此，被武装掩护的走私行为，不一定要构成犯罪，一般走私行为也能成立。这和1987年《海关法》第47条中“以武装掩护走私的，以暴力抗拒检查走私货物、物品的，不论数额大小，都是走私罪”的规定精神是一致的。如此说来，对于“武装掩护”的理解，不能过于狭隘，只要犯罪分子携带武器武装掩护，无论是否使用武器，都不影响该款的适用。二是对“武装掩护走私”行为定性的理解。武装掩护走私并不是一个独立犯罪，而是以某种特殊手段实施的各种犯罪的概称，是各种走私犯罪的一种从重处罚情节。对武装掩护走私的行为，应根据具体走私货物、物品的性质定罪，即对于武装掩护走私行为不能按照刑法第151条第1款规定的走私武器弹药罪、走私核材料罪、走私假币罪定性，而只能在该款的量刑幅度之内量刑。刑法第151条第1款规定了三个量刑档次。该款所说的“从重处罚”，是指根据情节轻重，在相应的量刑档次内从重，而不是在该档的量刑幅度以外从重。另外，需要注意的是，刑法对武装掩护走私有特别规定的，根据特别规定处罚，如对于武装掩护走私、贩卖、运输、制造毒品的，应当根据刑法第347条第2款的规定处罚，而不是适用该条的规定进行处罚。

刑法第157条第2款是有关以暴力、威胁方法抗拒缉私行为刑事处罚的规定。所谓以暴力方法，是指以殴打、捆绑等有形力量攻击对方；所谓以威胁方法，是指以扬言对他人使用暴力等无形力量对他人精神上形成压力，让对方心理上产生恐惧感。如果走私行为人的走私行为已经构成犯罪，同时又有使用暴力、威胁手段抗拒缉私的行为，便必须以走私罪和刑法第277条第1款规定的妨害公务罪数罪并罚。如果行为人只有以暴力、威胁手段抗拒缉私的行为，而其走私行为尚不构成犯罪，则只能构成妨害公务罪。同时，要注意刑法第157条第1款规定的武装掩护走私行为和第2款规定的以暴力威胁方法抗拒缉私行为的差别。二者之间的差别主要是使用手段的强度不同。武装掩护可以说是暴力、威胁方法的一种特殊情况，既然法律明确将武装掩护单独列举，就意味着其从暴力、威胁方法中脱离出来，所以，在行为人有武装掩护的场合，应一律以刑法第157条第1款论处。这里的武装掩护，不完全是指以枪炮为武器掩护，行为人为掩护走私而有意准备的，对人员具有杀伤力的工具，如棍棒、大刀都应包括在内。

4. 走私犯罪的既、未遂

按照相关司法解释，[62]实施走私犯罪，具有下列情形之一的，应当认定为犯罪既遂：(1)在海关监管现场被查获的；(2)以虚假申报方式走私，申报行为实施完毕的；(3)以保税货物或者特定减税、免税进口的货物、物品为对象走私，在境内销售的，或者申请核销行为实施完毕的。

---

〔62〕 2014年最高人民法院、最高人民检察院《关于办理走私刑事案件适用法律若干问题的解释》第23条。

第四节　妨害对公司、企业管理秩序的犯罪

在现代社会,公司组织在社会经济生活中起着举足轻重的作用。关于公司的性质,理论上有不同学说,主要有法人说和契约关系说。法人说认为,公司完全是法律的产物,相应地,公司的设立和运作均需依照法律的规定进行;而契约关系说则认为,公司完全由当事人之间的一系列协议构成,当事人有权对诸如公司治理等问题进行自主安排。其中,法人说是通说。

按照法人说,公司完全是法律的产物,相应地,公司的设立和运作需要按照法律的规定进行。这使得公司法具有明显的强制性特征:一是对设立和运营公司有实质性条件要求,如公司法上规定了设立公司应当符合的法定人数、最低注册资金、组织机构、运营条件等设立公司应当具备的条件,只有符合这些条件,公司才能成立和运行;二是对设立和营运中公司的程序性条件要求,如公司设立时必须按照公司法的规定先由发起人制定章程,并向登记机关申请注册登记,经核准登记而取得法人资格后,方可营业。公司的设立和运行除了以公司法为依据外,还要遵守其他相关法律规定。这些强制性规定,表明了政府对企业行为的干预。但是,过强的政府干预难以使公司承担起促进我国市场经济发展的重任,因此,近年来我国《公司法》不断修订,放松了政府管制,减少了《公司法》中的强制性条款,提升了《公司法》中赋权性规范的地位,强化了公司章程在公司治理中的作用,这种努力使得契约关系说中体现的自由主义在《公司法》中有较大程度的体现。刑法作为保障法,实际上是对《公司法》中有关强制条款的确认,是公司法人说的理念的体现,并且随着《公司法》中有关条款的变化而变化。

一、虚报注册资本罪

(一)概念和构成

本罪,是指申请公司登记时使用虚假证明文件或者采取其他欺诈手段虚报注册资本,欺骗公司登记主管部门,取得公司登记,虚报注册资本数额巨大、后果严重或者有其他严重情节的行为。

2013 年 12 月全国人大常委会对《公司法》作了重大修改,将一般公司的注册资本实缴登记改为认缴登记制,取消注册资本最低限额制度和缴足出资的期限规定,公司实收资本不再作为工商登记事项,公司登记时无须提交验资报告。同时,明确对金融机构等法律、行政法规、国务院另有规定的公司,仍然实行注册资本实缴登记制。2023 年 12 月 29 日,十四届全国人大常委会第七次会议表决通过新修订的《公司法》,在注册资本方面,新《公司法》完善了认缴登记制,增加了股东认缴出资加速到期等制度。根据新《公司法》第 47 条第 2 款的规定,在设立公司之初,除法律、行政法规以及国务院决定对实行注册资本实缴登记制另有规定外,创业投资者可以无须缴纳出资;同时,新《公司法》第 228 条规定,有限责任公司增加注册资本时,股东也可无须缴纳新增资本。2024 年 7 月 1 日发布的《国务院关于实施〈中华人民共和国公司法〉注册资本登记管理制度的规定》第 2 条进一步明确,有限责任公司新增认缴注册资本应当 5 年内缴足,这在本质上与 2013 年《公司法》有关认缴登记制的规定并无差别。鉴于《公司法》对注册资本制度作出重大修改,根据修改后的《公司法》的规定,除法律、行政法规、国务院另有

规定实行注册资本实缴登记制的公司外,对于实行注册资本认缴登记制的公司,法律已不再将实收资本作为公司登记的法定条件。在这种情况下,全国人大常委会及时明确,本罪只适用于依法实行注册资本实缴登记制的公司,实行注册资本认缴登记制的公司不构成本罪。

本罪的构成如下:

1. 主体。本罪的主体是特殊主体,即必须是申请公司登记的单位和个人,即作出虚报注册资本决策的人,虽然身为股东或者发起人,但已经履行出资义务而没有参与虚报注册资本决策的,不能成立本罪。

2. 危害行为和危害结果。本罪客观上表现为,使用虚假证明文件或者采取其他欺诈手段虚报注册资本,欺骗公司登记主管部门,取得公司登记,虚报注册资本数额巨大,后果严重或者有其他严重情节的行为。其包括以下两个方面的内容:

首先,使用虚假证明文件或者采取其他欺诈手段虚报注册资本,欺骗公司登记主管部门。其中,"公司",应理解为依法实行注册资本实缴登记制的公司。按照现行的《商业银行法》《保险法》《外资银行管理条例》等法律、行政法规以及国务院的明确规定,目前仍有 27 类行业,暂不实行注册资本认缴登记制,而是继续实行注册资本实缴登记制。这 27 类行业分别是:采取募集方式设立的股份有限公司,商业银行,外资银行,金融资产管理公司,信托公司,财务公司,金融租赁公司,汽车金融公司,消费金融公司,货币经纪公司,村镇银行,贷款公司,农村信用合作联社,农村资金互助社,证券公司,期货公司,基金管理公司,保险公司,保险专业代理机构、保险经纪人,外资保险公司,直销企业,对外劳务合作企业,融资性担保公司,劳务派遣企业,典当行,保险资产管理公司,小额贷款公司。"证明文件",是指依法设立的注册会计师事务所和审计事务所等法定验资机构依法对申请公司登记的人的出资情况所出具的验资报告、资产评估报告、验资证明等材料。"其他欺诈手段",主要是指采取贿赂手段收买有关机关和部门的工作人员,恶意串通,虚报注册资本,欺骗公司登记主管部门。"注册资本",是指有限责任公司的股东和股份有限公司的股东在公司登记机关登记的出资总额。注册资本是公司承担风险、偿还债务的一项基本保证。虚报注册资本,表现为虚报了更高数额的资本。"公司登记主管部门",是指市场监督管理机关。实践中,以下行为均被论以本罪:以存单复印件欺骗验资机构取得验资报告并获取公司登记和领取营业执照的;使用假发票和假船簿注册其拥有实物资产欺骗公司登记主管部门,取得了公司登记的;伪造其他单位提供的净资产担保书以及其他有关收据、证明等材料,造成股东投资款已到位的假象,骗取验资报告,取得公司登记的;有偿委托中介人注册"空壳公司",本人没有为该公司的注册提供任何资金的;炮制虚假的企业股份公司发起人协议书等,骗取政府批文,伪造验资报告,取得公司注册登记的;未实际转移公款控制权,而以单位资产凭证作为个人公司的注册资本进行验资、骗取公司登记的;公司设立过程中,委托中介公司代为垫资、取得验资证明、骗取公司登记,并于公司登记前取出垫资的;在公司成立并经营一段时间后,为了增加注册资本而进行变更登记,在新的营业执照签发前抽回出资的。

其次,取得了公司登记,而且虚报注册资本数额巨大、后果严重或者有其他严重情节。其中,"取得公司登记"是指经过市场监督管理机关核准并发给企业法人营业执照。如果在申请登记过程中,市场监督管理部门发现其使用的是虚假的证明文件或者采取了欺诈手段,没有予以登记的,不构成本罪,因此,"取得公司登记"是成立本罪的一个重要条件。所谓"数额巨大、后果严重或者有其他严重情节",是指涉嫌下列情形之一的:(1)法定注册资本最低限额在 600

万元以下,虚报数额占其应缴出资数额60%以上的。(2)法定注册资本最低限额超过600万元,虚报数额占其应缴出资数额30%以上的。(3)造成投资者或者其他债权人直接经济损失累计数额在50万元以上的。(4)虽未达到上述数额标准,但具有下列情形之一的:一是2年内因虚报注册资本受过2次以上行政处罚,又虚报注册资本的;二是向公司登记主管人员行贿的;三是为进行违法活动而注册的。(5)其他后果严重或者有其他严重情节的情形。本条只适用于依法实行注册资本实缴登记制的公司。[63]

3. 主观要件。本罪主观上为故意,目的是虚报注册资本,欺骗公司登记主管机关。因此,如果使用虚假证明文件或者采用其他手段是为了夸大公司员工的人数或者生产经营条件,虚构生产场所等,与虚报注册资本无关,就不构成本罪。如果使用虚假证明文件或者其他欺骗手段,没有到市场监督管理机关去申请公司设立登记,而是去欺骗另一当事人,签订经济合同,诈骗钱财,也不构成本罪,构成其他犯罪的,依照其他条款进行处罚。

(二)处罚

依照刑法第158条的规定,犯本罪的,处3年以下有期徒刑或者拘役,并处或者单处虚报注册资本金额1%以上5%以下罚金。单位犯前款罪的,对单位判处罚金,并对其直接负责的主管人员和其他直接责任人员,处3年以下有期徒刑或者拘役。

根据《公司法》和全国人大常委会立法解释,自2014年3月1日起,除依法实行注册资本实缴登记制的公司以外,对申请公司登记的单位和个人不得以虚报注册资本罪追究刑事责任;对公司股东、发起人不得以虚假出资、抽逃出资罪追究刑事责任。因此,对依法实行注册资本实缴登记制的公司涉嫌虚报注册资本罪的,各级公安机关、检察机关依照刑法和最高人民检察院、公安部《关于公安机关管辖的刑事案件立案追诉标准的规定(二)》的相关规定追究刑事责任时,应当认真研究行为性质和危害后果,确保执法办案的法律效果和社会效果。[64]

二、虚假出资、抽逃出资罪

(一)概念和构成

本罪,是指公司发起人、股东违反《公司法》的规定未交付货币、实物或者未转移财产权,虚假出资,或者在公司成立后又抽逃其出资,数额巨大、后果严重或者有其他严重情节的行为。本罪也只适用于依法实行注册资本实缴登记制的公司,实行注册资本认缴登记制的公司不构成本罪。其构成如下:

1. 主体。本罪的主体是特殊主体,即公司发起人或者股东。"公司发起人",是指依法创立筹办股份有限公司的人;"股东",是指公司的出资人,包括有限责任公司的股东和股份有限公司的股东。

2. 危害行为和危害结果。本罪客观上表现为,违反《公司法》的规定未交付货币、实物或者未转移财产权,虚假出资,或者在公司成立之后又抽逃其出资,数额巨大、后果严重或者有其他严重情节的行为。其包括以下两个方面的内容:

第一,违反《公司法》的规定未交付货币、实物或者未转移财产权,虚假出资,或者在公司成立之后又抽逃其出资。所谓抽逃出资,是股东在公司成立资本金投入之后,对于投入的出

---

〔63〕 2022年最高人民检察院、公安部《关于公安机关管辖的刑事案件立案追诉标准的规定(二)》第3条。

〔64〕 2014年最高人民检察院、公安部《关于严格依法办理虚报注册资本和虚假出资抽逃出资刑事案件的通知》第2条。

资,全部或部分抽回,但仍保持其股东身份和原有出资的比例的行为。最高人民法院《关于适用〈中华人民共和国公司法〉若干问题的规定(三)》第12条前3项对股东抽逃出资作出了具体的规定,而第4项规定应认定为抽逃出资的行为还包括其他未经法定程序将出资抽回的行为。从上述定义和法律规定可以看出,认定一个行为是否为抽逃出资,应当符合如下四个要件:一是抽逃出资的时间点是公司成立和注册资本投入之后;二是股东对其投入公司的出资有抽回的行为;三是这种抽回行为未经法定程序,违反《公司法》的规定;四是在抽回该出资后,股东在注册资本中所占的份额和出资金额并没有随之改变。就刑法第159条的规定而言,所谓"违反公司法",是违反了《公司法》对公司发起人、股东出资方式、出资义务的规定,即有限责任公司的股东应当缴足章程中规定的其所认缴的出资额;其中以货币出资的股东应将货币出资足额缴纳,并存入准备设立的有限责任公司在银行开设的临时账户;以实物、工业产权、非专利技术或者土地使用权出资的,应当依法办理其财产权的转移手续;"未交付货币",是指没有按规定足额交付其所认缴的出资额或者根本就没有交付任何货币;"未交付实物或者未转移财产权",是指以实物、工业产权、非专利技术或者土地使用权出资的,根本没有移交实物或者没有办理所有权、土地使用权转让手续;"虚假出资"主要是指以实物、工业产权、非专利技术或者土地使用权出资的,在评估作价时,故意高估或者低估作价,然后再作为出资等情况。实践中常见的对个人或者非国有资产作为出资时高估作价,而对国有资产故意低估作价的行为,也是一种虚假出资的行为。"公司成立之后又抽逃其出资",一般包括两种情况:一种是为达到设立公司的目的,通过向其他企业借款或者向银行贷款等手段取得资金,作为自己出资,待公司登记后,又抽回这些资金,造成虚假出资;另一种是在公司设立时,依法缴纳了自己的出资,但当公司成立之后,又将其出资撤回。

实践中,股东向公司出资之后,由于各种各样的原因,要收回投资,于是股东与公司协商,将出资转为借款,退还给股东,甚至还签署借条、欠条的情形,是否构成抽逃出资,存在争议。对此,最高人民法院在相关案件中认为,股东不得抽逃出资是《公司法》的一项基本制度和原则,我国《公司法》对此作了明确规定。股东向公司出资后,出资财产即转变为公司的法人财产,其独立于股东个人的财产而构成公司法人格的物质基础。股东从公司抽回出资,则会减少公司资本,动摇公司的独立法人地位,侵害公司、其他股东和公司债权人的利益,因而为法律所严禁,应当构成抽逃出资。在万某确认股东资格之诉一案〔65〕中,万某打入A公司账户的510万元性质上为出资款,且为公司章程所确认,该510万元进入A公司的账户后,即成为A公司的法人财产,无论是万某主动要求A公司将其出资转变为借款,还是唐某代表A公司向万某出具借条并将出资作为借款偿还,抑或是万某与A公司协商一致,将出资转变为借款而归还,本质上都是根本改变万某对A公司出资性质的违法行为,都会导致万某抽回出资并退股的法

〔65〕　该案案情为,A公司注册资本为1200万元,股东为B公司(40%)、C电站(32%)、唐某(14%)、张某(14%)。唐某全权处理公司日常事务。2008年6月,唐某、张某拟增资扩股,遂与万某协商,由万某出资510万元,占公司30%股权。2008年8月4日,万某将从信用社所借得的510万元打入A公司账户,A公司会计凭证记载为"实收资本"。之后,万某与其他股东签署了公司章程,参加股东会和公司经营管理。2010年11月20日,唐某代表A公司向万某出具一张借条,内容为:"借到万某人民币510万元,此款已于2008年8月4日打入公司账户,由公司承担信用社利息和本金归还,期限为一年半,若到期未能偿还作为资本债转为公司股金。"借条签署之前,唐某分两次向万某支付110万元,2011年3月,唐某又支付万某400万元,合计510万元。后来,万某要求A公司将其确认为股东,遭到拒绝。万某遂向法院提起诉讼,要求确认股东资格。一审、二审法院认为,借条改变了投资款的性质,已将投资关系变更为借款法律关系。参见最高人民法院民事判决书,(2014)民提字第00054号。

律后果,这是有违《公司法》的禁止性规定的,因而上述行为均应无效,万某的股东身份自然也不应因此种无效行为而改变。最高人民法院同时特别强调,抽逃出资并不限于抽逃注册资本中已经实缴的出资,在公司增资的情况下,股东抽逃尚未经工商部门登记、但已经成为公司法人财产的出资同样属于抽逃出资的范畴,亦在《公司法》禁止之列。故此,二审法院关于 A 公司并未将万某出资的 510 万元登记为公司注册资本,A 公司或者万某将 510 万元转变为借款并非抽逃出资的认定不当。因此,万某已经取得了 A 公司的股东身份,出具借条并不能将其对 A 公司的股权转变为债权,万某有权要求 A 公司确认其股东身份并办理股东变更登记。原一审、二审法院认定借条已将万某与 A 公司之间的投资关系转变为借款关系不当。

第二,虚假出资、抽逃出资必须数额巨大、后果严重或者有其他严重情节。根据相关司法解释,[66]公司发起人、股东违反《公司法》的规定虚假出资、抽逃出资,涉嫌下列情形之一的,应予立案追诉:一是法定注册资本最低限额在 600 万元以下,虚假出资、抽逃出资数额占其应缴出资数额 60% 以上的。二是法定注册资本最低限额超过 600 万元,虚假出资、抽逃出资数额占其应缴出资数额 30% 以上的。三是造成公司、股东、债权人的直接经济损失累计数额在 50 万元以上的。四是虽未达到上述数额标准,但具有下列情形之一的:其一,致使公司资不抵债或者无法正常经营的;其二,公司发起人、股东合谋虚假出资、抽逃出资的;其三,2 年内因虚假出资、抽逃出资受过 2 次以上行政处罚,又虚假出资、抽逃出资的;其四,利用虚假出资、抽逃出资所得资金进行违法活动的。五是其他后果严重或者有其他严重情节的情形。

3. 主观要件。本罪主观上为故意。

(二)本罪的认定

在本罪的认定中,应当注意本罪与虚假出资罪、虚报注册资本罪之间的界限。虚假出资罪、抽逃出资罪、虚报注册资本罪三罪的相同之处在于,均要求行为人主观上有获取非法利益的目的,客观上均是在没有出资或者出资不够的情况下通过不法手段实现充足或实际出资。三者的不同之处在于:

第一,在主体及代表利益上,虚假出资、抽逃出资罪的主体是公司的发起人或者股东,不能代表全体出资人或股东的意志,只能代表本人的意志,实行的虚假出资行为会损害其他股东的利益;虚报注册资本罪的主体是申请公司登记的行为人,所代表的是全体股东的意志和利益,在虚报注册资本这一行为上,各股东之间是一致的,相互不存在利益冲突。

第二,在具体行为上,虚假出资罪是公司发起人、股东违反《公司法》的规定未交付出资即虚假出资;抽逃出资罪是公司发起人、股东在公司成立后抽逃出资,其与他罪的本质区别在于,抽逃出资前股东已经实际出资;虚报注册资本罪是行为人使用虚假证明材料或者采取其他欺诈手段,欺骗公司登记主管部门取得公司登记,该行为只能发生在公司注册登记过程中。

第三,在行为目的上,虚假出资、抽逃出资罪的行为人,其目的是欺骗有关部门和公司其他股东,少出资或者实际不出资,从而达到与公司其他股东共享公司权益的目的;虚报注册资本罪的行为人,其根本目的在于欺骗公司登记主管部门以骗取公司登记。

第四,在犯罪客体上,虚假出资、抽逃出资罪侵犯的客体是国家对公司出资的管理制度;虚报注册资本罪侵犯的客体是国家对公司的登记管理制度。例如,冯某、洪某两人商量向徐某短

---

〔66〕 2022 年最高人民检察院、公安部《关于公安机关管辖的刑事案件立案追诉标准的规定(二)》第 4 条。

暂借款110万元，共同出资成立一家有限公司，在该有限公司通过了相关部门的验资，并进行注册登记后的次日，冯某、洪某将借款110万元返还给徐某的场合，冯某、洪某均为申请公司登记成立的股东，代表公司全体股东的利益，在客观行为上利用借款资金通过验资并且在验资通过后抽回借款资金归还他人，两人利用该手段骗取了公司登记，侵害了国家对公司的登记管理制度，且未侵害其他股东的利益，故应当以虚报注册资本罪追究两人的刑事责任。同样，在公司成立并经营一段时间后，为了增加注册资本而进行变更登记，在新的营业执照签发前抽回出资的，不构成抽逃出资罪，应以虚报注册资本罪论处。

（三）处罚

依照刑法第159条的规定，犯本罪的，处5年以下有期徒刑或者拘役，并处或者单处虚假出资金额或者抽逃出资金额2%以上10%以下罚金。单位犯前款罪的，对单位判处罚金，并对其直接负责的主管人员和其他直接责任人员，处5年以下有期徒刑或者拘役。

三、欺诈发行证券罪

（一）概念和构成

本罪，是指在招股说明书等发行文件中隐瞒重要事实或者编造重大虚假内容，发行股票等证券，数额巨大、后果严重或者有其他严重情节的行为。

本罪的主体必须是法律允许发行股票、债券的单位或个人。个人犯本罪只能发生在公司设立阶段；公司登记成立后，犯罪主体只能是公司和企业。

本罪的实行行为是，行为人“在招股说明书、认股书、公司、企业债券募集办法等发行文件中隐瞒重要事实或者编造重大虚假内容，发行股票或者公司债券、企业债券、存托凭证或者国务院依法认定的其他证券，数额巨大、后果严重或者有其他严重情节的行为”。

其中，“招股说明书、认股书、公司、企业债券募集办法等发行文件”是公司、企业设立和公司、企业向社会筹集资金的重要书面文件。《公司法》、《证券法》以及国家有关规定对制作这些文件的内容和要求都有明确具体的规定，目的是使社会公众了解公司、企业真实情况，保护投资者和社会公众的利益，维护正常的市场经济秩序。如果内容虚假，其实质就是欺骗投资者，使投资者在不明真相的情况下作出错误的判断和选择，使投资处于高风险之中，不仅会给投资者带来重大的经济损失，还会扰乱证券市场管理秩序，影响社会稳定。这里的“等发行文件”包含了在发行过程中与“招股说明书、认股书、公司、企业债券募集办法”同样重要的其他发行文件，包括公司的监事会对募集说明书真实性、准确性、完整性的审核意见，募集资金使用的可行性报告，以及增发、发行可转换公司债券等涉及的发行文件等。需要注意的是，注册制施行后，需要通过交易所审核和证券监督管理部门注册两个环节完成股票、债券等注册发行。交易所审核主要通过向发行人提出问题、发行人回答问题的方式来进行。这种“问答”环节所形成的文件也属于这里所说的发行文件。

“隐瞒重要事实或者编造重大虚假内容”，是指违反《公司法》、《证券法》及有关法律、法规的规定，制作的招股说明书、认股书、公司、企业债券募集办法等发行文件的内容全部都是虚构的，或者对其中重要的事项和部分内容作虚假的陈述或记载，或者对某些重要事实进行夸大或者隐瞒，或者故意遗漏有关的重要事项等。例如，虚构发起人认购股份数额，故意夸大公司、企业生产经营利润和公司、企业净资产额，对所筹资金的使用提出虚假的计划和虚假的经营生产项目，故意隐瞒公司、企业所负债务和正在进行的重大诉讼，故意遗漏公司、企业签订的重要合同等。

“发行股票或者公司债券、企业债券、存托凭证或者国务院依法认定的其他证券”,是指实际已经发行了股票或者公司债券、企业债券、存托凭证或者国务院依法认定的其他证券,如果制作或形成了虚假的招股说明书、认股书、公司、企业债券募集办法等发行文件,但只锁在办公室抽屉里,或者还未来得及发行就被阻止,不予注册或者主动撤回注册申请,未实施向社会发行股票或公司债券、企业债券、存托凭证或者国务院依法认定的其他证券的行为,不构成犯罪。需要说明的是,这里的“国务院依法认定的其他证券”并不是广义的兜底性规定,其与2019年修订的《证券法》第2条第1款中规定的“国务院依法认定的其他证券”的含义是一致的,只有国务院经法定程序确认的新型证券品种才符合这一规定。

实施上述行为,需要满足“数额巨大、后果严重或者有其他严重情节”的条件。这里所说的“数额巨大”,是指欺诈发行的股票或者公司债券、企业债券、存托凭证或者国务院依法认定的其他证券的数额巨大,如果数额不大,且又无其他严重后果或严重情节,虽然违法,但不构成犯罪。这里的“后果严重”,主要是指造成了投资者或者其他债权人的重大经济损失,严重影响了投资人、债权人的生产、经营活动,破坏了投资人、债权人的正常生活甚至激发了一些社会矛盾,影响了社会安定和正常的社会生活秩序等。“其他严重情节”,主要是指除数额巨大和后果严重外,严重违反法律规定,扰乱金融和社会管理秩序的其他情节。

欺诈发行股票、债券,涉嫌下列情形之一的,应予立案追诉:(1)非法募集资金金额在1000万元以上的;(2)虚增或者虚减资产达到当期资产总额30%以上的;(3)虚增或者虚减营业收入达到当期营业收入总额30%以上的;(4)虚增或者虚减利润达到当期利润总额30%以上的;(5)隐瞒或者编造的重大诉讼、仲裁、担保、关联交易或者其他重大事项所涉及的数额或者连续12个月的累计数额达到最近一期披露的净资产50%以上的;(6)造成投资者直接经济损失数额累计在100万元以上的;(7)为欺诈发行证券而伪造、变造国家机关公文、有效证明文件或者相关凭证、单据的;(8)为欺诈发行证券向负有金融监督管理职责的单位或者人员行贿的;(9)募集的资金全部或者主要用于违法犯罪活动的;(10)其他后果严重或者有其他严重情节的情形。[67]

(二)本罪的认定

在本罪的认定中,应当注意以下问题:

1. 本罪与诈骗罪的界限。两罪主要是实行行为不同。本罪主要是通过制作虚假的招股说明书、认股书、公司、企业债券募集办法来欺诈他人,而发行股票和债券往往是经过有关部门批准;诈骗罪发行股票、债券是非法的,未经有关部门批准,所谓招股说明书、认股书、公司、企业债券募集办法纯属伪造虚构。

2. 本罪与集资诈骗罪的界限。一是客观方面不同。本罪是违反《公司法》的规定,以虚假方法制作虚假的招股说明书、认股书、公司、企业债券发行办法来欺诈他人,发行股票、债券一般是通过有关部门审批后进行的;而集资诈骗罪可以采取多种方法,其行为人发行股票、债券是未经有关部门批准而非法发行的。二是犯罪主体不同。本罪主体为特殊主体,即股份有限公司的发起人,股份有限公司、有限责任公司和企业;而集资诈骗罪的主体为一般主体,主要是社会上一些不法分子打着公司的旗号,虚构公司、企业或假冒公司、企业实施的。三是主观方

---

〔67〕 2022年最高人民检察院、公安部《关于公安机关管辖的刑事案件立案追诉标准的规定(二)》第5条。

面不同。两罪虽然在主观上均为故意,但其内容和目的有所不同。本罪有虚假发行股票或公司、企业债券的故意和非法募集资金的目的,而非法募集资金是为了筹建公司、企业或公司、企业本身的业务发展,不具有非法占有的目的;而集资诈骗罪则有非法占有他人财产的目的,即行为人具有将非法聚集的资金据为己有的目的。

（三）处罚

依照刑法第160条的规定,犯本罪的,处5年以下有期徒刑或者拘役,并处或者单处罚金。数额特别巨大、后果特别严重或者有其他特别严重情节的,处5年以上有期徒刑,并处罚金。单位犯前款罪的,对单位判处非法募集资金金额20%以上1倍以下罚金,并对其直接负责的主管人员和其他直接责任人员,处5年以下有期徒刑或者拘役。

四、违规披露、不披露重要信息罪

本罪,是指依法负有信息披露义务的公司、企业向股东和社会公众违规披露或者不披露重要信息,严重损害股东或者其他人利益,或者有其他严重情节的行为。

本罪的主体既包括自然人,又包括单位。其中,自然人是指“依法负有信息披露义务的公司、企业”中直接负责的主管人员和其他直接责任人员,以及上述公司、企业的控股股东、实际控制人。所谓“依法负有信息披露义务的公司、企业”,是指依据《公司法》等法律、法规的规定,负有信息披露义务的公司、企业,包括公开发行证券的申请人、上市公司、公司、企业债券上市交易的单位以及其他信息披露义务人、商业银行、基金管理人、基金托管人和其他基金信息披露义务人、保险公司等。另外,根据《证券法》第78条的规定,国务院证券监督管理机构可以对其他信息披露义务人的范围作出规定。比如,中国证券监督管理委员会《上市公司收购管理办法》(2025年修正)第3条第2款规定,上市公司的收购及相关股份权益变动活动中的信息披露义务人,应当充分披露其在上市公司中的权益及变动情况,依法严格履行报告、公告和其他法定义务。

刑法规定的“依法负有信息披露义务的公司、企业”不限于上市公司,也包括其他披露义务人,其他信息披露义务人提供虚假信息,构成犯罪的,应当依法承担刑事责任。根据中国证券监督管理委员会《上市公司重大资产重组管理办法》《上市公司信息披露管理办法》等相关规定,刑法第161条规定的“依法负有信息披露义务的公司、企业”,除上市公司外还包括进行收购、重大资产重组、再融资、重大交易的有关各方以及破产管理人等。其他信息披露义务人应当向上市公司提供真实、准确、完整的信息,由上市公司向社会公开披露,这些义务人向上市公司提供虚假信息或隐瞒应当披露的重要信息,构成犯罪的,依法以违规披露、不披露重要信息罪追究刑事责任。

依照刑法第161条第3款,本罪主体也可以由单位构成。在实施违规披露、不披露重要信息行为,或者组织、指使实施前款行为,或者隐瞒相关规定导致违规披露、不披露重要信息结果的控股股东、实际控制人是单位的场合,构成单位犯罪。

本罪客观上表现为,向股东和社会公众提供虚假的或者隐瞒重要事实的财务会计报告,或者对依法应当披露的其他重要信息不按照规定披露,严重损害股东或者其他人利益,或者有其他严重情节的行为。具体而言,主要包括以下两个方面的内容:

1. 向股东和社会公众提供虚假的或者隐瞒重要事实的财务会计报告,或者对依法应当披露的其他重要信息不按照规定披露。其中,“股东”既包括有限责任公司的股东,也包括股份有限公司的股东。股东作为公司的出资人,无论是否直接参与对公司的管理,都有权了解本公司的财务会计报告。本条所说的"社会公众",是指除了股东以外的其他人。因为除股东对本公司的经营状况比较关心之外,其他具有一定投资实(能)力的人在选择投资对象时,对于自己尚未投资的公司也希望有所了解,以便决定是否对其投资。因此,向社会公众提供的财务会计报告,必须真实可靠。"虚假"或者"隐瞒重要事实"的财务会计报告,是指在财务会计报告的内容中伪造、虚构一些实际不存在的情况,如把亏损表述为盈利,把盈利表述为亏损,对重大债权、债务不报告,故意遗漏有关重要事项或者对大笔资金的走向不作说明等,都属于这种情况。"财务会计报告",是指由公司的业务部门或者公司委托的其他会计、审计机构,按照国家规定于每一年度终了时制作的反映公司财务状况和经营成果的文件。"其他重要信息",是指公司、企业依法应当披露的除财务会计报告之外的可能影响股东或者其他人利益的重要信息。

2."严重损害股东或者其他人利益,或者有其他严重情节"。这里的"其他人",是指债权人或者与公司、企业发生经济往来的人员或者单位。根据有关司法解释,[68]违规披露、不披露重要信息,涉嫌下列情形之一的,应予立案追诉:(1)造成股东、债权人或者其他人直接经济损失数额累计在100万元以上的;(2)虚增或者虚减资产达到当期披露的资产总额30%以上的;(3)虚增或者虚减营业收入达到当期披露的营业收入总额30%以上的;(4)虚增或者虚减利润达到当期披露的利润总额30%以上的;(5)未按照规定披露的重大诉讼、仲裁、担保、关联交易或者其他重大事项所涉及的数额或者连续12个月的累计数额达到最近一期披露的净资产50%以上的;(6)致使不符合发行条件的公司、企业骗取发行核准或者注册并且上市交易的;(7)致使公司、企业发行的股票或者公司、企业债券、存托凭证或者国务院依法认定的其他证券被终止上市交易的;(8)在公司财务会计报告中将亏损披露为盈利,或者将盈利披露为亏损的;(9)多次提供虚假的或者隐瞒重要事实的财务会计报告,或者多次对依法应当披露的其他重要信息不按照规定披露的;(10)其他严重损害股东、债权人或者其他人利益,或者有其他严重情节的情形。

本罪的主观要件为故意。

依照刑法第161条的规定,犯本罪的,对其直接负责的主管人员和其他直接责任人员,处5年以下有期徒刑或者拘役,并处或者单处罚金;情节特别严重的,处5年以上10年以下有期徒刑,并处罚金。前述规定的公司、企业的控股股东、实际控制人实施或组织、指使实施此行为的,或者隐瞒相关事项导致前述规定的情形发生的,依照前述规定处罚。单位犯前款罪的,对单位判处罚金,并对其直接负责的主管人员和其他直接责任人员,依照刑法第161条第1款的规定处罚。

本罪处理过程中,应准确把握本罪的追责对象,区分单位承担刑事责任的不同情形。由于上市公司等负有信息披露义务的公司、企业所涉利益群体多元,为避免中小股东利益遭受双重损害,刑法规定对依法负有信息披露义务的公司、企业,只追究其直接负责的主管人员和其他直接责任人员的刑事责任,不追究单位的刑事责任。但是,为加大对控股股东、实际控制人等"关键少数"的惩治力度,《刑法修正案(十一)》增加第2、3款规定,依法负有信息披露义务的公司、企业的控股股东、实际控制人是单位的,既追究该单位的刑事责任,也追究该单位直接负

〔68〕 2022年最高人民检察院、公安部《关于公安机关管辖的刑事案件立案追诉标准的规定(二)》第6条。

责的主管人员和其他直接责任人员的刑事责任。实践中，彻底查清事实并准确区分单罚与双罚适用的不同情形需要一定过程，因此行政机关向公安机关移送涉嫌犯罪案件、公安机关向检察机关移送起诉时，追诉对象可能既有单位也有个人，检察机关在审查时则应将单罚与双罚两种情形区分清楚，准确提起公诉。

五、妨害清算罪

本罪，是指公司、企业进行清算时，隐匿财产，对资产负债表或者财产清单作虚伪记载或者在未清偿债务前分配公司、企业财产，严重损害债权人或者其他人利益的行为。

本罪的主体是特殊主体，即进行清算的公司、企业。由于公司、企业已依法解散、被责令关闭或者被宣告破产，停止了对外经营活动，其具体事务由清算组接管，所以，本罪的犯罪主体，实际上主要是清算期间能代表公司、企业进行管理或者参与管理的直接负责的主管人员以及其他直接责任人员；被清算的债务人的原法定代表人和其他人员，甚至包括其他非公司、企业的第三人不能成为本罪主体。因此，公司、企业外人员单独实行妨害清算行为的，并非代表公司、企业的行为，不应认定为本罪，如债权人以哄抢的方式分配公司与企业财产，只能根据其单独的犯罪构成要件来依法处理。不具有法人资格的公司分支机构，若具有相对独立的经营权，可对外发生民事法律关系的，应当认定为本罪的单位主体。

本罪客观上表现为，公司、企业进行清算时，隐匿财产，对资产负债表或者财产清单作虚伪记载或者在未清偿债务前分配公司、企业财产，严重损害债权人或者其他人利益的行为。

本罪中的清算阶段，既包括破产清算也包括解散清算，公司、企业无论是破产清算还是解散清算，都是从清算组成立之日起开始进行清算活动的，而非宣告破产清算之日起开始。这一点，与《企业破产法》中的清算通常仅指破产清算不同。依照现行《企业破产法》之规定，如果清算仅仅指破产清算阶段，那么在成立清算小组以后到宣告破产的和解、重整期间，广大债权人的合法权益将得不到有效保护，这显然与现行《企业破产法》及刑法的立法本意相违背。

本罪的实行行为，其包括以下两方面的内容：

1. 隐匿财产，对资产负债表或者财产清单作虚伪记载或者在未清偿债务前分配公司、企业财产。所谓隐匿财产，是指将公司、企业财产予以转移、隐藏。公司、企业的财产既包括资金，也包括工具、设备、产品、货物等各种财物。所谓对资产负债表或者财产清单作虚伪记载，是指公司、企业在制作资产负债表或者财产清单时，故意采用欺骗或者隐瞒等手法，对资产负债或者财产清单进行虚报，以达到逃避公司、企业债务的目的。虚报公司、企业的财产，有时可能采用少报、低报的手段，故意隐瞒或者缩小公司、企业的实际财产数额；有时也可能采取夸大的手段，多报公司、企业的实际资产，如将公司、企业的厂房、设备、产品的实际价值高估高报，用以抵销或者偿还债务；也有的对公司、企业现有债务状况进行夸张或者不实记载；等等。总之，隐匿财产、虚报财产的目的是逃避公司、企业的债务，或者使少数股东、债权人在分配公司、企业财产或者清偿公司、企业债务时优先于其他股东或者债权人分得财产或者得到抵偿。其后果损害债权人和其他人的利益。所谓在未清偿债务前分配财产，是指在清算过程中，违反法律规定，在清偿债务之前，就分配公司、企业的财产，这样的结果，会造成公司、企业对所欠债务不能履行，损害债权人的合法权益。

2. 严重损害债权人或者其他人的利益。“严重损害债权人的利益”，是指公司、企业的上述行为,使本应得到偿还的债权人的巨额债务无法得到偿还等;这里所说的“严重损害其他人的利益”,是指严重损害实际债权人利益以外的其他人的利益,主要是指由于公司、企业的上述行为造成公司、企业长期拖欠的职工工资和劳动保险费用、国家巨额税款得不到清偿等情形。清算过程中虽有隐匿资产行为,但未损害债权人或其他人利益,不构成犯罪。另外,从将“其他人”与债权人并列的情形来看,此处的“其他人”并不包括作为公司所有人的公司股东在内。在清算过程中隐匿公司财产,造成股东利益受损的,可以通过民事诉讼的手段解决。在公司清算中,擅自处理,转移库存及代销物资,拒绝移交账单等行为,若没有损害相关侵权人及其他利害关系人利益的,不构成本罪。公司、企业妨害清算,涉嫌下列情形之一的,应予立案追诉:(1)隐匿财产价值在50万元以上的;(2)对资产负债表或者财产清单作虚伪记载涉及金额在50万元以上的;(3)在未清偿债务前分配公司、企业财产价值在50万元以上的;(4)造成债权人或者其他人直接经济损失数额累计在10万元以上的;(5)虽未达到上述数额标准,但应清偿的职工的工资、社会保险费用和法定补偿金得不到及时清偿,造成恶劣社会影响的;(6)其他严重损害债权人或者其他人利益的情形。[69]

本罪的主观要件为故意。

依照刑法第162条的规定,犯本罪的,对其直接负责的主管人员和其他直接责任人员,处5年以下有期徒刑或者拘役,并处或者单处2万元以上20万元以下罚金。

六、隐匿、故意销毁会计凭证、会计账簿、财务会计报告罪

本罪,是指隐匿或者故意销毁依法应当保存的会计凭证、会计账簿、财务会计报告,情节严重的行为。

本罪的主体不限于公司、企业,所有依照《会计法》的规定办理会计事务的国家机关、社会团体、公司、企业、事业单位等组织和个人,都可以成为本罪的主体。

本罪客观上表现为,隐匿或者故意销毁依法应当保存的会计凭证、会计账簿、财务会计报告,情节严重的行为。具体包括以下两方面的内容:

1. 隐匿或者故意销毁依法应当保存的会计凭证、会计账簿、财务会计报告。所谓隐匿,是指使人不能或者难以发现;所谓故意销毁,是指毁弃、损坏,使其丧失功能的行为,包括撕毁、将其中部分内容抹消的行为。作为行为对象的“会计凭证”,是指会计核算中用以记录经济业务的发生、明确经济责任并作为记账依据的书面证明,包括原始凭证与记账凭证;“会计账簿”是以会计凭证为依据,全面、连续、分类记录各项经济业务,具有专门格式并相互联结在一起的由若干账页所组成的簿籍,是编制会计报表的依据,包括总账、明细账、日记账、月记账和其他辅助性账簿;“财务会计报告”是提供企业财务状况、经营状况及其他相关信息,并予以分析说明的书面报告,包括正规格式的会计报表和无正规格式的财务情况说明书等。账外资金即小金库的会计资料反映了单位在一定时期内的部分经营活动状况,依法应当予以保存,行为人隐匿这些账目,销毁这些会计资料的,也构成本罪。

2. 必须达到“情节严重”的程度。所谓“情节严重”,是指涉嫌下列情形之一:(1)隐匿、故意销毁的会计凭证、会计账簿、财务会计报告涉及金额在50万元以上的;(2)依法应当向监察机关、司法机关、行政机关、有关主管部门等提供而隐匿、故意销毁或者拒不交出会计凭证、会

---

〔69〕 2022年最高人民检察院、公安部《关于公安机关管辖的刑事案件立案追诉标准的规定(二)》第7条。

计账簿、财务会计报告的;(3)其他情节严重的情形。[70]

本罪的主观要件为故意。

依照刑法第162条之一的规定,犯本罪的,处5年以下有期徒刑或者拘役,并处或者单处2万元以上20万元以下罚金。单位犯本罪的,对单位判处罚金,并对其直接负责的主管人员和其他直接责任人员,依照自然人犯本罪的规定处罚。

七、虚假破产罪

本罪,是指公司、企业通过隐匿财产、承担虚假债务或者以其他方式转移财产、处分财产,实施虚假破产,严重损害债权人或者其他人利益的行为。

本罪客观上表现为,公司、企业通过隐匿财产、承担虚假债务或者以其他方式转移财产、处分财产,实施虚假破产,严重损害债权人或者其他人利益的行为。具体包括以下三个方面内容:

1. 必须实施了隐匿财产、承担虚构的债务或其他转移财产、处分财产的行为。"隐匿财产",是指将公司、企业的工具、设备、产品、货物等财产全部或部分予以隐瞒、转移、藏匿,包括对公司、企业的财产清单和资产负债表做虚假记载,采用少报、低报的手段,故意隐瞒、缩小公司、企业财产的实际数额等;"承担虚构的债务"是指夸大公司、企业的负债情况即捏造、承认不真实或不存在的债务,造成公司资不抵债的假象;"其他转移、处分财产的行为",是指《企业破产法》第31条所规定的无偿转让财产、以明显不合理的价格进行交易、对没有财产担保的债务进行担保、对未到期的债务提前清偿、放弃债权等行为。行为人只要实施了上述情形中任何一种转移或处分财产的行为,就符合了这一客观的行为要件。

2. 必须实施了虚假破产,即债务人在未发生破产原因的情况下,通过抽逃、隐匿或转移财产等手段,虚构伪造破产原因,申请宣告破产,以逃避债权人的追索,从而侵占他人财产的行为。这里的虚假破产,是指企业并未达到破产界限,但通过上述转移、处分财产的行为,造成资不抵债或者不能清偿到期债务的假象,伪造破产原因,申请破产,而非真实破产。

3. 严重损害了债权人和其他人的利益。这里的"债权人"是指因公司、企业举债而与公司、企业形成债权债务关系的金融机构、公司、企业债券持有人以及经济合同中享有债权的人等;"其他人"是指公司、企业的职工、国家税收部门等。

以上三个客观方面的要件必须同时具备,缺一不可。根据有关司法解释,[71]公司、企业实施虚假破产,涉嫌下列情形之一的,应予立案追诉:(1)隐匿财产价值在50万元以上的;(2)承担虚构的债务涉及金额在50万元以上的;(3)以其他方法转移、处分财产价值在50万元以上的;(4)造成债权人或者其他人直接经济损失数额累计在10万元以上的;(5)虽未达到上述数额标准,但应清偿的职工的工资、社会保险费用和法定补偿金得不到及时清偿,造成恶劣社会影响的;(6)其他严重损害债权人或者其他人利益的情形。

在本罪的认定上,应注意其和刑法第162条所规定的妨害清算罪的区别。二者的区别在于:妨害清算罪是公司、企业因为真实原因而陷入清算(包括解散清算和破产清算)程序,在此过程中所发生的严重损害债权人或者其他人利益的行为。而虚假破产罪则发生在公司、企业进入破产程序之前,是公司、企业制造公司、企业不能清偿到期债务或者资不抵债,需要进行破

---

〔70〕 2022年最高人民检察院、公安部《关于公安机关管辖的刑事案件立案追诉标准的规定(二)》第8条。

〔71〕 2022年最高人民检察院、公安部《关于公安机关管辖的刑事案件立案追诉标准的规定(二)》第9条。

产清算假象的行为,本罪中,启动破产清算程序本身就不真实,破产原因是虚假的,企业根本没有达到资不抵债的程度。

依照刑法第162条之二的规定,犯本罪的,对其直接负责的主管人员和其他直接责任人员,处5年以下有期徒刑或者拘役,并处或者单处2万元以上20万元以下罚金。

八、非国家工作人员受贿罪

(一)概念和构成

本罪,是指公司、企业或者其他单位的工作人员,利用职务上的便利,索取他人财物或者非法收受他人财物,为他人谋取利益,数额较大的行为。其构成如下:

1. 主体。本罪的主体是特殊主体,即"公司、企业或者其他单位的工作人员",包括国有公司、企业以及其他国有单位中的非国家工作人员在内。其中,"公司、企业的工作人员",是指有限责任公司、股份有限公司的董事、监事和职工,以及公司以外的企业职工。以下人员均不属于国家工作人员:省农村信用合作联社委派到市县乡镇农村信用合作社联合社、农村信用合作联社,不从事公务的人员;国有控股企业中,非经国家出资企业中负有管理、监督国有资产职责的组织批准或研究决定的,且并非专门从事国有资产监督、管理活动的一般中层管理干部;并非受负有管理、监督国有资产职责的组织批准或研究决定任命的国家出资企业中的工作人员;村集体土地上自行修建道路属于村民自治范围内事务,村民委员会主任从事此类事务的处理,不属于从事公务时。另外,自然人股东与国有股东共同出资成立新的公司,自然人股东以实物出资后未变更实物的权属登记,后抽逃出资,仍应认定为国有参股企业。国有参股企业中,自然人股东即便根据公司章程当选企业董事、董事长,也不应认定为国家工作人员。"其他单位的工作人员",既包括事业单位、社会团体、村民委员会、居民委员会、村民小组等常设性的组织的工作人员,也包括为组织体育赛事、文艺演出或者其他正当活动而成立的组委会、筹委会、工程承包队等非常设性的组织的工作人员。需要注意的是,筹建中的企业的工作人员利用职务上的便利为他人谋取非法利益而收受、索取财物的,也能成立本罪。因为,刑法第163条既没有限定企业的性质,也没有限定企业的存在状态,因此,只要是依法设立的企业,其工作人员利用职务便利实施犯罪活动的,就应当适用刑法关于企业工作人员犯罪的条款。同时,企业的成立需要一个过程,不能将依法设立理解为取得营业执照。没有领取企业法人营业执照或者营业执照,不应影响企业的性质。

2. 危害行为和危害结果。本罪客观上表现为公司、企业的工作人员以及其他单位的工作人员利用职务上的便利,索取或者非法收受他人财物,为他人谋取利益,数额较大。具体分析如下:

(1)必须是"利用职务上的便利"。本罪中"利用职务上的便利",应作广义解释:一是指行为人利用自己在公司所任职务的职权或者同职务有关的便利条件实施危害行为。行为人在自己职务的范围内,享有了解公司、企业内幕信息,处理公司、企业事务的权利。与刑法第385条、第388条规定的受贿罪不同的是,这里的利用职务上的便利应限于直接利用自己主管、负责、承办某项单位事务的职务便利,而不包括间接利用他人的职务便利。二是指行为人利用自己的工作或者业务上的便利。如医生利用诊断病情的便利收受患者红包、教师利用教学工作便利收受学生家长提供的购物卡、体育赛事裁判利用判断参赛运动员是否违规的便利收受参赛方提供的财物的行为,在超出了人情往来程度馈赠的场合,就是利用职务之便收受贿赂的行为。实务当中,医疗机构中的非国家工作人员,在药品、医疗器械、医用卫生材料等医药产品采购活动中,利用职务上的便利,索取销售方财物,或者非法收受销售方财物,为销售方谋取利益,数额较大的,以非国家工作人员受贿罪定罪处罚;学校及其他教育机构中的非国家工作人员,在教材、教具、校服或者其他物品的采购等活动中,利用职务上的便利,索取销售方财物,或者非法收受销售方财物,为销售方谋取利益,数额较大的,以非国家工作人员受贿罪定罪处罚;依法组建的评标委员会、竞争性谈判采购中谈判小组、询价采购中询价小组的组成人员,在招标、政府采购等事项的评标或者采购活动中,索取他人财物或者非法收受他人财物,为他人谋取利益,数额较大的,以非国家工作人员受贿罪定罪处罚。[72] 另外,国有资本控股的公司受建设单位委托,对政府决策改造的地块进行拆迁,是依据法律规定进行市场运作的企业行为,而非受政府委托的管理职能行为。行为人作为国有资本控股公司的一般工作人员,既不属于在国有公司中从事公务的人员,也不是受委派在非国有公司中从事公务的人员,其利用在房屋拆迁过程中的职务便利索取贿赂,应依法认定为非国家工作人员受贿罪。村委会利用村级专项资金建设公共服务项目以及化解公共服务建设中的矛盾纠纷的,属于村自治范围内的管理公共事务行为,村委会成员在这一过程中,利用职务便利索取他人财物或收受财物为他人谋取利益的,构成非国家工作人员受贿罪。

(2)必须是实施了索取或者非法收受他人财物的行为。所谓索取,是以明示或者暗示的方式,主动向对方索要财物;所谓非法收受,是指被动收受,即收受他人主动给予的财物。本罪的对象是财物,包括金钱和实物,也包括可以用金钱计算数额的财产性利益,如提供房屋装修、含有金额的会员卡、代币卡(券)、旅游费用等。[73] 具体数额以实际支付的资费为准。收受银行卡的,不论受贿人是否实际取出或者消费,卡内的存款数额一般应全额认定为受贿数额。使用银行卡透支的,如果由给予银行卡的一方承担还款责任,透支数额也应当认定为受贿数额。依照刑法第163条第2款的规定,公司、企业工作人员在经济往来中利用职务上的便利,违反国家规定,收受各种名义的回扣、手续费归个人所有的,也构成本罪,因此,回扣、手续费也是本罪的犯罪对象。这里的"经济往来",是指商品(包括货币)流转过程中的一切交换关系,既指生产领域也指流通领域。鉴于回扣、手续费是近年来经济活动中的畸形物,它具有普遍性和复杂性的特点,因此,在司法实践中要注意将回扣、手续费与折扣、佣金等合法收入区别开来。依照《反不正当竞争法》第7条第1款的规定,经营者不得采用财物或者其他手段进行贿赂以销售或者购买商品。在账外暗中给予对方单位或者个人回扣的,以行贿论处;对方单位或者个人在账外暗中收受回扣的,以受贿论处。同条第2款规定:经营者销售或者购买商品,可以以明示方式给对方折扣,可以给中间人佣金。经营者给对方折扣、给中间人佣金的,必须如实入账。接受折扣、佣金的经营者必须如实入账。根据这项规定,在经济往来中,公司、企业或者其他单位的人员虽然收受了各种名义的折扣、佣金,但如实计入本单位账目的,不能以本罪论处。但违反规定,账外暗中接受而又归个人所有的,可能成立本罪。

(3)必须是"为他人谋取利益"。所谓为他人谋取利益,是指行为人索要或收受他人财物,利用职务之便为他人或允诺为他人实现某种利益。[74] 该利益是合法还是非法、是物质利益还

〔72〕 2008年最高人民法院、最高人民检察院《关于办理商业贿赂刑事案件适用法律若干问题的意见》第4~6条。
〔73〕 关于贿赂内容的详细理解,参见后述"贪污贿赂犯罪"中国家工作人员贿赂犯罪部分的相关论述。
〔74〕 关于"为他人谋取利益"的相关理解,参见后述"贪污贿赂犯罪"中国家工作人员贿赂犯罪部分的相关论述。

是非物质利益以及是否已经谋取到,均不影响本罪的成立。只索取或收受他人财物而没有为他人谋取利益或者承诺谋取利益的,不能构成犯罪。

(4)索取或非法收受他人财物"数额较大",是成立本罪的特定危害结果。所谓"数额较大",具体而言,以3万元为起点。[75]

3. 主观要件。本罪的主观要件只能是故意,过失不构成本罪。

(二)本罪的认定

本罪在认定上,要注意以下几个问题:

1. 罪与非罪的界限。本罪是结果犯中的数额犯,一方面,公司、企业的工作人员索取或者收受贿赂必须是"数额较大"的才构成犯罪,如果行为人利用了职务上的便利条件索贿受贿,数额低于前述司法解释规定的标准,则不构成本罪,但对其违法违纪行为,可按有关规定予以行政处罚。另一方面,公司、企业的工作人员收受他人财物即使数额较大,如果不是利用职务上的便利条件,也不能构成本罪。在司法实践中,要注意把公司、企业人员在法律和政策允许的范围内,以自己的劳动获取合理报酬同受贿行为严格加以区别。其判断,应当结合以下因素全面分析:(1)发生财物往来的背景,如双方是否存在亲友关系及历史上交往的情形和程度;(2)往来财物的价值;(3)财物往来的缘由、时机和方式,提供财物方对于接受方有无职务上的请托;(4)接受方是否利用职务上的便利为提供方谋取利益。

2. 要妥当处理本罪的共犯问题。非国家工作人员与国家工作人员通谋,共同收受他人财物,构成共同犯罪的,根据双方利用职务便利的具体情形分别定罪追究刑事责任:(1)利用国家工作人员的职务便利为他人谋取利益的,以受贿罪追究刑事责任;(2)利用非国家工作人员的职务便利为他人谋取利益的,以非国家工作人员受贿罪追究刑事责任;(3)分别利用各自的职务便利为他人谋取利益的,按照主犯的犯罪性质追究刑事责任,不能分清主从犯的,可以受贿罪追究刑事责任。[76]

(三)处罚

依照刑法第163条第1款的规定,犯本罪的,处3年以下有期徒刑或者拘役,并处罚金;数额巨大或者有其他严重情节的,处3年以上10年以下有期徒刑,并处罚金;数额特别巨大或者有其他特别严重情节的,处10年以上有期徒刑或者无期徒刑,并处罚金。

九、对非国家工作人员行贿罪

(一)概念和构成

本罪,是指为谋取不正当利益,给予公司、企业的工作人员以财物,数额较大的行为。其构成如下:

1. 主体。本罪的主体为一般主体,包括单位在内。

2. 危害行为和危害结果。本罪客观上表现为,行为人给予公司、企业工作人员以财物,数额较大。具体来说,有以下三个方面:

首先,行贿对象是公司、企业或者其他单位的工作人员。"其他单位",既包括事业单位、社会团体、村民委员会、居民委员会、村民小组等常设性的组织,也包括为组织体育赛事、文艺

---

〔75〕 2022年最高人民检察院、公安部《关于公安机关管辖的刑事案件立案追诉标准的规定(二)》第10条。

〔76〕 2008年最高人民法院、最高人民检察院《关于办理商业贿赂刑事案件适用法律若干问题的意见》第11条。

演出或者其他正当活动而成立的组委会、筹委会、工程承包队等非常设性的组织。[77]“公司、企业或者其他单位的工作人员”,包括国有公司、企业以及其他国有单位中的非国家工作人员。但是,国有公司、企业或者其他国有单位中从事公务的人员和国有公司、企业或者其他国有单位委派到非国有公司、企业以及其他单位从事公务的人员不是本罪的行贿对象。另外,外国公职人员或者国际公共组织官员也是本罪的行贿对象,但是,外国公职人员或者国际公共组织官员成为本罪的行贿对象时,要求行为人主观上是为谋取不正当商业利益。

其次,行为是给予他人财物。所谓给予,既包括行为人主动给予,也包括受公司、企业的工作人员的明示或暗示而被动给予。在被勒索而给予财物的场合,该如何处理,刑法没有明文规定。对此,可以根据刑法第 389 条第 3 款规定的精神,以行为人是否获得了不正当利益为标准加以处理。具体来说,因被勒索给予公司、企业的工作人员以财物,但没有获得不正当利益的,不构成本罪;获得了不正当利益的,属于被动给予公司、企业工作人员以财物的行为,应按本罪处罚,但在量刑时可以适当从轻处罚。

最后,所给予公司、企业工作人员的财物,必须“数额较大”,这是构成本罪不可缺少的标准。“财物”的内容,参见非国家工作人员受贿罪中的内容。关于“数额较大”,是指为谋取不正当利益,给予公司、企业或者其他单位的工作人员以财物,个人行贿数额在 3 万元以上的,单位行贿数额在 20 万元以上的。[78]

3. 主观要件。本罪在主观上只能出于故意,而且必须具有谋取不正当利益的目的。所谓谋取不正当利益,是指行贿人谋取违反法律、法规、规章或者政策规定的利益,或者要求对方违反法律、法规、规章、政策、行业规范的规定提供帮助或者方便条件。在招标投标、政府采购等商业活动中,违背公平原则,给予相关人员财物以谋取交易机会或者竞争优势的,属于“谋取不正当利益”。[79]

(二)本罪的认定

在本罪的认定上,应当注意以下三个问题:

1. 罪与非罪的界限。本罪是结果犯,只有行贿数额较大的才能构成犯罪,如果行贿数额达不到司法解释规定的起点,不能以犯罪论处,但可以给予行政处罚。此外,行为人给予公司、企业工作人员以财物,是否为了谋取不正当利益,也是区分罪与非罪的界限,如果是为了谋取正当利益,则不构成本罪。

2. 本罪与行贿罪、对单位行贿罪、单位行贿罪的界限。其主要区别在于,行为对象不同。本罪的对象是公司、企业的工作人员;行贿罪与单位行贿罪的对象则是国家工作人员;对单位行贿罪的对象则是国家机关、国有公司、企业、事业单位、人民团体,而非自然人。

3. 刑法第 164 条第 4 款即有关行贿人可以减免刑罚的条件规定。根据本条规定,对行贿人减免刑罚必须具备两个条件:(1)主动交代行贿行为,即行贿人自己或者由亲属陪同主动向司法机关或者其他有关部门如实交代行贿事实。因司法机关调查或者其他部门查询而不得不交代的,或者避重就轻而不如实交代的,均不属于本款中的“主动交代”。(2)交代的时间是在被追诉之前。所谓被追诉之前,是指在司法机关立案、开始追究刑事责任之前。如果司法机关

---

[77] 2008 年最高人民法院、最高人民检察院《关于办理商业贿赂刑事案件适用法律若干问题的意见》第 2 条。

[78] 2022 年最高人民检察院、公安部《关于公安机关管辖的刑事案件立案追诉标准的规定(二)》第 11 条。

[79] 关于“谋取不正当利益”的详细说明,参见后述“贪污贿赂犯罪”中向国家工作人员行贿罪中的相关内容。

已经发现了行贿事实,并认为应当追究刑事责任而立案后,行贿人交代行贿行为的,不适用本款规定。本款规定的目的在于鼓励行为人悔过自新,揭发检举受贿人,有利于打击受贿罪。

(三)处罚

依照刑法第164条第1款、第3款、第4款的规定,为谋取不正当利益,给予公司、企业或者其他单位的工作人员以财物,数额较大的,处3年以下有期徒刑或者拘役,并处罚金;数额巨大的,处3年以上10年以下有期徒刑,并处罚金。单位犯本罪的,对单位判处罚金,并对其直接负责的主管人员和其他直接责任人员,依照自然人犯本罪的规定处罚。根据《反不正当竞争法》第7条第3款,在单位对非国家工作人员行贿的场合,即便是经营者的普通工作人员实施的行为,也应当认定为经营者的行为。但是,经营者有证据证明该工作人员的行为与为经营者谋取交易机会或者竞争优势无关的除外。行贿人在被追诉前主动交代行贿行为的,可以减轻处罚或者免除处罚。

十、对外国公职人员、国际公共组织官员行贿罪

本罪,是指为谋取不正当商业利益,给予外国公职人员或者国际公共组织官员以财物的行为。

设置本罪,本质上是为了保护我国的利益。虽说对外国公职人员、国际公共组织官员行贿,侵害的是外国或者国际组织的职务行为的廉洁性或者职务行为公正性,但向外国公职人员、国际公共组织官员行贿,会损害正常的国际商业活动秩序,进而影响我国的商业利益以及我国的国际形象。因此,对外国公职人员、国际公共组织官员行贿的行为,也必须作为犯罪加以处罚。

其中,"不正当商业利益",是指与国际商务有关的不正当商业利益,依据这一条件可以将为了政治目的而向外国公职人员等行贿的行为排除在本罪的处罚范围之外;"外国公职人员",是指外国经任命或选举产生的,担任立法、行政管理或者司法职务的人员,以及为外国国家以及公共机构或者公营企业行使公共职能的人员;"国际公共组织官员",是指国际公务员或者经此种组织授权代表该组织行事的任何人员,主要包括两类:一类是受国际组织聘用的国际公务员;另一类是虽没有受国际组织聘用,但受国际组织授权代表该组织行事的人员。

依照第164条第2款、第3款、第4款的规定,犯本罪的,依照刑法第164条第1款的规定处罚。单位犯本罪的,对单位判处罚金,并对其直接负责的主管人员和其他直接责任人员,依照刑法第164条第1款中自然人犯罪的规定处罚。行贿人在被追诉前主动交代行贿行为的,可以减轻处罚或者免除处罚。另外,按照2022年4月6日最高人民检察院、公安部公布的《关于公安机关管辖的刑事案件立案追诉标准的规定(二)》第12条,为谋取不正当商业利益,给予外国公职人员或者国际公共组织官员以财物,个人行贿数额在3万元以上的,单位行贿数额在20万元以上的,应予立案追诉。

十一、非法经营同类营业罪

本罪,是指国有公司、企业的董事、监事、高级管理人员,利用职务便利,自己经营或者为他人经营与其所任职公司、企业同类的营业,获取非法利益,数额巨大的行为,以及其他公司、企业的董事、监事、高级管理人员违反法律、行政法规规定,实施前述行为,致使公司、企业利益遭受重大损失的行为。

本罪的主体为国有公司、企业的董事、监事、高级管理人员，以及其他主要是民营公司、企业的董事、监事、高级管理人员。所谓董事，是指由公司股东会选举产生的具有实际权力和权威的管理公司事务的人员，是公司内部治理的主要力量，对内管理公司事务，对外代表公司进行经济活动。所谓监事，是指公司中常设的监察机关的成员，又称"监察人"，负责监察公司的财务情况，公司高级管理人员的职务执行情况，以及其他由公司章程规定的监察职责。所谓高级管理人员，按照现行《公司法》附则第265条第1项，是指公司的经理、副经理、财务负责人，上市公司董事会秘书和公司章程规定的其他人员。需要注意的是，不得将《公司法》中规定的"公司章程规定的其他人员"直接定义为本罪主体。因为，依照刑法第165条之规定，国企之外的民企的董事、监事、高级管理人员即便违反公司章程而实施经营同类营业行为，但只要没有违反法律、行政法规的规定，就不能构成非法经营同类营业罪。此外，我国自1993年《公司法》颁布以来，一直明确子公司具有法人资格，是独立主体，因此，子公司的董事、监事、高级管理人员可以属于本罪的主体。但是，分公司负责人能否直接被认定为本罪主体，必须依据该分公司的运作方式、财务管理权限等，以及分公司负责人的真实地位来确定。

按照我国《公司法》第179条、第180条的规定，公司、企业的董事、监事、高级管理人员应当遵守法律、行政法规和公司章程，对公司负有忠实义务和勤勉义务。所谓忠实义务，是指上述人员在履职过程中，必须以公司的利益为其最高目标和全部期望，不得在履行职责时掺杂自己的个人私利或为第三人谋取利益，不得使个人的利益和公司的利益发生冲突的操守标准或要求。勤勉义务，是指董事、监事、高级管理人员在处理公司事务时，应尽到如同一个谨慎的人处于同等地位与情形下对其经营的事项所给予的注意一样的谨慎义务，即董事、高级管理人员在作为业务执行者和经营者处理公司事务时，应当怀有善意，并从公司的最大利益出发来考虑问题。

本罪客观上表现为，利用职务便利，自己经营或者为他人经营与其所任职公司、企业同类的营业，获取非法利益，数额巨大的行为，以及违反法律、行政法规规定，实施前款行为，致使公司、企业利益遭受重大损失的行为。所谓利用职务便利，是指利用自己在公司、企业任董事、经理掌管材料、物资、市场、计划、销售等便利条件；所谓自己经营，包括以私人名义注册公司，或者由亲友出面注册公司而由自己掌控，或者在他人经办的公司、企业中入股进行经营等；所谓经营与其所任职公司、企业同类的营业，是指从事与其所任职的公司、企业相同或者相近的业务。在其判断上，首先考虑行为人自营业务是否与所任职公司的营业属于同种类别。同种类别是指同一商品或者同类性质的营业，一般在品种、性能、用途等方面相同。实践中，不能将"同类营业"扩大解释为"类似营业"。其次，判断行为人自营业务与所任职公司的营业是否具有竞争关系。在这种判断时，要综合考虑客户群体是否一致、所提供的商品或者服务是否具有较高的可替代性、是否形成对所任职公司市场的抢占等因素。最后，所任职公司的营业是否在登记经营范围内不影响对同类营业的判断。虽然公司超越经营范围从事经营活动，但只要未违反禁止性规定，公司由此而获得的利益以及所建立起来的交易秩序，理应得到法律的平等保护。若行为人自营的营业与所任职公司、企业超出登记经营范围的营业属同一类别并存在竞争关系，应当认定为非法经营同类营业罪中的同类营业。这样，行为人利用其在公司任职所获得的在产、供、销、市场、信息及资源等方面的优势，利用其所任职公司、企业的人力、资源、物质、信息及客户渠道等，就可以在市场竞争中占据有利地位，排挤所任职的公司企业，损害公司、企业的利益。比如国有公司副经理私设私有公司盘剥国有公司利润的，国有企业的总经理通过增加私营企业这一流转环节获取非法利润的,就是其典型。所谓数额巨大,是指通过上述手段,转移利润或者转嫁损失,获取了大量非法利润,使公司、企业由此而遭受重大损失。

依照刑法第165条第1款的规定,犯本罪的,处3年以下有期徒刑或者拘役,并处或者单处罚金;数额特别巨大的,处3年以上7年以下有期徒刑,并处罚金。

十二、为亲友非法牟利罪

本罪,是指国有公司、企业、事业单位的工作人员以及其他公司、企业的工作人员,利用职务便利,损公肥私,将本单位的盈利业务交由自己的亲友经营的,或者以明显高于市场的价格向自己的亲友经营管理的单位采购商品或者以明显低于市场的价格向自己的亲友经营管理的单位销售商品的,或者向自己的亲友经营管理的单位采购不合格商品,致使国家以及其他公司、企业利益遭受重大损失的行为。

本罪的主体和前述非法经营同类营业罪的主体类似,是国有公司、企业、事业单位以及其他公司、企业的工作人员。相关理解,参见前述内容。

本罪客观上表现为,利用职务便利即利用自己主管、经营、经管、经手公司、企业业务的便利,实施了下列三种行为之一,使国家利益以及其他公司、企业遭受重大损失的行为:(1)“将本单位的盈利业务交由自己的亲友经营”。其中,“盈利业务”,是指本可盈利的业务,或者说在正常情况下预计显然可以盈利的业务,而不仅指后来一定盈利的业务;“交由自己的亲友经营”,包括交由自己亲友投资、管理、控股的单位经营。(2)“以明显高于市场的价格向自己的亲友经营管理的单位采购商品或者以明显低于市场的价格向自己的亲友经营管理的单位销售商品”。如果行为人向其亲友经营管理的单位采购或者销售的商品不是明显背离市场价格,则不能满足本要件。(3)“向自己的亲友经营管理的单位采购不合格商品”。所谓不合格商品,是指不符合产品质量规格或者质次价高的商品。上述行为,必须“使国家以及其他公司、企业利益遭受重大损失”,才能满足本罪客观方面的要求。所谓使国家以及其他公司、企业利益遭受重大损失,是指转移国有公司、企业、事业单位以及其他公司、企业的利润或者转嫁自己亲友经营的损失,数额巨大。

本罪认定中,应注意本罪与非法经营同类营业罪的区分。国有公司、企业的董事、监事、高级管理人员,利用职务便利,自己经营或者为他人经营与其所任职公司、企业同类的营业,获取非法利益,数额巨大的,以及其他公司、企业的董事、监事、高级管理人员违反法律、行政法规规定,实施前述行为,致使公司、企业利益遭受重大损失的,构成非法经营同类营业罪。实践中,有的非法经营同类营业行为与为亲友非法牟利行为出现交叉,较易混淆。二者的主要区别有以下两方面:(1)犯罪主体范围差异。本罪的犯罪主体为国有公司、企业、事业单位的工作人员以及其他公司、企业的工作人员,范围相对更广。而非法经营同类营业罪的犯罪主体范围较小,仅规制国有公司、企业以及其他公司、企业的董事、监事、高级管理人员。(2)经营活动差异。本罪一般表现为在本单位的经营管理活动中,利用职务便利将本单位的盈利业务交由自己的亲友经营,或与亲友经营管理的单位发生明显有利于对方的购销活动,并不要求行为人在亲友经营管理的单位中有具体经营行为。而非法经营同类营业罪一般要求行为人在同类营业的企业中,有积极的经营活动或“为他人经营”的具体作为,如利用本单位经营的信息,为自己实际经营的同类私企牟利。

实践中,有的国有公司董事、经理利用职务便利,以明显高于市场的价格,向亲友经营的私企采购商品,同时参与亲友私企经营并持股、从中获取非法利益数额巨大,使国家利益遭受重大损失。此种情形构成为亲友非法牟利罪,还是非法经营同类营业罪? 本书认为,若该采购活动不属于国有公司的业务经营范围,而只是日常后勤采购,则属于为亲友非法牟利罪。若该采购属于本国有公司的经营范围,则上述一行为同时触犯两罪,应择一重罪处罚。此外,有的国有公司董事、经理利用职务便利,将本单位的盈利业务交由自己的亲友经营,同时自己也参与经营,最终给国有公司造成了重大损失,此种情形也同时具备了两罪构成要件,也应择一重罪处罚。

依照刑法第 166 条第 1 款的规定,犯本罪的,处 3 年以下有期徒刑或者拘役,并处或者单处罚金;致使国家利益遭受特别重大损失的,处 3 年以上 7 年以下有期徒刑,并处罚金。

十三、签订、履行合同失职被骗罪

本罪,是指国有公司、企业、事业单位直接负责的主管人员,在签订、履行合同过程中,因严重不负责任被诈骗,致使国家利益遭受重大损失的行为。

本罪的主体是特殊主体,即国有公司、企业、事业单位直接负责的主管人员,包括国有银行及其分支机构的工作人员,国家出资企业中的国家工作人员。国有公司、企业、事业单位中具有管理人员身份,行使管理职权,并对合同的签订、履行负有直接责任的人员,应当认定为本罪中的直接负责的主管人员。国有控股或者参股的公司、企业不属于刑法规定中的国有公司、企业,但国有控股、参股公司、企业的工作人员在一定条件下可以适用本罪的规定。双重身份主体签订、履行合同,失职被骗的,有可能构成本罪。比如周某担任某地政府驻 A 市办事处主任,兼任某公司经理,该办事处和该公司领导仅他一人,这样,周某就具有双重身份:一重身份是某地政府驻 A 市办事处主任(属于国家机关工作人员);另一重身份是某公司经理(属于国有公司直接负责的主管人员)。对于具有双重身份的人而言,其主体身份,要看他在实施某个具体行为时所使用的身份来确定。就上述的周某而言,虽然其具有国家机关工作人员的身份,但如果在其进行经营活动(如签订购销合同)或者在签订借款合同时,仍使用的是某公司的公章,即以国有公司经理的身份进行借款和签订购销合同的话,这时,他的身份应当是国有公司直接负责的主管人员。因此,一个人的主体身份的确定,往往与其所实施的行为是紧密相连的。

本罪客观上表现为,在签订、履行合同过程中,因严重不负责任被诈骗,致使国家利益遭受重大损失。所谓严重不负责任,是指没有履行《民法典》合同编所规定的或者惯例上所应遵循的最起码的责任,其包括两种情形:一是不履行职责,即行为人应该履行且能够履行而不履行职责;二是不认真履行职责,即行为人虽然履行了一定职责,但没有尽到职责义务,做事马虎,行事草率。比如在合同的签订、履行过程中未认真审查对方的资信情况、履行能力等情况,在合同履行中放任不管,未坚持自己应当拥有的合法权益,听之任之等。刑法第 167 条规定的"诈骗",是指对方当事人的行为已经涉嫌诈骗犯罪,不以对方当事人已经被人民法院判决构成诈骗犯罪作为立案追诉的前提。因为,本罪处罚的是行为人即国有公司、企业、事业单位直接负责的主管人员在合同的签订、履行中不认真履行自己应当履行的职责的行为,而不是处罚对方的犯罪行为。所谓致使国家利益遭受重大损失,包括造成大量财物被诈骗的损失、停产、工厂濒临破产倒闭等。国有企业失职案的追诉标准,应按失职行为造成的直接经济损失计算,案发后司法机关追回的赃款和犯罪嫌疑人主动退回的赃款数额,只是量刑情节,不影响定罪。[80]

依照刑法第167条的规定,犯本罪的,处3年以下有期徒刑或者拘役;致使国家利益遭受特别重大损失的,处3年以上7年以下有期徒刑。

十四、国有公司、企业、事业单位人员失职罪

本罪,是指国有公司、企业、事业单位的工作人员,严重不负责任,造成国有公司、企业破产或者严重损失,致使国家利益遭受重大损失的行为。

国有公司、企业、事业单位的工作人员,不限于主管人员,在国有公司、企业、事业单位工作的所有员工,如国有电信企业的工作人员、国有银行分支机构的工作人员,都包括在内。本罪的行为表现为失职即严重不负责任,具体包括两种情形:一是不履行职责,即行为人应该履行且能够履行而不履行职责;二是不认真履行职责,即行为人虽然履行了一定职责,但没有尽到职责义务,做事马虎,行事草率。国有银行的工作人员未查出假汇票导致银行巨款被骗的情形就是其适例。成立本罪,要求造成国有公司、企业单位破产或者严重损失,致使国家利益遭受重大损失的后果。

依照刑法第168条第1款、第3款的规定,犯本罪的,处3年以下有期徒刑或者拘役;致使国家利益遭受特别重大损失的,处3年以上7年以下有期徒刑。国有公司、企业、事业单位的工作人员,徇私舞弊,犯本罪的,从重处罚。

十五、国有公司、企业、事业单位人员滥用职权罪

本罪,是指国有公司、企业、事业单位的工作人员,滥用职权,造成国有公司、企业破产或者严重损失,致使国家利益遭受重大损失的行为。

所谓滥用职权,是指超越职权,违法决定、处理其无权决定、处理的事项,或者在行使职权时蛮横无理,随心所欲地作出处理决定。根据有关司法解释,[81]国有公司、企业、事业单位的工作人员,在预防、控制突发传染病疫情等灾害的工作中,严重不负责任或者滥用职权,造成国有公司、企业破产或者严重损失,致使国家利益遭受重大损失的,依照刑法第168条的规定,以国有公司、企业、事业单位人员失职罪或者国有公司、企业、事业单位人员滥用职权罪定罪处罚。

在本罪的认定中,应注意其与为亲友非法牟利罪的区分。国有公司、企业、事业单位的工作人员滥用职权,致使国家利益遭受重大损失的,构成国有公司、企业、事业单位人员滥用职权罪。两罪的犯罪主体重合,行为手段相似,主要区别是客观行为不同。为亲友非法牟利罪的客观行为只限于前述三种情形,即利用职务便利,将本单位的盈利业务交由自己的亲友进行经营,或与亲友经营管理的单位发生明显有利于对方的购销活动,或向亲友采购不合格商品。而国有公司、企业、事业单位人员滥用职权罪的客观行为,是一般的滥用职权行为,规制的行为手段更多、范围更广。例如,某国有公司人员涉嫌为亲友非法牟利罪的行为,同时也符合国有公

---

〔80〕 公安部经济犯罪侦查局《关于能否对章××进行立案侦查的批复》(公经〔2002〕446号)。

〔81〕 2003年最高人民法院、最高人民检察院《关于办理妨害预防、控制突发传染病疫情等灾害的刑事案件具体应用法律若干问题的解释》第4条。

司人员滥用职权罪的构成要件，属于一般规定与特殊规定的法条竞合，应按为亲友非法牟利罪认定。再如，某国有公司人员出于为亲友非法牟利的目的，实施了前述三种情形以外的滥用职权行为，致使国家利益遭受重大损失，即使其客观上实际为亲友牟取了利益，也仍应认定为国有公司人员滥用职权罪，并适用“徇私舞弊”从重情节。

依照刑法第 168 条第 1 款、第 3 款的规定，犯本罪的，处 3 年以下有期徒刑或者拘役；致使国家利益遭受特别重大损失的，处 3 年以上 7 年以下有期徒刑。国有公司、企业、事业单位的工作人员，徇私舞弊，犯本罪的，从重处罚。

十六、徇私舞弊低价折股、低价出售公司、企业资产罪

本罪，是指国有公司、企业或者其上级主管部门直接负责的主管人员以及其他公司、企业直接负责的主管人员，徇私舞弊，将公司、企业资产低价折股或者低价出售，致使公司、企业利益遭受重大损失的行为。比如国有公司直接负责的主管人员，徇私舞弊，低价出售公司持有的股票，致使国家利益遭受重大损失的行为，以及非国有公司工作人员出于个人升职目的，以低于限价价格销售公司产品，致使该公司利益遭受重大损失的行为，均为其适例。

本罪主体为公司、企业直接负责的主管人员，包括国有公司、企业或者其上级主管部门直接负责的主管人员以及民营公司、企业直接负责的主管人员。本罪客观上表现为，徇私舞弊低价折股、低价出售国有资产以及其他公司、企业资产。其中，“徇私舞弊”，是指为徇私情而实施的弄虚作假行为，如为亲朋好友实施损公肥私、化公为私、违反规定动用企业资金炒股票、期货、违反规定批准拆借资金，或者为徇私情而将自己的亲戚、朋友安排到公司、企业的高薪或者要害部门等，就是其适例；“低价折股”，是指在股份改制过程中，将公司、企业的动产、不动产、专利技术等压价折合为出资股份，其表现形式多样，如对公司、企业资产不进行资产评估，或者虽然进行资产评估，但背离公司、企业资产的应有价值进行评估，或者不将公司、企业的商标、信誉等无形资产计入国家股等；“低价出售”，是指以低于公司、企业资产的实际价值将其卖出；“国有资产”是指国家以各种形式对国有公司、企业投资和投资收益形成的财产，以及依据法律、行政法规认定的公司、企业国有财产；“其他公司、企业资产”，是指公司、企业拥有或控制的全部资产，包括流动资产、长期投资、固定资产、无形及递延资产、其他长期资产、递延税项等。本罪是结果犯，要求致使国家利益以及其他公司、企业利益遭受重大损失。

依照刑法第 169 条第 1 款的规定，犯本罪的，处 3 年以下有期徒刑或者拘役；致使国家利益遭受特别重大损失的，处 3 年以上 7 年以下有期徒刑。

十七、背信损害上市公司利益罪

本罪，是指上市公司的董事、监事、高级管理人员违背对公司的忠实义务，利用公司职务便利，操纵上市公司从事违法行为，致使上市公司遭受重大利益损失的行为。

本罪客观上表现为，违背对公司的忠实义务，利用公司职务便利，操纵上市公司从事违法行为，致使上市公司遭受重大利益损失。具体来说，主要包括以下内容：

第一，必须有违背对公司的忠实义务，利用公司职务便利，操纵上市公司从事违法行为。其中，“忠实义务”，是指董事、监事、高级管理人员对公司事务应忠诚尽力、忠实于公司，当其自身利益与公司利益相冲突时，应以公司的利益为重，不得将自身利益置于公司利益之上；他们必须为公司的利益善意地处理公司事务、处置其掌握的公司财产，其行使权力必须是为了公

司的利益，不得违背对公司的忠实义务操纵上市公司进行违法行为；“利用职务便利”就是利用自己主管、管理、经营、经手上市公司财产上的便利；“背信行为”，是指破坏信任关系或者违反诚实义务的行为，具体表现为：(1)无偿向其他单位或者个人提供资金、商品、服务或者其他资产的。(2)以明显不公平的条件，提供或者接受资金、商品、服务或者其他资产的，如上市公司董事长操纵上市公司以不合理价格收购标的公司，虚构合同挪用上市公司资金支付股权购买价款，违背对公司的忠实义务，致使上市公司利益遭受特别重大损失，构成背信损害上市公司利益罪。(3)向明显不具有清偿能力的单位或者个人提供资金、商品、服务或者其他资产的。(4)为明显不具有清偿能力的单位或者个人提供担保，或者无正当理由为其他单位或者个人提供担保的。(5)无正当理由放弃债权、承担债务的。(6)采用其他方式损害上市公司利益的，比如上市公司董事长在没有真实交易的情况下，通过子公司将上市公司资金转至上市公司指定的第三方，以便于买卖股票以及实际控制人进行股权收购，致使上市公司利益遭受重大损失，其行为已构成背信损害上市公司利益罪。上市公司法定代表人通过控股股东、第三方公司与上市公司子公司循环转账方式，伪造控股股东已兑现业绩承诺的财务数据并进行披露，并多次进行财务造假，造成上市公司退市，构成违规披露、不披露信息罪，不构成背信损害上市公司利益罪。

第二，必须致使上市公司利益遭受重大损失。其中，“利益”应界定为“财产”，“利益损失”即“财产损失”。从资金、商品、服务、债权、债务犯罪对象来看，具体包括财物和财产性利益。“财产上的损失”应该包括两种情况：一种是背信行为使上市公司现有财产的减少（积极损失），具体表现为资金、商品的减少；另一种是背信行为造成上市公司本应增加的财产没有增加（消极损失），如无正当理由放弃债权、承担债务。还有一种特殊行为，就是背信行为造成了上市公司财产损失的危险，如向明显不具有清偿能力的单位或者个人提供资金、商品、服务或者其他资产等行为所造成的结果。但是，上市公司董事长以上市公司名义，为明显不具有清偿能力的控股股东关联方提供担保，未履行披露义务，最终全部债务被及时清偿，未给上市公司造成损失时，不构成本罪，可能构成违规不披露重要信息罪。

根据有关司法解释，[82]上市公司的董事、监事、高级管理人员违背对公司的忠实义务，利用职务便利，操纵上市公司从事损害上市公司利益的行为，以及上市公司的控股股东或者实际控制人，指使上市公司董事、监事、高级管理人员实施损害上市公司利益的行为，涉嫌下列情形之一的，应予立案追诉：(1)无偿向其他单位或者个人提供资金、商品、服务或者其他资产，致使上市公司直接经济损失数额在150万元以上的；(2)以明显不公平的条件，提供或者接受资金、商品、服务或者其他资产，致使上市公司直接经济损失数额在150万元以上的；(3)向明显不具有清偿能力的单位或者个人提供资金、商品、服务或者其他资产，致使上市公司直接经济损失数额在150万元以上的；(4)为明显不具有清偿能力的单位或者个人提供担保，或者无正当理由为其他单位或者个人提供担保，致使上市公司直接经济损失数额在150万元以上的；(5)无正当理由放弃债权、承担债务，致使上市公司直接经济损失数额在150万元以上的；(6)致使公司、企业发行的股票或者公司、企业债券、存托凭证或者国务院依法认定的其他证券被终止上市交易的；(7)其他致使上市公司利益遭受重大损失的情形。

依照刑法第169条之一的规定，犯本罪的，处3年以下有期徒刑或者拘役，并处或者单处

---

〔82〕 2022年最高人民检察院、公安部《关于公安机关管辖的刑事案件立案追诉标准的规定（二）》第13条。

罚金;致使上市公司利益遭受特别重大损失的,处 3 年以上 7 年以下有期徒刑,并处罚金。上市公司的控股股东或者实际控制人,指使上市公司董事、监事、高级管理人员实施本罪行为的,依照本罪的规定处罚。犯本罪的上市公司的控股股东或者实际控制人是单位的,对单位判处罚金,并对其直接负责的主管人员和其他直接责任人员,依照自然人犯本罪的规定处罚。

第五节　破坏金融管理秩序的犯罪

一、伪造货币罪

(一)概念和构成

本罪,是指没有货币发行权的人,非法制造出外观上足以使一般人误认为是真货币的假货币,妨害货币的公共信用的行为。其构成如下:

1. 保护法益。关于伪造货币犯罪的保护法益,刑法学理论上,向来有两种对立观点:一种观点认为是侵犯了货币的公共信用。这种观点是从公众的交易安全的角度来考虑本问题的,认为只要对公众的交易安全不可能具有实际危险,就不构成本罪。另一种观点认为是侵犯了货币发行权。这种观点是以国家专有的货币发行权为保护法益的见解。[83] 一般来说,对货币的公共信用的保障,是通过对货币发行权人发行权的保护来加以实现的,因此,在考察伪造货币罪的保护法益的时候,完全不考虑对货币发行权的侵害是不妥的。但是,保护货币发行权,也是为了保护公众对货币的信用。因此,即便是侵害了货币发行权的行为,但在没有侵害公众对货币的信用之虞的时候,不能成立本罪。故伪造货币的行为,必须是达到侵害公众对货币信用程度的侵害国家的货币发行权的行为。我国的相关司法解释也采用了这种观点,认为本罪中的"货币"是指可在国内市场流通或者兑换的人民币和境外货币。[84] 伪造并非政府发行的真实货币的行为,由于其没有侵害国家的货币发行权,即便妨害了公众对货币的信用,也不构成本罪。

2. 危害行为和危害结果。本罪客观上表现为,制造出外观上足以使一般人误认为是真货币的假货币。从理论上讲,伪造货币包括两种情况:(1)仿照真货币的形状、特征、图案、色彩等制造出与真货币的外观相同的假货币。这种情况下,存在与伪造的货币相对应的(或相当的)真货币。(2)自行设计制作足以使一般人误认为是货币的假货币,这种情况下,不存在与伪造的货币相对应的真货币。但我国司法解释仅只采用了前一种见解,即仿照真币而伪

---

〔83〕 [日]大塚仁:《刑法概说(各论)》(第 3 版),冯军译,中国人民大学出版社 2003 年版,第 393 页。

〔84〕 2000 年最高人民法院《关于审理伪造货币等案件具体应用法律若干问题的解释》第 7 条第 1 款。但是,伪造缅币的行为如何处理,司法实践中存在不同意见:一种意见认为,缅币不属我国国内市场流通或者公开挂牌可兑换的境外货币,故伪造缅币不能以伪造货币罪定罪处罚;另一种意见认为,边境地区边民互市繁荣,一些境外货币如缅币一定程度上已经在民间形成了相互兑换、流通的局面。近年来我国边境地区特别是中缅、中越边境地区,伪造缅甸、越南等境外货币的案件时有发生,严重影响了我国与毗邻国家经贸关系,扰乱了边境地区的金融管理秩序,危害到了边境地区人民群众的财产安全,对于此类行为以伪造货币罪定罪处罚,符合客观实际,而且极为必要。对此,2004 年公布的公安部经济犯罪侦查局《关于伪造缅甸货币行为定性问题的批复》规定,鉴于缅甸货币在中缅边境地区可以与人民币兑换,伪造缅甸货币的行为应以伪造货币罪定罪处罚。

造。[85] 认为本条所说的“货币”是指可在国内市场流通或者兑换的人民币和境外货币，即在国内、外市场流通的真实的货币，包括人民币(含中国人民银行发行的普通纪念币和贵金属纪念币)、港澳台货币，以及其他国家及地区的法定货币。因此，自行设计制作足以使一般人误认为是真货币的假货币的行为，骗取他人数额较大的财物的，可以构成诈骗罪，但不构成本罪。伪造已经停止流通的古钱、废钞当真币使用，骗取他人财物的，也是诈骗，但同样不构成本罪。

伪造的方法没有限制。通常是仿照真币的形状、图案、颜色、字体、质地等特征，采用铸造、描绘、复印、制版、胶印、拓印、感光等制作方式。将已经报废处理的残破货币，重新粘贴加工之后，作为真货币使用的，也是伪造。但不是非法制作货币，而是采用从画报上裁剪下货币图案，冒充真货币骗取他人钱财，则因为没有加工伪造环节，所以不是伪造，而是诈骗。以使用为目的，伪造停止流通的货币，或者使用伪造的停止流通的货币的，也构成诈骗。[86]

根据最高人民法院公布的《全国法院审理金融犯罪案件工作座谈会纪要》的规定，假币犯罪是一种严重破坏金融管理秩序的犯罪。伪造货币的，只要实施了伪造行为，不论是否完成全部印制工序，即构成伪造货币罪；对于尚未制造出成品，无法计算伪造、销售假币面额的，或者制造、销售用于伪造货币的版样的，不认定犯罪数额，依据犯罪情节决定刑罚。应当注意的是，对这里所说的“提供版样”，应做广义理解，应当包括制版与制模等综合行为。如果对“提供版样”仅仅理解为制版，将模拟或翻拍、制模等行为排除在伪造货币罪的客观表现以外，就违背了该纪要的意图。

3. 主体。本罪的主体是没有货币发行权的人，但必须是年满16周岁、具有辨认控制能力的自然人，单位不能成为本罪的主体。行为人制造货币版样或者与他人事前通谋，为他人伪造货币提供版样的，以本罪论处。

4. 主观要件。本罪的主观要件是故意。至于是否要求行为人具有特定意图，则存在争议。有学者主张，从刑事立法的角度看，或许要求“以使用为目的”较为合适，但我国刑法鉴于伪造货币行为的严重社会危害性，没有作出类似要求。就解释论上而言，不应认为伪造货币罪是目的犯。[87] 但也有学者主张本罪是目的犯，应以营利或者谋取非法利益为目的，[88] 或者以使伪造的货币进入流通为目的。[89] 本书同意前一种观点。既然刑法第170条并没有规定目的要求，则没有必要人为地加入其他主观要素，对其成立范围加以限定。至于说为了“将行为人仅仅是为了练习自己的描摹能力或者为了显示自己的绘画才能而伪造少量货币的行为排除在本罪的成立范围之外”而必须将本罪当成目的犯的考虑，则是多此一举。实际上，行为人描摹货币的行为是否构成本罪，从其描摹之后对该作品的处置态度，就能判断出其行为是否构成伪造货币罪。如果行为人将该作品用于珍藏或者随即废弃，则无论如何都不能构成伪造货币罪。因为，这种行为无论如何都不能产生侵害货币的发行权和公共信用的效果。

(二)本罪的认定

在本罪的认定中，应当注意以下问题：

---

[85] 2010年最高人民法院公布的《关于审理伪造货币等案件具体应用法律若干问题的解释(二)》第1条第1款。

[86] 王新：《刑法分论精解》，北京大学出版社2023年版，第111页。

[87] 张明楷：《刑法学》(第6版)，法律出版社2021年版，第984页。

[88] 曲新久主编：《刑法学》(第4版)(下册)，中国政法大学出版社2011年版，第338页。

[89] 刘艳红、夏伟主编：《刑法学》(第3版)(下册)，北京大学出版社2024年版，第137页；杨春洗、杨敦先、郭自力主编：《中国刑法论》(第5版)，北京大学出版社2011年版，第273页。

1. 一罪与数罪的界限。实践当中,行为人伪造货币的目的通常是在社会上出售或者使用,因此伪造货币之后又持有、使用、运输、出售自己伪造的货币的,属于吸收犯,只按照伪造货币罪一罪从重处罚,不能实行数罪并罚。如果行为人既伪造了货币,又持有、使用、运输、出售他人伪造的货币,那么应按照伪造货币罪和有关犯罪实行数罪并罚。

2. 共同犯罪与非共同犯罪的界限。司法实践中,贩卖假币者可能会直接从制造者手中购买假币。如果贩卖假币的犯罪分子在假币尚未制造出来之前就与制造者通谋,此时应当按照伪造货币罪的共同犯罪处理。如果贩卖假币者仅仅是在假币造好之后才从制造者那里购买假币,而未参与制造假币的通谋,那么就不构成共同犯罪,对制造者与购买者只能分别以伪造货币罪和购买假币罪定罪处罚。行为人为直接实施伪造货币的人员提供专门用于伪造货币的技术或者物资的,应当认定其具有伪造货币的共同犯罪故意。通过网络积极宣传、主动为直接实施伪造货币人员提供伪造货币的关键技术、物资,或者明知他人有伪造货币意图,仍积极提供专门从事伪造货币相关技术、物资等,应当认定其在共同伪造货币犯罪中起主要作用,系主犯,对其实际参与的伪造货币犯罪总额负责。[90]

(三)处罚

依照刑法第 170 条的规定,犯本罪的,处 3 年以上 10 年以下有期徒刑,并处罚金;有下列情形之一的,处 10 年以上有期徒刑或者无期徒刑,并处罚金或者没收财产:(1)伪造货币集团的首要分子;(2)伪造货币数额特别巨大的;(3)有其他特别严重情节的。

刑法第 170 条并未对本罪的定罪量刑数额作出规定,但这并不意味着无论数额多少一律都要定罪。伪造货币,只有涉嫌下列情形之一的,才应予立案追诉:(1)总面额在 2000 元以上或者币量在 200 张(枚)以上的;(2)总面额在 1000 元以上或者币量在 100 张(枚)以上,2 年内因伪造货币受过行政处罚,又伪造货币的;(3)制造货币版样或者为他人伪造货币提供版样的;(4)其他伪造货币应予追究刑事责任的情形。[91] 其中,贵金属纪念币的面额以中国人民银行授权中国金币集团有限公司的初始发售价格为准。

二、出售、购买、运输假币罪

(一)概念和构成

本罪,是指明知是伪造的货币而出售、购买或者运输,数额较大的行为。其构成如下:

1. 危害行为和危害结果。本罪客观上表现为,出售、购买、运输较大数额的货币。具体包括以下三个内容:

第一,必须具有出售、购买、运输假币行为之一。"出售",是指有偿转让,通常是以低于假币面额的价格转让。出售给他人,并不必然要换取真币,既可以是假币与真币之间的交易,也可以是假币与实物之间的交易。将假币无偿赠与他人的行为不构成出售;"购买",是指有偿取得,通常是以低于假币面额的价格购进。由于法律将出售和购买假币的行为均规定为犯罪,二者互相依赖,因而是一种必要共犯关系。既然如此,就要求购买方与出售方都明知交易的对象是假币,如果出售方用假币冒充真币交易,购买方误以为假币是真币而购买,则不能构成本罪,就出售方而言,构成使用假币罪。关于假币互易行为,如以伪造的美元换取伪造的人民币

---

〔90〕 郭某记、徐某伦等人伪造货币案,最高人民检察院指导案例第 176 号(2023 年)。

〔91〕 2022 年最高人民检察院、公安部《关于公安机关管辖的刑事案件立案追诉标准的规定(二)》第 14 条。

之类,即以此种假币换取彼种假币行为的法律性质,法律未作明文规定。由于这种假币互易行为称不上是有偿转让,因此,不在本罪所称的出售、购买的范围之内,不能以本罪论处,构成使用假币罪;“运输”,是指转移大量伪造货币的存放地点。

第二,出售、购买、运输的必须是伪造的货币即假币。所谓假币,必须是与目前国内外市场上流通的真币相对应的伪造货币,否则不构成本罪。如银元已经不在市场上流通,因此,出售伪造的银元的行为,不构成本罪。出售、购买、运输数量较大的变造货币的行为,也不能认定为本罪。

第三,必须达到数额较大。即符合下列情形之一:(1)总面额在4000元以上或者币量在400张(枚)以上;(2)总面额在2000元以上或者币量在200张(枚)以上,2年内因出售、购买、运输假币受过行政处罚,又出售、购买、运输假币的;(3)其他出售、购买、运输假币应予追究刑事责任的情形。[92] 购买假币后使用的假币数额,包括已经使用和准备使用的数额。在出售假币时被抓获的,除现场查获的假币应认定为出售假币的数额外,现场之外在行为人住所或者其他藏匿地查获的假币,也应认定为出售假币的数额。

2. 主体。本罪的主体是一般主体。但购买假币罪的主体不能是金融机构的工作人员。金融机构工作人员购买假币的,构成金融工作人员购买假币罪。如果金融机构工作人员出售、运输假币,则按本罪处理。

3. 主观要件。本罪主观上必须是故意。

(二)处罚

依照刑法第171条第1款的规定,犯本罪的,处3年以下有期徒刑或者拘役,并处2万元以上20万元以下罚金;数额巨大的,处3年以上10年以下有期徒刑,并处5万元以上50万元以下罚金;数额特别巨大的,处10年以上有期徒刑或者无期徒刑,并处5万元以上50万元以下罚金或者没收财产。

就本罪的处罚而言,应注意以下两点:(1)伪造货币并出售或者运输伪造货币的处理。按照刑法第171条第3款的规定,行为人伪造货币,并将伪造的货币出售的;或者伪造货币,并将伪造的货币运输到他处的,应当以伪造货币罪定罪,并根据行为人所犯罪行的具体情节,在本法第170条规定的伪造货币罪的量刑幅度内从重处罚。(2)行为人购买假币后使用的情形。行为人购买假币后使用,构成犯罪的,依照刑法第171条的规定,以购买假币罪定罪,从重处罚。行为人出售、运输假币构成犯罪,同时有使用假币行为的,依照刑法第171条、第172条的规定,实行数罪并罚。

三、金融工作人员购买假币、以假币换取货币罪

本罪,是指银行或者其他金融机构的工作人员购买伪造的货币,或者利用职务上的便利,以伪造的货币换取真货币的行为。本罪是选择性罪名,司法实践中应根据具体案情,选择适用或并合适用。

依照刑法第171条第2款的规定,犯本罪的,处3年以上10年以下有期徒刑,并处2万元以上20万元以下罚金;数额巨大或者有其他严重情节的,处10年以上有期徒刑或者无期徒刑,并处2万元以上20万元以下罚金或者没收财产;情节较轻的,处3年以下有期徒刑或者拘

[92] 2022年最高人民检察院、公安部《关于公安机关管辖的刑事案件立案追诉标准的规定(二)》第15条。

役,并处或者单处 1 万元以上 10 万元以下罚金。银行或者其他金融机构的工作人员购买伪造的货币或者利用职务上的便利,以伪造的货币换取货币,总面额在 2000 元以上或者币量在 200 张(枚)以上的,应予立案追诉。[93]

四、持有、使用假币罪

(一)概念和构成

本罪,是指明知是伪造的货币而持有、使用,数额较大的行为。

其中,"持有",是指将伪造的货币置于行为人事实上的支配之下,不要求行为人实际上握有伪造的货币。委托不明真相的人代为保管伪造货币的,也是持有。"使用",是指将伪造的货币作为真货币而使用,至于行为人使用的方法与目的是否合法在所不论。也就是说,使用的方式,既可以用于正常合法途径,如购买商品、兑换另一货币、赠与他人、投资、储蓄等,也可以在非法活动中使用伪造货币,如将伪造的货币用于赌博、行贿等。向 ATM 中存入假币以取得真币的、将假币作为礼物交给不知情的他人的,也是使用。由于使用是指将伪造的货币作为货币直接置于流通的行为,因此,将伪造的货币作为证明自己信用能力的资本而展示给他人看的行为不是使用,而是持有,但将伪造的货币作为注册资本给主管部门审查的行为,可以看作为使用。成立本罪,要求持有、使用伪造的货币数额较大,即达到以下情形之一:(1)总面额在 4000 元以上或者币量在 400 张(枚)以上的;(2)总面额在 2000 元以上或者币量在 200 张(枚)以上,2 年内因持有、使用假币受过行政处罚,又持有、使用假币的;(3)其他持有、使用假币应予追究刑事责任的情形。[94]

在实践中,常有行为人误收假币,在知道所收为假币之后,不甘心经济上的损失而故意使用的情况。这种情况,数额较大的话,仍应认定为本罪。但数额较小的话,不构成犯罪。

(二)本罪的认定

本罪在认定上,应当注意以下几点:

1. 一罪与数罪。司法实践中,常有一人同时实施伪造货币,持有、使用伪造的货币等数种犯罪行为的情形。对此是按一罪处理还是按数罪实行并罚,要看行为人持有、使用伪造的货币是否是其本人所伪造的。如果行为人持有、使用、运输的假币是本人伪造的,则按伪造货币罪一罪处罚;如果行为人既伪造了货币,又持有、使用、运输、出售了其他人伪造的货币,则应按伪造货币罪和其他有关犯罪实行数罪并罚。明知是伪造的货币而持有,数额较大,根据现有的证据不能认定行为人是为了进行其他假币犯罪的,以持有假币罪定罪处罚;有证据证明其持有的假币已构成其他假币犯罪的,应当以其他假币犯罪定罪处罚。

2. 使用假币罪与出售假币罪的区别。出售假币罪,是指明知是伪造的货币而出售,数额较大的行为。出售,是在对方明知是假币的情况下,行为人将假币作为"商品"要求对方支付一定对价而使之转归对方。购买与出售形成刑法理论上所说的对向犯(亦称对合犯),双方对假币都有认识。相反地,使用假币罪中的"使用",则只是在行为人自己明白,而对方不知情的情况下,行为人以假币冒充真货币而使之流通。因此,使用假币罪与出售假币罪的关键区别在

---

〔93〕 2022 年最高人民检察院、公安部《关于公安机关管辖的刑事案件立案追诉标准的规定(二)》第 16 条。

〔94〕 2022 年最高人民检察院、公安部《关于公安机关管辖的刑事案件立案追诉标准的规定(二)》第 17 条。

于,使用或者出售假币的对方是否知情。知情的为出售,不知情的为使用。[95]

在行为人使用假币兑换另一种真货币,如使用假美元兑换真人民币或者用假人民币兑换真美元时,究竟是使用还是出售伪造的货币,理论上有争议。本书认为,这种情况应当是使用假币的行为。因为,这种兑换是在对方不知真相的情况下实施的,只能看作为使用假币。但是,在这种情况下,使用假币换取真币的行为,明显地具有欺诈性质,因此,该行为同时触犯了使用假币罪和诈骗罪两个罪名,应当按照从一重处罚的原则处理。

3. 持有假币罪与运输假币罪的区别。非法持有伪造的货币可能基于各种原因,对于持有伪造货币的行为,只有在行为人拒不说明其持有的伪造货币的来源,司法机关也无法查证行为人持有的假币是自己制造的或者走私的,或者是从他人手中购买的,或者是故意为他人窝藏的时候,才能按持有假币罪定罪处罚。如果能够查明行为人之所以持有,是因为该假币是自己伪造的,或是用于走私的,或是从他人手中购买来的,或是正在从甲地运往乙地途中,那就不能认定为持有假币罪,而应该分别情况,按伪造货币罪、走私假币罪、购买假币罪、运输假币罪定罪处罚。

(三)处罚

依照刑法第 172 条的规定,犯本罪的,处 3 年以下有期徒刑或者拘役,并处或者单处 1 万元以上 10 万元以下罚金;数额巨大的,处 3 年以上 10 年以下有期徒刑,并处 2 万元以上 20 万元以下罚金;数额特别巨大的,处 10 年以上有期徒刑,并处 5 万元以上 50 万元以下罚金或者没收财产。

五、变造货币罪

本罪,是指对货币采取涂改、拼接、剪贴、挖补、揭层等方法,进行加工改造,使货币面值增大、数量增加,数额较大的行为。

其中,"变造",就是对货币进行加工,方法没有限制,拼接、剪贴、揭层、挖补、涂改等均可。和伪造的场合一样,根据真实货币加工出来的物,必须具有使一般人误认为是真实货币程度的类似性。由于变造是对真货币进行加工,因此,对于变造的假货币,要求实际存在与该变造货币相对应的真货币。变造货币,数额较大的,才能成立犯罪。所谓数额较大,是指:(1)总面额在 2000 元以上或者币量在 200 张(枚)以上的;(2)总面额在 1000 元以上或者币量在 100 张(枚)以上,2 年内因变造货币受过行政处罚,又变造货币的;(3)其他变造货币应予追究刑事责任的情形。[96]

在本罪的适用中,必须将其与伪造货币罪区分开来。二者的差别在于:(1)变造与伪造存在形式上的不同。变造是对真货币进行加工,制作出类似于真货币的行为,因此,变造的货币与变造前的货币具有同一性。相反地,伪造是仿照真货币,另行制作,因此,伪造的货币和真货币之间不具有同一性。如此说来,以真货币为基础进行加工,使其失去原真货币的外观,而成为足以使一般人产生误解的他种真货币的场合,应当是伪造,而不是变造。利用作废的货币制作与真货币类似的货币的行为也是伪造,而不是变造。因为,上述两种场合,尽管是对真货币

〔95〕 当然,以假币换取真币的行为,在对方不知情的时候,有可能构成诈骗罪。此时,以假币换取真币的行为,有可能构成诈骗罪和使用假币罪的竞合犯。

〔96〕 2022 年最高人民检察院、公安部《关于公安机关管辖的刑事案件立案追诉标准的规定(二)》第 18 条。

进行加工,但加工的幅度过大,加工的货币与加工前的货币丧失了同一性。(2)二罪的成立条件不同。构成伪造货币罪,无须具备数额较大这一条件;构成变造货币罪,则须具备数额较大的条件。

依照刑法第173条的规定,犯本罪的,处3年以下有期徒刑或者拘役,并处或者单处1万元以上10万元以下罚金;数额巨大的,处3年以上10年以下有期徒刑,并处2万元以上20万元以下罚金。

六、擅自设立金融机构罪

本罪,是指未经国家有关主管部门批准,擅自设立商业银行、证券交易所、证券公司、期货交易所、期货经纪公司、保险公司或者其他金融机构的行为。

本罪的主体是一般主体,包括自然人和单位。所谓"擅自",就是未经有关主管机关的批准。按照有关规定,设立商业银行等金融机构,必须由中国人民银行、中国证券监督管理委员会、国家金融监督管理总局等国家指定的主管机关进行审批和监督管理,这是国家对金融业进行宏观调控的一个重要体现。所谓"设立",是指事实上已经在着手设立这些机构,如果行为人仅仅是预谋设立这些机构,而没有具体行为,则不能构成犯罪。所谓"商业银行"是指根据商业银行法和公司法成立的,经国家金融监督管理总局批准的,并以"银行"名义对外吸收公众存款、发放贷款、办理结算以及开展其他金融业务、具有法人资格、以实现利润为其经营目的的金融机构。所谓"证券交易所"是指经国务院决定设立的专门从事买卖股票、公债、公司债券等有价证券的交易场所。所谓"期货交易所"是指经中国证券监督管理委员会审查批准设立的以期货为主要交易内容的交易场所。所谓"证券公司"是指经中国证券监督管理委员会审查批准设立的经营股票、债券等上市证券业务的企业法人。所谓"期货经纪公司"是指经中国证券监督管理委员会审查批准设立的,主要从事代理期货上市交易的经纪公司。所谓"保险公司"是指经国家金融监督管理总局审查批准设立的经营保险业务的具有法人资格的企业。所谓"其他金融机构"是指除上述机构以外的,经国家有关主管部门批准设立的其他依法参与金融活动、开展金融业务的,具有法人资格的组织。从我国目前的情况来看,"其他金融机构"主要有以下几类:信托公司、金融租赁公司、企业集团财务公司等。

本罪是行为犯,只要具有擅自设立金融机构的行为即构成本罪,成立金融机构后是否进行了现实的融资活动,对成立本罪没有影响。未经国家有关主管部门批准,擅自设立金融机构,涉嫌下列情形之一的,应予立案追诉:(1)擅自设立商业银行、证券交易所、期货交易所、证券公司、期货公司、保险公司或者其他金融机构的;(2)擅自设立金融机构筹备组织的。〔97〕

需要指出的是,已经设立的金融机构擅自扩建营业网点、增设分支机构的行为不构成本罪。在实践中,有些金融机构为了扩展业务,不向主管机关申报而擅自设立分支机构、增加营业网点,或者虽然向主管机关申报但在尚未批准之前就进行营业活动。这种行为虽然违法,但与未取得金融业务营业资格的单位、个人违规擅自设立商业银行、证券交易所、期货交易所、证券公司、期货经纪公司、保险公司或者其他金融机构的行为具有本质上的区别。对其应当由有关主管部门查处后按违纪行为处理,如责令取消未经批准设立和扩建的营业网点和分支机构等,但不应作为本罪处理。

---

〔97〕 2022年最高人民检察院、公安部《关于公安机关管辖的刑事案件立案追诉标准的规定(二)》第19条。

依照刑法第174条第1、3款的规定,犯本罪的,处3年以下有期徒刑或者拘役,并处或者单处2万元以上20万元以下罚金;情节严重的,处3年以上10年以下有期徒刑,并处5万元以上50万元以下罚金。单位犯本罪的,对单位判处罚金,并对其直接负责的主管人员和其他直接责任人员,依照自然人犯本罪的规定处罚。

七、伪造、变造、转让金融机构经营许可证、批准文件罪

本罪,是指伪造、变造、转让商业银行、证券交易所、期货交易所、证券公司、期货经纪公司、保险公司或者其他金融机构的经营许可证或者批准文件的行为。

本罪主体是一般主体,包括个人和单位。所谓伪造,是指无权而仿照金融机构的经营许可证、批准文件的形状、图案、色彩等特征,擅自制造;所谓变造,是对真实合法的金融机构经营许可证、批准文件进行加工,变更其记载的基本内容,如金融机构名称、注册资本数额、有效期限等;所谓转让,是将合法取得的金融机构经营许可证、批准文件通过出租、出借、出售、赠与或者其他方式让与他人使用。本罪的行为对象是商业银行或者其他金融机构的经营许可证、批准文件等。本罪是行为犯,依照有关司法解释,[98]行为人只要实施了伪造、变造、转让商业银行、证券交易所、期货交易所、证券公司、期货经纪公司、保险公司或者其他金融机构的经营许可证或者批准文件的,应予立案追诉。

依照刑法第174条的规定,犯本罪的,处3年以下有期徒刑或者拘役,并处或者单处2万元以上20万元以下罚金;情节严重的,处3年以上10年以下有期徒刑,并处5万元以上50万元以下罚金。所谓情节严重,一般认为,包括下列情形:多次伪造、变造、转让经营许可证或者批准文件的;伪造、变造经营许可证或者批准文件数量较大的;伪造、变造经营许可证或者批准文件又出售、出租的;利用伪造、变造、转让的经营许可证或者批准文件进行经营,严重干扰国家金融秩序的;利用伪造、变造、转让的经营许可证或者批准文件,进行诈骗的;利用伪造、变造、转让的经营许可证或者批准文件进行营业,给客户、经营单位造成重大经济损失的或者造成其他严重后果的。单位犯本罪的,对单位判处罚金,并对其直接负责的主管人员和其他直接责任人员,依照自然人犯本罪的规定处罚。

八、高利转贷罪

本罪,是指以转贷牟利为目的,套取金融机构信贷资金高利转贷他人,违法所得数额较大的行为。

本罪主体为一般主体,既可以是个人也可以是单位。客观方面表现为,套取金融机构信贷资金和将该资金高利转贷他人,而且违法所得必须数额较大。本罪的行为对象是信贷资金,是金融机构作为贷款发放的资金,包括担保贷款资金与信用贷款资金。所谓"套取信贷资金",是指编造某种正当的理由,从银行、信用社、信托投资公司等金融机构获取低息贷款等信贷资金。由于中国人民银行发布的《贷款通则》第20条第6项规定不得套取贷款用于借贷牟取非法收入,所以,行为主体一般会以虚假的贷款理由或者贷款条件向金融机构申请贷款。但是,这并不意味着本罪行为必须具有欺骗性质。在行为人与金融机构负责人通谋,金融机构负责人知道真相仍然发放贷款时,转贷行为依然成立本罪(对金融机构负责人的行为视具体情形

---

〔98〕 2022年最高人民检察院、公安部《关于公安机关管辖的刑事案件立案追诉标准的规定(二)》第20条。

认定为违法发放贷款罪或者其他犯罪)。“高利转贷他人”,是指从金融机构套取信贷资金后,再以更高的利率借贷给他人(包括其他单位)。“高利”,不应等同于民间借贷中的“高利”。高利转贷行为涉及的资金直接来源于金融机构的信贷资金,其侵犯的客体除利率管理制度外,还有国家对信贷资金的发放管理秩序等。就构成本罪而言,行为人转贷他人的资金,必须是金融机构的信贷资金,如果行为人只是将自己的自有资金转借给他人,不构成本罪;同时,必须是高利转贷他人,至于高利转贷中转贷利率具体高出银行同期贷款利率多少,不影响高利转贷罪的成立。如果行为人仅以平利或者略高于银行贷款利率转贷给他人,不构成本罪。转贷的利率高于银行利率的,可以认定为高利,因此,行为人违法地将金融机构的信贷资金以高于银行的贷款利率转贷他人,非法获取一定利益,即构成高利转贷罪。

实施高利转贷行为违法所得数额较大的,即以转贷牟利为目的,套取金融机构信贷资金高利转贷他人,违法所得数额在 50 万元以上的,[99]才以犯罪论处。

本罪主观方面为故意,除此之外,还要求具有转贷牟利的目的。由此可以推论出:(1)由于套取金融机构信贷资金是本罪构成要件行为的一部分,所以,行为人在获取金融机构信贷资金时,就必须具有转贷牟利的目的。否则,就违反了行为与责任同时存在的原则。(2)贷款时没有转贷牟利目的,也没有采取欺骗手段,取得贷款后将贷款转贷他人的,只是单纯改变贷款用途的行为,不可能成立任何犯罪。(3)贷款时没有转贷牟利目的与非法占有目的,但采取欺骗手段取得贷款,然后将贷款转贷他人的,只能认定为后述骗取贷款罪。(4)贷款时具有转贷牟利目的,但事后没有实施高利转贷行为的,虽然成立本罪的未遂犯,但没有必要以本罪论处(可能成立骗取贷款罪)。

在认定本罪时,应注意以下问题:(1)应注意变相高利转贷的情形。行为人以转贷牟利目的套取金融机构信贷资金后,表面上将该部分资金用于生产经营,但将自有资金高利借贷他人,违法所得数额较大的,应认定为本罪;行为人以转贷牟利目的套取金融机构的信贷资金,高利借贷给名义上有合资合作关系但实际上并不参与经营的企业,违法所得数额较大的,也应认定为本罪。(2)行为人从银行获取贷款之后,转借其他人,他人除了向行为人支付应归还银行的到期利息之外,还必须提供一定数量的服务费的场合,该服务费具有利息性质,如果高出银行规定的放贷利息的话,则本次转贷有可能构成变相高利转贷。(3)如果个人贷款是用于投资别人的生意,而当初双方约定投资回报是稳赚不赔的话,则这类没有风险的“投资”性质应为“名为投资,实为借贷”,如果获利较大,可能涉嫌高利转贷罪。

依照刑法第 175 条的规定,犯本罪的,处 3 年以下有期徒刑或者拘役,并处违法所得 1 倍以上 5 倍以下罚金;数额巨大的,处 3 年以上 7 年以下有期徒刑,并处违法所得 1 倍以上 5 倍以下罚金。单位犯本罪的,对单位判处罚金,并对其直接负责的主管人员和其他直接责任人员,处 3 年以下有期徒刑或者拘役。

九、骗取贷款、票据承兑、金融票证罪

本罪,是指以欺骗手段取得银行或者其他金融机构贷款、票据承兑、信用证、保函等,给银行或者其他金融机构造成重大损失的行为。

为维护金融机构信贷资金安全,弥补贷款诈骗罪在刑事司法中难以证明“以非法占有为

---

〔99〕 2022 年最高人民检察院、公安部《关于公安机关管辖的刑事案件立案追诉标准的规定(二)》第 21 条。

目的”的缺陷,2006 年 6 月 29 日起施行的《刑法修正案(六)》增加了第 175 条之一骗取贷款罪的规定。

本罪的主体是一般主体,包括自然人和单位。本罪客观上表现为,以欺骗手段取得银行或者其他金融机构贷款、票据承兑、信用证、保函等,给银行或者其他金融机构造成重大损失或者有其他严重情节。所谓欺骗手段,是指采用虚构事实、隐瞒真相等手段,掩盖了客观事实,骗取了银行或其他金融机构的信任。只要申请人在申请信贷资金或信用过程中有虚构事实、隐瞒真相的情节,或者只要提供假证明、假材料,或者信贷资金没有按照申请时所承诺的用途去使用,都可以认为是欺骗。由于本罪的保护法益不是抽象的金融贷款秩序,而是银行等金融机构信贷资金的安全,因此,这里的“欺骗手段”应当达到足以威胁金融机构信贷资金安全的程度,是严重影响银行或者其他金融机构对借款人资信状况及还款能力判断、影响银行放贷决策的实质性事项,是银行或者其他金融机构一旦知晓真实情况就会基于风险控制而不会为其融资的事项。具体而言,应限于借款人身份、贷款用途、还款能力、贷款保证等方面的欺诈。如果行为人虚构或者隐瞒的事实没有达到影响银行等金融机构提供贷款的程度,就不能认定为“以欺骗手段取得银行或者其他金融机构贷款”。实践中,基于熟人关系、完成任务等因素,存在部分金融机构工作人员明知借款人贷款材料虚假,甚至授意、指导借款人造假的情况。对此,不能据此而直接认定金融机构没有被欺骗而陷入错误。由于获得金融机构的贷款,有一个复杂的审批程序,因此,只有当金融机构审批发放该笔贷款的负责人(决策人)知情的场合,才能说金融机构没有陷入认识错误。在金融机构工作人员知情或参与的情况下,这些工作人员虽然知情没有被欺骗,但是金融机构发放该笔贷款的负责人(决策人)不知情、被欺骗的,仍然应当认定为金融机构受到了欺骗,陷入了认识错误。

欺骗手段指向的对象是银行或者其他金融机构的贷款、票据承兑、信用证、保函等。所谓“银行”,包括中国人民银行和各类商业银行。所谓“其他金融机构”,是指除银行以外的开展金融业务的机构,实践中,对其范围有不同理解:一种观点认为,仅包括经国家金融监督管理总局等中央金融监管部门批准并持有“金融业务许可证”的法人或者非法人组织;另一种观点认为,应对金融机构作宽泛理解,将授权给省级政府主管部门批准设立和主管的从事金融业务的机构也纳入其中。司法实践的主流观点从贷款安全角度出发,认为应以机构实际从事金融业务与否作为判断的主要依据,认为应将小额贷款公司等纳入其他金融机构的范围。[100] 所谓“贷款”,是指贷款人向借款人提供的、按照借款合同的约定还本付息的货币资金;所谓“信用证”,是指开证银行根据客户(申请开证人)的请求或者自己主动向一方(受益人)所签发的一种书面约定,如果受益人满足了该书面约定的各项条款,开证银行即向受益人支付该书面约定的款项的凭证。实际上,信用证就是开证银行有条件地向受益人付款的书面凭证。所谓“票据承兑”,是指汇票付款人承诺在汇票到期日支付汇票金额的票据行为,其目的在于使承兑人依据票据载明的事项承担支付票据金额的义务。所谓“保函”,是指银行以自身的信用为他人承担责任的担保文件,是重要的银行资信文件。

本罪是结果犯,以“给银行或者其他金融机构造成重大损失”为成立要件。何谓重大损

---

〔100〕 在江某昌骗取贷款案中,法院认为小额贷款公司属于骗取贷款罪中的其他非银行金融机构。参见任素贤、秦现锋:《江某昌骗取贷款案[第 962 号]——骗取小额贷款公司的行为是否构成骗取贷款罪》,载最高人民法院刑事审判第一、二、三、四、五庭主办:《刑事审判参考》总第 97 辑,法律出版社 2014 年版。

失，其判断标准如何？司法实践中争议巨大。一种观点认为，根据 2001 年 12 月 24 日中国人民银行公布的《贷款风险分类指导原则》（已失效）第 4 条、原中国银行业监督管理委员会 2007 年 7 月 3 日颁布实施的《贷款风险分类指引》第 5 条，贷款“损失”的定义为“在采取所有可能的措施或一切必要的法律程序之后，本息仍然无法收回，或只能收回极少部分”，银行或者其他金融机构在采取诉讼、强制执行等穷尽一切法律手段后仍不能清偿的，才能判定造成重大损失。另一种观点则认为，实践中对是否造成“重大损失”的判断时点和标准不能过于死板，不能要求穷尽一切法律手段后才确定是否造成损失。如行为人采取欺骗手段骗取贷款，不能按期归还资金，也没有提供有效担保，就应认定给银行等金融机构造成重大损失，而不能要求银行等在采取诉讼等法律手段追偿行为人房产等财产不能清偿之后，才判定其遭受重大损失。从骗取贷款罪的立法目的出发，前一种观点比较妥当。这里规定的损失应当是指实际发生的、现实存在的损失，而不是可能发生的损失。具体而言，骗取贷款罪，应以危害金融安全为成立要件。行为人虽然采用欺骗手段从银行获取贷款的数额特别巨大，但其提供了足额真实抵押，未给银行造成损失，不会危及金融安全的场合，不构成犯罪。[101] 在有担保人的场合，担保人已代为偿还借款的，由于没有给银行或其他金融机构造成实际损失，也不应认定为骗取贷款罪。[102] 这一点，借助相关司法解释也能推导出来。如 2012 年 12 月 7 日最高人民法院、最高人民检察院公布的《关于办理渎职刑事案件适用法律若干问题的解释（一）》第 8 条第 2 款规定的“债务人经法定程序被宣告破产，债务人潜逃、去向不明，或者因行为人的责任超过诉讼时效等，致使债权已经无法实现的，无法实现的债权部分应当认定为渎职犯罪的经济损失”的规定，与上述《贷款风险分类指导原则》《贷款风险分类指引》所体现的理念一样，在骗取贷款罪中，只有权利人穷尽一切民事救济方式后仍不能完全实现自己的权利时，才能定义为损失。

“重大损失”的范围，在司法实践中亦是一个具有争议性的问题。一种观点认为，《关于公安机关管辖的刑事案件立案追诉标准的规定（二）》将骗取贷款罪造成银行或者其他金融机构损失限定为“直接经济损失”，那么，“重大损失”就仅仅是指未归还的贷款本金，不包括利息、违约金等损失。另一种观点认为，金融机构本身是以信贷为主业，金融机构的贷款资金也是有成本的，因此，“重大损失”包含利息、违约金等损失。但根据 2018 年 10 月 19 日最高人民法院、最高人民检察院公布的《关于修改〈关于办理妨害信用卡管理刑事案件具体应用法律若干问题的解释〉的决定》第 4 条的规定，这里的“重大损失”应当仅指未归还的贷款本金，不包括利息、违约金等损失。

在本罪的认定上，应当注意其与刑法第 193 条规定的贷款诈骗罪之间的界限。从行为特征上看，本罪与贷款诈骗罪虽然都采用了欺骗手段，但二者有一定区别：（1）本罪在主观上不要求行为人以“非法占有为目的”，而贷款诈骗罪要求行为人必须以“非法占有为目的”。在司法实践中认定“以非法占有为目的”比较困难，致使社会上大量的骗取银行贷款的行为难以被追究刑事法律责任。本罪的设立，降低了打击骗取银行贷款和信用行为的门槛，为保障银行信贷资产提供了更加有力的法律武器。（2）本罪的主体包括自然人和单位，而贷款诈骗罪的主体只是自然人。单位实施骗取贷款的行为，不能按照贷款诈骗罪追究刑事责任，符合条件的也

---

〔101〕 2011 年最高人民法院《关于被告人陈岩骗取贷款请示一案的批复》（2011）刑他字第 53 号。

〔102〕 蒋某智骗取票据承兑再审改判无罪案，广西壮族自治区高级人民法院（2022）桂刑再 4 号刑事判决书。被告人在融资过程中确实存在提供虚假证明材料的不诚信行为，应当予以否定性评价，但其提供了足额的抵押担保，尚未达到危害金融机构资金安全、给银行造成实际损失、构成犯罪的程度，故依法改判其无罪。

只能按照合同诈骗罪定罪。(3)两罪的最高法定刑不同,本罪最高法定刑仅为7年有期徒刑,而贷款诈骗罪最高可以判处无期徒刑。刑法之所以在贷款诈骗罪之外,再新设骗取贷款、票据承兑、金融票证罪,主要是为了加大打击骗取银行贷款行为的力度。

依照刑法第175条之一的规定,犯本罪的,处3年以下有期徒刑或者拘役,并处或者单处罚金;给银行或者其他金融机构造成特别重大损失或者有其他特别严重情节的,处3年以上7年以下有期徒刑,并处罚金。单位犯本罪的,对单位判处罚金,并对其直接负责的主管人员和其他直接责任人员,依照自然人犯本罪的规定处罚。以欺骗手段取得银行或者其他金融机构贷款、票据承兑、信用证、保函等,给银行或者其他金融机构造成直接经济损失数额在50万元以上的,应予立案追诉。[103]

十、非法吸收公众存款罪

(一)概念和构成

本罪,是指非法吸收公众存款或者变相吸收公众存款,扰乱金融秩序的行为。

1. 保护法益和犯罪对象

本罪侵犯的保护法益,是国家金融管理制度。存款是指存入金融机构保管并可以由其利用的货币资金或有价证券,它是吸收存款的金融机构信贷资金的主要来源。根据我国有关金融法律、法规的规定,商业银行、城乡信用合作社等非银行金融机构可以经营吸收公众存款业务,证券公司、证券交易所、保险公司等金融机构以及任何非金融机构和个人则不得从事吸收公众存款业务。从事吸收存款业务的金融机构在开展业务时,不仅应当遵循平等、自愿、公平和诚实信用原则,遵守法律、行政法规的有关规定,不损害国家利益、社会公共利益;同时,还应当遵守公平竞争的原则,不得从事不正当竞争。如果上述可以经营吸收公众存款业务的金融机构采取非法手段吸收公众存款,或者不得经营吸收公众存款业务的金融机构以及非金融机构、个人非法吸收或者变相吸收公众存款,必然影响国家对金融活动的宏观监管,损害金融机构的信用,损害存款人的利益,扰乱金融秩序,最终会影响国民经济的发展和社会的稳定。我国实行市场经济以来,由于贷款需求的扩张,各种非法吸收公众存款或者变相吸收公众存款的现象已愈益突出,这对国家金融秩序的稳定造成了极大的冲击。因此,我国刑法将非法吸收或者变相吸收公众存款的行为规定为犯罪予以惩治。

本罪的犯罪对象是公众存款。所谓存款是指存款人将资金存入银行或者其他金融机构,银行或者其他金融机构向存款人支付利息的一种经济活动。所谓公众存款是指存款人是不特定的群体,存款人只是少数个人或者是特定的,不能认为是公众存款。

2. 危害行为和危害结果

本罪客观上表现为,非法向公众吸收存款或者变相吸收公众存款,扰乱金融秩序。

第一,必须具有非法向公众吸收存款或者变相吸收公众存款的行为。所谓非法吸收公众存款,是指违反国家法律、法规的规定,以存款的形式吸收公众资金。在非法性的认定上,应当以国家金融管理法律法规为依据。对于国家金融管理法律法规仅作原则性规定的,可以根据法律规定的精神并参考中国人民银行、国家金融监督管理总局、中国证券监督管理委员会等行政主管部门依照国家金融管理法律法规制定的部门规章或者国家有关金融管理的规定、办法、

[103] 2022年最高人民检察院、公安部《关于公安机关管辖的刑事案件立案追诉标准的规定(二)》第22条。

实施细则等规范性文件的规定予以认定。据此,非法集资犯罪中的“非法性”,应以国家金融管理法律规定为依据,这里的法律规定,主要是指《商业银行法》第81条第1款前半句,即“未经国务院银行业监督管理机构批准,擅自设立商业银行,或者非法吸收公众存款、变相吸收公众存款,构成犯罪的,依法追究刑事责任”的规定,以及《防范和处置非法集资条例》第19条的规定。所谓“变相吸收公众存款”,是指未经金融监管部门批准,不以吸收公众存款的名义,但实际上在吸收公众资金的行为。这种行为通常具有一定的隐蔽性,但其本质仍然是非法吸收公众存款。

“非法吸收公众存款”包括两种情况:(1)不具有吸收存款主体资格而吸收公众存款。如无存款业务经营权的金融机构,或者擅自成立的金融机构,非法向公众吸收存款的,就是这种情况。(2)虽具有吸收公众存款的主体资格但其吸收公众存款的方法违法。如违反中国人民银行有关利率的规定,以擅自提高利率的方式吸收存款的,就是如此。只是考虑到《商业银行法》第75条对这种情况已规定了行政处罚,同时,这类金融机构本身具有吸收存款业务的特殊性,还本付息具有一定保证,和没有吸收存款主体资格的人吸收公众存款的情况有所不同,因此,只有非法吸收存款的数额和规模达到了相当的程度,情节严重的才能作为犯罪处理。〔104〕变相吸收公众存款行为往往伪装成正常的生产经营活动,规避了“吸收公众存款”的形式,但其实质仍然是变相抬高国家所规定的存款利率,同样扰乱了国家的金融管理秩序,与非法吸收公众存款具有同样的性质。未经中国人民银行批准,向社会不特定对象吸收资金,承诺在一定期限内还本付息的,属于变相吸收公众存款;承诺保本付息进行所谓的投资理财,也属于变相吸收公众存款。

按照有关司法解释,〔105〕同时具备下列四个条件的,属于“非法吸收公众存款或者变相吸收公众存款”:(1)未经有关部门依法许可或者借用合法经营的形式吸收资金。(2)通过网络、媒体、推介会、传单、手机信息等途径向社会公开宣传。“向社会公开宣传”,包括以各种途径向社会公众传播吸收资金的信息,以及明知吸收资金的信息向社会公众扩散而予以放任等情形。(3)承诺在一定期限内以货币、实物、股权等方式还本付息或者给付回报。(4)向社会公众即社会不特定对象吸收资金。

未向社会公开宣传,在亲友或者单位内部针对特定对象吸收资金的,不属于非法吸收或者变相吸收公众存款。这一点在上海微微爱珠宝公司、吴某某非法吸收公众存款(宣告无罪)案〔106〕中有清晰的体现。该案中,法院认为:(1)从宣传手段上看,吴某某借款方式为或当面或通过电话一对一向借款人提出借款,并约定利息和期限,既不存在通过媒体、推介会、传单、手机短信等途径向社会公开宣传的情形,亦无证据显示其要求借款对象为其募集、吸收资金或明知他人将其吸收资金的信息向社会公众扩散而予以放任的情形。(2)从借款对象上看,吴某某

---

〔104〕 高憬宏、杨万明主编:《基层人民法院法官培训教材(实务卷·刑事审判篇)》,人民法院出版社2005年版,第165页。

〔105〕 2022年最高人民法院《关于审理非法集资刑事案件具体应用法律若干问题的解释》第1条第1款。

〔106〕 该案的事实是,2010年6月至2011年10月间,上海微微爱珠宝公司法定代表人吴某某以投资或者经营需要资金周转等为由,通过出具借据或签订借款协议等方式,分别向涂某等向10余位借款人借款共计1.5亿余元,其中大多承诺较高利息,部分提供房产抵押或珠宝质押。所借款项主要用于偿还他人的借款本息、支付公司运营支出等。至案发,吴某某和上海微微爱珠宝公司对上述款项尚未完全支付本息,故被公诉机关指控犯非法吸收公众存款罪。参见上海微微爱珠宝公司、吴某某非法吸收公众存款(宣告无罪)案,上海市第二中级人民法院(2015)沪二中刑终字第68号刑事裁定书。

的借款对象绝大部分与其有特定的社会关系基础，范围相对固定、封闭，不具有开放性，并非随机选择或者随时可能变化的不特定对象。对于查明的出资中确有部分资金并非亲友自有而系转借而来的情况，但现有证据难以认定吴某某系明知亲友向他人吸收资金而予以放任，此外，其个别亲友转借的对象亦是个别特定对象，而非社会公众。（3）吴某某在向他人借款的过程中，存在并未约定利息或回报的情况，对部分借款还提供了房产、珠宝抵押，故吴某某的上述行为并不符合非法吸收公众存款罪的特征。

相反地，下列情形不属于“针对特定对象吸收资金”的行为，应当认定为向社会公众吸收资金：一是在向亲友或者单位内部人员吸收资金的过程中，明知亲友或者单位内部人员向不特定对象吸收资金而予以放任的。二是以吸收资金为目的，将社会人员吸收为单位内部人员，并向其吸收资金的。三是未经有关部门依法批准或者借用合法经营的形式吸收资金，实施下列行为之一：（1）不具有房产销售的真实内容或者不以房产销售为主要目的，以返本销售、售后包租、约定回购、销售房产份额等方式非法吸收资金的；（2）以转让林权并代为管护等方式非法吸收资金的；（3）以代种植（养殖）、租种植（养殖）、联合种植（养殖）等方式非法吸收资金的；（4）不具有销售商品、提供服务的真实内容或者不以销售商品、提供服务为主要目的，以商品回购、寄存代售等方式非法吸收资金的；（5）不具有发行股票、债券的真实内容，以虚假转让股权、发售虚构债券等方式非法吸收资金的；（6）不具有募集基金的真实内容，以假借境外基金、发售虚构基金等方式非法吸收资金的；（7）不具有销售保险的真实内容，以假冒保险公司、伪造保险单据等方式非法吸收资金的；（8）以网络借贷、投资入股、虚拟币交易等方式非法吸收资金的；（9）以委托理财、融资租赁等方式非法吸收资金的；（10）以提供“养老服务”、投资“养老项目”、销售“老年产品”等方式非法吸收资金的；（11）利用民间“会”“社”等组织非法吸收资金的；（12）其他非法吸收资金的行为。〔107〕

第二，必须达到“扰乱金融秩序”的程度。即涉嫌下列情形之一：（1）非法吸收或者变相吸收公众存款数额在100万元以上的；（2）非法吸收或者变相吸收公众存款对象150人以上的；（3）非法吸收或者变相吸收公众存款，给存款人造成直接经济损失数额在50万元以上的。非法吸收或者变相吸收公众存款数额在50万元以上或者给存款人造成直接经济损失数额在25万元以上，同时涉嫌下列情形之一的，应予立案追诉：（1）因非法集资受过刑事追究的；（2）2年内因非法集资受过行政处罚的；（3）造成恶劣社会影响或者其他严重后果的。〔108〕

非法吸收或者变相吸收公众存款构成犯罪，具有下列情形之一的，向亲友或者单位内部人员吸收的资金应当与向不特定对象吸收的资金一并计入犯罪数额：（1）在向亲友或者单位内部人员吸收资金的过程中，明知亲友或者单位内部人员向不特定对象吸收资金而予以放任的；（2）以吸收资金为目的，将社会人员吸收为单位内部人员，并向其吸收资金的；（3）向社会公开宣传，同时向不特定对象、亲友或者单位内部人员吸收资金的。非法吸收或者变相吸收公众存款的数额，以行为人所吸收的资金全额计算。集资参与人收回本金或者获得回报后又重复投资的数额不予扣除，但可以作为量刑情节酌情考虑。〔109〕

负责或从事吸收资金行为的犯罪嫌疑人非法吸收公众存款金额，根据其实际参与吸收的

---

〔107〕 2022年最高人民法院《关于审理非法集资刑事案件具体应用法律若干问题的解释》第2条。

〔108〕 2022年最高人民检察院、公安部《关于公安机关管辖的刑事案件立案追诉标准的规定（二）》第23条；2022年最高人民法院《关于审理非法集资刑事案件具体应用法律若干问题的解释》第3条。

〔109〕 2019年最高人民法院、最高人民检察院、公安部《关于办理非法集资刑事案件若干问题的意见》第5条。

全部金额认定。但以下金额不应计入该犯罪嫌疑人的吸收金额:(1)犯罪嫌疑人自身及其近亲属所投资的资金金额;(2)记录在犯罪嫌疑人名下,但其未实际参与吸收且未从中收取任何形式好处的资金。吸收金额经过司法会计鉴定的,可以将前述不计入部分直接扣除。但是,前述两项所涉金额仍应计入相对应的上一级负责人及所在单位的吸收金额。投资人在每期投资结束后,利用投资账户中的资金(包括每期投资结束后归还的本金、利息)进行反复投资的金额应当累计计算,但对反复投资的数额应当作出说明。对负责或从事行政管理、财务会计、技术服务等辅助工作的犯罪嫌疑人,应当按照其参与的犯罪事实,结合其在犯罪中的地位和作用,依法确定刑事责任范围。确定犯罪嫌疑人的吸收金额时,应当重点审查、运用以下证据:(1)涉案主体自身的服务器或第三方服务器上存储的交易记录等电子数据;(2)会计账簿和会计凭证;(3)银行账户交易记录、POS 机支付记录;(4)资金收付凭证、书面合同等书证。仅凭投资人报案数据不能认定吸收金额。[110]

3. 主体

本罪的主体是一般主体,包括自然人和单位。单位实施非法集资犯罪活动,全部或者大部分违法所得归单位所有的,应当认定为单位犯罪。个人为进行非法集资犯罪活动而设立的单位实施犯罪的,或者单位设立后,以实施非法集资犯罪活动为主要活动的,不以单位犯罪论处,对单位中组织、策划、实施非法集资犯罪活动的人员应当以自然人犯罪依法追究刑事责任。判断单位是否以实施非法集资犯罪活动为主要活动,应当根据单位实施非法集资的次数、频度、持续时间、资金规模、资金流向、投入人力物力情况、单位进行正当经营的状况以及犯罪活动的影响、后果等因素综合考虑认定。

针对借助互联网进行非法集资等网络犯罪活动比较猖獗的现实,2017 年最高人民检察院公布的《关于办理涉互联网金融犯罪案件有关问题座谈会纪要》第 6 条就非法吸收公众存款行为的认定,专门规定,涉互联网金融活动在未经有关部门依法批准的情形下,公开宣传并向不特定公众吸收资金,承诺在一定期限内还本付息的,应当依法追究刑事责任。互联网金融的本质是金融,判断其是否属于"未经有关部门依法批准",即行为是否具有非法性的主要法律依据是《商业银行法》等现行有效的金融管理法律规定。(1)中介机构以提供信息中介服务为名,实际从事直接或间接归集资金,甚至自融或变相自融等行为,应当依法追究中介机构的刑事责任。特别要注意识别变相自融行为,如中介机构通过拆分融资项目期限、实行债权转让等方式为自己吸收资金的,应当认定为非法吸收公众存款。(2)中介机构与借款人存在以下情形之一的,应当依法追究刑事责任:其一,中介机构与借款人合谋或者明知借款人存在违规情形,仍为其非法吸收公众存款提供服务的;中介机构与借款人合谋,采取向出借人提供信用担保、通过电子渠道以外的物理场所开展借贷业务等违规方式向社会公众吸收资金的;其二,双方合谋通过拆分融资项目期限、实行债权转让等方式为借款人吸收资金的。在对中介机构、借款人进行追诉时,应根据各自在非法集资中的地位、作用确定其刑事责任。中介机构虽然没有直接吸收资金,但是通过大肆组织借款人开展非法集资并从中收取费用数额巨大、情节严重的,可以认定为主犯。(3)借款人故意隐瞒事实,违反规定,以自己名义或借用他人名义利用多个网络借贷平台发布借款信息,借款总额超过规定的最高限额,或将吸收资金用于明确禁止的投资股票、场外配资、期货合约等高风险行业,造成重大损失和社会影响的,应当依法追究借

[110] 2017 年最高人民检察院《关于办理涉互联网金融犯罪案件有关问题座谈会纪要》第 11 条、第 12 条、第 13 条。

款人的刑事责任。对于借款人将借款主要用于正常的生产经营活动,能够及时清退所吸收资金,不作为犯罪处理。[111]

4. 主观要件

本罪的主观要件为故意。认定犯罪嫌疑人、被告人是否具有非法吸收公众存款的犯罪故意,应当依据犯罪嫌疑人、被告人的任职情况、职业经历、专业背景、培训经历、本人因同类行为受到行政处罚或者刑事追究情况以及吸收资金方式、宣传推广、合同资料、业务流程等证据,结合其供述,进行综合分析判断。[112] 详言之,在非法吸收公众存款罪中,认定主观故意,原则上并不要求对法律的禁止性规定有明知。特别是具备一定涉金融活动相关从业经历、专业背景或在犯罪活动中担任一定管理职务的犯罪嫌疑人,可以收集运用犯罪嫌疑人的任职情况、职业经历、专业背景、培训经历、此前任职单位或者其本人因从事同类行为受到处罚情况等证据,证明犯罪嫌疑人提出的"不知道相关行为被法律所禁止,故不具有非法吸收公众存款的主观故意"等辩解不能成立。除此之外,还可以收集运用以下证据进一步印证犯罪嫌疑人知道或应当知道其所从事的行为具有非法性,比如犯罪嫌疑人故意规避法律以逃避监管的相关证据:自己或要求下属与投资人签订虚假的亲友关系确认书,频繁更换宣传用语逃避监管,实际推介内容与宣传用语、实际经营状况不一致,刻意向投资人夸大公司兑付能力,在培训课程中传授或接受规避法律的方法等。对于无相关职业经历、专业背景,且从业时间短暂,在单位犯罪中层级较低,纯属执行单位领导指令的犯罪嫌疑人提出辩解的,如确实无其他证据证明其具有主观故意的,可以不作为犯罪处理。

另外,实践中还存在犯罪嫌疑人提出因信赖行政主管部门出具的相关意见而陷入违法性错误认识的辩解。如果上述辩解确有证据证明,不应作为犯罪处理,但应当对行政主管部门出具的相关意见及其出具过程进行查证,如存在以下情形之一,仍应认定犯罪嫌疑人具有非法吸收公众存款的主观故意:(1)行政主管部门出具意见所涉及的行为与犯罪嫌疑人实际从事的行为不一致的;(2)行政主管部门出具的意见未对是否存在非法吸收公众存款问题进行合法性审查,仅对其他合法性问题进行审查的;(3)犯罪嫌疑人在行政主管部门出具意见时故意隐瞒事实、弄虚作假的;(4)犯罪嫌疑人与出具意见的行政主管部门的工作人员存在利益输送行为的;(5)犯罪嫌疑人存在其他影响和干扰行政主管部门出具意见公正性的情形的。对于犯罪嫌疑人提出因信赖专家学者、律师等专业人士、主流新闻媒体宣传或有关行政主管部门工作人员的个人意见而陷入错误认识的辩解,不能作为犯罪嫌疑人判断自身行为合法性的根据和排除主观故意的理由。[113]

(二)本罪的认定

在本罪的认定上,要注意以下几点:

1. 要正确区分非法吸收公众存款和民间借贷。民间借贷,是指自然人、法人、其他组织之间及其相互之间进行资金融通的行为。民间借贷自古有之,公民之间的借贷体现公民之间的互帮互济关系,可以根据国家的法律政策协商合理的利息。2015 年最高人民法院公布的《关于审理民间借贷案件适用法律若干问题的规定》第 26 条规定,借贷双方约定的利率未超过年

[111] 2017 年最高人民检察院《关于办理涉互联网金融犯罪案件有关问题座谈会纪要》第 8 条。

[112] 2019 年最高人民法院、最高人民检察院、公安部《关于办理非法集资刑事案件若干问题的意见》第 4 条第 1 款。

[113] 2017 年最高人民检察院《关于办理涉互联网金融犯罪案件有关问题座谈会纪要》第 10 条。

利率24%，出借人请求借款人按照约定的利率支付利息的，人民法院应予支持。借贷双方约定的利率超过年利率36%，超过部分的利息约定无效。借款人请求出借人返还已支付的超过年利率36%部分的利息的，人民法院应予支持。但2020年最高人民法院《关于修改〈关于审理民间借贷案件适用法律若干问题的规定〉的决定》第20条将上述规定修改为“出借人请求借款人按照合同约定利率支付利息的，人民法院应予支持，但是双方约定的利率超过合同成立时一年期贷款市场报价利率四倍的除外。前款所称‘一年期贷款市场报价利率’，是指中国人民银行授权全国银行间同业拆借中心自2019年8月20日起每月发布的一年期贷款市场报价利率”，即将原有的民间借贷利率司法保护上限由过去的24%与36%调整为以中国人民银行授权全国银行间同业拆借中心于每月20日公布的一年期贷款市场报价利率（LPR）的4倍为准，超出此上限的利率不受法律认可。依据《关于修改〈关于审理民间借贷案件适用法律若干问题的规定〉的决定》第20条规定为不得超出年化利率15.4%，大幅降低了民间借贷利率的司法保护上限。

2. 单位犯罪的认定和处理。办理单位非法集资刑事案件中，应全面查清涉案单位，包括上级单位（总公司、母公司）和下属单位（分公司、子公司）的主体资格、层级、关系、地位、作用、资金流向等，区分情况依法作出处理。上级单位已被认定为单位犯罪，下属单位实施非法集资犯罪活动，且全部或者大部分违法所得归下属单位所有的，对该下属单位也应当认定为单位犯罪。上级单位和下属单位构成共同犯罪的，应当根据犯罪单位的地位、作用，确定犯罪单位的刑事责任。上级单位已被认定为单位犯罪，下属单位实施非法集资犯罪活动，但全部或者大部分违法所得归上级单位所有的，对下属单位不单独认定为单位犯罪。下属单位中涉嫌犯罪的人员，可以作为上级单位的其他直接责任人员依法追究刑事责任。上级单位未被认定为单位犯罪，下属单位被认定为单位犯罪的，对上级单位中组织、策划、实施非法集资犯罪的人员，一般可以与下属单位按照自然人与单位共同犯罪处理。上级单位与下属单位均未被认定为单位犯罪的，一般以上级单位与下属单位中承担组织、领导、管理、协调职责的主管人员和发挥主要作用的人员作为主犯，以其他积极参加非法集资犯罪的人员作为从犯，按照自然人共同犯罪处理。〔114〕

3. 共犯的处理。办理非法集资刑事案件，重点惩处非法集资犯罪活动的组织者、领导者和管理人员，包括单位犯罪中的上级单位（总公司、母公司）的核心层、管理层和骨干人员，下属单位（分公司、子公司）的管理层和骨干人员，以及其他发挥主要作用的人员。为他人向社会公众非法吸收资金提供帮助，从中收取代理费、好处费、返点费、佣金、提成等费用，构成非法集资共同犯罪的，也应当依法追究刑事责任。对于涉案人员积极配合调查、主动退赃退赔、真诚认罪悔罪的，可以依法从轻处罚；其中情节轻微的，可以免除处罚；情节显著轻微、危害不大的，不作为犯罪处理。

4. 以私募基金形式的违法吸收公众存款的认定和处理。私募基金管理人经登记、私募基金经备案或者部分备案，不影响对非法集资行为“非法性”的认定。根据《证券投资基金法》第2条和《私募投资基金监督管理条例》第2条的规定，私募基金是指以非公开方式向投资者募集资金设立的投资基金，具有“非公开”和“向特定合格投资者募集”两个基本属性；私募基金不设行政审批，私募基金管理人应当向基金业协会申请登记，募集完毕后办理基金备案，经登

〔114〕 2019年最高人民法院、最高人民检察院、公安部《关于办理非法集资刑事案件若干问题的意见》第2条。

记、备案不属于“经有关部门依法许可”向社会公众吸收资金。根据《商业银行法》的规定,向不特定社会公众公开吸收存款是商业银行的专属业务,须经国务院银行业监督管理机构批准。违反上述规定,向不特定社会公众公开发行销售私募基金的,属于假借私募基金的合法经营形式,掩盖非法集资之实,既违反了私募基金管理法律规定,又违反了商业银行法的规定,无论是否经基金业协会登记、备案,都具有非法性。以私募基金为名非法集资的手段多样,实质上都是突破私募基金“私”的本质和投资风险自负的底线,以具有公开性、社会性和利诱性的方式非法募集资金,属于非法吸收公众存款。常用的手段有:通过网站、电话、微信、讲座、推介会、分析会、撒网式代销推荐等方式向不特定对象宣传,具有公开性;通过组织不合格投资者私下协议代持基金份额、允许“拼单团购”、将私募基金份额或者收益权进行拆分转让、同一融资项目设立多只私募基金等方式,降低合格投资者标准,规避投资者人数限制,具有社会性;除私募基金认购合同外,通过另行签订补充协议或者口头承诺回购、担保、年化收益率等方式,以预期利润为引诱,承诺还本付息或者给付回报,具有利诱性。发行销售私募基金的行为具备上述特征的,属于非法集资或者变相非法集资,应当依法追究刑事责任。是否具有非法占有目的,是区分非法吸收公众存款罪与集资诈骗罪的关键。私募股权类基金产品一般从事创业投资,以投资项目公司、企业的股权为标的,对于发行私募股权类基金产品符合非法集资犯罪“四性”特征,但大部分资金用于真实项目投资,没有抽逃、转移、隐匿、挥霍等情形的,可以不认定其具有“以非法占有为目的”。[115]

5. 金融创新与非法吸收公众存款罪的区分。向不特定社会公众吸收存款是商业银行专属金融业务,任何单位和个人未经批准不得实施。根据《商业银行法》第 11 条第 2 款的规定,未经国务院银行业监督管理机构批准,任何单位和个人不得从事吸收公众存款等商业银行业务,这是判断吸收公众存款行为合法与非法的基本法律依据。任何单位或个人,包括非银行金融机构,未经国务院银行业监督管理机构批准,面向社会吸收公众存款或者变相吸收公众存款均属非法。2021 年 5 月 1 日实施的国务院《防范和处置非法集资条例》第 2 条第 1 款明确规定,未经国务院金融管理部门依法许可或者违反国家金融管理规定,以许诺还本付息或者给予其他投资回报等方式,向不特定对象吸收资金的行为,就是非法集资,必须予以防范和处置。为了解决传统金融机构覆盖不了、满足不好的社会资金需求,缓解个体经营者、小微企业经营当中的小额资金困难,国务院金融监管机构于 2016 年发布了《网络借贷信息中介机构业务活动管理暂行办法》,允许单位或个人在规定的借款余额范围内通过网络借贷信息中介机构进行小额借贷,并且对单一组织、单一个人在单一平台、多个平台的借款余额上限作了明确限定。网络借贷中介机构非法控制、支配资金,构成非法吸收公众存款。网络借贷信息中介机构依法只能从事信息中介业务,为借款人与出借人实现直接借贷提供信息搜集、信息公布、资信评估、信息交互、借贷撮合等服务。信息中介机构不得提供增信服务,不得直接或间接归集资金,包括设立资金池控制、支配资金或者为自己控制的公司融资。网络借贷信息中介机构利用互联网发布信息归集资金,不仅超出了信息中介业务范围,同时也触犯了刑法第 176 条的规定。在利用网络平台进行的金融活动到底是金融创新还是非法吸收公众存款的判断上,必须对网络借贷平台的股权结构、实际控制关系、资金来源、资金流向、中间环节和最终投向进行分析,综

---

[115] 苏某明等人非法吸收公众存款案(入库编号 2023-04-1-113-003),广东省深圳市福田区法院(2020)粤 0304 刑初 301 号、(2020)粤 0304 刑初 1403 号刑事判决。

合全流程信息,判断是规范的信息中介,还是假借信息中介名义从事信用中介活动,是否存在违法设立资金池、自融、变相自融等违法归集、控制、支配、使用资金的行为,准确认定行为性质。[116]

(三)本罪的处罚

依照刑法第176条的规定,犯本罪的,处3年以下有期徒刑或者拘役,并处或者单处罚金;数额巨大或者有其他严重情节的,处3年以上10年以下有期徒刑,并处罚金;数额特别巨大或者有其他特别严重情节的,处10年以上有期徒刑,并处罚金。单位犯前款罪的,对单位判处罚金,并对其直接负责的主管人员和其他直接责任人员,依照前款的规定处罚。有前两款行为,在提起公诉前积极退赃退赔,减少损害结果发生的,可以从轻或者减轻处罚。

所谓"数额巨大或者有其他严重情节的",是指具有下列情形之一:(1)非法吸收或者变相吸收公众存款,数额在500万元以上的;(2)非法吸收或者变相吸收公众存款对象500人以上的;(3)非法吸收或者变相吸收公众存款,给存款人造成直接经济损失数额在250万元以上的。非法吸收或者变相吸收公众存款数额在250万元以上或者给存款人造成直接经济损失数额在150万元以上,同时具有《关于审理非法集资刑事案件具体应用法律若干问题的解释》第3条第2款第3项情节的,应当认定为"其他严重情节"。[117]

所谓"数额特别巨大或者有其他特别严重情节",是指具有下列情形之一:(1)非法吸收或者变相吸收公众存款数额在5000万元以上的;(2)非法吸收或者变相吸收公众存款对象5000人以上的;(3)非法吸收或者变相吸收公众存款,给存款人造成直接经济损失数额在2500万元以上的。非法吸收或者变相吸收公众存款数额在2500万元以上或者给存款人造成直接经济损失数额在1500万元以上,同时具有《审理非法集资刑事案件具体应用法律若干问题的解释》第3条第2款第3项情节的,应当认定为"其他特别严重情节"。[118]

关于本罪的处罚,应当注意以下几点:

1. 在犯罪数额的计算上,要注意的是,非法吸收或者变相吸收公众存款的数额,以行为人所吸收的资金全额计算。在提起公诉前积极退赃退赔,减少损害结果发生的,可以从轻或者减轻处罚;在提起公诉后退赃退赔的,可以作为量刑情节酌情考虑。非法吸收或者变相吸收公众存款,主要用于正常的生产经营活动,能够在提起公诉前清退所吸收资金,可以免予刑事处罚;情节显著轻微危害不大的,不作为犯罪处理。[119]

2. 在涉案财产的追缴和处置上,要注意的是,向社会公众非法吸收的资金属于违法所得。以吸收的资金向集资参与人支付的利息、分红等回报,以及向帮助吸收资金人员支付的代理费、好处费、返点费、佣金、提成等费用,应当依法追缴。集资参与人本金尚未归还的,所支付的回报可予折抵本金。将非法吸收的资金及其转换财物用于清偿债务或者转让给他人,有下列情形之一的,应当依法追缴:(1)他人明知是上述资金及财物而收取的;(2)他人无偿取得上述资金及财物的;(3)他人以明显低于市场的价格取得上述资金及财物的;(4)他人取得上述资金及财物系源于非法债务或者违法犯罪活动的;(5)其他依法应当追缴的情形。查封、扣押、

---

〔116〕 杨某国等人非法吸收公众存款案,最高人民检察院指导性案例第64号(2020年)。

〔117〕 2022年最高人民法院《关于审理非法集资刑事案件具体应用法律若干问题的解释》第4条。

〔118〕 2022年最高人民法院《关于审理非法集资刑事案件具体应用法律若干问题的解释》第5条。

〔119〕 2022年最高人民法院《关于审理非法集资刑事案件具体应用法律若干问题的解释》第6条第1、2款。

冻结的易贬值及保管、养护成本较高的涉案财物,可以在诉讼终结前依照有关规定变卖、拍卖。所得价款由查封、扣押、冻结机关予以保管,待诉讼终结后一并处置。查封、扣押、冻结的涉案财物,一般应在诉讼终结后,返还集资参与人。涉案财物不足全部返还的,按照集资参与人的集资额比例返还。[120]

3. 关于本罪的量刑,依照 2021 年最高人民法院、最高人民检察院《关于常见犯罪的量刑指导意见(试行)》第 4 条第 3 款的规定,(1)构成非法吸收公众存款罪的,根据下列情形在相应的幅度内确定量刑起点:犯罪情节一般的,在 1 年以下有期徒刑、拘役幅度内确定量刑起点;达到数额巨大起点或者有其他严重情节的,在 3 年至 4 年有期徒刑幅度内确定量刑起点;达到数额特别巨大起点或者有其他特别严重情节的,在 10 年至 12 年有期徒刑幅度内确定量刑起点。(2)在量刑起点的基础上,根据非法吸收存款数额等其他影响犯罪构成的犯罪事实增加刑罚量,确定基准刑。(3)对于在提起公诉前积极退赃退赔,减少损害结果发生的,可以减少基准刑的 40% 以下;犯罪较轻的,可以减少基准刑的 40% 以上或者依法免除处罚。(4)构成非法吸收公众存款罪的,根据非法吸收公众存款数额、存款人人数、给存款人造成的直接经济损失数额等犯罪情节,综合考虑被告人缴纳罚金的能力,决定罚金数额。(5)构成非法吸收公众存款罪的,综合考虑非法吸收存款数额、存款人人数、给存款人造成的直接经济损失数额、清退资金数额等犯罪事实、量刑情节,以及被告人主观恶性、人身危险性、认罪悔罪表现等因素,决定缓刑的适用。

十一、伪造、变造金融票证罪

(一)概念和构成

本罪,是指采取各种方法制造假金融票证或篡改、变动真实的金融票证的行为。其构成如下:

1. 危害行为和危害结果。本罪客观上表现为伪造和变造各种金融票证。

所谓伪造,就是制作不真实的金融票证,即仿照各种金融票证的式样、图案、颜色、特征、质地等,用印刷、描绘、影印等方式制造出外观上足以让一般人误认为真实的金融票证。伪造有两种情况:一是形式伪造,二是内容伪造。形式伪造是指对有价证券或者文书证件在外观、形式上的非法仿制。内容伪造,则是指对有价证券或者文书证件实质内容的非法填写。票据伪造行为中,形式伪造、内容伪造是否均属于伪造?刑法理论上有不同观点。第一种观点认为,票据伪造是指行为人仿照真实的票据形式、图案、格式、质地,通过印刷、复制、绘制等手法非法制作票据的行为。简言之,伪造票据是票据样式的伪造。第二种观点认为,票据伪造是指行为人假冒他人在票据上为一定的票据行为,包括出票、背书、承兑或保证等行为。简言之,票据伪造是内容的伪造。第三种观点认为,刑法上的票据伪造包括外观上的非法仿制和内容上的非法填制行为。其中,第二种观点是主流观点。刑法意义上的伪造、变造金融票证行为,其核心是对金融票证的物理性状进行改变。犯罪嫌疑人先将资金存入某信用社取得存单,再假称丢失存单,通过办理存单挂失手续将存款提现的方法取得已挂失的存单,犯罪嫌疑人的行为不属于刑法规定的伪造、变造金融票证的范畴。[121] 非法仿制票据(确切地讲是票据用纸)实际上

---

〔120〕 2014 年最高人民法院、最高人民检察院、公安部《关于办理非法集资刑事案件适用法律若干问题的意见》第 5 条。

〔121〕 2007 年公安部经济犯罪侦查局《关于对伪造、变造金融凭证罪法律适用问题的批复》(公经〔2007〕1900 号)。

是票据格式的伪造，并没有直接产生票据法上的权利义务。从我国现行刑法分析，票据格式的伪造者并不当然承担民事、行政和刑事法律责任。信用卡的伪造，既包括形式上的伪造（伪造空白信用卡），也包括内容上的伪造（伪造信用卡，即在信用卡磁条上输入权利人的信息）。[122]

所谓变造，就是没有权限，但对真实金融票证的非本质部分进行变更。对金融票证的本质部分进行变更的场合，就是伪造，而不是变造。如变更银行存单中的存款年月日的，是变造；但将其中的存款人名字加以变更的，就是伪造。

伪造、变造的对象是金融票证，即银行在办理支付结算活动中所使用的，据以执行客户支付指令、办理资金划转的凭证。具体而言，包括汇票、本票、支票，委托收款凭证、汇款凭证、银行存单等银行结算凭证，信用证或者附随的单据、文件，其均为中国人民银行统一规定印制的、具备支付结算功能，即产生货币给付及资金清算的法律效力的凭证。具体而言，就是以下金融票证：

（1）汇票、本票、支票。所谓汇票，是指出票人签发的，委托付款人在见票时或者在指定日期无条件支付确定的金额给收款人或者持票人的票据；所谓本票，是指由出票人签发的，承诺自己在见票时无条件支付确定的金额给收款人或者持票人的票据。根据我国《票据法》第 73 条第 2 款"本法所称本票，是指银行本票"之规定，promissory note（英译为本票）及附随英文确认书系商业本票，该商业本票不符合我国票据法规定的本票概念，不属于刑法第 177 条、第 194 条规定的本票的范畴；[123] 所谓支票，是指由出票人签发的，委托办理支票存款业务的银行或者其他金融机构在见票时无条件支付确定的金额给收款人或者持票人的票据。

（2）委托收款凭证、汇款凭证、银行存单等其他银行结算凭证。委托收款凭证又称托收凭证，是指收款人在委托银行向付款人收取款项时，所填写的凭证和证明，有邮寄和电报划回两种。汇款凭证，是指汇款人委托银行将款项汇给外地收款人时，所填写的凭据和证明。需注意，这里的汇款凭证并非个人转账汇款的凭条，而是指委托银行汇款的凭证。银行存单，是指由储户向银行交存款项，办理开户，银行签发载有户名、账号、存款金额、存期、存入日、到期日、利率等内容的存单。

（3）信用证或者随附的单据、文件。信用证，是指开证银行根据进口商（买方）的请求，开给出口方（卖方）的保证付款的书面凭证。附随的单据，主要有货物单据、运输单据、保险单据三种。货物单据，如发票、装箱单、产地证书等。运输单据，是表明运送人已将货物装船或发运或接受监管的单据，包括海运提单、航空运单、铁路运单等，保险单据是关于货物运输保险的单据。由于国际贸易中的货物运输路途遥远、时间较长，为避免货物因长途运输或遇有意外情况受到损失，对货物有保险利益的人大多采取为货物投保的方法以转移由此造成的损失。国际贸易的信用证结算模式下，卖方凭信用证及相关单据就可以向银行申请付款，银行则只对单据进行审查，只要在形式上单单相符、单证相符，银行即应无条件付款。可见，伪造金融票证罪中的金融票证，均是能够直接向银行或其他金融机构请求付款的票证，是实践当中最为重要的金融票证。"单位定期存款开户证实书"是接受存款的金融机构向存款单位开具的人民币定期存款权利凭证，是一种金融凭证，起到存款证明作用。[124] 银行结算凭证是办理支付结算的工

---

〔122〕 2018 年最高人民法院、最高人民检察院《关于办理妨害信用卡管理刑事案件具体应用法律若干问题的解释》第 1 条第 1、2 款。

〔123〕 2012 年公安部经济犯罪侦查局《关于"12.24"票据诈骗案件有关法律问题的批复》。

〔124〕 2000 年公安部经济犯罪侦查局《关于单位定期存款开户证实书性质的批复》。

具,是银行、单位和个人凭以记载账务的会计凭证,是记载经济业务和明确经济责任的一种书面证明。单位取款凭条,是存款人开户银行根据存款人委托,从其账户中将款项支付给指定收款人的一种书面证明,应属银行结算凭证。[125] 现金缴款单是客户到银行办理现金缴存业务的专用凭证,也是银行和客户凭以记账的依据,证明银行与客户之间发生了资金收付关系,代表相互间债权、债务关系的建立,是银行结算凭证的一种。[126] 除此之外,由银行或其他金融机构出具的其他不具有直接请求付款功能的单据、凭证,则不属于本罪项下的金融票证。如银行回单并非能够直接据以请求付款的银行结算凭证,不属于本罪中的“金融票证”;自动柜员机客户凭证只是供持卡人存款、取款及转账等核对之用,不作为任何凭据,不属于本罪中的“金融票证”;银行进账单、询证函、查询对账单均非银行结算凭证,不属于伪造、变造金融票证罪中的“金融票证”范畴;银行质押凭证止付通知书不属于本罪中的“金融票证”。

(4)信用卡。刑法中的“信用卡”,是指由商业银行或者其他金融机构发行的具有消费支付、信用贷款、转账结算、存取现金等全部功能或者部分功能的电子支付卡。复制他人信用卡、将他人信用卡信息资料写入磁条介质、芯片或者以其他方法伪造信用卡 1 张以上的,应当认定为刑法第 177 条第 1 款第 4 项规定的“伪造信用卡”。[127] 伪造、变造金融票证的行为,可以单独进行,也可以结合实施,但只要具备其中的一种行为,即构成犯罪;如果同时实施了上述两种行为,应当从重处罚,不可实行数罪并罚。本罪是选择性罪名,司法实践中应根据具体案情,选择适用或并合适用。

伪造、变造金融票证,只有涉嫌下列情形之一的,才应予立案追诉:(1)伪造、变造汇票、本票、支票,或者伪造、变造委托收款凭证、汇款凭证、银行存单等其他银行结算凭证,或者伪造、变造信用证或者附随的单据、文件,总面额在 1 万元以上或者数量在 10 张以上的;(2)伪造信用卡 1 张以上,或者伪造空白信用卡 10 张以上的。[128]

2. 主体。本罪的主体是一般主体,既可以是自然人,也可以是单位。

3. 主观要件。本罪的主观要件是故意,即明知是伪造、变造金融票证的行为而有意为之,行为人主观上不必具有骗取他人财物的目的。如果有此目的的话,就构成诈骗方面的犯罪,而不是本罪。因此,在信用社工作人员出于侥幸心理,以为朋友在短时间内能尽快归还贷款,为对方出具了 7 张虚填的存单,交给朋友到其他银行质押贷款,结果致使信用社蒙受损失的场合,以及变更储户姓名、为他人提供资信证明的场合,均由于行为人伪造、变造金融票证的时候不具有非法占有他人财物的目的,因而只能构成本罪,不构成诈骗之类的犯罪。

(二)处罚

依照刑法第 177 条的规定,犯本罪的,处 5 年以下有期徒刑或者拘役,并处或者单处 2 万元以上 20 万元以下罚金;情节严重的,处 5 年以上 10 年以下有期徒刑,并处 5 万元以上 50 万元以下罚金;情节特别严重的,处 10 年以上有期徒刑或者无期徒刑,并处 5 万元以上 50 万元以下罚金或者没收财产。单位犯前款罪的,对单位判处罚金,并对其直接负责的主管人员和其

[125] 2003 年公安部经济犯罪侦查局《关于转发〈中国人民银行办公厅关于单位取款凭条性质认定问题的意见〉的通知》。

[126] 2006 年公安部经济犯罪侦查局《关于银行现金缴款单是否属于金融票证的批复》(公经〔2006〕2697 号)。

[127] 2018 年最高人民法院、最高人民检察院《关于办理妨害信用卡管理刑事案件具体应用法律若干问题的解释》第 1 条。

[128] 2022 年最高人民检察院、公安部《关于公安机关管辖的刑事案件立案追诉标准的规定(二)》第 24 条。

他直接责任人员，依照自然人犯本罪的规定处罚。

其中，“情节严重”是指下列情形之一：(1)伪造信用卡5张以上不满25张的；(2)伪造的信用卡内存款余额、透支额度单独或者合计数额在20万元以上不满100万元的；(3)伪造空白信用卡50张以上不满250张的；(4)其他情节严重的情形。“情节特别严重”是指下列情形之一：(1)伪造信用卡25张以上的；(2)伪造的信用卡内存款余额、透支额度单独或者合计数额在100万元以上的；(3)伪造空白信用卡250张以上的；(4)其他情节特别严重的情形。[129] 这里所称的“信用卡内存款余额、透支额度”，以信用卡被伪造后发卡行记录的最高存款余额、可透支额度计算。单位实施《关于妨害信用卡管理刑事案件具体应用法律若干问题的解释》规定的行为，适用该解释规定的相应自然人犯罪的定罪量刑标准。

十二、妨害信用卡管理罪

本罪，是指违反国家信用卡管理法规，在信用卡的发行、使用等过程中，妨害国家对信用卡的管理活动，破坏信用卡管理秩序的行为。

本罪客观上表现为妨害信用卡的管理。具体而言，主要包括以下四种情形：

1. 明知是伪造的信用卡而持有、运输的，或者明知是伪造的空白信用卡而持有、运输，数量较大的。所谓伪造的信用卡，就是无权制作的信用卡和有权但非法制作的信用卡。前者是指无权制作者模仿真实信用卡的质地、模式、版块、图样以及磁条密码等制造出来的信用卡；后者是指在真卡的基础上制造出来的信用卡，即在合法制造出来但未加打卡号或者姓名、也未在磁条上输入一定密码等信息的真卡上进行“加工”制作出来的信用卡。这种伪造的信用卡，一般系银行或者发卡机构的内部人员所为。所谓伪造的空白信用卡，是指按照真实信用卡的质地、模式、版块、图样制作出来，只是还未写入磁条信息等内容的信用卡，其包括伪造的空白信用卡和真实的空白信用卡两种，二者都可以用作信用卡磁条信息的载体。只是由于其尚处于半成品状态，还不能被马上使用，因此，持有、运输伪造的空白信用卡的场合，只有数量较大的，才能构成犯罪。依照有关司法解释，[130] 明知是伪造的信用卡而持有、运输的；明知是伪造的空白信用卡而持有、运输，数量累计在10张以上的，应予立案追诉。

2. 非法持有他人信用卡，数量较大的。在本项的适用上，应注意：(1)“持有”，以事实上的支配为标准。非法持有他人信用卡的行为，从持有方式来看，既可以是行为人直接持有，也可以是通过第三人间接持有。(2)“他人信用卡”，一般来说，是指他人合法申领的信用卡，但特定情况下，不排除他人伪造的信用卡。如行为人基于错误认识而持有了他人信用卡，且达到了数额较大的标准，因为行为人的持有行为不符合前一项行为中所要求的特定主观要素，但行为人对持有他人信用卡是明知的，因此，可以认定为本项行为。(3)对“非法性”的判断，一般应通过对持有他人信用卡的数量、消费或者取现的额度、行为人与持卡人的关系等加以判断。(4)“数量较大”，是指非法持有他人信用卡的数量，而不是指信用卡内的授信额度。依照有关

---

〔129〕 2018年最高人民法院、最高人民检察院修正后的《关于办理妨害信用卡管理刑事案件具体应用法律若干问题的解释》第1条第3、4、5款。

〔130〕 2022年最高人民检察院、公安部《关于公安机关管辖的刑事案件立案追诉标准的规定(二)》第25条第1款第1、2项。

司法解释,[131]非法持有他人信用卡,数量累计在5张以上的,应当认定为此处的“数量较大”。

3. 使用虚假的身份证明骗领信用卡的。所谓身份证明,是指表明特定主体身份的证件或者材料,而非泛指一切具有证明信用卡申请人真实身份并具有相应资信情况的相关证明和材料。因此,以真实的身份证明,但以虚构资信材料(如虚假的工作单位证明以及收入证明)、提供虚假担保等欺骗手段骗领了信用卡,并用来恶意透支的,可以构成恶意透支型信用卡诈骗罪,但不能构成本罪。按照有关司法解释,[132]违背他人意愿,使用其居民身份证、军官证、士兵证、港澳居民来往内地通行证、台湾居民来往大陆通行证、护照等身份证明申领信用卡的,或者使用伪造、变造的身份证明申领信用卡的,应当认定为“使用虚假的身份证明骗领信用卡”。

4. 出售、购买、为他人提供伪造的信用卡或者以虚假的身份证明骗领的信用卡的。

本罪为选择性罪名,既包含妨害行为即持有、运输、出售、购买、非法提供、骗领行为的选择,也包含对象(有伪造的信用卡、他人信用卡)的选择,行为人只要实施一种行为侵害一种对象即可以成立本罪;行为人实施了两种以上行为,侵害两种对象的,仍为一罪,不实行并罚。

依照刑法第177条之一的规定,犯本罪的,处3年以下有期徒刑或者拘役,并处或者单处1万元以上10万元以下罚金;数量巨大或者有其他严重情节的,处3年以上10年以下有期徒刑,并处2万元以上20万元以下罚金。其中,“数量巨大”是指:(1)明知是伪造的信用卡而持有、运输10张以上的;(2)明知是伪造的空白信用卡而持有、运输100张以上的;(3)非法持有他人信用卡50张以上的;(4)使用虚假的身份证明骗领信用卡10张以上的;(5)出售、购买、为他人提供伪造的信用卡或者以虚假的身份证明骗领的信用卡10张以上的。[133]

十三、窃取、收买、非法提供信用卡信息罪

本罪,是指窃取、收买、非法提供信用卡信息资料的行为。

本罪客观上表现为,窃取、收买、非法提供信用卡信息资料。其中,“窃取”是以平和手段取得他人信用卡信息资料,其方法不限,可以是窥视,也可以是破解;“收买”是以有偿的方式获得他人出卖的信用卡信息;“非法提供”是指将通过非法或者合法手段获取的他人的信用卡信息资料转让他人。立法并未对非法提供行为的有偿性作出规定,但基于刑法解释合理性的要求,无论行为人以无偿还是有偿的方式将他人信用卡信息转让的均应认定为转让行为。行为指向的对象是他人的信用卡信息资料。信用卡信息资料是关于发卡行代码、持卡人账户、密码等内容的加密电子数据,由发卡行在发卡时使用专用设备写入信用卡磁条中,成为POS机、ATM等终端机识别合法用户的依据,是行为人实施信用卡伪造犯罪的重要资料,因而,窃取、收买他人信用卡信息的行为属于伪造型信用卡犯罪的上游行为。

尽管本罪是行为犯,但根据有关司法解释,[134]窃取、收买或者非法提供他人信用卡信息资料,足以伪造可进行交易的信用卡,或者足以使他人以信用卡持卡人名义进行交易,涉及信用

---

[131] 2022年最高人民检察院、公安部《关于公安机关管辖的刑事案件立案追诉标准的规定(二)》第25条第1款第3项。

[132] 2022年最高人民检察院、公安部《关于公安机关管辖的刑事案件立案追诉标准的规定(二)》第25条第2款。

[133] 2018年最高人民法院、最高人民检察院《关于办理妨害信用卡管理刑事案件具体应用法律若干问题的解释》第2条第2款。

[134] 2022年最高人民检察院、公安部《关于公安机关管辖的刑事案件立案追诉标准的规定(二)》第26条;2018年最高人民法院、最高人民检察院《关于办理妨害信用卡管理刑事案件具体应用法律若干问题的解释》第3条。

卡 1 张以上不满 5 张的，才应予立案追诉。

本罪在认定上，应当注意以下几个问题：（1）行为人将窃取、收买到手的他人信用卡信息资料用于自己伪造信用卡的，又触犯了刑法第 177 条第 1 款第 4 项的规定，构成伪造金融票证罪。这种情况属于吸收犯。按照重罪吸收轻罪的原则，只定伪造金融票证罪一个罪，而不实行数罪并罚。（2）行为人明知犯罪分子实施伪造信用卡犯罪，而为其提供他人信用卡信息资料的，应当以伪造金融票证罪的共犯论处。（3）依据刑法第 177 条之一第 3 款的规定，银行或者其他金融机构的工作人员利用职务上的便利，窃取、收买、非法提供他人信用卡信息资料的，应当从重处罚。（4）行为人出售、出租以自己真实身份信息办理的银行卡或收购他人以真实身份信息办理的银行卡并提供给信息网络犯罪分子使用，情节严重的，可以帮助信息网络犯罪活动罪定罪处罚；如能进一步认定行为人与电信网络诈骗分子有共谋或其他帮助行为，已经形成共犯关系的，应择一重罪，以诈骗罪共犯处理。对于收购他人以真实身份信息办理的银行卡并提供给信息网络犯罪分子使用的行为，不宜以收买、非法提供信用卡信息罪定罪处罚。若能进一步认定窃取、收买、非法提供信用卡信息资料的行为人与伪造信用卡、信用卡诈骗的犯罪分子有共谋及其他行为，已经形成共犯关系的，应择一重罪，以伪造金融凭证罪、信用卡诈骗罪的共犯处理。

依照刑法第 177 条之一的规定，犯本罪的，处 3 年以下有期徒刑或者拘役，并处或者单处 1 万元以上 10 万元以下罚金；数量巨大或者有其他严重情节的，处 3 年以上 10 年以下有期徒刑，并处 2 万元以上 20 万元以下罚金。其中，“数量巨大”，是指涉及信用卡 5 张以上。银行或者其他金融机构的工作人员利用职务上的便利，犯本罪的，从重处罚。

十四、伪造、变造国家有价证券罪

本罪，是指伪造、变造国库券或者国家发行的其他有价证券，数额较大的行为。

其中，国家有价证券，包括国库券和国家发行的其他债券。“国库券”，是国家为解决财政资金、建设资金的不足，由国家发行并由国家财政负责偿还其本息的一种有价证券；“国家发行的其他债券”，是指特种国债、特种国债券、保值公债券、财政债券、国家投资债券、国家建设债券、国家重点建设债券等。本罪是选择性罪名，司法实践中应根据具体案情，选择适用或并合适用。根据有关司法解释，[135] 伪造、变造国库券或者国家发行的其他有价证券，总面额在 2000 元以上的，应予立案追诉。

依照刑法第 178 条第 1、3 款的规定，犯本罪的，处 3 年以下有期徒刑或者拘役，并处或者单处 2 万元以上 20 万元以下罚金；数额巨大的，处 3 年以上 10 年以下有期徒刑，并处 5 万元以上 50 万元以下罚金；数额特别巨大的，处 10 年以上有期徒刑或者无期徒刑，并处 5 万元以上 50 万元以下罚金或者没收财产。单位犯本罪的，对单位判处罚金，并对其直接负责的主管人员和其他直接责任人员，依照自然人犯本罪的规定处罚。

十五、伪造、变造股票、公司、企业债券罪

本罪，是指伪造、变造股票或者公司、企业债券，数额较大的行为。

股票、债券都是有价证券。所谓股票，是股份有限公司发给股东的表明其投资入股份额并

---

〔135〕 2022 年最高人民检察院、公安部《关于公安机关管辖的刑事案件立案追诉标准的规定（二）》第 27 条。

据以行使股权的凭证;所谓公司、企业债券,是公司、企业为筹集资金而依法发行并承诺在规定日期,按规定利率还本付息而发给债权人的债权债务关系证明书。根据有关司法解释,[136]伪造、变造股票或者公司、企业债券,总面额在3万元以上的,应予立案追诉。

依照刑法第178条的规定,犯本罪的,处3年以下有期徒刑或者拘役,并处或者单处1万元以上10万元以下罚金;数额巨大的,处3年以上10年以下有期徒刑,并处2万元以上20万元以下罚金。单位犯本罪的,对单位判处罚金,并对其直接负责的主管人员和其他直接责任人员,依照自然人犯本罪的规定处罚。

十六、擅自发行股票、公司、企业债券罪

本罪,是指未经国家有关主管部门批准,擅自发行股票或公司、企业债券,数额巨大、后果严重或者有其他严重情节的行为。

本罪的主体是一般主体,包括自然人和单位在内,一般是法人或非法人组织,这是由股票、公司、企业债券发行人的资格决定的,但也不排除自然人未经批准和不具有发行资格而擅自发行的情况。

本罪客观上表现为,未经国家有关主管部门批准,擅自发行股票或者公司、企业债券,数额巨大、后果严重或者有其他严重情节。所谓擅自发行,包括不具有发行资格而擅自发行和有资格但违反《证券法》等法律法规而擅自发行两种类型,如未经法定的机关核准或者审批,发行股票、公司、企业债券,制作虚假的发行文件发行股票、公司、企业债券等都属于此。中介机构非法代理买卖非上市公司股票,涉嫌犯罪的,以非法经营罪追究刑事责任;所代理的非上市公司涉嫌擅自发行股票,构成犯罪的,以擅自发行股票罪追究刑事责任。非上市公司和中介机构共谋擅自发行股票,构成犯罪的,以擅自发行股票罪的共犯论处。[137] 所谓"擅自发行股票或者公司、企业债券",是指向社会不特定对象发行、以转让股权等方式变相发行股票或者公司、企业债券,或者向特定对象发行、变相发行股票或者公司、企业债券累计超过200人的行为。所谓"数额巨大、后果严重或者有其他严重情节",是指具有下列情形之一:(1)非法募集资金金额在100万元以上的;(2)造成投资者直接经济损失数额累计在50万元以上的;(3)募集的资金全部或者主要用于违法犯罪活动的;(4)其他后果严重或者有其他严重情节的情形。[138] 本罪的主观要件是故意。

在本罪的认定上,应当注意其与刑法第160条规定的欺诈发行证券罪之间的差别。二者的区别在于:(1)行为不同。本罪是未经国家有关主管部门批准而擅自发行股票、债券;而欺诈发行证券罪是在国家主管部门批准后,通过在招股说明书、认股书、公司企业债券募集办法中,隐瞒重要事实或者编造重大虚假内容的手段发行股票或者证券。(2)主体不同。本罪的主体是一般主体,而欺诈发行证券罪的主体是有权发行股票、证券的自然人、公司或者企业。

依照刑法第179条的规定,犯本罪的,处5年以下有期徒刑或者拘役,并处或者单处非法募集资金金额1%以上5%以下罚金。单位犯本罪的,对单位判处罚金,并对其直接负责的主

---

[136] 2022年最高人民检察院、公安部《关于公安机关管辖的刑事案件立案追诉标准的规定(二)》第28条。

[137] 2008年最高人民法院、最高人民检察院、公安部、中国证券监督管理委员会《关于整治非法证券活动有关问题的通知》第2条第3款。

[138] 2022年最高人民检察院、公安部《关于公安机关管辖的刑事案件立案追诉标准的规定(二)》第29条第1款。

管人员和其他直接责任人员，处5年以下有期徒刑或者拘役。

十七、内幕交易、泄露内幕信息罪

（一）概念和构成

本罪，是指证券、期货交易内幕信息的知情人员或者非法获取证券、期货交易内幕信息的人员，在涉及证券的发行，证券、期货交易或者其他对证券、期货交易价格有重大影响的信息尚未公开前，买入或者卖出该证券，或者从事与该内幕信息有关的期货交易，或者泄露该信息，或者明示、暗示他人从事上述交易活动，情节严重的行为。

投资人在证券市场投资，往往不接触被投资的企业，一般的投资人（股市称散户）很少去实地考察企业，甚至于不去查询研究企业，其投资完全依赖于各种信息，包括上市公司主动披露的信息在内的信息。所以，法律保护投资者的利益，最好且最有效的方式之一便是围绕证券、期货市场的信息进行全面的法律保护。基于此，刑法设置了违规披露、不披露重要信息罪，内幕交易、泄露内幕信息罪，利用未公开信息交易罪，编造并传播证券、期货交易虚假信息罪这些罪名，其立法目的在于对证券期货市场的信息进行法律保护，对涉及证券期货市场信息的犯罪活动进行依法打击。

本罪构成如下：

1. 主体。本罪的主体是特殊主体，即指知悉证券、期货交易内幕信息的知情人员和单位，以及非法获取证券、期货交易内幕信息的其他人员或单位。

其中，所谓“证券、期货交易内幕信息”，是指在证券、期货交易活动中，涉及公司的经营、财务或者对该公司证券的市场价格、期货交易价格有重大影响的尚未公开的信息。内幕信息主要有三大特征：

（1）重要性，即该信息本身对一般投资人的投资判断具有重大影响，足以使特定公司的证券、期货交易价格发生变动。

（2）秘密性，即该信息尚未公开，尚未被证券期货市场的投资者所知悉。在司法实践中，一般是将证券法所规定的“重大事件”“计划”“方案”等正式形成的时间认定为内幕信息形成之时。然而，对于影响内幕信息形成的决策者、筹划者、推动者或执行者，其决意、筹划、推动或者执行行为往往影响内幕信息的形成，足以影响证券期货交易价格。因此，上述人员决意、决策、动议或执行之时应认定为内幕信息形成之时。

（3）真实性，内幕信息必须是真实的，但对真实性的认定应当坚持二元标准。一方面，对于最终公开的内幕信息，应当以相对真实为认定标准，即相对于国务院证券监管机构指定的报刊、媒体首次公开的信息是真实的，至于指定报刊、媒体公开的信息是否准确或者是否失实在所不问。这是基于广大股民对指定报刊、媒体信赖的考虑，即便该信息不准确，甚至失实，但因为利用这种相对真实的信息所带来的社会危害未必小于客观真实的信息，故在尚未公开前，也应当被禁止用来从事证券、期货交易。另一方面，不要求内幕信息必须具体准确。对于因谈判失败或者公司高级管理人员故意违规不予披露等因素而最终未在指定报刊、媒体公开的内幕信息，应当以客观真实为认定标准。在该情形下，无法通过指定的报刊、媒体是否公开这一标准认定信息是否真实，应当以信息内容是否真正发生为认定标准。如果信息内容真实发生，就应当认定信息是真实的。[139]

所谓“知悉证券、期货交易内幕信息的人”,具体而言,包括以下两大类。

一类是指由于经营地位、管理地位、监督地位或者职务便利等,能够接触或者获得内幕信息的单位和个人。具体来说,是指:《证券法》第 51 条规定的人员;《期货交易管理条例》第 81 条第 12 款规定的人员。如证券发行人及其董事、监事、高级管理人员;持有公司 5% 以上股份的股东及其董事、监事、高级管理人员,公司的实际控制人及其董事、监事、高级管理人员;发行人控股或者实际控制的公司及其董事、监事、高级管理人员;因法定职责对证券的发行、交易或者对上市公司及其收购、重大资产交易进行管理可以获取内幕信息的有关主管部门、监管机构的工作人员、国务院证券监督管理机构规定的可以获取内幕信息的其他人员。

另一类是指具有下列行为的人员:(1)利用窃取、骗取、套取、窃听、利诱、刺探或者私下交易等手段获取内幕信息的;(2)内幕信息知情人员的近亲属或者其他与内幕信息知情人员关系密切的人员,在内幕信息敏感期内,从事或者明示、暗示他人从事,或者泄露内幕信息导致他人从事与该内幕信息有关的证券、期货交易,相关交易行为明显异常,且无正当理由或者正当信息来源的。此处的“相关交易行为明显异常”,要综合以下情形,从时间吻合程度、交易背离程度和利益关联程度等方面予以认定:(1)开户、销户、激活资金账户或者指定交易(托管)、撤销指定交易(转托管)的时间与该内幕信息形成、变化、公开时间基本一致的;(2)资金变化与该内幕信息形成、变化、公开时间基本一致的;(3)买入或者卖出与内幕信息有关的证券、期货合约时间与内幕信息的形成、变化和公开时间基本一致的;(4)买入或者卖出与内幕信息有关的证券、期货合约时间与获悉内幕信息的时间基本一致的;(5)买入或者卖出证券、期货合约行为明显与平时交易习惯不同的;(6)买入或者卖出证券、期货合约行为,或者集中持有证券、期货合约行为与该证券、期货公开信息反映的基本面明显背离的;(7)账户交易资金进出与该内幕信息知情人员或者非法获取人员有关联或者利害关系的;(8)其他交易行为明显异常情形。[140]

2. 危害行为和危害结果。本罪客观上表现为进行内幕交易或者泄露内幕信息,情节严重。

第一,必须具有内幕交易或者泄露内幕信息的行为。所谓内幕交易,是指在内幕信息尚未公开之前买入、卖出该证券或者从事与该内幕信息有关的期货交易。所谓泄露内幕信息,是指知悉内幕信息的人员,将内幕信息透露给不应知道内幕信息的人员。具体来说,包括以下内容:(1)内幕人员利用内幕信息买卖证券或者根据内幕信息建议他人买卖证券;(2)内幕人员向他人泄露内幕信息,使他人利用该信息进行内幕交易;(3)非内幕人员通过不正当手段或者其他途径获得内幕信息,并根据该信息买卖证券或者建议他人买卖证券;(4)其他内幕交易的行为。根据以上规定,利用内幕信息是实施内幕交易行为的方法。内幕交易、泄露内幕信息的行为方式有买卖证券、泄露该信息和明示、暗示他人从事交易,是三种并列的行为方式。具有下列情形之一的,不属于此处规定的从事与内幕信息有关的证券、期货交易:(1)持有或者通过协议、其他安排与他人共同持有上市公司 5% 以上股份的自然人、法人或者其他组织收购该

---

〔139〕 刘晓虎:《肖时庆受贿、内幕交易案[第 756 号]——因获取让壳信息而指使他人购买让壳公司股票,后借壳公司改变的,是否影响内幕信息的认定》,载最高人民法院刑事审判第一、二、三、四、五庭主办:《刑事审判参考》总第 85 辑,法律出版社 2012 年版。

〔140〕 2012 年最高人民法院、最高人民检察院《关于办理内幕交易、泄露内幕信息刑事案件具体应用法律若干问题的解释》第 3 条。

上市公司股份的；（2）按照事先订立的书面合同、指令、计划从事相关证券、期货交易的；（3）依据已被他人披露的信息而交易的；（4）交易具有其他正当理由或者正当信息来源的。[141]

建议他人买卖与内幕信息有关的证券行为是构成泄露内幕信息罪，还是构成内幕交易罪，存在不同观点。一种观点认为，内幕信息知情人员的建议行为是泄露内幕信息的具体方式之一，是一种采用暗示的方式泄露内幕信息的行为，因此，应当认定构成泄露内幕信息罪。另一种观点认为，内幕信息知情人员的建议行为不是泄露内幕信息的行为，而是内幕交易行为，应当认定构成内幕交易罪。多数说为后者，认为应构成内幕交易罪，理由如下：一是泄露内幕信息的行为所指向的对象是内幕信息本身，即使是行为人在泄露时对内幕信息进行了加工、增加、缩减，其内容也必须与原信息基本一致，而建议他人买卖证券的行为，已不再是仅仅向他人提供内幕信息本身，因此不构成泄露内幕信息罪。二是根据刑法关于共同犯罪的规定，内幕信息的知情人员建议他人买卖证券，极有可能是内幕交易实施者的犯意提起者、教唆者，建议者和交易者属于内幕交易的共同犯罪，均构成内幕交易罪。建议他人买卖证券行为的成立条件有四个：（1）主体是内幕信息的知情人员或者非法获取内幕信息的人员；（2）在他人交易前为他人提供交易建议，如提供交易时间、交易数额等；（3）这些交易建议是基于知情内幕信息而作出的；（4）他人根据交易建议实施了内幕交易。由此而论，无论建议人是否实际获利，或者建议人是否自己进行内幕交易，其建议行为均构成内幕交易罪。[142]

第二，必须达到“情节严重”的程度，具体是指具有以下情形之一：（1）获利或者避免损失数额在 50 万元以上的；（2）证券交易成交额在 200 万元以上的；（3）期货交易占用保证金数额在 100 万元以上的；（4）2 年内 3 次以上实施内幕交易、泄露内幕信息行为的；（5）明示、暗示 3 人以上从事与内幕信息相关的证券、期货交易活动的；（6）具有其他严重情节的。[143] 另外，内幕交易获利或者避免损失数额在 25 万元以上，或者证券交易成交额在 100 万元以上，或者期货交易占用保证金数额在 50 万元以上，同时涉嫌下列情形之一的，应予立案追诉：（1）证券法规定的证券交易内幕信息的知情人实施或者与他人共同实施内幕交易行为的；（2）以出售或者变相出售内幕信息等方式，明示、暗示他人从事与该内幕信息相关的交易活动的；（3）因证券、期货犯罪行为受过刑事追究的；（4）2 年内因证券、期货违法行为受过行政处罚的；（5）造成其他严重后果的。[144]

3. 主观要件。本罪的主观要件为故意，即行为人明知是内幕信息而泄露。过失泄露内幕信息的，不构成本罪。

（二）本罪的认定

在本罪的认定中，要注意区分本罪与非罪的界限。主要掌握以下三点：

1. 信息是否已经公开？这是划分内幕信息与非内幕信息的“分水岭”。已经公开的信息不是内幕信息。就证券交易而言，在信息公开之后，除国家规定禁止买卖股票的人员外，任何

---

〔141〕 2012 年最高人民法院、最高人民检察院《关于办理内幕交易、泄露内幕信息刑事案件具体应用法律若干问题的解释》第 4 条。

〔142〕 黄建屏、梁美：《李启红等内幕交易、泄露内幕信息案［第 735 号］——如何确定内幕信息价格敏感期、建议他人买卖与内幕信息有关的证券行为如何定性以及如何区分洗钱罪与掩饰、隐瞒犯罪所得罪》，载最高人民法院刑事审判第一、二、三、四、五庭主办：《刑事审判参考》总第 83 辑，法律出版社 2011 年版。

〔143〕 2022 年最高人民检察院、公安部《关于公安机关管辖的刑事案件立案追诉标准的规定（二）》第 30 条。

〔144〕 2022 年最高人民检察院、公安部《关于公安机关管辖的刑事案件立案追诉标准的规定（二）》第 30 条。

人都可以参加证券交易。构成本罪,必须是在内幕信息尚未公开之前买卖证券,或者使他人买卖证券,或者进行与该内幕信息有关的期货交易,以及故意泄露该内幕信息。因此,确定信息公开的具体时间,对于本罪的认定特别重要。

2. 行为人对内幕信息是否知情?如果行为人确实不知道内幕信息,只是运用公开的信息、资料和自己的知识、智慧,对证券、期货市场作出分析和预测,而在内幕信息公开前发表个人观点或者买卖证券或者进行与该内幕信息有关的期货交易,不能构成本罪。只有"知悉"证券、期货交易内幕信息的"知情"人员及非法获取证券、期货交易内幕信息的其他人员,而在内幕信息公开前买卖证券或者进行与该内幕信息有关的期货交易,或泄露内幕信息,才能成立本罪。所以确定行为人对内幕信息是否知情,对于本罪的认定同样具有重要意义。

对于被告人说自己进行的交易是基于自己的专业研判的辩解的真伪,要结合具体案情,准确分析。一般而言,应具体把握以下原则:(1)对于具有专业知识的人员,即使是利用专业知识掌握了内幕信息的内容,只要其进行专业知识判断时依据其利用职务或工作便利获取的信息,也应当认定为内幕信息的知情人员。(2)对于具有专业知识的人员,如果其通过非法手段获取了内幕信息,同时在此过程中也通过其专业知识加强了其判断,或者是先通过专业知识预判出重组对象,后通过获取内幕信息加强了对其预判的确信,原则上只要其从事与内幕信息有关的证券期货交易,情节严重的,就应当追究内幕交易的刑事责任。[145]

3. 情节是否严重?根据刑法第180条的规定,情节严重是成立本罪必须具备的一个构成要件,如果情节尚未达到严重程度,对证券交易而言,应当根据《证券法》第191条的规定,责令依法处理非法持有的证券,没收违法所得,并处以违法所得1倍以上10倍以下的罚款;没有违法所得或者违法所得不足50万元的,处以50万元以上500万元以下的罚款。

(三)处罚

依照刑法第180条的规定,犯本罪的,处5年以下有期徒刑或者拘役,并处或者单处违法所得1倍以上5倍以下罚金;情节特别严重的,处5年以上10年以下有期徒刑,并处违法所得1倍以上5倍以下罚金。单位犯本罪的,对单位判处罚金,并对其直接负责的主管人员和其他直接责任人员,处5年以下有期徒刑或者拘役。

按照有关司法解释,[146]其中,"违法所得",是指通过内幕交易行为所获利益或者避免的损失。对利好型内幕信息在复牌后兑现的,不论在复牌日还是复牌日之后抛售股票,均应以抛售后的实际获利认定为内幕交易的违法所得。若复牌后没有抛售而是选择继续持股的,则应以复牌日收盘价计算账目获利认定为违法所得。[147] "情节特别严重",是指在内幕信息敏感期内从事或者明示、暗示他人从事或者泄露内幕信息导致他人从事与该内幕信息有关的证券、期货交易,具有下列情形之一的:(1)证券交易成交额在250万元以上的;(2)期货交易占用保

---

[145] 刘晓虎:《肖时庆受贿、内幕交易案[第756号]——因获取让壳信息而指使他人购买让壳公司股票,后借壳公司改变的,是否影响内幕信息的认定》,载最高人民法院刑事审判第一、二、三、四、五庭主办:《刑事审判参考》总第85辑,法律出版社2012年版。

[146] 2012年最高人民法院、最高人民检察院《关于办理内幕交易、泄露内幕信息刑事案件具体应用法律若干问题的解释》第7、8、9、10条。

[147] 《王文芳等内幕交易、泄露内幕信息案[第920号]——对利好型内幕信息公开后继续持股未卖的,内幕交易的违法所得如何认定》,载最高人民法院刑事审判第一、二、三、四、五庭主办:《刑事审判参考》总第95辑,法律出版社2014年版。

证金数额在150万元以上的；(3)获利或者避免损失数额在75万元以上的；(4)具有其他特别严重情节的。二次以上实施内幕交易或者泄露内幕信息行为，未经行政处理或者刑事处理的，应当对相关交易数额依法累计计算。同一案件中，成交额、占用保证金额、获利或者避免损失额分别构成情节严重、情节特别严重的，按照处罚较重的数额定罪处罚。构成共同犯罪的，按照共同犯罪行为人的成交总额、占用保证金总额、获利或者避免损失总额定罪处罚，但判处各被告人罚金的总额应掌握在获利或者避免损失总额的1倍以上5倍以下。内幕信息的泄露人员或者内幕交易的明示、暗示人员未实际从事内幕交易的，其罚金数额按照因泄露而获悉内幕信息人员或者被明示、暗示人员从事内幕交易的违法所得计算。

十八、利用未公开信息交易罪

(一)概念和构成

本罪，是指证券交易所等金融机构的从业人员以及有关监管部门或者行业协会的工作人员，违规利用因职务便利获取的内幕信息以外的其他未公开的信息，从事与该信息相关的证券、期货交易活动，或者明示、暗示他人从事相关交易活动，情节严重的行为。

本罪在客观上表现为，利用因职务便利获取的内幕信息以外的其他未公开的信息，违反规定，从事与该信息相关的证券、期货交易活动，或者明示、暗示他人从事相关交易活动，情节严重。

其中，“内幕信息以外的其他未公开的信息”，是指在证券、期货交易活动中，除内幕信息以外的，对证券、期货的市场价格有重大影响的尚未公开的信息，主要指资产管理机构、代客投资理财机构即将用客户资金投资购买某个证券、期货等金融产品的决策信息。因其不属于法律规定的“内幕消息”，也未要求必须公开，故称“内幕信息以外的其他未公开的信息”，包括下列信息：(1)证券、期货的投资决策、交易执行信息；(2)证券持仓数量及变化、资金数量及变化、交易动向信息；(3)其他可能影响证券、期货交易活动的信息。[148] 内幕信息以外的其他未公开的信息难以认定的，司法机关可以在有关行政主（监）管部门认定意见的基础上，根据案件事实和法律规定作出认定。[149]

“违反规定”，是指违反法律、行政法规、部门规章、全国性行业规范有关证券、期货未公开信息保护的规定，以及行为人所在的金融机构有关信息保密、禁止交易、禁止利益输送等规定。[150]

“明示、暗示他人从事与该信息相关的证券、期货交易活动”，不仅包括证券投资基金法等法律、行政法规所规定的禁止基金等资产管理机构的从业人员从事损害客户利益的交易等行为，也包括中国证券监督管理委员会发布的禁止资产管理机构从业人员从事违背受托义务的交易活动等行为，如资产管理机构的从业人员在用客户资金买入证券或者其衍生品、期货或者期权合约等金融产品前，自己先行买入，或者在卖出前，自己先行卖出的行为；[151]“明示、暗示

---

[148] 2019年最高人民法院、最高人民检察院《关于办理利用未公开信息交易刑事案件适用法律若干问题的解释》第1条。

[149] 2019年最高人民法院、最高人民检察院《关于办理利用未公开信息交易刑事案件适用法律若干问题的解释》第2条。

[150] 2019年最高人民法院、最高人民检察院《关于办理利用未公开信息交易刑事案件适用法律若干问题的解释》第3条。

[151] 这种行为俗称为“老鼠仓”，其是指公募基金的管理人员在用客户资金买入证券或者其衍生品、期货或者期权合约等金融产品前，以自己名义或假借他人名义或者告知其亲属、朋友、关系户，先行低价买入证券、期货等金融产品，然后用客户资金拉升到高位后自己率先卖出牟取暴利的行为。参见黄太云：《〈刑法修正案（七）〉解读》，载《人民检察》2009年第6期。

他人从事相关交易活动”,意味着“从事与该信息相关的证券、期货交易活动”既可以由行为人本人亲自实施,也可以由其他人实施。“明示”和“暗示”是两种意思表示方式,表明只要将实施该种交易行为的信息传达给相对人,并意欲使其根据该信息从事相关交易即可。[152] 具有获取未公开信息职务便利条件的金融机构从业人员及其近亲属从事相关证券交易行为明显异常,且与未公开信息相关交易高度趋同,即使其拒不供述未公开信息传递过程等犯罪事实,但其他证据之间相互印证,能够形成证明利用未公开信息犯罪的完整证明体系,足以排除其他可能的,可以依法认定犯罪事实。[153] “明示、暗示他人从事相关交易活动”的认定,应当综合以下方面进行:(1)行为人具有获取未公开信息的职务便利;(2)行为人获取未公开信息的初始时间与他人从事相关交易活动的初始时间具有关联性;(3)行为人与他人之间具有亲友关系、利益关联、交易终端关联等关联关系;(4)他人从事相关交易的证券、期货品种、交易时间与未公开信息所涉证券、期货品种、交易时间等方面基本一致;(5)他人从事的相关交易活动明显不具有符合交易习惯、专业判断等正当理由;(6)行为人对明示、暗示他人从事相关交易活动没有合理解释。[154]

成立本罪,还必须达到“情节严重”的程度,即具备下列情形之一:(1)获利或者避免损失数额在100万元以上的;(2)2年内3次以上利用未公开信息交易的;(3)明示、暗示3人以上从事相关交易活动的;(4)具有其他严重情节的。利用未公开信息交易,获利或者避免损失数额在50万元以上,或者证券交易成交额在500万元以上,或者期货交易占用保证金数额在100万元以上,同时涉嫌下列情形之一的,应予立案追诉:以出售或者变相出售未公开信息等方式,明示、暗示他人从事相关交易活动的;因证券、期货犯罪行为受过刑事追究的;2年内因证券、期货违法行为受过行政处罚的;造成其他严重后果的。[155]

(二)本罪的认定

在本罪的认定上,必须注意以下几点:

1. 罪与非罪的界限。主要考虑以下三点:(1)主体。本罪的主体仅限于金融机构、相关监管机构以及行业协会的特定人员,一般是决策层面的管理人员和具体操作人员,如基金经理、操盘手等。(2)行为。本罪强调利用本人职务便利了解的内幕信息以外的未公开信息。如果不是利用本人职务便利获悉的未公开信息,也不能构成本罪。(3)情节。利用未公开信息交易,只有达到上述司法解释所规定的最低标准,才有可能构成犯罪。在办理利用未公开信息交易犯罪案件时,对于内幕信息、未公开信息的范围、趋同性交易盈利数额等关键要件的认定,要调取证券监督管理部门、证券交易所等专业机构出具的认定意见,综合全案证据审查判断。

2. 本罪与内幕交易罪的界限。主要区别在于:(1)交易过程中所利用的信息不同。本罪所利用的是在资产管理机构准备将客户资金投资购买哪只股票等其他金融产品的交易信息,其一般属于单位内部的商业秘密,不属于内幕信息的范围;相反地,内幕交易罪所利用的是公司重组计划、公司高级管理人员变动、公司重大合同、公司盈利情况等对公司证券、期货的市场

---

〔152〕 王作富主编:《刑法分则实务研究》(第5版)(上),中国方正出版社2013年版,第446页以下。

〔153〕 王某等人利用未公开信息交易案,最高人民检察院指导案例第65号(2020年);重庆市第一中级人民法院(2015)渝一中法刑初字第00162号刑事判决书。

〔154〕 2019年最高人民法院、最高人民检察院《关于办理利用未公开信息交易刑事案件适用法律若干问题的解释》第4条。

〔155〕 2022年最高人民检察院、公安部《关于公安机关管辖的刑事案件立案追诉标准的规定(二)》第31条。

价格有重大影响,按规定必须及时向社会公开但尚未公开的信息。(2)交易行为所损害的利益主体不同。本罪所损害的多是基金公司等资产管理机构客户的利益,而内幕交易罪所损害的则是不特定的社会公众投资者和股民的合法权益。

3. 本罪与操纵证券、期货市场罪的界限。二者无论在主观目的还是行为方式上都存在差别。本罪主要是通过受托管理的客户资金来承担更多的市场风险,从而减少投资人自身的投资风险,行为的目的是利用资产管理机构即将以客户资金购买股票、期货的信息来抢先建仓、提早撤仓从中获利,行为人主观上并没有操作证券、期货市场价格的目的;而操纵证券、期货市场罪,主要是通过单独或者合谋,集中资金优势、持股或者持仓优势或者信息优势,联合或者连续买卖,操纵证券、期货交易价格或者证券期货交易量,从而达到获利的目的。

4. 本罪与背信运用受托财产罪的界限。二者尽管在本质上都存在行为人违背受托义务的一点,但在客观行为上还是存在差别的。本罪的场合,行为人必须采用特定的行为方式,即在用客户资金买入某只股票等金融产品之前,自己先行买入,然后利用职务上的便利动用公有资金去拉升该只股票,在其达到一定高度时,开始抛售自有股票,从中获利。在此过程中,行为人在利用公有资金去拉升该只股票时,未必就违背了受托义务。而背信运用受托财产罪则是违背受托义务,擅自运用客户资金或者其他委托、信托财产的行为。因此,法律将二者分开加以规定。

(三)处罚

关于本罪的处罚,依照刑法第 180 条第 4 款的规定,实施利用未公开信息交易行为,情节严重的,依照第一款的规定处罚。

对于第 4 款中“情节严重的,依照第一款的规定处罚”应如何理解,在司法实践中存在不同的认识。一种观点认为,第 4 款中只规定了“情节严重”的情形,而未规定“情节特别严重”的情形,因此,这里的“情节严重的,依照第一款的规定处罚”只能是依照第 1 款中“情节严重”的量刑档次予以处罚;另一种观点认为,第 4 款中的“情节严重”只是入罪条款,即达到了情节严重以上的情形,依据第 1 款的规定处罚。至于具体处罚,应看符合第 1 款中的“情节严重”还是“情节特别严重”的情形,分别情况依法判处。情节严重的,“处五年以下有期徒刑”,情节特别严重的,“处五年以上十年以下有期徒刑”。

对此,最高人民法院在相关案件的判决[156]中给出了明确答案:当刑法第 180 条第 4 款规定的犯罪行为达到了“情节特别严重”时,可以适用第 1 款中关于“情节特别严重”的处罚档次。换句话说,当刑法某一条款规定了援引其他条文的法定刑时,除非特别排除,则应当适用被援引条文的所有处罚规定。理由如下:(1)符合刑法的立法目的。刑法将利用未公开信息交易罪与内幕交易、泄露内幕信息罪规定在同一法条中,说明两罪的违法与责任程度相当。利用未公开信息交易罪也应当适用“情节特别严重”。(2)符合法条的文意。刑法条文中大量存在“情节严重”兼具定罪条款及量刑条款性质的情形,但无一例外均在其后列明了具体的法定刑。刑法第 180 条第 4 款中“情节严重”之后,并未列明具体的法定刑,而是参照内幕交易、泄露内幕信息罪的法定刑。因此,第 4 款中的“情节严重”仅具有定罪条款的性质,而不具有量刑条款的性质。(3)符合援引法定刑立法技术的理解。援引法定刑是指对某一犯罪并不规定独立的法定刑,而是援引其他犯罪的法定刑作为该犯罪的法定刑。刑法第 180 条第 4 款援引

---

[156] 马某利用未公开信息交易案,最高人民法院指导案例第 61 号(2016 年)。

法定刑的目的是避免法条文字表述重复,并不属于法律规定不明确的情形。综上,刑法第180条第4款虽然没有明确表述“情节特别严重”,但是根据该条款设立的立法目的、法条文意及立法技术,应当包含“情节特别严重”的情形和量刑档次。上述判旨,已经被写入司法解释。据相关司法解释,“依照第一款的规定处罚”,包括该条第1款关于“情节特别严重”的规定。[157]

依据相关司法解释,刑法第180条第4款中的“情节严重”,是指利用未公开信息交易,违法所得数额在50万元以上,或者证券交易成交额在500万元以上,或者期货交易占用保证金数额在100万元以上,且具有下列情形之一:(1)以出售或者变相出售未公开信息等方式,明示、暗示他人从事相关交易活动的;(2)因证券、期货犯罪行为受过刑事追究的;(3)2年内因证券、期货违法行为受过行政处罚的;(4)造成恶劣社会影响或者其他严重后果的。[158] 利用未公开信息交易,违法所得数额在1000万元以上的,应当认定为“情节特别严重”。违法所得数额在500万元以上,或者证券交易成交额在5000万元以上,或者期货交易占用保证金数额在1000万元以上,具有《关于办理利用未公开信息交易刑事案件适用法律若干问题的解释》第6条规定的四种情形之一的,应当认定为“情节特别严重”。[159] 其中,“违法所得”,是指行为人利用未公开信息从事与该信息相关的证券、期货交易活动所获利益或者避免的损失。行为人明示、暗示他人利用未公开信息从事相关交易活动,被明示、暗示人员从事相关交易活动所获利益或者避免的损失,应当认定为“违法所得”。行为人未实际从事与未公开信息相关的证券、期货交易活动的,其罚金数额按照被明示、暗示人员从事相关交易活动的违法所得计算。

十九、编造并传播证券、期货交易虚假信息罪

本罪,是指编造并传播影响证券、期货交易的虚假信息,扰乱证券、期货交易市场,造成严重后果的行为。

其中,“编造”,是指捏造根本不存在的信息或者篡改、加工、隐瞒真实信息。有事实根据且出于善意的预测不是编造。“传播”,是指采用各种手段使该编造的信息为不特定的人或者多数人所知悉。“虚假信息”,是指凭空捏造的、歪曲事实的或者有误导性的,能够引起市场行情变化的信息,如引起价格的上涨或者下跌,大量抛售或者吸纳等。成立本罪的实行行为,行为人必须既有编造又有传播影响证券、期货交易的虚假信息的行为。只有编造而没有传播,或者只有传播而没有编造的行为,都不能成立本罪的实行行为。

本罪是结果犯,只有“造成严重后果”时,即具有下列情形之一时,才能立案追诉:(1)获利或者避免损失数额在5万元以上的;(2)造成投资者直接经济损失数额在50万元以上的;(3)虽未达到上述数额标准,但多次编造并且传播影响证券、期货交易的虚假信息的;(4)致使交易价格或者交易量异常波动的;(5)造成其他严重后果的。[160] 但上述规定中,除第1、2、3项

---

[157] 2019年最高人民法院、最高人民检察院《关于办理利用未公开信息交易刑事案件适用法律若干问题的解释》第7条第1款。

[158] 2019年最高人民法院、最高人民检察院《关于办理利用未公开信息交易刑事案件适用法律若干问题的解释》第6条。

[159] 2019年最高人民法院、最高人民检察院《关于办理利用未公开信息交易刑事案件适用法律若干问题的解释》第7条第3款。

[160] 2022年最高人民检察院、公安部《关于公安机关管辖的刑事案件立案追诉标准的规定(二)》第32条。

情形明确具体外，第4、5项规定都比较笼统，必须根据案件的具体情况进行综合判断。例如，编造并传播证券、期货交易虚假信息行为，引起股价超常规的波动，造成不特定多数投资者的心理恐慌，并且给证券、期货市场正常交易秩序带来极大冲击等，就可以认为是“造成严重后果”的行为。

在本罪的认定中，应注意编造并传播证券、期货交易虚假信息行为与从事证券、期货交易中的预测行为的区分。区分二者的关键有三：(1)看编造或传播的信息是否具有一定依据。行为人根据一定的经验或者客观事实得出的错误估计是对客观事实的错误判断，属于预测失误；而编造并传播证券、期货交易虚假信息行为一般都是没有根据或者凭借一些表面上的事实来捏造虚假信息，本身不存在任何客观依据。(2)看行为人是否具有进行预测证券、期货交易的能力，如一贯从事证券、期货交易业务，对证券、期货交易业务具有一定的兴趣和专门知识水平，可以推定其是在进行正常的证券、期货交易的预测。(3)看行为人主观目的，预测失误的行为人在主观上是出于投资获利的善意目的，并且往往不是纯粹为了本人获利；而编造并传播虚假交易信息行为，主要是为了个人或单位获取非法利益。

依照刑法第181条第1、3款的规定，犯本罪的，处5年以下有期徒刑或者拘役，并处或者单处1万元以上10万元以下罚金。单位犯本罪的，对单位判处罚金，并对其直接负责的主管人员和其他直接责任人员，处5年以下有期徒刑或者拘役。

二十、诱骗投资者买卖证券、期货合约罪

本罪，是指证券交易所、期货交易所、证券公司、期货经纪公司的从业人员，证券业协会、期货业协会或者证券期货监督管理部门的工作人员，故意提供虚假信息或者伪造、变造、销毁交易记录，诱骗投资者买卖证券、期货合约，造成严重后果的行为。如某证券公司在明知某化妆品公司所开发的产品不具有相应价值的前提下，为获取非法利益而诱骗投资者购买股票，给投资者利益造成巨大损失的场合。

其中，“提供”，是指行为人主动提供或应投资者的要求而被动提供。既可以是口头的方式，也可以是书面的方式，还可以借助于新闻媒介提供；既可以提供给某个人，也可以提供给众多人。“伪造、变造、销毁交易记录”，是指伪造、变造、销毁客户填写的委托单，保存在电脑中的交易数据以及与证券发行、证券、期货交易有关的记录等。“虚假信息”，是指凭空捏造的、歪曲事实的或者有误导性的，能够引起市场行情变化的信息。行为人自己的主观推测、评价或者假想，即便与事实不符，也不是虚假信息。提供虚假信息的行为和伪造、变造、销毁交易记录的诸行为，只要具备其中一项并造成严重后果的，就可构成本罪。“严重后果”，是指严重扰乱了证券、期货交易的正常秩序，使证券、期货投资者遭受重大经济损失，在投资者中引发混乱等。根据有关司法解释，[161]具有下列情形之一的，应当立案：(1)获利或者避免损失数额在5万元以上的；(2)造成投资者直接经济损失数额在50万元以上的；(3)虽未达到上述数额标准，但多次诱骗投资者买卖证券、期货合约的；(4)致使交易价格或者交易量异常波动的；(5)造成其他严重后果的。

依照刑法第181条第2、3款的规定，犯本罪的，处5年以下有期徒刑或者拘役，并处或者单处1万元以上10万元以下罚金；情节特别恶劣的，处5年以上10年以下有期徒刑，并处2

---

〔161〕　2022年最高人民检察院、公安部《关于公安机关管辖的刑事案件立案追诉标准的规定（二）》第33条。

万元以上20万元以下罚金。单位犯本罪的,对单位判处罚金,并对其直接负责的主管人员和其他直接责任人员,处5年以下有期徒刑或者拘役。

二十一、操纵证券、期货市场罪

本罪,是指以牟利或减少损失为目的,操纵证券、期货交易价格,情节严重的行为。

操纵证券、期货市场是指行为人背离市场自由竞价和供求关系原则,以各种不正当手段,影响证券、期货市场价格或者证券、期货交易量,制造证券、期货假象,以引诱他人参与证券、期货交易,为自己谋取不正当利益的行为。这是金融犯罪中行为结构最为复杂、司法实践中最难判断的犯罪类型之一。

本罪客观上表现为下列几种行为:

1. 单独或者合谋,集中资金优势、持股或者持仓优势或者利用信息优势联合或者连续买卖。所谓"单独或者合谋",是指操纵证券、期货交易价格的行为人可以是卖方,甚至可以既是买方又是卖方,可以是一个人所为也可以是多数人联合所为。所谓"集中资金优势、持股或者持仓优势或者利用信息优势",是指证券、期货的投资大户、会员单位等利用手中持有的大量资金、股票、期货合约或者利用了解某些内幕信息等优势,进行证券、期货交易。所谓"联合买卖",是指两个以上的行为人出于共同获取不正当利益或转嫁风险的目的,集中各自的优势,共同买卖某种证券、期货合约;所谓"连续买卖",是指同一行为人连续多次买卖某种证券、期货合约。这种操纵方式,一般是行为人先筹足一大笔资金,并锁定某种具有炒作潜力且容易操作的股票或者期货合约,暗中利用不同账户在市场上吸足筹码,然后配合各种炒作题材连续拉抬股价或者期货价格,制造多头行情,以诱使投资人跟进追小涨,使股价或者期货价格一路攀升,等其涨到一定程度,暗中释放出所持股票或者期货合约之后,交易量萎缩,股票或者期货价格丧失支撑旋即暴跌,等价格回跌再趁低补进,以便为下次操作准备筹码,以此方式循环操作,操纵证券、期货交易价格,从上涨和下跌中两边获利。刑法第182条第1款第1项将"集中资金优势、持股或者持仓优势"与"利用信息优势"并列,合并规定为联合、连续交易操纵,该表述与利用信息优势操纵存在一定重合。上述两种操纵类型的区别在于:联合、连续交易操纵本质上是一种交易型操纵,其引起证券价量变动的核心要素是资金;而利用信息优势操纵本质上是一种信息型操纵,其影响证券价量的核心要素是信息本身。

理论上,利用信息优势操纵与内幕交易比较难以区分。利用信息优势操纵和内幕交易均是利用信息谋利,两者的区别主要在于谋利机制不同:对于内幕交易犯罪而言,提前掌握某一特定的重大非公开信息这一时间上的优势本身即意味着巨大的利益,这是行为人本身通过处理信息并提前进行资本运作后所实现的价值增长;而对于操纵市场犯罪而言,其获利的机理则在于对其他投资者的误导和后续的市场反应。司法实践中,在利用信息优势操纵与内幕交易形成竞合时,一般会以操纵证券市场罪处理。

2. 与他人串通,以事先约定的时间、价格和方式相互进行证券、期货交易。这种操纵证券、期货交易的方式,俗称"对敲",即与他人串通,以事先约定的时间、价格和方式相互进行证券、期货交易,影响证券、期货交易价格或者证券、期货交易量的行为;或者在自己实际控制的账户之间进行证券交易,或者以自己为交易对象,自买自卖期货合约,影响证券、期货交易价格或者证券、期货交易量的行为。"对敲"本质是在证券、期货交易市场中,行为人通过虚假交易(虚买虚卖)进行"诱多"或者"诱空",从而谋取非法利益。这种通谋买卖行为的实施,必然抬高和压低某种证券、期货合约的价格，从而造成虚假声势，误导其他投资者跟进跟出，行为人则伺机将该种证券、期货合约抛出或买入，从中牟取暴利，使其他投资者遭受损失。

3. 在自己实际控制的账户之间进行证券交易，或者以自己为交易对象，自买自卖期货合约。“在自己实际控制的账户之间进行证券交易”，是指将预先配好的委托分别下达给两个证券公司，由一个公司买进，另一个公司卖出，实际上是自买自卖，其所有权并没有转移。这种行为实际上也对证券交易价格和交易量产生重大影响。“以自己为交易对象，自买自卖期货合约”，是指以不转移期货合约方式进行虚假买卖，即“虚假交易”。主要包括两种情形：一种是自我买卖，即会员单位或者客户在期货交易中既做卖方又做买方，形式上买进卖出，实质上期货合约的所有人并没有变化。实践中，这种人往往在开设账户时一客多户，或者假借他人账户，或用假名虚设账户，在买卖期货过程中，看似多个账户在交易，但实际上为同一客户。另一种是不同行为人之间进行的交易，他们事先合谋，相互买卖期货合约，但事后买进的一方返还给另一方。这种不转移合约所有权形式的虚假交易行为，显然会影响期货行情，制造出虚假价格，致使投资者对证券、期货交易价格作出错误判断，从而使行为人达到非法获利或转嫁风险的目的。

4. 不以成交为目的，频繁或者大量申报买入、卖出证券、期货合约并撤销申报的。这种类型也被称为“恍骗交易操纵”或者“虚假申报操纵”，是指不以成交为目的，频繁申报、撤单或者大额申报、撤单，误导投资者作出投资决策，影响证券交易价格或者证券交易量，并进行与申报相反的交易或者谋取相关利益的行为。这种操纵方式随着计算机程序交易的普及，已经可以通过计算机程序快速下单和撤单等技术手段进行，以实现高频交易或者大量申报但最终不成交，进而影响证券、期货交易的数据，从而抬高股价和期货价格，谋取非法利益。当然，要说明的是，在证券、期货交易市场中，报撤单是正常交易行为，因此，并非所有的报撤单行为都是操纵股市，是否操纵股市，要根据报撤单是否频繁、报撤单的金额是否巨大、进行与申报相反的交易、是否使用多个不同账户掩盖操作等进行综合判断。

5. 利用虚假或者不确定的重大信息，诱导投资者进行证券、期货交易。这种类型的操纵行为，通常称为“蛊惑交易操纵”，即行为人利用不真实、不准确、不完整或不确定的重大信息，诱导投资者在不了解事实真相的情况下做出投资决定，影响证券交易价格或交易量，以便通过期待的市场波动，取得经济上利益的行为。这里所说的“进行证券交易”，是指行为人在编造、传播或者散布不真实、不准确、不完整或不确定的重大信息之前买入或卖出相关证券，或者在相关重大信息散布之后及股价发生波动之后卖出或买入相关证券。这里的“利用不真实、不准确、不完整或不确定的重大信息”，可理解为：一方面，行为人利用的信息是能够对证券市场上一般投资者的投资决策产生影响的不真实、不准确、不完整或不确定的重大信息；另一方面，行为人具有编造、传播或者散布不真实、不准确、不完整或不确定的重大信息的行为。需要注意的是，行为人可以是不真实、不准确、不完整或不确定的重大信息的编造者，也可以是其传播者或者散布者。而是否“重大信息”，关键在于该信息是否和目标公司中期报告、年度报告、重大事件和内幕信息，对证券市场有重大影响的经济政策、金融政策，对证券市场有显著影响的证券交易信息，在证券市场上具有重要影响的投资者或者证券经营机构的信息有关。中国证券监督管理委员会或证券交易所认定的重大信息也是此处的“重大信息”。行为人是否有蛊惑交易操纵行为，必须从以下三个方面加以判断：(1)是否具有利用不真实、不准确、不完整或不确定的重大信息的行为；(2)是否在编造、传播或者散布不真实、不准确、不完整或不确定的重大信息之前或者之后进行证券交易;(3)其结果是否影响证券交易价格或交易量。对于上述三个方面,答案均为肯定结论的话,可以说行为人具有蛊惑交易操纵行为。

6. 对证券、证券发行人、期货交易标的公开作出评价、预测或者投资建议,同时进行反向证券交易或者相关期货交易的。这种情形俗称为"抢帽子交易操纵"。其基本的操纵方式是,行为人公开对证券及其发行人、上市公司、期货交易标的进行评价、预测、投资建议,误导投资者的投资决策,影响证券、期货交易价格或者交易量,然后"反其道而行之",进行与其评价、预测、投资建议方向相反的证券交易或者相关期货交易。这种操纵的主体通常为"证券公司、证券投资咨询机构、专业中介机构或者从业人员",但随着自媒体等的发达,涉案主体也逐渐多样化,既有持牌机构和分析师,也有网络工作室、博主等非持牌机构以及一般公民。荐股的方式多种多样,如微博、股吧、视频直播、微信以及 QQ 私聊建群等,但最终目的都是误导投资者的决策,自己进行反向交易从中获利,或者诱导散户买入,从而帮助"庄家出货"获取报酬等。要注意的是,这里行为人所进行的交易对于证券要求是"反向交易",即从"言行不一"中获利,但对期货交易没有相关要求。因为,期货交易为双向交易,行为人既可以买入开仓以看涨,也可以卖出开仓以看跌,同时各种期货之间具有一定关联性,如可能暗中开仓,公开作出对自己有利的市场评价,诱导他人进行相同方向的交易,影响期货的交易价格或者交易量,最后通过实际交割或者行权了解获利。因此,刑法第 182 条对于证券市场操纵,规定必须是进行"反向证券交易",而对于期货市场操纵,规定进行"相关期货交易"即可。

7. 以其他方法操纵证券、期货市场的。这是指上述几种之外的操纵证券、期货价格的行为,如通过策划、实施资产收购或者重组、投资新业务、股权转让、上市公司收购等虚假重大事项,误导投资者作出投资决策,影响证券交易价格或者证券交易量,并进行相关交易或者谋取相关利益的;通过控制发行人、上市公司信息的生成或者控制信息披露的内容、时点、节奏,误导投资者作出投资决策,影响证券交易价格或者证券交易量,并进行相关交易或者谋取相关利益的;通过囤积现货,影响特定期货品种市场行情,并进行相关期货交易的,与他人合谋进行不转移证券所有权的虚假买卖,利用职务之便人为地抬高或压低某种证券交易价格,非法侵入计算机信息系统抬高股票价格等,就是其体现。

以上操纵证券、期货交易价格的行为,只有情节严重的才构成犯罪。所谓情节严重,一般是指通谋买卖、虚假买卖的数额巨大,造成证券、期货交易价格畸形波动,非法获利的数额较大,给其他投资者造成了较大损失或其他严重后果等。[162]

本罪主观上是故意。由于从事证券期货交易的人都有追求获利避险之心,因此,成立本罪,不要求行为人主观上具有"获取不正当利益或者转嫁风险"的目的。

在本罪的认定上,应注意其与编造并传播证券、期货交易虚假信息罪的界限。二者的界限非常微妙,有以下几点:(1)行为方式不同。本罪表现为利用虚假或者不确定的重大信息,诱导投资者进行证券、期货交易,强调利用相关信息进行交易;后罪的场合,则是只要行为人本人编造并传播影响证券、期货交易的虚假信息扰乱交易市场即可,并不要求行为人从中交易。(2)主观目的有所不同。本罪的场合,行为人一般来说,具有通过操纵证券、期货市场行为从中交易谋利的目的;后罪的场合,行为人是否具有从中谋利的目的,不影响该罪的构成。

---

〔162〕 具体内容参见 2022 年最高人民检察院、公安部《关于公安机关管辖的刑事案件立案追诉标准的规定(二)》第 34 条。

(3)有关信息特点有所不同。本罪中的“信息”既可以是虚假信息,也可以真实的信息、不确定的信息;后罪中的“信息”必须是凭空捏造、虚构事实的虚假信息。行为人编造并传播证券、期货交易虚假信息,并利用虚假信息诱导投资者进行证券、期货交易,同时构成编造并传播证券、期货交易虚假信息罪和操纵证券、期货市场罪的,应当按照牵连犯从一重罪处断原则,以操纵证券、期货市场罪定罪处罚。

以下通过一个案例,对上述二者的区别进行说明。某上市公司董事长滕某雄明知未经股东大会同意且授权便无法履行协议条款,仍代表公司签订了以自有资金2.25亿元认购某银行定增股的认购协议,同时授意时任董事会秘书的林某山发布公告。次日,林某山在明知该协议不可能履行的情况下,仍按照滕某雄的指示发布该虚假消息。随后,在原定股东大会召开之日前3日,又发布“中止投资某银行”的公告。上述虚假信息的传播,导致该上市公司股票价格异常波动,交易量异常放大,严重扰乱了证券市场秩序。侦查机关对二被告人以操纵证券市场罪移送检察机关,检察机关以二被告人构成编造并传播证券交易虚假信息罪起诉,法院认可检察机关的起诉意见。该案中,两被告人编造并传播虚假证券交易信息的行为的确已经严重扰乱了正常的证券市场交易秩序,但由于无法查实被告人在此期间有利用上述情况进行相关交易或者谋取相关利益的目的和行为,故无法认定行为人构成操纵证券市场罪,只能以编造并传播证券交易虚假信息罪处罚。

依照刑法第182条的规定,犯本罪的,处5年以下有期徒刑或者拘役,并处或者单处罚金;情节特别严重的,处5年以上10年以下有期徒刑,并处罚金。单位犯本罪的,对单位判处罚金,并对其直接负责的主管人员和其他直接责任人员,依照自然人犯本罪的规定处罚。

二十二、背信运用受托财产罪

本罪,是指银行或者其他金融机构违背受托义务,擅自运用客户资金或者其他委托、信托的财产,情节严重的行为。

金融机构在接受客户委托理财的过程中往往会积聚起大量的资产。这些资产一旦被擅自使用,会使得资产管理活动处于巨大的风险之中,严重损害委托人利益,扰乱金融秩序,“背信运用受托财产罪”便是为了防范与惩戒该行为而设立。

本罪的主体为特殊主体,即“商业银行、证券交易所、期货交易所、证券公司、期货经纪公司、保险公司或者其他金融机构”和其中的主管人员和其他直接责任人员。因此,违背受托义务擅自运用客户资金的行为,必须是经过单位决策机构研究决定后实施,即本罪为单纯的单位犯罪,个人无法单独构成本罪。因此在公司未被追诉的情况下,不能仅仅追究其法人代表的背信运用受托财产罪。如果是个人挪用的,则应视主体身份认定为挪用公款罪或者挪用资金罪。

关于本罪主体,还要注意两个问题:(1)不具有金融机构资质的机构,特定条件下能成为本罪主体。在该机构操控商业银行,直接或间接购买该机构设计的内容不实的信托计划、资管计划,占用银行客户存款和理财资金,并通过隐形持股、分散控股等方式,规避监管,违反国家关于单一股东对金融机构持股比例的要求,违规对商业银行形成绝对控股,同时通过派遣高级管理人员,实现对商业银行进行股权、人事等方面的绝对控制,使商业银行作出的相关决策均为体现了控股机构的单位意志时,可以追究该控股机构的刑事责任。[163]　(2)私募基金管理公

---

〔163〕　上海市第一中级人民法院审理的明天控股案(判决文书未公开)。

司属于本罪主体中的“其他金融机构”。私募基金管理公司与刑法第185条之一所列举的商业银行、保险公司等6种金融机构具有同质性,其对委托人的金融性资产进行经营管理亦属于资产管理活动,在其实施违背受托义务,滥用委托权限,严重损害委托人利益,严重扰乱金融秩序时,也能构成本罪。2014年施行的《私募投资基金监督管理暂行办法》第38条,以及2020年施行的《关于加强私募投资基金监管的若干规定》第13条中“私募基金管理人涉嫌犯罪的,依法移送司法机关追究刑事责任”的规定,也为私募基金管理人构成背信运用受托财产罪提供了顺畅的行刑衔接机制。

本罪客观上表现为,违背受托义务,擅自运用客户资金或者其他委托、信托的财产,情节严重。其中,“违背受托义务”,不仅限于违背委托人与受托人之间具体约定的义务,还包括违背法律、行政法规、部门规章规定的法定义务。“擅自运用”,是指未得到客户授权而运用该客户资金或者其他委托、信托的财产。“委托、信托的财产”,主要是指在当前的委托理财业务中,存放在各类金融机构中的客户资金和财产,包括以下几类:证券投资业务中的客户交易资金,即客户在证券公司存放的用于买卖证券的资金;委托理财业务中的客户财产;信托业务中的信托财产;证券投资基金。

成立本罪,应当达到“情节严重”的程度。“情节严重”,具体来说,是指以下情形之一:(1)擅自运用客户资金或者其他委托、信托的财产数额在30万元以上的;(2)虽未达到上述数额标准,但多次擅自运用客户资金或者其他委托、信托的财产,或者擅自运用多个客户资金或者其他委托、信托的财产的;(3)其他情节严重的情形。[164]

本罪主观上为故意。与我国不同,在国外刑法中,成立背信犯罪,除主观上必须有故意之外,还要求行为人在实施背信行为时,必须具有“为自己或者第三人谋利”的“图利目的”或者“对本人造成损害”的“加害目的”这样两种性质不同的目的。我国的做法,虽说能避免日本在有关背信犯罪认定上的纷繁复杂之处,但是,也会带来一些不利后果。最为明显的,代为处理他人公司财产事务的国家工作人员、其他公司、企业人员在代为处理投资、贷款等业务的时候,常常会面临一些需要冒险投机的风险,如果说行为人只要认识到风险而执意展开业务,并最终失败的场合,不管行为人主观动机或者目的如何,一律要承担背信犯罪的刑事责任的话,最终必然会影响行为人为他人处理业务的工作积极性。实际上,在行为人具有为委托人谋利目的或者动机的场合,不宜将其失败行为认定为背信犯罪。一方面,从整体上看,尽管该行为客观上一定程度违反了和委托人之间的信任,但由于该行为主要不是出于加害委托人或者为行为人自己谋利的动机而实施的,就能否定该行为对委托人的不利,从而判定该行为并非侵害信任的行为。另一方面,即便客观上难以说该背信行为对委托人有利,但在行为人行为时具有为委托人谋利的动机或者认识时,由于可以说行为人没有对委托人的实质不利的认识,所以,也能说行为人不具有侵害信任关系的故意。从这种立场出发,可以说,在认定本罪的时候,考虑行为人为“图利、加害动机”在某些场合下是必要的。具体而言,根据行为当时各个方面的因素来看,行为人实施滥用职权的背信行为时,只要没有对委托人加害,或者借此机会为自己谋利的目的,就能否定行为人的行为构成背信类犯罪。

依照刑法第185条之一的规定,犯本罪的,对单位判处罚金,并对其直接负责的主管人员和其他直接责任人员,处3年以下有期徒刑或者拘役,并处3万元以上30万元以下罚金;情节

[164] 2022年最高人民检察院、公安部《关于公安机关管辖的刑事案件立案追诉标准的规定(二)》第35条。

特别严重的,处3年以上10年以下有期徒刑,并处5万元以上50万元以下罚金。

二十三、违法运用资金罪

本罪,是指公众资金管理机构以及保险公司等,违反国家规定运用资金的行为。

本罪客观上表现为,违反国家规定运用资金,行为对象为社会保障基金、住房公积金以及保险公司、基金公司的资金。对上述资金,国家均规定了特定的用途和运用范围。在法律法规规定范围之外运用上述资金,或者虽然在法律法规规定的范围之内,但不依法运用资金的话,也是违反国家规定运用资金。本罪主体是特殊主体,即社会保障基金管理机构、住房公积金管理机构等公众资金管理机构,以及保险公司、保险资产管理公司、证券投资基金管理公司及其中的主管人员和其他直接责任人员。成立本罪,必须满足"情节严重"的要求。具体而言,就是涉嫌下列情形之一:(1)违反国家规定运用资金数额在30万元以上的;(2)虽未达到上述数额标准,但多次违反国家规定运用资金的;(3)其他情节严重的情形。[165]

在本罪的认定中,应当注意本罪与背信运用受托财产罪的界限。其区别在于以下两点:(1)主体不同。本罪主体是社会保障基金管理机构、住房公积金管理机构等公众资金管理机构,以及保险公司、保险资产管理公司、证券投资基金管理公司及其中的工作人员,而背信运用受托财产罪的主体是商业银行、证券交易所、期货交易所、证券公司、期货经纪公司、保险公司或者其他金融机构和其中的工作人员。(2)对象不同。本罪的对象是社会保障基金、住房公积金以及保险公司、基金公司的资金,而背信运用受托财产罪的对象是客户资金或者其他委托、信托的财产。

依照刑法第185条之一的规定,犯本罪的,对单位判处罚金,并对其直接负责的主管人员和其他直接责任人员,处3年以下有期徒刑或者拘役,并处3万元以上30万元以下罚金;情节特别严重的,处3年以上10年以下有期徒刑,并处5万元以上50万元以下罚金。

二十四、违法发放贷款罪

本罪,是指银行或者其他金融机构的工作人员,违反国家规定发放贷款,数额巨大或者造成重大损失的行为。

其中,"违反国家规定",是指违反有关信贷管理的法律或者行政法规、规定、决定等。如在商业银行贷款中,未对借款人的借款用途、偿还能力、还款方式等情况进行严格审查,或者未对保证人的偿还能力,抵押物、质物的权属和价值以及实现抵押权、质权的可行性进行严格审查的,就属于违反《商业银行法》的规定。严格依照国家规定的贷款发放条件和程序进行贷款的发放,即使是贷款人的原因导致贷款无法偿还或者造成其他巨大损失的,也不能认定成立本罪。"贷款",是银行或者其他金融机构通过一定程序将资金附条件地借给单位或者个人使用的一种金融活动,包括担保贷款和信用贷款。根据2006年最高人民法院刑事审判第二庭公布的《关于对银行工作人员违规票据贴现行为如何适用法律问题的函》,票据贴现属于贷款的一种类型,违规票据贴现行为是否构成违法发放贷款罪,应当根据案件事实和刑法规定综合评价加以认定。

本罪以"数额巨大或者造成重大损失"为成立条件。"数额巨大"是指实际发放的贷款数

---

[165] 2022年最高人民检察院、公安部《关于公安机关管辖的刑事案件立案追诉标准的规定(二)》第36条。

额;“造成重大损失”是指因违法发放的贷款全部或者部分不能收回的情况。对此,应当区分不良贷款、逾期贷款、呆滞贷款与呆账贷款之间的界限。被确认为呆账的贷款,即使存在所谓的“债权”,也应当认定为损失已经形成。根据有关司法解释,[166]银行或者其他金融机构及其工作人员违反国家规定发放贷款,涉嫌下列情形之一的,应予立案追诉:(1)违法发放贷款,数额在200万元以上的;(2)违法发放贷款,造成直接经济损失数额在50万元以上的。

依照刑法第186条第1、3款的规定,犯本罪的,处5年以下有期徒刑或者拘役,并处1万元以上10万元以下罚金;数额特别巨大或者造成特别重大损失的,处5年以上有期徒刑,并处2万元以上20万元以下罚金。单位犯本罪的,对单位判处罚金,并对其直接负责的主管人员和其他直接责任人员,依照自然人犯本罪的规定处罚。

另外,刑法第186条第2、4款规定,银行或者其他金融机构的工作人员违反国家规定,向关系人发放贷款的,依照前款的规定从重处罚。是否关系人,必须依照《商业银行法》第40条和有关金融法规确定。根据《商业银行法》的规定,商业银行的关系人是指如下人员:(1)商业银行的董事、监事、管理人员、信贷业务人员及其近亲属;(2)前项所列人员投资或者担任高级管理职务的公司、企业和其他经济组织。上述关系人的近亲属,按照我国民法的规定,是指其配偶、父母、子女、祖父母、外祖父母和兄弟姐妹。至于其他金融机构的关系人的情况比较复杂,还需要由有关金融法规予以明确。

二十五、吸收客户资金不入账罪

本罪,是指银行或者其他金融机构的工作人员,吸收客户资金不入账,数额巨大或者造成重大损失的行为。

其中,所谓吸收客户资金不入账,是指将所吸纳的客户存款,包括账目上的记载与出具给储户的存单、存折上的记载不相符合的情况在内,不记入金融机构法定存款账目之中,以逃避国家的金融监管。[167] 至于是否记入法定账目以外设立的账目不影响该罪成立。如保险公司将已收取的客户保费不计收入或少计收入,是为了逃避国家金融监管,才未计入金融机构的法定账目,该行为应以吸收客户资金罪定罪处罚。银行或者其他金融机构的工作人员吸收客户资金不入任何账目的行为,视情况可以认定为贪污罪或者职务侵占罪。所谓客户资金,包括个人以及单位的货币存款。在具体范围上,既可以是以合法方式吸收的公众存款,也包括以违反规定提高利率或者其他不正当方式吸收的存款。所谓数额巨大或者造成重大损失,既包括金融机构的损失,也包括客户的损失。具体而言,是指下列情形之一:(1)吸收客户资金不入账,数额在200万元以上的;(2)吸收客户资金不入账,造成直接经济损失数额在50万元以上的。[168]

本罪的主体是特殊主体,指银行或者其他金融机构的工作人员。单位实施的场合,也必须是特定单位,即商业银行、城乡信用社和信托投资公司等金融单位。

依照刑法第187条的规定,犯本罪的,处5年以下有期徒刑或者拘役,并处2万元以上20万元以下罚金;数额特别巨大或者造成特别重大损失的,处5年以上有期徒刑,并处5万元以

---

[166] 2022年最高人民检察院、公安部《关于公安机关管辖的刑事案件立案追诉标准的规定(二)》第37条。

[167] 2001年最高人民法院《全国法院审理金融犯罪案件工作座谈会纪要》。因此,本书不赞同主张“不入账,既可能是根本不入任何账户,也可能是不入法定账户”的观点。

[168] 2022年最高人民检察院、公安部《关于公安机关管辖的刑事案件立案追诉标准的规定(二)》第38条。

上 50 万元以下罚金。单位犯本罪的,对单位判处罚金,并对其直接负责的主管人员和其他直接责任人员,依照自然人犯罪的规定处罚。

二十六、违规出具金融票证罪

本罪,是指银行或其他金融机构或者其工作人员违反规定,为他人出具信用证或者其他保函、票据、存单、资信证明,情节严重的行为。

本罪客观上表现为,违反规定,为他人出具信用证或者其他保函、票据、存单、资信证明,情节严重。其中,"为他人出具信用证"中的"他人",是指银行或者其他金融机构以外的个人或者单位。银行内部机构的工作人员以本部门与他人合办的公司为受益人,违反规定开具信用证,属于为他人非法出具信用证。[169] "金融票证",包括下列金融工具:(1)信用证,是指银行根据开证申请人的请求,开给受益人的一种在具备约定的条件后,即可得到开证银行或支付银行支取约定金额的一种保证付款的凭证。(2)保函,是指除信用证以外的银行以自己的信用为用户提供担保的资信函件,是重要的银行资信文件。在我国,中国人民银行不得为任何单位或个人提供担保,商业银行可以依法提供担保服务,但其工作人员不得违反规定徇私向亲属或者朋友提供担保服务。"承诺书"具有担保性质应视为"保函"。[170] (3)票据,是指以支付一定金额为目的的可以转让、流通的有价证券,即《票据法》中规定的汇票、本票、支票。(4)存单,是指银行或其他金融机构向存款方签发的存款凭证,上面载有户名、账号、金额、存款利率、日期等事项。空白存单因为不具有上述内容,难以体现存款合同关系,因此,不属于这里所说的存单。换言之,为他人出具空白存单的行为,不构成非法出具金融票证罪。(5)资信证明,是指证明个人或单位经济实力、信用情况的文件。

只要行为人非法出具上列一种金融票证并"情节严重"的,都可构成本罪。所谓情节严重,根据有关司法解释,[171] 是指具有以下情形之一:(1)违反规定为他人出具信用证或者其他保函、票据、存单、资信证明,数额在 200 万元以上的;(2)违反规定为他人出具信用证或者其他保函、票据、存单、资信证明,造成直接经济损失数额在 50 万元以上的;(3)多次违规出具信用证或者其他保函、票据、存单、资信证明的;(4)接受贿赂违规出具信用证或者其他保函、票据、存单、资信证明的;(5)其他情节严重的情形。本罪的主体,可以是个人,也可以是单位。实施本罪的个人是特殊主体,指银行或者其他金融机构的工作人员;实施本罪的单位只能是银行或者其他金融机构。

依据上述,被告人在担任银行支行行长期间,为帮助该行客户借款,未经审批、授权,违规在不可撤销的还款担保函和借贷合同上签名并加盖某银行支行公章。借款到期后,客户未履行还款义务,导致银行被执行连带偿还巨额资金;被告人在明知银行支行无权出具保函的情况下,为某公司的业务合作提供最高额为 3 亿元(人民币)的履约保证,后被法院判决要求连带执行的场合,构成本罪。

依照刑法第 188 条的规定,犯本罪的,处 5 年以下有期徒刑或者拘役;情节特别严重的,处

---

[169] 2000 年最高人民法院刑事审判第一庭《关于银行内部机构的工作人员以本部门与他人合办的公司为受益人开具信用证是否属于"为他人出具信用证"问题的复函》

[170] 1999 年最高人民检察院审查批捕厅《对公安部经济犯罪侦查局〈关于对银行非法出具金融票证造成损失征求意见的函〉的复函》。

[171] 2022 年最高人民检察院、公安部《关于公安机关管辖的刑事案件立案追诉标准的规定(二)》第 39 条。

5 年以上有期徒刑。单位犯本罪的,对单位判处罚金,并对其直接负责的主管人员和其他直接责任人员,依照自然人犯本罪的规定处罚。

二十七、对违法票据承兑、付款、保证罪

本罪,是指银行或其他金融机构或者其工作人员在票据业务中,对违反票据法规定的票据予以承兑、付款或者保证,造成重大损失的行为。

其中,“票据”,依《票据法》的规定,是由出票人签名于票上,以约定自己或委托他人无条件支付一定金额为目的的有价证券,包括本票、汇票、支票;“票据业务”,是指根据《票据法》的规定所从事的汇票、本票和支票的流转活动;“违反票据法规定的票据”,是指不符合《票据法》的规定,不能予以承兑、付款或者保证的票据;“承兑”,是指按汇票的付款人承诺在汇票到期日支付汇票金额的行为,仅适用于汇票;“付款”,是指付款人依法支付票据金额的行为;“保证”,是对已经存在于票据上的债务进行担保的行为。担保人与被担保人对持票人承担连带责任,在票据到期后如果持票人或者收款人得不到付款,担保人就必须足额付款;“重大损失”,是指造成直接经济损失数额在 50 万元以上。[172]

依照刑法第 189 条的规定,犯本罪的,处 5 年以下有期徒刑或者拘役;造成特别重大损失的,处 5 年以上有期徒刑。单位犯本罪的,对单位判处罚金,并对其直接负责的主管人员和其他直接责任人员,依照自然人犯本罪的规定处罚。

二十八、逃汇罪

本罪,是指公司、企业或者其他单位,违反国家规定,擅自将外汇存放境外,或者将境内的外汇非法转移到境外,数额较大的行为。

其中,“外汇”,是以外币表示的可以用作国际清偿的支付手段和资产,包括:(1)外国货币,包括钞票、铸币等;(2)外币有价证券,包括政府公债、国库券、公司债券、股票、息票等;(3)外汇支付凭证,包括票据、银行存款凭证、邮政储蓄凭证等;(4)其他外汇资金。“擅自将外汇存放境外”,是指将依法本应调回国内的外汇收入存放境外;“把境内的外汇非法转移到境外”,是指违法携带外汇出境或者将外汇寄往境外,或者未经外汇管理机关的批准,将外汇存款凭证、外汇有价证券携带、邮寄出境。“数额较大”,是指单笔在 200 万美元以上或者累计数额在 500 万美元以上。[173] 实践当中,逃汇通常表现为以下行为:“虚假贸易”即通过虚假的进出口贸易、虚开发票、伪造单据等方式,将资金转移到境外;“借用他人名义”即使用亲友或其他人的名义,将资金转移到境外;“地下钱庄”即通过地下钱庄或非法的金融机构,将资金转移到境外;“蚂蚁搬家式逃汇”,指利用多人的每人每年 5 万美元便利化额度,境内分散汇总,境外再汇总,以此规避银行的真实性管理,扰乱金融秩序。

依照刑法第 190 条的规定,犯本罪的,对单位判处逃汇数额 5% 以上 30% 以下罚金,并对其直接负责的主管人员和其他直接责任人员处 5 年以下有期徒刑或者拘役;数额巨大或者有其他严重情节的,对单位判处逃汇数额 5% 以上 30% 以下罚金,并对其直接负责的主管人员和其他直接责任人员,处 5 年以上有期徒刑。

---

〔172〕 2022 年最高人民检察院、公安部《关于公安机关管辖的刑事案件立案追诉标准的规定(二)》第 40 条。

〔173〕 2022 年最高人民检察院、公安部《关于公安机关管辖的刑事案件立案追诉标准的规定(二)》第 41 条。

二十九、骗购外汇罪

本罪，是指使用伪造、变造的购买外汇所需的凭证、单据，或者重复使用购买外汇所需的凭证、单据，以及用其他方式骗购外汇，数额较大的行为。

本罪的主体可以是个人，也可以是单位。海关、外汇管理部门以及金融机构、从事对外贸易经营活动的公司、企业或者其他单位的工作人员与骗购外汇或者逃汇的行为人通谋，为其提供购买外汇的有关凭证或者其他便利的，或者明知是伪造、变造的凭证和单据而售汇、付汇的，以共犯论，依照《关于惩治骗购外汇、逃汇和非法买卖外汇犯罪的决定》从重处罚。[174] 明知用于骗购外汇而提供人民币资金的，以共犯论处。

本罪在客观上表现为以下几种方式：(1)以虚假的凭证和单据骗购外汇的行为，如使用伪造、变造的海关签发的报关单、进口证明、外汇管理部门核准件等凭证和单据骗购外汇；(2)重复使用海关签发的报关单、进口证明、外汇管理部门核准件等凭证和单据骗购外汇的行为；(3)以其他方式骗购外汇的行为，如虚构特定事实欺骗外汇指定银行向其提出支付清单，在其先行兑付后，却并不能提供真实有效的凭证和单据而骗购外汇的；以签订虚假合同方式骗购外汇的。实践中还存在与海关、外汇管理部门、金融机构中从事对外贸易经营活动的公司、企业或者其他单位的工作人员串通，由后者提供有关凭证、单据以骗购外汇的情形。这种场合，由于所提供的凭证是真实的，因此难以说是以无效凭证向外汇指定银行骗购外汇的行为。另外，依据《关于惩治骗购外汇、逃汇和非法买卖外汇犯罪的决定》第 1 条第 3 款的规定，明知是用于骗购外汇而提供人民币资金或者其他服务的，成立本罪的共犯。成立本罪，要求骗购的外汇“数额较大”，即达到 50 万美元以上。[175]

在本罪的适用中，应注意以下问题：首先，应将其与套汇行为区别开来。所谓套汇，是指下列行为：(1)违反国家规定，以人民币支付或者以实物偿付应当以外汇支付的进口货款或者其他类似支出的，但是合法的易货贸易除外；(2)以人民币为他人支付在境内的费用，而由对方给付外汇的；(3)明知用于非法套汇而提供人民币资金或者其他服务的；(4)以其他方式非法套汇的。套汇行为虽然不构成犯罪，但是，根据国务院 2011 年 1 月 8 日修订的《关于骗购外汇、非法套汇、逃汇、非法买卖外汇等违反外汇管理规定行为的行政处分或者纪律处分暂行规定》第 5 条，对套汇行为人应当给予行政处分或者纪律处分。其次，要注意本罪与逃汇罪的界限。二者的不同之处在于：(1)行为方式不同。逃汇罪是违反国家规定，擅自将外汇存放境外，或者将境内的外汇非法转移到境外；而本罪则是以虚假、无效的凭证、单据向外汇指定银行骗购外汇。(2)对象不同。逃汇罪的对象是自己拥有的外汇，而本罪的对象是外汇指定银行的外汇。

依照《关于惩治骗购外汇、逃汇和非法买卖外汇犯罪的决定》第 1 条第 1、2、4 款的规定，犯本罪的，处 5 年以下有期徒刑或者拘役，并处骗购外汇数额 5% 以上 30% 以下罚金；数额巨大或者有其他严重情节的，处 5 年以上 10 年以下有期徒刑，并处骗购外汇数额 5% 以上 30% 以下罚金；数额特别巨大或者有其他特别严重情节的，处 10 年以上有期徒刑或者无期徒刑，并处骗购外汇数额 5% 以上 30% 以下罚金或者没收财产。伪造、变造海关签发的报关单、进口证明、外汇管理部门核准件等凭证和单据，并用于骗购外汇的，依照前款的规定从重处罚。单位

---

〔174〕 1998 年全国人大常委会《关于惩治骗购外汇、逃汇和非法买卖外汇犯罪的决定》第 5 条。

〔175〕 2022 年最高人民检察院、公安部《关于公安机关管辖的刑事案件立案追诉标准的规定(二)》第 42 条。

犯本罪的,对单位依照第1款的规定判处罚金,并对其直接负责的主管人员和其他直接责任人员,处5年以下有期徒刑或者拘役;数额巨大或者有其他严重情节的,处5年以上10年以下有期徒刑;数额特别巨大或者有其他特别严重情节的,处10年以上有期徒刑或者无期徒刑。

三十、洗钱罪

(一)概念和构成

本罪,是指为掩饰、隐瞒毒品等七种犯罪的所得及其产生的收益的来源和性质,而以存入金融机构、转移资金等方式使其在市场上合法化的行为。

洗钱,是一种隐藏资金来源以及隐藏资金去向的行为,其目的是让犯罪分子能够安全地享用他们的非法收益,避免被司法机关查处和没收。因此,洗钱罪的本质,正如刑法第191条第1款第5项的规定所示,是"掩饰、隐瞒犯罪所得及其收益的来源和性质"的行为,即在上游犯罪完成之后,通过"使犯罪所得及其产生的收益形成合法外观之新行为",从而"具体地"阻碍人们对上游犯罪所得及其产生的收益来源和性质的认定,因此,是否构成洗钱,关键是看该行为是否能使上游犯罪所得及其收益被"清洗"、被"漂白",从非法变为合法。[176]

其构成如下:

1. 主体。本罪的主体,个人和单位均可构成。洗钱罪的主体是否包括上游犯罪行为人在内,理论上有不同看法。传统观点认为,基于我国刑事立法的特点和吸收犯的原理,洗钱罪的主体应当限定于上游犯罪以外的自然人或者单位。对于那些既从事上游犯罪又参与从事下游洗钱行为的自然人或者单位,按照吸收犯的处理原则,仅追究其上游犯罪(重罪)的刑事责任即可,不宜再追究洗钱罪的刑事责任。但2020年12月26日公布的《刑法修正案(十一)》第14条对刑法第191条洗钱罪进行了修改,通过删除"明知""协助"等用语,将理论和实践上一直存在争议的"自洗钱"行为纳入洗钱罪的规制范畴,使洗钱罪的犯罪主体不再仅限定于第三人,还包括了实施特定上游犯罪的行为人。

2. 危害行为和危害结果。本罪客观上表现为,掩饰、隐瞒毒品犯罪、黑社会性质的组织犯罪、恐怖活动犯罪、走私犯罪、贪污贿赂犯罪、破坏金融管理秩序犯罪、金融诈骗犯罪的违法所得及其产生的收益的来源和性质的行为。具体来说,包括以下内容:

第一,洗钱罪的上游犯罪仅限于刑法第191条所列的七种犯罪。洗钱罪作为一种"下游犯罪",总是发生在某一具有经济目的的"上游犯罪"之后,其目的是要掩饰、隐瞒上游犯罪所得的非法性质,使之披上合法外衣,应当以上游犯罪事实成立为认定前提。但上游犯罪是否既遂,不影响洗钱罪的认定。上游犯罪尚未依法裁判,但查证属实的,不影响洗钱罪的认定。上游犯罪事实经查证属实,因行为人死亡、未达到刑事责任年龄等原因依法不予追究刑事责任的,也不影响洗钱罪的认定。[177] 只是,上游犯罪的范围,各国规定不同。由于我国刑法将洗钱罪的上游犯罪限定于毒品犯罪、黑社会性质的组织犯罪、恐怖活动犯罪、走私犯罪、贪污贿赂犯罪、破坏金融管理秩序犯罪、金融诈骗犯罪这样七种犯罪,因此,尽管现实生活中洗钱活动的上游犯罪已不仅限于上述七种,但在现行立法规定之下,显然不能对其都按照洗钱罪定罪处罚。其中,"毒品犯罪",指分则第六章第七节之罪;黑社会性质的组织犯罪,是指以暴力、威胁或者

---

[176] 王新:《刑法分论精解》,北京大学出版社2023年版,第155页。

[177] 2020年最高人民法院、最高人民检察院、公安部《关于办理洗钱刑事案件若干问题的意见》第7条。

其他手段,有组织地进行违法犯罪活动,称霸一方、为非作恶,在一定区域或者行业内,形成非法控制或者重大影响,破坏社会经济、生活秩序的一定组织所实施的犯罪活动。“黑社会性质的组织犯罪所得及其产生的收益”,是指黑社会性质组织及其成员实施的各种犯罪所得及其产生的收益,包括在黑社会性质组织的形成、发展过程中,该组织及组织成员通过违法犯罪活动或其他不正当手段聚敛的全部财物、财产性权益及其孳息、收益;〔178〕恐怖活动犯罪,包括恐怖组织的犯罪以及其他具有恐怖主义性质的爆炸、投放危险物质、放火、绑架、劫持航空器等犯罪;走私犯罪,包含分则第三章第二节之罪;贪污贿赂犯罪,指分则第八章全部贪污贿赂的犯罪;破坏金融管理秩序犯罪,指分则第三章第四节之罪;金融诈骗犯罪,指分则第三章第五节之罪。上述犯罪的“违法所得及其产生的收益”,是指由上述七种犯罪行为所获得的非法利益以及利用该非法利益产生的孳息或者进行经营活动所产生的经济利益。行为人将他人盗窃所得误认为是贪污贿赂所得并进行清洗不构成洗钱罪,但构成掩饰、隐瞒犯罪所得、犯罪所得收益罪。要说明的是,上游犯罪尚在持续中也可成立洗钱罪。洗钱罪虽以上游犯罪成立为条件,但并不要求上游犯罪的结束。最高人民检察院、中国人民银行在联合发布的惩治洗钱犯罪典型案例中明确指出,非法集资等犯罪存在较长期持续状态,在犯罪持续期间帮助犯罪分子转移犯罪所得及收益,符合刑法第191条规定,应认定为洗钱罪。〔179〕

第二,洗钱行为,具体包括以下五种:

一是提供资金账户。其原本是指为行为人以外的他人向行为人提供银行或者其他金融机构的账户编号,为行为人转移赃款提供便利的行为,如行为人在转移贪污受贿所得的过程中,第三人向其提供资金账户,为其提供方便的场合,就属于此,是洗钱犯罪的基本方式之一。《刑法修正案(十一)》通过对刑法第191条洗钱罪犯罪构成要件进行修改,使其第1款中的第2、3、4项规定同时包含了“他洗钱”和“自洗钱”两种行为类型,而对该条款第1项中的“提供资金账户的”规定未做任何变动之后,原本为预设为“他洗钱”的“提供资金账户”类型,是否可以兼容“自洗钱”(如将自己贪污受贿所得财产,存入自己提供的资金账户)的行为类型,产生了争议。本书认为,提供本人资金账户的行为,也能构成自洗钱。按照中国人民银行2016年通过的《金融机构大额交易和可疑交易报告管理办法》,其中第11条规定,对于有合理理由怀疑客户涉嫌洗钱、跨境赌博等犯罪活动的大额现金存取行为,银行业金融机构应及时提交可疑交易报告。第5条规定,当日单笔或者累计交易人民币5万元以上(含5万元)、外币等值1万美元以上(含1万美元)的现金收支,当日单笔或者累计交易人民币50万元以上(含50万元)、外币等值10万美元以上(含10万美元)的境内款项划转等大额交易,金融机构应当向中国反洗钱监测分析中心报告。但现实生活当中,行为人往往采用将大笔金钱“蚂蚁搬家”式地化整为零(通常为5万元以下),存入数个行为人提供或者指定的以自己或者他人名义开设的账户,从而逃避金融机构的监管。一旦上游犯罪的所得及其收益,被以不太引人注目的“化整为零”的形式放进银行等金融机构之中,很容易逃过金融机构的监管,即便之后,在该账户之中存在通过来回取现、在多个账户之间划转、转账拆分等切割其交易链的行为,因所存入的数个账户彼此互不相关,因而也很难被发现和监管。这种通过将犯罪所得及其收益化整为零,存入行为人提供或者指定资金账户的做法,由于其在实施过程中,有意采取的“化整为零”的做

〔178〕 2020年最高人民法院、最高人民检察院、公安部《关于办理洗钱刑事案件若干问题的意见》第2条第5款。

〔179〕 陈某枝洗钱案,最高人民检察院、中国人民银行2021年3月19日联合发布的6个惩治洗钱犯罪典型案例。

法回避了《金融机构大额交易和可疑交易报告管理办法》,因此不是上游犯罪的自然延伸,而是新的侵害了金融机构监管秩序的行为,由于行为人实施这种行为的意图是掩饰、隐瞒上游犯罪所得及其收益的来源和性质,因此,毫无疑问地可构成"自洗钱"行为。

二是将财产转换为现金、金融票据、有价证券,即行为人采取各种方法,协助犯罪分子将所获得的现金以外的赃物变卖,使其转换为现金或本票、汇票、支票等金融票据或者有价证券,以掩饰犯罪所得财产的来源和性质。洗钱罪中的"现金"应当作广义的理解,不能仅仅局限于人民币,将非法所得转化为外币同样也是洗钱罪入罪的行为之一。"金融票据"是一种专门为了资本融通而发行的票证,它与金融活动密切相关,不以商品交易为基础。在现实生活中,金融票据扮演着重要的角色。它由债权人和债务人签订协议后生成,其中一方签发票据,另一方表示承兑,出票人在票据到期前向付款人归还款项以偿还债务。金融票据主要包括汇票、本票和支票这三种形式。有价证券则包括股票、债券、权证、投资基金、票据等,其被视为一种权利凭证,它表示持有人对某些有价物享有一定权利,例如股票、公债券、各种票据、提货单、仓库营业者出具的存货栈单等。

三是通过转账或者其他支付结算方式转移资金,即行为人协助犯罪分子,将违法所得及其产生的赃款,混入合法收入存入银行等金融机构,通过转账(从一个账户转移到另一个账户)或者其他结算方式(承兑、委托付款等),掩饰、隐瞒其犯罪来源和性质,将赃款转为合法资金。

四是跨境转移资产,即经批准享有国内外资金来往权的个人或单位,通过自己在银行或其他金融机构所开设的账号,协助前述七种犯罪分子,将违法所得及其产生的赃款汇往境外。跨境转移资产,目前最为普遍的洗钱方式就是将境内的黑钱转移出去,或者在境外收取黑钱并洗白。一种是采取贸易方式,如一些腐败分子勾结国外公司,在进口设备和原材料时,高报进口价格,以高比例佣金、折扣等形式支付给境外进口商,再从其手中拿回扣,然后将非法所得留在国外;或者设立空壳公司在境外投资,然后将上游非法所得以对外投资的形式,转移到境外。另一种是采取非贸易方式,如将子女送到境外,然后将上游犯罪所得以支付教育费、生活费等名义,转移到境外,从而掩饰隐瞒上游犯罪所得。

五是以其他方法掩饰、隐瞒犯罪所得及其收益的来源和性质的。这种行为花样众多,具体来说,包括以下情形:通过典当、租赁、买卖、投资等方式,协助转移、转换犯罪所得及其收益的;通过与商场、饭店、娱乐场所等现金密集型场所的经营收入相混合的方式,转移、转换犯罪所得及其收益的;通过虚构交易、虚设债权债务、虚假担保、虚报收入等方式,转移、转换犯罪所得及其收益的;通过买卖彩票、奖券、储值卡、黄金等贵金属等方式,转换犯罪所得及其收益的;通过赌博方式,将犯罪所得及其收益转换为赌博收益的;通过"虚拟资产"交易、金融资产兑换方式,转移、转换犯罪所得及其收益的;以其他方式转移、转换犯罪所得及其收益的。[180]

第三,本罪是行为犯,只要行为人实施了上述五种洗钱行为之一,不论是否达到掩饰、隐瞒违法所得及其收益的性质和来源的目的,都构成犯罪。

3. 主观要件。本罪的主观要件为故意,即知道是毒品犯罪、黑社会性质的组织犯罪、恐怖活动犯罪、走私犯罪、贪污贿赂犯罪、破坏金融管理秩序犯罪、金融诈骗犯罪的所得及其产生的收益而加以隐瞒、掩饰。"知道",包括证明其知道或者推定其应当知道。其中:"知道"是指根据犯罪嫌疑人、被告人的供述、证人证言等证据,可以直接证明犯罪嫌疑人、被告人知悉、了解

---

〔180〕 2024年最高人民法院、最高人民检察院《关于办理洗钱刑事案件适用法律若干问题的解释》第5条。

其所掩饰、隐瞒的是刑法第 191 条规定的上游犯罪的所得及其产生的收益；“应当知道”是指结合查证的主、客观证据，可以推定犯罪嫌疑人、被告人知悉、了解其所掩饰、隐瞒的是刑法第 191 条规定的上游犯罪的所得及其产生的收益。认定“知道或者应当知道”，应当根据行为人所接触、接收的信息，经手他人犯罪所得及其收益的情况，犯罪所得及其收益的种类、数额，犯罪所得及其收益的转移、转换方式，交易行为、资金账户等异常情况，结合行为人职业经历、与上游犯罪人员之间的关系以及其供述和辩解，同案人指证和证人证言等情况综合审查判断。有证据证明行为人确实不知道的除外。[181] 被告人将刑法第 191 条规定的某一上游犯罪的犯罪所得及其收益，认作该条规定的上游犯罪范围内的其他犯罪所得及其收益的，不影响“知道或者应当知道”的认定。[182] 因此，被告人明知他人从事毒品犯罪活动，且掌握的大量资金可能是毒品犯罪所得，但仍积极协助其以购买股份的方式投资企业经营，掩饰、隐瞒资金的性质及来源的时候，构成洗钱罪。

另外，主观上认识到是刑法第 191 条规定的上游犯罪的所得及其产生的收益，是指对上游犯罪客观事实的认识，而非对行为性质的认识。将某一上游犯罪的所得及其产生的收益认为是该条规定的其他上游犯罪的所得及其产生的收益的，不影响主观认知的认定。[183]

（二）本罪的认定

在本罪的认定中，必须注意以下几个方面的问题：

1. 洗钱罪与“上游犯罪”的界限。洗钱行为实际上是在事后为上游犯罪提供帮助，本质上属于其上游犯罪的事后共犯，只是因为在事前和事中相互之间缺乏共谋，所以不被认定为共犯，因此，上游犯罪与洗钱罪的关键区别在于，行为人与上游犯罪的行为人是否具有共谋，在有共谋的情况下，就是上游犯罪的共犯，而不是洗钱罪，否则，就是洗钱罪。

2. 行为人藏匿转移自己犯罪所得的行为，不应当被作为“洗钱罪”处理。一方面，这种行为不构成洗钱罪，从刑法第 191 条规定的洗钱罪的本质就是侵害了金融监管秩序，实行行为就是掩饰、隐瞒特定上游犯罪所得及其收益的来源和性质的立场来看，窝藏、转移犯罪所得的行为，无论如何都不足以被评价为“洗钱”。例如，在藏匿、转移受贿所得案中，无论作为对象的上游犯罪所得如何被藏匿、转移，甚至最终大部分被丢失，都只是上游犯罪即受贿罪既遂之后，持有、支配贿赂物状态的一种自然延伸或者说“物理转移”，并没有掩饰、隐瞒甚至模糊该财物本身具有的作为国家工作人员职务行为对价的贿赂之性质；同时，由于作为上游犯罪所得的财物一直处于上游犯罪的罪犯的控制、支配之下，没有进入金融机构，因此，谈不上对金融监管秩序存在破坏。另一方面，这种行为也不能构成自洗钱。此时，行为人仅仅是对作为贿赂的赃物进行隐藏，这种物理性的转移，并不涉及对赃款、赃物的“漂白”，改变其来源及性质，客观上没有也不会对金融管理秩序造成破坏。相反地，如果说这种情形构成“自洗钱”的话，则在受贿之后，因为担心被发现而将所收受的贿赂（犯罪证据）销毁的场合，更有必要作为犯罪处理。但事实上，我国刑法第 307 条第 2 款只是对帮助当事人毁灭、伪造证据，情节严重的行为予以处罚，对于当事人自己毁灭证据的行为并不处罚。举重明轻，可见将藏匿、转移作为犯罪证据的受贿所得的行为认定为犯罪，并不妥当。必须注意的是，行为人先将受贿所得的现金分散藏

---

〔181〕 2020 年最高人民法院、最高人民检察院、公安部《关于办理洗钱刑事案件若干问题的意见》第 2 条第 8 款。

〔182〕 2024 年最高人民法院、最高人民检察院《关于办理洗钱刑事案件适用法律若干问题的解释》第 3 条。

〔183〕 2020 年最高人民法院、最高人民检察院、公安部《关于办理洗钱刑事案件若干问题的意见》第 9 条。

匿于多个朋友处,然后通过微信、支付宝转账的方式收回的场合,则可以构成洗钱罪。因为,这种场合,行为人虽然先前只是具有将贿赂款分散藏匿于多个朋友处的不改变犯罪所得性质的藏匿、转移行为,但其后不仅利用了微信、支付宝这种支付结算方式转移资金,还故意制造了资金来源于其朋友的假象,有利用金融机构将违法财产转化为合法财产之嫌,属于掩饰、隐瞒赃款的来源和性质的行为。

3. 将犯罪所得及其收益自用行为的性质判断。判断将犯罪所得及其收益自用的行为是否构成洗钱,最终还是要依据洗钱罪的本质,即该行为是不是引起了难以包含在上游犯罪评价范围之内的新的法益侵害(金融管理秩序犯罪除外)、是不是具有掩饰、隐瞒犯罪所得及其收益的性质和来源,为犯罪所得及其收益披上合法外衣的角度来判断。如果行为人对上游犯罪所得及其收益的利用,并没有造成新的法益侵害、没有改变或者超出上游犯罪行为所能评价的范围,只是单纯地延续或者维持上游犯罪行为的原有状态的话,那么,该利用行为就应当只是被认定为上游犯罪的"共罚的事后行为",不另外单独构成洗钱罪;相反地,行为人在实施上游犯罪后,为掩饰、隐瞒上游犯罪所得及其产生的收益而实施动态的"漂白"行为,掩饰、隐瞒或者说模糊了上游犯罪所得及其产生的收益来源和性质,为其披上合法外衣,使人无法辨认其原来模样的话,则这种行为就不纯粹是上游犯罪的自然延伸,而是致使其犯罪所得发生了质变的洗钱行为。行为人应同时成立上游犯罪和"自洗钱"犯罪,对行为人按照上游犯罪和洗钱罪数罪并罚。

(三)处罚

依照刑法第191条的规定,犯本罪的,没收实施以上犯罪的所得及其产生的收益,处5年以下有期徒刑或者拘役,并处或者单处罚金;情节严重的,处5年以上10年以下有期徒刑,并处罚金。单位犯本罪的,对单位判处罚金,并对其直接负责的主管人员和其他直接责任人员,按照自然人犯本罪的规定处罚。

其中,"情节严重",按照相关司法解释,[184]洗钱数额在10万元以上的,或者洗钱数额在5万元以上,且具有下列情形之一的,可以认定为"情节严重":(1)多次实施洗钱行为的;(2)曾因洗钱行为受过刑事追究的;(3)拒不交代涉案资金去向或者拒不配合追缴工作,致使赃款无法追缴的;(4)造成重大损失或者其他严重后果的。二次以上实施洗钱犯罪行为,依法应予刑事处理而未经处理的,洗钱数额累计计算。地下钱庄实施洗钱犯罪的,或者金融机构及其从业人员实施洗钱犯罪的,可以依法从重处罚。单位实施洗钱犯罪行为的,与自然人犯罪的定罪量刑标准相同,对单位判处罚金,并依法对其直接负责的主管人员和其他直接责任人员定罪处罚。

实施刑法第191条规定的洗钱行为,构成洗钱罪的同时,又构成刑法第349条规定的窝藏、转移、隐瞒毒赃罪,刑法第120条之一规定的帮助恐怖活动罪,或者刑法第225条规定的非法经营罪的,依照处罚较重的规定定罪处罚,除非法律和司法解释另有规定。具有刑法第191条规定的上游犯罪的犯罪事实,又具有为其他不是同一事实的上游犯罪洗钱的犯罪事实的,分别以上游犯罪、洗钱罪定罪处罚,依法实行数罪并罚。[185]

---

[184] 2020年最高人民法院、最高人民检察院、公安部《关于办理洗钱刑事案件若干问题的意见》第12、13、14条。

[185] 2020年最高人民法院、最高人民检察院、公安部《关于办理洗钱刑事案件若干问题的意见》第10条。

第六节　金融诈骗的犯罪

一、集资诈骗罪

（一）概念和构成

本罪，是指以非法占有为目的，使用诈骗方法非法集资，数额较大的行为。其构成如下：

1. 主体。本罪的主体为一般主体，个人和单位均可构成。

2. 危害行为和危害结果。本罪客观上表现为，以诈骗方法集资，数额较大。具体来说，包括以下三方面的内容：

第一，使用诈骗方法。换言之，在集资时，采用了虚构事实、隐瞒真相的方法。如虚构集资用途、以虚假的证明文件和高回报率为诱饵欺骗投资者等，就是其体现。如在某"奶牛银行案"中，行为人与2000多名出资人签订奶牛买卖合同和奶牛租赁合同。根据以上合同约定，出资人以每头奶牛2.5万元的价格从甲公司购牛后，再以每头每月260元的价格将牛租给乙公司，租赁期为5年：租赁期届满后，由丙以每头牛2.5万元的价格将牛购入，从而使出资者到期收回本金。这个计划，通俗地说，就是顾客买一头奶牛，要花2.5万元，在2～5年的租期中，每年顾客可获1600～3000元租金，等出租年限届满，行为人再花2.5万元买回顾客的奶牛。截止到案发时，"奶牛银行"共融资人民币2.9亿元，其中大部分无法返还。本案中，行为人所使用的手段就是典型的集资诈骗。根据计算，如果行为人兑现其承诺，其养奶牛产业的利润至少要达到40%才行。问题是奶牛行业根本没有这么高的利润。而且，行为人总共卖出了一万余头"奶牛"，他公司里奶牛的总存栏数实际不到4000头。因此，其所谓定期返还"租金"的承诺完全兑现不了。其所谓租金，也不是通过养奶牛来赚取，而是让后期的人源源不断地前来投资，以弥补前期投资者的损失，返本返利，一旦后续无人投资，骗局也就崩盘。因此，"奶牛银行案"是一个彻头彻尾的骗局。

第二，非法集资，即未经有权机关批准，向社会大众或者企业、事业单位募集资金。

第三，非法集资达到"数额较大"的程度。具体而言，是指使用诈骗方法非法集资，数额在10万元以上的。[186] 集资诈骗的数额，应当以犯罪嫌疑人实际骗取的金额计算。犯罪嫌疑人为吸收公众资金制造还本付息的假象，在诈骗的同时对部分投资人还本付息的，集资诈骗的金额以案发时实际未兑付的金额计算。案发后，犯罪嫌疑人主动退还集资款项的，不能从集资诈骗的金额中扣除，但可以作为量刑情节考虑。行为人为实施集资诈骗活动而支付的广告费、中介费、手续费、回扣，或者用于行贿、赠与等费用，不予扣除。行为人为实施集资诈骗活动而支付的利息，除本金未归还可予折抵本金以外，应当计入诈骗数额。

3. 主观要件。本罪的主观要件是故意，并且行为人具有非法占有的目的。使用诈骗方法非法集资，具有下列情形之一的，可以认定为"以非法占有为目的"：（1）集资后不用于生产经营活动或者用于生产经营活动与筹集资金规模明显不成比例，致使集资款不能返还的；（2）肆意挥霍集资款，致使集资款不能返还的；（3）携带集资款逃匿的；（4）将集资款用于违法犯罪活

[186]　2022年最高人民检察院、公安部《关于公安机关管辖的刑事案件立案追诉标准的规定（二）》第44条。

动的;(5)抽逃、转移资金、隐匿财产,逃避返还资金的;(6)隐匿、销毁账目,或者搞假破产、假倒闭,逃避返还资金的;(7)拒不交代资金去向,逃避返还资金的;(8)其他可以认定非法占有目的的情形。集资诈骗罪中的非法占有目的,应当区分情形进行具体认定。行为人部分非法集资行为具有非法占有目的的,对该部分非法集资行为所涉集资款以集资诈骗罪定罪处罚;非法集资共同犯罪中部分行为人具有非法占有目的,其他行为人没有非法占有集资款的共同故意和行为的,对具有非法占有目的的行为人以集资诈骗罪定罪处罚。[187]

对于共同犯罪或单位犯罪案件中,不同层级的犯罪嫌疑人之间存在犯罪目的转化或者犯罪目的明显不同,应当根据犯罪嫌疑人的犯罪目的分别认定:(1)犯罪嫌疑人在初始阶段仅具有非法吸收公众存款的故意,不具有非法占有目的,但在发生经营失败、资金链断裂等问题后,明知没有归还能力仍然继续吸收公众存款的,这一时间节点之后的行为应当认定为集资诈骗罪,此前的行为应当认定为非法吸收公众存款罪。(2)在共同犯罪或单位犯罪中,犯罪嫌疑人由于层级、职责分工、获取收益方式、对全部犯罪事实的知情程度等不同,其犯罪目的也存在不同。在非法集资犯罪中,有的犯罪嫌疑人具有非法占有的目的,有的则不具有非法占有目的,对此,应当分别认定为集资诈骗罪和非法吸收公众存款罪。[188]

(二)本罪在认定中应注意的问题

1. 本罪与诈骗罪的界限。本罪与诈骗罪之间处于法条竞合的关系,根据法条竞合特别法优先于普通法的适用原理,凡是采用诈骗手段非法集资的,以本罪论处。

2. 本罪和非法吸收公众存款罪的界限。集资诈骗罪和非法吸收公众存款罪在客观上均表现为向社会公众非法募集资金。其关键区别在于,行为人的主观意图不同,以非法占有为目的,使用诈骗方法非法集资,是集资诈骗罪的本质特征。是否具有非法占有目的,是区分非法吸收公众存款罪和集资诈骗罪的关键要件,对此要重点围绕融资项目真实性、资金去向、归还能力等事实进行综合判断。犯罪嫌疑人存在以下情形之一的,原则上可以认定具有非法占有目的:(1)大部分资金未用于生产经营活动,或名义上投入生产经营但又通过各种方式抽逃转移资金的;(2)资金使用成本过高,生产经营活动的盈利能力不具有支付全部本息的现实可能性的;(3)对资金使用的决策极度不负责任或肆意挥霍造成资金缺口较大的;(4)归还本息主要通过借新还旧来实现的;(5)其他依照有关司法解释可以认定为非法占有目的的情形。网络借贷信息中介机构或其控制人,利用网络借贷平台发布虚假信息,非法建立资金池募集资金,所得资金大部分未用于生产经营活动,主要用于借新还旧和个人挥霍,无法归还所募资金数额巨大,应认定为具有非法占有目的,以集资诈骗罪追究刑事责任。

对于以非法占有为目的而非法集资,或者在非法集资过程中产生了非法占有他人资金的故意,均构成集资诈骗罪。但是,在处理具体案件时要注意以下两点:一是不能仅凭较大数额的非法集资款不能返还的结果,推定行为人具有非法占有的目的;二是行为人将大部分资金用于投资或生产经营活动,而将少量资金用于个人消费或挥霍的,不应仅凭此认定具有非法占有的目的。[189]

3. 本罪与民间借贷纠纷的界限。二者都是不通过国家认可的金融机构而自行进行的资金

---

[187] 2022年最高人民法院《关于审理非法集资刑事案件具体应用法律若干问题的解释》第7条。

[188] 2017年最高人民检察院公诉厅《关于办理互联网金融犯罪案件有关问题座谈会纪要》第15条。

[189] 2001年最高人民法院《全国法院审理金融犯罪案件工作座谈会纪要》。

借贷活动。其差别在于:(1)目的不同。集资诈骗的行为人具有非法占有的目的,意图永久性地占有投资者的投资款;民间借贷则是债务主体为了弥补生产、生活等方面出现的暂时性资金短缺,并在约定时间内偿还本息的行为。(2)客观表现不同。集资诈骗承诺的利息往往数额较大,一般情况下,集资诈骗行为人向投资者承诺的利息要高出银行同期存款利率几倍、十几倍甚至几十倍以上。对于这种集资者承诺以明显无法兑现的虚高利率吸引投资,并最终导致投资者血本无归的案件,一般应当认定为集资诈骗。[190]

(三)处罚

依照刑法第192条的规定,犯本罪的,处3年以上7年以下有期徒刑,并处罚金;数额巨大或者有其他严重情节的,处7年以上有期徒刑或者无期徒刑,并处罚金或者没收财产。单位犯本罪的,对单位判处罚金,并对其直接负责的主管人员和其他直接责任人员,依照前款的规定处罚。

依照相关司法解释,[191]集资诈骗数额在10万元以上的,应当认定为“数额较大”;数额在100万元以上的,应当认定为“数额巨大”。集资诈骗数额在50万元以上,同时具有以下情节,即:(1)曾因非法集资受过刑事追究的;(2)2年内曾因非法集资受过行政处罚的;(3)造成恶劣社会影响或者其他严重后果的”,应当认定为刑法第192条规定的“其他严重情节”。

关于本罪的量刑,2021年最高人民法院、最高人民检察院发布的《关于常见犯罪的量刑指导意见(试行)》第4条第4款规定如下。(1)构成集资诈骗罪的,根据下列情形在相应的幅度内确定量刑起点:达到数额较大起点的,在3年至4年有期徒刑幅度内确定量刑起点。达到数额巨大起点或者有其他严重情节的,在7年至9年有期徒刑幅度内确定量刑起点。依法应当判处无期徒刑的除外。(2)在量刑起点的基础上,根据集资诈骗数额等其他影响犯罪构成的犯罪事实增加刑罚量,确定基准刑。(3)构成集资诈骗罪的,根据犯罪数额、危害后果等犯罪情节,综合考虑被告人缴纳罚金的能力,决定罚金数额。(4)构成集资诈骗罪的,综合考虑犯罪数额、诈骗对象、危害后果、退赃退赔等犯罪事实、量刑情节,以及被告人主观恶性、人身危险性、认罪悔罪表现等因素,决定缓刑的适用。

二、贷款诈骗罪

(一)概念和构成

本罪,是指以非法占有为目的,使用欺骗方法,诈骗银行或者其他金融机构的贷款,数额较大的行为。其构成如下:

1. 主体。本罪的主体是已满16周岁,具有辨认和控制能力的自然人,单位不能成为本罪主体。单位实施贷款诈骗的场合,可以贷款诈骗罪对单位贷款诈骗直接负责的主管人员和其他直接责任人员追究刑事责任。当然,对于单位十分明显地以非法占有为目的,利用签订、履行借款合同诈骗银行或者其他金融机构贷款,符合刑法第224条规定的合同诈骗罪的构成要件的,可以合同诈骗罪定罪处罚。

2. 危害行为和危害结果。本罪客观上表现为,使用欺骗方法,骗取银行或者其他金融机构

〔190〕 高憬宏、杨万明主编:《基层人民法院法官培训教材(实务卷·刑事审判篇)》,人民法院出版社2005年版,第192页。

〔191〕 2022年最高人民法院《关于审理非法集资刑事案件具体应用法律若干问题的解释》第8条。

的贷款,数额较大。具体欺诈方法,表现为以下几种:(1)编造引进资金、项目等虚假理由。这是采用虚构事实的方法进行贷款诈骗。如虚构根本不存在的投资项目等虚假理由,或者以引进外资需要配套资金为由,向银行或者其他金融机构骗取贷款。(2)使用虚假的经济合同。所谓虚假的经济合同,是指伪造的合同、变造的合同(如篡改原合同的标的、价款等)、无效的合同(如采用欺诈手段签订的合同),以及伪造印章制作的合同等。(3)使用虚假的证明文件。所谓虚假的证明文件,通常是指虚假的银行存单、保函、资产负债表、划款证明以及会计报表等向银行或者其他金融机构申请贷款时所需要的文件。(4)使用虚假的产权证明作担保或超出抵押物价值重复担保。所谓产权证明,是指能够证明行为人对房屋、土地等不动产或者汽车、货币、可即时兑付的票据等动产享有所有权的书面文件。所谓超出抵押物的价值重复担保,是指将同一项财产抵押给数个债权人,从而取得的贷款超出了抵押物的价值。从本质上看,重复担保属于虚构财产的行为。(5)以其他方法诈骗贷款。即以上述四种方法以外的方法,如伪造单位公章、印鉴骗取贷款;伪造国家机关公文骗取贷款;以非法占有为目的,先贷款后采用欺骗手段拒不还贷等。使用上述方法之一的,就可成立本罪;同时使用几种方法的,也只成立一罪。本罪是结果犯,诈骗贷款,只有数额较大的,才成立本罪。数额较大,是指数额在 5 万元以上。[192]

3. 主观要件。本罪的主观要件是故意,并具有非法占有的目的。在贷款诈骗案件中,对于行为人主观要件的判断,通常也要从客观表现去推知。通常考虑以下几个因素:行为人贷款时是否使用了贷款诈骗罪罪状中描述的五种情形;行为人的资信情况;行为人的还款能力;行为人使用贷款的方向;行为人是否逃避债务;等等。

总结司法实践经验,有下述几种行为的,可以说行为人不具有“非法占有目的”:(1)以虚假手段取得贷款后已经主动归还贷款本息的;(2)以虚假手段取得贷款后久拖未还,但具有偿还能力或基本具有偿还能力,且其并不躲避贷款人追索债务的;(3)以虚假手段取得贷款后,拖欠未还且没有偿还能力,但造成这种状况的原因是行为人经营亏损或经营失误而无力偿还贷款。尽管这种行为具有明显的社会危害性,但由于行为人没有非法占有的目的,不能以贷款诈骗罪论处。因此,如果行为人在申请贷款时虽使用欺骗手段,但其是为了解决生产经营的一时急需并打算日后归还的,因不具有非法占有的目的而不能构成贷款诈骗罪。另外,这种非法占有的目的,必须在签订贷款合同时就存在。在合法地取得贷款之后,在无力偿还时伪造借条转移抵押物,企图不向银行交出抵押物的场合,由于在取得贷款时完全采用合法手段,因此,难以说具有非法占有目的。

(二)本罪的认定

在本罪的认定过程中,要注意以下几点:

1. 正确区分贷款民事欺诈行为与贷款诈骗犯罪。二者区分的关键是,行为人是否具有非法占有金融机构贷款的目的。有非法占有目的的是贷款诈骗犯罪,没有该目的的,就是贷款民事欺诈。在具体认定上,不能以行为人使用欺诈手段获取了贷款,就认定行为人具有非法占有贷款的主观目的,而应坚持主客观相一致的原则,具体情况具体分析。在对行为人贷款时的履约能力、取得贷款的手段、贷款的使用去向、贷款无法归还的原因等方面及相关客观事实进行综合分析的基础上,判断行为人是否具有非法占有贷款的目的。对于合法取得贷款后,没有按

---

〔192〕 2022 年最高人民检察院、公安部《关于公安机关管辖的刑事案件立案追诉标准的规定(二)》第 45 条。

规定的用途使用贷款，到期没有归还贷款的，不能以贷款诈骗罪定罪处罚；对于确有证据证明行为人不具有非法占有的目的，因不具备贷款的条件而采取了欺骗手段获取贷款，案发时有能力履行还贷义务，或者案发时不能归还贷款是因为意志以外的原因，如因经营不善、被骗、市场风险等，不应以贷款诈骗罪定罪处罚。[193]

2. 依法慎重处理贷款类犯罪案件。在办理骗取贷款等犯罪案件时，充分考虑企业“融资难”“融资贵”的实际情况，注意从借款人采取的欺骗手段是否属于明显虚构事实或者隐瞒真相，是否与银行工作人员合谋、受其指使，是否非法影响银行放贷决策、危及信贷资金安全，是否造成重大损失等方面，合理判断其行为危害性，不苛求企业等借款人。对于借款人因生产经营需要，在贷款过程中虽有违规行为，但未造成实际损失的，一般不作为犯罪处理。对于借款人采取欺骗手段获取贷款，虽给银行造成损失，但证据不足以认定借款人有非法占有目的的，不能以贷款诈骗罪定性处理。[194]

（三）处罚

依照刑法第 193 条的规定，犯本罪的，处 5 年以下有期徒刑或者拘役，并处 2 万元以上 20 万元以下罚金；数额巨大或者有其他严重情节的，处 5 年以上 10 年以下有期徒刑，并处 5 万元以上 50 万元以下罚金；数额特别巨大或者有其他特别严重情节的，处 10 年以上有期徒刑或者无期徒刑，并处 5 万元以上 50 万元以下罚金或者没收财产。

按照相关司法解释，[195]以非法占有为目的，诈骗银行或者其他金融机构的贷款，数额在 5 万元以上，的应予立案追诉。

三、票据诈骗罪

本罪，是指以非法占有为目的，利用金融票据进行诈骗活动，数额较大的行为。

本罪客观上表现为有下列行为之一，且数额较大：（1）明知是伪造、变造的汇票、本票、支票而使用。“使用”是指依据其法定的用途而用于支付和结算。如将伪造的票据交与财物的出让人以骗取财物，或者将伪造的票据予以承兑。（2）明知是作废的汇票、本票、支票而使用。“作废的票据”，是指依法已经不能使用的票据，包括付款请求权已经实现的票据、过期的票据和被依法宣布作废的票据。（3）冒用他人的汇票、本票、支票，骗取财物。“冒用”，是指擅自以合法持有人的名义，使用、转让自己不具有支配权的票据，如没有代理权的人超越代理权使用票据，使用所拾得的他人票据等。例如，甲在窃得乙的汇票之后，在该汇票上伪造了乙的背书和签名后，再将汇票背书转让给丙用于偿还债务的行为，属于冒用他人汇票的行为。同样，以非法占有为目的，伙同金融机构工作人员使用已经贴现的真实票据质押贷款的行为；金融机构工作人员，采用欺骗手段取得客户印鉴后将客户账户内的资金取出的行为；盗窃银行承兑汇票并使用，骗取财物数额巨大的行为；利用保管其他公司工商登记、经营证章的便利条件，以其他公司名义申领、签发支票并非法占有其他公司财物的行为，均属于票据诈骗。（4）签发空头支票或者与其预留印鉴不符的支票，骗取财物。“空头支票”，是指出票人在银行没有存款或存款不足时签发的到期无法兑现的支票。签发空头支票，就是开具并向他人交付空头支票。签

---

〔193〕 2001 年最高人民法院《全国法院审理金融犯罪案件工作座谈会纪要》。

〔194〕 2020 年最高人民检察院《关于充分发挥检察职能服务保障“六稳”“六保”的意见》第 3 条。

〔195〕 2022 年最高人民检察院、公安部《关于公安机关管辖的刑事案件立案追诉标准的规定（二）》第 45 条。

发与预留印鉴不符的支票，是指在开具支票后加盖与其在银行或者其他金融机构所预留的印章不符的印鉴。(5)汇票、支票的出票人签发无资金保证的汇票、支票或在出票时作虚假记载、骗取财物。“出票人”，是指制作票据，按照法定条件在票据上签章，并按照所记载的事项承担票据责任的人；“资金保证”，是指出票人在承兑票据时具有按照票据支付的能力。《票据法》明确规定，汇票、本票的出票人必须具有支付汇票、本票的可靠资金来源，保证支付；“在出票时作虚假的记载”，是指在签发票据时对票据的内容作虚假记载。本罪是结果犯，进行金融票据诈骗活动，数额在5万元以上的，应予立案追诉。[196]

依照刑法第194条的规定，犯本罪的，处5年以下有期徒刑或者拘役，并处2万元以上20万元以下罚金；数额巨大或者有其他严重情节的，处5年以上10年以下有期徒刑，并处5万元以上50万元以下罚金；数额特别巨大或者有其他特别严重情节的，处10年以上有期徒刑或者无期徒刑，并处5万元以上50万元以下罚金或者没收财产。根据刑法第200条的规定，单位犯本罪的，对单位判处罚金，并对其直接负责的主管人员和其他直接责任人员，处5年以下有期徒刑或者拘役，可以并处罚金；数额巨大或者有其他严重情节的，处5年以上10年以下有期徒刑，并处罚金；数额特别巨大或者有其他特别严重情节的，处10年以上有期徒刑或者无期徒刑，并处罚金。

四、金融凭证诈骗罪

本罪，是指以非法占有为目的，使用伪造、变造的委托收款凭证、汇款凭证、银行存单等其他银行结算凭证，骗取财物，数额较大的行为。

其中，“委托收款凭证”，是指行为人在委托银行向付款人收取货款等款项时，所填写和提供的凭据和证明；“汇款凭证”，指汇款人委托银行将款项汇给外地的收款人时所填写的凭据和证明；“银行存单”，是指储户向银行交付存款后由银行开具的载有户名、账号、存款金额、存期、存款时间和到期时间、利率等内容的凭证和证明；“其他银行结算凭证”，指除票据及上述凭证以外的各种银行结算凭证，如信用卡等；“数额较大”，是指数额在5万元以上。[197] 实务中，金融机构工作人员利用工作之便，以偷换储户存折的方式支取存款的行为；使用伪造的企业网上银行转账授权书，利用网上银行骗取银行资金，数额较大的行为；使用伪造的金融凭证作抵押骗取贷款的行为；变造金融凭证并使用的行为，均被认定为金融凭证诈骗。

关于本罪的处罚，参照前述票据诈骗罪的相关规定。

五、信用证诈骗罪

本罪，是指以非法占有为目的，利用信用证进行诈骗活动的行为。

本罪客观上表现为，利用信用证进行诈骗。具体来说，包括以下情形：(1)使用伪造、变造的信用证或者附随的单据、文件。既包括自己伪造、变造信用证后使用，也包括明知是他人伪造、变造的信用证而使用。其中，所谓信用证，是指开证银行根据作为进口商的开证申请人的请求，开给受益人（通常是出口商）的在约定条件出现之后得到开证银行或者支付银行支付的约定金额的保证凭证。信用证方式是国际贸易往来中一种常见的结算方式。所谓附随的单

---

〔196〕 2022年最高人民检察院、公安部《关于公安机关管辖的刑事案件立案追诉标准的规定（二）》第46条。

〔197〕 2022年最高人民检察院、公安部《关于公安机关管辖的刑事案件立案追诉标准的规定（二）》第47条。

据、文件，是指使用信用证时必须附随的运输单据、商业发票、合同、提单、保险单等单据、文件。(2)使用作废的信用证。如使用已经修改或者撤销的信用证，使用过期、失效的信用证等。(3)骗取信用证。指以虚构事实、隐瞒真相的方法，欺骗开证银行，使其开具信用证。如编造虚假交易骗取信用证、以虚构的投资事实骗取信用证的，就是如此。(4)以其他方法进行信用证诈骗活动。如与开证行、受益人合谋，在支付银行款项后宣布开证行破产，使支付行受到财产损失；利用软条款设置信用证陷阱，即在开立信用证时故意附加设置一些隐瞒性条款，使开证行单方取得主动权，以便能够单方随时解除信用证，以达到限制信用证的使用效力，从而达到诈骗目的等。

本罪是行为犯，根据相关司法解释，[198]进行信用证诈骗活动，涉嫌下列情形之一的，应予立案追诉：(1)使用伪造、变造的信用证或者附随的单据、文件的；(2)使用作废的信用证的；(3)骗取信用证的；(4)以其他方法进行信用证诈骗活动的。

依照刑法第195条的规定，犯本罪的，处5年以下有期徒刑或者拘役，并处2万元以上20万元以下罚金；数额巨大或者有其他严重情节的，处5年以上10年以下有期徒刑，并处5万元以上50万元以下罚金；数额特别巨大或者有其他特别严重情节的，处10年以上有期徒刑或者无期徒刑，并处5万元以上50万元以下罚金或者没收财产。根据刑法第200条的规定，单位犯本罪的，对单位判处罚金，并对其直接负责的主管人员和其他直接责任人员，处5年以下有期徒刑或者拘役，可以并处罚金；数额巨大或者有其他严重情节的，处5年以上10年以下有期徒刑，并处罚金；数额特别巨大或者有其他特别严重情节的，处10年以上有期徒刑或者无期徒刑，并处罚金。

六、信用卡诈骗罪

(一)概念和构成

本罪，是指以非法占有为目的，进行信用卡诈骗活动，数额较大的行为。

所谓信用卡，是指由商业银行或者其他金融机构发行的具有消费支付、信用贷款、转账结算、存取现金等全部功能或者部分功能的电子支付卡。[199]可见，刑法意义上的信用卡与金融法规意义上的信用卡有所不同，其既包括国际通行意义上的具有透支功能的信用卡，也包括不具有透支功能的银行借记卡。

根据刑法的规定，信用卡诈骗主要有以下几种方式：

1. 使用伪造的信用卡，或者使用以虚假的身份证明骗领的信用卡。其中，“使用”，是按照信用卡的法定功能和用途进行交易、支付以及结算活动。将伪造信用卡用于与其法定用途无关的事项，如用作个人资信状况的证明或者用作质押骗取他人财物的，不成立本罪，视情况可以成立诈骗罪。“伪造的信用卡”，是仿照真实信用卡的形式、质地和真实信用卡所记载的有关资料，非法制作的假信用卡。伪造的信用卡可以是由行为人自己伪造的，也可以是他人伪造的；复制他人信用卡的行为，也是伪造。“以虚假身份证明骗领的信用卡”，是指使用虚假的身份资料从金融机构骗领的形式真实但内容并不真实的信用卡。使用真实的个人身份信息，但提交虚假的收入证明、房产证明等申领信用卡的，不属于“以虚假的身份证明申领信用卡”。

---

[198] 2022年最高人民检察院、公安部《关于公安机关管辖的刑事案件立案追诉标准的规定(二)》第48条。

[199] 2004年全国人民代表大会常务委员会《关于〈中华人民共和国刑法〉有关信用卡规定的解释》。

但以伪造国际信用卡,申请成为交易特约商户,并通过无货物交易的虚假刷卡方式骗取国外发卡中心资金的,应以信用卡诈骗罪论处。

2. 使用作废的信用卡。作废的信用卡,是指因为法定原因而失去效用的信用卡。导致信用卡失效的原因多样,包括超过有效使用期限而失效、因办理退卡手续而失效、合法持有人挂失而失效等。使用这些作废的信用卡购买商品、提取现金或者进行结算,都属于信用卡诈骗的行为。

3. 冒用他人信用卡。“冒用”,是指未经合法持卡人同意而以其名义使用信用卡,即冒充合法持卡人而使用信用卡的行为。其特征是:使用人系非持卡人;使用人使用信用卡未经合法持卡人同意或者授权;使用信用卡是以他人名义进行的。在证据只能证明被告人系信用卡的非真实持有人的场合,就要认定被告人冒用他人信用卡。“他人的信用卡”,既包括他人有效的信用卡,也包括骗领的他人无效的信用卡。根据有关司法解释,[200]“冒用他人信用卡”,包括以下情形:(1)拾得他人信用卡并使用的;(2)骗取他人信用卡并使用的;(3)窃取、收买、骗取或者以其他非法方式获取他人信用卡信息资料,并通过互联网、通讯终端等使用的;(4)其他冒用他人信用卡的情形。如冒用代为保管的他人信用卡;发现他人将信用卡遗忘在自动取款机中,不退卡,继续进行取款或者转账;冒用他人的信用卡通过网上银行和电话银行进行消费和转账;特约商户的工作人员在顾客用信用卡消费结算时,私下重复刷卡,非法占有信用卡资金;冒用他人非法转手的信用卡,等等。但是对于盗窃信用卡并使用的,则以盗窃罪论处。

拾得他人信用卡并在自动柜员机(ATM)上使用的行为,是否属于“冒用他人信用卡”,存在争议。这个问题涉及机器能否被骗的问题。传统观点认为,机器不能被骗,能够陷入错误的只能是人,因此,针对机器(包括自动柜员机)使用拾得的他人信用卡的行为不能构成信用卡诈骗罪,而只能构成盗窃罪。[201] 但本书认为,机器作为人脑的延伸和替代,能够帮助人处理一些简单的活动。欺骗机器实际上就是欺骗设置该机器的主人即人,可以看作对人的诈骗,因此,拾得他人信用卡并在自动柜员机(ATM)上使用的行为,应当构成信用卡诈骗罪。我国司法实践的主流观点也是这么理解的,认为拾得他人信用卡并在自动柜员机(ATM)上使用的行为,属于刑法第196条第1款第3项规定的“冒用他人信用卡”的情形,构成犯罪的,以信用卡诈骗罪追究刑事责任。[202]

4. 恶意透支。“透支”,是指持卡人在其发卡银行信用卡账户上资金不足或者已经无资金的情况下,经发卡银行批准,持卡人仍然可以使用此卡消费。透支实际上是发卡人向持卡人提供信用贷款。恶意透支,是指持卡人以非法占有为目的,超过规定限额或者规定期限透支,经

[200] 2018年最高人民法院、最高人民检察院《关于办理妨害信用卡管理刑事案件具体应用法律若干问题的解释》第5条第2款。

[201] 司法实践中,有案例认为,利用他人未退出银行自动取款机的信用卡将卡内款项转账到自己银行账户的,其犯罪对象是银行电子数据背后所代表的现实钱款,而非他人遗忘的信用卡本身,将该卡内款项转账到自己银行账户的,不构成信用卡诈骗罪,应以盗窃罪论处。

[202] 2008年最高人民检察院《关于拾得他人信用卡并在自动柜员机(ATM)上使用的行为如何定性问题的批复》。但是,如果说机器可以被骗,那么,以游戏币冒充硬币拨打投币电话的,或者用非法制造的电话卡拨打电话的(暂不考虑数额),都应当构成诈骗罪。可是,2003年最高人民检察院《关于非法制作、出售、使用IC电话卡行为如何适用法律问题的答复》中明确指出,明知是非法制作的IC电话卡而使用或者购买并使用,造成电信资费损失数额较大的,应当以盗窃罪追究刑事责任。可见,在机器能否被骗问题上,最高人民检察院的立场前后不一。

发卡银行两次有效催收后超过3个月仍不归还的行为。[203] 发卡银行违规以信用卡透支形式变相发放贷款,持卡人未按规定归还的,不适用刑法第196条“恶意透支”的规定。构成其他犯罪的,以其他犯罪论处。

成立恶意透支,必须满足以下三个条件:(1)透支的主体是合法持卡人,不包括实际使用人。因为,构成恶意透支,以“经发卡银行催收后仍不归还”为前提,而发卡银行只能向合法持卡人催收,不可能向实际使用人,更不可能向非法持卡人催收。(2)具有恶意透支行为,即超过规定限额或者规定期限透支,并且经发卡银行两次有效催收后超过3个月仍不归还。催收同时符合下列条件的,应认定为“有效催收”:一是在透支超过规定限额或者规定期限后进行;二是催收应当采用能够确认持卡人收悉的方式,但持卡人故意逃避催收的除外;三是两次催收至少间隔30日;四是符合催收的有关规定或者约定。对于是否属于有效催收,应当根据发卡银行提供的电话录音、信息送达记录、信函送达回执、电子邮件送达记录、持卡人或者其家属签字以及其他催收原始证据材料作出判断。发卡银行提供的相关证据材料,应当有银行工作人员签名和银行公章。[204] (3)恶意透支数额较大且拒不归还。按照有关司法解释,[205]恶意透支,数额在5万元以上不满50万元的,应当认定为刑法第196条规定的“数额较大”;数额在50万元以上不满500万元的,应当认定为刑法第196条规定的“数额巨大”;数额在500万元以上的,应当认定为刑法第196条规定的“数额特别巨大”。恶意透支的数额,是指公安机关刑事立案时尚未归还的实际透支的本金数额,不包括利息、复利、滞纳金、手续费等发卡银行收取的费用。归还或者支付的数额,应当认定为归还实际透支的本金。检察机关在审查起诉、提起公诉时,应当根据发卡银行提供的交易明细、分类账单(透支账单、还款账单)等证据材料,结合犯罪嫌疑人、被告人及其辩护人所提辩解、辩护意见及相关证据材料,审查认定恶意透支的数额;恶意透支的数额难以确定的,应当依据司法会计、审计报告,结合其他证据材料审查认定。人民法院在审判过程中,应当在对上述证据材料查证属实的基础上,对恶意透支的数额作出认定。发卡银行提供的相关证据材料,应当有银行工作人员签名和银行公章。恶意透支数额较大,在提起公诉前全部归还或者具有其他情节轻微情形的,可以不起诉;在一审判决前全部归还或者具有其他情节轻微情形的,可以免予刑事处罚。但是,曾因信用卡诈骗受过两次以上处罚的除外。

(二)本罪的认定

在本罪的认定上,要注意以下几点:

1.要注意区分善意透支与恶意透支。区分二者的关键在于,行为人是否具有非法占有的目的,对于是否以非法占有为目的,应当综合持卡人信用记录、还款能力和意愿、申领和透支信用卡的状况、透支资金的用途、透支后的表现、未按规定还款的原因等情节作出判断。不得单纯依据持卡人未按规定还款的事实认定非法占有目的。具有以下情形之一的,应当认定为刑法第196条第2款规定的“以非法占有为目的”,但有证据证明持卡人确实不具有非法占有目的的除外:(1)明知没有还款能力而大量透支,无法归还的;(2)使用虚假资信证明申领信用卡

---

[203] 2018年最高人民法院、最高人民检察院《关于办理妨害信用卡管理刑事案件具体应用法律若干问题的解释》第6条第1款。

[204] 2018年最高人民法院、最高人民检察院《关于办理妨害信用卡管理刑事案件具体应用法律若干问题的解释》第7条。

[205] 2018年最高人民法院、最高人民检察院《关于办理妨害信用卡管理刑事案件具体应用法律若干问题的解释》第8、9、10条。

后透支,无法归还的;(3)透支后通过逃匿、改变联系方式等手段,逃避银行催收的;(4)抽逃、转移资金,隐匿财产,逃避还款的;(5)使用透支的资金进行犯罪活动的;(6)其他非法占有资金,拒不归还的情形。[206] 行为人透支信用卡用于生产经营活动,因经营不善等客观原因导致信用款逾期无法偿还的,一般不认定“以非法占有为目的”。

持卡人以非法占有为目的,超过规定限额或者规定期限透支,但发卡银行没有催收或者因为某种原因(如行为人恶意逃避)没有向持卡人催收的案件时有发生。由于刑法第196条明文规定将“经发卡银行催收后仍不归还”作为恶意透支的构成要件要素,所以,上述行为不可能成立信用卡诈骗罪。

2.“盗窃信用卡并使用”行为的认定。刑法第196条第3款规定,盗窃信用卡并使用的,依照刑法第264条有关盗窃罪的规定处罚。在适用本款规定时,应注意以下几点:

(1)这里的信用卡仅限于他人真实有效的信用卡。如果盗窃伪造或者作废的信用卡并使用的,应认定为信用卡诈骗罪;盗窃了他人真实有效的信用卡并不使用的行为,目前还难以成立盗窃罪,也不成立信用卡诈骗罪。盗窃未激活的信用卡后补办新卡并使用的行为,私自开拆他人开卡邮件并激活使用的行为,均成立信用卡诈骗罪。行为人盗窃并使用信用卡后又“恶意透支”的,构成盗窃罪与信用卡诈骗罪两个犯罪。实践中,常发生抢劫信用卡的案件。抢劫信用卡并使用的,构成信用卡诈骗罪;如果抢劫信用卡的同时抢劫了其他财物,并使用抢劫所得的信用卡的,应将抢劫罪与信用卡诈骗罪并罚。

(2)盗窃数额的计算,不应该根据窃得的信用卡上的存款数额和信用额度为依据。因为信用卡上表明的是合法持卡人的存款余额和信用数额,行为人在窃得信用卡之后、没有使用之前,只是获得了非法获利的机会,而未实际获得上述款项,换言之,合法持卡人的经济利益尚未受到实际损害,所以,不能将信用卡上表明的、而行为人实际未能得到的存款数额和信用额度,计算为盗窃数额。

(3)抢劫、诈骗、抢夺信用卡并使用行为的定性。对于抢劫、诈骗、抢夺信用卡并使用行为的定性,刑法上没有明文规定,实践中有不同看法。一种观点认为,刑法明示盗窃信用卡并使用的以盗窃罪定罪处罚,并非排除了对抢夺、诈骗、抢劫信用卡并使用的行为以侵犯财产罪论处。抢夺、诈骗、抢劫信用卡并使用,与盗窃信用卡并使用的原理一样,都是在获取信用卡后隐瞒自己并非持卡人的真实情况“骗”取卡上的存款余额和信用额度,应以抢夺、诈骗、抢劫罪处理。另一种观点则认为,刑法只规定盗窃信用卡并使用的按照盗窃罪定罪处罚,而没有规定其他,这意味着将盗窃信用卡并使用的行为排除在冒用他人信用卡的范围之外,而抢夺、诈骗、抢劫信用卡并使用的则仍属于冒用他人信用卡的范围。[207] 本书同意后一种观点。盗窃信用卡并使用的场合,关键不是盗窃,而是其后的使用行为。盗窃信用卡并不意味着信用卡中的财产性利益就马上转移到了盗窃人手中,而信用卡本身也并非数额较大的财产性利益,因此,仅仅是盗窃信用卡本身意义并不大。因为,信用卡是记名的、能挂失的有价支付凭证,按照我国的司法实践习惯,其价值的计算只能按照已经兑现部分的财物价值部分计算数额,因此,盗窃信用卡之后不使用的,没有意义。盗窃信用卡并使用的场合,“使用”即冒用合法持卡人的名义

---

[206] 2018年最高人民法院、最高人民检察院《关于办理妨害信用卡管理刑事案件具体应用法律若干问题的解释》第6条第3款。

[207] 高憬宏、杨万明主编:《基层人民法院法官培训教材(实务卷·刑事审判篇)》,人民法院出版社2005年版,第200页。

进行消费、取现、信贷等行为,实际上是“冒用他人信用卡”行为的一种,应当构成信用卡诈骗罪。只是因为我国过去的司法实践一直将这种行为作为盗窃罪处理,因此,现行刑法也沿袭了这种做法。但这并不意味着以犯罪手段获取他人信用卡并使用的,一律依照其前面的手段行为定罪处罚。从罪刑法定原则的角度来看,除非法律有明文规定,否则就应当按照其实际行为性质定罪处罚。既然诈骗、抢夺信用卡行为的关键在于其后面的“冒用他人信用卡”,则无论如何都应当依照后面的行为性质来认定,否则就会引起不平衡的效果。总体上讲,我国刑法中信用卡诈骗罪的法定刑要高于抢夺、诈骗罪(抢劫罪例外)。如果以非犯罪手段获取他人信用卡并使用的要以较重的信用卡诈骗罪定性,而以诈骗、抢夺等犯罪手段获取他人信用卡并使用的则只能以较轻的诈骗罪、抢夺罪处罚的话,无疑会导致轻重倒置的不平衡后果。因此,在以诈骗、抢夺甚至敲诈勒索手段获取他人信用卡之后使用的场合,应当以信用卡诈骗罪定罪处罚,而不是以其前面的手段行为定性。

当然,抢劫罪例外。尽管抢劫信用卡的场合,重点也在于其后面的冒用行为,但由于抢劫罪不是数额犯,即便只是抢劫信用卡而没有使用的行为也可以抢劫罪定罪处罚,加上抢劫罪的法定刑重于信用卡诈骗罪,因此,在抢劫信用卡的场合,需要分别情形处理:一是抢劫信用卡但并未使用的,构成抢劫罪,不以使用、消费为前提。量刑时可不计数额,依据情节轻重处罚。二是抢劫信用卡后逼迫被害人说出密码,当场提取现金的,构成抢劫罪。因为,被害人人身受制于行为人,无论是行为人押着被害人去 ATM 或银行柜台提取现金,还是行为人控制住被害人,由其同伙或另行安排其他人去提取现金,都是当场实施强制手段,当场劫取他人财物,其行为完全符合抢劫罪的犯罪构成。三是抢劫信用卡后猜出密码并提取现金的,或者抢劫了他人附有密码的信用卡后提取现金的,因为抢劫得手之后的取现行为,属于冒用他人信用卡的行为,因此,上述场合,按照我国的司法实践习惯,构成抢劫罪与信用卡诈骗罪的牵连犯,从一重处罚。

3. 本罪与伪造金融票证罪的界限。“使用伪造的信用卡,或者使用以虚假的身份证明骗领的信用卡”是信用卡诈骗罪的行为方式之一。“伪造信用卡”是伪造金融票证罪的行为方式之一。如果行为人先伪造了信用卡,然后用之进行诈骗的,手段行为构成刑法第 177 条规定的伪造金融票证罪,目的行为又触犯了信用卡诈骗罪,如果诈骗“数额较大”,构成牵连犯,从一重处罚。如果诈骗未达到“数额较大”,仅以伪造金融票证罪论处。实施信用卡诈骗行为必须骗得数额较大财产才能成立本罪,而实施了伪造信用卡的行为,无论是否发生危害结果,都构成伪造金融票证罪。

(三)处罚

依照刑法第 196 条的规定,犯本罪的,处 5 年以下有期徒刑或者拘役,并处 2 万元以上 20 万元以下罚金;数额巨大或者有其他严重情节的,处 5 年以上 10 年以下有期徒刑,并处 5 万元以上 50 万元以下罚金;数额特别巨大或者有其他特别严重情节的,处 10 年以上有期徒刑或者无期徒刑,并处 5 万元以上 50 万元以下罚金或者没收财产。本罪的既遂以实际骗取财物为标准,不以实际妨碍信用卡管理秩序这一非物质性结果为准。行为人通过欺骗行为获得实际持卡人授权进而提取款项的行为,应认定为一般诈骗;未得到真实持卡人的授权,仅仅因为持有信用卡而使得银行误认为具备取款权限的非法取款行为,应认定为信用卡诈骗罪。

根据相关司法解释,[208]使用伪造的信用卡、以虚假的身份证明骗领的信用卡、作废的信用卡或者冒用他人信用卡,进行信用卡诈骗活动,数额在5000元以上不满5万元的,应当认定为刑法第196条规定的"数额较大";数额在5万元以上不满50万元的,应当认定为刑法第196条规定的"数额巨大";数额在50万元以上的,应当认定为刑法第196条规定的"数额特别巨大"。

关于本罪的量刑,2021年最高人民法院、最高人民检察院《关于常见犯罪的量刑指导意见(试行)》第4条第5款作出如下规定。(1)构成信用卡诈骗罪的,根据下列情形在相应的幅度内确定量刑起点:一是达到数额较大起点的,在2年以下有期徒刑、拘役幅度内确定量刑起点。二是达到数额巨大起点或者有其他严重情节的,在5年至6年有期徒刑幅度内确定量刑起点。三是达到数额特别巨大起点或者有其他特别严重情节的,在10年至12年有期徒刑幅度内确定量刑起点。依法应当判处无期徒刑的除外。(2)在量刑起点的基础上,根据信用卡诈骗数额等其他影响犯罪构成的犯罪事实增加刑罚量,确定基准刑。(3)构成信用卡诈骗罪的,根据诈骗手段、犯罪数额、危害后果等犯罪情节,综合考虑被告人缴纳罚金的能力,决定罚金数额。(4)构成信用卡诈骗罪的,综合考虑诈骗手段、犯罪数额、危害后果、退赃退赔等犯罪事实、量刑情节,以及被告人主观恶性、人身危险性、认罪悔罪表现等因素,决定缓刑的适用。

七、有价证券诈骗罪

本罪,是指以非法占有为目的,使用伪造、变造的国库券或者国家发行的其他有价证券进行诈骗活动,数额较大的行为。

其中,"有价证券",包括国库券和国家发行的其他有价证券;"国库券",是国家债券,是指由国家为解决急需预算支出向社会公众和机构发行的,由国家财政负责还本付息的一种国家债务凭证;"国家发行的其他有价证券",是指国家发行的除国库券以外的,有一定货币票面价值的财产权利凭证。如国家主管机关批准发行的财政债券、国家建设债券、国家重点建设债券等。股票、公司、企业债券不属于国家发行的有价证券,不是本罪的对象。成立本罪,具有一定的数额要求。使用伪造、变造的国库券或者国家发行的其他有价证券进行诈骗活动,数额在5万元以上的,应予立案追诉。[209]

依照刑法第197条的规定,犯本罪的,处5年以下有期徒刑或者拘役,并处2万元以上20万元以下罚金;数额巨大或者有其他严重情节的,处5年以上10年以下有期徒刑,并处5万元以上50万元以下罚金;数额特别巨大或者有其他特别严重情节的,处10年以上有期徒刑或者无期徒刑,并处5万元以上50万元以下罚金或者没收财产。

八、保险诈骗罪

(一)概念与构成

本罪,是指投保人、被保险人、受益人,以非法占有为目的,采取虚构标的、保险事故或者制造保险事故等方法,骗取保险金,数额较大的行为。其构成如下:

---

[208] 2018年最高人民法院、最高人民检察院《关于办理妨害信用卡管理刑事案件具体应用法律若干问题的解释》第5条第1款。

[209] 2022年最高人民检察院、公安部《关于公安机关管辖的刑事案件立案追诉标准的规定(二)》第50条。

1. 主体。本罪的主体是特殊主体，即投保人、被保险人和受益人。但在不同的场合，具体的犯罪主体有所区别。就虚构保险标的骗取保险金的场合而言，犯罪主体是投保人。对发生的保险事故编造虚假的原因或者夸大损失程度骗取保险金、编造未曾发生的保险事故骗取保险金的场合而言，犯罪主体可以是投保人、被保险人或者受益人。故意造成财产损失的保险事故骗取保险金场合的主体是投保人和被保险人。因为受益人是在人寿保险合同中才存在的概念，在财产保险合同中，没有受益人的概念，实际上被保险人就是受益人，而故意造成被保险人死亡、伤残或者疾病，骗取保险金的场合，其主体只限于投保人和受益人。另根据刑法规定，单位也可以成为本罪的主体，但对于故意造成财产损失的保险事故骗取保险金以及故意造成被保险人死亡、伤残或者疾病，骗取保险金的场合而言，对单位只能定保险诈骗罪，而不能数罪并罚，对其主管人员和其他直接责任人员可以保险诈骗罪和其他相关罪名数罪并罚。

2. 危害行为和危害结果。本罪客观方面表现为，虚构保险标的、保险事故或者制造保险事故等方法，骗取保险人的保险金，数额较大。具体来说，包括以下五种行为。这五种行为的共同特征是，通过变概率事件为必然事件的方式，使保险事故丧失保险赖以存在的射幸性，从而把保险当作非法获取保险金的手段：

（1）投保人故意虚构保险标的，骗取保险金。其中，“投保人”是与保险人订立保险合同，并按照保险合同承担支付保费义务的人；“保险标的”是作为保险对象的财产及有关的利益或者人的寿命和健康；“保险金”，是指投保人和保险人按照合同的约定，在保险事故发生时保险人支付给投保人的赔偿金；“虚构”是指谎称存在，即把原本不存在的虚构为存在；“虚构保险标的”，是指保险标的本不存在，而投保人虚构其存在。既可以是虚构保险标的的整体，也可以是虚构保险标的的一部分。一般而言，以虚构标的的方式构成保险诈骗罪的应该是以隐瞒真相、虚构事实的方式改变保险事件的射幸性特征，是变保险事故发生的概然性为必然性、骗取保险金的行为。通常体现为，“无中生有”即捏造根本不存在的保险标的与保险人订立保险合同，以及“事后投保”即在标的物已经毁损或者灭失的情况下，隐瞒真相向保险人投保，然后再向保险公司索赔，以骗取保险金。如此说来，实践中所出现的恶意超值投保、恶意重复投保以及隐瞒保险危险投保的行为，并不一定都属于“故意虚构保险标的，骗取保险金的行为”。例如，在财产保险中，将处于危险状态下的财产投保，在人身保险中，故意隐瞒与承保有重要关系的被保险人身体状况和其他情况，如隐瞒职业和生活习惯、既往病史、带病投保的场合，按照《保险法》第 16 条的规定，保险人有权解除保险合同，且不退还保险费，仅此而已，并没有要追究投保人的刑事责任。

要注意的是，“虚构保险标的，骗取保险金”类型的保险诈骗场合，主体即行为人必须是投保人，在行为人并非投保人的场合，即便行为人有骗保的行为，但也不构成本罪。例如，在被告人王某某为骗取保险金，与被告人赵某某合谋，由赵某某将王某某承包的一辆客车烧掉（该车归汽车站所有，投保人亦为该汽车站），事后，王某某付给赵某某酬金 10000 元的场合，二行为人的行为构成放火罪，不构成保险诈骗罪。因为，本案中，两被告人均不是投保人。

（2）投保人、被保险人或者受益人对发生的保险事故编造虚假的原因或者夸大损失程度，骗取保险金的。其中，“被保险人”，就是受保险合同保障的人；“受益人”，就是在人身保险中，有权领取保险金的人。投保人、被保险人可以成为受益人；“对发生的保险事故编造虚假原因”，是指保险事故发生的真实原因不属于保险公司应当赔偿的原因范围，而行为人却编造出保险公司应当赔偿的事故发生原因，以骗取保险金；“夸大损失程度”，就是故意夸大保险标的在保险事故中的损失,以骗取保险金的行为。由于此种场合下的行为主体限定为投保人、被保险人或者受益人,因此,在投保人驾驶其投保的汽车发生交通事故,车毁人亡,行为人甲伪造身份证明,冒充受益人或者被保险人向保险公司索赔的场合,行为人甲由于主体身份不符,故不成立本罪。

(3)投保人、被保险人或者受益人编造未曾发生的保险事故,骗取保险金的。如在未发生保险事故的情况下,编造根本不存在的保险事故,然后谎称被盗,以骗取保险金,或者故意编造保险日期,把期满之后的行为说成是在期满之内的行为,骗取保险金的,都属于此。

(4)投保人、被保险人故意造成财产损失的保险事故,骗取保险金的。“故意造成财产损失的保险事故”,是指投保人、被保险人在保险合同的有效期内,故意人为地制造保险标的损失的保险事故,骗取保险金的行为。如为了获取保险金而故意放火烧毁已经投保的房屋的,就是如此。

(5)投保人、受益人故意造成被保险人死亡、伤残或者疾病,骗取保险金的。按照《保险法》的相关规定,如果投保人、受益人故意采取杀害、伤残、虐待等方法造成被保险人死亡、伤残或者疾病,就无权要求获得保险金,如果行为人此时仍然领取保险金,就属于保险诈骗行为。有上述第 4 种、第 5 种行为,同时构成其他犯罪的,数罪并罚。

需要指出的是,以上五种情形,从主体上看是有区别的,其主要是根据保险活动的各个阶段的特点和保险当事人参与保险活动的情况来确定的。如第 1 种情形只列举了投保人,这是因为这类犯罪行为发生在保险活动的开始,一般只能由投保人所为;第 2 种和第 3 种情形则列举了投保人、被保险人和受益人,因为对发生保险事故编造虚假的原因或者夸大损失的程度和编造未曾发生的保险事故,这三种人都可能有条件实施此种行为;第 4 种情形列举了投保人、被保险人,因为在一般情况下,对财产的投保,被保险人就是受益人;第 5 种情形比较复杂,虽然也涉及投保人、受益人和被保险人,但故意造成被保险人死亡、伤残或者疾病的,通常情况下,多是投保人和受益人所为。当然也不排除实践中会发生被保险人为使受益人取得保险金而自杀、自残的情况。这类情况按照保险法的规定是不予赔偿的,可不作为犯罪处理。因此,第 5 种只列举投保人和受益人为犯罪主体。掌握了这 5 种情形中的有关主体的规定,对有效地防止和查清这类诈骗犯罪活动,有着重要意义。

构成本罪,还要求行为人诈骗保险的数额较大,即数额在 5 万元以上。[210]

3. 主观要件。本罪的主观要件,只能是故意,行为人主观上具有非法获取保险金的目的。

(二)本罪的认定

本罪在认定中,应注意以下几点:

1. 共犯问题。刑法第 198 条第 4 款规定:保险事故的鉴定人、证明人、财产评估人故意提供虚假的证明文件,为他人诈骗提供条件的,以保险诈骗的共犯论处。本条款属于提示性规定。按照本规定,以上人员成立保险诈骗罪的共犯,必须满足两个条件:(1)从客观方面看,行为人为他人实施保险诈骗罪提供了虚假的证明文件,方便了后者实行犯罪;(2)从主观要件来看,行为人明知他人实行保险诈骗罪而故意提供帮助。这两个条件缺一不可。如果保险事故的鉴定人、财产评估人故意提供虚假的证明文件,为他人诈骗提供条件,但保险诈骗罪未成立,或者虽然故意提供了虚假的证明文件,但与实施保险诈骗的行为人不存在共同的犯罪故意,即

---

[210]　2022 年最高人民检察院、公安部《关于公安机关管辖的刑事案件立案追诉标准的规定(二)》第 51 条。

与保险诈骗罪的行为人之间不构成共同犯罪，情节严重时，应以刑法第229条所规定的提供虚假证明文件罪定罪处罚。

另外，根据刑法第183条的规定，保险公司的工作人员利用职务上的便利，故意编造未曾发生的保险事故进行虚假理赔，骗取保险金归自己所有的，依照职务侵占罪的规定定罪处罚。国有保险公司的工作人员和国有保险公司委派到非国有保险公司从事公务的人员有前款行为的，依照贪污罪的规定定罪处罚。

2. 罪数问题。刑法第198条第2款规定：有前款第4项、第5项所列行为，同时构成其他犯罪的，依照数罪并罚的规定处罚。就本法条的字面意思来看，可以说是，在投保人、被保险人为骗取保险金而故意造成财产损失的保险事故，或者投保人、受益人为骗取保险金而故意造成被保险人死亡、伤残或者疾病的行为本身也构成犯罪的时候，就不仅只构成保险诈骗罪，而是构成两个罪，即制造保险事故所触犯的犯罪和刑法第198条所规定的保险诈骗罪，在处理上必须将二者数罪并罚。但是，并非只要有制造骗赔理由的保险事故行为，就一律构成保险诈骗罪，有的时候，尽管有制造骗赔理由的保险事故，但并非一定就构成保险诈骗罪。换言之，即便作为骗赔理由的保险事故构成犯罪，但由于保险诈骗罪不成立，因此，不可能存在数罪，这时候，只能作为一个犯罪处理。所以，本条适用的关键在于，保险诈骗罪何时开始成立，即保险诈骗罪的着手该如何认定的问题。

实行行为是具有侵害法益的迫切危险的行为。就保险诈骗罪而言，虚构保险标的、造成保险事故等行为，只是为保险诈骗罪提供了前提条件；如果行为人造成保险事故后并未到保险公司索赔，保险活动秩序与保险公司的财产受到侵害的危险性就比较小；只有当行为人向保险公司索赔时，才能认为保险活动秩序与保险公司的财产受侵害的危险达到了紧迫程度。因此，对于保险诈骗罪而言，到保险公司索赔或者提出请求支付保险金的行为，才是实行行为；开始实施索赔行为或者开始向保险公司提出支付保险金请求的行为，才是本罪的着手，而不应以开始实施虚构保险标的、开始制造保险事故等为着手。[211] 如此说来，在行为人为舞厅财产投保，后因无力支付租金，场地被建筑公司封锁，决定放火烧毁歌舞厅。一来可以解除对建筑公司之恨，二来可以从保险公司获取保险赔偿金。但是，某甲在放火后罪行暴露，没来得及到保险公司索赔即被抓获的场合；在行为人因为卖车纠纷而到派出所和保险公司谎报车辆被盗，但后来因为报假案，怕惹麻烦，一直未到公安局办理失窃证明，保险公司由于手续不全，无法办理索赔的场合，由于行为人尚未正式开始向保险公司提出支付保险金的请求，因此，连犯罪未遂都不能构成，而只能构成保险诈骗罪的预备犯（这种情形，应当不处罚）。

按照以上理解，当以犯罪手段实施作为骗赔理由的保险事故时，其行为已经既遂，但保险诈骗罪未达既遂或者未开始实施的情况下，其认定原则是：（1）以犯罪手段制造作为骗赔理由的保险事故，之后向保险公司理赔索取保险金但未得逞的场合，行为人的行为构成两个犯罪，即制造保险事故所触犯的犯罪和保险诈骗罪（未遂），[212] 二者应当数罪并罚。（2）以犯罪手段

---

[211] 1998年最高人民检察院法律政策研究室《关于保险诈骗未遂能否按犯罪处理问题的答复》，行为人已经着手实施保险诈骗行为，但由于其意志以外的原因未能获得保险赔偿的，是诈骗未遂，情节严重的，应依法追究刑事责任。

[212] 2009年公安部经济犯罪侦查局《关于对一起保险诈骗案件有关问题的批复》，保险诈骗罪存在未遂犯。行为人已经着手实施保险诈骗行为，但由于其意志以外的原因未能获得保险赔偿的，是诈骗未遂，情节严重的，应依法追究刑事责任。但目前对“情节严重”尚无具体司法解释。本案中，张某隐瞒其妻子已患癌症的事实，向中国人寿保险开封分公司和中国太平人寿保险开封分公司共投保43万元，并在其妻死亡后申请理赔，其行为已涉嫌保险诈骗罪。

制造作为骗赔理由的保险事故,但尚未来得及向保险公司理赔索取保险金而案发的场合,由于从保险诈骗罪的角度来看,这种行为只能看作为不可罚的保险诈骗罪的预备行为,因此,对上述行为只能认定为一罪,即制造保险事故所触犯的犯罪一罪,不能将其与保险诈骗罪(预备)数罪并罚。

3. 与《保险法》中有关除斥期间规定的关系问题。按照《保险法》第16条的规定,订立保险合同,投保人应当如实告知保险人保险标的或者被保险人的有关情况。投保人未履行如实告知义务,保险人有权解除合同。保险人的合同解除权,自保险人知道有解除事由之日起,超过30日不行使而消灭;自合同成立之日起超过2年的,保险人不得解除合同。这就是保险法上的所谓除斥期间规定,或者说不可抗辩条款。由此而来的问题是,如果投保人隐瞒保险人保险标的或者被保险人的有关情况,恶意骗保,但发现时已经过了2年除斥期间的场合,对投保人能否以本罪追究其刑事责任。轰动一时的"帅某骗保案"就是其例。该案中,投保人帅某两次修改其母亲年龄(据帅某本人讲,均得到保险业务员的同意),使得已经远远超过承保年龄的帅某之母顺利成为被保险人。在帅某母亲身故后,保险公司理赔调查时,帅某再次修改母亲入党申请书上的年龄,最终领到保险公司给付的死亡保险金27万元。帅某两次修改母亲年龄的事实确凿,但就她是否犯有保险诈骗罪,却难下结论:最初承接本案的县人民检察院认为帅某无罪,作出不起诉的决定,随后当地市公安局要求复议此案,市人民检察院复议后觉得县人民检察院的法律适用有问题,于是指定另一个县人民检察院起诉,该县人民检察院认为帅某的行为属故意诈骗,但这种起诉意见没有得到当地法院的支持,而是以"投保距离案发超过两年,帅某的投保行为已经产生法律效力,应当受到法律保护"[213]为由宣告帅某无罪;其后,该县人民检察院提起抗诉,市人民检察院支持再度公诉,但在市中级人民法院审理时未能形成统一意见,随后报给省高级人民法院,省高级人民法院同样未能形成统一意见,此案最终上报最高人民法院。最终,最高人民法院认为帅某无罪,当地市中级人民法院将案件发回县法院审理,当地县人民检察院撤回了对帅某的起诉,此案终于尘埃落定。[214]

对于本案,学界存在巨大分歧。多数人认为,既然《保险法》规定了不可抗辩条款,在符合该条件的场合,合同必然有效,受到民事法律保护,则从法秩序统一性的立场出发,刑法上也不应当将其作为犯罪处理。[215] 相反地,持反对意见的学者认为,从违法判断相对性的立场出发,对刑法违法与民事违法应当依据各自的性质与目的进行解释。刑法设立保险诈骗罪为了保护保险人的利益,当然要防止投保人滥用保险法第54条骗取保险人的财产。当投保人故意虚构保险标的骗取保险金时,即便保险合同依然有效,也不影响行为构成保险诈骗罪。[216]

从本书的角度来看,当然也主张在法秩序统一性的背景之下,民事违法和刑事违法的判断之间必须统一,虽说可以出现民事上违法,刑事上并不违法的现象,但决不允许出现民法上违

---

[213] 1995年《保险法》第53条(现行《保险法》第16条)规定:"投保人申报的被保险人年龄不真实,并且其真实年龄不符合约定年龄限制的,保险人可以解除合同,并在扣除手续费后,向投保人退还保险费,但是自合同成立之日起逾二年除外。"

[214] 何海宁:《难倒法官的骗保案》,载《南方周末》2005年4月14日,A6版。

[215] 于改之、吴玉萍:《刑、民冲突时的法律适用　以帅英骗保案为中心》,载《法律适用》2005年第10期;王昭武:《法秩序统一性视野下违法判断的相对性》,载《中外法学》2015年第1期;李兰英:《契约精神与民刑冲突的法律适用——兼评〈保险法〉第54条与〈刑法〉第198条规定之冲突》,载《政法论坛》2006年第6期。

[216] 张明楷:《实体上的刑民关系》,载《人民法院报》2006年5月17日,B01版;简爱:《从"分野"到"融合"　刑事违法判断的相对独立性》,载《中外法学》2019年第2期。

法但刑法上却合法的现象。其会导致公民在法律规定面前无所适从。按照这种理解,就上述“帅某骗保案”而言,本书也同意多数说,认为刑法上不应当将其作为犯罪处理。

实际上,就本案而言,涉及两个核心问题,一是在人寿保险中虚构年龄是否构成刑法第198条第1款中的“虚构保险标的”?二是《保险法》中的不可抗辩条款是否能够阻却本罪的成立?

就第一个问题而言,本书同意否定说。人身保险的保险标的是人的寿命和身体,年龄既不属于寿命,也不属于身体,因此不是保险标的,虚构年龄自然也不是虚构保险标的。虽说不少保险公司在和投保人订立人寿保险合同时,均要求投保人如实告知被保险人以往的病史、年龄、性别等影响保险费费率的人身情况,并约定如果投保人不如实告知,保险人可依法解除保险合同。但是,从作为保险合同本质之一的射幸性的角度来看,虚构年龄和虚构保险标的之间还是存在较大差距的。保险合同的射幸性,决定了合同当事人在支付代价之后,所获得的只是一个机会,并不是一个确定的利益。对于投保人而言,有可能获得远大于所支付的保费的效益,但也可能颗粒无收;相反地,对于保险人而言,所赔付的保险金可能远远大于所收取的保费,但也可能只收取保险费而不承担支付保险金的责任。因此,“帅某骗保案”中,尽管投保人谎报了被保险人的年龄,加大了保险事故的出险概率(在这里表现为年龄越大越容易发生死亡),但并非无中生有地虚构了一个保险事故。换言之,在人寿保险的场合,保险人迟早得支付保险金,只是多少的问题。对于投保人而言,由于被保险人的自然死亡是一个难以预测的事件,其在签订合同时,不太可能预知通过交纳为数不多的保费换取价值不菲的保险金,故称不上是“故意虚构保险标的,骗取保险金”。

就第二个问题而言,本书同意肯定说,即保险法中的不可抗辩条款是否能够阻却本罪的成立。一方面,保险合同的射幸性使得其与一般的民商事合同不同,通常的民商事合同强调公平原则,而保险合同涉及的是风险分担和经济补偿,旨在通过合同的形式,对可能发生的风险进行预先的约定和安排,因此,保险合同具有极强的专业性,由此而导致保险人和投保人之间不像民事合同双方当事人一样处于平等地位。现实生活中的多数场景是,保险公司在与投保人签订保险合同时,承诺履行相应的经济赔付,但一旦出现事故,需要保险合同发挥作用时,保险公司就会利用信息不对称等原因而形成的强势地位,以投保人违反最大诚信原则为借口,滥用保险合同解除权,拒绝履行保险义务。正是为了避免这种情形的出现,各种保险法中才有了不可抗辩条款。从此意义上讲,保险法上的不可抗辩条款实际上是为了平均分配风险,平衡投保人和保险人之间的利益冲突的特殊条款,是将保险活动中将利益填平向弱势的一方适当倾斜的条款。如果说,当投保人故意虚构保险标的骗取保险金时,即便保险合同依然有效,也不影响行为构成保险诈骗罪的话,则保险法中不可抗辩原则条款的目的就要落空,保险人滥用优势地位的局面进一步加剧,严重违反法秩序统一原则。[217] 另一方面,从法秩序统一性的角度来讲,保险法上的不可抗辩条款即除斥期的规定,是指法律规定某种权利预定存续的期间,债权人在此期间不行使权利,预定期间届满,便可发生该权利消灭的法律后果。其和诉讼时效不同,后者意味着要是超过了法律规定的诉讼时效,当事人就会丧失胜诉权,即其并不使不行使权利本身消灭,而只是消灭附着于其上的胜诉权,和除斥期即不可抗辩条款的规定意义完全不同。既然在除斥期经过之后,发生权利消灭的法律后果,保险人的“权利已经消灭”,那么,为

---

〔217〕 陈少青:《刑民交叉实体问题的解决路径——“法律效果论”之展开》,载《法学研究》2020年第4期。

何还要用刑法上的保险诈骗罪对这种已经消灭的权利进行保护呢？这岂不是违反了法秩序统一性的原理了吗？

(三)处罚

依照刑法第198条的规定，犯本罪的，处5年以下有期徒刑或者拘役，并处1万元以上10万元以下罚金；数额巨大或者有其他严重情节的，处5年以上10年以下有期徒刑，并处2万元以上20万元以下罚金；数额特别巨大或者有其他特别严重情节的，处10年以上有期徒刑，并处2万元以上20万元以下罚金或者没收财产。单位犯本罪的，对单位判处罚金，并对其直接负责的主管人员和其他直接责任人员，处5年以下有期徒刑或者拘役；数额巨大或者有其他严重情节的，处5年以上10年以下有期徒刑；数额特别巨大或者有其他特别严重情节的，处10年以上有期徒刑。

第七节　危害税收征管的犯罪

一、逃税罪

(一)概念和构成

本罪，是指纳税人、扣缴义务人采取欺骗、隐瞒手段进行虚假纳税申报或者不申报，逃避缴纳税款数额较大或因逃税受到两次行政处罚又逃税的行为。

1. 主体。本罪的主体是纳税人与扣缴义务人。所谓纳税人，是指法律、行政法规规定负有纳税义务的单位或者个人，包括自然人和单位；所谓扣缴义务人，是指法律和行政法规规定负有代扣代缴、代收代缴义务的单位和个人；所谓"代扣义务人"，是指从持有的纳税人收入中扣除应纳税款并代为扣缴的个人和单位；所谓"代缴义务人"，是指有义务借助经济往来向纳税人收取应缴税款并代为缴纳的单位和个人。税务代理人能否成为逃税罪主体，存在争议。一般认为，根据我国《民法典》的相关规定，代理人的行为均由被代理人承担，税务代理是在税务活动中的一种代表形式。税务代理人还代表客户开展税务活动，其行为的结果由客户承担。因此，在税务代理法律关系中，税务代理因代理权的存在而没有取得纳税人或来源代理人的身份。税务代理人可以成为逃税罪的主体。在单位实施逃税犯罪的情况下，以单位名义实施并且为单位谋取利益的逃税行为，构成单位逃税罪；自然人未经单位许可自行为单位逃税的，构成自然人逃税罪。税务人员与纳税人相互勾结，共同实施逃税行为，情节严重的，以逃税罪共犯论处，从重处罚。

关于本罪的犯罪主体，实践中存在争议的问题有：一是无证经营者能否成为本罪的主体？二是非法经营者能否成为本罪的主体？三是挂靠单位和个人能否成为逃税罪的主体？

首先，无证经营者即没有办理税务登记的经营者可以成为逃税罪的主体。《税收征收管理法》第37条规定，对未按照规定办理税务登记的从事生产、经营的纳税人以及临时从事经营的纳税人，由税务机关核定其应纳税额，责令缴纳。既然无证经营者也有纳税的义务，那么未依法办理税收登记的纳税人即无证经营者采取各种虚假的手段，不缴、少缴应纳税款，达到犯罪程度的，应以本罪追究刑事责任。国家的相关规定也肯定了这一点。如公安部《关于对未依法办理税务登记的纳税人能否成为偷税犯罪主体问题的批复》(公复字〔2007〕3号)规定，以及《税收征收管理法》第4条、第37条的规定，未按照规定办理税务登记的从事生产、经营的纳税人以及临时从事经营的纳税人，可以构成逃税罪的犯罪主体，其行为触犯刑法第201条规定的，公安机关应当以偷税罪立案侦查，依法追究刑事责任。

其次，非法经营者不能成为本罪主体。因为，税法仅规定行为人在取得合法经营所得时应缴纳税款，并未规定以违法犯罪活动为经营内容的非法经营者负有纳税义务。假如非法经营者可以构成逃税罪，则说明法律承认非法经营者的纳税主体地位，进而等于承认非法经营是合法合规的，从整个法律体系的协调性出发，这样的推论结果显然是不正确的。因此，不能认定非法经营者的逃税罪主体地位。另外，对非法经营者征收税款亦缺乏实践可行性，这是因为非法经营活动通常会先被工商机关、公安机关发现并处理，非法经营取得的非法收入则会被没收并上缴国库，进而导致税务机关无从对税款进行征收。所以，非法经营者不能构成逃税罪。

但要注意的是，对合法经营者的违法所得能够征税。如某商贸公司主营业务是煤炭购销，但税务机关在对其某年纳税情况检查时发现，该公司当年发生的煤炭购销业务很少，但存在大量的对外借款，并取得利息收入。该企业没有金融营业资格，可以说，取得的利息收入应该是违法收入。此时，对其违法取得的利息收入，在被依法没收前，税务机关应该对其征税。因为该企业违反金融法律规定，从事了资金融通业务，取得了营业收入，具备了纳税能力。如果不对其征税，而对其他合法的金融业户征税，违反了公平原则和量能课税原则。

最后，挂靠单位逃税罪的处理。所谓挂靠，通常是指一个单位或个人使用另一个单位的资质或名义来承揽业务，前者为挂靠方，后者为被挂靠方，这种行为在建筑行业尤为常见。根据2003年7月22日公安部经济犯罪侦查局《关于挂靠单位和个人是否符合偷税犯罪主体特征请示的答复》（公经〔2003〕819号），虽然税法没有明确规定挂靠和承包两种经营形式的纳税主体，但是，税法的立法精神与原则以及其他有关规定已对该两种经营形式的纳税主体做了原则性的规定。挂靠单位和个人在特定情况下可以构成偷税犯罪的主体。例如，挂靠方以被挂靠方名义从事生产经营活动，但未得到被挂靠方的认可，则实际获得生产经营活动收益的一方为纳税义务人。当然，要注意的是，在挂靠中，挂靠方提供虚假发票用于结算工程款逃税的，税务机关对被挂靠方作出补税决定，被挂靠方不缴或未缴清的场合，被挂靠单位的行为如果满足逃税罪的成立条件，也能构成逃税罪。

2. 危害行为和危害结果。本罪在客观上表现为，采取欺骗、隐瞒手段进行虚假纳税申报或者不申报，逃避缴纳税款数额较大或因逃税受到两次行政处罚又逃税。具体而言：

第一，通过采取欺骗、隐瞒手段进行虚假纳税申报或者不申报，其中，“采取欺骗、隐瞒手段进行虚假纳税申报”，是指在纳税过程中，制造虚假情况。实践中，常见的有：伪造、变造、转移、隐匿、擅自销毁账簿、记账凭证或者其他涉税资料的；以签订“阴阳合同”[218]等形式隐匿或者以他人名义分解收入、财产的；虚列支出、虚抵进项税额或者虚报专项附加扣除的；提供虚假材料，骗取税收优惠的；编造虚假计税依据的；为不缴、少缴税款而采取的其他欺骗、隐瞒手段；[219]“不申报”，是指应依法办理纳税申报的纳税人，不按照法律、行政法规的规定办理纳税

---

〔218〕“阴阳合同”，是指合同当事人就同一事项订立两份以上的内容不相同的合同，一份对内，一份对外。其中对外的一份并不是双方真实意思表示，也不会被实际地履行，它通常会被用于给有关行政机关进行备案或审查，当事人签订该合同的目的就是规避监管、降低税收等，一般称之为“阳合同”；而对内的一份则是双方真实意思的表示，也是双方履行的合同，一般称为“阴合同”。

〔219〕2024年最高人民法院、最高人民检察院《关于办理危害税收征管刑事案件适用法律若干问题的解释》第1条第1款。

申报的行为。具体而言，包括以下几种情形：（1）依法在登记机关办理设立登记的纳税人，发生应税行为而不申报纳税的；（2）依法不需要在登记机关办理设立登记或者未依法办理设立登记的纳税人，发生应税行为，经税务机关依法通知其申报而不申报纳税的；（3）其他明知应当依法申报纳税而不申报纳税的。[220]

扣缴义务人采取上述手段，不缴或者少缴已扣、已收税款，数额较大的，依照刑法第201条第1款的规定定罪处罚。扣缴义务人承诺为纳税人代付税款，在其向纳税人支付税后所得时，应当认定扣缴义务人“已扣、已收税款”。

第二，纳税人缴纳税款后，以假报出口或者其他欺骗手段，骗取所缴纳的税款的，也应当按照本罪定罪处罚。其中，刑法第201条所规定的应纳税款及应纳税额不包含海关关税及海关代征增值税。根据有关司法解释，[221]所谓假报出口，是指以虚构已税货物出口事实为目的，具有下列情形之一的行为：（1）使用虚开、非法购买或者以其他非法手段取得的增值税专用发票或者其他可以用于出口退税的发票申报出口退税的；（2）将未负税或者免税的出口业务申报为已税的出口业务的；（3）冒用他人出口业务申报出口退税的；（4）虽有出口，但虚构应退税出口业务的品名、数量、单价等要素，以虚增出口退税额申报出口退税的；（5）伪造、签订虚假的销售合同，或者以伪造、变造等非法手段取得出口报关单、运输单据等出口业务相关单据、凭证，虚构出口事实申报出口退税的；（6）在货物出口后，又转入境内或者将境外同种货物转入境内循环进出口并申报出口退税的；（7）虚报出口产品的功能、用途等，将不享受退税政策的产品申报为退税产品的；（8）以其他欺骗手段骗取出口退税款的。另外，行为人非法购买并使用武装部队车辆号牌，情节严重，同时不缴或者少缴应纳的车辆购置税、车辆使用税等税款，构成逃税的，依照处罚较重的规定定罪处罚。[222]

行为人使用非法制造的发票的行为，应视具体情况而定：如果行为人不知道是非法制造的发票，主观上也没有偷逃税款的目的，即使客观上使用了该发票，也不宜按照犯罪处理；如果行为人明知是非法制造的发票而使用，且偷逃税款达到了法定数额、比例要求，应当以逃税罪追究刑事责任。[223]

第三，逃避缴纳税款数额必须达到“数额较大”的程度或者具备其他严重情形。根据有关司法解释，[224]逃避缴纳税款，涉嫌下列情形之一的，应予立案追诉：（1）纳税人采取欺骗、隐瞒手段进行虚假纳税申报或者不申报，逃避缴纳税款，数额在10万元以上并且占各税种应纳税总额10%以上，经税务机关依法下达追缴通知后，不补缴应纳税款、不缴纳滞纳金或者不接受行政处罚的。（2）纳税人5年内因逃避缴纳税款受过刑事处罚或者被税务机关给予2次以上行政处罚，又逃避缴纳税款，数额在10万元以上并且占各税种应纳税总额10%以上的。（3）扣缴义务人采取欺骗、隐瞒手段，不缴或者少缴已扣、已收税款，数额在10万元以上的。纳税人在公安机关立案后再补缴应纳税款、缴纳滞纳金或者接受行政处罚的，不影响刑事责任的

---

〔220〕 2024年最高人民法院、最高人民检察院《关于办理危害税收征管刑事案件适用法律若干问题的解释》第1条第2款。

〔221〕 2024年最高人民法院、最高人民检察院《关于办理危害税收征管刑事案件适用法律若干问题的解释》第7条。

〔222〕 2011年最高人民法院、最高人民检察院《关于办理妨害武装部队制式服装、车辆号牌管理秩序等刑事案件具体应用法律若干问题的解释》第6条。

〔223〕 2003年公安部经济犯罪侦查局《关于对两种涉税违法行为适用法律问题的批复》。

〔224〕 2022年最高人民检察院、公安部《关于公安机关管辖的刑事案件立案追诉标准的规定（二）》第52条。

追究。

关于逃税数额的认定，根据 2024 年 3 月 20 日最高人民法院、最高人民检察院《关于办理危害税收征管刑事案件适用法律若干问题的解释》第 4 条的相关规定，应当注意以下问题：(1)“逃避缴纳税款数额”，是指在确定的纳税期间，不缴或者少缴税务机关负责征收的各税种税款的总额。(2)“应纳税额”，是指应税行为发生年度内依照税收法律、行政法规规定应当缴纳的税额，不包括海关代征的增值税、关税等及纳税人依法预缴的税额。(3)“逃避缴纳税款数额占应纳税额的百分比”，是指行为人在一个纳税年度中的各税种逃税总额与该纳税年度应纳税总额的比例；不按纳税年度确定纳税期的，按照最后一次逃税行为发生之日前一年中各税种逃税总额与该年应纳税总额的比例确定。纳税义务存续期间不足一个纳税年度的，按照各税种逃税总额与实际发生纳税义务期间应纳税总额的比例确定。(4)逃税行为跨越若干个纳税年度，只要其中一个纳税年度的逃税数额及百分比达到刑法第 201 条第 1 款规定的标准，即构成逃税罪。各纳税年度的逃税数额应当累计计算，逃税额占应纳税额百分比应当按照各逃税年度百分比的最高值确定。(5)刑法第 201 条第 3 款规定的“未经处理”，包括未经行政处理和刑事处理。在计算逃税数额时，应注意，购进货物时应当取得增值税专用发票而未索要，销售货物后没有按照增值税征管规定纳税，从而偷逃应纳税款的，在计算偷税数额时，应当减除按照增值税征管规定可以申报抵扣的税额。

3. 主观要件。本罪的主观要件只能是故意。刑法虽然没有规定要求特定目的，但从其对客观行为的表述以及逃税罪的性质来看，行为人主观上必须出于不缴或者少缴应纳税款或者已扣、已收税款的目的。因过失造成漏税的，不构成本罪。

（二）本罪的认定

在本罪的认定上，要注意以下问题：

1. 逃税与漏税、避税的界限。首先，所谓逃税，是行为人采取了《税收征收管理法》和刑法所明确规定的方式偷逃税款，而漏税则是行为人由于对税收法规、财务制度不熟悉、不了解，而错计税率、漏报应税项目或者少计应税数量而引起的，区分二者的关键是行为人是否具有逃避纳税义务的目的。有的话就是逃税，没有的话则是漏税。其次，所谓避税，是行为人利用税法的漏洞、特例或者缺陷，规避或者减轻纳税义务的行为。避税行为虽然在客观上减轻了纳税义务，但由于是因立法疏忽而未用法律加以调整的方式实现的，属于法无明文规定的情形，所以不构成犯罪。

另外，要注意的是，根据 2007 年 7 月 2 日公安部经济犯罪侦查局《关于地方政府擅自制定的税收优惠不能作为纳税人不缴少缴税款依据的批复》，地方政府擅自制定的税收优惠政策不能作为纳税人不缴少缴税款的依据。换言之，依照《税收征收管理法》第 33 条的规定，减税、免税的申请须经法律、行政法规规定的减税、免税审查批准机关审批。地方各级人民政府等违法擅自作出的减税、免税决定无效，税务机关不得执行。例如，黑龙江省佳木斯市东风区政府于 2003 年 10 月以“常务会议纪要”的方式作出的给予黑龙江××路桥建筑有限责任公司 2003 年至 2005 年定额征税 1000 万元的税收优惠规定无效，对征纳双方不具有约束力，不能作为纳税人不按国家税收法律、法规缴纳税款的依据。其行为如果触犯刑法第 201 条规定的，公安机关应当以涉嫌逃税罪追究其刑事责任。

2. 对刑法第 201 条第 4 款的理解。刑法第 201 条第 4 款规定，“有第一款行为，经税务机关依法下达追缴通知后，补缴应纳税款，缴纳滞纳金，已受行政处罚的，不予追究刑事责任”。

根据本款规定,当发现纳税人具有虚假纳税申报或者不申报行为之后,税务机关应当根据纳税人的纳税事实下达追缴通知,要求其补缴应纳税款,缴纳滞纳金,并且接受行政处罚。如果当事人按照税务机关下发的追缴通知和行政处罚决定书的规定,积极采取措施,补缴税款,缴纳滞纳金,接受行政处罚的,则不作为犯罪处理。这就意味着,根据该规定,逃税罪的犯罪构成发生了变化,即有刑法第 201 条第 1 款行为,经税务机关下达追缴通知,要求其补缴应纳税款,缴纳滞纳金,并且接受行政处罚的,行为人可以不构成逃税罪,换言之,即便纳税人、扣缴义务人采取欺骗、隐瞒手段进行虚假纳税申报或者不申报,逃避缴纳税款数额较大的,也不一定马上就构成犯罪,还要看其是不是配合税务机关的要求,补缴应纳税款,缴纳滞纳金,并且接受行政处罚。只有在不实施后者行为的场合,才能构成逃税罪。如果当事人拒不配合税务机关的上述要求,或者仍然逃避自己的纳税义务,则税务机关有权将此案件转交公安机关立案侦查进入刑事司法程序。当然,按照本款,宽大处理的规定仅仅针对初犯者,5 年内因逃避缴纳税款受过刑事处罚或者被税务机关给予 2 次以上行政处罚的除外。如果达到第 1 款规定的逃税数额和比例,即作为涉嫌犯罪移交公安机关立案处理。刑法作出这一修订的目的,一方面是为保护税收征收管理秩序,有利于税务机关追缴税款,另一方面也给予纳税义务人纠正纳税行为的机会,对于维护企业正常经营发展具有重要作用。因此,纳税义务人于税务机关下达追缴通知后是否补缴税款、缴纳滞纳金、接受行政处罚,是决定是否追究纳税义务人刑事责任的事实基础之一。

(三)处罚

依照刑法第 201 条、第 204 条第 2 款、第 211 条和第 212 条的规定,纳税人犯本罪的,处 3 年以下有期徒刑或者拘役,并处罚金;数额巨大并且占应纳税额 30% 以上的,处 3 年以上 7 年以下有期徒刑,并处罚金。单位犯本罪的,对单位判处罚金,并对其直接负责的主管人员和其他直接责任人员,依照自然人犯本罪的规定处理。其中,"数额巨大",是指逃避缴纳税款数额 50 万元以上。

犯本条规定之罪,被判处罚金的,在执行前,应当先由税务机关追缴税款。纳税人、扣缴义务人因同一逃税行为受到行政处罚,又被移送起诉的,人民法院应当依法受理。依法定罪并判处罚金的,行政罚款冲抵罚金。

依照有关司法解释,[225] 纳税人有刑法第 201 条第 1 款规定的逃避缴纳税款行为,在公安机关立案前,经税务机关依法下达追缴通知后,在规定的期限或者批准延缓、分期缴纳的期限内足额补缴应纳税款,缴纳滞纳金,并全部履行税务机关作出的行政处罚决定的,不予追究刑事责任。但是,5 年内因逃避缴纳税款受过刑事处罚或者被税务机关给予 2 次以上行政处罚的除外。纳税人有逃避缴纳税款行为,税务机关没有依法下达追缴通知的,依法不予追究刑事责任。

实施危害税收征管犯罪,造成国家税款损失,行为人补缴税款、挽回税收损失,有效合规整改的,可以从宽处罚;犯罪情节轻微不需要判处刑罚的,可以不起诉或者免予刑事处罚;情节显著轻微危害不大的,不作为犯罪处理。

---

〔225〕 2024 年最高人民法院、最高人民检察院《关于办理危害税收征管刑事案件适用法律若干问题的解释》第 3 条。

二、抗税罪

本罪，是指以暴力、威胁方法拒不缴纳税款的行为。

本罪的主体是特殊主体，即纳税人和扣缴义务人。单位不能成为本罪主体。单位领导决定并指使他人或者亲自参与使用暴力、威胁方法，为单位抗拒缴纳税款的，构成抗税罪的共犯。其他人与纳税人或者扣缴义务人共同实施抗税行为的，也可以构成本罪的共犯。

本罪在客观上表现为以暴力、威胁方法拒不缴纳税款。所谓暴力，主要是对征税工作人员人身实施的打击或强制。不限于针对人身实施，为阻碍执行征税而砸毁其交通工具、聚众冲击打砸税务机关的，也应视为使用暴力。本处的暴力，应有以下限制：(1)程度只应限于轻伤，因为本罪的法定最高刑只有7年。如使用暴力造成重伤或者死亡，则超出了抗税罪的范围，分别应当按照故意伤害致人重伤或者故意杀人的情形处理。(2)只能针对执行征税的工作人员当场实施。在事后对征税人员实行报复性伤害，致其重伤、死亡的，应以故意杀人罪或故意伤害罪论处。所谓威胁，是指对征税工作人员实行精神上的强制。威胁的内容是多方面的，可以杀害、伤害其本人或亲属相威胁，也可以毁坏财产、损害其名誉等进行强制。暴力、威胁行为的目的是"拒不缴纳税款"，其是成立抗税罪的必要条件。暴力抗税致人重伤、死亡的，属于想象竞合犯，应按照从一重罪处断的原则，以故意杀人罪或者故意伤害罪定罪处罚。以暴力、威胁方法抗拒缴纳关税的，构成走私罪和妨害公务罪。对同一税款先偷后抗的，因为有两个不同的行为，所以应按逃税罪和抗税罪并罚。需要注意的是，抗税行为必须在税收工作人员执行职务期间实施。所谓执行职务期间，是指从开始执行征税时起直至结束的时间范围。因此，对税收工作人员采取的暴力、威胁方法，如果与其职务行为无关，或者不在征税期间发生，则不构成本罪，但可能构成其他犯罪。

本罪在认定上，应当注意罪与非罪的界限。虽说本罪是行为犯，只要行为人有暴力、威胁方法抗税的行为就要构成犯罪，但并不意味着对所有的抗税行为都要作为犯罪处理。根据有关司法解释，[226]以暴力、威胁方法拒不缴纳税款，涉嫌下列情形之一的，应予立案追诉：(1)造成税务工作人员轻微伤以上的；(2)以给税务工作人员及其亲友的生命、健康、财产等造成损害为威胁，抗拒缴纳税款的；(3)聚众抗拒缴纳税款的；(4)以其他暴力、威胁方法拒不缴纳税款的。

依照刑法第202条和第212条的规定，犯本罪的，处3年以下有期徒刑或者拘役，并处拒缴税款1倍以上5倍以下罚金；情节严重的，处3年以上7年以下有期徒刑，并处拒缴税款1倍以上5倍以下罚金。犯本罪，被判处罚金、没收财产的，在执行前，应当先由税务机关追缴税款和所骗取的出口退税。其中，"情节严重"，是指具有下列情形之一：(1)聚众抗税的首要分子；(2)故意伤害致人轻伤的；(3)其他情节严重的情形。实施抗税行为致人重伤、死亡，符合刑法第234条或者第232条规定的，以故意伤害罪或者故意杀人罪定罪处罚。[227]

三、逃避追缴欠税罪

本罪，是指纳税人欠缴应纳税款，采取转移或者隐匿财产的手段，致使税务机关无法追缴欠缴的税款，数额较大的行为。

---

[226] 2022年最高人民检察院、公安部《关于公安机关管辖的刑事案件立案追诉标准的规定(二)》第53条。

[227] 2024年最高人民法院、最高人民检察院《关于办理危害税收征管刑事案件适用法律若干问题的解释》第5条。

本罪的主体为特殊主体即纳税人。客观上必须具有欠缴应纳税款,采取转移或者隐匿财产的手段,致使税务机关无法追缴欠缴的税款数额在1万元以上的行为。[228] 其中,“欠缴应纳税款”,是指有能力缴纳而无故不按法定期限和税额缴纳税款;“转移财产”,是指改变财物的存放地点,如将存放在银行或者其他金融机构的存款转移到他人账户或者提走;“隐匿财产”,是指将财产藏在税务机关难以发现的地方;“致使税务机关无法追缴欠缴的税款”,是指税务机关采取了各种依法追缴措施但仍无法奏效。从上述规定可以看出,纳税人仅有欠缴应纳税款的行为,但没有采取转移或者隐匿财产手段,不能构成本罪;同时,即使欠税人转移、隐匿了财产,但经过税务机关的追缴,收上了所欠缴税款的,也不能以本罪论处。另外,由于本罪中的犯罪数额只能是“无法追缴欠缴的税款”,因此,行为人转移、隐匿的财产中,被税务机关发现后追缴的部分,不能计入犯罪数额。

按照相关司法解释,[229] 纳税人欠缴应纳税款,为逃避税务机关追缴,具有下列情形之一的,应当认定为刑法第203条规定的“采取转移或者隐匿财产的手段”:(1)放弃到期债权的;(2)无偿转让财产的;(3)以明显不合理的价格进行交易的;(4)隐匿财产的;(5)不履行税收义务并脱离税务机关监管的;(6)以其他手段转移或者隐匿财产的。

负有纳税义务的行为人因实施逃税犯罪而受到税务机关的查处,在税务机关、司法机关查缴应纳税款的过程中,采取转移、隐匿财产的方法逃避纳税义务,致使税务机关无法追缴所逃税款的,构成一罪还是数罪,理论上有不同看法。“一罪论”认为,逃税行为与逃避追缴欠税行为形成吸收关系,属于刑法上的吸收犯,应以主行为即逃税罪论处;“数罪论”认为,先逃税后逃避追缴欠税的,属于两个完全不同的犯罪,应当以逃税罪和逃避追缴欠税罪数罪并罚;“区别说”认为,逃税与逃避追缴欠税针对不同税款的,应数罪并罚;逃税与逃避追缴欠税针对同一税款的,如果行为人先逃税后逃避追缴欠税的,实行数罪并罚;而如果行为人用转移、隐匿财产的方法达成逃税目的的,属于法条竞合,应从一重处断。本书同意数罪论。因为,逃税和逃避追缴欠税是在两个不同犯意支配下实施的,二者之间也不存在法律意义上的关联性,因此,应分别独立构成逃税罪和逃避追缴欠税罪,数罪并罚。

依照刑法第203条的规定,犯本罪的,处3年以下有期徒刑或者拘役,并处或者单处欠缴税款1倍以上5倍以下罚金;数额在10万元以上的,处3年以上7年以下有期徒刑,并处欠缴税款1倍以上5倍以下罚金。另外,依照刑法第211、212条的规定,单位犯本罪的,对单位判处罚金,并对其直接负责的主管人员和其他直接责任人员,依照自然人犯本罪的规定处理。犯本罪被判处罚金、没收财产的,在执行前,应当先由税务机关追缴税款和所骗取的出口退税。

四、骗取出口退税罪

(一)概念和构成

本罪,是指以假报出口或者其他欺骗手段,骗取国家出口退税款,数额较大的行为。其构成如下:

1. 主体。本罪的主体为一般主体,主要是具有出口经营权的单位和不具有出口经营权的单位和个人。

---

[228] 2022年最高人民检察院、公安部《关于公安机关管辖的刑事案件立案追诉标准的规定(二)》第54条。

[229] 2024年最高人民法院、最高人民检察院《关于办理危害税收征管刑事案件适用法律若干问题的解释》第6条。

2. 危害行为和危害结果。本罪在客观上表现为,使用假报出口或者其他欺骗手段,骗取国家出口退税款,数额较大。具体来说,包括以下内容:

第一,必须具有使用假报出口或者其他欺骗手段,骗取国家出口退税款的行为。所谓假报出口,是指行为人根本没有出口产品,但为了骗取国家的出口退税款而采取伪造海关盖有"验讫章"的产品出口报关单、出口销售发票、出口产品购进发票和银行的出口结汇单等手段,假报出口的行为;所谓其他欺骗手段,是指除了"假报出口"以外的所有为骗取国家出口退税而采取的欺骗手段;所谓出口退税,指税务机关对在国内已征收税款的产品,在其出口时,将已征收部分全部或者部分返还的税收。

依照相关司法解释,[230]具有下列情形之一的,应当认定为刑法第204条第1款规定的"假报出口或者其他欺骗手段":(1)使用虚开、非法购买或者以其他非法手段取得的增值税专用发票或者其他可以用于出口退税的发票申报出口退税的;(2)将未负税或者免税的出口业务申报为已税的出口业务的;(3)冒用他人出口业务申报出口退税的;(4)虽有出口,但虚构应退税出口业务的品名、数量、单价等要素,以虚增出口退税额申报出口退税的;(5)伪造、签订虚假的销售合同,或者以伪造、变造等非法手段取得出口报关单、运输单据等出口业务相关单据、凭证,虚构出口事实申报出口退税的;(6)在货物出口后,又转入境内或者将境外同种货物转入境内循环进出口并申报出口退税的;(7)虚报出口产品的功能、用途等,将不享受退税政策的产品申报为退税产品的;(8)以其他欺骗手段骗取出口退税款的。

第二,必须达到数额较大的标准,即以假报出口或者其他欺骗手段,骗取国家出口退税款,数额在10万元以上。[231]

3. 主观要件。本罪主观上为故意,而且具有获取非法利益的目的。故意的判断,采用推定方式。只要有事实和证据证明,有进出口经营权的公司、企业,明知他人意欲骗取国家出口退税款,仍违反国家有关进出口经营的规定,允许他人自带客户、自带货源、自带汇票并自行报关,造成国家税款流失,即可推定其主观上具有帮助他人骗取国家退税款的故意,而不要求有证据证明这些公司、企业明知他人必然要骗取出口退税。有进出口经营权的公司将代理出口业务伪造自营出口业务,致使国家税款被骗的,可以认定具有骗取国家出口退税款的主观故意。

(二)本罪的认定

在本罪的认定中,必须注意对刑法第204条第2款的理解。该条款规定,纳税人缴纳税款之后,采取假报出口或其他欺骗手段,骗取所缴纳的税款的,依照逃税罪定罪处罚;骗取税款超过所缴纳的税款部分,依照骗取出口退税罪的规定处罚。本款与第1款规定的不同之处在于,本款的主体是特殊主体即纳税人,而前款的主体是一般主体即自然人和单位。

根据本款的规定,本罪和逃税罪的区别在于:纳税人是否已缴纳了税款。如果行为人根本没有纳税,骗取出口退税款的,构成本罪;如已纳税却以该种手段骗回所纳税款的,则是逃税的一种表现形式,达到数量标准的,应以逃税罪论处。如果骗取的税款超出其所纳税款,应看作没有纳税,完全是凭空骗取,构成骗取出口退税。问题是,"依照自然人犯本罪的规定处罚"该

---

[230] 2024年最高人民法院、最高人民检察院《关于办理危害税收征管刑事案件适用法律若干问题的解释》第7条。

[231] 2024年最高人民法院、最高人民检察院《关于办理危害税收征管刑事案件适用法律若干问题的解释》第8条第1款。

如何理解？是否应以骗取出口退税罪和逃税罪并罚？对此有两种不同意见:一种意见认为,行为人同时触犯两种罪名,应按逃税罪和骗取出口退税罪并罚;另一种意见认为,在一次骗取出口退税行为所得税款超过已纳税款的场合,实行数罪并罚,是违背罪数理论的。确实,行为人实施了一个骗取出口退税的行为,却同时触犯了逃税罪和骗取出口退税两个罪名的场合,属于一行为触犯数罪名的想象竞合犯,理论上应当从一重处罚。但是,正如我国刑法在走私犯罪当中采取了以对象作为区分一罪与数罪的标准,完全可能导致在一次走私行为当中,同时走私了数种不同物品,结果必须数罪并罚一样,根据罪刑法定原则的具体要求,在刑法第 204 条第 2 款的适用当中,对于骗取税款超出所缴纳的税款部分,成立本罪,与逃税罪实行并罚,也并无不可。

(三)处罚

依照刑法第 204 条、第 211 条和第 212 条的规定,犯本罪的,处 5 年以下有期徒刑或者拘役,并处骗取税款 1 倍以上 5 倍以下罚金;数额巨大或者有其他严重情节的,处 5 年以上 10 年以下有期徒刑,并处骗取税款 1 倍以上 5 倍以下罚金;数额特别巨大或者有其他特别严重情节的,处 10 年以上有期徒刑或者无期徒刑,并处骗取税款 1 倍以上 5 倍以下罚金或者没收财产。单位犯本罪的,对单位判处罚金,并对其直接负责的主管人员和其他直接责任人员,依照自然人犯本罪的规定处理。犯本条规定之罪,被判处罚金、没收财产的,在执行前,应当先由税务机关追缴税款和所骗取的出口退税。

依据 2024 年 3 月 20 日最高人民法院、最高人民检察院《关于办理危害税收征管刑事案件适用法律若干问题的解释》第 8 条、第 9 条的相关规定,骗取国家出口退税款数额 10 万元以上、50 万元以上、500 万元以上的,应当分别认定为刑法第 204 条第 1 款规定的“数额较大”“数额巨大”“数额特别巨大”。具有下列情形之一的,应当认定为刑法第 204 条第 1 款规定的“其他严重情节”:(1)2 年内实施虚假申报出口退税行为 3 次以上,且骗取国家税款 30 万元以上的;(2)5 年内因骗取国家出口退税受过刑事处罚或者 2 次以上行政处罚,又实施骗取国家出口退税行为,数额在 30 万元以上的;(3)致使国家税款被骗取 30 万元以上并且在提起公诉前无法追回的;(4)其他情节严重的情形。

具有下列情形之一的,应当认定为刑法第 204 条第 1 款规定的“其他特别严重情节”:(1)2年内实施虚假申报出口退税行为 5 次以上,或者以骗取出口退税为主要业务,且骗取国家税款 300 万元以上的;(2)5 年内因骗取国家出口退税受过刑事处罚或者 2 次以上行政处罚,又实施骗取国家出口退税行为,数额在 300 万元以上的;(3)致使国家税款被骗取 300 万元以上并且在提起公诉前无法追回的;(4)其他情节特别严重的情形。

实施骗取国家出口退税行为,没有实际取得出口退税款的,可以比照既遂犯从轻或者减轻处罚。从事货物运输代理、报关、会计、税务、外贸综合服务等中介组织及其人员违反国家有关进出口经营规定,为他人提供虚假证明文件,致使他人骗取国家出口退税款,情节严重的,依照刑法第 229 条的规定追究刑事责任。

五、虚开增值税专用发票、用于骗取出口退税、抵扣税款发票罪

(一)概念和构成

本罪,是指虚开增值税专用发票或者虚开用于骗取出口退税、抵扣税款的其他发票的行为。

增值税是以商品生产流通和劳务各个环节增值因素为征税对象的一种流转税。开具增值税专用发票是征收增值税的核心环节。增值税专用发票有一种抵扣功能,即销项税抵进项税时,就是用销项税票与进项税票相对照,征税以此为依据,扣税也以此为根据。这样,增值税专用发票除了具有一般发票的销售凭证作用外,还具有完税凭证作用。在此意义上讲,增值税专用发票有现钞价值。有关增值税发票的犯罪关注的恰恰是这种"现钞"价值。如果开具这张增值税专用发票的纳税人,根本不曾依率缴纳过税款,完全是虚填销售和销项税额,让购货方凭这张发票到税务机关抵扣税款,就等于从国库中侵吞税金。

本罪构成如下:

1. 主体。本罪的主体包括个人或单位。根据我国的《增值税暂行条例》第1条,在中华人民共和国境内销售货物或者提供加工、修理修配劳务,销售服务、无形资产、不动产以及进口货物的单位和个人,为增值税的纳税人,应当依照本条例缴纳增值税。在实践中,实施本罪的人通常是合法持有增值税专用发票的人和其他可用于骗取出口退税、抵扣税款发票的持有人,包括以其他非法手段获取增值税专用发票的单位和个人。地方税务机关实施"高开低征"或者"开大征小"等违规开具增值税专用发票的行为,不属于刑法第205条规定的虚开增值税专用发票的犯罪行为,造成国家税款重大损失的,对有关主管部门的国家机关工作人员,应当根据刑法有关渎职罪的规定追究刑事责任。[232] 但是,税务机关及其工作人员将不具备条件的小规模纳税人虚报为一般纳税人,并让其采用"高开低征"的方法为他人代开增值税专用发票的行为,属于虚开增值税专用发票。对于造成国家税款损失,构成犯罪的,应当依照本罪的规定追究刑事责任。[233] 受单位领导指派,积极实施为他人虚开增值税专用发票行为的税务机关票管员,应当认定为单位犯罪的直接责任人员。以单位名义实施本罪,但违法所得归犯罪者个人所有的,不构成单位犯罪。

2. 危害行为和危害结果。本罪客观上表现为,虚开增值税专用发票或者可用于出口退税、抵扣税款的其他发票。其中,所谓增值税专用发票,是指国家税务部门根据增值税征收管理需要,兼记货物或者劳务所负担的增值税税额而设定的一种专用发票,增值税普通发票不包含在内。所谓可用于出口退税、抵扣税款的其他发票,是指除增值税专用发票以外的,具有出口退税、抵扣税款功能的收付款凭证或者完税凭证。[234] 如定额完税证(税票)就是如此,持此票者就不用再向国家税务机关纳税。所谓虚开,是指根本不存在商品交易,无中生有,虚构商品交易内容和税额开具发票,然后利用虚开的发票抵扣税款;或者虽然存在真实的商品交易,但填开发票时随意改变货名、虚增数量、价款和销项税额。

根据虚开对象的不同,本罪的行为可以分为以下四种情形:(1)为他人虚开,即明知对方没有经营活动而利用自己所持有的上述发票为其开具,或者为有经营活动的人开具内容不实的发票。"他人"既包括企业、事业单位、机关团体,也包括个人。(2)为自己虚开,即尽管没有经营活动,但利用自己持有的上述发票,虚开以后供自己使用,如进行抵扣税款或者骗取出口退税。(3)让他人为自己虚开,即要求或者诱骗他人为自己开具内容不实的发票。但要注意

---

[232] 2001年最高人民法院《关于对〈审计署关于咨询虚开增值税专用发票罪问题的函〉的复函》。

[233] 2004年最高人民检察院法律政策研究室《关于税务机关工作人员通过企业以"高开低征"的方法代开增值税专用发票的行为如何适用法律问题的答复》。

[234] 2005年全国人民代表大会常务委员会《关于〈中华人民共和国刑法〉有关出口退税、抵扣税款的其他发票规定的解释》。

的是,以“挂靠”有关公司名义实施经营活动并让有关公司为自己虚开增值税专用发票行为的场合。挂靠方以挂靠形式向受票方实际销售货物,被挂靠方向受票方开具增值税专用发票的,不属于刑法第205条规定的“虚开增值税专用发票”。行为人利用他人的名义从事经营活动,并以他人名义开具增值税专用发票的,即便行为人与该他人之间不存在挂靠关系,但如行为人进行了实际的经营活动,主观上并无骗取抵扣税款的故意,客观上也未造成国家增值税款损失的,不宜认定为刑法第205条规定的“虚开增值税专用发票”;符合逃税罪等其他犯罪构成条件的,可以其他犯罪论处。[235] (4)介绍他人虚开,即在虚开上述发票的犯罪活动中牵线搭桥、撮合沟通。只要行为人实施其中一种行为,即可构成本罪。

按照相关司法解释,[236]具有下列情形之一的,应当认定为刑法第205条第1款规定的“虚开增值税专用发票或者虚开用于骗取出口退税、抵扣税款的其他发票”:(1)没有实际业务,开具增值税专用发票、用于骗取出口退税、抵扣税款的其他发票的;(2)有实际应抵扣业务,但开具超过实际应抵扣业务对应税款的增值税专用发票、用于骗取出口退税、抵扣税款的其他发票的;(3)对依法不能抵扣税款的业务,通过虚构交易主体开具增值税专用发票、用于骗取出口退税、抵扣税款的其他发票的;(4)非法篡改增值税专用发票或者用于骗取出口退税、抵扣税款的其他发票相关电子信息的;(5)违反规定以其他手段虚开的。为虚增业绩、融资、贷款等不以骗抵税款为目的,没有因抵扣造成税款被骗损失的,不以本罪论处,构成其他犯罪的,依法以其他犯罪追究刑事责任。

值得注意的是,按照刑法第205条的规定,本罪应当是一个行为犯,即只要实施法律所规定的四种行为,就满足本罪的客观要件。早期的实务见解也是如此理解的,即虚开增值税专用发票属于行为犯,不论是否造成国家税款损失,只要虚开行为发生,即构成本罪。但现在,司法部门却将其理解为了结果犯。最高人民检察院、公安部《关于公安机关管辖的刑事案件立案追诉标准的规定(二)》第56条规定,虚开增值税专用发票或者虚开用于骗取出口退税、抵扣税款的其他发票,虚开的税款数额在10万元以上或者造成国家税款损失数额在5万元以上的,应予立案追诉。理由是,虚开增值税专用发票罪的法定最高刑为无期徒刑,系严重犯罪,如将该罪理解为行为犯,只要虚开增值税专用发票,侵犯增值税专用发票管理秩序的,即构成犯罪并要判处重刑,不符合罪刑责相适应原则。因此,客观上只是具有虚开行为,但没有引起逃税结果即税收流失的,难以认定为本罪。这实际上是将“虚开”理解为了骗取国家税款的行为。[237] 无实际生产经营的行为人既为他人虚开销项发票,又让他人为自己虚开进项发票,应当按其中虚开数额较大的一项计算其虚开的数额,按销项受票人已经实际向税务机关抵扣的数额,并扣除行为人已向国家缴纳的税款和退赔的款项,认定其给国家造成损失的数额。

3. 主观要件。本罪的主观要件表现为直接故意,是指行为人不但明知自己在虚开增值税专用发票和用于骗取出口退税、抵扣税款的其他发票,而且还明知这种虚开行为可能导致国家税款的减少、流失。刑法将虚开增值税专用发票规定为犯罪,主要是为了惩治那些为自己或者为他人偷逃、骗取国家税款而虚开的行为。因此,对于确有证据证实行为人不具有偷、骗税的目的,客观上也不会造成国家税款流失的虚开增值税专用发票的行为,如为虚增营业额、扩大

---

[235] 2015年最高人民法院研究室《〈关于如何认定以“挂靠”有关公司名义实施经营活动并让有关公司为自己虚开增值税专用发票行为的性质〉征求意见的复函》。

[236] 2024年最高人民法院、最高人民检察院《关于办理危害税收征管刑事案件适用法律若干问题的解释》第10条。

[237] 王新:《刑法分论精解》,北京大学出版社2023年版,第187页。

销售收入或者制造企业虚假繁荣,相互对开或循环虚开增值税专用发票的场合,由于行为人主观上不以偷逃、骗取税款为目的,客观上也不会造成国家税款流失,不应以虚开增值税专用发票犯罪论处。同样,行为人以其他单位名义对外签订销售合同,由该单位收取货款、开具增值税专用发票,不具有骗取国家税款的目的,未造成国家税款损失的场合,其虚开行为也不构成虚开增值税专用发票罪。[238]

(二)本罪的认定

本罪认定中,应当注意以下问题:

1. 罪与非罪的界限。根据国家税务总局于2014年7月2日公布的《关于纳税人对外开具增值税专用发票有关问题的公告》,纳税人通过虚增增值税进项税额偷逃税款,但对外开具增值税专用发票同时符合以下情形的,不属于对外虚开增值税专用发票:(1)纳税人向受票方纳税人销售了货物,或者提供了增值税应税劳务、应税服务;(2)纳税人向受票方纳税人收取了所销售货物、所提供应税劳务或者应税服务的款项,或者取得了索取销售款项的凭据;(3)纳税人按规定向受票方纳税人开具的增值税专用发票相关内容,与所销售货物、所提供应税劳务或者应税服务相符,且该增值税专用发票是纳税人合法取得、并以自己名义开具的。受票方纳税人取得的符合上述情形的增值税专用发票,可以作为增值税扣税凭证抵扣进项税额。据此,在本罪的罪与非罪的认定上,可以得出以下结论:对于有实际生产经营活动的企业,为虚增业绩、融资、贷款等非骗税目的且没有造成税款损失的虚开增值税专用发票的行为,不以虚开增值税专用发票罪定性处理,依法作出不起诉决定的,移送税务机关给予行政处罚。[239] 本罪的法定最高刑为无期徒刑,系严重犯罪,如将该罪理解为行为犯,只要虚开增值税专用发票,侵犯增值税专用发票管理秩序的,即构成犯罪并要判处重刑,也不符合罪刑责相适应原则。如此说来,以下情形均不构成虚开增值税专用发票罪:以其他单位名义对外签订销售合同,由该单位收取货款、开具增值税专用发票,不具有骗取国家税款的目的,未造成国家税款损失的;不以抵扣税款为目的,而是为了提高购进设备价值,显示公司实力,以达到在与他人合作谈判中处于有利地位目的的向他人购买伪造的增值税专用发票的;为了促成超产煤炭的外销,根据销售煤炭数量如实向国家上缴了增值税和相关规费,即使在下一销售环节将增值税发票进行抵扣,客观上也不会造成国家税款流失的,开具与实际交易行为不符的增值税专用发票的行为;挂靠方以挂靠形式向受票方实际销售货物,被挂靠方向受票方开具增值税专用发票的。

2. 本罪和逃税罪的界限。本罪与逃税罪,二罪在行为方式上有些竞合之处,如涂改单据,伪造账目等,尤其是行为人虚开增值税专用发票的最终目的就是用来骗取(抵扣)国家税款,从实质上说是逃税。从此角度来看,二者之间存在手段与目的关系,即虚开是逃税的手段,目的是逃税,它们之间呈现出牵连关系,按照从一重处罚的原则,应以本罪定罪量刑。但虚开行为又不完全包容于逃税罪之中,有其相对独立而又比较复杂的行为过程,只有当虚开的增值税专用发票用于抵扣税款时,才与逃税罪发生关系。尽管实际操作上并不如此,但理论上讲,成立本罪,并不以抵扣税款的实现或者出现为前提,只要虚开增值税专用发票达到法定数额(即便是没有抵扣),就可构成犯罪,虚开和抵扣,是构成本罪的两个选择性条件,因此,本罪与逃税罪之间尽管有竞合之处,但范围有限。只是从行为方式上看,二罪之间的区别比较明显,逃

---

[238] 最高人民法院案例库案例"张某强虚开增值税专用发票宣告无罪案",入库编号:2024-05-1-146-001。

[239] 2020年最高人民检察院《关于充分发挥检察职能服务保障"六稳""六保"的意见》第6条。

税是不缴或少缴应纳税款,使国家得不到应该得到的税款;而虚开是没有缴税而伪装缴税,将国家已经得到的税款通过抵扣再骗回来。因此,通常认为,本罪与逃税罪,最关键的区别在于,主观上是基于骗取国家税款的故意,还是基于逃避纳税义务的故意。

(三)处罚

依照刑法第205条和第212条的规定以及相关司法解释,[240]虚开增值税专用发票、用于骗取出口退税、抵扣税款的其他发票,税款数额在10万元以上的,处3年以下有期徒刑或者拘役,并处2万元以上20万元以下罚金。

虚开的税款数额在50万元以上或者有其他严重情节的,处3年以上10年以下有期徒刑,并处5万元以上50万元以下罚金。其中,具有下列情形之一的,应当认定为刑法第205条第1款规定的"其他严重情节":(1)在提起公诉前,无法追回的税款数额达到30万元以上的;(2)5年内因虚开发票受过刑事处罚或者2次以上行政处罚,又虚开增值税专用发票或者虚开用于骗取出口退税、抵扣税款的其他发票,虚开税款数额在30万元以上的;(3)其他情节严重的情形。

虚开的税款数额500万元以上,或者有其他特别严重情节的,处10年以上有期徒刑或者无期徒刑,并处5万元以上50万元以下罚金或者没收财产。具有下列情形之一的,应当认定为刑法第205条第1款规定的"其他特别严重情节":(1)在提起公诉前,无法追回的税款数额达到300万元以上的;(2)5年内因虚开发票受过刑事处罚或者2次以上行政处罚,又虚开增值税专用发票或者虚开用于骗取出口退税、抵扣税款的其他发票,虚开税款数额在300万元以上的;(3)其他情节特别严重的情形。

以同一购销业务名义,既虚开进项增值税专用发票、用于骗取出口退税、抵扣税款的其他发票,又虚开销项的,以其中较大的数额计算。以伪造的增值税专用发票进行虚开,达到规定标准的,应当以虚开增值税专用发票罪追究刑事责任。

单位犯本罪的,对单位判处罚金,并对其直接负责的主管人员和其他直接责任人员,处3年以下有期徒刑或者拘役;虚开的税款数额较大或者有其他严重情节的,处3年以上10年以下有期徒刑;虚开的税款数额巨大或者有其他特别严重情节的,处10年以上有期徒刑或者无期徒刑。犯本罪,被判处罚金、没收财产的,在执行前,应当先由税务机关追缴税款和所骗取的出口退税。

六、虚开发票罪

本罪,是指虚开刑法第205条规定以外的其他发票,情节严重的行为。

其中,"虚开",包括为他人虚开、为自己虚开、让他人为自己虚开、介绍他人虚开等行为;"刑法第205条规定以外的其他发票",是指除增值税专用发票或者其他具有退税、抵扣税款功能的发票以外的其他发票,既包括真实的发票,也包括伪造、变造的发票。

依照相关司法解释,[241]具有下列情形之一的,应当认定为刑法第205条之一第1款规定的"虚开刑法第205条规定以外的其他发票":(1)没有实际业务而为他人、为自己、让他人为自己、介绍他人开具发票的;(2)有实际业务,但为他人、为自己、让他人为自己、介绍他人开具

[240] 2024年最高人民法院、最高人民检察院《关于办理危害税收征管刑事案件适用法律若干问题的解释》第11条。

[241] 2024年最高人民法院、最高人民检察院《关于办理危害税收征管刑事案件适用法律若干问题的解释》第12条。

与实际业务的货物品名、服务名称、货物数量、金额等不符的发票的;(3)非法篡改发票相关电子信息的;(4)违反规定以其他手段虚开的。以逃税为目的,虚开可以用于抵扣税款的发票冲减营业额偷逃税款的,不构成虚开用于抵扣税款的发票罪,应以逃税罪论处〔242〕。

依照刑法第205条之一和第212条的规定,犯本罪的,处2年以下有期徒刑、拘役或者管制,并处罚金;情节特别严重的,处2年以上7年以下有期徒刑,并处罚金。单位犯本罪的,对单位判处罚金,并对其直接负责的主管人员和其他直接责任人员,依照自然人犯罪的规定处罚。犯本罪,被判处罚金、没收财产的,在执行前,应当先由税务机关追缴税款和所骗取的出口退税。

依照相关司法解释,〔243〕具有下列情形之一的,应当认定为刑法第205条之一第1款规定的"情节严重":(1)虚开发票票面金额50万元以上的;(2)虚开发票100份以上且票面金额30万元以上的;(3)5年内因虚开发票受过刑事处罚或者2次以上行政处罚,又虚开发票,票面金额达到第1、2项规定的标准60%以上的。具有下列情形之一的,应当认定为刑法第205条之一第1款规定的"情节特别严重":(1)虚开发票票面金额250万元以上的;(2)虚开发票500份以上且票面金额150万元以上的;(3)5年内因虚开发票受过刑事处罚或者2次以上行政处罚,又虚开发票,票面金额达到第1、2项规定的标准60%以上的。以伪造的发票进行虚开,达到本条第1款规定的"情节严重"标准的,应当以虚开发票罪追究刑事责任。

七、伪造、出售伪造的增值税专用发票罪

本罪,是指仿照增值税专用发票的式样,非法印制假增值税专用发票或者出售非法印制的假增值税专用发票的行为。

其中,"伪造",是指仿照真实的增值税专用发票的外观特征,制作出足以让人误以为真的假发票的行为。"出售",是指有偿转让;"出售伪造的增值税专用发票",是指将伪造的增值税专用发票有偿转让给他人。

依照刑法第206条的规定,犯本罪的,处3年以下有期徒刑、拘役或者管制,并处2万元以上20万元以下罚金;数量较大或者有其他严重情节的,处3年以上10年以下有期徒刑,并处5万元以上50万元以下罚金;数量巨大或者有其他特别严重情节的,处10年以上有期徒刑或者无期徒刑,并处5万元以上50万元以下罚金或者没收财产。单位犯本罪的,对单位判处罚金,并对其直接负责的主管人员和其他直接责任人员,处3年以下有期徒刑、拘役或者管制;数量较大或者有其他严重情节的,处3年以上10年以下有期徒刑;数量巨大或者有其他特别严重情节的,处10年以上有期徒刑或者无期徒刑。

根据有关司法解释,〔244〕伪造或者出售伪造的增值税专用发票,具有下列情形之一的,应当依照刑法第206条的规定定罪处罚:(1)票面税额10万元以上的;(2)伪造或者出售伪造的增值税专用发票10份以上且票面税额6万元以上的;(3)违法所得1万元以上的。伪造或者出售伪造的增值税专用发票票面税额50万元以上的,或者50份以上且票面税额30万元以上

---

〔242〕 干金耀:《芦才兴虚开抵扣税款发票案[第107号]——虚开可以用于抵扣税款的发票冲减营业额偷逃税款的行为如何定性》,载最高人民法院刑事审判第一、二庭编:《刑事审判参考》总第17辑,法律出版社2001年版。

〔243〕 2024年最高人民法院、最高人民检察院《关于办理危害税收征管刑事案件适用法律若干问题的解释》第13条。

〔244〕 2024年最高人民法院、最高人民检察院《关于办理危害税收征管刑事案件适用法律若干问题的解释》第14条。

的,应当认定为刑法第 206 条第 1 款规定的“数量较大”。5 年内因伪造或者出售伪造的增值税专用发票受过刑事处罚或者 2 次以上行政处罚,又实施伪造或者出售伪造的增值税专用发票行为,票面税额达到刑法第 206 条第 1 款规定的“数额较大”的标准 60% 以上的,或者违法所得 5 万元以上的,应当认定为刑法第 206 条第 1 款规定的“其他严重情节”。伪造或者出售伪造的增值税专用发票票面税额 500 万元以上的,或者 500 份以上且票面税额 300 万元以上的,应当认定为刑法第 206 条第 1 款规定的“数量巨大”。5 年内因伪造或者出售伪造的增值税专用发票受过刑事处罚或者 2 次以上行政处罚,又实施伪造或者出售伪造的增值税专用发票行为,票面税额达到刑法第 206 条第 1 款规定的“数量巨大”的标准 60% 以上的,或者违法所得 50 万元以上的,应当认定为刑法第 206 条第 1 款规定的“其他特别严重情节”。伪造并出售同一增值税专用发票的,以伪造、出售伪造的增值税专用发票罪论处,数量不重复计算。变造增值税专用发票的,按照伪造增值税专用发票论处。

八、非法出售增值税专用发票罪

本罪,是指违反国家发票管理法规,非法出售增值税专用发票的行为。

其中,“非法出售”,既包括税务机关及其工作人员的违法出售行为,也包括其他任何人非法出售的行为。出售的对象是真实有效的发票。

依照刑法第 207 条、第 211 条的规定,犯本罪的,处 3 年以下有期徒刑、拘役或者管制,并处 2 万元以上 20 万元以下罚金;数量较大的,处 3 年以上 10 年以下有期徒刑,并处 5 万元以上 50 万元以下罚金;数量巨大的,处 10 年以上有期徒刑或者无期徒刑,并处 5 万元以上 50 万元以下罚金或者没收财产。单位犯本罪的,对单位判处罚金,并对其直接负责的主管人员和其他直接责任人员,依照自然人犯本罪的规定处罚。

九、非法购买增值税专用发票、购买伪造的增值税专用发票罪

本罪,是指非法购买增值税专用发票或者购买伪造的增值税专用发票的行为。

其中,“非法购买”,是指不按照发票管理法规的规定,在指定的税务机关购买,而是在税务机关以外的单位和个人处购买;“购买伪造的增值税专用发票”,是指所购买的发票不是国家税务机关发行的真实的增值税专用发票,而是伪造的发票。本罪的主体,可以是个人,也可以是单位。本罪是选择性罪名,非法购买真、伪两种增值税专用发票的,仍成立一罪,数额累计计算,不实行数罪并罚。

本罪在认定上要注意,根据刑法第 208 条第 2 款的规定,非法购买增值税专用发票或者购买伪造的增值税专用发票又虚开或者出售的,分别以虚开增值税专用发票、用于骗取出口退税、抵扣税款发票罪,伪造、出售伪造的增值税专用发票罪,非法出售增值税专用发票罪定罪处罚。

依照刑法第 208 条、第 211 条的规定,犯本罪的,处 5 年以下有期徒刑或者拘役,并处或者单处 2 万元以上 20 万元以下罚金。单位犯本罪的,对单位判处罚金,并对其直接负责的主管人员和其他直接责任人员,依照自然人犯本罪的规定处罚。

根据相关司法解释,[245] 非法购买增值税专用发票或者购买伪造的增值税专用发票票面税

---

〔245〕 2024 年最高人民法院、最高人民检察院《关于办理危害税收征管刑事案件适用法律若干问题的解释》第 16 条。

额 20 万元以上的，或者 20 份以上且票面税额 10 万元以上的，应当依照刑法第 208 条第 1 款的规定定罪处罚。非法购买真、伪两种增值税专用发票的，数额累计计算，不实行数罪并罚。购买伪造的增值税专用发票又出售的，以出售伪造的增值税专用发票罪定罪处罚；非法购买增值税专用发票用于骗取抵扣税款或者骗取出口退税款，同时构成非法购买增值税专用发票罪与虚开增值税专用发票罪、骗取出口退税罪的，依照处罚较重的规定定罪处罚。

十、非法制造、出售非法制造的用于骗取出口退税、抵扣税款发票罪

本罪，是指伪造、擅自制造或者出售伪造、擅自制造的可以用于骗取出口退税、抵扣税款的其他发票的行为。

其中，“伪造”，是指无制作权的人按照真发票的样式，制作出足以让人误以为是真发票的假发票；“擅自制造”，是指有制作权者未按照税务机关规定的数量和规模，擅自超额制作发票的行为；“出售”是有偿出让；“可以用于骗取出口退税、抵扣税款的其他发票”，是指农林牧水产品、废旧物品收购发票、运输发票、海关代征增值税专用缴款书等在增值税发票之外、但可以直接抵扣税款或者办理出口退税的发票。

依照刑法第 209 条第 1 款、第 211 条的规定，犯本罪的，处 3 年以下有期徒刑、拘役或者管制，并处 2 万元以上 20 万元以下罚金；数量巨大的，处 3 年以上 7 年以下有期徒刑，并处 5 万元以上 50 万元以下罚金；数量特别巨大的，处 7 年以上有期徒刑，并处 5 万元以上 50 万元以下罚金或者没收财产。单位犯本罪的，对单位判处罚金，并对其直接负责的主管人员和其他直接责任人员，依照自然人犯本罪的规定处罚。

根据相关司法解释，[246] 伪造、擅自制造或者出售伪造、擅自制造的用于骗取出口退税、抵扣税款的其他发票，具有下列情形之一的，应当依照刑法第 209 条第 1 款的规定定罪处罚：(1)票面可以退税、抵扣税额 10 万元以上的；(2)伪造、擅自制造或者出售伪造、擅自制造的发票 10 份以上且票面可以退税、抵扣税额 6 万元以上的；(3)违法所得 1 万元以上的。伪造、擅自制造或者出售伪造、擅自制造的可以用于骗取出口退税、抵扣税款的其他发票票面可以退税、抵扣税额 50 万元以上的，或者 50 份以上且票面可以退税、抵扣税额 30 万元以上的，应当认定为刑法第 209 条第 1 款规定的“数量巨大”；伪造、擅自制造或者出售伪造、擅自制造的可以用于骗取出口退税、抵扣税款的其他发票票面可以退税、抵扣税额 500 万元以上的，或者 500 份以上且票面可以退税、抵扣税额 300 万元以上的，应当认定为刑法第 209 条第 1 款规定的“数量特别巨大”。

十一、非法制造、出售非法制造的发票罪

本罪，指伪造、擅自制造或者出售伪造、擅自制造的非用于骗取出口退税、抵扣税款的其他发票的行为。

其中，发票，是指在购销商品、提供或者接受服务以及从事其他经营活动中，开具、收取的收付款凭证，[247] 其不具有抵扣税款、用于出口退税等功能。餐饮业、零售业、旅馆业发票就是

---

〔246〕 2024 年最高人民法院、最高人民检察院《关于办理危害税收征管刑事案件适用法律若干问题的解释》第 17 条第 1、2 款。

〔247〕 《发票管理办法》第 3 条第 1 款。

如此。伪造的公路汽车客票,购买者不是用来乘车,而是作报销之用,本质上具备发票的特征,因此,出售伪造的公路汽车客票的行为,符合出售非法制造的发票罪的构成特征。[248] 但医院门诊收费专用收据不是税务发票,不按照发票处理。因为,发票必须是在经营活动中产生的,而医院的医疗行为不是经营活动,同时,医院门诊收费专用收据是由国家财政部门监制的,而发票是由国家税务机关监制的,二者不能混淆。因此,非法制造医院门诊收费专用收据的行为,不能构成非法制造发票罪。

依照刑法第 209 条第 2 款、第 211 条的规定,犯本罪的,处 2 年以下有期徒刑、拘役或者管制,并处或者单处 1 万元以上 5 万元以下罚金;情节严重的,处 2 年以上 7 年以下有期徒刑,并处 5 万元以上 50 万元以下罚金。单位犯本罪的,对单位判处罚金,并对其直接负责的主管人员和其他直接责任人员,依照自然人犯本罪的规定处罚。其中,"情节严重"的认定,不能仅以出售发票的份数认定,而应当根据累计金额、违法所得等综合认定。

根据相关司法解释,[249] 伪造、擅自制造或者出售伪造、擅自制造刑法第 209 条第 2 款规定的发票,具有下列情形之一的,应当依照该款的规定定罪处罚:(1)票面金额 50 万元以上的;(2)伪造、擅自制造或者出售伪造、擅自制造发票 100 份以上且票面金额 30 万元以上的;(3)违法所得 1 万元以上的。伪造、擅自制造或者出售伪造、擅自制造刑法第 209 条第二款规定的发票,具有下列情形之一的,应当认定为"情节严重":(1)票面金额 250 万元以上的;(2)伪造、擅自制造或者出售伪造、擅自制造发票 500 份以上且票面金额 150 万元以上的;(3)违法所得 5 万元以上的。非法出售用于骗取出口退税、抵扣税款的其他发票的,定罪量刑标准依照《关于办理危害税收征管刑事案件适用法律若干问题的解释》第 17 条第 1、2 款的规定执行。非法出售增值税专用发票、用于骗取出口退税、抵扣税款的其他发票以外的发票的,定罪量刑标准依照《关于办理危害税收征管刑事案件适用法律若干问题的解释》第 17 条第 3、4 款的规定执行。

十二、非法出售用于骗取出口退税、抵扣税款发票罪

本罪,是指非法出售可以用于骗取出口退税、抵扣税款的非增值税专用发票的行为。

本罪的对象是除增值税以外的,可以用于骗取出口退税、抵扣税款的其他真实有效的发票。行为人如何取得这些发票,在所不问。根据有关司法解释,[250] 非法出售可以用于骗取出口退税、抵扣税款的其他发票,涉嫌下列情形之一的,应予立案追诉:(1)票面可以退税、抵扣税额累计在 10 万元以上的;(2)非法出售用于骗取出口退税、抵扣税款的其他发票 10 份以上且票面可以退税、抵扣税额在 6 万元以上的;(3)非法获利数额在 1 万元以上的。

依照刑法第 209 条第 3 款、第 211 条的规定,犯本罪的,处 3 年以下有期徒刑、拘役或者管制,并处 2 万元以上 20 万元以下罚金;数量巨大的,处 3 年以上 7 年以下有期徒刑,并处 5 万

[248] 实践中,公路客车票有两种:一种是"公路客运微机发票",即乘客到车站售票窗口购买车票时收到的窗口出具的机打车票,由于它兼具乘车凭证和报销凭证两种功能,因此,倒卖这种发票的,构成倒卖伪造的有价票证罪;另一种是"公路客运定额发票",是为了满足一些未能到车站购买车票的乘客中途乘车而补开的一种发票,它只有报销凭证的功能即发票性质。倒卖这种车票的,符合出售非法制造的发票罪的特征。

[249] 2024 年最高人民法院、最高人民检察院《关于办理危害税收征管刑事案件适用法律若干问题的解释》第 17 条第 3、4、5、6 款。

[250] 2022 年最高人民检察院、公安部《关于公安机关管辖的刑事案件立案追诉标准的规定(二)》第 63 条。

元以上50万元以下罚金;数量特别巨大的,处7年以上有期徒刑,并处5万元以上50万元以下罚金或者没收财产。单位犯本罪的,对单位判处罚金,并对其直接负责的主管人员和其他直接责任人员,依照自然人犯本罪的规定处罚。

十三、非法出售发票罪

本罪,是指非法出售除增值税专用发票、可以用于骗取出口退税、抵扣税款的非增值税专用发票以外的普通发票的行为。

这里的普通发票,必须是真实的发票。根据2010年6月21日最高人民法院刑事审判第二庭《关于航空运输代理机构虚开、销售虚假航空行程单的行为如何定性问题的复函》,航空票务代理机构购买非法印制的空白航空行程单并出售的,或者购买非法印制的空白航空行程单后,为他人虚开并收取手续费的,其行为符合刑法第209条第2款的规定,构成犯罪的,可按照出售非法制造的发票罪追究相关机构和人员的刑事责任。航空票务代理机构的主管人员或者直接责任人员与他人相互勾结,为他人利用虚开的航空行程单贪污、侵占等犯罪行为提供帮助的,以相应犯罪的共犯论处。航空票务代理机构购买非法印制的空白航空行程单后,在非法印制的航空行程单上按真实票价额填开后出具给乘机者的,或者应乘机者的要求,在非法印制的航空行程单上填开虚增的票价额后出具给乘机者的,属于使用不符合规定的发票的行为,可由税务机关予以行政处罚。

根据有关司法解释,[251]非法出售增值税专用发票、用于骗取出口退税、抵扣税款的其他发票以外的发票,涉嫌下列情形之一的,应予立案追诉:(1)非法出售增值税专用发票、用于骗取出口退税、抵扣税款的其他发票以外的发票100份以上且票面金额累计在30万元以上的;(2)票面金额累计在50万元以上的;(3)非法获利数额在1万元以上的。

依照刑法第209条、第211条的规定,犯本罪的,处2年以下有期徒刑、拘役或者管制,并处或者单处1万元以上5万元以下罚金;情节严重的,处2年以上7年以下有期徒刑,并处5万元以上50万元以下罚金。单位犯本罪的,对单位判处罚金,并对其直接负责的主管人员和其他直接责任人员,依照自然人犯本罪的规定处罚。

十四、持有伪造的发票罪

本罪,是指明知是伪造的发票而持有,数量较大的行为。

其中,"明知",就是知道或者可能知道。判断"明知",不能仅凭被告人的口供,应当根据与案件有关的各种客观证据,加以综合判断。"持有",指行为人伪造的发票处于自己控制、支配或者占有的状态之下。不仅行为人随身携带伪造发票的可以认定为持有,即便是在其住处、交通工具上发现的也能认定为持有。当然,在认定持有之前,必须先查清该伪造发票的真正来源。只有在查不清的情况下,才能认定为"持有";"伪造的发票",不仅指伪造的普通发票,还包括伪造的增值税专用发票和其他具有出口退税、抵扣税款功能的收付款凭证或者完税凭证。需要注意的是,构成伪造发票,数量较大的才能成立犯罪。所谓数量较大,依照相关司法解释,[252]是指具有下列情形之一:(1)持有伪造的增值税专用发票或者可以用于骗取出口退税、

---

[251] 2022年最高人民检察院、公安部《关于公安机关管辖的刑事案件立案追诉标准的规定(二)》第64条。

[252] 2022年最高人民检察院、公安部《关于公安机关管辖的刑事案件立案追诉标准的规定(二)》第65条。

抵扣税款的其他发票50份以上且票面税额累计在25万元以上的;(2)持有伪造的增值税专用发票或者可以用于骗取出口退税、抵扣税款的其他发票票面税额累计在50万元以上的;(3)持有伪造的第1种情形以外的其他发票100份以上且票面金额在50万元以上的;(4)持有伪造的第1种情形以外的其他发票票面金额累计在100万元以上的。

依照刑法第210条之一的规定,犯本罪的,处2年以下有期徒刑、拘役或者管制,并处罚金;数量巨大的,处2年以上7年以下有期徒刑,并处罚金。单位犯本罪的,对单位判处罚金,并对其直接负责的主管人员和其他直接责任人员,依照自然人犯本罪的规定处罚。

根据相关司法解释,[253]具有下列情形之一的,应当认定为刑法第210条之一第1款规定的"数量较大":(1)持有伪造的增值税专用发票或者可以用于骗取出口退税、抵扣税款的其他发票票面税额50万元以上的;或者50份以上且票面税额25万元以上的;(2)持有伪造的前项规定以外的其他发票票面金额100万元以上的,或者100份以上且票面金额50万元以上的。持有的伪造发票数量、票面税额或者票面金额达到前款规定的标准5倍以上的,应当认定为刑法第210条之一第1款规定的"数量巨大"。

第八节　侵犯知识产权的犯罪

知识产权,是"基于创造成果和工商标记依法产生的权利的统称",主要是指著作权、专利权和商标权,其中专利权与商标权也被统称为工业产权。从理论上讲,知识产权是一种无形财产权,它与房屋、汽车等有形财产一样,具有价值和使用价值,受到国家法律的保护,有些重大专利、驰名商标或者作品的价值甚至远高于房屋、汽车等有形财产,因此,理应得到刑法的重点保护。但考虑到专利、商标、著作权在一定时空条件下,可以被多个主体同时使用,且这种使用不会像有体物那样发生有形损耗,也不会由于实物形态消费而导致其本身的灭失,在消费量方面具有非竞争性的特征,因此其保护程度略低于财物之类的有形物。我国现行刑法中,在以抢劫、盗窃、诈骗、抢夺、敲诈勒索等方式获取他人有形财产,破坏他人有形财产权时,最高可能受到无期徒刑(乃至死刑)的处罚,而对于侵犯他人知识产权的行为一般只能处以10年有期徒刑。

一、假冒注册商标罪

(一)概念和构成

本罪,是指未经注册商标所有人的许可,在同一种商品、服务上使用与其注册商标相同的商标,情节严重的行为。其构成如下:

1. 主体。本罪的主体是一般主体,自然人和单位都可。

2. 危害行为和危害结果。本罪客观上表现为,未经注册商标所有人许可,在同一种商品、服务上使用与其注册商标相同的商标,情节严重。其可以从以下两个方面加以分析:

首先,是未经注册商标所有人许可,在同一种商品、服务上使用与其注册商标相同的商标。

---

[253] 2024年最高人民法院、最高人民检察院《关于办理危害税收征管刑事案件适用法律若干问题的解释》第18条。

所谓商标,就是能够将一方的商品与他人的商品区别开的标志。从此规定当中,可以读出以下两层意思:

第一层意思是,我国刑法保护的是注册商标,对未注册的商标是不予保护的。我国实行的是注册商标保护制,不管是我国的还是外国的、个人的还是单位的,商标——即便是著名商标,只要未在我国注册,就不受我国刑法的保护。例如,在检察机关认为,被告人未经注册商标所有人许可,在同一种商品上使用与其注册商标相同的商标,非法经营数额约人民币29万元,情节特别严重,其行为已触犯刑法第213条,应当以假冒注册商标罪追究其刑事责任的案件中,辩护人认为,被告人在某产品上使用了涉案商标相同的商标没有异议,但生产的产品与涉案商标核定使用商品的不属于同一种商品,即权利人并没有在被告人生产的产品上在中国境内注册该商标,而是在其他8个商品上注册了涉案商标,因而被告人不构成假冒注册商标罪,并递交相关其他注册商标证书以证明被告人生产的产品与涉案商标的核定商品不是同一种商品,法院认为,因没有证据证明涉案商标的核定使用商品与涉案产品是同一种商品,故认定被告人没有假冒注册商标的行为,不构成本罪。

第二层意思是,刑法明确将注册商标的范围限定为商品商标和服务商标。所谓服务商标,又称"服务标记"或"劳务标志",是指提供服务的经营者为将自己提供的服务与他人提供的服务相区别而使用的标志。与商品商标一样,服务商标可以由文字、图形、字母、数字、三维标志、声音和颜色组合,以及上述要素的组合而构成。例如中国"民航"、英国"英航"、德国的"汉莎航空公司"等,它们都提供同一服务,但各自有不同的服务标记。服务商标一旦被服务企业所注册,该企业也就拥有了对该服务商标的独占专有使用权,并受法律的保护。另外,依照《商标法》第3条规定,注册商标,除商品商标、服务商标之外,还包括集体商标和证明商标,因此,刑法第213条至第215条所规定的"注册商标"应当涵盖集体商标和证明商标。所谓集体商标,是指以团体、协会或者其他组织名义注册,供该组织成员在商事活动中使用,以表明使用者在该组织中的成员资格的标志,如平谷大桃、普洱茶、金华火腿、沙县小吃等,就是集体商标;所谓证明商标,是指由对某种商品或者服务具有监督能力的组织所控制,而由该组织以外的单位或者个人使用于其商品或者服务,用以证明该商品或者服务的原产地、原料、制造方法、质量或者其他特定品质的标志,非常知名的新会陈皮、从化荔枝等就是其适例。商标标示中注明了自己的注册商标的同时,又使用了他人注册为集体商标的地理名称,可以认定为刑法规定的"相同的商标"。

第三层意思是,未经注册商标所有人许可,在同一种商品,服务上使用与其注册商标相同的商标。

所谓"未经许可",是指行为人使用他人注册商标,未取得注册商标所有人的许可,这是本罪成立的前提。许可,以取得注册商标所有人同意即可,不要求签订商标使用合同。"同一种商品、服务",是指按照商品分类表的规定,属于同一类别和同一名称的商品、服务。名称相同的商品、服务以及名称不同但指同一事物的商品、服务,可以认定为"同一种商品、服务"。"名称"是指国家知识产权局商标局在商标注册工作中对商品使用的名称,通常即《商标注册用商品和服务国际分类》中规定的商品名称。"名称不同但指同一事物的商品"是指在功能、用途、主要原料、消费对象、销售渠道等方面相同或者基本相同,相关公众一般认为是同一种事物的商品。认定"同一种商品、服务",应当在权利人注册商标核定使用的商品、服务和行为人实际生产销售的商品、服务之间进行比较。[254] “使用”,是指将注册商标或者假冒的注册商标用于商品、商品包装或者容器以及产品说明书、商品交易文书,或者将注册商标或假冒的注册商标用于广告宣传、展览以及其他商业活动的行为等。驰名商标的淡化行为,不构成使用。淡化是指无权使用人将驰名商标使用在不相同或不相类似的商品上,破坏驰名商标的识别力和显著性,冲淡商标与商品之间的独特联系,最终损害驰名商标的商业价值的行为。如将雀巢商标用于服装,将皮尔·卡丹商标用于汽车,冲淡该商标在本行业已建立起来的声誉,导致其商业价值和吸引力降低;将可口可乐商标用于农药,将某驰名化妆品商标用于马桶上,将某儿童玩具的驰名商标用于一些性用品上。“相同的商标”,是指与被假冒的注册商标、服务商标完全相同,或者与被假冒的注册商标在视觉上基本无差别、足以对公众产生误导的商标。对于“相同”的认定,应以是否足以使一般消费者误认为是注册商标为标准。商标的构成要素是文字、图形、字母、数字、三维标志、声音、颜色组合,或上述要素的组合,故应从商标的读音、外观、意义方面来识别商标。因此,可以肯定,与注册商标的读音、外观、意义相同的商标,就是相同的商标。但仅此还不够,在是否“相同”的认定上,还应考虑消费者通常的辨识能力。因为,商标具有区别不同生产者或经营者的生产或经营同种商品的功能,具有宣传商品的作用,而消费者在购买商品、服务时,不可能携带真正的注册商标进行比较,只能根据自己的记忆或印象选购商品或者服务;如果只有在假冒商标与注册商标没有任何差异时才确定为假冒注册商标的话,则不利于保护消费者的合法权益,也会过于缩小假冒注册商标罪的成立范围。因此,只要足以使一般消费者误认为是相同的商标,就可以认定为“相同”。根据有关司法解释,未经注册商标所有人许可,在同一种商品、服务上使用与其注册商标相同的商标,具有下列情形之一的,应当认定为刑法第 213 条规定的“同一种商品、服务”:(1)行为人实际生产销售的商品名称、实际提供的服务名称与权利人注册商标核定使用的商品、服务名称相同的;(2)商品名称不同,但在功能、用途、主要原料、消费对象、销售渠道等方面相同或者基本相同,相关公众一般认为是同种商品的;(3)服务名称不同,但在服务的目的、内容、方式、对象、场所等方面相同或者基本相同,相关公众一般认为是同种服务的。[255] 与被假冒的注册商标完全相同,或者与被假冒的注册商标基本无差别、足以对相关公众产生误导的商标,应当认定为刑法第 213 条规定的“与其注册商标相同的商标”。具有下列情形之一的,应当认定为与被假冒的注册商标基本无差别、足以对相关公众产生误导的商标:(1)改变注册商标的字体、字母大小写或者文字横竖排列,与注册商标基本无差别的;(2)改变注册商标的文字、字母、数字等之间的间距,与注册商标基本无差别的;(3)改变注册商标颜色,不影响体现注册商标显著特征的;(4)在注册商标上仅增加商品通用名称、型号等缺乏显著特征要素,不影响体现注册商标显著特征的;(5)与立体注册商标的三维标志及平面要素基本无差别的;(6)其他与注册商标基本无差别、足以对相关公众产生误导的。[256] 另外,要注意的是,在办理侵犯商标权刑事案件中,对于犯罪嫌疑人所使用的商标是否与注册商标相同等问题,行政主管部门的认定意见不是刑事认定的必经程序。公安司法机关可依照《刑法》《商标法》等法律、法规和司法解释的规定,并综合具体案件事实和各方面证据进行认定。必要时,公安司法机关可以就相关专业性问题咨询有关主

〔254〕 2025 年最高人民法院、最高人民检察院《关于办理侵犯知识产权刑事案件适用法律若干问题的解释》第 1 条。
〔255〕 2025 年最高人民法院、最高人民检察院《关于办理侵犯知识产权刑事案件适用法律若干问题的解释》第 1 条。
〔256〕 2025 年最高人民法院、最高人民检察院《关于办理侵犯知识产权刑事案件适用法律若干问题的解释》第 2 条。

管部门意见。对于确实需要进行鉴定的事项，应当委托国家认可的有鉴定资质的鉴定机构进行鉴定。公安部经济犯罪侦查局在"假冒'四季沐歌'商标"案件的批复中也指出，犯罪嫌疑人所使用的商标虽然与有关注册商标在字形、字体上存在差别，其中两个文字还有作其他理解的可能，但是，以相关公众的一般注意力为标准，其与有关注册商标在视觉上基本无差别，且足以对公众产生误导。因此，犯罪嫌疑人所使用的商标可以认定为与有关注册商标相同的商标。[257]

其次，必须达到情节严重的程度。根据相关司法解释，[258]是指未经注册商标所有人许可，在同一种商品上使用与其注册商标相同的商标，具有下列情形之一的，应当认定为刑法第213条规定的"情节严重"：(1)违法所得数额在3万元以上或者非法经营数额在5万元以上的；(2)假冒两种以上注册商标，违法所得数额在2万元以上或者非法经营数额在3万元以上的；(3)2年内因实施刑法第213条至第215条规定的行为受过刑事处罚或者行政处罚后再次实施，违法所得数额在2万元以上或者非法经营数额在3万元以上的；(4)其他情节严重的情形。未经注册商标所有人许可，在同一种服务上使用与其注册商标相同的商标，具有下列情形之一的，应当认定为刑法第213条规定的"情节严重"：违法所得数额在5万元以上的；假冒两种以上注册商标，违法所得数额在3万元以上的；2年内因实施刑法第213条至第215条规定的行为受过刑事处罚或者行政处罚后再次实施，违法所得数额在3万元以上的；其他情节严重的情形。既假冒商品注册商标，又假冒服务注册商标，假冒商品注册商标的违法所得数额不足本条第一款规定标准，但与假冒服务注册商标的违法所得数额合计达到本条第2款规定标准的，应当认定为刑法第213条规定的"情节严重"。其中，所谓"两种以上注册商标"，是指识别商品、服务不同来源的两种以上注册商标。虽然注册商标不同，但在同一种商品、服务上使用，均指向同一商品、服务来源的，不应当认定为"两种以上注册商标"。[259]

3. 主观要件。本罪的主观要件只能是故意。

（二）本罪的认定

本罪在认定中，应当注意以下问题：

1. 罪与非罪的区别。(1)擅自在类似商品上使用与他人注册商标相同或者类似的商标的，以及在同一种商品上使用与他人注册商标相类似的商品的行为，不构成假冒注册商标罪；(2)假冒他人没有注册的商标的，不构成假冒注册商标罪；(3)《反不正当竞争法》第6条第2、3、4项规定了以下与假冒注册商标相似的不正当竞争行为：擅自使用他人有一定影响的企业名称（包括简称、字号等）、社会组织名称（包括简称等）、姓名（包括笔名、艺名、译名等）；擅自使用他人有一定影响的域名主体部分、网站名称、网页等；其他足以引人误认为是他人商品或者与他人存在特定联系的混淆行为。这三类行为虽然都会使人误以为本商品是他人的注册商品，但都不是假冒注册商标的行为，故不构成假冒注册商标罪。

2. 反向假冒商标行为性质认定。所谓反向假冒，就是消除他人商品上的注册商标，缝上自己的商标的行为。这种行为是否构成侵犯商标权的行为，学者之间存在争议。有见解根据"商标权耗尽"原则，认为合法载有某商标的商品一经投入市场，商标权人即丧失了对

---

[257] 2012年公安部经济犯罪侦查《关于对假冒"四季沐歌"商标案件的批复》（公经知产〔2012〕164号）。

[258] 2025年最高人民法院、最高人民检察院《关于办理侵犯知识产权刑事案件适用法律若干问题的解释》第3条。

[259] 2025年最高人民法院、最高人民检察院《关于办理侵犯知识产权刑事案件适用法律若干问题的解释》第7条。

它的控制，其权利被视为用尽，因此反向假冒行为不能视为假冒商标专用权。反对见解则认为，将他人商标取下而换上自己的商标的反向假冒行为，切断了源商品与源商标的联系，切断了生产者与消费者之间的桥梁，妨碍了商标功能的正常发挥，侵犯了他人的商标专用权。从《商标法》的角度讲，后一种观点妥当。但是，从刑法有关侵犯商标权犯罪的角度来讲，构成犯罪的只能是侵犯他人注册商标的行为，而上述场合，行为人并没有"未经注册商标所有人的许可，在同一种商品、服务上使用与其注册商标相同的商标"，因此，这种反向假冒商标的行为，难以构成侵犯他人注册商标权的犯罪。因此，在某服装商向某外贸公司订了一批羽绒服，由于生产厂家的货源不足，该公司便在市场上购买了一批其他品牌的羽绒服，拆除原商标，缝上自己的商标的场合，属于侵犯他人商标权的行为，但不构成刑法中的假冒注册商标罪。

3. 旧物翻新并对外出售行为性质的认定。实践中，翻新二手手机或者二手复印机械并对外出售的情形，屡见不鲜，这种行为是否构成假冒注册商标罪在实践中争议很大。本书认为，对此应当区别不同情况对待。一般来说，旧物翻新有两类：一类是再生式翻新，即原物已经失去产品的固有功能，收购成本低廉，行为人回收后对原物的核心部件进行更换，翻新后的商品与原商品已有本质上的不同，但却保留着原物商标；另一类是修复式翻新，即二手旧物未丧失使用功能，基于工作成本及技术可能性的考虑，行为人对二手旧物进行检修、打磨、上色、更换少量零配件以完善产品功能，延长产品寿命，翻修后的商品与原商品之间大部分一致。就前一类情形而言，因为其切断了源商品与源商标的联系，切断了生产者与消费者之间的桥梁，必然会造成公众对原物的混淆，因此，无疑会构成假冒注册商标罪。但就后一类情况而言，则不一定。当行为人在显著位置标注为翻新或修复字样；虽未在显著位置标注，但以明显低于市场价销售，或者在出售时告知消费者实情的场合，因为前述行为不会产生切断源商品与源商标的联系，切断生产者与消费者之间的桥梁的效果，因此，不应当作为假冒注册商标罪处理。

4. 本罪的共同犯罪的认定。根据 2025 年 4 月 23 日最高人民法院、最高人民检察院发布的《关于办理侵犯知识产权刑事案件适用法律若干问题的解释》第 22 条，明知他人实施侵犯知识产权犯罪，具有下列行为之一的，以共同犯罪论处，但法律和司法解释另有规定的除外：（1）提供生产、制造侵权产品的主要原材料、辅助材料、半成品、包装材料、机械设备、标签标识、生产技术、配方等帮助的；（2）提供贷款、资金、账号、许可证件、支付结算等服务的；（3）提供生产、经营场所或者运输、仓储、保管、快送、邮寄等服务的；（4）提供互联网接入、服务器托管、网络存储、通讯传输等技术支持的；（5）其他帮助侵犯知识产权犯罪的情形。

（三）处罚

依照刑法第 213 条和第 220 条的规定，犯本罪的，处 3 年以下有期徒刑，并处或者单处罚金；情节特别严重的，处 3 年以上 10 年以下有期徒刑，并处罚金。单位犯本罪的，对单位判处罚金，并对其直接负责的主管人员和其他直接责任人员，依照自然人犯本罪的规定处罚。其中，"情节特别严重"，是指违法所得数额、非法经营额达到前述有关"情节严重"相应规定标准 10 倍以上。[260]

---

〔260〕 2025 年最高人民法院、最高人民检察院《关于办理侵犯知识产权刑事案件适用法律若干问题的解释》第 3 条。

二、销售假冒注册商标的商品罪

(一)概念和构成

本罪,是指销售明知是假冒注册商标的商品,违法所得数额较大或者有其他严重情节的行为。其构成如下:

1. 主体。本罪的主体是一般主体,自然人和单位都可。

2. 危害行为和危害结果。本罪客观上表现为销售假冒注册商标的商品,违法所得数额较大或者有其他严重情节。其中,所谓假冒注册商标的商品,是指未经注册商标所有人的同意,使用与其注册商标相同的商标的同一种商品。至于这种假冒商品的质量优劣,与正牌商品的差异如何,不影响本罪的成立。这里要注意对于"相同商标"的理解。商标虽然差异不大,但视觉上仍具有明显的辨识性,不属于刑法规定的在视觉上基本无差别的情况,不属于"相同的商标"。成立本罪,必须是违法所得金额较大或者有其他严重情节。所谓"违法所得数额",是指行为人出售侵犯知识产权的产品后所得和应得的全部违法收入扣除原材料、所售产品的购进价款;提供服务的,扣除该项服务中所使用产品的购进价款。通过收取服务费、会员费或者广告费等方式营利的,收取的费用应当认定为"违法所得"。此处的所谓"违法所得数额较大",是指违法所得数额在 3 万元以上;所谓"其他严重情节",是指具有下列情形之一的,(1)销售金额在 5 万元以上的;(2)2 年内因实施刑法第 213 条至第 215 条规定的行为受过刑事处罚或者行政处罚后再次实施,违法所得数额在 2 万元以上或者销售金额在 3 万元以上的;(3)假冒注册商标的商品尚未销售,货值金额达到本款前两项规定的销售金额标准 3 倍以上,或者已销售商品的销售金额不足本款前两项标准,但与尚未销售商品的货值金额合计达到本款前两项规定的销售金额标准 3 倍以上的。[261]

3. 主观要件。本罪主观上为故意,即明知是假冒注册商标的商品而销售。行为人是否明知,是罪与非罪的重要界限。所谓明知,就是指知道或可能知道即推定知道。行为人是否"明知",必须客观地加以判断。根据有关司法解释,[262] 销售假冒注册商标的商品,具有下列情形之一的,可以认定为刑法第 214 条规定的"明知",但有证据证明确实不知道的除外:(1)知道自己销售的商品上的注册商标被涂改、调换或者覆盖的;(2)伪造、涂改商标注册人授权文件或者知道该文件被伪造、涂改的;(3)因销售假冒注册商标的商品受过刑事处罚或者行政处罚,又销售同一种假冒注册商标的商品的;(4)无正当理由以明显低于市场价格进货或者销售的;(5)被行政执法机关、司法机关发现销售假冒注册商标的商品后,转移、销毁侵权商品、会计凭证等证据或者提供虚假证明的;(6)其他可以认定为明知是假冒注册商标的商品的情形。

另外,在销售假冒伪劣烟草制品等时候,有下列情形之一的,推定具有刑法第 214 条规定的"明知":(1)以明显低于市场价格进货的;(2)以明显低于市场价格销售的;(3)销售假冒烟用注册商标的烟草制品被发现后转移、销毁物证或者提供虚假证明、虚假情况的;(4)其他可以认定为明知的情形。[263]

---

[261] 2025 年最高人民法院、最高人民检察院《关于办理侵犯知识产权刑事案件适用法律若干问题的解释》第 4 条。

[262] 2025 年最高人民法院、最高人民检察院《关于办理侵犯知识产权刑事案件适用法律若干问题的解释》第 5 条。

[263] 2003 年最高人民法院、最高人民检察院、公安部、国家烟草专卖局《关于办理假冒伪劣烟草制品等刑事案件适用法律问题座谈会纪要》第 2 条第 2 款。

(二)本罪的认定

本罪的认定过程中,应当注意本罪与生产、销售伪劣产品罪与假冒注册商标罪之间的界限。在司法实践中,这几种犯罪往往交织在一起,不易区别,应从以下三个层次上加以区分:

第一,必须分析犯罪对象的状况。生产、销售伪劣产品罪的犯罪对象是伪劣产品,这是就其产品的性能来讲的。假冒注册商标罪、销售假冒注册商标的商品罪的犯罪对象是假冒他人注册商标的商品,从性质上讲,它可能存在两种情况:(1)该产品本身就是伪劣产品;(2)该产品在性能上是合格的,没有质量问题。因此,如果行为人所生产、销售的产品并非伪劣产品,而只是假冒了注册商标或者故意销售了假冒注册商标的商品,则只能认定为假冒注册商标罪或销售假冒注册商标的商品罪。

第二,当生产、销售伪劣产品罪与假冒注册商标罪交织(二者的犯罪对象都是伪劣产品)时的处理。在这种情况下,生产、销售伪劣产品的行为和假冒注册商标的行为之间存在目的行为和手段行为的关系,构成理论上的牵连犯,应当按照从一重处罚的原则处理,一般认定为生产、销售伪劣产品罪。但是,特定条件下,也可能出现假冒注册商标罪为重罪的情况。如某企业为谋取非法利润,实施了生产、销售假冒注册商标的伪劣产品的活动,销售金额刚刚达到5万元,但却具有给被假冒的企业造成了特别严重的后果的特别严重情节。根据刑法第140条生产、销售伪劣产品罪的规定,对此应处"2年以下有期徒刑或拘役,并处或单处销售金额50%以上2倍以下罚金",而根据刑法第213条假冒注册商标罪的规定,则应处"3年以上7年以下有期徒刑,并处罚金"。显然,理应认定为假冒注册商标罪。

第三,对销售伪劣产品罪与销售假冒注册商标的商品罪交织(二者的犯罪对象都是伪劣产品)时的处理。在这种情况下,销售伪劣产品的行为与销售假冒注册商标的商品的行为实际上并存于同一个销售行为上,这就出现对于同一行为可以同时适用刑法第140条和第214条的情况。这种情况属于想象竞合犯,按照"从一重处断"的原则,一般以生产、销售伪劣产品罪论处。

(三)处罚

依照刑法第214条、第220条的规定,犯本罪的,处3年以下有期徒刑,并处或者单处罚金;违法所得数额巨大或者有其他特别严重情节的,处3年以上10年以下有期徒刑,并处罚金。单位犯本罪的,对单位判处罚金,并对其直接负责的主管人员和其他直接责任人员,依照自然人犯本罪的规定处罚。

三、非法制造、销售非法制造的注册商标标识罪

本罪,是指伪造、擅自制造他人注册商标标识,或者销售伪造、擅自制造的注册商标标识,情节严重的行为。

本条规定了两种行为:一种是伪造、擅自制造他人注册商标标识的行为。所谓伪造,就是模仿他人的注册商标标识进行仿造。此种场合,所做的商标本身就是假的。所谓擅自制造,是在他人的注册商标印制约定之外,私自超量加造。此种场合,所做的商标本身是真的。另一种是销售伪造、擅自制造的注册商标标识。所谓销售,包括批发、零售、代售、贩卖等各个销售环节。行为人向从事假冒注册商标犯罪活动的人销售非法制造的注册商标标识,情节严重的,单独构成销售非法制造的注册商标标识罪,而非假冒注册商标罪的从犯。

成立本罪,行为必须达到"情节严重"的程度,即具有下列情形之一:(1)标识数量在1万

件以上,或者违法所得数额在2万元以上,或者非法经营数额在3万元以上的;(2)伪造、擅自制造或者销售伪造、擅自制造2种以上注册商标标识,标识数量在5000件以上,或者违法所得数额在1万元以上,或者非法经营数额在2万元以上的;(3)2年内因实施刑法第213条至第215条规定的行为受过刑事处罚或者行政处罚后再次实施,标识数量在5000件以上,或者违法所得数额在1万元以上,或者非法经营数额在2万元以上的;(4)销售他人非法制造的注册商标标识,尚未销售的标识数量达到本款前三项规定标准3倍以上,或者已销售的标识数量不足以上三项标准,但与尚未销售的标识数量合计达到以上三项规定标准3倍以上的;(5)其他情节严重的情形。[264]

依照刑法第215条、第220条的规定,犯本罪的,处3年以下有期徒刑,并处或者单处罚金;情节特别严重的,处3年以上10年以下有期徒刑,并处罚金。单位犯本罪的,对单位判处罚金,并对其直接负责的主管人员和其他直接责任人员,依照自然人犯本罪的规定处罚。

其中,"情节特别严重",是指标识数量、违法所得数额、销售金额、货值金额或者销售金额与货值金额合计达到前述违法所得数额较大或者有其他严重情节相应规定标准5倍以上。[265]

四、假冒专利罪

本罪,是指假冒他人专利,情节严重的行为。

其中,"专利",是指通过法定程序申请并经国家批准,授予申请人对之享有独占权的发明创造;"他人",是指行为人之外的依法被授予专利并且仍然享有专利权的人;"假冒他人专利",就是用自己的产品冒充他人有专利权的产品,从而侵犯他人的专利权。依照有关司法解释,[266]具有下列行为之一的,就是"假冒他人专利":(1)伪造或者变造他人的专利证书、专利文件或者专利申请文件的;(2)未经许可,在其制造或者销售的产品、产品包装上标注他人专利号的;(3)未经许可,在合同、产品说明书或者广告等宣传材料中使用他人的专利号,使人误认为是他人发明、实用新型或者外观设计的。依据上述规定,只是模仿他人的专利产品样式进行制造,但并未在该产品的说明书或包装上出现他人的专利号,也未使用专利权人的名称的,是一种仿制专利产品的行为,仅仅侵犯了专利权人的合法权益,构成专利侵权行为,而不是假冒他人专利的行为,更不属于情节严重、构成犯罪的情况。同样,实践中常见的,冒充专利行为,如在自己的产品、产品包装或有关的广告宣传中标注并不存在的专利号的行为,也难以归入假冒专利之内。

成立本罪,必须达到"情节严重"的程度。所谓情节严重,是指具有以下情形之一:(1)违法所得数额在10万元以上或者非法经营数额在20万元以上的;(2)给专利权人造成直接经济损失30万元以上的;(3)假冒两项以上他人专利,违法所得数额在5万元以上或者非法经营数额在10万元以上的;(4)2年内因实施假冒他人专利的行为受过刑事处罚或者行政处罚后再次实施,违法所得数额在5万元以上或者非法经营数额在10万元以上的;(5)其他情节严重的情形。[267]

---

[264] 2025年最高人民法院、最高人民检察院《关于办理侵犯知识产权刑事案件适用法律若干问题的解释》第6条第1款。
[265] 2025年最高人民法院、最高人民检察院《关于办理侵犯知识产权刑事案件适用法律若干问题的解释》第6条第2款。
[266] 2025年最高人民法院、最高人民检察院《关于办理侵犯知识产权刑事案件适用法律若干问题的解释》第9条。
[267] 2025年最高人民法院、最高人民检察院《关于办理侵犯知识产权刑事案件适用法律若干问题的解释》第10条。

依照刑法第216条、第220条的规定,犯本罪的,处3年以下有期徒刑或者拘役,并处或者单处罚金。单位犯本罪的,对单位判处罚金,并对其直接负责的主管人员和其他直接责任人员,依照自然人犯罪的规定处罚。

五、侵犯著作权罪

(一)概念和构成

本罪,是指以营利为目的,侵犯他人著作权以及与著作权有关的权利,违法所得数额较大或者有其他严重情节的行为。

1. 主体。本罪的主体是一般主体,可以是自然人也可以是单位。出版单位与他人事前通谋,向其出售、出租或者以其他方式转让该出版单位的名称、书号、刊号、版号,他人实施侵犯著作权行为,构成犯罪的,对该出版单位应当以共犯论处。

2. 危害行为和危害结果。本罪客观上表现为,侵犯他人的著作权以及与著作权有关的权利,违法所得数额较大或者有其他严重情节。

(1)必须具有侵犯他人著作权的行为。具体表现为以下6种形式:

第一,未经著作权人许可,复制发行、通过信息网络向公众传播其文字作品、音乐、美术、视听作品、计算机软件及法律、行政法规规定的其他作品。其中,"著作权",是指法律赋予作者因创作文字、艺术和科学作品而享有的专有权利,即作者对其作品的发表权、署名权、修改权、保护作品完整权,以复制、表演、播放、展览、发行、摄制电影、电视、录像或者改编、翻译、注释、编辑等方式使用作品权以及许可他人以上述方式使用作品,并由此而获得报酬的权利。"著作权人",是指著作权的主体,即著作权权利义务的承担者。根据《著作权法》的规定,著作权人可以是作者本人,也可以是其他依照《著作权法》享受著作权的公民、法人或者其他组织。在刑法第217条规定的作品、录音制品上,以通常方式署名的自然人、法人或者非法人组织,应当推定为著作权人或者录音制作者,且该作品、录音制品上存在着相应权利,但有相反证明的除外。"未经著作权人许可",是指没有得到著作权人授权或者伪造、涂改著作权人授权许可文件或者超出授权许可范围的情形。其一般应当依据著作权人或者其授权的代理人、著作权集体管理组织、国家著作权行政管理部门指定的著作权认证机构出具的涉案作品版权认证文书,或者证明出版者、复制发行者伪造、涂改授权许可文件或者超出授权许可范围的证据,结合其他证据综合予以认定。在涉案作品、录音录像制品种类众多且权利人分散的案件中,有证据证明涉案作品、录音录像制品系非法出版、复制发行、通过信息网络向公众传播,且出版者、复制发行者、信息网络传播者不能提供获得著作权人许可的相关证据材料的,可以认定为刑法第217条规定的"未经著作权人许可"。但是,有证据证明权利人放弃权利、涉案作品的著作权的有关权利不受我国著作权法保护、权利保护期限已经届满等情形除外。[268] "复制发行",包括复制、发行或者既复制又发行的行为。[269] 其中,所谓"复制",有广义狭义之分。狭义的"复制",是指《著作权法》第10条第1款第5项中规定的,"以印刷、复印、拓印、录音、录像、翻录、

---

[268] 2025年最高人民法院、最高人民检察院《关于办理侵犯知识产权刑事案件适用法律若干问题的解释》第11条第3款。

[269] 2025年最高人民法院、最高人民检察院《关于办理侵犯知识产权刑事案件适用法律若干问题的解释》第12条。对此,研究著作权法的学者有不同看法,认为"复制发行"应当仅指"既复制又发行"的行为。参见王迁:《知识产权法教程》(第4版),中国人民大学出版社2014年版,第142页。

翻拍、数字化等方式将作品制作一份或者多份”的行为，仅指不增加再创作内容的再现原作品的行为。广义的“复制”包括改变形式的利用，即对原作品的利用没有离开原作品的基本表达，但在原作品的基础上有所创新的行为。刑法基于谦抑性的考虑，只对具有较强社会危害性的侵犯著作权的行为进行制裁，对于“复制”，采取了最狭义的理解，是不能改变原作品内容、不增加再创作内容的再现原作品的行为。[270] 增加再创作的高级剽窃行为侵犯了原作者的改编权，不属于侵犯著作权罪中的复制发行行为，不构成侵犯著作权罪。另外，要注意的是，由于构成本罪，要“以营利为目的”，纯粹的复制而不发行的行为，难以实现这一要求，因此，本罪中的“复制”必须具有发行的目的，或者是为了发行而进行“复制”。如此说来，对别人的建筑施工图纸进行部分修改，用于工程施工及验收、备案，由于图纸印制的数量有限，且持有主体特定，因此该种行为不是本罪中的“复制”。“发行”，是以出售或者赠与方式向公众提供作品的原件或者复制件，包括总发行、批发、零售、通过信息网络传播以及出租、展销等活动。侵权产品的持有人通过广告、征订等方式推销侵权产品的，属于本条中的“发行”。“通过信息网络向公众传播”，是指未经著作权人或者与著作权有关的权利人许可，以有线或者无线的方式向公众提供，使公众可以在其选定的时间和地点获得作品、录音录像制品、表演。[271] 这里的“作品”，按照《著作权法》第3条，是指文学、艺术和科学领域内具有独创性并能以一定形式表现的智力成果，包括：文字作品；口述作品；音乐、戏剧、曲艺、舞蹈、杂技艺术作品；美术、建筑作品；摄影作品；视听作品；工程设计图、产品设计图、地图、示意图等图形作品和模型作品；计算机软件；符合作品特征的其他智力成果。我国的司法实务部门认为：通过反向工程获取芯片中二进制代码后，未经许可以复制二进制代码方式制售权利人芯片的，属于复制发行计算机软件的行为。[272] 著作权实行自动保护，不论作品是否登记，作品具有独创性是取得著作权的实质要件。涉案产品（玩具）中具有独创性的艺术美感部分，可以作为美术作品给予保护。涉案产品（玩具）取得专利权的，其具有独创性艺术美感的部分仍受著作权法保护。在侵权行为已构成侵犯著作权犯罪的情形下，应以侵犯著作权罪定罪处罚。[273] “剧本杀”是让玩家阅读剧本、扮演角色，围绕剧情和线索游戏卡展开故事推理，通过游戏互动还原剧情、人物关系的一种游戏形式，融合了文字、美术等要素，是文学艺术领域的智力创造成果，具有独创性，属于我国著作权法保护的作品。以牟利为目的，非法制作正版“剧本杀”剧本并对外销售的行为属于侵犯

---

[270] 剽窃行为是否侵犯“复制权”，知识产权法学界存在不同看法。通常认为，剽窃本身并非著作权法中类型化的侵权行为，它涉及著作权中的署名权、复制权、改编权、翻译权、保护作品完整权等多项权能，故其性质不能一概而论。“原封不动”地照搬他人作品或稍加“改动”并署上自己的名字的“低级”剽窃，构成侵犯著作权罪；但“改头换面”使用他人作品的“高级”剽窃行为，其本质属于一种“改编”行为，虽然其实质上利用了原作品的表达，但因为增加了再创作的内容，因此不属于《著作权法》规定的狭义“复制”，没有构成侵犯著作权罪的可能性。但刑事审判当中，认为本罪中的复制行为，不限于内容完全相同的复制，也包括内容实质性相同的复制。复制部分实质性相同的程序文件并加入自行编写的脚本文件形成新的外挂程序后运用的行为，应当认定为刑法意义上的“复制发行”。以上内容，参见王利民、赵拥军：《余某等侵犯著作权案［第940号］——复制部分实质性相同的计算机程序文件并加入自行编写的脚本文件形成新的外挂程序后运用的行为是否属于刑法意义上的“复制发行”以及仅销售“复制”侵权软件衍生的游戏金币的，如何认定犯罪数额》，载最高人民法院第一、二、三、四、五庭主办：《刑事审判参考》总第96辑，法律出版社2014年版。

[271] 2025年最高人民法院、最高人民检察院《关于办理侵犯知识产权刑事案件适用法律若干问题的解释》第12条。

[272] 上海某公司、许某、陶某侵犯著作权案，最高人民检察院指导案例第194号（2023年）。

[273] 彭某某、李某某侵犯著作权案，最高人民检察院发布检察机关依法惩治侵犯著作权犯罪典型案例·案例四（2023年）。

作品复制权和发行权的行为,构成犯罪的,应以侵犯著作权罪定罪处罚。[274] 非法出版、复制、发行他人作品,侵犯著作权构成犯罪的,按照侵犯著作权罪定罪处罚,不认定为非法经营罪等其他犯罪。[275]

第二,出版他人享有专有出版权的图书。以营利为目的,盗印他人享有专有出版权的图书的,就是适例。其中,"出版",是指将作品编辑加工之后,经过复制向公众发行;"他人享有的图书专有出版权",是指出版社、杂志社等具有的传播著作权人作品的专有权利。根据《著作权法》第33条的规定,图书出版者对著作权人交付出版的作品,在合同有效期限和约定地区内独家享有并排除他人出版该作品的权利。擅自出版他人享有专有出版权的图书的行为,既损害了享受专有出版权的图书出版者和著作权人的合法权益,也会给文化市场造成混乱,情节严重的,需要给予刑事处罚。对于未标注出版社的盗版教辅图书的定性,要坚持实质审查原则,不能简单否定侵犯著作权犯罪的适用。如果该部分图书内容与正版图书内容完全相同,系对正版图书的复制,应认定为侵犯他人著作权的行为。对犯罪行为定性有分歧的,检察机关应充分发挥补充侦查职能,依法收集证据,准确认定案件性质,正确适用法律。对网络销售侵权犯罪中普遍存在的刷单问题,检察机关应结合销售数据、物流证据和被告人辩解等,扣除刷单金额,准确认定犯罪数额。[276]

第三,未经录音录像制作者许可,复制发行、通过信息网络向公众传播其制作的录音录像。这里的"录音录像"与上述第一种情形中的"录像作品"不同,后者是指著作权人享有的作品,是智力创作的成果;而此处的"录音录像"则仅是一种物化的载体,制作者享有的仅仅是该录音录像作品的邻接权。这里的"复制",是指以翻录的形式,将他人的录音、录像作品大量制作;"发行",是指通过出售、出租等方式,向公众提供作品的复制件。按照相关司法解释,[277] 未经录音录像制作者许可,通过信息网络传播其制作的录音录像制品的行为,应当视为"复制发行"。实践中常见的、并不直接将侵权内容存储到服务器,而是使用采集软件从目标网站上采集到播放地址,对该播放地址设置链接,用户点击链接后,就可以在行为人的网站上观看,即以提供深度链接的方式免费供给互联网用户观看的行为,如有证据证明行为人对搜索内容具有高度识别性、控制性的话,能够被认定为"通过信息网络传播他人作品"。如被告人搭建"爱自由影院"网站,在该网站上设置了自动采集互联网上的未经授权传播的免费影视资源源代码,未经著作权人许可,将互联网上的影视作品,通过设置好的端口整批导到其租赁的服务器上,供社会公众通过"爱自由影院"网站观看的同时,在"爱自由影院"网站放置广告,让网站访问者点击,以获取百度广告联盟的广告费分成收益,就是其适例。

第四,未经表演者许可,复制发行录有其表演的录音录像制品,或者通过信息网络向公众传播其表演。根据《著作权法》第39条第1款第5、6项的规定,表演者有许可他人复制、发行、出租录有其表演的录音录像制品,并获得报酬的权利;有许可他人通过信息网络向公众传播其表演,并获得报酬的权利。未经表演者许可,复制发行录有其表演的录音录像制品,或者通过

---

[274] 郝某某侵犯著作权案,最高人民检察院发布检察机关依法惩治侵犯著作权犯罪典型案例·案例五(2023年)。

[275] 2004年最高人民法院、最高人民检察院、公安部《关于办理侵犯知识产权刑事案件适用法律若干问题的意见》第12条第2款。

[276] 何某甲等侵犯著作权、朱某甲等销售侵权复制品案,最高人民检察院发布检察机关依法惩治侵犯著作权犯罪典型案例·案例六(2023年)。

[277] 2005年最高人民法院、最高人民检察院《关于办理侵犯著作权刑事案件中涉及录音录像制品有关问题的批复》。

信息网络向公众传播其表演的行为，实际上是一种严重侵犯表演者的上述权利的行为。如演员甲、乙受邀参加某电视台的节目，二人表演了数段相声作品，电视台对其进行录制并播出。后来某电视台授权某影视公司将该节目录像制作成DVD、VCD出版，遂遭到甲、乙的起诉，认为某影视公司的行为侵犯了其表演者权。此时，如果说甲、乙只是接受某电视台邀请参与某档节目录制，并未许可使用其中的节目出版音像制品的话，则某影视公司的行为构成侵犯著作权的行为。

第五，制作、出售假冒他人署名的美术作品。其中，“美术作品”，包括绘画、书法，还包括雕塑、建筑等以线条、色彩或者其他方式构成的有审美意义的平面或者立体的造型艺术作品，不包括小说等在内。“制作”假冒他人署名的美术作品，包括以下三种方式：一是以复制、印刷、翻拍、拓印等方式复制他人作品，署上他人名字，假冒他人亲笔作品；二是把自己的作品署上他人名字，假冒他人美术作品；三是在第三人的美术作品署上他人的名字，假冒名家的美术作品。“出售”是指有偿出让。上述行为属于选择性行为，行为人只要实施了制作行为、出售行为或者制作、出售行为之一即可。由于将假冒他人署名的美术作品进行展览收取参观费用的方式也能达到“营利目的”，因此，制作而不出售假冒他人署名的美术作品的行为，也足以构成本罪。

第六，未经著作权人或者与著作权有关的权利人许可，故意避开或者破坏权利人为其作品、录音录像制品等采取的保护著作权或者与著作权有关的权利的技术措施。其中，“技术措施”，是指用于防止、限制未经权利人许可浏览、欣赏作品、表演、录音录像制品或者通过信息网络向公众提供作品、表演、录音录像制品的有效技术、装置或者部件。在著作权法中规定“技术措施”相关条款，目的是适应网络时代作品传播形式，从技术上切断未经许可使用、复制和传播作品的途径。“技术措施”的作用，一是防止他人未经许可接触作品，二是防止他人未经许可通过信息网络传播作品。实践中，防止软件未经许可被访问、运行，拷贝的口令加密技术或加密锁等硬件设备，防止未经许可收看卫星广播电视节目而设置的加密措施等，可以被认为属于著作权法意义上的“技术措施”。

实务当中，对通过非法手段，获取他人享有著作权的计算机软件中的相关核心程序文件，制作销售外挂软件行为性质该如何认定，存在争议。网络游戏外挂，通俗地说，是指针对一个或多个网络游戏，通过改变网络游戏软件的内部程序等技术手段制作而成的作弊程序。用户利用这种作弊手段可以轻易得到其他正常用户无法得到，或必须通过长期运行程序才能得到的游戏效果。对于这种行为，有人主张其构成非法经营罪和侵犯著作权罪。[278] 因为，某些游戏外挂为了达到自动刷怪、自动拾取物品、双开游戏等效果，甚至需要破译、复制游戏部分源代码、提取游戏通信协议，制作出一个新的软件。游戏的制作与发行执行审批备案制度，未经过审批而擅自对外销售可能触及非法经营罪，而复制源代码的行为可能涉及侵犯著作权罪。但成立非法经营罪以“违反国家规定”，即违反全国人民代表大会及其常务委员会制定的法律和决定，或者国务院制定的行政法规、规定的行政措施、发布的决定和命令等为前提。国务院所属部门或者地方政府未经国务院批准或者授权而颁发的某种行政规章或其他文件中超过国家法律、法规内容的有关规定，一般不能成为认定为非法经营行为的法律依据。那么由新闻出版

---

〔278〕 石金平、游涛：《论网络游戏外挂的刑法规制》，载《政治与法律》2009年第10期；刘宪权、吴允锋：《侵犯知识产权犯罪理论与实务》，北京大学出版社2007年版，第294页。

总署颁布的《关于开展对“私服”、“外挂”专项治理的通知》能否作为非法经营罪的成立依据,值得怀疑。

同样,认定为侵犯著作权罪的见解也不无疑问。这种见解认为,网络外挂程序实质上是作弊程序,具有“突破技术保护措施”的属性。[279] 但这种认定过于简单。通常情况下,网络游戏公司对游戏软件提供免费下载客户端程序,公司在网络游戏运行中采取的技术措施,很多时候是为了维护游戏运行的公平秩序和玩家的体验感,而非防止他人未经许可接触、使用、传播计算机软件作品。网络游戏外挂程序,通常不会导致未经权利人许可的对游戏程序本身的使用和传播,很难说其破坏了著作权法意义上的“技术措施”。同时,构成侵犯著作权罪“以营利为目的,未经著作权人许可,复制发行他人计算机软件”,即以复制发行一个盗版软件为成立条件。通常来说,游戏外挂只是“辅助程序”,从常理考虑,复制和运行一个盗版游戏所需的成本,和制作一个辅助性游戏外挂的成本是无法相提并论的,现实中大多数游戏外挂制售者是个人,显然制作辅助性游戏外挂更具有可操作性和盈利性,达到“复制”游戏本体程度的情况很少。

由于以上原因的存在,最高人民法院研究室认为,对于制作、销售网络游戏外挂程序的行为,要全面综合判断行为的社会危害性,秉持刑法的谦抑性,慎用刑事制裁手段,必要时应以侵犯著作权罪定罪处罚。只有通过非法手段,获取他人享有著作权的计算机软件中的相关核心程序文件,制作销售外挂软件,该外挂程序虽与官方客户端程序所有文件并不完全一致,但主体结构、功能系实质性相同的场合,才可以认定为复制他人计算机软件的行为。[280]

(2)必须达到“违法所得数额较大或者有其他严重情节”的程度。根据有关司法解释,[281] 违法所得数额较大,是指在 3 万元以上,“其他严重情节”,是指具有下列情形之一:其一,非法经营数额在 5 万元以上的;其二,2 年内因实施刑法第 217 条、第 218 条规定的行为受过刑事处罚或者行政处罚后再次实施,违法所得数额在 2 万元以上或者非法经营数额在 3 万元以上的;其三,复制发行他人作品或者录音录像制品,复制件数量合计在 500 份(张)以上的;其四,通过信息网络向公众传播他人作品、录音录像制品或者表演,数量合计在 500 件(部)以上的,或者下载数量达到 1 万次以上的,或者被点击数量达到 10 万次以上的,或者以会员制方式传播,注册会员数量达到 1000 人以上的;其五,数额或者数量虽未达到本款第一项至第四项规定标准,但分别达到其中两项以上标准一半以上的。明知他人实施侵犯著作权犯罪,而向他人提供主要用于避开、破坏技术措施的装置或者部件,或者为他人避开、破坏技术措施提供技术服务,违法所得数额、非法经营数额达到前款规定标准的,应当以侵犯著作权罪追究刑事责任。

对于视频网站涉嫌侵犯著作权罪的问题,根据有关规定,其一,以营利为目的,未经著作权人许可,通过信息网络向公众提供他人影视作品下载或在线观看,侵权影视作品数量合计在 500 份以上的,以侵犯著作权罪定罪处罚。其中,包含 1 部及以上电影,或 1 集及以上电视剧的 1 个视频文件为 1 份。其二,通过信息网络向公众提供侵权影视作品下载或在线观看,以刊登收费广告等方式直接或间接收取的费用,应当计入违法所得数额、非法经营数额等犯罪数

---

〔279〕 俞小海:《网络游戏外挂行为刑法评价的正本清源》,载《政治与法律》2015 年第 6 期。

〔280〕 《最高人民法院研究室关于制作、销售网络游戏外挂程序如何处理问题的研究意见》,载张军主编、最高人民法院研究室编著:《司法研究与指导》总第 2 辑,人民法院出版社 2012 年版。另参见喻海松:《网络外挂罪名的适用的困境与转向——兼谈〈刑法修正案(十一)〉关于侵犯著作权罪修改的启示》,载《政治与法律》2021 年第 8 期。

〔281〕 2025 年最高人民法院、最高人民检察院《关于办理侵犯知识产权刑事案件适用法律若干问题的解释》第 13 条。

额。有关广告在侵权影视作品及非侵权作品中均有刊登的,或者刊登广告的网页上同时提供侵权影视作品和其他非侵权作品的,应当根据广告刊登方式、刊登位置、收费方式等因素合理确定其犯罪数额。无法查清的,可以参照有关广告费用乘以广告在侵权影视作品中播放、显示的次数占全部广告播放、显示次数的比例所得之积计算;或者参照有关广告费用乘以侵权影视作品的实际被点击次数占有关作品、网页实际被点击总次数的比例所得之积计算。上述方法均无法计算的,对于以播放影视作品为主的视频网站,可以参照有关广告费用乘以侵权影视作品占网站所有影视作品的比例所得之积计算。[282]

3. 主观要件。本罪的主观要件是故意,行为人还必须具有营利的目的。所谓以营利为目的,是指出于获取经济利益的目的。这样就可以将一些供教学、科研之用而复制他人作品的行为与本罪的行为区分开来。以刊登收费广告等方式直接或者间接收取费用的情形,属于刑法第217条规定的"以营利为目的"。根据有关司法文件,[283]除销售外,具有下列情形之一的,可以认定为"以营利为目的":(1)以在他人作品中刊登收费广告、捆绑第三方作品等方式直接或者间接收取费用的;(2)通过信息网络传播他人作品,或者利用他人上传的侵权作品,在网站或者网页上提供刊登收费广告服务,直接或者间接收取费用的;(3)以会员制方式通过信息网络传播他人作品,收取会员注册费或者其他费用的;(4)其他利用他人作品牟利的情形。

(二)认定

在本罪的适用中,首先,应当注意区分侵犯著作权罪与一般侵权行为的界限。侵犯著作权的行为是多种多样的,刑法所列举的6种行为,只是其中社会危害性相对较大的一部分。根据《著作权法》第52条的规定,未经著作权人许可,发表其作品的;未经合作作者许可,将与他人合作创作的作品当作自己单独创作的作品发表的;没有参加创作,为谋取个人名利,在他人作品上署名的;歪曲、篡改他人作品的;剽窃他人作品的;未经著作权人许可,以展览、摄制视听作品的方法使用作品,或者以改编、翻译、注释等方式使用作品的,著作权法另有规定的除外;使用他人作品,应当支付报酬而未支付的;未经视听作品、计算机软件、录音录像制品的著作权人、表演者或者录音录像作者许可,出租其作品或者录音录像制品的原件或者复制件的,著作权法另有规定的除外;未经出版者许可,使用其出版的图书、期刊的版式设计的;未经表演者许可,从现场直播或者公开传送其现场表演,或者录制其表演等,都是侵犯著作权或与著作权权益相关的行为,但由于其社会危害性相对较小,因此,刑法没有将其纳入犯罪的范围。即便是前述6种侵犯著作权的行为,也不能一概以犯罪论处。如网站为提高浏览量增加广告费等收入,免费提供侵权软件的,属于间接收取费用,违法所得数额较大或有其他严重情节的,应认定侵犯著作权罪。侵权行为与网站正常经营所带来的浏览量交织的,需加以区分,合理计算犯罪数额。但对于其中所得数额较小而又不具有其他严重情节的,仍然只能视为一般侵权行为。

其次,本罪与诈骗罪的区分。制作、出售假冒他人署名的美术作品骗取大量钱财的场合,既触犯侵犯著作权罪又触犯了诈骗罪,属于想象竞合犯,按照"从一重处断"的原则处理。但若行为人所制作、出售的美术作品是现代版权制度产生之前的作品,如苏轼的书法作品,则因为其不享有版权而难以构成本罪,只能以诈骗罪论处。

再次,本罪与制作、贩卖、传播淫秽物品罪的界限。两者的主要差别在于,犯罪对象不同。

---

[282] 2010年公安部经济犯罪侦查局《关于对"××视频"网站涉嫌侵犯著作权案如何适用法律问题的批复》。

[283] 2011年最高人民法院、最高检察院、公安部《关于办理侵犯知识产权刑事案件适用法律若干问题的意见》第10条。

本罪所保护的是内容健康,不为法律所禁止的作品;而制作、贩卖、传播淫秽物品罪的对象则是为法律所禁止的淫秽物品,不享受著作权。因此,复制、发行他人制作的各种淫秽物品,不构成本罪,而是构成制作、贩卖、传播淫秽物品罪。

最后,本罪与假冒注册商标罪的界限。在以制作盗版软件为业的行为人复制发行他人计算机软件的时候,常常将商标一同复制,这样,同一行为不仅侵犯了他人的著作权,也侵犯了他人的注册商标权,属于想象竞合犯,应按照“从一重处断”的原则处理。

(三)处罚

依照刑法第217条、第220条的规定,犯本罪的,处3年以下有期徒刑,并处或者单处罚金;违法所得数额巨大或者有其他特别严重情节的,处3年以上10年以下有期徒刑,并处罚金。单位犯本罪的,对单位判处罚金,并对其直接负责的主管人员和其他直接责任人员,依照自然人犯本罪的规定处罚。根据有关司法解释,[284]数额、数量达到前述违法所得数额巨大或者有其他特别严重情节相应规定标准10倍以上的,应当认定为“违法所得数额巨大或者有其他特别严重情节”。

六、销售侵权复制品罪

本罪,是指以营利为目的,销售明知是侵犯他人著作权的复制品,违法所得数额巨大或者有其他严重情节的行为。

本罪处罚的是侵权复制品制作者以外的人的销售行为,包括批发和零售。如果行为人既实施了侵犯著作权的犯罪行为,又亲自实施了销售该侵权复制品的行为,就有可能按照侵犯著作权罪定罪处罚,而不按照本罪定罪处罚。因为,销售侵权复制品的行为,应被评价为刑法意义上的发行行为,而发行行为包括复制、发行、既复制又发行的行为,销售行为属于发行行为的一种,所以其涉嫌构成侵犯著作权罪。进一步分析,销售侵权复制品罪与侵犯著作权罪属于法条竞合关系,侵犯著作权罪基于特别法地位,按照特别法优于普通法的处理规则,销售侵权复制品的行为极有可能被评价为侵犯著作权罪。但是,实施刑法第217条规定的侵犯著作权犯罪,又销售明知是他人的侵权复制品,构成犯罪的,应当实行数罪并罚。成立本罪,要求“违法所得数额巨大”。所谓违法所得数额巨大,根据有关司法解释,[285]是指违法所得数额在5万元以上。具有下列情形之一的,应当认定为刑法第218条规定的“其他严重情节”:(1)销售金额在10万元以上的;(2)2年内因实施刑法第217条、第218条规定的行为受过刑事处罚或者行政处罚后再次实施,违法所得数额在3万元以上或者销售金额在5万元以上的;(3)销售他人作品或者录音录像制品,复制件数量合计在1000份(张)以上的;(4)侵权复制品尚未销售,货值金额或者侵权复制品数量达到本款前三项规定标准3倍以上,或者已销售侵权复制品的销售金额、数量不足本款前三项标准,但与尚未销售的侵权复制品的货值金额、数量合计达到本款前三项规定标准3倍以上的。[286]

在本罪的适用中,应当注意以下问题:

1. 本罪和销售假冒注册商标罪的界限。在行为人销售的商品既是侵权复制品又是假冒他

---

[284] 2025年最高人民法院、最高人民检察院《关于办理侵犯知识产权刑事案件适用法律若干问题的解释》第13条。

[285] 2008年最高人民检察院、公安部《关于公安机关管辖的刑事案件立案追诉标准的规定(一)》第27条。

[286] 2025年最高人民法院、最高人民检察院《关于办理侵犯知识产权刑事案件适用法律若干问题的解释》第14条。

人注册商标的商品的场合，属于刑法理论上的想象竞合犯，应根据“从一重罪处断”的原则，以销售假冒注册商标的商品罪定罪处罚。

2. 本罪与侵犯著作权罪的界限。实施刑法第 217 条规定的侵犯著作权犯罪，又销售该侵权复制品，构成犯罪的，应当依照刑法第 217 条的规定，以侵犯著作权罪定罪处罚。实施刑法第 217 条规定的侵犯著作权犯罪，又销售明知是他人的侵权复制品，构成犯罪的，应当实行数罪并罚。[287]

依照刑法第 218 条、第 220 条的规定，犯本罪的，处 5 年以下有期徒刑，并处或者单处罚金。单位犯本罪的，对单位判处罚金，并对其直接负责的主管人员和其他直接责任人员，依照自然人犯本罪的规定处罚。

七、侵犯商业秘密罪

（一）概念和构成

本罪，是侵犯他人商业秘密，情节严重的行为。其构成如下：

1. 主体。本罪的主体是一般主体，自然人或单位均可构成。

2. 危害行为和危害结果。本罪在客观上表现为，侵犯他人商业秘密，给商业秘密的权利人造成重大损失。具体而言：

（1）必须具有侵犯商业秘密的行为。表现为以下三种形式：

第一，以盗窃、贿赂、欺诈、胁迫、电子侵入或者其他不正当手段获取权利人的商业秘密。其中，“商业秘密”，是指不为公众所知悉，能为权利人带来经济利益，具有实用性并经权利人采取保密措施的技术信息和经营信息。所谓技术信息，通常指与技术有关的结构、原料、组分、配方、材料、样品、样式、植物新品种繁殖材料、工艺、方法或其步骤、算法、数据、计算机程序及其有关文档等信息等。所谓经营信息，一般指与经营活动有关的创意、管理、销售、财务、计划、样本、招投标材料、客户信息、数据等信息，其中，客户信息，包括客户的名称、地址、联系方式以及交易习惯、意向、内容等信息。当事人仅以与特定客户保持长期稳定交易关系为由，主张该特定客户属于商业秘密的，人民法院不予支持。作为商业秘密，具有以下特点：

其一，保密性，即这些信息不为公众所知悉，只限于少数人知道，并且权利人已对这些信息采取了保密防范措施，防止他人轻易获取。正常情况下，具有下列情形之一，应当认定权利人采取了相应保密防范措施：一是签订保密协议或者在合同中约定保密义务的；二是通过章程、培训、规章制度、书面告知等方式，对能够接触、获取商业秘密的员工、前员工、供应商、客户、来访者等提出保密要求的；三是对涉密的厂房、车间等生产经营场所限制来访者或者进行区分管理的；四是以标记、分类、隔离、加密、封存、限制能够接触或者获取的人员范围等方式，对商业秘密及其载体进行区分和管理的；五是对能够接触、获取商业秘密的计算机设备、电子设备、网络设备、存储设备、软件等，采取禁止或者限制使用、访问、存储、复制等措施的；六是要求离职员工登记、返还、清除、销毁其接触或者获取的商业秘密及其载体，继续承担保密义务的；七是采取其他合理保密措施的。

其二，经济性，即这些信息直接与生产、经营相关，应用性比较强，有利于使用者的经营活动，能给其带来现实的或者潜在的商业或者经济上的利益。

---

[287] 2025 年最高人民法院、最高人民检察院《关于办理侵犯知识产权刑事案件适用法律若干问题的解释》第 15 条。

其三,信息性,即这些秘密本身是一种信息,它能对某方面的经济活动产生积极影响。具有下列情形之一的信息,属于为公众所知悉的信息:一是该信息在所属领域属于一般常识或者行业惯例的;二是该信息仅涉及产品的尺寸、结构、材料、部件的简单组合等内容,所属领域的相关人员通过观察上市产品即可直接获得的;三是该信息已经在公开出版物或者其他媒体上公开披露的;四是该信息已通过公开的报告会、展览等方式公开的;五是所属领域的相关人员从其他公开渠道可以获得该信息的。将为公众所知悉的信息进行整理、改进、加工后形成的新信息,应当认定该新信息不为公众所知悉。在认定技术信息的秘密性时,不应区分公知技术和非公知技术,应根据该技术信息是否为关键信息决定是否应将其作为一个整体认定为商业秘密。权利人采取了合理的措施,使负有保密义务以外的其他人不能轻易获得有关商业秘密的,应当认定为权利人已经对商业秘密采取了保密措施。违反约定或者违反权利人有关保守商业秘密的要求,将通过工作、职责掌握的商业秘密予以披露、使用,或者允许他人使用的,应当认定为侵犯商业秘密,但通过反向工程获得有关商业秘密的除外。"商业秘密权利人",指商业秘密的所有人和经商业秘密所有人许可的商业秘密使用人。"盗窃",即采用平和的手段获取,既可以复印、照相等方式获取他人的商业秘密,也可以先行浏览记忆然后模仿再现的方式获取他人的商业秘密。采取非法复制等方式获取商业秘密的,应认定为"窃取";"贿赂"就是利诱,即通过给予财物或其他利益,诱使权利人或知悉商业秘密的人泄露商业秘密;"欺诈",通过虚构事实、隐瞒真相等手段,使权利人或知悉商业秘密的人产生错误认识,从而获取商业秘密;"胁迫",即对商业秘密的知情人进行精神上的强制,迫使其交出商业秘密;"电子侵入",包括未经授权或者超越授权使用计算机信息系统等方式获取商业秘密的情形在内。"其他不正当手段",包括侵占、抢夺商业秘密或者以高薪挖走、以重金收买知悉商业秘密的人等。"权利人",是指商业秘密的所有人和经商业秘密所有人许可的商业秘密使用人。

第二,披露、使用或者允许他人使用以前项手段获取的权利人的商业秘密。这是在行为人已经通过盗窃、利诱、胁迫或者其他不正当手段获取了商业秘密之后的行为。"披露",指向他人透露;"使用",指自己利用;"允许他人使用",是指让第三人利用。

第三,违反保密义务或者违反权利人有关保守商业秘密的要求,披露、使用或者允许他人使用其所掌握的商业秘密的。与上述规定不同,这种情形,只限于合法获得商业秘密的行为人,如因业务需要而了解商业秘密的职工;律师、注册会计师等为商业秘密权利人提供某种服务的外部人员;贷款银行、供货商、代理商等商业秘密权利人的业务伙伴;付出使用费后取得使用权的商业秘密受让人等。只要实施了上列一种行为,即可构成本罪。

(2)本罪是情节犯,必须是侵犯他人商业秘密,情节严重的行为。情节严重,根据有关司法解释,[288]"情节严重",是指具有下列情形之一,其一,给商业秘密的权利人造成损失数额在30万元以上的;其二,因侵犯商业秘密违法所得数额在30万元以上的;其三,2年内因实施刑法第219条、第219条之一规定的行为受过刑事处罚或者行政处罚后再次实施,造成损失数额或者违法所得数额在10万元以上的;其四,其他情节严重的情形。其中,所谓"违法所得数额",是指因披露、允许他人使用商业秘密而获得的财物或者其他财产性利益的价值,或者因使用商业秘密所获得的利润。该利润可以根据侵权产品销售量乘以每件侵权产品的合理利润确定。

---

[288] 2025年最高人民法院、最高人民检察院《关于办理侵犯知识产权刑事案件适用法律若干问题的解释》第17条。

要注意的是，此处的“损失数额”，按照相关规定，[289]按照下列方式予以认定：其一，以不正当手段获取权利人的商业秘密，尚未披露、使用或者允许他人使用的，损失数额可以根据该项商业秘密的合理许可使用费确定；其二，以不正当手段获取权利人的商业秘密后，披露、使用或者允许他人使用的，损失数额可以根据权利人因被侵权造成利润的损失确定，但该损失数额低于商业秘密合理许可使用费的，根据合理许可使用费确定；其三，违反保密义务或者权利人有关保守商业秘密的要求，披露、使用或者允许他人使用其所掌握的商业秘密的，损失数额可以根据权利人因被侵权造成利润的损失确定；其四，明知商业秘密是不正当手段获取或者是违反保密义务、权利人有关保守商业秘密的要求披露、使用、允许使用，仍获取、披露、使用或者允许他人使用的，损失数额可以根据权利人因被侵权造成利润的损失确定；其五，因侵犯商业秘密行为导致商业秘密已为公众所知悉或者灭失的，损失数额可以根据该项商业秘密的商业价值确定。商业秘密的商业价值，可以根据该项商业秘密的研究开发成本、实施该项商业秘密的收益等因素综合确定。以上第一项至第四项规定的权利人因被侵权造成利润的损失，可以根据权利人因被侵权造成产品销售量减少的总数乘以权利人每件产品的合理利润确定；产品销售量减少的总数无法确定的，可以根据侵权产品销售量乘以权利人每件产品的合理利润确定。商业秘密系用于服务等其他经营活动的，损失数额可以根据权利人因被侵权而减少的合理利润确定。商业秘密的权利人为减轻对商业运营、商业计划的损失或者重新恢复计算机信息系统安全、其他系统安全而支出的补救费用，应当计入给商业秘密的权利人造成的损失。

3. 主观要件。本罪的主观要件为故意。

（二）本罪的认定

在本罪的适用中，应当注意以下问题：

1. 罪与非罪的界限。构成本罪必须是侵犯商业秘密“情节严重”的行为，如果不是情节严重，不能构成犯罪。判断是否情节严重，应考虑如下因素：(1)商业秘密研制开发的成本；(2)商业秘密的利用时期；(3)商业秘密的使用、转让情况；(4)商业秘密的成熟程度；(5)市场容量和供求状况；(6)受害人营业额的实际减少量；(7)行为人对商业秘密的窃取程度、披露范围、使用状况；等等。

客户名单，一般是指客户的名称、地址、联系方式以及交易的习惯、意向、内容等构成的区别于相关公知信息的特殊客户信息，包括汇集众多客户的客户名册，以及保持长期稳定交易关系的特定客户。

实务当中，员工离职之后，将原公司工作中掌握的客户名单带到新单位使用的行为，是否构成侵犯商业秘密罪，存在争议。侵犯商业秘密罪处在刑法分则第三章第七节“侵犯知识产权罪”，因此对刑法上的“商业秘密”的理解，需要上溯到其上位概念“知识产权”，即必须是能够被评价为具有知识产权属性的商业秘密，才能成为刑法的保护对象。从第三章第七节“侵犯知识产权罪”之下规定的其他犯罪的侵害对象来看，如商标、专利、著作权等，体现出一种凝聚人类智力劳动成果的特征，相比之下，收集客户名单及其电话号码，尚达不到这种特征所需要的程度，因此，员工离职之后将客户名单带走之后到新单位使用的行为不宜被认定为侵害商业秘密罪。

2. 本罪与故意泄露国家秘密罪、非法获取国家秘密罪的竞合问题。本罪披露的是商业秘

---

[289] 2025年最高人民法院、最高人民检察院《关于办理侵犯知识产权刑事案件适用法律若干问题的解释》第18条。

密，侵犯的是商业秘密所有人或使用人的商业秘密权，它属于财产权的范畴，而后者所泄露或非法获取的是国家秘密，侵犯的是国家秘密制度，事关国家的安全与利益；实施本罪的是一般主体，大多是因一定的工作关系而知悉经济秘密的人，后者的主体则是国家机关工作人员。如果公司、企业的某项商业秘密事关国家的经济利益，从而被列为国家秘密的，行为人侵犯这种商业秘密的，应按从一重罪处断的原则，依照泄露国家秘密罪或非法获取国家秘密罪定罪处罚。

（三）处罚

依照刑法第219条、第220条的规定，犯本罪的，处3年以下有期徒刑，并处或者单处罚金；情节特别严重的，处3年以上10年以下有期徒刑，并处罚金。单位犯本罪的，对单位判处罚金，并对其直接负责的主管人员和其他直接责任人员，依照自然人犯本罪的规定处罚。其中，"情节特别严重"，是指直接导致商业秘密的权利人因重大经营困难而破产、倒闭的，或者数额达到相应规定标准10倍以上的。[290]

八、为境外窃取、刺探、收买、非法提供商业秘密罪

本罪是指为境外的机构、组织、人员窃取、刺探、收买、非法提供商业秘密的行为。

本罪是通常意义上所谓的"商业间谍"犯罪。为境外窃取、刺探、收买、非法提供商业秘密的行为，在过去，通常按照刑法第219条侵犯商业秘密罪处理。但构成侵犯商业秘密罪，不仅要求"给商业秘密的权利人造成重大损失"，而且法定刑的上限只有10年，对于为境外组织、机构或者个人获取商业秘密的行为人而言，处罚过轻，难以起到预防的效果，因此，特增设这种抽象危险犯类型。

本罪属于抽象危险犯，行为人只要实施了为境外的机构、组织、人员窃取、刺探、收买、非法提供商业秘密的行为，即可构成，不要求有危害结果的发生，也不要求发生具体危险。

第一，行为人必须实施了窃取、刺探、收买、非法提供商业秘密的行为。其中，"窃取"是指行为人采用各种秘密手段非法获取，如通过盗窃、偷拍、偷录等行为而取得商业秘密的行为；"刺探"是指行为人通过各种途径和手段非法探知商业秘密的行为；"收买"是指行为人以给予财物或者其他财产性利益等好处，或者通过提供工作机会、拉拢人心等手段非法得到商业秘密的行为；"非法提供"是指知悉、保管、持有商业秘密的人，将自己知悉、管理、持有的商业秘密非法出售、交付、披露给其他不应知悉该秘密的境外机构、组织、人员的行为。这几种行为方式是针对商业间谍行为的特点规定的。

第二，行为人为境外的机构、组织和人员实施了刑法第219条之一规定的窃取、刺探、收买、非法提供商业秘密的行为。这里的"境外的机构、组织"包括境外机构、组织及其在中华人民共和国境内设立的分支（代表）机构和分支组织，"境外的个人"包括该个人身处境外，也包括虽然身处境内但身份属于外国人或者其他境外个人的情况。如果是为境内的公司、企业等实施窃取、刺探、收买、非法提供商业秘密的行为，与境外的机构、组织和人员没有关联的，不构成为境外窃取、刺探、收买、非法提供商业秘密犯罪，若其行为构成第219条规定的侵犯商业秘密罪的，依照该规定定罪处罚。

此外，构成本罪的主体是一般主体，包括自然人和单位，包括中国公民和非中国公民，只要

[290] 2025年最高人民法院、最高人民检察院《关于办理侵犯知识产权刑事案件适用法律若干问题的解释》第17条第2款。

实施了本条规定的行为的，就可能构成本罪。

根据刑法第 219 条之一的规定，构成本罪的，应当处以 5 年以下有期徒刑，并处或者单处罚金；情节严重的，处 5 年以上有期徒刑，并处罚金。这里的“情节严重”，根据相关司法解释，是指具有下列情形之一：（1）给商业秘密的权利人造成损失数额在 30 万元以上的；（2）因侵犯商业秘密违法所得数额在 30 万元以上的；（3）2 年内因实施刑法第 219 条、第 219 条之一规定的行为受过刑事处罚或者行政处罚后再次实施，造成损失数额或者违法所得数额在 10 万元以上的；（4）其他情节严重的情形。[291] 为境外窃取、刺探、收买、非法提供商业秘密行为，一方面，侵犯了企业的商业秘密，破坏了公平竞争的市场环境；另一方面，损害我国企业国际竞争力。因此，刑法对这类犯罪规定了比侵犯商业秘密罪更重的刑罚。根据刑法第 220 条的规定，单位犯本罪的，对单位判处罚金，并对其直接负责的主管人员和其他直接责任人员，依照刑法第 219 条之一的规定处罚。据此，单位也能构成本罪的犯罪主体，单位实施本条规定的行为，构成犯罪的，应当依法追究刑事责任。

第九节　扰乱市场秩序的犯罪

一、损害商业信誉、商品声誉罪

本罪，是指捏造并散布虚伪事实，损害他人的商业信誉、商品声誉，给他人造成重大损失或者有其他严重情节的行为。其构成如下：

1. 主体。本罪的主体是一般主体，自然人或单位均可构成。司法实践中，主要有以下两类：一是商誉主体的竞争对手、处于不利地位的同行以及其他生产者和经营者；二是与商誉主体没有竞争关系的其他主体，包括消费者、新闻、报刊、电视台等媒体及其从业人员等。

2. 危害行为和危害结果。本罪在客观上表现为，捏造并散布虚伪事实，损害他人的商业信誉、商品声誉，给他人造成重大损失或者有其他严重情节。

第一，本罪侵害的对象是特定对象，即他人的商业信誉、商品声誉。其中，“商业信誉”，是指商品的生产者和经营者在商业活动中的信用程度和名誉，如履行合同的诚信程度、生产能力和资金状况的良好程度等；“商品声誉”，是指具体商品的良好评价，包括对商品的质量、价格、售后服务等方面的积极反映。作为本罪侵害对象的特定性并不要求行为人必须指出所侵害的生产者或经营者的具体名称，即不应限于某一个或几个特定的经营个人或单位。所谓他人是包括个人、个体工商户、个人合伙、公司、企业在内的生产者、经营者，既包括某个具体的生产者、经营者，也包括某一类商品的生产者和经营者。由于商品声誉具有特定性，其所归属的所有者即他人，也应具有特定性。只有危害行为明确指向具体他人时，本罪才能成立。司法实践中，可以根据行为人的客观表现来具体认定特定的他人。行为人在捏造并散布虚伪事实时，有时并没有明确指出所损害的对象，没有提及某个生产者、经营者的名称或者其商品的名称，但通常认为，只要相关生产经营者和消费者从其捏造并散布的事实的内容上完全能够推测出是

---

[291] 2025 年最高人民法院、最高人民检察院《关于办理侵犯知识产权刑事案件适用法律若干问题的解释》第 20 条、第 17 条第 1 款。

指向某一个或数个生产者、经营者时,也应认定为损害了特定的他人的商业信誉和商品声誉。甚至在行为人捏造并散布有关特定范围内某一类经营者的虚假事实时,特定情况下也能符合特定性要求。例如某市一家生产家用热水器的企业在散发的传单中宣称该厂生产的热水器是全市唯一的合格产品,实际上是变相诋毁本市其他两家热水器生产的热水器均为不合格产品,借此打击竞争对手,也属于侵犯他人商誉的行为。如果社会公众无法确认行为人所指向的具体“他人”,则不符合特定他人的条件。如某洗涤剂厂在所生产和出售的新型洗涤材料的包装说明上标示“市场上出售的洗衣粉、肥皂均含有铝、磷,会诱发老年痴呆症、非缺铁性贫血等疾病”,并告诫人们以后不要再买其他洗衣粉和肥皂了。很明显,这种诋毁行为所指“他人”非常宽泛,不具有特定性要求。实践中,对于这种不指名的行为所指对象的特定性,应依据社会一般大众的普遍认识进行判断。

第二,本罪的危害行为是捏造并散布损害他人的商业信誉、商品声誉的虚假事实。“捏造”,是指虚构、编造不符合真相或者不存在的事实,既包括无中生有的完全虚构,也包括在真实情况的基础上部分虚构事实以歪曲事实真相;“散布”,是指让不特定的人所知悉,可以口头方式,也可以书面方式;可以公开传播,也可以私下秘密告知;甚至可以是唆使或者收买他人如新闻媒体等发布含有虚伪事实的对比性、声明性广告,来贬低对方、抬高自己。从法律规定来看,“捏造并散布”的行为似乎仅指“自己捏造并散布”的情形。但在现实当中,“自己捏造由他人散布”“明知他人捏造、自己散布”的情形也是常有的。尤其是在网络社会、自媒体时代,有时根本难以查明虚伪事实的具体捏造者,只能查明虚伪事实的散布者;或者最初的捏造者只是捏造了一个有偏差的事实,但因在网络上持续发酵,经过无数人的进一步“加工”才发展至“虚伪事实”的程度,对于这种明知是捏造的事实而仍予散布的行为如果不能予以责难,这显然不利于保护法益。因此,损害商业信誉、商品声誉罪的行为模式应该包括“自己捏造并散布”的叠加行为,以及“明知他人捏造、自己散布”的单纯“散布”行为。所以,虚伪事实的捏造者与散布者不必须为同一主体。不论行为人实施的是捏造行为,还是散布行为,都会对他人的商誉造成损害,其行为的社会危害性是一致的。所以,捏造并散布虚伪事实,以及意图损害他人商誉,捏造虚伪事实后由他人散布或者明知是他人捏造的虚伪事实而散布,将道听途说的关系他人商业信誉、商品声誉的内容,不加核实,在其朋友圈里转发的,也是捏造并散布虚伪事实,损害他人的商业信誉、商品声誉。

实务当中,不是无中生有,而是小题大做、添油加醋之类的行为是否属于“捏造”,值得讨论。如明明仅仅是自己所买的这台电脑有问题,就在网上宣称说××牌的电脑都有问题;明明是电脑的风扇噪声太大,却说电脑的质量存在问题。这些是否属于“捏造”,在实务中都很难判断。过去,其常会被认定为损害商品声誉罪。如行为人因空调噪声太大(超标),便直接认为空调本身质量存在问题,先后三次在上海、南京等地公开砸空调,散布言论,使多家媒体跟踪报道的行为,最终被认定成立损害商品声誉罪。[292] 但这种判决结果是否妥当,值得商榷。只要是没有虚构、编造不符合真相或者不存在的事实,消费者对于生产者、经营者、销售者的产品质量或者服务质量无论怎样进行批评、评论,都不应当认定为侵害了他人的商誉权。即便有一些过激的维权行为,如将有缺陷的某品牌空调当众砸毁、将有缺陷的某品牌的汽车用马拉着游街的行为,只要该产品确实存在所说的缺陷,就不能说该行为构成损害商业信誉、商品声誉罪。

---

[292] 上海奉贤检察院诉陈某等损害商品声誉案,载《最高人民法院公报》2004 年第 6 期。

特别是在消费者与商家之间的矛盾时有发生的当今,如果还这样判决的话,则恐怕某些允许差评的网购网站上的差评都涉及这个罪名了。况且,本罪的立法目的是打击不正当竞争的行为,而消费者与商家之间的纠纷并非“不正当竞争”,因此不能轻易动用本罪去打击这种消费者对商品的负面评价行为。当然,在尚未确认、只是可能存在某种缺陷,且尚未通过其他合法途径解决纠纷的情况下,就多次向公众散布某品牌产品“质量低劣”“投诉无门”等与实际情况严重不符的言论,给企业造成大量退货、产品严重积压的后果的场合,可以说,该行为构成了损害商业信誉、商品声誉罪。

第三,必须达到给他人造成重大损失或者有其他严重情节的程度。所谓“重大损失”,一般是指直接经济损失,但间接经济损失也是应当考虑的量刑情节。其中,直接经济损失,一般表现为商品销售额降低或者利润减少,包括商品严重滞销、产品被大量退回、合同被停止履行、企业商誉明显降低、驰名产品声誉受到严重侵损、上市公司股票价格大幅度下跌等,不包括为制止不法侵害而增加的开支以及为重塑商誉所投入的资金等间接损失。如被告人在没有发现有人制作、出售肉馅内掺纸的包子的情况下,为了谋取所谓的业绩,携带秘拍设备、纸箱和自己购买的面粉、肉馅等,要求他人将浸泡后的纸箱板剁碎掺入肉馅,制作了 20 余个“纸馅包子”虚假新闻在电视台播出后,被境内外上百家网站、报刊等新闻媒体转载、转播,立即引起媒体和网民的广泛关注,纷纷表示对我国食品安全的担忧,要求政府加大处罚力度。这种负面的社会影响在北京奥运会召开在即、国际社会广泛关注中国食品卫生安全的时代背景下,尤为突显。所以,尽管一时难以确定被告人的行为所造成的直接经济损失的具体数额,但仅就此“恶劣社会影响”,也应当认定被告人实施的损害他人商誉行为具有“其他严重情节”。[293] 对于被害人为了恢复受到损害的商业信誉和商品声誉所投入的资金(如广告费用)或者为了制止不法侵害事态而支付的开支(如诉讼费用),则不能看作损害商业信誉、商品声誉所造成的损失。虽然这些开支应当在侵权人负责范围之内,但其本质上属于维权费用,应予民事独立赔偿,而不能计入刑法意义上的直接损失。要注意的是,在商标侵权案件中,当权利人的实际损失无法确定时,可以侵权人所获得的利益来确定损失,而在损害商誉案件中,侵权人交易量的增加很难等同评价为受害人交易的减少,因此,该规则在损害商誉的案件中没有适用的余地。

3. 本罪主观方面是故意,其目的是损害商品声誉。动机多样,既可以是打击竞争对手实力,也可以是报复泄愤、贪图利益等。诋毁商誉行为的主观方面既可以是故意,也可以是过失,行为人一般是出于竞争的动机。如从事新闻工作的行为人,在炮制“纸馅包子”虚假新闻时,预见到其行为会造成损害相关行业商品声誉的后果,但却有意放任该后果发生的时候,具有本罪的故意。

本罪在认定中,应当注意其与破坏生产经营罪的界分。在被告人为打压同行业竞争对手,捏造“U ××”App 允许用户发布违规内容的相关材料并通过他人向监管部门举报,致使某公司唯一商业运营的互联网产品“U ××”App 被监管部门作出从全国应用商店下架的处置,用户无法在网联网平台上下载该 App 或享受更新服务,N 公司因“U ××”App 被下架遭受重大经济损失的“李某某、范某某损害商业信誉、商品声誉案”[294] 中,公安机关以破坏生产经营罪提请批

---

[293] 康瑛:《訾北佳损害商品声誉案[第 597 号]——如何认定损害商品声誉罪中的“他人”》,载最高人民法院刑事审判第一、二、三、四、五庭主办:《刑事审判参考》总第 72 辑,法律出版社 2010 年版。

[294] 李某某、范某某损害商业信誉、商品声誉案,最高人民检察院 2022 年 8 月 4 日发布的《检察机关依法惩治破坏市场经济秩序犯罪典型案例》。

准逮捕,但检察机关以涉嫌损害商业信誉、商品声誉罪批准逮捕。可见,在实务中,对于这两个罪名的区分存在一定困难。通说认为,根据刑法第276条的规定,破坏生产经营罪是指通过毁坏机器设备、残害耕畜或其他方法破坏正常生产经营活动的犯罪。既然司法解释并未对与前述手段所并列的"其他方法"进行明确,那么就应当参照同类规则对其作出与所并列的要素性质等同的解释,"其他方法"所针对的是现实物理空间中的具体实物,[295]而恶意控告等损害商誉的无形损害行为,不能被解释成破坏他人生产经营中的"其他方法"。相反地,损害商业信誉、商品声誉罪是刑法分则第三章"破坏社会主义市场经济秩序罪"中的犯罪,打击的是扰乱正常市场经济秩序的犯罪行为。通过网络控告恶意诋毁他人商誉或商品声誉,表面上看其用户数有所减少、财产受到损失,但该损失并不是生产经营被破坏而造成的,而是因商誉诋毁导致消费者评价降低而带来的,是对商誉权和市场正当竞争的侵害,而不是对财产权的破坏,两罪之间的区别比较明显。因此,一般认为,恶意贬损声誉型刷单之类的行为,并不旨在获取商品、享受服务,而是为了掩盖其背后隐藏的损害商家声誉的目的。在这类虚假业务行为的作用下,消费者会对商家产生不信任感,误导其购买判断,同时还会导致网络市场交易评价、信用评级等基本指标失去客观公正性,对网络空间的市场公平竞争秩序带来极大损害,实质上是损害商家信誉的行为,应当以损害商业信誉、商品声誉罪论处。

依照刑法第221、231条的规定,犯本罪的,处2年以下有期徒刑或者拘役,并处或者单处罚金。单位犯本罪的,对单位判处罚金,并对其直接负责的主管人员和其他直接责任人员,依照自然人犯本罪的规定处罚。根据有关司法解释,[296]捏造并散布虚伪事实,损害他人的商业信誉、商品声誉,涉嫌下列情形之一的,应予立案追诉:(1)给他人造成直接经济损失数额在50万元以上的;(2)虽未达到上述数额标准(接近上述数额标准且已达到该数额的80%以上),但造成公司、企业等单位停业、停产6个月以上,或者破产的;(3)其他给他人造成重大损失或者有其他严重情节的情形。

二、虚假广告罪

(一)概念和构成

本罪,是指广告主、广告经营者、广告发布者违反国家规定,利用广告对商品或者服务作虚假宣传,情节严重的行为。其构成如下:

1. 主体。本罪的主体是特殊主体,即广告主、广告经营者、广告发布者,他们可以是个人,也可以是单位。所谓广告主,是指为推销商品或服务,自行或者委托他人设计、制作、发布广告的自然人、法人或者其他组织;所谓广告经营者,是指接受委托提供广告设计、制作、代理服务的自然人、法人或者其他组织;所谓广告发布者,是指为广告主或者广告主委托的广告经营者发布广告的自然人、法人或者其他组织。不具有上述身份的人,可以成为本罪的共犯,但不能单独成立本罪。

2. 危害行为和危害结果。本罪在客观上表现为,违反国家规定,利用广告对商品作虚假宣传,情节严重。

(1)必须违反国家规定,利用广告对商品作虚假宣传。"违反国家规定",主要是指违反我

---

[295] 张明楷著:《刑法学》(第6版)(下),法律出版社2021年版,第1344页。

[296] 2022年最高人民检察院、公安部《关于公安机关管辖的刑事案件立案追诉标准的规定(二)》第66条。

国《广告法》、《反不正当竞争法》以及国家有关广告管理的行政法规。根据《广告法》第 2 条第 1 款的规定,"广告",是指商品经营者或者服务提供者承担费用,通过一定媒介和形式直接或者间接地介绍自己的商品或者所提供的服务的一种宣传形式,因此,本罪中的广告,是指商业广告。另外,未依法履行法定审查程序而发布的特种广告,[297] 在交通要道上向行人四处散发或者在公共设施上肆意张贴的形式不合法的广告,商品经营者在其经营场所内利用录音录像对其所经营的商品进行的宣传活动,企业为宣传本企业形象或者推销商品而开展的"义卖"、"义诊"活动,商品经营者在产品包装物或者说明书上对商品的宣传、介绍,网络文化传播广告公司的直接责任人通过手机某网站发布的他人所提供的虚假药品信息,都属于广告。"利用广告对商品进行虚假宣传",是指利用广告形式,对其产品的性能、用途、产地、质量、价格、有效期限、专利、证明、售后服务,以及对服务的内容、形式、质量、价格等作虚假不实的宣传或者传播,足以使消费者受到欺骗或者误导其消费的行为。但正如很多人看到皮鞋商店打出的销售广告中写有"买一赠一"的字样,以为是买一双皮鞋另赠送一双皮鞋,但实际上是买一双皮鞋另赠送一双袜子,虽然违反了广告必须清楚、明白的义务,但并未违反广告必须真实的义务,即所谓"令人误解的广告",不能说是虚假广告。

(2)必须达到"情节严重"的程度。根据有关司法解释,[298] 具体是指:一是违法所得数额在 10 万元以上的;二是假借预防、控制突发事件、传染病防治的名义,利用广告作虚假宣传,致使多人上当受骗,违法所得数额在 3 万元以上的;三是利用广告对食品、药品作虚假宣传,违法所得数额在 3 万元以上的;四是虽未达到上述数额标准,但 2 年内因利用广告作虚假宣传受过 2 次以上行政处罚,又利用广告作虚假宣传的;五是造成严重危害后果或者恶劣社会影响的;六是其他情节严重的情形。

3. 主观要件。本罪的主观要件是故意。

(二)本罪的认定

在本罪的认定中,应当注意以下问题:

1. 本罪与诈骗罪的界限。通过虚假广告骗取他人钱财的场合,二者之间存在难以区分之处。这种场合下,如果行为人以广告形式,提供客观上根本不存在的虚构"产品"或"服务",骗取钱财的话,属于诈骗行为而不是虚假广告行为。骗取财物数额较大的,应以诈骗罪论处。相反地,如果行为人以虚假广告的形式,仅仅是夸大产品或者服务的功效,并非完全虚构,且在一般人能够忍受的范围之内的话,则只构成本罪。广告主、广告经营者、广告发布者违反国家规定,利用广告对药品作虚假宣传,情节严重的,以本罪定罪处罚。[299]

实务当中,保健品销售公司的员工常常因为运用公司制定的"话术"夸大介绍公司规模和实力,虚假介绍公司产品的功效,误导、诱骗客户购买公司产品,骗取客户的钱财,数额巨大,而被论以诈骗罪共同犯罪。但这种场合,一般而言,并非所有单位员工都构成诈骗罪,需要从员工的具体工作岗位分工来加以个别判断。对于直接与被害消费者联系,通过"话术""套路""下危机"等方式欺骗被害人购买保健品的人员,一般以诈骗罪定罪处罚。但对于只是在公司

---

[297] 依照《广告法》以及相关的广告管理法规的规定,发布药品、医疗器械、农药、兽药等商品的广告,事先必须由行政主管部门进行审查,未经审查,不得发布。

[298] 2022 年最高人民检察院、公安部《关于公安机关管辖的刑事案件立案追诉标准的规定(二)》第 67 条。

[299] 2022 年最高人民法院、最高人民检察院《关于办理危害药品安全刑事案件适用法律若干问题的解释》第 12 条。

中制作网页和维护公司的服务器,并上传虚构、夸大产品功效的图片、视频、音频等虚假宣传的行为的工作人员,因这些工作人员并没有直接实施骗取财物的实行行为,不能以诈骗罪论处,可以虚假广告罪定性处罚。当然,公司员工都具有共同犯罪的故意整体构成共同犯罪的场合除外。

2. 本罪与损害商业信誉、商品声誉罪的界限。损害商业信誉、商品声誉的行为可以通过广告的形式实施,虚假广告行为也可以通过诋毁他人商品声誉来实现,因此,一个行为就可能同时触犯两个罪名,构成想象竞合犯,对此只能按照"从一重处罚"的原则来处理。由于二者的法定刑相同,因此,何者为重,只能从行为的主要方式来确定。如果广告的内容主要是弄虚作假,欺骗、误导消费者的,按本罪处理;如果虚假广告的内容主要是损害他人商业信誉、商品声誉的,应以损害商业信誉、商品声誉罪处理。如果虚假广告欺骗、误导消费者与损害商业信誉、商品声誉的危害性大体相当,应按本罪论处并从重处罚。

3. 本罪与生产、销售伪劣商品罪中的相应犯罪的区别。对于行为人既是商品生产厂家、销售单位又是广告经营、发布者的场合,如果其制作、传播虚假广告向消费者推销劣质、有毒、有害食品,假药、劣药,不符合卫生标准的食品,不符合卫生标准的化妆品,致使用户在使用过程中发生中毒身亡等重大事故的或其他食源性疾患,对人体健康造成危害的话,则按重罪吸收轻罪原则,以生产、销售伪劣商品罪中的相应犯罪定罪处罚。对于主体不属于生产、销售厂家的其他行为人的虚假广告行为仍以虚假广告罪论处,上述情形为从重处罚情节。

4. 明知他人从事欺诈发行证券,非法吸收公众存款,擅自发行股票、公司、企业债券,集资诈骗或者组织、领导传销活动等集资犯罪活动,为其提供广告等宣传的,以相关犯罪的共犯论处。[300]

(三)处罚

依照刑法第 222 条和第 231 条的规定,犯本罪的,处 2 年以下有期徒刑或者拘役,并处或者单处罚金。单位犯本罪,对单位判处罚金,并对其直接负责的主管人员和其他直接责任人员,依照自然人犯本罪的规定处罚。

三、串通投标罪

本罪,是指投标人相互串通投标报价,损害招标人或者其他投标人的利益,情节严重的行为,或者投标人与招标人串通投标,损害国家、集体、公民的合法利益的行为。

招标投标是一种国际上普遍运用的、有组织的市场交易行为,是贸易中的一种工程、货物、服务的买卖方式。在这种方式采购中,买方(招标人)通过事先公开的采购要求,吸引众多的卖方(投标人)平等参与竞争,按照规定程序并组织技术、经济和法律等方面专家对众多的投标人进行综合评审,从中择优选定中标人。其实质是买方穷尽其办法选择卖方的过程。所谓串通投标是指在招标投标过程中,违反有关程序所发生的限制竞争行为的统称,具体地说,就是指在招标投标的过程中,投标人之间私下串通,抬高标价或压低标价,共同损害招标人或其他投标人的利益,或者投标人与招标人之间相互勾结,损害国家、集体、公民的合法权益的行为。竞买不是投标,因此,通过贿赂指使参与竞买的其他人放弃竞买、串通报价,最终使请托人竞买成功的,不构成串通投标罪。

---

〔300〕 2022 年最高人民法院《关于审理非法集资刑事案件具体应用法律若干问题的解释》第 12 条第 2 款。

实务中,串通投标主要有两种表现形式:

1. 投标者相互的串通投标。即参加投标的经营者彼此之间通过口头或书面协议、约定,就投标报价互相通气,以避免相互竞争,或协议轮流在类似项目中中标,共同损害招标者或其他投标人的利益的行为,主要表现为:(1)投标人之间相互约定,一致抬高投标报价;(2)投标人之间相互约定,一致压低投标报价;(3)投标人之间约定,在类似项目中轮流以高价位或低价位中标。所谓投标报价,是指投标者向招标者出示的愿意付出的价格。标价,一般来说,应当以招标者提出的工程量化表作为计算的基础,并考虑中标率、投标企业的未来、竞争人数、竞争者投标条件等因素,在投标总额预算中加入适当百分比的利润形成。

2. 投标者与招标者串通投标。投标者与招标者串通投标是指招标者与特定投标者在招标投标活动中,以不正当手段从事私下交易,使公开招标投标流于形式,共同损害国家、集体、公民(包括其他投标者)的利益的行为,主要表现为:(1)招标者故意泄露标底,即招标人有意向某一特定投标人透露其标底的行为;(2)招标者私下启标泄露,即招标人在公开开标之前,私下开启投标人标书,并通告给尚未报送标书的投标人;(3)招标者故意引导促使某人中标,即招标人在要求投标人就其标书作澄清事实时,故意做引导性提问,以促成该投标人中标;(4)招标实行差别对待,即招标在审查、评选标书时,对同样的标书实行差别对待,或者对不同的投标者实施差别对待;(5)招标者故意让不合格投标者中标,即招标者允许不符合投标资格的投标者参加投标,并让其中标;(6)投标者贿赂获密,即投标者通过贿赂手段,在公开开标之前,从招标者处获取投标者报价或其他投标条件的行为;(7)投标者给招标者标外补偿,即投标人有意与招标人商定,在公开投标时压低标价,中标后再给招标人以额外补偿;(8)招标者给投标者标外偿金,即招标者与某投标者商定,在公开投标时,故意抬高标价,使标价高于通常价,而致其他投标者上当吃亏。高价定标后,招标者按约定给故意抬高标价的投标者一定的偿金。

成立本罪,行为必须是"情节严重"或者"损害国家、集体、公民的合法利益"。其具体内容是指:(1)损害招标人、投标人或者国家、集体、公民的合法利益,造成直接经济损失数额在50万元以上的;(2)违法所得数额在20万元以上的;(3)中标项目金额在400万元以上的;(4)采取威胁、欺骗或者贿赂等非法手段的;(5)虽未达到上述数额标准,但2年内因串通投标受过2次以上行政处罚,又串通投标的;(6)其他情节严重的情形。[301] 本罪属于破坏公平的市场竞争秩序的犯罪,因此,在"情节严重"的认定上,不能只考虑行为是否给其他招、投标人所造成的具体经济损失。如在王某为法定代表人的甲公司在某公立医院医疗项目招标采购过程中,操纵乙、丙两公司参与陪标,最终使甲公司中标,中标额度为420万元。甲公司主要经营核辐射检测仪器的进口内销,面向政府采购领域的招投标。甲在公司经营中,一旦发现招投标过程中,投标公司可能不满3家导致流标,就会让业内其他公司参与围标,凑齐3家顺利开标;并事先协商由王某所在公司编制陪标公司的投标文件,陪标公司提供公司印章并交纳保证金,并大多由甲公司人员代表其他公司人员参与陪标过程,甲公司编制标书时会使自己公司的投标文书在价格、参数上更具有优势,从而中标。在本案的法庭审理过程中,王某以及甲公司的行为是否给招标方或者其他投标人造成损失、是否属于情节严重成为争议焦点。王某及其辩护人一直强调其公司产品在我国市场上具有唯一性,如果流标对招标公司的产品有影响,需要再次招标,项目也会延迟,甲公司的行为对招标单位有利;并且招标单位也认为本次投标属于正常

---

〔301〕 2022年最高人民检察院、公安部《关于公安机关管辖的刑事案件立案追诉标准的规定(二)》第68条。

招标,甲公司的行为并未对招标单位造成实际损失,且设备均已正常运行,并无重新招标计划。但法院考虑到,本罪是为了保护招投标领域的正常市场秩序而规定的,王某明知只有一家单位符合招标条件,仍然安排其他单位共同围标,从而达到中标目的,侵害了潜在投标人和招标人的利益,即既侵犯了招标人可能在下次招标中招到提供优质产品的投标人的利益,同时也侵犯了潜在投标人可能在下次招标中中标的权益,扰乱了市场秩序。同时,由于招标单位特有的公立性质,政府采购领域存在串通投标,极大地影响了政府部门的威信和形象。而且,甲公司的中标项目金额在400万元以上,属于刑法条文中的"情节严重",最终认定王某及其所在公司构成串通投标罪。

本罪的主体是特殊主体,即投标人和招标人。其中,所谓投标人,是参加投标竞争活动,并能影响投标报价的投标参与人;"招标人",是指以招标形式来寻求最佳承包方的合作人。本罪的主观要件为故意。

依照刑法第223条和第231条的规定,犯本罪的,处3年以下有期徒刑或者拘役,并处或者单处罚金。单位犯本罪,对单位判处罚金,并对其直接负责的主管人员和其他直接责任人员,依照自然人犯本罪的规定处罚。

四、合同诈骗罪

(一)概念和构成

本罪,是指以非法占有为目的,在签订、履行合同过程中,使用欺诈手段,骗取对方当事人财物,数额较大的行为。其构成如下:

1. 主体。本罪的主体为一般主体,既可以是自然人也可以是单位。公司业务员冒用公司名义与他人签订合同,违规收取货款的,应以合同诈骗罪论处。单位与自然人以非法占有为目的,共同实施利用签订、履行借款合同诈骗银行或其他金融机构贷款,符合合同诈骗罪的构成要件的,二者构成合同诈骗罪的共犯。

2. 危害行为和危害结果。本罪在客观上表现为,在签订、履行合同过程中,使用欺诈手段,骗取对方当事人财物,数额较大。具体来说:

(1)发生"在签订、履行合同的过程"中。由于本罪被规定在刑法分则第三章破坏社会主义市场经济秩序罪之第八节"扰乱市场秩序罪"之中,因此,本条所谓的合同,是指受法律保护的各类经济合同,如购销合同、借贷合同、运输合同等,而与市场经济秩序无关以及主要不受市场调整的各种"合同""协议",如不具有交易性质的赠与合同,以及婚姻、监护、收养、扶养等有关身份关系的协议,主要受劳动法、行政法调整的劳务合同、行政合同等,不应视为本罪中的"合同"。同样,在以符合农机补贴条件的农民名义,与农机主管部门签订购机补贴协议,以低价购得农机具并出售,骗取国家的农机购置补贴款的场合,尽管在与农机主管部门签订购机补贴时签有协议,但由于该合同是与市场秩序无关,主要不受市场调整,通常情况下不应视为本罪中的"合同"。[302] 相反地,定点医院骗取医保基金的场合,由于定点医院与医疗保险经办机构签订的服务协议不是行政合同,而是民事合同,因此,该服务协议属于本罪中的合同。假借为他人运货的名义,签订运输合同,途中"偷梁换柱"或者将货物拿走私自销售的场合,该运输合同是本罪中的"合同"。以签订出国"聘请顾问协议书"为名骗取他人钱财的场合,行为人所

---

[302] 利用该合同行骗的场合,构成诈骗罪。

签订的"聘请顾问协议书",表面上像一个咨询性质的协议,具有技术服务性质,但根据其提供的所谓服务内容,实质上是一个代办出国签证性质的委托代理合同。这种委托代理合同,具有一定的代理服务内容并体现了一定市场经济活动性质,属于本罪中的"合同"。承运过程中承运人将承运货物暗中调包的场合,由于承运合同是市场经济中较为常见的一类合同,行为人事先签订合同,并在履行合同过程中将承运的优质豆粕暗中调换为劣质豆粕,事后又按合同约定运送至约定地点,其正是利用合同实施了诈骗活动,不但侵害了他人财物的所有权,而且严重扰乱了正常的市场经济秩序,故该承运合同是本罪中"合同"。同样,挂靠轮船公司的个体船主,在履行承运合同过程中采用以次充好的方式骗取收货方收货并向货主足额支付货款及运费的场合,该承运合同也是本罪中的"合同"。

同时,本罪中的合同,不限于书面合同,即便是口头合同,只要关系生产经营领域,同样属于本罪中的合同。如具体案件双方当事人就花生、黄豆的数量、价格、交货日期等合同要素所达成的口头协议,尽管没有形成书面文字形式,但只要具有充分的证据予以证明,成立货物购销合同。当然,行为人虽然利用了合同形式,但该合同在当时的条件、环境下,并不具有规范市场行为的性质的话,就不能说是本罪中的合同。如行为人以生活窘迫为名,立下借条(合同)骗取他人钱物之后,挥霍一空、不予偿还的场合,该借条就不能说是本罪的合同,因为,该合同的内容不是通过市场交易行为获得利润。

(2)必须采用了刑法第224条所规定的行为形式。具体包括以下情形:其一,以虚构的单位或者冒用他人名义签订合同。其中,"虚构的单位",是指根本不存在的单位;"冒用他人名义",是指未经他人允许或者委托而使用他人名义。如利用盗窃、伪造或者骗取的空白合同、介绍信与他人签订合同;利用已经撤销的单位公章、合同书等与他人签订合同;利用失效、作废的合同、介绍信,冒用其他单位或者个人的名义与他人签订合同,都是以虚构的单位或者冒用他人名义签订合同的具体表现。其二,以伪造、变造、作废的票据或者其他虚假的产权证明作担保,即虚构担保,这是合同诈骗中的一种常见做法。通常,合同双方为了减少合同风险、保证自己的合同权利得以实现,在签订合同时通常都会采取合同担保措施。以伪造、变造、作废的票据或者其他虚假的产权证明作担保,使对方当事人确信自己的债权能够实现并签订合同,从而交付自己的财物,使自己蒙受损失。这里的"票据",是指发票人依据《票据法》发行的、无条件支付一定金额或者委托他人无条件支付一定金额给受款人或者持票人的一种有价证券,主要是指汇票、本票、支票等金融票据;"产权证明",包括土地使用证、房屋所有权证、银行存单、提货单、可转让的股份、股票以及能够证明动产、不动产权属的各种有效证明文件。需要注意的是,使用虚假票据作为合同担保的是合同诈骗,但使用虚假的票据支付货款的,则同时符合合同诈骗罪与票据诈骗罪的构成要件,属于想象竞合,应按"从一重处断"原则处理。以向金融机构贷款的方式骗取担保人财产的,以租车为名占有他人车辆,并将车辆以与他人签订抵押合同方式用以骗取财物的,构成本罪。其三,没有实际履行能力,以先履行小额合同或者部分履行合同的方法,诱骗对方当事人继续签订和履行合同。换言之,以履行小额合同或者部分履行合同为诱饵,骗取对方的信任之后,继续与其签订合同以骗取对方更多的财物,俗称"钓鱼术",没有履行合同的能力,伪造虚假的条件与他人签订合同,在履行合同过程中没有实际履行合同,将所取得的财物挥霍或挪用的行为,就是这种情形。其四,收受对方当事人给付的货物、货款、预付款或者担保财产后逃匿。如以订立合同为名,收取他人钱财后潜逃境外的,就是适例。其五,以其他方法骗取对方当事人数额较大的财物的。它是指上述几种方法之外的虚构事实、隐瞒真相的,能够骗取对方当事人财物的行为。这些行为包括收受对方当事人给付的货物、货款、预付款或者财产后,无正当理由拒不返还的,或者用于挥霍致使无法返还的等。实务中,对于以伪造的购销合同办理银行承兑汇票,以获取银行资金,合同到期后无力偿还银行债务而逃匿,致使担保人遭受财产损失的行为;承运人以次充好将承运的货物调包的行为;通过网络交易平台诱骗二手车卖家过户车辆的行为,均认定为合同诈骗。

(3)必须骗取对方当事人"数额较大"的财物。根据有关司法解释,[303]以非法占有为目的,在签订、履行合同过程中,骗取对方当事人财物,数额在2万元以上的,应予立案追诉。对于实践中所常见的连环合同诈骗即行为人在一定时期内多次连续实施合同诈骗,拆东墙补西墙、边骗边还的场合,其诈骗数额,应当以实际损失额即因数次合同诈骗行为遭受的直接损失数额来认定。汽车承租人以租车的名义,签订租车合同控制他人汽车,用之骗取钱财或者质押借款还债的,构成本罪,诈骗数额应以行为人"实际取得"数额即所骗租的车辆价值认定,但行为人支付的租车费用应予扣除。

3. 主观要件。本罪的主观要件是故意,并且具有非法占有他人财物的目的。这里的非法占有目的是指行为人签订履行合同时的主观心理,行为人占有合同相对方财产之后产生非法占有目的不能构成合同诈骗罪。有无非法占有目的,通常认为,从以下三个方面进行综合判断:(1)行为人是否有完全支付"对价"的目的,即行为人是否想要按照合同约定承担合同义务以保障合同的履行。在此要注意的是,支付对价不等于等价支付,在市场经济的环境下,合同双方都是以通过履行合同达到营利的目的,作为民事主体只要二者对合同内容达成合意即可。所以,这里的对价指的是合同双方约定的需要由行为人履行的民事义务。(2)行为人是否将合同相对方交付的财产用于能使财产返还的生产经营活动,若行为人使用骗取的资金进行违法犯罪活动导致被害人财产损失,则可认定为具有非法占有目的。骗取金融机构巨额贷款用于高风险投资和以新贷还前贷的,企业通过欺骗手段取得其他单位的委托款,用于本企业非经营开支的,应当认定为具有非法占有目的。但行为人若将合同相对方交付的财产用于合同约定之外的合法生产经营活动,即便最终是客观原因导致合同相对方财产损失,也不应立即认定行为人具有非法占有目的。(3)行为人是否存在挥霍、转移、隐匿财产的行为,以逃避返还财产,有无积极与合同相对方进行协商,行为人具有逃避返还财产的行为导致合同相对方无法通过民事途径追回损失,则可认定行为人具有非法占有目的,但行为人若是因为害怕债主追债过程中可能存在的伤害,暂时进行躲藏逃避,不能因此认定为具有非法占有目的。[304]

这样说来,在温某某以甲公司某引水供水工程项目与乙公司、丙公司签订合同,并收取履约保证金,公安机关以该项目的建设环评及规划许可均未获得政府相关部门批准,不具备实际履行建设工程能力而涉嫌合同诈骗予以立案的场合,检察机关认为,甲公司与乙公司、丙公司签订建设工程施工合同时,引水供水工程项目已经政府有关部门审批同意。合同签订后,甲公司按约定向政府职能部门提交该项目报建手续,得到了相关职能部门的答复,在项目工程未能如期开工后,甲公司又采取签订补充协议、承担相应违约责任等补救措施,并且甲公司在该项目工程中投入大量资金,收取的履约保证金也用于公司生产经营。因此,不足以认定温某某在

---

[303] 2022年最高人民检察院、公安部《关于公安机关管辖的刑事案件立案追诉标准的规定(二)》第69条。

[304] 王成涛:《刘恺基合同诈骗案[第646号]——如何认定合同诈骗案中行为人具有非法占有目的》,载最高人民法院刑事审判第一、二、三、四、五庭主办:《刑事审判参考》总第76辑,法律出版社2010年版。

签订合同时具有虚构事实或者隐瞒真相的行为和非法占有对方财物的目的，公安机关以合同诈骗罪予以刑事立案的理由不能成立的见解是妥当的。[305] 同样，在签订合同并收取对方的保证金后挪作他用的场合，是否可以认定具有非法占有目的，应当综合合同签订的背景、被告人为生产经营所作出的努力、钱款的去向和用途等方面来判断被告人是否具有非法占有目的，而不能简单地因被告人有欺骗行为直接得出其具有非法占有目的的结论。尤其是项目真实存在，行为人资产负债问题并不突出，合同相对方可以通过民事途径进行救济，在一定程度上可挽回损失的，不宜轻易认定为诈骗犯罪，这也符合刑法的谦抑性原则。[306]

（二）本罪的认定

在本罪的认定中，应注意以下问题：

1. 本罪与经济合同纠纷的界限。根据刑法第224条的规定，成立本罪必须具备三个条件：一是具有非法占有对方当事人财物的目的；二是在签订、履行合同的过程中采取了骗取对方当事人财物的行为；三是非法占有财物的数额较大。上述第二、三个条件是客观外在表现，比较容易认定，而第一个条件比较难以认定，必须从以下两方面来展开：

一方面，在合同的签订阶段，要看是否有欺诈行为。具体来说，就是看是否以虚假的身份和虚假的担保来欺骗对方，使其陷入错误而交出财物。签订合同要用当事人真实的身份，以保证发生合同纠纷时便于双方及时解决纠纷，如果当事人签订合同时有意隐瞒、掩盖自己的真实身份，虚构或冒用他人名义，一般是可以证明其具有非法意图的。担保是保证债权人在债权得不到实现时及时弥补的方法。当事人提供的担保必须是真实的，如果提供虚假的担保，随后又不积极履行义务，则可认定有诈骗的故意。

另一方面，在合同生效之后，要看行为人的履行态度、合同不能履行的真正原因以及标的物的处理情况。如果行为人不想诈骗对方财物，合同生效后，就会积极履行自己的义务，合同最终未获履行也只是由于意外、不可抗力或第三方因素。倘若合同生效后，行为人对履行合同没有做任何努力，或有履行能力而不履行，从而占有他人财物的，可认定为有诈骗故意。此外，行为人积极履行合同与搪塞、应付是有区别的。后者是行为人有履行能力、履行的现实可能性，而采取部分履行、拖延等手段，来达到诈骗的目的。当然，以外在表现来判定主观故意，严格说来只是一种推定。因此，在推定过程中，还应考虑行为人的反证。另外，需要注意的是，合同诈骗罪是在签订、履行合同过程中发生的，因此，行为人在签订合同时没有非法占有的目的，但在履行过程中产生了非法占有的目的的，应当认定为合同诈骗罪；反之，在签订合同时具有非法占有的目的，但在履行过程中由于某种原因而放弃非法占有目的，积极全部履行合同义务的，不应认定为合同诈骗罪。

2. 本罪与诈骗罪的界限。对此，要注意以下几点：（1）不能简单地以有无合同为标准加以区分。合同诈骗罪中的“合同”，就其内容而言，宜限于经济合同，以财产为内容的、体现了合同当事人之间财产关系的财产合同，而有关身份关系的合同、行政合同以及不能反映为经济活动的赠与合同、代理合同等，不能认定为合同诈骗罪中的“合同”。因此，在合同约定的内容完

---

[305] 温某某合同诈骗立案监督案，最高人民检察院指导案例第91号（2020年）。

[306] 郭慧、初立秀：《高淑华、孙里海合同诈骗案[第1299号]——签订合同并收取对方的保证金后挪作他用是否可以认定具有非法占有》，载最高人民法院刑事审判第一、二、三、四、五庭主办：《刑事审判参考》总第120辑，法律出版社2020年版。

全不存在时,即便以合同形式获得他人财物的,也不构成合同诈骗罪,而只能构成诈骗罪。如甲得知自己的朋友乙(普通市民,不从事任何经营活动)有大量存款,便产生诈骗故意。甲声称自己有一笔绝对赚钱的生意,投资50万元后,3个月内可以赚100万元,但自己一时没有50万元,希望乙投资30万元,3个月后返还乙60万元。甲按照上述内容起草了一份书面合同,双方在合同上签字之后,乙付给甲30万元。甲获得乙的30万元之后,逃之夭夭,尽管也存在以合同为手段的诈骗行为,但甲和被骗的对方当事人乙所签订的合同内容完全是虚构的,不含有任何市场经营活动的内容,不属于合同诈骗罪中的合同。与此类似,以签订虚假劳务合同为名骗取他人财物的、以签订虚假工程施工合同为诱饵骗取他人钱财的,都构成诈骗罪,而不是合同诈骗罪。(2)不能简单以"签订合同+骗取财物"为标准来判断是否构成合同诈骗罪。应当考察行为人骗取财物与合同本身的内在联系,只有行为人获取财物是基于合同,才能认定为合同诈骗罪;如果行为人虽然与被害人签订了合同,但最终获得财物与该合同并没有直接的联系,则不宜认定合同诈骗罪。[307] 在"吴某、张某路、刘某诈骗案"中,三名被告人经过合谋后,决定实施网络关键词诈骗活动,并且作了充分的犯罪准备与分工:首先准备了3张作案用的电话卡与手机卡,其次是制作了假的公司营业执照与公章,最后三人做了明确的分工,由吴某担任中介公司的角色,负责打电话联系关键词持有人,告知其有买家愿意高价购买关键词;由刘某充当买家,与被害人签订收购关键词合同,诱骗被害人补充提供关键词检测报告等完善关键词的材料;张某路充当第三方公司技术服务人员,帮助被害人制作所谓的检测评估报告等材料。在这个过程中,被害人受高额收购价格的诱惑,一步步陷入被告人设置的陷阱,不断支付完善关键词的费用。在整个犯罪过程中,涉及两个行为内容,第一个行为是被告人与被害人签订关键词收购合同,第二个行为是被告人要求被害人完善关键词,并提出很多完善的项目,包括制作关键词检测报告、申请专利、注册国际端口、制作B2B证书等,继而被告人再冒充第三方技术服务公司的人员诱使被害人交付有关制作费用,被害人被骗取的正是后者所谓完善关键词的费用。从收购关键词合同的内容来看,并不包括帮助被害人完善关键词并收取费用的内容,即签订收购合同与诱骗完善关键词是两个相对独立的行为,不存在包容关系。本案被告人的犯罪手法多样,通过签订收购合同——诱骗完善关键词——收取所谓的完善关键词制作费用,进而达到骗取财物的目的。可见,签订收购合同只是一个诱饵,被害人并非基于该收购合同交付费用(相反,基于收购合同,应该是被告人向被害人支付收购费),而是基于后续的完善包装关键词的环节,相应地支付了相关费用。因此,从整体评价的角度,被告人的多种犯罪手法互相配合,前面的行为都是犯罪过程的环节之一,最终目的就是骗取制作完善关键词的费用。换言之,被告人骗取财物的核心手段就是诱骗被害人完善关键词,而这个手段并不是基于合同,因此本案不符合合同诈骗罪的本质特征,而是由于被告人的其他欺骗行为,使被害人产生"需要完善关键词"的错误认识而交付财产,故而应认定为诈骗罪。

3."两头骗"案件的处理。所谓"两头骗"案件,是指行为人既骗取了出租人又骗取了购车人财物的行为,如B向A租车行租赁小轿车一辆,随后向C借款,并且将前述小轿车质押给C(双方签订汽车买卖合同),借款到手后,B随即失踪的场合,就是如此。对这种"两头骗"的案件,该如何处理,实务中争议极大,有多种见解。见解一认为,"两头骗"中的前行为(租车行

[307] 楼炯燕:《吴剑、张加路、刘凯诈骗案[第1264号]——"网络关键词"诈骗犯罪中签订合同行为对案件性质的影响》,载最高人民法院刑事审判第一、二、三、四、五庭主办:《刑事审判参考》总第114辑,法律出版社2019年版。

为）构成犯罪，后行为即抵（质）押借款行为只是处置赃物或变现方式，不构成犯罪。见解二认为，"两头骗"中的后行为即抵（质）押借款行为或车辆买卖行为构成犯罪，前行为只是手段。见解三认为，前后两种行为均构成犯罪，前后两行为为牵连犯，从一重处断。见解四认为，前后行为基于一个概括的犯罪故意，连续实施两个独立的犯罪行为，属于连续犯，按一罪处理。见解五认为，"两头骗"案件中，行为人实施了两个诈骗行为，侵犯了两个法益，应当构成数罪，实行并罚（数罪说）。实务上的主流观点认为，"两头骗"行为构成合同诈骗罪，具体而言，前行为即骗租行为构成合同诈骗罪，后行为即抵（质）押借款行为为处理赃物方式或赃物变现方式，不单独构罪。同样，认为后行为即以小轿车抵（质）押借款行为构成合同诈骗罪的也不多见。

从本书的立场来看，"两头骗"的场合，行为人的确实施了两个行为，侵犯了两个法益，理论上讲，应当构成数罪，但由于我国的刑事立法和司法实践对于财产犯罪过于注重结果，即行为人通过特定犯罪行为所实际取得的财产，因此将"两头骗"案认定为数罪只是理论上的见解，具体案件当中还是以一罪论处比较妥当。由于"两头骗"的场合，后一被害人如购车人尽管付出了钱财，但也获得了作为对价的车辆，即便说该车是行为人犯罪所得，但基于民法上的善意取得，购车人还是难以说存在损失，真正受损的还是前面的被害人即出租人，而出租人的损失是基于和行为人之间的合同方式所造成的，因此，实务中的主流观点，即"两头骗"的场合，构成对前一被害人的合同诈骗罪的见解，在我国的立法和司法背景之下，是最优的见解。

4. 本罪与金融诈骗罪的界限。刑法上规定的各种金融诈骗罪，都能以合同的形式来实现，如贷款诈骗利用贷款合同、保险诈骗利用保险合同。这种情况下，二者之间存在一种交叉的法条竞合关系。应当适用特殊法优于普通法、重法优于轻法的原则，以金融诈骗犯罪定罪处罚。因为，金融诈骗犯罪大都采用了合同诈骗的方式，但刑法仍然将其单独规定出来，可见，金融诈骗比合同诈骗特殊。

（三）处罚

依照刑法第 224 条和第 231 条的规定，犯本罪的，处 3 年以下有期徒刑或者拘役，并处或者单处罚金；数额巨大或者有其他严重情节的，处 3 年以上 10 年以下有期徒刑，并处罚金；数额特别巨大或者有其他特别严重情节的，处 10 年以上有期徒刑或者无期徒刑，并处罚金或者没收财产。单位犯本罪，对单位判处罚金，并对其直接负责的主管人员和其他直接责任人员，依照自然人犯罪的规定处罚。

根据 2021 年 6 月 17 日最高人民法院、最高人民检察院《关于常见犯罪的量刑指导意见（试行）》第 4 条第 6 款，构成合同诈骗罪的，根据下列情形在相应的幅度内确定量刑起点：（1）达到数额较大起点的，在 1 年以下有期徒刑、拘役幅度内确定量刑起点；（2）达到数额巨大起点或者有其他严重情节的，在 3 年至 4 年有期徒刑幅度内确定量刑起点；（3）达到数额特别巨大起点或者有其他特别严重情节的，在 10 年至 12 年有期徒刑幅度内确定量刑起点。依法应当判处无期徒刑的除外。在量刑起点的基础上，根据合同诈骗数额等其他影响犯罪构成的犯罪事实增加刑罚量，确定基准刑。构成合同诈骗罪的，根据诈骗手段、犯罪数额、损失数额、危害后果等犯罪情节，综合考虑被告人缴纳罚金的能力，决定罚金数额。构成合同诈骗罪的，综合考虑诈骗手段、犯罪数额、危害后果、退赃退赔等犯罪事实、量刑情节，以及被告人主观恶性、人身危险性、认罪悔罪表现等因素，决定缓刑的适用。

五、组织、领导传销活动罪

(一)概念和构成

本罪,是指组织、领导以推销商品、提供服务等经营活动为名,要求参加者以缴纳费用或者购买商品、服务等方式获得加入资格,并按照一定顺序组成层级,直接或者间接以发展人员的数量作为计酬或者返利依据,引诱、胁迫参加者继续发展他人参加,骗取财物,扰乱经济社会秩序活动的行为。其构成如下:

1. 主体。本罪的主体为特殊主体,仅限于组织、领导传销活动的人。按照相关司法解释,[308]组织、领导以推销商品、提供服务等经营活动为名,要求参加者以缴纳费用或者购买商品、服务等方式获得加入资格,并按照一定顺序组成层级,直接或者间接以发展人员的数量作为计酬或者返利依据,引诱、胁迫参加者继续发展他人参加,骗取财物,扰乱经济社会秩序的传销活动,涉嫌组织、领导的传销活动人员在30人以上且层级在三级以上的,对其组织者、领导者,应予立案追诉。下列人员可以认定为传销活动的组织者、领导者:(1)在传销活动中起发起、策划、操纵作用的人员;(2)在传销活动中承担管理、协调等职责的人员;(3)在传销活动中承担宣传、培训等职责的人员;(4)因组织、领导传销活动受过刑事追究,或者1年内因组织、领导传销活动受过行政处罚,又直接或者间接发展参与传销活动人员在15人以上且层级在三级以上的人员;(5)其他对传销活动的实施、传销组织的建立、扩大等起关键作用的人员。以单位名义实施组织、领导传销活动犯罪的,对于受单位指派,仅从事劳务性工作的人员,一般不予追究刑事责任。

2. 危害行为和危害结果。本罪客观上表现为,领导组织传销活动,扰乱经济社会秩序活动。包括以下内容:

(1)所组织、领导的必须是传销活动。所谓传销活动,根据刑法第224条之一的规定,具有以下特点:其一,以推销商品、提供服务等经营活动为名,要求参加者以缴纳费用或者购买商品、服务等方式获得加入资格——收取入门费。这是传销与其他相关销售方式最明显的区别。其中,"商品"和"服务",有真有假,但即便是真的,也物非所值。关键在于,以一个看似合情合法的骗人手段,让他人缴纳费用取得入门资格。其二,按照一定顺序组成层级——组织机构特点。传销组织不论规模大小,都有一个共同特点,即呈现出底大尖小的金字塔结构,一般以加入顺序、发展人员的数量、"业绩"大小等分成不同层级,每个人都处在一定层级上,上下级之间只能单线联系,不同级别的人不能来往。其三,直接或者间接地以发展人员的数量作为计酬或者返利的依据,引诱、胁迫参加者继续发展他人参加——拉人头,使传销组织像滚雪球一样越滚越大。其四,骗取财物。传销活动名目繁多,但其共同点是以高额回报为诱饵,对参加者进行精神乃至人身强迫,欺骗甚至迫使其不断地发展新人(下线),以敛取成员缴纳的入门费,来维持其最初的高额回报的承诺。由于其新人不可能无限增加,资金链必然断裂,一旦出现这种情况,其风险就全部积聚在层级较低的人员中。因此,传销本质上是一种诈骗行为。按照有关司法解释,[309]传销活动的组织者、领导者采取编造、歪曲国家政策,虚构、夸大经营、投资、服务项目及盈利前景,掩饰计酬、返利真实来源或者其他欺诈手段,实施刑法第224条之一规定

---

[308] 2022年最高人民检察院、公安部《关于公安机关管辖的刑事案件立案追诉标准的规定(二)》第70条。

[309] 2013年最高人民法院、最高人民检察院、公安部《关于办理组织领导传销活动刑事案件适用法律若干问题的意见》第3条。

的行为,从参与传销活动人员缴纳的费用或者购买商品、服务的费用中非法获利的,应当认定为骗取财物。参与传销活动人员是否认为被骗,不影响骗取财物的认定。

(2)必须具有组织、领导行为。“组织”,是指招集多人为首发起或者实施招募、雇佣、拉拢、鼓动多人成立某种组织的行为;“领导”,是指对组织的成立以及组织的活动实施策划、指挥、布置的行为。就组织行为来看,其有三个要件,即“为首发起或者实施招募、雇佣、拉拢、鼓动行为”、“多人”和“成立组织”。考虑到成立组织的特性,可以说,只要不是最低层次的传销人员,都符合前面两个要件,这显然不符合立法本意,因此,第三个要件格外重要。从这个角度来看,组织者应当限定于金字塔结构的顶尖人物,即居于最高层次的那批人。就“领导”行为来看,包括两种情形:其一,对组织的成立实施策划、指挥和布置的行为,这种“领导”行为与组织行为基本类似;其二,对组织的活动实施策划、指挥和布置的行为,但这样同样会存在将大多数传销人员纳入主体的可能,与立法本意不符。因此,一般认为,在考虑本罪中的“组织”“领导”行为时,应当考虑传销组织的特性和立法者限制打击范围的意图。这样说来,在发起阶段,实施了确定包装传销模式、采购传销商品、制定传销规则和分配方法、组织分工、提出宣传口号、提供活动经费等行为的,应当属于组织者;在运作阶段,积极参与传销人财物管理工作,对新加入者讲课、鼓动、威逼利诱等,充当打手胁迫他人加入的,属于组织、领导者。[310]

另外,组织者或者经营者利用网络发展会员,要求被发展人员以缴纳或者变相缴纳“入门费”为条件,获得提成和发展下线的资格。通过发展人员组成层级关系,并以直接或者间接发展的人员数量作为计酬或者返利的依据,引诱被发展人员继续发展他人参加,骗取财物,扰乱经济社会秩序的,以组织、领导传销活动罪追究刑事责任。在线上消费返利经营模式中,不要求会员销售或购买商品,只要求发展人员或缴纳一定费用,取得发展下线的入门资格,并按照发展下线的人数获得报酬即可。

(3)必须达到一定规模和层级。根据有关司法解释,[311]以推销商品、提供服务等经营活动为名,要求参加者以缴纳费用或者购买商品、服务等方式获得加入资格,并按照一定顺序组成层级,直接或者间接以发展人员的数量作为计酬或者返利依据,引诱、胁迫参加者继续发展他人参加,骗取财物,扰乱经济社会秩序的传销组织,其组织内部参与传销活动人员在30人以上且层级在3级以上的,应当对组织者、领导者追究刑事责任。组织、领导多个传销组织,单个或者多个组织中的层级已达3级以上的,可将在各个组织中发展的人数合并计算。组织者、领导者形式上脱离原传销组织后,继续从原传销组织获取报酬或者返利的,原传销组织在其脱离后发展人员的层级数和人数,应当计算为其发展的层级数和人数。

3. 主观要件。本罪的主观要件为故意,并且具有非法占有他人财物的目的。

(二)本罪的认定

在本罪的认定上,应当注意罪与非罪的区分问题。首先要说明的是,传销,本质上是一种新型的诈骗,这种诈骗的特殊性在于,传销组织实际上建立了一种诈骗机制,和普通的诈骗是对面诈骗不同,传销所诈骗的对象是所谓的下线,这是传销活动最本质的特征。也正因如此,我国刑法在224条之一所规定的组织领导传销活动罪中,将“骗取财物”作为犯罪行为的落脚

---

〔310〕 王恩海:《组织、领导传销活动罪的司法认定》,载《法学》2010年第11期。

〔311〕 2013年最高人民法院、最高人民检察院、公安部《关于办理组织领导传销活动刑事案件适用法律若干问题的意见》第1条第1、2、3款。

点。现实当中,即便有些传销活动打着商品营销的幌子,但在行为人以拉人头为主业,不再关注商品销售,从而造成商品价格虚高的场合,即便其中掺杂有商品营销的内容,也应当以组织、领导传销活动罪定罪处罚。了解了这一点,就比较容易区分在实践中出现的各种形式的传销活动是否构成犯罪。在此,关键要注意以下两个问题:

1. 本罪与直销等正当经营的区别。传销与直销的区分较为复杂、困难,过去直销和传销在我国全部都是禁止的,后来为了加入 WTO,就开放了部分无店铺经营,使得直销与传销有了区分。直销是合法的,而对传销活动必须予以坚决禁止。直销与变相传销之间有许多类似之处,必须注意区别。

一般来说,其二者的区别,可以从以下几方面加以把握:(1)看有无入门费。一些非法传销公司会直接或者变相地收取硬性的入门费,数额在三五百元到上千元不等,而正规的直销公司中是没有这一费用的。(2)看有无依托优质产品。传销公司依托的产品往往是无价值或价值低但价格高的产品,一套只值几十块钱的化妆品可以标价为几百甚至上千元,而规范的直销企业的产品通常是明码标价且物有所值。(3)看产品是否流通。非法传销企业玩的是“聚众融资”游戏,高额的入门费加上无法在市场中流通的低质高价产品,这些产品不在市场上流通,只作为拉进下一个销售人员的样本或者宣传品,最后的局面是所有销售人员人手一份,但该产品根本没法在市场上流通或者销售。但直销企业则完全相反,一方面要求企业产品质量好,另一方面产品在市场上的销售也比较好。对于直销企业而言,因为产品的销售是由生产厂家通过营销代表流通到顾客手中的,中间没有其他销售环节,并且少有广告,因此产品质量优良与否是决定产品销量的根本原因。(4)看有无退货保障制度。非法传销公司的产品一旦销售出手就无法退换,或者想方设法给欲退货的顾客设置障碍。这一点和直销企业中的情形完全不同。凡是正规的直销企业都会为顾客提供完善的购货保障。(5)看有无店铺经营。有无店铺仍然是我国市场上区分非法传销和合法直销的一个直观区别。非法传销企业往往停留在发展人员、组织网络从事无店铺的经营活动状态,而直销企业采用“店铺雇佣推销员”的模式。这种让推销员被归属到店的经营方式,不仅使推销员与公司的关系直接,而且还便于管理。

2. 要注意团队计酬式传销的处理。按照国务院 2005 年 8 月 23 日颁布的《禁止传销条例》第 7 条的规定,传销行为包括三种形式,除了典型的“拉人头传销”、“收取入门费传销”之外,还有“团队计酬传销”,其是指组织者或者经营者通过发展人员,要求被发展人员发展其他人员加入,形成上下线关系,并以下线的销售业绩为依据计算和给付上线报酬,牟取非法利益的行为。对于这种“团队计酬传销”,2013 年 11 月 14 日最高人民法院、最高人民检察院、公安部《关于办理组织领导传销活动刑事案件适用法律若干问题的意见》第 5 条认为其不构成犯罪,同时这一规定与《禁止传销条例》中团队计酬式传销中的规定基本概念一致。由此可见,团队计酬式传销属于经营性传销,是违反《禁止传销条例》的行政违法活动,由市场监督管理部门处理,不构成犯罪,而以拉人头为目标的传销活动,则是诈骗型传销,会涉嫌犯罪,其在公安部门的刑事管辖范围之内。

根据上述司法解释,一般认为,以销售商品为目的、以销售业绩为计酬依据的单纯的“团队计酬”式传销活动有两个特点:(1)团队计酬式传销活动是以销售商品为目的;(2)团队计酬式传销是以销售业绩为计酬依据。也就是说,目的和计酬依据是判定团队计酬式传销的关键点。“团队计酬传销”之所以被出罪，一方面，是因为存在真实的产品或者服务。[312] 若本身并不存在真实的产品或者服务，本质上就已经滑向了“拉人头”“收取入门费”式的传销了，可能构成组织领导传销活动罪。这一点在叶某生等组织、领导传销活动案中有体现。该案中，被告人之所以被认定为组织、领导传销活动罪，就是因为组织者或者经营者利用网络发展会员，要求被发展人员以缴纳或者变相缴纳“入门费”为条件，获得提成和发展下线的资格。通过发展人员组成层级关系，并以直接或者间接发展的人员数量作为计酬或者返利的依据，引诱被发展人员继续发展他人参加，骗取财物；换言之，该案平台“以推荐的人数作为发放佣金的依据系直接以发展的人员数量作为计酬依据，区域业绩及返利资金主要取决于参加人数的多少，实质属于以发展人员的数量作为提成奖励及返利的依据，本质为拉人头”[313]。另一方面，在单纯的团队计酬传销中，其最终的利润源于商品本身，而非所谓的“人头”。换言之，如果存在商品，但是没有或很少为终端消费者真正消费、使用，造成大量资源浪费，商品成为传播的工具，这种团队计酬，就可能会被定性为传销犯罪。如在王某等组织、领导传销案[314]中，法院认定被告人构成犯罪的理由是，涉案公司经销商品属于“道具商品”，实际是为了收取入门费。涉案公司以经销商品的名义，要求参加者以购买商品的方式获得加入资格。但涉案商品大都采购价格低廉，粘贴公司标签后成为高价商品，销售给会员，会员再销售的价格严重虚高，不符合商品流通领域的盈利规则，下层级人员向上层级人员购买商品所支付的费用严重背离市场价值规律，该类商品多数都是通过传销的形式销售给下线，实际为价格与价值严重背离的“道具商品”，借销售商品的名义收取入门资格费是其本质所在。

（三）处罚

依照刑法第 224 条之一和第 231 条的规定，犯本罪的，处 5 年以下有期徒刑或者拘役，并处罚金；情节严重的，处 5 年以上有期徒刑，并处罚金。单位犯本罪，对单位判处罚金，并对其直接负责的主管人员和其他直接责任人员，依照自然人犯本罪的规定处罚。

所谓“情节严重”，是指具有下列情形之一：（1）组织、领导的参与传销活动人员累计达 120 人以上的；（2）直接或者间接收取参与传销活动人员缴纳的传销资金数额累计达 250 万元以上的；（3）曾因组织、领导传销活动受过刑事处罚，或者 1 年以内因组织、领导传销活动受过行政处罚，又直接或者间接发展参与传销活动人员累计达 60 人以上的；（4）造成参与传销活动人员精神失常、自杀等严重后果的；（5）造成其他严重后果或者恶劣社会影响的。[315]

---

[312] 当然，对产品或者服务应当作扩大解释，虚拟产品也算是产品的一种。

[313] 叶某生等组织、领导传销活动案，最高人民检察院指导案例第 41 号（2018 年）。

[314] 汪忠玲、屈庆东：《以案释法：“团队计酬”式传销能否认定为组织、领导传销活动罪》，载《山东法制报》2021 年 5 月 15 日。该案案情是：康立全球有限公司通过外购负离子眼镜及保健食品等商品，粘贴康立公司标识，虚标产品功效、价格。以发展下线的人数和层级作为确定层级及计算返利的依据，分别设置“双倍返利奖”“碰对奖”“领导奖”“国际重销奖”“免费旅游奖”等，引诱参加者继续发展他人参加，从而骗取财物。经审计涉案传销资金共计 872,379,619.75 元。被告人王某安排领导、组织上述传销活动，通过参与设立管理公司、采购商品、招聘培训人员运作推广上述营销模式。被告人赵某等 10 名被告人在明知公司上述运营模式下，参与公司的运转、经营。被告人张某云等在明知康立公司上述经营模式前提下，为提高自身级别、获取更多返利，发展下线注册会员，其中张某云下线会员层级达 25 级，下线会员人数达 1445 人。

[315] 2013 年最高人民法院、最高人民检察院、公安部《关于办理组织领导传销活动刑事案件适用法律若干问题的意见》第 4 条。

六、非法经营罪

(一)概念和构成

本罪,是指违反国家规定,从事非法经营活动,扰乱市场秩序,情节严重的行为。

非法经营罪,顾名思义,是破坏经营活动的犯罪。所谓经营,是指在市场交易中从事商品经营或营利性服务的活动,行为人以营利为目的,针对不特定对象进行市场交易。本罪的行为必须是经营行为,如果不是经营行为,就无从谈起合法经营或非法经营的问题,也就不可能触犯法律规定的非法经营罪。现代社会市场经济的一大特色就是经营自由,就绝大部分行业领域而言,只要进行必要的工商登记,人们就可以自主选择任一行业开展经营活动。但是,并非所有的行业领域都是这种情况,对于一些国计民生或者有较高要求的行业,国家规定了严格的市场准入门槛,要求具备相应的资质或者批准才能进入该领域,否则就面临严格的法律责任。我国刑法第225条所规定的非法经营罪,就是这种情形。其所保护的法益是国家实行特许经营的领域,如刑法第225条所列举的专营、专卖商品、证券、期货、资金支付等业务领域,就是其典型。就这种领域而言,国家允许人们从事经营活动,但必须经过相关部门的批准,并非任何经营主体均可进入该经济活动领域。此可谓非法经营罪的本质特征,亦即非法经营罪所保护的法益。

其构成如下:

1. 主体。本罪的主体为一般主体,自然人和单位均可构成。

2. 危害行为和危害结果。本罪客观上表现为违反国家规定,从事非法经营活动,扰乱市场秩序,情节严重。具体来说,包括以下内容:

(1)违反国家规定。非法经营罪属于典型的法定犯(行政犯),对其评价,首先要看行为人的经营行为是否违反国家的相关规定。此处所谓的“国家规定”,根据刑法第96条的规定,是指全国人民代表大会及其常务委员会制定的法律和决定,国务院制定的行政法规、规定的行政措施、发布的决定和命令。其中,“国务院规定的行政措施”应当由国务院决定,通常以行政法规或者国务院制发文件的形式加以规定。以国务院办公厅名义制发的文件,符合以下条件的,亦应视为刑法中的“国家规定”:一是有明确的法律依据或者同相关行政法规不相抵触;二是经国务院常务会议讨论通过或者经国务院批准;三是在国务院公报上公开发布。在实务中,有关“违反国家规定”的认定上,要依照相关法律、行政法规及司法解释的规定准确把握。对于规定不明确的,要按照《关于准确理解和适用刑法中“国家规定”的有关问题的通知》的要求审慎认定。对于违反地方性法规、部门规章的行为,不得认定为“违反国家规定”。对被告人的行为是否“违反国家规定”存在争议的,应当作为法律适用问题,逐级向最高人民法院请示。特别是就非法经营罪而言,要依法严格把握刑法第225条第4项的适用范围。对被告人的行为是否属于刑法第225条第4项规定的“其他严重扰乱市场秩序的非法经营行为”,有关司法解释未作明确规定的,应当作为法律适用问题,逐级向最高法请示。[316] 对于违反行政管理有关规定的行为是否构成非法经营罪,应当考虑该经营行为是否严重扰乱市场秩序。对于虽然违反行政管理有关规定,但尚未严重扰乱市场秩序的经营行为,不能认定为非法经营罪。对于行政机关的内部文件,应当全面审查其是否符合行政法律法规的相关规定,不得单独据此认定行为人的行为构成犯罪。

---

〔316〕 2011年最高人民法院《关于准确理解和适用刑法中“国家规定”的有关问题的通知》第1条。

从现行刑法第225条的规定来看，作为本罪前提的"违反国家规定"，主要是指违反国家有关行政许可经营的经济行政法律、法规，而非著作权等知识产权行政法律、法规，换言之，本罪的实质是违反国家特许经营管理规定，侵犯国家对于特许经营的正常管理秩序。这也是区分非法经营罪与非罪的主要标准之一。由此可见，非法经营罪中的非法经营行为，并非单纯违反市场监督管理法规的行为，而是违反国家特许经营的有关规定，未经特许经营业务行政管理机关的批准，擅自经营特许经营业务的经营行为。如果行为人从事的经营活动是法律上的禁止经营业务，绝无成立非法经营罪的可能。因而当复制发行的非法出版物系侵权复制品如盗版光盘时，无论行为人是否有出版物的经营许可资质，都只可能构成侵犯著作权罪或者销售侵权复制品罪，而不可能成立非法经营罪。而当复制发行的非法出版物系侵权出版物、淫秽出版社等禁止经营出版物以外的其他非法出版物时，才有成立非法经营罪的可能。

（2）实施了以下四种严重扰乱市场秩序的行为：

第一，未经许可，经营法律、行政法规规定的专营、专卖物品以及其他限制买卖的物品。其中，所谓经营，包括生产、流通领域的收购、加工、批发、零售等各个环节的活动；所谓专营、专卖物品以及其他限制买卖的物品，包括金银及其制品、军工制品、火药产品、天然金刚石、麻醉药品、食盐、烟草、化肥、农药、放射性物质等关系国计民生的物品。其认定应根据有关法律、行政法规的规定进行。按照相关通知和司法解释，下列行为应认定为非法经营罪：非法经营销售国内机票涉嫌犯罪的；[317] 未取得药品生产、经营许可证件和批准文号，非法生产、销售盐酸克仑特罗等禁止在饲料和动物饮用水中使用的药品，扰乱药品市场秩序，情节严重的；[318] 非法倒卖陈化粮，违法所得数额巨大的；[319] 违反国家烟草专卖管理法律法规，未经烟草专卖行政主管部门许可，无烟草专卖生产企业许可证、烟草专卖批发企业许可证、特种烟草专卖经营企业许可证、烟草专卖零售许可证等许可证明，非法经营烟草专卖品，情节严重的；[320] 持有烟草专卖零售许可证，但多次实施批发业务，而且从非指定烟草专卖部门进货的行为，属于超范围和地域经营的情形，不宜按照非法经营罪处理，应由相关主管部门进行处理。[321] 另外，按照国务院《危险化学品安全管理条例》和原国家安全生产监督管理总局等10部门公布的《危险化学品名录》，属于国家限制买卖的物品的成品油，其经营必须取得危险化学品经营许可证。据此，无证经营汽油情节严重的行为构成非法经营犯罪。而无证经营其他未被列入名录的成品油的行为，则仅是一种违法行为，不构成犯罪。非法经营假冒的台湾产香烟，情节严重的，构成非法经营罪。基于稀土矿产品销售在国内未实行严格管控的实际情况考虑，对稀土矿产品销售行为以非法经营罪追究刑事责任应持审慎态度。

根据近年来的立法以及国务院制定的相关行政处罚规定，其他严重扰乱市场管理秩序的非法经营行为，主要有如下类型：

①非法经营外汇。根据全国人大常委会《关于惩治骗购外汇、逃汇和非法买卖外汇犯罪

---

[317] 2002年原中国民用航空总局、原国家计划发展委员会、公安部、国家税务总局、原国家工商行政管理总局《关于坚决打击暗扣销售和非法经营销售国内机票行为规范航空运输市场秩序的通知》第2条第2款第1项。

[318] 2002年最高人民法院、最高人民检察院《关于办理非法生产、销售、使用禁止在饲料和动物饮用水中使用的药品等刑事案件具体应用法律若干问题的解释》第1条。

[319] 2003年最高人民检察院侦查监督厅《对非法倒卖陈化粮行为定性的意见》。

[320] 2010年最高人民法院、最高人民检察院《关于办理非法生产、销售烟草专卖品等刑事案件具体应用法律若干问题的解释》第1条第5款。

[321] 2011年最高人民法院《关于被告人李明华非法经营请示一案的批复》。

的决定》第4条第1款，在国家规定的交易场所以外非法买卖外汇，扰乱市场秩序，情节严重的，以非法经营罪论处。根据有关司法解释，[322]实施倒买倒卖外汇或者变相买卖外汇等非法买卖外汇行为，扰乱金融市场秩序，具有下列情形之一的，应予立案追诉：非法经营数额在500万元以上的，或者违法所得数额在10万元以上的；非法经营数额在250万元以上，或者违法所得数额在5万元以上，且具有下列情形之一的：因非法买卖外汇犯罪行为受过刑事追究的；二年内因非法买卖外汇违法行为受过行政处罚的；拒不交代涉案资金去向或者拒不配合追缴工作，致使赃款无法追缴的；造成其他严重后果的。

②金融机构超出业务范围从事金融活动。根据1999年国务院《金融违法行为处罚办法》第9条第2款的规定，金融机构超出中国人民银行批准的业务范围从事金融业务活动的，构成非法经营罪或者其他罪的，依法追究刑事责任。根据该办法第18条的规定，金融机构违反国家规定从事证券、期货或者其他衍生金融工具交易，为证券、期货或者其他衍生金融工具交易提供信贷资金或者担保，违反国家规定从事非自用不动产、股权、实业等投资活动的，构成非法经营罪、违法发放贷款罪或者其他罪的，依法追究刑事责任。据此，2001年国务院办公厅《关于严厉打击以证券期货投资为名进行违法犯罪活动的通知》第3条第1款规定，对超出核准的经营范围，非法从事或者变相非法从事证券期货交易活动，非法经营境外期货、外汇期货业务的，以涉嫌非法经营罪立案查处。

③根据2001年国务院《电影管理条例》第55条，违反本条例规定，擅自设立电影片的制片、发行、放映单位，或者擅自从事电影制片、进口、发行、放映活动的，由工商行政管理部门予以取缔；依照刑法关于非法经营罪的规定，依法追究刑事责任。

④根据2001年国务院《货物进出口管理条例》第65条，擅自超出批准、许可的范围进口或者出口属于限制进出口的货物的，依照刑法关于走私罪或者非法经营罪的规定，依法追究刑事责任；据其第66条，伪造、变造或者买卖货物进出口配额证明、批准文件、许可证或者自动进口许可证明的，依照刑法关于非法经营罪或者伪造、变造、买卖国家机关公文、证件、印章罪的规定，依法追究刑事责任；据其第68条，违反本条例第51条规定，擅自从事实行国营贸易管理或者指定经营管理的货物进出口贸易，扰乱市场秩序，情节严重的，依照刑法关于非法经营罪的规定，依法追究刑事责任。

⑤根据2024年国务院《两用物项出口管制条例》第46条，违反出口管制法和本条例规定，未经许可，擅自出口既有民事用途，又有军事用途或者有助于提升军事潜力的货物、技术和服务，包括相关的技术资料等数据，构成犯罪的，依法追究刑事责任。

⑥根据2002年修订后的国务院《军品出口管理条例》第25条第1款，军品贸易公司违反本条例第22条第4项(伪造、变造、骗取或者转让军品出口项目批准文件、合同批准文件、许可证和接受国的有效证明文件等单证)、第5项(超越核定的经营范围经营)规定，触犯刑律的，依照刑法关于非法经营罪，伪造、变造、买卖国家机关公文、证件、印章罪或者其他罪的规定，依法追究刑事责任；据其第26条规定，违反本条例第20条规定(未取得军品出口经营权的任何单位或者组织，不得从事军品出口经营活动)，触犯刑律的，依照刑法关于非法经营罪或者其他罪的规定，依法追究刑事责任。

⑦根据2009年修订后的国务院《特种设备安全监督条例》第75条，未经许可，擅自从事锅

---

[322] 2022年最高人民检察院、公安部《关于公安机关管辖的刑事案件立案追诉标准的规定(二)》第71条第3项。

炉、压力容器、电梯、起重机械、客运索道、大型游乐设施、场（厂）内专用机动车辆及其安全附件、安全保护装置的制造、安装、改造以及压力管道元件的制造活动，触犯刑律的，对负有责任的主管人员和其他直接责任人员依照刑法关于生产、销售伪劣产品罪、非法经营罪、重大责任事故罪或者其他罪的规定，依法追究刑事责任。

⑧根据2015年修正后的《烟草专卖法》第35条，倒卖烟草专卖品，构成犯罪的，依法追究刑事责任；烟草专卖行政主管部门和烟草公司工作人员利用职务上的便利犯前款罪的，依法从重处罚。其第36条规定，伪造、变造、买卖本法规定的烟草专卖生产企业许可证、烟草专卖经营许可证等许可证件和准运证的，依照刑法有关规定追究刑事责任。烟草专卖行政主管部门和烟草公司工作人员利用职务上的便利犯前款罪的，依法从重处罚。

⑨根据2016年修订的国务院《退耕还林条例》第59条，采用不正当手段垄断种苗市场，或者哄抬种苗价格的，依照刑法关于非法经营罪、强迫交易罪或者其他罪的规定，依法追究刑事责任。

⑩根据2019年修订后的《外资保险公司管理条例》第31条，违反本条例规定，擅自设立外资保险公司或者非法从事保险业务活动的，由国务院保险监督管理机构予以取缔；依照刑法关于擅自设立金融机构罪、非法经营罪或者其他罪的规定，依法追究刑事责任。

⑪根据2024年修订后的国务院《出版管理条例》第61条，未经批准，擅自设立出版物的出版、印刷或者复制、进口单位，或者擅自从事出版物的出版、印刷或者复制、进口、发行业务，假冒出版单位名称或者伪造、假冒报纸、期刊名称出版出版物的，由出版行政主管部门、工商行政管理部门依照法定职权予以取缔；依照刑法关于非法经营罪的规定，依法追究刑事责任。

⑫根据2024年修订后的国务院《音像制品管理条例》第39条，未经批准，擅自设立音像制品出版、进口单位，擅自从事音像制品出版、制作、复制业务或者进口、批发、零售经营活动的，由出版行政主管部门、工商行政管理部门依照法定职权予以取缔；依照刑法关于非法经营罪的规定，依法追究刑事责任。

⑬根据2020年修订后的国务院《技术进出口管理条例》第43条，进口或者出口属于禁止进出口的技术的，或者未经许可擅自进口或者出口属于限制进出口的技术的，依照刑法关于走私罪、非法经营罪、泄露国家秘密罪或者其他罪的规定，依法追究刑事责任。据其第44条，擅自超出许可的范围进口或者出口属于限制进出口的技术的，依照刑法关于非法经营罪或者其他罪的规定，依法追究刑事责任。据其第45条，伪造、变造或者买卖技术进出口许可证或者技术进出口合同登记证的，依照刑法关于非法经营罪或者伪造、变造、买卖国家机关公文、证件、印章罪的规定，依法追究刑事责任。

⑭根据2024年修订后的国务院《互联网上网服务营业场所管理条例》第27条，违反本条例的规定，擅自从事互联网上网服务经营活动的，由文化行政部门或者由文化行政部门会同公安机关依法予以取缔，查封其从事违法经营活动的场所，扣押从事违法经营活动的专用工具、设备；触犯刑律的，依照刑法关于非法经营罪的规定，依法追究刑事责任。

⑮根据2023年修订后的国务院《国际海运条例》第41条，非法从事进出中国港口的国际海上运输经营活动以及与国际海上运输相关的辅助性经营活动，扰乱国际海上运输市场秩序的，依照刑法关于非法经营罪的规定，依法追究刑事责任。

第二，买卖进出口许可证、进出口原产地证明以及其他法律、行政法规规定的经营许可证或者批准文件。其中，进出口许可证，是指国家外贸主管部门对企业颁发的可以从事进出口业务的确认资格的文件;进出口原产地证明,是指进出口产品时必须附带的由原产地有关主管机关出具的证明文件;其他法律、行政法规规定的经营许可证或者批准文件,是指从事某些生产经营活动必须具备的经营许可证或者批准文件,如森林采伐许可证、矿井开采许可证、野生动物狩猎许可证等。

第三,未经国家有关主管部门的批准,非法经营证券、期货、保险业务,或者非法从事资金支付结算业务。其中,"非法经营证券、期货业务",主要是指未经有关主管部门批准,擅自开展证券或者期货经纪业务;从事证券、期货咨询性业务的证券、期货咨询公司、投资服务公司擅自超越经营范围从事证券、期货业务等。"非法经营保险业务",是指未经授权进行保险代理业务,保险经纪人超越经营范围从事保险业务等。"非法从事资金支付结算业务",实际上是指开设"地下钱庄",指不具有法定的从事资金支付结算业务的资格,非法为他人办理资金支付结算业务和外汇兑换的业务,如为他人非法提供境内资金转移、分散提取现金服务等。根据2013年10月9日最高人民检察院法律政策研究室《关于买卖银行承兑汇票行为如何适用法律问题的答复意见》,根据票据行为的无因性以及票据法关于汇票可背书转让的规定,汇票买卖不同于支付结算行为,将二者等同可能会造成司法实践的混乱。实践中,买卖银行承兑汇票的情况比较复杂,对于单纯买卖银行承兑汇票的行为不宜以非法经营罪追究刑事责任。

实务当中,有关本类型的非法经营行为主要如下:

①未经中国证券监督管理委员会批准,单位和个人经营证券业务。根据2008年1月2日最高人民法院、最高人民检察院、公安部、中国证券监督管理委员会《关于整治非法证券活动有关问题的通知》第2条第3款,任何单位和个人经营证券业务,必须经中国证券监督管理委员会批准。未经批准的,属于非法经营证券业务,应予以取缔;涉嫌犯罪的,依照刑法第225条之规定,以非法经营罪追究刑事责任。对于中介机构非法代理买卖非上市公司股票,涉嫌犯罪的,应当依照刑法第225条之规定,以非法经营罪追究刑事责任。

②非银行机构从事支付结算业务行为。2017年最高人民检察院《关于办理涉互联网金融犯罪案件有关问题座谈会纪要》第18条的规定,非银行机构从事支付结算业务,应当经中国人民银行批准取得支付业务许可证,成为支付机构。未取得支付业务许可从事该业务的行为,违反《非法金融机构和非法金融业务活动取缔办法》(该办法现已被2021年1月26日国务院《防范和处置非法集资条例》第40条所废止)第4条第1款第3、4项的规定,破坏了支付结算业务许可制度,危害支付市场秩序和安全,情节严重的,适用刑法第225条第3项,以非法经营罪追究刑事责任。具体情形包括:一是未取得支付业务许可经营基于客户支付账户的网络支付业务。无证网络支付机构为客户非法开立支付账户,客户先把资金支付到该支付账户,再由无证机构根据订单信息从支付账户平台将资金结算到收款人银行账户。二是未取得支付业务许可经营多用途预付卡业务。无证发卡机构非法发行可跨地区、跨行业、跨法人使用的多用途预付卡,聚集大量的预付卡销售资金,并根据客户订单信息向商户划转结算资金。

③违反国家规定,使用销售点终端机具(POS机)为他人兑现的行为。2018年11月28日最高人民法院、最高人民检察院修正后的《关于办理妨害信用卡管理刑事案件具体应用法律若干问题的解释》第12条第1款规定,违反国家规定,使用销售点终端机具(POS机)等方法,以虚构交易、虚开价格、现金退货等方式向信用卡持卡人直接支付现金,情节严重的,应当依据刑法第225条的规定,以非法经营罪定罪处罚。

④非法从事资金支付结算业务、非法买卖外汇的行为。2019年1月31日最高人民法院、

最高人民检察院《关于办理非法从事资金支付结算业务、非法买卖外汇刑事案件适用法律若干问题的解释》第1条规定,违反国家规定,具有下列情形之一的,属于刑法第225条第3项规定的“非法从事资金支付结算业务”:一是使用受理终端或者网络支付接口等方法,以虚构交易、虚开价格、交易退款等非法方式向指定付款方支付货币资金的;二是非法为他人提供单位银行结算账户套现或者单位银行结算账户转个人账户服务的;三是非法为他人提供支票套现服务的;四是其他非法从事资金支付结算业务的情形。该解释第2条规定,违反国家规定,实施倒买倒卖外汇或者变相买卖外汇等非法买卖外汇行为,扰乱金融市场秩序,情节严重的,依照刑法第225条第4项的规定,以非法经营罪定罪处罚。以下行为属于非法从事资金支付结算业务、非法买卖外汇的行为:以虚拟货币为媒介,实现人民币与外汇兑换的;[323]明知他人非法买卖外汇,以兑换虚拟货币为媒介提供帮助的,属于非法经营罪的共犯;[324]以营利为目的,利用破解的POS机在境外通过持卡人刷卡消费收取人民币,同时向持卡人支付外币,属于变相买卖外汇,情节严重的,构成非法经营罪;[325]为了获取非法利益,居间介绍客户与地下钱庄完成非法买卖外汇交易的;[326]对于证明构成骗取出口退税共同犯罪证据不足,但其非法买卖外汇行为情节严重构成犯罪的,应当以非法经营罪处罚。[327]

⑤代理未上市公司股票向不特定社会公众转让的行为。根据2006年8月15日公安部经济犯罪侦查局《关于对四川××等公司代理转让未上市公司股权行为定性的批复》,四川××等公司代理未上市公司股票向不特定社会公众转让的行为,属于《证券法》规定的证券业务。根据《证券法》第202条的规定,未经中国证券监督管理委员会批准,其行为构成非法经营证券业务。若其非法经营数额达到刑事追诉标准,则涉嫌构成刑法第225条规定的非法经营罪。西安××股权托管服务有限公司的行为,如其不提供股票转让交易服务,仅办理股东名册变更登记,则不属于非法经营证券业务。但如其提供股票转让交易服务,则构成《证券法》第200条规定的非法开设证券交易场所的行为。

⑥倒卖银行承兑汇票行为。根据2009年9月18日公安部经济犯罪侦查局《关于对倒卖银行承兑汇票行为性质认定意见的批复》,此类与他人串通注册成立空壳公司,伪造贸易合同,虚构贸易背景,从银行开出多份银行承兑汇票转手倒卖,及从他人手中购买银行承兑汇票进行倒卖,从中获利的行为,数额巨大,严重扰乱正常的票据管理秩序,可以认定为“非法从事资金支付结算业务”的活动。

⑦从事非法票据贴现业务行为。根据2009年11月27日公安部经济犯罪侦查局《关于南京××公司从事非法票据贴现业务认定意见的批复》,犯罪嫌疑人王某等人注册成立多家空壳公司,并雇人寻找需要贴现票据的企业,通过伪造购销合同和增值税发票等,以上述空壳公司的名义通过银行为企业进行票据贴现,收取手续费的行为,数额巨大,严重扰乱正常的票据管理秩序,可以认定为“非法从事资金支付结算业务”的活动。

---

[323] 赵某等人非法经营案,最高人民检察院、国家外汇局联合发布惩治涉外汇违法犯罪典型案例(2023年)。

[324] 郭某钊等人非法经营帮助信息网络犯罪活动案,最高人民检察院、国家外汇局联合发布惩治涉外汇违法犯罪典型案例(2023年)。

[325] 徐某悦等人非法经营案,最高人民检察院、国家外汇局2023年12月11日联合发布《关于印发惩治外汇违法犯罪典型案例的通知》。

[326] 章某虎、章某娴非法经营案,最高人民检察院、国家外汇局联合发布惩治涉外汇违法犯罪典型案例(2023年)。

[327] 王某良等人非法经营案,最高人民检察院、国家外汇局联合发布惩治涉外汇违法犯罪典型案例(2023年)。

⑧从事经营银行承兑汇票贴现业务行为。根据2010年7月6日公安部经济犯罪侦查局《关于对徐x等人经营银行承兑汇票贴现业务定性问题的批复》,对此类多次虚构贸易背景,从事倒卖银行承兑汇票活动,从中获利的行为,数额巨大,严重扰乱正常的票据管理秩序,可以认定为"非法从事资金支付结算业务"的活动。

⑨ 利用账户替其他单位和个人套取现金的行为。根据2014年4月9日公安部经济犯罪侦查局《关于利用转账支票为他人套现行为性质认定的批复》,行为人在无真实贸易背景的情况下,为牟取不法利益,利用空壳公司账户等手段协助他人套取巨额现金的行为,违反了《人民币银行结算账户管理办法》第39条的规定,属于《现金管理暂行条例》第21条第5项和第8项规定的"用转账凭证套取现金""利用账户替其他单位和个人套取现金"的违规情形,扰乱了市场秩序,具有明显的社会危害性,其行为构成非法从事资金支付结算业务。

第四,其他严重扰乱市场管理秩序的非法经营行为。这一概括性规定是为弥补上述列举行为不足而设立的,其中所规定的行为具有三个特征:一是发生在经营活动中,主要是生产、经营活动领域;二是违反国家的市场管理法规,具体来说,是违反了国家予以保护的市场准入制度和许可证制度;三是严重扰乱市场管理秩序,情节严重。由于和刑法第225条前述3款的规定相比,第4款规定过于抽象,因此,相关司法解释在本款的适用上,非常严格,要求各级法院在本款的适用中,要严格依法把握。对被告人的行为是否属于刑法第225条第4款规定的"其他严重扰乱市场管理秩序的非法经营行为",有关司法解释未作明确规定的,应当作为法律适用问题,逐级向最高人民法院请示。[328]

从目前所公开的相关案例来看,被作为本款规定的行为,主要有以下几种:

①向他人非法发放高息贷款的行为。根据2003年1月13日最高人民法院刑事审判第二庭《关于涂汉江非法从事金融业务行为性质认定的复函》,涂汉江向他人非法发放高息贷款的行为,属于从事非法金融活动。根据国务院《非法金融机构和非法金融业务活动取缔办法》第22条的规定,"设立非法金融机构或者从事非法金融业务活动,构成犯罪的,依法追究刑事责任",涂汉江的行为属于刑法第225条第4项所列的"其他严重扰乱市场秩序的非法经营行为"。同样,根据2003年4月8日公安部《关于涂某某等人从事非法金融业务行为性质认定问题的批复》,涂某某等人或假借中国农业银行武汉市××支行及未经批准成立的武汉市××区工商联互助基金会之名,或用武汉市××贸易有限责任公司或个人的名义,以武汉市××贸易有限责任公司或个人资金,向他人非法发放高息贷款的行为,属于从事非法金融业务活动。1998年6月国务院发布施行的《非法金融机构和非法金融业务活动取缔办法》第22条规定:"设立非法金融或者从事非法金融业务活动,构成犯罪的,依法追究刑事责任。"涂某某等人从事非法金融业务活动,数额巨大,其行为属于刑法第225条第4项所规定的"其他严重扰乱市场秩序的非法经营行为",应以涉嫌非法经营罪立案侦查。

②非法利用银行账户为他人转移资金行为。根据2008年9月1日公安部经济犯罪侦查局《关于刘某某等人利用银行账户为他人转移资金行为定性问题的批复》,根据国务院1998年7月13日发布实施的《非法金融机构和非法金融业务活动取缔办法》第4条规定,刘某某等犯罪嫌疑人未经国务院银行业监督管理机构及其派出机构批准,以营利为目的,大量使用虚假身份或冒用他人身份,注册成立无经营地址、无从业人员、无经营活动的"三无公司",在银行

---

〔328〕 2011年最高人民法院《关于准确理解和适用刑法中"国家规定"的有关问题的通知》第3条。

开立单位基本账户并开通网上银行业务,在没有真实交易的情况下接受性质不明的巨额资金,获取大量非法利益,该行为属于非法办理结算业务。刘某某等犯罪嫌疑人的行为应认定为从事非法金融业务活动,并依法追究刑事责任。

③为他人向外汇指定银行骗购外汇的行为。根据2008年11月24日公安部经济犯罪侦查局《关于对艾某某等人有关行为定性问题的批复》,根据《外汇管理条例》第45条规定,艾某某等人,将委托人的外汇资金假借外商投资的名义汇入境内,骗取银行结汇后,按照委托人要求支付给指定的境内收款人,并依据汇入外汇资金数量向委托人收取报酬的行为,属于非法买卖外汇违法犯罪行为,应依法追究刑事责任。根据2010年3月8日公安部经济犯罪侦查局《关于对闻某某等人有关行为定性问题的批复》,犯罪嫌疑人闻某某等人按照新加坡××快速汇款公司(以下简称××公司)授意,在境内私设××公司办事处,由××公司在新加坡收取客户新加坡元,后指示闻某某等人按照约定汇率在境内将相应人民币汇入客户指定的账户(或现金交付)。根据《外汇管理条例》第45条规定及相关证据,闻某某等人的行为属于非法买卖外汇行为。根据2019年1月31日最高人民法院、最高人民检察院《关于办理非法从事资金支付结算业务、非法买卖外汇刑事案件适用法律若干问题的解释》第2条,违反国家规定,实施倒买倒卖外汇或者变相买卖外汇等非法买卖外汇行为,扰乱金融市场秩序,情节严重的,依照刑法第225条第4项的规定,以非法经营罪定罪处罚。

④非法从事出版物的出版、印刷、复制、发行业务,严重扰乱市场秩序的行为。根据2022年最高人民检察院、公安部《关于公安机关管辖的刑事案件立案追诉标准的规定(二)》第71条第4项规定,出版、印刷、复制、发行严重危害社会秩序和扰乱市场秩序的非法出版物,具有下列情形之一的:个人非法经营数额在5万元以上的,单位非法经营数额在15万元以上的;个人违法所得数额在2万元以上的,单位违法所得数额在5万元以上的;个人非法经营报纸5000份或者期刊5000本或者图书2000册或者音像制品、电子出版物500张(盒)以上的,单位非法经营报纸1.5万份或者期刊1.5万本或者图书5000册或者音像制品、电子出版物1500张(盒)以上的;虽未达到上述数额标准,但具有下列情形之一的:2年内因出版、印刷、复制、发行非法出版物受过2次以上行政处罚,又出版、印刷、复制、发行非法出版物的;因出版、印刷、复制、发行非法出版物造成恶劣社会影响或者其他严重后果的。第5项规定,非法从事出版物的出版、印刷、复制、发行业务,严重扰乱市场秩序,具有下列情形之一的:个人非法经营数额在15万元以上的,单位非法经营数额在50万元以上的;个人违法所得数额在5万元以上的,单位违法所得数额在15万元以上的;个人非法经营报纸1.5万份或者期刊1.5万本或者图书5000册或者音像制品、电子出版物1500张(盒)以上的,单位非法经营报纸5万份或者期刊5万本或者图书1.5万册或者音像制品、电子出版物5000张(盒)以上的;虽未达到上述数额标准,2年内因非法从事出版物的出版、印刷、复制、发行业务受过2次以上行政处罚,又非法从事出版物的出版、印刷、复制、发行业务的。

⑤擅自经营国际电信业务或者涉港澳台电信业务进行营利活动的行为。根据2000年5月12日最高人民法院《关于审理扰乱电信市场管理秩序案件具体应用法律若干问题的解释》第1条,违反国家规定,采取租用国际专线、私设转接设备或者其他方法,擅自经营国际电信业务或者涉港澳台电信业务进行营利活动,扰乱电信市场管理秩序,情节严重的,依照刑法第225条第4项的规定,以非法经营罪定罪处罚。根据2003年4月22日最高人民法院、最高人民检察院、公安部《办理非法经营国际电信业务犯罪案件联席会议纪要》第2、3条,对于未取

得国际电信业务（含涉港澳台电信业务，下同）经营许可证而经营，或被终止国际电信业务经营资格后继续经营，应认定为“擅自经营国际电信业务或者涉港澳台电信业务”；情节严重的，应按上述规定以非法经营罪追究刑事责任。《关于审理扰乱电信市场管理秩序案件具体应用法律若干问题的解释》第1条所称“其他方法”，是指在边境地区私自架设跨境通信线路；利用互联网跨境传送IP话音并设立转接设备，将国际话务转接至我境内公用电话网或转接至其他国家或地区；在境内以租用、托管、代维等方式设立转接平台；私自设置国际通信出入口等方法。获得国际电信业务经营许可的经营者（含涉港澳台电信业务经营者）明知他人非法从事国际电信业务，仍违反国家规定，采取出租、合作、授权等手段，为他人提供经营和技术条件，利用现有设备或另设国际话务转接设备并从中营利，情节严重的，应以非法经营罪的共犯追究刑事责任。根据2002年2月6日最高人民检察院《关于非法经营国际或港澳台地区电信业务行为法律适用问题的批复》，违反《电信条例》规定，采取租用电信国际专线、私设转接设备或者其他方法，擅自经营国际或者我国香港特别行政区、澳门特别行政区和台湾地区电信业务进行营利活动，扰乱电信市场管理秩序，情节严重的，应当依照刑法第225条第4项的规定，以非法经营罪追究刑事责任。

⑥违反国家规定，生产、销售国家禁止用于食品生产、销售的非食品原料的行为。根据2002年8月16日最高人民法院、最高人民检察院《关于办理非法生产、销售、使用禁止在饲料和动物饮用水中使用的药品等刑事案件具体应用法律若干问题的解释》第2条，在生产、销售的饲料中添加盐酸克仑特罗等禁止在饲料和动物饮用水中使用的药品，或者销售明知是添加有该类药品的饲料，情节严重的，依照刑法第225条第4项的规定，以非法经营罪追究刑事责任。根据2021年12月30日最高人民法院、最高人民检察院《关于办理危害食品安全刑事案件适用法律若干问题的解释》第16条，以提供给他人生产、销售食品为目的，违反国家规定，生产、销售国家禁止用于食品生产、销售的非食品原料，情节严重的，依照刑法第225条的规定以非法经营罪定罪处罚。以提供给他人生产、销售食用农产品为目的，违反国家规定，生产、销售国家禁用农药、食品动物中禁止使用的药品及其他化合物等有毒、有害的非食品原料，或者生产、销售添加上述有毒、有害的非食品原料的农药、兽药、饲料、饲料添加剂、饲料原料，情节严重的，依照前款的规定定罪处罚。另外，上述解释第17条第1款规定，违反国家规定，私设生猪屠宰厂（场），从事生猪屠宰、销售等经营活动，情节严重的，依照刑法第225条的规定以非法经营罪定罪处罚。

⑦在预防、控制突发传染病疫情等灾害期间有关市场经营、价格管理等规定，哄抬物价、牟取暴利的行为。根据2003年5月14日最高人民法院、最高人民检察院《关于办理妨害预防、控制突发传染病疫情等灾害的刑事案件具体应用法律若干问题的解释》第6条，违反国家在预防、控制突发传染病疫情等灾害期间有关市场经营、价格管理等规定，哄抬物价、牟取暴利，严重扰乱市场秩序，违法所得数额较大或者有其他严重情节的，依照刑法第225条第4项的规定，以非法经营罪定罪，依法从重处罚。

⑧擅自设立互联网上网服务营业场所，或者擅自从事互联网上网服务经营活动的行为。根据2004年7月16日最高人民法院、最高人民检察院、公安部《关于依法开展打击淫秽色情网站专项行动有关工作的通知》，对于违反国家规定，擅自设立互联网上网服务营业场所，或者擅自从事互联网上网服务经营活动，情节严重，构成犯罪的，以非法经营罪追究刑事责任。根据2005年5月11日最高人民法院、最高人民检察院《关于办理赌博刑事案件具体应用法律

若干问题的解释》第 6 条,未经国家批准擅自发行、销售彩票,构成犯罪的,依照刑法第 225 条第 4 项的规定,以非法经营罪定罪处罚。

关于擅自从事互联网上网服务经营活动的行为的认定,要注意的是:一是经营彩票"优化""缩水"业务的行为,不是非法经营行为。根据最高人民法院研究室《关于经营彩票"优化""缩水"业务定性问题的研究意见》,经营彩票"优化""缩水"业务即通过电脑软件对国家体彩、福彩若干彩种复式组号进行筛选,对彩民所选的号码进行优化是为彩民提供咨询服务的营利活动,由于目前国家有关彩票经营的规定并未禁止此种经营行为,不宜认定为犯罪。如果此种行为属于未经许可的擅自经营行为,可由行政机关予以行政处罚。二是非法提供互联网端口接入服务行为,不构成非法经营罪。因为非法提供互联网接入端口服务的行为不属于《互联网上网服务营业管理场所管理条例》的调整范围,不能适用该条例第 27 条"违反本条例的规定,擅自从事互联网上网服务经营活动……触犯刑律的,依照刑法关于非法经营罪的规定,依法追究刑事责任……"的规定。《电信条例》第 7 条第 3 款规定:"未取得电信业务经营许可证,任何组织或者个人不得从事电信业务经营活动。"非法提供互联网端口接入服务属于未经许可,擅自经营电信业务的行为。需要注意的是,对于擅自经营电信业务的行为,《电信条例》只明确规定应当承担相应的行政责任,而对其他一些违反规定的行为,则明确规定"构成犯罪的,依法追究刑事责任"。鉴于此,对非法提供互联网端口接入服务的行为,以非法经营罪追究刑事责任,有违体系解释原理,不符合罪刑法定原则。

⑨有偿删帖或者有偿发布虚假信息的行为。根据 2013 年 9 月 6 日最高人民法院、最高人民检察院《关于办理利用信息网络实施诽谤等刑事案件适用法律若干问题的解释》第 7 条,违反国家规定,以营利为目的,通过信息网络有偿提供删除信息服务,或者明知是虚假信息,通过信息网络有偿提供发布信息等服务,扰乱市场秩序的,属于非法经营行为"情节严重",依照刑法第 225 条第 4 项的规定,以非法经营罪定罪处罚。

不过,在认定构成非法经营罪的有偿删帖方面,需要注意以下几点:首先,不是所有的有偿删帖都构成本罪。实践中有四种删帖模式:一是网络公关,即通过正常申诉、举报途径,向相关网站申请删帖,或者发动各方关系,找到帖子所在的网址并联系到网站的管理人员,与之沟通,通过网站管理员将帖子删除。二是删除,即采用技术手段将网络上的负面消息删除。这种方式主要用于删除一些论坛或者博客中的帖子。由于论坛或者博客中的帖子比较容易删除,这也成为最为常见的网络有偿删帖方式。三是覆盖,即发布正面的消息来覆盖负面的帖子。这种方式主要用于删除搜索引擎中排在前几页的帖子,通过发布正面的内容覆盖或者打压搜索引擎中前几页的排名。四是黑客攻击,这也是网络有偿删帖公司的最后选择。在前三种方式都无法奏效时,网络有偿删帖公司就会采用黑客技术将帖子删除。其中,第一种情形即通过正常申诉、举报途径,向相关网站申请删帖。这种情形,由于是通过正常程序向相关网站申请删帖,并不符合非法经营罪的前置条件,即"违反国家规定",因此,不能构成非法经营罪。其次,并未严重扰乱市场秩序,情节显著轻微,社会危害性不大,不应认为是犯罪。非法经营罪本质上保护的是政府规制所形成的市场准入秩序。《关于维护互联网安全的决定》第 4 条第 2 项规定,有"删除他人电子邮件或者其他数据资料"字眼,认为侵犯公民通信自由和通信秘密,换而言之侵犯言论自由权和知情权。该决定把这类行为放在保护人身、财产权利这一部分,而不是放在市场秩序这一部分。由此可见,在立法者看来,有偿删帖行为并非属于限制经营的物品或业务,并不能严重扰乱市场秩序,更核心的是侵犯言论自由权和知情权。实践当中存在这样的情形,即客户将一些有关公司或者其本人品牌信誉的维护工作打包委托给行为人,特别是对一些造谣或侮辱性的帖子让行为人想办法删除,此时,行为人尽管收取了一些服务费,但帖子本身是造谣或侮辱性的,那么进行删除,反而是有利于社会管理的。此时的"删帖"行为尽管是有偿的,但也不能将其认定为犯罪。

⑩非法生产销售使用"伪基站"设备的行为。根据 2014 年 3 月 14 日最高人民法院、最高人民检察院、公安部、国家安全部《关于依法办理非法生产销售使用"伪基站"设备案件的意见》,"伪基站"设备是未取得电信设备进网许可和无线电发射设备型号核准的非法无线电通信设备,具有搜取手机用户信息,强行向不特定用户手机发送短信息等功能,使用过程中会非法占用公众移动通信频率,局部阻断公众移动通信网络信号。非法生产、销售、使用"伪基站"设备,不仅破坏正常电信秩序,影响电信运营商正常经营活动,危害公共安全,扰乱市场秩序,而且严重影响用户手机使用,损害公民财产权益,侵犯公民隐私,社会危害性严重。因此,非法生产、销售"伪基站"设备,经鉴定为专用间谍器材的,依照刑法第 283 条的规定,以非法生产、销售专用间谍器材罪追究刑事责任;同时构成非法经营罪的,以非法经营罪追究刑事责任。

⑪非法买卖复方曲马多片的行为。根据 2012 年 6 月 26 日公安部禁毒局《关于非法滥用、买卖复方曲马多片处理意见的通知》,个人非法买卖复方曲马多片经营数额在 5 万元以上,或者违法所得数额在 1 万元以上的;或者单位非法买卖复方曲马多片经营数额在 50 万元以上,或者违法所得数额在 10 万元以上的;或者虽未达到上述数额标准,但两年内因同种非法经营行为受过 2 次以上行政处罚,又进行同种非法经营行为的,应……以"非法经营案"移交公安机关立案追诉。根据 2013 年 5 月 21 日最高人民法院、最高人民检察院、公安部、原农业部、食品药品监管总局《关于进一步加强麻黄草管理严厉打击非法买卖麻黄草等违法犯罪活动的通知》第 3 条第 4 项,违反国家规定采挖、销售、收购麻黄草,没有证据证明以制造毒品或者走私、非法买卖制毒物品为目的,依照刑法第 225 条的规定构成犯罪的,以非法经营罪定罪处罚。根据 2015 年 5 月 18 日最高人民法院《全国法院毒品犯罪审判工作座谈会纪要》第 2 条第 7 款,行为人出于医疗目的,违反有关药品管理的国家规定,非法贩卖国家规定管制的能够使人形成瘾癖的麻醉药品或者精神药品,扰乱市场秩序,情节严重的,以非法经营罪定罪处罚。

⑫擅自接收、转播境外卫星电视的行为。根据 1999 年 4 月 1 日原国家广播电影电视总局、公安部、国家安全部《关于坚决查处擅自接收、转播境外卫星电视的通知》第 4 条,对非法推销、买卖卫星地面接收设施,构成犯罪的,要依照刑法第 225 条的有关规定,追究行为人的刑事责任。根据 2015 年 9 月 18 日最高人民法院、最高人民检察院、公安部、原国家新闻出版广电总局《关于依法严厉打击非法电视网络接收设备违法犯罪活动的通知》第 2 条,违反国家规定,从事生产、销售非法电视网络接收设备(含软件),以及为非法广播电视接收软件提供下载服务、为非法广播电视节目频道接收提供链接服务等营利性活动,扰乱市场秩序的,个人非法经营数额 5 万元以上或违法所得数额在 1 万元以上,单位非法经营数额在 50 万元以上或违法所得数额在 10 万元以上按照非法经营罪追究刑事责任。根据 2017 年最高人民法院、最高人民检察院《关于办理扰乱无线电通讯管理秩序等刑事案件适用法律若干问题的解释》第 4 条,非法生产、销售"黑广播""伪基站"、无线电干扰器等无线电设备,达到一定数额标准的,应当认定为刑法第 225 条规定的"情节严重"。

⑬非法放贷行为。根据 2019 年最高人民法院、最高人民检察院、公安部、司法部《关于办理非法放贷刑事案件若干问题的意见》第 1 条第 1 款,违反国家规定,未经监管部门批准,或者

超越经营范围,以营利为目的,经常性地向社会不特定对象发放贷款,扰乱金融市场秩序,情节严重的,依照刑法第225条第4项的规定,以非法经营罪定罪处罚。

⑭未经许可经营兴奋剂目录所列物质的行为。根据2019年最高人民法院《关于审理走私、非法经营、非法使用兴奋剂刑事案件适用法律若干问题的解释》第2条,违反国家规定,未经许可经营兴奋剂目录所列物质,涉案物质属于法律、行政法规规定的限制买卖的物品,扰乱市场秩序,情节严重的,应当依照刑法第225条的规定,以非法经营罪定罪处罚。

⑮在疫情防控期间,囤积居奇,哄抬物价,牟取暴利的行为。根据2020年最高人民法院、最高人民检察院、公安部、司法部《关于依法惩治妨害新型冠状病毒感染肺炎疫情防控违法犯罪的意见》第2条第4款,在疫情防控期间,违反国家有关市场经营、价格管理等规定,囤积居奇,哄抬疫情防控急需的口罩、护目镜、防护服、消毒液等防护用品、药品或者其他涉及民生的物品价格,牟取暴利,违法所得数额较大或者有其他严重情节,严重扰乱市场秩序的,依照刑法第225条第4项的规定,以非法经营罪定罪处罚。

⑯非法经营非国家重点保护野生动物及其制品的行为。根据2020年最高人民法院、最高人民检察院、公安部、司法部《关于依法惩治妨害新型冠状病毒感染肺炎疫情防控违法犯罪的意见》第2条第9款第3项,违反国家规定,非法经营非国家重点保护野生动物及其制品(包括开办交易场所、进行网络销售、加工食品出售等),扰乱市场秩序,情节严重的,依照刑法第225条第4项的规定,以非法经营罪定罪处罚。当然,符合刑法第341条第3款"违反野生动物保护管理法规,以食用为目的非法猎捕、收购、运输、出售第一款规定以外的在野外环境自然生长繁殖的陆生野生动物,情节严重的,依照前款的规定处罚"情形的,应以非法猎捕、收购、运输、出售陆生野生动物罪定罪处罚。

⑰利用疫情捏造、散布涨价信息、恶意囤积、哄抬价格的行为。根据2020年国家市场监督管理总局办公厅、公安部办公厅《关于新冠肺炎疫情防控期间加强价格行政执法与刑事司法衔接工作的通知》第2条,在新冠疫情防控期间,市场监管部门在查处价格违法案件过程中,发现利用疫情捏造、散布涨价信息、恶意囤积、哄抬价格,有下列情形之一的,应当将案件移送公安机关:个人非法经营数额在5万元以上,或者违法所得数额在1万元以上的;单位非法经营数额在50万元以上,或者违法所得数额在10万元以上的;其他情节严重的情形。

⑱未经依法核准擅自发行基金份额募集基金的行为。根据2022年最高人民法院《关于审理非法集资刑事案件具体应用法律若干问题的解释》第11条,违反国家规定,未经依法核准擅自发行基金份额募集基金,情节严重的,依照刑法第225条的规定,以非法经营罪定罪处罚。

除上述法律以及司法解释中禁止或者限制经营的物品之外,司法实践也有判决将以下情形认定为了非法经营罪:行为人违反国家规定,在无建设、销售许可证的情况下,违法建设、销售房屋,严重扰乱市场秩序的;预售、炒卖骨灰存放格位的;未经国家有关主管部门批准,擅自使用海外注册机构委托招生名义,非法开展中外合作办学活动的;以牟利为目的,依托调查公司,非法经营为他人追讨债务、调查个人隐私等业务的;为了获取非法经济利益,违反国家规定,直接或间接与多家企业商定,采取有偿运作的方式,由行为人等人帮助这些企业在多个铁路建设工程项目招标、投标过程中中标,中标后,行为人等人以收取"中介费"等名义向中标企业或从中标企业分包工程的施工队收取费用的;擅自以国家科研事业单位的名义,组织非法的全国性行业评选活动,并向企业收取评选费用的;在没有真实交易背景的情况下,行为人通过银行工作人员违规办理票据贴现并获取相应费用的;等等。

(3)达到“情节严重”的程度。何谓“情节严重”,刑法中没有具体规定,现行的司法解释通常采用以非法经营数额为基础的综合标准来判断。如2000年最高人民法院《关于审理扰乱电信市场管理秩序案件具体应用法律若干问题的解释》规定了以非法经营行为的经营数额、造成电信资费损失数额或者经营数量接近非法经营行为“情节严重”的数额、数量起点标准,并且“2年内因非法经营国际电信业务或者涉港澳台电信业务行为受过行政处罚2次以上的”或者“因非法经营国际电信业务或者涉港澳台电信业务行为造成其他严重后果的”能够被认定为非法经营罪中的“情节严重”的综合标准,就是其体现。其中,非法经营罪中的“违法所得”,应是指获利数额,即以行为人违法生产、销售商品或者提供服务所获得的全部收入(即非法经营数额),扣除其直接用于经营活动的合理支出部分后剩余的数额。[329] 关于“情节严重”的标准,可以参照相关司法解释。[330]

(二)处罚

依照刑法第225条和第231条的规定,犯本罪的,处5年以下有期徒刑或者拘役,并处或者单处违法所得1倍以上5倍以下罚金;情节特别严重的,处5年以上有期徒刑,并处违法所得1倍以上5倍以下罚金或者没收财产。单位犯本罪,对单位判处罚金,并对其直接负责的主管人员和其他直接责任人员,依照自然人犯本罪的规定处罚。

七、强迫交易罪

(一)概念和构成

本罪,是指以暴力、威胁手段强迫交易,情节严重的行为。

本罪的犯罪构成如下:

1. 主体。本罪的主体是一般主体,个人和单位均可。

2. 危害行为和危害结果。本罪客观上表现为,在正常的市场交易过程中采取暴力、胁迫手段,迫使对方接受显失公平的交易,情节严重。正常的交易秩序是本罪的保护法益,因此,在认定成立本罪时,有无特定交易的存在就尤为关键。作为本罪中的特定交易,具有以下三个特点:(1)合法性,即该交易为我国法律所认可。强迫他人提供或者接受非法的商品或者服务,如侵权销售的光盘、假冒伪劣商品、毒品、色情按摩、赌博等,由于其都不是法律所许可的交易对象,因此,不构成本罪。强买毒品的行为,依照毒品犯罪的相关规定进行处理;强迫他人接受色情服务的,应依照具体的行为手段,考虑构成非法拘禁、故意伤害等犯罪。(2)等价性,即交易必须是等价有偿的,离开这一点,交易就不称其为交易了。如果行为人主观上不具有等价交换的意图,只是以交易为幌子,以暴力、威胁手段,通过极不正常的价格达到非法占有他人财物的目的的话,则该行为与抢劫无异。(3)广泛性,即交易的主体除行为人与被害人之外,还包括第三人。因此,强迫他人与自己交易固然是强迫交易,强迫他人与第三人交易的,也是强迫交易。

具体而言,成立本罪的客观行为,首先,必须具有以下五种行为之一:

第一,以暴力、胁迫为手段,强买强卖商品。其中,所谓暴力,是指对人身体采取物理的强制力量,所谓胁迫是对他人的进行精神强制。由于本罪的最高法定刑已经被修改为7年以下

---

[329] 最高人民法院研究室《关于非法经营罪中“违法所得”认定问题的研究意见》。

[330] 2022年最高人民检察院、公安部《关于公安机关管辖的刑事案件立案追诉标准的规定(二)》第71条。

有期徒刑,因此,这里的暴力,不一定以造成轻伤为限。可以说,强迫交易、暴力致人轻伤的,就是“情节严重”的类型;而致人重伤的,则可以认定为“情节特别严重”的类型。因为这两种情况所对应的法定刑与故意伤害罪中轻伤、重伤所对应的法定刑基本相当。但是,本罪中的暴力,不包括故意杀人或者以特别残忍的手段致人重伤并造成严重残疾的情况。在强迫交易过程中,以特别残忍的手段造成被害人重伤或者死亡的,应当以故意伤害罪或者故意杀人罪处理。所谓威胁,是指行为人以恶害相通告,使对方产生恐惧心理,从而被迫接受不合理的交易条件,完成交易的行为。这种恶害可能包括对交易对方或其亲友的生命、健康、财产、名誉等方面的损害。威胁既可以非法侵犯进行,也可以合法行为方式进行,如以揭发他人的犯罪行为相威胁对方,以便达到本罪的犯罪目的的,就是如此。所谓强买强卖,是指在商品交易中违反法律、法规和商品交易规则,不顾交易对方是否同意,强迫对方买进或者卖出的行为。所谓商品,不仅包括质量合格的商品,也包括有瑕疵的商品;甚至包括伪劣产品。司乘人员向乘客暴力索要高额车费的行为、诱骗他人进店之后强迫其购物的行为、司乘人员施暴强迫乘客“补票”的行为,都是强买强卖的适例。

第二,以暴力、胁迫为手段,强迫他人提供或者接受服务。所谓服务,是为满足他人某种需要而提供一定劳动的行为,这种服务,一般应当是合法的服务,包括洗车工应客人要求清洗车辆、餐厅工作人员应客人要求提供饮食等。“强迫他人提供服务或者强迫他人接受服务”,是指在餐饮、旅游、娱乐、美容、维修等服务行业在营业过程中,违反法律、法规和商业道德以及公平自愿原则,不顾对象是否同意,强迫对方提供服务或者强迫对方接受服务的行为。如强要对方购买某种酒水、强要对方接受某种按摩服务等,都属于此。

第三,以暴力、胁迫为手段,强迫他人参与或者退出投标、拍卖。所谓投标,是指投标人按照招标人提出的条件,在规定的时间内向招标人提出报价,争取承包任务的行为。所谓拍卖,是以公开竞价的方式,将特定的物品或财产权利转让给最高应价者的买卖方式。以暴力、胁迫为手段,强迫他人参与或者退出投标、拍卖,通常指招标人、拍卖人为了高价招标、拍出标的,强行要求他人参与投标、拍卖活动;或者是行为人为了低价中标、取得拍卖标的,强行要求竞标人、竞买人退出投标、拍卖活动。

第四,以暴力、胁迫为手段,强迫他人转让或者收购公司、企业的股份、债券或者其他资产。通常是指强行高价转让或者低价收购公司、企业的股份、债券或者其他资产,也包括以合理价格强迫他人收购其不愿意购买的公司、企业的股份、债券或者其他资产。[331]

第五,以暴力、胁迫为手段,强迫他人参与或者退出特定的经营活动。何谓“强迫他人参与或者退出”,目前没有统一的说法,一般认为,是指在不法分子指定的经营活动范围内,由于屈从于暴力、胁迫手段,在没有选择的情况下,从事或者退出经营活动的情况。[332] 以暴力、胁迫手段强迫他人借贷,属于刑法第226条第2项规定的“强迫他人提供或者接受服务”,情节严重的,以强迫交易罪追究刑事责任;同时构成故意伤害罪等其他犯罪的,依照处罚较重的规定定罪处罚。以非法占有为目的,以借贷为名采用暴力、胁迫手段获取他人财物,符合刑法第263条或者第274条规定的,以抢劫罪或者敲诈勒索罪追究刑事责任。

其次,还必须达到“情节严重”的程度。“情节严重”,是指涉嫌下列情形之一:(1)造成被

---

〔331〕 赵秉志主编:《刑法修正案(八)理解与适用》,中国法制出版社2011年版,第282页。

〔332〕 罗曦:《强迫交易罪的修改与解读》,载《中国检察官》2011年第9期。

害人轻微伤的;(2)造成直接经济损失2000元以上的;(3)强迫交易3次以上或者强迫3人以上交易的;(4)强迫交易数额1万元以上,或者违法所得数额2000元以上的;(5)强迫他人购买伪劣商品数额5000元以上,或者违法所得数额1000元以上的;(6)其他情节严重的情形。以暴力、威胁手段强迫他人参与或者退出投标、拍卖,强迫他人转让或者收购公司、企业的股份、债券或者其他资产,强迫他人参与或者退出特定的经营活动,具有多次实施、手段恶劣、造成严重后果或者恶劣社会影响等情形之一的,应予立案追诉。[333]

3. 主观要件。本罪的主观要件是故意。

(二)本罪的认定

1. 注意本罪与抢劫罪的区分。最高人民法院《关于审理抢劫、抢夺刑事案件适用法律若干问题的意见》第9条第2款规定:从事正常商品买卖、交易或者劳动服务的人,以暴力、胁迫手段迫使他人交出与合理价钱、费用相差不大钱物,情节严重的,以强迫交易罪定罪处罚;以非法占有为目的,以买卖、交易、服务为幌子采用暴力、胁迫手段迫使他人交出与合理价钱、费用相差悬殊的钱物的,以抢劫罪定罪处刑。在具体认定时,既要考虑超出合理价钱、费用的绝对数额,还要考虑超出合理价钱、费用的比例,加以综合判断。实务中,将主观上没有非法占有目的,客观上实施了强迫金融机构工作人员贷款的行为,没有认定为抢劫罪或敲诈勒索罪,而是认定为了本罪。

2. 注意本罪与敲诈勒索罪的区分。二者的区别是:(1)强迫交易罪中存在一个真实的市场交易,行为人索取不正当利益是以这个交易为基础的,而敲诈勒索罪则不以交易行为为要件。(2)客观上,本罪在强迫对方提供或者接受服务后,会要求对方给付高额费用作为对价,而敲诈勒索罪的行为人则完全是无偿占有被害人财物。(3)主观上,本罪的主观目的是牟取超出正常交易互利性的暴利,但支付了一定对价,而敲诈勒索罪的场合则是为了非法占有公私财物。如在被害人等驾驶货车在某路段侧翻,车上货物散出,被当地村民哄抢时,行为人以帮助看守、转运货物,防止货物被抢光相威胁,采取威胁手段,强迫被害人接受其"守货、装货"服务,索取"看守"费、"搬货"费、"转运"费的场合,相较于敲诈勒索,被告人的行为更符合强迫交易行为的特征。

(三)本罪的处罚

依照刑法第226条和第231条的规定,犯本罪的,处3年以下有期徒刑或者拘役,并处或者单处罚金;情节特别严重的,处3年以上7年以下有期徒刑,并处罚金。单位犯本罪,对单位判处罚金,并对其直接负责的主管人员和其他直接责任人员,依照自然人犯罪的规定处罚。

八、伪造、倒卖伪造的有价票证罪

本罪,是指伪造车票、船票、邮票或者其他有价票证,或者倒卖伪造的车票、船票、邮票或者其他有价票证,数额较大的行为。

其中,所谓伪造,是仿照真物制作假物,包括没有制作权限的人冒用他人名义进行伪造的无形伪造和有制作权的人超越权限进行伪造的有形伪造。伪造必须达到足以使一般人误以为真实的程度。尽管我国刑法当中,对伪造和变造进行了严格的区分,但是,2000年12月5日最高人民法院《关于对变造、倒卖变造邮票行为如何适用法律问题的解释》中规定,对变造或者

---

[333] 2017年最高人民检察院、公安部《关于公安机关管辖的刑事案件立案追诉标准的规定(一)的补充规定》第5条。

倒卖变造的邮票数额较大的，应当依照伪造、倒卖伪造的有价票证罪定罪处罚。所谓倒卖，是指低价买进高价卖出，或者转手贩卖，其由买入和卖出两个行为构成，但自己伪造有价票证之后又卖出的行为也是倒卖。本罪的对象是车票、船票、邮票和其他有价票证。“其他有价票证”是指和车票、船票、邮票同性质，具有一定价值，在规定范围内流通和使用的书面凭证，如机动车油票、铁路乘车证及相关证件、洗澡票、餐票、彩票、IC 电话卡[334]以及其他可享有消费优惠的资质证明，但不包括有价证券、金融票证。以有价证券、金融票证为对象的伪造行为成立伪造有价票证罪、伪造金融票证罪。成立本罪，以达到“数额较大”为条件。根据有关司法解释，[335]伪造或者倒卖伪造的车票、船票、邮票或者其他有价票证，涉嫌下列情形之一的，应予立案追诉：(1)车票、船票票面数额累计 2000 元以上，或者数量累计 50 张以上的；(2)邮票票面数额累计 5000 元以上，或者数量累计 1000 枚以上的；(3)其他有价票证价额累计 5000 元以上，或者数量累计 100 张以上的；(4)非法获利累计 1000 元以上的；(5)其他数额较大的情形。

依照刑法第 227 条和第 231 条的规定，犯本罪的，处 2 年以下有期徒刑、拘役或者管制，并处或者单处票证价额 1 倍以上 5 倍以下罚金；数额巨大的，处 2 年以上 7 年以下有期徒刑，并处票证价额 1 倍以上 5 倍以下罚金。单位犯本罪，对单位判处罚金，并对其直接负责的主管人员和其他直接责任人员，依照自然人犯本罪的规定处罚。

九、倒卖车票、船票罪

本罪，是指倒卖车票、船票，情节严重的行为。

其中，倒卖的对象，必须是真实的车票、船票。以出售牟利为目的购买大量火车票尚未售出的，也属于倒卖。成立本罪，要达到“情节严重”的程度。根据 1999 年 9 月 6 日最高人民法院《关于审理倒卖车票刑事案件有关问题的解释》第 1 条规定，高价、变价、变相加价倒卖车票或者倒卖坐席、卧铺签字号及订购车票凭证，票面数额在 5000 元以上，或者非法获利数额在 2000 元以上的，属于本罪中“倒卖车票情节严重”。

依照刑法第 227 条和第 231 条的规定，犯本罪的，处 3 年以下有期徒刑、拘役或者管制，并处或者单处票证价额 1 倍以上 5 倍以下罚金。单位犯本罪，对单位判处罚金，并对其直接负责的主管人员和其他直接责任人员，依照自然人犯本罪的规定处罚。对于铁路职工倒卖车票或者与其他人员勾结倒卖车票；组织倒卖车票的首要分子；曾因倒卖车票受过治安处罚 2 次以上或者被劳动教养 1 次以上，2 年内又倒卖车票，构成倒卖车票罪的，依法从重处罚。[336]

十、非法转让、倒卖土地使用权罪

本罪，是指以牟利为目的，违反土地管理法规，非法转让、倒卖土地使用权，情节严重的行为。

其中，所谓违反土地管理法规，是指违反《土地管理法》、《森林法》、《草原法》等法律以及行政法规中关于土地管理的规定。所谓非法转让土地使用权，是指违反国家法律、法规规定的有关转让、买卖土地使用权的法定程序和条件，将管理和持有的使用权擅自转让给他人的行

---

〔334〕 2003 年最高人民检察院法律政策研究室《关于非法制作、出售、使用 IC 电话卡行为如何适用法律问题的答复》。

〔335〕 2008 年最高人民检察院、公安部《关于公安机关管辖的刑事案件立案追诉标准的规定(一)》第 29 条。

〔336〕 1999 年最高人民法院《关于审理倒卖车票刑事案件有关问题的解释》第 2 条。

为。所谓倒卖土地使用权,是指有偿获得土地使用权以后,转手卖出,从中获取差价的行为。本罪主体是特殊主体即土地使用权的经营管理者和土地使用权的享有者,包括土地主管部门的负责人、开发区的负责人、农村村委会的负责人等。本罪主观方面是故意,且具有倒卖牟利的目的。

就本罪而言,实务中争议较大的问题是,以股权转让方式转让土地使用权行为,是否构成本罪。

所谓以股权转让方式转让土地使用权行为,简单地讲,就是"以股让地",是指持有土地的公司的股东在土地使用权不具备转让条件,或者交易双方为规避土地使用权转让税费等原因,将公司股权转让给受让方,受让方间接获得土地使用权的方式。由于我国《城市房地产管理法》对城市建设用地使用权的转让规定了一些限制条件,而且由于直接进行土地使用权转让,必须缴纳契税、营业税和土地增值税,税负较重,这使得在实践中房地产开发商们经常不直接转让土地使用权,而是转让拥有土地使用权的公司的股权,使受让股东获得对土地的间接控制权和利用权,从而规避了上述税负,也避免了烦琐的手续,但其直接后果就是使得《城市房地产管理法》等法律中的相关规定失效。因此,以股权转让方式转让土地使用权行为是否有效,民法学界存在有效论和无效论之争,其直接后果就是"以股让地"是否构成刑法上的非法转让土地使用权罪。

有罪论认为,"以股让地"系以合法形式掩盖非法目的,即当事人的真实意思为转让土地使用权,但因法律的强制性规定而无法以土地使用权直接转让的方式实现,因此以另一个法律行为(转让股权)掩盖真意,以实现同一效果,应当认定无效,情节恶劣的,应当构成刑法第228条规定的非法转让土地使用权罪。[337] 相反地,无罪论认为,公司股权转让是公司法所保护的法律行为,股权转让并不导致土地使用权权属的转移,土地仍是原公司的财产,股权转让行为与土地使用权转让行为彼此之间相互独立、毫不相关。任何股权变动都会导致资产控制状态的变化,不能仅因股权转让而导致的对于特定资产的间接控制就否定行为本身的效力。因此,"以股让地"的行为不仅在民法上有效,在刑法上也不会构成非法转让土地使用权罪。[338]

本书大致同意无罪论的看法,认为以收购公司股权的方式实现土地使用权的所谓的转移,一般不构成非法转让土地使用权罪。因为,股权收购并不会导致土地使用权的主体发生变化,易言之,土地使用权人并没有变,有变化的是土地使用权人这个法人的股东。

在以股权转让方式转让土地使用权的案件中,行为人之所以采取股权转让的方式进行"迂回操作",正是因为其不满足土地使用权的转让条件(根据我国《土地管理法》《城市房地产管理法》等相关法律规定,只有完成土地开发25%以上的土地开发项目才能转让),在没有

---

[337] 章某芳非法转让土地使用权案,安徽省芜湖县人民法院(2009)芜刑初字第89号刑事判决书、安徽省芜湖市中级人民法院(2009)芜中刑终字第178号刑事裁定书,该案被中国应用法学研究所评选为2010年度"十佳案例"。法院认为:被告人章某芳以公司股权转让的方式,将通过竞标拍得的100亩土地使用权,在没有进行任何投资建设、没有完全支付土地出让金的情况下随同公司一并转让给他人,以股权转让之名,行非法转让土地使用权之实,其行为显然违反了《城市房地产管理法》第38条第1项和第39条第1款和我国法律关于国有土地使用权转让的相关规定,属于非法转让土地使用权行为,被告人章某芳以牟利为目的,违反土地管理法规非法转让土地使用权面积达100亩,从中非法牟利520万元,情节特别严重,其行为严重侵犯了国家的土地管理秩序,完全符合我国刑法关于非法转让土地使用权罪的构成要件,应当以非法转让土地使用权罪追究被告人章某芳的刑事责任。

[338] 陈少青:《以股权转让方式转让土地使用权:刑民关系与犯罪认定——以〈刑事审判参考〉第1451号指导案例为中心》,载《法学家》2024年第3期。

完全支付土地出让金或未达到法定的土地开发进度等情况下,实质性地转让了土地使用权,违反《城市房地产管理法》的相关规定,符合“违反土地管理法规”之要件。但是,对于股权转让行为是否构成本罪,除了该行为“违反土地管理法规”,还需对转让行为及其犯罪结果等要件做实质的判断。

股权转让未必导致“犯罪结果”。由于非法转让土地使用权罪的保护法益为我国的土地市场秩序,若股权转让不会对土地市场秩序造成破坏,没有侵犯本罪的保护法益,则不能以犯罪论处。换言之,对于以股权转让方式转让土地使用权行为的刑法认定,应围绕股权转让是否造成本罪的危害结果来展开。在行为人通过合法方式取得土地使用权的场合,土地使用权的取得与转让基本属于市场行为的范畴,之后通过股权转让方式转让土地使用权一般不会对土地市场秩序造成破坏,故不以犯罪论处。

据此,股权转让可能构成犯罪的情形,只有以下两种:其一,行为人将通过划拨的方式获得的土地使用权,之后以股权转让的方式转让的情形。与土地招拍挂不同,土地划拨是为了公共利益需要,在土地使用者缴纳补偿、安置等费用后,土地被交付使用者使用,或者土地被无偿交付给使用者使用。政府在土地划拨过程中没有严格按照市场规律进行交易,未获得与市场价值相当的土地出让金,所以此类土地在二级市场的转让受到严格限制。其二,行为人将以采取非法手段获得的土地使用权,之后以股权转让的方式转让的情形。如果行为人在一级市场以非法手段(如与国土资源局相关工作人员合谋、操纵或干扰土地竞拍过程等)取得土地使用权,之后的股权转让本质上是对之前非法取得土地使用权的一种“套现”,对包含一级市场与二级市场在内的整个土地市场秩序造成严重破坏。股权转让不仅将之前非法取得土地使用权行为的危害性进一步放大,而且增加了政府维护、治理土地市场秩序的难度,造成严重的危害结果。

实务当中,已经有判例指出,以股权转让方式转让土地使用权的行为不构成非法转让土地使用权罪。在青岛某投资有限公司、栾某先非法转让土地使用权案中,法院认为,股权转让与土地使用权转让存在本质区别,不能将公司内部的股权转让当然地等同于土地使用权转让;以股权转让方式转让土地使用权的行为符合公司法规定,不宜将未违反民事法律的行为作为犯罪处理;青岛瑞驰投资有限公司虽然从股权转让中获利,但这是为了降低投资风险,并无明显的牟利目的;股权转让行为有利于提高土地利用效率、促进土地资源市场化配置,没有侵害土地市场交易秩序。从罪刑法定和保持刑法谦抑性的角度来看,目前并无强制性规定禁止以转让公司股权形式实现土地使用权或房地产项目转让的目的,以此追究行为人的刑事责任依据不足。[339] 这种见解是妥当的。

非法转让、倒卖土地使用权行为成立犯罪,必须达到“情节严重”的程度。所谓“情节严重”,是指下列情形之一:(1)非法转让、倒卖永久基本农田5亩以上的;(2)非法转让、倒卖永久基本农田以外的耕地10亩以上的;(3)非法转让、倒卖其他土地20亩以上的;(4)违法所得数额在50万元以上的;(5)虽未达到上述数额标准,但因非法转让、倒卖土地使用权受过行政处罚,又非法转让、倒卖土地的;(6)其他情节严重的情形。[340]

---

[339] 张文波:《青岛瑞驰投资有限公司、栾钢先非法转让土地使用权案[第1451号]——在土地开发经营过程中,开发商以股权转让方式实现土地使用权流转行为的定性》,载最高人民法院刑事审判第一、二、三、四、五庭主办:《刑事审判参考》总第130辑,人民法院出版社2022年版。

[340] 2022年最高人民检察院、公安部《关于公安机关管辖的刑事案件立案追诉标准的规定(二)》第72条。

依照刑法第228条和第231条的规定,犯本罪的,处3年以下有期徒刑或者拘役,并处或者单处非法转让、倒卖土地使用权价额5%以上20%以下罚金;情节特别严重的,处3年以上7年以下有期徒刑,并处非法转让、倒卖土地使用权价额5%以上20%以下罚金。单位犯本罪的,对单位判处罚金,并对其直接负责的主管人员和其他直接责任人员,依照自然人犯罪的规定处罚。

十一、提供虚假证明文件罪

本罪,是指承担资产评估等职责的中介组织的人员故意提供虚假证明文件,情节严重的行为。[341]

本罪的主体是特殊主体,是指承担资产评估、验资、验证、会计、审计、法律服务、保荐、安全评价、环境影响评价、环境监测等职责的中介组织的人员。所谓中介组织,是指依法成立的资产评估事务所、审计师事务所、会计师事务所、律师事务所等。他们的共同特点是,具有法定资格,站在第三方的立场上,按照法定程序,运用法定知识以客观、公正、实事求是的态度进行评价、证明活动,以维护正常的市场经济秩序。因此,土地评估事务所及评估员、税务师事务所及税务师也可成为本罪主体。车辆安全技术检验机构及其检验人员也是通过自身服务取得收益,同时承担一定社会功能和社会责任,介于政府与社会、政府与企业之间的社会服务机构,与会计师事务所、律师事务所、公证处等同属中介组织,可以成为本罪主体。

本罪实行行为是提供虚假证明文件,情节严重。所谓提供,是指交付。只是制作了虚假证明文件,而没有交付的,不能成立本罪;同时,交付还必须发生在中介活动过程当中,否则也不能成立本罪。所谓证明文件,在这里是指资产评估报告、验资证明、验证证明、审计报告等中介证明。而所谓虚假的证明文件,是指上述证明文件的内容不符合事实、不真实,或杜撰、编造、虚构了事实,或隐瞒了事实真相。虚假,既可以是全部内容虚假,又可以是其中的主要内容虚假。就其表现而言,则由于各种证明文件的内容不同而多种多样。如资产评估师明知公司以实物、工业产权、非专利技术、土地使用权折抵资本或股本与实际不符,或高于其实际价值,或低于其实际价值,但不加指出,并出具评估证明;验证人员,明知公司的财务报告内容不实,会导致股东和社会公众重大损失却不予指出,或者对公司可能造成股东或其他利害关系人的利益损害的公司财务会计处理予以隐瞒或作不实报告;审计人员,代表国家对即将成立的公司金融状况审查过程中,发现股份制公司招股说明书,当年的负债表、损益表、财务变动情况,连续3年的经营情况有虚假内容而置之不理或帮助公司作假;中介组织或其人员,为信用卡申请人提供虚假的财产状况、收入、职务等资信证明材料;[342] 地质工程勘测院和其他履行勘测职责的单位及其工作人员在履行勘察、勘查、测绘职责过程中,故意提供虚假工程地质勘察报告等证

---

〔341〕 本罪为2020年的《刑法修正案(十一)》所修订,将承担"保荐、安全评价、环境影响评价、环境监测"的中介组织的人员增列为了本罪主体,目的是压实保荐人等中介机构的"看门人"职责。其中,保荐人是指企业上市的推荐人。一家企业要想在主板(上海证券交易所、深圳证券交易所)、中小板、创业板上市必须要有保荐人的推荐。保荐人职责就是协助上市申请人进行上市申请,负责对申请人的有关文件做出仔细的审核和披露并承担相应的责任,保荐人在公开、公平、公正、规范、自愿的原则下在本所核准的范围内从事业务,不得擅自超越业务范围、业务权限。

〔342〕 2018年最高人民法院、最高人民检察院《关于办理妨害信用卡管理刑事案件具体应用法律若干问题的解释》第4条第2款。

明文件，情节严重的，[343]都是其体现。所谓情节严重，是指具有下列情形之一：(1)给国家、公众或者其他投资者造成直接经济损失数额在50万元以上的；(2)违法所得数额在10万元以上的；(3)虚假证明文件虚构数额在100万元以上且占实际数额30%以上的；(4)虽未达到上述数额标准，但2年内因提供虚假证明文件受过2次以上行政处罚，又提供虚假证明文件的；(5)其他情节严重的情形。[344]

本罪主观要件是故意。所谓故意，是指明知与实际情况不符而提供。

在本罪的认定中，应当注意本罪与相关犯罪的共犯的区别。本罪原本就是相关犯罪的帮助犯，如行为人将虚假证明文件提供给他人用以欺诈发行股票、债券，原本是欺诈发行股票、债券罪的帮助犯；将虚假证明文件提供给他人虚报注册资本，原本是虚假注册资本罪的帮助犯；将虚假证明文件提供给他人为他人隐匿国有资产服务，原本是贪污罪或者私分国有资产罪的帮助犯。但是，刑法当中既然已经将中介组织人员故意提供虚假证明文件，情节严重的行为独立为犯罪，那么对于这种行为就不能再以相关犯罪的帮助犯定罪处罚了。否则，特别规定就没有实际意义。因此，帮助做虚假验资、提供虚假证明文件的中介组织人员，应当直接以提供虚假证明文件罪定罪处罚，而不能看作为其他犯罪的共同犯罪。

本罪的处罚，依照刑法第229条和第231条的规定，犯本罪的，处5年以下有期徒刑或者拘役，并处罚金；有下列情形之一的，处5年以上10年以下有期徒刑，并处罚金。有本罪行为，同时索取他人财物或者非法收受他人财物构成犯罪的，依照处罚较重的规定定罪处罚。单位犯本罪的，对单位判处罚金，并对其直接负责的主管人员和其他直接责任人员，依照自然人犯本罪的规定处罚。

另外，根据2023年8月15日起实施的最高人民法院、最高人民检察院《关于办理环境污染刑事案件适用法律若干问题的解释》第10条，承担环境影响评价、环境监测、温室气体排放检验检测、排放报告编制或者核查等职责的中介组织的人员故意提供虚假证明文件，具有下列情形之一的，应当认定为刑法第229条第1款规定的“情节严重”：(1)违法所得30万元以上的。(2)2年内曾因提供虚假证明文件受过2次以上行政处罚，又提供虚假证明文件的；“2年内”，以第一次违法行为受到行政处罚的生效之日与又实施相应行为之日的时间间隔计算确定。(3)其他情节严重的情形。实施前述规定的行为，在涉及公共安全的重大工程、项目中提供虚假的环境影响评价等证明文件，致使公共财产、国家和人民利益遭受特别重大损失的，应当依照刑法第229条第1款的规定，处5年以上10年以下有期徒刑，并处罚金。此处的损失包括实施刑法第338条、第339条规定的行为直接造成财产损毁、减少的实际价值，为防止污染扩大、消除污染而采取必要合理措施所产生的费用，以及处置突发环境事件的应急监测费用。实施前述规定的行为，同时索取他人财物或者非法收受他人财物构成犯罪的，依照处罚较重的规定定罪处罚。

十二、出具证明文件重大失实罪

本罪，是指承担资产评估等职责的中介组织的人员，严重不负责任，出具的证明文件有重

---

[343] 2015年最高人民检察院《关于地质工程勘测院和其他履行勘测职责的单位及其工作人员能否成为刑法第二百二十九条规定的有关犯罪主体的批复》。

[344] 2022年最高人民检察院、公安部《关于公安机关管辖的刑事案件立案追诉标准的规定(二)》第73条。

大失实,造成严重后果的行为。

本罪的主体是承担资产评估、验资、验证、会计、审计、法律服务等职责的中介组织的人员。依照有关司法解释,[345]公证组织的公证人员也包括在内。公证员在履行公证职责过程中,严重不负责任,出具的公证书有重大失实,造成严重后果的,也以本罪追究刑事责任。但与提供虚假证明文件罪不同的是,本罪是过失犯,以"造成严重后果"为成立要件。"造成严重后果"是指,涉嫌下列情形之一:(1)给国家、公众或者其他投资者造成直接经济损失数额在100万元以上的;(2)其他造成严重后果的情形。[346]

依照刑法第229条和第231条的规定,犯本罪的,处3年以下有期徒刑或者拘役,并处或者单处罚金。单位犯本罪的,对单位判处罚金,并对其直接负责的主管人员和其他直接责任人员,依照自然人犯本罪的规定处罚。

十三、逃避商检罪

本罪,是指违反进出口商品检验法的规定,逃避商品检验,将必须经商检机构检验的进口商品未报经检验而擅自销售、使用,或者将必须经商检机构检验的出口商品未报经检验合格而擅自出口,情节严重的行为。

其中,所谓逃避商检,是指将必须经商检机构检验的进口商品未报经检验而擅自销售、使用,或者将必须经商检机构检验的出口商品未报经检验合格而擅自出口的行为。必须经过商检机关检验的进出口商品,是指《出入境检验检疫机构实施检验检疫的进出境商品目录》中所列的进出口商品,用于出口的食品,用于包装出口的危险货物的容器,装运出口易腐烂变质食品、冷冻品的船舶、集装箱等运载工具,有关国际条约规定的必须经商检机构检验的进出口商品等。成立本罪,还要求"情节严重",具体是指涉嫌下列情形之一:(1)给国家、单位或者个人造成直接经济损失数额在50万元以上的;(2)逃避商检的进出口货物货值金额在300万元以上的;(3)导致病疫流行、灾害事故的;(4)多次逃避商检的;(5)引起国际经济贸易纠纷,严重影响国家对外贸易关系,或者严重损害国家声誉的;(6)其他情节严重的情形。[347]

依照刑法第230条和第231条的规定,犯本罪的,处3年以下有期徒刑或者拘役,并处或者单处罚金。单位犯本罪的,对单位判处罚金,并对其直接负责的主管人员和其他直接责任人员,依照自然人犯本罪的规定处罚。

---

[345] 2009年最高人民检察院《关于公证员出具公证书有重大失实行为如何适用法律问题的批复》。

[346] 2022年最高人民检察院、公安部《关于公安机关管辖的刑事案件立案追诉标准的规定(二)》第74条。

[347] 2022年最高人民检察院、公安部《关于公安机关管辖的刑事案件立案追诉标准的规定(二)》第75条。

第五章　侵犯公民人身权利、民主权利罪

第一节　概　　说

侵犯公民人身权利、民主权利罪，是指故意或过失地侵犯公民的人身权利、民主权利以及与人身有直接关系的其他权利的行为。

侵犯公民人身权利、民主权利罪具有如下特征：

1. 这类犯罪的保护法益，是公民的人身权利、民主权利，以及与人身直接有关的其他权利。对这些权利的侵害是该类犯罪的实质所在，也是与其他类犯罪相区别的根本标志。所谓人身权利，是指公民依法享有的与其人身不可分离的权利，包括生命、身体健康、性方面的自主决定权、人身自由、人格和名誉、婚姻自由等。所谓民主权利，是指公民依法所享有的管理国家和参加社会政治活动的权利，主要包括公民依法享有的批评、申诉、控告、检举、选举和被选举、宗教信仰自由等方面的权利。与人身直接有关的其他权利，主要包括住宅不受侵犯、劳动、休息、受扶养等方面的权利。

本章有些罪侵犯的是复杂客体，如刑讯逼供罪、暴力取证罪等，既侵犯公民的人身权利，又侵犯司法机关的正常活动。刑法之所以将它们规定在本章，是因为这些罪是以侵犯人身权利为主要内容的。

2. 这类犯罪在客观上表现为，以各种方法侵犯公民的人身权利、民主权利以及其他与人身直接有关的权利。其中的绝大多数犯罪只能以作为的行为方式实施，如强奸罪、侮辱罪、诬告陷害罪等；也有少数犯罪的行为方式，既可以表现为作为，也可以表现为不作为，如故意杀人罪、故意伤害罪等。从刑法规定来看，有的犯罪要求造成一定的结果才构成既遂，如故意杀人罪、故意伤害罪等，有的只要行为实施达到一定的程度，即构成既遂，而不问发生的具体是何种结果，如侮辱罪、诽谤罪、诬告陷害罪等。

3. 这类犯罪的主体，多为一般主体，达到法定责任年龄、具有刑事责任能力的自然人均可构成，也有少数犯罪主体为特殊主体，如刑讯逼供罪的主体只能是司法工作人员。没有司法工作人员身份的人虽然不能单独构成该罪的主体，但可以和有身份的人一道成为该罪的共犯。该类犯罪的刑事责任年龄一般为 16 周岁，但是，对于故意杀人、故意伤害致人重伤或者死亡、强奸等罪，已满 14 周岁不满 16 周岁的人也可构成。按照刑法第 17 条第 3 款，已满 12 周岁不满 14 周岁的人，犯故意杀人、故意伤害罪，致人死亡或者以特别残忍手段致人重伤造成严重残疾，情节恶劣，经最高人民检察院核准追诉的，应当负刑事责任。

4. 这类犯罪的主观要件，除过失致人死亡罪和过失致人重伤罪由过失构成外，其他罪均由故意构成，个别犯罪还以特定犯罪目的为必要要件。

第二节 侵犯生命、身体健康的犯罪

一、故意杀人罪

(一)概念与构成

本罪,是指故意非法剥夺他人生命的行为。其构成如下:

1. 主体。本罪的主体是一般主体。根据刑法第 17 条第 3 款的规定,已满 12 周岁具有辨认和控制自己行为能力的自然人,可以成为故意杀人罪的犯罪主体。

2. 危害行为和危害结果。本罪客观上必须具有非法剥夺“人”的生命的行为,即杀人行为,其特点是直接或者间接作用于人的肌体或者精神,使人的生命在自然死亡之前终结。杀人行为,概括地说,具有以下特点:

(1)行为所指向的对象是受法律保护的自然人的生命。之所以强调这一点,是因为按照刑法第 20 条第 3 款的规定,正在实施行凶、杀人等严重危及人身安全的暴力犯罪行为的人,其生命不受刑法保护,因此,这种人不能成为故意杀人罪的行为对象。但要注意的是,已经被判处死刑将被立即执行的罪犯的生命,对于依法行刑者以外的其他人来说,依然受法律保护,任意剥夺其生命的,仍然构成故意杀人罪。因为,其生命只是针对依法执行死刑的人来说,不受保护,但对于其他人而言,仍然是受保护的。同时,需要注意的是,这里的“人”,除他人之外,也包括自己在内,即自己杀死自己的自杀的行为也是具有社会危害性的行为。我国刑法第 232 条的规定也隐含着这一点。和刑法第 234 条明确规定“故意伤害他人身体的”构成故意伤害罪不同,刑法第 232 条关于故意杀人罪,只是简略地规定“故意杀人”的,没有“他人”的要求。这就意味着,凡人原则上,皆不可杀。之所以如此规定,恐怕是因为,刑法尽管承认被害人具有自己决定是否放弃某种利益以及以什么方式放弃这种利益的自由即自己决定的自由,但生命是这种自由的物质基础和存在前提。剥夺自己生命,即便是自愿的,也是剥夺自己决定自由的物质基础和存在前提,违反了刑法以保护个人自己决定的自由为最高法益的宗旨。[1] 因此,自杀行为也是违法的。

理论上讲,法律上所谓的“人”,除自然人以外,还包括法人即单位在内。但是,作为对生命和身体的犯罪对象的人,只限于有生命、身体的自然人。由于每个人的人格在法律上一律平等,因此,即便是畸形儿,没有发育成熟的初生儿,甚至是面临死亡的重病患者,都是法律上的“人”。

生命是公民最基本的权利,是行使其他一切权利的客观基础和前提。因此,在我国,人的生命受到刑法最严厉的保护。人的生命,始于出生,终于死亡,这是毫无疑问的。但人在什么时候出生,什么时候死亡,即在人的开始和终结的标准问题上,则存在争议。因为,在我国,人的生命处在胎儿阶段的话,其在刑法上是不受保护的,而一旦成为人,就是处罚最为严厉的故意杀人罪的保护对象。因此,在人的意义上,必须弄清何谓出生,何谓死亡。

首先,关于出生及其标准,历来有以下四种学说:阵痛说认为,母亲即将分娩,开始有规则

---

〔1〕 黎宏:《刑法总论问题思考》(第 2 版),中国人民大学出版社 2016 年版,第 380 ~ 381 页。

地阵痛时,就是出生,德国主张这种学说;部分露出说认为,胎儿身体的一部分露出母体时,就是出生,这是日本的通说;全部露出说认为,胎儿身体的全部露出母体时,就是出生,我国台湾地区部分学者提倡这种主张;独立呼吸说认为,胎儿在母体之外,能够通过自己的肺部独立呼吸时,就是出生。我国司法实践和通说主张独立呼吸说。按照这种见解,出生后的婴儿享有受法律保护的生命,可以成为故意杀人罪的行为对象。相反地,胎儿尚在母体之内,不能独立呼吸,因此,其不能成为故意杀人罪的对象。

其次,关于死亡及其标准,主要有综合判断说和脑死说的对立。综合判断说认为,心脏跳动和呼吸作用永久停止,并且具有瞳孔散大等症状的时候,就应判定为死亡。但是,近年来,随着医学技术的发达,人脑已经停止活动但心脏仍在跳动的现象大量存在,与此相应,以人脑活动完全停止作为死亡判断标准的脑死说逐渐有力,而且,随着器官移植技术的发展,从脑死患者身上移植器官的现实必要性也使这种观点受到大力支持。但是,在医学界,就脑死的判断现在仍然没有一个统一的标准,同时,如何防止恶意利用脑死标准来非法剥夺他人生命的措施也没有建立起来,脑死判断标准的普及还需要一个过程,因此,在一定条件下,医学领域出于器官移植的需要可能会认可脑死标准,但就刑法领域而言,还是应当采用综合判断说。从此意义上讲,脑死患者仍然属于刑法上的故意杀人罪的保护对象。

(2)具有剥夺人的生命的行为。杀人行为,首先必须具有能够剥夺人的生命的现实危险。行为是否具有这种现实危险,必须根据行为时所使用的工具、针对的部位、行为的力度、行为对象的身体状况等进行客观的判断。如明知他人是重度心脏病患者而采用恐吓的方法,致使其受惊吓死亡的,也能认定为杀人行为。这里,尽管行为人的手段通常不能引起他人死亡的结果,但由于是针对特定对象而实施,足以引起具有特殊情况的人死亡的结果,因此,可以判定为故意杀人罪的实行行为。

杀人行为,除行为人自己亲手实施之外,还可以利用自然现象或者假他人之手实现。就利用自然现象的情形而言,如将不知情的他人带往常有滚石落下的山区,结果使他人被滚石落下击中死亡的场合,就是如此。但带他人前往山区旅行,碰巧被雷电击中死亡的不属于这种情况。因为,落雷打死人极为罕见。假他人之手杀人,实际上是通常所说的间接正犯,即将他人作为自己的犯罪工具的情形。如某女和情夫正在家里亲热的时候,不料被打猎回来的丈夫看见了,怒火万丈。某女见此情景,忙喊:“快抓强奸犯!”丈夫听见之后,拿起猎枪将某女之情夫开枪打死的场合,就是如此。这里,传统见解认为,某女构成故意杀人罪的间接正犯,她利用丈夫的假想防卫杀死了自己的情夫。但从本书所主张的行为共同说、因果共犯论的立场来看,说行为人构成故意杀人罪的教唆犯也并无不可。

杀人行为尽管形式多样,但不外乎作为和不作为两种。所谓作为形式的杀人,就是积极、主动地使他人生命状态恶化,或者说是主动引起危害他人生命的因果关系,如用手掐死、用刀砍死、用火烧死他人的,都是其体现。要注意的是,作为形式的杀人,种类多样,不一定限定于枪杀、刀杀之类的足以剥夺他人生命的行为。针对特定对象,有些看似不足以剥夺他人生命的行为,特定情况下,也能成为故意杀人罪中的“杀人”行为,帮助自杀行为就是其适例。所谓帮助自杀,是指对已产生自杀意图的人给予精神支持或鼓励、提供自杀工具或场地、授以自杀办法等,帮助自杀者实现自杀意念的行为。特别是在当今网络发达的背景下,将在网上针对劝诱他人走向绝路的所谓“隔空助力”他人轻生的行为,也足以认定为刑法第232条中的“杀人”行为。不作为形式的杀人在理论上是存在的,但从我国现实情况来看,绝大多数所谓的不作为杀人是行为人制造了某种让被害人处于危险的状态,然后利用这种可能引起某种生命危险的行为,并最终达到结果发生的情形而已,实际上就是作为犯。母亲将婴儿放到窗台边上,任其处于危险状态却不救助,以致掉到窗外摔死的场合,就是如此。同样,将严重受伤或者年老体衰的他人放置在无人救助的偏僻地方以致其饿死的行为;阻止他人救助被害人致使被害人死亡的行为,都应当是作为形式的杀人行为,而不是不作为形式的杀人行为。当然,母亲看见婴儿自己爬到窗台边上,不予制止,任其掉下摔死的场合,可能构成不作为的故意杀人。

(3)剥夺人的生命必须是非法的。这是区分合法行为和故意杀人罪的杀人行为的关键所在。执行死刑命令将死刑犯枪决,或为了国家、集体、社会的利益而实施的正当防卫的行为等虽然在形式上都是剥夺了他人的生命,但由于这种行为是法律所允许的,所以,不属于故意杀人罪中的杀人行为。

3. 主观要件。本罪的主观要件是故意,行为人不仅要认识到自己的行为对象是"人",而且对于该人所处的时空位置以及行为状态也必须具有认识,否则,不构成本罪的故意。如同样是对"人"的认识,认识到对方是在大马路上的人,和认识到对方是正在大马路上对他人进行行凶等加害行为的人,这样认识内容的不同对于行为人的主观意志的形成而言,意义完全不同。前者的场合,行为人可能面临"杀死这样的'人'行吗?"的拷问,而后者的场合,行为人当面也会面临"杀死这样的'人'行吗"的拷问,但更多地恐怕会有实施该种行为为法律所允许或者鼓励的见义勇为的认识。行为人的这种认识,对评价其行为是不是应当以故意犯罪加以谴责的评价具有直接影响。因此,作为本罪的故意内容,不仅仅是行为人"明知自己的行为会造成他人死亡,并且希望或者放任死亡结果的发生",而应当是行为人"明知自己的行为会造成无辜的人死亡的结果,并且希望或者放任死亡结果的发生"。

(二)本罪的认定

在本罪的认定上,应当注意以下几个问题:

1. 本罪与放火等危害公共安全罪的区别。实践中,常有采用放火、决水、爆炸、投放危险物质等手段杀人的情形,这种场合下,形成故意杀人罪与放火、决水、爆炸、投放危险物质等犯罪之间的竞合,应按照想象竞合犯的处理原则,从一重处断。从作为犯罪后果的法定刑的角度来看,和放火、决水等犯罪相比,故意杀人罪属于重罪,但刑法学的通常见解认为,在上述场合,放火、决水、爆炸等为重罪,应当依照后者加以定罪处罚。[2] 当然,在放火、决水、爆炸等行为尚不足以危害公共安全的场合,则直接以故意杀人罪论处。

2. 注意相关条文对故意杀人罪的认定。根据刑法第238条(非法拘禁罪)、第247条(刑讯逼供罪、暴力取证罪)、第289条、第292条(聚众斗殴罪)的规定,对非法剥夺他人人身自由使用暴力致人死亡的,刑讯逼供或暴力取证致人死亡的,虐待被监管人致人死亡的,聚众"打砸抢"致人死亡的,聚众斗殴致人死亡的,应以故意杀人罪论处。

在适用这些条款的规定时,必须注意以下几点:(1)这些条款属拟制条款,而不是注意条款。另外,在实际的认定过程中,还应当注意将"致人自杀"和"致人死亡"的情况区分开来。对出现前者的,一般不以故意杀人罪论处。(2)在人数众多的聚众斗殴活动中,有些被告人致人死亡,有些被告人只是致人轻伤,对他们不应一概定为故意杀人罪,应分别论处。对于聚众斗殴的首要分子和直接致人死亡的人,定故意杀人罪,而其他的积极参与者,则只能定聚众斗

---

[2] 贾宇主编:《刑法学》(下册·各论),高等教育出版社2019年版,第113页。

殴罪。聚众斗殴罪的最高刑是10年有期徒刑，而故意杀人罪可定10年以上有期徒刑、无期徒刑以至死刑，可见两者的处罚相去甚远，所以，一定要对罪责不同的被告人分别定罪处罚，以体现罪刑相适应原则。

3. 实施“安乐死”的，一般以故意杀人罪论处。生命是一个人最为重要的权利，是自己决定权的物质基础和存在前提，即便具有被害人本人的同意，他人也不得对其加以剥夺；同时，从我国现在的医疗水准、道德观念和法治状况来看，也不宜实行安乐死。将安乐死的行为一概认定为无罪，可能会导致相反的后果，引起社会的不安。但是，对没有治愈希望的晚期患者，不实施或者停止维持其生命的措施，让其体面地、自然地迎接死亡来临的行为即尊严死，与安乐死不同，应当允许。因为，在一般的医疗当中，患者在具有接受治疗的权利的同时，也具有拒绝治疗的权利。拒绝一定治疗的决定，即便在他人看来不合理，但只要是具有判断能力的人，基于自己的意思而做出的，也应当认可；劝说这种状况下的患者接受治疗是可以的，但绝对不允许对其强制医疗。当然，即便在这种场合，也应当采取继续补充水分和营养等措施，让患者自然地等待生命的结束。

4. 对与自杀有关的案件，应具体分析，区别对待。自杀是自愿结束自己生命的行为，由于其中包含有被害人同意的因素，故其本身不构成犯罪，但引起、促成自杀的原因比较复杂，其中有的人对他人的自杀应当承担刑事责任。下面对涉及刑事责任的几种情况分别说明。

（1）相约自杀。所谓相约自杀，是指二人以上相互约定，一起自杀的行为。如果相约双方均自杀身亡，自不存在刑事责任问题。但现实情况并非都是如此，因此，就出现了如何处理的问题。对此，要区分情况，分别对待。如果相约自杀，由其中一方杀死对方，继而自杀但未得逞的，应以故意杀人罪论处，但量刑时可以从轻处罚；如果以相约自杀为名，诱骗他人自杀的，则构成一般的故意杀人罪；双方相约自杀，在一方实施自杀行为之后，另一方反悔发生思想变化而不实施自杀行为，对实施自杀的一方故意不予抢救而致其死亡的，对另一方可以遗弃罪定罪处罚。但是，相约共同烧炭自杀，一方死亡，另一方未死的场合，未死一方不构成故意杀人罪。因为，自杀未遂的场合，自杀者一方面是行为人，另一方面也是被害人，存在被害人同意而降低其社会危害性的情形，使自杀行为没有达到可罚的程度，难以对自杀未遂行为作为犯罪处理。

（2）引起他人自杀。意思是行为人所实施的某种行为引起他人自杀身亡。一是正当行为和错误行为或轻微违法行为引起他人自杀的，不存在刑事责任问题。不能因为引起了他人自杀，就将其正当行为、错误行为或违法犯罪行为当作犯罪行为处理。二是严重违法行为引起他人自杀身亡，将严重违法行为与引起他人自杀身亡的后果进行综合评价，达到了成立犯罪的社会危害程度时，应当追究刑事责任。如诽谤他人，行为本身的情节并不严重，但引起他人自杀身亡，便可综合起来认定行为情节严重，将该行为以诽谤罪论处。三是犯罪行为引起他人自杀身亡，但对自杀结果并没有故意时，应按先前的犯罪行为论罪。例如，强奸妇女引起被害妇女自杀的，仍以强奸罪定罪处罚，他人自杀后果只需在量刑上予以考虑即可。

（3）教唆或帮助他人自杀。所谓教唆他人自杀，是指让没有自杀意思的人产生自杀念头；所谓帮助他人自杀，是指为已有自杀意思的人提供方便，使其自杀。如传授无痛苦的自杀方法、承诺照顾被害人的妻女打消自杀者的后顾之忧等，就属于此。教唆、帮助他人自杀的犯罪，是不是构成犯罪，各种立法态度不一。日本刑法将其规定为了犯罪，德国却没有。2017年最高人民法院、最高人民检察院《关于办理组织、利用邪教组织破坏法律实施等刑事案件适用法律若干问题的解释》第11条规定，组织、策划、煽动、教唆、帮助邪教组织人员自杀的，依照刑法

第232条的规定,以故意杀人罪定罪处罚。对此,支持者认为,这是我国司法实践承认教唆、帮助自杀行为构成犯罪的明确体现,但反对者认为,这是有关邪教组织利用他人的无知或者迷信让人自杀的正犯规定,而不是教唆、帮助他人自杀的共犯规定。因此,两派意见相持不下。

本书认为,故意杀人中的"人"包括自己在内,自杀也是杀人,因此,教唆或帮助自杀的行为可以作为故意杀人罪论处。特别是在我国当前若被害人已经死亡,事实真相的查明在很大程度上依赖于犯罪嫌疑人、被告人口供的情况下,如果说参与他人自杀的行为不构成犯罪的话,极有可能为故意杀人罪犯的开脱提供一个合法渠道,会使大量的有罪案件变为无罪。实务当中,有将明知他人有强烈自杀倾向仍然通过言行强化他人自杀决意,并提供自杀工具、帮助他人完成自杀行为的,认定为故意杀人罪追究刑事责任的案例。[3]

当然,在将教唆或者帮助自杀行为认定为故意杀人罪的场合,应当注意以下两点:一是威逼或者欺骗也能成立教唆,但是他人丧失了意思决定自由的时候,使其自杀的,成立故意杀人罪的正犯;二是教唆自杀,必须是在他人没有自杀意图的情况下,故意唆使他人去自杀。如果无意当中引起他人自杀即过失引起他人自杀念头的,不能认为是教唆自杀。

(4)威逼他人自杀。即行为人凭借某种权势或利用某种特殊关系,以暴力、威胁方法,故意强迫他人自杀身亡,这是典型的借被害人之手杀死被害人,应以故意杀人罪论处。有关司法解释也认可了这一点。最高人民法院、最高人民检察院《关于办理组织、利用邪教组织犯罪案件具体应用法律若干问题的解释》第11条规定,组织、利用邪教组织制造、散布迷信邪说,指使、胁迫其成员或者其他人实施自杀、自伤行为的,分别依照刑法第232条、第234条的规定,以故意杀人罪或者故意伤害罪定罪处罚。最高人民法院所公布的相关判例当中,也认可了这种情形。[4]

(5)对"大义灭亲"的行为,应以故意杀人罪论处。我国不承认"家法",对一切违法犯罪人都应该交由司法机关处理,法律不允许任何人以任何理由私自处死他人。行为人违法犯罪的,只能交由司法机关处理,私自处死违法犯罪的亲属的,同样构成故意杀人罪,但量刑时可以从轻处罚。

5. 误认尸体为活人而杀害的处理。实践当中,常常将行为人出于杀人的故意,误把刚死不久的尸体当作活人加以杀害的行为,认定为故意杀人罪的未遂犯。这种做法是有一定道理的。因为,人的生死之间的界限并不是黑白分明的,存在一个灰色的过渡阶段,处在这个阶段上的生命到底是生还是死,法医学也难以做出准确的判断;同时,生命是刑法最为重要的保护法益之一,为了体现这一点,从刑事政策的角度来考虑,也有必要将这种行为作为犯罪考虑。只是因为行为当时,被害人生死不明,从有利于被告人的角度考虑,所以,将这种情况作为未遂犯从宽处罚。

(三)处罚

依照刑法第232条的规定,犯本罪的,处死刑、无期徒刑或者10年以上有期徒刑;情节较轻的,处3年以上10年以下有期徒刑。所谓情节较轻的故意杀人,通常是指当场激于义愤的

---

〔3〕 罗灿、徐辉:《刘祖枝故意杀人案[第746号]——提供农药由丈夫自行服下后未采取任何救助措施,导致丈夫中毒身亡的,如何定罪处罚》,载最高人民法院刑事审判第一、二、三、四、五庭主办:《刑事审判参考》总第84辑,法律出版社2012年版。

〔4〕 姚某荣诱逼他人自杀案,载最高人民法院中国应用法学研究所编:《人民法院案例选(刑事卷)》(1992~1996年合订本),人民法院出版社1997年版,第274页。

杀人、因受被害人长期迫害的杀人、基于被害人请求的杀人以及大义灭亲的杀人，被害人有重大过错的故意杀人行为，等等。

在司法实践中，对于故意杀人案件，在处罚上，应当注意以下几方面：[5]

1. 注意区分两类不同性质的案件。故意杀人、故意伤害侵犯的是人的生命和身体健康，社会危害大，直接影响到人民群众的安全感，2010 年印发的最高人民法院《关于贯彻宽严相济刑事政策的若干意见》第 7 条将故意杀人、故意伤害致人死亡犯罪作为严惩的重点是十分必要的。但是，实践中的故意杀人、伤害案件复杂多样，处理时要注意分别案件的不同性质，做到区别对待。

实践中，故意杀人、伤害案件从性质上通常可分为两类：一类是严重危害社会治安、严重影响人民群众安全感的案件，如极端仇视国家和社会，以不特定人为行凶对象的案件；另一类是因婚姻家庭、邻里纠纷等民间矛盾激化引发的案件。对于前者应当作为严惩的重点，依法判处被告人重刑直至判处死刑。对于后者处理时应注意体现从宽的精神，在判处重刑尤其是适用死刑时应特别慎重，除犯罪情节特别恶劣、犯罪后果特别严重、人身危险性极大的被告人外，一般不应当判处死刑。之所以对民间矛盾激化引发的案件，从宽处理，主要是因为，通常认为，民间矛盾激化引发的犯罪，不论罪行轻重，均属于事出有因。另外，针对特定对象实施的犯罪，这就决定了实施此类犯罪的被告人的主观恶性、人身危险性，明显要小于发生在社会上针对不特定对象实施同类犯罪的被告人。而且，因民间矛盾激化引发的案件，被告人、被害人双方多存在邻里、婚恋等较为密切的关系，有的还是同一家庭成员。而且，对于矛盾的引发和积累，往往双方都有责任。对于此类案件，如果简单地一判了之、一杀了之，往往会使当事人双方结下更深的仇恨，甚至是世代冤仇。对于被害人在起因上存在过错，或者是被告人案发后积极赔偿，真诚悔罪，取得被害人或其家属谅解的，应依法从宽处罚，对同时有法定从轻、减轻处罚情节的，应考虑在无期徒刑以下裁量刑罚。同时应重视此类案件中的附带民事调解工作，努力化解双方矛盾，实现积极的"案结事了"，增进社会和谐，达成法律效果与社会效果的有机统一。

此外，实践中一些致人死亡的犯罪是故意杀人还是故意伤害往往难以区分，在认定时除从作案工具、打击的部位、力度等方面进行判断外，也要注意考虑犯罪的起因等因素。对于民间纠纷引发的案件，如果难以区分是故意杀人还是故意伤害时，一般可考虑定故意伤害罪。

2. 充分考虑各种犯罪情节。犯罪情节包括犯罪的动机、手段、对象、场所及造成的后果等，不同的犯罪情节反映不同的社会危害性。犯罪情节多属酌定量刑情节，法律往往未作明确的规定，但犯罪情节是适用刑罚的基础，是具体案件决定从严或从宽处罚的基本依据，需要在案件审理中进行仔细甄别，以准确判断犯罪的社会危害性。有的案件犯罪动机特别卑劣，比如为了铲除政治对手而雇凶杀人的，也有一些人是出于义愤，甚至是"大义灭亲"、"为民除害"的动机杀人。有的案件犯罪手段特别残忍，比如采取放火、泼硫酸等方法把人活活烧死的故意杀人行为。以一般人难以接受的方法杀人的，可以认定为故意杀人罪的手段特别残忍。犯罪后果也可以分为一般、严重和特别严重几档。在实际中一般认为故意杀人、故意伤害致 1 人死亡的为后果严重，致 2 人以上死亡的为犯罪后果特别严重。特定的犯罪对象和场所也反映社会危

[5] 以下内容，参见 2010 年最高人民法院刑三庭《在审理故意杀人、伤害及黑社会性质组织犯罪案件中切实贯彻宽严相济刑事政策》。

害性的不同,如针对妇女、儿童等弱势群体或在公共场所实施的杀人、伤害,就具有较大的社会危害性。以上犯罪动机卑劣,或者犯罪手段残忍,或者犯罪后果严重,或者针对妇女、儿童等弱势群体作案等情节恶劣的,又无其他法定或酌定从轻情节的应当依法从重判处。如果犯罪情节一般,被告人真诚悔罪,或有立功、自首等法定从轻情节的,一般应考虑从宽处罚。

实践中,故意杀人、伤害案件的被告人既有法定或酌定的从宽情节,又有法定或酌定从严情节的情形比较常见,此时,就应当根据《关于贯彻宽严相济刑事政策的若干意见》第28条,在全面考察犯罪的事实、性质、情节和对社会危害程度的基础上,结合被告人的主观恶性、人身危险性、社会治安状况等因素,综合作出分析判断。

3. 充分考虑主观恶性和人身危险性。《关于贯彻宽严相济刑事政策的若干意见》第10、16条明确了被告人的主观恶性和人身危险性是从严和从宽的重要依据,在适用刑罚时必须充分考虑。主观恶性是被告人对自己行为及社会危害性所抱的心理态度,在一定程度上反映了被告人的改造可能性。一般来说,经过精心策划的、有长时间计划的杀人、伤害,显示被告人的主观恶性大;激情犯罪,临时起意的犯罪,因被害人的过错行为引发的犯罪,显示的主观恶性较小。对主观恶性大的被告人要从严惩处,主观恶性较小的被告人则可考虑适用较轻的刑罚。故意杀人(未遂)手段特别残忍,后果特别严重,罪当判处死刑立即执行,但在二审期间被告人真诚悔罪,其亲属代为赔偿被害人的经济损失,并由此获得了被害人及其亲属的谅解而达成和解协议的,可以改判死刑,缓期2年执行。

人身危险性即再犯可能性,可从被告人有无前科、平时表现及悔罪情况等方面综合判断。人身危险性大的被告人,要依法从重处罚。如累犯中前罪系暴力犯罪,或者曾因暴力犯罪被判重刑后又犯故意杀人、故意伤害致人死亡的;平时横行乡里,寻衅滋事杀人、伤害致人死亡的,应依法从重判处。人身危险性小的被告人,应依法体现从宽精神。如被告人平时表现较好,激情犯罪,系初犯、偶犯的;被告人杀人或伤人后有抢救被害人行为的,在量刑时应该酌情予以从宽处罚。

未成年人及老年人的故意杀人、伤害犯罪与一般人犯罪相比,主观恶性和人身危险性等方面有一定特殊性,在处理时应当依据《关于贯彻宽严相济刑事政策的若干意见》第20、21条考虑从宽。对犯故意杀人、伤害罪的未成年人,要坚持"教育为主,惩罚为辅"的原则和"教育、感化、挽救"的方针进行处罚。对于情节较轻、后果不重的伤害案件,可以依法适用缓刑,或者判处管制、单处罚金等非监禁刑。对于情节严重的未成年人,也应当从轻或减轻处罚。对于已满14周岁不满16周岁的未成年人,一般不判处无期徒刑。对于70周岁以上的老年人犯故意杀人、故意伤害罪的,由于其已没有再犯罪的可能,在综合考虑其犯罪情节和主观恶性、人身危险性的基础上,一般也应酌情从宽处罚。

4. 严格控制和慎重适用死刑。故意杀人和故意伤害犯罪在判处死刑的案件中所占比例最高,审判中要按照《关于贯彻宽严相济刑事政策的若干意见》第29条的规定,准确理解和严格执行"保留死刑,严格控制和慎重适用死刑"的死刑政策,坚持统一的死刑适用标准,确保死刑只适用于极少数罪行极其严重的犯罪分子;坚持严格的证据标准,确保把每一起判处死刑的案件都办成铁案。对于罪行极其严重,但只要有法定、酌定从轻情节,依法可不立即执行的,就不应当判处死刑立即执行。对罪行极其严重、手段特别残忍、情节特别恶劣的故意杀人未遂,可不从轻处罚的,考虑适用死刑立即执行。[6] 对在醉酒状态下实施故意杀人行为的,一般不应判处死刑立即执行,但单纯的醉酒状态不足以作为酌定从轻处罚情节,是否予以从轻处罚,应结合其他认罪、悔罪等情节予以综合考虑。

对于自首的故意杀人、故意伤害致人死亡的被告人,除犯罪情节特别恶劣,犯罪后果特别严重的,一般不应考虑判处死刑立即执行。对亲属送被告人归案或协助抓获被告人的,也应视为自首,原则上应当从宽处罚。对具有立功表现的故意杀人、故意伤害致死的被告人,一般也应当体现从宽,可考虑不判处死刑立即执行。但如果犯罪情节特别恶劣,犯罪后果特别严重的,即使有立功情节,也可以不予从轻处罚。

共同犯罪中,多名被告人共同致死一名被害人的,原则上只判处一人死刑。处理时,根据案件的事实和证据能分清主从犯的,都应当认定主从犯;有多名主犯的,应当在主犯中进一步区分出罪行最为严重者和较为严重者,不能以分不清主次为由,简单地一律判处死刑。在雇佣杀人犯罪中,雇主没有参与实施实行行为的,属于教唆犯;雇主与被雇佣者共同实施实行行为的,雇主既属于教唆犯,又属于实行犯。量刑时,对雇主与被雇佣者应区别上述情况具体判定,不应一律同罪同罚。

二、过失致人死亡罪

本罪,是指过失致使他人死亡的行为。

过失致人死亡,包括疏忽大意的过失致人死亡和过于自信的过失致人死亡两种。前者是指,行为人应当预见到自己的行为可能造成他人死亡的结果,但因为疏忽大意而没有预见,以致造成他人死亡的结果;后者是指行为人已经预见到其行为可能会造成他人死亡的结果,但由于轻信能够避免,以致造成他人死亡的结果。本罪在客观方面主要表现为,在日常生活中,对他人的生命安全缺乏应有的关注,因作为或者不作为而致使他人死亡。如为了吓唬挡在车前要钱的村民,发动汽车向前滑行,不料将村民撞倒轧死的行为;违章加高车身,在行驶过程中,不料和违章架设的电线接触,导致乘客触电死亡的行为;喝酒过程中和他人发生争吵,用左手打他人一巴掌,致他人跌倒,头枕部与地面撞击受伤死亡的行为;两人分别驾驶汽车、三轮农用车往某地收购点运送甜菜,因争抢车位双方发生争执,继而在一方的车棚顶上厮打起来,在厮打过程中二人从车棚顶部坠下,造成一方颈椎脱位并骨折、颈髓受损导致呼吸循环衰竭死亡的行为;司机深夜听从醉酒者的要求,在高速公路的停车道上停留让其下车,结果被汽车撞死的行为;两人在五楼的楼梯口发生口角,一方拉扯另一方去派出所,另一方不去,拉扯过程中,一方用力过猛,致使两人同时摔倒,其中一方摔倒后跌至四楼至五楼楼梯口水泥地处,造成严重脑伤而死亡的行为;将裹有毒药的香肠放在工棚里的床下,准备下班后伺机药狗,不料被常来

---

〔6〕 李晓光、赵娟:《覃玉顺强奸、故意杀人案[第657号]——对罪行极其严重的故意杀人未遂犯,能否适用死刑立即执行》,载最高人民法院刑事审判第一、二、三、四、五庭主办:《刑事审判参考》总第77辑,法律出版社2011年版。最高人民法院经复核认为,本案中,被告人覃某顺违背妇女意志,采用暴力手段奸淫妇女的行为构成强奸罪;覃某顺强奸被害人后为防止罪行败露而故意非法剥夺被害人生命的行为又构成故意杀人罪。覃某顺持刀捅刺被害人代某胸部后将代某奸淫,为掩盖罪行而持刀捅刺代某的腹部致代某小肠外露并滚下山坡,在发现代某未死后再次持刀捅刺并扯断代某小肠,犯罪动机卑劣,手段特别残忍,情节特别恶劣,罪行极其严重,应依法严惩并数罪并罚。虽然覃某顺故意杀人系未遂,但根据本案的事实、性质、情节和对社会的危害程度,依法可不从轻处罚。核准维持第一审对被告人覃某顺以故意杀人罪判处死刑,剥夺政治权利终身,以强奸罪判处有期徒刑10年,决定执行死刑,剥夺政治权利终身的刑事裁定。

工棚玩耍的小孩偷吃,致其死亡的行为;粗心父母将孩子遗忘车内导致其被闷死的行为等,都是过失致人死亡的行为。

在本罪的认定中,应当注意以下问题:

1. 过于自信的过失致人死亡罪与(间接)故意杀人罪的界限。两罪的相同之处在于都造成了他人死亡的结果,不同之处在于,主观要求不同。在过失致人死亡罪的场合,行为人对自己的行为会导致死亡结果的一点没有认识,而间接故意杀人罪当中,行为人对自己的行为会引起死亡结果的一点是有认识的。详言之,在过于自信的过失的场合,行为人在实施违反生活常规的行为时,可能会意识到自己的行为会引起他人死亡的危险结果,但其马上又根据行为时的各种主客观条件如对方的年龄、身体状况、本人的行为和手段、当时的客观环境等,做出了不可能发生该种结果的否定判断,即轻信能够避免。[7] 因此,就过于自信的过失致人死亡罪而言,行为人尽管应当意识到,但实际上并没有意识到自己的行为会引起致人死亡的结果;相反地,在(间接)故意杀人罪的场合,行为人已经认识到自己的行为可能导致他人死亡的结果发生,只是没有积极追求该种结果的发生,而是采取了放任的态度,即听之任之、漠然置之。因此,在行为当时,行为人认为存在各种有利于自己的条件,确信不会发生致死结果但最终仍然发生了的场合,就是过失致人死亡罪。相反地,如果根本不存在不会引起死亡结果的有利条件时,就是(间接)故意杀人罪。如在为了让跳入池塘中的小偷上岸而向池塘中扔石块,砸中小偷头部,致使其死亡的场合,行为人对向池塘中扔石头可能砸中他人头部的事实是有认识的,也没有采取任何避免结果发生的措施,因此,其对小偷的死伤结果应当构成故意犯,而不是过失犯。[8]

2. 疏忽大意的过失致人死亡与意外事件致人死亡的界限。二者的相同之处在于:行为人对于死亡结果的发生都未预见,而且,对结果的发生都持否定的态度。因此,在实践中常常发生认定上的困难。区分二者的关键在于行为人对于死亡结果的发生是否应当预见。这需要根据行为人当时的认识能力、所处环境、本人的一些具体情况等综合分析判断。如果行为人应当预见而没有预见的场合,就是疏忽大意的过失致人死亡罪;如果行为人在当时情况下根本不可能预见,则应属意外事件,不负刑事责任。如不知他人患有心脏病,在争吵过程中推搡并脚踢他人非要害部位,致使他人心脏病发作经抢救无效死亡的,不构成过失致人死亡罪,属于意外事件,不承担刑事责任;[9] 轻微殴打导致被害人倒地磕碰死亡的,应认定为过失致人死亡罪。[10] 但要注意的是,尽管不知道对方患有某种疾病或者属于特异体质,但如果对方属于年迈者,或者从外形上看,明显属于老弱病残时,行为人不得以无法预见为由而否定其具有过失。

3. 各行为人在同时侵害被害人时,缺乏共同犯意联络,虽然相信会避免结果发生,但最终致使被害人死亡的,不构成共同(间接)故意杀人罪,应分别以过失致人死亡罪论处。

---

[7] 徐振华、徐竹芃:《杨春过失致人死亡案[第635号]——如何区分过失致人死亡罪与故意伤害罪(致死)》,载最高人民法院刑事审判第一、二、三、四、五庭主办:《刑事审判参考》总第75辑,法律出版社2010年版。

[8] 当然,这种情况更有可能构成故意伤害(致死)罪,且属于防卫过当。

[9] 刘某被控过失致人死亡宣告无罪案,载最高人民法院中国应用法学研究所编:《人民法院案例选》2007年第1辑(总第59辑),人民法院出版社2007年版。

[10] 于同志:《张润博过失致人死亡案[第1080号]——轻微暴力致人死亡案件如何定性》,载最高人民法院刑事审判第一、二、三、四、五庭主办:《刑事审判参考》总第103辑,法律出版社2016年版。法院认为,被告人张某博在因琐事与被害人发生争执并相互殴打时,应当预见自己的行为可能造成被害人伤亡的后果,由于疏忽大意未能预见,致被害人倒地后因颅脑损伤死亡,其行为已构成过失致人死亡罪。

依照刑法第233条的规定，犯本罪的，处3年以上7年以下有期徒刑；情节较轻的，处3年以下有期徒刑。本法另有规定的，依照规定。

三、故意伤害罪

（一）概念和构成

本罪，是指故意非法损害他人身体健康的行为。其构成如下：

1. 主体。本罪的主体是一般主体。按照刑法第17条第3款，已满12周岁不满14周岁的人，犯故意伤害罪，致人死亡或者以特别残忍手段致人重伤造成严重残疾，情节恶劣，经最高人民检察院核准追诉的，应当负刑事责任。

2. 危害行为和危害结果。本罪的危害行为是针对他人身体进行“伤害”，危害结果是损害他人身体健康。具体来说，包括以下内容：

（1）行为指向的对象是他人的身体。他人身体的内容，必须结合本罪的保护法益来认定。关于本罪的保护法益，通常见解认为是他人的身体健康，即他人肢体、器官、组织的完整和正常生理机能。[11] 有力说认为是他人的身体健康和身体的完整性。之所以这样理解，是因为有些伤害行为可能仅仅侵害他人身体，未对健康造成实质性侵害，如一些毁容案件，并没有影响身体的功能，同样成立刑法上的伤害。[12]

本书同意通常见解，认为故意伤害罪的保护法益是他人的身体健康即正常的生理机能。正如损伤身体使皮肤出血、骨折或者患病一样，损害他人的身体健康即生理机能的行为，毫无疑问地构成伤害。同时，使病人的病情进一步恶化的行为，即便没有造成他人身体外形上的变化，也是对其身体机能的损害，属于伤害。如按照《人体损伤程度鉴定标准》，重度智能减退或者器质性精神障碍，生活完全不能自理的属于重伤；脑神经损伤引起相应神经功能障碍的属于轻伤。[13] 因此，认为只要具有生理机能上的损害，就构成刑法上的伤害的见解，是有其合理性的。相反地，即便造成了他人身体外形上的重大变化，只要没有影响他人的生理机能，也不能说具有伤害。如强行将他人的头发剪掉、剃成光头的行为，只要看作侮辱罪就够了，没有必要作为故意伤害罪处理。

因为故意伤害罪的保护法益是他人的身体健康，因此，剥夺他人生命的行为，就不能构成本罪，而是杀人犯罪；又因为侵害的对象是他人的身体健康，因此，有意伤害自己身体的自伤行为，只要不影响国家、社会或者他人利益，法律不予禁止，不构成本罪。例如，军人为逃避义务，在战时自伤自己身体的，应按刑法第434条的规定处罚。组织、利用邪教组织，制造、散布迷信邪说，组织、策划、煽动、胁迫、教唆、帮助其成员或者他人实施自杀、自伤的，依照故意杀人罪或者故意伤害罪定罪处罚。[14] 这里的“指使、胁迫”已经不是一般意义上的教唆，而是程度更高的“支配”，即行为人已经通过“迷信邪说”支配了自伤者的意志自由，使自伤者成为了行为人手中的工具。行为人将被利用者作为工具或者手段加以支配，让其自伤的，构成故意伤害罪。

---

〔11〕 刘艳红、夏伟主编：《刑法学》（第3版），北京大学出版社2024年版，第227～228页；林亚刚：《刑法学教义（分论）》，北京大学出版社2020年版，第13页。

〔12〕 孙国祥主编：《刑法学》（第2版），科学出版社2012年版，第458页。

〔13〕 2013年最高人民法院、最高人民检察院、公安部、国家安全部、司法部《人体损伤程度鉴定标准》的相关内容。

〔14〕 2017年最高人民法院、最高人民检察院《关于办理组织、利用邪教组织破坏法律实施等刑事案件适用法律若干问题的解释》第11条。

本罪的行为对象,是出生之后尚未死亡、受法律保护的其他自然人的身体。正在进行加害他人行为的人,由于不受法律的保护或者说保护程度受限,因此,通常不是本罪的保护对象。对母亲腹中的胎儿实施伤害行为的,如妇女怀孕期间,服食药物,自行堕胎未果,致使胎儿出生后留下身体畸形、智力低下等身体或精神上的缺陷;或他人对孕妇实施暴行,致使胎儿出生后形成身体上的畸形或精神上的缺陷的,行为人是否应负伤害罪责,成为问题。[15] 刑法学说对此通常从两个角度加以考虑:一是对胎儿出生为人之后的人的伤害;二是对母亲的伤害。

从伤害胎儿出生为人之后的人的角度考虑上述问题的见解中,有肯定说与否定说之分。否定说认为刑法只规定了对人的伤害,而没有规定对胎儿的伤害,如果将这种情况作为故意伤害罪的话,那么,一是对被告做不利的类推解释,二是日常生活中所发生的所有的对胎儿客观上造成了伤害的情形,都得予以处罚,这与刑法没有规定"伤害胎儿罪"的情形背道而驰。肯定说则认为,的确,伤害是妨害人的生理机能(包括身体及精神机能),人只有具有此种机能时,才能成为伤害的对象。胎儿在不具有这种机能时,即便加以伤害,也没有所谓妨害人的机能可言。只是胎儿是人的萌芽,对处于萌芽状态的人加以伤害,在胎儿成长为人时,就会危及人的机能。因此,伤害处于萌芽状态的胎儿,在其出生为人之后,危及其作为人所具有的机能的时候,就可以作为对人的伤害犯罪加以处理。[16]

从伤害胎儿母亲的角度来考虑上述问题的,也有肯定说和否定说之分。肯定说认为,胎儿属于母亲身体的一部分,伤害胎儿就是伤害母亲,或者说,伤害胎儿,有害于母亲生育健康子女的能力,应对于母亲成立伤害罪。否定说则认为,胎儿并不是母亲的一部分,胎儿受伤,并不一定影响母亲的身体或者生产机能,否认对于母亲可以成立伤害罪。[17]

从刑法理论上讲,在我国,伤害胎儿的行为,从伤害胎儿出生之后为人的立场来看,是难以从伤害胎儿的角度出发追究行为人刑事责任的。在我国刑法中,并没有堕胎方面的犯罪,换句话说,对胎儿的生命都不予以保护,更遑论保护胎儿的身体健康了。而且,如果将伤害胎儿的行为作为犯罪处理,还会产生不必要的波及效果。如母亲因为抽烟、喝酒或者在怀孕期间不小心跌倒,对胎儿造成伤害的场合,对母亲都要作为过失伤害犯罪予以处罚,这显然是不合适的。因此,尽管从一般人的处罚感情的角度来看,加害胎儿,使其为人之后蒙受身体或精神上的重大缺陷的行为,应使其承担一定责任,但在作为伤害胎儿的立场之下,这种想法显然是难以实现的。从伤害母亲的角度也难以解决上述问题。因为,胎儿和母亲是两个不同主体,胎儿出生之后的畸形或者精神缺陷并不就是母亲的身体伤害,而且,母亲生出畸形或者精神缺陷胎儿,并不意味着其身体受到伤害。实际上,生出伤害胎儿的母亲,其生产机能受损的并不多见。

我国的相关法律文件有限度地采用了伤害母亲腹中的胎儿就是伤害母亲的见解。根据《人体损伤程度鉴定标准》第5.8.2条(重伤二级)h项的规定,损伤致母亲早产或者死胎;损伤致胎盘早期剥离或者流产,合并轻度休克,构成对母亲的重伤。但即便如此,也还是没有解决上述问题。因为,上述《人体损伤程度鉴定标准》中所规定的是导致胎儿早产或者流产的情况,而不是胎儿出生为人后留有残疾的情况。因此,对孕妇实施暴行,致使胎儿出生后形成身体上的畸形或精神上的缺陷的行为,现行刑法规定之下,难以解决。

---

〔15〕 张明楷:《刑法学》(第6版)(下),法律出版社2021年版,第1116、1117页。

〔16〕 [日]大谷实:《刑法讲义各论》(新版第5版),黎宏、邓毅丞译,中国人民大学出版社2023年版,第30、31页。

〔17〕 [日]大谷实:《刑法讲义各论》(新版第5版),黎宏、邓毅丞译,中国人民大学出版社2023年版,第30、31页。

(2)危害行为是"伤害"。关于"伤害"的意义,有损害他人生理机能的"生理机能损害说",破坏他人身体完整性的"身体完整性破坏说",以及认为损害他人生理机能和破坏他人身体完整性的行为都是伤害的"折中说"之间的对立。生理机能损害说重视对身体内在机能的破坏,相反地,身体完整性破坏说重视对身体外部完整性的破坏。二者差别具体体现在:没有造成他人身体外形上的损害,但对他人的内在生理机能造成了破坏,或者相反的场合,结论不一致。前者如让人感到目眩或者拉肚子的场合,后者如将女性视为珍宝的长发连根剪掉,或者将老人很自豪的胡须剃掉的行为,都视为伤害。

本书同意生理机能损害说。如此说来,损伤他人身体使皮肤出血、骨折或者患病的行为固然是损害他人生理机能的行为,构成伤害。使病人的病情进一步恶化,或者殴打被害人的胸部使其产生疼痛感、艾滋病毒感染者故意咬伤他人致使他人感染上艾滋病毒,甚至对他人身体人工代替部分如假牙、义眼、人工心脏瓣膜等部分进行破坏的场合,尽管没有造成他人身体外形上的变化,但也是对其生理机能的损害,属于伤害。

伤害的手段多种多样,如砍伤、烧伤、刺伤、用嘴咬伤甚至可以是两人共同用身体将他人压成重伤,通常是暴力性的,但也不排除无形的,非暴力手段的伤害。这种非暴力手段的伤害一般都是对被害人精神上的伤害。例如,某煤矿选矿工人刘某因要求调动工作,未被批准,便对领导产生了不满情绪。某日晚9时许,刘某头戴自制的假面具(蓝眉毛、红眼睛、黑鼻子、头上有双角),手持木剑,翻墙进入该矿党委书记姜某的院内,闯入姜某的卧室。姜某的妻子见状后吓得面如土色、四处躲藏,结果神经官能症复发,数月不能上班。经医院诊断为精神重度惊吓。同年11月3日晚6时,刘某发现与自己有矛盾的女工杨某独自一人在家织毛衣,遂起惊吓她之心。返家戴上假面具,手持竹板闯入杨的宿舍。杨某吓得急忙躲闪,高声呼救,群众闻讯赶到后当场将刘某抓住,杨某经医院诊断为中度精神惊吓的场合,就是适例。[18] 只是,无形的、非暴力性伤害的范围,在类型上必须有一定的限定,能够和物理的伤害行为同等评价,否则会有失之过宽的嫌疑。

伤害,通常表现为作为形式,但实践当中,也认可不作为形式的伤害。其主要体现为具有制止义务的人不制止他人的伤害行为,导致伤害后果的行为。如吴某的妻子袁某有贪杯的习惯,经常喝醉酒,而且袁某每次喝酒后都要拿弱智儿子出气,儿子因此挨了不少打,夫妻二人常为此吵架。某日,袁某喝完酒后又与吴某发生了争吵和厮打。在争吵的过程中,吴某将醉醺醺的袁某拖到了院里的麦秸秆堆上。此时,弱智儿子拿来打火机将麦秸秆点燃。吴某发现后,不仅没有制止,反而在一旁漠然观望。不久,袁某的衣服被火烧着,皮肤被烧伤,吴某这才把火浇灭。此时,袁某身体表面直接烧伤面积高达20%,人已经昏迷不醒的例子,就是这种情况。

伤害行为必须造成一定结果。根据我国刑法有关规定和司法实践经验,伤害行为所引起的结果可以分为三个等级,即轻微伤、轻伤、重伤。其中,轻微伤是指各种致伤因素所致的原发性损伤,造成组织器官结构轻微损害或者轻微功能障碍。由于只是造成他人暂时性的精神痛苦,或者使他人精神受到轻微刺激,但没有破坏他人身体组织的完整性和人体器官的正常机能,因此,不构成犯罪。构成犯罪的伤害只有后两种情况。所谓重伤,根据刑法第95条的规定,是指使人肢体伤残、毁人容貌,使人丧失听觉、视觉、其他器官机能或者其他对人体健康有

---

〔18〕 按照2013年最高人民法院、最高人民检察院、公安部、国家安全部、司法部《人体损伤程度鉴定标准》第5.1.4条f项规定,神经官能症复发和中度精神惊吓,能被鉴定为脑神经损伤引起相应神经功能障碍,构成二级轻伤。

重大伤害的行为。明知自己感染艾滋病病毒而卖淫、嫖娼;明知自己感染艾滋病病毒,故意不采取防范措施而与他人发生性关系,致使他人感染艾滋病病毒的,属于"其他对于人身健康有重大伤害"所指的"重伤",以故意伤害罪定罪处罚。[19] 所谓轻伤,是指物理、化学及生物等各种外界原因作用于人体,造成组织、器官的一定程度的损害或者部分功能障碍,尚未构成重伤又不属于轻微伤害的损伤。

伤害结果的程度,由有关机关进行鉴定。在鉴定伤情时,是以被害人受伤当时的伤势为准,还是以治疗后的结果为准,存在争议。实践当中,有的伤害结果属于内伤,伤害程度一时难以确诊,后果需要经过一段时间才能暴露;有的在受伤时伤情似乎很重,但经过治疗之后可以痊愈,并不会留下后遗症;有的在治疗之后伤情恶化,甚至造成终身残疾甚至死亡。因此,考虑到诸种情况,《人体损伤程度鉴定标准》第4.1条规定,鉴定损伤程度,应该坚持以致伤因素对人体直接造成的原发性损伤及由损伤引起的并发症或者后遗症为依据,包括损伤当时的伤情、损伤后引起的并发症和后遗症等,全面分析,综合评定。

(3)伤害的手段必须是非法的,因正当防卫、紧急避险而伤害他人,因治疗上的需要为病人截肢,体育运动项目规则所允许的伤害等,都不构成犯罪。

3. 主观要件。本罪的主观要件是故意。和故意杀人罪的场合一样,行为人不仅要认识到自己的行为会导致他人身体健康受损,而且要认识到自己的行为会导致无辜的他人身体健康受损。否则,就不能成立本罪的故意。并非出于正当医疗目的,故意切除他人正常身体器官,符合故意伤害罪构成特征的,应以故意伤害罪论处。[20]

(二)本罪的认定

在本罪的认定中,有以下几个问题值得探讨:

1. 同意伤害行为与故意伤害罪。被害人同意他人伤害自己身体的行为该如何处理,具有较大争议,有以下三种观点:第一种观点认为,违反公序良俗的同意伤害,构成故意伤害罪。[21] 但以是否违反公序良俗来判断同意伤害行为是否违法,是将故意伤害罪的保护法益变相地转变为被害人身体健康法益之外的伦理秩序,偏离了故意伤害罪的主旨。第二种观点认为,危及生命安全的重大伤害构成故意伤害罪。[22] 但是,行为人意识到了生命危险,而仍然决意实施伤害,应当说具有故意杀人罪的故意,在引起了死亡结果的场合,该行为应当成立故意杀人罪(责任较轻的承诺杀人罪);在有死人危险但没有发生死亡结果的场合,应当构成故意杀人罪(承诺杀人罪)未遂,无论如何都不应当构成故意伤害罪。第三种观点是不可罚说。[23]

本书同意上述第三种观点。刑法将和个人生活相关的各种利益作为法益加以保护,仅仅是为了个人的自由发展和自我实现,因此,个人的自我决定权就成为各种法益中重要的保护对象。除少数极为特殊的情况(如不具有处分能力,或者以消灭作为自己决定权的物质基础的生命的同意杀人行为)之外,对于被害人处分自己可以自由处分的利益的行为,都应充分尊

---

[19] 2017年最高人民法院、最高人民检察院《关于办理组织、强迫、引诱、容留、介绍卖淫刑事案件适用法律若干问题的解释》第12条第2款。

[20] 陈某燕等故意伤害案,载《人民法院案例选》(2007年第1辑)(总第59辑)。被告人系某福利院负责人,为降低监护难度,在两被害人无手术的情况下,擅断地对两被害人发育正常的子宫施行全切除手术,导致两被害人重伤。

[21] 马克昌主编:《犯罪通论》,武汉大学出版社1999年版,第828页。

[22] 张明楷:《刑法学》(第6版),法律出版社2021年版,第1118~1119页。

[23] 王政勋:《正当行为论》,法律出版社2000年版,第458页。

重，对于处分自己健康利益的同意伤害行为，原则上应当认可。

当然，说同意伤害不构成犯罪，但并不意味着该行为就是社会伦理上的正确行为或者说是值得推广的行为。很多行为在伦理道义上，值得严厉谴责，但由于其没有侵害法益，不值得刑罚处罚。同时，有些同意伤害行为，单独地看并不构成犯罪，但在成为其他人的犯罪行为的一部分的时候，可能会构成其他犯罪。如共谋骗保而同意他人伤害自己的场合，尽管他人不构成故意伤害罪，但构成保险诈骗罪，而此时的被害人也并不是真正的被害人，而是保险诈骗罪的共犯。

2. 故意伤害罪的未遂。故意伤害罪是否存在未遂，在刑法理论和司法实践中，素有争议。这实际上是和我国刑法关于未遂犯的处罚规定的模糊性有关。从我国司法实践通常对最低法定刑为 3 年以上重罪的犯罪处罚未遂犯，3 年以下的轻罪不处罚未遂犯的立场来看，刑法第 234 条第 1 款所规定的轻伤害行为，由于其最高法定刑在 3 年以下，因此，不应当处罚未遂犯。符合条件的，可以刑法第 293 条寻衅滋事罪论处。但是，刑法第 234 条第 2 款所规定的故意重伤的行为，由于其最低法定刑在 3 年以上，因此，可以也应当处罚其未遂犯。对于重伤意图非常明显，且已经着手实行有可能引起重伤结果的重伤行为，由于行为人意志以外的原因未得逞即未引起致死结果的，应按故意伤害罪（未遂）论处。故意重伤他人而未遂，但他人由于躲避而从楼上掉下摔死或者被车撞死的，应是引起了既遂结果的情形，构成故意伤害（致死）罪。

3. 故意伤害罪与故意杀人罪的界限。关于故意伤害罪与故意杀人罪的界限，主要是在以下两种情况下难以区分：一是故意伤害致死与故意杀人既遂；二是故意伤害与故意杀人未遂。对此，关键是要查明行为人的主观心理状态，即具有杀人故意的，无论是否造成死亡结果，均应认定为故意杀人罪；凡只具有伤害故意的，无论是否造成死亡结果，都应只定为故意伤害罪。考虑行为人的主观内容时，应综合考虑案件的各种情况，尤其应考虑发案原因、行为人与被害人的关系、作案时间、地点与环境、犯罪工具、打击部位与强度、犯罪行为有无节制、犯罪有无预谋及如何预谋、行为人对被害人是否抢救、行为人对死亡所表现出来的态度等。不能仅凭被告人的口供定罪，也不能只按行为或结果的某一方面来定罪。对于那些目无法纪、胆大妄为、动辄行凶、不计后果一类的侵犯人身权利的案件，应根据案情，区别对待：凡明显具有伤害故意的，应按故意伤害罪论处；故意内容不是很确定或不顾被害人死伤的，应按实际造成的结果来确定犯罪行为的性质，因为在这种情况下，死亡与伤害的结果都在行为人的犯意之内；有些案件确实难以区分，意见分歧很大的，为了慎重起见，可以按较轻的犯罪处理。

4. 故意伤害致死与过失致人死亡的界限。二者在客观上都造成了被害人死亡的结果，主观上对死亡结果都是出于过失。区分的关键在于行为人对于行为可能引起的后果有无认识，有认识的构成故意伤害致死，无认识的是过失致人死亡，也可能是意外事件。对于自己行为的后果的认识，必须结合行为人对对方的身体状况、自己行为的性质等各方面的因素来确定。

如李某在家门口与邻居朱某、张某等人打麻将结束之后，李某和朱某因输赢问题而发生争吵、推搡，朱某倒在路边的绿化带内，李某继续对朱某进行推搡、厮打，后被他人拉开，朱某站起身走了几步便倒地昏迷，经抢救无效死亡。经鉴定，朱某系冠状动脉粥样硬化性心脏病急性发作而死亡，争吵、厮打时的情绪激动是冠心病的诱发因素。本案中，被告人李某对被害人朱某所实施的语言激怒、相互撕扯行为，尽管是一种低度暴力行为，通常不会造成被害人伤亡结果的发生，但由于作为被害人的对方患有冠状动脉粥样硬化性心脏病，即便是低度暴力行为，也经受不起,因此,李某的殴打行为诱发了朱某的冠状动脉粥样硬化性心脏病急性发作而死亡,李某的殴打行为是朱某死亡的原因,二者之间具有刑法意义上的因果关系。只是,李某主观上是不是具有伤害的故意,才是问题的关键。由于判决当中已经明确交代,李某并不明知朱某患有冠状动脉粥样硬化性心脏病,而且平常也看不出来有该种程度的疾病;另外,辱骂、撕扯、推搡等低度暴力行为,通常情况下,并不足以发生被害人死亡的结果,甚至不会对被害人的身体机能造成损害,即不会造成轻伤以上的结果,因此,可以说,李某并没有伤害的故意,不能构成故意伤害致死罪。只是,李某与被害人朱某系邻居,知悉被害人的大致身体情况,应当预见到其行为有给身体健康状况欠佳的被害人朱某造成严重损害甚至死亡的危险性,但因疏忽大意没有预见,主观上存在过失,故其行为符合过失致人死亡罪的构成要件。

实务当中,将持刀追砍致使他人泅水逃避而溺水死亡的场合,认为追砍行为与被害人溺水死亡之间具有刑法意义上的因果关系,应以故意伤害(致死)罪论处;同样,在图谋报复持刀闯入他人住宅欲行伤害,致使被害人跳楼死亡的,也认定为了故意伤害(致死)罪。但是,故意伤害致人重伤后,被害人家属主动要求拔除气管插管、停止输液导致被害人死亡的,因为伤害行为与死亡结果之间不存在刑法意义上的因果关系,故行为人只是构成故意伤害罪,对死亡结果不担责任。

(三)处罚

依照刑法第234条的规定,犯一般伤情的故意伤害罪,处3年以下有期徒刑、拘役或者管制;致人重伤的,处3年以上10年以下有期徒刑;致人死亡或者以特别残忍手段致人重伤造成严重残疾的,处10年以上有期徒刑、无期徒刑或死刑。

刑法第234条第2款规定的"以特别残忍手段致人重伤造成严重残疾",主要是指那些以挖眼、割耳、低温冷冻、高温暴晒、火烫、针刺等特别残忍的手段而导致他人身体严重残疾的情形(是否残疾,要根据《人体损伤程度鉴定标准》判断)。一般来说,刑法第234条第2款规定的"严重残疾"是指下列情形之一:被害人身体器官大部缺损、器官明显畸形、身体器官有中等功能障碍、造成严重并发症等。残疾程度可以分为一般残疾(10级至7级)、严重残疾(6级至3级)、特别严重残疾(2级至1级),6级以上视为"严重残疾"。对于故意伤害未成年人案件,认定是否符合刑法第234条第2款规定的以特别残忍手段致人重伤造成"严重残疾",应当综合考量残疾等级、数量、所涉部位等情节,以及伤害后果对未成年人正在发育的身心所造成的严重影响等因素,依法准确作出判断。[24] 实践中,并不是只要达到"严重残疾"就判处死刑,还要根据伤害致人"严重残疾"的具体情况,综合考虑犯罪情节和危害后果来决定刑罚。故意伤害致重伤造成严重残疾,只有犯罪手段特别残忍,后果特别严重的,才能考虑适用死刑(包括死刑,缓期2年执行)。[25]

关于故意伤害罪的量刑,2021年最高人民法院、最高人民检察院《关于常见犯罪的量刑指导意见(试行)》第4条第7项规定:(1)构成故意伤害罪的,根据下列情形在相应的幅度内确定量刑起点:故意伤害致1人轻伤的,在2年以下有期徒刑、拘役幅度内确定量刑起点。故意伤害致1人重伤的,在3年至5年有期徒刑幅度内确定量刑起点。以特别残忍手段故意伤害致1人重伤,造成六级严重残疾的,在10年至13年有期徒刑幅度内确定量刑起点。依法应当

---

〔24〕 陈某某、刘某某故意伤害、虐待案,最高人民法院指导案例第226号(2024年)。

〔25〕 最高人民法院《全国法院维护农村稳定刑事审判工作座谈会纪要》。

判处无期徒刑以上刑罚的除外。(2)在量刑起点的基础上,根据伤害后果、伤残等级、手段残忍程度等其他影响犯罪构成的犯罪事实增加刑罚量,确定基准刑。故意伤害致人轻伤的,伤残程度可以在确定量刑起点时考虑,或者作为调节基准刑的量刑情节。(3)构成故意伤害罪的,综合考虑故意伤害的起因、手段、危害后果、赔偿谅解等犯罪事实、量刑情节,以及被告人的主观恶性、人身危险性、认罪悔罪表现等因素,决定缓刑的适用。

四、组织出卖人体器官罪

(一)概念和构成

本罪,是指组织出卖人体器官的行为。其基本特征如下:

1. 主体。本罪的主体为一般主体。即年满16周岁,具有刑事责任能力的自然人。在组织出卖人体器官的过程中,有医务人员帮助移植器官或者有关人员帮助出具伪造亲属证明或者帮扶关系证明的,构成本罪的共犯。

2. 危害行为和危害结果。本罪客观上表现为组织出卖人体器官。本罪的保护法益为人体健康,行为对象为人体器官。所谓人体器官,特指人体当中具有特定功能的心脏、肺脏、肝脏、肾脏或者胰腺等器官的全部或者部分。器官移植是一项技术要求极高的医疗行为,只能由指定的医疗单位依照规定进行,否则就会危及捐献者的生命。因此,在本罪当中,尽管具有被害人同意,但这种关系到人命的同意无效。

关于本罪的危害行为,具体来说,包括两方面的内容:一是组织;二是出卖。所谓组织,是指通过指挥、领导、招募、雇佣、强迫等不同方式,策划、安排、引诱他人实施出卖人体器官,因此,"组织"不同于共同犯罪中的"组织犯"。其中,指挥是指对出卖人体器官的行为加以指挥调度,统筹协调;领导是率领、引导多人参与出卖人体器官的行为;招募是号召、募集他人参与出卖人体器官的活动,募集的对象既可以是出卖者,也可以是其他协助者;雇佣是以发放薪金的形式引诱他人参与到出卖人体器官的组织中;强迫是通过暴力、胁迫方式迫使他人参与到出卖人体器官的非法行为。指挥、组织、招募、雇佣、强迫等行为能够反映出组织者在促使他人出卖人体器官活动中所扮演的核心角色,是组织行为的本质特征。行为人只要是以策划、指挥、领导、协调、拉拢、调配等不同方式,安排、利诱他人实施出卖人体器官的,即可以认定为组织行为。所谓出卖,即有偿出让。依照国务院2023年颁布的《人体器官捐献和移植条例》第8条第1款,人体器官捐献应当遵循自愿、无偿的原则。出卖行为,违反了这一原则,赋予了行为人组织他人提供人体器官的行为营利性特征,意味着人体器官供应成为以人体器官为商品的非法商业行为。其不仅与无偿提供人体器官的人类基本伦理道德相冲突,而且会引发大量的以牟利为目的的非法移植人体器官的后果,因此,必然为法律所禁止。本罪是行为犯,以组织行为完成为既遂标准,即组织者无须为出卖器官再进行下一环节活动,就表明组织出卖器官的行为环节已经完成,应认定为既遂,牟利与否或者器官是否成功摘取,均不影响本罪的成立。

3. 主观要件。本罪的主观要件为故意,即明知是组织他人出卖人体器官而从事该活动。行为人尽管参与了组织出卖人体器官活动的行为,但并不知道事实真相,如医生受到组织者的欺骗,以为是合法的人体器官移植手术而参与其中的时候,即便具有帮助组织者的行为,但难以认定其具有本罪的故意。

(二)本罪的认定

在本罪的认定中,应当注意以下三个问题:

1. 刑法第234条之一第2款的理解。按照刑法第234条之一第2款的规定,未经本人同意摘取其器官,或者摘取不满18周岁的人的器官,或者强迫、欺骗他人捐献器官的,依照故意伤害罪、故意杀人罪定罪处罚。这意味着,摘取他人器官的行为,在一定条件下,构成故意伤害罪或者故意杀人罪,而不是组织出卖人体器官罪。所谓一定条件,是指以下三个条件之一:(1)未经本人同意摘取其器官。即在没有得到被摘取器官者本人同意的情况下,就摘取其器官。从"同意无侵害"原则的角度来看,摘取器官首先必须得到被摘取器官者本人的同意,这是毫无疑义的,否则就要构成犯罪。这个规定,不过是对这个原则的确认而已。只是,这里的"摘取",不包括出于医学治疗需要而进行的摘取、切除,而是指非医学需要所进行人体器官摘取。另外,"未经本人同意",包括两种情况:一是摘取器官本身完全没有得到本人的同意;二是摘取器官本身得到了本人的同意,但所摘取的器官和分量与本人所同意的不同,如同意摘取肝脏的1/3,但实际上摘取了肾脏的1/2,这种情况也属于"未经本人同意"。(2)摘取不满18周岁的人的器官。未满18周岁的未成年人身心发育尚未完全成熟,尚处在生长发育阶段,同时,他们对多数事物还未能形成有效的识别能力,对其行为的性质和后果难以形成正确的判断,因此,《人体器官捐献和移植条例》第10条规定,任何组织或者个人不得获取未满18周岁公民的活体器官用于移植。刑法当中作如此规定,实际上也是对上述内容的确认。(3)强迫、欺骗他人捐献器官的。所谓强迫,是指以暴力、胁迫手段逼迫他人捐献器官;所谓欺骗,就是以虚构事实、隐瞒真相的方法,欺骗他人陷入错误而捐献器官。在受强迫、欺骗的状态下,器官捐献者难以或者根本不可能做出真实的意思表示,这时候的捐献行为本质上也是"未经本人同意"的,不能认定为合法的器官捐献行为。

2. 刑法第234条之一第3款的理解。按照刑法第234条之一第3款的规定,违背本人生前意愿摘取其尸体器官,或者本人生前未表示同意,违反国家规定,违背其近亲属意愿摘取其尸体器官的,依照侮辱尸体罪定罪处罚。其中,所谓"违背本人生前意愿摘取其尸体器官",是指虽然已故公民在生前明确表示死后不愿意捐献人体器官,但行为人违背其生前意愿而摘取其人体器官的行为。之所以这样规定,也是为了充分体现人体器官捐献自愿的原则。其中,本人,包括未满18周岁的未成年人。所谓"违反国家规定",是指违反《人体器官捐献和移植条例》。该条例第9条第2款规定,公民生前未表示不同意捐献其遗体器官的,该公民死亡后,其配偶、成年子女、父母可以以书面形式共同决定捐献。按照这个规定,人体器官移植,在本人生前没有反对也没有明确同意的情况下,如果其配偶、成年子女、父母即近亲属以书面形式共同表示同意,也可以进行。否则,就是违法移植。"违背本人生前意愿摘取其尸体器官、或者本人生前未表示同意,违反国家规定,违背其近亲属意愿摘取其尸体器官"的行为,实质上都是对尸体的破坏行为,必然伤害到死者亲属的感情和社会的善良风俗,因此,刑法规定以刑法第302条所规定的侮辱尸体罪对其定罪处罚。

3. 对组织出卖人体器官的行为应当作广义理解。实践当中,组织出卖人体器官的行为,除了典型的在买方和卖方之间穿针引线、组织出卖的行为之外,还有两种形态:一是专门收购"黑中介"所获得的器官,然后再出卖给他人;二是行为人以出售为目的,收购包括以窃取、伤害、杀害等手段所获取的人体器官的行为。这些行为实际上也是变相的组织出卖人体器官的行为,应当纳入本罪的处罚范围。

(三)处罚

依照刑法第234条之一的规定,犯本罪的,处5年以下有期徒刑,并处罚金;情节严重的,处5年以上有期徒刑,并处罚金或者没收财产。

五、过失致人重伤罪

本罪,是指过失致他人重伤的行为。其在客观方面必须具备两个条件:(1)必须造成他人重伤的结果;(2)过失行为与重伤结果之间必须具有因果关系。主观要件是出于过失,即行为人应当预见其行为可能发生致人伤害的结果,因为疏忽大意而没有预见或已经预见而轻信能够避免,以致造成重伤结果。但过失致人重伤的行为,在刑法分则中另有规定的,应按相应的罪处理,而不再适用本条定罪处罚。

依照刑法第235条的规定,犯本罪的,处3年以下有期徒刑或者拘役。刑法另有规定的,依照规定。

第三节　侵犯性自主权和身心健康的犯罪

一、强奸罪

(一)概念和构成

本罪,是指违背妇女意志,使用暴力、胁迫或者其他手段,强行与妇女发生性交的行为以及和不满14周岁的幼女发生性交的行为。

强奸罪的保护法益,是妇女的性的自主决定权。这种自主决定权是妇女的人身自由、意思自由的一种体现,它包括妇女决定是否与他人性交、与谁性交、以什么方式与他人性交的自由。换句话说,妇女可以按照自己的意志决定自己的正当或不正当的性行为(如婚外性关系),这种选择与刑法无关,刑法不应该也不可能对其进行干涉。在行为人违反了妇女的这种选择即违背妇女意志,强行与其发生性交时,就构成本罪。[26] 胁迫妇女而使其应约与行为人发生性行为的,是违背妇女性的自主决定权的行为,应当认定为强奸。

本罪的犯罪构成如下:

1. 主体。本罪的犯罪主体是一般主体,即14周岁以上的自然人,男女均可构成。[27] 尽管本罪对象只能是妇女,但本罪属于侵犯妇女性的自主决定权的犯罪,故本罪主体固然通常为男性,但女性也可以实施该行为。当然,女子不能单独成为强奸罪的犯罪主体,只能以强奸罪的教唆犯、帮助犯甚至是共同正犯的形式构成。因为强奸罪的实行行为由暴力、胁迫等手段行为和性交行为复合而成,妇女虽然不能对被害妇女实施强行性交行为,但可以实施暴力、胁迫等行为。按照“部分行为,全部责任”的共同正犯处罚原则,当妇女在强奸罪中起到了主要作用,可以看作正犯的时候,完全可以按照共同正犯处理。另外,在妇女教唆没有达到法定年龄的男子或者不具有辨认控制能力的精神病男子实施强奸行为的时候,可以成为强奸罪的正犯。

---

〔26〕 何洋:《强奸罪:解构与适用》,法律出版社2014年版,第150页。

〔27〕 通说认为,强奸罪为身份犯,主体只能是年满14周岁且具有刑事责任能力的男性。参见高铭暄、马克昌主编:《刑法学》(第10版),北京大学出版社、高等教育出版社2022年版,第469页。

对于丈夫能否成为强奸妻子的犯罪主体,理论上有不同看法。通说认为,丈夫通常情况下不能成为强奸妻子的主体,但教唆、帮助他人强奸自己妻子以及误认妻子是其他人而实行强奸时,仍然构成强奸罪(未遂)。[28] 实践中,将在离婚诉讼期间发生的丈夫强奸妻子的行为作为强奸罪处理。本书认为,刑法条文只规定强奸罪的对象是“妇女”,而没有作其他任何限定,而妻子也是妇女的下位概念,因此,从法条解释来看,认为丈夫可以成为强奸妻子的主体,是没有任何问题的。即便如一般所说,夫妻之间,在结婚时,就暗含承诺互相满足对方性要求的义务,但是,这种义务的承担应该以一般人认可的妥当形式进行。丈夫违背妻子意志使用暴力、胁迫等方式来使对方履行这种义务,很难说具有合理性,因此,丈夫可以构成强奸妻子的犯罪主体。

2. 危害行为和危害结果。本罪客观上表现为,违背妇女意志,强行和妇女或者幼女发生性行为。本罪的对象是女性,包括未满14周岁的幼女与14周岁以上的少女和妇女。之所以如此理解,主要是由于男、女在体质、构造、机能等生理、肉体上存在差异。[29] 根据对象的不同,本罪的行为表现为两种情况:对于14周岁以上的少女和妇女而言,必须有违背妇女意志,采用暴力、胁迫或者其他手段,强行与妇女发生性交的行为。其中,违背妇女意志是强奸罪的内在本质特征,使用暴力、胁迫等手段是犯罪行为的外在表现。对于14周岁以下的幼女而言,表现为与幼女发生性交的行为。考虑到幼女的特点,刑法没有对强奸幼女的手段进行任何限制。也就是说,只要与幼女发生性交,不管是否采用暴力、胁迫等手段,一般都构成强奸罪。以下分别叙述:

(1)“违背妇女意志”。所谓违背妇女意志,是指在妇女不同意的情况下强行与之性交。虽然刑法在强奸罪的成立要件上,没有规定这一点,但既然强奸罪是侵犯妇女的性自主权的犯罪,则“违背妇女意志”就是构成强奸罪的当然前提和应有之义。

在“违背妇女意志”的认定上,要结合双方关系、地位,性行为发生的时空环境,妇女的性格和身体状况,案发后行为人、被害人各自的反应,如报案时间情况等各种因素进行判断,不能简单将妇女抗拒作为违背其意志的唯一判断标准。对妇女未作反抗或者反抗表示不明显的,要通观全案,具体分析,可结合被害人未作明确意思表示的客观原因、案发时的反抗能力、被告人是否实施胁迫等因素综合考虑。具体而言,应当注意以下几点:其一,时间上,应限定为性交的当时。也就是说,“违背妇女意志”,必须是在性交当时,被害人表示不同意。比如,行为人与某一妇女长期保持通奸关系,某日行为人欲和该妇女性交,但该妇女不同意,而行为人仍强行与之性交,行为人构成强奸罪无疑。不能因为此次性交行为之前该妇女与行为人一直有性关系而认定行为人不构成强奸罪。其二,在认定是否违背妇女意志时,不能以被害妇女作风好坏来加以划分。强行与作风不好的妇女发行性行为的,也应定强奸罪。其三,不能以被害妇女有无反抗表示作为唯一条件。由于行为人在实施强奸时的客观条件不同,对被害妇女的强制也相应有所差别,因而被害妇女对犯罪行为的反抗形式和表现也是不一样的。因此,对妇女未作反抗表示,或者反抗表示不明显的,要具体分析,严加区别,不能以被害妇女有无反抗表示作

---

〔28〕 李希慧主编:《刑法各论》,武汉大学出版社2009年版,第218页。另外,否定说的见解,参见林亚刚:《刑法学教义》(分论),北京大学出版社2020年版,第26~27页。

〔29〕 但是,这种观念在有的地方已经发生了变化。例如,我国台湾地区相关规定为,对于男女以强暴、胁迫、恐吓、催眠术或者其他违反其意愿之方法而为性交者,处3年以上10年以下有期徒刑,即将男性包括在本罪的被害人范围之内,目的是“维护男女平权之原则,一体尊重男女之性自主权”。

为认定是否构成强奸罪的唯一条件。其四，不能以行为人是否采用了强制手段作为判断是否“违背妇女意志”的标准。妇女是否同意与行为人是否采用强制手段之间并无必然关系，例如，通过以治病为名，冒充妇女丈夫、未婚夫或情夫等欺骗手段奸淫妇女，同样具备缺乏妇女同意的要件，可以成立强奸罪，但这些手段很难说是强制手段。其五，行为人在实施奸淫行为时，误以为自己的行为违背了妇女意志，而实际上并非如此的场合，不构成强奸罪既遂，但可以构成强奸未遂。

(2)手段行为。刑法第236条对强奸罪的手段采取了列举加概括的规定方式，即“暴力、胁迫或者其他手段”。下面结合有关司法解释、刑法理论以及有关案例进行说明。

第一，暴力手段。所谓“暴力手段”，是指犯罪分子直接对被害妇女采用殴打、捆绑、卡脖子、按倒等危害人身安全或者人身自由，使妇女不能反抗的手段，属于对妇女人身施加有形力量，是对被害妇女的人身强制。

在理解强奸罪中的“暴力手段”时，应注意以下问题：一是这里的暴力是对被害妇女即强奸的对象而言的。如果行为人为了强奸妇女，对该妇女以外的人（如妇女的家属）实施暴力，以迫使妇女就范的，就是以胁迫手段实施的强奸。二是暴力必须达到使被害人不能反抗或者不敢反抗的程度。因此，在行为人采用暴力手段强奸的时候，严重的暴力手段固不待言，即便是轻微的暴力，但当时的情形让妇女本人感到非常恐惧，未敢抗拒以致被奸淫的，对行为人也能以强奸罪论处。三是这里的暴力，不包括故意杀人在内。因为，人被杀死之后，就不存在性的自主决定权的问题。因此，行为人故意杀死被害人，然后奸尸的，构成故意杀人罪和侮辱尸体罪。

第二，胁迫手段。所谓胁迫手段，是指犯罪分子对被害妇女威胁、恫吓，达到精神上的强制的手段。如以扬言报复行凶、揭发隐私、加害亲属等相威胁，利用迷信进行恐吓、欺骗，利用职权以及孤立无援的环境条件，进行挟制、迫害等，迫使妇女忍辱屈从，不敢抗拒。胁迫的核心内容是在现在或将来对妇女造成某种不利或损害，以引起被害妇女的恐惧心理，使之不敢反抗，从而达到奸淫的目的。由此也能看出，强奸罪中的胁迫手段，和抢劫罪中的暴力胁迫手段是不同的，抢劫罪中的胁迫是以实施暴力为内容，被害人若不交出财物，胁迫内容马上会付诸实施，而在强奸罪中并不要求达到这种程度。行为人只要以侵害被害人的利益相要挟，如以对方不服从就要降低对方职务或者揭发对方隐私相要挟，这时候，就可以构成强奸罪中的胁迫。

在认定强奸罪的胁迫行为时，应注意利用从属关系胁迫强奸妇女与自愿发生性关系的界限。这里的从属关系包括教养关系、生活照料关系、医患关系、上下级关系等。司法实践中，男子利用与妇女之间的从属关系而胁迫妇女就奸与男女二人自愿发生性关系的界限有时很难划清。如张某（女，17周岁）中学毕业之后待业在家，同街坊的王某（男，30岁）带她去南方某地打工。张某到达当地之后，举目无亲，不仅没有找到工作，反而欠了王某2000多元钱。王某提出同张某发生性关系以解除其债务，张某不同意。某日午夜1点的时候，王某对张某说如不同意发生性关系就要将其赶出房屋，并骗她说在该地晚上杀人的、抢劫的、强奸妇女的特别多。由于张某涉世不深，一听到这话就被吓坏了，被迫答应了王某的要求。检察院就王某的行为是不是构成强奸罪，形成了两种不同的意见。一种意见认为，王某虽使用了胁迫手段，但未达到足以使人屈从的程度，张某可以选择离开王某而向司法机关求救，不必一定在王某的控制下忍辱就奸，故王某的行为不构成强奸罪。另一种意见认为，王某的行为构成了强奸罪。理由是：

王某利用张某的食宿依靠于他,涉世不深,害怕被人杀、被人害等心理,从精神上强制其忍辱就奸,完全符合强奸罪的构成要件。本书同意第二种意见。区分利用从属关系的胁迫强奸与自愿发生性关系,关键在于胁迫的内容。如果胁迫达到让人在精神上难以反抗的程度,就构成强奸罪的胁迫。本案中,行为人年龄只有17周岁,初到深圳,涉世不深;在该地只有王某可以依靠;王某以在午夜将其赶出房屋进行威胁,并说当地夜晚多流氓等进行恐吓。综合上述内容来看,足以让张某在精神上难以反抗。

另外,在认定强奸罪中的“胁迫”的时候,还应当注意胁迫的内容是对被害人造成某种不利后果,而不是针对行为人自身。如男工宋某与本车间女工霍某相处较好,二人在工作中互相帮助。某日,宋某将霍某邀请到自己家中,向其提出性交的要求。霍某拒不同意,认为那样会对不起自己的丈夫。宋某声称对霍某爱慕已久,如被拒绝,活在世上就没有什么意义,并拿出一瓶早已准备好的“敌敌畏”,说:“你不同意,我就把药喝下去了。”霍某无奈遂与其发生了性关系。本案中,宋某的行为不构成强奸罪。因为就成立强奸罪而言,胁迫必须以对被害人的利益造成侵害为内容,以侵害行为人自身利益进行胁迫的,不是强奸罪中的胁迫。行为人的自残或者自虐行为对被害人所造成的心理上的胁迫,不足以认定为让被害人顺从的“胁迫”。

第三,其他手段。所谓“其他手段”,主要包括以下四种情况:在被害妇女缺乏性自卫能力情况下的乘机奸淫,如使用哄骗、引诱等手段奸淫精神病人、痴呆妇女等;利用被害妇女不能抗拒、不知抗拒的状态而乘机奸淫,如利用妇女患重病无力抗拒、醉酒或昏睡时不知抗拒的状态而乘机奸淫;使用非暴力、胁迫手段,致使被害妇女处于不能抗拒、不知抗拒的状态而乘机奸淫,如使用药物、酒精或催眠术使被害妇女处于昏睡、神志不清或丧失自控能力的状态以致不能或不知抗拒而奸淫妇女的;使用诈术使被害妇女陷入不知抗拒的状态而奸淫,如冒充妇女的丈夫或情人、假冒给妇女治病而奸淫妇女等。在以谈恋爱为名与妇女发生性关系而后将其抛弃的场合,由于被害人尽管在对方爱自己的一点上受骗,但并没有对自己和对方发生性行为的行为性质及其后果产生误认,换言之,其没有丧失自己的性的自主决定意思,她可以对性交行为作出同意或不同意的选择,因此,不构成强奸罪中的“其他手段”。但是,被害人先是同意行为人和自己发生性关系,在性交过程中,被害人转而不同意,要求行为人中止性行为,行为人拒不停止的,就被害人表示不同意之后,行为人仍然不同意的行为而言,构成强奸。

第四,对于犯罪对象为不满14周岁的幼女的情形而言,只要有与其发生性关系的行为,就构成本罪,不要求使用上述暴力、胁迫或其他手段。因为,幼女在智力发育和生殖器官发育方面都处于不成熟状态,对于性交的性质、后果缺乏辨认能力,身体对性交缺乏承受能力,所以,国家基于家长主义的立场对幼女的身心健康进行特殊的保护。

(3)目的行为。强奸罪的目的行为是与妇女或幼女性交。这里的性交,我国学说的通常见解认为,是指自然性交而不是非自然的性交,即男女生殖器官的交媾;非自然的性交行为不是强奸妇女的行为。所谓非自然的性交行为包括口交、肛交等。这种行为可以构成强制猥亵罪,而非强奸罪。[30]

---

〔30〕 但是,这种观念在有些地方已经发生了变化。如我国台湾地区规定:称性交者,谓非基于正当目的所为之下列性侵入行为:以性器进入他人之性器、肛门或口腔之行为;以性器以外之其他身体部位或器物进入他人之性器、肛门,或使之结合之行为。

3. 主观要件。强奸罪的主观要件是故意,即明知自己的行为会发生侵害妇女或者幼女的性自主权的结果,而希望或者放任该结果发生的心理态度。但根据犯罪对象的不同,其内容略有不同。

第一,就犯罪对象为 14 周岁以上的妇女的场合而言,行为人必须具有以暴力、胁迫或者其他手段强奸妇女的故意,即强奸的故意。这是区别强奸罪与非罪的标志,也是区分强奸罪与聚众淫乱行为以及强制猥亵、侮辱妇女行为的关键。实践中,经常有人将强奸的主观意思概括为“奸淫的意图或者目的”,这种理解是不准确的。通奸或者哀求对方和自己性交的“求奸”的场合,行为人也具有“奸淫的意图或者目的”,但其并不具有强行奸淫的意思,故不构成强奸罪。据此可以将一些客观上引起了强奸的结果,但行为人主观上并没有强奸故意的行为排除在强奸罪之外。如被告人姜某于酒店回宿舍的途中,想到与其有近 10 年通奸关系的杨某的丈夫不在家,顿生与杨某通奸之念。当晚 9 时许,姜某用私配的钥匙打开杨某平时所睡的西房门,进房后仅摸到一双女人鞋,便认为杨某是一个人睡在床上,于是上床对床上的女人进行奸淫。该妇女惊醒用力推开姜某,打开电灯,呼其父过来抓人,姜某始知被奸淫的是杨某的大女儿(22 周岁)。本案中,姜某尽管出于奸淫的意图和目的实施了奸淫杨某女儿的行为,但由于其因为事实认识错误,将对方误认为了自己的情人,主观上并没有强奸对方的故意,因此,不构成强奸罪。

第二,就犯罪对象为不满 14 周岁的幼女的情况而言,行为人只要具有奸淫幼女的故意就足够了,而不要求是强行奸淫幼女的故意。故意的内容是明知性交的对象是不满 14 周岁的幼女而仍实施奸淫。这里的所谓“明知”,只要求行为人认识到对方可能是幼女就够了,它既包括确切地知道女方年龄不满 14 周岁,也包括认识到对方可能不满 14 周岁。在行为人认识到对方可能是幼女而仍决意与之性交、实施奸淫的情况下,只要对方事实上是幼女,行为人就构成强奸罪。如此说来,强奸罪中的故意不要求是直接故意,可以是间接故意。

依照相关规定,[31]知道或者应当知道对方是不满 14 周岁的幼女,而实施奸淫等性侵害行为的,应当认定行为人“明知”对方是幼女。对不满 12 周岁的被害人实施奸淫等性侵害行为的,应当认定行为人“明知”对方是幼女。对已满 12 周岁不满 14 周岁的被害人,从其身体发育状况、言谈举止、衣着特征、生活作息规律等观察可能是幼女,而实施奸淫等性侵害行为的,应当认定行为人“明知”对方是幼女。司法解释之所以有“应当知道”的规定,主要是考虑到司法实践情况的复杂性,不排除存在一般人、行为人根本不可能判断出接近 12 周岁至 14 周岁年龄段中的某些被害人是不是幼女的特殊情形存在。换言之,对已满 12 周岁的幼女实施奸淫等性侵害行为的,如无极其特殊的例外情况,一般均应当认定行为人明知被害人是幼女。

这里的极其特殊的例外情况,可从以下三方面把握:(1)必须有确实的证据或者合理依据证明行为人根本不可能知道被害人是幼女;(2)客观上被害人身体发育状况、言谈举止、衣着、生活作息规律等特征确实更像已满 14 周岁;(3)行为人已经足够谨慎行事,但仍然对幼女年龄产生了误认,其他正常人处在行为人当时的场景,也难以避免这种误认。当然,在行为人采取引诱、欺骗等方式,或者根本不考虑被害人是不是幼女,而甘冒风险对被害人进行奸淫等性侵害的场合,一般都应当认定行为人明知被害人是幼女,以实现对幼女的特殊保护,堵塞惩治犯罪的漏洞。

---

〔31〕 2023 年最高人民法院、最高人民检察院、公安部、司法部《关于办理性侵害未成年人刑事案件的意见》第 17 条。

(二)本罪的认定

1. 奸淫女精神病患者的问题。患精神病或有先天性痴呆症的妇女,缺乏正常的认识能力与意志能力,不能正确表达自己的意思,所以,法律特别保护他们的人身权利。明知是精神病患者或者痴呆者(程度严重的)而与其发生性行为的,不管犯罪分子采用什么手段,都应以强奸罪论处。行为人确实不知妇女是精神病患者或痴呆者,也没有采用暴力、威胁等手段,经本人同意与之发生性交的,则不构成强奸罪。与间歇性精神病患者在未发病期间发生性行为,妇女本人同意的,不构成强奸罪。现实生活中,常有将流浪的智障女带回家同居生活并发生性行为的情形。在行为人将女方带回家不只是单纯地与其发生性行为,而是同灶共居、抱团取暖、共同经营日常生活的场合,二人之间可以看作为非法同居(未办理结婚登记手续),发生性行为只是其同居生活的一部分,因此,不能以强奸罪论处。相反地,在行为人将流浪的智障女带回家只有性生活,而未(也不准备)照顾其起居生活的场合,可以强奸罪处理。

2. 强奸与未婚男女在恋爱过程中的不正当行为的区别。未婚男女在恋爱过程中自然发生性行为的,不能以犯罪论处。对那些在恋爱过程中,男方采取不明显的强制手段与女方发生性交,但后来感情破裂,女方告发男方强奸的案件,也不宜认定为强奸罪。已满 14 周岁不满 16 周岁的人偶尔与幼女发生性行为,情节轻微、未造成严重后果的,不认为是犯罪。

3. 强奸与通奸的区别。通奸是双方或一方有配偶的男女,自愿发生的不正当性交行为。从理论上讲,强奸与通奸不难区分。强奸行为违背妇女意志,通奸行为不违背妇女意志;强奸行为必须采用暴力、胁迫等强制手段,通奸不采用强制手段;强奸犯在主观上,必须具有强行奸淫的决意,而通奸者没有强行奸淫的决意。值得注意的是,有的妇女与人通奸,一旦闹翻或者事情败露,由于种种原因,便把通奸说成强奸的,对另一方不能定为强奸。对此一定要深入调查,仔细分析,不能把妇女的"告发"作为定罪的唯一根据。

区分强奸与通奸还得注意以下几个问题:(1)求奸未成与强奸未遂的区别。求奸者主观上意欲与妇女通奸,不具有强行奸淫的决意;客观上往往表现为口头提出要求,或者拉拉扯扯,甚至拥抱猥亵,拉衣扯裤;一旦妇女表示拒绝,便停止自己的行为,而不使用暴力、胁迫等手段。在区分求奸未成与强奸未遂的界限时,要看行为人是否采用了暴力、胁迫等强制手段;看行为人是否适可而止;看行为人为什么停止行为;看妇女的态度。特别要注意的是,不能把求奸过程中的拉扯行为认为是强奸中的暴力手段。(2)通奸与强奸的转化问题。一般而言,第一次性交违背妇女意志,但女方没有告发,而且又自愿多次与该男子发生性交的,对该男子一般不宜以强奸罪论处。但是,第一次性交违背妇女意志,事后行为人对被害妇女实施精神上的强制,迫使其继续忍辱屈从的,应以强奸罪论处。行为人先是通奸,后来女方不愿意继续通奸,而行为人纠缠不休,并以暴力、威胁手段强行与妇女发生性交的,也应以强奸罪论处。(3)利用职权的强奸与基于相互利用的通奸的界限。利用职权进行胁迫,违背妇女意志与妇女发生性交的,构成强奸罪。男女双方互相利用,各有所图,女方以肉体作为换取私利的条件,从而发生性关系的,属于通奸,不能按强奸处理。二者区分的关键在于男方是否利用了职权进行胁迫。(4)"半推半就"的问题。所谓半推半就,是就妇女的意志而言的,即女方对男方要求性交的行为,既有不同意的表示——"推",也有同意的表示——"就",这是一种犹豫不决的心理状态;在妇女犹豫不决时,男子实施了奸淫行为。在这种情况下,仍应正确判断行为人的行为是否符合强奸罪的构成要件。一般来说,如果行为人主观上认为自己的行为并不违背妇女意志,把妇女"推"的表示视为妇女羞愧的表现,又没有明显使用暴力、胁迫等手段的,就不能认为是强奸罪。反之,如果行为人明知自己的行为违背妇女意志,又使用暴力、胁迫等手段强行与妇女发生性交的,则构成强奸罪。

4. 强奸罪的既遂与未遂。本罪的未遂,当行为人已经着手实施强奸罪中的实行行为,但由于行为人意志以外的原因而未得逞时,即告成立。因此,首先必须考虑本罪的着手。本罪的着手,以暴力、胁迫或者其他行为使被害人的性的自主决定权面临现实紧迫危险为成立条件,因此,被告人出于强奸目的夜间将被害人带往人烟稀少的寺庙之内,一边掐住妇女的脖子,一边威胁说“不要喊! 不然杀了你!”的时候,或者二被告人出于在车内强奸的意思,将正在人烟稀少、难以求救的路边行走的妇女往汽车车厢里拉的时候,就告成立。但在被告人以发送裸照等威胁方式要求被害人与其发生性关系,并且让被害人来到酒店,进酒店房间之前被害人借口打电话,让被告人先进房间,然后打电话报警将被告人抓获的场合,尽管被告人实施了作为手段的胁迫行为,但从当时的情况来看,行为人并未实际控制被害人,被害人的性的自主决定权尚未受到现实威胁,难以说是着手,故其行为应认定为强奸预备。

关于本罪的未得逞,以强行奸淫的目的行为未完成为标准。强奸罪中,强行性交的目的行为达到何种程度为完成,历来具有争议,主要有三种主张:一是接触说,二是插入说(结合说),三是射精说。我国一般是以插入说(结合说)为标准的。近年来,有些人提倡接触说,其理由在于:(1)插入说和射精说一样,是将复杂的法学问题用单纯的生理学的观点加以解释,它只考虑到了犯罪人的目的和要求,忽略了被害人的人身权利和性的不可侵犯性;(2)采取插入说,在实践中难以取得确凿的证据。但本书认为,还是采取插入说更为合适。首先,它是体现既遂与未遂的社会危害性程度不同的需要。已插入的强奸和未插入的强奸相比,其危害程度无论对于被害妇女本身(尤其是没有性经验的女性)和其家庭,还是在社会观念的评价上,都有很大的不同。在我国刑法对既遂、未遂采取了不同的处罚原则,对未遂原则上比照既遂犯从轻或减轻处罚的情况下,只有坚持插入说,才能贯彻罪刑相适应原则。其次,法定的强行性交的完成标准不应完全脱离生理学的含义。接触说主张的性器官有接触就是性交行为的完成的观点,离性交行为的生理学的含义太远,对法益的侵害也没有达到最大的限度。从实践来看,被害妇女往往是以是否被插入来判断自己是否失身。是否被插入,对于被害人来说,其痛苦、耻辱的程度和对今后生活的影响是不同的。明明是性器官的刚刚接触,就说已经达到既遂,对于被害人的保护来说,显然也是不利的。

在共同强奸案中,只有一行为人完成强奸行为,其他人只是起到帮助作用的,应以共同强奸既遂论处,但不能认定为轮奸。同样,在轮奸的场合,只有一人奸淫既遂,其他人奸淫未得逞的,不能认定为轮奸,只能以强奸既遂定罪,然后依据各人的作用大小,区分主从,分别量刑。

(三)处罚

依照刑法第 236 条第 1、2 款的规定,以暴力、胁迫或者其他手段强奸妇女的,处 3 年以上 10 年以下有期徒刑。奸淫不满 14 周岁的幼女的,以强奸论,从重处罚。

依照刑法第 236 条第 3 款的规定,强奸妇女、奸淫幼女,有下列情形之一的,处 10 年以上有期徒刑、无期徒刑或者死刑:

1. 强奸妇女、奸淫幼女情节恶劣的。这里的情节恶劣,是指除本款已经列举之外的各种恶劣情节,包括以下情形:负有特殊职责的人员多次实施强奸、奸淫的;有严重摧残、凌辱行为的;非法拘禁或者利用毒品诱骗、控制被害人的;多次利用其他未成年人诱骗、介绍、胁迫被害人的;长期实施强奸、奸淫的;奸淫精神发育迟滞的被害人致使怀孕的;对强奸、奸淫过程或者被害人身体隐私部位制作视频、照片等影像资料,以此胁迫对被害人实施强奸、奸淫,或者致使影像资料向多人传播,暴露被害人身份的;其他情节恶劣的情形。[32]

2. 强奸妇女、奸淫幼女多人的。多人,一般理解为3人以上。强奸3人,但均未遂,或者部分既遂、部分未遂的场合,也是强奸妇女、奸淫幼女多人。奸淫幼女2人,且分别多次实施的场合,也不能适用"奸淫幼女多人",但可以认定为"情节恶劣"。

3. 在公共场所当众强奸妇女、奸淫幼女的。所谓公共场所,是指不特定的人能够自由进出的建筑物、设施等,如商场、校园、游泳馆、儿童游乐馆、歌厅等娱乐场所,也包括各类单位,如机关、团体、事业单位的办公场所,企业生产经营场所,以及各种公共交通工具,如火车、轮船、长途客运汽车等。学校中的教室、集体宿舍、公共厕所、集体洗澡间,是不特定未成年人活动的场所,在这些场所实施强奸的,应当视为在公共场所当中实施犯罪。"当众",既包括故意使他人看到,也包括不避讳他人看到的情形。只要场所具有相对公开性、有其他人多数人在场,且有被他人感知可能的,不论在场人员是否实际看到,均可视为在公共场所当众强奸妇女、奸淫幼女。

4. 二人以上轮奸的。所谓轮奸,是指两个以上的男子,在同一时间对同一妇女或者幼女实施强奸行为。其成立条件是:其一,两个以上的人都是男子,且都是强奸的实行犯。一个妇女帮助一个男子的,不构成轮奸,但帮助两个男子的,构成轮奸。两名以上的男子,不论是否都符合强奸罪的主体条件,只要出于共同强奸的故意,在同一段时间内对同一妇女(或者幼女)连续地轮流实施了强奸(或者奸淫)的行为,就构成轮奸。与不满14周岁的未成年人轮流奸淫同一妇女(或幼女)的,构成轮奸,但数人未经共谋,在不同地点先后强奸同一被害人的,不构成轮奸。其二,侵害的对象必须是同一妇女或者幼女。数人在同一时空环境分别针对不同的被害人进行强奸的,不构成轮奸。其三,数个行为人对相同对象的强奸在时间上具有连续性,如果在时间上没有连续性,如今天一次,隔几天再来一次的,则不能认定为轮奸。其四,构成轮奸,不要求所有参与轮奸的人都完成了插入行为,只要两个以上的行为人完成了插入行为即可。对其他没有完成插入行为的行为人,根据"部分行为,全部责任"的原则,应认定为强奸罪的既遂犯,只是在处罚上,按照普通强奸罪量刑即可。和奸之后,又帮助他人强奸该妇女的,构成他人强奸罪的共犯,不适用轮奸情节。轮奸是强奸罪的加重处罚情节,不是独立罪名。对参与轮奸的犯罪分子,也应当按照其在共同犯罪中的地位和作用,区分主从,进行处罚。

5. 奸淫不满10周岁的幼女或者造成幼女伤害的。"奸淫不满十周岁的幼女"与"造成幼女伤害"是并列的两种情形,行为人有奸淫幼女的行为,符合上述条件之一的,就应当处以10年以上有期徒刑、无期徒刑或者死刑。其中,"造成幼女伤害",是指奸淫幼女行为给幼女造成身体、精神上的伤害结果。具有下列情形之一的,应当认定为刑法第236条第3款第5项规定的"造成幼女伤害":致使幼女轻伤的;致使幼女患梅毒、淋病等严重性病的;对幼女身心健康造成其他伤害的情形。[33]

6. 致使被害人重伤、死亡或者造成其他严重后果的。所谓致使被害人重伤、死亡,是指强奸导致被害人性器官严重损伤,或者造成其他严重伤害,甚至当场死亡或者经治疗无效死亡

---

〔32〕 2023年最高人民法院、最高人民检察院《关于办理强奸、猥亵未成年人刑事案件适用法律若干问题的解释》第2条。

〔33〕 2023年最高人民法院、最高人民检察院《关于办理强奸、猥亵未成年人刑事案件适用法律若干问题的解释》第3条。

的。强奸已满14周岁的未成年女性或者奸淫幼女，致使其感染艾滋病病毒的，应当认定为刑法第236第3款第6项规定的“致使被害人重伤”。[34] 对出于报复、灭口等动机，在实施强奸过程中杀死或者伤害被害人的，应当定故意杀人罪或者故意伤害罪，与强奸罪实行数罪并罚。行为人先杀死被害人，然后奸淫尸体的，不以本罪论处，而是构成故意杀人罪和侮辱尸体罪。所谓造成其他严重后果，是指因为强奸引起被害人自杀、精神失常以及其他严重后果。

关于本罪的量刑，按照2021年最高人民法院、最高人民检察院《关于常见犯罪的量刑指导意见（试行）》第4条第8款的规定，(1)构成强奸罪的，根据下列情形在相应的幅度内确定量刑起点，强奸妇女一人的，在3年至6年有期徒刑幅度内确定量刑起点。奸淫幼女一人的，在4年至7年有期徒刑幅度内确定量刑起点。有下列情形之一的，在10年至13年有期徒刑幅度内确定量刑起点：强奸妇女、奸淫幼女情节恶劣的；强奸妇女、奸淫幼女3人的；在公共场所当众强奸妇女、奸淫幼女的；2人以上轮奸妇女的；奸淫不满10周岁的幼女或者造成幼女伤害的；强奸致被害人重伤或者造成其他严重后果的。依法应当判处无期徒刑以上刑罚的除外。(2)在量刑起点的基础上，根据强奸妇女、奸淫幼女情节恶劣程度、强奸人数、致人伤害后果等其他影响犯罪构成的犯罪事实增加刑罚量，确定基准刑。强奸多人多次的，以强奸人数作为增加刑罚量的事实，强奸次数作为调节基准刑的量刑情节。(3)构成强奸罪的，综合考虑强奸的手段、危害后果等犯罪事实、量刑情节，以及被告人的主观恶性、人身危险性、认罪悔罪表现等因素，从严把握缓刑的适用。

二、负有照护职责人员性侵罪

本罪，是指对已满14周岁不满16周岁的未成年女性负有监护、收养、看护、教育、医疗等特殊职责的人员，与该未成年女性发生性关系的行为。

负有照护职责人员性侵罪，主要是针对近年来现实中所发生的性侵未成年人案件的特点，即相比陌生人作案，“负有监护、收养、看护、教育、医疗等特殊职责人员”的“熟人作案”更为隐蔽，司法机关在定罪量刑上面临更多困难的现实而制定的。如此规定，实际上是将之前的性同意年龄从14周岁，有条件地提升为16周岁，即与已满14周岁不满16周岁的未成年女性发生性关系的，即便是对方同意的，也应追究行为人的刑事责任，从而从根本上堵住了相关制度上的漏洞。

本罪的保护法益，有被害人的性自决权说、身心健康说以及人格尊严说之分。其中，性自决权显然不合适。从我国刑法将奸淫不满14周岁的幼女的，以强奸论的角度来看，刑法推定14周岁以下的幼女没有性的自主决定权，而14周岁以上的少女是有性的自主决定权的。因此，在已满14周岁不满16周岁的未成年女性自愿与对其负有监护职责的人员发生性关系的场合，很难以侵害被害人的性自决权来说明本罪的违法性。同样，将身心健康作为本罪的保护法益，不仅泛化了法益内容，使法益成为一个难以证明受损与否、也难以度量程度的概念，而且也难以说明性侵对象是成年人时就可以忽视成年人的身心健康的合理性。[35] 从本书的角度

---

〔34〕 2023年最高人民法院、最高人民检察院《关于办理强奸、猥亵未成年人刑事案件适用法律若干问题的解释》第4条。

〔35〕 陈家林、吕静：《负有照护职责人员性侵罪的解释视角与规制边界》，载《中南大学学报（社会科学版）》2021年第5期。

来看,人格尊严说比较合适。人格尊严说,又称性剥削说,[36]认为本罪所侵害的是一种广义的人格尊严,是特殊职责人员利用其身份上的优势地位对未成年少女进行剥削,使后者被工具化、客体化,且人格尊严不仅具有个人属性,还具有社会属性,因此,即便被害人对性行为表示同意,这种同意也无效。[37] 基于这种理解,本罪发生的时间,只限于行为人对未成年女性负有监护、收养、看护、教育、医疗等特殊职责的期间。在该种关系不存在之后,行为人和未成年女性自愿发生性关系的,由于不存在性剥削关系,因而不构成本罪。

本罪主体是特殊主体,即对已满14周岁不满16周岁的未成年女性负有监护、收养、看护、教育、医疗等特殊职责的人员,包括与未成年人具有共同生活关系且事实上负有照顾、保护等职责的人员。这里负有特殊职责的人员,是相对于未成年女性而言的。其中,"监护",是指行为人负有保障无民事行为能力人和限制民事行为能力人的权益,以弥补其民事行为能力不足的职责。我国《民法典》第34条第1款规定,监护人的职责是代理被监护人实施民事法律行为,保护被监护人的人身权利、财产权利以及其他合法权益等。关于监护人的范围,《民法典》第27条规定,父母是未成年子女的监护人。未成年人的父母已经死亡或者没有监护能力的,由下列有监护能力的人按顺序担任监护人:(1)祖父母、外祖父母;(2)兄、姐;(3)其他愿意担任监护人的个人或者组织,但是须经未成年人住所地的居民委员会、村民委员会或者民政部门同意。此外,《民法典》还对遗嘱指定监护人、协议确定监护人、监护人变更等作了规定。因此,可以根据上述规定,结合案件的具体情况,确定负有监护职责的人的范围。"收养",是指自然人依法收养他人子女为自己子女的民事法律行为。通过收养关系,原本没有父母子女关系的收养人与被收养人形成法律上拟制的父母子女关系,被收养人与其亲生父母之间的关系则相应终止。据此,收养人对其收养的已满14周岁不满16周岁的未成年女性负有特殊职责,禁止与其发生性关系。"看护",是指对已满14周岁不满16周岁的未成年女性负有看护职责的人,如雇佣的服务人员、保安等,这种职责通常是基于合同、雇佣、服务等关系而确定的,也可以通过口头约定、志愿性服务等形式确定,如邻居受托或者自愿代人照顾。这里的负有教育、医疗职责的人员,主要是指对已满14周岁不满16周岁的未成年女性负有教育、医疗职责的机构,如学校、培训机构、医院等机构的工作人员,包括教师、医生、护士等,教育、医疗职责通常是基于教育关系、医疗关系、服务合同等确定。上述负有特殊职责的人员与其照护的已满14周岁不满16周岁的未成年女性发生性关系的,构成本罪。

就本罪的适用而言,应当注意其与强奸罪之间的关系。刑法第236条之一第2款规定,有前款行为,同时又构成刑法第236条规定的强奸罪的,依照处罚较重的规定定罪处罚。据此,对已满14周岁不满16周岁未成年女性负有监护、收养、看护、教育、医疗等特殊职责的人员,以暴力、威胁,或者其他手段强行奸淫该未成年人的属于强奸罪,应当依照处罚较重的规定定罪处罚。此外,根据2023年最高人民法院、最高人民检察院《关于办理强奸、猥亵未成年人刑事案件适用法律若干问题的解释》第6条的规定,对已满14周岁的未成年女性负有特殊职责的人员,利用优势地位或者被害人孤立无援的境地,迫使被害人与其发生性关系的,也应依照刑法第236条的规定,以强奸罪定罪处罚。其中,"利用优势地位",是指利用特殊职责关系,

---

〔36〕 性剥削,是指利用个人的性和吸引力来获取利益,是基于性的目的而利用对方的弱势地位、权力差异或信任的任何既遂或未遂行为,包括但不限于威胁或从性剥削中获得金钱、社会地位或政治方面的好处。

〔37〕 杜治晗:《两小无猜非儿戏——一条司法解释的法教义学解释》,载《清华法学》2020年第4期。

以不给或少给生活费、学费，或者不提供教育、培训、医疗等方式，对未成年人施压迫使发生性关系；利用未成年人“孤立无援的境地”，是指由于各种原因，未成年被害人处于不得不依赖于特殊职责人员的资助、抚育、照顾和救助等状况，而行为人利用此种状况，迫使未成年被害人发生性关系。[38] 此时，具有监护等特殊职责的人员，与已满14周岁不满16周岁的未成年女性发生性关系的，构成本罪的同时，还构成强奸罪，依照修正后的刑法第236条之一第2款的规定，应当依据处罚较重的强奸罪定罪处罚。

关于本罪的处罚，依照刑法第236条之一第1款，本罪为行为犯，行为人只要实施与已满14周岁不满16周岁未成年女性发生性关系的行为，即构成本罪，处3年以下有期徒刑；情节恶劣的，处3年以上10年以下有期徒刑。其中，“情节恶劣”，是指具有下列情形之一：(1)长期发生性关系的；(2)与多名被害人发生性关系的；(3)致使被害人感染艾滋病病毒或者患梅毒、淋病等严重性病的；(4)对发生性关系的过程或者被害人身体隐私部位制作视频、照片等影像资料，致使影像资料向多人传播，暴露被害人身份的；(5)其他情节恶劣的情形。[39]

三、强制猥亵、侮辱罪

(一)概念和构成

本罪，是指以暴力、胁迫或者其他方法强制猥亵他人或者侮辱妇女的行为。其构成如下：

1. 主体。本罪的主体是一般主体，即年满16周岁、具有刑事责任能力的自然人。

2. 危害行为和危害结果。本罪客观上表现为以暴力、胁迫或者其他方法强制猥亵他人或者侮辱妇女，侵害他人的性自主权。

首先，强制猥亵的场合，其对象是他人，就是除自己以外的其他人，既包括男性也包括女性，但必须年满14周岁以上。如果猥亵的对象是不满14周岁的儿童，就构成刑法第237条所规定的猥亵儿童罪。在强制侮辱的场合，其对象为妇女，可以扩大解释为所有的女性。

其次，必须实施了强制猥亵他人或者强制侮辱妇女的行为。所谓猥亵，是指实施伤害普通人的正常的性的羞耻心、违反善良的性道德观念的淫秽行为。在行为人为男性的场合，通常表现为强逼他人对自己的性敏感区域或者行为人对他人的性敏感区域进行抚摸、吸吮、手淫、搂抱等行为。在行为人是女性，被害人是男性的场合，猥亵还包含女性强迫男性与自己发生生殖器官的接触的情形在内。在被害人为女性的场合，猥亵是指奸淫行为以外的、所有伤害妇女的性的羞耻心、侵害其性自主权的行为，如抠摸妇女阴部、鸡奸、兽奸等违反自然的变态性交行为等。

所谓侮辱妇女，正如以下流语言辱骂调戏妇女、将妇女衣服强行扒光等一样，是指与猥亵类似的、令妇女在性方面感到难堪，贬低其人格的行为。从刑法第237条将强制猥亵和强制侮辱妇女规定在一个条文，并且予以相同处罚的情形来看，猥亵和侮辱都是性交以外的侵害妇女的性的自由、伤害妇女的性的羞耻心的行为，二者之间没有本质上的区别。若说有区别的话，

---

[38] 2023年最高人民法院、最高人民检察院《关于办理强奸、猥亵未成年人刑事案件适用法律若干问题的解释》第6条。

[39] 2023年最高人民法院、最高人民检察院《关于办理强奸、猥亵未成年人刑事案件适用法律若干问题的解释》第5条。

二者的差别仅仅在于,强制猥亵的场合,行为人客观上通常具有亢奋自己的性欲的效果,而强制侮辱妇女则有通常伤害他人性的羞耻心,贬低他人人格尊严的效果。正因如此,在公开场合,妻子扒掉"小三"衣服,让其赤身裸体的行为,或者一男一女发生争吵时,男方撕扯女方上衣,让其上身赤裸的场合,均属于强制侮辱,而不是强制猥亵。

最后,猥亵或者侮辱妇女的行为必须以暴力、胁迫或者其他方法为手段。暴力、胁迫或者其他方法的意思,与强奸罪中的相同。露阴症患者公然在女性面前暴露其下身的行为,虽然也是猥亵行为,但由于不存在对女性的强制,因此,不能成立本罪。但要注意的是,本罪中的暴力、胁迫程度,比强奸罪中的要轻。

3. 主观要件。本罪在主观上表现为故意,即明知自己的强制猥亵、侮辱行为会发生侵害他人的性自主权的结果,而希望或放任该种结果发生。通常认为,本罪的主观要件具有满足自己性欲或有损他人人格的目的。[40] 但这种要求是不必要的:(1)强制猥亵、侮辱罪的构成要件当中,并没有这种要求;(2)行为人客观上强制猥亵了他人或者侮辱了妇女的时候,即便其主观上并不具有满足自己性欲或有损他人性自主权的目的和意图,也难以否定其对被害人的性自主权、羞耻心的侵害;(3)满足自己性欲或有损他人性自主权的意图和目的属于行为人内心的概念,内容本身非常暧昧,难以确定,在讲求犯罪构成要件明确性的罪刑法定原则之下,将其作为本罪的成立要件是不妥当的。

(二)本罪的认定

在本罪的认定中,要注意以下几个问题:

1. 本罪与强奸未遂的区别。二者在客观表现上非常相似,差别主要在于主观要件:一个是强制猥亵的故意,另一个是强行奸淫的故意。在具体判断上,要严格审查涉案证据,查明行为人行为时主观上有无强行与被害人发生性交的故意。在判断有无强奸的故意的时候,必须结合行为的时间、地点、行为方式等客观要素加以判断。下面试举一例加以说明。某日晚 11 时许,被告人王甲尾随女青年王乙进入公共厕所(位于市中心的马路边上),趁周围无人,被告人王甲将自己的裤子脱至膝盖处,抠摸被害人王乙的阴部并殴打王乙,后因王乙大声叫喊而逃离现场。同年 10 月 11 日晚 9 时许,被告人王甲又尾随女青年张某进入该公共厕所女厕部,被告人王甲将自己的裤子脱至膝盖处,并上前欲搂抱被害人张某,因张某极力反抗和大声叫喊而逃离现场。当晚 9 时 45 分,被告人王甲再次尾随女青年孙某进入该公共厕所女厕部,将自己的裤子脱至膝盖处,上前搂抱被害人孙某,遭被害人孙某反抗后即对孙某拳打脚踢,后因被害人孙某大声叫喊而逃离现场。被告人王甲在逃跑途中被群众抓获。经司法精神病鉴定,被告人王甲具有完全刑事责任能力。被告人王甲辩解其先后三次尾随被害女青年进入公共厕所女厕部只是出于好奇,主观上并没有想与她们发生性行为的故意,只有强制猥亵妇女的故意。从本案案发的时间、地点进行分析,应当说,被告人的供述是其真实的意思表示。一般而言,强奸犯罪中的行为人,比较讲究时间的选择,因为这种犯罪的目的是实现性交行为,而完成性交行为则需要一个过程,故时间选择不当的话,会影响强奸行为的顺利进行。因此,强奸犯罪分子往往要等待一定的时机。相比较而言,强制猥亵行为,由于其动机是追求下流的精神刺激,满足其变态的心理,故对时间选择不如强奸犯罪分子那么讲究。同样,强奸犯罪嫌疑人通常亦有选择相对隐蔽、偏僻的场所作案的特点。而事实上本案被告人王甲选择的作案地点是位于闹市

---

〔40〕 李希慧主编:《刑法各论》,武汉大学出版社 2009 年版,第 220 页。

区的公共厕所，选择的作案时间为晚上9时和11时左右，从时空情况来分析，案发现场随时都可能有人出入。被告人王甲已满19周岁，具备辨认和控制自己行为的能力，其应当认识到选择这样一个随时都有可能有人出入的公共场所作案在客观上并不利于其完成强行与妇女发生性交的行为。因此，从本案被告人王甲所选择的作案地点和时间的角度进行分析，在一定程度上亦可以证实其在实施抠摸、搂抱等涉案行为时主观上并无违背妇女的意志强行与之发生性交行为的故意。

2. 对拍妇女裸照行为的处理。强迫妇女脱光衣服，对其进行拍照的行为，构成本罪。但偷拍妇女走光照的行为不能认定为强制猥亵罪。因为，这种行为通常是在妇女不知晓的情况下秘密进行的，并未对妇女身体或者精神实施任何强制，不具有成立强制猥亵罪所要求的强制性。另外，由于拍照是秘密进行的，只有事后将照片散发出去才能造成对妇女人格的实际侵害，与在公共场所强制猥亵妇女，或者以暴力、胁迫手段当场玩弄妇女身体对妇女造成的即时性侵害相比，无论从行为方式、特征还是从危害结果本身来看，均有明显差异。

对于拍摄走光照的行为，区分情况，可作如下处理，首先，为寻求刺激而偶尔偷拍走光照，之后用于自己看的场合，由于尚未对妇女的名誉造成实际侵害，一般不宜按照犯罪处理。其次，对于偷拍妇女走光照之后通过媒介发布，或者在互联网上散布，情节严重的，按照以下方法处理：(1)对于多次偷拍形象比较模糊，图像尚不具备挑逗性的一般走光照，造成社会不良影响的，按照《治安管理处罚法》第50条第6项的规定从重处罚；(2)对于偷拍图像较为清晰，具有明显挑逗性意味的走光照，并予以散布的，视情节按照刑法第364条的传播淫秽物品罪定罪处罚；(3)对于以牟利为目的，偷拍图像较为清晰的走光照，并通过媒体等公然传播的，应视其非法传播的场次、规模、获利数额等，以制作、传播淫秽物品牟利罪定罪处罚；(4)由于拍摄图像清晰的走光照，通过照片本身可以辨认出受害人为某一特定对象，行为人故意传播并造成严重后果的，可以侮辱罪定罪处罚；(5)通过互联网偷拍妇女私生活并拍取其上半身裸照，以上传网络为威胁胁迫妇女自拍侮辱性照片，成立强制侮辱妇女罪。

（三）处罚

依照刑法第237条第1、2款的规定，犯本罪的，处5年以下有期徒刑或者拘役。聚众或者在公共场所当众犯本罪，或者有其他恶劣情节的，处5年以上有期徒刑。“恶劣情节”，必须从强制猥亵、侮辱的动机、手段方法、方式、所造成的后果、次数、行为对象等方面，综合判断。

四、猥亵儿童罪

本罪，是指猥亵不满14周岁儿童的行为。

本罪是侵害儿童身心健康的犯罪。对象必须是不满14周岁的儿童，不分男女。主体是一般主体，为年满16周岁、具有刑事责任能力的自然人，性别不限于男性。客观方面表现为猥亵。这里的猥亵，和强制猥亵罪中的猥亵有所不同。在猥亵对象为不满14周岁的男童的场合，包括奸淫行为即生殖器官的结合在内。实践中，猥亵儿童主要表现为对儿童实行鸡奸或者让儿童为其手淫等。猥亵既可以强制手段实施，如殴打、捆绑等，也可以非强制手段实施，如利用儿童的年幼无知或者好奇心理采用欺骗、引诱手段，让其对行为人实施满足行为人性欲的行为。强制猥亵儿童的，也构成本罪。主观要件是直接故意。行为人既实施了强制猥亵妇女的行为，又实施了猥亵儿童的行为的，应以强制猥亵罪和猥亵儿童罪数罪并罚。

要注意的是，近年来，针对未成年人“隔空猥亵”的案件大量发生。“隔空猥亵”是指行为人以互联网为媒介,打着"个性交友""招募童星"等幌子,通过诱骗、胁迫未成年人进行"裸聊"或发送"裸照""裸体视频"等方式进行猥亵的违法犯罪行为。和传统的身体接触方式不同,"隔空猥亵"虽然没有直接与被害儿童进行身体接触,但利用网络诱骗、强迫或者其他方法要求儿童拍摄裸体、敏感部位照片、视频等供其观看甚至发送侮辱淫秽语言的行为,同样会对儿童人格尊严和心理健康造成严重侵害,与实际接触儿童身体的猥亵行为具有相同的社会危害性,应当认定构成猥亵儿童罪,[41]而且是犯罪既遂。但要注意的是,即便是针对儿童采用拍摄裸体、敏感部位照片、视频等方式进行猥亵,也必须有"以诱骗、强迫或者其他方法要求"的行为,仅仅是趁儿童不注意的偷拍行为,不能构成本罪。

依照刑法第237条第3款的规定,犯本罪的,处5年以下有期徒刑,有下列情形之一的,处5年以上有期徒刑:(1)猥亵儿童多人或者多次的。(2)聚众猥亵儿童的,或者在教室讲台之类的公共场所当众猥亵儿童,情节恶劣的。(3)造成儿童伤害或者其他严重后果的(具体来说,是指具有下列情节之一:致使儿童轻伤以上的;致使儿童自残、自杀的;对儿童身心健康造成其他伤害或者严重后果的情形)。(4)猥亵手段恶劣或者有其他恶劣情节的(具体而言,是指具有下列情节之一:以生殖器侵入肛门、口腔或者以生殖器以外的身体部位、物品侵入被害人生殖器、肛门等方式实施猥亵的;有严重摧残、凌辱行为的;对猥亵过程或者被害人身体隐私部位制作视频、照片等影像资料,以此胁迫对被害人实施猥亵,或者致使影像资料向多人传播,暴露被害人身份的;采取其他恶劣手段实施猥亵或者有其他恶劣情节的情形)。[42]

第四节 侵犯他人人身自由的犯罪

一、非法拘禁罪

(一)概念和构成

本罪,是指非法拘禁他人或者以其他方法非法剥夺他人人身自由的行为。

本罪的保护法益,是他人的移动自由,即他人根据自己的意愿自由支配自己身体活动的自由,确切地讲,是离开一定场所的自由。人身自由,是法律赋予的参与社会活动、行使权利的基本保证。其内容,理论上有现实自由说和可能自由说之分。

现实自由说认为,法律所保护的是一种现实的自由,即只有在有移动的想法但实际上不能移动的场合,才能说有对移动自由的侵害;[43]相反地,可能自由说认为,移动的自由是一种可能的自由,虽说被害人没有移动的意思,但在其想移动却根本不能动的场合,可以说其移动自由受到了侵害。[44] 这种争论,在下述两个问题上具有意义。第一,暂时失去移动自由的人,如暂时丧失意思自由的醉酒者或者睡眠中的人是不是能够成为本罪的对象?现实自由说对此持否定态度,相反地,可能自由说则认为,只要其具有潜在的移动的自由,就能够成为本罪的对

〔41〕 骆某猥亵儿童案,最高人民检察院指导案例43号(2018年)。

〔42〕 2023年最高人民法院、最高人民检察院《关于办理强奸、猥亵未成年人刑事案件适用法律若干问题的解释》第8条。

〔43〕 [日]西田典之著、桥爪隆增补:《刑法各论》(第7版),弘文堂2018年版,第82页。

〔44〕 [日]大谷实:《刑法讲义各论》(新版第5版),黎宏、邓毅丞译,中国人民大学出版社2023年版,第89、90页。

象。因此,将熟睡的人锁在房间里,在其醒来之前打开的场合,也能成立非法拘禁罪。第二,移动的自由尽管在客观上受到了侵害,但被害人不知情的场合,能否成立本罪?如学生甲在教室看书的时候,外面的人悄悄将教室的门锁上,数小时之后重新打开,但学生甲专注于学习,对外面上锁、开锁一事完全没有意识到的场合,由于学生甲根本没有想过要出去,因此,从现实自由说的立场来看,不成立非法拘禁罪。相反地,从可能自由说的立场来看,既然出现了客观上不能移动的状态,则可以说学生甲的移动自由受到了侵害。

如前所述,所谓移动自由,就是他人支配自己身体活动的自由,因此,成立本罪,应当以拘禁行为是否侵害了他人支配自己身体活动的意思为准。在他人没有离开一定场所的意思的场合,停留在该场所是符合其本人意愿的,因此,他人没有意识到被拘禁的场合就不用说了,即便意识到了,也不成立非法拘禁罪,在此意义上讲,本罪只有在他人不能离开一定场所,违反了其现实所具有的离开意思的场合才能成立,即现实的自由说妥当。

本罪在客观上表现为以拘禁或者其他强制方法,非法剥夺他人人身自由。身体自由,是身体移动的自由,并非身体某一部分的活动自由。如给人上手铐或者戴脚链将其限制在某一场所的行为,由于剥夺了他人移动的自由,因此是非法拘禁;但仅仅把他人的耳朵堵住、嘴巴封住的场合,由于他人移动的自由没有受到限制,因此,不构成本罪。本罪的对象,是所有依法享有人身自由权利的他人。无论是成年的还是未成年的,健康的还是有病的,也无论其民族和国籍,只要其人身自由未被依法剥夺,均受到保护。他人只限于具有身体活动自由的自然人,生后不久的婴儿,或者丧失意志自由的高度精神病患者、植物人状态的人等,由于没有空间移动的能力或者没有意思活动的自由,因此,不能成为本罪的对象。但是,婴儿在具有爬行能力的场合,或者残疾人能够借助器械移动的场合,能成为本罪的对象。

剥夺他人移动自由的最常见方法,是非法拘禁。所谓非法拘禁,是指非法以强制方法使他人在一定时间内失去行动的自由,具有非法性和强制性。(1)拘禁行为必须是非法的。所谓非法,是指没有法律上的依据,主要表现为:一是无权拘禁他人的一般公民以非法手段拘禁他人,使其失去人身自由(如绑架他人为人质讨债等);二是有权拘禁的司法工作人员滥用职权,不遵守法律规定,违反法定程序和条件,非法剥夺他人人身自由,或者使他人无法恢复人身自由(如不释放已认定无罪的人)。[45] (2)拘禁行为具有强制性。所谓强制,是指违背他人意志,强行使他人处于被管束之中,主要表现为:一是直接拘束人的身体,如实施捆绑等;二是间接拘束人的身体,剥夺其身体活动自由,即将他人监禁于一定场所,使其不能或明显难以离开,如关押、禁闭等。其他非法剥夺人身自由的方法则多种多样,既可以是有形的,也可以是无形的。如利用人的羞耻心,在他人洗澡时,将其衣服拿走,使他人不敢离开澡堂的行为;利用人的恐惧心,强制他人坐在快速奔跑的摩托车或汽车上,使其不敢下车的行为,就是无形的方法。

(二)本罪的认定

非法拘禁罪属于继续犯,拘禁的不法行为和他人失去自由的状态在一定时间内处于持续不间断的状态。拘禁时间的长短,刑法对此没有规定,但在司法实践中,则是必须考虑的。非

---

〔45〕 2003 年最高人民法院、最高人民检察院、公安部《关于严格执行刑事诉讼法,切实纠防超期羁押的通知》第 5 条规定,该通知发布以后,凡违反刑事诉讼法和本通知的规定,造成犯罪嫌疑人、被告人超期羁押的,对于直接负责的主管人员和其他直接责任人员,由其所在单位或者上级主管机关依照有关规定予以行政或者纪律处分;造成犯罪嫌疑人、被告人超期羁押,情节严重的,对于直接负责的主管人员和其他直接责任人员,依照刑法第 397 条的规定,以玩忽职守罪或者滥用职权罪追究刑事责任。

法拘禁行为,只有达到相当严重的程度,才能成立犯罪。是否严重,应当根据情节轻重、危害大小、拘禁时间长短等因素,综合加以判断。根据有关司法解释,[46]非法拘禁罪是指以拘禁或者其他方法非法剥夺他人人身自由的行为。国家机关工作人员利用职权非法拘禁,涉嫌下列情形之一的,应予立案:(1)非法剥夺他人人身自由 24 小时以上的;(2)非法剥夺他人人身自由,并使用械具或者捆绑等恶劣手段,或者实施殴打、侮辱、虐待行为的;(3)非法拘禁,造成被拘禁人轻伤、重伤、死亡的;(4)非法拘禁,情节严重,导致被拘禁人自杀、自残造成重伤、死亡,或者精神失常的;(5)非法拘禁 3 人次以上的;(6)司法工作人员对明知是没有违法犯罪事实的人而非法拘禁的;(7)其他非法拘禁应予追究刑事责任的情形。这个解释虽然是针对国家机关工作人员的非法拘禁行为规定的,但对非法拘禁行为程度的认定,具有借鉴意义。

根据相关司法解释,[47]黑恶势力有组织地多次短时间非法拘禁他人的,应当认定为刑法第 238 条规定的"以其他方法非法剥夺他人人身自由"。非法拘禁他人 3 次以上、每次持续时间在 4 小时以上,或者非法拘禁他人累计时间在 12 小时以上的,应以非法拘禁罪定罪处罚。

(三)处罚

依照刑法第 238 条的规定,犯本罪的,处 3 年以下有期徒刑、拘役、管制或者剥夺政治权利。具有殴打、侮辱情节的,从重处罚。致人重伤的,处 3 年以上 10 年以下有期徒刑;致人死亡的,处 10 年以上有期徒刑。使用暴力致人伤残、死亡的,依照本法第 232 条、第 234 条的规定定罪处罚。此外,根据本条第 3 款、第 4 款的规定,为索取债务非法扣押、拘禁他人的,依照非法拘禁罪论处。国家机关工作人员利用职权犯本罪的,从重处罚。

在本罪的处罚中,应当注意以下几个问题:

1."非法拘禁,致人重伤、死亡"的理解。其是指非法拘禁行为致被拘禁人重伤、死亡,属于非法拘禁罪的结果加重犯,包括以下两种情形:(1)非法拘禁行为,诱发了被害人的特异体质病变。如实施了捆绑、关禁闭、体罚及变相体罚等轻微的伤害行为,诱发被害人肌体病变发作而致其重伤、死亡。(2)在非法拘禁过程中,介入了被害人的自杀等行为。如实施拘禁行为并对被害人的人身或人格、尊严等进行了加害、侮辱等行为,致使被害人不堪忍受肉体或精神折磨,在拘禁期间自杀身亡或者造成重伤。在这种情况下,虽然出现了被害人重伤、死亡的结果,但行为人的拘禁行为并没有超出非法拘禁行为的范畴,其行为性质未发生根本变化,所以,这种情况下,行为人还是成立非法拘禁罪,只是要加重处罚而已。如在非法拘禁中的被害人乘行为人不备而逃跑,三名行为人发现之后穷追不舍,被害人无路可逃被迫跳入河中淹死的场合,就是如此。在当时的情况下,三人为非法拘禁而实施的追赶行为当中包含迫使被害人跳入河中的危险,被害人跳河溺亡的结果是行为人的追赶行为中内在危险的现实化,因此,行为人的行为构成非法拘禁致人死亡。

2."使用暴力致人伤残、死亡的,依照本法第 232 条、第 234 条的规定定罪处罚"的理解。其是指行为人在非法拘禁他人的过程中,伴随有伤害或者杀害程度的"暴力"行为,导致被拘禁人伤残或者死亡的情形。在非法拘禁的过程中,使用致人伤残、死亡程度的暴力,表明行为人的行为已经超出了非法拘禁行为的本来意义,所以,对于这种情况,不能定非法拘禁罪,而应定故意伤害罪、故意杀人罪。此时,至于行为人主观上对于伤残、死亡结果的发生是故意还是

---

〔46〕 2006 年最高人民检察院《关于渎职侵权犯罪案件立案标准的规定》第 2 条第 1 款。

〔47〕 2018 年最高人民法院、最高人民检察院、公安部、司法部《关于办理黑恶势力犯罪案件若干问题的指导意见》第 18 条。

过失心态,没有限制。只要证明伤残、死亡结果是非法拘禁过程中的暴力行为所引起的即可。在非法拘禁过程中,故意重伤、杀死被拘禁者的,除构成非法拘禁罪之外,还构成故意伤害罪、故意杀人罪,数罪并罚。要注意的是,行为人在非法拘禁他人的过程中,采用超出非法拘禁的暴力行为致人死亡的,不能一概定故意杀人罪,应根据行为人的主观心态及客观行为定故意伤害(致死)罪。在被告人余某等将被害人朱某骗至传销窝点,李某受上线许某指示去"教训"朱某。朱某发现被骗后进行反抗并欲离开,李某遂指挥各被告人将朱某抬进卧室按倒在地,各被告人对朱某捂嘴、按压手脚、打耳光,李某对其实施打耳光,踹脖子、胸口和肚子等部位,用毛巾捂嘴,灌水等行为,导致朱某昏迷。李某点着打火机在朱某嘴唇上烤,见其无反应,就安排其他被告人轮流给朱某做心肺复苏,但朱某仍无反应。经法医鉴定,被害人朱某系生前受到外力打击等作用而死亡的案件中,尽管出现了暴力致死的结果,但行为人李某只是为了"教训"被害人而实施暴力行为,并且在被害人昏迷之后,还安排其他被告人轮流给朱某做心肺复苏,尽管有死人结果,但也不能认定李某的行为构成故意杀人罪,因为李某并不具有故意杀人的目的。

需要注意的是,这里所谓"伤残",是指受伤痊愈后导致器官功能受损,即损伤致残留下后遗症的情形,而不是指一般意义上的"重伤"。从刑法第 238 条第 2 款前段的规定来看,非法拘禁致人重伤的,处 3 年以上 10 年以下有期徒刑,与刑法第 234 条所规定的故意重伤他人的法定刑幅度完全一致。而从刑法第 238 条第 2 款后段的规定来看,其所规定的内容显然是比前段要严重的情形,相应地,其法定刑也应当比前段的规定要重。而从刑法第 238 条第 2 款前段的规定来看,非法拘禁致人"重伤"的,要处以与故意伤害罪中的"重伤"程度相当的刑罚,由此推知,该条款后段所规定的类型应当类似于比前款中的"重伤"更为严重的"以特别残忍手段致人重伤造成严重残疾"的类型了。只是,非法拘禁中的"暴力"并不一定要求"以特别残忍的手段"。如此说来,刑法第 238 条第 2 款后段中的"使用暴力致人伤残……的,依照本法第二百三十四条……的规定定罪处罚",应当是指以刑法第 234 条的故意伤害罪定罪,而在该条第 2 款中的"处十年以上有期徒刑、无期徒刑或者死刑"的范围内量刑了。同样,刑法第 238 条第 2 款后段中的"使用暴力致人……死亡的,依照本法……第二百三十二条的规定定罪处罚",也是指以刑法第 232 条的故意杀人罪定罪,而在该条前段中的"处死刑、无期徒刑或者十年以上有期徒刑"的范围内处罚了。

3."为索取债务非法扣押、拘禁他人的,依照非法拘禁罪论处"的理解。对这种情况之所以只按照非法拘禁罪处罚,而不按照其他犯罪处罚,主要是考虑到行为人索取债务主要是为了实现自己的权利,没有非法占有他人财物的目的。在适用这一条款时,应注意以下几点:

(1)凡是为索取债务而非法扣押、拘禁他人的,一律按照刑法第 238 条第 3 款的规定,以非法拘禁罪处理。依照有关司法解释,[48]行为人为索取高利贷、赌债等法律不予保护的债务,非法扣押、拘禁他人的,也依照刑法第 238 条的规定,构成非法拘禁罪。之所以如此规定,是因为现实中所形成的债务关系非常复杂,有些债务关系虽然不受强制执行力的保护,但为法律所认可,对于这些债务的是非,刑法上难以判断,因此,司法解释选择了对债务关系的合法性不加评价,只就非法扣押、拘禁他人的行为进行评价的做法。按照上述解释,这里的债务,既包括合法

〔48〕 2000 年最高人民法院《关于对为索取法律不予保护的债务非法拘禁他人行为如何定罪问题的解释》。

债务,也包括非法债务(如自然之债、[49]非法之债、[50]误存之债[51]等)。为索取非法债务而非法拘禁、扣押他人的,应以非法拘禁罪定罪处罚,而不构成绑架罪。需要注意的是,行为人虚构事实、无事生非,以债权人自居,索要、侵占他人钱财,可谓无中生有之债。无中生有之债只是行为人实施违法犯罪行为的一个借口,不应归入此列。例如,行为人把一个廉价瓷瓶砸碎装入行李箱到马路上碰瓷,自称名贵瓷器被撞碎而要求巨额赔偿,且限制车主人身自由的,宜以敲诈勒索罪与非法拘禁罪并罚;其"债"固然不可能得到法律保护,但也不属于该解释中的"法律不予保护的债务"。

(2)劫持他人索债超过合法数额或以人质相要挟提出其他不法要求的,行为人同时触犯非法拘禁罪和绑架罪两个罪名,但由于只实施了一个索取财物的行为,而索取的财物之中既有债务又有额外财物,因此,应视具体情况将该行为看作为想象竞合犯,对行为人以一重罪论处,而不能作为非法拘禁罪和绑架罪两个罪,数罪并罚。

(3)索要债务的场合,非法拘禁的对象只能是债务人本人。为索要债务而非法扣押、拘禁债务人亲属勒索财物的,不能适用刑法第 238 条第 3 款。实务当中,因合同纠纷而绑架他人为人质的,为逼迫借款人还债而关押借款人以外的第三人的,赌博参与人员以其所输赌资或所赢赌债为抢劫对象,非法拘禁他人或者以其他方法非法剥夺他人人身自由的,婚姻关系非正常存续期间,为索要离婚纠纷中的争议财产而将继子女私自带走的行为,均被认定为非法拘禁。行为人主观上的索债目的应当从其主观真实意思认定,而不要求客观上存在真实有效的债务债权关系,只要是出于索债目的非法拘禁他人的,就成立非法拘禁。

4."国家机关工作人员利用职权犯本罪的,从重处罚"的理解。这里所说的"国家机关工作人员"是指刑法第 93 条第 1 款规定的在国家机关中从事公务的人员。协警之类虽在公安机关的基层第一线工作,并经授权行使通常由民警所行使的部分权力,但由于其未被列入国家机关的人员编制,故不属于"其他依法从事公务的人员",在其利用职权犯本罪的场合,不能适用本条款。实践当中,法官以妨害执行公务为由,将与案件无关的人司法拘留 15 日的行为;民警利用警察身份,将质问公安干警为何不依法履行职责的当事人戴上手铐拘禁于派出所并殴打,长达 24 小时的行为;公安局局长将骂自己"素质太低,不配当局长"的农民依照 1994 年《治安管理处罚条例》第 22 条第 3 项"公然侮辱他人"的规定行政拘留 7 天的行为;盐政科长将人隔离审查 13 天的行为;公安干警在没有任何证据的情况下,仅凭一封举报信即将被举报人擅自关押 42 小时,且未办理任何法律手续的行为,都属于国家机关工作人员犯非法拘禁罪的情形。国家司法工作人员在执行公务时,不正确履行工作职责,致使被害人被超期羁押、情节严重的,尽管也构成非法拘禁罪,但一般将这种情况认定为滥用职权罪。

关于本罪的量刑,2021 年最高人民法院、最高人民检察院《关于常见犯罪的量刑指导意见(试行)》第 4 条第 9 款规定,构成非法拘禁罪的,根据下列情形在相应的幅度内确定量刑起

---

[49] 自然之债,指虽为法律所认可,但不受强制执行力保护的债;债务人不履行时,债权人不能请求法院强制执行,债务人自愿履行的仍有效。例如,赌债、嫖资、分手费、青春损失费等。此时被害方可能存在道德上的过错,但一般不存在刑法上的过错。

[50] 非法之债,指行为人基于某项事实或无效合同而实施法律禁止的行为,从而"享有债权请求权"的债。例如,他人购买违禁品(如毒品、枪支、珍稀动物皮毛等)的欠款、封口费等。

[51] 误存之债,指行为人往往法制意识淡薄,误认为自己的权益被侵害、自己有一定的正当性,可以要求他人退还或者赔偿,而采用违法或犯罪的私力救济手段去实现的"债"。不同于前两种债,误存之债仅主观存在而非客观存在,被害人一般不存在刑法上的过错,而按社会一般观念,系由民间纠纷引发、事出有因。

点:(1)犯罪情节一般的,在1年以下有期徒刑、拘役幅度内确定量刑起点;(2)致一人重伤的,在3年至5年有期徒刑幅度内确定量刑起点;(3)致一人死亡的,在10年至13年有期徒刑幅度内确定量刑起点。在量刑起点的基础上,根据非法拘禁人数、拘禁时间、致人伤亡后果等其他影响犯罪构成的犯罪事实增加刑罚量,确定基准刑。非法拘禁多人多次的,以非法拘禁人数作为增加刑罚量的事实,非法拘禁次数作为调节基准刑的量刑情节。有下列情节之一的,增加基准刑的10%~20%:(1)具有殴打、侮辱情节的;(2)国家机关工作人员利用职权非法扣押、拘禁他人的。构成非法拘禁罪的,综合考虑非法拘禁的起因、时间、危害后果等犯罪事实、量刑情节,以及被告人的主观恶性、人身危险性、认罪悔罪表现等因素,决定缓刑的适用。

二、绑架罪

(一)概念和构成

本罪,是指以勒索财物或者扣押人质为目的,使用暴力、胁迫或者其他方法,绑架他人的行为。

本罪的保护法益是公民的人身自由。关于绑架罪的保护法益,理论上有不同的观点。有人认为,绑架罪的犯罪客体是复杂客体,包括他人的人身自由权,健康、生命权以及公私财产所有权,[52]相反地,也有人认为,绑架罪的客体是简单客体,即人身自由,财产权只是绑架罪可能侵犯的客体。[53] 本书同意后一种观点。现行刑法将绑架罪规定在侵犯公民人身权利、民主权利罪一章中,强调的是对公民人身权利的保护。实际上,在绑架罪的场合,行为人虽然在主观意图上索要财物,似乎是在侵犯他人的财产性利益,但其所采用的绑架手段则直接危及了被绑架者的生命、身体利益和担忧被绑架者安危的第三人的精神上的自由即自己决定是否向他人交付财物的自决权。[54] 刑法对本罪之所以规定如此重的法定刑,主要考虑到不论行为人是否勒索到财物或实现其他要求,其绑架行为都已经给被绑架者的人身自由造成严重的侵害,而且给被绑架人的近亲属或其他人造成了痛苦和忧伤。因此,将其作为侵害人身自由的犯罪更为合适一些。本罪侵害的直接对象,可以是任何有生命的自然人,包括不满6周岁的婴幼儿。以扣押他人尸体的方法勒索财物的,可以构成敲诈勒索罪,但不能构成绑架罪。

本罪的犯罪构成如下:

1. 主体。本罪的主体是一般主体,即年满16周岁、具备刑事责任能力的自然人,都可构成本罪主体。应当注意的是,绑架罪虽然是一种社会危害性极大的犯罪,但刑法第17条第2款并没有将其纳入已满14周岁未满16周岁的人应负刑事责任的范围。已满14周岁不满16周岁的人实施抢劫、贩毒等行为的,应当负刑事责任。而这一年龄段的人实施绑架行为的并不负刑事责任,这不能不说是立法上的一个缺陷。当然,按照罪刑法定原则的要求,在目前的立法状况之下,绝对不可对已满14周岁不满16周岁的人实施的绑架行为追究刑事责任。

值得研究的是,按照刑法第17条第2款的规定,已满14周岁不满16周岁的人实施故意杀人行为,要负刑事责任;按照刑法第17条第3款的规定,已满12周岁不满14周岁的人,犯

---

〔52〕 高铭暄、马克昌主编:《刑法学》(第10版),北京大学出版社、高等教育出版社2022年版,第475页。

〔53〕 王作富主编:《刑法分则实务研究》(第5版)(中),中国方正出版社2013年版,第783页。

〔54〕 典型的绑架罪,是使第三人处于法律与道德的两难选择之中:不是蒙受巨大损失、作出重大让步,就是令人质遭受巨大痛苦甚至牺牲。

故意杀人、故意伤害罪,致人死亡或者以特别残忍的手段致人重伤造成严重残疾,情节恶劣,经最高人民检察院核准追诉的,应当负刑事责任。而根据刑法第 239 条第 2 款的规定,在绑架过程中,杀害被绑架人的,不另定故意杀人罪,而是作为绑架罪的一个要“处无期徒刑或者死刑,并处没收财产”的情节。那么,已满 14 周岁不满 16 周岁的人绑架他人并杀害被绑架人的,应否负刑事责任呢?

通常认为,应当负刑事责任。因为绑架过程中杀害被绑架人的杀人行为,与一般场合下的杀人行为并无殊异,如果说已满 14 周岁不满 16 周岁的人对于一般场合下的杀人行为具有辨认和控制能力,需要承担刑事责任的话,那么,就没有理由说这一年龄阶段的人对绑架过程中杀害被绑架人的行为不承担刑事责任。只是,在这种情况下,对行为人究竟是定绑架罪还是定故意杀人罪,成为问题。本书认为,还是定故意杀人罪较为妥当,理由是:(1)既然刑法第 17 条第 2 款未将“绑架罪”明列入已满 14 周岁不满 16 周岁的人应当承担刑事责任的犯罪范围,定绑架罪不免有违反罪刑法定原则之嫌;(2)按照刑法第 239 条第 2 款的规定,绑架过程中杀害被绑架人的行为只是绑架罪的一个情节,因此,也可以说,杀害被绑架人的行为不另行定罪,其前提是存在构成犯罪的绑架行为,而已满 14 周岁不满 16 周岁的人实施一般绑架行为尚不构成犯罪;(3)如果对行为人定绑架罪,则依刑法第 239 条第 2 款的规定,就必须对其处以无期徒刑或者死刑,但这种做法显然违反了对未满 18 周岁的人不得适用死刑的规定。

2. 危害行为和危害结果。本罪客观上表现为利用被绑架人的近亲属或其他人对被绑架人安危的忧虑,使用暴力、胁迫或者其他方法控制他人身体的行为。这里必须注意以下几点:

(1)绑架罪在客观上表现为复合行为,即为勒索财物而绑架他人,或者出于其他目的而绑架他人作为人质,并向相关第三人提出勒索财物的要求或者其他不法要求。

绑架罪的实行行为仅是绑架他人,还是也包括向被绑架人的亲属或者其他有关人员勒索财物或其他利益的行为在内?刑法理论上有“单一行为说”和“复合行为说”之争。“单一行为说”认为,行为人只要出于勒索财物或扣押人质的目的,实施了绑架行为,就已经具备了该罪的全部法定要件。与勒索目的相对应的勒索行为,只是犯罪情节,而非客观方面构成要件的行为。相反地,“复合行为说”认为,绑架罪的客观行为由绑架行为或偷盗婴儿行为与勒索财物或提出不法要求行为两方面构成。因此,在行为人绑架他人或偷盗婴儿之后,尚未实行勒索财物或提出不法要求的行为时,不应认定为本罪的既遂。

本书从以下角度出发,主张“复合行为说”。首先,“单一行为说”无法说明对第三者的自决权造成的侵害。如前所述,绑架罪在本质上是侵犯了两方面的利益,即除被绑架者的人身自由之外,还侵犯了对绑架者的人身安危表示忧虑的第三者的自决权。这种对第三者的合法权益即自决权的侵害,只有通过一定的客观行为即向对被绑架者的人身安危表示忧虑的第三者发出勒索赎金或者提出其他非法要求,才能实现。在这一点上,“单一行为说”存在明显的不足。其次,“单一行为说”容易陷入主观主义的窠臼。按照“单一行为说”,就行为的客观表现而言,绑架实际上就是非法拘禁,与非法拘禁罪没有实质差别。[55] 如此说来,绑架罪和非法拘禁罪的区分,就只能从行为人的主观要件来加以判断,即主观上是以勒索财物或者其他不法利益为目的的,就是绑架罪,而无此目的的,就是非法拘禁罪。但是,客观表现上完全一致的行为,仅仅依靠行为人的难以把握或者确定的主观目的或者动机来对二者进行区分,显然很危

---

〔55〕 王作富主编:《刑法分则实务研究》(第 5 版)(中),中国方正出版社 2013 年版,第 785 页。

险。最后,从主客观相一致的立场来看,也应当将向第三人勒索财物或者提出其他不法要求的行为作为绑架罪的客观表现。根据我国刑法理论,犯罪客体是侵害行为所指向的刑法保护利益,行为人只是主观上有犯罪目的,但客观上缺乏相应的犯罪行为的话,是不可能侵犯到具体的犯罪客体的。行为人勒索财物或其他不法要求的实现,必须依赖于勒索财物或其他不法要求的提出,没有与主观相对应的行为,其目的的实现只能是"空想"。[56]

按照复合行为说,在绑架罪的客观方面,行为人除实力控制他人之外,还必须具有向第三人发出勒索财物或者提出其他不法要求,使第三人的合法权益即自决权受到侵害的行为。如此说来,仅仅是以实力控制了他人,但尚未向第三人提出勒财或者其他不法要求的场合,不能成立绑架罪的既遂,而只能成立本罪的未遂。相反地,在行为人已经以实力控制他人,并向第三人提出勒财或者其他不法要求的场合,即便行为人最后并没有取得财物或者不法要求没有被满足,也要成立绑架罪的既遂。如在俞某与潘某为了勒索石某财物而将其女儿石某某(9岁)从小学骗出来并实力控制,接着,将勒索钱财的恐吓信连同石某某画的一幅图画,送到石某的单位门卫处后离开的场合,由于俞某和潘某已经将绑架石某某的行为实施完毕,并且也向被害人家属提出了勒索财物的要求,因此,构成了绑架罪的既遂,之后放人质回家则已不可能构成犯罪中止,只能作为酌情从轻处理的情节。

(2)关于绑架行为的意义,主要有两种观点:一种观点认为,是指以暴力、胁迫、麻醉的方法,挟持他人或者使他人处于自己的实力控制之下的行为。暴力、胁迫以外的其他方法不是绑架。另一种观点认为,不管采用什么样的方法,只要出于勒索财物或者其他目的而实施行为,结果实现了对被害人身体的控制,就构成绑架罪。

本书同意前一种观点。一方面,刑法第240条拐卖妇女、儿童罪的行为方式包括拐卖、诱骗、强迫、绑架、偷盗等方式,其中,关于绑架,明确地规定,就是"使用暴力、胁迫或者麻醉方法"实力控制"妇女、儿童";另一方面,本罪的法定刑为"十年以上有期徒刑或者无期徒刑,并处罚金或者没收财产";情节较轻的,"处五年以上十年以下有期徒刑,并处罚金",从法定刑的比较来看,绑架罪不轻于故意杀人罪,甚至其下限比故意杀人罪还高。这既是考虑到不论行为人是否勒索到财物或实现其他要求,其绑架行为都已经给被害人的人身自由造成严重的侵害,而且给被绑架人的近亲属或其他人造成了痛苦和忧伤,也是因为以暴力、胁迫、麻醉手段绑架他人,对他人身体、生命而言极为危险。如此说来,在某案件中,李某以挑选小学生参加"乐百氏"智力竞赛为由,将该校学生吕某(男,10岁)带走,并让另一个不知情的小学生将其写有向

---

〔56〕 司法实务的主流观点是单一行为说。如最高人民法院研究室《第三方受到勒索是否属于绑架罪构成要件》的答复中认为,构成绑架罪,无需以行为人自行或者通过被绑架人向被绑架人的亲友明确告知绑架事实为要件,只要以勒索财物为目的绑架他人的,均应以绑架罪论处。主要理由是,行为人以"出车祸""赌博输钱"为名向被害人亲友要钱的场合,有些被绑架人亲友警惕性高,及时识破是绑架,并报案将犯罪分子抓获;而有些被绑架人亲友未能及时识破,按要求交付财物。如以第三方受到勒索作为绑架罪的构成条件,则势必会导致案件性质随着被害人亲友的敏感程度而定,进而导致同样的行为得到不同的法律评价,这显然是不合理、不可取的。这显然是对"复合行为说"的误解。复合行为说认为,只要行为人向被绑架人的亲友提出财物要求即可,并不要求一定有财物的交付。但是,在实务如孙某洪、濮某鸣等绑架、抢劫、故意杀人案(张华松:《孙家洪、濮剑鸣等绑架、抢劫、故意杀人案[第947号]——在绑架案中,能否仅依据行为人对被害人实施了人身控制行为就认定其具有"以勒索财物为目的"以及绑架罪》,载最高人民法院刑事审判第一、二、三、四、五庭主办:《刑事审判参考》总第96辑,法律出版社2014年版)中法院认为,绑架罪的成立以具有勒索财物的目的为成立要件,不能仅依据行为人对被害人实施了人身控制行为就认定其"以勒索财物为目的",还要求行为人向第三人提出了勒索财物的意思表示或具有证明行为人具有该目的的其他证据。这里的"行为人向第三人提出了勒索财物的意思表示"实际上就是复合行为说的体现。

吕某的父母索要人民币 8 万元内容的信转交给吕某的父母。随后,李某带吕某去吃麦当劳,又去看电影。在看电影中间,李某离开电影院,去约定地点取勒索的钱财时被当场抓获。吕某见李某迟迟未归,就独自回家,被告人李某尽管有实力控制他人的行为,但该行为达不到暴力、胁迫、麻醉手段的程度,故不构成绑架,只能构成敲诈勒索罪(未遂)。

绑架的方法有多种,法律上并没有加以限定,但从其法律后果的角度来看,以限定为暴力、胁迫、麻醉手段为宜。一方面,刑法第 240 条拐卖妇女、儿童罪的行为方式包括拐卖、诱骗、强迫、绑架、偷盗等方式,其中,关于绑架,明确地规定,就是"使用暴力、胁迫或者麻醉方法"实力控制"妇女、儿童";另一方面,本罪的法定刑为"十年以上有期徒刑或者无期徒刑,并处罚金或者没收财产;情节较轻的,处五年以上十年以下有期徒刑,并处罚金",从法定刑的比较来看,绑架罪不轻于故意杀人罪,甚至其下限比故意杀人罪还高。这既是考虑到绑架行为不仅给被绑架人的近亲属或其他人造成了痛苦和忧伤,也因为以暴力、胁迫、麻醉手段绑架他人,对他人身体、生命而言极为危险。其中,暴力是最常使用的方法,如对他人实施捆绑、殴打、强拉硬拖等;胁迫是进行精神上的强制,主要是指以暴力相威胁;麻醉是指使用麻醉品使人昏迷,在其不知反抗的情况下,对其加以控制。按照现行刑法的规定,以勒索财物为目的而偷盗婴幼儿的,以绑架罪论处,这可以看作针对特殊对象而实施的特殊的绑架行为。因为婴幼儿没有自卫能力和行为能力,对他们一般不需要采用暴力、胁迫或者其他制止其反抗的手段。

(3)绑架罪中的勒索财物或提出不法要求行为,其指向的对象不是被绑架人、人质,而是其近亲属或其他人。具体而言,是指绑架者在绑架他人或偷盗婴幼儿之后,向被绑架人、被偷盗的婴幼儿的近亲属或其他和被绑架者、被偷盗的婴幼儿有特定关系的人勒索财物;绑架他人作人质之后,向人质的近亲属或与人质有特定关系的其他人提出勒索财物以外的不法要求(当然行为人有时既勒索财物又提出其他不法要求)。这里的"他人",不仅指自然人,也包括单位甚至国家。例如,行为人出于政治目的,绑架身居高位的人而向政府提出释放罪犯等不法要求的场合,其不法要求的对象就是国家。

3. 主观要件。绑架罪的主观要件为直接故意。行为人的目的在于勒索财物或满足其他不法要求。不具有这种目的的,不构成绑架罪。因此,如果行为人不具有这种主观意图,即便实施了绑架他人的行为,也不能构成本罪,而应当按照各自相应的罪名处理。"以勒索财物为直接目的绑架他人",是指采用暴力、胁迫等实力控制他人的方法,以杀害、伤害或者不归还人质相要挟,勒令与人质有关的亲友在限期内交出一定财物,"以钱赎人"。这里的财物应作广义的理解,不局限于财物,也包括其他财产性利益。"为满足其他不法要求而绑架他人作为人质",是指出于政治性目的、逃避追捕或者要求司法机关释放罪犯等其他目的而劫持他人作为人质。实务中,将为恢复恋爱关系而采用暴力手段劫持他人,或者为离婚而使用暴力手段挟持他人作为人质的行为,也认定为了绑架。但"为恢复恋爱关系""为离婚"均不属于不法目的,因此,上述做法是否妥当,值得商榷。

勒索财物的意图,一般来说,在行为人实施绑架行为之前,或者在实施绑架行为之时必须具有。但也有相反的情况。如行为人实力控制被害人的最初目的不是勒索财物,而是另有所图,之后才产生了勒索财物的意图。这种情况下,是否构成绑架罪,存在争议。一种观点认为,不构成绑架罪,应以非法拘禁罪与敲诈勒索罪实行并罚;另一种观点认为,应以绑架罪治罪,因为行为性质已经发生转化。本书同意前一种观点。因为,本罪属于"以勒索财物或者绑架他人作为人质"为目的的犯罪,行为人在实施绑架他人行为时,必须具有该特定的目的。既然行为人在实力控制他人身体的时候，并不具有勒索财物等特定目的，就不满足本罪的成立条件，不能构成本罪，只能构成非法拘禁罪；之后向他人家属索要钱财的行为，可以构成敲诈勒索罪。

（二）本罪的认定

在本罪的认定中，应当注意以下问题：

1. 本罪和非法拘禁罪的区分。本罪与非法拘禁罪极为类似，两者都侵犯他人人身自由，而且，绑架罪在客观上也必然表现为非法剥夺他人人身自由，但是，绑架罪在实行行为和实施行为的意图上与非法拘禁罪有本质上的区别。首先，绑架罪的场合，只能是以实力控制他人，而后向与被绑架人有关的第三人提出索要财物的要求或者提出其他不法要求，属于复合行为；相反地，非法拘禁罪则仅仅是非法拘禁他人或者以其他方法非法剥夺他人人身自由。其次，绑架罪的场合，剥夺他人人身自由的目的是向被害人亲友等索取财物，或者把他人作为人质而提出其他政治方面的要求。但是，非法拘禁罪的场合则没有上述要求。行为人如果采用暴力、胁迫等手段拘禁他人，进而向被害人的亲友等提出上述要求，就构成绑架罪，而不是非法拘禁罪。最后，手段有所不同。绑架表现为暴力、胁迫或者麻醉手段，而非法拘禁则是限制或者剥夺他人人身自由，并不一定采用暴力胁迫或者麻醉手段。

2. 本罪与故意伤害罪、故意杀人罪的区别。刑法第 239 条第 2 款规定："犯前款罪，杀害被绑架人的，或者故意伤害被绑架人，致人重伤、死亡的，处无期徒刑或者死刑，并处没收财产。"根据这一规定，行为人在实施绑架过程中，杀害被绑架人，或者故意伤害被绑架人（当然包括被偷盗的婴幼儿），致人重伤、死亡的，都只定绑架罪一罪，对故意杀人行为不另行定罪。

关于"杀害被绑架人的，或者故意伤害被绑架人，致人重伤、死亡的"理解，应当注意以下几点：

（1）"杀害被绑架人"，是指在绑架过程中，故意杀死被害人。绑架过程包括自为勒索财物绑架人质时起到释放人质的全过程，在此过程当中杀死被害人的，都可以适用本款规定。一般认为，"杀害被绑架人"包括以下几种情形：一是为勒索财物绑架人质，杀害人质后隐瞒事实真相向第三人勒索赎金或者提出不法要求的。但从本书的立场来看，这种情形应当构成故意杀人罪和诈骗罪数罪；二是因勒索要求没有得到满足或者报复人质亲属报警而杀害人质的；三是勒索到赎金之后为灭口而杀害人质的。杀害被绑架人的行为其实是又犯有故意杀人罪，但仅作为绑架罪加重法定刑的事由，而不实行数罪并罚。

（2）"故意伤害被绑架人，致人重伤、死亡"，正如对被绑架人殴打、折磨，致使其在关押期间因重伤而死亡，或者被绑架人因难以忍受的折磨而自杀身亡的场合，其是指在绑架过程中，故意对被绑架人施加伤害行为，致使被绑架人重伤、死亡。这实际上是指对被绑架人故意伤害致人重伤或者死亡的情形。行为人尽管对伤害行为持有故意，但对于所造成的重伤或者死亡结果，并不持有故意。

按照上述规定，过失导致被绑架人死亡的场合，如在实施暴力劫持的过程中，因用力过猛而伤及要害部位，过失引起被绑架人死亡；在关押过程中，为了防止绑架人哭闹而对其堵嘴捂鼻或者注射麻醉过量而引起死亡；被害人因为被绑架，精神受到极大刺激，导致心脏病发作而死亡；被绑架人在被转移过程中，乘机脱逃，在逃跑过程中失足而溺水死亡的，都只能在刑法第 239 条第 1 款所规定的 10 年以上有期徒刑或者无期徒刑，并处罚金或者没收财产的范围内定罪处罚。相反地，被绑架人的亲属因为受到绑架事件的刺激而自杀的场合，中间因为有"被绑架人的亲属"以及"自杀"这样两个介入因素的存在，难以说自杀是行为人绑架行为危险的现实化,因此不能将其作为"故意伤害被绑架人致其死亡"的情形。

3. 正确认定偷盗婴幼儿行为的性质。对于偷盗婴幼儿的案件,应当按照偷盗婴幼儿的目的不同,分别定罪。根据刑法第 239 条第 3 款的规定,以勒索财物为目的,偷盗婴幼儿的,应当以绑架罪定罪处罚。根据刑法第 240 条第 1 款第 6 项的规定,以出卖为目的,偷盗婴幼儿的,则应当以拐卖儿童罪定罪处罚。

问题是,并不是勒索财物,而是出于其他目的偷盗婴幼儿,将其作为人质的,该怎么处理?对此法律没有做明确规定。本书认为,就该行为的性质来说,将没有自我保护和自我生存能力的婴幼儿控制在自己手中,作为人质,提出其他不法要求的行为,同样会威胁他人的生命、健康或自由权利,从行为的社会危害性的角度来看,是应当受到处罚的。另外,对刑法规定的"绑架他人做人质"中的"绑架",其实是可以作扩大解释的,即将其理解为既包括以暴力、胁迫或麻醉的方式绑架人质的行为,也包括以偷盗的方式,将婴幼儿控制在自己手中的行为。偷盗婴幼儿并将其控制在自己手中是绑架的行为方式的一种,并没有超出以实力将他人控制在自己的控制范围之内的界限。刑法第 239 条第 3 款之所以对"以勒索财物为目的偷盗婴幼儿的,依照绑架罪处罚"单做规定,主要是考虑到现实中这种情况很多,而且也容易和后述的拐骗妇女、儿童罪混淆,所以,特别作了一个提示规定,并不是说偷盗婴幼儿的行为不属于绑架。

4. 绑架罪的既遂与未遂。关于绑架罪的既遂与未遂的区分,理论界存在目的达到说、勒索或提出不法要求已足说以及绑架行为完成说这样三种不同的见解。从本罪所主张的复合行为说的立场来看,勒索或提出不法要求已足说最为妥当。目的达到说即只有在勒索财物的目的或者满足不法要求的目的已经实现的场合,才能成立既遂的观点,在绑架罪既遂的认定上过晚,不足以保护本罪的法益,行为人已经绑架了他人并发出了索取财物或者其他不法要求,但没有实现其目的的情形大量存在,这种情况下不能说该行为尚在未遂状态;相反地,绑架行为完成说在本罪既遂的认定上显得过早,在仅仅是实力控制了他人的阶段,还难以分清行为人的实力控制行为的具体性质。因此,只有在行为人已经实力控制他人并提出了勒索财物的要求或者其他不法要求,对本罪的保护法益即被绑架人的人身权和对其安危表示忧虑的人的自主决定权造成实际侵害之后,才能认定为本罪的既遂。这样,行为人已经绑架了他人或者偷盗婴幼儿,但由于意志以外的原因而未能提出勒索财物的要求或者发出其他不法要求的时候,便是本罪的未遂。

5. 绑架罪的一罪与数罪。行为人在绑架勒索犯罪过程中,又以暴力、胁迫手段当场劫取被害人财物,构成犯罪的,择一重罪处罚。[57] 如果行为人先以非索财目的绑架他人,进而杀害被绑架人勒索财物的,因行为人基于不同的犯意实施了不同的行为,侵害了不同的法益,应分别构成故意杀人罪和敲诈勒索罪,并应数罪并罚。类似地,如果行为人是基于抢劫被害人的目的杀害了被害人,然后起意向被害人的近亲属或其他人勒索财物,则应分别构成抢劫罪和敲诈勒索罪,并应数罪并罚,同时应将抢劫致人死亡作为抢劫罪的结果加重犯处理。

(三)处罚

依照刑法第 239 条的规定,犯本罪的,处 10 年以上有期徒刑或者无期徒刑,并处罚金或者没收财产;情节较轻的,处 5 年以上 10 年以下有期徒刑,并处罚金。犯前款罪,杀害被绑架人

---

〔57〕 2001 年最高人民法院《关于对在绑架过程中以暴力、胁迫等手段当场劫取被害人财物的行为如何适用法律问题的答复》。

的,或者故意伤害被绑架人,致人重伤、死亡的,处无期徒刑或者死刑,并处没收财产。这样,故意杀害被绑架人但没有杀死的,就不一定要判处死刑了。

三、拐卖妇女、儿童罪

(一)概念和构成

本罪,是指以出卖为目的,拐骗、绑架、收买、贩卖、接送、中转妇女、儿童的行为。本罪是选择性罪名,可分解为拐卖妇女罪与拐卖儿童罪。其构成如下:

1. 主体。本罪的主体是一般主体,即年满16周岁、具有刑事责任能力的自然人。医疗机构、社会福利机构等单位的工作人员以非法获利为目的,将所诊疗、护理、抚养的儿童贩卖给他人的,以拐卖儿童罪论处。〔58〕明知他人拐卖妇女、儿童,仍然向其提供被拐卖妇女、儿童的健康证明、出生证明或者其他帮助的,以拐卖妇女、儿童罪的共犯论处。明知他人系拐卖儿童的"人贩子",仍然利用从事诊疗、福利救助等工作的便利或者了解被拐卖方情况的条件,居间介绍的,以拐卖儿童罪的共犯论处。有关场所的经营管理人员事前与拐卖妇女的犯罪人通谋的,对该经营管理人员以拐卖妇女罪的共犯论处;同时构成拐卖妇女罪和组织卖淫罪的,择一重罪论处。实务中,对于行为人误以为在生理上同时具有男女两性特征的"两性人"为女子,加以拐卖,收了买主的钱,结果买主以是男性为主的"两性人"为由而退还的场合,也是认定为犯罪,只是认定为了拐卖妇女(未遂)罪而已。〔59〕

2. 危害行为和危害结果。本罪在客观上表现为拐骗、绑架、收买、贩卖、接送、中转妇女、儿童,或者偷盗婴幼儿。具体而言,包括以下内容:

(1)拐卖的对象是妇女、儿童。妇女是指年满14周岁的女性,既包括具有中国国籍的妇女,也包括具有外国国籍和无国籍的妇女。被拐卖的外国妇女没有身份证明的,不影响对犯罪分子的定罪处罚。〔60〕儿童,是指不满14周岁的人。其中,不满1周岁的为婴儿,1周岁以上不满6周岁的为幼儿。儿童的性别不论男女。拐卖14周岁以上男子的,不构成本罪,可视情况构成其他犯罪(如非法拘禁罪等)。行为人误以为在生理上同时具有男女两性特征的"两性人"为女子而加以拐卖的场合,虽然对两性人的性别判断是医学要回答的问题,但既然涉及如何定罪,则应当从法学的立场加以考虑。在刑法领域,判断两性人性别的标准应与医学有所不同,对两性人在刑法中的定位不能单纯地依据其体内的染色体类型来判定,还要考虑行为人的行为特征。虽然两性人不是纯粹意义上的妇女,但既然行为人是将其作为妇女加以拐卖的,而且他(她)还具有妇女的某些特征,因此,将拐卖两性人的行为作为本罪处理,并不违反罪刑法定原则。

(2)危害行为是拐骗、绑架、收买、贩卖、接送、中转妇女、儿童,或者偷盗婴幼儿。其中,"拐骗",是指以欺骗、利诱等非暴力手段使被害人上当而脱离家庭,置于行为人的控制之下。以介绍婚姻为名,采取非法扣押身份证件、限制人身自由等方式,或者利用妇女人地生疏、语言不通、孤立无援等境况,违背妇女意志,将其出卖给他人的,应当以拐卖妇女罪追究刑事责

---

〔58〕 2016年最高人民法院《关于审理拐卖妇女儿童犯罪案件具体应用法律若干问题的解释》第2条。

〔59〕 郭彦东、牛克乾:《张某某拐卖妇女案[第77号]——拐卖两性人能否构成拐卖妇女罪》,载最高人民法院刑事审判第一、二、三、四、五庭主办:《刑事审判参考》总第11辑,法律出版社2000年版。

〔60〕 2000年最高人民法院《关于审理拐卖妇女案件适用法律有关问题的解释》第1条。

任;[61]“绑架”,是指以暴力、胁迫或者麻醉等方法,将被害人置于自己的实力控制之下;“收买”,是指以出卖为目的,用金钱或者其他财物买取、换取妇女、儿童,作为“收买”对象的妇女、儿童并不要求必须是“被拐骗、绑架的妇女、儿童”;“贩卖”,是指将拐骗、绑架、收买的妇女、儿童转手出售给他人;“接送、中转”,是指在拐卖妇女、儿童过程中,进行接应、藏匿、转送、接转被拐卖的妇女、儿童的行为。“偷盗婴幼儿”,是指秘密窃取不满6周岁的儿童的行为,其含义与绑架罪中的“偷盗婴幼儿”的行为完全相同。采取欺骗、利诱等手段使婴幼儿脱离监护人或者看护人的,视为“偷盗婴幼儿”。[62] 行为人只要实施上述七种行为之一,就构成本罪;同时实施两种或两种以上的行为,构成一罪,而不实行数罪并罚。

(3)同意的效果。拐卖妇女、儿童的犯罪,是否以违背被害人的意志为前提?对此,理论界有不同看法。一种观点认为,拐卖妇女、儿童罪侵犯的客体是他人的人身自由,既然如此,成立本罪,必须以违背被害人意志为前提;[63] 另一种观点认为,人身权是《宪法》赋予公民的基本权利,法律必须维护公民的人格尊严,禁止将人作为商品出卖,即便被害人基于某种原因,同意他人将自己出卖,也同样无法改变这种行为的犯罪性质。[64] 通说是后一种观点。

本书认为,如果被害人是出于真诚同意的话,就不应将行为人的行为作为犯罪处理。理由如下:其一,对于个人自由而言,同意无侵害。一般认为,本罪侵犯的客体是他人的人身自由。被害人自愿被他人拐卖,就说明被害人的人身自由并没有受到侵害。正如某人愿意被别人关起来的时候,不能说接受该人的请求而将其关起来的人的行为是限制他人人身自由的行为一样。其二,在充分尊重个人意愿的现代社会中,行为人在不影响国家、社会和他人的利益的前提下,可以处分自己的不危及生命安全的利益。个人自由并不是影响他人或其本人生命安全的利益,行为人可以自由处分,正如强奸罪中,被害人可以处分自己的性自主决定权一样,在有关侵害人身自由的犯罪中,人们同样可以处分自己的人身自由。其三,虽说刑法并没有将违背被害人的意志规定为本罪的成立条件,但是,拐卖行为是“拐骗”与“贩卖”的统一,拐骗是贩卖的前提,贩卖是拐骗的结果,表明行为人是受了蒙蔽,而非自愿地被人出卖。因此,可以说,刑法所要处罚的是那些带有拐骗性质的买卖人口的行为,而对于基于被害人真诚同意的行为,由于谈不上是拐卖,不应该作为刑法处罚的对象。所以,在女方同意买卖自己的情况下,只要该种同意没有影响到其他人的利益,就不应该构成拐卖人口的犯罪。

当然,不违背被拐卖的妇女、儿童的意志是以其具有能够真实地表达自己的意志能力为前提的。如果被害人没有表达自己的真实意志的能力,或是未成年人,则即便表示同意,也仍然构成犯罪。

3. 主观方面。本罪在主观上表现为故意,而且必须“以出卖为目的”。所谓以出卖为目的,是指用妇女、儿童交换金钱财物。不以出卖为目的,拐骗儿童脱离家庭、监护人的,是刑法第262条规定的拐骗儿童罪。以勒索财物为目的,诱拐妇女、儿童的,是绑架罪。以出卖为目的,强抢儿童,或者捡拾儿童后予以出卖,符合刑法第240条第2款规定的,应当以拐卖儿童罪论处;以抚养为目的偷盗婴幼儿或者拐骗儿童,之后予以出卖的,以拐卖儿童罪论处。

---

〔61〕 2016年最高人民法院《关于审理拐卖妇女儿童犯罪案件具体应用法律若干问题的解释》第3条。

〔62〕 2016年最高人民法院《关于审理拐卖妇女儿童犯罪案件具体应用法律若干问题的解释》第1条。

〔63〕 王作富主编:《刑法分则实务研究》(第4版)(中),中国方正出版社2010年版,第886页。

〔64〕 肖中华:《侵犯公民人身权利罪》,中国人民公安大学出版社2003年版,第291~293页。

（二）本罪的认定

在本罪的认定中，应当注意以下几点：

1. 罪与非罪的界限。受妇女本人或者他人之托，把妇女带到外地为其介绍婚姻，借以索取婚姻介绍费的，因为不以出卖为目的，因此，不能构成本罪。二者虽然都具有牟利的目的，但在牟利的内容、方法、手段及其产生的后果方面不同。客观上，拐卖妇女犯罪的行为人通常会通过欺骗或强制等方式事先控制被拐卖妇女的人身自由，然后将被拐卖妇女出卖给他人。相比之下，介绍婚姻行为因是促成男女双方结成合法婚姻，故不存在对妇女的人身控制问题；从合意上看，拐卖妇女犯罪是行为人与非法收买人之间就买卖被拐卖妇女事宜的非法合意，被拐卖妇女处于被非法处置地位，没有自主决定婚姻的意志自由和行为自由。而在介绍婚姻的场合，介绍者仅仅起到居间联系的作用，需接受男女一方或双方的委托或取得双方同意。从财物性质上看，拐卖妇女犯罪的行为人所获得的财物是以被拐卖妇女的人身为"对价"，通常是向收买者一方收取，且明显超出合理的居间介绍费用，相比之下，婚姻介绍者所获得的财物是"婚介费""感谢费"，属于居间介绍婚姻的酬劳，该费用可由男女一方或双方承担，数额在社会一般所能接受的范围之内；从对原有家庭的影响来看，一般情况下，被拐卖妇女的亲属对被害人被拐卖的行为并不知情，被拐卖妇女被动脱离其原有家庭，相比之下，介绍婚姻行为是在男女双方知情且同意的情况下进行的，如果婚姻介绍成功，就会促成新的家庭关系成立，并不会破坏被拐妇女与其原有家庭的关系。

2. 要严格区分借送养之名出卖亲生子女与民间送养行为的界限。区分的关键在于行为人是否具有非法获利的目的，其判断，应当根据案件的具体情况，审查行为人是否将生育作为非法获利的手段、将子女送人的背景和原因、行为时是否考虑对方有无抚养目的与抚养能力、收取的钱财数额多少以及收取钱财过程中的态度进行综合判断，不能唯数额论。具有下列情形之一的，可以认定属于出卖亲生子女，应当以拐卖妇女、儿童罪论处：（1）将生育作为非法获利手段，生育后即出卖子女的；（2）明知对方不具有抚养目的，或者根本不考虑对方是否具有抚养目的，为收取钱财将子女"送"给他人的；（3）为收取明显不属于"营养费""感谢费"的巨额钱财将子女"送"给他人的；（4）其他足以反映行为人实施了具有非法获利目的的"送养"行为的。如在完全不认识收养方，也没有考察收养方的抚养目的与抚养能力的情况下，"送养"亲生子女索要费用的，成立拐卖儿童罪。居间介绍人与出卖亲生子女者可以成立拐卖儿童罪的共同犯罪。居间介绍收养儿童者直接参与交易并获利的，即使收养方与送养方均不构成拐卖儿童罪，居间介绍者也可以单独成立拐卖儿童罪。

不是出于非法获利目的，而是迫于生活困难，或者受"重男轻女"思想影响，私自将没有独立生活能力的子女送给他人抚养，包括收取少量"营养费""感谢费"的，属于民间送养行为，不能以拐卖妇女、儿童罪论处。对私自送养导致子女身心健康受到严重损害，或者具有其他恶劣情节，符合遗弃罪特征的，可以遗弃罪论处；情节显著轻微危害不大的，可由公安机关依法予以行政处罚。[65]

3. 本罪与诈骗罪的界限。司法实践中，常常有一些类似于拐卖妇女，实际上是骗取钱财的案件。例如，行为人将一妇女介绍与某人成婚，钱财到手之后，行为人与该妇女双双逃走，使对方人财两空。这种情况俗称"放鹰"或"放飞鸽"。这是行为人与妇女合谋所制造的骗局，如果

---

〔65〕 2010 年最高人民法院、最高人民检察院、公安部、司法部《关于依法惩治拐卖妇女儿童犯罪的意见》第 17 条。

诈骗数额较大,应以诈骗罪论处。

4. 本罪的共犯。对于拐卖妇女、儿童犯罪的共犯,应当根据各被告人在共同犯罪中的分工、地位、作用,参与拐卖的人数、次数以及分赃数额等,准确区分主从犯。对于组织、领导、指挥拐卖妇女、儿童的某一个或者某几个犯罪环节,或者积极参与实施拐骗、绑架、收买、贩卖、接送、中转妇女、儿童等犯罪行为,起主要作用的,应当认定为主犯。对于仅提供被拐卖妇女、儿童信息或者相关证明文件,或者进行居间介绍,起辅助或者次要作用,没有获利或者获利较少的,一般可认定为从犯。各被告人在共同犯罪中的地位、作用区别不明显的,可以不区分主从犯。[66]

(三)处罚

依照刑法第240条的规定,犯本罪的,处5年以上10年以下有期徒刑,并处罚金;有下列情形之一的,处10年以上有期徒刑或者无期徒刑,并处罚金或没收财产;情节特别严重的,处死刑,并处没收财产:(1)拐卖妇女、儿童集团的首要分子;(2)拐卖妇女、儿童3人以上的;(3)奸淫被拐卖的妇女的;(4)诱骗、强迫被拐卖妇女卖淫或者将被拐卖的妇女卖给他人强迫其卖淫的;(5)以出卖为目的,使用暴力、胁迫或者麻醉方法绑架妇女、儿童的;(6)以出卖为目的,偷盗婴幼儿的;(7)造成被拐卖的妇女、儿童或者其亲属重伤、死亡或者其他严重后果的;(8)将妇女、儿童卖往境外的。

这里有以下几个问题值得注意:

1. 根据刑法第240条的规定,拐卖妇女、儿童,具有下列情形的,不将行为人实施的其他犯罪与拐卖妇女、儿童罪实行并罚,只将这些情形作为拐卖妇女、儿童罪的量刑加重情节:(1)奸淫被拐卖的妇女的;(2)诱骗、强迫被拐卖妇女卖淫或者将被拐卖的妇女卖给他人强迫其卖淫的;(3)以出卖为目的,使用暴力、胁迫或者麻醉方法绑架妇女、儿童的;(4)以出卖为目的,偷盗婴幼儿的;(5)造成被拐卖的妇女、儿童或者其亲属重伤、死亡或者其他严重后果的。除此之外,对在拐卖妇女、儿童的犯罪过程中犯有其他罪行的,例如对被拐卖的妇女、儿童故意杀害、伤害的,对行为人应以故意杀人罪或者故意伤害罪与拐卖妇女、儿童罪数罪并罚。

2. 有关"拐卖妇女、儿童三人以上"的理解。拐卖妇女、儿童3人以上,既可以是一次拐卖妇女、儿童3人以上,也可以是多次拐卖妇女、儿童共计3人以上;既可以是实施拐骗等6种行为之一而对象为3人以上,也可以是两种以上行为而对象总计为3人以上,如拐骗1人、中转过另外2人。被拐卖的妇女自愿随带自己不满14周岁的子女的场合,其人数计算,关键要看行为人是否有将儿童一并出卖的目的,行为人是否有以妇女所带儿童为代价,与他人讨价还价的行为。对于没有一并出卖儿童的行为和目的的情况,不应将儿童计入被拐卖的人数之中。

3. 有关"奸淫被拐卖的妇女"的理解。它是指拐卖妇女的犯罪分子在拐卖过程中,与被害妇女发生性关系的行为。不论行为人是否采用了暴力或者胁迫手段,也不论被害妇女是否有反抗,都应按照此项规定处罚。将妇女强奸之后予以拐卖的行为,不适用本条款,而应当以强奸罪和拐卖妇女罪并罚。

4. 有关"诱骗、强迫被拐卖的妇女卖淫或者将被拐卖的妇女卖给他人强迫其卖淫的"理解。这个规定实际上包括两种情况:(1)诱骗、强迫被拐卖的妇女卖淫,即采用引诱、欺骗、强迫的方法使被拐卖的妇女卖淫。这种行为应当仅限于拐卖过程中。如果行为人是先有引诱、

---

〔66〕 2010年最高人民法院、最高人民检察院、公安部、司法部《关于依法惩治拐卖妇女儿童犯罪的意见》第23条。

强迫妇女卖淫的行为，而后又起意将该妇女出卖，或者拐卖妇女之后，又引诱、强迫该被拐卖的妇女卖淫，应以拐卖妇女、儿童罪与引诱卖淫罪（当对象为不满 14 周岁幼女时，则为引诱幼女卖淫罪）或强迫卖淫罪，对行为人实行数罪并罚。（2）将被拐卖的妇女卖给他人强迫其卖淫。这一情节中，要求拐卖人明知收买人买去妇女的用意是迫使其卖淫。如果行为人确实不知收买人将妇女买去是迫使其卖淫的话，就不能适用这个条款。

5. 有关“造成被拐卖的妇女、儿童或者其亲属重伤、死亡或者其他严重后果的”理解。它是指犯罪分子拐卖妇女、儿童的行为直接、间接造成了被拐卖的妇女、儿童或者其近亲属重伤、死亡或者其他严重后果。例如，由于犯罪分子采取拘禁、捆绑、虐待等手段，致使被害人重伤、死亡或者造成其他严重后果；由于犯罪分子的拐卖行为以及拐卖中的侮辱、殴打等行为引起被害人或者其近亲属自杀、精神失常或者其他严重后果。对被拐卖的妇女、儿童进行故意杀害、伤害的，应当以故意杀人罪或者故意伤害罪与拐卖妇女、儿童罪实行并罚。

这里应当注意本条与刑法第 239 条第 2 款的关系问题。按照刑法第 240 条第 1 款第 5 项的规定，拐卖妇女、儿童罪可以由绑架行为构成。对于行为人在绑架妇女、儿童的过程中，故意伤害或故意杀害被绑架的妇女、儿童，实行数罪并罚，而不是按照绑架一罪处罚，这就和刑法第 239 条第 2 款的规定不尽一致。因为，按照刑法第 239 条第 2 款，杀害被绑架人或者故意伤害被绑架人，致人重伤、死亡的，只是绑架罪的一个从重处罚情节，而不另外再定罪。本书认为，这个矛盾是由刑法第 239 条第 2 款的特殊规定所造成的。在拐卖妇女、儿童罪条文中没有类似绑架罪中的特殊规定的情况下，应依照罪数理论的原理，对在拐卖妇女、儿童中杀害、重伤被绑架妇女、儿童的行为实行数罪并罚，而不能套用刑法第 239 条第 2 款的规定。

6. 对于拐卖妇女、儿童犯罪集团的首要分子，情节严重的主犯，累犯，偷盗婴幼儿、强抢儿童情节严重，将妇女、儿童卖往境外情节严重，拐卖妇女、儿童多人多次、造成伤亡后果，或者具有其他严重情节的，依法从重处罚；情节特别严重的，依法判处死刑。拐卖妇女、儿童，并对被拐卖的妇女、儿童实施故意杀害、伤害、猥亵、侮辱等行为的，应数罪并罚。对于拐卖妇女、儿童的犯罪分子，应当注重依法适用财产刑，并切实加大执行力度，以强化刑罚的特殊预防与一般预防效果。〔67〕

四、收买被拐卖的妇女、儿童罪

（一）概念和构成

本罪，是指不以出卖为目的，收买被拐卖的妇女、儿童的行为。其构成如下：

1. 主体。本罪的主体为一般主体，即年满 16 周岁、具有刑事责任能力的自然人。

2. 危害行为和危害结果。本罪客观上表现为，收买被拐卖的妇女、儿童。首先，被收买的对象必须是被拐卖的妇女、儿童，即刑法第 240 条规定的犯罪分子以出卖为目的，拐骗、绑架、收买、接送、中转的妇女、儿童。按照这个规定，收买不满 14 周岁的男性少年，构成本罪，但收买 14 周岁以上男性的，不能构成本罪。其次，必须有收买行为，所谓收买，就是用金钱或者其他财物作为对价，将妇女、儿童买归自己占有。收买的基本特征是将妇女、儿童作为商品买回，因此，它不同于收养，后者表现为单纯接受儿童作为自己的家庭成员，而不是用金钱、财物买回妇女、儿童。

---

〔67〕 2010 年最高人民法院、最高人民检察院、公安部、司法部《关于依法惩治拐卖妇女儿童犯罪的意见》第 28、29 条。

3. 主观要件。本罪主观上只能是故意。行为人明知自己所收买的对象是被拐卖的妇女、儿童,自己所实施的行为是以金钱或者财物作为对价换取对妇女、儿童的占有。值得注意的是,构成本罪,行为人主观上不得具有出卖的目的,否则不构成本罪,而是构成拐卖妇女、儿童罪。不仅如此,收买被拐卖的妇女、儿童后,产生出卖的意图并实施的,也以拐卖妇女、儿童罪论处。

(二)本罪的认定

1. 本罪与拐卖妇女、儿童罪的区别。二者的区别主要在于主观意图和收买后的表现不同。拐卖妇女、儿童罪的场合,行为人收买妇女、儿童的目的是出卖,因此,其在将妇女、儿童收买到手之后,会继续寻找下一个买家,随时准备出卖;相反地,收买被拐卖的妇女、儿童罪的场合,行为人收买妇女、儿童的意图是结婚、收养等,并非准备出卖,因此,其在将妇女、儿童收买到手之后,没有寻找下一个买家的准备和行为。

2. 本罪的罪数问题。实践中,行为人即收买人在将被拐卖的妇女、儿童收买到手之后,常会实施其他犯罪行为。例如,有的采取暴力、胁迫或者其他方法,违背被拐卖的妇女(包括幼女)的意志,强行与被害人发生性交;有的对收买回来的妇女、儿童进行伤害、非法剥夺人身自由;有的对被害妇女进行侮辱、虐待,如此等等。由于这些行为都是收买后的行为,不可能包含在收买行为之中,因此,应当分别以强奸罪、故意伤害罪、非法拘禁罪、侮辱罪以及其他犯罪与收买被拐卖的妇女、儿童罪数罪并罚。收买被拐卖的妇女、儿童后强迫其卖淫的,成立收买被拐卖的妇女、儿童罪与强迫卖淫罪,实行并罚。收买被拐卖的妇女、儿童后又组织、强迫卖淫或者组织乞讨、进行违反治安管理活动等构成其他犯罪的,依照数罪并罚的规定处罚。收买被拐卖的妇女、儿童,又以暴力、威胁方法阻碍国家机关工作人员解救被收买的妇女、儿童,或者聚众阻碍国家机关工作人员解救被收买的妇女、儿童,构成妨害公务罪、聚众阻碍解救被收买的妇女、儿童罪的,依照数罪并罚的规定处罚。〔68〕

3. 本罪的共犯。实践中,有些收买行为是全体家庭成员或者亲戚朋友共同商量决定的。按照有关司法解释,〔69〕多名家庭成员或者亲友共同参与出卖亲生子女,或者"买人为妻""买人为子"构成收买被拐卖的妇女、儿童罪的,一般应当在综合考察犯意提起、各行为人在犯罪中所起作用等情节的基础上,依法追究其中罪责较重者的刑事责任。出于结婚目的收买被拐卖的妇女,或者出于抚养目的收买被拐卖的儿童,涉及多名家庭成员、亲友参与的,对其中起主要作用的人员应当依法追究刑事责任。〔70〕 对于其他情节显著轻微危害不大,不认为是犯罪的,依法不追究刑事责任;必要时可以由公安机关予以行政处罚,亦即对于其中的主犯,应当追究刑事责任;对于其他参与者,如果是情节显著轻微危害不大的,不认为是犯罪,不追究刑事责任。另外,明知他人收买被拐卖的妇女、儿童,仍然向其提供被收买妇女、儿童的户籍证明、出生证明或者其他帮助的,以收买被拐卖的妇女、儿童罪的共犯论处,但是,收买人未被追究刑事责任的除外。认定是否"明知",应当根据证人证言、犯罪嫌疑人、被告人及其同案人供述和辩解,结合提供帮助的人次,以及是否明显违反相关规章制度、工作流程等,予以综合判断。

(三)处罚

依照刑法第241条的规定,犯收买被拐卖的妇女、儿童罪的,处3年以下有期徒刑、拘役或

---

〔68〕 2016年最高人民法院《关于审理拐卖妇女儿童犯罪案件具体应用法律若干问题的解释》第6、7条。

〔69〕 2010年最高人民法院、最高人民检察院、公安部、司法部《关于依法惩治拐卖妇女儿童犯罪的意见》第31条。

〔70〕 2016年最高人民法院《关于审理拐卖妇女儿童犯罪案件具体应用法律若干问题的解释》第8条。

者管制。强行与被收买的妇女发生性关系的,以强奸罪论处并与本罪实行数罪并罚;非法剥夺、限制被收买的妇女、儿童的人身自由或者有伤害、侮辱等犯罪的,与本罪实行数罪并罚。收买被拐卖的妇女、儿童又出卖的,以拐卖妇女、儿童罪定罪处罚。

但是,收买被拐卖的妇女、儿童,对被买儿童没有虐待行为,不阻碍对其进行解救的,可以从轻处罚;按照被买妇女的意愿,不阻碍其返回原居住地的,可以从轻或者减轻处罚。依照相关司法解释,在国家机关工作人员排查来历不明儿童或者进行解救时,将所收买的儿童藏匿、转移或者实施其他妨碍解救的行为,经说服教育仍不配合的,属于刑法第 241 条第 6 款规定的"阻碍对其进行解救"。收买被拐卖的妇女,业已形成稳定的婚姻家庭关系,解救时被买妇女自愿继续留在当地共同生活的,可以视为"按照被买妇女的意愿,不阻碍其返回原居住地"。[71] 其中,"原居住地",一般是指被拐卖妇女被拐卖之前的居住地,但存在妇女外出时被拐卖的情况,这时候,原居住地与拐出地之间存在不一致。这种情况下,让被害妇女回到拐出地的,也就视为"不阻碍其返回原居住地"。

依照有关司法解释,[72] 在本罪的处罚中,应当注意:犯收买被拐卖的妇女、儿童罪,对被收买妇女、儿童实施违法犯罪活动或者将其作为牟利工具的,处罚时应当依法体现从严。收买被拐卖的妇女、儿童,对被收买妇女、儿童没有实施摧残、虐待行为或者与其已形成稳定的婚姻家庭关系,但仍应依法追究刑事责任的,一般应当从轻处罚;符合缓刑条件的,可以依法适用缓刑。收买被拐卖的妇女、儿童,犯罪情节轻微的,可以依法免予刑事处罚。

五、聚众阻碍解救被收买的妇女、儿童罪

本罪,是指首要分子聚集多人阻碍国家机关工作人员解救被收买的妇女、儿童的行为。

聚众,是指聚集 3 人以上。首要分子,是指在聚众阻碍国家机关工作人员解救被收买的妇女、儿童的犯罪活动中,起组织、策划、指挥、煽动作用的犯罪分子,可能是一人,也可能是多人。对于首要分子,不论其是否使用暴力、威胁方法,都按刑法第 242 条第 2 款规定的犯罪定罪处罚。相反地,其他参与者即首要分子以外的其他参与者,只有在使用暴力、威胁方法参与聚众阻碍国家机关工作人员解救被收买的妇女、儿童的场合,才能构成犯罪,而且所构成的只能是妨害公务罪,不是本罪。如此说来,本罪的主体,只能是那些聚众阻碍国家机关工作人员解救被收买的妇女、儿童的首要分子。

在本罪的认定过程中,要注意本罪与妨害公务罪的区别。聚众阻碍国家机关工作人员解救被收买的妇女、儿童的行为,本身就是一种妨害公务的行为,只是因为考虑到本行为的特殊性,所以,立法者将其单独规定为一种较重的犯罪类型。因此,对于聚众阻碍国家机关工作人员解救被收买的妇女、儿童的行为,必须区分两种情况加以考虑:对于其中的首要分子,应当以聚众阻碍解救被收买的妇女、儿童罪定罪处罚,但是,对于首要分子以外的其他参与者,如果在阻碍国家机关工作人员解救被收买的妇女、儿童的过程中使用了暴力、胁迫,就以妨害公务罪定罪处罚,否则就不构成犯罪。如此说来,在同一起聚众阻碍解救被收买的妇女、儿童的犯罪当中,可能认定两种不同性质的犯罪。

依照刑法第 242 条的规定,对聚众阻碍国家机关工作人员解救被收买的妇女、儿童的首要

---

〔71〕 2016 年最高人民法院《关于审理拐卖妇女儿童犯罪案件具体应用法律若干问题的解释》第 4、5 条。

〔72〕 2010 年最高人民法院、最高人民检察院、公安部、司法部《关于依法惩治拐卖妇女儿童犯罪的意见》第 30 条。

分子,处5年以下有期徒刑或者拘役。其他参与者使用暴力、威胁方法的,依照刑法第277条的规定即妨害公务罪定罪处罚。

六、诬告陷害罪

(一)概念和构成

本罪,是指捏造犯罪事实诬陷他人,意图使他人受刑事追究,情节严重的行为。

关于本罪的保护法益,理论上存在争议。通说认为,是他人的人身权利和司法机关的司法权力。因为行为人假借司法机关的正常活动陷害无辜的行为,既侵犯公民的人身权利,又可能干扰司法机关的正常活动。[73] 但是,这种观点值得商榷。和一些国家如日本等将诬告陷害罪作为侵犯国家法益的犯罪的做法不同,我国将诬告陷害罪放在侵犯公民的人身权利、民主权利罪一章之中,可见,其属于侵犯公民个人法益的犯罪,而不是对国家法益的犯罪,因此,将其作为侵害司法机关司法权力的犯罪,显然不妥。这一点,对判断被害人同意他人诬陷自己的时候,是否构成本罪具有重要意义。如果说诬告陷害罪是侵害个人法益即人身权利的犯罪的话,那么,在被害人同意放弃其人身权利的时候,根据同意无侵害的原则,就很难说他人的诬告陷害行为对自己的人身权利造成了实际侵害,从而不能构成诬告陷害罪。

本罪的犯罪构成如下:

1. 主体。本罪的主体是一般主体,凡年满16周岁、具有刑事责任能力的人,都可能成为本罪主体。

2. 危害行为和危害结果。本罪客观上表现为,捏造犯罪事实,进行告发,情节严重。捏造犯罪事实和进行告发,是诬告陷害行为不可缺少的组成部分。(1)必须有捏造他人犯罪事实的行为。捏造,是指无中生有,虚构他人的犯罪事实。如果告发的是真实的事实,即使在情节上有所夸大,亦属检举失实,不能定罪。(2)捏造的必须是犯罪事实。因为,行为人诬陷他人的目的是追究他人的刑事责任。如果捏造他人生活作风等事实,情节严重的,可构成诽谤罪,但不构成本罪。(3)还须有告发的行为。告发既可向司法机关告发,也可向被诬告者所在单位及其他有可能向司法机关转送的机关告发;告发既可以是实名举报,也可以是匿名举报。以他人的名义作案,实质上是一种特殊的告发形式,目的是诬陷他人,使司法机关信以为真,从而追究他人的刑事责任。因此,在以他人名义作案之后,无论行为人有无告发他人,均应以诬告陷害罪定罪处罚。(4)必须有特定的诬告对象。特定的对象并不要求明确指出被诬告者的姓名,只要从诬告的内容中能推断出是谁,即为对象特定。本罪是行为犯,只要行为人实施了捏造犯罪事实,进行告发的行为,就构成本罪。只是捏造了犯罪事实,尚未告发的,由于不足以使他人受到刑事追究,难以侵害其人身自由,因此,不能构成犯罪。被害人是否被错误地追究刑事责任,作为量刑的情节考虑。(5)必须是情节严重的,才能构成本罪。所谓情节严重,是指多次捏造事实告发他人,告发多人,捏造严重的犯罪事实,诬陷手段恶劣、严重影响了司法机关的正常工作或者社会影响恶劣等。

3. 主观要件。本罪主观上为故意。

(二)本罪的认定

本罪在认定中,要注意以下问题:

---

〔73〕 王作富、黄京平主编:《刑法》(第7版),中国人民大学出版社2021年版,第418页。

1. 罪与非罪的界限。(1)本罪与错告、检举失实的界限。刑法第 243 条第 3 款规定,不是有意诬陷,而是错告,或者检举失实的,不构成本罪。两者区别在于,后者主观上不具有陷害他人的目的,客观上不具有捏造犯罪事实的行为。将道听途说的消息误以为真实而告发,只要行为人没有自己的添油加醋的捏造行为,也只能认定为错告或者检举失实。(2)本罪与一般诬告陷害行为的界限。两者的界限,主要是情节是否严重。情节严重的,才能构成本罪。

2. 诬告成案行为的处理。所谓诬告成案的行为,是指行为人并没有掌握被告发人的犯罪事实,但基于诬告陷害的目的捏造了他人犯罪的事实而予以告发,碰巧被司法机关查证属实的场合。这种场合,类似偶然防卫的场合,行为人的行为可以构成诬告陷害罪的未遂犯。因为,诬陷成案的场合,尽管被告发的他人碰巧被追究了刑事责任,但这并不是行为人所掌握的事实所引起的。行为人捏造他人犯罪的犯罪事实并予以告发,极有可能引起司法机关的误判,导致他人被错误追究,侵害他人的人身权利,因此,这种场合下,应当将该诬告陷害行为作为犯罪处理。相反地,在行为人捏造事实诬告他人犯有贪污罪,但司法机关调查之后发现他人只是犯有受贿罪的场合,如果说行为人所举报的事实属实,只是在定性上有错的话,由于行为人并没有捏造事实,因此,不能构成诬告陷害罪。

3. 需要注意的是,诬告他人杀人并向司法机关告发,结果他人被法院判处死刑场合的处理问题。按照传统观点,这种场合,诬陷者似乎有借刀杀人之嫌,构成故意杀人罪的间接正犯。但是,即便从传统观点来看,这种场合也不构成故意杀人罪的间接正犯,只是构成造成严重后果的诬告陷害罪。因为,所谓间接正犯,行为人必须支配了被利用的他人,但在刑事审判的场合,法院依照实质审判原则,不可能被完全支配。此时,诬陷者构成诬告陷害罪,法官属于错判,构成玩忽职守罪。本书认为,间接正犯没有存在的必要,因此,上述场合,诬陷者和法官之间构成"造成严重后果"诬告陷害罪的共同犯罪之外,法官还单独构成玩忽职守罪。只是,就法官而言,其和诬陷者共同实施的诬告陷害行为有一行为触犯数罪名之嫌,属于想象竞合犯。

4. 本罪的罪数。为诬告他人而实施犯罪,然后进行告发,诬陷他人的场合,实际上是实施了两个犯罪,应将行为人所实施的犯罪和诬告陷害罪,数罪并罚。如果其只是实施了某犯罪,而尚未进行告发,则只能以其所实施的犯罪论处,意图诬陷他人应作为量刑情节。

(三)处罚

依照刑法第 243 条的规定,犯本罪的,处 3 年以下有期徒刑、拘役或者管制;造成严重后果的,处 3 年以上 10 年以下有期徒刑。国家机关工作人员犯本罪的,从重处罚。

七、强迫劳动罪

本罪,是指以暴力、威胁或者限制人身自由的方法强迫他人劳动,或者明知他人实施前款行为,而为其招募、运送人员或者有其他协助强迫他人劳动的行为。

本罪包括两种情况:

1. 强迫他人劳动,即以暴力、威胁或者限制人身自由的方法强迫他人劳动。这里所谓的暴力,是指对被害人实施捆绑、殴打、伤害等危及其人身安全的行为,程度以重伤程度为限;所谓威胁,是指对被害人施以恫吓或者以没收押金、集资款为威胁,进行精神强制,使其不敢反抗、逃跑。所谓限制人身自由的方法,是指以限制离厂、不准回家甚至雇用打手进行监视等方式非法限制被害人的人身自由,强迫其参加劳动。剥夺被害人人身自由的方式当然也包括在其中。所谓他人,指任何自然人,既包括与用人单位订有劳动合同的职工,也包括行为人非法招募的工人、残障人等。所谓强迫劳动,是指违背职工意愿,强迫其进行超体力的劳动,或者超时劳动,或者进行无偿或者只给少量报酬的劳动等。使用殴打、体罚虐待、非法限制人身自由等足以使他人陷入无法或难以抗拒的境地的方式强迫他人劳动的,是强迫劳动。所谓情节严重,主要是指强迫职工劳动手段恶劣、造成严重后果或者恶劣影响等。本罪主体为一般主体,包括单位和个人。在犯罪主体为单位的场合,其直接行为人为用人单位的直接责任人员,即决定或者组织实施强迫职工劳动的企业的领导人员、管理人员、个体经济组织的所有人、管理人员以及其他负有直接责任的人员。

2. 协助强迫他人劳动,即明知他人实施强迫劳动的行为,而为其招募、运送人员或者有其他协助行为。这里所谓协助强迫他人劳动行为,包括招募、运送人员和其他协助强迫他人劳动的行为。所谓招募,是面向特定或者不特定群体募集人员的行为;运送,是指使用各种交通工具运输人员;其他协助强迫他人劳动的行为,是指除招募、运送人员之外,为强迫劳动的人转移、窝藏或者接收人员等。上述协助强迫劳动的行为,助长了强迫劳动犯罪,严重侵害了公民的人身权利,属于上述强迫劳动罪的帮助犯,应当予以严惩。我国 2009 年 12 月 26 日决定加入的《联合国打击跨国有组织犯罪公约关于预防、禁止和惩治贩运人口特别是妇女和儿童行为的补充议定书》也要求将这种行为规定为犯罪。

依照有关司法解释,〔74〕用人单位违反劳动管理法规,以限制人身自由方法强迫职工劳动,涉嫌下列情形之一的,应予立案追诉:(1)强迫他人劳动,造成人员伤亡或者患职业病的;(2)采用殴打、胁迫、扣发工资、扣留身份证件等手段限制人身自由,强迫他人劳动的;(3)强迫妇女从事井下劳动、国家规定的第四级体力劳动强度的劳动或者其他禁忌从事的劳动,或者强迫处于经期、孕期和哺乳期妇女从事国家规定的第三级体力劳动强度以上的劳动或者其他禁忌从事的劳动的;(4)强迫已满 16 周岁未满 18 周岁的未成年人从事国家规定的第四级体力劳动强度的劳动,或者从事高空、井下劳动,或者在爆炸性、易燃性、放射性、毒害性等危险环境下从事劳动的;(5)其他情节严重的情形。如明知他人以暴力、威胁或者限制人身自由的方法强迫他人劳动,为其招募、运送人员或者有其他协助强迫他人劳动行为的。〔75〕

依照刑法第 244 条的规定,犯本罪的,处 3 年以下有期徒刑或者拘役,并处罚金;情节严重的,处 3 年以上 10 年以下有期徒刑,并处罚金。明知他人实施强迫劳动行为而为其招募、运送人员或者有其他协助强迫他人劳动行为的,依照强迫劳动罪的规定处罚。单位犯本罪的,对单位判处罚金,并对其直接负责的主管人员和其他直接责任人员,依照自然人犯本罪的规定处罚。

八、雇用童工从事危重劳动罪

本罪,是指违反劳动管理法规,雇用未满 16 周岁的未成年人从事超强度体力劳动的,或者从事高空、井下作业的,或者在爆炸性、易燃性、放射性、毒害性等危险环境下从事劳动,情节严重的行为。

成立本罪,必须符合以下三个要件:

---

〔74〕 2008 年最高人民检察院、公安部《关于公安机关管辖的刑事案件立案追诉标准的规定(一)》第 31 条。

〔75〕 2017 年最高人民检察院、公安部《关于公安机关管辖的刑事案件立案追诉标准的规定(一)的补充规定》第 6 条第 2 款。

1. 违反劳动管理法规,雇用未满16周岁的未成年人从事劳动。劳动管理法规明确规定禁止招用16周岁以下的未成年人,任何用人单位和个人,使用未满16周岁的未成年人从事劳动的,属于使用童工的违法行为。但要注意的是,文艺、体育单位经未成年人的监护人同意,可以招用不满16周岁的专业文艺工作者、运动员;学校、其他教育机构以及职业培训机构按照国家有关规定组织不满16周岁的未成年人进行不影响其人身安全和身心健康的教育实践劳动、职业技能培训劳动的,不属于使用童工。

2. 从事超强度体力劳动、高空、井下作业,或者在爆炸性、易燃性、放射性、毒害性等危险环境下从事劳动。所谓从事超强度体力劳动,是指从事关于体力劳动强度分级的国家标准中第四级体力劳动强度的作业;所谓从事高空、井下作业,是指国家《高处作业分级》国家标准中第二级以上的高处作业或者矿山井下作业。本罪的成立,除与劳动种类有关之外,还与劳动环境与劳动者的身心健康直接相关。因此,本条规定了几种对童工的身心健康危害较大的危险劳动环境。这些危险环境主要包括爆炸性、易燃性、放射性、毒害性环境。除上述危险环境以外,非法雇用童工在与上述环境相当的危险环境如严重的粉尘环境、极端低温或者高温环境下劳动的,也可以构成本罪。

3. 情节严重。情节是否严重,可以结合非法雇用童工的数量,童工所从事的劳动的具体强度,童工的年龄、身体发育状况,劳动安全设施和劳动保护措施的状况,童工从事劳动的环境所具有的危险性的高低等因素,综合衡量。根据有关司法解释,[76]雇用童工从事危重劳动,涉嫌下列情形之一的,应予立案追诉:(1)造成未满16周岁的未成年人伤亡或者对其身体健康造成严重危害的;(2)雇用未满16周岁的未成年人3人以上的;(3)以强迫、欺骗等手段雇用未满16周岁的未成年人从事危重劳动的;(4)其他情节严重的情形。

在适用本罪时,应当注意以下几个问题:(1)应当注意其与强迫劳动罪的关系。在用人单位雇用不满16周岁的未成年人强迫其从事超强度体力劳动或者高危劳动,情节严重的场合,该行为既构成了强迫劳动罪,也构成了雇用童工从事危重劳动罪,二者之间属于想象竞合犯的关系,按照从一重处罚的原则,应当以强迫劳动罪处断。(2)应当注意一罪与数罪的问题。刑法第244条之一第2款规定:"有前款行为,造成事故,又构成其他犯罪的,依照数罪并罚的规定处罚。"根据这一规定,在行为人雇用童工从事危重劳动,造成事故,同时又构成如刑法第134条、第135条规定的重大责任事故罪和重大劳动安全事故罪时,就不是从一重处罚,而是按照数罪并罚的原则加以处理。

依照刑法第244条之一的规定,犯本罪的,对直接责任人员,处3年以下有期徒刑或者拘役,并处罚金;情节特别严重的,处3年以上7年以下有期徒刑,并处罚金。犯本罪,造成事故,又构成其他犯罪的,依照数罪并罚的规定处罚。

九、非法搜查罪

本罪,是指非法搜查他人身体或住宅的行为。

本罪的保护法益是他人的人身权利和住宅不受侵犯的权利;对象是他人的人身和住宅。人身,包括其身体和着装。客观上表现为非法搜查他人身体或住宅。首先,必须有搜查他人身体或住宅的行为。对住宅应作扩大解释。牧民放牧时临时搭建的帐篷、渔民的船只等,只要是

---

〔76〕 2008年最高人民检察院、公安部《关于公安机关管辖的刑事案件立案追诉标准的规定(一)》第32条。

作为生活场所而使用的,都可以看作住宅。其次,搜查行为必须是非法的,即没有搜查权的人或者有搜查权的人滥用职权或违反法定程序进行的搜查。根据有关司法解释,[77]国家机关工作人员利用职权非法搜查,涉嫌下列情形之一的,应予立案:(1)非法搜查他人身体、住宅,并实施殴打、侮辱等行为的;(2)非法搜查,情节严重,导致被搜查人或者其近亲属自杀、自残造成重伤、死亡,或者精神失常的;(3)非法搜查,造成财物严重损坏的;(4)非法搜查3人(户)次以上的;(5)司法工作人员对明知是与涉嫌犯罪无关的人身、住宅非法搜查的;(6)其他非法搜查应予追究刑事责任的情形。

依照刑法第245条的规定,犯本罪的,处3年以下有期徒刑或者拘役。司法工作人员滥用职权,犯本罪的,从重处罚。

十、非法侵入住宅罪

(一)概念和构成

本罪,是指未经住宅主人同意,非法强行进入他人住宅,或者经住宅主人要求退出而不退出,妨害他人生活和居住安全的行为。

关于本罪的客体即保护法益,刑法理论上有两种学说:[78]一种是居住权说,认为刑法规定本罪是为了保护住宅主人的居住权。如果违反居住权人的意思或推定的意思而进入其住宅,就构成侵入住宅罪。所以,在家庭中只有夫妻两人的时候,不论夫还是妻,都具有居住权;如果除夫妻之外,还有其他同居的人,其他的人也享有居住权。而且,既然是权利,那么,不管居住者是否在家,在刑法上都享有同等的居住权。所以,进入他人住宅的行为,不管同住者是否在家,只有在得到其全体的承诺或推定的承诺的时候,才能排除违法性。另一种是安宁说,认为非法侵入住宅罪的保护法益,不是法律上的权利,而是现实的住宅的安宁,即事实上的居住的和平与安全。因为住宅,是个人进行私生活的场所,刑法所看重的是居住的事实和状态,至于其有无合法居住的权利,则在所不问。即便是居住权人,在使用不当手段侵入他人无故占用的自己住宅的时候,仍然可能成立非法侵入住宅罪。

以上争论,对于以下情况是否构成非法侵入住宅罪的判断,具有意义。如在张三趁李四出国旅行之际,为与李四之妻王五通奸,得王五的承诺而进入其住宅。李四得知此事以后,以张三非法侵入自己的住宅向公安机关告发。张三的行为是否成立非法侵入住宅罪?

按居住权说,凡有居住权者,不问其在或不在,在刑法上都受平等的保护。而非法侵入,除非获得有居住权的人的许可,否则,就是违反居住权人的意思而擅自进入他人住宅的行为。张三进入李四的住宅,虽然得到了王五的许可,但因为是基于通奸的目的,显然是不能获得李四的同意的,故侵害了李四的居住权,所以,应成立非法侵入住宅罪。

但是按照安宁说的话,情况就不一样了。本说认为,住宅的事实上的安宁是保护法益,只有以有害于居住安宁的方式进入他人住宅的,才能成为本罪的处罚对象。什么样的行为是有害于居住安宁的行为,其判断一般是从居住者的意思以及行为人进入的行为形态来进行判断。按照这种观点,在同一住宅内,有两个以上的共同居住者的时候,如果得到了现在居住者的同意,即便违反了外出者的意思或其推定的意思,只要对住宅的安宁没有造成影响,就不成立非

---

〔77〕 2006年最高人民检察院《关于渎职侵权犯罪案件立案标准的规定》第2条第2款。

〔78〕 [日]曾根威彦:《刑法学基础》,黎宏译,法律出版社2005年版,第147页以下。

法侵入住宅罪。上述场合，张三以通奸的目的进入李四的住宅，已得到了现住者王五的同意，所以，即便是违反了李四的意思，也不成立非法侵入住宅罪。

我国刑法通说认为，非法侵入住宅罪的客体是他人的住宅不受侵犯的权利。非法侵入他人住宅的行为虽然不直接对公民的人身自由权利造成侵害，但住宅居住安全权利，直接关系到公民的人身自由和生活安宁，因而保障公民住宅不受侵犯，是保护公民人身自由权的一个重要方面。〔79〕从上述论述来看，我国刑法实际上是偏向于安宁说的。按照这种理解，上述案例当中，张三的行为不能构成非法侵入住宅罪。

本罪的犯罪构成如下：

1. 主体。本罪的主体是一般主体，即年满16周岁、具有刑事责任能力的自然人。

2. 危害行为和危害结果。本罪客观上表现为，非法侵入他人住宅。

所谓住宅，就是日常生活使用，未经同意不得进入其中的场所，通常是他人饮食、起居的场所。学生宿舍、他人暂时居住的宾馆、招待所、疗养院、供人居住的山洞、地窖、渔船、作为私人住宅的组成部分的车库等，都是本罪中所说的住宅。住宅也不要求是建筑物的全部，只要是被划分出来的某一部分，如公寓或者旅馆的一个房间也能成为住宅。另外，住宅不仅指建筑物，附属于建筑物的周围土地也包括在内。但是，非法侵入商场柜台、机关办公场所等地的，不能构成本罪。因为这些地方不是住宅，侵入这些地方，并不能侵犯公民的居住安全，所以，不能构成本罪。

所谓他人，既可以是住宅所有权人，也可以是住宅管理人，包括住宅承租人、出租人在内。因此，以前和他人一起居住的人，离开该住宅之后又再次以影响住宅安宁的方式进入该住宅的场合，其行为符合非法侵入住宅罪的构成要件。处于分居状态的丈夫为了拍摄妻子的偷情现场而侵入妻子的住宅的行为；已经分家居住的儿子，出于抢劫的目的，侵入自己的亲生父亲的家里的行为，都可以说是侵入住宅的行为。

所谓非法侵入，是指不经住宅主人同意而又没有法律依据，或者不依法定程序强行侵入。有正当理由进入他人住宅或者滞留在他人住宅不退出的，不是非法。非法侵入包括两种情况。一是未经住宅主人许可，不顾主人反对、劝告或阻拦，强行进入他人住宅。实践中，侵入他人住宅一般是指以蹬门、踹门等方式破门而入。但在有些地方如农村，居民住宅的大门平日多半是敞开的，所以并不需要破门而入。这种场合，结合实际情况，在行为人以破坏住宅安宁的形式进入的场合，也能认定为“侵入”。二是进入时住宅主人并不反对，但主人要求行为人退出时，行为人不肯退出。此时，就进入行为而言，并不违法，但住宅主人既已要求退出，仍滞留在内不肯退出，实质上和未经许可强行侵入的行为没有区别。

实务当中，认为将尸体抬入他人住宅摆放，情节严重的，构成非法侵入他人住宅。另外，入户盗窃过程中，被害人因受惊吓而造成损害，不构成转化型抢劫罪，若入户盗窃行为不构成犯罪，则行为人构成非法侵入住宅罪。

3. 主观要件。本罪的主观要件为故意。

（二）本罪的认定

在本罪的认定中，如何判断是否“非法侵入”，存在较大争议。

1. 在取得住宅主人、看守人的同意或者推定的同意之后，进入他人住宅的场合，当然不构

〔79〕　王作富主编：《刑法分则实务研究》（第5版）（中），中国方正出版社2013年版，第821～822页。

成本罪。其理由不仅是排除违法性,而且还应理解为不符合本罪的构成要件。但在有数个居住权人,只是得到其中部分人的同意而进入的场合,是否“侵入”,具有争议。多数说认为,只要现在其中的人表示同意,不在者即便表示反对,也不是侵入。而且,有力见解还认为,只要居住权人中的某个人表示同意,其他的居住权人即便对进入表示反对,也不是“侵入”。

2. 同意,必须是基于真诚、自由的意思。住宅主人或管理人的意志,不管是明示的还是推定的,在所不问。是否具有推定的意思或同意,要根据周围的情况,合理地认定。宿舍楼的大堂之类的对来往的客人开放的地方,人们进入其中,通常被看作经过了推定的同意,因此,以社会一般人所认可的形态进入其中的时候,不构成本罪。但是,以不符合社会常规,可能导致住宅安宁受到破坏的方式进入其中的时候,就构成本罪。

3. 在居住权人由于错误而允许他人进入的场合,在什么范围内可以说该错误无效,成立非法侵入住宅罪,存在争议。如在隐瞒抢劫杀人的真实意图,装作客人而进入店铺的场合,有人认为,这种场合下,居住权人如果了解真实情况的话,就不会作出允许他人进来的同意,因此可以说是该同意无效,行为人的行为属于非法侵入。但根据本书所主张的只有被害人对所处分的法益的内容、程度具有错误的场合,同意才无效的法益错误说来看,既然说本罪的保护法益在于住宅的安宁,则店主只要认识到行为人以没有影响店铺安宁的方式进入其中,客观上没有反对他的进入,就应当说其同意是有效的,行为人不成立侵入住宅罪。

与此相关,出于违法目的进入一般被允许进入的场所的行为,是否成立侵入住宅罪,存在争议。安宁说认为,要综合考虑进入目的、进入的形态等,决定行为人是否应当受到处罚。相反地,居住权说认为,这个问题实际上是许可权人就在现场,其所给予的同意是否可以说是有效同意的问题,因此,除了进入的形态明显可疑,许可权人不让其进入的场合以外,都不应当成立犯罪。因此,从进入的形态难以辨别出隐藏于内心的目的的场合,不管出于什么目的进入,都应当说同意权人表示了同意。另外,不法侵入他人已经违法入住的住宅,也是违法的。如房屋租赁合同解除之后,房客仍和从前一样居住在该出租房屋中的时候,屋主为了要求房客退出,违反房客的意志,采取社会上一般难以认可的侵害住宅安宁的方式,进入其中的时候,就构成本罪。

(三)处罚

依照刑法第245条的规定,犯本罪的,处3年以下有期徒刑或者拘役。司法工作人员滥用职权,犯本罪的,从重处罚。

第五节 侵犯他人人格、名誉的犯罪

一、侮辱罪

(一)概念和构成

本罪,是指以暴力或者其他方法公然贬低他人人格,破坏他人名誉,情节严重的行为。其构成如下:

1. 主体。本罪的主体是一般主体,即年满16周岁、具有刑事责任能力的自然人。

2. 危害行为和危害结果。本罪客观上表现为,以暴力或其他方法公然贬低他人人格、破坏他人名誉。

首先，必须有侮辱他人的行为。所谓侮辱，就是损害他人名誉、人格尊严。所谓人格尊严，是指公民所具有的自尊心以及应当受到社会和他人最起码的尊重权利。所谓名誉，是社会对某人的人格评价，如对人的道德、智力、知识水平、容貌、职业等的评价。对象必须是特定的自然人，不包括国家机关、企业、事业单位和人民团体等组织。对已经死去的人进行侮辱的，不构成本罪。但如果侮辱死人，足以对死人亲属或者与其有关的人的名誉产生影响的，也可以将其视为对活人的侮辱。

侮辱方式主要有暴力侮辱、言辞侮辱、文字侮辱。如当众打耳光、逼迫他人爬行以及做其他有辱人格的动作，强行扒光衣服、强行在他人面部刺字或身体上涂画、强制涂抹污物，以文字或者语言的方式谩骂、嘲笑、丑化、贬低他人等，都是如此。偷拍他人裸体照片，放在互联网上公开传播的行为，也是侮辱。

其次，侮辱他人必须是公然进行的。所谓公然，是指在有第三者在场的情况下或者能够使第三人看到的、听到的方式进行侮辱，至于被害人是否在场，不影响本罪成立。以挖掘祖坟等恶劣手段使他人受到侮辱的，即使其挖掘祖坟行为是秘密进行的，但其结果却使他人公然受辱，应构成侮辱；将被捉奸的妇女赤裸捆绑、拘禁、示众的，构成侮辱。

最后，构成本罪，必须达到情节严重的程度。所谓情节严重，是指影响恶劣或者造成严重后果，如伤害公众感情引起公愤，或者引起被害人自杀、精神失常等。如入赘女方家的邱某因妻子与他人通奸，感到无脸见人而服毒自杀。次日，邱某的亲属赶到女方家闹丧，砸毁家具，并将出面劝阻的邱某妻妹和死者遗体捆绑在一起达一小时之久，先后引来周围乡镇千余人前来围观的场合，就属于“情节严重”。通过互联网发布信息要求人肉搜索会严重降低被搜索者的社会评价，致使其在现实社会中无法正常工作、学习和生活，严重侵害被搜索者的名誉权，导致被搜索者自杀的，达到侮辱他人“情节严重”的程度。

3. 主观要件。本罪的主观要件为故意。

（二）本罪的认定

本罪在认定中，必须注意其与强制猥亵、侮辱罪的区别。二者之间，在保护法益、行为对象、方式手段、情节要求等方面都存在明显差别。但在出于报复心理当众扒下妇女衣裤的场合，既可以构成侮辱罪，又可以构成强制猥亵、侮辱罪。但既然刑法将侮辱罪和强制猥亵、侮辱罪分开规定，并且对后者规定了较重的法定刑，说明在立法者看来，对于妇女来说，采取侮辱其性的羞耻心和自主权的方式是一种社会危害程度更为严重的侵犯其名誉和人格的行为方式，必须予以更为严厉的处罚。如此说来，相对于刑法第 246 条所规定的侮辱罪来说，刑法第 237 条所规定的强制猥亵、侮辱罪是一种特殊规定，即凡是采用暴力、胁迫等强制手段伤害妇女的性的羞耻心、侵犯妇女的性的自主权的行为，尽管也侵犯了妇女的名誉和人格，但不能构成刑法第 246 条所规定的侮辱罪，而应当构成刑法第 237 条所规定的强制猥亵、侮辱罪。

（三）处罚

依照刑法第 246 条的规定，犯本罪的，处 3 年以下有期徒刑、拘役、管制或者剥夺政治权利。本罪，告诉的才处理，但是严重危害社会秩序和国家利益的除外。通过信息网络实施本条第 1 款规定的行为，被害人向人民法院告诉，但提供证据确有困难的，人民法院可以要求公安机关提供协助。

二、诽谤罪

本罪,是指故意捏造散布某种事实,损害他人人格、破坏他人名誉,情节严重的行为。

本罪在其他方面与侮辱罪一致,不同之处在于客观方面。本罪客观上表现为,捏造并散布某种事实,损害特定的他人人格,破坏他人名誉。所谓捏造,是指无中生有,凭空编造虚假事实。如果传播的是客观存在的或者略有夸张的事实,不构成本罪,视情节可构成侮辱罪。所谓散布,是指用语言或文字的方式扩散捏造的内容,使众人知道。除在网络上实施之外,一般来说,“捏造”和“散布”必须同时具备。如果只有“捏造”没有“散布”,或者只有“散布”但没有“捏造”,均不构成本罪。特定的人,不要求指名道姓,只要一般人根据侮辱的内容能够推知行为指向的对象即可。以文学作品的形式对他人进行侮辱,虽未指明他人的情况,但社会一般人根据其中的描述能够特定现实生活中的他人的话,就能说其对象是特定的。

近年来,网络诽谤行为日趋严重。对此,相关司法解释规定,[80]具有下列情形之一的,应当认定为刑法第246条第1款规定的“捏造事实诽谤他人”。(1)捏造损害他人名誉的事实,在信息网络上散布,或者组织、指使人员在信息网络上散布的。(2)将信息网络上涉及他人的原始信息内容篡改为损害他人名誉的事实,在信息网络上散布,或者组织、指使人员在信息网络上散布的;明知是捏造的损害他人名誉的事实,在信息网络上散布,情节恶劣的,以“捏造事实诽谤他人”论。其中,所谓信息网络,包括以计算机、电视机、固定电话机、移动电话机等电子设备为终端的计算机互联网、广播电视网、固定通信网、移动通信网等信息网络,以及向公众开放的局域网络。

利用信息网络诽谤他人,具有下列情形之一的,应当认定为刑法第246条第1款规定的“情节严重”:(1)同一诽谤信息实际被点击、浏览次数达到5000次以上,或者被转发次数达到500次以上的;(2)造成被害人或者其近亲属精神失常、自残、自杀等严重后果的;(3)2年内曾因诽谤受过行政处罚,又诽谤他人的;(4)其他情节严重的情形。一年内多次实施利用信息网络诽谤他人行为未经处理,诽谤信息实际被点击、浏览、转发次数累计计算构成犯罪的,应当依法定罪处罚。

本罪在适用中,应当注意以下问题:

1. 本罪与侮辱罪的区别。二者的区别在于:(1)侮辱可以用暴力方法,而诽谤不可能用暴力方法;(2)侮辱是公然实施损害他人人格尊严、名誉的行为,但并不捏造有损他人名誉的事实,而诽谤则必须是捏造并散布有损他人人格、名誉的事实,且法律没有以公然实施为条件。

2. 本罪与诬告陷害罪的界限。两者的相同之处在于都有捏造事实的行为。区别在于,捏造的内容、行为方式以及主观意思不同:后者表现为捏造犯罪事实并向有关机关告发,前者是捏造足以损害他人人格和名誉的虚假事实并加以散布;后者的目的是使他人受到刑事处分,前者则是为了损害他人的人格和名誉。

依照刑法第246条的规定,犯本罪的,处3年以下有期徒刑、拘役、管制或者剥夺政治权利。本罪,告诉的才处理,但是严重危害社会秩序和国家利益的除外。通过信息网络实施本条第1款规定的行为,被害人向人民法院告诉,但提供证据确有困难的,人民法院可以要求公安机关提供协助。其中,所谓“严重危害社会秩序和国家利益”,是指利用信息网络诽谤他人,具

---

〔80〕 2013年最高人民法院、最高人民检察院《关于办理利用信息网络实施诽谤等刑事案件适用法律若干问题的解释》第1、2、4、10条。

有下列情形之一:(1)引发群体性事件的;(2)引发公共秩序混乱的;(3)引发民族、宗教冲突的;(4)诽谤多人,造成恶劣社会影响的;(5)损害国家形象,严重危害国家利益的;(6)造成恶劣国际影响的;(7)其他严重危害社会秩序和国家利益的情形。[81]

三、刑讯逼供罪

本罪,是指司法人员对犯罪嫌疑人、被告人使用肉刑或者变相肉刑,逼取口供的行为。

本罪的主体是特殊主体即司法工作人员,即有侦查、检察、审判、监管职责的工作人员。企业事业单位的保卫干部,农村各级治保单位的干部以及受国家机关委托协助办理刑事案件的人员,不能独立成为本罪主体,但可以成为本罪的共犯。企业、事业单位及基层单位聘用的联防队员也不能独立成为本罪的主体。其使用肉刑或变相肉刑致人伤残,需要追究刑事责任的,应以故意伤害罪定罪处罚。

本罪在客观上表现为,对犯罪嫌疑人、被告人使用肉刑或变相肉刑逼取口供。首先,刑讯的对象是处于侦查过程中的犯罪嫌疑人和起诉、审判过程中的刑事被告人。正在服刑的罪犯不是本罪的行为对象。犯罪嫌疑人、被告人实际上是否有罪,对本罪的成立没有影响。因此,在某县公安局刑侦队队员张某以口头传唤的方式将一发廊女服务员王某带至公安局,采取拷手铐、殴打等方法逼迫王某供认卖淫问题。王某受不住,被迫承认,并胡乱报了几名"嫖客"的名字。其后,王某被关在刑侦队留置室,三日后被释放。王某即到县妇联申诉,并先后到三家县级医院检查身体,证明系处女。传唤王某的次日,刑侦队找到"嫖客"彭某,经长达5小时的逼供,彭某被迫招供与王某曾有嫖娼行为,被处以罚款5000元。当日,彭某被其亲属领回,直接送至医院治疗。经法医鉴定,彭某的伤势为轻伤乙级的场合,因为发廊女服务员王某不是犯罪嫌疑人、被告人,张某对其实施拷手铐、殴打等行为不构成刑讯逼供罪,而只能依据"被关在刑侦队留置室,三日后被释放"的行为,认定为非法拘禁罪。同样,对"嫖客"彭某进行长达5小时的逼供行为,也不构成刑讯逼供罪。但是,依据《治安管理处罚法》第96、97条,人民警察依法有对卖淫、嫖娼者传唤的权利。由于彭某被指认"嫖娼",因此,民警张某对彭某进行长达5小时的审讯,是有法律依据的。但即便如此,对彭某进行刑讯逼供,并造成彭某轻伤的行为则是违法的,构成故意伤害罪。因此,本案中,警察张某最终要构成非法拘禁罪和故意伤害罪,数罪并罚。其次,刑讯方法必须是使用肉刑或变相肉刑。所谓肉刑,是指对被害人的肉体施加暴力,如吊打、捆绑、殴打以及其他折磨人的肉体的方法。所谓变相肉刑,是指对被害人使用非暴力的摧残和折磨,如日晒、火烤、长时间的冻饿、体罚、"车轮战"等。最后,必须有逼供行为,即逼迫犯罪嫌疑人、被告人作出行为人所期待的口供。

虽然刑法第247条对刑讯逼供罪的实行行为没有任何限制,但实际上,并不是一切刑讯逼供行为都构成犯罪,只是对情节相对严重的刑讯逼供行为,才以犯罪论处。所谓情节相对严重,是指具有下列情形之一:(1)以殴打、捆绑、违法使用械具等恶劣手段逼取口供的;(2)以较长时间冻、饿、晒、烤等手段逼取口供,严重损害犯罪嫌疑人、被告人身体健康的;(3)刑讯逼供造成犯罪嫌疑人、被告人轻伤、重伤、死亡的;(4)刑讯逼供,情节严重,导致犯罪嫌疑人、被告人自杀、自残造成重伤、死亡,或者精神失常的;(5)刑讯逼供,造成错案的;(6)刑讯逼供3人

---

〔81〕 2013年最高人民法院、最高人民检察院《关于办理利用信息网络实施诽谤等刑事案件适用法律若干问题的解释》第3条。

次以上的;(7)纵容、授意、指使、强迫他人刑讯逼供,具有上述情形之一的;(8)其他刑讯逼供应予追究刑事责任的情形。[82]

依照刑法第247条的规定,犯本罪的,处3年以下有期徒刑或者拘役。致人伤残、死亡的,依照故意伤害罪、故意杀人罪的规定定罪从重处罚。关于"致人伤残、死亡的,依照故意伤害罪、故意杀人罪的规定定罪从重处罚"的理解,参见暴力取证罪中的相关内容。

四、暴力取证罪

本罪,是指司法人员使用暴力逼取证人的证言的行为。

本罪的特征和上述刑讯逼供罪基本一致。所不同的是,本罪的侵害对象仅限于证人,即了解案件情况的人。其不仅包括刑事诉讼中的证人,而且还包括民事诉讼(含经济纠纷的处理)、行政诉讼中的证人,但不包括诉讼活动以外的证人,如仲裁活动、纪律检查机关、行政机关调查取证活动中的证人。但这里的证人,是否包括刑事案件的被害人在内,存在争议。在刑事诉讼法学中,证人有广义和狭义之分。狭义的证人是指直接利害冲突双方以外的向司法机关提供自己感受到的案件情况的诉讼参与人。广义的证人是指除受审的犯罪嫌疑人及被告人以外的向司法机关提供自己感受到的案件情况的诉讼参与人,包括刑事案件中的被害人在内。《刑事诉讼法》虽然在第50条将证人证言与被害人陈述分列为两种证据类型,但第62条在确定证人范围时却规定:"凡是知道案件情况的人,都有作证的义务",并没有把被害人排除在证人范围之外。可见,证人是指一切知道案件情况的人。被害人作为被告人侵害的对象,了解案件的经过,从这一点来看,其也属于证人的范围,同样也负有作证的义务。相关司法解释也采用了这种理解。如1999年9月16日最高人民检察院《关于人民检察院直接受理立案侦查案件立案标准的规定(试行)》第3条第4款中明确规定"暴力取证罪是指司法工作人员以暴力逼取证人证言、被害人陈述的行为",把被害人纳入证人的范围之内。如此说来,在某甲等3人因抢劫他人财物被抓,审讯过程中,公安人员发现某甲另外还有故意伤害罪和强奸罪的嫌疑,于是,找到被害人之一的某乙进行调查。某乙慑于某甲等的淫威,对公安人员的调查不予配合。办案人员之一的某丙于是对某乙拳打脚踢。某乙终于讲述了被害经过的案件中,某丙的行为构成暴力取证罪。

与刑讯逼供罪一样,不是任何暴力取证的行为都构成犯罪。只有涉嫌下列情形之一的,才应予立案:(1)以殴打、捆绑、违法使用械具等恶劣手段逼取证人证言的;(2)暴力取证造成证人轻伤、重伤、死亡的;(3)暴力取证,情节严重,导致证人自杀、自残造成重伤、死亡,或者精神失常的;(4)暴力取证,造成错案的;(5)暴力取证3人次以上的;(6)纵容、授意、指使、强迫他人暴力取证,具有上述情形之一的;(7)其他暴力取证应予追究刑事责任的情形。[83]

依照刑法第247条的规定,犯本罪的,处3年以下有期徒刑或者拘役。致人伤残、死亡的,依照故意伤害罪、故意杀人罪的规定从重处罚。

在"致人伤残、死亡的,依照故意伤害罪、故意杀人罪的规定定罪从重处罚"规定的适用中,应当注意以下几点:

1. 本规定属于拟制规定。本来,刑讯逼供、暴力取证与故意伤害、故意杀人属于性质完全

---

〔82〕 2006年最高人民检察院《关于渎职侵权犯罪案件立案标准的规定》第2条第3款。

〔83〕 2006年最高人民检察院《关于渎职侵权犯罪案件立案标准的规定》第2条第4款。

不同的两种行为,但由于法律的特别规定,因此,在刑讯逼供、暴力取证行为直接造成被害人伤残、死亡结果的场合,均以故意伤害罪、故意杀人罪定罪处罚,而不再以刑讯逼供罪、暴力取证罪处理。之所以这样规定,主要是考虑到刑讯逼供、暴力取证的法定刑太轻,不足以遏止生活中此类行为的发生。

2. 所谓致人伤残中的“伤残”,应是指重伤或者严重残疾的情况。因为,故意伤害造成他人轻伤的场合,其处罚和刑讯逼供、暴力取证罪的法定刑完全一致,没有必要适用刑法第234条的规定,直接以刑讯逼供、暴力取证罪定罪处罚就足够了。同时,“致人伤残”应是刑讯逼供、暴力取证行为直接造成他人伤残的结果,不包括被害人自残自伤发生伤残后果的情况。刑讯逼供或者暴力取证引起的自伤自残后果,只能作为刑讯逼供罪、暴力取证罪的量刑情节考虑。

3. 所谓致人死亡,应是指刑讯逼供、暴力取证行为直接导致他人死亡的情形,但不包括致使他人自杀的情形在内。行为人仅仅实施了一般程度的刑讯逼供或者暴力取证,本不致死,但被害人因此而自杀身亡的,不能认定为致人死亡,而只能按照刑讯逼供罪、暴力取证罪处理。

4. 刑讯逼供或者暴力取证行为是否足以致人伤残、死亡,可以从行为人对被害人的打击部位、打击强度、所使用的工具、打击持续的时间以及行为人对被害人的救助等客观情况来加以判断。

五、虐待被监管人罪

(一)概念和构成

本罪,是指监管机构的监管人员,对被监管人员进行殴打或体罚虐待,情节严重的行为。其构成如下:

1. 主体。本罪的主体是特殊主体,即监管人员。所谓监管人员,是指在监狱(包括未成年犯管教所)、拘留所、看守所等监管机构中行使监管职责的工作人员,包括受监管机关正式聘用或者委托履行监管职务的非司法工作人员。人民法院的法警不属于监管人员,因此,法警在押送被告人去法庭开庭的过程中,殴打被告人的场合,不成立本罪,视情形可以成立故意伤害罪。强制隔离戒毒所是对符合特定条件的吸毒成瘾人员限制人身自由,进行强制隔离戒毒的监管机构,其履行监管职责的工作人员属于刑法第248条规定的监管人员。[84] 被监管人受监管人员的指使,殴打或者体罚虐待其他被监管人的,成立虐待被监管人罪的共犯。在这种情况下,监管人员是体罚、虐待行为的主谋者、指挥者,应负主犯的刑事责任,而被监管人员是体罚虐待行为的直接实施者,构成本罪的共犯。由于被监管人有可能是在胁迫、利诱之下参与的,所以,应根据其地位和作用,按照共同犯罪的有关规定,在量刑上酌情考虑。

2. 危害行为和危害结果。本罪客观上表现为,直接对被监管人进行殴打或者体罚虐待,或者指使被监管人殴打或体罚其他被监管人。所谓被监管人,是指依法被限制人身自由的人,主要包括:已经判决的在押罪犯,已被羁押尚未判决的犯罪嫌疑人或者被告人,因违反《治安管理处罚法》而受到行政拘留的人员或者司法拘留的人员,因为吸毒成瘾而被限制人身自由进行强制隔离戒毒的人员,以及其他依法被管教的人员。“殴打”,是指造成被监管人的肉体暂时痛苦的行为;“体罚虐待”,是指对被监管人实行肉体上的摧残和精神上的折磨,如捆绑、滥

〔84〕 2015年最高人民检察院《关于强制隔离戒毒所工作人员能否成为虐待被监管人罪主体问题的批复》。

用械具、任意禁闭、冻饿、罚跪、强迫从事长时间超负荷体力劳动、或者将女犯罪嫌疑人和男犯放在一起关押等凌辱人格的行为等。这里的殴打、体罚虐待不要求具有一贯性,一次性殴打、体罚虐待情节严重的,就足以构成犯罪。行为人直接实施殴打、体罚虐待行为,或者利用被监管人实施殴打、体罚虐待行为的,均可构成犯罪。但是,监管人员对被监管人依法进行监管,包括对违反监管法规的被监管人使用械具或者禁闭,是依法执行职务的正当行为,不属体罚虐待行为。

不是所有的虐待被监管人的行为都构成犯罪,必须达到"情节严重"的程度。具体而言,是指涉嫌下列情形之一:(1)以殴打、捆绑、违法使用械具等恶劣手段虐待被监管人的;(2)以较长时间冻、饿、晒、烤等手段虐待被监管人,严重损害其身体健康的;(3)虐待造成被监管人轻伤、重伤、死亡的;(4)虐待被监管人,情节严重,导致被监管人自杀、自残造成重伤、死亡,或者精神失常的;(5)殴打或者体罚虐待3人次以上的;(6)指使被监管人殴打、体罚虐待其他被监管人,具有上述情形之一的;(7)其他情节严重的情形。[85]

3. 主观要件。本罪的主观要件为故意。

(二)处罚

依照刑法第248条的规定,犯本罪的,处3年以下有期徒刑或者拘役;情节特别严重的,处3年以上10年以下有期徒刑。致人伤残、死亡的,依照故意伤害罪、故意杀人罪的规定定罪从重处罚。监管人员指使被监管人殴打或者体罚虐待其他被监管人的,依照本罪的规定处罚。

六、煽动民族仇恨、民族歧视罪

本罪,是指以语言、文字或者其他方式煽动民族仇恨、歧视,情节严重的行为。

其中,"煽动民族仇恨",是指对民族的历史及现实中的某些现象进行渲染,或捏造并散布某种虚假事实,公然掀起民族之间的强烈憎恨;"煽动民族歧视",是指利用民族历史、文化、传统、风俗、习惯、种族、肤色等差异,公然煽动其他民族对之鄙视、排斥、限制,损害民族平等。具体方式有,语言形式,如发表演讲、游说等;文字形式,如张贴大字报、小字报、讽刺漫画、写匿名书信等。煽动应当是对多数人公开进行,只是暗中对少数特定人宣扬的,不构成本罪。煽动行为须情节严重。"情节严重",一般是指多次煽动、引起民族公愤的;严重损害民族感情、尊严的;致使民族成员大量逃往国外的以及引起其他影响民族团结、平等的后果等。

依照刑法第249条的规定,犯本罪的,处3年以下有期徒刑、拘役、管制或者剥夺政治权利;情节特别严重的,处3年以上10年以下有期徒刑。

七、出版歧视、侮辱少数民族作品罪

本罪,是指在出版物中刊载歧视、侮辱少数民族的内容,情节恶劣,造成严重后果的行为。

本罪的主体是在出版物中刊载歧视、侮辱少数民族内容的直接责任人员,包括作者、责任编辑以及其他对刊载上述内容有直接责任的人员。"少数民族",是指和汉族相比人口较少的所有民族;"出版物",是指报纸、期刊、图书、音像制品和电子出版物等,包括公开与内部出版物,合法或非法的出版物;"刊载",是指在出版物中发表、制作、转载。至于刊载的表现形式,可以是文字、漫画,也可以是录像带、录音带、光盘中的画面等;"歧视、侮辱少数民族的内容",

〔85〕 2006年最高人民检察院《关于渎职侵权犯罪案件立案标准的规定》第2条第5款。

是指针对少数民族的形成历史、风俗、习惯等进行贬低、诬蔑、嘲讽、辱骂的内容。成立本罪，必须达到“情节恶劣，造成严重后果”的程度，即造成恶劣的政治影响如引发民族纠纷、冲突、矛盾甚至骚乱等。

依照刑法第250条的规定，犯本罪的，对直接责任人员，处3年以下有期徒刑、拘役或者管制。

八、非法剥夺公民宗教信仰自由罪

本罪，是指国家机关工作人员非法剥夺公民的宗教信仰自由，情节严重的行为。

其中，“非法剥夺公民宗教信仰自由”，是指违反法律规定采用暴力、胁迫或其他强制方法，制止他人信仰宗教，加入宗教团体，或者强迫其放弃信仰，退出宗教团体；或者强迫不信仰宗教的人信仰宗教；或者强迫他人信仰这种宗教而不信仰那种宗教；或者用上述方法破坏宗教活动等。具体可表现为阻挠参加宗教活动，捣毁或封闭宗教活动场所等；“情节严重”，是指非法剥夺宗教信仰自由的手段恶劣，造成被害人精神失常或自杀等严重后果的情况等。

依照刑法第251条的规定，犯本罪的，处2年以下有期徒刑或者拘役。

九、侵犯少数民族风俗习惯罪

本罪，是指国家机关工作人员侵犯少数民族风俗习惯，情节严重的行为。

本罪的主体为国家机关工作人员，既可以是汉族的国家机关工作人员，也可以是少数民族的国家机关工作人员。“侵犯”，是指非法干涉，即以暴力、胁迫或其他方法破坏少数民族风俗习惯，或者强迫他人改变以及阻止其改变本民族风俗习惯，如果不是采用强制、强迫的方式，而是采用宣传教育、劝告引导的方式的，则不构成本罪；“少数民族风俗习惯”，是指各少数民族在历史发展中形成的在婚姻、饮食、丧葬、礼仪等方面的习惯；“情节严重”，是指多次或多人侵犯少数民族风俗习惯、引起民族纠纷、民族矛盾的，或者造成骚乱、示威游行或社会秩序严重混乱，产生恶劣的政治影响的，等等。本罪的主观要件为故意。

依照刑法第251条的规定，犯本罪的，处2年以下有期徒刑或者拘役。

十、侵犯通信自由罪

本罪，是指隐匿、毁弃或者非法开拆他人信件，侵犯公民通信自由权，情节严重的行为。

其中，“他人”，是指自然人、法人及非法人组织；“隐匿”，是指将他人的信件秘密隐藏起来，使收件人无法查收；“毁弃”，是指将他人的信件予以撕毁、烧毁或者丢弃；“非法开拆”，是指未经收、发件人同意或者司法机关批准，私自开启他人已经封口的信件。非法截获、篡改、删除他人电子邮件或者其他数据资料，侵犯公民通信自由和通信秘密，情节严重的，依照本罪追究刑事责任；〔86〕非邮电工作人员非法开拆他人信件，侵犯公民通信自由权利，情节严重，并从中窃取少量财物，或者窃取汇票、汇款支票，骗取汇兑款数额不大的，也依照本罪从重处罚。

在本罪的适用中，应当注意此罪与彼罪、一罪与数罪的关系。由于本罪的犯罪对象是信件，因此，如果行为人明知信件是公文而毁灭的，可构成刑法第280条规定的毁灭国家机关公文罪；非法开拆他人信件，侵犯公民通信自由权利，情节严重，并从中窃取财物数额较大的，应

---

〔86〕 2009年全国人民代表大会常务委员会《关于维护互联网安全的决定》第4条第2项。

按照重罪吸收轻罪的原则,依照刑法关于盗窃罪的规定从重处罚。

依照刑法第252条的规定,犯本罪的,处1年以下有期徒刑或者拘役。

十一、私自开拆、隐匿、毁弃邮件、电报罪

本罪,是指邮政工作人员私自开拆或者隐匿、毁弃邮件、电报的行为。

成立本罪,必须具备以下条件:(1)必须是特殊主体即邮政工作人员,包括邮电部门从事邮递业务的营业员、分拣员、发行员、投递员、接发员、押运员以及有关的主管干部等。单位专职信件收发员并非邮政工作人员,其利用工作之便藏匿、毁弃、私拆他人信件的,只能构成侵犯通信自由罪,而不是本罪。(2)必须利用直接接触邮件、电报的工作便利。如果邮政工作人员不是利用工作之便实施隐匿、开拆等行为的,可构成侵犯通信自由罪。(3)有私自开拆、隐匿、毁弃的行为。所谓私自开拆,是指未经任何合法授权开拆他人邮件、电报;所谓隐匿,是指将邮件、电报等予以截留、收藏;所谓毁弃,是指将邮件、电报等予以撕毁、湮灭或丢弃。相反地,如果根据有关法律执行机关的命令或委托,实施以上行为的,则不构成犯罪。

在本罪的适用中,应注意一罪与数罪的区分。当邮政工作人员以窃取信件中夹寄的钱财为目的而私拆、毁弃他人信件的场合,属于牵连犯,即方法行为构成私自开拆、隐匿、毁弃邮件罪,目的行为构成盗窃罪。

依照刑法第253条的规定,犯本罪的,处2年以下有期徒刑或者拘役。邮政工作人员犯本罪而窃取财物的,应依刑法第264条的规定,以盗窃罪从重处罚。

十二、侵犯公民个人信息罪

本罪,是指违反国家有关规定,向他人出售或者提供公民个人信息,情节严重的,或者违反国家有关规定,将在履行职责或者提供服务过程中获得的公民个人信息,出售或者提供给他人,窃取或者以其他方法非法获取公民个人信息的行为。

本罪的保护法益是公民个人的信息权,其内涵既包括个人隐私不受侵犯的权利,也包括限制他人非法收集、转让和出售他人信息的权利。关于本罪的保护法益,由于构成要件行为既有对个人信息的危害,也有对国家关于个人信息的管理秩序的危害(“违反国家规定”),可见本罪的保护法益属于复合法益。但既然本罪被规定在刑法分则第四章“侵犯公民人身权利、民主权利罪”之中,属于保护个人利益的犯罪,则应当将个人信息的自决权放在首位,作为优势法益来保护。当个人同意他人使用自己的信息时,即使该使用行为违反了相关规定,也因未侵犯第一位的优势法益而不构成侵犯公民个人信息罪。实践中有这样的案例:A接受B公司委托,对到B公司应聘的人员做背景调查。调查内容包括身份证信息、学历信息是否真实以及有无犯罪记录等。应聘人员与B公司签署了同意书,授权B公司对自己的背景进行核查。但相关规定只允许本市户籍人口亲自查询本人记录,不能由他人代办。A向警察C行贿,请C利用职务便利查询内部系统后把应聘人员犯罪记录的信息给A。公诉机关认为A和C属于违反国家规定,利用非法手段获取个人信息,以侵犯公民个人信息罪提起公诉。但这种理解值得商榷。既然应聘人员已经授权或者说允许B公司对自己进行就职背景调查,就意味着应聘人员同意他人收集自己的相关信息,没有侵害自己的法益,因此,C的行为即便构成受贿,但A、C也不构成侵犯公民个人信息罪。

本罪的主体是一般主体,除国家机关或金融、电信、交通、教育、医疗单位的工作人员之外,

还包括在履行职责或者提供服务过程中获得公民个人信息的商业、房地产业等服务业中其他企事业单位的工作人员。[87]

本罪的客观上表现为:违反国家有关规定,向他人出售或者提供公民个人信息,窃取或者以其他方法非法获取公民个人信息,情节严重。具体而言,包括以下内容:

1. 违反国家规定,即违反法律、行政法规、部门规章有关公民个人信息保护的规定,特别是2021年公布的《个人信息保护法》的相关规定。个人信息是指以电子或者其他方式记录的与已识别或者可识别的与自然人有关的各种信息,不包括匿名化处理后的信息,是一个相对抽象的概念,其外延十分广泛,有关个人的一切信息、数据或者情况都可以被认定为个人信息。但刑法所保护的公民个人信息的边界为,公民个人的"身份识别信息+活动情况信息",具体而言,是指以电子或者其他方式记录的能够单独或者与其他信息结合识别特定自然人身份或者反映特定自然人活动情况的各种信息,包括姓名、身份证件号码、通信通讯联系方式、住址、账号密码、财产状况、行踪轨迹等,[88]通说认为,这里的"信息"分为三类,即敏感信息、重要信息与一般信息,并根据不同的类型设定了不同的定罪量刑标准。具体而言,敏感信息包括行踪轨迹信息、通信内容、征信信息与财产信息(其入罪的数量标准为50条以上,法定刑升格的标准为500条以上);重要信息包括住宿信息、通信记录、健康生理信息、交易信息等其他可能危及人身、财产安全的(其入罪的数量标准为500条以上,法定刑升格的标准为5000条以上);一般信息为前述两类之外的公民个人信息(其入罪的数量标准为5000条以上,法定刑升格的标准为50,000条以上)。使用人脸识别技术处理的人脸信息以及基于人脸识别技术生成的人脸信息均具有高度的可识别性,能够单独或者与其他信息结合识别特定自然人身份或者反映特定自然人活动情况,故属于刑法规定的公民个人信息。居民身份证信息包含自然人姓名、人脸识别信息、身份号码、户籍地址等多种个人信息,故属于"其他可能影响人身、财产安全的公民个人信息"。在一定范围内已公开的个人信息,仍可成为侵犯公民个人信息罪的行为对象。具体而言,未经公民本人同意,或未具备具有法律授权等《个人信息保护法》规定的理由,通过购买、收受、交换等方式获取在一定范围内已公开的公民个人信息进行非法利用,改变了公民公开个人信息的范围、目的和用途,不属于法律规定的合理处理,属于刑法第253条之一第3款规定的"以其他方法非法获取公民个人信息"行为,情节严重的,构成侵犯公民个人信息罪。

2. 出售或者非法提供、窃取或者以其他方法非法获取公民个人信息。个人信息的处理包括个人信息的收集、存储、使用、加工、传输、提供、公开、删除等,但刑法中所处罚的,仅指出售或者非法提供、窃取或者以其他方法非法获取公民个人信息的行为。所谓出售,就是有偿转让;所谓非法提供,就是以出售以外的方式非法提供给他人。向特定人提供公民个人信息,以及通过信息网络或者其他途径发布公民个人信息的,未经被收集者同意,将合法收集的公民个人信息向他人提供的,应当认定为"非法提供",但经过处理无法识别特定个人且不能复原的除外。窃取,是指秘密获取,包括偷拍、秘密录音、秘密跟踪调查等。"以其他方法非法获取公民个人信息",是指违反国家有关规定,通过购买、收受、交换等方式获取公民个人信息,或者在履行职责、提供服务过程中收集公民个人信息。个人信息属于个人隐私之类的个人法益,未

---

〔87〕 2013年最高人民法院、最高人民检察院、公安部《关于依法惩处侵害公民个人信息犯罪活动的通知》第2条。

〔88〕 2017年最高人民法院、最高人民检察院《关于办理侵犯公民个人信息刑事案件适用法律若干问题的解释》第1条。

经信息权主体的同意,其他人不能侵犯。[89] 因此,被告人通过擅自秘密安装 GPS 定位器、放置录音笔及在电脑中私自安装截屏软件等方法,获取其前妻大量个人信息的,应视为非法获取公民个人信息。被告人利用 QQ 聊天平台,非法获取公民机动车信息、护照信息、银行信用报告信息、人口信息及旅馆入住信息的行为,也属于非法获取公民个人信息。但是,擅自利用自己所掌握的公民个人信息的行为,泄露公民个人信息的行为,均没有被列为本罪的构成要件行为。

3. 情节严重。所谓情节严重,主要指出售或者向他人非法提供公民的个人信息数量大、使个人信息大量流向境外、造成被害人人身严重危害、造成财产的重大损失等。具体而言,是指非法获取、出售或者提供公民个人信息,具有下列情形之一:(1)出售或者提供行踪轨迹信息,被他人用于犯罪的;(2)知道或者应当知道他人利用公民个人信息实施犯罪,向其出售或者提供的;(3)非法获取、出售或者提供行踪轨迹信息、通信内容、征信信息、财产信息 50 条以上的;(4)非法获取、出售或者提供住宿信息、通信记录、健康生理信息、交易信息等其他可能影响人身、财产安全的公民个人信息 500 条以上的;(5)非法获取、出售或者提供第 3 项、第 4 项规定以外的公民个人信息 5000 条以上的;(6)数量未达到第 3 项至第 5 项规定标准,但是按相应比例合计达到有关数量标准的;(7)违法所得 5000 元以上的;(8)将在履行职责或者提供服务过程中获得的公民个人信息出售或者提供给他人,数量或者数额达到第 3 项至第 7 项规定标准一半以上的;(9)曾因侵犯公民个人信息受过刑事处罚或者 2 年内受过行政处罚,又非法获取、出售或者提供公民个人信息的;(10)其他情节严重的情形。[90] 其中,在"条"的计算上,要注意:非法获取公民个人信息后又出售或者提供的,公民个人信息的条数不重复计算。向不同单位或者个人分别出售、提供同一公民个人信息的,公民个人信息的条数累计计算。对批量公民个人信息的条数,根据查获的数量直接认定,但是有证据证明信息不真实或者重复的除外。

根据刑法第 253 条之一的规定,犯本罪的,处 3 年以下有期徒刑或者拘役,并处或者单处罚金;情节特别严重的,处 3 年以上 7 年以下有期徒刑,并处罚金。单位犯本罪的,对单位判处罚金,并对其直接负责的主管人员和其他直接责任人员,依照自然人犯本罪的规定处罚。其中,"情节严重"以及"情节特别严重",应当依据获得的信息手段、造成的后果等综合判断。将履行职责或者提供服务过程中获得的公民个人信息出售或者非法提供给他人用以实施犯罪,造成受害人人身伤害或者死亡,或者造成重大经济损失、恶劣社会影响的,或者出售、非法提供公民个人信息数量较大,或者违法所得数额较大的,均应当依法以出售、非法提供公民个人信息罪追究刑事责任。对于窃取或者以购买等方法非法获取公民个人信息数量较大,或者违法所得数额较大,或者造成其他严重后果的,应当依法予以并罚。

2017 年 5 月 8 日最高人民法院、最高人民检察院《关于办理侵犯公民个人信息刑事案件适用法律若干问题的解释》第 5 条第 2 款规定,具有下列情形之一的,属于"情节特别严重":(1)造成被害人死亡、重伤、精神失常或者被绑架等严重后果的;(2)造成重大经济损失或者恶劣社会影响的;(3)数量或者数额达到前款("情节严重")第 3 项至第 8 项规定标准 10 倍以上

---

〔89〕《个人信息保护法》第 14 条及第 23 条规定,基于个人同意处理个人信息的,该同意应当由个人在充分知情的前提下自愿、明确作出。针对信息处理者向其他个人信息处理者提供其处理的个人信息的,应当取得个人的单独同意。

〔90〕2017 年最高人民法院、最高人民检察院《关于办理侵犯公民个人信息刑事案件适用法律若干问题的解释》第 5 条。

的;(4)其他情节特别严重的情形。

实施侵犯公民个人信息犯罪,不属于“情节特别严重”,行为人系初犯,全部退赃,并确有悔罪表现的,可以认定为情节轻微,不起诉或者免予刑事处罚;确有必要判处刑罚的,应当从宽处罚。对于侵犯公民个人信息犯罪,应当综合考虑犯罪的危害程度、犯罪的违法所得数额以及被告人的前科情况、认罪悔罪态度等,依法判处罚金。罚金数额一般在违法所得的1倍以上5倍以下。

十三、报复陷害罪

(一)概念和构成

本罪,是指国家机关工作人员,滥用职权、假公济私,对控告人、申诉人、批评人、举报人实行报复陷害的行为。其构成如下:

1. 主体。本罪的主体是特殊主体,即国家机关工作人员。关于其具体论述,参见渎职犯罪中的相关论述。

2. 危害行为和危害结果。本罪的客观上表现为,滥用职权、假公济私,对控告人、申诉人、批评人、举报人实行报复陷害。具体而言,包括以下三个方面的内容:

(1)滥用职权、假公济私。滥用职权,即国家机关工作人员在自己职权范围内非法行使权力,以及超越自己的职务权限,进行越权行为。假公济私,即假借国家机关的名义或权力来实施,为的是以合法形式掩盖其非法目的。报复行为是与滥用职权、假公济私不可分离的。

(2)报复陷害。如制造种种“理由”和“借口”,非法克扣、停发工资、奖金或者其他福利;降级、降职、降薪甚至是免除职务、开除公职;压制提职晋级和学术、技术职称的评定;借口“工作需要”故意制造生活困难;栽赃陷害、小题大做,歪曲事实欺骗有关领导和单位,使被害人受到处罚;等等。

(3)针对特定人。其中,所谓控告人,是向国家机关或其他党政机关告发国家工作人员违法失职行为的人;所谓申诉人,是对自己或他人的处分不服而向原处分部门或其上级部门提出申诉意见,请求改变原处分的人;所谓批评人,是对国家机关工作人员的缺点、错误或思想作风提出批评的人;所谓举报人,是对违法犯罪行为进行检举报告的人。

根据有关司法解释,[91]国家机关工作人员报复陷害,涉嫌下列情形之一的,应予立案:一是报复陷害,情节严重,导致控告人、申诉人、批评人、举报人或者其近亲属自杀、自残造成重伤、死亡,或者精神失常的;二是致使控告人、申诉人、批评人、举报人或者其近亲属的其他合法权利受到严重损害的;三是其他报复陷害应予追究刑事责任的情形。

3. 主观要件。本罪主观上表现为故意,并具有报复陷害他人的目的。如果由于业务水平不高,工作方法简单或者由于过失给控告人、申诉人、批评人、举报人造成一定损害的,不能构成本罪。

(二)本罪的认定

在本罪的认定上,必须注意以下问题:

1. 本罪与诬告陷害罪的界限。二者的区别在于:(1)对象不同。本罪的对象是与自己有利害关系的控告人、申诉人、批评人、举报人,而诬告陷害罪的对象可以是任何人,包括犯人。

---

[91] 2006年最高人民检察院《关于渎职侵权犯罪案件立案标准的规定》第2条第6款。

(2)客观行为不同,本罪表现为滥用职权、假公济私进行报复陷害,即以利用职权即国家权力为前提条件,而诬告陷害罪则是捏造他人犯罪事实,进行告发,且行为的实施不要求利用职权。(3)手段方法不同。本罪的手段,既可以利用捏造事实(不要求是犯罪事实)的方式进行报复,也可以利用客观存在的某种对被害人不利的事实进行报复,而诬告陷害罪则必须以捏造犯罪事实的方式进行。(4)犯罪主体不同。本罪的主体只能是国家机关工作人员,而诬告陷害罪的主体是一般主体。(5)犯罪目的不同。本罪以泄愤报复他人为目的,而诬告陷害罪则以使他人受刑事处分为目的。因此,在国家机关工作人员为了泄愤报复,以捏造他人犯罪事实的手段,对控告人等进行报复陷害的场合,属于本罪与诬告陷害罪的想象竞合犯,根据从一重处罚的原则,结合刑法第 243 条第 2 款的规定,应当以诬告陷害罪从重处罚。

2. 一罪与数罪的界限。行为人在实施报复陷害行为的过程中,可能伴随有其他犯罪形态,如假公济私、将他人超期羁押或者借机对他人进行虐待等。由于这种行为是报复陷害行为的一种表现形式,因此,属于想象竞合犯,按照从一重处罚的原则处理。但如果在打击报复的过程中,还实施了其他超出行为人职责范围的、侵害被害人的犯罪行为,且这些行为分别独立成罪,不符合法定一罪或者处断一罪特征,则应将这些行为独立定罪,依法与报复陷害罪数罪并罚。

(三)处罚

依照刑法第 254 条的规定,犯本罪的,处 2 年以下有期徒刑或者拘役;情节严重的,处 2 年以上 7 年以下有期徒刑。

十四、打击报复会计、统计人员罪

本罪,是指公司、企业、事业单位、机关、团体的领导人对依法履行职责、抵制违反会计法、统计法行为的会计、统计人员实行打击报复,情节恶劣的行为。

本罪的主体是公司、企业、事业单位、机关、团体的领导人,上述人员以外的其他人对会计、统计人员实施报复行为的,不构成本罪。所谓打击报复,是指采用调动工作、撤换职务、进行处罚以及其他方法进行报复打击。所谓情节恶劣,是指多次或者对多人进行打击报复;打击报复手段恶劣;打击报复造成严重后果;打击报复影响恶劣;等等。

依照刑法第 255 条的规定,犯本罪的,处 3 年以下有期徒刑或者拘役。

十五、破坏选举罪

本罪,是指以暴力、威胁、欺骗、贿赂、伪造选举文件、虚报选举票数等手段破坏选举或者妨害选民和代表自由行使选举权和被选举权,情节严重的行为。

本罪在客观上表现为,以暴力、威胁、欺骗、贿赂、伪造选举文件、虚报选举票数等手段破坏选举或者妨害选民和代表自由行使选举权和被选举权。包括以下三方面的内容:

首先,破坏的是选举各级人民代表大会代表和国家机关领导人的选举活动。因此,破坏选举村民委员会以及居民委员会干部的,不能构成本罪。

其次,实施了破坏选举的行为。破坏选举的行为,主要表现为两个方面:(1)破坏选举工作的正常进行;(2)妨害选民以及代表自由行使选举权和被选举权。具体来说,是以暴力、威胁、欺骗、贿赂、伪造选举文件、虚报选举票数等手段破坏选举或者妨害选民和代表自由行使选举权和被选举权。其中,暴力,是指对选民、各级人民代表大会代表、候选人、选举工作人员等进行殴打、捆绑等人身打击或强制；威胁，是指以杀害、伤害、破坏名誉等手段进行要挟，迫使其不能正常履行组织管理职责，行使选举权或被选举权；欺骗，是指捏造事实，颠倒是非，以虚假的事实扰乱选举的正常进行；贿赂，是指用金钱或者其他物质利益收买选民、各级人民代表大会代表、候选人、选举工作人员；伪造选举文件，是指采用伪造选民证、选票、选民名单、候选人名单、代表资格报告等选举文件；虚报选举票数，是指对统计出来的选票数、赞成和反对票数等进行虚假汇报。只要采用了上述手段之一的，就符合本罪的客观要件。

最后，必须"情节严重"。具体而言，是指涉嫌下列情形之一：(1)以暴力、威胁、欺骗、贿赂等手段，妨害选民、各级人民代表大会代表自由行使选举权和被选举权，致使选举无法正常进行，或者选举无效，或者选举结果不真实的；(2)以暴力破坏选举场所或者选举设备，致使选举无法正常进行的；(3)伪造选民证、选票等选举文件，虚报选举票数，产生不真实的选举结果或者强行宣布合法选举无效、非法选举有效的；(4)聚众冲击选举场所或者故意扰乱选举场所秩序，使选举工作无法进行的；(5)其他情节严重的情形。虽然这是国家机关工作人员犯本罪的立案标准的规定，但其可以作为认定本罪中"情节严重"的参考。〔92〕

依照刑法第256条的规定，犯本罪的，处3年以下有期徒刑、拘役或者剥夺政治权利。

十六、暴力干涉婚姻自由罪

本罪，是指以暴力方法干涉他人婚姻自由的行为。

本罪的保护法益为他人的婚姻(包括恋爱)自由权及人身权。婚姻自由权，包括结婚自由权和离婚自由权。干涉他人婚姻自由，是指强制他人与某人结婚或者离婚，禁止他人与某人结婚或者离婚。本罪客观上表现为，以暴力方法干涉他人婚姻自由。所谓暴力，是指用殴打、禁闭、捆绑、抢掠等方法对他人人身进行强制或打击。虽干涉婚姻自由，但未使用暴力方法，或者实施了暴力行为但程度比较轻微的，均不能成立本罪。本罪的暴力，不包括故意杀人和严重伤害。如果使用严重的暴力干涉直接造成被害人重伤或者死亡的，则属于想象竞合犯，以故意杀人罪或者故意伤害罪论处。违背妇女意志，采用暴力手段强迫与其结婚，暴力手段造成轻伤以上后果的，按照故意伤害罪和暴力干涉婚姻自由罪从一重罪处断；非法拘禁妇女的，按照非法拘禁罪和暴力干涉婚姻自由罪从一重罪处断；强行与妇女发生性关系的，不构成暴力干涉婚姻自由罪，应以强奸罪论处。过失引起死亡结果的，属于本罪的结果加重犯。实施暴力必须是干涉婚姻自由，并非干涉婚姻自由或者是干涉婚姻自由但未实施暴力的，均不能构成本罪。

依照刑法第257条的规定，犯本罪的，处2年以下有期徒刑或者拘役；致使被害人死亡的，处2年以上7年以下有期徒刑。本罪，告诉的才处理，但致使被害人死亡的情形除外。

十七、重婚罪

(一)概念和构成

本罪，是指有配偶而又与他人结婚，或者明知他人有配偶而与之结婚的行为。

本罪的保护法益是一夫一妻制的婚姻制度。我国婚姻法确立了一夫一妻的婚姻制度，这种制度要求任何人在同一时间只能有一个配偶，即不允许一夫多妻或一妻多夫现象的存在。已经有配偶而与他人重婚，或者明知他人有配偶而与之结婚，正是对这种一夫一妻制的破坏。

---

〔92〕 2006年最高人民检察院《关于渎职侵权犯罪案件立案标准的规定》第2条第7款。

其不仅损害重婚者原有配偶的合法权益,也会妨害家庭的稳定,影响未成年子女的健康成长。

本罪的犯罪构成如下:

1. 主体。本罪主体分为两种人:(1)重婚者,即已有配偶并且没有解除婚姻关系,又与他人结婚的人。所谓有配偶,是指男子有妻,女子有夫,而且这种婚姻关系还处在存续期间。这种夫妻关系,在 1994 年 2 月 1 日之后,仅指经过合法登记结婚而取得的夫妻关系,不包括事实婚形成的夫妻关系。(2)相婚者,即明知对方有配偶而与之结婚的人。相婚者之所以也构成重婚,一方面,由于其明知他人有配偶而与之结婚,客观上妨害了对方配偶的正常、合法的婚姻关系;另一方面,重婚行为是共同犯罪中的必要共犯,一个人不可能实施,必须两个人才能够实现。而相婚者恰恰就成了重婚者构成重婚罪的另一方,没有其行为,重婚行为就不可能产生。因此,刑法将相婚者也作为重婚罪的犯罪主体,一并予以处罚。

2. 危害行为和危害结果。本罪在客观上表现为,有配偶而重婚,或者明知他人有配偶而与之结婚,具体表现为两种情况:(1)登记重婚,即有配偶的人又与他人登记结婚或明知他人有配偶而与之登记结婚。所谓登记结婚,就是通过办理结婚登记手续,取得了结婚证书,正式建立在形式上具备合法婚姻要件的婚姻关系。因为我国婚姻法禁止重婚,所以,具备这种合法形式的重婚,通常是使用欺骗手段办理婚姻登记,取得结婚证书的。前婚的婚姻登记存在程序上的瑕疵,但被告人明知自己已登记结婚而又与他人结婚的,也构成重婚。为人夫或者为人妻者通过变性手术之后,再次与他人登记结婚的,构成重婚罪。因为,重婚罪的保护法益是一夫一妻制,即任何人在婚姻关系存续期间,只能有一个法律身份,或妻子或丈夫,而不能同时既是妻子又是丈夫。为人夫或者为人妻者通过变性手术之后,只要与原配偶没有办理离婚手续而再次结婚,在法律上讲,其就同时拥有一个妻子和一个丈夫,而其本人也同时具有了既是丈夫又是妻子的身份,违背婚姻法所规定的一夫一妻制的本质。(2)事实重婚,即虽没有进行非法的婚姻登记,但公开以夫妻名义长期生活在一起,形成事实婚姻关系。《民法典》第 1042 条不仅规定禁止重婚,而且规定"禁止有配偶者与他人同居"。根据 2020 年 12 月 29 日最高人民法院公布的《关于适用〈中华人民共和国民法典〉婚姻家庭编的解释(一)》第 2 条的解释,"有配偶者与他人同居"的情形,是指有配偶者与婚外异性,不以夫妻名义,"持续、稳定地共同居住"。如果男女双方虽然同居,但不是"持续、稳定地共同居住",而是随时可以自由拆散,则只是临时姘居关系,是单纯的非法同居,不能认为是重婚。关于事实婚姻,虽然民政部在 1994 年 2 月 1 日发布的《婚姻登记管理条例》第 24 条中虽然明确否认其法律效力,但这只是宣告事实婚姻在民事关系方面无效,不排除事实婚姻在刑事法律方面可以构成重婚罪的效果。刑法之所以将事实婚作为重婚罪的构成要件,是因为"不能允许行为人以事实婚去肆意破坏依法登记的合法婚姻。法律不保护事实婚姻,但必须保护合法的婚姻关系不受侵害"〔93〕,对婚姻中的个体权利的伤害,正如美国法学会在《模范刑法典》草案的评注中所言,重婚是对原初配偶的公开侮辱和挑衅,也因为在婚姻之下的同居往往导致遗弃、不抚养以及离婚,这些都被认为是对个体权利的伤害。这也是我国刑法将重婚罪规定在刑法分则第四章侵犯公民人身权利、民主权利罪中的原因。〔94〕 但要注意的是,前婚和后婚均为事实婚的场合,不构成重婚罪。因为,刑法规定的"有配偶的人",应当是指已经依法登记结婚的人,不包括未经依法登记结婚仅与他人

---

〔93〕 最高人民法院刑事审判庭编:《刑事审判参考》总第 2 辑,法律出版社 1999 年版,第 17 页。

〔94〕 王琦:《聚众淫乱罪的保护法益及处罚限定》,载赵秉志主编:《刑法论丛》第 52 卷,法律出版社 2018 年版。

具有事实婚姻关系的人,所以,仅有事实婚姻关系的人,又与其他无配偶的人再次或者多次建立事实婚姻关系的,不构成重婚罪;依法登记结婚的,也不构成重婚罪。

3. 主观要件。本罪的主观要件是故意,具体表现为行为人已有配偶又故意与他人结婚或者明知他人有配偶而与之结婚。如果无配偶的一方确实不知对方已有配偶而与之结婚,即没有法律所规定的“明知”,则无配偶的一方不构成重婚罪,而只能由有配偶的一方构成本罪。

(二)本罪的认定

本罪在认定中,要注意以下几点:

1. 罪与非罪的界限。因遭受自然灾害外流谋生而重婚的,因配偶长期外出下落不明、造成家庭生活严重困难、又与他人结婚的,因强迫、包办婚姻或因婚后受虐待而外逃重婚的,被拐卖后再婚的,由于都是受客观条件所迫,不能期待行为人不实施重婚行为,行为人主观上有可原谅之处,所以,不应以重婚罪论处。

2. 事实重婚与通奸、姘居的界限。通奸,是指男女双方或一方已有配偶而自愿发生两性关系的行为。通奸行为与作为重婚罪的基础之一的事实婚姻的差别是:通奸仅是男女双方自愿发生性关系的行为,没有共同的经济生活,不以夫妻相称,而且是秘密进行的;而事实婚姻则是男女双方公开像夫妻一样共同生活,并且周围的人也将他们视为夫妻的情形。姘居或同居,是介于通奸和事实婚姻之间的中间状态,其既不是指通奸,也不是指形成事实婚姻关系,而是指在一定时间内公开或秘密地姘居在一起的行为。它虽然在共同生活一点上与事实婚姻有相似之处,但是,在姘居关系中,双方无论是公开地还是秘密地生活在一起,只以姘夫或姘妇相待,而不是以夫妻互称,周围群众一般也不认可其双方是夫妻。

3. 被法院宣告死亡之人再婚是否构成重婚罪的问题。《民法典》第 51 条规定,被宣告死亡的人的婚姻关系,自死亡宣告之日起消除。死亡宣告被撤销的,婚姻关系自撤销死亡宣告之日起自行恢复。但是,其配偶再婚或者向婚姻登记机关书面声明不愿意恢复的除外。根据上述规定,对被宣告死亡之人的再婚行为可以按照以下情况处理:一是其配偶未再结婚的场合,被宣告死亡之人由于其婚姻关系仍然存在,因此,无论如何都不能再婚;二是其配偶已经结婚的场合,由于配偶已经与他人结婚,其夫妻关系不可能自行恢复,此时,其在客观上就处于尚未结婚状态,因此,其再婚的行为,无论如何都不可能构成重婚。但是,恶意申请宣告配偶死亡而离婚并与他人结婚的,构成重婚。

4. 重婚罪是继续犯还是即成犯?在重婚罪的刑事责任的认定上,需要注意的是,重婚罪是继续犯还是即成犯的问题。因为,它涉及对重婚罪的追诉时效的计算。一种观点认为,重婚罪是继续犯,因为结婚既是一种状态,也是一种行为。不论是法律重婚还是事实重婚,都属于继续犯。相反地,另一种观点则认为,重婚罪是即成犯。因为重婚行为(含结婚登记与事实婚姻)一经实施,重婚罪即告既遂。重婚行为在犯罪既遂时已经终了,其后的不法婚姻状态是不法状态的继续,而不是犯罪行为的继续。

本书同意继续犯说。所谓继续犯,就是违法行为与违法状态同时继续存在的犯罪,其典型情况是非法拘禁罪。现实当中,有配偶的人通过到政府民政部门领取结婚证,宣示从无婚姻关系状态形成有婚姻关系状态的法定重婚极为罕见,真实的重婚多半是事实重婚的情形。在事实重婚的状态下,行为人同灶共生,具有共同的经济基础,周围的人对其也以夫妻相待。这种情形下,重婚行为和重婚状态可以说是同时存在,属于典型的继续犯状态。换言之,就事实重婚而言,重婚不法行为和不法状态自始至终同时存在,持续侵害一夫一妻制的婚姻制度,完全符合继续犯的特征,属于继续犯。事实婚姻关系的确立只意味着重婚行为的开始而不是终了,不应把后婚婚姻关系的确立与以后的以夫妻名义共同生活的行为割裂开来,而应当将二者视为完整统一的重婚行为,前者是后者开始的标志。因此,事实重婚的追诉期限应当从重婚行为终了之日起计算。

刑法第 89 条规定,"追诉期限……犯罪行为有连续或者继续状态的,从犯罪行为终了之日起计算"。如果说重婚罪是继续犯的话,则重婚特别是事实重婚之后,可能会面临追诉期限难以确定的问题。因此,重婚特别是事实重婚的场合,犯罪行为终了之日的确定,特别重要。对此,应当着重考虑两个因素:一是行为人作出解除事实婚的意思表示;二是行为人的解除行为达到使普通公众认为婚姻关系已经解除的效果。事实重婚关系的解除一般要求行为人有相对明确的意思表示,包括以口头形式、书面形式通知对方解除婚姻关系,还包括以实际行动表明解除婚姻关系的意思。前者一般是指行为人通过口头或者书面直接向对方表示不再以夫妻名义共同生活等情形。后者一般是指行为人通过躲藏、更换联系方式、住址等方式拒绝与对方接触,对婚姻关系的继续持排斥态度的行为表现。后种意思表示方式较为隐晦,据此认定行为人表明解除婚姻关系意图须十分慎重。[95]

(三)处罚

依照刑法第 258 条的规定,犯本罪的,处 2 年以下有期徒刑或者拘役。

十八、破坏军婚罪

本罪,是指明知是现役军人的配偶而与之同居或者结婚的行为。

其中,"现役军人",是指具有军籍,并正在中国人民解放军或者中国人民武装警察部队服役的军人。复员退伍军人、转业军人、人民警察以及在部队、人民武装警察部队中工作,但无军籍的工作人员不属于现役军人。"现役军人的配偶",是指与现役军人登记结婚,建立合法婚姻关系的人,即现役军人的妻子或者丈夫,不包括"未婚夫""未婚妻";与现役军人的配偶"同居或者结婚"包括两种情况:(1)与现役军人的配偶结婚。既包括登记结婚,也包括成立事实婚姻关系。(2)与现役军人的配偶同居。同居,是以两性关系为基础,双方以夫妻名义自居。同居不同于事实婚姻之处在于,同居双方对外并不以夫妻相称。同居亦有别于与军人配偶通奸。与现役军人配偶通奸的行为,从刑法规定来看,不构成本罪,只有与现役军人的配偶结婚或者同居的才能成立本罪。但是,实践当中,存在将长期与军人配偶通奸并且使军人婚姻家庭遭受严重破坏的"通奸"理解为"同居"的情形。[96]

在本罪的认定中,应当注意以下两个问题:

1. 破坏军婚罪与重婚罪的界限。两罪的主要区别是:(1)客观要件不完全相同。破坏军婚罪表现为与现役军人的配偶同居或者结婚,重婚罪表现为有配偶而与他人结婚或者明知他人有配偶而与之结婚。(2)对象不同。前者的对象只限于现役军人的配偶;而重婚罪的对象是现役军人配偶之外的其他人。

---

〔95〕 李铁、张济坤:《田某某重婚案[第 1062 号]——已婚的被告人与他人建立事实婚姻关系后,又单方终止事实婚姻关系的,如何计算重婚犯罪行为的追诉期限》,载最高人民法院刑事审判第一、二、三、四、五庭主办:《刑事审判参考》总第 102 辑,法律出版社 2016 年版。

〔96〕 1985 年最高人民法院《关于破坏军人婚姻罪的四个案件》。

2. 破坏军婚罪中现役军人的配偶的处罚问题。对破坏军婚罪中现役军人的配偶该如何处理，理论上有不同看法。一种观点认为，对于破坏军婚罪而言，军人的配偶不构成犯罪；另一种观点认为，对破坏军婚罪中的军人配偶只能以重婚罪论处。本书同意后一种见解。刑法第259条规定，"明知是现役军人的配偶而与之同居或者结婚的"，构成破坏军婚罪。由此可以看出，破坏军婚罪所处罚的是与现役军人的配偶同居或者结婚的人，而不处罚作为相对方的现役军人的配偶。因此，对现役军人的配偶也以本罪论处显然是不合适的。但是，和现役军人的配偶结婚的行为实际上也是和现役军人的配偶重婚的行为，并且，按照刑法第258条重婚罪的规定，对重婚者和相婚者双方都要处理。如此说来，对破坏军婚行为中的现役军人的配偶虽然不能以破坏军婚罪处理，但对符合条件的情形，可以按照重婚罪定罪处罚。

依照刑法第259条的规定，犯本罪的，处3年以下有期徒刑或者拘役。利用职权、从属关系，以胁迫手段奸淫现役军人的妻子的，依照强奸罪的规定定罪处罚。

十九、虐待罪

（一）概念和构成

本罪，是指以打骂、冻饿、禁闭、有病不予治疗、强迫过度劳动或限制人身自由、凌辱人格等方法，对共同生活的家庭成员进行肉体上、精神上的摧残和折磨，情节恶劣的行为。

本罪的保护法益是复杂法益，既包括共同生活的家庭成员在家庭生活中的平等权利，又包括其人身权利。对象是共同生活的家庭成员。所谓家庭成员，是指基于血亲关系、婚姻关系、收养关系在同一个家庭中生活的成员。不具有家庭关系的人，即使在一起共同生活，也不能成为本罪的对象。

本罪的犯罪构成如下：

1. 主体。本罪的主体为特殊主体，只能是与被虐待人共同生活在一个家庭之中，具有家庭关系的成员。与父（母）的未婚同居者处于较为稳定的共同生活状态的未成年人，应当认定为刑法第260条规定的"家庭成员"。[97] 现实生活当中，情侣之间同居关系普遍，同居情侣之间尽管不是家庭成员关系，但形成实质上的家庭成员关系，也是可能的。在"牟某某虐待案"[98]中，法院基于以下事实，认为牟某某、陈某不但主观上有共同生活的意愿，而且从见家长的时点、双方家长的言行、共同居住的地点、频次、时长以及双方经济往来支出的情况可以反映出客观上二人已具备了较为稳定的共同生活事实，且精神上相互依赖，经济上相互帮助。牟某某与陈某之间的共同居住等行为构成了实质上的家庭成员关系的共同生活基础事实，二人的男女婚前同居关系应认定为虐待罪中的家庭成员关系，牟某某符合虐待罪的犯罪主体要件。这样，关于虐待罪中的"家庭成员"，除那些基于婚姻、血缘建立起的"家庭关系"的成员之外，还包括

---

〔97〕 陈某某、刘某某故意伤害、虐待案，最高人民法院指导案例226号（2024年）。

〔98〕 2018年8月，牟某某与陈某确立恋爱关系，二人曾在北京市某学生公寓及陈某家中、牟某某家中共同居住。牟某某因纠结陈某以往性经历一事心生不满，高频次、长时间、持续性辱骂陈某，并表达让陈某通过"打胎"等方式换取其心理平衡等过激言词。2019年10月9日，陈某与牟某某争吵后独自外出，在某宾馆房间内服药自杀，后经救治无效死亡。北京市海淀区人民法院以虐待罪判处牟某某有期徒刑3年2个月，同时判决牟某某赔偿附带民事诉讼原告人陈某之母各项经济损失73万余元。具体情况，参见赵岩：《长期辱骂共同生活的女友致其自杀身亡——被告人牟林翰犯虐待罪一审获刑，并赔偿经济损失73万余元》，载《人民法院报》2023年6月16日，第3版。关于本案的一审判决，见北京市海淀区人民法院刑事附带民事判决书，（2021）京0108刑初382号；二审判决参见北京市第一中级人民法院刑事附带民事裁定书，（2023）京01刑终274号。

基于爱情等感情因素而“共同生活”的“类家庭关系”成员。

2. 危害行为和危害结果。本罪在客观上表现为虐待家庭成员,情节恶劣的行为。首先,必须具有虐待行为。虐待行为可概括为肉体与精神上的摧残、折磨。肉体折磨手段,如殴打、捆绑、针扎、火烫、体罚等;精神摧残、折磨,表现为侮辱人格、咒骂、讽刺、不让参加社会活动等。特别近年来,现实生活中,采用侮辱、谩骂等手段对家庭成员的精神进行摧残、折磨,是典型的带有虐待性质的家庭暴力行为,并在实践中较为多发。如在上述“牟某某虐待案”中,法院认为,牟某某与陈某之间男女朋友关系的确立系双方自愿,并无外界强迫或欺骗因素。双方在上述关系确立后交往并共同生活的过程中,相互精神依赖程度不断加深,而牟某某始终纠结于陈某过往性经历一事,并认为这是陈某对其亏欠之处,但其不愿意因此而与陈某分手,仍将陈某作为其未来的人生伴侣相处。在与陈某的相处过程中,牟某某却又无法解开因陈某性经历一事而产生的心结,因而心生不满,为发泄对陈某的负面情绪,便通过言语指责、谩骂、侮辱的方式,制造并不断强化陈某对其的亏欠心理,从而换取自身的心理平衡。在 2019 年 1 月至 9 月间,牟某某高频次、长时间、持续性对陈某进行指责、谩骂、侮辱,言词恶劣、内容粗俗,对陈某造成了巨大的心理伤害。陈某不愿与牟某某分手,但又不知如何面对牟某某反复持续施加的精神暴力。在日积月累的精神暴力之下,陈某承受了巨大的心理压力,精神上遭受了极度的摧残与折磨,以致实施割腕自残以及服用过量药物的自杀行为。其次,必须达到情节恶劣的程度。所谓情节恶劣,是指具有虐待持续时间较长、次数较多;虐待手段残忍;虐待造成被害人轻微伤或者患较严重疾病;对未成年人、老年人、残疾人、孕妇、哺乳期妇女、重病患者实施较为严重的虐待行为等情形。[99] 在上述“牟某某虐待案”中,法院从牟某某对陈某辱骂的言语内容、辱骂行为发生的频次、时长、持续性以及所造成的后果进行分析,认为前者对后者的辱骂行为已经构成虐待罪中的虐待行为,且达到了情节恶劣的程度。当然,如果仅是偶尔实施虐待行为,但总体评价手段尚不够恶劣,对家庭成员的身心健康也没有造成严重损害的,一般不构成本罪。

3. 主观要件。本罪的主观要件为故意。

(二)本罪的认定

在本罪的认定中,应当注意本罪与故意伤害罪、故意杀人罪的区别。虐待罪的特点是对家庭成员进行长期的精神折磨和身体摧残,具有长期性、连续性和多次性。如果在虐待家庭成员的过程中,某一次虐待行为不慎导致死亡结果的,或者被害人因长期遭受虐待,体弱多病发生死亡结果的,通常认定为虐待罪的结果加重犯,处 2 年以上 7 年以下有期徒刑。由虐待罪的行为特点所决定,每一次虐待行为都不能达到足以严重损害人体健康的程度。虐待过程中,如果行为超过了虐待限度,达到伤害、杀人犯罪实行行为的程度,造成被害人重伤、死亡的,应当直接将其认定为故意伤害罪乃至故意杀人罪。因为,被害人重伤、死亡的结果系后一次殴打行为造成的,与前面的虐待行为没有相当因果关系。对于前面的持续性的虐待行为,如果符合“情节严重”的标准,应当认定为虐待罪。因此,实践中,应仔细审查鉴定结论,寻找被害人重伤、

---

〔99〕 2015 年最高人民法院、最高人民检察院、公安部、司法部《关于依法办理家庭暴力犯罪案件的意见》第 17 条第 1 款。

死亡的原因，正确地判断是构成虐待罪还是其他犯罪。[100] 在经常性的虐待过程中，行为人对被害人实施严重暴力，主观上希望或者放任、客观上造成被害人轻伤以上后果的，应当认定为故意伤害罪；如果将该伤害行为独立评价后，其他虐待行为仍符合虐待罪构成要件的，应当以故意伤害罪与虐待罪数罪并罚。[101]

（三）处罚

依照刑法第260条的规定，犯本罪的，处2年以下有期徒刑、拘役或者管制。犯本罪，致使被害人重伤、死亡的，处2年以上7年以下有期徒刑。本罪，告诉的才处理。但被害人没有能力告诉，或者因受到强制、威吓无法告诉的除外。所谓被害人没有能力告诉，是指被害人不能自由表达自己的意志或者表述不清楚以及身体行动不方便的；所谓受到强制、威吓无法告诉，是指受到某种有形或者无形的力量的强制，而不能或者不敢告诉。如被关押或者被恐吓等。

二十、虐待被监护、看护人罪

本罪，是指对未成年人、老年人、患病的人、残疾人等负有监护、看护职责的人虐待被监护、看护的人，情节恶劣的行为。

本罪是针对近年来虐待儿童、老人的恶性案件频发，特别是一些幼儿园、学校、医院、社会福利院等公共福利机构及其工作人员的虐待行为，引起广泛的社会关注而增设的。其中，未成年人是指未满18周岁的自然人；老年人是指年满60周岁的人；患病的人是指身体正常功能在一定病因的作用下发生紊乱的人；残疾人是指在心理、生理、人体结构上，某种组织、功能丧失或者不正常，全部或者部分丧失以正常方式从事某种活动能力的人，包括视力残疾、听力残疾、言语残疾、肢体残疾、智力残疾、精神残疾、多重残疾和其他残疾的人在内。对未成年人、老年人、患病的人、残疾人等负有监护、看护职责的人，可以是个人，也可以是单位。单位包括对未成年人、老年人、患病的人、残疾人负有监护、看护职责的幼儿园、学校、医院、儿童福利院、敬老院和救助站等。情节恶劣，可以参照虐待罪中的相关论述，从行为手段、持续的时间、对象、后果、社会影响、行为动机等方面综合判断。

根据刑法第260条之一的规定，犯本罪的，处3年以下有期徒刑或者拘役。单位犯本罪的，对单位判处罚金，并对其直接负责的主管人员和其他直接责任人员，依照自然人犯罪的规定处罚。有上述行为，同时构成其他犯罪的，依照处罚较重的规定定罪处罚。

---

〔100〕 2015年最高人民法院、最高人民检察院、公安部、司法部《关于依法办理家庭暴力犯罪案件的意见》第17条第2款规定，准确区分虐待犯罪致人重伤、死亡与故意伤害、故意杀人犯罪致人重伤、死亡的界限，要根据被告人的主观故意、所实施的暴力手段与方式、是否立即或者直接造成被害人伤亡后果等进行综合判断。对于被告人主观上不具有侵害被害人健康或者剥夺被害人生命的故意，而是出于追求被害人肉体和精神上的痛苦，长期或者多次实施虐待行为，逐渐造成被害人身体损害，过失导致被害人重伤或者死亡的，或者因虐待致使被害人不堪忍受而自残、自杀，导致重伤或者死亡的，属于刑法第260条第2款规定的虐待"致使被害人重伤、死亡"，应当以虐待罪定罪处罚。对于被告人虽然实施家庭暴力呈现出经常性、持续性、反复性的特点，但其主观上具有希望或者放任被害人重伤或者死亡的故意，持凶器实施暴力，暴力手段残忍，暴力程度较强，直接或者立即造成被害人重伤或者死亡的，应当以故意伤害罪或者故意杀人罪定罪处罚。

〔101〕 陈某某、刘某某故意伤害、虐待案，最高人民法院指导案例226号（2024年）。

二十一、遗弃罪

(一)概念和构成

本罪,是指对于年老、年幼、患病或者其他没有独立生活能力的人,负有扶养义务而拒绝扶养,情节恶劣的行为。

关于本罪的保护法益,有两种见解:一种见解认为,是家庭成员之间相互扶养的合法权益,另一种见解则认为,本罪的保护法益是公民的人身权利。本书同意后一种观点。“抚养”和“扶养”在语义上尽管存在微妙的差别,但意思都是一样的,即“养活”。既然《未成年人保护法》第92、93条规定,对流浪乞讨或者离家出走的未成年人,暂时无法查明其父母或者其他监护人的,由民政部门设立的儿童福利机构收容抚养,则没有理由要求扶养义务只能存在于具有亲属关系的家庭成员之间。同时,现行刑法将遗弃罪规定为侵犯公民人身权利罪,而不是像过去一样规定为妨害婚姻家庭的犯罪,因此,将本罪做广义理解,将其看作侵犯公民人身权利罪,也未尝不可。

本罪的犯罪构成如下:

1. 主体。本罪的主体是对年老、年幼、患病或其他没有独立生活能力的人负有扶养义务的人,除家庭成员外,民政部门设立的儿童福利机构的工作人员等也包括在内。

2. 危害行为和危害结果。本罪在客观上表现为,对年老、年幼、患病或其他没有独立生活能力的人,应当扶养而拒绝扶养,情节恶劣。具体来说,包括以下三个方面的内容:

(1)具有扶养义务。扶养义务的来源,应当从法律、合同等当中寻求。如《民法典》第1058条规定,夫妻双方共同承担对未成年子女抚养、教育和保护的义务;第1059条规定,夫妻有相互扶养的义务。《残疾人保障法》第48条规定,地方各级人民政府和社会举办福利院和其他安置收养机构,按照规定安置收养残疾人,并逐步改善其生活。义务的来源,不仅有法律,合同等,事实上的承担也能看作义务来源。如将病人接到自己家里看护的场合,照料病人的人即使没有法定的看护义务,但在看护病人所必要的限度之内,具有照料义务。

(2)拒绝扶养。所谓拒绝扶养,实际上是拒不履行扶养义务。具体表现为,不对年老、年幼、患病或其他没有独立生活能力的人给予生存所必要的生活照应。富豪的女儿被绑架,生命危在旦夕,但父亲拒绝出资赎回,导致女儿被“撕票”的场合,父母和患有白血病的儿子的骨髓能够配型,但拒绝提供骨髓,导致儿子最终病故的场合,也是拒绝抚养。拒绝扶养,仅仅只是转移场所或者不予照料还不够,还必须使被遗弃者面临生命危险,或者有增加这种危险的现实可能性。从此种意义上讲,遗弃罪是对生命的具体危险犯。因此,在预料到他人会给予适当的救助,被遗弃者不会面临生命危险的场合,通常不构成本罪。

(3)达到情节严重的程度。是否情节恶劣,应综合考察行为的手段、后果、动机等。根据司法实践,具有对被害人长期不予照顾、不提供生活来源;驱赶、逼迫被害人离家,致使被害人流离失所或者生存困难;遗弃患严重疾病或者生活不能自理的被害人;遗弃致使被害人身体严重损害或者造成其他严重后果等情形,属于刑法第261条规定的遗弃“情节恶劣”,应当依法以遗弃罪定罪处罚。[102]

---

[102] 2015年最高人民法院、最高人民检察院、公安部、司法部《关于依法办理家庭暴力犯罪案件的意见》第17条第3款。

3. 主观要件。本罪主观上为故意。

(二)本罪的认定

在本罪的认定上,应当注意以下两个问题:

1. 本罪与虐待罪的区别。在二者的犯罪对象均为家庭成员的场合,情况非常类似。但虐待罪是侵害家庭成员在家庭生活中的平等权利的犯罪,而遗弃罪是侵害公民生命、身体安全的犯罪,因此,二者在行为方式和程度上自然不同。虐待是以积极的作为的形式对被害人施以肉体摧残或者精神折磨,具有长期性、连续性、多次性,而且每次行为都不足以对被害人的生命、身体造成严重危害,而遗弃则是以消极的不作为的方式拒绝履行应当履行的扶养义务,这种遗弃行为不要求具有长期性、连续性和多次性,只要对被害人的生命、身体安全形成现实的具体危险,哪怕是一次遗弃行为也能构成本罪。通常认为,冻饿、禁闭、有病不予治疗是虐待罪的表现方式,但是,从本书的立场来看,如果是重病不给治疗,或者冻饿、禁闭行为已经对被害人的生命、身体安全形成现实危险的时候,就不应当是虐待罪,而应当是遗弃罪了。实践中,虐待行为和遗弃行为常常混合在一起,对此,必须从整体上加以考察。如果行为人的行为主要表现为不履行扶养义务,就应当认定为遗弃罪;相反地,主要表现为侵害家庭成员在家中的平等地位的话,就应当认定为虐待罪。

2. 本罪与故意杀人罪的区别。将年老、年幼、患病或其他没有独立生活能力的人抛弃在荒郊野外或者危险场所,致使其死亡的情形也不少。这种场合是构成故意杀人罪还是遗弃罪,难以认定。通常认为,在这种场合,如果行为人对于他人的死亡结果具有认识即故意,可以认定为故意杀人罪,否则就只能认定为遗弃罪。但是,这种观点过分强调了行为人的主观要件,有偏颇之嫌。遗弃罪和故意杀人罪的根本区别还是在其客观方面存在不同。刑法学的通说认为,如将婴儿和老人(神志不清、行动困难的老人)遗弃在容易被人发现的地方(如车站、别人家门口等),便于及时得到救助的,当然应以遗弃罪论处;但如果将上述被害人遗弃在野兽出没的深山偏野或者很少有人发现的冰天雪地,便应以故意杀人罪论处。[103] 本书也认同这一观点。因此,采用遗弃方式致使他人死亡的,是否构成故意杀人罪,关键还是要看该遗弃行为是否能够和故意杀人罪中的杀人行为同等看待。这一点,主要是看被害者被遗弃时的身体状况、被遗弃的环境、是否能够得到救助、行为人和加害人之间的关系等事实因素,而不能只是考虑行为人主观上有无杀人故意。[104]

(三)处罚

依照刑法第 261 条的规定,犯本罪的,处 5 年以下有期徒刑、拘役或者管制。

二十二、拐骗儿童罪

本罪,是指拐骗不满 14 周岁的儿童脱离家庭或者其监护人的行为。

---

[103] 马克昌主编:《刑法》(第 2 版),高等教育出版社 2010 年版,第 457 页。

[104] 2015 年最高人民法院、最高人民检察院、公安部、司法部《关于依法办理家庭暴力犯罪案件的意见》第 17 条第 4 款规定,准确区分遗弃罪与故意杀人罪的界限,要根据被告人的主观故意、所实施行为的时间与地点、是否立即造成被害人死亡,以及被害人对被告人的依赖程度等进行综合判断。对于只是为了逃避扶养义务,并不希望或者放任被害人死亡,将生活不能自理的被害人弃置在福利院、医院、派出所等单位或者广场、车站等行人较多的场所,希望被害人得到他人救助的,一般以遗弃罪定罪处罚。对于希望或者放任被害人死亡,不履行必要的扶养义务,致使被害人因缺乏生活照料而死亡,或者将生活不能自理的被害人带至荒山野岭等人迹罕至的场所扔弃,使被害人难以得到他人救助的,应当以故意杀人罪定罪处罚。

其中,“拐骗”,是指采用蒙骗、利诱或者其他手段,将儿童拐走并予以控制的行为。如以演杂技为名从被害儿童父母手中带走儿童从事乞讨活动的,就是拐骗。“其他手段”的范围较广,如为收养而强行将他人的婴儿抱走、为自己抚养而偷偷地从医院病房将他人的婴儿抱走的行为,都包括在内。欺骗、利诱或者其他手段,可以是直接针对被拐骗的儿童实施,也可以是对儿童的监护人、看管人实施。犯罪的主观要件为故意,动机多为自己收养或者役使。如以出卖目的而拐走婴儿的,构成拐卖儿童罪;以勒索财物或者做人质为目的而拐走婴儿的,则构成绑架罪;以索取债务等目的而拐骗儿童的,则构成非法拘禁罪。

依照刑法第262条的规定,犯本罪的,处5年以下有期徒刑或者拘役。

二十三、组织残疾人、儿童乞讨罪

(一)概念和构成

本罪,是指以暴力、胁迫手段组织残疾人或者不满14周岁的未成年人乞讨的行为。

关于本罪的保护法益,有的认为是双重法益,即被害人的人身权利和社会管理秩序,也有的认为是单一法益,即被害人的人身权利。本书同意后一种观点。刑法第262条之一将本罪归入了“侵犯公民人身权利、民主权利罪”一章,就表明其保护法益是公民的人身权利,而不是社会管理秩序。残疾人在身体或者心智方面存在缺陷,自我保护能力弱,容易受到盘剥、侵害;而未成年人因为体力心智尚未发育成熟,认识社会事务和辨别是非的能力有限,在受到外力侵犯时往往不敢反抗,人身自由和人格尊严极易受到侵犯。因此,残疾人和未成年人属于社会弱势群体,是需要重点保护的对象。强制他人从事乞讨活动,将进一步恶化其生存状态,必须予以严厉禁止。

本罪客观上表现为,以暴力、胁迫手段组织残疾人或者不满14周岁的未成年人乞讨。其中,所谓残疾人,是指在心理、生理、人体结构上存在障碍,难以正常活动的人;所谓未成年人,是指不满14周岁的儿童,但不包括已满14周岁不满18周岁的未成年人。

以暴力、胁迫手段组织残疾人或者不满14周岁的未成年人乞讨,具体包括两个方面的内容:(1)采用了暴力、胁迫手段。所谓暴力,是指可以给被害人直接带来生理上的痛苦、伤害或者行为限制的侵袭以及其他暴力,如强行将残疾人拖到商业街上向路人讨要、将年幼儿童固定在滑车中乞讨等,都属于此。所谓胁迫,是指以实施暴力相威胁,进行精神上的强制,使其产生恐惧心理,不敢反抗。胁迫,既可以进行肉体惩罚为内容进行,也可以心理恐吓为内容;既可以针对被害人本人进行,也可以针对其亲属或者其他人。(2)实施了组织行为。这里的组织,应包含暴力或胁迫手段及乞讨行为两层内容,具体就是指行为人以暴力、胁迫为手段,按照一定的规则或者监视方式,将残疾人、儿童召集起来乞讨,或将分散的残疾人、儿童进行集中和控制使其乞讨,或发起、建立残疾人、儿童乞讨群体等。

有争议的是,控制、纠集了多少残疾人或者儿童进行乞讨,才算是“组织”?对此,有不同看法。一种观点认为,是指控制、支配3人以上;相反地,另一种观点认为,本罪的对象不应该有人数限制。本书同意后一种观点。本罪不像妨害社会管理秩序的犯罪,只有达到一定人数才能产生妨害社会管理秩序的效果。即便是以暴力为手段组织一两个残疾人、儿童乞讨,也完全可以侵犯残疾人、儿童的身体健康和人身自由。

(二)本罪的认定

本罪在认定中,应当注意以下问题:

1. 罪与非罪的界限。对于控制他人进行乞讨的行为，除了刑法规定之外，在《治安管理处罚法》中，也有类似条文。其第 49 条第 1 款规定："胁迫、诱骗或者利用他人乞讨的，处十日以上十五日以下拘留，可以并处一千元以下罚款。"因此，如何区分本罪与违反《治安管理处罚法》中规定的利用他人乞讨的行为，成为问题。一般来说，二者的区别主要在于：(1)行为手段不同。构成违反《治安管理处罚法》的行为手段为"胁迫、诱骗或者利用"，而本罪的行为手段为"暴力、胁迫"。显然，后者比前者的手段更极端和残暴。(2)行为对象不同。构成违反《治安管理处罚法》的行为对象没有任何限制，可以是残疾人，也可以是普通人，可以是不满 14 周岁的未成年人，也可以是已满 14 周岁的未成年人和成年人，而本罪的行为对象则是残疾人和不满 14 周岁的未成年人。(3)行为方式不同。构成违反《治安管理处罚法》的行为几乎没有限制。只要是"胁迫、诱骗或者利用他人乞讨的"，均可构成，但是，本罪的行为方式则必须是组织，即按照一定的规则或者监视方式，将残疾人、儿童召集起来到处乞讨。

2. 应注意此罪与彼罪、一罪与数罪的界限。如为了强迫而实施的暴力行为导致被害人伤亡的，应当根据刑法的规定，按照故意伤害罪或者故意杀人罪定罪处罚。以强迫残疾人、儿童乞讨为目的而长期限制被害人人身自由的，同时构成非法拘禁罪，应当从一重处罚；为组织他人乞讨而绑架、拐骗残疾人或者未成年人，或者收买被骗儿童的，为了博取人们同情以获取更多钱财而故意造成被害人伤残的，奸淫被强迫的残疾人、儿童的，构成数罪，应当数罪并罚。

(三) 处罚

依照刑法第 262 条之一的规定，犯本罪的，处 3 年以下有期徒刑或者拘役，并处罚金；情节严重的，处 3 年以上 7 年以下有期徒刑，并处罚金。

二十四、组织未成年人进行违反治安管理活动罪

本罪，是指组织未成年人进行盗窃、诈骗、抢夺、敲诈勒索等违反治安管理活动的行为。

本罪保护的法益是未成年人的身心健康。未成年人的生理和心理都不够成熟，自我保护能力和意识不强，组织未成年人进行违反治安管理法的行为，在一定程度上剥夺了其受教育权等合法权益，并且促使其走向违法犯罪道路，进而影响其整个人生成长的道路，对其身心造成严重侵害。

本罪客观上表现为，组织未成年人进行盗窃、诈骗、抢夺、敲诈勒索等违反治安管理活动的行为。包括以下三项内容：(1)实施了组织行为。即采用暴力、胁迫、欺骗、利诱等方式将未成年人聚集起来。(2)组织的对象为未成年人。所谓未成年人，是指不满 18 周岁的自然人，既包括身体和心智发育正常的人，也包括残疾人和心智发育不正常的精神病人。(3)进行违反治安管理活动。根据《治安管理处罚法》第 3 条的规定，所谓违反治安管理的活动，是指扰乱社会秩序，妨害公共安全，侵犯人身权利、财产权利，妨害社会管理，具有社会危害性，但尚不够刑事处罚，由公安机关依照本法给予治安管理处罚的行为。对于违反治安管理活动的范围，刑法第 262 条之二采取了不完全列举的方式，即"盗窃、诈骗、抢夺、敲诈勒索等违反治安管理活动"的行为。从规定来看，列举的四种行为都属于侵犯财产的违反治安管理活动，可以认为，组织其他违反治安管理活动的行为要构成犯罪，也应该具有类似的特征。

在本罪的认定上，要注意其与教唆犯的区分。组织未成年人实施违反治安管理活动，在被组织的未成年人的行为已经符合盗窃等具体犯罪的客观要件，只是因为行为主体不符合条件(如未达刑事责任年龄)而不能给予刑事处罚的场合，传统学说认为，组织者完全有可能成立

盗窃等具体犯罪的间接正犯,而不是本罪。但由于本书将间接正犯作为教唆犯处理,因此在组织 15 周岁的少年数人盗窃他人价值上万元的财物的场合,即便少年因为年龄不够而不能被处以盗窃罪,但从行为共同说的立场出发,组织者仍然能够作为教唆犯而被论以盗窃罪。同时,按照公安部《公安机关执行〈中华人民共和国治安管理处罚法〉有关问题的解释(二)》第 3 条的规定,对少年的盗窃行为,可作为违反治安管理的行为,依照《治安管理处罚法》的有关规定予以治安处罚。这就意味着,上述场合下的组织者还构成组织未成年人进行违反治安管理活动罪,其和盗窃罪的教唆犯之间处于想象竞合的关系,属于一行为触犯数罪名的想象竞合犯,对其应当按照从一重处罚的原则处断。

依照刑法第 262 条之二的规定,犯本罪的,处 3 年以下有期徒刑或者拘役,并处罚金;情节严重的,处 3 年以上 7 年以下有期徒刑,并处罚金。

第六章　侵犯财产罪

第一节　概　　说

侵犯财产罪，是指以非法占有为目的攫取公私财物，或者故意毁坏公私财物的行为。虽然财产犯罪的条文在刑法分则中所占比例不高，但现实生活中，绝大多数犯罪为财产犯罪；同时，有关财产犯罪的理论也极为复杂，历来是刑法学研究的难点和重点问题之一。

一、财产犯罪的保护法益

在财产犯罪中，最具争议的是其保护法益。在传统的农耕社会，经济交往不是很频繁，对财物的所有和占有是统一的，二者合为一体，因此，在当时，保护财物，只要对他人财物的所有权进行保护就够了，保护所有权就成为财产犯罪的主要目的。但是，进入近代工业社会之后，商品交易活跃，财产流通频繁，财物的占有和所有逐渐分离，占有财物的不一定所有财物，相反地，财物的所有人也不一定对财物就具有现实的占有和支配，在这种情况下，对财物的占有是不是也要予以保护，就成为重要问题。特别是，在他人对财物的占有并不是基于合法理由（如通过盗窃所得），或者该种占有在法律上不被允许（如持有毒品）的场合，是不是也要在刑法上予以保护，更是存在争议。

出于上述原因，在我国刑法理论上，关于财产罪的保护法益，就有三种学说：一是所有权说；二是所有权和应当通过法定程序恢复的占有说；三是占有说。

（一）所有权说

这是我国的传统学说，认为财产犯罪侵害的法益是公私财产的所有权，对所有权整体的侵害，是绝大部分财产罪的最本质特征。[1] 按照这种观点，具有合法所有者的公私财物，才能成为财产罪的侵犯对象，无主物或者被自动放弃了所有权的物品，不会发生非法侵犯财产所有权的问题。赃款、赃物等“不义之财”是应当由国家主管机关依法追缴的财物，侵犯这些财物，也构成侵犯财产罪，因为其实质上还是侵犯了国家、集体或者公民个人的合法财产所有权。

但是，所有权说的缺陷是显而易见的。首先，上述观点前后矛盾。其一方面说财产犯罪的客体是公私财产的所有权，另一方面又说他人非法占有的财物即不具有所有权的财物也能成为财产犯罪的对象，这是前后矛盾的说法。其次，上述观点也与当今的社会现实不合。在现代社会，所有与占有分离已经成为一个极为普遍的现象。所有人将自己的财产交给他人经营管理，自己获得所有权收益，他人则依靠自己的知识和技能经营管理他人财产，获取财产利用收

---

〔1〕 高铭暄、马克昌主编：《刑法学》（第 10 版），北京大学出版社、高等教育出版社 2022 年版，第 496 页；王作富、黄京平主编：《刑法》（第 7 版），中国人民大学出版社 2023 年版，第 442 页。

益,而所有权说只是注重对所有权人的保护,对于财产利用人的权益则未加以考虑。最后,司法实践也没有坚持这种观点。最高人民法院、最高人民检察院《关于办理盗窃刑事案件适用法律若干问题的解释》第1条规定,盗窃毒品等违禁品,应当按盗窃罪处理的,根据情节轻重量刑。违禁品,是法律禁止个人擅自持有的物品,本质上不能成为所有权的客体,换言之,是不具有所有权的物品。如果认为盗窃罪是侵犯他人财产所有权的犯罪,那么,从理论上讲,盗窃违禁品的行为由于不侵犯所有权因而就不成立盗窃罪。但是,司法解释并没有这样理解。可见,所有权说在司法实践中也并没有被坚持。

(二)混合说

这种观点认为,财产罪的保护法益首先是财产所有权以及其他本权,其次是需要通过法定程序改变现状(恢复应有状态)的占有;但在非法占有的情况下,相对于本权者恢复权利的行为而言,该占有不是财产罪的保护法益。其中,"需要通过法定程序改变现状(恢复应有状态)的占有"的意思是,如果要违背占有人的意思改变其占有现状(如没收、追缴,将财物转移给他人占有),就需要通过法定程序。之所以这样理解,就是为了将被害人恢复权利的行为排除在财产罪之外。[2] 由于这种观点同时将财产所有权以及其他物权和一定条件下的占有都看作财产犯罪的保护法益,具有将所有权和占有权同时保护的意思,因此,被称为"混合说"。

"混合说"的长处主要表现在以下几个方面:一是将所有权之外的借贷、租赁等合法权利也作为财产犯罪的保护法益,从而避免传统的所有权说的不足;二是将需要通过法定程序改变现状的占有作为保护法益,从而避免在侵害他人所持有的违禁品、赃物等不可能属于合法持有的物品的时候,因为没有侵害合法权益而难以认定为犯罪的不足;三是通过非法占有不能对抗本权的特殊说明,避免将所有人取回自己被盗财物的自救行为认定为财产犯罪的尴尬。因此,从理论上讲,上述混合说能够比较合理地解决目前的司法实践中所出现的几个难题。

这种观点的主旨是不错的,不足之处在于对于问题的说明。在民法上,以所有权为代表的诸项权能是权利或者权利主体所享有的利益,而占有,即便是"需要通过法定程序改变现状(恢复应有状态)的占有",也仅仅是一种事实状态,二者不是一个层次上的概念。同时,将"需要通过法定程序改变现状的占有"作为财产罪的保护利益就会出现这样的问题:盗窃他人所占有的毒品之后,加以销毁的场合,就会出现行为人的行为除构成盗窃罪之外,还要构成毁坏公私财物罪的问题。因为,毁坏财物罪的保护法益是他人财物的所有权,不是他人的占有。如果说上述场合下的盗窃罪的保护法益是一定条件下的"占有"的话,则事后的毁坏行为只能评价为毁坏财物的犯罪,即前述盗窃他人毒品之后加以销毁的行为就要被评价为盗窃罪和故意毁坏财物罪两罪了。但是,从刑法的谦抑性的角度来讲,将仅仅处于盗窃的延长线上的行为认定为新的犯罪行为,显然是不妥当的,也违背了上述混合说限制财产犯罪成立范围的初衷。

(三)占有说

认为侵犯财产罪的客体是占有制度,即为了保护财产所有权,首先必须保护财产的占有本身。按照这种观点,行为人盗窃无价值的盗版光盘的行为,盗窃别人借走的自己的录像机的行为,都因为破坏了他人的现实占有,而成立盗窃罪。[3]

虽说现实中的经济关系日益复杂,占有和所有分离的现象极为普遍,对现实的占有也必须

---

〔2〕 张明楷:《刑法学》(第6版),法律出版社2021年版,第1224～1225页。

〔3〕 阮齐林、耿佳宁:《中国刑法各论》,中国政法大学出版社2023年版,第238页。

予以保护的倾向越来越强烈,但是,从现行刑法理论的角度来看,将占有作为财产犯罪的保护法益,存在以下几个无法解决的问题:一是将自救行为也作为犯罪,过分地扩大了财产犯罪的保护法益,使以保护个人财产为目的的财产犯罪起着"维护财产秩序"的作用,脱离了其本来的宗旨。二是占有说不能说明不可罚的事后行为。如在故意毁坏所盗财物的场合,按照占有说,盗窃罪的保护法益是占有,既然盗窃罪和故意毁坏财物罪的保护法益不同,那么,毁坏财物的行为就不可能为盗窃罪所概括评价,而要成立和盗窃罪不同的故意毁坏财物罪。但是,从刑法谦抑原则的立场来看,将仅处在盗窃罪延长线上的行为认定为新的犯罪,显然是不妥当的。三是无法说明侵占罪等罪的保护法益。在我国刑法当中,侵占犯罪以及挪用犯罪的对象都是自己所占有或者实际支配的财产,并没有侵害他人对该财产的占有。如果说财产犯罪的保护法益是占有,则上述行为因为没有侵害他人的占有而不能构成犯罪。这显然不符合我国刑法的明文规定。

(四)本书的主张

本书认为,财产犯罪的保护法益,首先是公私财产的所有权以及其他物权、借贷权等本权,其次是"未经法定程序不得没收的利益"。之所以这样理解,主要是基于以下两个方面的原因:

第一,除所有权外,租赁、借贷等合法权利,也值得刑法作为法益加以保护。随着我国经济建设的高速发展和市场经济秩序的逐步建立,人们为了充分发挥财物的最大经济效用,使得现代的财产制度发生了巨大变化。从财物的周转和使用情况来看,存在着经营权关系、使用权关系、抵押关系、租赁关系、借用关系、保管关系、运输关系等财产关系。在这种复杂的财产关系之下,所有权的四项权能(占有权、使用权、收益权和处分权)频繁分离,致使所有权的实现形式多样化。传统的财产所有权衍生出债权、抵押权、担保权和典权等多种形式。而所有权说认为,财产犯罪的保护法益是财产所有权,而且是财产所有权整体,财产犯罪必须使得财物所有人在事实上永久且完全丧失了对财物的占有、使用、收益、处分的可能性。这样的结局,显然不符合时代发展的需要。为了适应现实生活中所存在的所有权和占有分离的现状,刑法有必要对所有权之外的租赁、借贷等合法权利都予以保护。

第二,有些不具有本权根据的占有状态,在民法上虽然属于非法占有,但作为一种事实状态,也有保护的必要。之所以这样理解,是因为以下两方面的原因:一是在现代市场经济条件下,商品生产和流通在市场的支持下,处于高速运行之中,时间与效率成为经济发展的重要因素。法律作为社会关系的调整器,必须反映经济发展的要求。而按照所有权、他物权制度的逻辑,对社会生活中的现实占有必须先查明占有人是否有所有权或者他物权,然后才能确定是否予以保护。但要一一查明占有人是否享有所有权或者他物权,不仅难以办到,即便办到也会造成社会资源的重大浪费,不符合效率原则。[4] 因此,在市场经济条件下,对他人事实上的占有予以保护,是必要的。二是即便能够确定某物的占有是没有民法根据的非法占有,但也不意味着任何人都可以对该占有进行剥夺。根据现行刑法第64条的规定,对非法占有的财物的追缴和没收,只能由特定国家机关按照相关的法律程序进行,否则就是非法行为,只会使社会管理秩序陷入混乱状态。这种即便是非法占有的财产,未经特定机关根据特定程序也不得加以没收的状态,对于该财产的现实占有人而言,就是一种利益,即"未经法定程序不得没收的利

---

〔4〕 彭万林主编:《民法学》(第7版),中国政法大学出版社2011年版,第355页。

益”。从维护稳定的社会秩序的角度来看,对这种利益有必要在刑法上加以保护。侵害这种利益的行为,要构成财产犯罪。但要注意的是,这种占有,次于本权,不能和所有权人以及其他本权人的权利相对抗。在所有权人或者其他本权人从非法占有者手中取回该财物的时候,该行为不构成财产犯罪。

总之,认定财产犯中的保护法益,必须兼顾民法保护正当财产权和刑法维护社会秩序两方面内容的要求。以下,根据这种理解,对于现实的司法实践当中所出现的各种疑难问题,以举例的方式,加以说明。

案例一:A 将甲走私进口的毒品偷走。A 的行为是否构成盗窃罪?

这里,A 的行为是不是构成盗窃罪,必须分为两个问题加以考虑:一是作为违禁品的毒品是不是财物?二是在肯定毒品是财物的前提之下,盗窃该财物的行为是否具有可罚性?首先,毒品是否能认定为财物,从所有权说的角度来看,由于毒品是法律禁止私人持有或者占有的物品,不能成为所有权的对象,因此,很难说是其是财物。但是,毒品之类的违禁品,可能被用作为博物馆的收藏品、实验室的实验用品或者医院的药品,这种场合下,其还是具有一定使用价值的,而且经过一定的程序,也能够为人们所占有,因此,完全否定其财物性,也并不妥当。因此,毒品等能够成为财物。其次,盗窃作为财物的毒品的行为是否具有可罚性?这个问题和盗窃毒品是否侵害财产犯罪的保护法益有关。按照占有说,A 的行为当然构成盗窃罪。因为,在占有说看来,甲占有毒品是不是具有法律上的权限并不重要,只要甲在事实上占有该毒品,就必须对该事实进行保护,因此,在占有说之下,A 的行为当然构成盗窃罪。相反地,按照所有权说,答案则完全相反。由于甲对毒品并不具有所有权,所以,A 的盗窃行为没有对甲造成任何侵害。既然没有造成任何侵害,则当然不构成盗窃罪。但这种结论对于维持社会秩序并不合适。按照本书的理解,A 的盗窃毒品还是要构成盗窃罪的。因为,按照刑法第 64 条的规定,违禁品应当由国家机关依法没收。这意味着,尽管持有违禁品的行为在法律上是违法的,但这种违法只表明国家能够根据正当的法定程序对违禁品加以扣押、没收而已,对其他人的侵害行为而言,该种占有并不违法,仍然值得保护,侵害该种占有的行为足以用刑法加以制裁。换言之,对于毒品之类的违禁品而言,现实占有人具有“未经法定程序不得加以没收的利益”。因此,对于 A 的盗窃行为,仍然可以盗窃罪加以处罚。

案例二:B 将乙盗窃来的高档自行车盗走。B 的行为是否构成盗窃罪?

上述案例中,盗窃犯人乙的占有是违法的,该自行车并不属于乙所有,因此,从所有权说的角度来看,B 盗走乙无权占有的自行车的行为,当然不构成犯罪。相反地,按照占有权说,占有这种事实受到保护,不管该占有是合法还是非法的,因此,B 构成盗窃罪。按照本书所主张的观点,B 的行为也要构成盗窃罪。因为,B 的盗窃行为在侵害了乙的占有的同时,还使第一次盗窃行为的受害人的所有权再次受到了侵害。换言之,这种场合下,不仅仅是自行车的占有人乙,连被盗自行车的原主人也是被害人,其也具有告诉权。这种场合下,虽然 B 的行为由于不具有有意支持本犯即先前的盗窃罪的特征而不成立赃物犯罪,但由于其侵害行为使原物主更加难以向盗窃犯人乙主张返还原物的权利,所以,将其行为认定为盗窃罪也是可以的。

案例三:C 将本属于自己但被丙偷走的汽车偷开回来。C 的行为是否构成盗窃罪?

上述案例当中,由于被 C 偷开回来的汽车原本就是自己的财物,自己对该物具有所有权,所以,从所有权说的角度来看,C 的行为并不构成盗窃罪。但从占有说的角度来看,结论则相反。不管该汽车的所有权原本属于谁,既然这台车现在属于丙事实上占有,这种占有事实就受到保护。因此,C即便是原车主,但由于其行为破坏了丙的占有,所以,构成盗窃罪。按照本书的观点,C从盗窃犯人手中取回原本属于自己的汽车的行为,不构成盗窃罪。因为,财产犯罪的保护法益,最终应当根据行为人(盗窃犯)和被害人(占有人)之间,何者更具有值得法律保护的优越利益来加以判断。在本权和占有事实相冲突的场合,只有能够和本权对抗的合法占有才值得法律保护,赤裸裸的违法占有必须对本权让步,换言之,本权是盗窃罪第一位的保护法益,占有是第二位的保护法益。按照这种观点,上述案例当中,丙尽管对该汽车具有占有,但这种占有只是一种赤裸裸的占有,并不能和所有权人C的本权相对抗,所以,C的盗窃行为并没有侵害丙的法益,不构成盗窃罪。

案例四:D将汽车借给丁,丁在期限届满之后竟然不还给自己,于是D将汽车秘密开回。D的行为是否构成盗窃罪?

上述案例中,由于已经超过了租借期限,因此,丁对汽车的占有属于非法占有,所以,D擅自取回汽车的行为是行使所有权的表现,按照所有权说,不构成盗窃罪。相反地,按照占有说,D的行为要构成盗窃罪。因为客观上汽车在丁的掌握之中,这种占有事实必须得到保护,D的擅自取回行为破坏了丁的占有,因此,当然要构成盗窃罪。按照本书的观点,D的行为不构成盗窃罪。因为,盗窃罪所保护的占有,是在其背后存在某种合法的财产性利益的占有。换言之,盗窃罪所保护的利益,只应限定于从民法的财产法秩序来看受到保护(至少是没有被否定)的经济利益。按照这种观点,上述案例中的丙的占有,不管如何平稳,在返还期限届满之后,都不能说是能够和D的所有权相对抗的法律利益,因此,不能说是"具有合理理由的占有",这样,D的行为不成立盗窃罪。

二、财产犯罪的对象

在理论上,对财产犯罪的对象进行描述,是一件很困难的事情。传统学说认为,作为财产犯罪对象的财物,具有以下三个特点:

第一,可以管理,即人们在物理上可以对其加以控制。最初,财产犯罪的对象,被看作有体物,即具有形体、容量、空间,能够丈量的物品。其中,不仅只有固体,气体、液体也包括在内。但是,按照这种观点,电力以及其他能源由于属于无体物而不能成为财产犯罪的对象,所以,盗窃电力的行为就不能构成犯罪。但这种理解,显然不利于对财产法益的保护,人们遂逐渐抛弃了财物只能是有体物的概念,而将其扩大到和电力类似、在自然界存在的所有物质,如水蒸气、煤气等可以管理的物品上来了。

第二,具有价值。没有价值的物,不值得用刑法加以保护。所谓价值,一般来说,是指客观的经济价值,也就是可以用金钱交换的价值。价值极为低廉、数额较小,不值得用刑法保护的物品,不能成为犯罪的对象。另外,对于所有人、占有人来说没有积极价值,但一旦落入他人之手就可能被滥用的物品,如银行回收准备报废处理的破损货币,也能成为财产犯罪的对象。因为,对于准备报废处理的银行来说,该废币虽然没有价值,但对于第三人来说,仍有可能作为货币加以使用,因此,应当作为财产加以保护。情书之类的,对其所有人来说具有主观感情价值,但对一般人来说并不具有经济价值的东西,在我国刑法当中,通常不能成为财产犯罪的对象。

第三,能够成为所有权的对象。不能成为所有权对象的物,不是财产犯罪的对象。如山上的鸟兽、河里的泥沙等没有成为所有权的对象的时候,不是财物,捕获这些鸟兽或者采集这些沙土,均不成立财产犯罪。但在这些物品被人采集而成为所有权的对象时,就是财产犯罪的对象。人的身体或者尸体不能成为所有权的对象,所以不是财物。但是,人体的组成部分如器官、血液、毛发、血浆以及残疾人所装置的假肢等,从人体上分离出来之后,由于能够成为所有权的对象,且具有经济价值,因而能够成为财产犯罪的对象。

以上是有关财产犯罪对象的一般特征。通常来说,凡具备上述三个特征的物品,都能成为财产犯罪的对象。但是,随着现代社会的发展,具备上述特征的物品越来越多,这些物品是否都值得用刑法当中财产犯罪的条款加以保护,理论上有不同看法。以下试对其加以说明:

第一,违禁品和赃物是否为财产犯罪的对象?所谓违禁品,即鸦片烟、麻药、枪炮刀剑之类私人未经允许不得制造、贩卖、运输、持有的特定物品;所谓赃物,是盗窃之类的犯罪所得之物。按照我国刑法第 91 条、第 92 条的规定,刑法上所说的财产,应当是指国家、集体和公民个人所有的合法财产。如此说来,他人非法拥有或者非法所得的物品即违禁品和赃物就不应当在刑法第 91 条、第 92 条所说的财产范围之内,不能成为财产犯罪的对象。但是,从本书所主张的财产犯罪的保护法益的立场来看,无论是违禁品还是赃物,只要刑法上没有其他特殊规定,都能成为财产犯罪的对象。就违禁品而言,虽说其是法律禁止人们所占有或者持有的物品,但正如前述,其持有人或者占有人对其也拥有"未经法定程序不得没收的利益",因此,采用盗窃、诈骗、抢劫等手段,从他人手中夺取违禁品的行为,就是侵犯了他人"未经法定程序不得没收的利益",应构成财产犯罪;同样,从本权的角度也能说明,非法占有他人赃物的行为应构成财产犯罪。如在 B 从 A 那里盗窃来的财物被 C 抢走的场合,B 的占有尽管不能对抗 A,但能够对抗 C;或者说 C 的行为虽然间接,但最终还是侵害了 A 的所有权。当然,攫取赃物、违禁品的行为是否一律构成财产犯罪,要根据刑法的具体规定而定。如盗窃枪支、弹药、爆炸物的行为不仅侵犯了他人的财产权,更主要的是侵害或威胁到了不特定或者多数人的生命、健康或重大公私财产安全,即公共安全。正因如此,刑法才将盗窃枪支、弹药、爆炸物的行为规定在刑法分则第二章危害公共安全的犯罪中,如此一来,盗窃枪支、弹药、爆炸物的行为就不能构成盗窃罪。

第二,财产性利益是否为财产犯罪的对象?所谓财产性利益,就是财物以外的、无形的、具有经济价值的利益,它是根据人为的法律或者合同,能够让对方向自己进行或者不进行一定支付的权利。所谓获得财产性利益,不仅指权利的取得之类的积极利益(积极的财产的增加),债务的免除之类的消极利益(消极的财产的减少)也包括在内。另外,也不要求利益能够被永久保持(永久利益),暂时取得也可以。具体来说,债权的取得、债务的免除、履行债务的延期、取得债务保证、让人承诺承担债务、签订报酬合同等,都属于获得财产性利益。当行为人以合法手段获得财产性利益的场合,当然没有问题,但在行为人以抢劫、盗窃等违反刑法的手段获得上述利益的时候,是否成立财产犯罪,这就涉及财产性利益是否为财产犯罪的对象问题。对此,本书持肯定态度。因为,从解释的角度来看,刑法分则第五章所说的"侵犯财产罪"中的"财产",显然包括了"财产性利益"在内。

我国刑法将"财产"分为公共财产和公民私人所有财产两大类。其中,所谓公共财产,按照刑法第 91 条的规定,是指:(1)国有财产;(2)劳动群众集体所有财产;(3)用于扶贫和其他公益事业的社会捐助或者专项基金的财产。在国家机关、国有公司、企业、集体企业和人民团体管理、使用或者运输中的私人财产,以公共财产论。所谓私人所有财产,按照刑法第 92 条的规定,是指:(1)公民的合法收入、储蓄、房屋和其他生活资料;(2)依法归个人、家庭所有的生产资料;(3)个体户和私营企业的合法财产;(4)依法归个人所有的股份、股票、债券和其他财产。尽管在刑法第 91 条中，对于公共财产是如何具体表现的，是否包括现金、物品、股权或者债权等方式，没有明确规定，但在第 92 条中，对公民私人所有财产的表现形式却进行了最直接的描述，即公民私人所有的财产表现为现金（合法收入和储蓄）、房屋等生活资料、能够以现金计量且能产生财富的生产资料和经营性财产、可以表现为权益的财产（股份、股票、债券等）。由此可以看出，刑法分则第五章标题"侵犯财产罪"中的"财产"，除实际的财物外，应当还包括股份、股票、债券等具体财物以外的权益性财产在内。刑法第 265 条的规定更是明确地说明了这一点。因为，"盗接他人通信线路、复制他人电信码号或者明知是盗接、复制的电信设备、设施而使用"的行为，不是针对对象为无体物的盗窃，而是涉及非法获取电信服务这种财产性利益的盗窃。

虽说在刑法分则的具体条文中，财产犯罪的对象多半被表述为"财物"，但在我国刑法条文中，"财物"与"财产"两个概念并没有明显的区分，甚至可以认为，二者是在相同意义上使用的。如刑法第 64 条规定，"犯罪分子违法所得的一切财物，应当予以追缴或者责令退赔；对被害人的合法财产，应当及时返还；违禁品和供犯罪所用的本人财物，应当予以没收"。其中，"犯罪分子违法所得的一切财物"，当然包括狭义财物以外的财产性利益，不可能只追缴狭义财物而不追缴财产性利益；将其中的"一切财物"理解为财产，正好与后述"对被害人的合法财产，应当及时返还"的表述相一致。"供犯罪所用的本人财物"，也应当包括狭义财物以外的其他财产性利益。

在财产性利益的认定上，必须将其与无体物区分开来。刑法学说中，即便使用所谓无体物的概念，其也具有特定意义，即自然存在的、在性质上与电力能相提并论的物质性的东西，如声、光、热之类的、没有固定形体的客观存在就是其适例，它与财产性利益即根据人为的法律或者合同，能够让对方向自己进行或者不进行一定支付的权利之间具有本质上的不同。无体物即便没有一定形状，但其也是天然地存在于自然界的客观实在，本质上还是一种"物"，而财产性利益则是人和人之间人为设定的权利（主要表现为债权），可以随着作为其前提的法律或者合同规定的变化而变化，本质上不属于"物"。因此，在盗窃无体物的场合，必然造成行为对象的客观损耗即减少或者灭失；相反地，在非法获取财产性利益（如获取被害人的有偿服务之后，通过相关手段免除支付相关费用）的场合，并不必然导致行为对象的客观损害，而只是请求权的灭失。这种区别，对于界定盗窃对象到底是无体物还是财产性利益，有一定意义。如就刑法第 265 条所规定的盗窃罪而言，由于通信线路或者电信码号并非自然界中所天然存在的，而是人为创造出来的，且行为人对其复制和盗用的行为，难以对这些对象造成现实损害，只是减少了有关主体的合法收入而已，因此，将其归入无体物范畴，确实不妥。相反地，如果说盗用通信线路或者电话号码行为的本质在于，使用他人的通信线路或者电话号码而不支付相关费用，使他人应得利益减少的话，则将该行为理解为利益盗窃更容易理解一些。

作为财产性利益之一种的所谓网络虚拟财产，是指网络游戏用户或者玩家在网络游戏中的具有使用价值和交换价值的网络游戏账号、装备、游戏币等网络物品。近年来我国网络游戏产业蓬勃发展，随着网络游戏的繁荣，游戏玩家数量也逐渐庞大，各种侵权纠纷时有发生。运用网络技术手段，破解、倒卖网民的账号、网络游戏币或游戏装备；或是使用暴力、胁迫手段，强迫他人交代游戏密码，从而获取他人的游戏币或游戏装备等虚拟财产的行为，也时常发生。对这些行为该如何处理，成为问题。

对于游戏币或游戏装备等虚拟财产的法律属性，根据其被理解为财物还是数据的不同，有盗窃说、非法获取计算机信息系统数据说、计算机诈骗说等争议。[5] 此前的主流观点认为,虚拟货币等虚拟财产属于刑法上的财物,侵犯虚拟货币应按照财产犯罪予以处罚。如曾有判例认为:"Q币和游戏点卡是腾讯公司、网易公司在网上发行的虚拟货币和票证,是网络环境中的虚拟财产。用户以支付真实货币的方式购买Q币和游戏点卡后,就能得到发行Q币和游戏点卡的网络公司提供的等值网上服务,因此Q币和游戏点卡体现着网络公司提供网络服务的劳动价值。"[6] 由于作为虚拟财产的Q币和游戏点卡在现实生活中有相对应的实际交易价格,具有价值和交换价值,秘密窃取网络环境中的虚拟财产应构成盗窃罪。

但上述立场在2009年《刑法修正案(七)》出台以后发生了变化。刑法第285条第2款新增的非法获取计算机信息系统数据、非法控制计算机信息系统罪中的"获取",包括侵入他人计算机信息系统窃取,也包括设立假冒网站等方式骗取包括虚拟货币在内的虚拟财产的行为,对虚拟财产的司法保护路径从作为财物转变为按照计算机信息系统数据进行保护。我国最高司法机关也认为,"虚拟财产的法律属性是计算机信息系统数据。虚拟财产不是财物,本质上是电磁记录,是电子数据,这是虚拟财产的物理属性"[7]。

但是,否认虚拟货币的财产属性,将侵害虚拟货币的行为归入计算机犯罪,也存在一些解释论上的难题。(1)对侵害虚拟货币的行为按照计算机犯罪处理,无法实现对被侵害法益的全面评价。计算机犯罪被规定在刑法分则第六章(妨害社会管理秩序罪)第一节(扰乱公共秩序罪)中,所侵害的数据通常应指社会的、公共的、沟通的数据,评价的重点并不在于财产损害。(2)无法对现实发生的侵害虚拟货币行为在手段上进行全面评价。在行为人没有使用干扰、操纵计算机信息系统等技术手段进行抢劫、诈骗、敲诈勒索、职务侵占虚拟货币的案件中,行为人并没有侵入计算机信息系统,而是由被害人自己进入账户转出一定数额的虚拟货币的场合,无法适用非法获取计算机信息系统数据罪等罪名,只能以财产犯罪处罚。(3)在量刑上,对盗窃罪等财产犯罪的处罚远高于计算机犯罪。

本书认为,能否将获取他人网络虚拟财产的行为认定为财产犯罪,关键是确定虚拟财产的性质,即能否将其归入财物的范畴。从前述财产犯罪的对象的特点来看,应当说,网络虚拟财产可以成为财产犯罪的对象:(1)虚拟财物可以在网上进行交易,也可以在网下进行交易,有网民之间的交易,也有网民与网络游戏公司之间的交易,具有经济价值。实践中许多网络游戏玩家出于节省时间的考虑,购买其他玩家通过"打关"获取的虚拟装备或点数,这些装备少则数百元,多则上万元。(2)网络虚拟财产具有可控制性。网络游戏玩家可以自由支配自己的虚拟装备或点数,可以赠与、出售给其他玩家,实践中已出现以此为业的职业玩家,通过24小时挂机"打关"获取虚拟装备,然后出售给他人。(3)网络虚拟财产能够成为所有权的对象。尽管虚拟财产归属于玩家还是游戏运营商,目前存在争议(大多数游戏的《最终用户许可协议》声明"角色及其物品由游戏运营商——而非玩家——所有",几乎所有的网络游戏都要求玩家点击协议条款最下方的"同意"键之后才能进入游戏),但是,无论网络游戏装备是归游戏公司所有还是归玩家个人所有,以抢劫、盗窃等方式获取游戏装备变卖牟利的,都是对虚拟财产所有权的严重侵犯。如果虚拟财产明确由游戏运营商所有,行为人从玩家手中抢劫虚拟财

---

[5] 陈兴良:《虚拟财产的刑法属性及其保护路径》,载《中国法学》2017年第2期。
[6] 上海市黄浦区人民法院刑事判决书,(2006)黄刑初字第186号。
[7] 2011年最高人民法院研究室《关于利用计算机窃取他人游戏币非法销售获利如何定性问题的研究意见》。

产的，可将受害者视为虚拟财产的保管者或使用者，其侵犯的是游戏运营商的财产所有权。关于虚拟财产的数额，一般认为，如果虚拟财产已经或将要转化为现实财产，应以现实财产为标准确定虚拟财产的价值大小；如果侵犯的虚拟财产价值不确定，可参考网上对此类虚拟财产的成交价确定价值；如果网络公司已经明确虚拟财产价值，以其规定为标准确定。

不过，需要说明的是，网络虚拟财产不同于一般财产，而是财产在网络虚拟空间的表现形式，其以电磁记录方式存储于服务器内，并以特定数字单位表现其价值，因此，盗窃网络虚拟财产往往需要通过侵入计算机信息系统或者采用其他技术手段而获取该计算机信息系统中存储、处理或者传输的数据的方式。换言之，盗窃网络虚拟财产的行为可能同时也触犯了刑法第285条第2款规定的非法获取计算机信息系统数据罪，因此，也可以将此类行为定性为非法获取计算机信息系统数据罪。此时一个行为触犯两个罪名，属于想象竞合犯，可择一重罪处断。

第三，欠条、收条是否为财产犯罪的对象。实践当中，有判例认为，为消灭债务而采用暴力、胁迫手段强行索回债权凭证的，应以抢劫罪论处。[8] 对这种情况的处理，实际上涉及对欠条、收条性质的理解，换言之，该欠条、收条是否为财产犯罪的对象。本书认为，借条作为债权债务关系的凭证，本身不是财产，但它可以表明借贷合同的存在，其意义在于证明债权人与债务人之间存在着权利义务关系，在纠纷发生后，它将起到证据的作用。在司法实践中，即使存在借条，债务人也可以对借条产生的背景以及借条的效力、数额等情形提出抗辩，那么，法院就要审查双方是否存在借贷、买卖、承揽等基础性法律关系。如果不存在真实的债权债务关系或者债权债务关系是非法的，即使存在借条，也不能导致债权人财产的积极增加。反之，即使没有借条，也只是会导致债权人举证上的困难，并不必然导致债权人不能实现债权。在有其他相关证据证明的情况下，债权债务关系仍然可以被确认，因此，也不必然导致债权人财产的消极减少。因此，欠条、收条本身不能成为财产犯罪的对象。

只是，行为人以暴力手段或者其他手段获取他人出具的收条或者欠条，是为以后取得财产做准备，可以成为后续犯罪的预备行为。特别在行为人以此作为凭据提起民事诉讼，妨害司法秩序或者严重侵害他人合法权益时，可以构成刑法第307条之一的虚假诉讼罪；在据此而非法占有了他人财物或者逃避了合法债务时，可以构成诈骗罪。

第四，在国家机关等管理使用或者运输中的私人财产。刑法第91条第2款规定，在国家机关、国有公司、企业、集体企业和人民团体管理、使用或者运输中的私人财产，以公共财产论。从本书所主张的财产犯罪的保护法益，先是公私财产的所有权以及其他物权、借贷权等本权，后是“未经法定程序不得没收的利益”的角度来看，首先可以肯定的是，此种场合下，私人财产并不因为被国家机关、国有公司、企业、集体企业和人民团体管理、使用或者运输而改变其所有权属，因为，财物所有权只可以因买卖、赠与、互易等法律行为、被继承人死亡等法律事件而发生转移，也可因国家司法机关根据法律没收财物而使所有权转归国家，而“管理、使用或者运输”不是没收，不能导致所有权的转移。也正因如此，刑法第91条第2款规定，上述财产“以公共财产论”。其次，尽管是“以公共财产论”，但也意味着国家机关、国有公司、企业等对其占有是具有合法依据的，属于应当受到法律保护的本权。这种本权不仅能够对抗无关的第三人，而且也能够对抗原物主。无关的第三人盗窃该种财物时，构成盗窃罪；保管该财物的人将该物占

---

〔8〕王海波：《戚道云等抢劫案［第89号］——为消灭债务采用暴力、胁迫手段抢回欠款凭证的行为应如何定性》，载最高人民法院刑事审判第一、二庭编：《刑事审判参考》总第14辑，法律出版社2001年版。

为己有时,构成贪污罪或者职务侵占罪;原物主秘密取回该财物时,构成盗窃罪。[9]

三、非法占有目的

尽管刑法并没有将非法占有目的作为财产犯罪的成立条件,但理论刑法和司法实践都认为,成立盗窃之类的以获取他人财物为内容的犯罪,行为人主观上必须具有非法占有目的。

关于"非法占有目的"的内容,过去的传统学说一般是采用举例的方式对其加以说明的,即"误认他人的财物为自己的财物而取走,因不具有非法占有他人财物的目的,不构成盗窃罪"[10]。但是,上述举例说明中存在明显的不足。"误把公私财物当作自己的财物拿走"的场合,应当属于事实认识错误。在事实认识错误的场合,由于行为人误把他人的财物当作了自己的财物,根本没有盗窃他人财物的故意,当然不能构成盗窃罪。在这种情况下,该行为之所以不构成盗窃罪,并不是因为行为人没有"非法占有目的",而是由于行为人没有犯盗窃罪的故意。同时,"私自将他人物品拿走,用完即归还"的行为也并不一定不成立盗窃罪。因为,在盗用他人汽车运输货物之后还回的场合,或者长期盗用他人耕牛干农活的场合,至少也会造成他人汽车或者耕牛的损耗或者出租汽车、耕牛而可以得到的利益的减少。因此,传统学说有关"非法占有目的"的理解,显然不尽如人意。同时,还有人主张借鉴国外刑法学中有关"非法占有意思"的理解来改造我国刑法学中的"非法占有目的",即认为所谓非法占有目的,是指排除权利人,将他人的财物作为自己的所有物进行支配,并遵从财物的用法进行利用、处分的意思。非法占有目的由"排除意思"与"利用意思"构成,前者重视的是法的侧面,后者重视的是经济的侧面,二者的机能不同。[11]

本书认为,关于"非法占有目的",只能从其本来意义即"永远占有他人财物的意思"的角度来加以理解,而没有必要赋予其"排除权利人,将他人的物作为自己所有的物,按照其经济用途进行利用或者处分的意思"之类的额外内容。理由是:首先,从财产犯罪的保护法益是以所有权为代表的本权的角度来看,非法占有目的也必须是永远占有他人财物的目的。非法占有目的,作为超出故意的主观要素,不可能仅仅是将他人财物转为自己占有的认识,其必须是永久性占有的认识,因为财产犯罪的保护法益,不是单纯的占有,而是占有之后所体现出来的财产所有权以及其他本权。其次,从我国刑法的相关规定来看,"非法占有目的"只能看作"永远占有他人财物的意思"。在我国刑法中,挪用资金罪(第272条)、挪用特定款物罪(第273条)以及挪用公款罪(第272条第2款)和职务侵占罪(第271条)、贪污罪(第382条)的差别在于,前者的场合,行为人暂时将他人财物占为己有,之后已经归还或者有各种事实表明行为人准备归还;后者的场合,行为人非法将他人财物据为己有,没有归还,并且有种种事实表明,行为人根本没有归还的打算。最后,我国的司法解释也是从行为人是否具有永远占有他人财

---

〔9〕 秘密取回被行政机关扣押的财产的行为是否构成犯罪,我国刑法理论上存在争议,司法实践中做法也不一致。多数采取盗窃罪说,依据是刑法第91条第2款的规定。有力说认为,该行为不构成犯罪。理由是:扣押不转移涉案财产的所有权,涉案财产仍属于行为人自己的合法财产,其秘密取回行为并没有侵犯行政机关的财产所有权。但是,这种观点主张所有权说,狭隘地理解了财产犯罪的保护法益,因而难以说妥当。少数说认为,该行为构成刑法第314条规定的非法处置查封、扣押、冻结财产罪。但成立该罪,要求对象是"司法机关所查封、扣押、冻结的财产",行政机关不是司法机关(公安机关、国家安全机关除外),故不符合成立要求。因此,还是多数说妥当。如果从占有说的立场来理解财产犯罪的保护法益,上述行为更是构成盗窃罪。这是不用说的了。

〔10〕 高铭暄、马克昌主编:《刑法学》(第10版),北京大学出版社、高等教育出版社2022年版,第506页。

〔11〕 张明楷:《刑法学》(第6版),法律出版社2021年版,第1248页。

物的目的这一角度来理解“非法占有目的”的。这一点，从最高人民法院《全国法院审理金融犯罪案件工作座谈会纪要》的有关规定当中就能看出。[12]

如果说财产犯罪中的“非法占有目的”就是“永远占有他人财物的意思”，而不包括其他内容，则不可避免地会遇到以下两个问题：一是行为人出于暂时占有目的的盗用即使用盗窃行为该如何处理？二是不考虑“利用处分意思”能否将故意毁坏财物罪和盗窃罪区分开来？

就使用盗窃而言，本书认为，使用盗窃不是对财物本身的盗窃，而是对财产本身的利用价值或者说是利用财物本身所产生的财产性利益的盗窃，行为人也具有“永远占有他人财物的目的”。因为，偷开机动车辆是对财物主人的机动车辆利用价值的损害（折旧）或者说是机动车辆主人可得利益的丧失，这种损害或者折旧本身可以用金钱加以衡量，计算其经济价值，达到数额较大的程度，就构成对使用机动车辆本身所产生的财产性利益的盗窃，而且，行为人盗用他人车辆，无非就是想永久地获取或者享受使用他人汽车所产生的可以用金钱计算的利益，因此，从“非法占有目的”的角度来考虑使用盗窃，理论上也没有什么大问题。

同时，也没有必要因为要区分盗窃罪和故意毁坏财物罪而在“非法占有目的”当中衍生出一个“利用意思”来。一方面，“利用意思”的内容模糊，过于强调其存在，反而有主观定罪的嫌疑。关于“利用意思”的内容，通说将其限定为“按照财物的经济或者本来用途加以利用处分的意思”，但是，在为了满足自己的变态心理而大量偷拿女性内衣、胸罩的场合，该行为既不是为了按照女性内衣的本来用途进行利用、处分，也不是为了从中获得直接的经济利益，但是，不会有人认为这种行为不构成盗窃罪。这种只要不是出于隐匿、毁弃目的，就都可以认定为非法占有意思的做法，应当说，和非法占有意思不要说几乎没有差别。相反地，如果过于强调“利用意思”的话，反而会出现同样是偷拿他人手机的行为，如果行为人声称是为了毁坏或者藏匿该物，就要构成故意毁坏财物罪；但如果行为人声称是为了使用手机，则要构成盗窃罪的结局。另一方面，在诈骗、敲诈勒索等犯罪中，“利用意思”的意义本来就不大。只要行为人使用欺骗手段，让被害人陷入错误或者对被害人进行威胁、要挟使其陷入恐惧而将财物转移到自己或者第三人控制之下，之后即便行为人将财物毁坏，也难以否定行为人的行为构成诈骗罪、敲诈勒索罪。因此，为了区分盗窃罪和故意毁坏财物罪而特意强调财产犯罪的成立，必须具有“利用意思”，实在是没有必要。

其实，仅仅根据“永远占有他人财物的目的”要件，就能将盗窃罪和故意毁坏财物罪区分开来，而没有必要将“利用意思”作为区分关键，即就毁坏财物罪而言，行为人只要认识到自己的行为是正在毁灭他人数额较大的公私财物即可，不要求其具有永远占有他人财物的意识。在甲进入位于六楼（最高层）的被害人乙家，搬出彩色电视机后，从五楼与六楼之间的过道窗户将电视机扔至楼下毁坏的案件中，只要考虑行为人是否具有永远占有的目的就足够了。如

---

〔12〕 其中指出，金融诈骗犯罪都是以非法占有为目的的犯罪。司法实践中，认定是否具有非法占有目的，要坚持主客观相一致的原则。对于该如何坚持主客观相一致的原则，该纪要有如下具体说明：仅仅具有“行为人通过诈骗方式获取资金，造成数额较大资金不能归还”的结果还不够，还必须具有下列情节之一，即明知没有归还能力而大量骗取资金；非法获取资金后逃跑；肆意挥霍所骗取资金或者用于违法犯罪活动；抽逃、转移资金、隐匿财产以逃避返还资金以及其他拒不返还非法占有资金情形之一的，才可以认定为具有“非法占有目的”。上述各种情节，不管是没有返还能力而骗取还是骗取后逃跑、挥霍、进行违法犯罪活动，实际上都是在说明，行为人具有永久性地占有所获取资金的目的。这也从一个侧面表明，所谓“非法占有目的”，就是想永久地占有所获得的财产，而不是暂时占有或者使用该财产。

果行为人抱走电视机的时候,没有永远占有目的,就只能构成故意毁坏财物罪;否则,就要构成盗窃罪。

四、财产犯罪的类型

根据我国刑法的规定,侵犯财产的犯罪可以分为以下四类:(1)暴力、胁迫型犯罪,包括抢劫罪,抢夺罪,聚众哄抢罪,敲诈勒索罪;(2)窃取、骗取型犯罪,包括盗窃罪,诈骗罪;(3)侵占、挪用型犯罪,包括侵占罪,职务侵占罪,挪用资金罪,挪用特定款物罪;(4)毁坏、拒付型犯罪,包括故意毁坏财物罪,破坏生产经营罪,拒不支付劳动报酬罪。

第二节　暴力、胁迫型财产犯罪

一、抢劫罪

(一)概念和构成

本罪,是指以暴力、胁迫或者其他方法,强行劫取公私财物的行为。

本罪侵害的是复杂法益,即既侵害了他人的财产权利,又侵犯了他人的人身权利。这既使抢劫罪区别于其他财产犯罪,又使抢劫罪成为侵犯财产罪中最严重的犯罪。由于抢劫罪的最终目的是抢劫财物,侵犯人身权利只是实现犯罪目的而使用的一种手段,所以,刑法将其归入侵犯财产罪一章之中。

本罪的犯罪构成如下:

1. 主体。根据刑法第17条第2款的规定,本罪主体是已满14周岁、具有辨认和控制自己行为能力的自然人。

2. 危害行为和危害结果。本罪在客观上表现为,使用暴力、胁迫或者其他方法,当场劫取公私财物。其中,暴力、胁迫等侵犯人身的行为是手段行为,强取财物的行为是目的行为,二者结合,即构成了抢劫罪的实行行为。

(1)抢劫罪的对象是公私财物,即他人的财物,包括财产性利益在内,乘客以暴力、胁迫手段让出租车司机放弃车费要求的,就是抢劫财产性利益。财物,一般是动产,关于不动产能否成为抢劫罪的对象,存在争议。否定说认为,抢劫罪的性质决定了行为人只能是当场取得财物,而当场取得的财物只能是动产,因为只有动产才便于携带移离,不动产是难以当场取走并非法占有的。[13] 相反地,肯定说认为,用暴力、胁迫方法将他人赶出家门、霸占其房产的行为若不以抢劫罪论处,而在行为人的手段行为不构成其他犯罪的情况下对其只作民事处理,判令退还房屋未免轻纵罪犯,因此,应当作为抢劫罪处理。[14]

本书同意肯定说,认为我国在财产犯罪的认定上,贯彻了"计赃论罪"的理念,不动产本身不能成为抢劫罪的对象,但是不动产的使用利益能够成为抢劫罪的对象。首先,不动产的不可

〔13〕 王作富主编:《刑法分则实务研究》(第5版)(中),中国方正出版社2013年版,第899页。

〔14〕 孙国祥主编:《刑法学》(第2版),科学出版社2012年版,第499页;马克昌主编:《刑法》(第2版),高等教育出版社2010年版,第462页。

移动性决定了不动产本身不能成为抢劫罪的对象。抢劫罪是以暴力、胁迫或者其他强制方法，当场占有财物。即使行为人用暴力将他人赶出家门，并且当场强行入住，也不可能像抢劫一般动产那样，当场实现对不动产的完全控制和任意处分，被害人可以较容易地依靠政府有关机关收回自己的不动产，恢复自己的财产权。其次，不动产可以被强行占用。强行无偿占用取得财产上的利益的行为，可以抢劫罪定罪处罚。只是，这种场合下，所抢劫对象不是不动产本身，而是其使用利益，如以暴力、胁迫或者其他手段长期霸占他人住宅的，依照强占时间长短，折合成为经济利益，作为强取财产性利益的行为，以抢劫罪处理。最后，在现有的刑法框架之下，对强行占有他人不动产的行为，通常采用其他方法妥当处理。对用暴力、胁迫等方法强行进入并霸占他人住宅的，可定非法侵入住宅罪。

(2)手段行为。本罪的手段行为，是使用暴力、胁迫或者其他方法，当场劫取。

所谓暴力，是指对被害人身体实施殴打、伤害、捆绑、禁闭等有形侵害；所谓胁迫，是指以立即实施暴力相威胁，对被害人进行精神上的强制，其特点在于：一是当面向被害人或其他有关人员发出；二是以实施暴力为内容；三是如遇反抗，会立即将暴力内容付诸实施。本罪中的暴力、胁迫是为强取财物而实施的，必须达到足以抑制对方反抗的程度。使用不能达到该种程度的暴力、胁迫，使对方交付财物的，构成敲诈勒索罪。如谎称“我身上有炸弹”，使对方感到害怕而放下财物离开，行为人当场获取财物的，该行为尽管让被害人感到恐惧，但却不能对被害人身体造成实际损害，因此，应当构成后述的敲诈勒索罪，而不是抢劫罪。所谓其他方法，是指采用用酒灌醉、用药物麻醉被害人，或者将被害人锁在房屋里，使其不知抗拒或者不能抗拒的方法。

暴力、胁迫是否达到了足以抑制对方反抗的程度，必须根据行为时的全部事实，考虑被害人、行为人以及行为本身的情况，特别是是否使用凶器，在使用凶器的场合，就该凶器的种类以及使用方法，实施暴力、胁迫的状况，即犯罪行为的时间、地点，行为人以及被害人的人数、年龄、性别、体格等各种情况从一般人的立场出发，综合进行判断（客观说）。如某日晚9时许，两个开黑车的司机与女被害人讲好以30元的价格（正常价格为20元）将其从西火车站拉到北火车站。上车后，二人暗中锁好车门，要求被害人给400元钱。被害人表示自己没有钱，二行为人以“不给钱，你想找死啊”等语言进行威胁，还说他们同伙刚在某地埋过一个人，被害人害怕，被迫交出400元人民币的场合，从行为人当时的言辞（“不给钱，你想找死啊”）、时间（晚上9时）、环境（被锁死的车厢）、人员对比（两男对一女）等要素来看，应当说，犯罪嫌疑人的上述手段达到了抑制被害人反抗的程度。在行为人针对特别胆大者实施了足以抑制一般人反抗的暴力、胁迫行为，但对方丝毫没有被抑制住，而是出于怜悯之心交给了对方财物的场合，尽管行为人取得了财物，但其不是基于暴力、胁迫抑制对方反抗的结果，因此，只能构成抢劫罪（未遂）；相反地，针对胆小鬼实施并不足以抑制一般人反抗程度的轻微暴力，由于被害人本身胆小，仍然交付了财物的场合，因为，从抢劫罪的法定刑来看，其不仅是针对财物的犯罪，同时也是针对人身的犯罪，轻微暴力并不以足以侵害人身，因此，以轻微暴力而获得“胆小鬼”财物的场合，只能构成后述的暴力程度较低的敲诈勒索罪，而不能构成抢劫罪。换言之，这种程度的暴力不能看作为抢劫手段的暴力。

暴力、胁迫的对象，并不限于财物的直接持有者，一般来说，对其他在场妨碍劫取财物的人，不仅是盗窃的被害人，跟踪而来的目击者、意图进行抓捕的警察也包括在内，使用暴力、胁迫的，也构成抢劫罪。当然，不是在抢劫现场的所有的人都能够成为夺取财物的障碍的人。如甲、乙二人在某市轮船码头窃取某熟睡的乘客的手提包时,发现旁边有一个七八岁的小男孩在旁边观看,甲即走到男孩跟前,拿起男孩的水果刀说:“不许嚷,要不就把你的耳朵割掉!”男孩点头表示不嚷。乙拿起乘客的手提包逃走。包内共有人民币7000元整,甲、乙每人各分得一半。该案中,如果定抢劫罪就会很勉强。因为并非财物主人的小男孩只是好奇地站在旁边观看,难以说其是行为人“夺取财物的障碍”,因此不能将其视为抢劫罪的暴力、胁迫行为的对象。[15]

抢劫罪中的暴力、胁迫或者其他手段,必须是作为强取财物的手段而使用的。纯粹出于实施暴力、胁迫的意思而实施暴力、胁迫,在被害人失去知觉或者没有发觉的情形下,以及实施故意杀人犯罪行为之后,临时起意拿走他人财物的,应当以此前所实施的具体犯罪与盗窃罪或者侵占罪实行数罪并罚;只有在行为人实施伤害、强奸等犯罪行为,被害人尚未失去知觉的时候,利用被害人不能反抗、不敢反抗的处境,临时起意劫取他人财物的,才应以此前所实施的具体犯罪与抢劫罪实行数罪并罚。[16] 这里要注意的是,临时起意的取财行为构成抢劫罪的只限于“劫财”的场合。所谓劫财,是指行为人以暴力、胁迫为手段,获取财物。换言之,这里的劫财,意味着行为人实施了新的暴力、胁迫行为。只是,新的暴力、胁迫行为,不限于用语言、行动等有形的威胁,停留在犯罪现场不离开的行为,或者对被害人怒目而视的行为,都可以看作新的暴力、胁迫行为。单纯地拿走财物的行为,不能认定为抢劫罪。

(3)目的行为。本罪的目的行为是“劫取”即强行劫取财物,包括两种情况:一是行为人自己当场直接夺取、取走被害人占有的财物;二是迫使被害人当场交付财物。所谓“劫取”,就是在被害人的意思被抑制的情况下获取其财物,因此在被害人没有交付财物的意思,或者交付财物时意思没有受到抑制的,不能认定为“劫取”。如在被告人卢某意图盗窃某工地,先趁值班员不备朝其头脸部猛击10多拳,致其头部流血之后,即后退躲在旁边观察,约5分钟后,卢某看到值班人员向医院走去,估计是包扎去了,便迅速钻进值班室,将价值5000元的电视机搬走的场合,被告人的行为不构成抢劫罪,而只能构成故意伤害罪和盗窃罪。因为,本案中,不存在劫取行为。当然,要注意的是,行为人先有抢劫的意思,到现场之后,改变主意,从以暴力威胁手段取财的“强取”改为先将人打伤,让对方离开现场,“调虎离山”之后,再乘无人之机而取财的“智取”的场合,因为这些行为都是在抢劫的犯罪意思支配之下的行为,因此还是从整体上看作为抢劫,而不能分阶段,分别作为伤害和盗窃处理。

同时,对劫取行为中的“当场”的理解不能过于狭隘。暴力、胁迫或者其他方法与取得财物之间虽间隔一段时间,也不属于同一场所,但从整体上看,只要取财行为仍然是在前面所实施的暴力、胁迫行为的支配或者影响之下实施的,也应视为“当场”取财。如被告人江某约被害人潘某赌博,其间,因为输赢发生争吵,当场对潘某拳打脚踢,潘某同意将江某当天输的钱退还。江某嫌少,将其带到某酒店,伙同另一被告人汪某对潘某多次进行殴打,逼迫其退还6000元。因潘某身上没有钱,遂打电话向朋友方某借钱。方某到达酒店询问事情缘由后,居中劝说双方以5000元了事。双方同意。之后,方某向江某借了摩托车,带潘某去银行取出5000元钱,由方某转交给江某。尽管江某的暴力手段行为与取财不是发生在同一时间,也不属于同一场所,但从整体上看,该行为并无间断,潘某取钱的过程并没有脱离江某的暴力威胁和控制,而

---

[15] 这种见解的不足在于,对于甲、乙持刀威胁小孩的行为没有予以评价。

[16] 2005年最高人民法院《关于审理抢劫、抢夺刑事案件适用法律若干问题的意见》第8条。

是江某前面暴力威胁和控制的延伸,并最终致被害人不敢反抗,被迫交出财物,因此,江某的行为符合抢劫罪的犯罪构成。

相反地,在行为人对被害人使用暴力或以暴力相威胁,强行扣留被害人的财物或证件作"抵押",迫使被害人在指定期限内交出财物,才将被扣押的财物或证件交还被害人的,或者采取借口,对被害人使用暴力,强迫被害人承诺在其指定的期限内交出财物的场合,因为暴力行为和取财行为不在同一时空范围之内,而且手段行为和目的行为之间也没有连续性,因此,难以视为"当场"取财。这种场合,可以后述的敲诈勒索罪处理。

3. 主观要件。本罪的主观要件是故意,并且具有非法占有的目的,即有意使用暴力、胁迫或者其他手段将他人财产转归自己或者第三人占有。为索取债务而使用暴力的场合,由于行为人不具有非法占有他人财物的目的,因此,不成立抢劫罪,视情况成立故意伤害罪、非法拘禁罪等。行为人出于其他目的实施暴力行为,暴力行为致人昏迷或死亡之后,产生非法占有的意图,进而取走财物的,不成立抢劫罪。例如,以强奸故意实施暴力,在被害妇女昏迷后发现了财物,进而取走该财物的,不管强奸行为是否既遂,都应认定为强奸罪和盗窃罪。例外情况是,在聚众实施"打砸抢"行为过程中,毁坏公私财物的,即使没有非法占有的目的,对首要分子也应根据刑法第289条的规定认定为抢劫罪。

(二)本罪的认定

本罪在认定中,应当注意以下问题:

1. 罪与非罪的界限。抢劫罪是最严重的财产犯罪,刑法没有对抢劫数额与其他情节进行限制,因此,即便是抢劫数量极少的财物的行为,也可以成立抢劫罪。但是,本罪处罚的起点较高,最低为3年以上有期徒刑,从罪责刑相适应的角度来看,对情节显著轻微、危害不大的强行劫取财物的行为,一概认定为抢劫罪,也是很不合适的。如对于非法占有意图不是特别明显的,暴力、胁迫手段比较轻微,所得财物数额不大的行为,可以考虑构成处罚较轻的寻衅滋事罪。

2. 正确区分抢劫罪与其他犯罪的界限。包括以下方面:

(1)抢劫罪与故意杀人罪的界限。首先,为了事后图财,先将被害人杀死的,只要不是当场取财,就成立故意杀人罪,而不成立抢劫罪。其次,抢劫财物之后,为了灭口而杀害他人的,成立抢劫罪与故意杀人罪,实行数罪并罚。再次,出于其他原因故意实施杀人行为致人死亡,然后产生非法占有财物的意图,进而占有财物的,应认定为故意杀人罪与侵占罪。因为死人对财物不能占有。最后,为了当场取得财物而使用暴力将他人杀死的,成立抢劫罪一罪。

(2)抢劫罪与绑架罪的界限。关于二者的区别,一般认为,绑架罪是侵害他人人身自由权利的犯罪,其与抢劫罪的区别在于:一是主观方面不尽相同,抢劫罪中,行为人一般出于非法占有他人财物的故意实施抢劫行为,绑架罪中,行为人既可能为勒索他人财物而实施绑架行为,也可能出于其他非经济目的实施绑架行为;二是行为手段不尽相同,抢劫罪表现为行为人劫取财物一般应在同一时间、同一地点,具有"当场性",绑架罪表现为行为人以杀害、伤害等方式向被绑架人的亲属或其他人或单位发出威胁,索取赎金或提出其他非法要求,取财行为一般不具有"当场性"。[17] 但上述理解强调的是"一般"情况,实际上等于什么也没有说。如在母亲带着孩子散步时,行为人持刀顶住孩子的喉部,要求母亲拿出随身携带的财物——这种行为人

〔17〕 2005年最高人民法院《关于审理抢劫、抢夺刑事案件适用法律若干问题的意见》第9条第3款。

以杀害、伤害等方式向被劫持人的亲属发出威胁,“当场”劫取财物——的场合,按照上述标准就无法进行准确区分。

从理论上讲,绑架罪与抢劫罪的区别主要在于其所保护的法益和行为方式不同。绑架罪所保护的法益主要是人身权利,包括被绑架人的人身权以及与之有关的人的意思自决权,在行为方式上,通常采取将人掳走、限制自由之后,以杀害或者伤害被绑架人为手段,向被绑架人的近亲属或其他有关人提出财物要求或者其他要求。相反地,抢劫罪主要是保护被害人的财产权,在行为方式上,是通过使用暴力或者胁迫的方式,迫使被害人当场交出财物。虽然索财型的绑架和抢劫之间在以获取财物为目的的一点上相同,但通常来讲,抢劫罪是当场取财,带有极大的偶然性和随意性,而绑架罪是有预谋的掳人勒赎,具有周密的计划性,二者在索取的财物上不是一个量级。但这也只是对现实中的通常情况的描述,并非对犯罪构成的区分。实际上,从犯罪构成来看,完全可以存在抢劫罪和绑架罪之间的竞合。如上述劫持孩子,要求母亲当场给钱的场合,就是其典型。这种场合,既符合抢劫罪的构成也符合绑架罪的构成,属于想象竞合犯罪,应按照“从一重处罚”原则处理。

实务当中,当场向人质的亲属勒索财物的,构成绑架,但是,劫持并控制被害人人身自由,抢走被害人随身携带物品的,未实际通过第三人对被绑架者安危的忧虑而索取财物的,劫持他人后,迫使其向亲友筹借钱款,其亲友对被劫持事实并不知情的,均被认定为抢劫。

(3)抢劫赌资、犯罪所得的赃款赃物的处理。根据相关司法解释,[18]抢劫赌资、犯罪所得的赃款赃物的,以抢劫罪定罪,但行为人仅以其所输赌资或所赢赌债为抢劫对象的,一般不以抢劫罪定罪处罚。构成其他犯罪的,依照刑法的相关规定处罚。据此,首先,不以抢劫罪定罪处罚的讨要赌债行为,仅限于赌博者本人实施的场合,其他人以暴力、胁迫、伤害等非法手段替人讨要赌债的话,由于其和被害人之间不存在债权、债务关系,因此,就要构成侵犯他人财产利益的抢劫罪;其次,讨要行为不限于在赌博行为的当场实施,事后实施的,也不构成抢劫罪。因为,有关司法解释明确规定,[19]行为人为索取高利贷、赌债等法律不予保护的债务,非法拘禁、扣押他人的,构成侵犯他人人身自由的非法拘禁罪,而不构成财产犯罪。

(4)行为人冒充正在执行公务的人民警察抓赌、抓嫖、没收赌资或者罚款的行为,构成犯罪的,以招摇撞骗罪从重处罚;在实施上述行为中使用暴力或者暴力威胁的,以抢劫罪定罪处罚。行为人冒充治安联防队员抓赌、抓嫖、没收赌资或者罚款的行为,构成犯罪的,以敲诈勒索罪定罪处罚;在实施上述行为中使用暴力或者以暴力威胁的,以抢劫罪定罪处罚。

(5)以暴力、胁迫手段索取超出正常交易价格、费用的钱财的行为定性。从事正常商品买卖、交易或者劳动服务的人,以暴力、胁迫手段迫使他人交出与合理价钱、费用相差不大的钱物,情节严重的,以强迫交易罪定罪处罚;以非法占有为目的,以买卖、交易、服务为幌子采用暴力、胁迫手段迫使他人交出与合理价钱、费用相差悬殊的钱物的,以抢劫罪定罪处罚。在具体认定时,既要考虑超出合理价钱、费用的绝对数额,还要考虑超出合理价钱、费用的比例,加以综合判断。如此说来,出租车驾驶员在正常运营过程中,为牟取非法利益,采用暴力、威胁手段,强行向乘客索取与合理价格相差较大的高额出租车费,情节严重的,构成抢劫罪,而不是强迫交易罪。

---

〔18〕 2005 年最高人民法院《关于审理抢劫、抢夺刑事案件适用法律若干问题的意见》第 7 条第 2 款。

〔19〕 2000 年最高人民法院《关于对为索取法律不予保护的债务非法拘禁他人行为如何定罪问题的解释》。

(6)非法占有强迫他人卖血所得款物案件的处理。被告人以非法占有为目的,强迫被害人卖血后占有卖血所得款物的行为,构成抢劫罪;其间实施的非法剥夺被害人人身自由的行为,应作为抢劫罪从重处罚的情节予以考虑。[20]

(7)强迫借贷行为的处理。以非法占有为目的,以借贷为名采用暴力、胁迫手段获取他人财物,符合刑法第263条或者第274条规定的,以抢劫罪或者敲诈勒索罪追究刑事责任。[21]

(8)假冒或者利用艾滋病病毒感染者或者病人的身份,以谎称含有或者含有艾滋病病毒的血液为工具,以暴力、威胁或者其他方法抢劫公私财物的,以抢劫罪定罪处罚。[22]

3. 事后抢劫罪的认定。所谓事后抢劫罪,根据刑法第269条的规定,是指犯盗窃、诈骗、抢夺罪,为窝藏赃物、抗拒抓捕或者毁灭罪证而当场使用暴力或者以暴力相威胁的行为,也被称为转化型抢劫罪。[23] 其构成必须同时符合以下三个条件:

(1)犯盗窃、诈骗、抢夺罪。这是适用刑法第269条的前提条件。如果没有实施上述任何一种行为,就不发生适用刑法第269条的问题。对于“犯盗窃、诈骗、抢夺罪”的理解,应注意以下几点:

首先,行为人已经着手实施盗窃、诈骗、抢夺行为,一般不考察盗窃、诈骗、抢夺行为是否既遂。未达到“数额较大”,为窝藏赃物、抗拒抓捕或者毁灭罪证当场使用暴力,情节轻微、危害不大的,一般不以犯罪论处。但具有下列情节之一的,即盗窃、诈骗、抢夺接近“数额较大”标准的;入户或者在公共交通工具上盗窃、诈骗、抢夺后在户外或者公共交通工具外实施上述行为的;使用暴力致人轻微伤以上后果的;使用凶器或者以凶器相威胁的;具有其他严重情节的,可以适用刑法第269条。[24]

其次,已满14周岁不满16周岁的人不能成为事后抢劫罪的犯罪主体,如其在盗窃、诈骗、抢夺他人财物之后,为窝藏赃物、抗拒抓捕或者毁灭罪证,当场使用暴力,故意伤害致人重伤或者死亡,或者故意杀人的,应当分别以故意伤害罪或者故意杀人罪定罪处罚;致人轻伤的,则既不构成抢劫罪也不构成故意伤害罪。[25]

再次,“盗窃、诈骗、抢夺罪”不仅指刑法分则第五章中规定的相关犯罪,也包括其他类似犯罪。如在盗伐森林时被发现,因为抗拒抓捕而当场使用暴力的场合,由于树木主要还是一种财产,而且在破坏结果的计算上,也是以所造成的经济价值或者具体的财产损失数额为标准来计算的,因此,林木这种物的背后体现了一种财产所有关系。所以,在盗伐林木的场合,应当说具备了向事后抢劫罪转化的前提条件。同样的情形,在以盗窃手段实施破坏电力设施罪、以诈骗手段实施的信用卡诈骗罪的场合也存在。相反地,在以盗窃、抢夺的方式获取枪支、弹药、爆炸物、危险物质,国家机关公文、证件、印章,国有档案等的场合,因为上述物质主要不是体现在

---

〔20〕 1995年最高人民法院研究室《关于对非法占有强迫他人卖血所得款物案件如何定性问题的意见函》。

〔21〕 2014年最高人民检察院《关于强迫借贷行为适用法律问题的批复》。

〔22〕 2019年最高人民法院、最高人民检察院、公安部、司法部《关于依法严厉打击传播艾滋病病毒等违法犯罪行为的指导意见》第2条第6款。

〔23〕 刑法之所以单独规定所谓事后抢劫罪,大约是这种类型的抢劫罪中行为人主观要求上与通常的抢劫罪有所不同。实际上,即便没有这个规定,也照样可以一般抢劫罪对其处理。行为人在盗窃等之后,对失主或其他阻碍其取财的人当场使用暴力或暴力相威胁,不管出于什么动机,本质上和普通抢劫罪并无二致。

〔24〕 2016年最高人民法院《关于审理抢劫刑事案件适用法律若干问题的指导意见》第3条;2005年最高人民法院《关于审理抢劫、抢夺刑事案件适用法律若干问题的意见》第5条。

〔25〕 2006年最高人民法院《关于审理未成年人刑事案件具体应用法律若干问题的解释》第10条第1款。

其所具有的经济价值上,而更多地存在于对公共安全所具有的潜在威胁或者对公共秩序管理所必要的手段价值上,不能将其看作普通财物。所以,实施上述犯罪的场合,即便有为窝藏赃物、抗拒抓捕或者毁灭罪证而施暴或者以暴力相威胁的行为,也不能认定为事后抢劫罪。

最后,由于成立转化型抢劫罪的前提是犯盗窃、诈骗、抢夺罪,因此,在盗窃、诈骗、抢夺未遂或者中止的场合,行为人为抗拒抓捕或者毁灭罪证当场使用暴力,情节轻微、危害不大的,一般不以本罪论处;但情节严重的,可以本罪论处。

(2)必须是当场使用暴力或者以暴力相威胁。"当场"是指在盗窃、诈骗、抢夺的现场以及行为人刚离开现场即被他人发现并抓捕的场合。关于"当场"的范围,考虑到本罪的暴力或威胁行为与先行的盗窃等行为在时空上具有连续性和关联性,即时间上是前后连续而不间断的,地点上可以是同一场所,也可以是前行为的延展。因此,行为人如果在实施盗窃等行为的现场或刚一离开就被立即追捕的过程中为窝赃、拒捕、毁证而实施暴力、威胁行为的,就应认定为转化型抢劫罪;但是,如果当时追捕已中断或结束,或者犯罪人在作案时未被发现和追捕,而是在其他时间、地点被发现、被追捕,这时盗窃犯等为窝赃、拒捕、毁证而实施暴力或者以暴力相威胁的,就不能认为符合本罪的"当场"条件,而应对其前后行为分别依照有关条款定罪处罚。如行为人窃取财物之后,为防止被失主发现而将失主骗至外地,为阻止失主回家而将其打伤的行为,因为不符合"当场"的要求,不构成本罪。但是,在盗窃犯人只是将被盗物品搬离原处藏匿,在之后来取的时候,被沿路寻找而来的失主发现,为抗拒抓捕而使用暴力将失主打伤的,应当认定为"当场"使用暴力。因为,被盗物品尽管被搬离原处,但也未被行为人完全控制,后面来取的行为属于前面的盗窃行为的延续。在实施盗窃行为的现场,为抗拒抓捕而实施暴力的,应当视为"当场"施暴。对于以摆脱的方式逃脱抓捕,暴力强度较小,未造成轻伤以上后果的,可不认定为"使用暴力",不以抢劫罪论处。如在王某在偷拿被一妇女放在地摊上的皮包(包内有现金及物品折合人民币共计 4184 元,三个活期存折均设有密码,面值 47 万元)时,被该妇女发现并抓住衣服不放,王某为挣脱纠缠拼命向前挣脱,该妇女也被从二楼拖到一楼,腿部、腰部多处青紫,后因保安人员及时赶到将王某抓获,从其身上搜出弹簧刀一把的案件中,王某的行为是以摆脱方式避免被抓捕的行为,也未造成轻伤以上后果,可以不视为"使用暴力"。

(3)使用暴力或者以暴力相威胁的目的是窝藏赃物、抗拒抓捕或者毁灭罪证。窝藏赃物,是指保护已经取得的赃物不被恢复应有状态;抗拒抓捕,是指拒绝司法人员的拘留、逮捕和一般公民的扭送;毁灭罪证,是指毁灭、消灭本人的犯罪证据。行为人在实行盗窃、诈骗、抢夺的过程中,被他人发现,为了非法取得财物而使用暴力或以暴力相威胁的,应直接认定为抢劫罪,不适用刑法第 269 条。

两人以上共同实施盗窃、诈骗、抢夺犯罪,其中部分行为人为窝藏赃物、抗拒抓捕或者毁灭罪证而当场使用暴力或者以暴力相威胁的,对于其余行为人是否以抢劫罪共犯论处,主要看其对实施暴力或者以暴力相威胁的行为人是否形成共同犯意、提供帮助。基于一定意思联络,对实施暴力或者以暴力相威胁的行为人提供帮助或实际成为帮凶的,可以抢劫共犯论处。[26]

4. 携带凶器抢夺的处理。刑法第 267 条第 2 款规定,携带凶器抢夺的,按照抢劫罪定罪处罚。"携带凶器抢夺",是指行为人随身携带枪支、弹药、爆炸物、管制刀具等国家禁止个人携带的器械进行抢夺或者为了实施犯罪而携带其他器械进行抢夺的行为。但是,这种凶器必须

〔26〕 2016 年最高人民法院《关于审理抢劫刑事案件适用法律若干问题的指导意见》第 3 条。

是处于能够使用的状态,如果将凶器置于其他箱包之中,不能随时拿出使用,那么,就不能适用本条规定。

这里要注意的问题是,什么是“凶器”。所谓凶器,就是根据其性质或者用途,可以用来侵害人的身体、生命或者财产的器具。理论上,有所谓性质上的凶器和用途上的凶器之分。前者是指枪炮刀剑之类,本来就是用于杀伤人而制作的工具,后者是指铁棒、斧头、菜刀、锤子之类的,本来是为了其他用途而制作,但是,根据其用途,能立即使人死伤的用具。也就是说,在是否凶器的判断上,将作为使用者的行为人的主观意思也考虑在内了。但是,如果考虑行为人有关具体用途的意思,那么,所有用于侵害的用具都有可能被看作“凶器”。如行为人脖子上所戴的领带,因为能够被用来勒人脖子,所以,也可以被看作凶器。但是,这样理解的话,就有问题了。因为“携带凶器”本质上是抢夺的预备行为,之所以将具有这种情节的抢夺行为作为抢劫罪考虑,是因为外观上具有凶器形式的东西能够使人产生心理上的恐惧感,实质上和抢劫没有什么差别。所以,凶器的概念,也必须从携带凶器抢夺这种犯罪预备行为的阶段、一般人所理解的凶器的角度出发来加以考虑。基于以上认识,在认定“凶器”的时候,要考虑以下两点:一是是否凶器,必须就在实施抢夺行为之前的阶段上加以判断。否则,在抢夺过程当中,所有用于加害的器具都是“凶器”了。二是是否凶器,必须结合一般人观念上的“凶器”来加以判断。随身携带具有严重危害性且常被用于犯罪的器械如斧头、菜刀等进行抢夺的,应以抢劫罪论处。

依照最高人民法院《关于审理抢劫、抢夺刑事案件适用法律若干问题的意见》第 4 条,行为人随身携带国家禁止个人携带的器械以外的其他器械抢夺,但有证据证明该器械确实不是为了实施犯罪准备的,不以抢劫罪定罪;行为人将随身携带的凶器有意加以显示、能为被害人察觉到的,直接适用刑法第 263 条的规定定罪处罚;行为人携带凶器抢夺后,在逃跑过程中为窝藏赃物、抗拒抓捕或者毁灭罪证而当场使用暴力或者以暴力相威胁的,适用刑法第 267 条第 2 款的规定定罪处罚。

5. 抢劫罪的既遂与未遂的界限。抢劫罪侵犯的是复杂客体,既侵犯财产权利又侵犯人身权利,具备劫取财物或者造成他人轻伤以上后果两者之一的,均属抢劫既遂;既未劫取财物,又未造成他人人身伤害后果的,属抢劫未遂。据此,刑法第 263 条规定的 8 种处罚情节中除“抢劫致人重伤、死亡的”这一结果加重情节之外,其余 7 种处罚情节中都存在既遂、未遂问题。如张某凌晨入室盗窃一只挎包(内有现金 1150 元),被袁某发现,并受到袁某的追赶。张某为阻止追赶,用木棍对袁某殴打,张某当场被抓获,盗窃的现金 1150 元被全部追回。经鉴定,袁某的损伤程度属轻微伤,张某实施盗窃行为后,为抗拒抓捕实施暴力造成被害人轻微伤的,应以抢劫罪定罪处罚;但是张某并未成功劫取财物(行为人在抗拒抓捕过程中,财物被追回,也就是说,并未给财物所有人造成财产损害),也没有造成他人轻伤以上后果(仅造成轻微伤),因此,应当认定为抢劫罪未遂。此种有加重情节的抢劫未遂,应当根据刑法第 263 条关于加重情节的法定刑规定,结合未遂犯的处理原则,进行量刑。

另外,在抢劫罪中,因为暴力、胁迫或者其他方法是取财的手段行为,而取财是结果行为,因此,二者之间必须具有因果关系。在行为人使用了暴力、胁迫或者其他方法,也获得了所希望得到的财物,但二者之间没有因果关系,同时又未造成被害人轻伤以上后果的时候,就只能构成抢劫罪的未遂。在抢劫犯罪中,夺取财物后逃跑过程中,被害人旋即将财物夺回的,属于抢劫未遂。

(三)处罚

依照刑法第263条的规定,犯本罪的,处3年以上10年以下有期徒刑,并处罚金。犯抢劫罪有下列情形之一的,处10年以上有期徒刑、无期徒刑或者死刑,并处罚金或者没收财产:

1."入户抢劫的"。在本规定的适用中,应当注意以下几点:

(1)"户"的范围。"户"在这里是指住所,其特征表现为供他人家庭生活和与外界相对隔离两个方面,前者为功能特征,后者为场所特征。包括封闭的院落、牧民的帐篷、渔民作为家庭生活用的渔船、为生活而租用的房屋、流浪者为了栖身而临时搭建的纸板房等。经营场所和为看守瓜园、菜地或者建筑工地而临时搭建的工棚等是否属于这里所说的"户",需要具体分析。对于部分时间从事经营、部分时间用于生活起居的场所,行为人在非营业时间强行入内抢劫或者以购物等为名骗开房门入内抢劫的,应认定为"入户抢劫"。对于部分用于经营、部分用于生活且之间有明确隔离的场所,行为人进入生活场所实施抢劫的,应认定为"入户抢劫";如场所之间没有明确隔离,行为人在营业时间入内实施抢劫的,不认定为"入户抢劫",但在非营业时间入内实施抢劫的,应认定为"入户抢劫"。[27] 卖淫女从事卖淫活动时的出租房不属于本条意义上的"户",行为人在出租房内实施抢劫行为不构成入户抢劫。

(2)"入户"目的的非法性。进入他人住所须以实施抢劫等犯罪为目的。以侵害户内人员的人身、财产为目的,入户后实施抢劫,包括入户实施盗窃、诈骗等犯罪而转化为抢劫的,应当认定为"入户抢劫"。出于访友办事等原因经户内人员允许入户后,临时起意实施抢劫,或者临时起意实施盗窃、诈骗等犯罪而转化为抢劫的,不应认定为"入户抢劫"。[28] 行为人从户外追赶被害人进入户内实施抢劫,应认定为入户抢劫。以强奸目的入户,在强奸过程中临时起意劫取财物的,不是入户抢劫。

(3)暴力、胁迫行为或者劫财行为必须有一项发生在户内。与外界相对隔绝的生活场所,通常被看作为人们生活最为安全的地方,在这种场所抢劫,会破坏人们生活的最后防线。因此,在他人户内犯罪的危害远比在其他场所的要大。抢劫罪由暴力、胁迫行为和劫财行为构成,两者只要其中之一在户内实施,就可以说搅乱了户内的安宁。因此,入户实施盗窃被发现,行为人为窝藏赃物、抗拒抓捕或者毁灭罪证而当场使用暴力或者以暴力相威胁的,可以认定为"入户抢劫"。入户抢劫的目的是劫取他人户内的财物,为了达到非法占有的目的,行为人须实施暴力、胁迫或其他方法排除户内他人的反抗。行为人将户主骗离住所,将其杀害,或者在将其骗出住所后,以其他具有暴力、胁迫性质的方法使之无法回到住所,为其堂而皇之地再次入户劫财铺平道路的行为,其性质与入户抢劫的典型表现形式并无本质区别,应当视为"入户抢劫"。行为人提供钥匙给同伙让同伙抢劫共同居住者的,行为人与同伙均成立入户抢劫。

2."在公共交通工具上抢劫的"。"公共交通工具",包括从事旅客运输的各种公共汽车,大、中型出租车,火车,地铁,轻轨,轮船,飞机等,不含小型出租车。对于虽不具有商业营运执照,但实际从事旅客运输的大、中型交通工具,可认定为"公共交通工具"。接送职工的单位班车、接送师生的校车等大、中型交通工具,视为"公共交通工具"。"在公共交通工具上抢劫",

---

〔27〕 2016年最高人民法院《关于审理抢劫刑事案件适用法律若干问题的指导意见》第2条第1款。

〔28〕 2016年最高人民法院《关于审理抢劫刑事案件适用法律若干问题的指导意见》第2条第1款。需要注意的是,以上所述为通说见解。但要注意的是,该种做法,有过于强调主观意思的嫌疑,会将"入户抢劫"的判断主观化、随意化。而且,对实践中常见的如送奶工、维修工等合法入户之后,临时起意而在户内抢劫的行为,无法根据本规定从重处罚。

既包括在处于运营状态的公共交通工具上对旅客及司售、乘务人员实施抢劫，也包括拦截运营途中的公共交通工具对旅客及司售、乘务人员实施抢劫，但不包括在未运营的公共交通工具上针对司售、乘务人员实施抢劫。以暴力、胁迫或者麻醉等手段对公共交通工具上的特定人员实施抢劫的，一般应认定为“在公共交通工具上抢劫”。[29] 之所以将“在公共交通工具上抢劫”作为加重处罚的情节，是因为在这种封闭且有限的空间范围内实施暴力、胁迫行为，会直接危害其他不特定多数乘客的生命、财产安全。但在列车上，趁特定他人冲泡方便面之机，采用暗中投放安眠药致其昏迷的麻醉方法抢劫的场合，由于这种行为并不具有同时危害不特定多数人的人身、财产和公共交通安全的严重后果，与在其他场合的抢劫并无明显区别，因此，不应当适用本条款。抢劫公共交通工具，如果达到了数额巨大的标准，应当适用刑法第263条第4项情形的规定。

在公共交通工具上实施盗窃、诈骗、抢夺罪，之后为窝藏赃物、抗拒抓捕、毁灭罪证而当场使用暴力或者以暴力相威胁的，应当属于“在公共交通工具上抢劫”。

3.“抢劫银行或者其他金融机构的”。这是指抢劫银行或者其他金融机构的经营资金、有价证券等。抢劫正在使用中的银行或者其他金融机构的运钞车，视为“抢劫银行或者其他金融机构”。但是，在银行或者其他金融机构的营业大厅抢劫客户现金的，不能认定为抢劫金融机构。

4.“多次抢劫或者抢劫数额巨大的”。“多次”是指3次以上，包括本数在内。对于“多次”的认定，应以行为人实施的每一次抢劫行为均已构成犯罪为前提，综合考虑犯罪故意的产生、犯罪行为实施的时间、地点等因素，客观分析、认定。对于行为人基于一个犯意实施犯罪的，如在同一地点同时对在场的多人实施抢劫的，或基于同一犯意在同一地点实施连续抢劫犯罪的，如在同一地点连续对途经此地的多人进行抢劫的，或在一次犯罪中对一栋居民楼房中的几户居民连续实施入户抢劫的，一般应认定为一次犯罪。多次抢劫，包括造成损害后果的犯罪中止，但不包括未造成损害后果的犯罪中止；对于抢劫罪，轻微伤不属于刑法意义上的损害后果。[30] 所谓数额巨大，比照各地确定的盗窃数额巨大的认定标准执行。按照有关司法解释，个人盗窃公私财物价值人民币3万元至10万元以上的，为“数额巨大”。抢劫数额以实际抢劫到的财物数额为依据。抢劫国家二级以上文物的，应当认定为抢劫数额巨大。[31] 对以数额巨大的财物为明确目标，出于意志以外的原因，未能抢到财物或实际抢得的财物数额不大的，应同时认定“抢劫数额巨大”和犯罪未遂的情节，根据刑法有关规定，结合未遂犯的处理原则量刑。抢劫信用卡后使用、消费的，以行为人实际使用、消费的数额为抢劫数额。由于行为人意志以外的原因无法实际使用、消费的部分，虽不计入抢劫数额，但应作为量刑情节考虑。通过银行转账或者电子支付、手机银行等支付平台获取抢劫财物的，以行为人实际获取的财物为抢劫数额。[32] 为抢劫其他财物，劫取机动车辆当作犯罪工具或者逃跑工具使用的，被劫取机动车辆的价值计入抢劫数额；为实施抢劫以外的其他犯罪劫取机动车辆的，以抢劫罪和实施的其

---

〔29〕 2016年最高人民法院《关于审理抢劫刑事案件适用法律若干问题的指导意见》第2条第2款。

〔30〕 最高人民法院第二巡回法庭2020年第9次法官会议纪要《多次抢劫中单次抢劫中止的，是否计入“多次抢劫”的次数》。

〔31〕 杜金梨、徐玉蓉等：《王建利等抢劫案[第482号]——对抢劫国家二级以上文物的应如何量刑》，载最高人民法院刑事审判第一、二、三、四、五庭主办：《刑事审判参考》总第61辑，法律出版社2008年版。

〔32〕 2016年最高人民法院《关于审理抢劫刑事案件适用法律若干问题的指导意见》第2条第3款。

他犯罪实行数罪并罚。抢劫存折、机动车辆的数额计算,可以参照最高人民法院、最高人民检察院《关于办理盗窃刑事案件适用法律若干问题的解释》的相关规定执行。

5."抢劫致人重伤、死亡的"。这里的"人"是指抢劫犯(包括其同伙)以外的其他人,而不包括抢劫犯自身。[33] 因为,抢劫罪的保护法益是抢劫犯以外的其他人的财产权利和人身权利,而不包括抢劫犯及其同伙。因此,在抢劫过程当中,致使同伙死亡的场合,不属于"抢劫致人死亡",而是构成普通抢劫罪和故意伤害(致人死亡)罪,实行数罪并罚。为抢劫他人财物而追赶他人,致他人撞上汽车死亡的,也按本条款处理。

关于"抢劫致人重伤、死亡"的处罚,依照相关司法解释,具有下列情形之一的,可以判处无期徒刑以上刑罚:(1)抢劫致3人以上重伤,或者致人重伤造成严重残疾的;(2)在抢劫过程中故意杀害他人,或者故意伤害他人,致人死亡的;(3)具有除"抢劫致人重伤、死亡"外的两种以上加重处罚情节,或者抢劫次数特别多、抢劫数额特别巨大的。为劫取财物而预谋故意杀人,或者在劫取财物过程中为制服被害人反抗、抗拒抓捕而杀害被害人,且被告人无法定从宽处罚情节的,可依法判处死刑立即执行。对具有自首、立功等法定从轻处罚情节的,判处死刑立即执行应当慎重。对于采取故意杀人以外的其他手段实施抢劫并致人死亡的案件,要从犯罪的动机、预谋、实行行为等方面分析被告人主观恶性的大小,并从有无前科及平时表现、认罪悔罪情况等方面判断被告人的人身危险程度,不能不加区别,仅以出现被害人死亡的后果,一律判处死刑立即执行。抢劫致人重伤案件适用死刑,应当更加慎重、更加严格,除非具有采取极其残忍的手段造成被害人严重残疾等特别恶劣的情节或者造成特别严重后果的,一般不判处死刑立即执行。具有刑法第263条规定的"抢劫致人重伤、死亡"以外其他7种加重处罚情节,且犯罪情节特别恶劣、危害后果特别严重的,可依法判处死刑立即执行。认定"情节特别恶劣、危害后果特别严重",应当从严掌握,适用死刑必须非常慎重、非常严格。[34]

6."冒充军警人员抢劫的"。"冒充军警人员抢劫的"之所以加重处罚,主要是该种栽赃诬陷行为严重损害了军警人员的声誉。其中,"军警人员",是指现役军人、武装警察、公安和国家安全机构的警察、司法警察,不包括其他执法人员或者司法人员。所谓"冒充",是指通过着装、出示假证件或者口头宣示而让人信以为真的行为。认定"冒充军警人员抢劫",要注重对行为人是否穿着军警制服、携带枪支、是否出示军警证件等情节进行综合审查,判断是否足以使他人误以为是军警人员。对于行为人仅穿着类似军警的服装或仅以言语宣称系军警人员但未携带枪支、也未出示军警证件而实施抢劫的,要结合抢劫地点、时间、暴力或威胁的具体情形,依照常人判断标准,确定是否认定为"冒充军警人员抢劫"。军警人员利用自身的真实身份实施抢劫的,不认定为"冒充军警人员抢劫"。因为,真军警人员抢劫的场合,不存在对军警

---

〔33〕 有判例认为,在抢劫过程中导致财物所有人以外的第三人死亡的,不能认定为抢劫致人死亡。参见金某亮抢劫案,载《人民法院案例选》2008年第3辑。

〔34〕 2016年最高人民法院《关于审理抢劫刑事案件适用法律若干问题的指导意见》第4条。但必须说明的是,上述解释将"在抢劫过程中故意杀害他人,致人死亡",也包括在"抢劫致人死亡"之内,换言之,上述解释认为,刑法第263条所规定的"暴力"当中,包括故意杀人。在理论上讲,这种理解是有问题的。因为,刑法第232条规定,故意杀人的,"处死刑、无期徒刑或者十年以上有期徒刑",表面上看,其和刑法第263条第5项的规定即抢劫致人死亡的法定刑在幅度上完全一致,没有什么差别。但二者在排列顺序上有别,这种法定刑的排列顺序的不同,意味着和故意杀人类型的抢劫罪相比,故意杀人罪属于重罪。不然的话,就可能出现杀人抢劫的法定刑反而比杀人的处罚还低的结局。如此说来,刑法第263条中的"暴力"不应当包括"故意杀人"。以故意杀人手段抢劫的,应当构成故意杀人罪和抢劫罪或者杀人罪和侵占罪。

人员的诬陷栽赃和名誉损害,但对其应依法从重处罚。

7.“持枪抢劫的”。这是指使用枪支或者向被害人显示持有、佩带的枪支进行抢劫的行为。无论行为人是否实际使用了枪支,均不影响对此情形的认定。如果行为人并未实际持有枪支,而是口头上表示有枪,或者虽然随身携带有枪支,但并未持在手中,也没有向被害人显示,均不能认定符合这一情形。行为人所持有的枪支,应当属于《枪支管理法》规定的枪支范围,而假枪不在此范围之内。持仿真枪抢劫的不能按照本款处罚。立法之所以将持枪抢劫列入抢劫罪第二个量刑幅度内处刑,主要是考虑到枪支具有较强的杀伤力,对被害人的胁迫力度大,而且,行为人一旦开枪,往往会造成被害人的伤亡。而仿真枪并不具有杀伤力,也就不可能造成事实上的伤亡。因此,持仿真枪抢劫的危害性远远达不到持真枪抢劫的程度。

8.“抢劫军用物资或者抢险、救灾、救济物资的”。“军用物资”,是指除武器装备以外的,供军事上使用的其他物品,如军用被服、粮食、油料、建筑材料、药品等。但只包括正在使用的和储存备用的军事物资,不包括已确定报废的军事物资在内,因为已报废的军事物资不能直接形成部队的战斗力。“抢险、救灾、救济物资”,是指抢险、救灾、救济用途已经明确的物资,包括正处于保管、运输或者使用中的物资。如果是抢劫曾经用于抢险、救灾、救济方面工作的但已不再属于这种特定性质的物资,则不能认定符合本项情形。对于抢劫军用物资或者抢险、救灾、救济物资的行为,必须查明行为人是否明知而实施;如果行为人事前或者事中并不知道其所抢劫的物资属于这种特定性质的,也不能适用本项情形的规定。

9.另外,在抢劫罪的处罚上,还应注意以下两个问题:

(1)抢劫共同犯罪的刑罚适用。首先,审理抢劫共同犯罪案件,应当充分考虑共同犯罪的情节及后果、共同犯罪人在抢劫中的作用以及被告人的主观恶性、人身危险性等情节,做到准确认定主从犯,分清罪责,以责定刑,罚当其罪。一案中有两名以上主犯的,要从犯罪提议、预谋、准备、行为实施、赃物处理等方面区分出罪责最大者和较大者;有两名以上从犯的,要在从犯中区分出罪责相对更轻者和较轻者。对从犯的处罚,要根据案件的具体事实、从犯的罪责,确定从轻还是减轻处罚。对具有自首、立功或者未成年人且初次抢劫等情节的从犯,可以依法免除处罚。其次,对于共同抢劫致一人死亡的案件,依法应当判处死刑的,除犯罪手段特别残忍、情节及后果特别严重、社会影响特别恶劣、严重危害社会治安的外,一般只对共同抢劫犯罪中作用最突出、罪行最严重的那名主犯判处死刑立即执行。罪行最严重的主犯如因系未成年人而不适用死刑,或者因具有自首、立功等法定从宽处罚情节而不判处死刑立即执行的,不能不加区别地对其他主犯判处死刑立即执行。最后,在抢劫共同犯罪案件中,有同案犯在逃的,应当根据现有证据尽量分清在押犯与在逃犯的罪责,对在押犯应按其罪责处刑。罪责确实难以分清,或者不排除在押犯的罪责可能轻于在逃犯的,对在押犯适用刑罚应当留有余地,判处死刑立即执行要格外慎重。[35]

(2)累犯等情节的适用。根据刑法第65条第1款的规定,对累犯应当从重处罚。抢劫犯罪被告人具有累犯情节的,适用刑罚时要综合考虑犯罪的情节和后果,所犯前后罪的性质、间隔时间及判刑轻重等情况,决定从重处罚的力度。对于前罪系抢劫等严重暴力犯罪的累犯,应当依法加大从重处罚的力度。对于虽不构成累犯,但具有抢劫犯罪前科的,一般不适用减轻处罚和缓刑。对于可能判处死刑的罪犯具有累犯情节的也应慎重,不能只要是累犯就一律判处

---

〔35〕 2016年最高人民法院《关于审理抢劫刑事案件适用法律若干问题的指导意见》第5条。

死刑立即执行；被告人同时具有累犯和法定从宽处罚情节的，判处死刑立即执行应当综合考虑，从严掌握。[36]

关于抢劫罪的量刑，根据相关司法解释，[37]构成抢劫罪的，根据下列情形在相应的幅度内确定量刑起点。（1）抢劫一次的，在3年至6年有期徒刑幅度内确定量刑起点。（2）有下列情形之一的，在10年至13年有期徒刑幅度内确定量刑起点：入户抢劫的；在公共交通工具上抢劫的；抢劫银行或者其他金融机构的；抢劫3次或者抢劫数额达到数额巨大起点的；抢劫致一人重伤的；冒充军警人员抢劫的；持枪抢劫的；抢劫军用物资或者抢险、救灾、救济物资的。依法应当判处无期徒刑以上刑罚的除外。在量刑起点的基础上，根据抢劫情节严重程度、抢劫数额、次数、致人伤害后果等其他影响犯罪构成的犯罪事实增加刑罚量，确定基准刑。构成抢劫罪的，根据抢劫的数额、次数、手段、危害后果等犯罪情节，综合考虑被告人缴纳罚金的能力，决定罚金数额。构成抢劫罪的，综合考虑抢劫的起因、手段、危害后果等犯罪事实、量刑情节，以及被告人的主观恶性、人身危险性、认罪悔罪表现等因素，从严把握缓刑的适用。

二、抢夺罪

（一）概念和构成

本罪，是指抢夺公私财物，数额较大的，或者多次抢夺公私财物的行为。其构成如下：

本罪在客观上表现为抢夺。由于刑法典中，对于何谓“抢夺”没有进行说明，因此，关于本罪的实行行为，只能从理论上进行探讨。本书认为，本罪客观上表现为抢夺他人紧密控制状态下的财物，数额较大，或者多次抢夺的行为。具体来说：

首先，必须具有夺取他人紧密控制下的财物的行为。换言之，行为人对他人持有的财物，采取突然发力，使被害人来不及抗拒，强加夺取的行为方式。之所以这样理解，是因为考虑到，抢夺罪处于抢劫罪和盗窃罪的中间状态上，为了将这三者更清楚地区分开来。抢劫罪是对他人人身实施暴力，所以危险程度最高，处罚最重。在抢夺罪的场合，虽然没有对他人人身实施暴力，而是对他人的财物实施暴力，但由于行为人所强取之物与被害人在空间上处于较为紧密的关系，因此，对被害人而言，也具有较高的危险；同时，由于是当着被害人的面实施该种行为，给被害人心理上所造成的震撼和恐惧也比盗窃等犯罪要高。盗窃罪是采用平和的手段获取他人财物，既没有对人也没有对物使用暴力，因此，属于危险较为轻微的财产犯罪。也正因如此，在有些刑法中，抢夺罪的法定刑高于盗窃罪。我国刑法当中虽然没有这种区分，但并不意味着这种区分没有任何意义。按照刑法第267条第2款的规定，携带凶器抢夺的，按照抢劫罪定罪处罚，而在盗窃罪的场合则没有这种规定。由此看来，说抢夺罪的危险程度高于盗窃罪，也不是没有任何根据的。

抢夺形式的非法占有公私财物的行为具有两个特征：（1）针对他人所紧密控制的财物。所谓紧密控制，意味着被害人对财物处于直接控制状态，如握在手中、揣在怀里或者放在口袋里。在被害人把提包放在候车大厅的长椅上，然后去3米外的窗口买票的场合，不能说该物处在被害人的紧密控制之下，因此，行为人乘机拿走被害人提包的行为，不能构成抢夺罪。（2）对物使用强力，转移其占有。详言之，就是针对被害人所紧密控制的财物，使用被害人可以立即

---

〔36〕 2016年最高人民法院《关于审理抢劫刑事案件适用法律若干问题的指导意见》第6条。

〔37〕 2021年最高人民法院、最高人民检察院《关于常见犯罪的量刑指导意见（试行）》第4条第10款。

感知到的强力转移财物的占有。这是抢夺罪与盗窃罪、抢劫罪的最显著区别。盗窃罪是采用平和的手段转移财物的占有,其中不包含有强力性的内容,无论对他人人身和财物都不采用强力;抢劫罪是针对他人的身体,采用暴力、胁迫或者其他手段,使其不敢反抗、不能反抗或者不知反抗,然后夺取其财物。抢夺他人财物的行为,不一定要在“他人不备”的场合实施,即便是在他人有所察觉、有所防备的场合,只要行为人使用强力夺走他人财物的,都能构成本罪;也不要求当着众人的面公然实施,只要是抢夺他人之物,不论是否公然实施,都构成本罪。[38]

其次,夺取的财物,价值上必须达到“数额较大”,或者有多次抢夺的行为。按照有关司法解释,[39]抢夺公私财物价值人民币1000元至3000元以上的,为“数额较大”;多次抢夺,是指一年内抢夺3次以上。抢夺公私财物,具有下列情形之一的,“数额较大”的标准按照前条规定标准的50%确定:(1)曾因抢劫、抢夺或者聚众哄抢受过刑事处罚的;(2)1年内曾因抢夺或者哄抢受过行政处罚的;(3)1年内抢夺3次以上的;(4)驾驶机动车、非机动车抢夺的;(5)组织、控制未成年人抢夺的;(6)抢夺老年人、未成年人、孕妇、携带婴幼儿的人、残疾人、丧失劳动能力人的财物的;(7)在医院抢夺病人或者其亲友财物的;(8)抢夺救灾、抢险、防汛、优抚、扶贫、移民、救济款物的;(9)自然灾害、事故灾害、社会安全事件等突发事件期间,在事件发生地抢夺的;(10)导致他人轻伤或者精神失常等严重后果的。[40]

(二)本罪的认定

在本罪的认定中,必须注意以下问题:

1. 划清罪与非罪的界限。抢夺罪以夺取数额较大的公私财物为成立要件。因此,对于抢夺财物数额不大,情节显著轻微的,如因生活无着落而偶尔抢夺少量食物等行为,不能以抢夺罪论处。

2. 划清抢夺罪与抢劫罪的界限。二者的关键区别在于:抢夺罪不使用暴力,而使用强力,并作用于被抢夺的财物;而抢劫罪则是使用暴力,并施加于被害人,强制其身体,以排除被害人的抵抗。实践中,应当注意的有以下几种情况:

(1)正如因猛力夺提包、挎包使被害人站立不稳而摔倒、跌伤一样,从被害人手中或身上夺取财物的时候,造成被害人受伤时,由于行为人并不是故意以暴力侵犯他人人身的方法作为取财的手段,行为人的“力”是施加于财物上的,目的是使财物脱离被害人的控制而转移到自己手中,因此,对这种情况应当以抢夺罪从重处罚。

(2)行为人趁火车、汽车、电车开动时夺取他人的手表、提包等财物的行为的认定。对这种案件的定性,有以下三种意见:第一种意见认为,应当构成抢劫罪,因为它是行为人利用了被

---

[38] 必须说明的是,以上关于抢夺罪的客观特征的论述,都是本书的看法。实际上,司法实践以及目前的通说观点均从抢夺罪是与盗窃罪相对的犯罪,而盗窃就是“秘密窃取”他人财物的立场出发来理解抢夺罪的,认为所谓抢夺就是“公然夺取”,即在财物所有人或者保管人在场的情况下,当着财物所有人或保管人的面或者采用可以使其立即发觉的方式夺取其所占有的财物。因此,在陶某假装购买摩托车,试骑的过程中到一加油站加油,趁跟车的车行营业员不注意的时候,将摩托车骑走;李某假意购买钻戒,试戴的时候,乘营业员不备,转身就跑,把戒指拿走;张某假意购买二手汽车,试车的时候,骗跟车的卖主去三楼财会室喊人下来,然后趁机将车开走;王某以借打手机为名,拿到他人手机之后,乘人不备逃走等场合,均属于当着财物的所有人或者保管人的面而夺取并占有财物,均应构成抢夺罪。但按照本书的观点,上述场合下,由于行为人所夺取的并不是被害人所紧密控制之下的财物,也很难说有对物实施暴力,从被害人手中夺走的行为,难以形成比盗窃罪的实行行为更高程度的危险,不能构成抢夺罪。

[39] 2013年最高人民法院、最高人民检察院《关于办理抢夺刑事案件适用法律若干问题的解释》第1条。

[40] 2013年最高人民法院、最高人民检察院《关于办理抢夺刑事案件适用法律若干问题的解释》第2条。

害人不能反抗或不能有效反抗的状态,可以看作为抢劫罪的“其他方法”;第二种意见认为,应当构成抢夺罪;第三种意见认为,应当构成盗窃罪。认为构成抢劫罪的观点显然是不对的。因为在这种场合下,行为人只是利用了被害人不能有效地反抗的状态,但这种状态并不是行为人以自己的行为造成的,而抢劫罪中的“其他方法”是指行为人故意造成某种状态并利用这种状态来占有财物的情况,二者之间不能同等看待。后两种观点可以考虑。从本书的立场来看,由于行为人是采用非暴力的平和手段拿走财物的,因此,构成盗窃罪;相反地,按照通说见解,这种场合构成抢夺罪。

(3)驾驶车辆夺取他人财物的处理。按照相关司法解释,[41]驾驶机动车、非机动车夺取他人财物,具有下列情形之一的,应当以抢劫罪定罪处罚:一是夺取他人财物时因被害人不放手而强行夺取的;二是驾驶车辆逼挤、撞击或者强行逼倒他人夺取财物的;三是明知会致人伤亡仍然强行夺取并放任造成财物持有人轻伤以上后果的。

(三)处罚

依照刑法第267条的规定,犯本罪的,处3年以下有期徒刑、拘役或者管制,并处或者单处罚金;数额巨大或者有其他严重情节的,处3年以上10年以下有期徒刑,并处罚金;数额特别巨大或者有其他特别严重情节的,处10年以上有期徒刑或者无期徒刑,并处罚金或者没收财产。

依据有关司法解释,[42](1)抢夺公私财物价值人民币3万元至8万元以上的,为“数额巨大”;(2)抢夺公私财物价值人民币20万元至40万元以上的,为“数额特别巨大”。抢夺公私财物,具有下列情形之一的,应当认定为“其他严重情节”:导致他人重伤的;导致他人自杀的;具有该解释第2条第3项至第10项规定的情形之一,数额达到该解释第1条规定的“数额巨大”的50%的。[43] 抢夺公私财物,具有下列情形之一的,应当认定为“其他特别严重情节”:(1)导致他人死亡的;(2)具有该解释第2条第3项至第10项规定的情形之一,数额达到该解释第1条规定的“数额特别巨大”的50%的。[44] 抢夺公私财物数额较大,但未造成他人轻伤以上伤害,行为人系初犯,认罪、悔罪,退赃、退赔,且具有下列情形之一的,可以认定为犯罪情节轻微,不起诉或者免予刑事处罚;必要时,由有关部门依法予以行政处罚:(1)具有法定从宽处罚情节的;(2)没有参与分赃或者获赃较少,且不是主犯的;(3)被害人谅解的;(4)其他情节轻微、危害不大的。[45]

关于本罪的量刑,根据《关于常见犯罪的量刑指导意见(试行)》第4条第13款的规定,(1)构成抢夺罪的,根据下列情形在相应的幅度内确定量刑起点:达到数额较大起点或者2年内3次抢夺的,在1年以下有期徒刑、拘役幅度内确定量刑起点;达到数额巨大起点或者有其他严重情节的,在3年至5年有期徒刑幅度内确定量刑起点;达到数额特别巨大起点或者有其他特别严重情节的,在10年至12年有期徒刑幅度内确定量刑起点,依法应当判处无期徒刑的除外。(2)在量刑起点的基础上,根据抢夺数额、次数等其他影响犯罪构成的犯罪事实增加刑罚量,确定基准刑。多次抢夺,数额达到较大以上的,以抢夺数额确定量刑起点,抢夺次数可以

---

〔41〕 2013年最高人民法院、最高人民检察院《关于办理抢夺刑事案件适用法律若干问题的解释》第6条。

〔42〕 2013年最高人民法院、最高人民检察院《关于办理抢夺刑事案件适用法律若干问题的解释》第1条。

〔43〕 2013年最高人民法院、最高人民检察院《关于办理抢夺刑事案件适用法律若干问题的解释》第3条。

〔44〕 2013年最高人民法院、最高人民检察院《关于办理抢夺刑事案件适用法律若干问题的解释》第4条。

〔45〕 2013年最高人民法院、最高人民检察院《关于办理抢夺刑事案件适用法律若干问题的解释》第5条。

作为调节基准刑的量刑情节;数额未达到较大的,以抢夺次数确定量刑起点,超过3次的次数作为增加刑罚量的事实。(3)构成抢夺罪的,根据抢夺的数额、次数、手段、危害后果等犯罪情节,综合考虑被告人缴纳罚金的能力,决定罚金数额。(4)构成抢夺罪的,综合考虑抢夺的起因、数额、手段、次数、危害后果、退赃退赔等犯罪事实、量刑情节,以及被告人的主观恶性、人身危险性、认罪悔罪表现等因素,决定缓刑的适用。

三、聚众哄抢罪

本罪,是指聚集多人,采用哄闹、滋扰的方法,公然夺取数额较大的公私财物或者情节严重的行为。

本罪的主体是特殊主体,即在参加聚众哄抢的行为人当中,只有首要分子和积极参加的人才能成为本罪的主体。其中,"聚众",是指3人以上聚集在一起。之所以能够聚集在一起,通常是某偶然事件所致,因此,其与数人事先通谋主动寻找机会抢夺作案的情形不同;"哄抢",是指不采用对人身实施暴力等强制手段,公然夺取公私财物。所以,总的来说,聚众哄抢,是指多人因偶然事件触发聚集到一起,公然夺取或窃取公私财物归各自占有。[46] 如汽车翻车之后,货物散落一地,附近的村民们不顾货主的劝阻,将散落的货物各自拿回家的行为;工厂停产之后,周围的居民们不顾工厂看守的阻拦,强行进厂将值钱的机器设备等拆卸回家等,都是其表现。

依照刑法第268条的规定,犯本罪的,对首要分子和积极参加的,处3年以下有期徒刑、拘役或者管制,并处罚金;数额巨大或者有其他特别严重情节的,处3年以上10年以下有期徒刑,并处罚金。

四、敲诈勒索罪

(一)概念和构成

本罪,是指敲诈勒索他人财物数额较大,或者多次敲诈勒索的行为。

本罪是以敲诈为手段,使他人产生恐惧心理,进而获得财产的犯罪,因而,本罪在侵害他人财产利益的同时,也侵犯了被害人的人身权利和意思自由,属于侵犯复杂客体的犯罪。但由于行为人使用敲诈手段指向的对象是他人财物,同时本罪也被规定在侵犯财产罪一章中,因此,本罪的主要法益是他人的财产利益。在行为人敲诈勒索的目的物不是财物,而是谋求升迁、调动、转干、复员、索要官职等的场合,就不能构成本罪。

本罪客观上表现为,敲诈勒索他人数额较大的公私财物或者多次敲诈勒索他人财物。具体来说:

1. 必须具有敲诈行为。从本质上讲,本罪是采用敲诈手段限制对方的意思决定自由,使对方在意思自由受到限制的情况下交付财物,因此,成立本罪,首先必须具有敲诈行为。所谓敲诈,是为了获取对方财物而对对方所实施的、没有达到抑制对方反抗程度的暴力、胁迫行为。通常表现为,告知对方某种不利后果,使其产生心理上的恐惧,但没有达到抑制对方反抗的程度。据此,可以将本罪与抢劫罪区分开来。胁迫的内容,是对方会遭受某种不利后果,通常为两类:一是生命、身体、人身自由、财产方面的不利,如告知对方要杀他的孩子、要烧他的房子、

---

〔46〕 阮齐林、耿佳宁:《中国刑法各论》,中国政法大学出版社2023年版,第255页。

伤害对方身体等,就是其体现;二是名誉、隐私方面的不利,如告之将要揭发其行贿受贿、卖淫嫖娼等违法犯罪等不光彩的事实、公开他人与自己或者别人的不正当关系等隐私等。以不雅视频相要挟,向他人提出借款要求且到期不还的行为,成立敲诈勒索。但是,单纯使被害人产生困惑的行为,没有使对方产生恐惧心理的,不成立敲诈勒索。例如,捡到他人手机、钱包等物品,要求对方给予一定的报酬,否则就不予返还的,不成立敲诈勒索,视案件具体情况可能成立侵占罪。对医生、教师或者有关教育机构设立排行榜,让排行靠后的人感到困惑,借此向对方索要财物,以改变其排行顺序的,也不构成敲诈。因为困惑不是恐惧。但恶意或者没有根据地排行索财的场合除外。告知天地变异或预测祸福凶吉之类的警告,因为不会使人感到恐惧,因此原则上不是胁迫行为,但使他人相信加害人能够左右凶吉祸福的时候,能够成为胁迫。另外,将告发、举报违法行为之类作为获取财物的手段时,也是敲诈。如威胁刚得手的小偷"见面分一半",不然要告诉警察,从小偷手上获取封口费的行为;新闻媒体从业人员以不提供一定费用,就要公布该企业违法的事实相要挟,使对方感到害怕的时候,就是胁迫。以利用领导权势损害被害人切身利益的手段进行要挟,迫使被害人交出财物的行为;使用没有对被害人造成伤害的暴力手段,使其内心产生恐惧心理的行为;以揭露隐私为手段的当场胁迫的行为;没有债权的事实基础,胁迫他人出具债务凭证的行为,均构成敲诈勒索。因赌博发生的损失费不属于最高人民法院《关于对为索取法律不予保护的债务非法拘禁他人行为如何定罪问题的解释》中的"赌债"范围,使用非法拘禁手段索要此种损失费的,成立敲诈勒索。敲诈的方式,多种多样。除以明示的语言、行动外,利用自己的经历、性格、职业上的特点或者威势等,暗示不利后果的时候,也可以成立敲诈勒索。告知不利后果的方式,既可以是用书面告知,也可以通过他人转达。向对方施加不足以压制对方反抗程度的暴行,并表示还要继续反复实施该暴行的场合,由于该暴行是使对方感到恐惧的手段,所以,构成敲诈。

根据司法解释,〔47〕以非法占有为目的强行索取公私财物,有组织地采用滋扰,纠缠、哄闹、聚众造势等手段扰乱正常的工作、生活秩序,同时符合刑法第274条规定的其他犯罪构成条件的,应当以敲诈勒索罪定罪处罚,同时由多人实施或者以统一着装、显露文身、特殊标识以及其他明示或者暗示方式,足以使对方感知相关行为的有组织性的,应当认定为"以黑恶势力名义敲诈勒索"。采用上述手段,同时又构成其他犯罪的,应当依法按照处罚较重的规定定罪处罚。

2. 对方陷入恐惧状态,并在恐惧状态下交付数额较大的公私财物。因而,在行为人实施敲诈行为,但对方并没有产生恐惧心理,而是在厌烦、怜悯或者协助警察抓获罪犯的心理状态之下交付财物的场合,虽然在形式上,有基于行为人的敲诈而使对方交付财物的行为,但由于该财物不是在对方陷入恐惧状态之下交付的,二者之间没有相当因果关系,因此,只能构成本罪的未遂犯,而不能构成既遂犯。

3. 成立本罪,以索取到"数额较大"的财物,或者多次敲诈勒索为成立要件。所谓"数额较大",根据有关司法解释,以2000元至5000元为起点。〔48〕具有下列情形之一的,"数额较大"的标准可以依照上述标准的50%确定:(1)曾因敲诈勒索受过刑事处罚的;(2)1年内曾因敲诈勒索受过行政处罚的;(3)对未成年人、残疾人、老年人或者丧失劳动能力人敲诈勒索的;

〔47〕 2018年最高人民法院、最高人民检察院、公安部、司法部《关于办理黑恶势力犯罪案件若干问题的指导意见》第17条第1款第2项。

〔48〕 2013年最高人民法院、最高人民检察院《关于办理敲诈勒索刑事案件适用法律若干问题的解释》第1条第1款。

(4)以将要实施放火、爆炸等危害公共安全犯罪或者故意杀人、绑架等严重侵犯公民人身权利犯罪相威胁敲诈勒索的;(5)以黑恶势力名义敲诈勒索的;(6)利用或者冒充国家机关工作人员、军人、新闻工作者等特殊身份敲诈勒索的;(7)造成其他严重后果的。[49] 所谓"多次",根据有关司法解释,应是指2年之内3次以上。[50]

4.本罪主观上为故意,且一般认为,行为人主观上必须具有非法占有他人财物的目的,即只有行为人明知财产不属于自己而故意以法律禁止的方式将该财物占为已有的,才能认定具有非法占有的目的。因此,行为人虽然实施了一定的威胁、恐吓行为,但在案证据不能排除初衷是索要合法债权,不足以认定主观上具有非法占有的目的,不构成敲诈勒索罪。获得民事补偿是基于其享有的民事权利与对方单位进行民事协商的结果,单位作为拟制法人,不是基于恐惧不得不交出财物,而是基于商业利益考虑答应了要求。行为人主观上不具有非法占有的目的。行为人向消费单位上级单位投诉,不具有让其产生精神上的强制性使其产生畏惧、恐惧心理的作用,故该行为不足以构成威胁、胁迫。多次协商后就投诉的问题如何解决达成的协议,是双方真实意思表示,系民事行为,不能认定行为人主观上具有非法占有目的。发生争端事出有因索要财物,非法占有目的不明显。使用违法手段维护民事权利,不能认定其具有非法占有他人财物的主观故意,故不构成敲诈勒索罪。索要占地费是否合理,占用的土地是否应该再次给付相关费用,属民事纠纷,不能据此认定属非法占有他人财物。行为人主观上是讨要自己的工资,而非索要对方的个人财产时,虽有言语威胁、恐吓的成分,但并非意图非法占有对方个人的财产,不构成敲诈勒索罪;索要劳动争议款,不能认为非法占有;举报行为不属于敲诈勒索中的威胁、要挟手段。

(二)本罪的认定

在本罪的认定中,要注意以下问题:

1.行使权利与敲诈勒索罪。近年来,在消费侵权领域和劳动纠纷领域出现了不少消费者、劳动者天价索赔的案例。这些案例是属于公民行使正当权利还是敲诈勒索行为,存在较大争议。那么,应当如何区分行为人的正当维权行为和所谓"恶意诉讼"尤其是敲诈勒索行为呢?一般来说,应当从以下几个方面加以考虑:

(1)看维权行为是否有事实依据。如果行为人无事生非,甚至故意炮制侵权事实,可以认定其主观上具有非法目的,系"恶意"维权,数额较大的,可以追究刑事责任。相反地,如果确有侵权事实发生,无论行为人提出多大数额的赔偿请求,都是正当合法的维权行为,应当通过协商、调解或者诉讼途径解决。在"恶意"的认定上,应当注意,由于行为人特别是消费者、劳动者与经营者、用人单位之间信息不对称、力量不均衡,对于侵权事实的认定必须坚持主客观相一致的原则。如果因为缺乏专业知识,导致消费者误以为商品或者服务存在瑕疵,或者劳动者误以为用人单位的行为侵犯了其合法权益,这种情况下,虽然其维权行为缺乏客观上的事实依据,但由于行为人主观上并无恶意,因此不是"恶意诉讼",不能认定为敲诈勒索罪。

(2)看维权的手段行为是否合法。即便行为人以威胁投诉、举报,通过新闻媒体、网络进行曝光和起诉等手段向经营者或者用人单位施加压力进而索取高额赔偿,但只要确有侵权行为存在,就不属于"敲诈",不能作为犯罪处理。即便是所谓知假买假而索要赔偿的场合,也是

---

〔49〕 2013年最高人民法院、最高人民检察院《关于办理敲诈勒索刑事案件适用法律若干问题的解释》第2条。

〔50〕 2013年最高人民法院、最高人民检察院《关于办理敲诈勒索刑事案件适用法律若干问题的解释》第3条。

如此。现实生活中,经常有人知假买假即购买者知道产品不符合标准却仍然进行购买后向卖家索要赔偿的情形。这种行为是不是构成敲诈勒索,存在争议。本书认为,行为人在向卖家索赔的过程中,称对方如不赔偿就向市场监管部门举报或向法院起诉的场合,其索赔的方式符合《消费者权益保护法》规定的关于消费者与经营者争议解决的途径,并不违反法律规定,故不构成敲诈勒索。相反地,行为人知假买假后索取的赔偿数额超过了法律规定的合法权益范围或合理范围,或者索赔多次且数额较大,且在索赔过程中使用欺诈、胁迫等手段的,则构成敲诈勒索罪。

(3)看索要财物与行为人举报内容之间是不是具有关联性,即行为人以威胁投诉、举报等手段向他人施加压力索取高额赔偿,索取的高额赔偿必须与其所遭受的侵害之间具有关联性。拆迁户以举报开发商违法行为为手段索取补偿款的,不宜认定为敲诈勒索罪。没有关联性而进行的索赔,如以揭发官员的隐私或者违法犯罪事实相要挟而索取财物的,即便其采取的维权手段合法,其举报的内容属实,但由于举报内容与行为人意图维护的合法权益之间缺乏关联性,属于权利滥用,其行为违法,可能构成敲诈勒索罪。[51] 同样,消费者基于消费侵权纠纷或者劳动者因劳动纠纷而向经营者或用人单位提出索赔,但其采用的却是向税务机关举报偷税或者威胁揭发相关人员的个人罪行或违法事实等手段,则由于举报、揭发的内容与消费者、劳动者意图维护的合法权益之间缺乏关联性,其行为违法,对于基于此举报而获得的钱款,能构成敲诈勒索。相反地,实务中出现的因土地征收补偿不足而进京上访,以此为要挟要求地方政府给予补偿的,或者以向劳动站投诉向用人单位施加压力而要求补偿工资与其他损失的,则应视为恐吓行为与意欲实现的债权之间存在关联性,不能构成敲诈勒索罪。

2. 上访要钱与敲诈勒索。现实生活中,存在为息事宁人,地方政府给予上访者钱财,换得其放弃上访的情况。对这种以上访为由向政府或者政府官员索要钱财的行为,是否构成敲诈勒索罪,存在巨大争议。否定意见认为,地方政府不能成为被要挟、被勒索财物的对象,只有作为个体的政府公职人员可以被敲诈勒索,而作为集体的政府机构不可以成为敲诈勒索的对象;上访威胁,尚不足以迫使政府因恐惧而被迫交出财物。肯定意见则认为,政府系由依法行使公权力的自然人构成的共同体,此类人员即为政府代表,行为人一旦上访,负有相关职责的公职人员必然会产生精神上的强制和心理上的压迫。被告人以威胁手段迫使依法保管公共财产的自然人交付财物的行为符合刑法规定的敲诈勒索罪的犯罪构成。

本书认为,对于上访人接受来自政府的钱款,换得其放弃上访的行为是否构成敲诈勒索,不能一概说是或者不是,必须区分情况处理。

首先,可以肯定的是,地方政府可以成为被敲诈勒索罪的对象。在行为人对作为政府工作人员的自然人进行恐吓,使其产生恐惧心理,被迫答应交付财物时,就是使后者基于行为人的敲诈勒索行为而产生恐惧,做出了处分财物的决定,符合敲诈勒索罪的客观要件。不过,此时的被害人并不是政府工作人员的自然人,而是政府。因为最终交付财物的是政府,而不是自然人。换言之,交付财物的被害人和被敲诈的对方不要求是同一个人,只要被敲诈的对方具有对财物的处分权限就足够了(三角敲诈)。在被害人和被敲诈人不一致的场合,并不要求交付财物的被害人具有恐惧心理,恐惧行为和交付财物之间只要具有因果关系就足够。[52] 其次,在

---

〔51〕 陈克娥、潘勤勤:《夏某理等人敲诈勒索案[第509号]——拆迁户以举报开发商违法行为为手段索取巨额补偿款是否构成敲诈勒索罪》,载最高人民法院刑事审判第一、二、三、四、五庭主办:《刑事审判参考》总第64辑,法律出版社2009年版。

〔52〕 [日]大谷实:《刑法讲义各论》,黎宏、邓毅丞译,中国人民大学出版社2023年版,第320页。

上访人具有正当理由而上访,并且政府主动向上访人给付财物的场合,不能认定为敲诈勒索。信访是宪法赋予公民的权利,上访行为不应该视为威胁、要挟、恫吓。现实生活中,由于信访事件发生的复杂性,难以马上处理,因此,地方政府为了妥当慎重处理,往往会与上访人达成息诉罢访协议,并基于此向上访人给付财物,这种财物不论名义为何,都应该视作政府对信访人的救助。这是地方政府为达到维护和增进公共利益,实现预防和减少越级上访、缠访等非正常信访的目的,所采取的一种特殊的行政管理手段,体现的是政府与信访人之间经过平等协商所达成的自愿处分权利的合意,政府基于该合意而支付给上访人的财物,不应看作敲诈勒索所得。最后,在上访人利用一些地方对“越级访”“进京访”不问有理无理,对地方领导实行“一票否决”的政策,故意制造事端,然后以上访为要挟、敲诈钱财的场合,应当认定为敲诈勒索。

3. 本罪与抢劫罪的区别。抢劫罪与敲诈勒索罪极为相似。二者均属侵犯财产罪,从犯罪客体看,不仅都侵犯了他人的财产所有权关系,还可以同时侵犯公民的人身权利。从主观要件看,两者都具有非法占有公私财物的目的。但二者之间存在根本性的差别:抢劫罪是以暴力、胁迫或者其他手段抑制被害人的反抗,之后强取公私财物;相反地,敲诈勒索罪则是利用被害人的恐惧心理,让被害人交付财物。正因如此,两罪在客观方面存在以下差别:

(1)暴力、胁迫的程度不同。对于抢劫罪中的暴力、胁迫,暴力的场合就不用说了,其胁迫手段也是以杀害、伤害相威胁为唯一内容,目的是使被害人当场受到精神强制,完全丧失反抗的意志,除将财物当场交出外,没有考虑、选择的余地;而敲诈勒索罪中的暴力、威胁手段,是为了使被害人产生恐惧感和压迫感,但是并未达到使被害人不能反抗的程度,被害人在决定是否交付财物上尚有考虑、选择的余地。

(2)暴力、胁迫的实施时间不同。抢劫罪的场合,暴力、胁迫必须是当场即取得财物的当时实施;相反地,敲诈勒索罪的场合,暴力、胁迫行为既可以在取得财物的当时实施,也可以是在之前的某个时间实施,不要求二者之间是同时发生的。

(3)行为人对犯罪数额要求不同。抢劫行为对被害人被劫取的财物没有具体数额要求,仅限于当场或在场的财物,而且行为人只要实施了抢劫行为,就构成抢劫罪,没有数额的要求;而敲诈勒索行为人对被害人强行索要的财物一般有具体的数额要求,不仅包括在场财产,而且也可以是不在场的财物或财产利益。行为人敲诈勒索的财物必须达到一定的数额才能构成本罪。

据此,我们可以对以下案例进行分析。某日晚 8 时许,被告人白某来到被害人杨某的店铺,故意将杨某放在该店铺门口的一柜台推倒。随后,白某叫来两名男子,其中一名男子冲入店内将杨某拉出店外,拉扯过程中从这名男子身上掉下一把菜刀。白某上前用双手抓住杨某胸前的衣服并对杨某讲,隔壁的店铺每月交 2000 元的保护费,其没有交保护费。在店铺内杨某的朋友赖某见状即打电话叫张某过来帮助解决此事。张某到后,便请白某等人到附近的卡拉 OK 店内进行谈判,白某等人提出要收取杨某的保护费 5000 元,杨某、赖某、张某通过与白某等人讨价还价,最后杨某被迫同意给白某等人 3000 元,杨某三人凑了 300 元当场交给白某。接着白某等人跟着杨某三人到店铺,杨某四处筹钱后将借来的 2700 元交给白某等人。后杨某向公安机关报案。

本案中,对被告人白某行为该如何认定,存在分歧。但从上述区分标准来看,认定为敲诈勒索罪比较合适。首先,从暴力程度来看,本案中,尽管白某等使用了一定的轻微暴力,但其暴力程度结合当时的环境,并不足以达到抑制被害人反抗的程度,被害人方还有赖某等人在场,且有机会寻求警方的帮助。其次,从侵害行为的目的对象上来分析。抢劫罪的对象以被害人身上所有的财产数量为限;而敲诈勒索罪的对象并不以行为人身上所拥有的财物为限。本案中,尽管白某等人的行为所指向对象为动产,但其数额并不以杨某身上的财产为限,杨某为了交付3000元钱,不得不四处筹款。再次,从被害人的意思抑制程度来看,本案中,被害人杨某不仅没有当场交付被告人所要求的财物,而且还通知张某过来一同至正在营业的卡拉OK店内谈判,并没有完全丧失意思表示的自由。最后,从行为人使用暴力或暴力相威胁手段与占有财物在时空上的关系来看,本案中,白某等人并没有当场取得财物,而是通过谈判经过一定的时空间断之后才非法占有了杨某的3000元,给予了被害人一定的考虑斟酌的时间。

4. 本罪与绑架罪的区别。当行为人以绑架即实力控制他人为手段勒索财物时,由于既侵犯了他人的人身权利又侵犯了他人的财产权利,客观上在事后都获得了他人的财物,而且行为人主观上都有非法占有的目的,因此,和绑架罪就有相似之处,二者难以区分。但是,仔细辨认之下,二者还是能够区分开来的:一是犯罪客体上存在差别,敲诈勒索罪的主要客体是他人的财产利益,而绑架罪的主要客体是他人的人身利益即被绑架者的人身权和与其有关的第三者的意思自由决定权。二是客观方面表现不同,敲诈勒索罪表现为实施轻微暴力胁迫和以揭发隐私等相威胁,使他人交付财物,而绑架罪则是以实力控制被绑架者的生命、身体安全的方式劫持他人为人质,然后向与其有关的第三人索要财物。三是胁迫的对象不同。敲诈勒索罪胁迫的对象是被敲诈者;而绑架罪胁迫的对象,则是和人质有关的第三人。

根据上述内容,对以绑架即实力控制他人为手段勒索财物的行为,可以这样处理:当行为人以暴力、胁迫、麻醉等手段实力控制他人,向与他人有关的第三人勒索财物时,由于该行为既侵害了被绑架人的生命、身体安全,又侵害了与被绑架者有关的其他人的自己决定权,因此,原则上应构成绑架罪。如当场向人质的亲属勒索财物的,就是如此。但是,当行为人的实力控制手段并未达到完全控制他人的程度(如谎称绑架了他人的小孩,或者让他人的小孩一个人在剧场看电影)时,由于谈不上侵害了被绑架者的人身自由,不完全符合绑架罪的犯罪构成,因此,该行为不构成绑架,只可能构成敲诈勒索。[53]

5. 本罪的既遂与未遂。敲诈勒索罪既侵犯他人的财产权又侵犯他人的人身权利(准确地说,是意思决定自由权),因此,关于其既遂、未遂的区分,到底是以侵犯财产为准,还是以侵犯他人的人身权利为准,存在争议。从刑法分则将敲诈勒索罪作为"侵犯财产罪"的一种,主要还是侵害财产的犯罪的局面来看,应当说,主要还是以是否侵犯了财产为准,但同时,也要考虑对方的人身权利即意思决定自由是否受到侵害的现实。

具体来说,应当按照以下方式判断,即行为人实施敲诈勒索行为,被害人产生恐惧心理并基于该恐惧心理处分财产,行为人取得了财物时,构成敲诈勒索罪的既遂,这是从敲诈勒索罪属于财产犯罪的角度所得出的必然结论。但是,如前所述,敲诈勒索罪还具有侵犯他人的意思决定自由的一面,因此,在行为人实施了敲诈行为,但被害人并未因此而产生恐惧心理,而是产生了怜悯、厌烦心理,并在此心理之下交付财物,或者是为了配合警察抓获行为人的行动而按

---

〔53〕 利用被害人年幼将其哄骗到外地,但并未限制其人身自由,同时谎称其被绑架向家属勒索财物的,不构成绑架罪,应以敲诈勒索罪论处。徐俊、孙江:《张舒娟敲诈勒索案[第443号]——利用被害人年幼将其哄骗至外地继而敲诈其家属钱财的能否构成绑架罪》,载最高人民法院刑事审判第一、二、三、四、五庭主办:《刑事审判参考》总第56辑,法律出版社2007年版。

约定的时间与地点交付财物的场合，由于行为人并未产生恐惧心理，意思决定自由并未受到侵害，行为人得到财物和其敲诈行为之间没有因果关系，因此，只能认定为敲诈勒索罪的未遂。如果行为人只是发出了恐吓信，实施了敲诈行为，但没有取财行为，实际上也没有获取钱财的意思，只是想吓唬一下对方，发泄心中的不满的时候，就不是构成本罪的未遂，而是根本不构成本罪。因为，行为人主观上没有非法占有他人财物的目的，客观上也没有索财的行为。

6. 本罪的共犯。明知他人实施敲诈勒索犯罪，为其提供信用卡、手机卡、通信工具、通讯传输通道、网络技术支持等帮助的，以共同犯罪论处。

（三）处罚

依照刑法第 274 条的规定，犯本罪的，处 3 年以下有期徒刑、拘役或者管制，并处或者单处罚金；数额巨大或者有其他严重情节的，处 3 年以上 10 年以下有期徒刑，并处罚金；数额特别巨大或者有其他特别严重情节的，处 10 年以上有期徒刑，并处罚金。依照有关司法解释，[54] 敲诈勒索公私财物"数额较大"，以 2000 元至 5000 元以上为起点。

其中，"数额巨大"，是指 3 万元至 10 万元以上；"数额特别巨大"，是指 30 万元至 50 万元以上。[55] 敲诈勒索公私财物，具有该解释第 2 条第 3 项至第 7 项规定的情形之一，数额达到该解释第 1 条规定的"数额巨大""数额特别巨大"的 80% 的，可以分别认定为刑法第 274 条规定的"其他严重情节""其他特别严重情节"。[56]

敲诈勒索数额较大，行为人认罪、悔罪，退赃、退赔，并具有下列情形之一的，可以认定为犯罪情节轻微，不起诉或者免予刑事处罚，由有关部门依法予以行政处罚：(1) 具有法定从宽处罚情节的；(2) 没有参与分赃或者获赃较少且不是主犯的；(3) 被害人谅解的；(4) 其他情节轻微、危害不大的。敲诈勒索近亲属的财物，获得谅解的，一般不认为是犯罪；认定为犯罪的，应当酌情从宽处理。被害人对敲诈勒索的发生存在过错的，根据被害人的过错程度和案件其他情况，可以对行为人酌情从宽处理；情节显著轻微危害不大的，不认为是犯罪。[57]

对犯敲诈勒索罪的被告人，应当在 2000 元以上、敲诈勒索数额的 2 倍以下判处罚金；被告人没有获得财物的，应当在 2000 元以上 10 万元以下判处罚金。[58]

关于本罪的量刑，根据最高人民法院《关于常见犯罪的量刑指导意见》第 4 条第 15 款的规定，构成敲诈勒索罪的，根据下列情形在相应的幅度内确定量刑起点：(1) 达到数额较大起点的，或者 2 年内实施 3 次敲诈勒索的，在 1 年以下有期徒刑、拘役幅度内确定量刑起点；(2) 达到数额巨大起点或者有其他严重情节的，在 3 年至 5 年有期徒刑幅度内确定量刑起点；(3) 达到数额特别巨大起点或者有其他特别严重情节的，在 10 年至 12 年有期徒刑幅度内确定量刑起点。在量刑起点的基础上，根据敲诈勒索数额、次数、犯罪情节严重程度等其他影响犯罪构成的犯罪事实增加刑罚量，确定基准刑。多次敲诈勒索，数额达到较大以上的，以敲诈勒索数额确定量刑起点，敲诈勒索次数可以作为调节基准刑的量刑情节；数额未达到较大的，以敲诈勒索次数确定量刑起点，超过 3 次的次数作为增加刑罚量的事实。构成敲诈勒索罪的，根

---

[54] 2013 年最高人民法院、最高人民检察院《关于办理敲诈勒索刑事案件适用法律若干问题的解释》第 1 条。

[55] 2013 年最高人民法院、最高人民检察院《关于办理敲诈勒索刑事案件适用法律若干问题的解释》第 1 条。

[56] 2013 年最高人民法院、最高人民检察院《关于办理敲诈勒索刑事案件适用法律若干问题的解释》第 4 条。

[57] 2013 年最高人民法院、最高人民检察院《关于办理敲诈勒索刑事案件适用法律若干问题的解释》第 5、6 条。

[58] 2013 年最高人民法院、最高人民检察院《关于办理敲诈勒索刑事案件适用法律若干问题的解释》第 8 条。

据敲诈勒索的数额、手段、次数、危害后果等犯罪情节,综合考虑被告人缴纳罚金的能力,在2000元以上敲诈勒索数额的2倍以下决定罚金数额;被告人没有获得财物的,在2000元以上10万元以下判处罚金。构成敲诈勒索罪的,综合考虑敲诈勒索的手段、数额、次数、危害后果、退赃退赔等犯罪事实、量刑情节,以及被告人的主观恶性、人身危险性、认罪悔罪表现等因素,决定缓刑的适用。

第三节　窃取、骗取型财产犯罪

一、盗窃罪

(一)概念和构成

本罪,是指以非法占有为目的,盗窃数额较大的公私财物,或者多次盗窃、入户盗窃、携带凶器盗窃、扒窃的行为。其构成如下:

1. 主体。本罪的主体只能是已满16周岁、具有辨认和控制自己行为能力的自然人。单位有关人员为谋取单位利益组织实施盗窃行为,情节严重的,以盗窃罪追究直接责任人员的刑事责任;邮政工作人员私自开拆或者隐匿、毁弃邮件、电报而窃取财物的,依照盗窃罪从重处罚。

2. 危害行为和危害结果。本罪客观上表现为,盗窃数额较大的公私财物,或者多次盗窃、入户盗窃、携带凶器盗窃、扒窃。在其认定上,应当注意以下几点:

(1)本罪的行为对象是公私财物即他人占有的财物和财产性利益。他人占有的财物,不仅包括他人根据所有权、租赁、借贷关系而合法占有的财物,也包括他人由于非法原因如通过盗窃、诈骗等手段而占有的财物。因此,自己所有的财物,在他人根据合法原因(如没收)而占有,或者基于约定而由他人保管时,自然属于他人占有的财物;即便是他人由于非法原因而占有的财物,在一定程度上也受到法律的保护,除了不能对抗有关机关根据法定程序而进行的没收以及财物所有人的自力救济行为之外,均能够对抗任何第三人。

作为本罪对象的"他人占有的财物"中的"占有",就是在事实上支配财物。行为人在客观上具有占有财物的事实,主观上具有占有财物的意思的话,就可以成立占有。

在"占有"的理解上,必须注意以下几点:

第一,占有事实。所谓占有事实,就是某人在客观上支配或者控制某物。其判断,必须物理地进行,特殊情况下,还必须从社会的一般常识的角度加以理解。首先,处于他人实际支配、控制范围之内的财物,属于他人占有。财物主人将财物随身穿着、佩戴或者拎在手中的场合就不用说了,财物主人通过器械、工具等对财物加以控制、支配的场合,也属于此。如将停放在室外的汽车、自行车上锁,对家养的牲畜设立围栏,给养殖的水产品设立网箱,在种植水果、蔬菜的大棚树立"严禁盗窃"的标志,或者将财物隐藏在难以被别人发现或者埋藏在只有自己才知道的场所的场合,都属于这种情形。就住宅中的财物而言,由于住宅的排他性很强,他人未经住宅主人允许,不得擅自进入其中,因此,主人对其具有事实上的控制或者支配。但特殊情况下,某物即便处在主人概括的支配范围之内,其占有也要被否定。如在到他人家里做客的人发现女主人将一枚戒指忘在了卫生间,于是就将其藏在下水管道的缝隙里,准备伺机拿走的场合,可以说,客人排除了主人对戒指的占有而将其转为了自己占有。其次,处于他人支配、控制范围之外的财物,一定条件下,属于他人占有。这种场合下的占有,实际上是一种推定状态下的占有,其判断,必须考虑很多因素:如作为客观支配对象的财物自身的特性;其所处位置,和被害人之间的距离等。房屋或者汽车等体积较大、价值较高、难以移动的财物,一般来说,即便主人没有对其进行物理控制,也很难说其不在主人的支配控制之下;相反地,戒指或者钱包之类的体积较小、容易移动的物品,则通常要在主人的实际控制之下,才能说其被主人占有。有时候,物是否处于被占有的状态,仅仅取决于该物的生物习性。如家养的牛羊猫狗等动物,即便是跑到了野外,但只要其具有回到主人身边的习性,就可以说饲养主仍然对该动物具有占有。最后,他人的遗忘物,一定条件下,可以转归第三人占有。这里所谓的“一定条件”,是指物的丧失是在一个较为封闭、排他性较强的空间之内。此时,遗忘物的占有就自然转归该空间的管理人。人们常说住店客人遗失在客房的物品属于旅店的主人占有,就是这个道理。但对遗忘物转归第三人占有的条件,一定要结合该空间或者说建筑物的使用情况具体分析。在乘客将手提包放在公交车的货架上,下车忘了拿走,司机也没有发现的时候,尽管公交车厢是一个较为狭小的空间,但该手提包的占有并不自然转归公交车的司机或者公交车公司的责任人。因为,公交车在开行过程中,客人上下频繁,难以保证放在货架上的物品不被其他人乘机拿走,因此,难说公交车司机对车厢内的财物具有排他性的支配,该提包应当属于遗忘物。将消费者遗留在娱乐场所包厢内的财物,非法占为己有的,构成盗窃。因为娱乐场所的包厢,虽属公共场所,但有专人经营管理,具有空间上的封闭性和使用上的独占性,与人人皆可自由往来的广场、道路、海滩等公共场所有所区别。

第二,占有意思。所谓占有意思,就是占有人意识到自己正在占有某物。某人在控制某物却完全没有意识到,如将一件体积较小的物踩在脚下,过了很久却浑然不知,就很难说其对该物具有占有。占有意思,不要求是对各个财物的具体个别的支配意思,只要是抽象的、概括的意思就够了。因此,对于放置在单位院墙之内、办公楼内、私家住宅或者院落之内这种排他性较强的地方的财物,即便主人暂时忘记了所放位置,或由于专心于某件事而没有意识到财物自身所在位置的场合,也能说具有占有的意思。另外,占有意思,只要占有人没有明确地表示放弃该物且能记住其大体位置的时候,就可以认定其存在。如在火车上的乘客因为过于疲惫而睡着,其放在行李架上的提包处于无人看管状态的时候,或者交通事故的被害人倒在地上昏迷不醒,其随身携带的财物散落满地的时候,都不能说其没有占有意思。但在完全忘记了财物所在的大体位置的时候,不能说行为人具有占有意思。如由于醉酒而离开,以致自行车丢失,完全忘记了其放在什么地方的时候,难以说行为人对自行车具有概括的支配意思,所以,对自行车的占有就要被否定。

第三,占有主体。能够占有财物的,是在事实上能够支配该财物的自然人,可以是幼儿或者精神病人,因此,拿走幼儿或者精神病人持有的玩具的行为,构成盗窃罪。单位是拟制的人格主体,其占有能够通过作为其组成人员的自然人来实现。因此,盗窃单位财物的行为,也构成盗窃罪。

与占有主体有关的问题是死者的占有。作为占有的成立要素之一,就是占有人对财物具有占有意思。死者没有意思能力,因此,死者对财物不能具有占有,这是根据占有的成立条件所得出的必然结论。但是,如果说死者没有占有,那么,杀死占有人之后获取其财物的行为,就不成立抢劫罪,而只能成立故意杀人罪和侵占罪了,这实际上是否定了以杀人为手段的抢劫罪的存在可能,和人们有关抢劫犯罪的一般观念相去甚远,也与各国现行刑法规定有抢劫杀人罪的现状不符。因此,如何看待死者的占有,就有讨论的必要了。

关于这个问题,可以分以下三种情形讨论:

其一,出于夺取财物的意思而杀人,之后取得财物的场合,以抢劫罪定罪处罚。因为,在以杀人为手段进行抢劫的场合,该杀人行为具有双重性质:一方面,其是剥夺他人生命的手段;另一方面,其是侵害他人占有的手段。人在死去的瞬间,其对财物的占有也归于消失,因此,行为人着手杀人,便意味着其开始破坏被害人的占有。之后,被害人由于死亡而丧失占有,行为人获得了对他人财物的占有,由于这些行为是一体发生的,因此,可以作为一个抢劫杀人行为加以评价,认定为抢劫罪(既遂)。

需要注意的是,杀害被害人之后获取财物的行为,不是一律都构成抢劫罪。杀人取财行为成立抢劫罪,必须满足以下条件:一是为杀人行为所包含的侵害占有行为和后续的取财行为,均指向同一法益;二是杀人行为和取财行为在时间、场所上非常接近,具有极强的客观联系;三是杀人行为和取财行为均为夺取财物的主观意思所支配,并且贯穿始终。按照这种观点,实践中常见的"图财害命"即为图财而先杀人,事后再伺机谋取财物(包括动产和不动产)的场合,因为杀人行为和取财行为不具有时空上的客观关联性,因此,不能成立抢劫罪,而只能成立故意杀人罪和侵占罪。

其二,将被害人杀死之后,产生夺取财物意思的场合。这种场合,我国司法解释认为,构成故意杀人罪与盗窃罪。换言之,认为死者具有占有,杀死被害人之后,临时起意取财的行为构成盗窃罪。与此相对,也有人认为,死者没有占有,上述杀人之后临时起意拿走财物的行为只能构成侵占罪。〔59〕 本书同意后一种观点,认为将被害人杀死之后,产生取财意思而拿走财物的场合,应当构成侵占罪。

确实,在行为人杀害被害人之后,临时起意,将被害人的财物占为已有的场合,行为人的侵害占有行为和取得占有行为,客观上都指向被害人的财物,具有侵害法益的同一性;同时,侵害占有行为和取得占有行为是在同一场所实施的,并且二者前后相接,具有时间、场所上的接近性,具有因果关系。问题是,侵害占有行为和取得占有行为之间,并不具有主观联系(主观关联性)。盗窃罪是破坏他人占有的犯罪,行为人在开始实施破坏他人占有的时候,就必须具有破坏他人占有、将该物占为已有的认识即故意。而在杀人之后,临时起意,获取他人财物的场合,行为人在破坏占有阶段(杀人阶段)并没有侵占他人财物的故意,行为人的破坏占有行为和获得占有行为之间,不具有主观联系,不能评价为一个盗窃行为。〔60〕

其三,无关的第三人获得死者财物的场合。和加害行为无关的第三人,在他人死亡之后,拿走其生前所占有的财物的场合,该如何处理,也有见解上的分歧。死者占有肯定说认为,上述行为应当成立盗窃罪,但是,死者占有否定说认为,应当成立侵占罪,这在学说上不会有什么争议。因为,上述场合,取财行为和杀人行为无关,二者之间不存在相互利用的关系,不能视为一体。因此,这个问题的处理,归根结底,取决于对死者占有的理解。

第四,占有的归属。所谓占有的归属,就是财物的占有归属于谁的问题。在控制、支配财

〔59〕 张明楷:《刑法学》(第6版),法律出版社2021年版,第1233页。

〔60〕 日本刑法中,之所以在一定条件下认可死者的占有,主要是因为,按照日本刑法的相关规定,侵占脱离占有物罪的法定刑为1年以下有期徒刑或者10万日元以下罚金。如果说杀人之后临时起意获取财物,使被害人丧失对财物的占有的同时,又取得该财物的行为只能构成法定刑比较轻的侵占罪,似乎有些不合理。因此,其判例见解认为,在出于利用自己的致死行为引起被害人的占有受到侵害的结果的意思而取得财物的场合,从社会的、规范的角度进行考察,将这一连串的行为评价为盗窃行为,更加符合社会一般人的观念。

物的主体单一的场合,其归属容易确定,但是在数人共同控制、支配某个财物的场合,其归属该如何认定,则存在一定困难。特别是在具有对等关系、上下主从关系以及代为保管他人包装物关系的场合,尤其如此。

其一,对等关系人之间的占有。所谓对等关系人之间的占有,就是数人共同占有某一财物,这些人在财物的占有上处于对等关系的场合。如同居一室的甲、乙两人对半出资,购买一台笔记本电脑共同使用,就是这种情况。这种场合下经常出现的问题是,共同占有人中的一方乘另一方不在的时候,将该共同占有的财物擅自处理掉(如上例当中,甲乘乙不在的时候,将该笔记本电脑偷偷拿走卖掉)的话,该如何处理?这种场合,由于对共同共有财产的处分,必须经过全体共有人的同意,未经他人同意而擅自窃取、盗卖共有物的,等于盗窃他人财物,因此,甲擅自处理笔记本电脑的行为,侵害了甲、乙共同的占有,构成盗窃罪;但甲的行为也有处理自己现在占有的电脑的性质,所以,也能成立侵占罪,二者之间是想象竞合犯的关系。由于盗窃罪和侵占罪之中,盗窃罪属于重罪,因此,按照对想象竞合犯从一重处罚的处理原则,以上行为最终还是要成立盗窃罪。从此意义上讲,在数人处于平等关系,出于共同占有的意思,相互配合、相互协作,共同对财物进行支配,互不排除对方对财物进行实质性支配的场合,一方违反他方的意思,排除他方对财物的占有的场合,成立盗窃,所以前述第一种观点妥当。

其二,具有上下主从关系的占有。所谓具有上下主从关系的占有,就是存在雇主和雇工、店主和店员之类的、具有上下主从关系的数个人参与对同一财物的控制或者支配的特殊场合。司法实践当中经常发生的雇工盗窃雇主、店员盗窃店主财产的案件的处理,就和这种占有形式的认定有关。对此,有学者认为:“刑法上的占有通常属于上位者(店主),而不属于下位者(店员)。即使下位者物理上握有财物,或者物理上支配财物,也只不过是单纯的监视者或者占有辅助者。因此,下位者基于非法占有目的取走财物的,成立盗窃罪。但是,如果上位者与下位者具有高度的信赖关系,下位者被授予某种程度的处分权时,就应承认下位者的占有;下位者任意处分财物,就不构成盗窃罪,而构成其他犯罪。”[61]

本书原则上同意上述观点。侵占罪的法定刑之所以比盗窃罪轻,就是因为盗窃罪是对他人占有的财物进行积极侵害的犯罪,与此相对,侵占罪是基于信赖关系,在他人财物转移给自己占有之后,自己禁不住诱惑而将该财物侵吞的行为,因此,盗窃罪中的占有,作为侵害对象,其排他性支配成为问题;相反地,侵占罪中的占有,是基于委托信任关系的占有,其中,具有滥用可能的支配力成为问题。所以,在判断占有的归属的时候,委托人和受托人之间的信赖关系的程度、强弱实质上成为重要的判断标准。只是,上述观点在如何判断某具体个人是否属于“下位者”的问题上,语焉不详,需要进一步分析。

那么,如何判断受雇用的店员是否属于上下主从关系中的“下位者”即“占有辅助人”呢?对此,不能一概而论,必须综合考虑该店员在商店中的地位、权限等。具体来说,如同为店员,

---

〔61〕 张明楷:《刑法学》(第6版),法律出版社2021年版,第1234页。但是,也有人提出了不同意见,认为把在共同占有的场合,下位者避开上位者拿走财物的行为定性为盗窃罪,并不妥当。因为下位者也是财物的占有者,他拿走自己所占有的财物,谈不上是夺取占有,而应当是侵占。参见刘明祥:《论刑法中的占有》,载《法商研究(中南政法学院学报)》2000年第3期。本书认为,这种反对意见是值得商榷的。共同占有,一般来说,只能在对等关系人之间存在,具有上下主从关系的人之间并不存在共同占有,只能存在一方占有。在店主和店员之类的具有上下主从关系的占有当中,下位者的占有只是一种受支配的辅助占有,称不上是刑法当中的占有。因此,认为下位者也是财物的占有者的观点是不正确的。

其中又有地位上的差别,有的是对包括商品在内的店内事务具有相当的管理权限的经理人员,而有的仅仅是一般工人,这种地位的不同,使他们之间和店主之间的信赖关系也不一致。有的情况下,上位者的占有当中,包含有对下位者的监督内容在内,即上位者在对财物控制、支配的同时,也对帮助其保管财物的下位者进行监督,防止其毁坏或者侵吞财物。下位者虽然也接触财物,但其只是按照上位者的占有意思以及指令行事,在上位者的监督之下辅助管理财物而已,其本人对财物没有处分权,这属于上位者占有财物的手段,下位者称不上是财物的占有者。这时候,如果下位者排除了上位者的占有,取得了财物,就要构成盗窃罪。如单位保安只拥有概括的保护本单位财产安全的义务或只处于占有辅助人地位时,其窃取本单位财物的行为,应成立盗窃罪,而非职务侵占罪。[62] 同样,网吧管理员与黑客内外勾结向服务器计费系统植入木马程序修改计费数据窃取多余钱款的行为,虽然利用了职务便利,仍然应以盗窃罪定罪处罚。[63] 相反地,有些情况下,上位者的占有是由下位者代为进行的,如商店分店的店长替老板管理财物,就是这种情况。这种场合,由于下位者对于所管理的财物具有一定限度的处分权限,而且在其授权范围之内,对于所管理的财物具有处分意思,因此,可以说其属于受托管理财物的人。这种场合下,下位者擅自处分财物的话,就是将自己代为管理的财物据为己有,要构成侵占罪(也可能构成职务侵占罪)。

其三,包装物的占有。实践中,受托保管或者搬运他人的已经被封口或者上锁的包装物的人,乘机将该财物据为己有,或者擅自打开包装袋,将其中的财物抽出据为己有的场合,有的认为构成侵占罪,[64] 有的认为构成盗窃罪。[65]

本书认为,既然重视对包装物上锁、封口的事实,就应当说,对包装之内的内容即财物的实际支配,仍然保留在委托人手中,而受托人仅仅是一种手段;如果说整个包装物的实际支配都仍然保留在受托人手中,则会将占有概念抽象化、观念化,也不妥当。从此意义上讲,可以说委托人和受托人之间并不具有作为成立侵占罪的基础的高度信任关系,换言之,对包装物中的内容物的占有,依然保留在委托人手中。既然如此,则可以说,包装物之内的内容即财物为委托人占有,而包装物本身则为受托人单独占有。在受托人侵吞整个包装物整体的时候,就是对作为内容的财物的盗窃和对包装物的侵占,后者为前者所吸收,仅以盗窃罪论处。

我国现行司法解释没有涉及包装物的处理问题,但现行刑法分则的有关条文则与此有关。刑法第 253 条规定:“邮政工作人员私自开拆或者隐匿、毁弃邮件、电报的,处二年以下有期徒刑或者拘役。犯前款罪而窃取财物的,依照本法第二百六十四条的规定定罪从重处罚。”也就是说,破坏邮件本身的,构成私自开拆、隐匿、毁弃邮件罪;但是,盗窃邮件内的财物的,构成盗窃罪。由此可见,我国刑法也是采取了“对包装物中的内容物的占有,依然保留在委托人手中”的立场的。只是,对于将整个邮件本身(包括其中的财物在内)都据为己有的该怎么处理,没有进一步的明确规定而已。

只是,在包装物的具体认定上,必须做进一步的分类处理。像乘坐飞机时托运的行李、交

---

〔62〕 张益、高华盗窃案,载最高人民法院中国应用法学研究所编:《人民法院案例选》2013 年第 4 辑,人民法院出版社 2014 年版,第 68 ~ 72 页。

〔63〕 王克辉、陈利等盗窃案,载最高人民法院中国应用法学研究所编:《人民法院案例选》2013 年第 4 辑,人民法院出版社 2014 年版,第 62 ~ 67 页。

〔64〕 刘明祥:《论刑法中的占有》,载《法商研究》2000 年第 3 期。

〔65〕 张君周:《密取封缄委托物内财物行为的定罪》,载《福建公安高等专科学校学报》2003 年第 5 期。

付邮局或者快递公司的邮件、交付朋友保管但已经上锁的箱子之类被严实包装的物品，箱子内部的物品属于典型的包装物，其占有归于委托人。但是，像被交付物流公司托运的冰箱、彩电之类的货物，尽管外面也有包装，但这种场合下的包装，客观上仅起到防止货物散落、便于运输的作用，并不具有表明对包装之内的内容即财物的实际支配仍然保留在委托人手中的作用，因此，不属于严格意义上的包装物。物流公司的工作人员破坏该物品的包装，取走其中物品的行为，只能构成侵占罪。

（2）危害行为表现为，盗窃数额较大的公私财物，或者多次盗窃、入户盗窃、携带凶器盗窃、扒窃。在其认定上，应当注意以下几点：

第一，必须具有采用非暴力的平和方法，破坏他人对财物的占有的行为。本罪的关键行为是盗窃。关于其理解，传统观点认为是秘密窃取，即采取隐秘的、自认为不为财物所有人或者保管人所知的方法将财物取走。[66] 但是，即便是当着财物主人的面将财物拿走的，只要没有采用对财物使用暴力夺取的方式，也仍然难以认定为抢夺罪，因此，有力学说认为，盗窃，指违背他人意志，平和地取得他人占有的财物。[67] 本书也同意这种见解。窃取只要是以非暴力的手段，未经占有人同意或者违背占有人的意思，取走其物即可，行为是否秘密，在所不问。乘他人不注意，偷看他人银行卡号之后，采用调包手段，乘机拿走他人银行卡到银行取款 6 万元的行为；利用借用他人摩托车（价值 3000 余元）之机偷配该车的钥匙，在将该车返还他人之后，又将其开走的行为；到上级单位办公大厅内办事，从被害人办公区域内地面上，将被害人的三本银行存折（存折是某公司为返还职工股款而统一为职工开立的存折，所有职工的存折密码都是一样的）捡拾走，后从银行取款 58 万元的行为；用从他人处窃得的移动电话，连续盗打国际国内长途及市内电话多次，造成机主电话费损失 2300 余元的行为；骗取他人信任后一起在商场购物乘他人试衣之机非法占有他人财物的行为；假装选购首饰，在接过店主递过来的首饰之后，转身逃走的行为；将楼上住户掉落在楼前地上的钱包捡到之后，不顾钱包主人呼喊，转身逃走的行为；出租车司机为了占有乘客放在车上的皮包，趁乘客下车等候友人之际，迅速发动汽车离去的行为；利用第三方支付平台的网络系统故障无偿获取游戏点数，造成他人损失数额较大的行为；窃取密保卡数据非法充值，导致他人相应的服务资费损失的行为；明知未成年人盗卖自己或他人家中财物而仍予以帮助并上门收购的行为；交通协管员为他人代办违章罚款业务收取他人财物后，盗用他人警号非法处理违章记录，将收取的罚款据为己有的行为；将借用的他人之物用于质押，得款后又从质押权人处窃回的行为；非法侵入移动公司充值中心修改充值卡数据，并将充值卡明文密码出售的行为；轮流值班管理公司服务台现金的收银员，在自己当值期间私配服务台现金抽屉的钥匙，在他人值班期间侵占服务台现金的行为；盗窃他人定期存单并冒名从银行取款的行为；邮政局工作人员利用其对邮局储蓄资金存放环境的熟悉以及其他邮局工作人员对其身份的信任，窃取邮政储蓄资金的行为；私自开走他人忘记锁闭的机动车辆的行为；秘密窃取他人财物，事后留言表明自己身份并表示日后归还的行为；窃取他人股票账户账号、密码后侵入该账户，利用该账户与自己或第三人的股票账户进行交易并从中牟利的行为；非法侵入银行计算机系统，将银行资金划入自己或他人账户，而后到储蓄所提取现金的行为。以上行为，都是盗窃。行为人窃取的时候占有人虽有所觉察，窃取行为并非隐秘或者秘

---

〔66〕 马克昌主编：《刑法》（第 2 版），高等教育出版社 2010 年版，第 469 页。

〔67〕 阮齐林、耿佳宁：《中国刑法各论》，中国政法大学出版社 2023 年版，第 240 页。

密,或者乘他人对物的支配松懈之机,即便在有人看见的情况下取得他人之物的,也成立盗窃。

盗窃行为,可以归纳为三种形式:一是绝对秘密型窃取,即不为行为人以外的其他人所觉察到的窃取行为;二是相对秘密型窃取,即行为人以外的其他人(包括财物占有人)已经觉察,但行为人本人自以为其他人没有发现的窃取行为;三是行为人明知财物占有人已经察觉而以平和手段取得财物。[68]

针对当前较为严重的电信盗窃现象,最高人民法院《关于审理扰乱电信市场管理秩序案件具体应用法律若干问题的解释》第7、8条规定,将电信卡非法充值后使用,造成电信资费损失数额较大的,或者盗用他人公共信息网络上网账号、密码上网,造成他人电信资费损失数额较大的,均依照刑法第264条的规定,以盗窃罪定罪处罚。另外,最高人民检察院《关于非法制作、出售、使用IC电话卡行为如何适用法律问题的答复》规定,明知是非法制作的IC电话卡而使用或者购买并使用,造成电信资费损失数额较大的,应当依照刑法第264条的规定,以盗窃罪追究刑事责任。

第二,必须建立新的财物支配关系。成立盗窃,不仅要采用非暴力的平和手段,破坏原来的占有,而且还必须建立新的财物支配关系,即排除原物主对财物的占有,将目的物转移到自己或者第三人的占有之下,否则不能成立盗窃。如掘开堤坝,将他人池塘里的鱼放走的场合,或者将他人的围栏打开,让圈养的牛羊逃走的场合,尽管行为人破坏了他人对财物的占有,但由于没有建立起新的财物支配关系,因此,不能构成盗窃行为,而只能构成故意毁坏公私财物的犯罪行为。

第三,必须是窃取数额较大的公私财物或者多次盗窃、入户盗窃、携带凶器盗窃、扒窃。

首先,就一般盗窃而言,必须是盗窃他人财物达到数额较大的程度。根据有关司法解释,[69]个人盗窃公私财物价值人民币1000元至3000元以上的,为“数额较大”。具有下列情形之一的,“数额较大”的标准可以按照上述规定标准的50%确定:其一,曾因盗窃受过刑事处罚的;其二,1年内曾因盗窃受过行政处罚的;其三,组织、控制未成年人盗窃的;其四,自然灾害、事故灾害、社会安全事件等突发事件期间,在事件发生地盗窃的;其五,盗窃残疾人、孤寡老人、丧失劳动能力人的财物的;其六,在医院盗窃病人或者其亲友财物的;其七,盗窃救灾、抢险、防汛、优抚、扶贫、移民、救济款物的;其八,因盗窃造成严重后果的。各省、自治区、直辖市高级人民法院、人民检察院可以根据本地区经济发展状况,并考虑社会治安状况,在上述规定的数额幅度内,确定本地区执行的具体数额标准,报最高人民法院、最高人民检察院批准。在跨地区运行的公共交通工具上盗窃,盗窃地点无法查证的,盗窃数额是否达到“数额较大”“数额巨大”“数额特别巨大”,应当根据受理案件所在地省、自治区、直辖市高级人民法院、人民检察院确定的有关数额标准认定。盗窃毒品等违禁品,应当按照盗窃罪处理的,根据情节轻重量刑。在计算是否数额较大时,应以行为人所窃取的公私财物的数额为标准。另外,上述“曾因盗窃受过刑事处罚的”中的“盗窃”,应做广义解释,是指符合盗窃罪构成要件的行为。行为人只要实施了盗窃行为,即使该盗窃行为因法条竞合或者刑法对转化犯罪的规定,最终以其他罪名定罪处罚的,也应被理解为符合“曾因盗窃受过刑事处罚”的规定。

其次,就多次盗窃、入户盗窃、携带凶器盗窃、扒窃而言,没有数额的要求。所谓多次盗窃

---

〔68〕 孙国祥主编:《刑法学》(第2版),科学出版社2012年版,第518页。

〔69〕 2013年最高人民法院、最高人民检察院《关于办理盗窃刑事案件适用法律若干问题的解释》第1、2条。

中的“多次”，应当理解为2年内盗窃3次或者3次以上的未经治安管理处罚的盗窃行为。多次盗窃中“次”的判断，可以参照2005年最高人民法院《关于审理抢劫、抢夺刑事案件适用法律若干问题的意见》中多次抢劫的规定认定。但多次盗窃与多次抢劫必定有所不同，实践中应结合具体案件的具体情况，从主观方面考量行为人是基于一个盗窃的故意，还是多个盗窃的故意；同时，更需要结合客观方面的行为方式，实施行为的条件，以及行为所造成的后果等来综合判断。多次盗窃中的“次”，是指在同一时间、同一地点，在侵害行为的侵害能力范围内针对所有对象的单个侵害行为。行为人在同一房间内盗窃财物，在将所得财物送回家之后再次返回该房间盗窃的行为，因为前次盗窃和后次盗窃之间存在时间间隔，所以，不是“一次盗窃”；同样，行为人在一幢楼里连续撬窃了3家居民住宅，因为每户居民住宅独立且与外界隔绝，不是同一地点，所以，不是“一次盗窃”。〔70〕

另外，需要注意的是，这里的“盗窃”，不应当包括入户盗窃、携带凶器盗窃、扒窃在内，而是指在建筑工地、餐厅、网吧等公共场所盗窃他人管理松懈的财物。所谓“入户盗窃”，是指非法进入供他人家庭生活，与外界相对隔离的住所盗窃。“户”是指家庭及其成员与外界相对隔离的生活场所，包括封闭的院落、为家庭生活租用的房屋、牧民的帐篷以及渔民作为家庭生活场所的渔船等。进入集生活、经营于一体的处所，在经营时间内进行盗窃的，不能看作为“入户盗窃”。〔71〕所谓“携带凶器盗窃”，是指携带枪支、爆炸物、管制刀具等国家禁止个人携带的器械盗窃，或者为了实施违法犯罪携带其他足以危害他人人身安全的器械盗窃。在携带凶器盗窃时，该凶器必须处于随时可以使用的状态。在考虑是否为凶器时，要注意必须结合一般人观念上的“凶器”来加以判断，否则会将行为人盗窃时随身携带的任何物品如领带也当作凶器。所谓“扒窃”，是指在公共场所或者公共交通工具上盗窃他人随身携带的财物。“随身携带的财物”，应限定为未离被害人人身的财物，即被害人的身体应当与财物有接触，如装在衣服口袋内的手机、钱包，手提、肩背的包；坐、躺、倚靠时与身体有直接接触的行李。换言之，不仅盗窃被害人放置于火车或汽车等交通工具行李架上的财物不成立扒窃，即使是盗窃被害人放置于座位旁边的财物，甚至是盗窃被害人挂在座椅背上的衣服口袋或者包中的财物，也都不构成扒窃。“多次盗窃、入户盗窃、携带凶器盗窃、扒窃”的场合，没有数额上的要求。这除了是因为这几种犯罪常见多发、有必要采用特别方式予以制止之外，还因为其与人身有关，极易转化为抢劫等严重犯罪，社会危害性较大，被认为有定罪处罚的必要。因此，在3个月之内分5次进入网吧，盗窃电脑内存条5根，总价值共计人民币1080元的案件中，由于网吧应是营业性的公共场所，盗窃内存条的行为也不属于扒窃，因此，该案只能构成刑法意义上的“多次盗窃”。

要注意的是，以上是对盗窃对象为有体物场合的说明，在盗窃对象为财产性利益的场合，

---

〔70〕之所以这样理解，是因为刑法第264条盗窃罪中的“多次”和第263条抢劫罪中的“多次”所处位置不同，其所表达的意思也是不同的，不用做同样的理解。在刑法第264条当中，“多次盗窃”是作为盗窃罪的成立条件而存在的，其作用在于，在行为人盗窃公私财物没有达到数额较大程度的时候，如果有多次盗窃行为（在2年之内），也可以成立犯罪，因此，“多次”盗窃是作为成立盗窃罪的最起码条件而存在的。相反地，在刑法第263条当中，“多次抢劫”是作为加重处罚条件而存在的，即在抢劫罪当中，行为人只要“以暴力、胁迫或者其他方法抢劫公私财物”，就要构成抢劫罪，处3年以上10年以下有期徒刑，并处罚金。但是，在构成抢劫罪的基础上，如果行为人还具有“多次抢劫”的情节的话，就要处10年以上有期徒刑、无期徒刑或者死刑，并处罚金或者没收财产。可见，以抢劫罪司法解释中的相关规定来说明盗窃罪中“多次”也要做类似理解的根据并不存在。

〔71〕1999年最高人民法院《全国法院维护农村稳定刑事审判工作座谈会纪要》第2条第2款。

有必要特别说明。由于财产性利益是和财物不同的、无形的、看不见的东西,其转移、取得,并不容易确定,因此,从明确对财产性利益犯罪的成立范围,防止不当扩大处罚的角度出发,有必要对财产性利益的内容加以限定。[72]

正如国外学说认为,即便行为人杀死了债权人,但并没有消灭其债务,只是暂时摆脱了被债权人追着还债的局面的场合,还不能成立利益抢劫罪,只有在债权人被杀,使得被害人追讨债务事实上已经变得不可能或者非常困难的场合,才可以说行为人获得了财产性利益,该杀人行为构成利益抢劫罪。[73] 我国学者也认为,行为人为了独占遗产,将其他继承人杀害的场合,因为这种行为并不是通过暴力行为直接进行财产的转移,因而只能构成图财害命的故意杀人罪,而不能构成抢劫罪。[74] 这两种观点尽管举例内容不同,但实际上都在强调一种观念,即获取财产性利益构成财产犯罪的,只能是行为人的行为现实、具体地取得了该条文中所具体保护的财产性利益,而不是假定的、附条件地取得了该种利益,否则,就不能构成财产犯罪。因为,取得财物和获得继承权或者暂时摆脱了被债权人追债的局面均只表明,行为人具有获得财物的可能性(而且是程度比较低的可能性),并不意味着行为人已经得到了遗产或者从此之后就可以不用还债了。换言之,取得财物和获得继承权或者暂时摆脱了被债权人追债的局面,二者之间,无论从法律还是经济上看,都存在较大的不同。如果将所有的取得财产性利益的行为都认定为盗窃或者抢劫财产性利益的犯罪,会有不当扩大财产犯罪处罚范围之嫌。具体到盗窃利益的场合,也可以说,只有在该盗窃或者偷逃行为,使得被害人已经不太可能向行为人索要该财产性利益,反过来说,行为人已经现实、具体地获得了该财产性利益的场合,才可能构成盗窃罪。根据这种观点,可以得出以下结论:

首先,接受有偿服务之后逃走不付账,数额较大的,构成盗窃罪。如在饭后或者住宿之后不付账而逃走的所谓"无钱食宿"的场合,行为人在一开始并没有赖账的意图,但在结账的时候发现没有带钱,于是产生赖账意图而溜走,这种场合下,行为人构成(利益)盗窃罪。因为,这种场合,行为人已经不知去向,被害人即店主很难找到他索要餐费或者住宿费,换言之,行为人在事实上已经现实、具体地获得了免予支付就餐费用或者住宿费用的财产性利益。同样,在行为人进入需要付费的高速公路之后,在即将到达目的地附近的高速公路出口的收费站时,拨开高速公路的护栏逃走,或者从已经被他人拨开的高速公路护栏逃走,逃交高速公路费用的场合,因为,这种从非正常出口逃离的行为,事实上使其获得了免交高速公路通行费用的利益,因此,构成(利益)盗窃罪。

其次,将他人银行上的存款划归自己账户或者他人账户的行为,构成(利益)盗窃罪。关于客户在银行中存放的存款的性质,存在争议,但肯定不是单纯的保管。在一般情况下,保管合同的成立并不产生所有权的转移(例如,甲将手机交由朋友保管,手机的所有人仍然是甲)。但是,客户将现金存到银行,按照"货币占有即所有"的原则,现金的所有权转移至银行,银行可以支配该现金(如放贷),客户取得了日后要求银行支付本金和利息的债权,所以,银行账户余额只是指客户对银行的债权金额。只不过,在正常情况下,银行具有强大的支付能力,能够在客户提取现金时及时兑付。因此,我们常说的"我在银行存的钱"的说法,从法律角度来说

[72] [日]大塚仁:《刑法各论》(上卷),青林书院新社1986年版,第370页。
[73] [日]大谷实:《刑法讲义各论》,黎宏译,中国人民大学出版社2008年版,第217页。
[74] 张明楷:《刑法学》(第6版),法律出版社2021年版,第1285页。

是不准确的,准确的说法应当是,"我对银行享有的债权",债权是一种财产性利益,即根据人为的法律或者合同,能够让对方向自己进行或者不进行一定支付的权利。当行为人以某种方式,将他人的债权划归自己或者第三人的账户时,构成盗窃财产性利益。另外,网络域名具备法律意义上的财产属性,盗窃网络域名可以认定为盗窃行为。[75]

最后,盗用他人房屋或者汽车等的,对于该房屋或者汽车的损耗,可以构成盗窃罪,而不是利益盗窃罪。在盗用他人空闲的房屋的时候,通常伴随有使用该房屋中的设施(如水、电、家具等)的行为;在盗用他人汽车的时候,通常伴随有汽车机件的磨损、燃料等消费等。在盗用他人房屋、汽车等过程中所损耗的家具、水电、燃料等,是天然地存在于自然界的客观实在,本质上还是一种物,和人为地设定的权利(主要表现为债权)不同。因此,盗用上述物品,本质上是破坏他人对上述物品的占有,而将其中所消耗、折损的家具、水电、燃料等转为了己有,对于所消耗的家具、水电、燃料等,构成盗窃罪。[76]

3. 主观要件。本罪的主观要件是故意,即明知自己的行为会发生危害数额较大的他人公私财产的结果,并且希望这种结果发生,而且,还具有为自己或者第三人非法占有他人财物的目的。

实践中存在为了引起他人的注意而扒窃或者为了逃债进监狱而有意当着警察的面实施盗窃的事例。这种事例当中,由于实施盗窃行为的原因是行为人为了"引起他人注意"或者"逃债",与一般盗窃有所不同,因此,是否构成盗窃罪,存在争议。本书认为,这种情况仍然构成盗窃罪。因为,"引起他人注意"或者"逃债"属于行为人实施盗窃行为的动机,对行为人主观上的故意和目的没有任何影响,行为人的目的仍然是非法占有他人财物。

(二)本罪的认定

本罪在认定中,应注意以下问题:

1. 罪与非罪的界限。在盗窃罪与非罪的界限认定上,主要是要分清盗窃罪与一般偷窃行为的界限。一般偷窃行为是指偷窃少量公私财物,违反治安管理的一般违法行为。盗窃罪与一般偷窃行为的区别,主要体现在盗窃数额上。由于刑法第264条将"数额较大"作为盗窃罪的成立要件,因此,数额是否较大便成为区分罪与非罪的重要标准之一。盗窃国有馆藏一般文物的,应当认定为"数额较大"。此外,偷拿家庭成员或者近亲属的财物,获得谅解的,一般可以不认为是犯罪;追究刑事责任的,应当酌情从宽。[77] 近亲属关系的产生往往有两种途径:直系血亲和姻亲。这里的姻亲必须是合法的婚姻关系,不包括同居。因此,盗窃与母亲长期同居对象的财产不属于盗窃近亲属的财物。

2. 被盗物品的数额,按照下列方法计算:(1)被盗财物有有效价格证明的,根据有效价格证明认定;无有效价格证明,或者根据价格证明认定盗窃数额明显不合理的,应当按照有关规定委托估价机构估价。(2)盗窃外币的,按照盗窃时中国外汇交易中心或者中国人民银行授权机构公布的人民币对该货币的中间价折合成人民币计算;中国外汇交易中心或者中国人民

---

〔75〕 张四毛盗窃案,最高人民检察院指导案例37号(2017年)。

〔76〕 偷住他人闲置的别墅或者有人居住的别墅的案件,时有发生。如2011年5月11日《新闻晨报》报道,一个尚未成年的四川男孩,因为在外赌博输了钱,回家怕被父亲打骂,干脆离家出走。之后的一个月,他居然在一处别墅区内找到了落脚地,偷吃偷住,虽然能够被核定的盗窃金额算不上很大,但仍被判处构成盗窃罪,被判拘役4个月,缓刑6个月,并处罚金500元。

〔77〕 2013年最高人民法院、最高人民检察院《关于办理盗窃刑事案件适用法律若干问题的解释》第8条。

银行授权机构未公布汇率中间价的外币,按照盗窃时境内银行人民币对该货币的中间价折算成人民币,或者该货币在境内银行、国际外汇市场对美元汇率,与人民币对美元汇率中间价进行套算。(3)盗窃电力、燃气、自来水等财物,盗窃数量能够查实的,按照查实的数量计算盗窃数额;盗窃数量无法查实的,以盗窃前6个月月均正常用量减去盗窃后计量仪表显示的月均用量推算盗窃数额;盗窃前正常使用不足6个月的,按照正常使用期间的月均用量减去盗窃后计量仪表显示的月均用量推算盗窃数额。(4)明知是盗接他人通信线路、复制他人电信码号的电信设备、设施而使用的,按照合法用户为其支付的费用认定盗窃数额;无法直接确认的,以合法用户的电信设备、设施被盗接、复制后的月缴费额减去被盗接、复制前6个月的月均电话费推算盗窃数额;合法用户使用电信设备、设施不足6个月的,按照实际使用的月均电话费推算盗窃数额。(5)盗接他人通信线路、复制他人电信码号出售的,按照销赃数额认定盗窃数额。盗窃行为给失主造成的损失大于盗窃数额的,损失数额可以作为量刑情节考虑。(6)盗窃有价支付凭证、有价证券、有价票证的,按照下列方法认定盗窃数额:其一,盗窃不记名、不挂失的有价支付凭证、有价证券、有价票证的,应当按票面数额和盗窃时应得的孳息、奖金或者奖品等可得收益一并计算盗窃数额;其二,盗窃记名的有价支付凭证、有价证券、有价票证,已经兑现的,按照兑现部分的财物价值计算盗窃数额;没有兑现,但失主无法通过挂失、补领、补办手续等方式避免损失的,按照给失主造成的实际损失计算盗窃数额。(7)盗窃国有馆藏一般文物、三级文物、二级以上文物的,应当分别认定为刑法第264条规定的“数额较大”“数额巨大”“数额特别巨大”。盗窃文物,无法确定文物等级,或者按照文物等级定罪量刑明显过轻或者过重的,按照盗窃的文物价值定罪量刑。案件涉及不同等级的文物的,按照高级别文物的量刑幅度量刑;有多件同级文物的,5件同级文物视为1件高一级文物,但是价值明显不相当的除外。针对不可移动文物整体实施盗窃行为的,根据所属不可移动文物的等级,依照上述规定定罪量刑:一是尚未被确定为文物保护单位的不可移动文物,适用一般文物的定罪量刑标准;二是市、县级文物保护单位,适用三级文物的定罪量刑标准;三是全国重点文物保护单位、省级文物保护单位,适用二级以上文物的定罪量刑标准。针对不可移动文物中的建筑构件、壁画、雕塑、石刻等实施盗窃行为的,根据建筑构件、壁画、雕塑、石刻等文物本身的等级或者价值,依照上述规定定罪量刑。建筑构件、壁画、雕塑、石刻等所属不可移动文物的等级,应当作为量刑情节予以考虑。公司、企业、事业单位、机关、团体等单位实施盗窃文物的,依照前述相应定罪量刑标准,追究组织者、策划者、实施者的刑事责任。[78]

3. 本罪与抢夺罪的界限。在传统见解看来,二者的区别极为明显,盗窃罪是“秘密窃取”,而抢夺罪是“公然夺取”。但由于近年来的理论发展,二者之间的界限变得模糊起来。从本书的立场来看,盗窃罪与抢夺罪的差别在于以下两个方面:一是犯罪对象的状态不同。盗窃罪的对象是他人占有的公私财物,他人占有的状态,除紧密控制的占有之外,还包括社会一般观念上所认可的占有即较为松懈状态的占有,相反地,抢夺罪的对象只能是他人所紧密控制的财物。二是行为方式不同。盗窃罪是采用平和的非暴力手段获取他人财物,相反地,抢夺罪是采用对物实施强力的方式获取他人财物。如果行为人没有采用可能危及财物占有人的人身的强

---

〔78〕 2013年最高人民法院、最高人民检察院《关于办理盗窃刑事案件适用法律若干问题的解释》第4、5、9条,2015年最高人民法院、最高人民检察院《关于办理妨害文物管理等刑事案件适用法律若干问题的解释》第2、11、12、13条。

力方式获取财物，则即便是当着被害人的面获取他人财物，也不能认定为抢夺罪，而只能认定为盗窃罪。

4. 盗窃罪与其他犯罪的界限。主要要注意以下几点：(1)盗窃广播电视设施、公用电信设施价值数额不大，但是构成危害公共安全犯罪的，依照刑法第124条规定的破坏广播电视设施、公用电信设施罪定罪处罚；盗窃广播电视设施、公用电信设施同时构成盗窃罪和破坏广播电视设施、公用电信设施罪的，择一重罪处罚。(2)盗窃使用中的电力设备，同时构成盗窃罪和破坏电力设备罪的，择一重罪处罚。(3)偷开他人机动车的，按照下列规定处理：其一，偷开机动车，导致车辆丢失的，以盗窃罪定罪处罚；其二，为盗窃其他财物，偷开机动车作为犯罪工具使用后非法占有车辆，或者将车辆遗弃导致丢失的，被盗车辆的价值计入盗窃数额；其三，为实施其他犯罪，偷开机动车作为犯罪工具使用后非法占有车辆，或者将车辆遗弃导致丢失的，以盗窃罪和其他犯罪数罪并罚；将车辆送回未造成丢失的，按照其所实施的其他犯罪从重处罚。[79] (4)盗窃公私财物并造成财物损毁的，按照下列规定处理：其一，采用破坏性手段盗窃公私财物，造成其他财物损毁的，以盗窃罪从重处罚；同时构成盗窃罪和其他犯罪的，择一重罪从重处罚；其二，实施盗窃犯罪后，为掩盖罪行或者报复等，故意毁坏其他财物构成犯罪的，以盗窃罪和构成的其他犯罪数罪并罚；其三，盗窃行为未构成犯罪，但损毁财物构成其他犯罪的，以其他犯罪定罪处罚。[80] (5)盗窃技术成果等商业秘密的，按照刑法第219条规定的侵犯商业秘密罪定罪处罚。(6)盗窃国家、集体或者他人所有并已经伐倒的树木，偷砍他人在自留地或者房前屋后种植的零星树木，符合刑法第264条规定的，以盗窃罪定罪处罚。非法实施采种、采脂、掘根、剥树皮等行为，符合刑法第264条规定的，以盗窃罪论处。在决定应否追究刑事责任和裁量刑罚时，应当综合考虑对涉案林木资源的损害程度以及行为人获利数额、行为动机、前科情况等情节；认为情节显著轻微危害不大的，不作为犯罪处理。(7)盗窃油气或者正在使用的油气设备，构成犯罪，但未危害公共安全的，以盗窃罪定罪处罚；盗窃油气，数额巨大但尚未运离现场的，以盗窃未遂定罪处罚；为他人盗窃油气而偷开油气井、油气管道等油气设备阀门排放油气或者提供其他帮助的，以盗窃罪的共犯定罪处罚；盗窃油气同时构成盗窃罪和破坏易燃易爆设备罪的，依照刑法处罚较重的规定定罪处罚。[81] (8)行为人利用信息网络，诱骗他人点击虚假链接而实际通过预先植入的计算机程序窃取财物构成犯罪的，以盗窃罪定罪处罚。[82]

5. 刑法第265条的理解。该条规定，以牟利为目的盗接他人通信线路、复制他人电信码号或者明知是盗接、复制的电信设备、设施而使用的，按盗窃罪定罪处罚。因此，构成本条所规定的盗窃罪需要：(1)行为人主观上除具有故意之外，还必须具有牟利的目的。(2)客观上必须具有盗接他人通信线路、复制他人电信码号或者明知是盗接、复制的电信设备、设施而使用的行为。所谓盗接他人线路，是指未经权利人的许可，擅自连接他人的通信线路无偿使用或者转给他人使用，从而给权利人造成损失；所谓复制他人的电信码号，是指取得他人的电信码号后，非法加以复制并无偿使用，或者非法出租、出借或者转让。(3)必须是数额较大或者多次使

---

〔79〕 2013年最高人民法院、最高人民检察院《关于办理盗窃刑事案件适用法律若干问题的解释》第10条。

〔80〕 2013年最高人民法院、最高人民检察院《关于办理盗窃刑事案件适用法律若干问题的解释》第11条。

〔81〕 2007年最高人民法院、最高人民检察院《关于办理盗窃油气、破坏油气设备等刑事案件具体应用法律若干问题的解释》第3~4条。

〔82〕 臧进泉等盗窃、诈骗案，最高人民法院指导性案例27号(2014年)。

用。如果盗接他人线路、复制他人电信码号,未及牟利或者牟利数额微小即被查获,或者偶尔使用盗接、复制的电信设备、设施,给他人造成的经济损失很小的,可不作为犯罪处理。

6. 本罪的既遂与未遂的区分标准。按照有关司法解释,盗窃未遂,情节严重,如以数额巨大的财物或者国家珍贵文物等为盗窃目标,应当定罪处罚。那么,如何判断盗窃罪的既遂呢?众说纷纭,“失控说”认为应以财物的所有人或保管人是否丧失对财产的占有即控制为标准;“控制说”认为应以盗窃犯是否已获得对财物的实际控制为标准;“失控+控制说”认为应当以行为人是否使作为盗窃对象的公私财物脱离了所有人或占有人的控制,而置于其本人的实际控制之下作为划分既遂与未遂的标准。在财物所有人或者占有人失去了对财物的控制,但由于某种原因的存在,行为人也未对该财物有实际控制的场合,仍应视为未遂。

本书主张“失控+控制说”。尽管从法益侵害的角度来看,所有人或占有人失去对财物的控制,就意味着其财产利益受到了侵害,对该行为应当予以处罚,以保护财产所有人或者占有人的合法利益,但对这种行为的处罚并不一定要采用盗窃罪既遂的方式。同时,对某种行为予以何种刑罚处罚,不能仅看该行为是否侵害了法益,还必须遵循罪刑法定原则的要求。盗窃罪,从其内部构成来看,是由破坏他人占有之后,建立新的占有而成立。仅仅是让他人对财物失控即破坏他人占有,还不能成立盗窃罪;只有在控制了他人的财物即建立了新的占有之后,才能说构成盗窃罪既遂。因此,认定盗窃罪既遂的标准只能是“失控+控制说”而不是“失控说”,也不是“控制说”。这是罪刑法定原则的要求。

但是,在采用“失控+控制说”的时候,对其内涵要作进一步分析:

(1)对控制的意义必须做实质性的理解。所谓控制,就是实际支配,其并不是指财物一定是在行为人的手中,而是说行为人在事实上能够控制该财物,这种实际控制并无时间长短的要求,也不要求行为人已经利用了该项财物。有些情况下,被害人的失控就意味着行为人的实际控制,这时当然构成既遂;但有时候,被害人虽然失去了对财物的控制,但是行为人自身也没有实现对财物的控制,这时候,应当是犯罪未遂。如在某甲潜上货轮,窃得重几百斤的铅锭数块,因过重只好沉入水中,准备伺机再打捞,未及打捞而案发的场合,“失控说”一般认为其是盗窃既遂;而在“控制说”中,有的认为是未遂,因为行为人未能获得对财物的实际控制。但本书认为应是未遂。因为,本案中的财物虽然已脱离物主的控制(占有),但也未置于行为人的实际控制(占有)之下时就被发现。当然,若铅锭的沉入河底以及下落位置只有行为人本人知道,行为人完全可以伺机捞出予以处理,伺机取回已不属于盗窃行为,因此,该案应当是盗窃既遂。

(2)在认定实际控制时,应当根据行为当时的事实,从一般社会观念出发来进行判断。换言之,在认定盗窃罪的既遂与未遂的时候,应当根据财物的性质、形状、体积大小、被害人对财物的占有状态、行为人的窃取形式等进行判断。如在商店行窃,就体积很小的财物而言,行为人将财物放入口袋、放入怀中,就是既遂;但就体积很大的财物而言,只有将该财物搬出商店,才能认定为既遂。又如,在工厂行窃,如果工厂是任何人都能自由进出的,则将财物搬出原来的仓库、车间,就是既遂;如果工厂的出入相当严格,出大门要经过检查,则只有将财物搬出大门,才是既遂。行为人即便将财物带出了车间、仓库或者商店的大门,但在被保安跟踪的阶段上,仍然不能说已经实际控制了财物,只能构成未遂。

(3)他人布控监视下完成的盗窃行为,是否构成未遂,应当具体分析。首先,行为人刚一着手,就被物主所发现,在物主的监视下完成盗窃行为的场合,应当构成未遂。因为,物主通过监视行为人间接地控制着财物,行为人并未真正控制其所盗窃的财物,不能认定为盗窃既遂。

其次，对于警察严密监视盗窃行为全过程，待行为人得手之后，将其抓捕的场合，应认定为盗窃既遂。因为，此时，财物已经脱离了物主的控制，而转移到了盗窃行为人的手中。虽然可以说，这种场合下，警察已经发现并监视全过程，失主并没有失去财物，但警察的监控与失主失去财物的认定无关。因为，警察的职责主要是发现犯罪事实，收集犯罪证据，从而对犯罪嫌疑人的行为依法提出处理意见。并不意味着警察监视之下的财物，就一定不会失控。尽管在警察监视之下，但行为人盗窃得逞的情况并不罕见。如果将所有被警察发现并在其监视下进行的犯罪行为都认定为犯罪未遂，则会放纵犯罪，并与公安机关的工作职责相悖。最后，对在保安员监视之下的盗窃犯罪形态应当区别具体情况加以分析。行为人刚一着手就被与物主有关的保安员发现并布控监视的场合，即便行为人拿到了财物，也应当认定为未遂，因为，此时，物主通过保安员的工作在间接地控制其财物；相反地，对在协助公安机关维护社会治安，打击犯罪的保安员（如“打扒队”中的保安员）监控下的盗窃行为，应当认定为既遂，因为，此时保安员实际上在履行人民警察的职责。

（4）关于盗窃未遂的处罚。有关司法解释规定，[83] 盗窃未遂，具有下列情形之一的，应当依法追究刑事责任：以数额巨大的财物为盗窃目标的；以珍贵文物为盗窃目标的；其他情节严重的情形。盗窃既有既遂，又有未遂，分别达到不同量刑幅度的，依照处罚较重的规定处罚；达到同一量刑幅度的，以盗窃罪既遂处罚。

在这个规定的应用上，应注意以下几点：首先，不是所有的盗窃未遂行为都要定罪处罚，而只有“以数额巨大的财物或者国家珍贵文物等为盗窃目标的”以及“其他情节严重的情形”，才应定罪处罚。其中，“其他情节严重的情形”，包括入户盗窃、扒窃、携带凶器盗窃等在内。因为，对于具有这种情节的“盗窃”，不要求“数额较大”就直接入罪，表明其属于“情节严重”的行为。其次，以数额（特别）巨大财物为目标进行盗窃而未得逞时，要根据不同情况处理。“数额（特别）巨大”是加重构成要件，而非加重刑罚要件即量刑规则，因此，针对数额（特别）巨大的财物而盗窃，结果却分文未取的场合，构成针对数额（特别）巨大的盗窃罪的未遂犯。与此有关，针对数额（特别）巨大财物进行盗窃，结果却只是盗窃到数额较大的财物的场合，属于想象竞合，应当择一重罪论处，最终有可能按照盗窃数额巨大财物的未遂论处。在上述场合下，若仅以基本犯（数额较大）的既遂犯论处，就会产生遗漏对数额（特别）巨大财物所受现实紧迫危险的评价，从而导致对数额（特别）巨大法益保护的不周全。最后，对于盗窃时部分既遂部分未遂的情况，不能将两种犯罪形态所涉及的盗窃数额累加之后，予以处罚。毕竟未遂与既遂是两个不同的犯罪形态，其在盗窃犯罪中所表现的意义也有所不同，盗窃既遂表现的是对财物的实际控制，未遂则是对财物尚未实际占有。此时，分别达到不同量刑幅度的，依照处罚较重的规定处罚；达到同一量刑幅度的，以盗窃罪既遂处罚。

（三）处罚

刑法第 264 条根据盗窃罪的不同数额和情节，规定了三个档次的量刑幅度。以下根据刑法规定和有关司法解释，进行说明：

1. 盗窃公私财物，数额较大的，或者多次盗窃、入户盗窃、携带凶器盗窃、扒窃的，处 3 年以下有期徒刑、拘役或者管制，并处或者单处罚金。盗窃公私财物数额较大，行为人认罪、悔罪，退赃、退赔，且具有下列情形之一，情节轻微的，可以不起诉或者免予刑事处罚；必要时，由有关

---

〔83〕 2013 年最高人民法院、最高人民检察院《关于办理盗窃刑事案件适用法律若干问题的解释》第 12 条。

部门予以行政处罚:(1)具有法定从宽处罚情节的;(2)没有参与分赃或者获赃较少且不是主犯的;(3)被害人谅解的;(4)其他情节轻微、危害不大的。偷拿家庭成员或者近亲属的财物,获得谅解的,一般可不认为是犯罪;追究刑事责任的,应当酌情从宽。[84]

2. 数额巨大或者有其他严重情节的,处3年以上10年以下有期徒刑,并处罚金;数额特别巨大或者有其他特别严重情节的,处10年以上有期徒刑或者无期徒刑,并处罚金或者没收财产。其中,"数额巨大",是指盗窃公私财物价值3万元至10万元以上;"数额特别巨大",是指盗窃公私财物价值人民币30万元至50万元以上。盗窃公私财物,具有《关于办理盗窃刑事案件适用法律若干问题的解释》第2条第3项至第8项规定情形之一,或者入户盗窃、携带凶器盗窃,数额达到该解释第1条规定的"数额巨大""数额特别巨大"50%的,可以分别认定为有"其他严重情节"或者"其他特别严重情节"。[85]

3. 单位组织、指使盗窃,符合刑法第264条及本解释有关规定的,以盗窃罪追究组织者、指使者、直接实施者的刑事责任。[86]

4. 因犯盗窃罪,依法判处罚金刑的,应当在1000元以上盗窃数额的2倍以下判处罚金;没有盗窃数额或者盗窃数额无法计算的,应当在1000元以上10万元以下判处罚金。[87]

5. 关于本罪的量刑,最高人民法院《关于常见犯罪的量刑指导意见(试行)》第4条第11款规定,构成盗窃罪的,根据下列情形在相应的幅度内确定量刑起点:(1)达到数额较大起点的,2年内3次盗窃的,入户盗窃的,携带凶器盗窃的,或者扒窃的,在1年以下有期徒刑、拘役幅度内确定量刑起点。(2)达到数额巨大起点或者有其他严重情节的,在3年至4年有期徒刑幅度内确定量刑起点。(3)达到数额特别巨大起点或者有其他特别严重情节的,在10年至12年有期徒刑幅度内确定量刑起点,依法应当判处无期徒刑的除外。在量刑起点的基础上,根据盗窃数额、次数、手段等其他影响犯罪构成的犯罪事实增加刑罚量,确定基准刑。多次盗窃,数额达到较大以上的,以盗窃数额确定量刑起点,盗窃次数可以作为调节基准刑的量刑情节;数额未达到较大的,以盗窃次数确定量刑起点,超过3次的次数作为增加刑罚量的事实。构成盗窃罪的,根据盗窃的数额、次数、手段、危害后果等犯罪情节,综合考虑被告人缴纳罚金的能力,在1000元以上盗窃数额2倍以下决定罚金数额;没有盗窃数额或者盗窃数额无法计算的,在1000元以上10万元以下判处罚金。构成盗窃罪的,综合考虑盗窃的起因、数额、次数、手段、退赃退赔等犯罪事实、量刑情节,以及被告人的主观恶性、人身危险性、认罪悔罪表现等因素,决定缓刑的适用。

二、诈骗罪

(一)概念和构成

本罪,是指出于非法占有的目的,使用虚构事实或者隐瞒真相的方法,骗取数额较大的公私财产的行为。其构成如下:

1. 主体。本罪的主体是一般主体,只能由年满16周岁且具有辨认、控制能力的自然人

---

[84] 2013年最高人民法院、最高人民检察院《关于办理盗窃刑事案件适用法律若干问题的解释》第7、8条。
[85] 2013年最高人民法院、最高人民检察院《关于办理盗窃刑事案件适用法律若干问题的解释》第1、6条。
[86] 2013年最高人民法院、最高人民检察院《关于办理盗窃刑事案件适用法律若干问题的解释》第13条。
[87] 2013年最高人民法院、最高人民检察院《关于办理盗窃刑事案件适用法律若干问题的解释》第14条。

构成。

2. 危害行为和危害结果。本罪在客观上表现为,使用诈骗方法骗取数额较大的公私财产。其基本构造是:行为人实施诈骗行为—对方陷入错误—基于错误认识处分财产—行为人取得财产。下面分别叙述。

(1)必须实施了诈骗行为。所谓诈骗行为,通常来说,就是虚构事实、隐瞒真相,使人陷入错误。但这种理解并不准确,如行为人虚构事实,欺骗家庭主妇某甲说:“你的孩子在外面的马路上遇到车祸了。”某甲赶快跑到门外去看,行为人乘此机会,溜进某甲家里,把财物拿走,从形式上看,也是虚构事实,使他人陷入错误而取财,但这种情况不会构成诈骗罪。因为,这种场合下的取财,并非行为人骗得他人将财物主动交给自己的结果,而是行为人在使某甲的注意力转移之后,趁机夺取财物的结果,应当构成盗窃罪。如此说来,诈骗罪中的诈骗行为,不仅仅是使人陷入错误的行为,准确地说,是“具有让人陷入错误,并基于该错误处分财物的具体危险的行为”。据此,不具备专业的股票知识和从事证券咨询业务资格的人,以“专业操盘团队”的名义,利用网络对外散发“提供股市内幕信息及股票上涨下跌的行情”的消息,发布其已经让客户赚钱的虚假截图信息,骗取公众信任,再以推荐股票赚钱为由让受骗者缴纳会员费、服务费等,获得钱财,由于行为人所取得的钱财是被害人陷入错误之后,主动交付的结果,因此,其行为构成诈骗罪。

诈骗行为从形式上讲,包括两大类:(1)虚构事实,即无中生有,编造虚假情况,由此骗取被害人的信任。虚构事实可以是虚构全部事实,也可以是在部分事实的基础上夸大渲染。虚构的程度,必须足以使被害人发生错误认识,并在此基础上处分财产。如冒充失主吓退窃贼占有其所偷来的赃物;虚构应聘司机的事实骗得司机岗位,趁驾车外出之机将汽车开走的行为;以伪造的学历应聘并骗取数额巨大的钱财的行为;制造虚假的保险事故,导致被害人基于错误认识而支付赔偿款的行为;以签订虚假合同为诱饵骗取他人钱财的行为;银行出纳员自制高额利率订单,对外虚构单位内部有高额利率存款的事实,吸存亲朋好友的现金并占为己有的行为;使用自己准备的赌具控制赌博输赢获取他人钱财的行为;个体工商户的雇员虚开借条骗取借款的行为;以不合格酒或廉价酒冒充高档酒,利用酒托诱使被害人自愿处分财物的行为;受托代办家电下乡补贴的申领与垫付的经销商,编造虚假的销售垫付信息,骗取国家家电下乡补贴资金的行为;受托人擅自使用委托人证件、以委托人名义提取委托人在证券公司开设的股票账户下的款项的行为;被告人因工作调动不再行使管理、监督国有财产的职权时,利用工作上的便利骗取单位公共财物的行为等,都是如此。(2)隐瞒真相,即掩盖客观存在的事实,使人产生错觉。如以原始股为诱饵低买高卖骗取股民钱财的行为;以虚假身份证件办理入网手续并使用移动电话造成电信资费损失的行为;利用刷卡消费时差,在同伙异地刷卡消费后,谎称存款出错,要求银行办理存款冲正业务并将钱取走,给银行造成财产损失的行为;隐瞒没有钱的事实真相,到餐厅消费2万元无法结账等,就是其例。

一般认为,虚构事实是作为形式的诈骗行为,而隐瞒真相是不作为形式的诈骗行为。因此,诈骗罪当中,也存在不作为犯的形式。尽管如此,虚构事实和隐瞒真相往往是一个欺骗行为的两个方面,因为隐瞒了真的可能就要辅之以假的;虚构了假的同时就要隐瞒真的。因此,说隐瞒真相就是不作为,着实令人怀疑。确实,在交易中,明知对方错误地多给了自己钱款而不告诉对方,从民法的角度来看,有违诚实信用的告知义务。但是,单是不履行这种义务的行为,并不构成犯罪,而只是涉及民法上的不当得利。对于不当得利,受益人具有返还的义务,应当将取得的不当利益返还给受损失的人。换言之,在不当得利的场合,首先考虑让受益人即行为人返还该利益,而不是直接说其构成诈骗罪。通常被认为是不作为诈骗而列举的例子有,在签订生命保险合同的时候,隐瞒患有某种疾病的事实;在不动产的买卖中隐瞒该不动产已被用于抵押的事实等。在本书看来,这些实际上都可以看作为作为形式的诈骗。因为,"隐瞒"看似不履行义务,但必须通过一定的作为来实现,完全可以看作为作为。如购买保险时被问到有无某种疾病时,回答"没有",或者在填写材料时写上"没有"。这不正是让人陷入错误的"虚构事实"即"作为"吗?如此说来,顾客蔡某到自行车用品店挑选了某款品牌自行车,与老板伍某商定好4700元的价格时,老板娘洪某正好回到店里。伍某遂将蔡某介绍给洪某,说:"你给这位顾客开票,4700元,ATX 830。"伍某说罢就在一旁忙着修车。洪某误以为蔡某先前已经收了款,自己只负责开票,便领蔡某进里屋开好发票后就出来忙其他事情,没有收取蔡某应付价款。伍某却以为洪某开票后同时收了款,故两人都没有要蔡某付款。蔡某觉察到了两人之间的不默契,于是大摇大摆地把山地车骑走。在该案件中,蔡某的行为不应当构成不作为的诈骗,因为其没有虚构事实或者隐瞒真相,客观上不符合诈骗罪的犯罪构成。其"觉察到了两人的不默契,于是大摇大摆地把山地车骑走"的行为是典型的采用平和手段,将他人财物拿走的盗窃行为,应当构成盗窃罪。

作为本罪手段的诈骗,不要求达到让一般人陷入错误的程度。即便是一般人不会上当的诈骗行为,由于对方的特别情况而让人陷入错误的场合,也要成立诈骗行为,即对于特别容易被骗的被害人,使用一般人不可能上当的手段,仍能构成本罪。如对80岁的老太太谎称自己是"孙中山",正在为解冻民族资产而奔走,请求对方支持,结果对方上当,倾囊相助的场合,就是如此。这种场合下,尽管被害人在认知上存在一定缺陷,但这绝对不能成为行为人可以对其实施诈骗行为的理由。我国实务也认为,诈骗案件中的被害人过错,不能作为从轻处罚的酌定情节。因为,被害人的辨认能力上的缺陷不能成为犯罪行为人实施诈骗的起因,而是被告人实施犯罪所利用的条件。[88]

成立诈骗罪中的诈骗,必须满足以下条件:

首先,对其行为对象有特殊要求,即被骗的必须是自然人。由于诈骗罪设想了"诈骗—错误—处分行为—取得财物"这样的因果流程,因此,传统学说认为,诈骗行为的对象首先必须是自然人。机器不是人,其不会陷入错误,因而将类似货币的金属片插入自动售货机而非法取得物品的行为,不是诈骗,而是盗窃。[89] 本书认为,机器的确不能成为诈骗的对象,但这并不意味着作为机器主人的自然人不能上当受骗。换言之,传统的机器不能被骗,但在行为人所利用的机器是具有模拟人脑的某些功能的电脑的场合,由于电脑是人脑的机器延伸,能够并且实际上也在代为帮助人们处理一些事情,行为人就可以利用该机器的这种特点来对机器的主人进行欺骗,并获得财物。机器的主人由于信赖机器的反应而由机器代为做出违背其真实意思的财产处分,实际上就是机器的主人陷入错误而处分财产,换言之,在行为人使用诈术蒙骗机器的时候,被欺骗的对象不是机器,而是掌握机器的主人即自然人。机器处分财物,实际上是机器的主人在陷入错误的情况下处分财物,所以,行为人通过机器来获取他人财物的行为,可

〔88〕 余永贵诈骗案,载最高人民法院中国应用法学研究所编:《人民法院案例选》2008年第4辑,人民法院出版社2009年版,第38~41页。

〔89〕 黎宏:《日本刑法精义》(第2版),法律出版社2008年版,第431页。

以构成诈骗罪。这一点已经为我国的司法实践所认可。如在关于拾得他人信用卡并在自动柜员机上使用的行为该如何定性的问题上,最高人民检察院在《关于拾得他人信用卡并在自动柜台机(ATM)上使用的行为如何定性问题的批复》中明确指出,该行为属于"冒用他人信用卡"的情形,可以信用卡诈骗罪追究其刑事责任。只是,欺骗机器而获得财产的诈骗罪,其成立具有一定条件的限制:其一,机器必须具有交付功能,如银行设置的、能够代替银行与客户发生业务关系、完成存取款操作的自动柜员机就是如此。相反地,汽车智能锁由于只具有开关汽车车门的功能,而不能代为实施汽车交付业务,因此,即便通过配制钥匙的方法打开车门开走了汽车,也不能说构成诈骗罪,而只能构成盗窃罪。其二,处在正常运行状态之下,没有发生故障。出现故障的机器已经丧失了机器主人所预设的功能而失去了信赖的基础,其所实施的交付行为违背了机器主人的意愿,机器主人不存在意思瑕疵,机器此时所实施的财产交付不是机器主人陷入错误判断的结果,如此取得财物的,不是诈骗,而是盗窃。其三,行为人主动实施了欺诈行为。行为人只有采用形式上符合程序要求而实质上违反机器主人意志的欺骗方式取得财产,才能构成对机器主人的欺骗,否则就不能说是欺骗。如用砸毁自动柜员机的方式取得其中金钱的,就不能说是构成诈骗罪。

其次,诈骗对象必须在事实或法律上能够处分该财物。因为,诈骗罪的本质是基于他人的错误而非法取得财物,如果被骗者在法律或者事实上不能处分该财物,则难以说行为人是基于对方的错误而取得财物。因此,在欺骗不具有上述权限的人而非法取得财物的场合,只能构成盗窃罪,而不能构成诈骗罪。如主人家雇用的佣人通常就没有管理或者占有主人家财产的权利。因此,谎称主人的朋友,让佣人将主人的高档西装交给其带给主人的场合,不构成诈骗,而是构成利用没有处分权限的人的盗窃罪的间接正犯。

最后,诈骗对象和处分财物的人不要求同一。在诈骗罪中,虽然作为诈骗对象的人和处分财物的受害人通常是同一人,但就本罪的构成来说,不要求二者一致。这种被诈骗者和被害人不是同一人的场合,被称为"三角诈骗"。

(2)对方陷入错误并处分财物。行为人虚构事实、隐瞒真相,须足以让对方陷入错误,并在该错误支配之下处分财产。在对方并没有陷入错误但处分财物的场合,行为人最多只能构成诈骗未遂。如甲为骗钱而对乙谎称借钱,乙看穿这一点但不忍心戳穿其谎言,还是将钱"借"给了甲的场合,就是如此。同样,在行为人隐瞒真相,将自己父亲名下的不能上市交易的房子交给典当行抵押,获取贷款,典当行在审查过程中虽然发现了这一点,但抱侥幸心理仍然对其贷款,结果不仅贷款没有收回,作为典当物的房子也因不能交易而遭受巨大损失,即在被害人由于自己的重大过失而受损的场合,便不能说行为人使对方陷入了处分财物程度的错误。

同时,被害人在错误之下,自愿处分或者说交付财物是成立诈骗罪的必要环节,也是区分盗窃罪和诈骗罪的关键。诈骗罪中的处分行为,并非仅指民法上作为所有权权能的处分,而是意味着将财产转移给行为人或者第三者占有,即由行为人或者第三人事实上支配财产。在欺骗他人放弃财物,而后自己拾得该财物的场合,由于该财物的获得,是行为人采用欺骗他人的手段,使其脱离了对财物的占有而转归自己的结果,属于他人即被害人在错误状态下自愿处分财物的行为,因此,构成诈骗罪。

被害人在进行处分行为时,必须具有处分意思,即主观上对所处分财产的结果有认识,这是没有争议的。但是,该种认识必须达到什么程度,则存在较大的分歧。有的认为,只要认识到自己将某种财产移交给行为人或者第三人占有就够了,不要求对财产的数量、价格等具有完全的认识;有的认为,对所转移的财产的数量、价格等必须具有完全认识。从诈骗罪与盗窃罪的区别来看,诈骗罪是基本不违反被害人的意思而转移占有,而盗窃罪是违反被害人的意思而转移占有。如果被害人根本没有意识到某一财产的存在,怎么能说是不违反其意志而转移占有呢? 因此,就诈骗罪中的处分意思,可以进行如下分析:第一,当行为人通过某种行为使得被害人根本无法意识到特定财产的转移时,不能认定被害人具有处分意思。因此,在甲发现乙的书中夹有一张珍贵邮票,于是就以100元价格买下该书,占有了该珍贵邮票的场合而言,因为被害人根本没有意识到邮票的存在,不可能具有处分意思,因此,该行为应当构成盗窃罪,而不是诈骗罪。下述场合也应当同样理解,在行为人谎称作为社会调查问卷的结果而让对方签名,但实际上是让对方在伪造的合同上签名的场合;在行为人趁超市服务人员不注意,在角落里将一可乐箱内的可乐全部取出,作为其替代,放入20余盘共计2000余元的正版DVD碟片,后行为人在付款处将这箱"可乐"送交收银员扫描价格,仅以50余元的价格买取了这箱"可乐"的场合。第二,行为人通过某种行为使得被害人对特定财产的转移有认识,只是对其数量、价格没有认识的场合,应认定被害人具有处分意思。如行为人欺骗被害人,谎称其手中的古董不值钱,然后以低价从其手中购入的场合,或者在磅秤上做手脚,使原本重量为1000斤的鱼仅仅显示为800斤的场合,都是如此。这种场合下,被害人对所移交的财产本身具有清楚的认识,因此,可以说其具有处分意思。在司法实践中,常有在磅秤或者水表、电表、煤气表上做手脚,使磅秤计量不准或者水表、电表、煤气表走慢,从而占有他人财物的情形。在这些场合,虽然作为水、电、煤气等财物所有人的被害人对所交付的财产的数量、价格等并不一定清楚,但对交付财产本身是有清楚认识的,因此,不能说其没有处分或者转移财物的意识,因此,将这类行为认定为诈骗较妥。

按照有关司法解释,以虚假、冒用的身份证件办理入网手续并使用移动电话,造成电信资费损失数额较大的行为,[90]在预防、控制突发传染病疫情等灾害期间,假借研制、生产或者销售用于预防、控制突发传染病疫情等灾害用品的名义,诈骗公私财物数额较大的,[91]以欺诈、伪造证明材料或者其他手段骗取养老、医疗、工伤、失业、生育等社会保险金或者其他社会保障待遇的,[92]均可依照刑法有关诈骗罪的规定定罪处罚。

(3)财产损失。诈骗罪是财产犯,是实害犯,以被害人发生财产损失为成立要件。但是,诈骗罪,以财物的交付、转移而既遂,但这样的话,财产损害意味着什么呢? 对此,有认为本罪的损害是欺骗行为导致个别财产损失的"个别财产损失说"和必须是整体财产状况的恶化的"整体财产损失说"之间的对立。这种对立在下列事例当中具有意义。如X在"双十一"的时候,将客观上价值1万元的衣服,谎称"放血大甩卖! 原价2万元,现价1万元!"顾客A信以为真,付出1万元购买了该衣服("甩卖案"),X是否成立诈骗罪? 从个别财产损失说的立场出发的结论是,A虽然获得了价值1万元的衣服,如果说A知道事实真相就不会购买该衣服,则X成立诈骗罪。因为,A想买的是价值2万元的衣服,而非原本就是价值1万元的衣服,故发生了财产损害。相反地,从整体财产损失说的立场来看,A既然得到了价值1万元的物品,

---

〔90〕 2000年最高人民法院《关于审理扰乱电信市场管理秩序案件具体应用法律若干问题的解释》第9条。

〔91〕 2003年最高人民法院、最高人民检察院《关于办理妨害预防、控制突发传染病疫情等灾害的刑事案件具体应用法律若干问题的解释》第7条。

〔92〕 2014年第十二届全国人民代表大会常务委员会第八次会议通过的《关于〈中华人民共和国刑法〉第二百六十六条的解释》。

那么,就不能说其有整体财产的损失,因此,X 不成立诈骗罪。但是,在即便放置了对价而盗窃或者抢夺财物的场合,也要成立盗窃、抢夺罪,那么,和盗窃罪、抢夺罪一样,属于非经被害人同意不得获取的夺取罪的诈骗罪,作为成立条件,也不应当要求整体财产的减少。换言之,在诈骗罪当中,财物或者财产利益的交付自身就是财物等的丧失。但是,如此的话,实质上岂不是和财产损失不要说之间并没有差别了吗?因此,整体财产损失说存疑。

但这并不意味着个别财产损失说就妥当。如在 16 岁的少年 X 向烟店老板 A 谎称成年人,付了 2000 元钱购买一条价值 2000 元的香烟的场合("香烟案"),X 是否构成诈骗罪就有不同结论。从个别财产丧失说的立场出发,X 就要成立诈骗罪。因为,X 向香烟店主 A 隐瞒了自己未满 18 周岁的事实,让 A 陷入错误,从而获得了该香烟。但问题是,香烟的年龄限制目的,完全在于防止其使用而产生的有害影响,将隐瞒年龄购买香烟的行为认定为诈骗罪,实质上就是否定了诈骗罪是财产犯的性质。因此,从即便丧失了个别财产,但在有关该财物的"经济观点"来看,没有产生任何损害的场合,就要否定成立诈骗罪。这种见解就是所谓"修正的个别财产损失说"。据此,有无财产损害,应当从对被害人而言的经济角度进行评价,看其能否说是遭受了经济损害来加以决定。在上述"甩卖案"中,顾客 A 虽然用 1 万元购入了价值 1 万元的衣服,但其意图获得却归于失败的是价值 2 万元的衣服,所以,具有经济损害,成立诈骗罪;但在"香烟案"中,既然店主 A 将定价 2000 元的货物以 2000 元出售,虽说其丧失了香烟,但不能说其遭受了经济上的损失,因此,应当否定成立诈骗罪。

(4)骗取财物必须达到数额较大的程度。按照有关司法解释,[93]所谓"数额较大",指各地区根据本地的经济发展状况,并考虑社会治安状况,在 3000 元到 1 万元的幅度内,确定本地区的个人诈骗"数额较大"的具体标准。

在具体认定诈骗犯罪数额时,应把案发前已被追回的被骗款额扣除,按最后实际诈骗所得数额计算。但在处罚时,对于这种情况应当作为从重情节予以考虑。[94] 同时,在计算诈骗罪的财产损失数额的时候,应当注意,所谓"数额"指的是犯罪嫌疑人使用诈骗手段骗取的财物的价值,而非其实际获取的经济利益价值。因为,诈骗罪是以个别财产为对象的犯罪,有无损害应当根据成为骗取对象的财物自身来判定,即便行为人在骗取他人财物时支付了相当的对价,也不影响本罪的成立。这种支付对价,无非是诈骗的手段而已。因此,在陈某将自己以人民币 100 余元购买的 16 枚假银元(系伪造银币,价值人民币 530 元)冒充清代及中华民国时期的银币,向吴某兜售,骗取吴某人民币 3100 元的案件中,陈某的诈骗数额应定为 3100 元,而不是诈骗所得钱财减去他付出的"对价"所得的 2570 元。同样,借贷型诈骗案中,案发前已经先行支付的利息,属于行为人为了实现诈骗目的而付出的犯罪成本,该利息不应排除在犯罪数额之外。

3. 主观要件。诈骗罪的主观要件是故意,即明知自己的行为会使他人陷入错误认识进而发生侵害他人财物的结果,并且希望这种结果发生,还具有非法占有他人财物的目的。非法占有他人财物的目的包括两种情况:一是使他人的财物转移为自己(包括第三人)的财物,二是使他人减少或者免除自己(包括第三人)的债务。

---

〔93〕 2011 年最高人民法院、最高人民检察院《关于办理诈骗刑事案件具体应用法律若干问题的解释》第 1 条。

〔94〕 1991 年最高人民法院研究室《关于申付强诈骗案如何认定诈骗数额问题的电话答复》。

(二)本罪的认定

在本罪的认定中,应当注意以下问题:

1. 本罪与民事欺诈行为的界限。总结司法实践经验,一般是从欺骗内容、欺骗程度、非法占有目的、被骗人能否能够通过民事途径进行救济等方面予以区分的:(1)欺骗内容。民事欺诈是个别事实或者局部事实的欺骗,诈骗犯罪则是整体事实或者全部事实的欺骗。如就合同欺诈和合同诈骗的区分而言,行为人如果只是就合同的一些次要要素,如价款、数量、质量等方面进行欺骗,但在签订合同之后,积极创造条件履行合同的,则属于民事欺诈;如果是就合同的核心事实如主体、标的、履行时间和地点进行欺骗,则表明行为人根本无履行的诚意或履行能力,只是利用合同骗取他人财物而已,属于诈骗犯罪。(2)欺骗程度。如果行为人采用的欺骗手段达到了使他人产生错误认识并处分财物的程度,构成诈骗罪;如果行为人虽然采用欺骗手段,但并没有达到使他人无对价交付财物的程度,则可能只构成民事欺诈。一般而言,民事欺诈行为人为了减轻责任,可能进行一定程度的辩解,但不会逃避承担责任;而诈骗犯罪的行为人则是要使自己逃避承担责任,最终使对方遭受损失。(3)非法占有目的。在民事欺诈行为中,当事人主观上也有谋取不正当利益的目的,但这种利益是通过民事行为,如通过合同的履行而实现合同的利益;而诈骗犯罪是以非法占有为目的的犯罪,行为人谋取的不是民事行为的对价利益,而是对方当事人的财物,即使行为人有表面上的"履约"行为,也只是掩人耳目或者迷惑对方的行为,是为了犯罪的顺利实施而付出的犯罪成本。对于"非法占有目的"的认定,可以根据《全国法院审理金融犯罪案件工作座谈会纪要》的规定,从有无归还能力,是否非法获取财产后逃跑,是否肆意挥霍骗取资金,是否使用骗取的资金进行违法犯罪活动,有无抽逃、转移资金、隐匿财产、有无隐匿、销毁账目,或者搞假破产、假倒闭,以逃避返还资金、有无其他非法占有资金、拒不返还等加以判断。如在民间借贷纠纷中,常有借款人无法及时偿还欠款,但又迫于压力,以同样方式向他人借款来偿还已到期欠款,采用如此循环的方式来短暂解决债务压力,此种情况下就无法十分确切判断到底是欺诈行为还是诈骗行为,应该结合循环次数、个人偿债能力、预期收益来判断,若其完全无还款可能,又采用此种方式循环借款,那就能说明其主观上存在非法占有目的。

2. 本罪与特殊诈骗罪的区分。刑法不仅在第 266 条规定了普通诈骗罪,同时还根据诈骗行为侵犯的客体特征、犯罪对象特征、行为手段特征,从普通诈骗罪中分解出破坏市场经济秩序型的诈骗犯罪,这类犯罪除金融诈骗罪以外,还包括骗取出口退税罪、合同诈骗罪等。普通诈骗与特殊诈骗的区别在于以下两点。(1)侵犯客体和犯罪对象不同。诈骗罪的侵犯客体是简单客体,即公私财产所有权;而金融诈骗犯罪等侵犯的则是复杂客体,这类犯罪在侵犯公私财产所有权的同时,更主要的是侵犯了金融管理秩序、国家对合同行为的管理制度等。同时,金融诈骗罪或者破坏金融管理秩序的诈骗罪的犯罪对象都是资金;而普通诈骗罪的犯罪对象可以是金钱或者是其他物品。(2)行为手段不同。特殊诈骗犯罪发生于特定的领域、利用了特殊的工具,如信用卡诈骗罪是使用了特殊的犯罪工具,集资诈骗罪是使用了特殊的犯罪方法,合同诈骗罪是在合同签订、履行过程中实施诈骗行为;普通诈骗罪则是除特殊诈骗罪以外的诈骗犯罪。因普通诈骗罪与特殊诈骗罪之间存在法条竞合关系,根据特殊法优于普通法的原则,通常应以特殊法所认定的罪名认定行为的性质。但是,一律使用特别法认定具体诈骗犯罪,可能会产生刑法适用上的不合理现象,如对发生于特定领域或者使用特定手段,但不完全符合特别法所规定的构罪条件的行为,如实施信用卡诈骗,诈骗金额没有达到该罪所规定的立案标准（5000 元），但达到了普通诈骗罪的数额标准（3000 元）的行为，若仅仅因为未达到前者的立案标准即直接否定做出犯罪评价，就会产生法律适用上的不公平。因此，一般认为，因金融诈骗犯罪的立案标准普遍高于普通诈骗罪，对于符合金融诈骗犯罪的基本行为特征，而只是未达到金融诈骗犯罪立案标准的行为，以及不完全符合特殊诈骗犯罪的要件，但完全符合普通诈骗犯罪的要件的行为，应依照重法优于轻法的原则，以普通诈骗罪的规定定罪处罚。[95]

3. 本罪与相关犯罪的界限。包括以下几个方面：

（1）本罪与盗窃罪的界限。盗窃罪是违背财产占有人的意思，以平和手段转移财产的占有，其本质在于破坏原有的占有关系而建立新的占有关系，财产占有关系的变化无须被害人的协助，完全由盗窃行为的实施者自行完成；而诈骗罪是被害人基于行为人的诈骗行为，在“自由意思”支配下自愿处分财产的行为，其本质在于被害人自愿处分财产，财产占有关系的变化需要被害人的积极协助。换言之，诈骗是通过骗取对方的处分即交付而取得财物，而盗窃则是直接从他人占有下取得财物，不用对方的处分即交付。因此，区分二者的关键是看被骗者是否具备处分财物的权限或地位即资格，是否自愿处分财物给他人。在被骗人具有处分权限，且基于错误认识自愿处分财产给对方的场合，行为人构成诈骗罪；相反地，尽管被骗人具有处分权限，但不是在错误认识之下自愿处分财物给对方的，行为人就只能构成盗窃罪。在被骗人不具备处分财物的权限或者地位的时候，即便是在错误认识之下，实施了自愿处分财物的行为，对行为人也应一律认定为盗窃罪。据此，行为人利用信息网络，诱骗他人点击虚假链接而实际通过预先植入的计算机程序窃取财物构成犯罪的，以盗窃罪定罪处罚；虚构可供交易的商品或者服务，欺骗他人点击付款链接而骗取财物构成犯罪的，以诈骗罪定罪处罚。[96] 以非法占有为目的，采用自我交易方式，虚构提供服务事实，骗取互联网公司垫付费用及订单补贴，数额较大的行为，应认定为诈骗罪。[97]

实践当中，诈骗罪与盗窃罪的区分，存在一定困难。如被告人徐某在某火车站广场出站口找被害人张某搭话，骗取张某信任后借打张某手机，并以帮朋友拿东西为由，将事先准备好的装有旧衣服的手提包留下让张某帮忙照看，并称一会儿就回来。之后，徐某拿着张某的手机，边打边走向地下广场后逃离。约两三分钟后，张某发觉不对，拨打自己手机号码发现关机，遂四处查找徐某未果，打开徐某留下的手提包，发现只有旧衣服即发觉受骗，遂报警。该案件中，徐某到底是构成盗窃罪还是诈骗罪，存在争议。一种观点认为，在被害人将手机借给被告人且本人在场的情况下，被告人并未实现对手机的完全的独立占有，该案被告人取财的关键步骤是逃离现场，从而完全实现对手机的占有，而实施此关键步骤具有秘密窃取的性质，其之前所实施的骗的行为只是为了给实施盗窃行为创造条件。因此，该案徐某构成盗窃罪。确实，借打手机的场合，当所有人在场时，可以认定行为人对手机的状态是一种辅助占有，但当行为人持手

---

〔95〕 诈骗罪与贷款诈骗罪的关系。二者之间是法条竞合的关系，其中诈骗罪是普通法，贷款诈骗罪是特别法。按照法条竞合的使用原理，按照特别法优先于普通法的原理，在行为人出于非法占有的目的，诈骗银行或者其他金融机构贷款，数额较大的场合，应当以贷款诈骗罪论处。但问题是，在实务中，二者的成罪要件存在较大差别。贷款诈骗罪中的“数额较大”以 5 万元以上为标准；而诈骗罪中的“数额较大”，以 3000 元至 1 万元以上为成立标准。因此就可能出现行为人以非法占有为目的，使用欺骗方法，诈骗银行或者其他金融机构的贷款 4 万元，不构成贷款诈骗罪，却可以构成诈骗罪的情形。此时，按照特殊法优于普通法的原则，行为人就是无罪，出现了处罚上的漏洞。这个问题，如何解决，有待进一步研究。

〔96〕 臧进泉等盗窃、诈骗案，最高人民法院指导案例 27 号（2014 年）。

〔97〕 董亮等四人诈骗案，最高人民检察院指导案例 38 号（2017 年）。

机离开所有人的视线范围时,行为人已实现了对手机的直接占有。该案中,被告人取得对手机的直接占有有两个关键步骤:一是从被害人处取得对手机的辅助占有,二是携带该手机离开被害人的视线,从而实现对手机的独立占有。而这种占有的取得,是被告人通过虚构事实、隐瞒真相,使被害人陷入认识错误而做出的。因此,该案被告人应构成诈骗罪,而不是盗窃罪。

(2)本罪与敲诈勒索罪的界限。敲诈勒索是通过威胁使他人感到恐惧、害怕而被迫交付财物,而诈骗是通过虚构事实、隐瞒真相,使他人在错误状态下自愿交付财物。因此,诈骗罪与敲诈勒索罪在向他人交付财物的一点上是一致的,但在交付财物的主观心理状态上,则存在差别:前者是在没有任何压力的情况下,自愿向对方交付财物,而后者是在受到压力的情况下,被迫向对方交付财物。因此,在甲、乙二人预谋,由甲将其表弟带出游玩,乙以其表弟被其绑架为由向其亲人索要财物的场合,由于其表弟并没有被甲以暴力、胁迫或者其他方式实力控制,因此,不构成绑架罪;由于对方处分财物的原因当中,既有错误又有恐惧,因此,甲、乙的上述行为成立诈骗罪和敲诈勒索罪的想象竞合。

案例一:甲、乙合谋用鸡血冒充人血制造假象,并拍摄视频和照片,向甲的姐姐谎称甲被绑架,向其索要3万元赎金。甲的姐姐在收到视频后,将3万元转入指定账户,以换取甲的释放。这里,甲、乙两人的行为既构成了诈骗罪也构成了敲诈勒索罪。他们虚构了甲被绑架的事实,使甲的姐姐基于错误认识处分了财产,构成诈骗罪;同时,他们通过制造假象而威胁甲的姐姐,使其出于恐惧处分了财产,构成敲诈勒索罪。由于甲、乙两人只有一个行为,因此他们的行为被定性为诈骗罪与敲诈勒索罪的想象竞合,从一重罪处罚。

案例二:甲男对乙女谎称偷拍了其洗澡的视频,并威胁要曝光,除非乙女支付1万元。乙女信以为真,支付了1万元。该案中,甲男的行为既构成诈骗罪又构成敲诈勒索罪。他通过编造谎言,使乙女产生对其隐私被公开的恐惧,迫使其处分财产,构成敲诈勒索罪;同时,乙女由于认识错误(以为是真实的照片),而向甲男处分自己的财物,甲男获得该财物的行为构成诈骗罪。甲男的行为属于诈骗罪与敲诈勒索罪的想象竞合犯,从一重罪处罚。

(3)本罪和生产、销售伪劣产品罪的区分。主要看是否有真实的工商交易活动及交易标的物,以及交易标的物有无价值。生产、销售伪劣产品罪中的欺骗,虽然是通过在产品中掺杂、掺假,以假充真,以次充好或者以不合格产品冒充合格产品表现出来的,但工商交易活动和交易标的物本身是客观存在的,并非凭空捏造,这些交易标的物具有一定的成本,其非法所得应属于非法牟利;而诈骗罪中的诈骗,则纯属编造或隐瞒全部真相,无中生有或者进行绝对不等价的交易,行为人在流通领域中以邮购、代购等手段,只收钱,不发货,行为人完全是打着工商交易活动的幌子无偿地非法占有他人公私财物,根本不存在基本的交易对象和交易事实,即使有一些标的,也只是诱饵而已。如以党参当高丽参、拿猪皮鞋当牛皮鞋进行交易,就是销售伪劣产品,但是拿晒干的萝卜根当人参进行交易就是诈骗。

4. 本罪与虚假广告罪的区分。一般来说,在做生意发布广告或者讨价还价的范围内,即便有些夸张和歪曲事实,但只要没有达到使对方陷入错误的程度,就不能说是诈骗行为。因此,现在流行的网络销售行为中,行为人往往会对其出售的商品进行虚假宣传。对此,应当根据涉案商品价格、功能、具体行为方式等进行综合判断,妥当把握诈骗罪与虚假广告罪的界限。对于出售商品价格与成本价差距悬殊,采用固定销售“话术剧本”诱使被害人反复购买,致使被害人购买商品所希望达到的目的根本无法实现的,可以认定具有非法占有目的,属于网络销售型诈骗犯罪,依法以诈骗罪论处。[98] 否则,只能作为虚假广告罪处理。

5. 本罪的既遂与未遂。已经着手实行诈骗行为,只是由于行为人意志以外的原因而未获取财物的,是诈骗未遂。行为人实施了诈骗行为后,没有使他人陷入错误认识,或者虽使他人陷入错误认识但他人并未处分财产的,属于诈骗未遂。如犯罪分子在实施电话诈骗时,针对不特定对象拨打的电话号码,存在拨通后不信、拨错或没有拨通等情形,属于因意志以外的原因诈骗犯罪未能得逞情形,应认定为诈骗未遂。拨通后不信、拨错或没有拨通的电话,均应计入拨打次数予以量刑。已经实施了诈骗行为,但未取出卡内他人所汇款项的,也是诈骗未遂。

按照有关司法解释,[99] 诈骗未遂,以数额巨大的财物为诈骗目标的,或者具有其他严重情节的,应当定罪处罚。利用发送短信、拨打电话、互联网等电信技术手段对不特定多数人实施诈骗,诈骗数额难以查证,但具有下列情形之一的,应当认定为刑法第266条规定的"其他严重情节",以诈骗罪(未遂)定罪处罚:(1)发送诈骗信息5000条以上的;(2)拨打诈骗电话500人次以上的;(3)诈骗手段恶劣、危害严重的。实施前款规定行为,数量达到前款第1、2项规定标准10倍以上的,或者诈骗手段特别恶劣、危害特别严重的,应当认定为刑法第266条规定的"其他特别严重情节",以诈骗罪(未遂)定罪处罚。诈骗既有既遂,又有未遂,分别达到不同量刑幅度的,依照处罚较重的规定处罚;达到同一量刑幅度的,以诈骗罪既遂处罚。

6. 本罪与电信网络诈骗。

电信网络诈骗是近年来猖獗的一种诈骗犯罪形式。其具有犯罪形式集团化、作案方式信息化、作案目标广泛化、诈骗手段隐蔽性强、社会危害巨大化的特征。正因如此,近年来,国家相关机关针对电信网络诈骗规定了一系列的特殊应对措施。

第一,降低有关电信网络犯罪追诉标准。2016年最高人民法院、最高人民检察院、公安部《关于办理电信网络诈骗等刑事案件适用法律若干问题的意见》第2条第1款规定,利用电信网络技术手段实施诈骗,诈骗公私财物价值3000元以上的,认定为刑法第266条规定的"数额较大"。而2011年最高人民法院、最高人民检察院《关于办理诈骗刑事案件具体应用法律若干问题的解释》第1条第1款规定,诈骗公私财物价值3000元至1万元以上的,认定为刑法第266条规定的"数额较大"。因此,电信网络诈骗的追诉标准要低于普通诈骗的追诉标准,且全国统一无地域差别,即犯罪数额达到3000元以上、3万元以上、50万元以上的,应当分别认定为刑法第266条规定的"数额较大""数额巨大""数额特别巨大"。

第二,拓宽有关电信网络犯罪的犯罪行为地和结果地。按照相关司法解释,[100] 电信网络诈骗犯罪案件一般由犯罪地公安机关立案侦查,如果由犯罪嫌疑人居住地公安机关立案侦查更为适宜的,可以由犯罪嫌疑人居住地公安机关立案侦查。犯罪地包括犯罪行为发生地和犯罪结果发生地。"犯罪行为发生地"包括用于电信网络诈骗犯罪的网站服务器所在地,网站建立者、管理者所在地,被侵害的计算机信息系统或其管理者所在地,犯罪嫌疑人、被害人使用的计算机信息系统所在地,诈骗电话、短信息、电子邮件等的拨打地、发送地、到达地、接受地,以及诈骗行为持续发生的实施地、预备地、开始地、途经地、结束地。"犯罪结果发生地"包括被

---

〔98〕 刘某甲等诈骗案——诈骗罪与虚假广告罪的区分规则,人民法院案例库入库参考案例(入库编号:2024-18-1-222-001)。

〔99〕 2011年最高人民法院、最高人民检察院《关于办理诈骗刑事案件具体应用法律若干问题的解释》第5、6条。

〔100〕 2016年最高人民法院、最高人民检察院、公安部《关于办理电信网络诈骗等刑事案件适用法律若干问题的意见》第5条。

害人被骗时所在地,以及诈骗所得财物的实际取得地、藏匿地、转移地、使用地、销售地等。除上述之外,还包括:(1)用于犯罪活动的手机卡、流量卡、物联网卡的开立地、销售地、转移地、藏匿地;(2)用于犯罪活动的信用卡的开立地、销售地、转移地、藏匿地、使用地以及资金交易对手资金交付和汇出地;(3)用于犯罪活动的银行账户、非银行支付账户的开立地、销售地、使用地以及资金交易对手资金交付和汇出地;(4)用于犯罪活动的即时通讯信息、广告推广信息的发送地、接受地、到达地;(5)用于犯罪活动的"猫池"(Modem Pool)、GOIP设备、多卡宝等硬件设备的销售地、入网地、藏匿地;(6)用于犯罪活动的互联网账号的销售地、登录地。[101]

第三,明确有关电信网络犯罪此罪与彼罪的区分标准。在一些案件中,尤其是利用网络钓鱼、木马链接实施犯罪的案件中,既存在虚构事实、隐瞒真相的诈骗行为,又可能存在秘密窃取的行为,关键要审查犯罪嫌疑人取得财物是否基于被害人对财物的主动处分意识。如果行为人通过秘密窃取的行为获取他人财物,则应认定构成盗窃罪;如果窃取或者骗取的是他人信用卡资料,并通过互联网、通讯终端等使用的,则可能构成信用卡诈骗罪;如果通过电信网络技术向不特定多数人发送诈骗信息后又转入接触式诈骗,或者为实现诈骗目的,线上线下同时进行接触式和非接触式诈骗,应当按照诈骗取财行为的本质定性,虽然使用电信网络技术但被害人基于接触被骗的,应当认定普通诈骗;如果出现电信网络诈骗和合同诈骗、保险诈骗等特殊诈骗罪名的竞合,应依据刑法有关规定定罪量刑。

第四,明确电信网络犯罪的共同犯罪与主观故意的认定。根据相关规定,[102](1)三人以上为实施电信网络诈骗犯罪而组成的较为固定的犯罪组织,应依法认定为诈骗犯罪集团。对组织、领导犯罪集团的首要分子,按照集团所犯的全部罪行处罚。对犯罪集团中组织、指挥、策划者和骨干分子依法从严惩处。对犯罪集团中起次要、辅助作用的从犯,特别是在规定期限内投案自首、积极协助抓获主犯、积极协助追赃的,依法从轻或减轻处罚。对犯罪集团首要分子以外的主犯,应当按照其所参与的或者组织、指挥的全部犯罪处罚。全部犯罪包括能够查明具体诈骗数额的事实和能够查明发送诈骗信息条数、拨打诈骗电话人次数、诈骗信息网页浏览次数的事实。(2)多人共同实施电信网络诈骗,犯罪嫌疑人、被告人应对其参与期间该诈骗团伙实施的全部诈骗行为承担责任。在其所参与的犯罪环节中起主要作用的,可以认定为主犯;起次要作用的,可以认定为从犯。上述规定的"参与期间",从犯罪嫌疑人、被告人着手实施诈骗行为开始起算。(3)明知他人实施电信网络诈骗犯罪,具有下列情形之一的,以共同犯罪论处,但法律和司法解释另有规定的除外:①提供信用卡、资金支付结算账户、手机卡、通讯工具的;②非法获取、出售、提供公民个人信息的;③制作、销售、提供"木马"程序和"钓鱼软件"等恶意程序的;④提供"伪基站"设备或相关服务的;⑤提供互联网接入、服务器托管、网络存储、通信传输等技术支持,或者提供支付结算等帮助的;⑥在提供改号软件、通话线路等技术服务时,发现主叫号码被修改为国内党政机关、司法机关、公共服务部门号码,或者境外用户改为境内号码,仍提供服务的;⑦提供资金、场所、交通、生活保障等帮助的;⑧帮助转移诈骗犯罪所得及其产生的收益,套现、取现的。上述规定的"明知他人实施电信网络诈骗犯罪",应当结合被告人的认知能力,既往经历,行为次数和手段,与他人关系,获利情况,是否曾因电信网络诈骗

---

〔101〕 2021年最高人民法院、最高人民检察院、公安部《关于办理电信网络诈骗等刑事案件适用法律若干问题的意见(二)》第1条。

〔102〕 2016年最高人民法院、最高人民检察院、公安部《关于办理电信网络诈骗等刑事案件适用法律若干问题的意见》第4条。

受过处罚,是否故意规避调查等主客观因素进行综合分析认定。(4)负责招募他人实施电信网络诈骗犯罪活动,或者制作、提供诈骗方案、术语清单、语音包、信息等的,以诈骗共同犯罪论处。(5)部分犯罪嫌疑人在逃,但不影响对已到案共同犯罪嫌疑人、被告人的犯罪事实认定的,可以依法先行追究已到案共同犯罪嫌疑人、被告人的刑事责任。关于共同犯罪及主从犯责任的认定上,要注意以下几点:其一,对于3人以上为实施电信网络诈骗而组成的较为固定的犯罪组织,应当依法认定为犯罪集团。对于犯罪集团的首要分子,按照集团所犯全部犯罪处罚,并且对犯罪集团中组织、指挥、策划者和骨干分子依法从严惩处。其二,对于其余主犯,按照其所参与或者组织、指挥的全部犯罪处罚。多人共同实施电信网络诈骗,犯罪嫌疑人、被告人应对其参与期间该诈骗团伙实施的全部诈骗行为承担责任。其三,对于部分被招募发送信息、拨打电话的犯罪嫌疑人,应当对其参与期间整个诈骗团伙的诈骗行为承担刑事责任,但可以考虑参与时间较短、诈骗数额较低、发送信息、拨打电话较少,认定为从犯,从宽处理。其四,对于专门取款人,由于其可在短时间内将被骗款项异地转移,对诈骗既遂起到了至关重要的作用,也大大增加了侦查和追赃难度,因此应按其在共同犯罪中的具体作用进行认定,不宜一律认定为从犯。[103]

第五,明确有关电信网络犯罪的未遂犯的认定。电信网络诈骗应以被害人失去对被骗钱款的实际控制为既遂认定标准。一般情形下,诈骗款项转出后即时到账构成既遂。但随着银行自助设备、第三方支付平台陆续推出"延时到账""撤销转账"等功能,被害人通过自助设备、第三方支付平台向犯罪嫌疑人指定账户转账,可在规定时间内撤销转账,资金并未实时转出。此种情形下被害人并未对被骗款项完全失去控制,而犯罪嫌疑人亦未取得实际控制,故应以诈骗罪(未遂)定罪处罚。[104] 这是属于诈骗数额可以查证场合的未遂。

诈骗数额难以查证的场合,具有下列情形之一的,应当认定为刑法第266条规定的"其他严重情节",以诈骗罪(未遂)定罪处罚:(1)发送诈骗信息5000条以上的,或者拨打诈骗电话500人次以上的;(2)在互联网上发布诈骗信息,页面浏览量累计5000次以上的。具有上述情形,数量达到相应标准10倍以上的,应当认定为刑法第266条规定的"其他特别严重情节",以诈骗罪(未遂)定罪处罚。其中,"拨打诈骗电话",包括拨出诈骗电话和接听被害人回拨电话。反复拨打、接听同一电话号码,以及反复向同一被害人发送诈骗信息的,拨打、接听电话次数、发送信息条数累计计算。[105] 因犯罪嫌疑人、被告人故意隐匿、毁灭证据等,拨打电话次数、发送信息条数的证据难以收集的,可以根据经查证属实的日拨打人次数、日发送信息条数,结合犯罪嫌疑人、被告人实施犯罪的时间、犯罪嫌疑人、被告人的供述等相关证据,综合予以认定。[106] 被害人是否接听、接收到诈骗电话、信息不影响次数、条数计算。通过语音包发送的诈骗录音或通过网络等工具辅助拨出的电话,应当认定为拨打电话。发送信息条数、拨打电话次数的证据难以收集的,可以根据经查证属实的日发送信息条数、日拨打人次数,结合犯罪嫌疑人实施犯罪的时间、犯罪嫌疑人的供述等相关证据予以认定。发送信息条数和拨打电话次数

---

[103] 2018年最高人民检察院《检察机关办理电信网络诈骗案件指引》第2条第4款。

[104] 2018年最高人民检察院《检察机关办理电信网络诈骗案件指引》第2条第2款。

[105] 2018年最高人民检察院《检察机关办理电信网络诈骗案件指引》第2条第2、3款。

[106] 2016年最高人民法院、最高人民检察院、公安部《关于办理电信网络诈骗等刑事案件适用法律若干意见的解释》第2条第4款。

在法律及司法解释未明确的情况下不宜换算累加。[107]

电信网络诈骗既有既遂,又有未遂,分别达到不同量刑幅度的,依照处罚较重的规定处罚;达到同一量刑幅度的,以诈骗罪既遂处罚。在诈骗数额的认定上,要注意以下几点。(1)根据犯罪集团诈骗账目登记表、犯罪嫌疑人提成表等书证,结合证人证言、犯罪嫌疑人供述和辩解等言词证据,认定犯罪嫌疑人的诈骗数额。(2)根据经查证属实的银行账户交易记录、第三方支付结算账户交易记录、通话记录、电子数据等证据,结合已收集的被害人陈述,认定被害人人数及诈骗资金数额。(3)对于确因客观原因无法查实全部被害人,尽管有证据证明该账户系用于电信网络诈骗犯罪,且犯罪嫌疑人无法说明款项合法来源的,也不能简单将账户内的款项全部推定为"犯罪数额"。要根据在案其他证据,认定犯罪集团是否有其他收入来源,"违法所得"有无其他可能性。如果证据足以证实"违法所得"的排他性,则可以将"违法所得"均认定为犯罪数额。(4)犯罪嫌疑人为实施犯罪购买作案工具、伪装道具、租用场地、交通工具甚至雇佣他人等诈骗成本不能从诈骗数额中扣除。对通过向被害人交付一定货币,进而骗取其信任并实施诈骗的,由于货币具有流通性和经济价值,该部分货币可以从诈骗数额中扣除。[108]

(三)处罚

依照刑法第266条的规定,犯本罪的,处3年以下有期徒刑、拘役或者管制,并处或者单处罚金;数额巨大或者有其他严重情节的,处3年以上10年以下有期徒刑,并处罚金;数额特别巨大或者有其他特别严重情节的,处10年以上有期徒刑或者无期徒刑,并处罚金或者没收财产。本法另有规定的,依照规定。

根据有关司法解释,对诈骗罪应当按照以下情况进行处理。

1. 诈骗公私财物价值3000元至1万元以上、3万元至10万元以上、50万元以上的,应当分别认定为刑法第266条规定的"数额较大""数额巨大""数额特别巨大"。但是,诈骗公私财物虽已达到上述"数额较大"的标准,但具有下列情形之一,且行为人认罪、悔罪的,可以不起诉或者免予刑事处罚:(1)具有法定从宽处罚情节的;(2)一审宣判前全部退赃、退赔的;(3)没有参与分赃或者获赃较少且不是主犯的;(4)被害人谅解的;(5)其他情节轻微、危害不大的。诈骗近亲属的财物,近亲属谅解的,一般可不按犯罪处理。诈骗近亲属的财物,确有追究刑事责任必要的,具体处理也应酌情从宽。[109]

诈骗公私财物达到上述数额标准,具有下列情形之一的,可以依照刑法第266条的规定酌情从严惩处:(1)通过发送短信、拨打电话或者利用互联网、广播电视、报刊杂志等发布虚假信息,对不特定多数人实施诈骗的;(2)诈骗救灾、抢险、防汛、优抚、扶贫、移民、救济、医疗款物的;(3)以赈灾募捐名义实施诈骗的;(4)诈骗残疾人、老年人或者丧失劳动能力人的财物的;(5)造成被害人自杀、精神失常或者其他严重后果的。诈骗数额接近上述"数额巨大""数额特别巨大"的标准,并具有前款规定的情形之一或者属于诈骗集团首要分子的,应当分别认定为刑法第266条规定的"其他严重情节""其他特别严重情节"。[110]

有关电信网络诈骗罪的处罚,按照2016年最高人民法院、最高人民检察院、公安部《关于

---

[107] 2018年最高人民检察院《检察机关办理电信网络诈骗案件指引》第2条第3款第2项。

[108] 2018年最高人民检察院《检察机关办理电信网络诈骗案件指引》第2条第3款第1项。

[109] 2011年最高人民法院、最高人民检察院《关于办理诈骗刑事案件具体应用法律若干问题的解释》第1、3、4条。

[110] 2011年最高人民法院、最高人民检察院《关于办理诈骗刑事案件具体应用法律若干问题的解释》第2条。

办理电信网络诈骗等刑事案件适用法律若干问题的意见》第2条第1、2款，电信诈骗的场合，2年内多次实施电信网络诈骗未经处理，诈骗数额累计计算构成犯罪的，应当依法定罪处罚。办理电信网络诈骗案件，确因被害人人数众多等客观条件的限制，无法逐一收集被害人陈述的，可以结合已收集的被害人陈述，以及经查证属实的银行账户交易记录、第三方支付结算账户交易记录、通话记录、电子数据等证据，综合认定被害人人数及诈骗资金数额等犯罪事实。实施电信网络诈骗犯罪，达到相应数额标准，具有下列情形之一的，酌情从重处罚：(1)造成被害人或其近亲属自杀、死亡或者精神失常等严重后果的；(2)冒充司法机关等国家机关工作人员实施诈骗的；(3)组织、指挥电信网络诈骗犯罪团伙的；(4)在境外实施电信网络诈骗的；(5)曾因电信网络诈骗犯罪受过刑事处罚或者2年内曾因电信网络诈骗受过行政处罚的；(6)诈骗残疾人、老年人、未成年人、在校学生、丧失劳动能力人的财物，或者诈骗重病患者及其亲属财物的；(7)诈骗救灾、抢险、防汛、优抚、扶贫、移民、救济、医疗等款物的；(8)以赈灾、募捐等社会公益、慈善名义实施诈骗的；(9)利用电话追呼系统等技术手段严重干扰公安机关等部门工作的；(10)利用“钓鱼网站”链接、“木马”程序链接、网络渗透等隐蔽技术手段实施诈骗的。

实施电信网络诈骗犯罪，诈骗数额接近“数额巨大”“数额特别巨大”的标准，具有上述第2条第2款规定的情形之一的，应当分别认定为刑法第266条规定的“其他严重情节”“其他特别严重情节”。其中，“接近”，一般应掌握在相应数额标准的80%以上。[111] 有证据证实行为人参加境外诈骗犯罪集团或犯罪团伙，在境外针对境内居民实施电信网络诈骗犯罪行为，诈骗数额难以查证，但一年内出境赴境外诈骗犯罪窝点累计时间30日以上或多次出境赴境外诈骗犯罪窝点的，应当认定为刑法第266条规定的“其他严重情节”，以诈骗罪依法追究刑事责任。有证据证明其出境从事正当活动的除外。[112]

对实施电信网络诈骗犯罪的被告人裁量刑罚，在确定量刑起点、基准刑时，一般应就高选择。确定宣告刑时，应当综合全案事实情节，准确把握从重、从轻量刑情节的调节幅度，保证罪责刑相适应。对实施电信网络诈骗犯罪的被告人，应当严格控制适用缓刑的范围，严格掌握适用缓刑的条件。对实施电信网络诈骗犯罪的被告人，应当更加注重依法适用财产刑，加大经济上的惩罚力度，最大限度剥夺被告人再犯的能力。

2. 案发后查封、扣押、冻结在案的诈骗财物及其孳息，权属明确的，应当发还被害人；权属不明确的，可按被骗款物占查封、扣押、冻结在案的财物及其孳息总额的比例发还被害人，但已获退赔的应予扣除。行为人已将诈骗财物用于清偿债务或者转让给他人，具有下列情形之一的，应当依法追缴：(1)对方明知是诈骗财物而收取的；(2)对方无偿取得诈骗财物的；(3)对方以明显低于市场的价格取得诈骗财物的；(4)对方取得诈骗财物系源于非法债务或者违法犯罪活动的。他人善意取得诈骗财物的，不予追缴。[113]

3. 冒充国家机关工作人员进行诈骗，同时构成诈骗罪和招摇撞骗罪的，依照处罚较重的规定定罪处罚。[114]

---

〔111〕 2016年最高人民法院、最高人民检察院、公安部《关于办理电信网络诈骗等刑事案件适用法律若干问题的意见》第2条第3款。

〔112〕 2021年最高人民法院、最高人民检察院、公安部《关于办理电信网络诈骗等刑事案件适用法律若干问题的意见(二)》第3条。

〔113〕 2011年最高人民法院、最高人民检察院《关于办理诈骗刑事案件具体应用法律若干问题的解释》第9、10条。

〔114〕 2011年最高人民法院、最高人民检察院《关于办理诈骗刑事案件具体应用法律若干问题的解释》第8条。

4. 关于本罪的量刑,最高人民法院《关于常见犯罪的量刑指导意见(试行)》第4条第12款规定,构成诈骗罪的,根据下列情形在相应的幅度内确定量刑起点:(1)达到数额较大起点的,在1年以下有期徒刑、拘役幅度内确定量刑起点;(2)达到数额巨大起点或者有其他严重情节的,在3年至4年有期徒刑幅度内确定量刑起点;(3)达到数额特别巨大起点或者有其他特别严重情节的,在10年至12年有期徒刑幅度内确定量刑起点。依法应当判处无期徒刑的除外。在量刑起点的基础上,根据诈骗数额等其他影响犯罪构成的犯罪事实增加刑罚量,确定基准刑。构成诈骗罪的,根据诈骗的数额、手段、危害后果等犯罪情节,综合考虑被告人缴纳罚金的能力,决定罚金数额。构成诈骗罪的,综合考虑诈骗的起因、手段、数额、危害后果、退赃退赔等犯罪事实、量刑情节,以及被告人的主观恶性、人身危险性、认罪悔罪表现等因素,决定缓刑的适用。对实施电信网络诈骗的,从严把握缓刑的适用。

第四节　侵占、挪用型财产犯罪

一、侵占罪

(一)概念和构成

本罪,是指以非法占有为目的,将自己代为保管的他人财物,或者发现的他人的遗忘物或者埋藏物非法占为已有,数额较大,拒不退还或者拒不交出的行为。

本罪的保护法益是他人财物的所有权。侵占罪的特点是:行为人先以合法方式占有他人数额较大的财物,进而非法将他人财物转归已有并拒不退还。从犯罪行为的发展过程来看,侵占行为发生的前提条件是:行为人代为保管他人财物。但是,这种代为保管只是合法地取得了对财产的占有,而没有取得对财产的所有权,代为保管财物的人还负有归还或交出该项财产的义务。行为人的侵占行为之所以构成犯罪,就在于违背了此种交还的义务,公然拒绝交还,因而侵害了他人的财产所有权。

本罪的犯罪构成如下:

1. 主体。本罪的主体为一般主体,即年满16周岁具有辨认、控制能力的自然人。

2. 危害行为和危害结果。本罪客观上表现为侵占,即将自己占有的他人数额较大的财物非法占为已有,拒不退还或者拒不交出。具体来说,包括以下几方面的内容:

(1)本罪的行为对象是他人所有的财物,自己所有的财物不能成为本罪的犯罪对象。“他人”包括个人,也包括机关、企业、事业单位、社会团体等所有的法人或者非法人组织。“财物”,仅为动产。因为本罪是侵犯他人财物所有权的犯罪,而不动产的所有权是难以通过非法手段转移的,因此,难以成为侵占罪的对象。具体而言,包括以下三种类型:

第一,代为保管的他人财物。何谓代为保管,理论上有“狭义说”和“广义说”之争。狭义说认为,“代为保管是指受他人委托暂时代其保管”,其本质是将代为保管的范围限定为财物所有人或者占有人主动委托行为人保管;广义说则认为,代为保管是指受国家、集体或者他人委托,代为保管或者自己持有,但所有权属于他人的公私财物。依据广义说的观点,代为保管,既可以是财物所有人或者占有人主动委托行为人保管财物,也可以是未经财物所有人委托而自行保管的他人财物。本书认为,既然侵占罪的保护法益仅仅是指公私财产的所有权,而不包括委托人与受托人之间的相互信任关系在内,则没有必要将代为保管拘泥于“受他人委托暂时代其保管”的范围之内,即不管行为人是否经财物所有人或者占有人主动委托而保管他人财物,均应视为“代为保管”。实际上,从代为保管的本来意义来看,该词实际上既指行为人未经他人委托而基于某种事实自行代替他人保管,也指他人主动委托行为人代为保管。既然刑法第270条第1款仅规定了“代为保管”,而未明确其内涵,则没有必要对其内容加以限定。如此说来,“代为保管”的根据极为广泛,除委托关系、租赁关系、借用关系、担保关系之外,即便是未受委托,又无法律上的义务,但为避免他人的利益受损而为他人进行管理或者服务即“无因管理”也能成为代为保管的根据。但是,对他人财物不存在事实上的占有关系的,不构成本罪中代为保管的他人财物。

第二,他人的遗忘物。关于“遗忘物”的定义和范围,刑法典没有加以明确规定。理论上,对此主要有两种观点:一种观点认为,遗忘物是指本应携带却因遗忘而没有带走的财物,它和遗失物有区别。后者是指失主因偶然原因丢失的财物,从时间上讲,一般较长;遗忘物是指忘记取走之物,一般离开失主的时间较短,失主一般也会记起该物被忘记在何处。行为人侵占遗忘物拒不交出的构成侵占罪,而侵占遗失物的,不能构成侵占罪。另一种观点认为,遗忘物就是遗失物,是指非出于占有人或所有人之本意,偶然失去占有的动产或者其他所有人不明的财物。

本书同意后一种观点。在侵占罪中,遗忘物和遗失物并没有本质区别,区分二者没有什么实质意义。理由如下:其一,无论是遗忘物还是遗失物,都是物主暂时失去了支配或控制的财物,二者并没有本质上的区别。其二,对失主而言,其对失落物的主观意识,既可能是忘记,也可能是丢失,但二者之间没有不可逾越的鸿沟;对财物拾得者而言,他既不可能也没有必要知道自己得到的钱财是他人的遗忘物还是遗失物。将行为人无法了解的他人对物品控制情况作为判断罪与非罪这样重大问题的标准,对行为人来说,也是不公平的。其三,将侵占罪的对象区分为遗忘物和遗失物也是不科学、不严谨的。因为在实践中二者的区分主要是根据被害人的陈述来进行的,完全将被害人的陈述作为定罪的根据,显然是不允许的。因此,无论是遗忘物还是遗失物,只要是行为人占有之后,拒不交出的,都构成侵占罪。

第三,埋藏物。“埋藏物”本指藏于地下或者其他物品之中,时间久远,所有人不明的财物,但作为本罪对象的埋藏物,是指掩埋在地下或者其他物品当中,由特定主体(包括国家、单位或者公民)享有所有权但并未实际占有而由行为人偶然发现的财物。如果行为人明知某处埋藏有某人的财物,或者明知某古墓埋藏有古代珍贵文物,以非法占有为目的进行发掘,将所有物据为己有,则应分别以盗窃罪或者盗掘古墓葬罪论处。

(2)行为表现为侵占,即将自己占有的他人数额较大的财物非法占为己有,拒不退还或者拒不交出。

所谓侵占行为,就是变占有为不法所有的取得行为。在侵占罪中,占有行为与不法所有行为的对象并未发生变化,但由于行为人的主观内容已经由占有的故意转变为非法所有的故意,从而使行为性质也发生了变化,占有行为从合法行为变为了非法行为。

作为侵占罪的实行行为的侵占,表现为两种形式:一是将代为保管的他人财物自己任意处分,如消费、出卖、赠与他人等。行为人通过挂失、补办银行卡,取走存放在自己名下银行卡内的他人资金的行为,也是将代为保管的他人财物自己任意处分的行为。按照《民法典》的规定,取得财产的所有权,必须符合法律规定,即用非法手段不能取得所有权。上面说变合法持有为非法所有,并不是说行为人对他人财物已取得法律上的所有权,而只是说明行为人把他人的财物当作自己所有的物一样利用、处分。没有非法占为己有的行为,即没有侵犯他人的财产所有权,就不可能构成本罪。二是拒不退还。所谓拒不退还,就是经原物所有人或占有人讨要而不退还。拒不退还是不是侵占罪的一个要件,理论上有不同的观点。有的认为,这是非法占为己有行为的内容,没有独立意义。有的则认为,仅仅实施将代为保管的财物非法占为已有的行为并不构成侵占罪,只有非法占为己有并拒不退还,达到数额较大的,才能以侵占罪论处。[115]

本书认为,"拒不退还"可以理解为以实际行动表示不退还的意思,或者说,从行为人的行为中,可以看出行为人具有不退还的意图。也就是说,本罪是非法占有型的财产犯罪,"拒不退还"就是表明这种犯罪性质的最明显体现。但是,这种主观意图的推定,必须通过现实的行为体现出来,经讨要而不退还固然是最明显的体现,但是,携物逃走,使财产主人找不到人,更加表明了行为人不想返还的意图。因此,对"拒不返还"应当进行实质理解。

3. 主观要件。表现为故意,并且具有非法占有他人财物的目的。这里要注意的是,本罪中,侵占他人财物的目的,一般是产生于合法持有他人的财物之后,而不是产生于合法持有他人财物之前。如果在非法占有的目的产生之后,虚构事实或者隐瞒真相而占有他人财物,之后将该财物据为己有的,行为人就应构成诈骗罪,而不是侵占罪。

(二)本罪的认定

在本罪的认定中,应当注意以下问题:

1. 侵占罪与不当得利的界限。不当得利是指没有合法根据地取得利益,造成他人损失的事实。不当得利的受益人与侵占罪的行为人虽都表现为非法占有他人财物,但二者有重要区别。(1)非法占有他人财物的故意形成时间不同。侵占罪行为人非法占有的故意产生于实施侵占行为之前,不当得利的受益人在取得不当利益之前不具有非法占有他人财物的故意。(2)行为方式不同。侵占罪行为人获得财物的方式可以表现为作为,也可以表现为不作为,但非法占有他人财物这一事实是行为人积极促成的;而不当得利事实的出现,则是由于受害人的疏忽、过错造成的,受益人获得不正当利益是被动的。(3)法律后果不同。侵占他人财物数额较大的,既要承担刑事责任,也要承担民事赔偿责任;而不当得利的行为属民事违法行为,不当得利的受益人只需承担返还利益的民事责任。当然,不当得利的行为人,在经财物的主人讨要而拒不返还的场合,可能构成侵占罪。

2. 侵占罪与盗窃罪的界限。二者的界限在于:(1)犯罪故意形成的时间不同。侵占罪非法占有的故意形成于占有他人财物之后;盗窃罪非法占有故意则形成于占有他人财物之前。(2)客观表现不同。侵占罪客观上表现为侵占,即变自己并非非法地占有为非法所有,侵占行为的对象是自己已经占有的他人的财物或者遗忘物、埋藏物;而盗窃罪的行为人在实施非法占有公私财物的行为时,财物并不在行为人的实际控制之下,行为人通过平和的非暴力手段将他人财物占为已有,而且行为人持有他人财物的不法状态是实施盗窃行为所引起的结果,盗窃行为与持有他人财物的不法状态之间,具有因果关系。(3)犯罪对象不同。侵占罪的对象是代为保管的他人财物或者他人的遗忘物或者埋藏物;盗窃罪的对象,则可以是他人占有的任何公私财物。

---

〔115〕 刘志伟:《侵占犯罪的理论与司法适用》,中国检察出版社 2000 年版,第 105 页。

（三）处罚

依照刑法第 270 条的规定，犯本罪的，处 2 年以下有期徒刑、拘役或者罚金；数额巨大或者有其他严重情节的，处 2 年以上 5 年以下有期徒刑，并处罚金。本条罪，告诉的才处理。

二、职务侵占罪

（一）概念和构成

本罪，是指公司、企业或者其他单位的人员，利用职务上的便利，将本单位的财物非法占为己有，数额较大的行为。其基本特征如下：

1. 主体。本罪的主体是特殊主体，即限于公司、企业或者其他单位的人员，以及保险公司的工作人员（刑法第 183 条）。单位不构成本罪的主体。所谓其他单位，是指除公司、企业以外的一切其他单位，包括国家机关，国有、集体或者民办事业单位、各类团体以及个人独资企业〔116〕、小区业主委员会〔117〕、村民小组〔118〕。但是，“居民小组”及其下设的生产队不宜认定为刑法意义上的“其他单位”。〔119〕 根据刑法第 271 条第 2 款的规定，本罪主体只能限定为公司、企业或者其他单位中不具有国家工作人员身份的人。这些单位中的国家工作人员侵占本单位财物的，应以贪污罪定罪处罚。另外，在国有资本控股、参股的股份有限公司中从事管理工作的人员，除受国家机关、国有公司、企业、事业单位委派从事公务的以外，不属于国家工作人员。对其利用职务上的便利，将本单位财物非法占为己有，数额较大的，应当依照刑法第 271 条第 1 款的规定，以职务侵占罪定罪处罚。〔120〕 根据《宗教活动场所管理条例》（国务院令第 145 号令）等有关规定，宗教活动场所属于刑法第 271 条和第 272 条所规定的“其他单位”的范围。宗教活动场所的财产属于公共财产或信教公民共有财产，受法律保护，任何组织和个人不得侵占、哄抢、私分和非法处分宗教团体、宗教活动场所的合法财产。宗教活动场所的管理人员利用职务之便，侵占或挪用宗教活动场所公共财产的，可以构成职务侵占罪或挪用资金罪。〔121〕 行为人通过虚假验资骗取工商营业执照成立的企业，即便为“三无”企业，只要具有法人资格，并且不是为进行违法犯罪活动而设立的公司、企业、事业单位，或公司、企业、事业单位设立后，不是以实施犯罪为主要活动的，能够成为《刑法》第 271 条第 1 款规定的“公司、企业或者其他单位”。这些单位中的人员，利用职务上的便利，将单位财物非法占为己有，数额较大的，构成职务侵占罪。〔122〕 经公司正式聘用并赋予其主管、管理或者经手单位财物权力的临时工；没有经手单位财物的职权，但单位违规授权使行为人实际上具有经手财物的职权，其利用该实际职权，侵吞单位财产的，可以成为职务侵占罪的主体。

2. 危害行为和危害结果。本罪在客观上表现为利用职务上的便利，将自己主管、经手或者

---

〔116〕 2011 年最高人民法院研究室《关于个人独资企业员工能否成为职务侵占罪主体问题的复函》。

〔117〕 2012 年最高人民检察院法律政策研究室《对〈关于对范某涉嫌职务侵占案犯罪主体问题征求意见的函〉的回复意见》。

〔118〕 1999 年最高人民法院《关于村民小组组长利用职务便利非法占有公共财物行为如何定性问题的批复》。

〔119〕 2007 年公安部经济犯罪侦查局《关于对居民小组下设生产队认定问题的批复》。

〔120〕 2001 年最高人民法院《关于在国有资本控股、参股的股份有限公司中从事管理工作的人员利用职务便利非法占有本公司财物如何定罪问题的批复》。

〔121〕 2004 年公安部经济犯罪侦查局《关于宗教活动场所工作人员能否构成职务侵占或挪用资金犯罪主体的批复》。

〔122〕 2008 年最高人民法院研究室《关于对通过虚假验资骗取工商营业执照的“三无”企业能否成为职务侵占罪客体问题征求意见的复函》。

管理的单位的财物,非法占为已有,数额较大。具体来说,包括以下内容:

(1)行为对象是单位所有的各种财物,包括有体物与无体物以及财产性利益,已在单位控制之中的财物与应归单位收入的财物。具体形态可以是建筑物、设备、库存商品、现金、电力、网络虚拟财产等。因此,以下行为都构成本罪:建设公司项目经理,将公司电表外接给其他公司使用并收取费用的行为;公司会计将本单位应收账款收回后据为己有的行为;将本单位的加油站用于为自己私家车加油的行为;人为操纵关联交易产生的债券利润归自己的行为;网络公司游戏项目管理中心运维部经理,在设定的游戏角色身上,通过修改数据生成极品“武器、装备”等“网络虚拟财产”出售给其他玩家进行获利的行为。但商标权、专利权、著作权、商业秘密等无形财产不是本罪的对象,因为其已被规定为侵犯知识产权罪的犯罪对象。在本单位管理、使用或者运输中的私人财产,应以本单位财产论,也属于本罪的对象。不当得利可以成为职务侵占罪的侵犯对象,因为“单位财物”的范围也包括没有合法依据取得的财产。对于公司股东之间或者被委托人利用职务便利,非法占有公司股东股权的行为,如果能够认定行为人主观上具有非法占有他人财物的目的,则可对其利用职务便利,非法占有公司管理中的股东股权的行为,以职务侵占罪论处。[123]

(2)“利用职务上的便利”,这是构成职务侵占罪的必要条件。“利用职务上的便利”,是指因本人的职权范围,或者因执行职务而产生的主管、经手、管理单位财物的便利条件。刑法理论界和司法实务部门对“利用职务上的便利”一直存在争议,主要有以下两种不同观点:一种观点认为,这里的“利用职务上的便利”,是指利用自己在职务上所具有的主管或者管理、经手本单位财物的便利条件,即以利用自己职务上的权力为条件。如果行为人没有利用自己决定、办理及处置某事务的权力,而是利用从事劳务、服务的便利,非法占有单位财产的,不构成本罪。另一种观点认为,利用职务上的便利,不仅指利用自己职务上形成的权力的便利,而且也可以指利用自己从事劳务的机会而持有单位财产的便利。

本书同意后一种观点。上述观点中,前一种观点主要是受贪污罪中“利用职务上的便利”的特定含义的影响而形成的。现行刑法中的职务侵占罪是从 1979 年刑法的贪污罪中分离出来的。贪污罪的主体是国家工作人员,而国家工作人员的本质特征是依法从事公务,即组织、监督、管理性质的公共事务,带有职权性,“劳务或者业务上的便利”不可能被包括在内。因此,在职务侵占罪中“利用职务上的便利”的理解上,便出现了前一种见解。其实,将“劳务上的便利”排除在“利用职务上的便利”之外,完全是一种误解。“职务”是指“规定担任的工作”,就是“工作”。既然工作包括管理性的工作和劳务性的工作,那么就没有理由将劳务性的工作排除在“职务”之外。而且职务侵占罪也是不破坏他人占有而据为己有的一种犯罪,其本质上还是侵占罪的一种表现形式。如果说职务侵占罪中的“利用职务之便”不包括劳务、劳动工作产生的便利,对从事劳务性工作的单位人员侵占经手的单位财物的行为,一概认定为盗窃罪,显然也有过分严厉之嫌。因此,本书认为,单位的人员不论其职务有没有管理性,都属于职务侵占罪之职务。如此说来,负责独立运输公司货物的司机在运货途中、公司员工临时受托去仓库领取劳保用品之时、受托管理居民小区内的景观树等设施的物业公司的员工,都属于因为劳务关系而管理他人财物。相反地,公司大楼的保安员,其职责是维护大楼的安全秩序,对楼内的财物不具有管理职责。换言之,其职责是不让无关人员侵害或者动用本大楼的财物、设

[123] 2005 年公安部经济犯罪侦查局《关于对非法占有他人股权是否构成职务侵占罪问题的工作意见》。

施，但其本人也无权使用本大楼的设施。因此，其就不是利用劳务之便管理他人财物的人，其最多只能说是辅助占有人，他在上班之机将本单位财物据为已有的，属于盗窃，而不是职务侵占。

(3)具有侵占行为。关于侵占单位财物的手段，法条上未作明确规定。应当说明的是，本罪名所用"侵占"一词与刑法第270条侵占罪中的"侵占"一词，具有不完全相同的含义。后者是狭义的，即仅指非法占有本人业已合法持有的财物；而前者是广义的，即非法占有的意思，并不以合法持有为前提。侵占的手段包括多种：利用职务之便窃取财物；以涂改账目、伪造单据等方法骗取财物；因执行职务而经手财物时，应上交的不上交，加以侵吞；专职铲车司机乘转移工地之机将自己保管的铲车开到外地卖掉；国有企业掌管保险柜钥匙的保卫人员窃取柜内现金；公司人员利用为生产车间送配料的便利窃取配料；农村信用社出纳侵吞公款后"导演"抢劫闹剧；村民委员会等村基层自治组织人员在履行集体管理事务中，利用职务上的便利，将集体财产占为已有；公司、企业或者其他单位人员未经单位授权，私自收取他人费用，并予以非法占有；单位职员的犯罪行为发生在其用工合同到期之后，但案发时该职员仍在实际行使对单位财物的管理职权，并利用职务便利侵占单位财物数额较大的；混合所有制公司负责人利用关联交易行为为共同所有财产的近亲属开办公司并非法牟利的；公司职员利用代理公司业务的职务便利，将签订合同所得财物非法占为已有的；网络公司职员利用职务上的便利，通过修改数据生成网络虚拟财物并出售给其他玩家，获利数额较大的等，都是职务侵占。未与单位办理任何财务交接手续，携款擅自离开单位去向不明，在司法机关发现后尽管辩称其打算归还单位资金，仍可认定为职务侵占。以共同发起设立公司的方式进行投资，后投资不成，投资人之一利用职务便利冒领其他投资人垫付的投资款拒不归还的，属于职务侵占。

(4)必须数额较大。具体而言，就是数额在3万元以上。[124]

3. 主观要件。本罪的主观要件为直接故意，即明知是本单位所有的财物，而希望利用职务之便非法占为已有。

(二)本罪的认定

在本罪的认定上，必须注意以下几点：

1. 本罪与盗窃罪、诈骗罪的界限。本罪与盗窃罪、诈骗罪，都以非法占有为目的，都侵犯了公私财产权利。它们的主要区别在于：(1)本罪侵犯的对象只能是公司、企业或其他单位的财物，而盗窃罪、诈骗罪侵犯的对象可以是任何公私财物。因此，在判断某行为构成诈骗罪、盗窃罪还是职务侵占罪时，首先看该财物是否在行为人主管、经管或者经手的范围，即其实际控制的范围之内。(2)本罪只能是利用职务上的便利实施，行为方式包括窃取、骗取、侵吞等多种方式；而盗窃罪、诈骗罪的实施与职务无关，行为方式分别只能是窃取或骗取。因此，在判断某行为构成诈骗罪、盗窃罪还是职务侵占罪时，还要看行为人所获取的财物是不是其利用职务(包括劳务)上的便利所占有的财物。是的话，就构成职务侵占罪。

2. 本罪与侵占罪的界限。本罪和侵占罪都表现为将他人财物据为已有，但二者的差别在于：(1)主体不同。职务侵占罪的主体为公司、企业或者其他单位中不具有国家工作人员身份，但负有管理职责的人，而侵占罪的主体为一般主体。(2)客观表现不同。职务侵占罪表现为利用职务上的便利，将自己主管、经管、经手的本单位的财物据为已有，其所占有的他人财物

---

[124] 2022年最高人民检察院、公安部《关于公安机关管辖的刑事案件立案追诉标准的规定(二)》第76条。

不以自己已经合法持有为前提;而侵占罪与职务无关,是将代为保管的他人财物或者发现的他人的遗忘物、埋藏物非法占为己有,其所占有的他人财物以自己已经合法持有为前提。可见,区分二者的关键因素是,在将他人财物非法据为己有的时候,是否利用了职务上的便利。

(三)处罚

依照刑法第271条的规定,犯本罪的,处3年以下有期徒刑或者拘役,并处罚金;数额巨大的,处3年以上10年以下有期徒刑,并处罚金;数额特别巨大的,处10年以上有期徒刑或者无期徒刑,并处罚金。

关于本罪的量刑,相关司法解释规定:[125](1)构成职务侵占罪的,根据下列情形在相应的幅度内确定量刑起点:一是达到数额较大起点的,在1年以下有期徒刑、拘役幅度内确定量刑起点。二是达到数额巨大起点的,在3年至4年有期徒刑幅度内确定量刑起点。三是达到数额特别巨大起点的,在10年至11年有期徒刑幅度内确定量刑起点。依法应当判处无期徒刑的除外。(2)在量刑起点的基础上,根据职务侵占数额等其他影响犯罪构成的犯罪事实增加刑罚量,确定基准刑。(3)构成职务侵占罪的,根据职务侵占的数额、危害后果等犯罪情节,综合考虑被告人缴纳罚金的能力,决定罚金数额。(4)构成职务侵占罪的,综合考虑职务侵占的数额、手段、危害后果、退赃退赔等犯罪事实、量刑情节,以及被告人的主观恶性、人身危险性、认罪悔罪表现等因素,决定缓刑的适用。

三、挪用资金罪

(一)概念和构成

本罪,是指公司、企业或者其他单位的人员,利用职务上的便利,挪用本单位资金归个人使用或者借贷给他人的行为。其基本特征如下:

1. 主体。本罪的主体是特殊主体,即公司、企业或其他单位中从事一定管理性职务的人员,包括村民小组组长,业主委员会工作人员、私募基金的工作人员等在内。单纯劳务人员,不能成为本罪的主体。国有公司、企业或单位中从事公务的国家工作人员,或者国有单位委派到非国有单位从事公务的国家工作人员,利用职务之便挪用本单位财物的,应以挪用公款罪论处。但是,受国家机关、国有公司、企业、事业单位、人民团体委托,管理、经营国有资产的非国家工作人员,利用职务上的便利,挪用国有资金归个人使用构成犯罪的,应当依照本罪定罪处罚。[126]

2. 危害行为和危害结果。本罪在客观上表现为,利用职务上的便利,挪用单位资金归个人使用或者借贷给他人使用。

其中,所谓“本单位资金”是本罪的行为对象,包括本单位所有的资金,也包括因为经营管理的需要,在本单位实际控制之下的资金。如本单位在经济往来中暂收、预收、暂存其他单位或个人的款项、物品,或者对方支付的货款、交付的货物等,如接受人已以单位名义履行接受手续,所接受的财、物应视为该单位资产。根据最高人民检察院《关于挪用尚未注册成立公司资金的行为适用法律问题的批复》,筹建公司的工作人员在公司登记注册前,利用职务上的便利,挪用准备设立的公司在银行开设的临时账户上的资金,归个人使用或者借贷给他人,符合

---

[125] 2021年最高人民法院、最高人民检察院《关于常见犯罪的量刑指导意见(试行)》第4条第14款。

[126] 2000年最高人民法院《关于对受委托管理、经营国有财产人员挪用国有资金行为如何定罪问题的批复》。

本罪规定的,应追究刑事责任。所谓“利用职务上的便利”,是指公司、企业或者其他单位的工作人员利用其所享有的主管、管理或者经手本单位资金的职权;“挪用”,是指擅自动用单位资金归本人或他人使用,但准备日后退还的行为,其包括挪用本单位资金归本人或者其他自然人使用以及挪用人以个人名义将所挪用的资金借给其他自然人或者单位两种情形。[127] 其中,“归个人使用”包括:将本单位资金供本人、亲友或者其他自然人使用的;以个人名义将本单位资金供其他单位使用的;个人决定以单位名义将本单位资金供其他单位使用,谋取个人利益的;[128]“以个人名义”包括:行为人逃避财务监管的;行为人与使用人约定以个人名义进行的;借款、还款都以个人名义进行的;等等。[129] 金融机构工作人员利用职务便利,挪用已经记入金融机构法定存款账户的客户资金归个人使用的,或者所收客户资金不入账,但给客户开具银行存单,使客户误以为款项已存入银行,该款项被行为人以个人名义借贷给他人的,如果该工作人员属于国家工作人员,构成挪用公款罪;如果属于非国家工作人员,构成挪用资金罪。[130]

依照刑法第 272 条第 1 款的规定,挪用本单位资金归个人使用或者借贷给他人使用有三种形式的用途,即用于非法活动、营利活动和其他个人用途。

(1)挪用本单位资金归个人使用或者借贷给他人使用,数额较大,超过 3 个月未还的。此项所说的“挪用”,是指将资金用于生活开支、借贷给他人等方面,如购买生活资料、旅游观光、偿还私人债务等。依照此项定罪,还必须符合以下 3 个条件:其一,挪用资金数额较大,数额较大,是指 5 万元以上;其二,归个人使用;其三,超过 3 个月未还,是指挪用资金的时间自挪用行为发生之日起已经超过 3 个月并且未归还,包括案发时尚未归还挪用款项且时间已经超过 3 个月,也包括案发时已经归还,但归还时已经超过 3 个月两种情况。

(2)挪用本单位资金归个人使用或者借贷给他人使用,数额较大,虽未超过 3 个月,但进行营利活动的。此处“数额较大”,是指 5 万元以上。营利活动,是指以营利为目的并且是法律所允许的一切经营活动,例如,以挪用的单位资金作为资本,从事生产、经营,或者入股分红、存入银行吞取利息、借贷给他人而个人得利等。至于挪用人是否实际获利,不影响本罪的成立。

(3)挪用本单位资金归个人使用或者借贷给他人使用,进行非法活动的。非法活动,是指国家法律禁止的一切活动,包括一般违法行为和犯罪行为,如走私,贩毒,倒卖车、船票,赌博,嫖娼等。刑法第 272 条对此没有规定挪用数额和挪用时间的限制。但根据 2022 年 4 月 6 日最高检、公安部《关于公安机关管辖的刑事案件立案追诉标准的规定(二)》第 77 条第 1 款第 3 项,挪用本单位资金数额在 3 万元以上,进行非法活动的,才能以挪用资金罪论处。没有达到上述数额的,一般不以犯罪论处。

3. 主观要件。通常认为,本罪的主观要件是故意,即只要明知是本单位的资金,为了本人或者他人使用,故意擅自动用,但准备日后归还,而不具有永久占为己有的目的就足够。但从本书的角度来讲,挪用资金罪本质上是受托人违背信任,给委托人造成财产损害的背信犯罪,

---

〔127〕 根据 2000 年最高人民法院《关于如何理解刑法第二百七十二条规定的“挪用本单位资金归个人使用或者借贷给他人”问题的批复》,公司、企业或者其他单位的非国家工作人员,利用职务上的便利,挪用本单位资金归本人或者其他自然人使用,或者挪用人以个人名义将所挪用的资金借给其他自然人和单位,构成犯罪的,应当依照刑法第 272 条第 1 款的规定定罪处罚。

〔128〕 2022 年最高人民检察院、公安部《关于公安机关管辖的刑事案件立案追诉标准的规定(二)》第 77 条第 2 款。

〔129〕 2003 年最高人民法院《关于印发〈全国法院审理经济犯罪案件工作座谈会纪要〉的通知》第 4 条第 2 款。

〔130〕 2001 年最高人民法院《全国法院审理金融犯罪案件工作座谈会纪要》。

在行为人具有为委托人谋取利益的目的或者动机的场合,不宜将行为人将本单位资金借贷给他人但最终无法回收的失败行为认定为犯罪。具体而言,在行为人根据借款行为当时各个方面的因素,利用职权之便挪用本单位资金借贷给他人时,只要没有加害本单位,或者相反地,具有借此机会为本单位谋利的目的的话,就能否定行为人的行为构成本罪。

(二)本罪的认定

在本罪的认定中,主要注意其与职务侵占罪的界限。本罪与职务侵占罪,都属于公司、企业或其他单位内部的人员,利用职务上的便利,侵犯本单位财产的行为。两罪的主要区别在于:(1)犯罪客体和对象不同。本罪的客体限于本单位资金的占有权、使用权,而不包括处分权,犯罪对象是资金;而职务侵占罪是侵犯单位财产的所有权,犯罪对象除资金外,还有其他具有经济价值的有形和无形的财物。(2)犯罪主观要件不同。本罪目的是暂时使用本单位资金,无非法占为己有的目的,职务侵占罪则是以非法占有为目的,将本单位的财物,非法据为己有。

(三)处罚

依照刑法第 272 条的规定,犯本罪的,处 3 年以下有期徒刑或者拘役;挪用本单位资金数额巨大的,处 3 年以上 7 年以下有期徒刑;数额特别巨大的,处 7 年以上有期徒刑。有第 1 款行为,在提起公诉前将挪用的资金退还的,可以从轻或者减轻处罚。其中,犯罪较轻的,可以减轻或者免除处罚。

根据 2016 年最高人民法院、最高人民检察院《关于办理贪污贿赂刑事案件适用法律若干问题的解释》第 11 条第 2 款,刑法第 272 条规定的挪用资金罪中的“数额较大”、“数额巨大”以及“进行非法活动”情形的数额起点,按照该解释关于挪用公款罪“数额较大”、“情节严重”以及“进行非法活动”的数额标准规定的 2 倍执行。具体而言,10 万元以上为挪用资金“数额较大”,400 万元以上为挪用资金“数额巨大”,200 万元以上为挪用资金“数额较大不退还”;挪用资金进行非法活动的入罪数额标准为 6 万元以上,200 万元以上为挪用资金进行非法活动的“数额巨大”,100 万元以上为挪用资金进行非法活动“数额较大不退还”。

四、挪用特定款物罪

本罪,是指违反国家财经管理制度,挪用用于救灾、抢险、防汛、优抚、扶贫、移民、救济款物,情节严重,致使国家和人民利益遭受重大损害的行为。

本罪主体只能是主管、经管、经手上述特定款物的工作人员,包括国家工作人员、集体经济组织工作人员,以及其他经手、管理上述款物的人员。

本罪在客观上表现为,利用职务上的便利,违反专款专用的财经管理制度,将特定款物用于其他方面并且情节严重,造成严重后果。其中,“特定款物”,指专门用于救灾、抢险、防汛、优抚、扶贫、移民、救济款物,包括生产资料和生活资料,失业保险基金和下岗职工基本生活保障资金属于救济款物;[131] 用于预防、控制突发传染病疫情等灾害的救灾、优抚、救济等款物也

[131] 2003 年最高人民检察院《关于挪用失业保险基金和下岗职工基本生活保障资金的行为适用法律问题的批复》规定,挪用失业保险基金和下岗职工基本生活保障资金属于挪用救济款物。挪用失业保险基金和下岗职工基本生活保障资金,情节严重,致使国家和人民群众利益遭受重大损害的,对直接责任人员,应当依照刑法第 273 条的规定,以挪用特定款物罪追究刑事责任;国家工作人员利用职务上的便利,挪用失业保险基金和下岗职工基本生活保障资金归个人使用,构成犯罪的,应当依照刑法第 384 条的规定,以挪用公款罪追究刑事责任。

属于特定款物。[132] 中国人民银行给予中国农业银行发放民族贸易和民族用品生产贷款的利息补贴，不属于刑法第273条规定的特定款物。[133] 退休职工养老保险金不属于我国刑法中的救灾、抢险、防汛、优抚、扶贫、移民、救济等特定款物中的任何一种，因此，对挪用退休职工养老保险金的行为，构成犯罪时，不能以挪用特定款物罪追究刑事责任，而应当按照行为人身份的不同，分别以挪用资金罪或者挪用公款罪追究刑事责任。[134] “挪用”，指挪作他用。本来，挪用是指不经合法批准，擅自将管理、经手、经管的特定款物改作他用。但本条的“挪用”，只是将特定款物的指定用途改变为其他公用，如将救灾、抢险物资等挪用于经济开发、经商等“政绩”工程，排斥归个人使用的情形。在将特定款物挪归个人使用的场合，可构成挪用公款罪或其他犯罪。成立本罪，要求达到情节严重，致使国家和人民群众利益遭受重大损害的程度。

本罪的主观要件是直接故意，即明知是专用的特定款物，而故意挪作他用。过失不能构成本罪。

依照刑法第273条的规定，犯本罪的，对直接责任人员，处3年以下有期徒刑或者拘役；情节特别严重的，处3年以上7年以下有期徒刑。

第五节 毁坏、拒付型犯罪

一、故意毁坏财物罪

本罪，是指故意非法地毁灭或者损坏公私财物，数额较大或者情节严重的行为。

本罪的保护法益是公私财物的所有权以及其他本权，行为对象可以是任何有形的公私财物，包括动产和不动产，动物园饲养的老虎等动物、他人持有的股票等无形财产也包括在内。因此，抱着恶作剧的心理而向动物园中的老虎泼洒浓硫酸的行为，出于使他人财产受损的心理偷偷贱卖他人股票导致他人亏本的行为，都可以构成本罪。但是，正在使用中的交通工具、交通设施、电力设备、易燃易爆设备、广播电视设施、公用电信设施，国家机关公文、证件、印章，国家边境的界碑、界桩或者永久性测量标志，国家保护的珍贵文物、被确定为全国重点文物保护单位、省级文物保护单位的文物、国家保护的名胜古迹，武器装备、军事设施、军事通信不是本罪的保护对象，对其破坏行为应分别按照刑法中的相关犯罪处理。

本罪的主体为一般主体。

本罪在客观上表现为毁灭或者损坏公私财物，数额较大或者情节严重。所谓毁灭，就是对公私财物进行物理毁坏，使其变得不存在，或者完全丧失其本来功能或者利用价值。为创造经营业绩而虚构产品供货需求，将单位产品占有后予以销毁的，就是如此；所谓损坏，就是对公私财物进行物理破坏，使其部分丧失本来功能或者利用价值。将他人财物藏匿或者动物放走，致使财物主人无法对其加以利用的行为；将他人的项链投入海中，或者将他人养的宠物鸟放飞的

---

〔132〕 2003年最高人民法院、最高人民检察院《关于办理妨害预防、控制突发传染病疫情等灾害的刑事案件具体应用法律若干问题的解释》第14条第2款规定，挪用用于预防、控制突发传染病疫情等灾害的救灾、优抚、救济等款物，构成犯罪的，对直接责任人员，依照刑法第273条的规定，以挪用特定款物罪定罪处罚。

〔133〕 2003年最高人民法院研究室《关于挪用民族贸易和民族用品生产贷款利息补贴行为如何定性问题的复函》。

〔134〕 2004年最高人民法院研究室《关于挪用退休职工社会养老金行为如何适用法律问题的复函》。

行为,客观上也是使财物的本来功用受到破坏的行为,因此,属于毁坏。损毁财物,必须达到数额较大或者情节严重的程度。具体而言,就是涉嫌下列情形之一:(1)造成公私财物损失5000元以上的;(2)毁坏公私财物3次以上的;(3)纠集3人以上公然毁坏公私财物的;(4)其他情节严重的情形。[135] 所谓其他情节严重的情形,一般认为,是指毁坏重要的物品无法弥补损失;毁坏手段特别恶劣;破坏现场、嫁祸于人等。

本罪的主观要件为故意,即明知是公私财物而故意加以毁坏,并且行为人不能具有非法占有他人财物的目的。行为人出于毁坏他人财物的目的而将他人高级家具搬走,之后又觉得该家具不错,就留下来自用的场合,由于行为人在搬走该财物的时候不具有非法占有目的,因此,不能构成盗窃罪;在控制他人家具之后,产生留作自用的念头的时候,就是将占有的他人财物据为己有的行为,可以构成侵占罪。相反地,在行为人出于窃取的目的而搬走他人家具,之后觉得不理想而加以毁坏的场合,由于该毁坏行为属于非法占有他人财物之后对赃物的处分行为即"不可罚的事后行为",通常已经包含在对前面的盗窃行为的评价之中了,因此,该行为只能构成盗窃罪。

依照刑法第275条的规定,犯本罪的,处3年以下有期徒刑、拘役或者罚金;数额巨大或者有其他特别严重情节的,处3年以上7年以下有期徒刑。

二、破坏生产经营罪

本罪,是指以泄愤报复或者其他个人目的,毁坏机器设备、残害耕畜或者以其他方法破坏生产经营的行为。

本罪最初被规定在"破坏社会主义经济秩序罪"一章中,之后才被调整到"侵犯财产罪"章中来。因此,其保护客体应当是公私财物的所有权以及其他本权,也即本罪是通过对财产的侵害间接地对生产经营产生影响。犯罪对象是与生产经营有直接联系的财物,一般是正在使用中的各种设备、用具及牲畜。犯罪客观方面表现为破坏机器设备、残害耕畜或与之类似的破坏生产经营活动的方法。

关于"以其他方法破坏生产经营",作为有力说的物理性破坏说认为,根据刑法276条的规定,破坏生产经营罪的实行行为表现为"毁坏机器设备""残害耕畜""其他方法",按照同类解释的原则,这里的"其他方法"只有与"毁坏机器设备""残害耕畜"属于同一类行为,即物理性的毁损的场合才构成本罪。但本书同意功能性破坏说,认为把"破坏"解释为"毁坏",是不当缩小了破坏生产经营罪的处罚范围。破坏生产经营罪的保护法益不是生产经营的正常秩序,而是生产经营的经济利益。"破坏"包括物理毁坏,也包括干扰秩序,亦包括妨害业务。因此,"以其他方法破坏生产经营",是指除"毁坏机器设备、残害耕畜"以外的任何方法,只要足以破坏生产经营活动的正常进行或者使已经进行的生产经营活动归于失败的行为,都可以归入此类。例如:破坏种子、秧苗的行为;制造设备事故或者质量事故的行为;烧毁企业存档技术资料、切断电源,让企业停产的行为;以恶意注册的欺骗手段妨害网站或平台业务的行为;在纳米高性能防护膜复合材料涂料中恶意加入稀释剂,导致涂料全部报废的行为;将白砂糖倒入货车的机油箱内,致使货车损坏,公司无法正常运输货物的行为;动手关闭室内风机电闸,致使砖窑内排风循环系统无法正常运行,窑内气温急剧升高,导致送风机烧毁,正在烧制的砖成品检

---

[135] 2008年最高人民检察院、公安部《关于公安机关管辖的刑事案件立案追诉标准的规定(一)》第33条。

验不合格的行为;组织同组村民来到预制构件厂门前挖断进厂公路(该公路属于本村民小组),致使工厂长期停产,造成重大经济损失的行为;将自己掌握的该公司在股票市场的资金账号、股东代码、交易密码等提供给他人,让他人利用电脑采用驻留自助委托方式擅自以跌停价将该公司所拥有的6只股票全部卖出,造成该公司巨大经济损失的行为;飞行员由于不满航空公司的待遇,驾驶飞机到达目的地之后集体返航,致使大量航班延误和取消,千余名乘客滞留机场的行为;出于图财或其他个人目的,窃取彩票摇奖专用彩球改变其重量并投入使用的行为;等等。以上行为,都属于本罪中的"其他方法"。

本罪主体为一般主体。本罪的主观要件为直接故意,并具备报复泄愤或者其他个人目的。

本罪在认定中,应当注意其与故意毁坏财物罪的区别。破坏生产经营罪往往是通过毁坏公私财物的方式来实现的,具有毁坏财物罪的特征;相反地,故意毁坏公私财物也会导致生产经营被破坏的结果,因此,二者之间存在竞合关系,比较难以区分。区分二者的关键是,故意毁坏公私财物的行为是否同时也破坏了生产经营。对正在生产、使用过程中的机器设备进行破坏,致使生产经营无法进行的场合,就要构成破坏生产经营罪,而不是故意毁坏财物罪;相反地,故意毁坏公私财物,并未产生破坏生产经营正常进行的效果时,就仅构成故意毁坏财物罪。

依照刑法第276条的规定,犯本罪的,处3年以下有期徒刑、拘役或者管制;情节严重的,处3年以上7年以下有期徒刑。

三、拒不支付劳动报酬罪

(一)概念和构成

本罪,是指以转移财产、逃匿等手段,逃避支付或者不支付劳动者的劳动报酬,数额较大的行为。

关于本罪的保护法益,有见解认为本罪的保护法益是国家对劳动市场的监管秩序。[136] 从事实上看,拒不支付劳动者报酬的行为确实能产生侵害社会管理秩序的效果,但既然刑法将本罪规定在侵犯财产罪一章中,可见,立法者主要还是看重其使劳动者应当得到的劳动报酬难以兑现,从而造成财产损失的一面,因此,本书认为,本罪的保护客体是劳动者所应获得的报酬这种财产性利益。

本罪的犯罪构成如下:

1. 主体。本罪主体为一般主体,包括自然人和单位。这里的单位,是指《劳动合同法》中所说的用人单位,包括具备合法经营资格的用人单位和不具备合法经营资格的用人单位以及劳务派遣单位。不具备用工主体资格的单位或者个人,违法用工且拒不支付劳动者的劳动报酬,数额较大,经政府有关部门责令支付仍不支付的,依照本罪处理。用人单位的实际控制人实施拒不支付劳动报酬行为,构成犯罪的,也应当依照本罪追究刑事责任。[137] 不具备用工主体资格的单位或者个人(包工头)拒不支付劳动报酬,即使其他单位或者个人在刑事立案前为其垫付了劳动报酬的,也不影响追究该用工单位或者个人(包工头)拒不支付劳动报酬罪的刑事责任。[138]

---

〔136〕 赵秉志主编:《〈刑法修正案(八)〉理解与适用》,中国法制出版社2011年版,第341页。

〔137〕 2013年最高人民法院《关于审理拒不支付劳动报酬刑事案件适用法律若干问题的解释》第7、8条。

〔138〕 胡克金拒不支付劳动报酬案,最高人民法院指导案例28号(2014年)。

2. 危害行为和危害结果。本罪在客观上表现为,以转移财产、逃匿等方法逃避支付劳动者的劳动报酬或者有能力支付而不支付劳动者的劳动报酬,数额较大,经政府有关部门责令支付仍不支付。具体来说,包括两部分内容:

(1)以转移财产、逃匿等方法逃避支付劳动者的劳动报酬或者有能力支付而不支付劳动者的劳动报酬,数额较大。可见,拒不支付劳动报酬,首先必须具有以下行为:

第一,以转移财产、逃匿等方法逃避支付劳动者的劳动报酬。所谓转移财产,是指将经营收益转移到他处,使行政机关、司法机关或者被欠薪者无法查找到。所谓逃匿,是指逃离当地或者躲藏起来。所谓劳动报酬,是指劳动者依照《劳动法》或者《劳动合同法》应当得到的报酬,包括工资、奖金、津贴、补贴、延长工作时间的工资报酬及特殊情况下支付的工资等。[139] 所谓"以转移财产、逃匿等方法逃避支付劳动者的劳动报酬",是指以逃避支付劳动者的劳动报酬为目的,具有下列情形之一:隐匿财产、恶意清偿、虚构债务、虚假破产、虚假倒闭或者以其他方法转移、处分财产的;逃跑、藏匿的;隐匿、销毁或者篡改账目、职工名册、工资支付记录、考勤记录等与劳动报酬相关的材料的;以其他方法逃避支付劳动报酬的。[140] 行为人拖欠劳动者劳动报酬后,人力资源社会保障部门通过书面、电话、短信等能够确认其收悉的方式,通知其在指定的时间内到指定的地点配合解决问题,但其在指定的时间内未到指定的地点配合解决问题或明确表示拒不支付劳动报酬的,视为刑法第 276 条之一第 1 款规定的"以逃匿方法逃避支付劳动者的劳动报酬"。但是,行为人有证据证明因自然灾害、突发重大疾病等非人力所能抗拒的原因造成其无法在指定的时间内到指定的地点配合解决问题的除外。[141]

第二,有能力支付而不支付。所谓有能力支付而不支付,是指确有可供支付劳动者报酬的资金或者资产而拒不支付。"不支付"分为两类:一是雇主承认劳资关系但不支付,二是雇主不承认劳资关系而不支付。在雇主承认劳资关系的情况下,劳动者只需提供证明劳动合同关系及其工作情况的相关证据即可,是否支付工资则需要由雇主提供证明。在雇主既不承认劳资关系又不支付工资的情况下,依据我国《劳动法》第 97 条"由于用人单位的原因订立的无效合同,对劳动者造成损害的,应当承担赔偿责任"的规定,应当免除劳动者的举证责任,由司法机关介入,证明劳资关系和不支付工资事实的存在,唯有如此,才能实现本罪的立法目的。另外,"不支付报酬"还有一个时间认定的问题。因为对于劳动者,特别是外来务工人员来说,工资如果不及时结算,对他们的家庭生活将会造成很大的影响。因此,应根据薪水结算的方式来认定。按日结算报酬的场合,不得超过 3 日;按月结算的场合,不得超过 20 日;工程完成后结的,不得超过 30 日。

第三,达到数额较大的程度。所谓数额较大,是指具有下列情形之一:拒不支付一名劳动者 3 个月以上的劳动报酬且数额在 5000 元至 2 万元以上的;拒不支付 10 名以上劳动者的劳

---

[139] 2013 年最高人民法院《关于审理拒不支付劳动报酬刑事案件适用法律若干问题的解释》第 1 条。关于"劳动报酬"当中,是否包括社会保险福利、劳动保护等方面的费用,存在争议。从上述司法解释的规定来看,前述费用并不包括在内。因为,社会保险福利、劳动保护等属于行政法调整的范围,具有较强的行政政策性,其产生的主要依据并非《劳动法》或《劳动合同法》,而上述司法解释明确规定,劳动报酬依据上述法律产生。同时,由于社会保险福利在各地有不同的统筹标准和方式,现阶段将社会保险福利、劳动保护等费用纳入劳动报酬予以保护,并不符合社会现实情况。

[140] 2013 年最高人民法院《关于审理拒不支付劳动报酬刑事案件适用法律若干问题的解释》第 2 条。

[141] 2014 年最高人民法院、最高人民检察院、人力资源和社会保障部、公安部《关于加强涉嫌拒不支付劳动报酬犯罪案件查处衔接工作的通知》第 1 条第 2 款。

动报酬且数额累计在3万元至10万元以上的。[142]

(2)经政府有关部门责令支付仍不支付。这是构成拒不支付劳动报酬罪的必备条件和必经程序。所谓政府有关部门,是指地方政府劳动行政部门,即劳动和社会保障部门;所谓责令支付仍不支付,是指经政府劳动行政部门责令支付(一次)仍没有支付的情形。根据《劳动法》第91条的规定,用人单位具有克扣或者无故拖欠劳动者工资,拒不支付劳动者延长工作时间工资报酬,低于当地最低工资标准支付劳动者工资,解除劳动合同之后未给予劳动者经济补偿情形的,政府劳动行政部门有权责令其支付。将"经政府有关部门责令支付仍不支付"作为本罪成立条件,不仅能为劳动检察部门提供更有力的工作保障,也能将行政监管措施和刑事处罚紧密衔接起来。但在本规定的理解上,必须正确理解和把握"责令"是否顺利"到达"的问题。"经政府有关部门责令支付仍不支付"是动用刑事手段的前提条件,因此,认定该罪须以责令支付的行政命令到达行为人为前提,即行为人明知或者应当明知政府有关部门已经责令支付劳动报酬而继续拒不支付的,方能构成本罪。但是,该行政命令并不必然到达行为人本人。根据相关司法解释,经人力资源和社会保障部门或者政府其他有关部门依法以限期整改指令书、行政处理决定书等文书责令支付劳动者的劳动报酬后,在指定的期限内仍不支付的,应当认定为刑法第276条之一第1款规定的"经政府有关部门责令支付仍不支付",但有证据证明行为人有正当理由未知悉责令支付或者未及时支付劳动报酬的除外。行为人逃匿,无法将责令支付文书送交其本人、同住成年家属或者所在单位负责收件的人的,如果有关部门已通过在行为人的住所地、生产经营场所等地张贴责令支付文书等方式责令支付,并采用拍照、录像等方式记录的,应当视为"经政府有关部门责令支付"。[143]

3. 主观要件。本罪的主观要件是故意。更为准确地说,应是"恶意",行为人应是以非法占有劳动者劳动报酬为目的,而以转移财产、逃匿等方法逃避支付或者有能力支付而不支付劳动者的劳动报酬。如果仅仅是用人单位或者雇主的资金暂时的周转不灵而导致的拖欠工资的行为,或者由于用人单位或雇主的经营策略失误导致的大量的亏损,客观上无力支付劳动者劳动报酬的行为,因为行为人主观上不具备"恶意",故而不能认定为犯罪。

(二)本罪的认定

在本罪的认定中,应当注意本条第3款即"有前两款行为,尚未造成严重后果,在提起公诉前支付劳动者的劳动报酬,并依法承担相应赔偿责任的,可以减轻或者免除处罚"的理解问题。这是对逃避支付或者不支付劳动报酬的个人或者单位可以减轻或者免除处罚的条件规定。

适用以上规定,必须具备以下两个条件:(1)"有前两款行为,尚未造成严重后果"。所谓前两款行为,是指有第276条之一第1款和第2款所规定的行为;所谓"严重后果",是指逃避支付或者不支付劳动者的劳动报酬,数额较大,并具有下列情形之一:一是造成劳动者或者被其赡养、扶养的人的基本生活受到严重影响,如重大疾病无法及时医治或者失学等;二是对要求支付劳动报酬的劳动者使用暴力或者进行暴力威胁的;三是造成其他严重后果的,如农民工讨薪未果被迫自残甚至自杀,因讨薪人数众多引发大规模群体性事件,严重影响了当地的交通、治安以及政府管理等。(2)"在提起公诉前支付劳动者的劳动报酬,并依法承担相应赔偿

---

[142] 2013年最高人民法院《关于审理拒不支付劳动报酬刑事案件适用法律若干问题的解释》第3条。

[143] 2013年最高人民法院《关于审理拒不支付劳动报酬刑事案件适用法律若干问题的解释》第4条。

责任的”,具体而言,是指在人民检察院提起公诉前,欠薪的单位或者个人全额支付了劳动者报酬的情况,并承担了《劳动合同法》第85条所规定的赔偿金和经济补偿责任。

(三)处罚

依照刑法第276条之一的规定,犯本罪的,处3年以下有期徒刑或者拘役,并处或者单处罚金;造成严重后果的,处3年以上7年以下有期徒刑,并处罚金。单位犯本罪的,对单位判处罚金,并对其直接负责的主管人员和其他直接责任人员,依照自然人犯本罪的规定处罚。

拒不支付劳动者的劳动报酬,尚未造成严重后果,在刑事立案前支付劳动者的劳动报酬,并依法承担相应赔偿责任的,可以认定为情节显著轻微危害不大,不认为是犯罪;在提起公诉前支付劳动者的劳动报酬,并依法承担相应赔偿责任的,可以减轻或者免除刑事处罚;在一审宣判前支付劳动者的劳动报酬,并依法承担相应赔偿责任的,可以从轻处罚。对于免除刑事处罚的,可以根据案件的不同情况,予以训诫、责令具结悔过或者赔礼道歉。拒不支付劳动者的劳动报酬,造成严重后果,但在宣判前支付劳动者的劳动报酬,并依法承担相应赔偿责任的,可以酌情从宽处罚。[144]

〔144〕 2013年最高人民法院《关于审理拒不支付劳动报酬刑事案件适用法律若干问题的解释》第6条。

第七章　妨害社会管理秩序罪

第一节　概　　说

妨害社会管理秩序罪,是指妨害国家机关或者其他有关机构对社会日常生活的管理活动,破坏社会秩序,情节严重的行为。

“社会管理秩序”的含义十分广泛。广义上的社会管理秩序,是指国家机关或者有关机构对社会的方方面面进行管理而形成的整个社会有条不紊的状态;中间意义上的社会管理秩序,是指除政治秩序、经济秩序之外的社会秩序;而狭义的社会管理秩序,是指国家机关或者有关机构对社会日常生活进行管理而形成的有序状态——日常生活,如公共生活、治安管理、司法活动、文化管理、自然资源和环境保护等,其既有别于国家生活,也不同于个人生活,成为相对独立的一个领域。[1]

一般认为,刑法上所说的“社会管理秩序”是指狭义上的概念。广义上的社会管理秩序是指国家机关依法对社会进行管理而形成的正常的社会秩序,其含义非常广泛,从本质上讲,刑法所规定的一切犯罪都是从不同角度侵害或者破坏了国家的社会管理秩序。但由于侵害或破坏国家安全、社会公共安全、市场经济、人身权利、家庭婚姻、公私财产、国防与军事利益以及国家机关正常活动等社会秩序的行为在刑法分则当中另有专门规定,因此,以广义上的社会管理秩序来说明刑法分则第六章的内容,显然过宽。中间意义上的概念也仍然存在同样的问题。其虽然对广义上的社会管理秩序进行了一定的限定,将政治秩序、经济秩序排除在了社会管理秩序之外,有其合理性,但其将军事管理秩序、财产管理秩序仍然放在社会管理秩序的范围之内,这也与我国刑法分则的规定不合,仍然有流于宽泛之嫌。而狭义的社会管理秩序概念将“社会管理秩序”的范围限定于国家对日常社会生活进行管理而形成的有关秩序之内,合理地划清了妨害社会管理秩序罪与刑法分则中其他犯罪的处罚界限,因此,比较合理。

基于上述,本章犯罪所保护的共同法益,仅是国家对社会的日常管理活动和秩序,即刑法分则其他各章规定之罪所保护的同类法益以外的、国家对社会的日常管理活动与秩序。

妨害社会管理秩序罪是我国刑法中规模最大的一类罪名,共有9节,分别是:(1)扰乱公共秩序罪;(2)妨害司法罪;(3)妨害国(边)境管理罪;(4)妨害文物管理罪;(5)危害公共卫生罪;(6)破坏环境资源保护罪;(7)走私、贩卖、运输、制造毒品罪;(8)组织、强迫、引诱、容留、介绍卖淫罪;(9)制作、贩卖、传播淫秽物品罪。以下分别介绍。

---

〔1〕 周光权:《刑法总论》(第4版),中国人民大学出版社2021年版,第385页;李希慧主编:《妨害社会管理秩序罪新论》,武汉大学出版社2001年版,第1页。

第二节 扰乱公共秩序的犯罪

一、妨害公务罪

(一)概念和构成

本罪,是指以暴力、威胁的方法,阻碍国家机关工作人员、人大代表、红十字会工作人员依法执行职务、履行职责的行为,或者故意阻碍国家安全机关、公安机关依法执行国家安全工作任务,造成严重后果的行为。其构成如下:

1. 主体。本罪的主体是一般主体,即年满16周岁,具有刑事责任能力的自然人,单位不能成为本罪主体。负有执行人民法院判决、裁定义务的单位直接负责的主管人员和其他直接责任人员,为了本单位的利益实施聚众哄闹、冲击执行现场,围困、扣押、殴打执行人员,致使执行工作无法进行的,或者毁损、抢夺执行案件材料、执行公务车辆和其他执行器械、执行人员服装以及执行公务证件,造成严重后果的以及其他以暴力、威胁方法妨害执行或者抗拒执行,致使执行工作无法进行的,以妨害公务罪和拒不执行判决、裁定罪论处。[2]

2. 危害行为和危害结果。本罪的行为表现比较多样化:一是以暴力、威胁的方法阻碍国家机关工作人员依法执行职务;二是以暴力、威胁的方法阻碍人大代表依法执行代表职务;三是在自然灾害或者突发事件中以暴力、威胁方法阻碍红十字会工作人员依法履行职责;四是虽未使用暴力、威胁的方法,但故意阻碍国家安全机关与公安机关工作人员依法履行维护国家安全的职务,且造成了严重后果。在本罪行为和后果内容的认定上,必须注意以下几点:

(1)本罪行为所针对的对象是国家机关工作人员、人大代表、红十字会工作人员。国家机关工作人员,是指在中央以及地方各级权力机关、行政机关、司法机关中从事公务的人员。从现实来看,在中国共产党的各级机关、中国人民政治协商会议的各级机关中从事公务的人员也应当属于"国家机关工作人员",但在部队中从事公务的人员不是国家机关工作人员。[3] 国有事业单位的人员,或者国家机关中受委托从事行政执法活动的事业编制人员,依照法律、行政法规的规定执行行政执法活动的场合,可以成为本罪的行为对象。[4] 由有权的国家机关委托从事公务的不具有国家机关工作人员身份的人员,如基层派出所中普遍设立的"治安联防队"的成员,尽管不是国家机关工作人员,但却受派出所委托从事社会治安等管理活动,因此,可以成为本罪的行为对象。红十字会工作人员,是指在红十字会组织中从事人道救援活动或其他活动的工作人员。在自然灾害和其他突发事件中,受雇于红十字会组织或者志愿从事人道救援活动和其他活动的人员也以红十字会成员论。

(2)暴力、威胁的内容。除故意阻碍国家安全机关与公安机关工作人员依法履行维护国家安全的职务行为之外,其他妨害公务的行为,都要求行为人"以暴力、威胁方法"为手段。有

---

〔2〕 2007年最高人民法院、最高人民检察院、公安部《关于依法严肃查处拒不执行判决、裁定和暴力抗拒法院执行犯罪行为有关问题的通知》第2、3条。

〔3〕 阻碍军人执行职务的,构成刑法第368条所规定的阻碍军人执行职务罪,不成立本罪。

〔4〕 2000年最高人民检察院《关于以暴力威胁方法阻碍事业编制人员依法执行行政执法职务是否可对侵害人以妨害公务罪论处的批复》。

人认为,这里的"暴力"是指针对国家机关工作人员本人的人身施加,即"对国家机关工作人员、各级人大代表或红十字会工作人员的身体实施打击和强制"。[5] 但这种解释过于狭窄。实际上,除对人身施加的暴力足以妨害公务等的顺利执行之外,采用砸毁警车、城管车辆,烧毁应当被没收的物品等对物施加暴力的手段,也同样使公务难以顺利执行。以放火的方式阻碍国家工作人员执行职务,行为并非针对不特定多数人,在行为当时特定的客观环境下该行为不可能形成引发危害公共安全的燃烧状态,且主观上并无危害公共安全的故意的,也被认定为妨害公务。[6] 同样,不是针对国家机关工作人员等本人实施,即便是对其辅助人员如协助警察执行巡逻活动的联防队员实施的,也可以看作对警察本人施加暴力。因为,在这种场合下,该联防队员听从警察的指挥,与警察执行职务之间处于密不可分的关系,属于警察的辅助人员。这样说来,此处所谓的暴力,不仅包括对人身的强制力量,也包括对与国家机关工作人员等有关的物的强制力量;不仅包括对国家机关工作人员等本人身体的强制力量,也包括对其辅助人员的强制力量。总之,只要是对公务等的执行产生妨害作用的物理的强制力量,即便是采用催眠术、药物麻醉、酒精灌醉等无形力量,都可以看作"暴力"。当然,本处的暴力只能以造成被害人轻伤程度为限。威胁,就是告知不利后果,让人产生精神上的恐惧,从而不敢依法执行公务等。不利后果的内容,通常是对国家机关工作人员本人或者其亲属的人身、财产、名誉的现在或者将来的侵害等。威胁的内容只要足以让一般人产生恐惧心理即可,至于是否因此而实际使人产生了恐惧心理,在所不问。

(3)"依法执行职务"的意义。本罪只有在国家机关工作人员等"依法执行职务"之际实施才能成立,因此,国家机关工作人员等合法地执行职务是本罪成立的前提。一般来说,只有同时符合以下3个要素,才能认为是合法执行职务:首先,该行为必须是在该公职人员抽象的或一般的职务权限之内。超出这种职务权限,不能认为是依法执行职务;但公职人员的内部分工,不影响其职务权限。比如,收税是税务人员的抽象的职务权限,税务人员不能进行工商管理活动,否则就是违法;但税务机关内部,负责征收企业税的人临时被安排征收个人所得税,这不影响其所执行的职务的合法性。其次,必须具有实施该职务行为的具体权限。例如,虽然都是警察,但分管户籍的警察便没有执行逮捕的职务权限;同样,虽然都是法官,但如果法院指定某法官审理某案,那么即使是与该法官同庭的其他法官也不能再参与该案审理。因此,虽然具有抽象的职务权限,但超越了具体的职务权限,其职务行为也不能谓为合法。最后,职务行为必须满足法律上的重要条件、方式和程序。例如,正在值勤的交通警察,虽然有权对违章行车的司机给予罚款等处罚,但他若对违章司机处以超过法定限额的罚款,或者执行职务时没有显示自己的特定身份,或者罚款之后不开罚款单,则他的这一行为方式就违反了法律规定的必备的重要条件、方式和程序,不再具有合法性。但应注意的是,只有违反法律强行规定的条件、方式和程序,才能认定为非法,若违反的是法律的任意性规定,则不影响其合法性,比如国家机关工作人员的态度过于生硬、方式粗暴或言行不文明等,不影响其合法性的成立。

(4)"依法执行职务"的判断时间。司法实践中,判断某一具体职务行为是不是合法的职务行为,在不同时间点上观察,所得的结论是不一样的。例如,就警察当时以为某人是现行犯

---

〔5〕 王作富主编:《刑法分则实务研究》(第5版)(中),中国方正出版社2013年版,第1039页。

〔6〕 徐振华、徐竹芃、孙叶泉:《周洪宝妨害公务案[第731号]——以投掷点燃汽油瓶的方式阻碍城管队员依法执行职务的行为,如何定罪处罚》,载最高人民法院刑事审判第一、二、三、四、五庭主办:《刑事审判参考》总第82辑,法律出版社2012年版。

而对其采取了拘留措施,但审判时发现其并不是现行犯的场合而言,如果说以行为时作为判断标准的话,可以说,警察的行为并不违法;但如果以审判时为基点来判断,则很难说警察的行为是依法执行职务。这样,对判断以暴力方法反抗警察的拘留措施的行为是否构成妨害公务罪来说,就不可避免地产生分歧。本书认为,刑法规定妨害公务罪,是为了保障合法的职务活动顺利进行,因此,职务行为是否合法,应当以实施职务行为当时的具体情况进行判断。若在事后进行判断会放任职务执行行为的对象(被执行人)或者其他别有用心的不法之徒借口"怀疑"公务人员的行为不法而擅加抗拒,从而践踏国家的威信,打击公务人员积极履行职责的信心。因此,在警察某甲合理地认为某乙可疑,于是对某乙进行盘查,某乙的弟弟某丙认为警察有误,以暴力相威胁,使某甲放走某乙,即便在事后查明某乙实际上没有实施任何违法犯罪行为的场合,某丙的行为仍然要构成妨害公务罪。

(5)暴力、威胁必须发生在"依法执行职务"等之际。依法执行职务的过程当中就不用说了,准备着手执行职务之时,以及和执行具有密切关系的待命状态,也都包括在内。因为,无论是在开始执行职务之前还是之后,对国家机关工作人员等施加暴力、威胁,都会对公务的顺利执行产生不利影响。在得知法官即将对自己做出不利民事判决的时候,预先将法官打伤致使其无法正常开庭的场合;以及在得知派出所民警在"扫黄"行动当中将自己经营的美容店涉嫌卖淫的工作人员带回审查的消息之后,赶到派出所,大吵大闹,殴打有关人员,并毁坏派出所公物的行为,都应当看作是在"依法执行职务"之际发生的暴力、威胁行为。

(6)故意阻碍国家安全机关、公安机关执行国家安全工作任务的场合,只要造成了严重后果,即便没有使用暴力、胁迫手段,也构成妨害执行公务。因为,国家安全是刑法最重要的保护法益,因此,对其予以特殊保护。另外,以暴力、威胁方法故意阻碍国家安全机关、公安机关执行国家安全工作任务的场合,当然构成本罪。因为,"国家安全机关、公安机关执行国家安全工作任务"本身就是"国家机关工作人员依法执行职务"。

所谓阻碍,就是阻挡、妨碍,如:公然侮辱正在执行职务的人民警察;妨碍人民警察调查取证;拒绝人民警察执行追捕、搜查、救险等任务进入有关住所、场所;对执行救人、救险、追捕、警卫等紧急任务的警车故意设置障碍;等等。这里的严重后果,是指致使国家安全机关、公安机关执行国家安全工作任务的活动遭到严重妨害,没有实现预期目的或者没有达到预期效果。

3. 主观要件。本罪的主观要件只能是故意,如明知国家机关工作人员等正在依法执行职务,而故意以暴力、胁迫方法予以阻碍,阻碍的动机不影响本罪的成立。但问题是,实践中可能会出现这样的情况,即国家机关工作人员本来是在合法执行职务,但行为人却不这样认为,进而以暴力、胁迫加以阻碍。这种行为,该如何处理?对此,理论上有三种学说:事实错误说认为,这种情况是事实认识的错误,不成立故意;违法性错误说认为,这种情况不是事实认识错误,而是违法性的认识错误,对故意的成立没有影响;二分说认为,上述情形中,既有事实错误的场合,也有违法性认识错误的场合,需要区分情况处理。[7] 就便衣警察在抓女贩毒犯,女犯高喊:"有人要流氓!"某甲见状,上前将便衣警察死死抱住,致使女犯逃走,即将警察当成流氓加以制止的场合,由于行为人对成为国家机关工作人员执行职务行为的基础的事实具有错误,所以当然不成立故意。但是,在明知警察在抓人,却自以为被抓者是无辜的而上前以暴力行为加以制止的场合,行为人对国家机关工作人员在执行公务有认识,但是,误认为该执行公务的

---

〔7〕 刘明祥:《刑法中错误论》,中国检察出版社 2004 年版,第 96 ~ 101 页。

行为违法而施加暴力、胁迫的时候,就是违法性的错误,可以成立故意犯罪,只是可以减轻或免除责任而已,因此,二分说妥当。

(二)处罚

依照刑法第277条的规定,犯本罪的,处3年以下有期徒刑、拘役、管制或者罚金。

关于本罪的量刑,依照2021年最高人民法院、最高人民检察院《关于常见犯罪的量刑指导意见(试行)》第4条第16款的规定:(1)构成妨害公务罪的,在2年以下有期徒刑、拘役幅度内确定量刑起点。(2)在量刑起点的基础上,根据妨害公务造成的后果、犯罪情节严重程度等其他影响犯罪构成的犯罪事实增加刑罚量,确定基准刑。(3)构成妨害公务罪,依法单处罚金的,根据妨害公务的手段、危害后果、造成的人身伤害以及财物毁损情况等犯罪情节,综合考虑被告人缴纳罚金的能力,决定罚金数额。(4)构成妨害公务罪的,综合考虑妨害公务的手段、造成的人身伤害、财物的毁损及社会影响等犯罪事实、量刑情节,以及被告人的主观恶性、人身危险性、认罪悔罪表现等因素,决定缓刑的适用。

二、袭警罪

本罪,是指暴力袭击正在依法执行职务的人民警察的行为。

袭警罪,是《刑法修正案(十一)》在《刑法修正案(九)》的基础上,针对在一线执法的民警所面临的困境而制定的。近年来,对正在依法履职的民警袭击或者打击报复的案件时有发生,不仅危害民警人身安全,而且也损害了国家法律权威、破坏了国家正常管理秩序。为此,2019年12月27日最高人民法院、最高人民检察院、公安部共同发布了《关于依法惩治袭警违法犯罪行为的指导意见》,要求各级人民法院、人民检察院和公安机关要加强协作配合,对袭警违法犯罪行为快速处理、准确定性、依法严惩。制定本罪,实际上是对上述意见中相关内容的回应。

在袭警罪的认定上,必须注意以下几点:

1. 针对的对象必须是依法执行职务的人民警察。暴力袭击正在依法配合人民警察执行职务的警务辅助人员的,不构成袭警罪;符合刑法第277条第1款规定的,以妨害公务罪定罪处罚;但同时暴力袭击正在依法执行职务的人民警察和配合人民警察执行职务的警务辅助人员,符合刑法第277条第5款规定的,以袭警罪从重处罚。[8] 这意味着,单独暴力袭击正在依法配合人民警察执行职务的警务辅助人员的,不构成本罪,但同时暴力袭击正在依法执行职务的人民警察和配合人民警察执行职务的警务辅助人员的,可以构成本罪。是否"依法执行职务"的理解,参见上述妨害公务罪中的相关内容。因此,如警察参与强拆活动过程中被暴力袭击的场合,就不能适用本罪。因为,根据公安部制定下发的《2011年公安机关党风廉政建设和反腐败工作意见》,严令禁止公安机关参与土地房屋的征收拆迁活动,参与拆迁显然不是警察的职务范围。但是,警察出现在拆迁现场显然也不是其个人行为,当然是受到上级指派。如此,对警察依法执行职务的认定上就可能会发生争议。此种情形下,行为人不构成妨害公务罪,但可能构成其他犯罪,如故意伤害罪等。

2. 发生时间必须是正在执行职务活动的过程当中。但要注意的是,执行职务的活动虽然绝大多数情况下都是在工作时间或工作单位进行的,但是这并不能成为判断职务行为形式合

---

[8] 2025年最高人民法院、最高人民检察院《关于办理袭警刑事案件适用法律若干问题的解释》第8条。

法性的唯一标准,它也包括在工作时间或工作单位以外的公务活动。《人民警察法》第19条规定:人民警察在非工作时间,遇有其职责范围内的紧急情况,应当履行职责。从这条规定理解,警察作为一个特殊执法主体,他无论是在工作期间还是非工作期间遇到其职务范围内规定的任何情况,都应该毫不犹豫地认真履行职务,也就是说,警察在非工作期间也可以进行执行职务活动。袭击在非工作期间履行职责的警察,也能适用本罪。相关司法解释也规定,对在非工作时间遇有紧急情况依法履行职责的人民警察实施暴力袭击,符合刑法第277条第5款规定的,以袭警罪定罪处罚。[9]

3. 行为手段必须是暴力手段。"暴力袭击"是袭警罪基本的实行行为,仅从"暴力"一词的字面文义来看,任何可能导致身体或心理伤害的行为都属于其基本文义的范畴。由于我国的法律制度对违法和犯罪进行了严格区分,司法机关在审查认定"暴力袭击"的过程中,应对"暴力袭击"作严格限缩解释,区分不同情形予以差别化处理,以明确行政处罚与刑事处罚的界限,对袭警案件"合理分流",防止轻微行为入刑化。具体而言:

第一,对于人民警察执法活动存在过错,在认定行为人暴力袭击行为是否构成袭警罪时,应当综合考虑行为人的暴力程度、危害后果及执法过错程度等因素,依法妥当处理。人民警察执法活动存在严重过错的,对行为人一般不作为犯罪处理。执法过错较大,袭击行为暴力程度较轻、危害不大的,可以不作为犯罪处理。袭击行为造成严重后果,确需追究刑事责任的,应当依法从宽处理。[10]

第二,对"暴力袭击"的认定应排除心理性强制力。该罪的"暴力"是指通过对人施加物理力,进而对人身体产生强制力,根据相关司法解释,"暴力袭击"是指下列情形之一:(1)实施撕咬、掌掴、踢打、抱摔、投掷物品等行为,造成轻微伤以上后果的;(2)实施打砸、毁坏、抢夺人民警察乘坐的车辆、使用的警械等行为,足以危及人身安全的。与人民警察发生轻微肢体冲突,或者为摆脱抓捕、约束实施甩手、挣脱、蹬腿等一般性抗拒行为,危害不大的,或者仅实施辱骂、讽刺等言语攻击行为的,不属于本条中的"暴力袭击"。[11]

第三,对"暴力袭击"的认定应排除间接暴力。是否包含间接暴力,不能囿于直接暴力与间接暴力的定义而进行形式判断,应从法益是否实质受损的角度进行认定。"暴力袭击"主要是针对人民警察的人身实施攻击或强制的行为,即直接针对人民警察的肉体实施暴力强制,但也可以通过对警用装备实施暴力,进而对人民警察人身造成侵害,即最终的落脚点必须是对人民警察人身进行攻击,在此情形下,直接暴力抑或间接暴力就不存在本质区别,区别只是暴力袭击的方式不同而已。对于不可能侵害人民警察人身法益的间接暴力而言,无论如何都不能认定为本罪的"暴力袭击",这种暴力充其量只能对人民警察起到威胁作用,而威胁属于妨害公务罪的行为方式之一,如果妨害公务执行的,以妨害公务罪论处;虽然暴力行为并没有直接针对人民警察的身体,但这种行为能够通过作用物的传递而直接侵害人民警察的人身法益,那么应当认定为袭警罪的"暴力袭击"。

第四,"暴力袭击"必须具有"突然性"。关于"暴力袭击"是否要求具有"突然性"学界争议较大,笔者认为,将"突然性"排除在"袭击"基本文义范围之外的解释并不妥当,因为无论是

---

〔9〕 2025年最高人民法院、最高人民检察院《关于办理袭警刑事案件适用法律若干问题的解释》第7条第2款。
〔10〕 2025年最高人民法院、最高人民检察院《关于办理袭警刑事案件适用法律若干问题的解释》第4条。
〔11〕 2025年最高人民法院、最高人民检察院《关于办理袭警刑事案件适用法律若干问题的解释》第1条。

作扩大解释抑或限缩解释，都必须在“袭击”可能具有的含义范围内进行，否则解释的结论可能会超出民众的预测可能性，但“突然性”的认定应以行为人为判断标准，申言之，行为人“自认为”其行为具有“突然性”即可。在现实社会中，人民警察执行职务活动一般都会配备警用装备，如手枪、警棍、催泪喷射器、防暴盾牌等，通常情况下行为人想要对人民警察施加暴力具有一定的难度，此时，行为人大多会选择在“自认为”人民警察没有防备之时对其施加暴力。当然，对“袭击”的认定并非完全唯主观论而不考虑客观因素，相反，对任何犯罪的认定和区分都不能脱离主客观相统一原则。换言之，“暴力袭击”的内涵也应当是主客观相一致的，“袭”强调的是意欲采取趁人不备的方式施加暴力，即在这种心理状态支配之下实施了暴力行为，进而才能评价为“暴力袭击”。许多袭警案例表明，人民警察遭受侵害并不是因为对袭警行为没有认识，而是在采取一定制止措施之后未能奏效，进而遭受侵害。例如，2021 年 5 月 12 日 14 时许，李某于派出所接待大厅内因等候民警处理其报警问题期间，在大厅内喊叫、踢踹椅子并辱骂民警，民警制止仍不听从劝阻，后民警遂对李某进行控制。在对李某进行控制的过程中，因李某反抗致民警安某右手外伤、右手中指甲下出血，经鉴定属轻微伤，最终法院认定被告人李某的行为构成袭警罪。

第五，对正在依法执行职务的民警虽未实施暴力袭击，但以实施暴力相威胁，符合刑法第 277 条第 1 款规定的，以妨害公务罪定罪处罚。醉酒的人实施袭警犯罪行为，应当负刑事责任。教唆、煽动他人实施袭警犯罪行为或者为他人实施袭警犯罪行为提供工具、帮助的，以共同犯罪论处。

关于本罪的处罚，按照刑法第 277 条规定，犯本罪的，处 3 年以下有期徒刑、拘役或者管制；使用枪支、管制刀具，或者以驾驶机动车撞击等手段，严重危及其人身安全的，处 3 年以上 7 年以下有期徒刑。关于本罪的处罚，应当注意以下几点：

第一，所谓“严重危及其人身安全”，是指暴力袭击正在依法执行职务的人民警察，具有下列情形之一，足以致人重伤或者死亡的：(1)使用枪支、管制刀具或者其他具有杀伤力的工具的；(2)驾驶机动车撞击人民警察或者其乘坐的车辆的；(3)其他严重暴力袭击行为。〔12〕

第二，根据相关司法解释，实施袭警犯罪，具有下列情形之一的，从重处罚：(1)造成人民警察轻伤的；(2)致使人民警察不能正常执行职务，造成他人伤亡、犯罪嫌疑人脱逃、关键证据灭失或者公私财产重大损失等严重后果的；(3)纠集或者煽动多人袭警的；(4)袭击人民警察 2 人以上的；(5)其他情节严重的情形。〔13〕

第三，驾车冲撞、碾轧、拖拽、剐蹭民警，或者挤别、碰撞正在执行职务的警用车辆，危害公共安全或者民警生命、健康安全，符合刑法第 114、115、232、234 条规定的，应当以以危险方法危害公共安全罪、故意杀人罪或者故意伤害罪定罪，酌情从重处罚。暴力袭警，致使民警重伤、死亡，符合刑法第 234、232 条规定的，应当以故意伤害罪、故意杀人罪定罪，酌情从重处罚。

第四，对袭警情节轻微或者辱骂民警，尚不构成犯罪，但构成违反治安管理行为的，应当依法从重给予治安管理处罚。

三、煽动暴力抗拒法律实施罪

本罪，是指煽动群众使用暴力抗拒国家法律、行政法规实施的行为。

---

〔12〕 2025 年最高人民法院、最高人民检察院《关于办理袭警刑事案件适用法律若干问题的解释》第 2 条。

〔13〕 2025 年最高人民法院、最高人民检察院《关于办理袭警刑事案件适用法律若干问题的解释》第 3 条。

其中,“煽动”,就其本意而言,是指公然怂恿、鼓动他人做坏事。据此,就本罪而言,煽动群众暴力抗拒国家法律、行政法规实施,就是公然鼓动、怂恿他人产生暴力抗拒国家法律、行政法规实施的意思,或者助长、坚定其已经具有的暴力抗法的意思。煽动必须公开进行,针对不特定或者多数人实施。否则,有可能构成妨害公务罪的教唆犯。煽动的表现形式多样,包括口头、书面以及其他方式。煽动的内容是让群众暴力抗法;“群众暴力抗拒国家法律、行政法规实施”,就是指以殴打、伤害执法人员或者毁坏财物等暴力方式,拒绝执行国家法律。如果煽动群众以和平方式抗拒法律执行的,则不构成本罪。作为暴力抗拒对象的“国家法律、行政法规”,不仅指全国人民代表大会及其常务委员会通过的法律和国务院制定的行政法规,也包括与上述国家法律、行政法规不相冲突的地方性法规。相反地,煽动群众暴力抗拒和“国家法律、行政法规”相冲突的地方性法规实施的,难以说是煽动群众暴力抗拒国家法律、行政法规实施,根据情况或许能构成其他犯罪,但不能构成本罪。本罪没有要求发生具体结果,只要行为人实施了足以挑起群众暴力抗拒国家法律、行政法规实施的煽动行为就能构成本罪。

依照刑法第 278 条的规定,犯本罪的,处 3 年以下有期徒刑、拘役、管制或者剥夺政治权利;造成严重后果的,处 3 年以上 7 年以下有期徒刑。

四、招摇撞骗罪

本罪,是指假冒国家机关工作人员进行招摇撞骗的行为。

本罪客观上表现为,冒充国家机关工作人员招摇撞骗。

第一,要有“冒充”行为。“冒充”,就是以假充真,就本罪而言,是指不具备国家机关工作人员身份的人,假冒为具有国家机关工作人员身份的人,或者某一国家机关、某一职位的工作人员冒充其他国家机关、其他职位的工作人员,一般认为,包括以下三种情况:(1)非国家机关工作人员冒充国家机关工作人员;(2)下级国家机关的工作人员冒充上级国家机关的工作人员;(3)此一部门的国家机关工作人员冒充彼一部门的国家机关工作人员。但是,实务中对假冒的认定理解得更宽,将冒充虚构的国家机关或者虚构的国家机关工作人员的行为,也认定为“冒充”。按照相关司法解释,[14]对符合下列情形之一的,应当分别认定为刑法第 279 条规定的“冒充国家机关工作人员”:(1)冒充国家机关中真实存在或者虚构的工作人员的;(2)冒充虚构的国家机关中的工作人员,易让他人信以为真的;(3)身为国家机关工作人员冒充其他国家机关工作人员的;(4)以骗取非法利益为目的,制造假象,诱使他人误以为系国家机关工作人员的。需要注意的是,香港特别行政区政府雇员尽管不是内地所称的国家机关工作人员,但其也是香港政府机关根据工作的特殊需要,从社会上雇用的法律、金融、经贸、城建、规划、信息、外语及高新技术等方面的专门人才,政府雇员面向社会公开招聘,录用后签订劳动合同,以政府雇员的名义展开活动,因此,在内地冒充香港特别行政区政府雇员或者香港特别行政区政府驻京办雇员在内地行骗的行为,同样会损害已经成为我国领土不可分割的一部分的香港特别行政区政府的公信力,扰乱公共秩序,因此构成本罪。

第二,有“招摇”行为。“招摇”,即对不特定的人炫耀,引人注意,如伪造党和国家领导人或者其他领导干部的题词、书法、绘画或者合影照片、音频、视频等,或者冒充党和国家领导人

---

〔14〕 2021 年最高人民法院、最高人民检察院、公安部《关于依法惩治招摇撞骗等违法犯罪行为的指导意见》第 5 条。

或者其他领导干部的亲属、身边工作人员的行为,就是其体现。本罪是扰乱公共秩序的行为,而这里的公共秩序,是指国家机关工作人员及其公务活动的公信力,具有公开性。招摇行为就是将自己的冒充身份公开,能够让其他人相信自己是国家机关工作人员,从而用国家机关工作人员的公信力去骗取非法利益,如此,才有可能对公共秩序造成损害。因此,即使有冒充国家机关工作人员的行为,但行为人并没有到处炫耀,只是针对特定个人宣称自己是国家机关工作人员时,便不是招摇行为。

第三,要有"撞骗"行为。"撞骗",就是找机会行骗,即利用人们对国家机关工作人员的信任,以假冒国家机关工作人员的身份去行骗,骗取的对象可以是物质利益如财物,也可以是非物质利益如荣誉、地位、待遇、感情等。

认定招摇撞骗罪时,应注意本罪与诈骗罪的区分。二者在侵犯法益、犯罪手段、犯罪成立标准上均有不同,但主要是手段上存在差别。诈骗罪中的"诈骗",不仅使人陷入错误,而且具有使人陷入错误之后,基于该错误向对方处分财物的具体危险,因此,在行为人仅仅谎称自己是某国家机关重点岗位工作人员、单身,而没有其他更多的行为,便有女子向其送钱送物的场合,因为行为人的该虚构事实行为中不具有使不知情的他人向其处分财物的具体危险,因而难以说是诈骗罪中的"诈骗"行为,只能说是招摇撞骗罪中的招摇撞骗行为。因为,招摇撞骗的场合,不要求具有这一特点,行为人只要是冒充国家机关工作人员,对不特定的人到处炫耀即扰乱了公共秩序,可构成本罪,骗得财物或者其他非物质性利益则是其常有的意外收获。因此,通说认为,招摇撞骗罪和诈骗罪之间也存在竞合的关系,在行为人冒充国家机关工作人员招摇撞骗,意外地骗取了他人数额较大的财物的场合,就是一行为触犯数罪名,构成招摇撞骗罪和诈骗罪的想象竞合犯,应当从一重罪处罚,这一观点值得商榷。

依照刑法第 279 条的规定,犯本罪的,处 3 年以下有期徒刑、拘役、管制或者剥夺政治权利;情节严重的,处 3 年以上 10 年以下有期徒刑;冒充人民警察招摇撞骗的,从重处罚。

其中,"情节严重",一般是指:多次进行招摇撞骗的;招摇撞骗所得非法利益巨大的(如钱财数额巨大、骗取高级职务或荣誉等);造成被骗人精神失常、自杀等严重后果或恶劣政治影响的;等等。

在"冒充警察"的认定上,要注意的是,不必强求行为人既要以口头方式宣称自己是人民警察,又要出示人民警察证件,还要穿着人民警察服装这样三种情形同时具备,只要具有上述情形之一就可以了,也不要求行为人在冒充人民警察过程中不能出现破绽。只要足以让一般人信以为真,即便是着假警服行骗的行为也属于冒充人民警察招摇撞骗。

五、伪造、变造、买卖国家机关公文、证件、印章罪

(一)概念和构成

本罪,是指伪造、变造、买卖国家机关公文、证件、印章的行为。

本罪是侵犯国家机关的信誉和正常活动的犯罪,其构成如下:

1. 主体。本罪的主体是已满 16 周岁,具有辨认、控制能力的自然人。

2. 危害行为和危害结果。本罪客观上表现为实施了伪造、变造、买卖国家机关公文、证件、印章的行为。具体包括以下内容:

(1)行为对象是国家机关的公文、证件、印章。"国家机关",是指各级国家权力机关、党政机关、司法机关,但不包括军事机关。因为刑法第 375 条单独规定了伪造、变造、买卖武装部队

公文、证件、印章罪。“公文”,是指国家机关及其下属部门(包括各级人民政府设立的行使行政管理权的临时性机构)在其职权范围内,以其名义制作的用以指示工作、处理问题或者联系事务的各种书面文件,如决定、指示、通知、报告、信函、电文等。这些公文,都是以制作公文的国家机关的名义,或者加盖该国家机关的公章发布的,或者以指定的负责人的名义代表该国家机关签发的。“证件”,是指国家机关制作颁发的用以证明身份、权利义务关系或者有关事实的凭证。例如,结婚证、工作证、户口迁移证、护照、采伐许可证,森林、林地、林木权属证书以及占用或者征用林地审核同意书等国家机关批准的林业证件、文件,国家机关颁发的野生动物允许进出口证明书、特许猎捕证、狩猎证、驯养繁殖许可证等公文、证件,各级人民政府设立的行使行政管理权的临时性机构的公文、证件,机动车行驶证、登记证书技术进出口许可证或者技术进出口合同登记证、网络文化经营许可证、房产证等。

机动车号牌是否属于国家机关的证件,存在争议。实务当中,有司法解释认为,机动车牌照属于国家机关证件。[15] 但从车牌的性质和作用上看,其只是一种标志即作为一个或者一类事物表征的图形或者图形与文字、数字结合的记号,类似于居民身份证,其目的是便于交通管理部门实施管理和社会公众监督,所起的作用主要是识别作用而不是证明作用,应当归入标志范畴。国家机关证件通常具有制作主体特定、用途明确、形式规范等特征,如常见的护照、机动车行驶证等,这些证件由国家机关制作颁发,用以证明身份、权利义务关系或有关事实。相比之下,机动车号牌虽然也具有一定的法律效力(如证明车辆合法身份、允许上路行驶等),但它并不具备国家机关证件所具有的法定格式、权威性。因此,从法律性质和用途上来看,机动车号牌并不属于国家公文,也不是国家机关证件。另外,从刑法的某些条文的规定中也可以推断出机动车号牌的性质。如刑法第 375 条第 3 款所规定的伪造、盗窃、买卖、非法提供、非法使用武装部队专用标志罪,该罪是指伪造、盗窃、买卖、非法提供、非法使用武装部队车辆号牌等专用标志,情节严重的行为。既然刑法将武装部队的机动车号牌列为专用标志的一种(而不是证件),那么,普通居民的机动车号牌也就没有理由成为国家机关证件。而且,将机动车号牌认定为证件,将使对非法买卖普通机动车号牌的刑罚处罚重于对非法买卖人民警察、武装部队车辆号牌的刑罚处罚,这显失公平,也有悖立法本意。因此,从当前我国刑法的规定看,不能将机动车号牌认定为国家机关证件。[16] 实践中,对于多次盗窃民用机动车号牌的行为或者以所盗机动车号牌索要财物的,可以盗窃罪或者敲诈勒索罪定罪处罚。

“印章”,是指国家机关刻制的以文字与图记表明主体同一性的公章或者某种特殊用途的专用章,他们是国家机关行使职权的符号和标记。在此特别要注意的是国家机关内设部门的专用章,如公安局下设的派出所的户口专用章,也是公章。国家机关下属的内设部门虽非独立的主体,但也代表国家机关行使国家权力,其印章在一定程度上也起到国家机关的某些证明作用,也是国家机关行使职权的符号和标记。从这一点讲,即使将派出所视作公安机关的内设部门,私刻派出所公章和专用章也构成伪造国家机关印章罪。另外,当国家机关法定代表人的签名章以及有关主管人员的私人名章用于公务时,其所代表的也是国家机关,起到国家机关的证明作用,而不是代表其个人,故也应视为国家机关印章。但国家机关中使用的与其职权无关的

---

〔15〕 1998 年最高人民法院、最高人民检察院、公安部、原国家工商行政管理局《关于依法查处盗窃、抢劫机动车案件的规定》第 7 条。

〔16〕 2009 年最高人民法院研究室《〈关于伪造、变造、买卖民用机动车号牌行为能否以伪造、变造、买卖国家机关证件罪定罪处罚问题的请示〉的答复》。

印章,不属于公务印章,如收发室的表示邮件收讫的印章,不能成为本罪的对象。对伪造税务机关征税专用章,非法制造税收通用完税证和车辆购置税完税证对外出售的,视情可以伪造国家机关印章罪论处。[17]

(2)行为方式为伪造、变造、买卖。其中,“伪造”,是指制作不真实的公文、证件、印章,包括有形伪造与无形伪造。前者是指没有制作权限的人,冒用国家机关的名义制作公文、证件、印章;后者是指有制作权限的人,擅自以国家机关的名义制作与事实不相符合的公文、证件、印章,如某派出所户籍警某甲,为非法获取土地安置补偿费,在自己所管理的空白户口迁移证上填上自己、亲属以及不相识人员共8人的资料,加盖了户口专用章的行为,就是如此。模仿有权签发公文、电函的负责人的手迹,制作假公文、电函的,也以伪造公文论。行为人以虚假的材料,欺骗有制作权的人,让其制造形式真实但内容虚假的证件的行为,也是伪造。此时行为人属于利用有制作权的人职务行为的间接正犯。“变造”,是指用涂改、涂抹、拼接等方法,对真实的公文、证件、印章进行改制,变更其原来真实内容的行为。“买卖”,是指以金钱等为交换条件,非法购买或者销售国家机关公文、证件、印章的行为。一般来说,买卖,只要有“出售”或者“购买”其中之一即可构成。买卖的对象必须是形式上完整的公文、证件、印章。伪造、变造、买卖国家机关公文用纸、公用表格、证件外皮、无印章证件文本的,不构成本罪。买卖的对象不限于真实的国家机关公文、证件、印章。根据有关司法解释,买卖伪造、变造的海关签发的报关单、进口证明、外汇管理部门核准件等凭证和单据或者国家机关的其他公文、证件、印章的,[18]以及买卖伪造的国家机关证件的,[19]均依照刑法第280条的规定定罪处罚。

在理解“伪造、变造、买卖国家机关公文、证件、印章”的时候,必须注意以下几个问题:

第一,伪造、变造、买卖私人公文、证件、印章的行为,不构成本罪,如果其目的行为构成其他犯罪,按目的行为所触犯的罪名处罚。但国家机关主管人员的私人印章,只要加盖于公文、证件之上能起机关证明作用的,视为公章。

第二,正如伪造“中华人民共和国内务部”的印章一样,伪造虚构的国家机关的公文、证件、印章的,是否构成本罪,存在争议。否定说认为,因为行为人伪造虚构的国家机关公文、证件、印章,这一单位并不存在,自然谈不上侵犯它们的信誉、正常活动。至于行为人利用伪造的这种机关、团体、单位的公文、证件、印章进行某种犯罪的,应按触犯的有关罪名定罪处罚。[20]但本书认为,伪造公文等罪所保护的是一般人对名义人实际存在且其会对文书的内容承担责任的信赖,因此,即便是虚构的名义人,如果在一般情况下,会使人们误信该名义人实际存在并且会对该公文等的内容承担责任的话,则该行为也可以作为伪造公文、证件、印章罪处罚。

第三,伪造、变造的假公文、证件、印章并不要求与真实的公文、证件、印章完全一致,只要足以以假乱真就可以,不要求与主体(制作机关)的名称完全一致。例如,行为人制作了名为“中国人民银行资金部”印章的场合,尽管中国人民银行内部并没有“资金部”这个部门,但一般人根据该公章的外观特征和字面内容,会误以为该印章为真实印章的话,就能够认定为伪造。因为,这种行为也足以影响作为国家机关的中国人民银行的信誉和正常活动。如此说来,

---

〔17〕 2010年最高人民法院研究室《关于税收通用完税证和车辆购置税完税证是否属于发票问题的回函》。

〔18〕 1998年全国人民代表大会常务委员会《关于惩治骗购外汇、逃汇和非法买卖外汇犯罪的决定》第2条。

〔19〕 1999年最高人民检察院法律政策研究室《关于买卖伪造的国家机关证件行为是否构成犯罪问题的答复》。

〔20〕 赵秉志主编:《扰乱公共秩序罪》,中国人民公安大学出版社2003年版,第92~93页。

将“某市教育局职业中学毕业证书验印章”刻成并不实际存在的“某市教育局职业中学毕业证书专用章”的行为,也构成伪造。

第四,伪造、变造、买卖已经失效的公文、证件、印章的,如能说明未生效的某种事实或证明某种身份、权利义务关系的,构成本罪;如失效后经过时间很长,且已为公众所知,就不应认为是犯罪。

第五,伪造、变造、买卖外国国家机关公文、证件、印章的,不构成本罪。因为,本罪是对我国国家机关公文、证件、印章的公信力的保护。如牵连其他犯罪,就以其他犯罪论处。但如果伪造、变造已经我国领馆签证的护照的,因行为已侵犯了我国政府对外国人出入境的管理权,应以本罪论处。

第六,买卖的国家机关公文、通告,为公众应所知的公文、通告的,不构成本罪。

3. 主观要件。本罪的主观要件是故意,而且只能是直接故意,即明知是国家机关的公文、证件、印章而加以伪造、变造或者买卖。

(二)处罚

依照刑法第 280 条的规定,犯本罪的,处 3 年以下有期徒刑、拘役、管制或者剥夺政治权利,并处罚金;情节严重的,处 3 年以上 10 年以下有期徒刑,并处罚金。

六、盗窃、抢夺、毁灭国家机关公文、证件、印章罪

本罪,是指盗窃、抢夺、毁灭国家机关公文、证件、印章的行为。

尽管本罪也被规定在刑法第 280 条第 1 款当中,但因其行为方式有所特殊,故最高人民法院的司法解释将其单独列为一个罪名。本罪也是一个选择性罪名,只要行为人实施了盗窃、抢夺、毁灭公文、证件、印章行为之一的,便可成罪。司法实践中,可根据行为人具体实施的某一种行为来对行为人定罪,如行为人实施了盗窃公文的行为,就对其定盗窃公文罪。

依照刑法第 280 条的规定,犯本罪的,处 3 年以下有期徒刑、拘役、管制或者剥夺政治权利,并处罚金;情节严重的,处 3 年以上 10 年以下有期徒刑,并处罚金。

七、伪造公司、企业、事业单位、人民团体印章罪

本罪,是指伪造公司、企业、事业单位、人民团体的印章的行为。

其中,“伪造”和“印章”的意义,参照前述。公司,是指以营利为目的,由股东投资,依法设立的企业法人;企业是除公司以外的从事生产和经营的营利性经济组织。公司和企业的性质没有限定,可以是国有的,也可以是民营的;事业单位是从事非营利性的社会各项公益事业的单位,包括文化、教育、卫生、体育、新闻、出版等单位;人民团体,是人民群众自愿参加组成的、为实现一定目的而成立的各种团体,如妇联、共青团和工会就是如此。之所以只是将伪造公司、企业、事业单位、人民团体印章的行为规定为犯罪,主要是因为公司、企业、事业单位、人民团体所制作的公文、证件,一般情况下不具有独立性,必须加盖印章后方能生效。

根据 2001 年最高人民法院、最高人民检察院《关于办理伪造、贩卖伪造的高等院校学历、学位证明刑事案件如何适用法律问题的解释》的规定,对于伪造高等院校印章制作学历、学位证明的行为,应当依照刑法第 280 条第 2 款的规定,以伪造事业单位印章罪定罪处罚。明知是伪造高等院校印章制作的学历、学位证明而贩卖的,以伪造事业单位印章罪的共犯论处。这主要是针对前一段时间,社会上假文凭较为多发,但由于假文凭属于事业单位的公文,难以对造

假的行为进行处罚而做出的。

依照刑法第280条的规定,犯本罪的,处3年以下有期徒刑、拘役、管制或者剥夺政治权利,并处罚金。

八、伪造、变造、买卖身份证件罪

本罪,是指伪造、变造、买卖居民身份证、护照、社会保障卡、驾驶证等依法可以用于证明身份的证件的行为。

本罪的行为对象是居民身份证、护照、社会保障卡、驾驶证等依法可以用于证明身份的证件。其中,"居民身份证",是由公安机关负责印刷、管理、发放的能够证明本人身份的证件,其中主要记载有持有人的姓名、性别、民族、出生日期、常住户口所在地住址、公民身份号码、本人照片、证件的有效期和签发机关等。"护照"是一国公民出入本国国境和到国外旅行或居留时,由本国政府发给的一种证明该公民国籍和身份的合法证件,是公民旅行通过各国国际口岸的一种通行证明。"社会保障卡"是由政府有关部门面向社会发行的、用于人力资源和社会保障各项业务领域的集成电路(IC)卡。其中,卡面基本信息为持卡人姓名、卡号、公民身份号码、发卡日期、有效期等。卡内记载了持卡人的个人状态(如就业、失业、退休等)、社会保险缴费等情况;"驾驶证"是指依法允许学习驾驶机动车的人员,经过学习,掌握了交通法规知识和驾驶技术后,经管理部门考试合格,核发许可驾驶某类机动车的法律凭证。除车辆管理机构所签注的内容外,也包括驾驶人的基本信息如姓名、性别、出生日期、国籍、住址、身份证明号码、照片等。其他依法可以用于证明身份的证件,如军人身份证明、港澳台身份证明、华侨身份证明、外国人身份证明等。以上证件虽然用途各异,但都能起到证明身份的作用。特别是护照、社会保障卡和驾驶证虽然不是身份证,但在某些场合同样能起到身份证明的作用,有些时候甚至能起到身份证的作用。伪造、使用上述证件,同样侵犯了证件的公共信用和国家对于证件,特别是和身份信息相关证件的管理制度。

本罪的实行行为是伪造、变造、买卖。其意义,参见前述相关内容。但要注意的是,这里的"买卖",不包含在伪造、变造上述证件过程中,仅承担贩卖分工的共犯。在上述伪造、变造活动中被分工为贩卖者,直接作为伪造变造罪的共犯处理。因此,这里的买卖,应当只是指单纯购买了伪造变造的上述证件然后进行贩卖的行为,其主要特点是为了非法利益而在造假者和购买者之间充当媒介,而没有亲自参与伪造、变造身份证件的行为。作为"买卖"的对象,除伪造、变造的虚假身份证件之外,还包括真实的身份证件。而伪造、变造的对象,只能是虚假的身份证件。因此,无论是购买伪造、变造的身份证件之后自用的行为,还是购买伪造、变造的身份证件之后再予以贩卖的行为,均构成买卖身份证件罪。

实践中,存在争议的是,对利用不知情的政府工作人员办理内容虚假的身份证件的行为的处理。这里也涉及两个问题:一是以这种方式所得到的身份证件的真假;二是该种行为方式如何理解。

有人认为,不能将该行为认定为犯罪。因为,经过该种行为所得到的身份证件尽管内容虚假,但却是通过政府工作人员办理的,形式上是真实的。本书认为,这种观点值得商榷。我国刑法第280条第3款所规定的伪造、变造身份证件罪,除了无制作权的人擅自制作公文、证件的"有形伪造"之外,还包括有制作权的人制作内容虚假的公文、证件、印章的"无形伪造"在内。具体到上述情形而言,尽管利用不知情的政府工作人员所制作的内容虚假的身份证件在形式上是真实的,但由于其内容是虚假的,所以,仍然是伪造的,只不过在分类上,属于"无形伪造"而已。同时,这种无形伪造是利用不知情的有制作权的政府工作人员完成的,换言之,行为人将政府工作人员当作其制作虚假身份证件的工具,完全符合教唆犯(间接正犯)的成立条件,所以,对上述行为应当以伪造身份证件罪定罪处罚。

依照刑法第 280 条的规定,犯本罪的,处 3 年以下有期徒刑、拘役、管制或者剥夺政治权利,并处罚金;情节严重的,处 3 年以上 7 年以下有期徒刑,并处罚金。

九、使用虚假身份证件、盗用身份证件罪

本罪,是指在依照国家规定应当提供身份证明的活动中,使用伪造、变造的或者盗用他人的居民身份证、护照、社会保障卡、驾驶证等依法可以用于证明身份的证件,情节严重的行为。

本罪在客观上,是指在依照国家规定应当提供身份证明的活动中,使用伪造、变造的或者盗用他人的居民身份证、护照、社会保障卡、驾驶证等依法可以用于证明身份的证件,情节严重。其中,"使用",就是提交或者出示,即将伪造、变造的或者所盗用的他人的居民身份证、护照、社会保障卡、驾驶证等依法可以用于证明身份的证件作为真实证件,置于对方能够认识该身份证件内容的状态。现实生活当中,由于要用到身份证件的场合太多,因此,在本罪的成立要件上,设置了两个限制条件:第一,"在依照国家规定应当提供身份证明的活动中",并非所有场合下的使用行为都构成本罪。"国家规定",依照刑法第 96 条,是指违反全国人民代表大会及其常务委员会制定的法律和决定,国务院制定的行政法规、规定的行政措施、发布的决定和命令。换言之,只有在依照全国人民代表大会及其常务委员会和国务院的规定,应当提供身份证明的场合,才有可能成立本罪。而违反其他部门的规定的场合,则不可能成立本罪。例如,《市场主体登记管理条例》第 16 条规定,申请办理市场主体登记应当提交申请资格文件、自然人身份证明;《居民身份证法》第 14 条规定,公民在办理常住户口登记项目变更、兵役登记、婚姻登记、收养登记、申请办理出境手续时,应当出示居民身份证,第 15 条规定,人民警察在某些情形下,经出示执法证件,可以查验居民身份证;《个人存款账户实名制规定》第 6 条规定,个人在金融机构开立个人存款账户时,应当出示本人身份证件,使用实名;《快递暂行条例》第 22 条规定,经营快递业务的企业收寄快件,应当对寄件人身份进行查验,并登记身份信息;《铁路安全管理条例》第 64 条规定,铁路运输企业应当按照国务院铁路行业监督管理部门的规定实施火车票实名购买、查验制度;《民用航空安全保卫条例》第 27 条规定,安全检查人员应当查验旅客客票、身份证件和登机牌;《道路交通安全法实施条例》第 27 条规定,机动车驾驶人申请补发机动车驾驶证的,应当提供身份证明材料;《护照法》第 19 条规定,持用伪造或者变造的护照或者冒用他人护照出入国(边)境的,由公安机关依照出境入境管理的法律规定予以处罚,非法护照由公安机关收缴。上述国务院颁布的《市场主体登记管理条例》等规定属于刑法意义上的"国家规定"。而《市场主体登记管理条例》要求申请人应当提交资格文件、自然人的身份证明,因此,提交申请人身份证明的行为就属于依照国家规定应当提供真实身份的活动。在上述活动中使用虚假身份证件的,可以认定为在国家规定的活动中使用虚假身份证件。第二,"情节严重"。对此尚没有司法解释。一般是指多次使用,或者一次使用数种虚假身份证明文件等。本罪主观上表现为故意,即明知是伪造、变造的或者盗用的他人身份证件而加以使用。

按照刑法第 280 条之一的规定,犯本罪的,处拘役或者管制,并处或者单处罚金。有本罪

行为，同时构成其他犯罪的，依照处罚较重的规定定罪处罚。

十、冒名顶替罪

本罪，是指盗用、冒用他人身份，顶替他人取得的高等学历教育入学资格、公务员录用资格、就业安置待遇的行为。

本罪为2020年《刑法修正案（十一）》所增设，其主要是针对最近几年来见诸报端的冒名顶替上大学、获取公务员录用资格、就业安置待遇的现象而制定的。

本罪客观方面表现为，盗用、冒用他人身份，顶替他人取得的高等学历教育入学资格、公务员录用资格或就业安置待遇。

1.“他人身份”的理解。首先，“他人”是已经得到社会认可其存在的，而非由行为人虚拟出的某个人；其次，此处的“身份”仅指以人的姓名为核心标识符号的社会认证，是此人区别于他人的社会符号。对于一些特定的公众人物而言，这种社会符号可以是笔名、艺名，如“鲁迅”（原名周树人）、“茅盾”（原名沈雁冰）、“小香玉”（原名陈百玲）。

2.“盗用、冒用”的理解。冒用他人姓名与盗用他人姓名一样，都是指行为人在受侵害人不知情的情况下，非法利用他人姓名并侵害了他人的姓名权。但二者也存在一定的区别，首先，盗用姓名是以他人的姓名进行民事活动，冒用姓名则不仅假冒他人姓名，还包括故意利用自己的姓名与被侵害人姓名的相同或相近的特点，冒充他人进行民事活动；其次，盗用姓名的结果通常直接损害了被盗用者的利益，而假冒姓名则是使用他人的姓名从事某种民事、经济及其他活动，假冒者的目的并不是直接损害被假冒者的利益，而只是为了牟取个人的非法利益；最后，盗用姓名是未经姓名权人同意而擅自使用其姓名，行为人并未直接以受侵害人的身份进行民事活动，而冒用姓名则是指冒名顶替，以姓名权人的身份直接进行活动，即冒充自己是他人。

3.“顶替他人取得的高等学历教育资格、公务员录取资格、就业安置待遇”，是指冒充他人的身份，获取原本属于他人的高等学历教育资格、公务员录取资格和就业安置待遇。此处的高等学历教育资格、公务员录取资格和就业安置待遇，必须是他人已经取得的资格或待遇或一定属于他人的资格或待遇，不包括行为人还需要通过自己的努力通过考试或其他选拔才获得的资格或待遇，即不包括行为人代替他人参加考试获得高等学历教育资格或公务员录取资格的情形。

4.本罪是复行为犯，即成立本罪，必须有既冒名又顶替的行为。因此，如因为某种原因不能报名参加高考的人，冒用他人名义参加高考，成绩合格之后被高校录取，或者冒用他人名义参军，服完兵役之后获得就业安置待遇资格的所谓冒名不顶替的场合，行为人虽有冒名，但不存在顶替行为，不宜认定为犯罪。同样，对于经过他人同意，冒名顶替他人放弃的入学资格的行为，在追究行为人的刑事责任时，也必须和典型的顶替行为，即被顶替者完全不知情的情况下，自己的名义和资格被人冒用的情形区别对待。[21]

依照刑法第280条之二的规定，犯本罪的，处3年以下有期徒刑、拘役或者管制，并处罚金。组织、指使他人实施冒名顶替行为的，从重处罚。国家工作人员有上述行为，又构成其他

---

〔21〕 杨万明主编：《〈刑法修正案（十一）〉条文及配套〈罪名补充规定（七）〉理解与适用》，人民法院出版社2021年版，第292～293页。

犯罪的,依照数罪并罚的规定处罚。本罪的第 2 款规定,主要是针对组织、指使他人实施冒名顶替的行为,予以从重处罚的规定。

十一、非法生产、买卖警用装备罪

本罪,是指非法生产、买卖人民警察制式服装、车辆号牌等专用标志、警械,情节严重的行为。

所谓人民警察的专用标志,是指用来表明人民警察身份或者用于表明警察机关的场所、车辆的外形标记,主要包括制式服装、车辆号牌等。其中,“制式服装”,是指国家专门为人民警察制作的、能够标志其身份的服装,即警服;“车辆号牌”是国家专门为警用车辆制作的、标明警察身份的车牌。除上述之外,其他能够标明人民警察的“专用标志”还有警徽、警灯等;“警械”,是指人民警察按照规定装备的器具,如警棍、催泪弹、高压水枪、特种防暴枪、手铐、脚镣、警绳等。成立本罪,必须“情节严重”。所谓情节严重,根据有关司法解释,[22]是指涉嫌下列情形之一:(1)成套制式服装 30 套以上,或者非成套制式服装 100 件以上的;(2)手铐、脚镣、警用抓捕网、警用催泪喷射器、警灯、警报器单种或者合计 10 件以上的;(3)警棍 50 根以上的;(4)警衔、警号、胸章、臂章、帽徽等警用标志单种或者合计 100 件以上的;(5)警用号牌、省级以上公安机关专段民用车辆号牌 1 副以上,或者其他公安机关专段民用车辆号牌 3 副以上的;(6)非法经营数额 5000 元以上,或者非法获利 1000 元以上的;(7)被他人利用进行违法犯罪活动的;(8)其他情节严重的情形。

依照刑法第 281 条的规定,犯本罪的,处 3 年以下有期徒刑、拘役或者管制,并处或者单处罚金。单位犯本罪的,对单位判处罚金,并对其直接负责的主管人员和其他直接责任人员,依照自然人犯本罪的规定处罚。

十二、非法获取国家秘密罪

本罪,是指以窃取、刺探、收买方法,非法获取国家秘密的行为。

本罪的对象是国家秘密。所谓国家秘密,是指关系国家安全和利益,在一定时间内只限于一定范围的人员知悉的事项。我国保密法将国家秘密分为绝密、机密和秘密 3 个等级。无论行为人非法获取前述三种国家秘密中的哪种秘密,都足以构成本罪。本罪的行为是“非法获取”,即依法不应知悉、取得国家秘密的人知悉、取得该国家秘密,或者能够知悉、取得国家秘密的人未办理手续而取得该项国家秘密。主要表现为三种形式,即窃取、刺探或者收买。所谓窃取,是指秘密获取;所谓刺探,是指向他人探听;所谓收买,是指以货币、实物甚至美色等手段换取。本罪属于选择性罪名,只要行为人实施了前三种行为中的一种即可。

本罪在适用中,应当注意其与为境外窃取、刺探、收买、非法提供国家秘密、情报罪的关系。二者的关键区别在于主观内容不同。本罪不要求行为人具有特定犯罪目的,而为境外窃取、刺探、收买、非法提供国家秘密、情报罪,要求行为人主观上具有为境外的机构、组织、个人窃取、刺探、收买、非法提供国家秘密、情报的目的。因此,在行为人为了向境外的机构、组织、个人提供而非法获取国家秘密,或者将非法所获取的国家秘密向境外的机构、组织、个人非法提供的,就构成为境外窃取、刺探、收买、非法提供国家秘密罪,就不仅是成立本罪,而是其与为境外窃

---

〔22〕 2008 年最高人民检察院、公安部《关于公安机关管辖的刑事案件立案追诉标准的规定(一)》第 35 条。

取、刺探、收买、非法提供国家秘密、情报罪的想象竞合犯,应当从一重处断。当然,行为人在非法获取国家秘密之后,由于不小心而泄露给境外的有关组织、机构、个人的场合,只要行为人确实不是故意实施的,就还是构成非法获取国家秘密罪。

依照刑法第 282 条的规定,犯本罪的,处 3 年以下有期徒刑、拘役、管制或者剥夺政治权利;情节严重的,处 3 年以上 7 年以下有期徒刑。

十三、非法持有国家绝密、机密文件、资料、物品罪

本罪,是指非法持有国家绝密、机密的文件、资料或者其他物品,拒不说明来源与用途的行为。

成立本罪,首先,必须“非法持有”了属于国家绝密、机密的文件、资料或者其他物品(不包括秘密级的文件、资料或者其他物品在内)。所谓非法持有,是指根据有关法律法规,不该持有而持有,包括传递、携带、保存在内。其次,必须“拒不说明来源”。所谓拒不说明来源,是指在受到有关机关的要求,责令行为人说明其来源的时候,行为人拒不回答或者作虚假回答。这就意味着,如果行为人虽然非法持有了国家绝密、机密的文件、资料或者其他物品,但他合理地说明了其来源,则不能以本罪论处。当然,如果行为人持有国家绝密、机密文件、资料或者其他物品之前获取国家绝密、机密文件、资料或者其他物品的行为构成其他犯罪的话,则应按相应犯罪论处。

在本罪的适用中,应当注意本罪与非法获取国家秘密罪的区别。二者的最根本差别在于,行为表现形式不同。本罪在客观上表现为,非法“持有”属于国家绝密、机密的文件、资料或者其他物品,且“拒不说明来源与用途”,而非法获取国家秘密罪则是以窃取、刺探、收买方法,非法获取国家秘密。相对于非法获取国家秘密罪来说,本罪是一个补漏性质的犯罪。如果能够查明行为人所持有的绝密、机密的文件、资料或者其他物品是通过窃取、刺探、收买方法非法获得的话,就应当以非法获取国家秘密罪定罪处罚。

依照刑法第 282 条的规定,犯本罪的,处 3 年以下有期徒刑、拘役或者管制。

十四、非法生产、销售专用间谍器材、窃听、窃照专用器材罪

本罪,是指非法生产、销售专用间谍器材或者窃听、窃照专用器材的行为。

其中,非法生产,就是无权制作,即没有经过授权而制作能够作为专用间谍器材、窃听、窃照专用器材而使用的状态;非法销售,就是无权销售,即没有经过授权而有偿转让;间谍器材,根据《反间谍法》第 15 条的规定,由国务院国家安全主管部门依据有关规定确认。通常是指用于间谍活动特殊需要的器材,如暗藏式窃听、窃照器材;突发式收发报机、一次性密码本、密写工具;用于获取情报的电子监听、截听器材;等等。窃听、窃照专用器材,是指用来进行秘密监听、录音、拍摄影像的专用工具。依照 2014 年原工商行政管理总局、公安部、原国家质量监督检验检疫总局《禁止非法生产销售使用窃听窃照专用器材和“伪基站”设备的规定》第 3、4 条的规定,窃听专用器材,是指以伪装或者隐蔽方式使用,经公安机关依法进行技术检测后作出认定性结论,有以下情形之一的:(1)具有无线发射、接收语音信号功能的发射、接收器材;(2)微型语音信号拾取或者录制设备;(3)能够获取无线通信信息的电子接收器材;(4)利用搭接、感应等方式获取通讯线路信息的器材;(5)利用固体传声、光纤、微波、激光、红外线等技术获取语音信息的器材;(6)可遥控语音接收器件或者电子设备中的语音接收功能,获取相关语

音信息,且无明显提示的器材(含软件);(7)其他具有窃听功能的器材。窃照专用器材,是指以伪装或者隐蔽方式使用,经公安机关依法进行技术检测后作出认定性结论,有以下情形之一的器材,如有无线发射功能的照相、摄像器材;微型针孔式摄像装置以及使用微型针孔式摄像装置的照相、摄像器材;取消正常取景器和回放显示器的微小相机和摄像机;利用搭接、感应等方式获取图像信息的器材;可遥控照相、摄像器件或者电子设备中的照相、摄像功能,获取相关图像信息,且无明显提示的器材(含软件)等器材。非法生产、销售"伪基站"设备,经鉴定为专用间谍器材的,以本罪处理。

依照刑法第 283 条的规定,犯本罪的,处 3 年以下有期徒刑、拘役或者管制,并处或者单处罚金;情节严重的,处 3 年以上 7 年以下有期徒刑,并处罚金。单位犯前款罪的,对单位判处罚金,并对其直接负责的主管人员和其他直接责任人员,依照自然人犯本罪的规定处罚。

十五、非法使用窃听、窃照专用器材罪

本罪,是指非法使用窃听、窃照专用器材,造成严重后果的行为。

非法使用,是指违反国家规定使用窃听、窃照专用器材,包括无权使用的人进行使用和有权使用的人违反规定进行使用。是不是"窃听、窃照专用器材",通常由专门机关进行鉴定判断。"非法使用"并不限于非法窃听、窃照,即非法使用窃听专用器材,秘密监听窃听对象的言谈、动静,只要是未经批准,擅自使用窃听、窃照专用器材的行为,都属于"非法使用"行为,而不问其是否用于窃听、窃照。因此,为谋取利益,非法使用窃听专用器材,破坏国家教育考试秩序,造成严重社会影响的行为,构成非法使用窃听专用器材行为。

成立本罪,必须"造成严重后果"。造成严重后果,一般是指因破坏他人隐私而引起他人自杀、精神失常,或者危及了国家安全或者造成被窃听、窃照的单位商业秘密泄露,等等。

在本罪的适用中,应当注意:本罪的对象不包括国家秘密、情报或者商业秘密。行为人非法使用窃听、窃照专用器材窃取国家秘密或者情报、商业情报,又构成其他犯罪的,属于手段行为(使用窃听、窃照专用器材)与目的行为(窃取国家秘密、商业秘密)的牵连犯,应从一重处断。

依照刑法第 284 条的规定,犯本罪的,处 2 年以下有期徒刑、拘役或者管制。

十六、组织考试作弊罪

本罪,是指在法律规定的国家考试中,组织作弊,或者为他人组织作弊提供作弊器材或者其他帮助的行为。

本罪客观要件为,在法律规定的国家考试中,组织作弊,或者为他人组织作弊提供作弊器材或者其他帮助。具体来说,包括两类行为:一类是"组织作弊"。其中,"组织",本是指为实现一定目的、任务而将众人聚集在一起,其具有幕后支配性、群体规模性、目的明确性等特点,因而具有较大的社会危害性。就本罪而言,"组织",就是指采用招募、雇佣、强迫、引诱等手段,决策、指挥、协调、管理多人进行考试作弊。为体现组织行为所具有的社会危害性,就要求这里的组织对象,不是指整个参与作弊行为的组织者的人数,而是作弊者即考生的人数。"作弊",依照教育部 2012 年修正发布的《国家教育考试违规处理办法》第 6 条规定,是指考生违背考试公平、公正原则,以不正当手段获得或者试图获得试题答案、考试成绩的行为,具体来说,有以下内容之一,就可认定为考试作弊:(1)携带与考试内容相关的文字材料或者存储有

与考试内容相关资料的电子设备参加考试的;(2)抄袭或者协助他人抄袭试题答案或者与考试内容相关的资料的;(3)抢夺、窃取他人试卷、答卷或者胁迫他人为自己抄袭提供方便的;(4)携带具有发送或者接收信息功能的设备的;(5)由他人冒名代替参加考试的;(6)故意销毁试卷、答卷或者考试材料的;(7)在答卷上填写与本人身份不符的姓名、考号等信息的;(8)传、接物品或者交换试卷、答卷、草稿纸的;(9)其他作弊行为。组织考试作弊,在考试开始之前被查获,但已经非法获取考试试题、答案或者具有其他严重扰乱考试秩序情形的,应当认定为组织考试作弊罪既遂。[23] 在普通高等学校招生、公务员录用等法律规定的国家考试涉及的体育、体能测试等体育运动中,组织考生非法使用兴奋剂的,是组织考试作弊。

另外,根据该处理办法第7条的规定,教育考试机构、考试工作人员在考试过程中或者在考试结束后发现下列行为之一的,应当认定相关的考生实施了考试作弊行为:(1)通过伪造证件、证明、档案及其他材料获得考试资格、加分资格和考试成绩的;(2)评卷过程中被认定为答案雷同的;(3)考场纪律混乱、考试秩序失控,出现大面积考试作弊现象的;(4)考试工作人员协助实施作弊行为,事后查实的;(5)其他应认定为作弊的行为。

另一类是"为他人组织作弊提供作弊器材或者其他帮助"。这实际上是为组织考试作弊者提供帮助的行为,如明知他人组织考试作弊而为其提供无线对讲设备等作弊器材、考试试题或者答案,或者监考人员、巡考人员明知他人在组织考试作弊而故意视而不见,为其组织作弊行为顺利进行提供便利条件等,就是如此。"作弊器材",包括具有避开或者突破考场防范作弊的安全管理措施,获取、记录、传递、接收、存储考试试题、答案等功能的程序、工具,以及专门设计用于作弊的程序、工具在内。对于是否属于"作弊器材"难以确定的,依据省级以上公安机关或者考试主管部门出具的报告,结合其他证据作出认定;涉及专用间谍器材、窃听、窃照专用器材、"伪基站"等器材的,依照相关规定作出认定。[24] 尽管帮助组织作弊行为是组织考试作弊罪的帮助犯,二者之间构成共同犯罪,但既然刑法将其和正犯即组织行为分别加以规定,同等对待,因此,二者之间不再存在共犯关系了。

必须注意的是,组织考试作弊,必须发生在"法律规定的国家考试中"。根据考试举办者的不同,考试可以分为国家考试、社会考试和自主考试。根据相关司法解释,[25]"法律规定的国家考试",仅限于全国人民代表大会及其常务委员会制定的法律所规定的考试。下列考试属于"法律规定的国家考试":(1)普通高等学校招生考试、研究生招生考试、高等教育自学考试、成人高等学校招生考试等国家教育考试;(2)中央和地方公务员录用考试;(3)国家统一法律职业资格考试、国家教师资格考试、注册会计师全国统一考试、会计专业技术资格考试、资产评估师资格考试、医师资格考试、执业药师职业资格考试、注册建筑师考试、建造师执业资格考试等专业技术资格考试;(4)其他依照法律由中央或者地方主管部门以及行业组织的国家考试。前述考试涉及的特殊类型招生、特殊技能测试、面试等考试,如普通高等学校招生、公务员录用等法律规定的国家考试涉及的体育、体能测试等,属于"法律规定的国家考试"。这样,就将大量的由国务院下属部门发布的部门规章中设立的、但不是法律所设立的各种全国性考试,如护士执业资格考试、导游人员资格考试、计算机技术与软件专业技术

---

〔23〕 2019年最高人民法院、最高人民检察院《关于办理组织考试作弊等刑事案件适用法律若干问题的解释》第4条。
〔24〕 2019年最高人民法院、最高人民检察院《关于办理组织考试作弊等刑事案件适用法律若干问题的解释》第3条。
〔25〕 2019年最高人民法院、最高人民检察院《关于办理组织考试作弊等刑事案件适用法律若干问题的解释》第1条。

资格(水平)考试等排除在本罪的保护范围之外了。本罪的主观要件是故意。

按照刑法第284条之一的规定,犯本罪的,处3年以下有期徒刑或者拘役,并处或者单处罚金;情节严重的,处3年以上7年以下有期徒刑,并处罚金。“情节严重”,是指具有下列情形之一:(1)非法出售或者提供普通高等学校招生考试、研究生招生考试、公务员录用考试的试题、答案的;(2)导致考试推迟、取消或者启用备用试题的;(3)考试工作人员非法出售或者提供试题、答案的;(4)多次非法出售或者提供试题、答案的;(5)向30人次以上非法出售或者提供试题、答案的;(6)违法所得30万元以上的;(7)其他情节严重的情形。[26] 对于行为人犯罪情节较轻,确有悔罪表现,综合考虑行为人替考情况以及考试类型等因素,认为符合缓刑适用条件的,可以宣告缓刑;犯罪情节轻微的,可以不起诉或者免予刑事处罚;情节显著轻微危害不大的,不以犯罪论处。

按照上述司法解释,本罪的处理当中,应注意以下几点:

第一,单位实施组织考试作弊、非法出售、提供试题、答案等行为的,依照本解释规定的相应定罪量刑标准,追究组织者、策划者、实施者的刑事责任。

第二,以窃取、刺探、收买方法非法获取法律规定的国家考试的试题、答案,又组织考试作弊或者非法出售、提供试题、答案,分别符合刑法第282条和刑法第284条之一规定的,以非法获取国家秘密罪和组织考试作弊罪或者非法出售、提供试题、答案罪数罪并罚。

第三,在法律规定的国家考试以外的其他考试中,组织作弊,为他人组织作弊提供作弊器材或者其他帮助,或者非法出售、提供试题、答案,符合非法获取国家秘密罪、非法生产、销售窃听、窃照专用器材罪、非法使用窃听、窃照专用器材罪、非法利用信息网络罪、扰乱无线电通讯管理秩序罪等犯罪构成要件的,依法追究刑事责任。

第四,设立用于实施考试作弊的网站、通讯群组或者发布有关考试作弊的信息,情节严重的,应当依照刑法第287条之一的规定,以非法利用信息网络罪定罪处罚;同时构成组织考试作弊罪,非法出售、提供试题、答案罪,非法获取国家秘密罪等其他犯罪的,依照处罚较重的规定定罪处罚。

第五,对于实施本解释规定的犯罪被判处刑罚的,可以根据犯罪情况和预防再犯罪的需要,依法宣告职业禁止;被判处管制、宣告缓刑的,可以根据犯罪情况,依法宣告禁止令。

第六,应当综合考虑犯罪的危害程度、违法所得数额以及被告人的前科情况、认罪悔罪态度等,对行为人依法判处罚金。

十七、非法出售、提供试题、答案罪

本罪,是指为实施考试作弊行为,向他人非法出售或者提供法律规定的国家考试的试题、答案的行为。

其中,出售,就是有偿提供或者让与;提供,就是提交、供给。向他人非法出售或者提供法律规定的国家考试的试题、答案的行为,本质上也是一种帮助作弊的行为,其与“为他人组织作弊提供作弊器材或者其他帮助”之间具有相同之处。二者之间的不同之处在于,非法出售、提供试题、答案行为的对象是作弊的考生本人,而“为他人组织作弊提供作弊器材或者其他帮助”的行为对象是考试作弊的组织者。为实施考试作弊行为,向他人非法出售或者提供法律

〔26〕 2019年最高人民法院、最高人民检察院《关于办理组织考试作弊等刑事案件适用法律若干问题的解释》第5条。

规定的国家考试的试题、答案,试题不完整或者答案与标准答案不完全一致的,不影响非法出售、提供试题、答案罪的认定。[27]

在本罪的认定中,应当注意其与组织考试作弊罪的区别。二者区分的关键是,是不是具有“组织”行为。组织考试作弊罪中的“组织”是指,组织者为了完成考试作弊的目的而实施的策划、召集人员组成作弊团伙,制定方案,进行考场踩点,联系考生或者替考人员进行培训并对考试作弊过程进行协调、操纵等行为。组织对象不仅包括直接作弊人员,还包括其他不直接实施作弊的人员。如果组织者既实施了组织行为也实施了直接作弊行为,其自身亦属于被组织对象。实践中从事组织考试作弊行为的多为临时组成的集体,不一定存在明确的人数及分工。因此,在驾校教练甲与专业作弊者乙分工合作,甲寻找需要帮助的考生,乙在驾考中心外围,通过作弊器材获取试题内容,并通过耳机实时向需要帮助的考生提供答案,帮助其通过驾考科目一,先后帮助 6 人作弊成功的案件中,甲、乙二人的行为已经超出了出售、提供试题、答案的范围,应当构成组织考试作弊罪。

依照刑法第 284 条之一第 3 款的规定,犯本罪的,依照刑法第 284 条之一第 1 款的规定处罚,即处 3 年以下有期徒刑或者拘役,并处或者单处罚金;情节严重的,处 3 年以上 7 年以下有期徒刑,并处罚金。

十八、代替考试罪

本罪,是指代替他人或者让他人代替自己参加法律规定的国家考试的行为。

本罪客观上必须具有替考行为,其包括三种行为方式:(1)代替他人参加考试。现实生活中,不具有考生资格的人冒充考生进入考场,代替别人考试,即所谓的“枪手”,就是这种替考行为的典型。(2)让他人代替自己参加考试。日常生活中所谓的雇佣“枪手”考试中的雇佣者,就是典型的替考行为。上述两种场合,替考者和被替考者不同时参加考试,二者之间处于择一关系。(3)替考者和被替考者同时参加考试,在答卷上互相写上对方姓名的情形。例如,甲、乙两名考生各自利用自己的身份进入考场,参加考试,但在交卷时甲在自己答卷上写上乙的信息,乙在自己的答卷上填的是甲的信息,这种情形,刑法第 284 条之一第 4 款当中没有明确的规定。但一般认为,这种在答卷上填写其他考生信息的行为,属于刑法上的替考。因为,替考的本质是假以他人身份代为考试,其最终表现都是实际上参加考试的人和答卷上的考生信息所反映出的人不相同,以此获得不真实的成绩。考生在自己答卷上填写其他考生信息,雇用的“枪手”参加考试时也同样是在答卷上填写他人信息,二者在表现方式上和社会危害上并无不同,都是刑法上的替考行为。

在本罪的认定中,要注意本罪与其他犯罪的关系问题。就考试作弊行为而言,对于考生而言,除非其实施替考行为,否则并不构成犯罪。但明知他人替考而为其提供帮助行为的该如何处理?如监考老师在考场发现有“枪手”替考但基于某种原因而未予制止。此时,监考老师的行为可以构成代替考试罪的帮助犯;情节严重的,还有可能构成刑法第 418 条所规定的招收公务员、学生徇私舞弊罪,二者之间属于想象竞合犯,按照从一重处罚的原则处理。另外,替考作为一种考试作弊行为,常有一定的组织性,组织替考行为既是代替考试罪的共犯,同时也是组织考试作弊行为的一种表现,因此,组织替考的,不仅构成替考罪,还构成组织作弊罪,二者之

---

〔27〕 2019 年最高人民法院、最高人民检察院《关于办理组织考试作弊等刑事案件适用法律若干问题的解释》第 6 条。

间属于想象竞合关系,应当从一重处断。

刑法第284条之一第4款的规定,犯本罪的,处拘役或者管制,并处或者单处罚金。

十九、非法侵入计算机信息系统罪

本罪,是指违反国家规定,侵入国家事务、国防建设、尖端科学技术领域的计算机信息系统的行为。

本罪在客观上表现为,非法侵入国家事务、国防建设、尖端科学技术领域信息的计算机信息系统。包括以下内容:(1)违反了国家规定。"国家规定",主要是指《计算机信息系统安全保护条例》《计算机信息网络国际联网安全保护管理办法》等法规。(2)侵入的是国家事务、国防建设、尖端科学技术领域的计算机信息系统。被告人林某为练习自己的炒股技能,在其住所内通过"股神通"可视电话,利用某证券公司同一营业部资金账号前四位数相同及初始密码为123456的特征,采用连续试验性登录的手法,掌握了该公司某营业部电子交易中心电话委托系统内77名客户的账号及密码。其间对10名客户账户内的股票进行擅自买卖,委托下单200余笔,成交近百笔,成交金额总计1500万余元,造成客户亏损共计人民币13万余元。由于林某侵入的对象仅是证券营业部的电话委托系统,属于证券交易系统中的边缘(前台)系统,就其作用、覆盖面和影响力而言,尚未达到影响国计民生的层面,不属于刑法第285条规定的"国家事务、国防建设、尖端科学技术领域的计算机信息系统"。[28] 这里,"侵入",是指违背被害人意愿、非法进入计算机信息系统的行为,其表现形式既包括采用技术手段破坏系统防护进入计算机信息系统,也包括未取得被害人授权擅自进入计算机信息系统,还包括超出被害人授权范围进入计算机信息系统。超出授权范围使用账号、密码登录计算机信息系统,属于侵入计算机信息系统的行为。实务中,"侵入"行为主要有如下四种:(1)获取已注册的合法用户的账户和密码后冒充合法用户入侵,譬如趁合法用户结束使用计算机信息网络但尚未退出联机之际进入计算机信息网络或者使用他人的访问代码进入计算机信息系统;(2)合法用户在仅具有有限权限的情况下超越其所获得的权限访问计算机信息系统;(3)采用如破解安全保护措施等技术手段进入未经授权的计算机系统或是利用系统中存在的漏洞进入该系统;(4)通过设定陷阱或者"走后门"(行为人以维护或者其他合法理由设置一个隐蔽的伪装程序而进入系统)的方式进行非法访问。[29] "计算机信息系统",是指具备自动处理数据功能的系统,包括计算机、网络设备、通信设备、自动化控制设备等。侵入计算机信息系统之后下载其储存的数据,可以认定为非法获取计算机信息系统数据罪。

本罪属于行为犯,只要行为人擅自进入国家事务、国防建设、尖端科学技术领域的计算机信息系统,便足以成立本罪。如果行为人侵入计算机系统之后,又实施了其他犯罪行为,则应按照牵连犯的处罚原则,从一重罪处罚。如根据最高人民法院《关于审理危害军事通信刑事案件具体应用法律若干问题的解释》第6条第3款的规定,违反国家规定,侵入国防建设、尖端科学技术领域的军事通信计算机信息系统,尚未对军事通信造成破坏的,依照刑法第285条非法侵入计算机信息系统罪的规定定罪处罚;对军事通信造成破坏,同时构成刑法第285条非法侵入计算机信息系统罪、第286条破坏计算机信息系统罪、第369条第1款规定的破坏军事通

---

〔28〕 可以考虑构成刑法第275条规定的故意毁坏财物罪。

〔29〕 李怀胜主编:《信息网络犯罪办案实务与案例精解》,中国法制出版社2023年版,第58页。

信罪的，依照处罚较重的规定定罪处罚。

在本罪的认定中，应当注意以下几个问题：

1. 单位名义的犯罪。以单位名义或者单位形式实施危害计算机信息系统安全犯罪，达到本罪的定罪量刑标准的，应当依照本罪追究直接负责的主管人员和其他直接责任人员的刑事责任。

2. 共犯。明知他人实施本罪的行为，具有下列情形之一的，应当认定为共同犯罪，依照本罪的规定处罚：(1)为其提供用于破坏计算机信息系统功能、数据或者应用程序的程序、工具，违法所得5000元以上或者提供10人次以上的；(2)为其提供互联网接入、服务器托管、网络存储空间、通讯传输通道、费用结算、交易服务、广告服务、技术培训、技术支持等帮助，违法所得5000元以上的；(3)通过委托推广软件、投放广告等方式向其提供资金5000元以上的。实施以上行为，数量或者数额达到以上规定标准5倍以上的，应当认定为刑法第285条规定的"情节特别严重"或者"后果特别严重"。[30]

依照刑法第285条第1款的规定，犯本罪的，处3年以下有期徒刑或者拘役。单位犯本罪的，对单位判处罚金，并对其直接负责的主管人员和其他直接责任人员，依照自然人犯本罪的规定处罚。

二十、非法获取计算机信息系统数据、非法控制计算机信息系统罪

本罪，是指违反国家规定，侵入国家事务、国防建设、尖端科学技术领域以外的计算机信息系统或者采用其他技术手段，获取该计算机信息系统中存储、处理或者传输的数据，或者对该计算机信息系统实施非法控制，情节严重的行为。

本罪是对刑法第285条第1款的补充，其保护法益是国家事务、国防建设、尖端科学技术领域之外的普通计算机信息的安全。

本罪客观上表现为违反国家规定，非法侵入计算机信息系统或者采用其他技术手段，获取该计算机信息系统中存储、处理或者传输的数据，或者对该计算机信息系统实施非法控制，情节严重。

"违反国家规定"是成立本罪的前提。违反国家规定，是指违反国家关于保护计算机安全的法律和行政法规。例如，《计算机信息系统安全保护条例》第4条规定，计算机信息系统的安全保护工作，重点维护国家事务、经济建设、国防建设、尖端科学技术等重要领域的计算机信息系统的安全。

本罪的客观行为包括两方面：

1. "非法侵入计算机信息系统或者采用其他技术手段，获取该计算机信息系统中存储、处理或者传输的数据"，其中，"非法侵入"，是指违背被害人意愿，采用破解密码、盗取密码、强行突破安全工具等方法，非法进入计算机信息系统的行为。其表现形式既包括采用技术手段破坏系统防护进入计算机信息系统，也包括未取得被害人授权擅自进入计算机信息系统，还包括超出被害人授权范围进入计算机信息系统。"获取该计算机信息系统中存储、处理或者传输的数据"，是指占有或拥有该计算机信息系统中存储、处理或者传输的特定数据，表现为把数

---

〔30〕 2011年最高人民法院、最高人民检察院《关于办理危害计算机信息系统安全刑事案件应用法律若干问题的解释》第9条。

据复制出来,存于个人电脑、移动硬盘和私人电子邮箱中。要注意的是,这里说的获取对象仅限于使用中的计算机信息系统中存储、处理、传输的数据,可包括图片、文字、影音资料、专有的程序或者软件等,它们的状态或是处于存储状态下,或是正被有关人员编辑,或正被传输,传输行为方式则为通过网络发送到其他终端和通过一些专门工具发送到移动存储设备上。已经脱离计算机信息系统而存放的计算机数据,如光盘、U 盘中的计算机数据不是本罪的保护对象。这里的数据,不限于计算机系统数据和应用程序,还包括权利人存放在计算机信息系统中的各种个人信息。又如,采取骗取单位工作人员工号权限的方式,非法侵入中国电信的内部计算机网络信息系统,私自变更其中所储存的手机靓号权属的行为,就是如此。实务当中,获取该计算机信息系统中存储、处理或者传输的数据的方法,除采用爬虫技术非法获取计算机信息系统中的数据之外,常见的技术手段获取行为不胜枚举,如:利用在网络系统中"木马"程序或植入后门程序的方式非法获取数据;通过网络抓包工具抓取充值交易网络数据后,修改交易金额欺骗系统生成大额虚拟货币等数据;使用"外挂"等程序侵入系统并获取数据;利用"薅羊毛"软件获取用户登录认证信息,实现批量下单;"接码平台"获取短信验证码;通过"外挂"软件刷游戏币;利用黑客软件对不特定 IP 地址进行扫描,并对扫描的 IP 地址进行弱口令拆解及对破解密码 IP 进行操作,从而获取主机 IP 地址及对应的账号、密码信息;未获得授权,突破系统后台安全防范机制,实现对用户账号批量换绑手机号码、修改密码;使用 3D 人脸动态图的方式突破了人脸识别认证系统,解除账号限制登录后获取数据;等等。超出授权范围使用账号、密码登录计算机信息系统,属于侵入计算机信息系统的行为;侵入计算机信息系统后下载其储存的数据,可以认定为非法获取数据。超越公司的授权,在无业务需求情况下,查询并获取密文;有权进入系统无权转移数据时转移数据的,买卖交换数据的,使用网络电话软件冒充官方客服,骗取密码,也属于非法获取数据。

2."对该计算机信息系统实施非法控制"。"非法控制",本质是能实际掌控并执行指令,并不要求他人丧失控制权,故"非法控制",既包括排除权利人控制的非法控制行为,也包括不排除权利人控制的非法使用他人计算机信息系统资源的行为,常见的是行为人利用网站漏洞将木马植入网站上,在用户访问网站时利用客户端漏洞将木马移植到用户计算机上,或在互联网上传播捆绑有木马的程序或文件。当用户连接到互联网上时,这个程序就会报告其 IP 地址以及预先设定的端口。行为人收到这些信息后,再利用这个潜伏在其中的程序,就可以任意地修改用户的计算机的参数设定、复制文件、窥视硬盘中的内容等,从而达到控制用户计算机的目的。非法侵入摄像头系统提供实时监控画面的行为,实质是通过技术手段非法入侵他人摄像头系统并执行行为人指令的行为,构成非法控制计算机信息系统。

成立本罪,必须达到"情节严重"的程度。依照有关司法解释,[31]其是指非法获取计算机信息系统数据或者非法控制计算机信息系统,具有下列情形之一:(1)获取支付结算、证券交易、期货交易等网络金融服务的身份认证信息 10 组以上的;(2)获取前项以外的身份认证信息 500 组以上的;(3)非法控制计算机信息系统 20 台以上的;(4)违法所得 5000 元以上或者造成经济损失 1 万元以上的;(5)其他情节严重的情形。其中,身份认证信息,是指用于确认用户在计算机信息系统上操作权限的数据,包括账号、口令、密码、数字证书等;经济损失,包括

[31] 2011 年最高人民法院、最高人民检察院《关于办理危害计算机信息系统安全刑事案件应用法律若干问题的解释》第 1 条第 1 款、第 11 条第 2 款。

危害计算机信息系统犯罪行为给用户直接造成的经济损失,以及用户为恢复数据、功能而支出的必要费用。

依照相关司法解释,[32]利用"伪基站"设备即未取得电信设备进网许可和无线电发射设备型号核准的非法无线电通信设备,[33]对手机的控制的,应认定为非法控制计算机信息系统罪。因为,根据相关司法解释,[34]手机应当属于计算机信息系统范畴。同时,"伪基站"设备利用自身功率优势强行与目标用户建立连接,在此过程中获得手机号码和手机 IMSI 码、IMEI 码等重要身份信息之后,就可以随意向目标用户的手机发送内容不重复的短信,对手机实现控制操作。

在本罪的认定上,要注意除有关共犯以及单位名义的犯罪,依照前述非法侵入计算机信息系统罪部分的相关内容之外,还要注意明知是非法获取计算机信息系统数据犯罪所获取的数据、非法控制计算机信息系统犯罪所获取的计算机信息系统控制权,而予以转移、收购、代为销售或者以其他方法掩饰、隐瞒,违法所得 5000 元以上的,应当依照刑法第 312 条第 1 款的规定,以掩饰、隐瞒犯罪所得罪定罪处罚。违法所得 5 万元以上的,应当认定为该罪的"情节严重"。[35]

依照刑法第 285 条第 2 款的规定,犯本罪的,处 3 年以下有期徒刑或者拘役,并处或者单处罚金;情节特别严重的,处 3 年以上 7 年以下有期徒刑,并处罚金。单位犯本罪的,对单位判处罚金,并对其直接负责的主管人员和其他直接责任人员,依照自然人犯本罪的规定处罚。

其中,"情节特别严重",是指非法获取计算机信息系统数据或者非法控制计算机信息系统,具有下列情形之一:(1)获取支付结算、证券交易、期货交易等网络金融服务的身份认证信息 50 组以上的;(2)获取第 1 项以外的身份认证信息 2500 组以上的;(3)非法控制计算机信息系统 100 台以上的;(4)违法所得 2.5 万元以上或者造成经济损失 5 万元以上的;(5)其他情节特别严重的情形。[36]

二十一、提供侵入、非法控制计算机信息系统程序、工具罪

本罪,是指提供专门用于侵入、非法控制计算机信息系统的程序、工具,或者明知他人实施侵入、非法控制计算机信息系统的违法犯罪行为而为其提供程序、工具,情节严重的行为。

其中,"专门用于侵入计算机系统的程序、工具",主要是指专门用于非法获取他人登录网络应用服务,计算机系统的账号、密码等认证信息以及智能卡等认证工具的计算机程序、工具;"专门用于非法控制计算机信息系统的程序、工具",主要是指可用于绕过计算机信息系统或者相关设备的防护措施,进而非法入侵或者获取目标系统中数据信息的计算机程序,如具有远

---

〔32〕 2014 年最高人民法院、最高人民检察院、公安部、国家安全部《关于依法办理非法生产销售使用"伪基站"设备案件的意见》第 1 条第 2 款。

〔33〕 "伪基站"设备具有搜取手机用户信息,强行向不特定用户手机发送短信息等功能,使用过程中会非法占用公众移动通信频率,局部阻断公众移动通信网络信号。

〔34〕 2011 年最高人民法院、最高人民检察院《关于办理危害计算机信息系统安全刑事案件应用法律若干问题的解释》第 11 条第 1 款。

〔35〕 2011 年最高人民法院、最高人民检察院《关于办理危害计算机信息系统安全刑事案件应用法律若干问题的解释》第 7 条第 1 款。

〔36〕 2011 年最高人民法院、最高人民检察院《关于办理危害计算机信息系统安全刑事案件应用法律若干问题的解释》第 1 条第 2 款。

程控制、盗取数据等功能的木马程序、后门程序等恶意代码。这里的关键词是“专门”和“侵入”。其中,“专门”体现为程序、工具本身用途的非法性,而程序、工具的用途又是由其功能所决定的,如果某款程序、工具在功能设计上决定其只能用来非法实施控制、获取数据的行为,则可以纳入“专门用于侵入、非法控制计算机信息系统的程序、工具”的范畴;相反地,那些既可以用于违法犯罪目的又可以用于合法目的的,在未经授权或超越授权的情况下,不会自动获取数据或者控制他人计算机信息系统的功能“中性程序”,就不能纳入专门用于侵入、非法控制计算机信息系统的程序、工具的范围。“侵入”是程序或工具应具有的功能,它应该能形成侵入的事实。例如,国内首起制作、销售黄牛抢购软件案在认定该软件属于专门的“侵入”软件时认为,该软件以非常规的方式直接向服务器发送任务完成抢购,具有模拟用户手动登录账号并进行批量下单的功能。具体来说,该程序具有通过调用第三方打码平台发送非常规图形验证码绕过淘宝安全防护系统的人机识别验证机制的功能,还可通过重新拨号的方式更换 IP 地址以绕过淘宝安全防火墙对同一 IP 地址不能频繁发送网络请求的限制。〔37〕

根据相关司法解释,〔38〕具有下列情形之一的程序、工具,属于这里所说的“专门用于侵入、非法控制计算机信息系统的程序、工具”:(1)具有避开或者突破计算机信息系统安全保护措施,未经授权或者超越授权获取计算机信息系统数据的功能的;(2)具有避开或者突破计算机信息系统安全保护措施,未经授权或者超越授权对计算机信息系统实施控制的功能的;(3)其他专门设计用于侵入、非法控制计算机信息系统、非法获取计算机信息系统数据的程序、工具。“提供”则不论是否以营利为目的,也不论提供的对象是否特定。

实务当中,审查认定“专门用于侵入计算机信息系统的程序”,一般应要求公安机关提供以下证据:(1)从被扣押、封存的涉案电脑、U 盘等原始存储介质中收集、提取相关的电子数据。(2)对涉案程序、被侵入的计算机信息系统及电子数据进行勘验、检查后制作的笔录。(3)能够证实涉案程序的技术原理、制作目的、功能用途和运行效果的书证材料。(4)涉案程序的制作人、提供人、使用人对该程序的技术原理、制作目的、功能用途和运行效果进行阐述的言词证据,或能够展示涉案程序功能的视听资料。(5)能够证实被侵入计算机信息系统安全保护措施的技术原理、功能以及被侵入后果的专业人员的证言等证据。(6)对有运行条件的,应要求公安机关进行侦查实验。对有充分证据证明涉案程序是专门设计用于侵入计算机信息系统、非法获取计算机信息系统数据的,可直接认定为“专门用于侵入计算机信息系统的程序”。

证据审查中,可从以下方面对涉案程序是否属于“专门用于侵入计算机信息系统的程序”进行判断:(1)结合被侵入的计算机信息系统的安全保护措施,分析涉案程序是否具有侵入的目的,是否具有避开或者突破计算机信息系统安全保护措施的功能。(2)结合计算机信息系统被侵入的具体情形,查明涉案程序是否在未经授权或超越授权的情况下,获取计算机信息系统数据。(3)分析涉案程序是否属于“专门”用于侵入计算机信息系统的程序。

对是否属于“专门用于侵入计算机信息系统的程序”难以确定的,一般应当委托省级以上负责计算机信息系统安全保护管理工作的部门检验,也可由司法鉴定机构出具鉴定意见,或者

---

〔37〕 山西省太原市迎泽区人民法院刑事判决书,(2017)晋 0106 刑初 583 号。

〔38〕 2011 年最高人民法院、最高人民检察院《关于办理危害计算机信息系统安全刑事案件应用法律若干问题的解释》第 2 条。

由公安部指定的机构出具报告。实践中，应重点审查检验报告、鉴定意见对程序运行过程和运行结果的判断，结合案件具体情况，认定涉案程序是否具有突破或避开计算机信息系统安全保护措施，未经授权或超越授权获取计算机信息系统数据的功能。[39]

成立本罪，必须达到“情节严重”的程度。情节严重，是指提供侵入、非法控制计算机信息系统的程序、工具，具有下列情形之一：(1)提供能够用于非法获取支付结算、证券交易、期货交易等网络金融服务身份认证信息的专门性程序、工具5人次以上的；(2)提供第1项以外的专门用于侵入、非法控制计算机信息系统的程序、工具20人次以上的；(3)明知他人实施非法获取支付结算、证券交易、期货交易等网络金融服务身份认证信息的违法犯罪行为而为其提供程序、工具5人次以上的；(4)明知他人实施第3项以外的侵入、非法控制计算机信息系统的违法犯罪行为而为其提供程序、工具20人次以上的；(5)违法所得5000元以上或者造成经济损失1万元以上的；(6)其他情节严重的情形。[40]

在本罪的认定上，应注意以下两个问题：(1)有关共犯以及单位名义的犯罪，其认定及处罚，依照前述非法侵入计算机信息系统罪部分的相关内容；(2)本罪与破坏生产经营罪的竞合。在被告人因对方公司拖欠其公司网站开发尾款未付，便授意他人采用远程登录、植入逻辑炸弹程序、后门程序并运行的方式，频繁攻击对方公司网站，使网站运行陷入瘫痪，导致该公司客户流失、日常业务管理无法正常开展，直接经济损失12万元的案件中，被告人的行为既符合破坏生产经营罪的犯罪构成，也符合破坏计算机信息系统罪的犯罪构成，二者之间属于想象竞合犯，应当择一重罪处断。

依照刑法第285条第3款的规定，犯本罪的，处3年以下有期徒刑或者拘役，并处或者单处罚金；情节特别严重的，处3年以上7年以下有期徒刑，并处罚金。单位犯本罪的，对单位判处罚金，并对其直接负责的主管人员和其他直接责任人员，依照自然人犯本罪的规定处罚。

二十二、破坏计算机信息系统罪

本罪，是指违反国家规定，对计算机信息系统功能进行删除、修改、增加、干扰，造成计算机信息系统不能正常运行，以及对计算机信息系统中存储、处理或者传输的数据和应用程序进行删除、修改、增加的操作，或者故意制作、传播计算机病毒等破坏性程序，影响计算机系统正常运行，后果严重的行为。

本罪在客观上表现为，违反国家规定，实施了破坏计算机信息系统的行为。具体而言，包括以下内容：(1)对计算机信息系统功能进行删除、修改、增加、干扰，造成计算机信息系统不能正常运行；(2)对计算机信息系统中存储、处理或者传输的数据和应用程序进行删除、修改、增加的操作；(3)故意制作、传播编制有错误、设计不完善，或者以危害系统为目的的特殊的计算机病毒等破坏性程序，影响计算机系统正常运行。其中，“计算机病毒等破坏性程序”，是指具有下列情形之一的程序：(1)能够通过网络、存储介质、文件等媒介，将自身的部分、全部或者变种进行复制、传播，并破坏计算机系统功能、数据或者应用程序的；(2)能够在预先设定条

---

〔39〕 叶源星、张剑秋提供侵入计算机信息系统程序、谭房妹非法获取计算机信息系统数据案，最高人民检察院指导性案例第68号(2020年)。

〔40〕 2011年最高人民法院、最高人民检察院《关于办理危害计算机信息系统安全刑事案件应用法律若干问题的解释》第3条第1款。

件下自动触发,并破坏计算机系统功能、数据或者应用程序的;(3)其他专门设计用于破坏计算机系统功能、数据或者应用程序的程序。[41] 实务当中,以修改域名解析服务器指向的方式劫持域名,造成计算机信息系统不能正常运行的行为;冒用购物网站买家身份进入网站内部评价系统删改购物评价的行为;锁定智能手机导致不能使用的行为;修改环境检测系统参数或者系统中存储、处理、传输的监测数据,用棉纱等物品堵塞环境质量监测采样设备,干扰采样,致使环境监测设备不能正常运行导致数据严重失真的行为;[42]对交警部门计算机系统中存储的违章信息进行删除;通过修改路由器、浏览器设置、锁定主页或者弹出新窗口等技术手段,强制网络用户访问指定网站的"DNS 劫持"行为;对企业的机械远程监控系统功能进行破坏,造成计算机信息系统不能正常运行的行为,均被认定为是破坏计算机信息系统的行为。

需要注意的是,本罪中的"计算机信息系统",包括未联网的计算机信息系统,《计算机信息系统安全保护条例》中的安全保护原则、规定,对未联网的微型计算机系统完全适用,因此破坏未联网的微型计算机信息系统适用本罪名。[43]

上述三种行为均以造成"严重后果"为成立要件。根据有关司法解释,破坏计算机信息系统功能、数据或者应用程序,具有下列情形之一的,应当认定为破坏计算机信息系统"后果严重":(1)造成 10 台以上计算机信息系统的主要软件或者硬件不能正常运行的。(2)对 20 台以上计算机信息系统中存储、处理或者传输的数据进行删除、修改、增加操作的。(3)违法所得 5000 元以上或者造成经济损失 1 万元以上的。此处的"经济损失",指犯罪行为所造成的直接经济损失。非法删除违章信息所对应的行政罚款损失尚未现实化,不应计入直接经济损失之中。[44] (4)造成为 100 台以上计算机信息系统提供域名解析、身份认证、计费等基础服务或者为 1 万以上用户提供服务的计算机信息系统不能正常运行累计 1 小时以上的。(5)造成其他严重后果的。[45]

故意制作、传播计算机病毒等破坏性程序,影响计算机系统正常运行,具有下列情形之一的,应当认定为破坏计算机信息系统,"后果严重":(1)制作、提供、传输计算机病毒等破坏性程序,导致该程序通过网络、存储介质、文件等媒介传播的;(2)造成 20 台以上计算机系统被植入计算机病毒等破坏性程序的;(3)提供计算机病毒等破坏性程序 10 人次以上的;(4)违法所得 5000 元以上或者造成经济损失 1 万元以上的;(5)造成其他严重后果的。[46]

在本罪的认定上,应注意其与非法侵入计算机信息系统罪的区别。二者的区别主要在于:(1)对象不同。本罪侵犯的是一切计算机信息系统;而非法侵入计算机信息系统罪侵犯的则限于国家事务、国防建设、尖端科学技术领域的计算机信息系统。(2)客观表现不同。本罪中的

---

〔41〕 2011 年最高人民法院、最高人民检察院《关于办理危害计算机信息系统安全刑事案件应用法律若干问题的解释》第 5 条。

〔42〕 2023 年最高人民法院、最高人民检察院《关于办理环境污染刑事案件适用法律若干问题的解释》第 11 条第 1 款。

〔43〕 1998 年公安部《关于对破坏未联网的微型计算机信息系统是否适用〈刑法〉第 286 条的请示的批复》。

〔44〕 冯莉:《孙小虎破坏计算机系统案[第 784 号]——如何认定和适用破坏计算机信息系统罪中的"经济损失"和"违法所得"情节》,载最高人民法院刑事审判第一、二、三、四、五庭主办:《刑事审判参考》总第 86 辑,法律出版社 2013 年版。

〔45〕 2011 年最高人民法院、最高人民检察院《关于办理危害计算机信息系统安全刑事案件应用法律若干问题的解释》第 4 条第 1 款。

〔46〕 2011 年最高人民法院、最高人民检察院《关于办理危害计算机信息系统安全刑事案件应用法律若干问题的解释》第 6 条第 1 款。

各种行为，无论是行为人对计算机信息系统的删除、修改、增加等，还是制作、传播计算机病毒，都表现为破坏计算机信息系统；而非法侵入计算机信息系统罪的行为人只是“非法侵入”，一般并无破坏行为。(3)犯罪成立的标准不同。本罪属于结果犯，以“后果严重”为构成要件；而非法侵入计算机信息系统罪则属于行为犯，不以发生特定后果为必要。在行为人侵入国家事务、国防建设、尖端科技领域的计算机系统，对其进行破坏，造成计算机信息系统不能正常运行的严重后果的场合，二者之间构成牵连犯，应当从一重罪处罚，即按照破坏计算机信息系统罪处理。

另外，在本罪的认定上，还应注意有关共犯以及单位名义的犯罪，其认定及处罚，依照前述非法侵入计算机信息系统罪部分的相关内容。

依照刑法第 286 条的规定，犯本罪的，处 5 年以下有期徒刑或者拘役；后果特别严重的，处 5 年以上有期徒刑。单位犯本罪的，对单位判处罚金，并对其直接负责的主管人员和其他直接责任人员，依照自然人犯本罪的规定处罚。

其中，“后果特别严重”，包括以下两种不同类型：一种类型是破坏计算机信息系统功能、数据或者应用程序，具有下列情形之一的，应当认定为破坏计算机信息系统“后果特别严重”：(1)造成 50 台以上计算机信息系统的主要软件或者硬件不能正常运行的；或者对 100 台以上计算机信息系统中存储、处理或者传输的数据进行删除、修改、增加操作的；或者违法所得 2.5 万元以上或者造成经济损失 5 万元以上的。(2)造成为 500 台以上计算机信息系统提供域名解析、身份认证、计费等基础服务或者为 5 万以上用户提供服务的计算机信息系统不能正常运行累计 1 小时以上的。(3)破坏国家机关或者金融、电信、交通、教育、医疗、能源等领域提供公共服务的计算机信息系统的功能、数据或者应用程序，致使生产、生活受到严重影响或者造成恶劣社会影响的。(4)造成其他特别严重后果的。[47] 另一种类型是故意制作、传播计算机病毒等破坏性程序，影响计算机系统正常运行，具有下列情形之一的，应当认定为破坏计算机信息系统，“后果特别严重”：(1)制作、提供、传输计算机病毒等破坏性程序，导致该程序通过网络、存储介质、文件等媒介传播，致使生产、生活受到严重影响或者造成恶劣社会影响的。(2)造成 100 台以上计算机系统被植入计算机病毒等破坏性程序的；提供计算机病毒等破坏性程序 50 人次以上的；违法所得 2.5 万元以上或者造成经济损失 5 万元以上的。(3)造成其他特别严重后果的。[48]

二十三、拒不履行信息网络安全管理义务罪

本罪，是指网络服务提供者不履行法律、行政法规规定的信息网络安全管理义务，经监管部门责令采取改正措施而拒不改正，致使违法信息大量传播的，或者致使用户信息泄露，造成严重后果的，或者致使刑事案件证据灭失，情节严重的，或者有其他严重情节的行为。

本罪是真正不作为犯。主体为“网络服务提供者”。“网络服务提供者”，按照相关司法解释，[49] 是指提供以下服务的单位和个人：(1)网络接入、域名注册解析等信息网络接入、计算、

〔47〕 2011 年最高人民法院、最高人民检察院《关于办理危害计算机信息系统安全刑事案件应用法律若干问题的解释》第 4 条第 2 款。

〔48〕 2011 年最高人民法院、最高人民检察院《关于办理危害计算机信息系统安全刑事案件应用法律若干问题的解释》第 6 条第 2 款。

〔49〕 2019 年最高人民法院、最高人民检察院《关于办理非法利用信息网络、帮助信息网络犯罪活动等刑事案件适用法律若干问题的解释》第 1 条。

存储、传输服务;(2)信息发布、搜索引擎、即时通讯、网络支付、网络预约、网络购物、网络游戏、网络直播、网站建设、安全防护、广告推广、应用商店等信息网络应用服务;(3)利用信息网络提供的电子政务、通信、能源、交通、水利、金融、教育、医疗等公共服务。

本罪客观上表现为:

1. 不履行法律、行政法规规定的信息网络安全管理义务。2009 年修改的全国人民代表大会常务委员会《关于维护互联网安全的决定》第 7 条规定:"从事互联网业务的单位要依法开展活动,发现互联网上出现违法犯罪行为和有害信息时,要采取措施,停止传输有害信息,并及时向有关机关报告。"这条概括性规定明确了网络服务提供者法定的采取技术改正"措施"进而停止侵害的实质作为义务,是网络服务提供者构成本罪的作为义务来源。

2. 经监管部门责令采取改正措施而拒不改正。其中,网络领域的"监管部门",是指网信、电信、公安等依照法律、行政法规的规定承担信息网络安全监管职责的部门;"责令采取改正措施",是指以责令整改通知书或者其他文书形式,责令网络服务提供者采取改正措施。"拒不改正",就是经过监管部门的责令之后仍然不改正。认定"经监管部门责令采取改正措施而拒不改正",应当综合考虑监管部门责令改正是否具有法律、行政法规依据,改正措施及期限要求是否明确、合理,网络服务提供者是否具有按照要求采取改正措施的能力等因素进行判断。[50]

3. 导致了以下四种后果之一:

(1)致使违法信息大量传播。"违法信息",依照《互联网上网服务营业场所管理条例》第 14 条的规定,包括以下内容:反对宪法确定的基本原则的;危害国家统一、主权和领土完整的;泄露国家秘密,危害国家安全或者损害国家荣誉和利益的;煽动民族仇恨、民族歧视,破坏民族团结,或者侵害民族风俗、习惯的;破坏国家宗教政策,宣扬邪教、迷信的;散布谣言,扰乱社会秩序,破坏社会稳定的;宣传淫秽、赌博、暴力或者教唆犯罪的;侮辱或者诽谤他人,侵害他人合法权益的;危害社会公德或者民族优秀文化传统的;含有法律、行政法规禁止的其他内容的,如宣扬恐怖主义、极端主义思想的;等等。"致使违法信息大量传播",按照相关司法解释,是指下列情形之一:其一,致使传播违法视频文件 200 个以上的;其二,致使传播违法视频文件以外的其他违法信息 2000 个以上的;其三,致使传播违法信息,数量虽未达到第一项、第二项规定标准,但是按相应比例折算合计达到有关数量标准的;其四,致使向 2000 个以上用户账号传播违法信息的;其五,致使利用群组成员账号数累计 3000 个以上的通讯群组或者关注人员账号数累计 3 万以上的社交网络传播违法信息的;其六,致使违法信息实际被点击数达到 5 万以上的;其七,其他致使违法信息大量传播的情形。

(2)致使用户信息泄露,造成严重后果。依照工业和信息化部 2013 年 9 月 1 日起施行的《电信和互联网用户个人信息保护规定》第 4 条的规定,用户信息是指电信业务经营者和互联网信息服务提供者在提供服务的过程中收集的用户姓名、出生日期、身份证件号码、住址、电话号码、账号和密码等能够单独或者与其他信息结合识别用户的信息以及用户使用服务的时间、地点等信息。"致使用户信息泄露,造成严重后果",是指具有下列情形之一:其一,致使泄露行踪轨迹信息、通信内容、征信信息、财产信息 500 条以上的;其二,致使泄露住宿信息、通信记

---

[50] 2019 年最高人民法院、最高人民检察院《关于办理非法利用信息网络、帮助信息网络犯罪活动等刑事案件适用法律若干问题的解释》第 2 条。

录、健康生理信息、交易信息等其他可能影响人身、财产安全的用户信息5000条以上的；其三，致使泄露第一项、第二项规定以外的用户信息5万条以上的；其四，数量虽未达到第一项至第三项规定标准，但是按相应比例折算合计达到有关数量标准的；其五，造成他人死亡、重伤、精神失常或者被绑架等严重后果的；其六，造成重大经济损失的；其七，严重扰乱社会秩序的；其八，造成其他严重后果的。[51]

(3)致使刑事案件证据灭失，情节严重的。刑事案件证据，是指以法律规定的形式表现出来的能够证明案件真实情况的一切事实。就本罪中的刑事证据而言，应当是指电子证据，即由电子信息技术应用而出现的、各种能够证明案件真实情况的材料及其派生物，具体而言，是指计算机或计算机系统运行过程中产生的以其记录的内容来证明案件事实的电磁记录物，或者以数字形式保存在计算机存储器或外部存储介质中，能够证明案件真实情况的数据或者信息。《互联网上网服务营业场所管理条例》第23条规定："互联网上网服务营业场所经营单位应当对上网消费者的身份证等有效证件进行核对、登记，并记录有关上网信息。登记内容和记录备份保存时间不得少于60日，并在文化行政部门、公安机关依法查询时予以提供。登记内容和记录备份在保存期内不得修改或者删除"。灭失，就是修改或者删除电子文件。"致使刑事案件证据灭失，情节严重的"，是指具有下列情形之一：其一，造成危害国家安全犯罪、恐怖活动犯罪、黑社会性质组织犯罪、贪污贿赂犯罪案件的证据灭失的；其二，造成可能判处5年有期徒刑以上刑罚犯罪案件的证据灭失的；其三，多次造成刑事案件证据灭失的；其四，致使刑事诉讼程序受到严重影响的；其五，其他情节严重的情形。

(4)有其他严重情节的行为。其他严重情节的行为，是指具有下列情形之一：其一，对绝大多数用户日志未留存或者未落实真实身份信息认证义务的；其二，2年内经多次责令改正拒不改正的；其三，致使信息网络服务被主要用于违法犯罪的；其四，致使信息网络服务、网络设施被用于实施网络攻击，严重影响生产、生活的；其五，致使信息网络服务被用于实施危害国家安全犯罪、恐怖活动犯罪、黑社会性质组织犯罪、贪污贿赂犯罪或者其他重大犯罪的；其六，致使国家机关或者通信、能源、交通、水利、金融、教育、医疗等领域提供公共服务的信息网络受到破坏，严重影响生产、生活的；其七，其他严重违反信息网络安全管理义务的情形。[52]

依照刑法第286条之一的规定，犯本罪的，处3年以下有期徒刑、拘役或者管制，并处或者单处罚金。单位犯本罪的，对单位判处罚金，并对其直接负责的主管人员和其他直接责任人员，依照自然人犯本罪的规定处罚。有前两款行为，同时构成其他犯罪的，依照处罚较重的规定定罪处罚。

二十四、非法利用信息网络罪

本罪，是指利用信息网络，设立用于实施诈骗、传授犯罪方法、制作或者销售违禁物品、管制物品等违法犯罪活动的网站、通讯群组，或者发布有关制作或者销售毒品、枪支、淫秽物品等违禁物品、管制物品或者其他违法犯罪信息，或者为实施诈骗等违法犯罪活动发布信息，情节

〔51〕2019年最高人民法院、最高人民检察院《关于办理非法利用信息网络、帮助信息网络犯罪活动等刑事案件适用法律若干问题的解释》第4条。

〔52〕2019年最高人民法院、最高人民检察院《关于办理非法利用信息网络、帮助信息网络犯罪活动等刑事案件适用法律若干问题的解释》第5、6条。

严重的行为。

本罪的客观方面限定于三种行为:(1)设立用于实施诈骗、传授犯罪方法、制作或者销售违禁物品、管制物品的网站、通讯群组的行为,包括利用信息网络,设立用于实施传授制造毒品、非法生产制毒物品的方法,贩卖毒品,非法买卖制毒物品或者组织他人吸食、注射毒品等违法犯罪活动的网站、通讯群组,或者发布实施前述违法犯罪活动的信息的行为;设立网站、通讯群组,用于销售谎称含有或者含有艾滋病病毒的血液等违法犯罪活动的行为;设立用于实施考试作弊的网站、通讯群组或者发布有关考试作弊的信息的行为,基于蹭炒热度、推广引流等目的,利用互联网用户公众账号等推送、传播有关网络暴力违法犯罪的信息的行为在内。以实施违法犯罪活动为目的而设立或者设立后主要用于实施违法犯罪活动的网站、通讯群组,应当认定符合本罪客观方面。(2)发布有关制作或者销售毒品、枪支、淫秽物品等违禁物品、管制物品或者其他违法犯罪信息。(3)为实施诈骗等违法犯罪活动发布信息。利用信息网络提供信息的链接、截屏、二维码、访问账号密码及其他指引访问服务的,应当认定为“发布信息”。

上述行为中,所谓“违法犯罪”,包括犯罪行为和属于刑法分则规定的行为类型但尚未构成犯罪的违法行为。从本罪罪状的描述来看,本罪属于行为犯,只要实施了上述行为就足够,不要求造成了具体的实际结果。例如,就设置实施特定犯罪的网站、通讯群组的行为而言,从查处犯罪角度看,侦查机关应当尽可能将整个犯罪链条查清楚。但是如果其他环节无法查清,可以只按这一阶段行为追究。如果已经查清,就要按照具体实施的犯罪行为,以诈骗、贩卖枪支弹药、贩毒等犯罪追究。同样,就发布制作、销售违禁物品、管制物品的信息行为而言,也只要将上述信息发布于信息网络就足够了,而不考虑是否造成后果。比如,犯罪分子要卖枪、贩毒,其可能不承认贩卖行为,要按传统犯罪查,就要追查联系他到底把枪卖给谁了,但现在只要发布这样的信息就可能构成犯罪。如果确有贩卖行为,就要按相应的犯罪去追究;如果没有相应的证据支持,只能证明他在网站上发布了信息,就按本罪追究责任。就“为实施诈骗等违法犯罪活动发布信息”而言,与上一种行为不同的是,这种信息从内容上看不是像卖枪、贩毒那样违法性很明显,可能看起来是普通的卖房、卖车等信息,但是行为主体要实施诈骗,目的是要骗别人,这样也可以追究责任。上述行为成立犯罪的话,还必须达到“情节严重”的程度。由于前面已经说过,本罪只要求实施了上述行为,不要求有造成实际后果,因此,这里的“情节严重”,应当是对上述行为本身的数量、规模、潜在的危害的要求,并不包括上述行为的结果在内。按照相关司法解释,[53]非法利用信息网络,具有下列情形之一的,应当认定为“情节严重”:(1)假冒国家机关、金融机构名义,设立用于实施违法犯罪活动的网站的。(2)设立用于实施违法犯罪活动的网站,数量达到3个以上或者注册账号数累计达到2000个以上的。(3)设立用于实施违法犯罪活动的通讯群组,数量达到5个以上或者群组成员账号数累计达到1000个以上的。(4)发布有关违法犯罪的信息或者为实施违法犯罪活动发布信息,具有下列情形之一的:其一,在网站上发布有关信息100条以上的;其二,向2000个以上用户账号发送有关信息的;其三,向群组成员数累计达到3000以上的通讯群组发送有关信息的;其四,利用关注人员账号数累计达到3万以上的社交网络传播有关信息的;其五,违法所得1万元以上的;其六,2年内曾因非法利用信息网络、帮助信息网络犯罪活动、危害计算机信息系统安全受过行政处

〔53〕 2019年最高人民法院、最高人民检察院《关于办理非法利用信息网络、帮助信息网络犯罪活动等刑事案件适用法律若干问题的解释》第10条。

罚,又非法利用信息网络的;其七,其他情节严重的情形。

按照刑法第287条之一的规定,犯本罪的,处3年以下有期徒刑或者拘役,并处或者单处罚金;单位犯本罪的,对单位判处罚金,并对其直接负责的主管人员和其他直接责任人员,依照自然人犯本罪的规定处罚。犯本罪同时构成其他犯罪的,依照处罚较重的规定定罪处罚。也就是说,如果不法分子发布了卖毒品等信息,实际上也卖了毒品,就按贩毒处理,而不能按照发布违法犯罪信息处理。

二十五、帮助信息网络犯罪活动罪

本罪,是指明知他人利用信息网络实施犯罪,为其犯罪提供互联网接入、服务器托管、网络存储、通讯传输等技术支持,或者提供广告推广、支付结算等帮助,情节严重的行为。

本罪是将过去作为其他犯罪的共犯而处罚的行为,作为独立犯罪而加以规定的类型。我国过去对于这种类型的行为,都是作为具体犯罪的共犯处罚的。例如,最高人民法院、最高人民检察院《关于办理利用互联网、移动通讯终端、声讯台制作、复制、出版、贩卖、传播淫秽电子信息刑事案件具体应用法律若干问题的解释(二)》第6条规定,电信业务经营者、互联网信息服务提供者明知是淫秽网站,为其提供互联网接入、服务器托管、网络存储空间、通讯传输通道、代收费等服务,并收取服务费……对直接负责的主管人员和其他直接责任人员,依照刑法第363条第1款的规定,以传播淫秽物品牟利罪定罪处罚;第7条规定,明知是淫秽网站,以牟利为目的,通过投放广告等方式向其直接或者间接提供资金,或者提供费用结算服务……对直接负责的主管人员和其他直接责任人员,依照刑法第363条第1款的规定,以制作、复制、出版、贩卖、传播淫秽物品牟利罪的共同犯罪处罚。但这种作为共犯处罚的做法以实行犯和共犯均构成犯罪并承担刑事责任、在刑事诉讼程序上均受到处理为前提。但正如直接制作并传播淫秽信息的犯罪人及其网站、服务器等均在境外,国内司法机关根本无从查处,更谈不上追诉与定罪了。但有了本罪之后,就能对供国内用户分享非法信息资源的信息网络服务者,独立追究其罪责了。

按照刑法第287条之二的规定,成立本罪,行为人主观上必须是明知他人利用信息网络实施犯罪而为其犯罪提供互联网接入等帮助;客观上必须有为他人犯罪提供互联网接入、服务器托管、网络存储、通讯传输等技术支持,或者提供广告推广、支付结算等帮助,情节严重的行为。

首先,本罪主观方面为故意。行为人主观上必须具有“明知”。明知,是指行为人知道或者推定其知道。按照相关司法解释,[54]为他人实施犯罪提供技术支持或者帮助,具有下列情形之一的,可以认定行为人明知他人利用信息网络实施犯罪,但是有相反证据的除外:(1)经监管部门告知后仍然实施有关行为的;(2)接到举报后不履行法定管理职责的;(3)交易价格或者方式明显异常的;(4)提供专门用于违法犯罪的程序、工具或者其他技术支持、帮助的;(5)频繁采用隐蔽上网、加密通信、销毁数据等措施或者使用虚假身份,逃避监管或者规避调查的;(6)为他人逃避监管或者规避调查提供技术支持、帮助的;(7)其他足以认定行为人明知的情形。

为打击治理电信网络新型违法犯罪,2020年10月10日,国务院召开会议,决定在全国范

---

〔54〕 2019年最高人民法院、最高人民检察院《关于办理非法利用信息网络、帮助信息网络犯罪活动等刑事案件适用法律若干问题的解释》第11条。

围内开展依法清理整治涉诈电话卡、物联网卡以及关联互联网账号的“断卡”行动,据此,2021年最高人民法院、最高人民检察院、公安部联合发布《关于办理电信网络诈骗等刑事案件适用法律若干问题的意见(二)》,其中就“明知”,该意见第8条规定,认定刑法第287条之二规定的行为人明知他人利用信息网络实施犯罪,应当根据行为人收购、出售、出租前述第7条规定的信用卡、银行账户、非银行支付账户、具有支付结算功能的互联网账号密码、网络支付接口、网上银行数字证书,或者他人手机卡、流量卡、物联网卡等的次数、张数、个数,并结合行为人的认知能力、既往经历、交易对象、与实施信息网络犯罪的行为人的关系、提供技术支持或者帮助的时间和方式、获利情况以及行为人的供述等主客观因素,予以综合认定。收购、出售、出租单位银行结算账户、非银行支付机构单位支付账户,或者电信、银行、网络支付等行业从业人员利用履行职责或提供服务便利,非法开办并出售、出租他人手机卡、信用卡、银行账户、非银行支付账户等的,可以认定为2019年最高人民法院、最高人民检察院《关于办理非法利用信息网络、帮助信息网络犯罪活动等刑事案件适用法律若干问题的解释》第11条第7项规定的“其他足以认定行为人明知的情形”。但有相反证据的除外。

针对当前涉“两卡”(手机卡、信用卡)犯罪形势依旧复杂严峻,犯罪类型多样且不断发展的现实,2022年最高人民法院刑事审判第三庭、最高人民检察院第四检察厅、公安部刑事侦查局《关于“断卡”行动中有关法律适用问题的会议纪要》,其中,对于帮助信息网络犯罪活动罪中“明知他人利用信息网络实施犯罪”的理解适用做了进一步的规定,即实践中,对于多次出租、出售信用卡或者出租、出售多张信用卡的,结合其认知能力,既往经历、生活环境、交易对象等情况,可以认定行为人明知他人利用信息网络实施犯罪。对于行为人提出的有关主观明知方面的辩解,要高度重视、认真查证、综合认定。对于出租、出售信用卡达不到多次、多张的,认定构成犯罪要特别慎重,要结合行为人的认知能力,既往经历,交易对象,与信息网络犯罪行为人的关系,提供技术支持或者帮助的时间和方式,获利情况,出租、出售“两卡”的次数、张数、个数,以及行为人的供述等主客观因素,同时注重听取行为人的辩解并根据其辩解合理与否,予以综合认定。特别是对于交易双方存在亲友关系等信赖基础,一方确系偶尔向另一方出租、出售“两卡”的,要根据在案事实证据,审慎认定“明知”。在办案过程中,可着重审查行为人是否具有以下特征及表现,综合全案证据,对其构成“明知”与否作出判断:(1)跨省或多人结伙批量办理、收购、贩卖“两卡”的;(2)出租、出售“两卡”后,收到公安机关、银行业金融机构、非银行支付机构、电信服务提供者等相关单位部门的口头或书面通知,告知其所出租、出售的“两卡”涉嫌诈骗、洗钱等违法犯罪,行为人未采取补救措施,反而继续出租、出售的;(3)出租、出售的“两卡”因涉嫌诈骗、洗钱等违法犯罪被冻结,又帮助解冻,或者注销旧卡、办理新卡,继续出租、出售的;(4)出租、出售的具有支付结算功能的网络账号因涉嫌诈骗、洗钱等违法犯罪被查封,又帮助解封,继续提供给他人使用的;(5)频繁使用隐蔽上网、加密通信、销毁数据等措施或者使用虚假身份,逃避监管或者规避调查的;(6)事先串通设计应对调查的话术口径的;(7)曾因非法交易“两卡”受过处罚或者信用惩戒、训诫谈话,又收购、出售、出租“两卡”的等。[55]

其次,本罪客观方面表现为,为他人犯罪提供互联网接入、服务器托管、网络存储、通讯传

〔55〕 2022年最高人民法院刑事审判第三庭、最高人民检察院第四检察厅、公安部刑事侦查局《关于“断卡”行动中有关法律适用问题的会议纪要》第1条第2款。

输等技术支持,或者提供广告推广、支付结算等帮助,情节严重的行为。

其中,所谓帮助,就是为他人犯罪提供互联网接入等方便。所谓互联网接入,根据工业和信息化部《电信业务分类目录》相关规定,互联网接入服务是指利用接入服务器和相应的软硬件资源建立业务节点,并利用公用电信基础设施将业务节点与互联网骨干网相连接,为各类用户提供接入互联网的服务。所谓服务器托管,是指将自己的服务器及相关设备托管到具有完善机房设施、高品质网络环境、丰富宽资源和运营经验以及可对用户的网络和设备进行实时监控的网络数据中心内,以此使系统达到安全、可靠、稳定、高效运行的目的。由于这种技术的存在,因此,站长在广州,但服务器托管在北京,通过机房提供的远程维修服务就变得可能。所谓网络存储,是指帮助犯罪分子在存储设备连接在计算机网络,并配以辅助软件和硬件,实现数据存储、数据传输和数据共享,从而提高犯罪分子存储设备的利用率,降低数据存储成本;通讯传输,是指为犯罪分子提供信息网络,实现数据传输,实现远程连接。所谓广告推广,是指帮助犯罪分子制作或者投放广告,进行广告宣传,对产品或者服务进行营销,从而推广产品或者服务。支付结算,又称转账结算,是指单位、个人在社会经济活动中使用票据、信用卡和汇兑、托收承付、委托收款等结算服务方式进行货币给付及资金清算的行为。支付结算的帮助行为表现为服务方为网络犯罪分子提供平台,完成资金从一方当事人向另一方当事人的转移。这种网络第三方支付平台在为人们生活带来便捷的同时,也使利用第三方支付平台进行资金非法转移、洗钱、盗窃、诈骗的犯罪活动不断涌现。本罪正是针对上述现象进行规定,促使网络运营服务商认真履行相关义务,防止网络犯罪分子、广告主、广告联盟、第三方支付平台等形成利益共同体。为他人利用信息网络实施犯罪而实施收购、出售、出租信用卡、银行账户、非银行支付账户、具有支付结算功能的互联网账号密码、网络支付接口、网上银行数字证书,或者收购、出售、出租他人手机卡、流量卡、物联网卡的,可以认定为本罪的"帮助"。

"情节严重",按照相关司法解释,[56]是指具有下列情形之一:(1)为3个以上对象提供帮助的。此处的"为3个以上对象提供帮助",应理解为分别为3个以上行为人或团伙组织提供帮助,且被帮助的行为人或团伙组织实施的行为均达到犯罪程度。为同一对象提供3次以上帮助的,不宜理解为"为3个以上对象提供帮助"。(2)支付结算金额20万元以上的。(3)以投放广告等方式提供资金5万元以上的。(4)违法所得1万元以上的。此处的"违法所得",应理解为行为人为他人实施信息网络犯罪提供帮助,由此所获得的所有违法款项或非法收入。行为人收卡等"成本"费用无须专门扣除。(5)2年内曾因非法利用信息网络、帮助信息网络犯罪活动、危害计算机信息系统安全受过行政处罚,又帮助信息网络犯罪活动的。(6)被帮助对象实施的犯罪造成严重后果的。(7)其他情节严重的情形。实施以上行为,确因客观条件限制无法查证被帮助对象是否达到犯罪的程度,但相关数额总计达到上述第(2)项至第(5)项规定标准5倍以上,或者造成特别严重后果的,应当以帮助信息网络犯罪活动罪追究行为人的刑事责任。被帮助对象实施的犯罪行为可以确认,但尚未到案、尚未依法裁判或者因未达到刑事责任年龄等原因依法未予追究刑事责任的,不影响帮助信息网络犯罪活动罪的认定。

如前所述,当前涉"两卡"(手机卡、信用卡)犯罪形势依旧复杂严峻,犯罪类型多样且不断

---

〔56〕 2019年最高人民法院、最高人民检察院《关于办理非法利用信息网络、帮助信息网络犯罪活动等刑事案件适用法律若干问题的解释》第12条;2022年最高人民法院刑事审判第三庭、最高人民检察院第四检察厅、公安部刑事侦查局《关于"断卡"行动中有关法律适用问题的会议纪要》第2、3条。

发展,针对这一现实,2020 年 12 月 21 日最高人民法院刑事审判第三庭、最高人民检察院第四检察厅、公安部刑事侦查局发布的《关于深入推进“断卡”行动有关问题的会议纪要》第 5 条规定,在涉及从事非法收购、贩卖“电话卡、信用卡”(以下简称“两卡”)案件中,应坚持主客观相统一,准确认定犯罪情节。对于涉“两卡”案件,要全面收集主客观证据,加强对“两卡”交易细节、流向用途和造成后果的查证。对于明知他人利用信息网络实施犯罪向 3 个以上的个人(团伙)出租、出售电话卡、信用卡,被帮助对象实施的诈骗行为均达到犯罪程度的;或者出租,出售的信用卡被用于实施电信网络诈骗,达到犯罪程度,该信用卡内流水金额超过 30 万元的;或者利用被出租、出售的电话卡、信用卡实施的电信网络诈骗犯罪,造成被害人及其近亲属死亡、重伤、精神失常的,按照“情节严重”处理。

最后,按照相关司法解释,[57]在本罪适用过程中,要注意以下问题:

第一,正确区分帮助信息网络犯罪活动罪与掩饰、隐瞒犯罪所得、犯罪所得收益罪与诈骗罪的界限。应当根据行为人的主观明知内容和实施的具体行为方式,确定其行为性质。一方面,在帮助信息网络犯罪活动罪案件中,行为人对所帮助犯罪行为只是概括认识,对具体犯罪类型以及犯罪形态并不知悉,而在诈骗罪共犯的场合,行为人对所共同配合实施的行为(包括行为的内容、方式等)存在相对明确的认识;另一方面,在帮助信息网络犯罪活动罪案件中,行为人与被帮助的犯罪分子之间并没有形成相互作用、相互促进的紧密联系,而在诈骗罪共犯中,这种联系是相对紧密、固定,联系内容相对具体,往往体现为事前通谋或者事中勾连,或者至少是心照不宣,双方行为之间形成一个相互配合、相互作用的整体。基于以上前提,帮助信息网络犯罪活动罪与掩饰、隐瞒犯罪所得、犯罪所得收益罪与诈骗罪的界限,以信用卡为例,可做如下区分:(1)明知他人实施电信网络诈骗犯罪,参加诈骗团伙或者与诈骗团伙之间形成较为稳定的配合关系,长期为他人提供信用卡或者转账取现的,可以诈骗罪论处。(2)行为人向他人出租、出售信用卡后,在明知是犯罪所得及其收益的情况下,又代为转账、套现、取现等,或者为配合他人转账、套现、取现而提供刷脸等验证服务的,可以掩饰、隐瞒犯罪所得、犯罪所得收益罪论处。(3)明知他人利用信息网络实施犯罪,仅向他人出租、出售信用卡,未实施其他行为,达到情节严重标准的,可以帮助信息网络犯罪活动罪论处。

第二,电信诈骗中,“黑吃黑”行为的认定。“黑吃黑”又称为“掐卡”,具体而言,是指行为人在出售、出租银行卡后,另起犯意,通过直接转账或者取现、挂失取现、更改密码等方式,将流入银行卡内的资金据为己有。实务见解认为,对于“黑吃黑”的行为,应当根据刑法规定,综合判断财产占有关系、取财手段、主观故意,按照主客观相一致原则予以认定。行为人出租、出售自己的银行卡给他人使用之后,其虽然仍然是“名义持卡人”,但实际上已经将银行卡的占有、使用权让渡给了实际使用人,银行卡实际使用人已经成为卡内资金的占有人,行为人另起犯意,通过挂失补卡、更改密码等方式,在用卡人不知情的情况下截留卡内资金的行为,系行为人将用卡人对卡内资金的占有转为己有,符合盗窃罪的构成要件。同时,财产犯罪并不限定相关财物的性质必须是他人合法占有,即便是赃款赃物,也仍可以作为盗窃罪的对象。行为人在出售、出租银行卡之后,另起犯意,截留卡内资金的场合,如果行为人之前出售、出租银行卡的行为已达到帮助信息网络犯罪活动罪的入罪标准,且之后另起犯意截留卡内资金的行为达到盗

---

〔57〕 2022 年最高人民法院刑事审判第三庭、最高人民检察院第四检察厅、公安部刑事侦查局《关于“断卡”行动中有关法律适用问题的会议纪要》第 5、6、7、8 条。

窃罪的入罪标准,对行为人应以帮助信息网络犯罪活动罪和盗窃罪数罪并罚。

第三,电信网络诈骗数额的查证。针对行为人在境外对境内的被害人进行电信网络诈骗,数额难以认定的问题,2021 年最高人民法院、最高人民检察院、公安部联合发布的《关于办理电信网络诈骗等刑事案件适用法律若干问题的意见(二)》第 3 条规定,有证据证实行为人参加境外诈骗犯罪集团或犯罪团伙,在境外针对境内居民实施电信网络诈骗犯罪行为,诈骗数额难以查证,但 1 年内出境赴境外诈骗犯罪窝点累计时间 30 日以上或多次出境赴境外诈骗犯罪窝点的,以诈骗罪依法追究刑事责任。在适用这一规定时,要注意把握以下三个要求:(1)有证据证明行为人参加了境外电信网络诈骗犯罪集团或犯罪团伙,且在境外针对境内居民实施了具体的诈骗犯罪行为;(2)行为人 1 年内出境赴境外诈骗犯罪窝点累计 30 日以上,应当从行为人实际加入境外诈骗犯罪窝点的日期开始计算时间;(3)诈骗数额难以查证,是指基于客观困难,确实无法查清行为人实施诈骗的具体数额。在办案中,应当首先全力查证具体诈骗数额;在诈骗数额难以查清的情况下,还应当查证发送诈骗信息条数和拨打诈骗电话次数,如二者均无法查明,才适用该条规定。

第四,收购、出售、出租信用卡的行为,可否以窃取、收买、非法提供信用卡信息罪追究刑事责任的问题。《刑法修正案(五)》设立了窃取、收买、非法提供信用卡信息罪,主要考虑是:利用信用卡信息资料复制磁条卡的问题在当时比较突出,严重危害持卡人的财产安全和国家金融安全,故设立本罪,相关司法解释将本罪入罪门槛规定为 1 张(套)信用卡。其中的"信用卡信息资料",是指用于伪造信用卡的电子数据等基础信息,如有关发卡行代码、持卡人账户、密码等内容的加密电子数据。在"断卡"行动破获的此类案件中,行为人非法交易信用卡的主要目的在于直接使用信用卡,而非利用其中的信息资料伪造信用卡。故当前办理"断卡"行动中的此类案件,一般不以窃取、收买、非法提供信用卡信息罪追究刑事责任。

第五,收购、出售、出租信用卡"四件套"行为的处理。行为人收购、出售、出租信用卡"四件套"(一般包括信用卡、身份信息、U 盾、网银),数量较大的,可能同时构成帮助信息网络犯罪活动罪、妨害信用卡管理罪等。"断卡"行动中破获的此类案件,行为人收购、出售、出租的信用卡"四件套",主要流向电信网络诈骗犯罪团伙或人员手中,用于非法接收、转移诈骗资金,一般以帮助信息网络犯罪活动罪论处。对于涉案信用卡"四件套"数量巨大,同时符合妨害信用卡管理罪构成要件的,择一重罪论处。

关于本罪的处罚,按照刑法第 287 条之二的规定,犯本罪的,处 3 年以下有期徒刑或者拘役,并处或者单处罚金。单位犯本罪的,对单位判处罚金,并对其直接负责的主管人员和其他直接责任人员,依照自然人犯罪的规定处罚。犯本罪同时构成其他犯罪的,依照处罚较重的规定定罪处罚。综合考虑社会危害程度、认罪悔罪态度等情节,认为犯罪情节轻微的,可以不起诉或者免予刑事处罚;情节显著轻微危害不大的,不以犯罪论处。多次拒不履行信息网络安全管理义务、非法利用信息网络、帮助信息网络犯罪活动构成犯罪,依法应当追诉的,或者 2 年内多次实施前述行为未经处理的,数量或者数额累计计算。对于实施《关于"断卡"行动中有关法律适用问题会议纪要》规定的犯罪被判处刑罚的,可以根据犯罪情况和预防再犯罪的需要,依法宣告职业禁止;被判处管制、宣告缓刑的,可以根据犯罪情况,依法宣告禁止令。对于实施该解释规定的犯罪的,应当综合考虑犯罪的危害程度、违法所得数额以及被告人的前科情况、认罪悔罪态度等,依法判处罚金。

二十六、扰乱无线电通讯管理秩序罪

本罪,是指违反国家规定,擅自设置、使用无线电台(站),或者擅自使用无线电频率,干扰无线电通讯秩序,情节严重的行为。

本罪行为是,违反国家有关规定即违反了国家关于无线电台(站)或频率设置或使用的规定,实施擅自设置、使用无线电台(站),或者擅自占用无线电频率,干扰无线电通讯正常进行的行为。“擅自设置、使用无线电台(站),或者擅自使用无线电频率,干扰无线电通讯秩序”,是指未经批准设置无线电广播电台(以下简称“黑广播”),非法使用广播电视专用频段的频率;未经批准设置通信基站(以下简称“伪基站”),强行向不特定用户发送信息,非法使用公众移动通信频率;未经批准使用卫星无线电频率;非法设置、使用无线电干扰器;其他擅自设置、使用无线电台(站),或者擅自使用无线电频率,干扰无线电通讯秩序的情形。[58]

成立本罪,必须达到情节严重的程度。情节严重,主要是指严重干扰无线电通信秩序;给国家、集体或者个人造成严重经济损失;等等。按照相关司法解释,[59]具有下列情形之一的,应当认定为“情节严重”:(1)影响航天器、航空器、铁路机车、船舶专用无线电导航、遇险救助和安全通信等涉及公共安全的无线电频率正常使用的;(2)自然灾害、事故灾难、公共卫生事件、社会安全事件等突发事件期间,在事件发生地使用“黑广播”“伪基站”的;(3)举办国家或者省级重大活动期间,在活动场所及周边使用“黑广播”“伪基站”的;(4)同时使用3个以上“黑广播”“伪基站”的;(5)“黑广播”的实测发射功率500瓦以上,或者覆盖范围10公里以上的;(6)使用“伪基站”发送诈骗、赌博、招嫖、木马病毒、钓鱼网站链接等违法犯罪信息,数量在5000条以上,或者销毁发送数量等记录的;(7)雇佣、指使未成年人、残疾人等特定人员使用“伪基站”的;(8)违法所得3万元以上的;(9)曾因扰乱无线电通讯管理秩序受过刑事处罚,或者2年内曾因扰乱无线电通讯管理秩序受过行政处罚,又实施刑法第288条规定的行为的;(10)其他情节严重的情形。

在本罪的适用中,应当注意以下问题:

第一,注意罪数的问题。根据2000年5月12日最高人民法院《关于审理扰乱电信市场管理秩序案件具体应用法律若干问题的解释》第5条的规定,违反国家规定,擅自设置、使用无线电台(站),或者擅自占用频率,非法经营国际电信业务或者涉港澳台电信业务进行营利活动,同时构成非法经营罪和刑法第288条规定的扰乱无线电通讯管理秩序罪的,依照处罚较重的规定定罪处罚。同时,根据2007年6月26日最高人民法院《关于审理危害军事通信刑事案件具体应用法律若干问题的解释》第6条第4款的规定,违反国家规定,擅自设置、使用无线电台、站,或者擅自占用频率,经责令停止使用后拒不停止使用,干扰无线电通讯正常进行,构成犯罪的,依照刑法第288条即扰乱无线电通讯管理秩序罪的规定定罪处罚;造成军事通信中断或者严重障碍,同时构成刑法第288条、第369条第1款规定的犯罪即破坏军事通信罪的,依照处罚较重的规定定罪处罚。

第二,对案件所涉的有关专门性问题难以确定的,依据司法鉴定机构出具的鉴定意见,或

---

〔58〕 2017年最高人民法院、最高人民检察院《关于办理扰乱无线电通讯管理秩序等刑事案件适用法律若干问题的解释》第1条。

〔59〕 2017年最高人民法院、最高人民检察院《关于办理扰乱无线电通讯管理秩序等刑事案件适用法律若干问题的解释》第2条。

者下列机构出具的报告，结合其他证据作出认定：(1)省级以上无线电管理机构、省级无线电管理机构依法设立的派出机构、地市级以上广播电视主管部门就是否系“伪基站”“黑广播”出具的报告；(2)省级以上广播电视主管部门及其指定的检测机构就“黑广播”功率、覆盖范围出具的报告；(3)省级以上航空、铁路、船舶等主管部门就是否干扰导航、通信等出具的报告。对移动终端用户受影响的情况，可以依据相关通信运营商出具的证明，结合被告人供述、终端用户证言等证据作出认定。[60]

依照刑法第288条的规定，犯本罪的，处3年以下有期徒刑、拘役或者管制，并处或者单处罚金；情节特别严重的，处3年以上7年以下有期徒刑，并处罚金。单位犯本罪的，对单位判处罚金，并对其直接负责的主管人员和其他直接责任人员，依照自然人犯本罪的规定处罚。

“情节特别严重”，是指擅自设置、使用无线电台(站)，或者擅自使用无线电频率，干扰无线电通讯秩序，具有下列情形之一的：(1)影响航天器、航空器、铁路机车、船舶专用无线电导航、遇险救助和安全通信等涉及公共安全的无线电频率正常使用，危及公共安全的；(2)造成公共秩序混乱等严重后果的；(3)自然灾害、事故灾难、公共卫生事件和社会安全事件等突发事件期间，在事件发生地使用“黑广播”“伪基站”，造成严重影响的；(4)对国家或者省级重大活动造成严重影响的；(5)同时使用10个以上“黑广播”“伪基站”的；(6)“黑广播”的实测发射功率3000瓦以上，或者覆盖范围20公里以上的；(7)违法所得15万元以上的；(8)其他情节特别严重的情形。[61]

为合法经营活动，使用“黑广播”“伪基站”或者实施其他扰乱无线电通讯管理秩序的行为，构成扰乱无线电通讯管理秩序罪，但不属于“情节特别严重”，行为人系初犯，并确有悔罪表现的，可以认定为情节轻微，不起诉或者免予刑事处罚；确有必要判处刑罚的，应当从宽处罚。[62]

二十七、聚众扰乱社会秩序罪

本罪，是指聚众扰乱社会秩序，情节严重，致使工作、生产、营业和教学、科研、医疗无法进行，造成严重损失的行为。

本罪在客观上表现为：(1)聚众扰乱社会秩序，情节严重。所谓聚众，就是由首要分子纠集不特定的多数人于一定时间聚集在同一地点。至于纠集多少人才算聚众，没有规定标准，一般来说，最少是3人。所谓扰乱社会秩序，具体来说，就是对特定的企事业单位、社会团体的工作、生产、营业、教学、科研、医疗秩序进行破坏、干扰。例如，聚众侵入、占领上述组织的工作场所、封闭其出入通道、进行纠缠、哄闹、辱骂等。由于刑法中专门规定有聚众冲击国家机关罪，因此，本罪的对象中不包括党政机关的秩序。所谓“情节严重”，是指“聚众扰乱社会秩序的行为”本身，必须达到情节严重的程度。对其评价，应当综合各方面的因素，除考虑对聚众扰乱

---

〔60〕 2017年最高人民法院、最高人民检察院《关于办理扰乱无线电通讯管理秩序等刑事案件适用法律若干问题的解释》第9条。

〔61〕 2017年最高人民法院、最高人民检察院《关于办理扰乱无线电通讯管理秩序等刑事案件适用法律若干问题的解释》第3条。

〔62〕 2017年最高人民法院、最高人民检察院《关于办理扰乱无线电通讯管理秩序等刑事案件适用法律若干问题的解释》第8条。

行为本身的评价,即聚众扰乱行为持续的时间长、聚集的人数多、规模大等之外,还应当包括聚众的原因以及所追求的目标等。对于那些有正当理由,如下岗职工因为生活困难,或者农民对于拆迁补偿等有意见而到有关机关单位门口聚众,表达自己意愿的,目的也仅仅是解决自己的合理诉求,而没有其他过分要求的,即便在聚众过程中,有时间长、规模大等客观情节,也不能评价为"情节严重"。(2)致使工作、生产、营业和教学、科研、医疗无法进行,造成严重损失。所谓严重损失,与上述"情节严重"不同,其是指聚众扰乱秩序行为所造成的后果,即因行为人的聚众扰乱社会秩序的行为导致生产、营业等部门较长时间不能正常生产或营业,从而造成了经营损失;导致教学、研究部门不能正常进行教学、研究工作,从而严重阻滞了教学、研究工作;等等。以上两方面的内容必须同时具备,否则就不能满足本罪客观方面的要求。在特定场所实施犯罪行为,如在天安门广场、中南海地区、党和国家领导人住地、国家重大活动举办场馆、中央国家机关所在地、中央军委大楼、中央主要新闻单位办公场所、外国驻华使领馆、国宾下榻处等非信访场所实施的聚众扰乱秩序行为,在认定"造成严重损失""情节严重""造成严重后果""造成公共场所秩序严重混乱""情节恶劣"等入罪情节时,要将上述场所作为重要考虑因素。[63]

在本罪处理过程中,应当注意以下问题:

第一,应当注意本罪与破坏生产经营罪的区别。尽管从现象上看,二者在保护法益、客观表现、故意内容以及犯罪成立标准方面均有不同,但实际上,如在行为人出于对动物园泄愤报复的目的,以爱护动物、反对杀狗为借口,网上发帖招集众人,在某动物园门口聚集,堵塞进出动物园的各个路口,使动物园工作人员两天无法上班,经营活动受到重大影响的场合,恐怕很难说清这种行为到底是聚众扰乱社会秩序罪还是破坏生产经营罪。因此,聚众扰乱经营单位的社会秩序,情节严重,造成严重后果的,可以看作聚众扰乱社会秩序罪和破坏生产经营罪的想象竞合犯,按照从一重处断的原则处理。

第二,在信访活动中或者以信访为名,在各级党委、人大、政协、行政、监察、审判、检察、军事机关,厂矿、商场等企业单位,学校、医院、报社、电视台、科研院所等事业单位,工会、妇联等社会团体单位,机场、车站、码头等重要交通场站,或者在上述场所周边的其他公共场所,聚众实施统一着装、佩戴统一标识、静坐滞留、张贴散发材料、喊口号、打横幅、穿状衣等行为,或者实施跳楼、服毒等自杀、自伤行为以及扬言实施自杀、自伤行为,情节严重,致使工作、生产、营业和教学、科研、医疗活动无法进行,造成严重损失的,或者在外国使领馆区、国际组织驻华机构所在地实施静坐、张贴、散发材料,呼喊口号,打横幅,穿着状衣、出示状纸等行为或者非法聚集的,符合刑法第290条第1款规定的,对首要分子和其他积极参加者,以聚众扰乱社会秩序罪定罪处罚。[64]

第三,应当注意罪与非罪的界限。根据2013年公安部《关于公安机关处置信访活动中违法犯罪行为适用法律的指导意见》第4条第6款的规定,实施跳河、跳楼、跳桥、攀爬建筑物、铁塔、烟囱、树木或者其他自伤、自杀、自残行为,制造社会影响的,应当积极组织解救。符合刑法第290条第1款规定的,对首要分子和其他积极参加者,以本罪追究刑事责任。但本书对此持

---

〔63〕 2019年最高人民法院、最高人民检察院、公安部《关于依法处理信访活动中违法犯罪行为的指导意见》第1条第8款。

〔64〕 2019年最高人民法院、最高人民检察院、公安部《关于依法处理信访活动中违法犯罪行为的指导意见》第1条第1款第1项。

商榷态度。认为对于那些为了实现自己个人的某种目的,以跳桥或者跳楼为手段,吸引众人围观的行为,即便扰乱了公共场所的秩序,也不要轻易地以本罪定罪处罚。该行为并不符合本罪的犯罪构成。因为,在这种场合,行为人自始至终都是一个人在行动,而没有纠集其他人一起上桥或者上楼,谈不上有"聚众"的行为。该行为或许引起了很多人的围观,扰乱了公共场所的秩序,但并非行为人所有意召集的。反之,如果说这种场合下,也属于"聚众"的话,则其中的"众"只能是指那些围观者甚至包括那些前来营救他的警察。围观者和警察显然是没有扰乱公共秩序的故意的。如果说行为人涉嫌扰乱公共秩序犯罪,则那些围观者至少都应当接受治安管理处罚,但这是谁都接受不了的。因为,很多人的围观只是因为在谴责跳桥或者跳楼者。因此,只有在不仅有"跳桥或者跳楼",而且还有"致使工作、生产、营业和教学、科研、医疗无法进行,造成严重损失"的场合,才有可能作为本罪处理。

依照刑法第 290 条第 1 款的规定,犯本罪的,对首要分子,处 3 年以上 7 年以下有期徒刑;对其他积极参加的,处 3 年以下有期徒刑、拘役、管制或者剥夺政治权利。

二十八、聚众冲击国家机关罪

本罪,是指聚众冲击国家机关,致使国家机关工作无法进行,造成严重损失的行为。

所谓国家机关,是指从事国家管理和行使国家权力的机关,包括国家权力机关、行政机关和司法机关。国家权力机关,是指全国人民代表大会及其常务委员会、地方各级人民代表大会及其常务委员会和各专门委员会及其办事机构。国家行政机关,是指国务院及其所属各部、委各直属机构和办事机构;派驻国外的大使馆、代办处、领事馆和其他办事机构;地方各级人民政府及其所属的各工作部门;地方各级人民政府的派出机构,如公安局派出所、乡镇工商所、税务所等;其他国家行政机关,如海关、商品检验局、劳改局(处)、公安消防队、看守所、监狱、基层税务所、财政驻厂员、市场管理所等。国家审判机关,指最高人民法院,地方各级人民法院,专门人民法院和派出的人民法庭;国家检察机关,指最高人民检察院,地方各级人民检察院,专门人民检察院和派出机关。

本罪在行为方式上是"聚众冲击",即首要分子聚集众人,冲撞或包围国家机关,强行进入国家机关或堵塞国家机关通道以及占据国家机关办公场所等行为。"冲击"一词,表明本罪的实行行为带有强烈的暴力色彩,或者说是以暴力行为为支撑;而聚众扰乱社会秩序罪的行为形式则是"聚众扰乱",即聚集众人进行干扰,其暴力色彩明显较弱。因此,在聚集众人围攻国家机关的场合,一般来说,如果围攻行为具有明显的暴力色彩的话,就是聚众冲击国家机关罪;否则,就是聚众扰乱社会秩序罪。在各级党委、人大、政协、行政、监察、审判、检察、军事机关,聚众实施强行冲闯、围堵大门通道,围攻、辱骂工作人员,强占办公场所,投掷石块杂物等冲击国家机关行为,致使国家机关工作无法进行,造成严重损失的,对首要分子和其他积极参加者,以聚众冲击国家机关罪定罪处罚。[65]

依照刑法第 290 条第 2 款的规定,犯本罪的,对首要分子,处 5 年以上 10 年以下有期徒刑;对其他积极参加的,处 5 年以下有期徒刑、拘役、管制或者剥夺政治权利。

---

〔65〕 2019 年最高人民法院、最高人民检察院、公安部《关于依法处理信访活动中违法犯罪行为的指导意见》第 1 条第 1 款第 2 项。

二十九、扰乱国家机关工作秩序罪

本罪,是指多次扰乱国家机关工作秩序,经行政处罚后仍不改正,造成严重后果的行为。

本罪所针对的是非聚众扰乱国家机关工作秩序的行为,换言之,个人也能构成本罪。其中,"国家机关",参见前述相关说明;"多次",通常来说,是指1年之内3次以上;所谓"造成严重后果",除了造成国家机关人力或者物力的损失之外,导致某机关无法正常工作长达1个工作日的,也可能会被认定为造成严重后果。个人多次扰乱国家机关的工作秩序,经行政处罚后仍不改正,造成严重后果的,以扰乱国家机关工作秩序罪定罪处罚。

按照刑法第290条第3款的规定,犯本罪的,处3年以下有期徒刑、拘役或者管制。

三十、组织、资助非法聚集罪

本罪,是指多次组织、资助他人非法聚集,扰乱社会秩序,情节严重的行为。

这里的"多次",也应当理解为1年内3次以上;所谓组织,就是将众人召集聚集在一起;所谓资助,就是为他人提供财力、物力上的支持;所谓非法,是指行为没有法律法规依据。但问题是,现行法律法规并未规定聚集需要行政审批。因此,仅仅是组织、资助他人聚集还不够,还必须达到"扰乱社会秩序,情节严重"的程度,才能成立本罪。多次组织、资助他人到各级党委、人大、政协、行政、监察、审判、检察、军事机关,厂矿、商场等企业单位,学校、医院、报社、电视台、科研院所等事业单位,工会、妇联等社会团体单位,机场、车站、码头等重要交通场站,或者到上述场所周边的其他公共场所,非法聚集,扰乱社会秩序,情节严重的,以组织、资助非法聚集罪定罪处罚。[66]

依照刑法第294条第4款的规定,犯本罪的,处3年以下有期徒刑、拘役或者管制。

三十一、聚众扰乱公共场所秩序、交通秩序罪

本罪,是指聚众扰乱车站、码头、民用航空站、商场、公园、影剧院、展览会、运动场或者其他公共场所秩序,聚众堵塞交通或者破坏交通秩序,抗拒、阻碍国家治安管理工作人员依法执行职务,情节严重的行为。

在本罪的认定中,应当注意以下问题:

1. 注意区分罪与非罪的界限。根据2013年公安部《关于公安机关处置信访活动中违法犯罪行为适用法律的指导意见》第4条第6款规定,实施跳河、跳楼、跳桥、攀爬建筑物、铁塔、烟囱、树木或者其他自伤、自杀、自残行为,制造社会影响的,应当积极组织解救。符合刑法第290条第1款规定的,对首要分子和其他积极参加者,以本罪追究刑事责任。但是,对此应当这样理解,只有在不仅有"跳桥或者跳楼",而且还有"抗拒、阻碍国家治安管理工作人员依法执行职务,情节严重"的场合,才有可能作为本罪处理。

2. 注意区分本罪与扰乱社会秩序罪的界限。二者的区别在于:(1)行为所发生地点不同。本罪的地点是车站、码头、民用航空站、商场、公园、影剧院、展览馆、运动场等公共场所,而后罪则主要发生于企业、事业单位和人民团体所在地。(2)主体范围不同。本罪主体仅限于首要分子,而后罪主体除首要分子之外,还包括积极参加者。

---

[66] 2019年最高人民法院、最高人民检察院、公安部《关于依法处理信访活动中违法犯罪行为的指导意见》第1条第2款。

依照刑法第291条的规定，犯本罪的，对首要分子，处5年以下有期徒刑、拘役或者管制。

三十二、投放虚假危险物质罪

本罪，是指投放虚假的爆炸性、毒害性、放射性、传染病病原体等物质，严重扰乱社会秩序的行为。

本罪在客观方面表现为投放虚假的爆炸性、毒害性、放射性、传染病病原体等物质，严重扰乱社会秩序。因此，成立本罪必须满足以下条件：(1)要有投放行为。所谓投放，就是投入、放置，即采取各种措施将虚假的危险物质置于人们生活、工作、学习的社会环境。(2)投放的必须是虚假的爆炸性、毒害性、放射性、传染病病原体等物质。所谓虚假，是指并非真实。在投放之后，行为人必须采用各种方式，让他人知悉自己投放了这种危险物质，或者至少在外观上必须让人能够误以为是“爆炸性、毒害性、放射性、传染病病原体等物质”。否则，便难以产生严重扰乱社会秩序的后果。(3)严重扰乱社会秩序。这是认定是否成立本罪的关键。所谓严重扰乱社会秩序，是指社会秩序受到干扰、破坏，达到严重的程度。包括：如因行为人投放虚假危险物质而导致机关、团体、企事业单位正常的工作、生产、经营等秩序被迫非短时间地停止或中断(一般在1小时以上)；引起了一定区域内的社会公众心理恐慌，感到自身安全受到威胁，无法正常地生活和工作；致使公安、武警、卫生检疫等国家职能机关的正常工作秩序被严重干扰、破坏，如公安机关出动大量警员对可疑区域进行查爆排险；引起一定范围内(如行为人在公众集会、节日游园会等人群聚集的公共场所)的社会秩序大乱，造成人员踩踏死伤；行为人实施的投放虚假危险物质的行为在社会上引起极度恐慌，致使工作、生产、营业和教学、科研无法正常进行，造成重大经济损失，等等。由于“严重扰乱社会秩序”的后果比较抽象，因此，在认定上，必须具体化，“应当结合行为对正常的工作、生产、生活、经营、教学、科研等秩序的影响程度、对公众造成的恐慌程度以及处置情况等因素进行综合分判断”。[67]

依照刑法第291条之一的规定，犯本罪的，处5年以下有期徒刑、拘役或者管制；造成严重后果的，处5年以上有期徒刑。

三十三、编造、故意传播虚假恐怖信息罪

本罪，是指编造爆炸威胁、生化威胁、放射威胁等恐怖信息，或者明知是编造的恐怖信息而故意传播，严重扰乱社会秩序的行为。

本罪的行为包括两种：一是自己编造，即无中生有、凭空捏造；二是故意传播，即明知是他人编造的虚假恐怖信息而让其他不特定的多数人知道。“虚假恐怖信息”，是指以发生爆炸威胁、生化威胁、放射威胁、劫持航空器威胁、重大灾情、重大疫情等严重威胁公共安全的事件为内容，可能引起社会恐慌或者公共安全危机的不真实信息。在其认定上，必须注意以下两点：

1.“恐怖”。按照刑法第291条之一的规定，虚假恐怖信息有三种，但这只是一种列举式规定，并不意味着恐怖信息仅限于这三类信息。一般来说，只要满足了以下三个条件的都可以认定为本罪的“恐怖信息”：(1)可感性，即需要被足够多人知道。如果只是在自家屋内大声叫嚷有人要炸毁某幢大楼，就难以说是编造虚假恐怖信息。(2)可信性或者说误导性，即需要使

---

〔67〕 卫学臣编造虚假恐怖信息案，最高人民检察院指导性案例第10号；张明楷：《刑法学》(第6版)，法律出版社2021年版，第1392页。

人相信它们是真的。一般来说,虚假的事物都具有一定的欺骗性,但也不尽然,因为太假反而让人一眼看穿,当然也就不可能起到误导的作用。比如,有的邪教组织谣言“地球即将爆炸”,因其不可信,不可能成为“恐怖信息”。(3)紧迫性,即其预报的“危险”往往一触即发,人们在极短的时间内根本来不及判断真假,对避免“灾难”的可能性严重缺乏信心,因而陷于高度恐惧之中。并非所有能够引起社会恐慌、引发公共安全危机的信息都属于“恐怖信息”;只有内容是严重威胁公共安全的事件;可能引起公众恐慌的信息才是“恐怖信息”。例如,“燃气将爆炸”“发生地震”“飞机上有炸弹”等,属于恐怖信息;而“盐将售罄”“绿豆价格暴涨”“明天起公交停运”等信息,不属于虚假恐怖信息。例如,处于地震刚发生的特殊时期,再编造并传播虚假的余震信息,就会使人们根本来不及判断真假,很多人会采取宁可信其有不可信其无的态度,陷于高度恐慌之中。总之,编造、故意传播“虚假的”恐怖信息危害社会的本质就在于,它以令人可信的面目出现而被足够多人接受并令人感到恐怖,从而导致不必要的社会恐慌。〔68〕

2.“虚假”。这里的虚假,是对行为人主观认识的评价,即行为人自己认为是虚假的。因此,在行为人真的发生了认识错误,将虚假的恐怖信息当作真实的恐怖信息加以传播的场合,即便客观上导致传播虚假恐怖信息的效果,但由于行为人缺乏本罪的故意,因此,也不能成立本罪。相反地,在误把真实的恐怖信息当做虚假的来传播的场合,由于该行为不可能产生“严重扰乱社会秩序”的后果,因此,也难以成立本罪。

编造、故意传播虚假恐怖信息的行为,必须达到严重扰乱社会秩序的程度,才能成立犯罪。“严重扰乱社会秩序”,按照有关司法解释,〔69〕是指编造、故意传播虚假恐怖信息,具有下列情形之一:(1)致使机场、车站、码头、商场、影剧院、运动场馆等人员密集场所秩序混乱,或者采取紧急疏散措施的;(2)影响航空器、列车、船舶等大型客运交通工具正常运行的;(3)致使国家机关、学校、医院、厂矿企业等单位的工作、生产、经营、教学、科研等活动中断的;(4)造成行政村或者社区居民生活秩序严重混乱的;(5)致使公安、武警、消防、卫生检疫等职能部门采取紧急应对措施的;(6)其他严重扰乱社会秩序的。例如,拨打“110”报警,谎称体育馆内有炸弹,造成公安机关出动多名警力赶赴现场进行排查,并疏散体育馆内群众200余人的行为;拨打“110”报警电话,编造在某派出所内装了炸弹,会在15分钟后爆炸的虚假恐怖信息,造成公安机关出动大量警力对派出所及周边进行排查的行为;拨打机场客服投诉电话,谎称当天起飞的某航班上有爆炸物,导致该航班紧急备降,其他9个航班紧急避让,备降机场启动二级应急响应程序,调动消防、武警等多个部门200余人到现场应急处置,航空公司为运送滞留在机场的乘客,临时增加2个航班,造成直接经济损失17万余元的行为,都被认定为编造、故意传播虚假恐怖信息罪。

依照刑法第291条之一的规定,犯本罪的,处5年以下有期徒刑、拘役或者管制;造成严重后果的,处5年以上有期徒刑。按照相关司法解释,〔70〕编造、故意传播虚假恐怖信息,严重扰乱社会秩序,具有下列情形之一的,应当依照刑法第291条之一的规定,在5年以下有期徒刑范围内酌情从重处罚:(1)致使航班备降或返航;或者致使列车、船舶等大型客运交通工具中断运行的;(2)多次编造、故意传播虚假恐怖信息的;(3)造成直接经济损失20万元以上的;

---

〔68〕 覃剑锋、安军:《认定编造、故意传播虚假恐怖信息罪应注意的两个问题》,载《人民法院报》2008年7月9日。

〔69〕 2013年最高人民法院《关于审理编造、故意传播虚假恐怖信息刑事案件适用法律若干问题的解释》第2条。

〔70〕 2013年最高人民法院《关于审理编造、故意传播虚假恐怖信息刑事案件适用法律若干问题的解释》第3、4条。

(4)造成乡镇、街道区域范围居民生活秩序严重混乱的;(5)具有其他酌情从重处罚情节的。编造、故意传播虚假恐怖信息,严重扰乱社会秩序,具有下列情形之一的,应当认定为刑法第291条之一的“造成严重后果”,处5年以上有期徒刑:(1)造成3人以上轻伤或者1人以上重伤的;(2)造成直接经济损失50万元以上的;(3)造成县级以上区域范围居民生活秩序严重混乱的;(4)妨碍国家重大活动进行的;(5)造成其他严重后果的。对于编造虚假恐怖信息造成有关部门实施人员疏散,引起公众极度恐慌的,或者致使相关单位无法正常营业,造成重大经济损失的,应当认定为“造成严重后果”。以编造虚假恐怖信息的方式,实施敲诈勒索等其他犯罪的,应当根据案件事实和证据情况,择一重罪处断。

另据最高人民法院、最高人民检察院《关于办理妨害预防、控制突发传染病疫情等灾害的刑事案件具体应用法律若干问题的解释》第10条第1款规定,编造与突发传染病疫情等灾害有关的恐怖信息,或者明知是编造的此类恐怖信息而故意传播,严重扰乱社会秩序的,依照刑法第291条之一的规定,以编造、故意传播虚假恐怖信息罪定罪处罚。

在本司法解释的适用过程中,要注意并非所有能够引起社会恐慌、引发公共安全危机的与突发传染病疫情等灾害有关的恐怖信息都属于“恐怖信息”;只有内容是严重威胁公共安全的事件;可能引起公众恐慌的信息才是“恐怖信息”。这一点,从2020年2月6日最高人民法院、最高人民检察院、公安部、司法部《关于依法惩治妨害新型冠状病毒感染肺炎疫情防控违法犯罪的意见》的相关规定就能看出。该意见第2条第1款规定,只有“已经确诊的新型冠状病毒感染肺炎病人、病原携带者,拒绝隔离治疗或者隔离期未满擅自脱离隔离治疗,并进入公共场所或者公共交通工具的”,或者“新型冠状病毒感染肺炎疑似病人拒绝隔离治疗或者隔离期未满擅自脱离隔离治疗,并进入公共场所或者公共交通工具,造成新型冠状病毒传播的”,才能依照刑法第114条、第115条第1款的规定,以以危险方法危害公共安全罪定罪处罚。换言之,在司法解释看来,能够构成危害公共安全的,只能是已经“确诊的新型冠状病毒感染病人、病原携带者”,以及“新型冠状病毒感染疑似病人”,而将谎称“具有武汉留居史”,但实际上并没有去过武汉的人,直接和“确诊的新型冠状病毒感染病人、病原携带者”,以及“新型冠状病毒感染疑似病人”同等对待,将具有“武汉留居史”的谎言认定为“恐怖信息”,是不妥当的。

三十四、编造、故意传播虚假信息罪

本罪,是指编造虚假的险情、疫情、灾情、警情,在信息网络或者其他媒体上传播,或者明知是上述虚假信息,故意在信息网络或者其他媒体上传播,严重扰乱社会秩序的行为。

本罪是处罚有关编造、故意传播虚假恐怖信息之外的虚假信息行为的规定。包括两种行为方式:(1)编造即无中生有、凭空捏造虚假的险情、疫情、灾情、警情,在信息网络或者其他媒体上传播;(2)明知是上述虚假信息,故意在信息网络或者其他媒体上传播即让其他不特定的多数人知道。因此,在新冠疫情期间,被告人在医院急诊科就诊时,谎称自己近期从武汉返回。当医院工作人员将被告人带至发热门诊进行隔离检查时,其擅自离开,致使公安、防疫等部门采取紧急应对措施,严重扰乱社会秩序的场合,由于被告人只是编造了虚假信息,并在当地医院急诊科和传染病疾控中心向医生进行虚假陈述,并没有在“信息网络或者其他媒体上”传播,不符合本罪的成立要件,因此,难以认定其行为构成“编造、故意传播虚假信息罪”。

成立本罪,也必须达到严重扰乱社会秩序的程度。关于严重扰乱社会秩序的理解,可以参考《关于审理编造、故意传播虚假恐怖信息刑事案件适用法律若干问题的解释》第2条的规

定,即编造、故意传播虚假信息,具有下列情形之一:(1)致使机场、车站、码头、商场、影剧院、运动场馆等人员密集场所秩序混乱,或者采取紧急疏散措施的;(2)影响航空器、列车、船舶等大型客运交通工具正常运行的;(3)致使国家机关、学校、医院、厂矿企业等单位的工作、生产、经营、教学、科研等活动中断的;(4)造成行政村或者社区居民生活秩序严重混乱的;(5)致使公安、武警、消防、卫生检疫等职能部门采取紧急应对措施的;(6)其他严重扰乱社会秩序的。

依照刑法第 291 条之一第 2 款的规定,犯本罪的,处 3 年以下有期徒刑、拘役或者管制;造成严重后果的,处 3 年以上 7 年以下有期徒刑。

三十五、高空抛物罪

本罪,是指从建筑物或者其他高空抛掷物品,情节严重的行为。

近年来,高空抛物、坠物事件不断发生,严重危害公共安全,侵害人民群众合法权益,影响社会和谐稳定。为此,2019 年 10 月 21 日最高人民法院专门发布了《关于依法妥善审理高空抛物、坠物案件的意见》,认为故意从高空抛弃物品,尚未造成严重后果,但足以危害公共安全的,依照刑法第 114 条规定的以危险方法危害公共安全罪定罪处罚;致人重伤、死亡或者使公私财产遭受重大损失的,依照刑法第 115 条第 1 款的规定处罚。为伤害、杀害特定人员实施上述行为的,依照故意伤害罪、故意杀人罪定罪处罚。但上述规定,仅仅是在高空抛物造成了实害后果情形下的处理。

本罪是有关高空抛物行为的预防性规定,即便没有造成实害后果,也可能构成犯罪。本罪适用当中,关键是对有关"高空"的理解。有观点认为,成立本罪中的"建筑物",必须具备"高空"的特性,如果从一个建筑物的一层或者较低的楼层抛掷物品,就不符合"高空"的要求。[71] 这是过于机械僵化的理解。按照这种观点,从山脚向有人的山顶或者半山腰投掷石头的行为,从公园的平地向天空抛掷酒瓶的行为,尽管都有妨害社会管理秩序、侵害他人人身、财产法益之嫌,但却无从涵盖在本罪的处罚范围之内,形成明显的处罚漏洞。因此,从完整地理解本罪的立法目的的角度出发,高空抛物,理解为向高空抛物的行为即可。[72] "抛掷"行为的场所应做广义理解,除了从建筑物或者其他高处抛掷物品之外,还包括从低处向高空抛掷物品的行为。"抛掷"物品的方式,仅指以投、扔等作为方式丢弃、处置物品,不包括无意中使物品从高处坠落的情形。[73] 所抛掷的物品,不限于固体物,污水或者其他液体等也包括在内。当然,从行为性质上看,完全不能造成人身伤害或者财产损失的物品,如纸片、布片等,不包括在内。"情节严重",通常是指,具有下列情形之一:(1)多次实施的;(2)经劝阻仍继续实施的;(3)受过刑事处罚或者行政处罚后又实施的;(4)在人员密集场所实施的;(5)其他情节严重的情形。[74]

按照刑法第 291 条之二的规定,犯本罪的,处 1 年以下有期徒刑、拘役或者管制,并处或者单处罚金。同时构成其他犯罪的,依照处罚较重的规定定罪处罚。

---

〔71〕 赵秉志主编:《〈刑法修正案(十一)〉理解与适用》,中国人民大学出版社 2021 年版,第 260 页。

〔72〕 此处,可以参照《日本轻犯罪法》第 11 号所规定的投注危险物品罪的理解。按照该条规定,只要不尽相当注意,向有可能危及他人身体或者财物的场所,投掷物品,即可构成犯罪。

〔73〕 杨万明主编:《〈刑法修正案(十一)〉条文及配套〈罪名补充规定(七)〉理解与适用》,人民法院出版社 2021 年版,第 299 页。

〔74〕 2019 年最高人民法院《关于依法妥善审理高空抛物、坠物案件的意见》第 6 条。

过失导致物品从高空坠落,致人死亡、重伤,符合刑法第233条、第235规定的,依照过失致人死亡罪、过失致人重伤罪定罪处罚。在生产、作业中违反有关安全管理规定,从高空坠落物品,发生重大伤亡事故或者造成其他严重后果的,依照刑法第134条第1款的规定,以重大责任事故罪定罪处罚。

三十六、聚众斗殴罪

(一)概念和构成

本罪,是指聚集多人进行斗殴的行为,俗称"约打群架"。

本罪是破坏社会公共秩序的犯罪。公共秩序,是指社会公共生活安定与宁静的状态。它一方面由人们代代相传的风俗习惯和伦理道德所维持,另一方面由社会中的法律、法规以及其他各种规范所保护。其不仅指公共场所的正常状态,也包括其他一切人们在公共生活和交往场所的正常秩序。本罪保护法益不包括斗殴者的人身权利。刑法规定聚众斗殴罪的目的不是保护斗殴者。参加聚众斗殴的人员由于自行选择实施危害公共秩序的犯罪行为,受到刑法的一定程度的否定评价,在一定范围之内他们的人身权利是不被刑法关注的,此时刑法所关注的是斗殴是否会扰乱社会公共生活的安定与宁静。

本罪的犯罪构成如下:

1. 主体。本罪的主体为一般主体,即凡年满16周岁且有刑事责任能力的自然人均可成为本罪主体。但根据刑法第292条第1款的规定,立法者把一般参与聚众斗殴的人排除在本罪的主体之外,只有聚众斗殴的首要分子和其他积极参加斗殴的人才能成为本罪主体。首要分子,是指在聚众斗殴中起组织、策划、指挥作用的犯罪分子。例如,行为人纠集了斗殴行为,又在现场组织、策划和指挥、实施整个犯罪行为,或者纠集了斗殴行为后又在幕后组织、策划、指挥、操纵其他人实施聚众扰乱行为和其他犯罪行为的,均应认定为首要分子。认定其他积极参与者,应考虑其参与聚众犯罪的程度,即要考虑其实施的客观危害行为在聚众斗殴中所起作用的大小。在首要分子组织、指挥下,直接实施危害行为导致危害结果发生的人,在整个聚众犯罪中积极出谋划策的人,或者在现场为直接实施危害行为的犯罪分子助威的人,都可以算是积极参与者。

2. 危害行为和危害结果。本罪客观上表现为聚众和斗殴。

(1)聚众,就是指聚集3人以上。聚集,就是纠集、聚集众人。如果聚众斗殴的双方均有3人以上,怀有斗殴的故意而实施斗殴,当然可以构成本罪,这是最为典型的无争议的聚众斗殴形式。双方有互殴的故意,斗殴时一方达3人以上,另一方不到3人的,对此3人以上的一方,以聚众斗殴处理。对不到3人的一方,如果有聚众行为的话,也可以聚众斗殴罪处理。因为,首先,根据法条规定,聚众的"聚"具有纠集、聚集之意,是指斗殴的双方或一方各自聚集本方的众人进行斗殴,并非指斗殴双方聚集在一起进行斗殴。其次,刑法第292条将本罪限定为"聚众"斗殴的行为,就是要排除双方"一对一""二对一"的情况构成犯罪。最后,根据犯罪构成理论,一行为是否构成犯罪的根据在于该行为是否符合犯罪构成要件。一方聚集3人以上与他人斗殴的行为,已经完全具备刑法第292条规定的犯罪构成的各个要件,应构成聚众斗殴罪。对方参与斗殴的人数是否在3人以上,不影响聚集3人以上方成立本罪。在"二打一"的场合,尽管参与斗殴的人数达到3人以上,但由于双方均不满足"聚众"的要求,故不能成立本罪。

(2)斗殴,是指双方相互进行攻击或殴斗。虽然聚众斗殴的行为人双方常常使用刀、枪、棍、棒等凶器,但斗殴的双方是否使用了凶器,并不是本罪的构成要件。这就是说,聚众进行徒手斗殴,也可以构成本罪。一旦聚众斗殴既遂,即使斗殴前见对方人多势众,逃离斗殴现场,也认定为聚众斗殴罪。

3. 主观要件。本罪的主观要件为故意。首先,行为人在主观上要认识到己方在"聚众",这可以是单方的;其次,双方当事人都必须具有"斗殴"的故意,而并不仅是"殴打"的故意。"斗殴"与"殴打"的含义不同,"殴打"指的是一方打另一方,"斗殴"指的是双方互相打斗。一方只是有"殴打"的故意时,其主观上只能说是具有故意伤害、故意杀人或者寻衅滋事的故意,而不具有"斗殴"的故意,不可能构成聚众斗殴罪。只有行为人具有"斗殴"的故意,即认识到对方并非单纯挨打,而是双方都出于恶意而在相互殴斗即"约架"的时候,才符合本罪的主观要件。一方有斗殴故意并聚集 3 人以上,殴打对方 1 人或多人的,有斗殴故意的一方构成聚众斗殴罪。

另外,聚众斗殴双方的非法故意,并不要求同时产生或经事先约定。现实生活中,双方约定时间、地点,纠集人员进行斗殴的典型现象已不多见。一方为了报复,纠集多人在另一方毫无准备的情况下突然发起攻击,挑起斗殴的现象已不罕见。这种场合,表面上看,似乎只有一方具备斗殴的故意,但从整体看,双方先后均产生斗殴故意并发生互殴的行为,已具备聚众斗殴的构成要件。聚众斗殴在客观方面的表现形式既可以是事先预谋且经约定而实施,也可以是临时起意相遇而进行,未有约定并不影响聚众斗殴罪的构成。因此,双方在遭遇的同时,各自即持械攻击对方的行为,足以表明双方均具有斗殴的故意,完全符合聚众斗殴罪构成要件中"斗殴"的故意要求。

(二)本罪的认定

在本罪的认定中,应当注意以下几点:

1. 本罪与故意伤害罪、故意杀人罪的界限。刑法第 292 条第 2 款规定,聚众斗殴,致人重伤、死亡的,依照本法第 234 条、第 232 条的规定定罪处罚,即按照故意伤害罪和故意杀人罪定罪处罚。即便是聚众斗殴行为,但若出现致人重伤、死亡结果的话,案件性质就发生了变化,向比较重的故意杀人罪、故意伤害罪转化。但在适用刑法第 292 条第 2 款的时候,到底哪些人的行为需要转化,即由哪些人来承担致人重伤、死亡的刑事责任,理论上存在争议。有全案转化说和部分转化说之争。全案转化说将刑法第 292 条第 2 款理解为拟制规定,主张所有参与斗殴者均应转化为故意杀人或故意伤害罪,否则就是承认行为人具有不同的犯罪故意,并进而否认了聚众斗殴的共同犯罪性质。但问题是,即便说聚众斗殴罪是必要共犯,但其也是行为共同,而非犯罪共同。从此角度看,参与聚众斗殴的人并不要求全部罪名相同,即都构成故意杀人或者故意伤害罪。全案转化说显然在这一点上考虑不够。特别是,参与聚众斗殴的众人,并不一定都具有杀人或者伤害的故意。这种情形下,要求全案转化,显然有违责任原则。相反地,部分转化说认为,只是对致死伤结果具有认识的部分人,才能转化。

从聚众斗殴罪是必要共犯,共犯仅仅只是行为共同,不要求参与者主观上都相同的角度来看,本书基本同意上述后一种观点。在聚众斗殴的场合,有的参与者具有即便致人死伤也在所不惜的想法,但也不排除有的人只是抱着帮忙凑数的心理参与其中的。对于后者,就不能一概因为有人引起了死伤结果,就将其参与助势的行为也一概认定为故意杀人或者故意伤害犯罪。换言之,在聚众斗殴中也应坚持罪责自负原则,对首要分子和其他积极参加者(共同加害人)

是否一并转化定罪,还需依据刑法的具体规定和共同犯罪的基本原理,结合具体案情,区分不同情况决定。具体而言,可根据参与人员的主观故意、斗殴过程中的配合程度、致死原因的查明情况等确定转化犯的范围和责任,不能仅以犯罪结果确定案件性质。在所有参与者对斗殴致死或者致伤都具有认识的场合,可以一并转化,否则就只能部分转化。首先,可以肯定,聚众斗殴的首要分子对造成他人重伤、死亡后果有概括故意的,应当转化定罪。首要分子是否具有概括故意,可从其聚众时是否主动给参与斗殴人员发放斗殴工具,发放工具的种类,所强调的斗殴方式和程度,是否采取措施制止本方人员的行为可能致人重伤、死亡等情形来判断。以不计后果的放任态度同时致人死亡和重伤的以故意杀人罪一罪定罪处罚。在致人重伤或者死亡的聚众斗殴案件中,未直接实施斗殴行为的首要分子,明知其他参与者携带了足以致人重伤或者死亡的器械仍然组织斗殴的,只要没有采取有效措施防止后果发生,仍应以故意伤害罪和故意杀人罪论处。其次,聚众斗殴的积极参加者对造成他人重伤、死亡后果有概括性认识的场合,仍然相互配合,共同加害他人,致人重伤、死亡的,其应当和首要分子一道转化定罪。若证据证明,积极参加者没有实施激烈的殴打行为,也没有认识到会死人或者伤人,则依照其主观认识,承担聚众斗殴罪的刑事责任。最后,数参与人相互配合,对被害人实施拖拽、砍、打的行为,其共同行为与被害人重伤或者死亡的结果之间具有因果关系,且难以分清致被害人重伤、死亡的直接责任人的场合,数被告人均应以故意伤害罪、故意杀人罪定罪处罚;未对被害人实施拖拽、砍、打的客观行为的被告人,作为聚众斗殴的积极参加人,可以根据其主观认识,以聚众斗殴罪定罪处罚。在时间、地点、针对的对象均不同时,虽是同一故意支配,但在行为上不是持续而是连续,在两地可以独立构成聚众斗殴罪的,应认定为两次聚众斗殴。聚众斗殴中警察赶到现场制止时,一部分人逃离现场,一部分人继续斗殴致警察重伤,已逃离的认定聚众斗殴罪,继续斗殴致警察重伤的认定故意伤害罪。

聚众斗殴中发生致人死亡结果时,应当在判断死亡结果是否是行为人实施的犯罪行为所致的基础上,判断行为人对死亡结果所持的主观心态。行为人只能对有杀人故意(包括直接故意杀人和间接故意杀人)的行为承担故意杀人的罪责,行为人仅有伤害故意时,虽致被害人死亡,也只能承担故意伤害(致死)的罪责。区分伤害故意与杀人故意时,不能仅凭被告人口供,而应结合客观证据并综合各种事实因素进行考察。通常可以借助于行为人对犯罪工具的选择(是事先准备还是随手取得)、凶器的杀伤力度(杀伤力度较大的枪支、砍刀等还是日常生活所用的棍棒、小刀等)、打击部位(头、胸等要害部位还是四肢等非要害部位)、打击力度(创口大小及深度等)、打击次数(反复多次攻击还是殴打一次立即停止)、案件起因(蓄意报复还是只为逞强好胜)等情况具体分析认定。

聚众斗殴中出现一方有人重伤、死亡而另一方无人重伤、死亡的情况时,被致重伤、死亡一方的首要分子和其他积极参加者,无论是否受了重伤,都应以聚众斗殴罪定罪处罚,不能因受伤而免除其刑事责任。绝对不能因为自己自愿参与聚众斗殴,推定其对死亡结果具有承诺而使加害方的行为丧失违法性。但也不应该将该方的首要分子和其他积极参加者以故意伤害罪或者故意杀人罪定罪处罚。虽然在一定意义上可以说是双方的斗殴行为共同造成了重伤、死亡结果,但是他们的行为毕竟与“本方”人员重伤、死亡结果之间不具有相当因果关系。

2. 聚众斗殴罪的未遂。这主要涉及对纠集数人持械寻人斗殴未果的行为该如何定性的问题。聚众斗殴罪客观上由聚众和斗殴两个行为构成,属于复行为犯。其中,“聚众”是指在首要分子的组织、策划、指挥下,纠集特定或不特定的多人;“斗殴”则是指殴打对方或相互施加暴力攻击人身的行为。从实质上看,在公开场合为斗殴而聚众,本身就有扰乱社会秩序之嫌;从形式上看,就复行为犯而言,行为人只要实施客观行为的一部分,即为“着手”,因此,聚众斗殴罪的着手行为为“聚众”。如此说来,纠集数人持械寻人斗殴未果的行为,应认定为本罪的未遂。

(三)处罚

依照刑法第292条第1款的规定,犯本罪的,处3年以下有期徒刑、拘役或者管制;有下列情形之一的,处3年以上10年以下有期徒刑:(1)多次聚众斗殴的。所谓多次,应以1年之内3次或者3次以上为妥。(2)聚众斗殴人数多,规模大,社会影响恶劣的。(3)在公共场所或者交通要道聚众斗殴,造成社会秩序严重混乱的。因此,在中小学或者交通要道聚众斗殴,但正值假期或者深夜,没有“造成社会秩序严重混乱的”,不能适用本项。(4)持械聚众斗殴的。这里的“械”应为杀伤力较强、危害性较大、足以造成他人伤亡后果的械具。以杀伤力比较大很容易造成严重伤害结果的物品,如啤酒瓶等,致人受伤时,该物品也应认定为械具。杀伤力不明的普通物品以实际使用是否造成伤害为标准。虽事先未持械,但斗殴时从对方手中抢到器械并斗殴使用的,认定持械聚众斗殴,同伙知情的情况下也构成共同持械聚众斗殴。聚众斗殴过程中,驾车撞击一方的行为应认定为持械聚众斗殴。[75] 互殴结束后由于其他原因持械伤害对方的不构成持械聚众斗殴。部分人员持械的,只要认识到己方有人持械,均认定为共同“持械聚众斗殴”。备而未用的,不为持械。例如,行为人准备了拖布杆意图殴打对方,其所持拖布杆系就地取材且被折为两段的半截木质空心拖布杆,不具有较强的杀伤力和危害性,行为人并未使用该拖布杆殴打他人,未造成他人伤害的危害后果,不属于持械聚众斗殴。但要注意的是,一方持械而另一方未持械的,未持械的一方不能视为持械斗殴。

关于本罪的量刑,根据2021年6月16日公布的最高人民法院、最高人民检察院《关于常见犯罪的量刑指导意见(试行)》第4条第17款规定,构成聚众斗殴罪的,根据下列情形在相应的幅度内确定量刑起点:(1)犯罪情节一般的,在2年以下有期徒刑、拘役幅度内确定量刑起点。(2)有下列情形之一的,在3年至5年有期徒刑幅度内确定量刑起点:聚众斗殴3次的;聚众斗殴人数多,规模大,社会影响恶劣的;在公共场所或者交通要道聚众斗殴,造成社会秩序严重混乱的;持械聚众斗殴的。在量刑起点的基础上,根据聚众斗殴人数、次数、手段严重程度等其他影响犯罪构成的犯罪事实增加刑罚量,确定基准刑。构成聚众斗殴罪的,综合考虑聚众斗殴的手段、危害后果等犯罪事实、量刑情节,以及被告人的主观恶性、人身危险性、认罪悔罪表现等因素,决定缓刑的适用。

就参加聚众斗殴受重伤或者死亡的人及其家属提出的民事赔偿请求而言,根据刑法第292条第1款的规定,聚众斗殴的参加者,无论是否首要分子,均明知自己的行为有可能产生伤害他人以及自己被他人的行为伤害的后果,其仍然参加聚众斗殴的,应当自行承担相应的刑事和民事责任。根据刑法第292条第2款的规定,对于参加聚众斗殴,造成他人重伤或者死亡的,行为性质发生变化,应认定为故意伤害罪或者故意杀人罪。聚众斗殴中受重伤或者死亡的人,既是故意伤害罪或者故意杀人罪的受害人,又是聚众斗殴犯罪的行为人。对于参加聚众斗

---

〔75〕 姜琳炜:《李天龙、高政聚众斗殴案[第882号]——聚众斗殴并驾车撞击对方的行为是否认定为持械聚众斗殴,以及如何认定相关帮助行为的性质》,载最高人民法院刑事审判第一、二、三、四、五庭主办:《刑事审判参考》总第93辑,法律出版社2013年版。

殴受重伤或者死亡的人或其家属提出的民事赔偿请求，依法应予支持，并适用混合过错责任原则。[76]

三十七、寻衅滋事罪

（一）概念和构成

本罪，是指寻衅滋事，破坏社会秩序的行为。

本罪是破坏社会秩序中的公共秩序的犯罪。寻衅滋事罪设置在扰乱公共秩序罪一节，刑法保护的法益应为社会秩序中的公共秩序，因此，有观点认为寻衅滋事罪侵犯的法益是公共场所的秩序。[77] 本书认为，公共秩序包括公共场所秩序和社会生活基本规则。公共秩序一般表现为公共场所的秩序，但并不要求所有寻衅滋事行为均要发生在公共场所。刑法法条对寻衅滋事罪规定也只在第4项明确规定"在公共场所"，但在第1～3项当中则没有这种要求，所以说寻衅滋事罪保护的只是公共场所的秩序的观点，是没有理由的。公共秩序，是公共生活的秩序，是在公共生活规则下确立的稳定有序状态。共同生活的规则包括保护人身安全的规则、调节公共场所秩序的纪律规则以及人们正常交往的规则，所以公共场所秩序只是公共秩序中的一个重要方面，而并非全部。发生在封闭环境中的殴打他人的行为，如果严重破坏了人们的共同生活规则，影响了人们相互之间的正常交往，使事后知悉此事的人很难理解，也有可能构成寻衅滋事罪。如果是发生在公共场所的殴打行为，可以进一步印证犯罪人的主观"流氓"故意，不注意场合、不注意影响，无所顾忌，也可认定为"随意"殴打。

本罪的犯罪构成如下：

1. 主体。本罪的主体是一般主体。

2. 危害行为和危害结果。本罪客观上表现为，实施寻衅滋事，破坏社会秩序的行为。寻衅滋事，就是找借口闹事，无事生非、小题大做。具体来说，就是闹事的程度没有达到伤害或者抢劫等其他犯罪的程度，某种意义上和其他犯罪的未遂形态竞合。其内容包罗万象，有伤害（轻伤以下）、殴打、侮辱、强拿硬要、扰乱社会秩序等，刑法第293条将其归纳为4种表现形式：

（1）随意殴打他人，情节恶劣的。此项规定的是随意殴打他人，尚未造成轻伤以上后果，但情节恶劣的行为。随意，简单地说，就是"任意"。随意殴打他人中的"随意"，并非没有任何原因和理由，而是没有法律上或者社会生活上能够被认可的理由。其认定，可以参照"双重置换规则"[78]。也就是说，把行为人和被害人和其他社会一般人置换，看其在当时的情况下是否会实施同样的行为，或者遭遇同样的对待。如果不会的话，则可认定行为人就是出于流氓动机随意殴打他人。作为寻衅滋事，既然法条规定是"随意殴打他人"，则不要求行为人事前对侵害的对象有明确的选择，也不要求对伤害的程度有明确要求。情节恶劣，是指随意殴打他人手段残忍，多次随意殴打他人，等等。例如，行为人身为公共汽车售票员，不遵守有关规定，向乘客多收费，当乘客提出异议时，就用车门夹乘客的方法不让其下车，并对乘客进行殴打的行为，在餐厅里，因为某个人对自己多看了几眼，就拿着啤酒瓶过去朝人脑袋上砸的行为，酒后在车

---

〔76〕 2004年最高人民法院研究室《关于对参加聚众斗殴受重伤或者死亡的人及其家属提出的民事赔偿请求能否予以支持问题的答复》。

〔77〕 孙国祥主编：《刑法学》（第2版），科学出版社2012年版，第554页。

〔78〕 吴新华：《何为寻衅滋事罪中"随意殴打他人"》，载《检察日报》2009年12月14日，第3版。

站见人就打的行为,在医疗机构内随意殴打医务人员的行为,就是如此。根据有关司法解释,[79]“情节恶劣”,是指具有下列情形之一:致1人以上轻伤或者2人以上轻微伤的;引起他人精神失常、自杀等严重后果的;多次即2年内3次以上随意殴打他人的(2年以内多次实施不同种类寻衅滋事行为的,应当追究刑事责任);持凶器随意殴打他人的;随意殴打精神病人、残疾人、流浪乞讨人员、老年人、孕妇、未成年人,造成恶劣社会影响的;在公共场所随意殴打他人,造成公共场所秩序严重混乱的;其他情节恶劣的情形。

(2)追逐、拦截、辱骂、恐吓他人,情节恶劣的。此项规定的是尚未达到强制猥亵罪、强制侮辱罪、非法拘禁罪、侮辱罪的犯罪标准,但情节恶劣,严重破坏社会秩序的行为。根据有关司法解释,[80]“情节恶劣”,是指具有下列情形之一:多次(2年以内3次以上)追逐、拦截、辱骂、恐吓他人,造成恶劣社会影响的;持凶器追逐、拦截、辱骂、恐吓他人的;追逐、拦截、辱骂、恐吓精神病人、残疾人、流浪乞讨人员、老年人、孕妇、未成年人,造成恶劣社会影响的;引起他人精神失常、自杀等严重后果的;严重影响他人的工作、生活、生产、经营的;其他情节恶劣的情形。

(3)强拿硬要或者任意损毁、占用公私财物,情节严重的。此项规定是指采用轻微暴力手段或者胁迫手段强行取得公私财物,尚未达到抢劫罪或者敲诈勒索罪的犯罪标准;故意毁坏财物尚未达到故意毁坏财物罪的犯罪标准,占用公私财物,严重扰乱社会秩序的行为。例如,看见他人手上戴有一枚金戒指,便以借看为名,戴在自己手上不予归还,并表示“我想要谁的东西就要谁的东西”的行为;在自由市场私自搭建简易热水房向市场内的外地摊主强行贩卖开水,还刻意裸露文身并以“如果不买后果自负”等语言相威胁的行为;醉酒打人并抢走他人拍照手机的行为,就是如此。为逞强好胜非法插手他人婚姻纠纷,并以威胁手段索要他人财物,数额不大的,也是寻衅滋事。根据有关司法解释,[81]“情节严重”,是指具有下列情形之一:强拿硬要公私财物价值1000元以上,或者任意损毁、占用公私财物价值2000元以上的;多次(2年以内3次以上)强拿硬要或者任意损毁、占用公私财物,造成恶劣社会影响的;强拿硬要或者任意损毁、占用精神病人、残疾人、流浪乞讨人员、老年人、孕妇、未成年人的财物,造成恶劣社会影响的;引起他人精神失常、自杀等严重后果的;严重影响他人的工作、生活、生产、经营的;其他情节严重的情形。

(4)在公共场所起哄闹事,造成公共场所秩序严重混乱的。此项规定是指尚未构成其他犯罪,但严重破坏社会秩序的起哄闹事行为。起哄闹事,是指无事生非,制造混乱,如呼喊、叫骂、推搡等引起公共秩序严重混乱的行为。例如,行为人在收费站看到许多群众因为收费之事闹事,遂在人群中看热闹,后出于耍威风、取乐等不健康目的,无故砸坏收费站玻璃、开水瓶、灭火器,推倒两台分体式空调的室外机,致使收费站不能正常营业的行为;酒后跳入地铁轨道并持刀扬言自杀,造成列车停运1个多小时,对多个轨交站点和列车车次的正常运营造成了严重影响的行为;在医疗机构的病房、抢救室、重症监护室等场所及医疗机构的公共开放区域违规停放尸体,影响医疗秩序,经劝说、警告无效的,严重扰乱医疗秩序或者其他公共秩序的行为,

---

[79] 2017年最高人民检察院、公安部《关于公安机关管辖的刑事案件立案追诉标准的规定(一)的补充规定》第8条第1款;2018年最高人民法院、最高人民检察院、公安部《关于办理黑恶势力犯罪案件若干问题指导意见》。

[80] 2017年最高人民检察院、公安部《关于公安机关管辖的刑事案件立案追诉标准的规定(一)的补充规定》第8条第2款;2018年最高人民法院、最高人民检察院、公安部《关于办理黑恶势力犯罪案件若干问题指导意见》。

[81] 2017年最高人民检察院、公安部《关于公安机关管辖的刑事案件立案追诉标准的规定(一)的补充规定》第8条第3款;2018年最高人民法院、最高人民检察院、公安部《关于办理黑恶势力犯罪案件若干问题指导意见》。

就是如此。根据有关司法解释,[82]应当根据公共场所的性质、公共活动的重要程度、公共场所的人数、起哄闹事的时间、公共场所受影响的范围与程度等因素,综合判断以下情形是否"造成公共场所秩序严重混乱":在车站、码头、机场、医院、商场、公园、影剧院、展览会、运动场或者其他公共场所起哄闹事;在信访活动中或者以信访为名,为制造影响或者发泄不满,在各级党委、人大、政协、行政、监察、审判、检察、军事机关,厂矿、商场等企业单位,学校、医院、报社、电视台、科研院所等事业单位,工会、妇联等社会团体单位,机场、车站、码头等重要交通场站,或者在上述场所周边的其他公共场所,实施自杀、自伤、打横幅、撒传单、拦车辆、统一着装、佩戴统一标识等行为,起哄闹事;信息网络属于刑法第 293 条第 4 项意义上的公共场所,编造虚假信息,或者明知是编造的虚假信息,在信息网络上散布,或者组织、指使人员在信息网络上散布,起哄闹事,造成公共秩序严重混乱的。

在刑法规定上,上述四种行为是分开规定的,行为人只要实施其中之一,就可以构成本罪。但在现实生活当中,行为人往往不是只实施其中一种行为,而是同时实施了数种行为。如行为人强拿硬要他人财物之后,被害人向其讨要,行为人不仅不给,反而随意殴打对方的,就是如此。即便如此,也只能构成本罪一罪。

3. 主观要件。本罪的主观要件为故意。其中,"随意"是寻衅滋事的核心要素。随意并不是毫无任何理由,因为,一般来说,事实上毫无理由的行为是不存在的。"寻衅"二字的意思本来就是寻找理由、借口,"无中生有"或者"小题大做"。行为人在实施寻衅滋事之前,总要为自己寻找些理由,作为其实施犯罪行为的借口。具体来说,考察行为人的主观意思的时候,必须考察以下要素:(1)看行为人的主观动机。寻衅滋事罪是行为人抱着公然藐视社会法纪和公德的心态,出于逞强斗狠、耍威争霸、发泄不满,或者开心取乐、寻求刺激等不健康动机而实施的犯罪。(2)看行为人是否"临时起意"。一般来说,寻衅滋事中争强好胜、耍威风的心理,注定行为人对自己的行为随心所欲,完全视其需要决定。(3)看是否"事出有因",即判断该行为是符合常理和社会的公序良俗,还是出于无事生非而毫无道理的虚假"原因"。

(二)本罪的认定

在本罪的认定上,要注意以下几点:

1. 罪与非罪的界限。(1)看行为人是否有"寻衅滋事"行为。行为人为寻求刺激、发泄情绪、逞强耍横等,无事生非,实施刑法第 293 条所规定的行为,应当认定为"寻衅滋事"。但行为人因婚恋、家庭、邻里、债务等纠纷,实施殴打、辱骂、恐吓他人或者损毁、占用他人财物等行为的,除经有关部门批评制止或者处理处罚后,继续实施前列行为,破坏社会秩序的以外,一般不认定为"寻衅滋事"。(2)看行为人的行为是否属于"情节恶劣"、"情节严重"或者是否"造成公共场所秩序严重混乱"。行为人虽然实施了寻衅滋事的行为,但如果尚未达到情节恶劣、情节严重的程度或者尚未造成公共场所秩序严重混乱,则不能以犯罪论处,而应当按照《治安管理处罚法》的有关规定,给予行政处罚。

2. 本罪与其他罪的关系。实施寻衅滋事行为,同时符合寻衅滋事罪和故意杀人罪、故意伤害罪、故意毁坏财物罪、敲诈勒索罪、抢夺罪、抢劫罪等罪的构成要件的,依照处罚较重的犯罪定罪处罚。随意殴打他人致人轻伤的,不构成故意伤害罪,以寻衅滋事罪论处;致人重伤或死

---

[82] 2017 年最高人民检察院、公安部《关于公安机关管辖的刑事案件立案追诉标准的规定(一)的补充规定》第 8 条第 4 款;2019 年最高人民法院、最高人民检察院、公安部《关于依法处理信访活动中违法犯罪行为的指导意见》。

亡的,一般应以故意伤害罪论处,有证据证明主观上存在杀人故意的,则应以故意杀人罪论处。2人以上共同寻衅滋事随意殴打他人致人重伤或死亡的,对直接致人重伤、死亡的行为人,应以故意伤害罪或故意杀人罪论处;其他行为人基于在共同殴打过程中所形成的临时共同伤害、杀人故意而参与殴打的,应以故意伤害罪或者故意杀人罪论处,不存在以上共同故意的,应以寻衅滋事罪论处。[83]

(三)处罚

依照刑法第293条的规定,犯本罪的,处5年以下有期徒刑、拘役或者管制。纠集他人多次实施本罪,严重破坏社会秩序的,处5年以上10年以下有期徒刑,可以并处罚金。纠集他人3次以上实施寻衅滋事犯罪,未经处理的,应当依照本条第2款的规定处罚。行为人认罪、悔罪,积极赔偿被害人损失或者取得被害人谅解的,可以从轻处罚;犯罪情节轻微的,可以不起诉或者免予刑事处罚。

关于本罪的量刑,根据2021年最高人民法院、最高人民检察院《关于常见犯罪的量刑指导意见(试行)》第4条第18款的规定,(1)构成寻衅滋事罪的,根据下列情形在相应的幅度内确定量刑起点:寻衅滋事一次的,在3年以下有期徒刑、拘役幅度内确定量刑起点。纠集他人3次寻衅滋事(每次都构成犯罪),严重破坏社会秩序的,在5年至7年有期徒刑幅度内确定量刑起点。(2)在量刑起点的基础上,根据寻衅滋事次数、伤害后果、强拿硬要他人财物或任意损毁、占用公私财物数额等其他影响犯罪构成的犯罪事实增加刑罚量,确定基准刑。(3)构成寻衅滋事罪,判处5年以上10年以下有期徒刑,并处罚金的,根据寻衅滋事的次数、危害后果、对社会秩序的破坏程度等犯罪情节,综合考虑被告人缴纳罚金的能力,决定罚金数额。(4)构成寻衅滋事罪的,综合考虑寻衅滋事的具体行为、危害后果、对社会秩序的破坏程度等犯罪事实、量刑情节,以及被告人的主观恶性、人身危险性、认罪悔罪表现等因素,决定缓刑的适用。

三十八、催收非法债务罪

本罪,是指以使用暴力、胁迫方法,限制他人人身自由或者侵入他人住宅的方法,恐吓、跟踪、骚扰他人的方法,催收高利放贷等产生的非法债务,情节严重的行为。

本罪是2020年《刑法修正案(十一)》基于扫黑除恶专项活动的经验,对采取暴力、"软暴力"等手段催收高利放贷产生的债务以及其他法律不予保护的债务,并以此为业的行为而制定的。实践中,出现了以催收非法债务而获得报酬的所谓"职业讨债人"。他们所实施的催收行为,其行为形态虽然在修改前的刑法中大多能找到对应条款,但在定罪量刑程度上难以满足具体个罪的情节或者数额要求,因而难以传统犯罪处罚。为应对这一尴尬局面,便通过立法方式将常见的违法催收行为总体上规定为一个新罪即催收非法债务罪,[84]目的是加强对民生领域的保障,维护社会生产生活稳定发展,预防因非法讨债行为产生的其他犯罪。

本罪所针对的对象主要是高利放贷等因违反法律、行政法规的强制性规定或公序良俗而无效,且排除请求权的债务。这里的"产生"既包括因高利放贷等非法行为直接产生,也包括由非法债务产生、延伸的所谓孳息、利息等。这里的"等",根据实践中的各种情况,包括赌债、

〔83〕 于前军、孙孝明:《杨安等故意伤害案[第225号]——寻衅滋事随意殴打他人致人重伤、死亡的应如何定罪》,载最高人民法院刑事审判第一、二庭编:《刑事审判参考》总第30辑,法律出版社2003年版。

〔84〕 赵秉志主编:《〈刑法修正案(十一)〉理解与适用》,中国人民大学出版社2021年版,第159页。

毒债、嫖资等违法行为产生的债务，以及其他违法犯罪行为产生的债务。非法债务，一般认为，具有以下三个特点：(1)限于有债因的债务。无债因的虚假债务不属于非法债务，“套路贷”即为典型。按照2019年最高人民法院、最高人民检察院、公安部、司法部《关于办理“套路贷”刑事案件若干问题的意见》的规定，“套路贷”是一种“虚假债权债务”，其涉及的债权是通过虚增借贷金额、恶意制造违约、毁匿还款证据等方式形成的虚假债权债务，与平等主体之间基于意思自治而形成的民事借贷关系存在本质区别，进入不了债务的范畴。非法催收“套路贷”的，应当构成诈骗罪、敲诈勒索罪或者寻衅滋事罪。[85] (2)限于违反强制性法律规定或者公序良俗的债务。不违反强制性法律规定或者公序良俗，或者虽然违反但仍然有效的债务，不应当被评价为非法债务。以赌债为例，就赌债与法律规范的关系来看，至少有三种类型的赌债：一是因违法赌博而产生的赌债；二是法外空间的赌债，也就是不以营利为目的，带有少量财物输赢的娱乐活动之类的纯粹社会交往活动意义上产生的赌债；三是合法赌博产生的赌债，如在澳门借钱给他人赌博而形成的赌债。毫无疑问，第一种赌债属于非法债务，而对于第二种赌债，法律既未明令禁止，也没有承认其合法地位，介于灰色地带，属于自然之债的范畴，可以不认定为非法债务。问题是第三种赌债即合法行为形成的赌债。对此要区分情况处理。如果只是借钱给他人，自己不参与赌博提成的话，这种债务属于正常的借贷行为，该种借款形成的债务关系可以作为合法之债。[86] 但如果通过借钱间接参与赌博，如在澳门借钱给他人赌博，他人赢了自己还可以获取报酬，输了则由借款人承担的话，则构成非法赌债。因为，对于提供款项给他人用于赌博的，其法律后果应当根据款项提供者是否应对不法行为负责来确定，若款项提供者对赌博行为具有参与性，其返还请求应当不予支持。如果对此类债务给予司法保护，不仅会纵容赌博恶习，也会产生不良社会导向。(3)限于排除请求权的无效债务。依照《民法典》第157条的规定，一旦债权债务关系被认定无效，原则上债权人享有返还请求权，相对人必须按照不当得利返还财物。倘若债权人只是索回债务人本应返还的财物，就是行使权力，客观上恢复了财产的交易秩序，不存在催收非法债务的问题。当然，若债权人索要的财物超过应当返还的范围，由于其对超出部分不享有请求权，超出部分应当认定为非法债务。

本罪的实行行为是“情节严重”的“催收”。其中，“催”是手段，“收”是目的，而且“催收”必须达到“情节严重”的程度。因此，在理解本罪的实行行为时，必须注意以下内容：

1.“使用暴力、胁迫方法”。一般来说，“暴力方法”是指以殴打、伤害他人身体的方法，使被害人不能抗拒，“胁迫方法”是指对被害人施以威胁、压迫，进行精神上的强制，迫使被害人就范，不敢抗拒。但如果说必须达到“情节严重”程度，且与本罪的法定刑即“3年以下有期徒刑、拘役或者管制、并处或者单处罚金”相适应的话，则此处的“暴力”手段，应当与刑法第234条故意伤害罪中的“伤害”相当，达到足以造成轻伤结果的程度；同理，此处的“胁迫”手段，也应当具有一定限定，即以实施暴力为内容，如威胁伤害被害人及其亲属；威胁要对被害人

---

〔85〕 当然，“套路贷”中有一部分借贷关系是由行为人与被害人基于合意而形成的，这部分借贷应当属于“非法债务”。对这一部分的催收，可以构成催收非法债务。

〔86〕 宋某、李某隆股权转让纠纷案，最高人民法院(2016)最高法民终152号民事判决书。对于宋某借款协议及案涉系列股权转让协议系由发生在澳门特别行政区的赌债而产生，因赌债不受我国法律保护，以赌债为基础的合同应属无效的主张，最高人民法院认为，宋某所主张在澳门特别行政区发生的赌债即使属实，在没有证据表明当事人约定适用其他法律的情况下，亦应适用履行义务最能体现赌债特征的博彩机构经常居所地及与赌债有最密切联系的澳门特别行政区法律认定其法律效力。也就是说，对宋某主张应当适用我国内地法律认定借款协议及案涉系列股权转让协议因基于赌债发生而无效的主张，法院不予支持。

及其亲属施以暴力;威胁要对被害人及其亲属予以奸淫、猥亵等。仅以披露被害人及其亲属的隐私相威胁,或者利用被害人危难或者孤立无援的境地迫使其服从的,不能认定为此处的"胁迫"。

2."限制他人人身自由或者侵入他人住宅"。限制人身自由,就是剥夺或者限制他人身体移动的自由,如捆绑、关押、扣留身份证件不让随意外出或者与外界联系等。侵入他人住宅,就是未经住宅内用户同意,非法强行闯入他人住宅,或者无正当理由进入他人住宅,经住宅用户要求其退出仍拒不退出的行为。受"情节严重"的限制,构成本罪,此处的"限制人身自由",应当以"拘禁 3 次以上、单次持续时间 4 小时以上或者累计时间 12 小时以上"为限;同样,就"侵入他人住宅"而言,只有在行为人为催收非法债务而非法侵入他人住宅,且具有多次侵入、停留时间较长、严重影响他人正常生活、被要求退出而不退出等情节时,才能构成。

3."恐吓、跟踪、骚扰他人"。这里的"恐吓"有多种形式。总体上,行为手段或者行为方式使他人产生心理恐惧或者形成心理强制,就属于这里的"恐吓"。这里的"跟踪"为对他人及其亲属实施尾随、守候、贴靠、盯梢等行为,使被害人在内心产生恐惧不安。这里的"骚扰"有多种形式,如以破坏生活设施、设置生活障碍、贴报喷字、拉挂横幅、燃放鞭炮、播放哀乐、摆放花圈、泼洒污物、断水断电、堵门阻工,以及通过摆架势示威、聚众哄闹滋扰、拦路闹事、驱赶从业人员、派驻人员据守等方式直接或间接地控制厂房、办公区经营场所等扰乱他人正常生活、工作、生产、经营秩序等。总体上,"骚扰"会对他人造成巨大的心理负担,形成心理强制,影响并限制他人的人身自由,危及人身财产安全,影响正常的生产生活。同样,受"情节严重"的限制,"恐吓、跟踪、骚扰他人"行为,必须达到使他人产生心理恐惧、恐慌进而形成心理强制,或者足以影响、限制人身自由,危及人身财产安全,影响正常的生活、工作、生产、经营等程度。

在本罪的认定中,要注意的是,在索取合法债务的场合,没有侵犯社会公共秩序的,不构成催收非法债务罪和寻衅滋事罪。如果采用了暴力、威胁、限制人身自由或者侵入他人住宅、恐吓、跟踪、骚扰等非法手段,也不能构成本罪。符合非法拘禁罪、故意伤害罪、寻衅滋事罪等犯罪的构成要件的,可以相关犯罪论处。非法催收非法债务的同时,侵犯了公民个人权利和社会公共秩序,符合催收非法债务罪和寻衅滋事罪犯罪构成的,构成寻衅滋事罪。在构成寻衅滋事罪的情况下,由于催收合法债务的罪责程度较轻,催收非法债务的罪责程度较重,对两者应分别在相应的法定刑幅度内从轻处罚、从重处罚。

依照刑法第 293 条之一的规定,犯本罪的,处 3 年以下有期徒刑、拘役或者管制,并处或者单处罚金。

三十九、组织、领导、参加黑社会性质组织罪

(一)概念和构成

本罪,是指组织、领导或者参加以暴力、威胁或者其他手段,有组织地进行违法犯罪活动,称霸一方,为非作恶,欺压、残害群众,严重破坏经济、社会生活秩序的黑社会性质组织的行为。

本罪客观上表现为,组织、领导或者参加黑社会性质组织。所谓组织,是指为首发起、纠集和组织有共同目的的人,组建黑社会性质组织。所谓领导,是指在黑社会性质的组织中处于领导地位,对该组织的活动进行策划指挥、协调,以及协调处理组织内部重大问题等行为。组织黑社会性质组织行为与领导黑社会性质组织的区别在于,前者的行为内容一般只涉及组织的内部事务,其性质是组建、完善、扩大黑社会性质组织;而后者的行为内容主要涉及组织所实施

的犯罪行为，其行为性质是策划、指挥、协调黑社会性质组织的犯罪行为。所谓参加，就是明知是黑社会性质组织而主动加入，成为其中的一员。

（二）“黑社会性质组织”“恶势力”“软暴力”

按照2021年12月24日《反有组织犯罪法》第2条的规定，刑法第294条规定的组织、领导、参加黑社会性质组织犯罪，以及黑社会性质组织、恶势力组织实施的犯罪，就是“有组织犯罪”。对于“有组织犯罪”，按照《反有组织犯罪法》的相关规定，予以特别处理。例如，对因组织、领导黑社会性质组织被判处刑罚的人员，自刑罚执行完毕之日起，5年之内按照国家有关规定向公安机关报告个人财产及日常活动；开办企业或者在企业中担任高级管理人员的，相关行业主管部门应当依法审查，对其经营活动加强监督管理；对有组织犯罪的组织者、领导者和骨干成员，应当严格掌握取保候审、不起诉、缓刑、减刑、假释和暂予监外执行的适用条件，充分适用剥夺政治权利、没收财产、罚金等刑罚；等等。因此，在本罪认定中，以下几个概念极为重要。下面，根据相关立法以及司法解释，[87]对其进行说明。

1.“黑社会性质组织”

所谓黑社会性质组织，是指以暴力、威胁或者其他手段，有组织地进行违法犯罪活动，称霸一方，为非作恶，欺压、残害群众，严重破坏经济、社会生活秩序的组织，因为其带有强烈的暴力性色彩，因而是一种很危险的犯罪组织。

按照相关立法以及司法解释，成立“黑社会性质的组织”，应当同时具备以下特征：

（1）组织特征，即形成较稳定的犯罪组织，人数较多，有明确的组织者、领导者，骨干成员基本固定，并有比较明确的层级和职责分工。组织特征包括以下内容：

首先，黑社会性质组织应当具有一定规模，人数较多，组织成员一般在10人以上。其中，既包括已有充分证据证明但尚未归案的组织成员，也包括虽有参加黑社会性质组织的行为，但因尚未达到刑事责任年龄或因其他法定情形而未被起诉，或者根据具体情节不作为犯罪处理的组织成员。

其次，黑社会性质组织应有明确的组织者、领导者，骨干成员基本固定，并有比较明确的层级和职责分工，一般有三种类型的组织成员，即组织者、领导者与一般参加者（“其他参加者”）。组织者、领导者，是指黑社会性质组织的发起者、创建者，或者在组织中实际处于领导地位，对整个组织及其运行、活动起着决策、指挥、协调、管理作用的犯罪分子，既包括通过一定形式产生的有明确职务、称谓的组织者、领导者，也包括在黑社会性质组织中被公认的事实上的组织者、领导者。发起、创建黑社会性质组织，或者对黑社会性质组织进行合并、分立、重组的行为，应当认定为“组织黑社会性质组织”；实际对整个组织的发展、运行、活动进行决策、指挥、协调、管理的行为，应当认定为“领导黑社会性质组织”。“参加”，是指知道或者应当知道是以实施违法犯罪为基本活动内容的组织，仍加入其中并接受其领导和管理的行为。单纯参与黑社会性质组织所实施的犯罪行为，但没有加入组织者，不构成参加黑社会性质组织罪。对于参加黑社会性质的组织，没有实施其他违法犯罪活动的，或者受蒙蔽、胁迫参加黑社会性质的组织，情节轻微的，可以不作为犯罪处理。骨干成员，是指直接听命于组织者、领导者，并多

---

〔87〕 根据刑法第294条第5款，2009年最高人民法院、最高人民检察院、公安部《办理黑社会性质组织犯罪案件座谈会纪要》，2015年最高人民法院《全国部分法院审理黑社会性质犯罪案件工作座谈会纪要》，2018年最高人民法院、最高人民检察院、公安部、司法部《关于办理黑恶势力犯罪案件若干问题的指导意见》的相关规定。

次指挥或积极参与实施有组织的违法犯罪活动或者其他长时间在犯罪组织中起重要作用的犯罪分子。

以下人员不属于黑社会性质组织的成员:一是主观上没有加入黑社会性质组织的意愿,受雇到黑社会性质组织开办的公司、企业、社团工作,未参与或者仅参与少量黑社会性质组织的违法犯罪活动的人员;二是因临时被纠集、雇用或受蒙蔽为黑社会性质组织实施违法犯罪活动或者提供帮助、支持、服务的人员;三是为维护或扩大自身利益而临时雇佣、收买、利用黑社会性质组织实施违法犯罪活动的人员。上述人员构成其他犯罪的,按照具体犯罪处理。

最后,通常情况下,黑社会性质组织为了维护自身的安全和稳定,一般会有一些约定俗成的纪律、规约,有些甚至还有明确的规定。因此,具有一定的组织纪律、活动规约,也是认定黑社会性质组织特征时的重要参考依据。对于黑社会性质组织的组织纪律、活动规约,应当结合制定、形成相关纪律、规约的目的与意图来进行审查判断。凡是为了增强实施违法犯罪活动的组织性、隐蔽性而制定或者自发形成,并用以明确组织内部人员管理、职责分工、行为规范、利益分配、行动准则等事项的成文或不成文的规定、约定,均可认定为黑社会性质组织的组织纪律、活动规约。

作为黑社会性质组织的组织特征,一般来说,通常会举行一个成立仪式之类的类似活动或者有标志性事件。虽没有举行成立仪式或者标志性事件,但组织形成后,在一定时期内持续存在,应当认定为“形成较稳定的犯罪组织”。黑社会性质组织一般在短时间内难以形成,而且成员人数较多,但鉴于“恶势力”团伙和犯罪集团向黑社会性质组织发展是一个渐进的过程,没有明显的性质转变的节点,故对黑社会性质组织存在时间、成员人数问题不宜作出“一刀切”的规定。黑社会性质组织未举行成立仪式或者进行类似活动的,成立时间可以按照足以反映其初步形成非法影响的标志性事件的发生时间认定。没有明显标志性事件的,可以按照黑社会性质组织违法犯罪活动认定范围的规定,将组织者、领导者与其他组织成员首次共同实施该组织犯罪活动的时间认定为该组织的形成时间。该组织者、领导者因未到案或者因死亡等法定情形未被起诉的,不影响认定。黑社会性质组织成员既包括已有充分证据证明但尚未归案的组织成员,也包括虽有参加黑社会性质组织的行为但因尚未达到刑事责任年龄或因其他法定情形而未被起诉,或者根据具体情节不作为犯罪处理的组织成员。

就利用信息网络实施违法犯罪的黑恶势力而言,关于其组织特征,要从违法犯罪的起因、目的,以及组织、策划、指挥、参与人员是否相对固定,组织形成后是否持续进行犯罪活动、是否有明确的职责分工、行为规范、利益分配机制等方面综合判断。利用信息网络实施违法犯罪的黑恶势力组织成员之间一般通过即时通讯工具、通讯群组、电子邮件、网盘等信息网络方式联络,对部分组织成员通过信息网络方式联络实施黑恶势力违法犯罪活动,即使相互未见面、彼此不熟识,不影响对组织特征的认定。[88]

(2)经济特征,即有组织地通过违法犯罪活动或者其他手段获取经济利益,具有一定的经济实力,以支持该组织的活动。“一定的经济实力”,是指黑社会性质组织在形成、发展过程中获取的,足以支持该组织运行、发展以及实施违法犯罪活动的经济利益。

在组织的形成、发展过程中,通过以下方式获取经济利益的,属于“有组织地通过违法犯

---

〔88〕 2019年最高人民法院、最高人民检察院、公安部、司法部《关于办理利用信息网络实施黑恶势力犯罪刑事案件若干问题的意见》第10条。

罪活动或者其他手段获取经济利益”:一是有组织地通过违法犯罪活动或其他不正当手段聚敛;二是有组织地以投资、控股、参股、合伙等方式通过合法的生产、经营活动获取;三是由组织成员提供或通过其他单位、组织、个人资助取得。通过上述方式获得一定数量的经济利益,应当认定为“具有一定的经济实力”,同时也包括调动一定规模的经济资源用以支持该组织活动的能力。通过上述方式获取的经济利益,即使是由部分组织成员个人掌控,也应计入黑社会性质组织的“经济实力”。组织成员主动将个人或者家庭资产中的一部分用于支持该组织活动,其个人或者家庭资产可全部计入“一定的经济实力”,但数额明显较小或者仅提供动产、不动产使用权的除外。由于不同地区的经济发展水平、不同行业的利润空间均存在很大差异,加之黑社会性质组织存在、发展的时间也各有不同,在办案时不能一般性地要求黑社会性质组织所具有的经济实力必须达到特定规模或特定数额。

无论其财产是通过非法手段聚敛,还是通过合法的方式获取,只要将其中部分或全部用于违法犯罪活动或者维系犯罪组织的生存、发展即可。“用于违法犯罪活动或者维系犯罪组织的生存、发展”,一般是指购买作案工具、提供作案经费,为受伤、死亡的组织成员提供医疗费、丧葬费,为组织成员及其家属提供工资、奖励、福利、生活费用,为组织寻求非法保护以及其他与实施有组织的违法犯罪活动有关的费用支出等。黑社会性质组织所应具有的“经济实力”最低数额标准,在20万~50万元幅度内。是否将所获经济利益全部或部分用于违法犯罪活动或者维系犯罪组织的生存、发展,是认定经济特征的重要依据。无论获利后的分配与使用形式如何变化,只要在客观上能够起到豢养组织成员、维护组织稳定、壮大组织势力的作用即可认定。

就利用信息网络实施违法犯罪的黑恶势力而言,关于其经济特征,利用信息网络有组织地通过实施违法犯罪活动或者其他手段获取一定数量的经济利益,用于违法犯罪活动或者支持该组织生存、发展的,应当认定为符合刑法第294条第5款第2项规定的黑社会性质组织经济特征。[89]

(3)行为特征,即以暴力、威胁或者其他手段,有组织地多次进行违法犯罪活动,为非作恶,欺压、残害群众。其中,最为明显的特征是暴力性。从条文规定来看,似乎了除了暴力以及以暴力为内容的威胁之外,还有“其他手段”。这里的“其他手段”似乎不要求暴力内容。但是,从体系解释的角度来看,这种理解并不合理。一方面,形成非法控制或者造成重大影响是黑社会性质组织的核心特征,但要实现对一定区域或行业的非法控制或重大影响,造成对群众的心理强制或威慑,不依凭现实的暴力手段几乎是不可能的。另一方面,“威胁或其他手段”虽不是现实的暴力,但其要成为黑社会性质组织实现非法控制的行为方式,离不开暴力手段的支撑。黑社会性质组织成立、发展过程中往往经常实施暴力行为,从而使群众不能反抗、不敢反抗。因此,将黑社会性质组织的行为特征概括为暴力性,是完全可能且必要的。需要注意的是,黑社会性质组织在其行动过程中,有时也会采取一些包括非暴力性的违法犯罪活动在内的“其他手段”,如:以暴力、威胁为基础,在利用组织势力和影响已对他人形成心理强制或威慑的情况下,进行所谓的“谈判”“协商”“调解”;滋扰、哄闹、聚众等其他干扰、破坏正常经济、社会生活秩序的非暴力手段。甚至就经营某个行业如开矿、运输或者建筑行业的黑社会性质组

〔89〕 2019年最高人民法院、最高人民检察院、公安部、司法部《关于办理利用信息网络实施黑恶势力犯罪刑事案件若干问题的意见》第11条。

织而言,在其经营过程中,还会有偷税漏税、销毁账册、向有关国家工作人员行贿等非暴力的手段行为,但这些行为也是维持黑社会性质组织的运转所必须的手段,是在黑社会性质组织的组织特征之下所实施的,是维持黑社会性质组织的经济特征所必须的。但暴力或以暴力相威胁始终是黑社会性质组织实施违法犯罪活动的基本手段,并随时可能付诸实施。因此,在黑社会性质组织所实施的违法犯罪活动中,一般应有一部分能够较明显地体现出暴力或以暴力相威胁的基本特征。否则,定性时应当特别慎重。

为确立、维护、扩大组织的势力、影响、利益或者按照纪律规约、组织惯例多次实施违法犯罪活动,侵犯不特定多人的人身权利、民主权利、财产权利,破坏经济秩序、社会秩序,应当认定为“有组织地多次进行违法犯罪活动,为非作恶,欺压、残害群众”。符合以下情形之一的,应当认定为是黑社会性质组织实施的违法犯罪活动:一是为该组织争夺势力范围、打击竞争对手、形成强势地位、谋取经济利益、树立非法权威、扩大非法影响、寻求非法保护、增强犯罪能力等实施的;二是按照该组织的纪律规约、组织惯例实施的;三是组织者、领导者直接组织、策划、指挥、参与实施的;四是由组织成员以组织名义实施并得到组织者、领导者认可或者默许的;五是多名组织成员为逞强争霸、插手纠纷、报复他人、替人行凶、非法敛财而共同实施,并得到组织者、领导者认可或者默许的;六是其他应当认定为黑社会性质组织实施的。

在行为特征的认定中,要注意的是,属于上述情形之一的,一般应认定为黑社会性质组织的违法犯罪活动,但确与维护和扩大组织势力、实力、影响、经济基础无任何关联,亦不是按照组织惯例、纪律、活动规约而实施的违法犯罪活动,则应作为组织成员个人的违法犯罪活动处理。组织者、领导者明知组织成员曾多次实施起因、性质类似的违法犯罪活动,但并未明确予以禁止的,如果该类行为对扩大组织影响起到一定作用,可以视为是按照组织惯例实施的违法犯罪活动。

关于“多次进行违法犯罪活动”,一般来说,黑社会性质组织实施犯罪活动过程中,往往伴随着大量的违法活动,对此均应作为黑社会性质组织的违法犯罪事实予以认定。但如果仅实施了违法活动,而没有实施犯罪活动的,则不能认定为黑社会性质组织。此外,“多次进行违法犯罪活动”只是认定黑社会性质组织的必要条件之一,最终能否认定为黑社会性质组织,还要结合危害性特征来加以判断。即使有些案件中的违法犯罪活动已符合“多次”的标准,但根据其性质和严重程度,尚不足以形成非法控制或者重大影响的,也不能认定为黑社会性质组织。

就利用信息网络实施违法犯罪的黑恶势力而言,关于其行为特征,通过线上线下相结合的方式,有组织地多次利用信息网络实施违法犯罪活动,侵犯不特定多人的人身权利、民主权利、财产权利,破坏经济秩序、社会秩序的,应当认定为符合刑法第 294 条第 5 款第 3 项规定的黑社会性质组织行为特征。单纯通过线上方式实施的违法犯罪活动,且不具有为非作恶、欺压残害群众特征的,一般不应作为黑社会性质组织行为特征的认定依据。[90]

(4)危害性特征,即通过实施违法犯罪活动,或者利用国家工作人员的包庇或者纵容,称霸一方,在一定区域或者行业内,形成非法控制或者重大影响,严重破坏经济、社会生活秩序。危害性特征是黑社会性质组织的本质特征,也是黑社会性质组织区别于一般犯罪集团的关键

〔90〕 2019 年最高人民法院、最高人民检察院、公安部、司法部《关于办理利用信息网络实施黑恶势力犯罪刑事案件若干问题的意见》第 12 条。

所在。鉴于黑社会性质组织非法控制和影响的“一定区域”的大小具有相对性，不能简单地要求“一定区域”必须达到某一特定的空间范围，而应当根据具体案情，并结合黑社会性质组织对经济、社会生活秩序的危害程度加以综合分析判断。

通过实施违法犯罪活动，或者利用国家工作人员的包庇或者不依法履行职责，放纵黑社会性质组织进行违法犯罪活动的行为，称霸一方，并具有以下情形之一的，可认定为“在一定区域或者行业内，形成非法控制或者重大影响，严重破坏经济、社会生活秩序”：①致使在一定区域内生活或者在一定行业内从事生产、经营的多名群众，合法利益遭受犯罪或严重违法活动侵害后，不敢通过正当途径举报、控告的；②对一定行业的生产、经营形成垄断，或者对涉及一定行业的准入、经营、竞争等经济活动形成重要影响；③插手民间纠纷、经济纠纷，在相关区域或者行业内造成严重影响的；④干扰、破坏他人正常生产、经营、生活，并在相关区域或者行业内造成严重影响的；⑤干扰、破坏公司、企业、事业单位及社会团体的正常生产、经营、工作秩序，在相关区域、行业内造成严重影响，或者致使其不能正常生产、经营、工作的；⑥多次干扰、破坏党和国家机关、行业管理部门以及村委会、居委会等基层群众自治组织的工作秩序，或者致使上述单位、组织的职能不能正常行使的；⑦利用组织的势力、影响，帮助组织成员或他人获取政治地位，或者在党政机关、基层群众自治组织中担任一定职务的；⑧其他形成非法控制或者重大影响，严重破坏经济、社会生活秩序的情形。

在上述“在一定区域或者行业内，形成非法控制或者重大影响，严重破坏经济、社会生活秩序”的认定时，应当注意以下问题：第一种情形中的“致使合法利益受损的群众不敢举报、控告的”，是指致使多名合法利益遭受犯罪或者严重违法活动侵害的群众不敢通过正当途径维护权益。第二种情形中的“形成垄断”，是指可以操控、左右、决定与一定行业相关的准入、退出、经营、竞争等经济活动。“形成重要影响”，是指对与一定行业相关的准入、退出、经营、竞争等经济活动具有较大的干预和影响能力，或者具有在该行业内占有较大市场份额，通过违法犯罪活动或以其他不正当手段在该行业内敛财数额巨大（最低数额标准由各高级人民法院根据本地情况在 20 万～50 万元的幅度内自行划定），给该行业内从事生产、经营活动的其他单位、组织、个人造成直接经济损失 100 万元以上等情节之一。第三至第五种情形中的“造成严重影响”，是指具有致人重伤或致多人轻伤、通过违法犯罪活动或以其他不正当手段敛财数额巨大（数额标准同上）、造成直接经济损失 100 万元以上、多次引发群体性事件或引发大规模群体性事件等情节之一。第六种情形中的“多次干扰、破坏国家机关、行业管理部门以及村委会、居委会等基层群众自治组织的工作秩序”，包括以拉拢、收买、威胁等手段多次得到国家机关工作人员包庇或纵容，或者多次对前述单位、组织中正常履行职务的工作人员进行打击、报复的情形；第七种情形中的“获取政治地位”，是指当选各级人大代表、政协委员。“担任一定职务”，是指在各级党政机关及其职能部门、基层群众自治组织中担任具有组织、领导、监督、管理职权的职务。根据实践经验，在黑社会性质组织犯罪案件中，以上八种情形一般不会单独存在，往往是两种以上的情形同时并存、相互交织，从而严重破坏经济、社会生活秩序。审判时，应当充分认识这一特点，准确认定该特征。

就利用信息网络实施违法犯罪的黑恶势力而言，就其非法控制特征而言，对利用信息网络实施黑恶势力犯罪非法控制和影响的“一定区域或者行业”，应当结合危害行为发生地或者危害行业的相对集中程度，以及犯罪嫌疑人、被告人在网络空间和现实社会中的控制和影响程度综合判断。虽然危害行为发生地、危害的行业比较分散，但涉案犯罪组织利用信息网络多次实施强迫交易、寻衅滋事、敲诈勒索等违法犯罪活动,在网络空间和现实社会造成重大影响,严重破坏经济、社会生活秩序的,应当认定为“在一定区域或者行业内,形成非法控制或者重大影响”[91]。

2.“恶势力”

所谓恶势力,是指经常纠集在一起,以暴力、威胁或者其他手段,在一定区域或者行业内多次实施违法犯罪活动,为非作恶,欺压百姓,扰乱经济、社会生活秩序,造成较为恶劣的社会影响,但尚未形成黑社会性质组织的违法犯罪组织。按照2018年1月16日最高人民法院、最高人民检察院、公安部、司法部《关于办理黑恶势力犯罪案件若干问题的指导意见》第1条的规定,一旦被认定为恶势力,司法机关就要正确运用法律规定加大对其违法犯罪以及“保护伞”惩处力度,在侦查、起诉、审判、执行各阶段体现依法从严惩处精神,严格掌握取保候审,严格掌握不起诉,严格掌握缓刑、减刑、假释,严格掌握保外就医适用条件,充分运用刑法总则关于共同犯罪和犯罪集团的规定加大惩处力度,充分利用资格刑、财产刑降低再犯可能性。此外,在刑事政策上,对黑恶势力犯罪,要串并研判、深挖彻查,防止就案办案,依法加快办理。换言之,一旦被认定恶势力犯罪,就要区别于普通刑事案件,在程序和实体上全面依法从严查处。

恶势力并非严格意义上的法律概念,它是在扫黑除恶专项斗争的实践中产生的专用语,其特征没有前述黑社会性质组织那样明确,认定标准没有黑社会性质组织那样严格。按照相关司法解释,在恶势力的认定上,应当注意以下几点:[92]

(1)恶势力一般为3人以上,纠集者相对固定。纠集者,是指在恶势力实施的违法犯罪活动中起组织、策划、指挥作用的违法犯罪分子。成员较为固定且符合恶势力其他认定条件,但多次实施违法犯罪活动是由不同的成员组织、策划、指挥,也可以认定为恶势力,有前述行为的成员均可以认定为纠集者。恶势力的其他成员,是指知道或应当知道与他人经常纠集在一起是为了共同实施违法犯罪,仍按照纠集者的组织、策划、指挥参与违法犯罪活动的违法犯罪分子,包括已有充分证据证明但尚未归案的人员,以及因法定情形不予追究法律责任,或者因参与实施恶势力违法犯罪活动已受到行政或刑事处罚的人员。仅因临时雇用或被雇用、利用或被利用以及受蒙蔽参与少量恶势力违法犯罪活动的,一般不应认定为恶势力成员。

(2)“经常纠集在一起,以暴力、威胁或者其他手段,在一定区域或者行业内多次实施违法犯罪活动”。具体而言,是指犯罪嫌疑人、被告人于2年之内,以暴力、威胁或者其他手段,在一定区域或者行业内多次实施违法犯罪活动,且包括纠集者在内,至少应有2名相同的成员多次参与实施违法犯罪活动。对于“纠集在一起”时间明显较短,实施违法犯罪活动刚刚达到“多次”标准,且尚不足以造成较为恶劣影响的,一般不应认定为恶势力。单纯为牟取不法经济利益而实施的“黄、赌、毒、盗、抢、骗”等违法犯罪活动,不具有为非作恶、欺压百姓特征的,或者因本人及近亲属的婚恋纠纷、家庭纠纷、邻里纠纷、劳动纠纷、合法债务纠纷而引发以及其他确属事出有因的违法犯罪活动,不应作为恶势力案件处理。“多次实施违法犯罪活动”至少应包括1次犯罪活动。对于反复实施强迫交易、非法拘禁、敲诈勒索、寻衅滋事等单一性质的违法行为,单次情节、数额尚不构成犯罪,但按照刑法或者有关司法解释、规范性文件的规定累加后

---

[91] 2019年最高人民法院、最高人民检察院、公安部、司法部《关于办理利用信息网络实施黑恶势力犯罪刑事案件若干问题的意见》第13条。

[92] 2019年最高人民法院、最高人民检察院、公安部、司法部《关于办理恶势力刑事案件若干问题的意见》第6~12条。

应作为犯罪处理的，在认定是否属于“多次实施违法犯罪活动”时，可将已用于累加的违法行为计为1次犯罪活动，其他违法行为单独计算违法活动的次数。已被处理或者已作为民间纠纷调处，后经查证确属恶势力违法犯罪活动的，均可以作为认定恶势力的事实依据，但不符合法定情形的，不得重新追究法律责任。

（3）恶势力实施的违法犯罪活动，主要为强迫交易、故意伤害、非法拘禁、敲诈勒索、故意毁坏财物、聚众斗殴、寻衅滋事，但也包括具有为非作恶、欺压百姓特征，主要以暴力、威胁为手段的其他违法犯罪活动。恶势力还可能伴随实施开设赌场、组织卖淫、强迫卖淫、贩卖毒品、运输毒品、制造毒品、抢劫、抢夺、聚众扰乱社会秩序、聚众扰乱公共场所秩序、交通秩序以及聚众“打砸抢”等违法犯罪活动，但仅有前述伴随实施的违法犯罪活动，且不能认定具有为非作恶、欺压百姓特征的，一般不应认定为恶势力。认定“扰乱经济、社会生活秩序，造成较为恶劣的社会影响”，应当结合侵害对象及其数量、违法犯罪次数、手段、规模、人身损害后果、经济损失数额、违法所得数额、引起社会秩序混乱的程度以及对人民群众安全感的影响程度等因素综合把握。

（4）要注意区分恶势力组织和恶势力犯罪集团。恶势力犯罪集团，是指符合恶势力全部认定条件，同时又符合犯罪集团法定条件的犯罪组织。恶势力犯罪集团的首要分子，是指在恶势力犯罪集团中起组织、策划、指挥作用的犯罪分子。恶势力犯罪集团的其他成员，是指知道或者应当知道是为共同实施犯罪而组成的较为固定的犯罪组织，仍接受首要分子领导、管理、指挥，并参与该组织犯罪活动的犯罪分子。恶势力犯罪集团应当有组织地实施多次犯罪活动，同时还可能伴随实施违法活动。恶势力犯罪集团所实施的违法犯罪活动，参照2018年1月16日最高人民法院、最高人民检察院、公安部、司法部《关于办理黑恶势力犯罪案件若干问题的指导意见》第10条第2款的规定认定。全部成员或者首要分子、纠集者以及其他重要成员均为未成年人、老年人、残疾人的，认定恶势力、恶势力犯罪集团时应当特别慎重。

3.“软暴力”

“软暴力”也不是一个正式的法律概念，而是用以区分传统“暴力”和表现新型“暴力”特点的类型化司法用语，是行为人为谋取不法利益或形成非法影响，实施足以影响、限制人身自由、危及人身财产安全的行为。本质上讲，软暴力是黑恶势力犯罪中一种比较新型的暴力形式，属于刑法第294条第5款第3项规定的黑社会性质组织特征中的行为特征即“以暴力、威胁”之外的“其他手段”中的一种，包括但不限于所谓的“谈判”、“协商”、“调解”以及滋扰、纠缠、哄闹、聚众造势等手段。软暴力的实质，是对被害人的心理形成某种强制或胁迫；其主要方式是通过一定的行为作用于被害人的身体或心理。根据2019年2月28日最高人民法院、最高人民检察院、公安部、司法部联合印发的《关于办理实施“软暴力”的刑事案件若干问题的意见》的规定，在“软暴力”的认定上，要注意以下几点：

（1）“软暴力”是指行为人为谋取不法利益或形成非法影响，对他人或者在有关场所进行滋扰、纠缠、哄闹、聚众造势等，足以使他人产生恐惧、恐慌进而形成心理强制，或者足以影响、限制人身自由、危及人身财产安全，影响正常生活、工作、生产、经营的违法犯罪手段。

（2）“软暴力”违法犯罪手段通常的表现形式有：一是侵犯人身权利、民主权利、财产权利的手段，包括但不限于跟踪贴靠、扬言传播疾病、揭发隐私、恶意举报、诬告陷害、破坏、霸占财物等；二是扰乱正常生活、工作、生产、经营秩序的手段，包括但不限于非法侵入他人住宅、破坏生活设施、设置生活障碍、贴报喷字、拉挂横幅、燃放鞭炮、播放哀乐、摆放花圈、泼洒污物、断水断电、堵门阻工,以及通过驱赶从业人员、派驻人员据守等方式直接或间接地控制厂房、办公区、经营场所等;三是扰乱社会秩序的手段,包括但不限于摆场架势示威、聚众哄闹滋扰、拦路闹事等;四是其他符合本意见第 1 条规定的"软暴力"手段。通过信息网络或者通讯工具实施,符合本意见第 1 条规定的违法犯罪手段,应当认定为"软暴力"。

(3)行为人实施"软暴力",具有下列情形之一,可以认定为足以使他人产生恐惧、恐慌进而形成心理强制或者足以影响、限制人身自由、危及人身财产安全或者影响正常生活、工作、生产、经营:一是黑恶势力实施的;二是以黑恶势力名义实施的;三是曾因组织、领导、参加黑社会性质组织、恶势力犯罪集团、恶势力以及因强迫交易、非法拘禁、敲诈勒索、聚众斗殴、寻衅滋事等犯罪受过刑事处罚后又实施的;四是携带凶器实施的;五是有组织地实施的或者足以使他人认为暴力、威胁具有现实可能性的;六是其他足以使他人产生恐惧、恐慌进而形成心理强制或者足以影响、限制人身自由、危及人身财产安全或者影响正常生活、工作、生产、经营的。由多人实施的,编造或明示暴力违法犯罪经历进行恐吓的,或者以自报组织、头目名号、统一着装、显露纹身、特殊标识以及其他明示、暗示方式,足以使他人感知相关行为的有组织性的,应当认定为"以黑恶势力名义实施"。由多人实施的,只要有部分行为人符合上述第 1 项至第 4 项所列情形的,该项即成立。虽然具体实施"软暴力"的行为人不符合上述第 1 项、第 3 项所列情形,但雇佣者、指使者或者纠集者符合的,该项成立。

(4)"软暴力"手段属于刑法第 294 条第 5 款第 3 项"黑社会性质组织行为特征"以及 2018 年 1 月 16 日最高人民法院、最高人民检察院、公安部、司法部《关于办理黑恶势力犯罪案件若干问题的指导意见》第 14 条"恶势力"概念中的"其他手段"。采用"软暴力"手段,使他人产生心理恐惧或者形成心理强制,分别属于刑法第 226 条规定的"威胁"、刑法第 293 条第 1 款第 2 项规定的"恐吓",同时符合其他犯罪构成要件的,应当分别以强迫交易罪、寻衅滋事罪定罪处罚。以"软暴力"手段非法进入或者滞留他人住宅的,应当认定为刑法第 245 条规定的"非法侵入他人住宅",同时符合其他犯罪构成要件的,应当以非法侵入住宅罪定罪处罚。以非法占有为目的,采用"软暴力"手段强行索取公私财物,同时符合刑法第 274 条规定的其他犯罪构成要件的,应当以敲诈勒索罪定罪处罚。采用"软暴力"手段,同时构成两种以上犯罪的,依法按照处罚较重的犯罪定罪处罚,法律另有规定的除外。对已受行政处罚的行为追究刑事责任的,行为人先前所受的行政拘留处罚应当折抵刑期,罚款应当抵扣罚金。

(5)雇用、指使他人采用"软暴力"手段强迫交易、敲诈勒索,构成强迫交易罪、敲诈勒索罪的,对雇佣者、指使者,一般应当以共同犯罪中的主犯论处。因本人及近亲属合法债务、婚恋、家庭、邻里纠纷等民间矛盾而雇用、指使,没有造成严重后果的,一般不作为犯罪处理,但经有关部门批评制止或者处理处罚后仍继续实施的除外。

4."套路贷"

"套路贷",是对以非法占有为目的,假借民间借贷之名,诱使或迫使被害人签订"借贷"或变相"借贷"、"抵押"、"担保"等相关协议,通过虚增借贷金额、恶意制造违约、肆意认定违约、毁匿还款证据等方式形成虚假债权债务,并借助诉讼、仲裁、公证或者采用暴力、威胁以及其他手段非法占有被害人财物的相关违法犯罪活动的概括性称谓。2019 年 7 月 26 日,公安部在北京召开的新闻发布会,正式明确"套路贷"是新型涉黑涉恶犯罪的一种。3 人以上为实施"套路贷"而组成的较为固定的犯罪组织,应当认定为犯罪集团。对首要分子应按照集团所犯全部罪行处罚。符合黑恶势力认定标准的,应当按照黑社会性质组织、恶势力或者恶势力犯罪集团侦查、起诉、审判。[93]

"套路贷"与平等主体之间基于意思自治而形成的民事借贷关系存在本质区别。民间借贷的出借人是为了到期按照协议约定的内容收回本金并获取利息，不具有非法占有他人财物的目的，也不会在签订、履行借贷协议过程中实施虚增借贷金额、制造虚假给付痕迹、恶意制造违约、肆意认定违约、毁匿还款证据等行为。实践中，"套路贷"的常见犯罪手法和步骤包括但不限于以下情形：(1)制造民间借贷假象，即以"小额贷款公司""投资公司""咨询公司""担保公司""网络借贷平台"等名义对外宣传，以低息、无抵押、无担保、快速放款等为诱饵吸引被害人借款，继而以"保证金""行规"等虚假理由诱使被害人基于错误认识签订金额虚高的"借贷"协议或相关协议。有的犯罪嫌疑人、被告人还会以被害人先前借贷违约等理由，迫使对方签订金额虚高的"借贷"协议或相关协议。(2)制造资金走账流水等虚假给付事实，即按照虚高的"借贷"协议金额将资金转入被害人账户，制造已将全部借款交付被害人的银行流水痕迹，随后便采取各种手段将其中全部或者部分资金收回，被害人实际上并未取得或者完全取得"借贷"协议、银行流水上显示的钱款。(3)故意制造违约或者肆意认定违约，即以设置违约陷阱、制造还款障碍等方式，故意造成被害人违约，或者通过肆意认定违约，强行要求被害人偿还虚假债务。(4)恶意垒高借款金额。当被害人无力偿还时，有的犯罪嫌疑人、被告人会安排其所属公司或者指定的关联公司、关联人员为被害人偿还"借款"，继而与被害人签订金额更大的虚高"借贷"协议或相关协议，通过这种"转单平账""以贷还贷"的方式不断垒高"债务"。(5)软硬兼施"索债"。在被害人未偿还虚高"借款"的情况下，犯罪嫌疑人、被告人借助诉讼、仲裁、公证或者采用暴力、威胁以及其他手段向被害人或者被害人的特定关系人索取"债务"。[94]

按照2019年2月28日最高人民法院、最高人民检察院、公安部、司法部《关于办理"套路贷"刑事案件若干问题的意见》的规定，对于"套路贷"犯罪，应当按照以下情形，分别处理：

(1)实施"套路贷"过程中，未采用明显的暴力或者威胁手段，其行为特征从整体上表现为以非法占有为目的，通过虚构事实、隐瞒真相骗取被害人财物的，一般以诈骗罪定罪处罚；对于在实施"套路贷"过程中多种手段并用，构成诈骗、敲诈勒索、非法拘禁、虚假诉讼、寻衅滋事、强迫交易、抢劫、绑架等多种犯罪的，应当根据具体案件事实，区分不同情况，依照刑法及有关司法解释的规定数罪并罚或者择一重处。

(2)多人共同实施"套路贷"犯罪，犯罪嫌疑人、被告人在所参与的犯罪中起主要作用的，应当认定为主犯，对其参与或组织、指挥的全部犯罪承担刑事责任；起次要或辅助作用的，应当认定为从犯。

明知他人实施"套路贷"犯罪，具有以下情形之一的，以相关犯罪的共犯论处，但刑法和司法解释等另有规定的除外：一是组织发送"贷款"信息、广告，吸引、介绍被害人"借款"的；二是提供资金、场所、银行卡、账号、交通工具等帮助的；三是出售、提供、帮助获取公民个人信息的；四是协助制造走账记录等虚假给付事实的；五是协助办理公证的；六是协助以虚假事实提起诉讼或者仲裁的；七是协助套现、取现、办理动产或不动产过户等，转移犯罪所得及其产生的收益的；八是其他符合共同犯罪规定的情形。上述规定中的"明知他人实施'套路贷'犯罪"，应当结合行为人的认知能力、既往经历、行为次数和手段、与同案人和被害人的关系、获

[93] 2019年最高人民法院、最高人民检察院、公安部、司法部《关于办理"套路贷"刑事案件若干问题的意见》第10条。

[94] 2019年最高人民法院、最高人民检察院、公安部、司法部《关于办理"套路贷"刑事案件若干问题的意见》第3条。

利情况、是否曾因“套路贷”受过处罚、是否故意规避查处等主客观因素综合分析认定。3 人以上为实施“套路贷”而组成的较为固定的犯罪组织,应当认定为犯罪集团。对首要分子应按照集团所犯全部罪行处罚。符合黑恶势力认定标准的,应当按照黑社会性质组织、恶势力或者恶势力犯罪集团侦查、起诉、审判。

(3)已经着手实施“套路贷”,但因意志以外原因未得逞的,可以根据相关罪名所涉及的刑法、司法解释规定,按照已着手非法占有的财物数额认定犯罪未遂。既有既遂,又有未遂,犯罪既遂部分与未遂部分分别对应不同法定刑幅度的,应当先决定对未遂部分是否减轻处罚,确定未遂部分对应的法定刑幅度,再与既遂部分对应的法定刑幅度进行比较,选择处罚较重的法定刑幅度,并酌情从重处罚;二者在同一量刑幅度的,以犯罪既遂酌情从重处罚。

(4)在认定“套路贷”犯罪数额时,应当与民间借贷相区别,从整体上予以否定性评价,“虚高债务”和以“利息”“保证金”“中介费”“服务费”“违约金”等名目被犯罪嫌疑人、被告人非法占有的财物,均应计入犯罪数额。犯罪嫌疑人、被告人实际给付被害人的本金数额,不计入犯罪数额。犯罪嫌疑人、被告人实施“套路贷”违法所得的一切财物,应当予以追缴或者责令退赔;对被害人的合法财产,应当及时返还。有证据证明是犯罪嫌疑人、被告人为实施“套路贷”而交付给被害人的本金,赔偿被害人损失后如有剩余,应依法予以没收。

犯罪嫌疑人、被告人已将违法所得的财物用于清偿债务、转让或者设置其他权利负担,具有下列情形之一的,应当依法追缴:一是第三人明知是违法所得财物而接受的;二是第三人无偿取得或者以明显低于市场的价格取得违法所得财物的;三是第三人通过非法债务清偿或者违法犯罪活动取得违法所得财物的;四是其他应当依法追缴的情形。

(5)以老年人、未成年人、在校学生、丧失劳动能力的人为对象实施“套路贷”,或者因实施“套路贷”造成被害人或其特定关系人自杀、死亡、精神失常、为偿还“债务”而实施犯罪活动的,除刑法、司法解释另有规定的外,应当酌情从重处罚。在坚持依法从严惩处的同时,对于认罪认罚、积极退赃、真诚悔罪或者具有其他法定、酌定从轻处罚情节的被告人,可以依法从宽处罚。对于“套路贷”犯罪分子,应当根据其所触犯的具体罪名,依法加大财产刑适用力度。符合刑法第 37 条之一规定的,可以依法禁止从事相关职业。

(三)本罪认定中应当注意的问题

1. 黑社会性质组织与普通犯罪集团的界限

一般说来,黑社会性质组织,具有犯罪集团的所有特征,同时又具有决定、反映其自身本质的其他普通犯罪集团所没有的特征,主要是:(1)主观目的不同。普通犯罪集团的目的比较单纯,一般是追求某特定利益如经济利益等,没有控制、影响社会的政治化倾向;而黑社会性质组织则具有通过追求经济利益,以控制、影响社会某一区域、某一行业的目的或者追求的政治化倾向。(2)手段方法不同。与比较单纯的目的相适应,普通犯罪集团如抢劫集团、走私集团、贩毒集团等,行为较为单一、固定,一般是以实行某一类、一种或数种犯罪为重点,并从中直接获取经济利益;而黑社会性质组织,因为有通过攫取经济利益从而控制、影响一定区域、行业的目的,因此,其违法犯罪手段的多样性、复杂性远超普通犯罪。违法犯罪活动的范围极为广泛,并且伴有欺压、残害群众的杀人、伤害、寻衅滋事的暴力行为;有的还为掩饰其黑社会性质组织的本质,采用贿赂、美色诱惑等手段拉拢腐蚀国家工作人员,寻求“保护伞”,求得保护、包庇和纵容。(3)势力范围不同。黑社会性质组织为了最大限度地攫取经济利益,不仅公然实施违法犯罪,而且通过该违法犯罪,控制、影响一定区域、一定行业,建立一定的势力范围,公然形成与国家、政府分庭抗礼的、比较稳定的非法地下黑秩序,而普通犯罪集团则不具有这一特征,其犯罪一般都比较隐蔽,具有流动性。

2. 区分黑社会性质组织和有违法犯罪行为的单位的界限

实践当中,常有这样的情况,即当初合法成立的经济实体即单位在后来的经营活动中,一方面在从事合法的经营活动,另一方面却又大肆进行违法犯罪活动,对于这种经济实体的性质该如何界定,成为问题。

所谓黑社会性质组织,除具有固定组织和具有一定经济实力之外,最为重要的特征是暴力性,即把暴力、威胁作为后盾,并将其作为赚钱的手段。如此说来,具有以下两种情形之一的组织,可以认定为"黑社会性质组织":(1)在获取经济利益的活动过程中,经常有组织地实施暴力、威胁手段,或者以暴力、威胁为后盾,为非作恶,欺压、残害群众;(2)通过实施具有暴力、威胁性质的违法犯罪活动,或者利用国家工作人员的包庇或者纵容,称霸一方,完全或者部分地控制了一定区域或者一定行业中的正常活动。相反地,所谓"有违法犯罪行为的单位"的存在以实施了刑法所规定的单位犯罪为前提,范围极为有限,从刑法分则的规定来看,主要存在于危害公共安全罪、破坏社会主义市场经济秩序罪、妨害社会管理秩序罪、危害国防利益罪和贪污挪用犯罪之中。单位中的自然人实施的、刑法没有规定为单位犯罪的行为,不能看作单位自身的犯罪行为。这是依据刑法第 3 条所规定的罪刑法定原则所得出的当然结论。如此说来,黑社会性质组织和有违法犯罪行为的单位之间尽管在实施经济活动的过程中都有违法犯罪行为的存在,但所实施的违法犯罪行为的内容则完全不同。就黑社会性质组织而言,其所实施的违法犯罪行为,主要是暴力、威胁或者以暴力、威胁为后盾的犯罪,通常体现为故意杀人、故意伤害、绑架、抢劫、敲诈勒索、故意毁坏财物等侵犯他人生命、身体以及财产法益的犯罪,而且在实施违法犯罪行为的频度上,是经常性地、一贯性地实施,即将暴力、胁迫作为获取经济利益或者解决经济纠纷的主要手段。相反地,违法犯罪单位所实施的危害社会行为,则主要是在单位履行职责或者开展经营活动过程中所伴随的违法犯罪行为,通常表现为行贿受贿、偷逃税收、走私等非暴力性犯罪。单位在履行职责或者经营活动过程中偶尔也会实施针对他人生命、身体或者财产的暴力、威胁活动,但若这种行为不经常发生,难以看作该单位获取经济利益或者解决经济纠纷的主要手段的话,就不能将其看作单位自身的行为,而只能作为单位中的自然人的犯罪处罚。

根据以上叙述,对于现实生活中的一些犯罪组织,是否属于黑社会性质组织,可以按照以下方式加以判断:(1)有些单位完全按照合法程序设立,也从事合法的经营活动,但在后来发生了变化,在遇到一些经济纠纷或者开展经营活动的时候,常常是凭借暴力、威胁或者其他类似手段来解决问题,并且符合有关黑社会性质组织的特征的,可以说,该组织已经演变为黑社会性质组织。(2)某些组织在成立之初就以暴力、威胁作为获取经济利益或者解决经济纠纷的手段,在逐渐独霸一方或者牢固控制了某个行业之后,尽管暴力色彩有所减弱,但仍然以暴力作为其后盾,在处理问题上具有浓厚的暴力色彩,或者利用国家工作人员的包庇、纵容,独霸一方的场合,也仍然是黑社会性质组织。(3)合法成立的经济组织,在开展业务活动过程中,偶尔有暴力、威胁犯罪行为,或者具有其他非暴力犯罪行为的场合,不能将其视为黑社会性质组织,只能看作违法犯罪的单位。

3. 黑社会性质组织与恶势力犯罪集团、恶势力的界限

总体而言,恶势力、恶势力犯罪集团、黑社会性质组织,在组织结构、社会危害性方面是递

进关系,属于三个层次,恶势力是尚未形成黑社会性质组织的违法犯罪组织,如果进一步发展可以成为恶势力犯罪集团,再进一步发展就是黑社会性质组织。三者之间的不同点表现为:(1)在组织结构上,黑社会性质组织的结构较为严密,有组织者、领导者、积极参加者和一般参加者,且常有10人以上;恶势力犯罪集团的组织结构较之黑社会性质组织略为松散,有首要分子、重要成员和其他成员,有3名以上的组织成员,重要成员较为固定,组织成员经常纠集在一起;恶势力团体则相对松散,只在实施犯罪活动时才纠集在一起,成员之间一般没有明确的分工,或者只是在具体行动时才有分工,组织者、领导者常常直接参与或者指挥作案,恶势力的结构组织更为松散,有纠集者和其他成员,一般为3人以上,纠集者相对固定。(2)在犯罪目的及经济实力方面,黑社会性质组织有明显的经济特征,即通过违法犯罪活动获取经济利益,经济实力比较雄厚;恶势力的违法犯罪目的具有多样性,不一定以追求非法经济利益为目的,组织缺乏长期存续的经济实力,没有形成大规模的经济实体;恶势力犯罪集团介于两者之间,经济特征存在,但没有黑社会性质组织那么明显。(3)在危害程度上,黑社会性质组织所实施的犯罪行为种类和次数更多,对抗社会秩序的特征明显;恶势力犯罪集团次之,其形成需要共同故意实施3次以上恶势力惯常实施的犯罪活动或者其他犯罪活动;恶势力再次之,要实施“多次实施违法犯罪活动”(至少1起犯罪案件、2起以上治安案件)。(4)在处罚方面,组织领导参加黑社会性质组织构成一类单独的犯罪,必须与当事人所从事的其他组织犯罪或个人犯罪进行数罪并罚;恶势力或者恶势力集团不是单独的犯罪行为,但相对于一般人的共同犯罪而言,对其所从事的犯罪行为要从重处罚。

4. 黑社会性质组织与邪教组织的界限

一般认为,二者之间的区别在于:(1)发展成员的手段与对象不同。黑社会性质组织发展成员的方法多种多样,但一般不会隐瞒其真实目的,即使首先采用了欺骗手段,后来最终也会让加入者知道真相,其对象是为了谋取非法经济利益或者寻求“保护”的各种意志弱的人,成员身份层次通常较低。邪教组织则是采取迷信邪说、灌输荒唐信仰等欺骗手段蛊惑、诱骗他人,不会向信徒说明首要分子的真实意图,对象因此乃多为受骗上当不明真相的人。(2)犯罪手段不同。黑社会性质组织基于其犯罪目的,进行走私、贩毒、非法经营、强迫交易、开设赌场、经营色情场所,以及杀人、伤害、绑架、聚众斗殴、寻衅滋事等各种各样的违法犯罪活动,趋利性、暴力性、物质性明显。而邪教组织进行的违法犯罪活动多为传播封建迷信,攻击国家法律、法规;制造、散布“人类将遭受大劫”“地球即将毁灭”等谣言,制造混乱,干扰执法、司法活动;从事诸如“升天”“寻主”等迷信活动,鼓动群众放弃工作、生产、学习,逃避现实,消极处世,抗拒法律、法规实施;灌输、宣扬鬼魂、色情等荒唐的违反社会道德、法律的信仰等活动。(3)影响范围不同。黑社会性质组织不仅控制、影响其成员,而且对其所在地区、行业产生非法控制和重要影响,具有一定的势力范围。而邪教组织主要控制、影响信徒,对外界社会一般不会产生强迫的非法控制力。但由于其以精神力量为主要武器,一旦成立,极易感染周围之人,并使他人自愿加入成为信徒,使得组织规模膨胀、扩大,往往具有跨地域、跨行业的色彩。(4)处罚范围不同。黑社会性质组织的成员除情节显著轻微危害不大者外,都是危害社会的犯罪分子,应当依法承担刑事责任。邪教组织的成员,大多作为信徒为受害者,不属犯罪分子;只有利用邪教组织进行违法犯罪的人一般为首要分子和积极参加者,才依法以犯罪追究其刑事责任。

（四）处罚

依照刑法第294条第1款的规定，组织、领导黑社会性质的组织的，处7年以上有期徒刑，并处没收财产；积极参加的，处3年以上7年以下有期徒刑，可以并处罚金或者没收财产；其他参加的，处3年以下有期徒刑、拘役、管制或者剥夺政治权利，可以并处罚金。犯本罪又有其他犯罪行为的，依照数罪并罚的规定处罚。

在有关黑社会性质组织犯罪的处罚上，要区分以下几种情况，分别处理：

1. 对于组织、领导、参加黑社会性质组织犯罪的处罚。依照2010年4月14日最高人民法院刑三庭《在审理故意杀人、伤害及黑社会性质组织犯罪案件中切实贯彻宽严相济刑事政策》，以及2015年10月13日《全国部分法院审理黑社会性质组织犯罪案件工作座谈会纪要》的规定，本罪在处理中应当注意以下问题：

（1）准确认定黑社会性质组织。黑社会性质组织犯罪由于其严重的社会危害性，在打击处理上不能等其做大后进行，要坚持“严打”的方针，坚持“打早打小”的策略。当然，实践中许多黑社会性质组织并不是四个特征都很明显，在具体认定时，应根据立法本意，认真审查、分析黑社会性质组织四个特征相互间的内在联系，准确评价涉案犯罪组织所造成的社会危害。既要防止将已具备黑社会性质组织四个特征的案件“降格”处理，也不能因为强调严厉打击将不具备四个特征的犯罪团伙“拔高”认定为黑社会性质组织。

（2）区别对待黑社会性质组织的不同成员。对于组织者、领导者应依法从严惩处，其承担责任的犯罪不限于自己组织、策划、指挥和实施的犯罪，而应对组织所犯的全部罪行承担责任。要在区分组织犯罪和组织成员犯罪的基础上，合理划定组织者、领导者的责任范围，做到不枉不纵。同时，还要注意责任范围和责任程度的区别，不能简单认为组织者、领导者就是具体犯罪中责任最重的主犯。对于组织成员实施的黑社会性质组织犯罪，组织者、领导者只是事后知晓，甚至根本不知晓，其就只应负有一般的责任，直接实施的成员无疑应负最重的责任。对于在黑社会性质组织形成、发展过程中已经退出的组织者、领导者，或者在加入黑社会性质组织之后逐步发展成为组织者、领导者的犯罪分子，应对其本人参与及其实际担任组织者、领导者期间该组织所犯的全部罪行承担刑事责任。对于积极参加者，应根据其在具体犯罪中的地位、作用，确定其应承担的刑事责任。确属黑社会性质组织骨干成员的，应依法从严处罚。对犯罪情节较轻的其他参加人员以及初犯、偶犯、未成年犯，则要依法从轻、减轻处罚。对于参加黑社会性质的组织，没有实施其他违法犯罪活动的，或者受蒙蔽、胁迫参加黑社会性质的组织，情节轻微的，则可以不作为犯罪处理。

（3）量刑情节的运用。黑社会性质组织的成员虽不具有自首情节，但到案后能够如实供述自己罪行，并具有以下情形之一的，一般应当适用刑法第67条第3款的规定予以从轻处罚：一是如实交代大部分尚未被掌握的同种犯罪事实；二是如实交代尚未被掌握的较重的同种犯罪事实；三是如实交代犯罪事实，并对收集定案证据、查明案件事实有重要作用的。积极参加者、一般参加者配合司法机关查办案件，有提供线索、帮助收集证据或者其他协助行为，并在侦破黑社会性质组织犯罪案件、认定黑社会性质组织及其主要成员、追缴黑社会性质组织违法所得、查处“保护伞”等方面起到较大作用的，即使依法不能认定立功，一般也应酌情对其从轻处罚。组织者、领导者、骨干成员以及“保护伞”协助抓获同案中其他重要的组织成员，或者骨干成员能够检举揭发其他犯罪案件中罪行同样严重的犯罪分子，原则上依法应予从轻或者减轻处罚。组织者、领导者检举揭发与该黑社会性质组织及其违法犯罪活动有关联的其他犯罪线索,如果在是否认定立功的问题上存在事实、证据或法律适用方面的争议,应当严格把握。依法应认定为立功或者重大立功的,在决定是否从宽处罚、如何从宽处罚时,应当根据罪责刑相一致原则从严掌握。可能导致全案量刑明显失衡的,不予从宽处罚。

(4)附加刑的适用。审理黑社会性质组织犯罪案件,应当通过判处和执行民事赔偿以及积极开展司法救助来最大限度地弥补被害人及其亲属的损失。被害人及其亲属确有特殊困难,需要接受被认定为黑社会性质组织成员的被告人赔偿并因此表示谅解的,量刑时应当特别慎重。不仅应当查明谅解是否确属真实意思表示以及赔偿款项与黑社会性质组织违法所得有无关联,而且在决定是否从宽处罚、如何从宽处罚时,也应当从严掌握。可能导致全案量刑明显失衡的,不予从宽处罚。在附加剥夺政治权利的适用上,要注意对于黑社会性质组织的组织者、领导者,可以适用刑法第 56 条第 1 款的规定附加剥夺政治权利。对于因犯参加黑社会性质组织罪被判处 5 年以上有期徒刑的积极参加者,也可以适用该规定附加剥夺政治权利。在财产刑的适用上,对于黑社会性质组织的组织者、领导者,依法应当并处没收财产。黑社会性质组织敛财数额特别巨大,但因犯罪分子转移、隐匿、毁灭证据或者拒不交代涉案财产来源、性质,导致违法所得以及其他应当追缴的财产难以准确查清和追缴的,对于组织者、领导者以及为该组织转移、隐匿资产的积极参加者可以并处没收个人全部财产。对于确属骨干成员的积极参加者一般应当并处罚金或者没收财产。对于其他积极参加者和一般参加者,应当根据所参与实施违法犯罪活动的次数、性质、地位、作用、违法所得数额以及造成损失的数额等情节,依法决定财产刑的适用。

2. 对于恶势力和恶势力集团的处罚。按照 2019 年 2 月 28 日最高人民法院、最高人民检察院、公安部、司法部《关于办理恶势力刑事案件若干问题的意见》的规定,总体上,应正确运用宽严相济刑事政策的有关要求。具体而言,应当注意以下几点。

(1)对于恶势力的纠集者、恶势力犯罪集团的首要分子、重要成员以及恶势力、恶势力犯罪集团共同犯罪中罪责严重的主犯,要正确运用法律规定加大惩处力度,对依法应当判处重刑或死刑的,坚决判处重刑或死刑。同时要严格掌握取保候审,严格掌握不起诉,严格掌握缓刑、减刑、假释,严格掌握保外就医适用条件,充分利用资格刑、财产刑等法律手段全方位从严惩处。对于符合刑法第 37 条之一规定的,可以依法禁止其从事相关职业。

(2)对于恶势力、恶势力犯罪集团的其他成员,在共同犯罪中罪责相对较小、人身危险性、主观恶性相对不大的,具有自首、立功、坦白、初犯等法定或酌定从宽处罚情节,可以依法从轻、减轻或免除处罚。认罪认罚或者仅参与实施少量的犯罪活动且只起次要、辅助作用,符合缓刑条件的,可以适用缓刑。

(3)恶势力犯罪集团的首要分子检举揭发与该犯罪集团及其违法犯罪活动有关联的其他犯罪线索,如果在认定立功的问题上存在事实、证据或法律适用方面的争议,应当严格把握。依法应认定为立功或者重大立功的,在决定是否从宽处罚、如何从宽处罚时,应当根据罪责刑相一致原则从严掌握。可能导致全案量刑明显失衡的,不予从宽处罚。

(4)恶势力犯罪集团的其他成员如果能够配合司法机关查办案件,有提供线索、帮助收集证据或者其他协助行为,并在侦破恶势力犯罪集团案件、查处"保护伞"等方面起到较大作用的,即使依法不能认定立功,一般也应酌情对其从轻处罚。

(5)犯罪嫌疑人、被告人同时具有法定、酌定从严和法定、酌定从宽处罚情节的,量刑时要根据所犯具体罪行的严重程度,结合被告人在恶势力、恶势力犯罪集团中的地位、作用、主观恶性、人身危险性等因素整体把握。对于恶势力的纠集者、恶势力犯罪集团的首要分子、重要成员，量刑时要体现总体从严。对于在共同犯罪中罪责相对较小、人身危险性、主观恶性相对不大，且能够真诚认罪悔罪的其他成员，量刑时要体现总体从宽。

(6)恶势力刑事案件的犯罪嫌疑人、被告人自愿如实供述自己的罪行，承认指控的犯罪事实，愿意接受处罚的，可以依法从宽处理，并适用认罪认罚从宽制度。对于犯罪性质恶劣、犯罪手段残忍、社会危害严重的犯罪嫌疑人、被告人，虽然认罪认罚，但不足以从轻处罚的，不适用该制度。

3. 依法严惩利用未成年人实施黑恶势力犯罪。按照 2020 年 3 月 23 日最高人民法院、最高人民检察院、公安部、司法部《关于依法严惩利用未成年人实施黑恶势力犯罪的意见》的规定，在依法从严惩治胁迫、教唆、引诱、欺骗等利用未成年人实施黑恶势力犯罪的行为方面，应注意以下几点：

(1)突出打击重点，依法严惩利用未成年人实施黑恶势力犯罪的行为。具体而言，黑社会性质组织、恶势力犯罪集团、恶势力，实施下列行为之一的，应当认定为“利用未成年人实施黑恶势力犯罪”：一是胁迫、教唆未成年人参加黑社会性质组织、恶势力犯罪集团、恶势力，或者实施黑恶势力违法犯罪活动的；二是拉拢、引诱、欺骗未成年人参加黑社会性质组织、恶势力犯罪集团、恶势力，或者实施黑恶势力违法犯罪活动的；三是招募、吸收、介绍未成年人参加黑社会性质组织、恶势力犯罪集团、恶势力，或者实施黑恶势力违法犯罪活动的；四是雇用未成年人实施黑恶势力违法犯罪活动的；五是其他利用未成年人实施黑恶势力犯罪的情形。

(2)利用未成年人实施黑恶势力犯罪，具有下列情形之一的，应当从重处罚：一是组织、指挥未成年人实施故意杀人、故意伤害致人重伤或者死亡、强奸、绑架、抢劫等严重暴力犯罪的；二是向未成年人传授实施黑恶势力犯罪的方法、技能、经验的；三是利用未达到刑事责任年龄的未成年人实施黑恶势力犯罪的；四是为逃避法律追究，让未成年人自首、做虚假供述顶罪的；五是利用留守儿童、在校学生实施犯罪的；六是利用多人或者多次利用未成年人实施犯罪的；七是针对未成年人实施违法犯罪的；八是对未成年人负有监护、教育、照料等特殊职责的人员利用未成年人实施黑恶势力违法犯罪活动的；九是其他利用未成年人违法犯罪应当从重处罚的情形。

(3)黑社会性质组织、恶势力犯罪集团利用未成年人实施犯罪的，对犯罪集团首要分子，按照集团所犯的全部罪行，从重处罚。对犯罪集团的骨干成员，按照其组织、指挥的犯罪，从重处罚。恶势力利用未成年人实施犯罪的，对起组织、策划、指挥作用的纠集者，恶势力共同犯罪中罪责严重的主犯，从重处罚。黑社会性质组织、恶势力犯罪集团、恶势力成员直接利用未成年人实施黑恶势力犯罪的，从重处罚。

(4)有胁迫、教唆、引诱等利用未成年人参加黑社会性质组织、恶势力犯罪集团、恶势力，或者实施黑恶势力犯罪的行为，虽然未成年人并没有加入黑社会性质组织、恶势力犯罪集团、恶势力，或者没有实际参与实施黑恶势力违法犯罪活动，对黑社会性质组织、恶势力犯罪集团、恶势力的首要分子、骨干成员、纠集者、主犯和直接利用的成员，即便有自首、立功、坦白等从轻减轻情节的，一般也不予从轻或者减轻处罚。

(5)被黑社会性质组织、恶势力犯罪集团、恶势力利用，偶尔参与黑恶势力犯罪活动的未成年人，按其所实施的具体犯罪行为定性，一般不认定为黑恶势力犯罪组织成员。

四十、入境发展黑社会组织罪

本罪,是指境外的黑社会组织的人员到中华人民共和国境内发展组织成员的行为。

其中,“境外的黑社会组织”,是指被境外国家或者地区确定为黑社会的组织,既包括外国的黑社会组织,也包括我国港澳台地区的黑社会组织。黑社会组织和黑社会性质组织是不同的两个概念。前者是指已经被我境外的国家和地区按照法定程序认定为黑社会的组织;而后者则只是具备黑社会组织的某些特征,但尚未按照法定程序被认定为黑社会组织的组织。一般认为,我国目前并不存在像意大利的黑手党、日本的山口组那样的法定的黑社会组织。“发展组织成员”,是指将境内人员吸收为该黑社会组织成员。对黑社会组织成员进行内部调整等行为,可视为“发展组织成员”。其中,“发展”并不要求境外的黑社会组织人员采用亲自进入我国境内的方式,行为人无论是采用网络、电话还是其他方式,只要在我国境内发展组织成员,就应当以本罪论处。“中华人民共和国境内”,是指我国内地(大陆)境内,不包括港澳台地区在内。本罪的主体为特殊主体,即行为人须是在境外被认定为黑社会组织的成员或者其代理人。

依照刑法第294条第2款的规定,犯本罪的,处3年以上10年以下有期徒刑。犯本罪又有其他犯罪行为的,依照数罪并罚的规定处罚。

四十一、包庇、纵容黑社会性质组织罪

本罪,是指国家机关工作人员包庇黑社会性质的组织,或者纵容黑社会性质的组织进行违法犯罪活动的行为。

其中,“国家机关工作人员”,是指在国家各级权力机关、行政机关、司法机关以及中国共产党的各级机关中从事公务的人员。“包庇”,是指国家机关工作人员为使黑社会性质组织及其成员逃避查禁,而通风报信,隐匿、毁灭、伪造证据,阻止他人作证、检举揭发,指使他人作伪证,帮助逃匿,或者阻挠其他国家机关工作人员依法查禁等行为。“包庇”,不要求相关国家机关工作人员利用职务便利。利用职务便利包庇黑社会性质组织的,酌情从重处罚。“纵容”,是指国家机关工作人员不依法履行职责,放纵黑社会性质组织进行违法犯罪活动的行为。这里的包庇、纵容,仅限于行为人事先与黑社会性质组织没有共谋的场合,事先有共谋的场合,构成相关犯罪的共同犯罪。包庇、纵容行为是否利用了职务之便,对成立本罪没有影响。

依照刑法第294条第3款的规定,犯本罪的,处5年以下有期徒刑;情节严重的,处5年以上有期徒刑。其中,“情节严重”,依照有关司法解释,[95]是指:(1)包庇、纵容黑社会性质组织跨境实施违法犯罪活动的;(2)包庇、纵容境外黑社会组织在境内实施违法犯罪活动的;(3)多次实施包庇、纵容行为的;(4)致使某一区域或者行业的经济、社会生活秩序遭受黑社会性质组织特别严重破坏的;(5)致使黑社会性质组织的组织者、领导者逃匿,或者致使对黑社会性质组织的查禁工作严重受阻的;(6)具有其他严重情节的。犯本罪又有其他犯罪行为的,依照数罪并罚的规定处罚。

四十二、传授犯罪方法罪

本罪,是指向他人传授犯罪方法的行为。

---

〔95〕 2000年最高人民法院《关于审理黑社会性质组织犯罪的案件具体应用法律若干问题的解释》第6条。

本罪在客观上表现为传授犯罪方法。所谓犯罪方法,是指犯罪的经验和技能,包括手段、步骤、反侦查方法等。由于过失犯罪的方法不可能被传授,因此,这里的犯罪方法,应当是指故意犯罪的方法。同时,有些技能和经验如格斗技巧、人体解剖方法等日常生活中的技能和技术,虽然可以被用作犯罪手段,但只要在日常生活当中不被看作犯罪手段,就不能将其作为犯罪方法。所谓传授,就是以语言、文字、动作、图像或者其他方法讲解、教授给他人,可以对一人单独进行,也可以对数人同时进行;可以是秘密传授,也可以是公开传授;可以是主动传授,也可以是应他人要求而被动传授。本罪是抽象危险犯,只要行为人实施了传授行为即可,被传授者是否掌握了犯罪方法,在所不问。利用互联网发布、传播制造毒品等犯罪的方法、技术、工艺;以语言、文字、动作或者其他方式传授能够致人感染艾滋病病毒的具体方法,均构成传授犯罪方法。

本罪的主观要件为故意,即明知所传授的是犯罪方法而有意传授给对方。过失不能构成本罪。但是,传授者的故意到底是直接故意还是间接故意,学界则有不同看法。有的认为只能是直接故意,也有人认为不论是直接故意还是间接故意,都能成立本罪。由于本书认为直接故意和间接故意的区分只具有量刑意义,不影响定罪,因此,上述区分没有实质意义。也就是说,本罪的主观要件既可以是直接故意,也可以是间接故意。

在本罪的认定中,应注意以下问题:

1. 罪与非罪的区别。主观上有无犯罪意图,是区分罪与非罪的关键。行为人有无传授犯罪方法的意图,应当从传授的对象、原因、传授的细节、方式等方面来加以判断,从而将没有犯罪意图的不当言行的本罪区别开来。如在讲故事、表演或者出版作品当中,出于艺术处理的需要而对一些犯罪过程细节进行了描述,即便间接地产生了传授犯罪方法的效果,但也不应作为本罪处理。因为,行为人确实没有引起他人犯罪的故意。但是,过于细致的描写,在足以让一般人意识到他人能够模仿的时候,则有传授犯罪方法之嫌。出于职务上的需要而教授的行为,如医生教授解剖人体的方法,警察教授擒拿、格斗的方法,都是正当行为。修锁的匠人将修配钥匙的技艺传授给自己的徒弟的场合,即便该徒弟后来将技艺用于盗窃犯罪,但只要在传授的当时,徒弟所从事的是学徒工的正当职业,各方面的品行也还不错,就不能说该匠人有传授犯罪方法的故意。传授炸药制造技能的方法,从整体传授过程来看,根据社会通常观念,明显具有用于犯罪活动倾向的场合,应当认定为传授犯罪方法。

2. 本罪与具体犯罪的教唆犯、帮助犯的区别。本罪与后二者在客观行为和主观内容上都有所不同。所谓教唆犯是让没有犯罪意思的人产生犯罪意思;所谓帮助犯是为已经具有犯罪意思的他人实施犯罪提供方便,其中包括让已经有犯罪意思的人强化其犯罪意念,而且,行为人也具有上述教唆或者帮助他人犯罪的意思。从形式上讲,传授犯罪方法,仅仅是出于传授他人犯罪方法的意思,客观上教给他人实施具体犯罪的方法而已,既没有引起他人的犯罪意思,也没有强化他人已有的犯罪意思。因此,本罪与后二者的界限,形式上看应当是比较清楚的。

但在传授犯罪方法的过程当中,极有可能出现由于传授犯罪方法而引起他人的犯罪意图,或者让已经有犯罪念头的人由于掌握了某种犯罪方法而强化其犯罪意图的情形。这种场合下,到底是成立传授犯罪方法罪还是具体犯罪的教唆犯和帮助犯,成为问题。对此,本书认为,在行为人传授犯罪方法的过程中,引起了他人犯罪意图或者强化了他人的犯罪意图的场合,属于一个行为符合数个罪名的想象竞合犯,即传授犯罪方法罪和具体犯罪的教唆犯或者帮助犯的想象竞合犯,这种场合,要按照从一重罪处罚的原则处理。

依照刑法第295条的规定,犯本罪的,处5年以下有期徒刑、拘役或者管制;情节严重的,处5年以上10年以下有期徒刑;情节特别严重的,处10年以上有期徒刑或者无期徒刑。这里的"情节严重",一般是指多次或向多人传授犯罪方法,传授多种犯罪方法,传授重大犯罪方法,向未成年人传授犯罪方法等。"情节特别严重",一般是指传授高科技犯罪方法,且被传授人用于实施重大犯罪;传授残忍的犯罪方法,被传授人用于犯罪,造成严重危害后果;有组织地传授犯罪方法;公开招徒传授犯罪方法牟利,或以传授犯罪方法为生;等等。

四十三、非法集会、游行、示威罪

本罪,是指举行集会、游行、示威,未依照法律规定申请或者申请未获许可,或者未按照主管机关许可的起止时间、地点、路线进行,又拒不服从解散命令,严重破坏社会秩序的行为。

其中,"集会",是指聚众于露天公共场所,发表意见、表达意愿的活动;"游行"是指在公共道路、露天公共场所列队行进、共同表达意愿的活动;"示威"是指在露天公众场所或者公共道路上以集会、游行、静坐等方式,表达要求、抗议或者声援、支持等共同意愿的活动。"未依照法律规定申请或者申请未获许可,或者未按照主管机关许可的起止时间、地点、路线进行",是指未依照《集会游行示威法》的规定进行申请或者申请没有得到许可,或者没有按照主管机关许可的起止时间、地点、路线进行;"拒不服从解散命令",是指对违反上述规定而进行的集会、游行、示威,主管机关发出了解散命令而拒绝服从;"严重破坏社会秩序",是指扰乱社会秩序,使生产、工作、生活和教学、科研无法进行,如工厂、企业停工、停产,教学、科研停顿,交通瘫痪等。本罪主体是特殊主体,即集会、游行、示威的负责人和直接责任人员。其中,"负责人",是指符合法定条件,为保证这类活动有组织、有计划地进行,并明确代表全体参加人利益的人;"直接责任人",是指对非法集会、游行、示威严重破坏社会秩序的结果负有直接责任的人。根据有关司法解释,[96]举行集会、游行、示威,未依照法律规定申请或者申请未获许可,或者未按照主管机关许可的起止时间、地点、路线进行,又拒不服从解散命令,严重破坏社会秩序的,应予立案追诉。

依照刑法第296条的规定,犯本罪的,对集会、游行、示威的负责人和直接责任人员,处5年以下有期徒刑、拘役、管制或者剥夺政治权利。

四十四、非法携带武器、管制刀具、爆炸物参加集会、游行、示威罪

本罪,是指违反法律规定,携带武器、管制刀具、爆炸物参加集会、游行、示威的行为。

其中,"武器",是指直接可用于杀伤人体的发火器械及弹药,主要是各种枪支、弹药等;"管制刀具",是指国家法律、法规规定限定特定人员配置,用于特定范围和特定用途,禁止民间私自生产、运输、贩卖、购买、持有的刀具,主要包括匕首、三棱刀、带有自锁装置的弹簧刀,以及其他相类似的单刃、双刃刀和三棱尖刀;"爆炸物",是指具有爆发力和破坏性,可以瞬间造成人畜伤亡、物品毁坏的危险物品;"携带",是指物不离身或放置在触手可及的身体附近,既包括随身携带,也包括利用身体、容器、运输工具夹带武器、管制刀具或者爆炸物。根据有关司法解释,[97]只要违反法律规定,携带武器、管制刀具或者爆炸物参加集会、游行、示威的,就应

---

〔96〕 2008年最高人民检察院、公安部《关于公安机关管辖的刑事案件立案追诉标准的规定(一)》第38条。

〔97〕 2008年最高人民检察院、公安部《关于公安机关管辖的刑事案件立案追诉标准的规定(一)》第39条。

予立案追诉。

依照刑法第 297 条的规定，犯本罪的，处 3 年以下有期徒刑、拘役、管制或者剥夺政治权利。

四十五、破坏集会、游行、示威罪

本罪，是指以扰乱、冲击或者以其他方法破坏依法举行的集会、游行、示威，造成公共秩序混乱的行为。

其中，"扰乱"，是指针对集会、游行、示威队伍起哄、闹事，破坏其正常秩序的行为；"冲击"，是指冲散、冲入集会、游行、示威队伍，使集会、游行、示威不能正常进行的行为；"其他方法"，是指扰乱、冲击以外的具有干扰性、阻碍性的方法，如堵塞集会、游行、示威队伍前进的道路，采取分割、包围手段使正常的游行、集会、示威无法正常进行，等等。成立本罪，必须引起"造成公共秩序混乱的"结果。所谓公共秩序混乱，是指由于行为人的扰乱、冲击等，致使集会、游行、示威行经地或者举行地的场所秩序或者交通秩序混乱。根据有关司法解释，[98] 扰乱、冲击或者以其他方法破坏依法举行的集会、游行、示威，造成公共秩序严重混乱的，应予立案追诉。

依照刑法第 298 条的规定，犯本罪的，处 5 年以下有期徒刑、拘役、管制或者剥夺政治权利。

四十六、侮辱国旗、国徽、国歌罪

本罪，是指在公共场合，故意以焚烧、毁损、涂划、玷污、践踏等方式侮辱中华人民共和国国旗、国徽的行为，以及以故意篡改中华人民共和国国歌歌词、曲谱，以歪曲、贬损方式奏唱国歌，或者其他方式侮辱国歌，情节严重的行为。

中华人民共和国国旗、国徽、国歌是我国的象征，对其进行侮辱，意味着国家尊严受到践踏、国家形象受到贬损。其中，侮辱国旗、国徽的方式，主要是焚烧、毁损、涂划、玷污、践踏等方式。其中，"焚烧"，是指用火燃烧；"毁损"，是指用焚烧以外的方法毁灭破坏；"涂划"，是指添加不同颜色；"玷污"，是指涂抹污物；"践踏"是指踩踏碾压。除了上述方式之外，将国旗、国徽作为弹靶，在黄色书刊上使用国旗、国徽，将国旗、国徽悬挂于厕所等场所，在公共场合将国旗降下烧毁，换上长裤升挂在旗杆上的行为，也属于侮辱国旗、国徽的行为。侮辱国歌的方式，是指以有意歪曲、贬损方式奏唱国歌，或者以其他方式侮辱国歌，情节严重的行为。例如，故意篡改国歌歌词并发表在微信群，擅自使用国歌编辑负面内容短视频，在体育赛事仪式上奏唱国歌时，故意煽动他人喝倒彩和呼叫反对口号的行为，都是"以其他方式侮辱国歌"的行为。但是，唱国歌时无意跑调或者唱错歌词的行为，不属于有意歪曲、贬损方式奏唱国歌的行为。在网络上涂划、玷污国旗、国徽或者有意以歪曲、贬损方式奏唱国歌的行为成立本罪。因为，国旗、国徽是不限于物理性质的国旗、国徽，网络空间也是公众场合。

本罪的行为，必须发生在特定的场所即"公共场合"。所谓公共场合，主要是指在公众场所或者人数众多的场合。在公共场所侮辱国旗、国徽、国歌的，不论当时是否有众人在场，都属于公共场合；虽然不在公共场所，但当着众人的面而以焚烧、毁坏、涂划等方式侮辱国旗、国徽

〔98〕 2008 年最高人民检察院、公安部《关于公安机关管辖的刑事案件立案追诉标准的规定(一)》第 40 条。

等,或者故意篡改国歌歌词、曲谱,以歪曲、贬损方式奏唱国歌的,也属于在公共场合。如果行为人未在公共场合侮辱国旗、国徽,不构成本罪。

依照刑法第 299 条的规定,犯本罪的,处 3 年以下有期徒刑、拘役、管制或者剥夺政治权利。

四十七、侵害英雄烈士名誉、荣誉罪

本罪,是指以侮辱、诽谤或者以其他方式侵害英雄烈士的名誉、荣誉,损害社会公共利益,情节严重的行为。

英雄烈士的事迹和精神是以爱国主义为核心的民族精神的真实写照,是维护祖国统一和民族团结的纽带,是实现民族复兴的动力,是实现人生价值的力量源泉,是中华民族共同的历史记忆和宝贵的精神财富。但近年来,社会上有些人受历史虚无主义等错误思想影响,以“还原历史”“探究细节”等为名,通过网络媒体等歪曲历史,诋毁、贬损英雄烈士,造成恶劣影响,引起社会各界强烈愤慨。由于英雄烈士的事迹和精神,在我国已经成为社会公共利益的重要组成部分,这些行为不仅构成对英雄烈士人格利益的侵害,同时也对社会公共利益造成损害。

本罪侵害的对象是,已经牺牲、逝世的英雄烈士的名誉、荣誉。其中,“名誉”是对特定人的人格价值的一种社会评价,具体而言,是指社会对特定的公民的品行、思想、道德、作用、才干等方面的社会评价;“荣誉”,是指特定人从特定组织获得的专门性和定性化的积极评价,而不是一般的社会评价。个人因意识到这种肯定和褒奖所产生的道德情感,通称荣誉感。“英雄烈士”,主要是指近代以来,为了争取民族独立和人民解放,实现国家富强和人民幸福,促进世界和平和人类进步而毕生奋斗、英勇献身的英雄烈士。司法适用中,对英雄烈士的认定,应当重点注意把握以下几点:(1)英雄烈士的时代范围主要为“近代以来”,重点是中国共产党、人民军队和中华人民共和国历史上的英雄烈士。英雄烈士既包括个人,也包括群体;既包括有名英雄烈士,也包括无名英雄烈士。(2)对经依法评定为烈士的,应当认定为刑法第 299 条之一规定的“英雄烈士”;已牺牲、去世,尚未评定为烈士,但其事迹和精神为我国社会普遍公认的英雄模范人物或者群体,可以认定为“英雄烈士”。(3)英雄烈士是指已经牺牲、去世的英雄烈士。对侮辱、诽谤或者以其他方式侵害健在的英雄模范人物或者群体名誉、荣誉,构成犯罪的,适用刑法有关侮辱、诽谤罪等规定追究刑事责任,符合适用公诉程序条件的,由公安机关依法立案侦查,人民检察院依法提起公诉。但是,被侵害英雄烈士群体中既有已经牺牲的烈士,也有健在的英雄模范人物的,可以统一适用侵害英雄烈士名誉、荣誉罪。[99]

本罪的行为方式是,“侮辱、诽谤或者以其他方式”。其中,“侮辱”,是指以行为、语言、文字等方式对英雄烈士的名誉、荣誉进行轻蔑的价值判断;“诽谤”,是指散布或者捏造虚假事实,贬低损害英雄烈士的名誉、荣誉;“其他方式”,是指除侮辱、诽谤之外的其他违反社会公共利益、社会公德的方式侵害英雄烈士名誉、荣誉的行为。典型的侮辱、诽谤行为较容易审查判断,如故意以暴力损毁、污秽英雄烈士雕像、塑像等代表英雄烈士名誉、荣誉的物理象征的行为,通过语言、文字以辱骂、造谣等方式直接侮辱、诽谤英雄烈士的行为,就是其适例。在其认定上,应当将非典型的侮辱、诽谤行为与一般的调侃、演绎行为加以区分。对于实质上侵害英

---

〔99〕 按照 2022 年最高人民法院、最高人民检察院、公安部印发《关于依法惩治侵害英雄烈士名誉、荣誉违法犯罪的意见》第 1 条。

雄烈士名誉荣誉的言行举止,即使表面上看起来“骂人不带脏字”的也应认定为本罪;从行为当时的语境和社会状况来看,行为人并无恶意,实质上并不侵害英雄烈士的名誉荣誉的言行举止,即便其中用词用语有不当之嫌,也不应当认定为侮辱、诽谤英雄烈士名誉。

需要注意的是,本罪被放在妨害社会管理秩序罪一章之中。这意味着,英雄烈士的尊严已不仅仅是个体尊严,而是已经形成的不可磨灭的社会尊严,是不可替代的特有尊严,保护这一特有尊严不仅体现了普通人格权的延续,还体现了法律对崇高社会价值的弘扬和维护。换言之,本罪的保护法益是抽象法益或者集体法益这种民族记忆或者民族精神〔100〕这种社会公共利益,因此,本罪属于具体危险犯,在其认定上,侮辱、诽谤英雄烈士名誉、荣誉的行为必须达到“情节严重”即“在一定范围和程度上伤害了社会公众的民族和历史情感”的程度。其判断,应当结合行为方式,涉及英雄烈士的人数,相关信息的数量、传播方式、传播范围、传播持续时间,相关信息实际被点击、浏览、转发次数,引发的社会影响、危害后果以及行为人前科情况等综合判断。必要时,可以参照适用 2013 年 9 月 6 日公布的最高人民法院、最高人民检察院《关于办理利用信息网络实施诽谤等刑事案件适用法律若干问题的解释》第 2 条的规定,在同一诽谤信息实际被点击、浏览次数达到 5000 次以上,或者被转发次数达到 500 次以上的;造成被害人或者其近亲属精神失常、自残、自杀等严重后果的;2 年内曾因诽谤受过行政处罚,又诽谤他人的;具有其他情节严重的情形的事后,可以认定属于“情节严重”。对于只是在相对封闭的网络空间,如在亲友微信群、微信朋友圈等发表不当言论,没有造成大范围传播的,可以不认定为“情节严重”。

按照刑法第 299 条之一的规定,犯本罪的,处 3 年以下有期徒刑、拘役、管制或者剥夺政治权利。

四十八、组织、利用会道门、邪教组织、利用迷信破坏法律实施罪

本罪,是指组织、利用会道门、邪教组织或者利用迷信破坏国家法律、行政法规实施的行为。

其中,会道门,是道门和会门等封建迷信组织的总称,包括一贯道、九宫道、先天道、大刀会、哥老会、青红帮等。邪教组织,是指冒用宗教、气功或者以其他名义建立,神化、鼓吹首要分子,利用制造、散布迷信邪说等手段蛊惑、蒙骗他人,发展、控制成员,危害社会的非法组织,〔101〕组织会道门、邪教组织,是指发起成立会道门、邪教组织或者恢复已经被取缔的会道门、邪教组织,发展门徒、招收会员。

本罪的行为,包括两种类型:(1)组织、利用会道门和邪教组织破坏国家法律、行政法规的实施,具体而言,是指以会道门、邪教组织为据点或者以其他方式蛊惑人心,欺骗、控制群众,扰乱社会秩序,妨害国家法律、行政法规的实施;(2)利用迷信破坏国家法律、行政法规的实施,如利用占卜、算命、看风水、掐八字、做道场等形式进行招摇撞骗、蛊惑群众,破坏国家法律的实施等。

根据刑法第 300 条第 1 款的规定,犯本罪的,处 3 年以上 7 年以下有期徒刑,并处罚金;情

---

〔100〕 葛长生诉洪振快名誉权、荣誉权纠纷案,最高人民法院指导案例 99 号(2018 年)。

〔101〕 2017 年最高人民法院、最高人民检察院《关于办理组织、利用邪教组织破坏法律实施等刑事案件适用法律若干问题的解释》第 1 条。

节特别严重的,处7年以上有期徒刑或者无期徒刑,并处罚金或者没收财产;情节较轻的,处3年以下有期徒刑、拘役、管制或者剥夺政治权利,并处或者单处罚金。

按照相关司法解释,[102]组织、利用邪教组织,破坏国家法律、行政法规实施,具有下列情形之一的,应当依照刑法第300条第1款的规定,处3年以上7年以下有期徒刑,并处罚金:建立邪教组织,或者邪教组织被取缔后又恢复、另行建立邪教组织的;聚众包围、冲击、强占、哄闹国家机关、企业事业单位或者公共场所、宗教活动场所,扰乱社会秩序的;非法举行集会、游行、示威,扰乱社会秩序的;使用暴力、胁迫或者以其他方法强迫他人加入或者阻止他人退出邪教组织的;组织、煽动、蒙骗成员或者他人不履行法定义务的;使用"伪基站""黑广播"等无线电台(站)或者无线电频率宣扬邪教的;曾因从事邪教活动被追究刑事责任或者2年内受过行政处罚,又从事邪教活动的;发展邪教组织成员50人以上的;敛取钱财或者造成经济损失100万元以上的;以货币为载体宣扬邪教,数量在500张(枚)以上的;制作、传播邪教宣传品,利用通讯信息网络宣扬邪教,达到一定数量标准的;等等。

四十九、组织、利用会道门、邪教组织、利用迷信致人重伤、死亡罪

本罪,是指组织、利用会道门、邪教组织或者利用迷信蒙骗他人,致人重伤、死亡的行为。

"组织和利用邪教组织蒙骗他人,致人重伤、死亡",是指组织和利用邪教组织制造、散布迷信邪说,蒙骗其成员或者其他人实施绝食、自残、自虐等行为,或者阻止病人进行正常治疗,致人重伤、死亡的情形。本罪属结果犯,且是选择性罪名。

依照刑法第300条第2款的规定,犯本罪的,处3年以上7年以下有期徒刑,并处罚金;情节特别严重的,处7年以上有期徒刑或者无期徒刑,并处罚金或者没收财产;情节较轻的,处3年以下有期徒刑、拘役、管制或者剥夺政治权利,并处或者单处罚金。

按照相关司法解释,[103]组织、利用邪教组织,制造、散布迷信邪说,蒙骗成员或者他人绝食、自虐等,或者蒙骗病人不接受正常治疗,致人重伤、死亡的,应当认定为组织、利用邪教组织"蒙骗他人,致人重伤、死亡"。组织、利用邪教组织蒙骗他人,致1人以上死亡或者3人以上重伤的,处3年以上7年以下有期徒刑,并处罚金。组织、利用邪教组织蒙骗他人,具有下列情形之一的,处7年以上有期徒刑或者无期徒刑,并处罚金或者没收财产:(1)造成3人以上死亡的;(2)造成9人以上重伤的;(3)其他情节特别严重的情形。组织、利用邪教组织蒙骗他人,致人重伤的,处3年以下有期徒刑、拘役、管制或者剥夺政治权利,并处或者单处罚金。

五十、聚众淫乱罪

本罪,是指聚众进行淫乱活动的行为。

关于本罪的保护法益,一般认为,是社会的公共秩序。[104] 但是,聚众淫乱行为除在光天化日之下于公共场所实施的之外,通常都是在暗地里实施的,这时候,很难说对社会公共秩序有什么实质性的影响。但是,日常生活交往中应当遵守的准则也包括公共场所的交往准则在内,

---

〔102〕 2017年最高人民法院、最高人民检察院《关于办理组织、利用邪教组织破坏法律实施等刑事案件适用法律若干问题的解释》第2条。

〔103〕 2017年最高人民法院、最高人民检察院《关于办理组织、利用邪教组织破坏法律实施等刑事案件适用法律若干问题的解释》第7条。

〔104〕 苏惠渔主编:《刑法学》(第4版),中国政法大学出版社2009年版,第552页。

此外,就本罪而言,当事人之间是在自主自愿的基础上,并不存在一方强迫另一方的情况,换言之,行为人之间是基于自愿而实施上述行为的,并不存在被害人。尽管如此,刑法仍然将其作为犯罪处理,这就说明本罪所保护的只能是一种现实社会中已经形成的性行为必须秘密进行的性风俗或者性的羞耻感。这种性羞耻感要求人们之间的性行为,不得公开进行,只能在和特定对象之间秘密进行("性行为不公开原则")。3人以上聚众淫乱的场合,显然违反了这一人们在日常生活中应当遵守的交往原则,伤害了社会一般人的性的羞耻心。特别是在有些场合下,聚众淫乱行为会导致别的刑事犯罪。例如,实务中曾经出现过,妻子参加聚众淫乱,丈夫愤而杀人的案例。因此,从预防其他犯罪的角度来讲,将聚众淫乱行为作为犯罪,也是必要的。

本罪客观上表现为,实施了聚众淫乱的行为。聚众,就是纠集众人,即在首要分子的组织、纠集下,3人以上在一定时间聚集于同一地点。众人不以同时包含有男、女为必要,既可以同时都为男性,也可以同时都为女性,当然最常见的是同时含有男女二性。这主要取决于对"淫乱"一词的理解。淫乱,本意为在性行为上违反道德准则,一般表现为群奸群宿、性变态行为,如鸡奸、兽奸等不见容于社会良风美俗的行为。可见,"淫乱"本身不是一个客观的事实概念,而是一个需要结合法官的价值判断才能确定其意义的用语,即属于规范的构成要件要素。因此,在淫乱的判断上,绝对不能简单地理解为"3人以上聚集在一起性交",还必须考虑这种性交行为是否引起一般人的性的羞耻心、违反人们一般所认可的性风俗。简单地说,该种淫乱行为是否让一般人感到恶心。如此说来,只有当其发生的场所、方式令同时代的普通人感到羞耻、难以容忍的,才能看作淫乱。[105] 按照这种理解,在KTV包厢、酒店、洗手间等公共场所实施这种行为的,因为具有让不特定多数人知悉而感到羞耻恶心的可能,因此能够构成本罪。根据有关司法解释,[106]组织、策划、指挥3人以上进行淫乱活动或者参加聚众淫乱活动3次以上的,应予立案追诉。

依照刑法第301条第1款的规定,犯本罪的,对首要分子或者多次参加的,处5年以下有期徒刑、拘役或者管制。其中,"首要分子",是指在聚众淫乱活动中起组织、策划、指挥作用的人;"多次参加的",应是指参加3次以上的。

五十一、引诱未成年人聚众淫乱罪

本罪,是指引诱未成年人参加聚众淫乱活动的行为。

本罪的保护法益与前罪有所不同,除社会中已经形成的性风俗之外,还有未成年人的身心健康。本罪表现为引诱未成年人参加聚众淫乱的行为。这里的"引诱",是指勾引诱惑未满18周岁的人参加聚众淫乱,具有教唆的性质。其方法既可以是用口头语言勾引,也可以用书面方式即字、画相诱劝,还可以是用表演、示范、收听、观看淫秽音像制品等手段进行挑逗,从而将未成年人拉入聚众淫乱活动。未成年人,是指不满18周岁的人,男女均包括在内。这里的"参加",是指未成年人到达聚众淫乱的现场,不要求其实际进行淫乱活动,即便只是在旁边观看他人从事淫乱活动的,也是"参加"。根据有关司法解释,[107]引诱未成年人参加聚众淫乱活动的,应予立案追诉。

---

〔105〕 阮齐林:《刑法学》(第3版),中国政法大学出版社2011年版,第595页。

〔106〕 2008年最高人民检察院、公安部《关于公安机关管辖的刑事案件立案追诉标准的规定(一)》第41条。

〔107〕 2008年最高人民检察院、公安部《关于公安机关管辖的刑事案件立案追诉标准的规定(一)》第42条。

依照刑法第301条第2款的规定,犯本罪的,在5年以下有期徒刑、拘役或者管制的法定刑范围内,从重处罚。

五十二、盗窃、侮辱、故意毁坏尸体、尸骨、骨灰罪

本罪,是指盗窃、侮辱、故意毁坏尸体、尸骨、骨灰的行为。

盗窃、侮辱、故意毁坏尸体、尸骨、骨灰的行为,不仅败坏了死者的名誉,还会伤害生者对死者的哀悼、崇敬的感情,同时也伤害善良的社会习俗,因此,对这种行为要予以处罚。

本罪的行为对象是尸体、尸骨、骨灰。其中,"尸体",是指已死之人的躯体的一部分或者全部,包括死胎在内,但不包括尸骨、骨灰。固定在尸体上的物如金牙齿等,由于能够和尸体成为一体,因此,应看作尸体的一部分;[108]"尸骨",是指人的尸体腐烂后留下的骨架;"骨灰",是指人焚烧后骨骼化成的灰。本罪的实行行为是盗窃、侮辱、故意毁坏。其中,"盗窃",是指使用平和的手段将他人的尸体、尸骨、骨灰转移到自己的控制之下;"侮辱",正如奸淫、猥亵、鞭打、暴露、不按照习惯上所认可的方式随意抛弃尸体等,是指采取刺激遗属感情的方式对尸体、尸骨、骨灰进行贬损;"故意毁坏",正如对尸体、尸骨等进行肢解、毁损、焚毁一样,是指有意对尸体、尸骨等进行物理破坏。

本罪属选择性罪名,有盗窃、侮辱、毁坏尸体、尸骨、骨灰行为之一的,即构成本罪。盗窃尸体后加以侮辱的,仍只需按一罪处罚,不必数罪并罚。故意杀人或者过失致人死亡之后,为毁灭罪证、掩盖罪迹而毁坏、抛弃尸体的,应以故意杀人罪或者过失致人死亡罪从重处罚;杀人后为损害死者的尊严或者生者的感情而故意侮辱尸体的,构成数罪。如此说来,在杀死他人之后,又点火烧被害人的阴处的行为,构成故意杀人罪和侮辱尸体罪,数罪并罚。

依照刑法第302条的规定,犯本罪的,处3年以下有期徒刑、拘役或者管制。

五十三、赌博罪

(一)概念和构成

本罪,是指以营利为目的,聚众赌博或者以赌博为业的行为。

赌博是否应当入罪,在世界范围内存在争议。赌博,就是行为人以偶然的输赢而得失财物,属于行为人自愿处分自己财物的情形。从尊重个人自主权的立场来看,将其规定为犯罪似乎不妥。但是,即便从尊重个人自主权的角度来看,也不能完全放任赌博行为不管。在赌博特别是开设赌场的场合,在个案当中,尽管赌博的参与者中一定是有输家和赢家之分,但总体上看,是以大多数的参与者的输即损失而告终的。在预计到多数人的财产要遭受损失的时候,国家从家长主义的立场出发,有必要采取某种保护措施。特别是,在我国,赌博也是抢劫、盗窃、伤害等诸多犯罪的诱因,因此,从预防犯罪的立场出发,也必须对其加以处罚。正因如此,现行刑法将其作为侵犯社会管理秩序的犯罪加以规定。

本罪客观上表现为,聚众赌博或者以赌博为业。所谓聚众赌博,即组织、吸引他人参加赌博,行为人从中抽头渔利。至于行为人是否亲自参与赌博,在所不问。根据有关司法解释,[109]以营利为目的,有下列情形之一的,属于刑法第303条规定的"聚众赌博":(1)组织3人以上

---

〔108〕 2002年最高人民检察院研究室《关于盗窃骨灰行为如何处理问题的答复》。

〔109〕 2005年最高人民法院、最高人民检察院《关于办理赌博刑事案件具体应用法律若干问题的解释》第1条。

赌博,抽头渔利数额累计达到5000元以上的;(2)组织3人以上赌博,赌资数额累计达到5万元以上的;(3)组织3人以上赌博,参赌人数累计达到20人以上的;(4)组织中华人民共和国公民10人以上赴境外赌博,从中收取回扣、介绍费的。赌博犯罪中用作赌注的款物、换取筹码的款物和通过赌博赢取的款物属于赌资。通过计算机网络实施赌博犯罪的,赌资数额可以按照在计算机网络上投注或者赢取的点数乘以每一点实际代表的金额认定。[110]

所谓以赌博为业,就是反复参与赌博,将其作为自己生活的一部分的行为。关于"以赌博为业"的理解,学界存在分歧。传统观点认为,所谓以赌博为业,就是以赌博所得为主要生活来源或挥霍来源。[111] 换言之,判断是否以赌博为业,关键是看行为人是否在赌博中赚到了钱,以赚到的钱作为主要生活来源或挥霍来源的,就是"以赌博为业",构成赌博罪,否则就不是。但这样就会将那些长期赌博,将万贯家产输空,但从来没有赚到钱的职业赌徒排除在"以赌博为业"之外,这显然是不合适的。正因如此,现在有一种新的观点认为,所谓"以赌博为业",就是以营利为目的,反复多次参与赌博,数额较大的行为,并不要求"以赌博所得为主要生活来源或挥霍来源"。[112] 本书同意这种观点。实际上,将"以赌博为业"理解为"以赌博所得为主要生活来源或挥霍来源"是在刑法规定之外,额外地添加了赌博罪的成立要件,从罪刑法定原则的立场来看,这是不允许的。既然刑法只是将反复实施的赌博行为类型化为一个犯罪构成类型,就意味着只要行为人在业余或者任何时间内反复实施赌博行为,就可以断定其"以赌博为业",而其输赢则不在考虑范围之内;同时,赌博是妨害社会管理秩序的犯罪,即便行为人反复赌博,一直只输不赢,也同样会对社会管理秩序造成妨害,对这种行为也必须予以处罚。从此意义上讲,将"以赌博为业"理解为"以赌博所得为主要生活来源或挥霍来源"的观点是不妥当的,其人为地缩小了赌博罪的处罚范围。

本罪主观上表现为以营利为目的。所谓以营利为目的,就是行为人实施该行为的目的是获得经济上的利益。只要行为人在参与赌博活动时具有获取经济利益的目的即可,至于行为人实际上是否获利,对成立本罪没有影响。

(二)本罪的认定

在本罪的认定中,必须注意以下问题:

1. 罪与非罪的界限。根据相关司法解释,[113] 要严格区分赌博违法犯罪活动与群众正常文娱活动的界限,对不以营利为目的,进行带有少量财物输赢的娱乐活动,以及提供棋牌室等娱乐场所并只收取固定的场所和服务费用的经营行为等,不得以赌博论处。对参赌且赌资较大的,可由公安机关依法给予治安处罚;违反党纪政纪的,由主管机关予以纪律处分。要严格依法办案,对构成犯罪的,绝不姑息手软,严禁以罚代刑,降格处理;对不构成犯罪或者不应当给予行政处理的,不得打击、处理,不得以禁赌为名干扰群众的正常文娱活动。

2. 圈套型赌博与赌博型诈骗的界限。所谓圈套型赌博,简单地说,就是"设置圈套诱骗他

---

[110] 2008年最高人民检察院、公安部《关于公安机关管辖的刑事案件立案追诉标准的规定(一)》第43条。

[111] 赵秉志主编:《扰乱公共秩序罪》,中国人民公安大学出版社2003年版,第469页;苏惠渔主编:《刑法学》(第4版),中国政法大学出版社2009年版,第553页。

[112] 谢望原、赫兴旺主编:《刑法分论》,中国人民大学出版社2008年版,第307页。

[113] 2005年最高人民法院、最高人民检察院、公安部《关于开展集中打击赌博违法犯罪活动专项行动有关工作的通知》;2005年最高人民法院、最高人民检察院《关于办理赌博刑事案件具体应用法律若干问题的解释》第9条。

人参赌获取钱财,应以赌博罪定罪处罚"的一种行为,[114]赌博型诈骗则是指以赌博为名行诈骗之实或者说是以赌博为手段进行诈骗活动的行为。二者的区别在于,两罪实施欺诈行为所欲达到的目的不同。圈套型赌博罪的目的在于:一是诱使他人参赌;二是在他人参赌后,凭个人的运气和牌技,进行营利活动。他人参赌之后的输赢结果是偶然的,其概率是相等的,行为人无法对其进行控制。而赌博型诈骗罪中,行为人的目的是非法占有他人财物,并通过"有赢无输"的赌博行为来达到此目的。从这个角度来讲,行为人在赌博过程中,弄虚作假、暗中串通、有意识地实施欺诈手段,实际上就是操纵了赌博输赢的结果,使赌博结果对被害人而言只有输、没有赢,从而顺利地占有了他人的财物。该行为中,虽然有赌博因素的介入,但本质上是一种以赌博为幌子的诈骗行为。

3. 在开设赌场的犯罪活动中,不参与分红,仅领取报酬而实施帮助行为的,应以开设赌场罪的共犯论处。明知他人实施赌博犯罪活动,而为其提供资金、计算机网络、通讯、费用结算等直接帮助的,以赌博罪的共犯论处。[115]

4. 博彩与赌博。所谓博彩,就是发行人事先发行一定的奖券,之后,根据抽签等具有偶然性的手段,在购买者之间不平等地分配利益。其和赌博之间的差别在于,赌博是所有的当事人都承担丧失财物的风险,相反地,在博彩当中,仅让购买者承担风险,而发行者则不承担任何风险。因此,有些国家将其和赌博罪区分开来加以规定。我国也不例外。2005 年 5 月 11 日最高人民法院、最高人民检察院《关于办理赌博刑事案件具体应用法律若干问题的解释》第 6 条规定,未经国家批准擅自发行、销售彩票,构成犯罪的,依照刑法第 225 条第 4 项的规定,以非法经营罪定罪处罚。但要注意的是,经过国家批准而发行、销售彩票还是可以的。例如,按照《彩票管理条例》的规定,国务院可以特许发行福利彩票、体育彩票,其主要是基于筹集公益经费以及推动社会福利事业之发展的目的,具有显著的公众利益性质。这种经过国家批准的发行彩票行为,不构成赌博罪,也不构成非法经营罪。但是,利用境外"六合彩"的开奖结果接受投注,属于利用"六合彩"信息相互竞猜,以财物下注赌输赢的行为,不属于非法发售彩票,应以赌博罪论处。[116]

(三)处罚

依照刑法第 303 条第 1 款的规定,犯本罪的,处 3 年以下有期徒刑、拘役或者管制,并处罚金。实施赌博犯罪,有下列情形之一的,依照刑法第 303 条的规定从重处罚:(1)具有国家工作人员身份的;(2)组织国家工作人员赴境外赌博的;(3)组织未成年人参与赌博,或者开设赌场吸引未成年人参与赌博的。[117] 通过赌博或者为国家工作人员赌博提供资金的形式实施行贿、受贿行为,构成犯罪的,依照刑法关于贿赂犯罪的规定定罪处罚。[118]

---

[114] 1995 年最高人民法院《关于对设置圈套诱骗他人参赌又向索还钱财的受骗者施以暴力或暴力威胁的行为应如何定罪问题的批复》规定,行为人设置圈套诱骗他人参赌获取钱财,属赌博行为,构成犯罪的,应当以赌博罪定罪处罚。该解释将诱骗他人参赌的行为规定为赌博罪。

[115] 2005 年最高人民法院、最高人民检察院《关于办理赌博刑事案件具体应用法律若干问题的解释》第 4 条。

[116] 李鸿林、余德厚:《周帮权等赌博案[第 752 号]——在内地利用香港"六合彩"开奖信息进行竞猜赌博的行为,如何定性》,载最高人民法院刑事审判第一、二、三、四、五庭主办:《刑事审判参考》总第 84 辑,法律出版社 2012 年版。在内地利用香港六合彩开奖信息,在庄家与投注者之间进行竞猜对赌的行为,不属于非法发售彩票的行为,而是一种赌博行为,应当以赌博罪论处。

[117] 2005 年最高人民法院、最高人民检察院《关于办理赌博刑事案件具体应用法律若干问题的解释》第 5 条。

[118] 2005 年最高人民法院、最高人民检察院《关于办理赌博刑事案件具体应用法律若干问题的解释》第 7 条。

五十四、开设赌场罪

本罪，是指以营利为目的，开设赌场的行为。

本罪客观上表现为以营利为目的，开设赌场。所谓开设赌场，是指为赌博提供场所、赌具、筹码、资金，设定赌博方式，从中营利的行为。开设赌场行为除具有赌的特征之外，还具有营利性、组织性、持续性等特征；如果是实体赌场，那么需要有相应的场地，如果是虚拟网络赌场，那么则有相应的通讯群组，或者网址虚拟房号，可以即时组织人员参赌；组织者按照事先制定的规则，从赌博活动中攫取利润。开设赌场包括三种方式：(1)开设赌场但自己不参与赌博，而是提供赌博的场所、工具与服务，通过抽头渔利、收取佣金或高额的场地费、设备使用费等；(2)开设赌场并自己坐庄，直接参与赌博，接受参赌者的投注，通过获胜概率上的差异获取多数参与者的财物，实现其营利目的；(3)利用互联网、移动通讯终端等传输赌博视频、数据，组织赌博活动。开设赌场罪必须以赌场为依托从事营利性活动，赌场一般具有专门场所、面向不特定人群、专设赌博项目、提供资金结算、固定盈利方式等要素。

按照有关司法解释，建立赌博网站并接受投注的、建立赌博网站并提供给他人组织赌博的、为赌博网站担任代理并接受投注的、参与赌博网站利润分成的，属于“开设赌场”行为。[119] 设置具有退币、退分、退钢珠等赌博功能的电子游戏设施设备，并以现金、有价证券等贵重款物作为奖品，或者以回购奖品方式给予他人现金、有价证券等贵重款物组织赌博活动的，也是开设赌场。[120] 另外，以营利为目的，通过邀请人员加入微信群的方式招揽赌客，根据竞猜游戏网站的开奖结果等方式进行赌博，设定赌博规则，利用微信群进行控制管理，在一段时间内持续组织网络赌博活动的，[121] 以“二元期权”交易的名义，在法定期货交易场所之外利用互联网招揽“投资者”，以未来某段时间外汇品种的价格走势为交易对象，按照“买涨”“买跌”确定盈亏，买对涨跌方向的“投资者”得利，买错的本金归网站(庄家)所有，盈亏结果不与价格实际涨跌幅度挂钩的，本质是“押大小、赌输赢”的披着期权交易外衣的赌博行为，对设定相关网站的行为应当认定为“开设赌场”。[122] 经营者设立盲盒网站，通过开盲盒获取价值大小不等游戏道具的抽奖活动，实际上是向玩家提供以小博大的中奖机会，博取中奖结果由偶然性决定，属于射幸行为，具有赌博性质。玩家在平台能实现“付费投入—随机抽取—放弃奖品获得折价虚拟货币—再次抽盒”的方式，属于赌博行为。平台运营者为赌博行为提供平台，从网站平台中营利，行为构成开设赌场罪。[123]

近年来，境外赌场和网络赌博集团对我国公民“招赌吸赌”问题日益突出，跨境赌博违法犯罪活动日益猖獗，严重妨碍社会管理秩序，引发多种犯罪，严重危害我国经济安全和社会稳定。与此同时，互联网领域黑灰产业助推传统赌博和跨境赌博犯罪向互联网迁移，跨境网络赌博违法犯罪活动呈高发态势，严重威胁人民群众人身财产安全和社会公共安全的现状，2020年10月16日最高人民法院、最高人民检察院、公安部发布了《办理跨境赌博犯罪案件若干问

[119] 2010年最高人民法院、最高人民检察院、公安部《关于办理网络赌博犯罪案件适用法律若干问题的意见》第1条第1款。

[120] 2014年最高人民法院、最高人民检察院、公安部《关于办理利用赌博机开设赌场案件适用法律若干问题的意见》第1条。

[121] 洪小强、洪礼沃、洪清泉、李志荣开设赌场案，最高人民法院指导案例第105号(2018年)。

[122] 陈庆豪、陈淑娟、赵延海开设赌场案，最高人民法院指导案例第146号(2020年)。

[123] 浙江省松阳县人民法院刑事判决书，(2023)浙1124刑初156号。

题的意见》,其中第2条规定:(1)以营利为目的,有下列情形之一的,是“开设赌场”:①境外赌场经营人、实际控制人、投资人,组织、招揽我国公民赴境外赌博的;②境外赌场管理人员,组织、招揽中华人民共和国公民赴境外赌博的;③受境外赌场指派、雇佣,组织、招揽我国公民赴境外赌博,或者组织、招揽我国公民赴境外赌博,从赌场获取费用、其他利益的;④在境外赌场包租赌厅、赌台,组织、招揽我国公民赴境外赌博的;⑤其他在境外以提供赌博场所、提供赌资、设定赌博方式等,组织、招揽我国公民赴境外赌博的。在境外赌场通过开设账户、洗码等方式,为我国公民赴境外赌博提供资金担保服务的,以“开设赌场”论处。(2)以营利为目的,利用信息网络、通讯终端等传输赌博视频、数据,组织我国公民跨境赌博活动,有下列情形之一的,是“开设赌场”:①建立赌博网站、应用程序并接受投注的;②建立赌博网站、应用程序并提供给他人组织赌博的;③购买或者租用赌博网站、应用程序,组织他人赌博的;④参与赌博网站、应用程序利润分成的;⑤担任赌博网站、应用程序代理并接受投注的;⑥其他利用信息网络、通讯终端等传输赌博视频、数据,组织跨境赌博活动的。

在本罪的认定中,应当注意以下几个问题:

1. 罪与非罪的区别。本罪以赌场为依托从事营利性活动,赌场一般具有专门场所、面向不特定人群、专设赌博项目、提供资金结算、固定盈利方式等要素。行为人是否构成犯罪,不应片面适用“赌资数额”“渔利数额”的单一入罪标准,应综合考虑抽头渔利数额、赌资数额、参赌人数和社会影响等客观情况;当构成开设赌场罪时,还应综合考量上述日均数额、运营时长等,审慎认定。实践中常见的开设棋牌室收取茶水费的行为与开设赌场之间,界限何在存在争议。区分二者的关键在于,棋牌室的收费方式。棋牌室为前来打麻将的客人提供茶水、清洁等服务,还要支付店铺租金、水电费等经营成本,因此适当收取茶水费或者服务费是很正常的。只要行为人的收费并不与赌资挂钩,没有从客人的赌资中抽头渔利,就不违法。

2. 开设赌场和聚众赌博的区分。理论上讲,开设赌场也是一种聚众赌博行为,二者之间具有包含关系,但开设赌场有一些聚众赌博所不具备的特征,使其能够与聚众赌博区别开来单独成罪。二者的区分,在于以下两个方面:(1)看招揽众人前来赌博是否是其主要手段。在聚众赌博中,行为人要实施专门的“聚众”行为,往往需要行为人如通过打电话通知等方式分别招引他人赌博,而开设赌场当中,只要行为人开设了场子,这个场子在一定范围内为人们所知悉,那么,场子就可以自动起到吸引他人前来赌博的客观效果,而不需要被告人在此之外进行特别的广告、组织和吸引。可以这么说,开设赌场和聚众赌博的一个显而易见的区别是,发挥吸引他人赌博的效果的,是“场所”还是“人”。是“场所”的,就是开设赌场;是“人”的,就是聚众赌博。(2)行为人对用来赌博的场所是否具有控制力,其设立赌场招揽他人参与赌博的行为是否具有组织性、连续性,是否由行为人设定赌博规则、抽头方式等。开设赌场的行为人虽说对于参与赌博的人不具有控制,但对所用于赌博的场所具有控制,赌博场所的经营者及其经营活动具有明确性、连续性、长期性;相反地,聚众赌博的人以及聚赌行为往往存在偶尔性、临时起意性、不连续性。

3. 开设赌场罪的处罚范围。受雇佣为赌场经营服务的一般工作人员,即受雇为赌场从事接送参赌人员、望风看场、发牌坐庄、兑换筹码、发送宣传广告等活动的人员及赌博网站、应用程序中与组织赌博活动无直接关联的一般工作人员,在没有证据证明他们参与实施了开办、设立赌场,或为赌博提供赌具,也没有证据证明他们有组织他人参加赌博的行为,更不能证明他们在赌场营利或抽头渔利的场合,不能构成赌博罪。他们所领取的“工资”“劳务费”只是约定的固定报酬。他们只是赌场的普通雇佣服务人员,他们的行为尽管对赌博场所的正常运营,客观上发挥了不可缺少的作用,但他们的工作性质决定其可替换性极强,对于赌博场所的经营运转谈不上有实质性的贡献。因此,对他们不应适用赌博罪定罪处罚。

4. 开设赌场罪的共犯。根据相关司法解释,[124]关于共犯的认定,明知他人利用赌博机开设赌场,(1)提供赌博机、资金、场地、技术支持、资金结算服务的;(2)为赌博网站、应用程序提供软件开发、技术支持、互联网接入、服务器托管、网络存储空间、通讯传输通道、广告投放、会员发展、资金支付结算等服务的;(3)为赌博网站、应用程序担任代理并发展玩家、会员、下线的;(4)受雇参与赌场经营管理并分成的;(5)为开设赌场者组织客源,收取回扣、手续费的;(6)参与赌场管理并领取高额固定工资的;(7)提供其他直接帮助的,构成开设赌场罪的共犯。

其中,行为人是否具有"明知",必须依靠客观事实来判断。实施上述行为,具有下列情形之一的,应当认定行为人"明知",但是有证据证明确实不知道的除外:(1)收到行政主管机关书面等方式的告知后,仍然实施上述行为的;(2)为赌博网站提供互联网接入、服务器托管、网络存储空间、通讯传输通道、投放广告、软件开发、技术支持、资金支付结算等服务,收取服务费明显异常的;(3)在执法人员调查时,通过销毁、修改数据、账本等方式故意规避调查或者向犯罪嫌疑人通风报信的;(4)其他有证据证明行为人明知的。如果有开设赌场的犯罪嫌疑人尚未到案,但是不影响对已到案共同犯罪嫌疑人、被告人的犯罪事实认定的,可以依法对已到案者定罪处罚。[125]

依照刑法第 303 条第 2 款的规定,犯本罪的,处 5 年以下有期徒刑、拘役或者管制,并处罚金;情节严重的,处 5 年以上 10 年以下有期徒刑,并处罚金。按照有关司法解释,[126]设置赌博机组织赌博活动,具有下列情形之一的,应当按照开设赌场罪定罪处罚:(1)设置赌博机 10 台以上的;(2)设置赌博机 2 台以上,容留未成年人赌博的;(3)在中小学校附近设置赌博机 2 台以上的;(4)违法所得累计达到 5000 元以上的;(5)赌资数额累计达到 5 万元以上的;(6)参赌人数累计达到 20 人以上的;(7)因设置赌博机被行政处罚后,2 年内再设置赌博机 5 台以上的;(8)因赌博、开设赌场犯罪被刑事处罚后,5 年内再设置赌博机 5 台以上的;(9)其他应当追究刑事责任的情形。

设置赌博机组织赌博活动,具有下列情形之一的,应当认定为"情节严重":(1)数量或者数额达到第 2 条第 1 款第 1 项至第 6 项规定标准 6 倍以上的;(2)因设置赌博机被行政处罚后,2 年内再设置赌博机 30 台以上的;(3)因赌博、开设赌场犯罪被刑事处罚后,5 年内再设置赌博机 30 台以上的;(4)其他情节严重的情形。可同时供多人使用的赌博机,台数按照能够独立供一人进行赌博活动的操作基本单元的数量认定。在两个以上地点设置赌博机,赌博机的数量、违法所得、赌资数额、参赌人数等均合并计算。其中,赌资包括:(1)当场查获的用于赌博的款物;(2)代币、有价证券、赌博积分等实际代表的金额;(3)在赌博机上投注或赢取的

---

[124] 2010 年最高人民法院、最高人民检察院、公安部《关于办理网络赌博犯罪案件适用法律若干问题的意见》第 2 条第 1 款;2014 年最高人民法院、最高人民检察院、公安部《关于办理利用赌博机开设赌场案件适用法律若干问题的意见》第 3 条。

[125] 2010 年最高人民法院、最高人民检察院、公安部《关于办理网络赌博犯罪案件适用法律若干问题的意见》第 2 条第 3、4 款。

[126] 2014 年最高人民法院、最高人民检察院、公安部《关于办理利用赌博机开设赌场案件适用法律若干问题的意见》第 2 条第 1 款。

点数实际代表的金额。

另外,依据2010年8月31日最高人民法院、最高人民检察院、公安部《关于办理网络赌博犯罪案件适用法律若干问题的意见》第1条的规定,利用互联网、移动通讯终端等传输赌博视频、数据,组织赌博活动,具有下列情形之一的,应当认定为本罪的“情节严重”:(1)抽头渔利数额累计达到3万元以上的;(2)赌资数额累计达到30万元以上的;(3)参赌人数累计达到120人以上的;(4)建立赌博网站后通过提供给他人组织赌博,违法所得数额在3万元以上的;(5)参与赌博网站利润分成,违法所得数额在3万元以上的;(6)为赌博网站招募下级代理,由下级代理接受投注的;(7)招揽未成年人参与网络赌博的;(8)其他情节严重的情形。另外,明知是赌博网站,而为其提供服务或者帮助,数量或者数额达到最高人民法院、最高人民检察院、公安部《关于办理网络赌博犯罪案件适用法律若干问题的意见》第2条规定标准5倍以上的,也应当认定为本罪规定的“情节严重”。

五十五、组织参与国(境)外赌博罪

本罪,是指组织我国公民参与国(境)外赌博,数额巨大或者有其他严重情节的行为。

近年来跨境赌博违法犯罪严重,致使大量资金外流等,严重损害国家形象和经济安全,因传统理论认为,共犯行为的违法性从属于正犯,作为正犯行为的赌博发生在境外,不构成犯罪的话,则作为共犯的组织、招揽行为也无法处罚。这里就出现了处罚上的漏洞。为填补这一处罚漏洞,刑法中特地增设本规定,对组织跨境赌博的行为进行规制。

本罪客观上表现为组织我国公民参与国(境)外赌博,也包括在境内组织中国公民参与国(境)外赌博网站的赌博行为。从司法实践来看,跨境参与赌博活动呈现出线上和线下两种基本形态。在线上跨境赌博方面,行为人往往通过在境外开设的赌博网站或者为境外赌博网站担任代理等方式,组织、招揽中国公民参与赌博。随着信息网络技术的普及和电子金融业务的发展,线上跨境赌博往往表现得更为猖獗,其社会危害性更为严重。因此,在解释论上,应当认为,本罪中的组织参与国(境)外赌博,具体包括直接组织中国公民赴国(境)外赌博,或者以旅游、公务的名义组织中国公民赴国(境)外赌博,或者以提供赌博场所、提供赌资、设定赌博方式等组织中国公民赴国(境)外赌博,或者利用信息网络、通讯终端等传输赌博视频、数据,组织中国公民参与国(境)外赌博等。本罪主观上是故意,不要求行为人具有“以营利为目的”。

本罪在认定上应注意其与聚众赌博型赌博罪、开设赌场罪的关系。首先,就本罪与聚众赌博型赌博罪的关系而言,从客观行为来看,在行为人组织3名以上的中国公民参与(国)境外赌博并且从参赌人员中获取费用或者其他利益的场合,便同时触犯了刑法第303条第1款关于聚众赌博型赌博罪的规定与第3款关于组织参与国(境)外赌博罪的规定,属于一行为触犯数罪名,构成想象竞合犯,应择一重罪处断。该条第3款规定,组织中国公民参与国(境)外赌博的,依照前款规定即开设赌场罪的规定处罚。而开设赌场罪的基本犯的法定刑为5年以下有期徒刑、拘役或者管制,并处罚金。相比之下,赌博罪的法定刑仅为3年以下有期徒刑、拘役或者管制,并处罚金。因此,应依照组织参与国(境)外赌博罪定罪处罚。其次,就本罪与开设赌场罪的关系而言,从解释论上,开设赌场是指开设专门用于赌博的场所,供他人赌博,并不必然包括组织他人前往境外进行赌博的行为。但是,如果开设赌场的行为人或者参与者组织中国公民进行国(境)外赌博的,或者利用信息网络、通讯终端等传输赌博视频、数据,组织中国公民参与国(境)外赌博等,便有可能同时构成组织参与国(境)外赌博罪和开设赌场罪(共犯),应当以想象竞合犯从一重处罚。

依照刑法第303条第3款的规定,犯本罪的,依照前款规定处罚。该条前款是关于开设赌场罪的构成要件及其法定刑的规定,就其法定刑的配置而言,具体为两档:一是关于开设赌场罪基本犯的处罚规定,具体为5年以下有期徒刑、拘役或者管制,并处罚金;二是关于开设赌场罪的情节加重犯的处罚规定,具体为情节严重的,处5年以上10年以下有期徒刑,并处罚金。从形式上看,刑法对开设赌场罪设置了两个情节及其相应的两档法定刑,而对组织参与国(境)外赌博罪仅仅规定了一个情节,那么,该如何理解这里的“依照前款的规定处罚”?

对此,有见解认为,该条中的“依照前款的规定处罚”,是指组织参与国(境)外赌博罪包括两个犯罪情节及其相应的法定刑。也就是说,组织参与国(境)外赌博,数额巨大或者具有其他严重情节的,依照开设赌场罪的第一档法定刑进行处罚;组织参与国(境)外赌博,数额特别巨大或者具有其他特别严重情节的,依照开设赌场罪的第二档法定刑进行处罚。但这种理解值得商榷。一方面,刑法第303条第3款明确规定,成立组织参与国(境)外赌博罪,必须具有“数额巨大或者有其他严重情节”的要求,而开设赌场罪,只要有“开设赌场”行为即可构成,“情节严重”是升格法定刑的条件,可见,组织参与国(境)外赌博罪的成立条件比开设赌场罪要高;另一方面,组织我国公民赴国(境)外赌博的场合,一般来说,赌博行为地是不禁止赌博的,换言之,赌博行为在当地是合法的。虽然从忠诚原则的角度来讲,我国公民应当服从我国法律,不得赌博,但从期待可能性的角度来讲,组织公民到境外实施行为地法所不禁止的行为,行为人的主观可谴责性即责任还是比较轻的,故在处罚上,应当和在本国实施该行为有别。因此,本书认为,刑法第303条第3款中的“依照前款的规定处罚”中的“前款规定”应做限定解释,仅指前款中的“前段”即刑法第303条第2款中的前段,即组织参与国(境)外赌博的,处5年以下有期徒刑、拘役或者管制,并处罚金。

五十六、故意延误投递邮件罪

本罪,是指邮政工作人员严重不负责任,故意延误投递邮件,致使公共财产、国家和人民利益遭受重大损失的行为。

本罪的主体是特殊主体,即“邮政工作人员”。所谓邮政工作人员,是指邮政企业及其分支机构的营业员、投递员、押运员及其他从事邮政工作的人员;本罪的行为是“严重不负责任,故意延误投递邮件,致使公共财产、国家和人民利益遭受重大损失的”行为。所谓延误邮递,是指没有按照国家邮政主管部门规定的时限投交邮件;所谓邮件,是指通过邮政企业及其分支机构寄送、递交的信件、电报、传真、印刷品、邮包、汇款通知、报刊杂志等。本罪为结果犯,以“致使公共财产、国家和人民利益遭受重大损失”为成立条件。根据有关司法解释,[127]其具体是指:(1)造成直接经济损失2万元以上的;(2)延误高校录取通知书或者其他重要邮件投递,致使他人失去高校录取资格或者造成其他无法挽回的重大损失的;(3)严重损害国家声誉或者造成其他恶劣社会影响的;(4)其他致使公共财产、国家和人民利益遭受重大损失的情形。

依照刑法第304条的规定,犯本罪的,处2年以下有期徒刑或者拘役。

---

〔127〕 2008年最高人民检察院、公安部《关于公安机关管辖的刑事案件立案追诉标准的规定(一)》第45条。

第三节 妨害司法的犯罪

一、伪证罪

(一)概念和构成

本罪,是指在刑事诉讼中,证人、鉴定人、记录人、翻译人对与案件有重要关系的情节,故意作虚假证明、鉴定、记录、翻译,意图陷害他人或者隐匿罪证的行为。其构成如下:

1. 主体。本罪的主体是证人、鉴定人、记录人、翻译人。他们都必须是已满16周岁、具有辨认、控制能力的人;未满16周岁的人可能成为证人,但不能成为犯罪主体。其中,证人,就是向司法机关陈述自己经历或者知悉的案件事实情况的人。我国《刑事诉讼法》第62条规定:"凡是知道案件情况的人,都有作证的义务。生理上、精神上有缺陷或者年幼,不能辨别是非、不能正确表达的人,不能作证人。"根据这一规定,除因生理、精神缺陷或者年幼等原因不能作证人的以外,任何人不分职业、文化程度、社会地位等,只要了解或者知悉案件的事实情况,都可以成为案件的证人;鉴定人,就是受司法机关指派或者聘请、对案件的某些事实作出专门性结论的人;记录人,就是在刑事诉讼中依法或者受托担任文字记录职责的人;翻译人,就是在刑事诉讼中受司法机关指派或者聘请担任外国语、民族语言、哑语等的翻译的人员,包括为案件中的法律文书或者证据材料等相关资料做书面翻译的人员。

2. 危害行为和危害结果。本罪客观上表现为,在刑事诉讼中,对与案件有重要关系的情节,作虚假证明、鉴定、记录、翻译。具体而言,包括以下三个方面的内容:

(1)必须实施了虚假的证明、鉴定、记录、翻译行为。其中,"虚假",是指与客观事实不一致。是否虚假,必须客观地加以判断,与行为人的主观意思无关。理论上经常争议的问题是,证人有意作伪证,但碰巧符合了客观事实的场合,是否属于虚假证明。本书认为,这种场合,尽管行为人违背了自己的内心记忆而进行陈述,与其内心状态不一致,但由于所述事实与客观事实一致,不可能产生误导司法实践正常进行的结果,因此,不属于虚假证明。相反地,即使行为人忠实于自己的内心记忆进行陈述,也可能导致最终结果与客观事实不符,这种情况属于虚假证明。[128] 另外,需要注意的是,虚假证明的行为,只限于作为即积极误导司法机关的行为,不作为即拒不作证的行为不构成虚假证明。因为,只有作为才能产生虚假的效果,而不作为并不能产生这种效果。这一点,从刑法第311条只规定了拒绝提供间谍犯罪证据罪的一点就能看出。

(2)必须对与案件有重要关系的情节作虚假的证明、鉴定、记录、翻译。这里的案件,只限于刑事案件,在民事案件中作伪证的,不构成本罪。与案件有重要关系的情节,是指对案件结论有影响的情节,即与是否构成犯罪、犯罪的性质、罪行的轻重、量刑的轻重具有重要关系的情节。其不仅包括证明有罪的情节,也包括证明他人无罪的情节,换言之,隐匿无罪证据的行为也构成伪证罪。伪证行为只要足以影响案件的结论就行,不要求实际上影响了案件的结论,因此,本罪是具体危险犯。

---

[128] 这种场合下,由于行为人主观上并非出于故意,因此,仍然不会成立伪证罪。

(3)必须是在刑事诉讼中作虚假的证明、鉴定、记录、翻译。所谓刑事诉讼中,意味着在刑事案件的立案、侦查、起诉、审判的过程当中。在刑事案件立案之前或者刑罚执行完毕之后进行虚假证明的,不构成本罪。

3. 主观要件。本罪的主观要件只能是直接故意,具有陷害他人或者隐匿罪证的意图,即行为人明知自己的行为会发生陷害他人或者为他人开脱罪责的结果,并且希望这种结果发生。

(二)本罪的认定

在伪证罪的认定中,必须将其与诬告陷害罪区分开来。这种区分对于刑事案件的被害人向司法机关报案时故意夸大犯罪现象的处理,具有重要意义。对于刑事案件的被害人向司法机关报案时故意夸大犯罪现象的处理,存在三种见解:第一种见解认为构成伪证罪,因为,被害人作为直接被侵害的对象,了解案件的经过,在广义上属于证人范围。[129] 第二种见解认为,构成诬告陷害罪。因为,捏造部分事实向司法机关报案,意图使他人受到刑事追究的,也属于诬告陷害。[130] 第三种见解认为,无罪。因为现行刑法未明确规定该行为是犯罪行为,因此根据罪刑法定原则,被害人作虚假陈述的行为不构成犯罪。[131] 无罪说显然是不合适的。尽管是被害人,但在其故意向司法机关进行虚假的被害陈述时,极有可能导致无辜的他人受到刑事追究,或者导致有罪的嫌疑人受到不符合实际情况的追究,具有社会危害性,并且,通过解释,将被害人故意进行虚假陈述的情况解释为诬告陷害罪或者伪证罪也是没有问题的。只是,到底是解释为诬告陷害罪还是伪证罪,何者更为合适,存在争议而已。

从本书的角度来看,被害人在刑事诉讼过程中进行虚假陈述,构成伪证罪更为合适。一方面,刑法第 243 条规定的诬告陷害罪是捏造犯罪事实诬告陷害他人,意图使他人受到刑事追究,情节严重的行为。其中,捏造,就是凭空编造。存在犯罪事实但有虚构、夸大成分的,不认为是捏造犯罪事实。而被害人在刑事诉讼中的虚假陈述,显然不可能是完全的凭空捏造。因此,对其论以诬告陷害,显然是不合适的。另一方面,被害人也是知道案件情况的人,属于广义上的证人;被害人陈述和证人证言一样也是刑事诉讼法所规定的主要证据种类之一;在刑事案件中,询问证人的有关规定也同样适用于询问被害人,因此,将刑事案件的被害人作为本案的证人看待,也未尝不可。这种理解也为司法解释所肯定。最高人民检察院《关于人民检察院直接受理立案侦查案件立案标准的规定(试行)》中明确规定:“暴力取证罪是指司法工作人员以暴力逼取证人证言、被害人陈述的行为。”由此可见,司法解释采纳了广义证人说,从而把被害人纳入了证人的范畴。虽然这一司法解释是针对暴力取证罪作出的,但其认为证人包括被害人的内在精神则是可以借鉴的。其宗旨,不仅适用于暴力取证罪,也同样适用于刑法规定的与证人有关的其他两种犯罪(伪证罪和打击报复证人罪)。因此,将被害人在刑事诉讼过程中,对于案件有重要关系的情节,故意进行虚假陈述,意图陷害他人或者隐匿罪证的行为,认定为伪证罪,没有法律上的障碍。当然,如果被害人出于报复的动机,在自己向公安机关报案并作了虚假陈述的情况下,又指使他人作伪证,以证实其虚假陈述,这一行为妨害了司法机关的

---

〔129〕 本书的见解。

〔130〕 袁江华:《从个案看诬告陷害罪的认定与处理》,载《人民司法(案例)》2007 年第 24 期。

〔131〕 金某伪证案,《刑事审判参考》指导案例第 93 号,载刘德权主编:《最高法司法观点集成(新编版)·刑事卷Ⅳ》,中国法制出版社 2017 年版,第 1879 页。

正常诉讼活动。构成犯罪的,应当按照刑法第 307 条第 1 款的规定,以妨害作证罪定罪处罚。

(三)处罚

依照刑法第 305 条的规定,犯本罪的,处 3 年以下有期徒刑或者拘役;情节严重的,处 3 年以上 7 年以下有期徒刑。

二、辩护人、诉讼代理人毁灭证据、伪造证据、妨害作证罪

本罪,是指在刑事诉讼中,辩护人、诉讼代理人毁灭、伪造证据,帮助当事人毁灭、伪造证据,威胁、引诱证人违背事实改变证言或者作伪证的行为。

本罪的主体为特殊主体,即辩护人、诉讼代理人。本罪客观上表现为以下三种行为:(1)直接或者唆使他人毁灭、伪造证据。毁灭是指使证据从实体上灭失或者丧失证明案件真相的作用或者效力;伪造是指改变证据证明的内容或者方向。(2)帮助当事人毁灭、伪造证据。所谓帮助,一般是指提供方便,但就本罪而言,也包括让没有毁灭、伪造证据意思的当事人产生该种意思的场合。例如,在陈某以谈恋爱为名,将本单位女同事张某引诱至郊外公园强奸被抓,陈某的辩护律师刘某教唆陈某让其伪造多份陈某写给张某的求爱信,其后在法庭上以此所谓"多份陈某写给张某的求爱信"为证据,声称女同事张某和陈某当时是在公园里谈恋爱,发生性行为是双方的一时激情所致,是自愿的;且陈某在被告席上也表示,只要放了他,他就会娶张某,张某信以为真,也当庭表示不追究陈某,最后陈某被当庭无罪释放的案件中,如果说诉讼代理人妨害作证罪中的帮助当事人伪造证据罪中的"帮助",包括唆使的话,则将该案认定为帮助当事人伪造证据罪,没有任何问题。所谓当事人,一般是指被害人、自诉人、犯罪嫌疑人、被告人、附带民事诉讼的原告人和被告人,但本处的"当事人",是指犯罪嫌疑人和刑事被告人。当事人本身与案件的审判结果有直接利害关系,不可能期待其不实施有关妨害证据的行为,因此,他们妨害作证的行为不构成本罪,也不能成立本罪的共犯。(3)威胁、引诱证人违背事实改变证言或者作伪证。所谓威胁,就是使用暴力或者其他方式加以胁迫、恫吓;但告知证人不如实作证要承担法律责任后果的,不是威胁;所谓引诱,是指用金钱、物质、色情等利益进行收买或者诱惑。但为了帮助证人回忆当时的情景而采用的一些提示或者指引,不能说是引诱。

本罪是选择性罪名,只要行为人实施了其中之一,便足以成立本罪。值得注意的是,上述行为必须达到证人开始在刑事诉讼中提供虚伪证言的程度。行为人帮助当事人毁灭或伪造证据,威胁或引诱证人作伪证,但是被证人拒绝的场合,不成立本罪。另外,根据刑法第 306 条第 2 款的规定,辩护人、诉讼代理人提供、出示、引用的证人证言或者其他证据失实,不是有意伪造的,不属于伪造证据。

在本罪的认定中,要注意辩护人、诉讼代理人教唆、帮助证人作伪证的处理问题。对这种情况可以按法条竞合处理,即该行为一方面构成伪证罪,另一方面构成辩护人、诉讼代理人毁灭证据、伪造证据、妨害作证罪。上述行为看似符合数个刑法法条,但由于这些刑法法条规定要件的内容都是重复的,所以,只能从这些法条中适用一条而排除其他法条的适用。上述犯罪中,伪证罪是一般法条,辩护人、诉讼代理人毁灭证据、伪造证据、妨害作证罪是特殊法条,按照"特殊法优于普通法的原则",应当适用后者定罪量刑。

依照刑法第 306 条的规定,犯本罪的,处 3 年以下有期徒刑或者拘役;情节严重的,处 3 年以上 7 年以下有期徒刑。

三、妨害作证罪

本罪,是指以暴力、威胁、贿买等方法阻止证人作证或者指使他人作伪证的行为。

本罪客观上包括以下两方面的内容:(1)使用暴力、威胁、贿买等方法阻止证人作证。证人,是指知道案件情况的人,包括被害人以及共同犯罪中的同案犯在内。所谓阻止证人作证,是指在刑事诉讼中,阻止证人接受司法机关的调查、询问以及出庭作证;在民事、行政诉讼中,是指阻止证人向法院提供证据或者出庭作证。阻止的方法多样,除上述列举的暴力、威胁、贿买方式之外,不排除利用色情引诱、上下级关系要挟等方式。(2)指使他人作伪证,即唆使、授意、命令包括证人、鉴定人、记录人、翻译人在内的他人作伪证,包括让知道案情的人不如实作证和让不知道案情的人假冒知情而作证。行为人只要实施了上述行为之一,便足以成立本罪。关于本罪的成立时间范围,虽然刑法第307条没有限制性规定,但一般发生在诉讼过程中。本罪的主观要件为故意。

本罪主体为一般主体。实务中,存在争议的是,犯罪嫌疑人、被告人是否属于妨害作证罪主体?例如,乙犯强奸罪之后被起诉,他通过律师给其父甲(当地副县长)传话,让其父指使被害人在开庭时推翻以往陈述,被害人在甲的威胁下作了虚伪陈述,乙被无罪释放的场合(案例一),律师和其父甲当然构成妨害作证罪,但问题是乙的行为是否构成律师和其父亲妨害作证罪的教唆犯?又如,盗窃罪的嫌疑人银某为了推脱自己的主犯罪责,写串供纸条让别人传给关押在另一监号的同案犯潘某不要作证,订立攻守同盟,妨害了该案诉讼的进程的场合(案例二),身为被告人的银某的行为是否构成阻止潘某作证行为的妨害作证罪?成为问题。

关于犯罪嫌疑人、被告人是否属于妨害作证罪的主体(教唆犯),理论界存在两种相反的观点:通说即肯定说认为,本罪的主体是一般主体,无论是刑事诉讼中的犯罪嫌疑人、被告人,还是民事诉讼、行政诉讼中的当事人,只要实施暴力、威胁、贿买等方式阻止证人作证或者指使他人作伪证的行为,就可以构成本罪。[132] 理由是,一方面,从"期待可能性"的角度来讲,法律只是期待犯罪嫌疑人、被告人不用自证其有罪,但并没有期待其为阻止他人作证或者指使他人作伪证等而实施妨害司法的行为;另一方面,行为人隐匿自己的罪行或者拒不交代自己的罪行,可以说是行使诉讼法赋予的防御权的体现,但是教唆他人实现该种目的则是超出了法律所放任的防御的范围,属于防御权的滥用,因此,无论从哪一方面讲,犯罪嫌疑人、被告人都能成为妨害作证罪的主体。

本书持否定说,即犯罪嫌疑人、被告人不构成本罪的主体。一方面,如果说犯罪嫌疑人、被告人自身妨害作证的行为因为在类型上不具有期待可能性而不可罚,则通过他人而实施的场合也同样不可罚。因为,教唆他人伪证行为属于隐匿罪证行为,行为人自行隐匿罪证的正犯行为不处罚,以比正犯的违法性更低的阻止证人作证或者指使他人作伪证的共犯行为实施本罪,就更不可罚。既然刑法不将较重类型的违法行为作为处罚对象,则就较轻违法行为而言,更不应当作为处罚对象。将正犯和共犯在处罚根据上一致的引起说的立场贯彻到底的话,可以说,对国家的司法秩序即刑事司法作用的妥当实现的侵害,不管是由自己实施和由他人实施,二者之间,应当没有差别,据此就能推导出他人实施也不可罚的结论来。另一方面,任何犯罪当中,

---

[132] 高铭暄、马克昌主编:《刑法学》(第10版),北京大学出版社、高等教育出版社2022年版,第564页;林亚刚:《刑法学教义(分论)》,北京大学出版社2020年版,第511页;周道鸾、张军主编:《刑法罪名精释》(下),人民法院出版社2013年版,第767页。

犯罪嫌疑人都会自然而然地产生逃避打击、躲避抓捕的心理,这是人的本能。这种本能的实现,既可以由自己实施,也可以通过他人实施,不管是自己亲自实施还是通过他人实施,二者都在行为人行使防御权的范围之内。否则,犯罪嫌疑人就不应当聘请律师为自己行使防御权提供法律帮助。如此说来,在共同犯罪案件中,犯罪嫌疑人在犯罪后相互串通、订立攻守同盟、相互包庇或顶罪都是一个普通人逃避打击、躲避惩罚的具体表现。同案犯之间串通做虚假供述,相互包庇、顶包的行为都没有超出刑法期待可能性和行使防御权的范围。当然,如果犯罪嫌疑人、被告人采用暴力、威胁、贿买等方法阻止他人作证或者指使他人作伪证,可以认定为本罪。[133] 因为,这种场合,已经超出了上述隐匿罪证的范围。

从此意义上讲,在上述"案例一"的场合,作为证人的被害人在强奸犯乙的父亲甲的威胁下进行虚假陈述,致使乙被无罪释放的行为,虽然妨害了司法秩序,但也只有乙的律师和其父甲构成妨害作证罪,而强奸犯乙不构成上述二人的教唆犯;在上述"案例二"的场合,盗窃嫌疑人银某也不构成潘某的妨害作证罪的教唆犯。因为,银某尽管有和同案犯潘某串供的行为,但其不仅没有采用暴力、威胁、贿买等方式,而且,其指使潘某作伪证的行为也没有超出其作为犯人的期待可能性和行使防御权的范围。

依照刑法第 307 条第 1 款的规定,犯本罪的,处 3 年以下有期徒刑或者拘役;情节严重的,处 3 年以上 7 年以下有期徒刑。司法工作人员犯本罪的,从重处罚。行为人为实现自己的正当债权而实施虚假诉讼,指使他人伪造证据,未给利害关系人造成实际经济损失的,不属于妨害作证情节严重的情形,应当在 3 年以下进行量刑。

四、帮助毁灭、伪造证据罪

本罪,是指帮助当事人毁灭、伪造证据,情节严重的行为。

本罪客观上表现为帮助当事人毁灭、伪造证据,情节严重。其中,"当事人",应做广义理解,不仅指刑事诉讼中的当事人,也包括民事、行政诉讼中以自己名义进行诉讼,并受法院裁判约束的利害关系人即原告、被告、共同诉讼人和有独立请求权的第三人在内。"证据",既包括刑事诉讼中的证据,又包括民事诉讼、行政诉讼中的证据。"毁灭、伪造证据",是对证据进行破坏,使其丧失作为证据的价值的行为,包括将证据销毁灭迹使之不复存在,或者对证据进行篡改、变造,使其丧失原物性的特征的行为在内。"帮助",是指一切替当事人毁灭、伪造证据的行为,包括受当事人指使而毁灭、伪造证据的行为;教唆、指使当事人毁灭、伪造证据的行为;为当事人毁灭、伪造证据提供各种便利条件或者伙同当事人共同实施毁灭、伪造证据的行为;向当事人传授毁灭、伪造证据方法的行为;等等。换言之,这里的帮助仅仅意味着不包括当事人本人为自身利益而毁灭、伪造证据的行为。[134] "情节严重",是指行为严重干扰了司法机关的刑事诉讼活动甚至使之无法进行的,采用的手段极其恶劣的,造成冤假错案的,所帮助毁灭、伪造的证据是重大案件或涉及案件的重要情节的,是由国家工作人员或司法工作人员所实施的,等等。本罪的主体是一般主体,但不包括当事人本人和刑事诉讼中的辩护人、诉讼代理人。当事人本人毁灭、伪造与本人有利害关系的证据不为罪,也不构成本罪的共犯。刑事诉讼的辩护人、诉讼代理人帮助当事人毁灭、伪造证据的,是辩护人、诉讼代理人毁灭证据、伪造证据罪。

---

〔133〕 张明楷:《刑法学》(第 6 版)(下),法律出版社 2021 年版,第 1425 页。

〔134〕 阮齐林:《刑法学》(第 3 版),中国政法大学出版社 2011 年版,第 602 页。

非刑事诉讼中，当事人的代理人可以构成本罪。

在本罪的认定中，应注意以下两个问题：

1. 隐匿证据的处理问题。隐匿证据，是否属于毁灭证据的行为，理论上有争议。从字面上来看，所谓隐匿证据，是指用遮盖、掩埋、隐藏等方法将证据藏匿起来，使之不易被他人察觉、发现。其特点是证据原物依然存在，且能够基本保证其原有的证明力不会因隐匿行为而遭到彻底的破坏、灭失。相反地，所谓毁灭证据，是使证据原物不复存在，或者原物虽然存在，但却因遭到彻底破坏而导致其完全丧失作为证据所应有的证明力；被毁灭后的证据原物不可复生。可见，二者在手段、方式及后果上都有明显的不同，它们之间是一种并列关系而不是从属关系，不能将隐匿证据的行为看作毁灭证据的手段之一。但本书认为，藏匿证据特别是采用如将杀人用的菜刀扔进水库一样的、会致使其作为证据的价值减少以致消灭的手段长期隐匿证据的场合，虽说菜刀没有毁灭，但实际上已经难以找到，同样具有妨害司法活动正常进行的效果，此时的隐匿证据也可以看作毁灭证据的一种。只有轻微程度的藏匿，很容易就能被人发现的场合，由于该种程度的藏匿不会致使其作为证据的价值减少以致消灭，因此，可以不作为毁灭看待。如此说来，在甲、乙均为13周岁的在校学生，一日甲、乙因琐事争吵，甲拾起地上的砖头砸中乙的头部，乙顿时倒地死亡。甲见乙已死，大惊，回家告诉其父丙，丙说："赶快把乙埋掉，不然公安局会抓你去坐牢。"于是，丙拿起铁锄与甲将乙埋于某地的案件中，丙的行为构成帮助毁灭、伪造证据罪。因为刑法第307条规定的"帮助当事人毁灭、伪造证据，情节严重的"就构成犯罪，丙帮助当事人甲将被甲打死的乙的尸体（证据）埋掉，对司法机关将来调查解决此事极为不利，妨害了诉讼的正常进行，应构成帮助毁灭、伪造证据罪。[135] 相反地，在刘某和陈某在晚10点将胡某骗出灌醉后强奸，然后逃离现场。胡某在回家途中不慎跌入深沟溺水而亡。刘某第二天得知胡某已死，便向律师吴某咨询。吴某让其在公安机关作笔录时，要讲没有将胡某灌醉，与胡某发生性关系是双方自愿的。案发后，根据刘某的供述，抓住了吴某的案件中，律师吴某尽管有教唆他人作伪证的行为，但由于其没有帮助当事人伪造、毁灭证据，因此，不构成帮助毁灭、伪造证据罪。[136]

2. 本罪与妨害作证罪的区分。刑法第307条以第1款和第2款分别规定的方式，将妨害作证罪和帮助毁灭、伪造证据罪区分开来，二者在成立条件上明显不同。但是，在虚假诉讼案件中，二者则难以区分。虚假诉讼的场合，作为妨害作证罪表现的"指使他人作伪证"，除通过指使他人进行虚伪证言之外，更多的则是指使他人伪造虚假证据提供给法院，而且提交假证的人还会以虚假证言向法院说明证据的形成过程或来源。这种指使他人伪造证据提供给法院的行为与指使他人作伪证的行为常常会同时发生，都属于刑法中的"指使他人作伪证"。此时，二者该如何区分，成为问题。对此，实务见解认为，区分二者的关键在于，行为人能否从虚假证据所涉诉讼的裁判中直接获取利益。行为人本人不能从虚假诉讼中直接获利，而只是帮助诉

---

〔135〕 丙的行为不构成包庇罪。包庇罪必须是明知是犯罪的人，而作假证明予以包庇的行为。这里强调的是：第一，被包庇者实际上是犯罪的人；第二，包庇的行为方式必须是作假证明。本案例中，被包庇者未满14周岁，不可能成为犯罪的人，且帮助掩埋尸体的行为也不是作假证明的行为，所以丙无罪。

〔136〕 根据2017年《律师协会会员违规行为处分规则（试行）》第36条"故意向司法机关、仲裁机构或者行政机关提供虚假证据或者威胁、利诱他人提供虚假证据，妨碍对方当事人合法取得证据的，给予中止会员权利6个月以上1年以下的纪律处分；情节严重的给予取消会员资格的纪律处分"的规定，律师吴某要受到来自律师协会的行业纪律处分。

讼当事人实现非法利益的,不构成妨害作证罪,仅能成立帮助伪造证据罪。例如,在吴某某妨害作证、洪某某帮助伪造证据案中,法院虽然认定双方共谋将20万元债务虚增为24.9万元的行为属于部分篡改型虚假诉讼,不构成虚假诉讼罪,但吴某某与洪某某恶意串通伪造借条实施虚假诉讼,致使人民法院作出错误裁判,二被告人主观上均为故意,客观上妨害了司法诉讼活动的正常秩序。其中,吴某某是虚假诉讼的主要获益者,符合妨害作证罪的主体要件,并具有指使他人作伪证的客观行为,故应当认定为妨害作证罪。洪某某系配合、帮助吴某某通过虚假诉讼获益,符合帮助伪造证据罪的主体特征,并具有帮助吴某某伪造证据的行为,故应当认定为帮助伪造证据罪。[137]

依照刑法第307条第2款、第3款的规定,犯本罪的,处3年以下有期徒刑或者拘役。司法工作人员犯前两款罪的,从重处罚。

五、虚假诉讼罪

(一)概念和构成

本罪,是指以捏造的事实提起民事诉讼,妨害司法秩序或者严重侵害他人合法权益的行为。

司法运作能够定分止争、保护合法权益,但近年来,一些人为了谋取不正当利益,以虚构的事实向人民法院提起民事诉讼的事例屡见不鲜,严重扰乱正常的司法秩序,造成司法资源的浪费,严重侵蚀司法权威和司法公信力。为了制止这种现象的发生,2015年《刑法修正案(九)》第35条特别规定了虚假诉讼罪。

本罪的侵害法益是司法机关的正常司法秩序。虽说一般认为,虚假诉讼是行为人通过虚构事实的方式提起民事诉讼,利用法院的相关裁判获取不正当利益,但这里的利益既包括财物、财产性利益,也包括财物或者财产性利益以外的利益,因此,将虚假诉讼罪纯粹理解为侵犯财产的犯罪是不足以评价其行为性质的,有必要将其单独设立为妨害司法秩序的犯罪。

本罪客观上表现为以捏造的事实提起民事诉讼,妨害司法秩序或者严重侵害他人合法权益。首先,行为人必须以捏造的事实提起民事诉讼。所谓捏造,是指凭空编造、无中生有,一般来说,是指以伪造证据、指使他人做伪证等手段来编造虚假事实。这里的事实是指足以引起民事法律关系产生、变更、消灭的客观情况。例如,伪造根本不存在的合同和通知书、伪造根本不存在的假欠条、让他人做虚假的证人证言等,都是如此。对真实的事实在情节上进行夸大或者缩小,而不是无中生有的场合,不是捏造事实。捏造事实,既包括自己亲自伪造证据捏造,也包括唆使他人帮助伪造或毁灭证据、提供虚假鉴定意见等捏造的情形在内。

同时,行为人必须以捏造的事实向法院提起民事诉讼,因此,行为人向仲裁机构提起虚假仲裁的行为,不适用该罪规定。这里的民事诉讼,指的是完整的民事诉讼流程,包括起诉、立案、开庭、审判、审判监督、执行等程序。行为人除了向法院提起虚假诉讼,还可能利用伪造的判决书、公证文书、仲裁裁决书向法院申请强制执行,其在本质上也是对法院正常司法秩序的破坏,应当按照虚假诉讼行为论处。行为人仅仅通过伪造证据的方式捏造了借贷、买卖、侵权

---

[137] 蔡智玉、苏家成:《吴荣平妨害作证、洪善祥帮助伪造证据案[第838号]——诉讼双方当事人串通伪造证据实施虚假诉讼行为的定罪处罚》,载最高人民法院刑事审判一、二、三、四、五庭主办:《刑事审判参考》总第90辑,法律出版社2013年版。

等事实,但没有提起诉讼,或者被其他人告上法庭而处于被告地位的,不构成本罪。但行为人与对方串通,捏造事实之后,让对方以原告身份提起诉讼,行为人此时虽然处于被告地位,但仍应以本罪论处。

"以捏造的事实提起民事诉讼",是指具有下列情形之一:(1)与夫妻一方恶意串通,捏造夫妻共同债务的;(2)与他人恶意串通,捏造债权债务关系和以物抵债协议的;(3)与公司、企业的法定代表人、董事、监事、经理或者其他管理人员恶意串通,捏造公司、企业债务或者担保义务的;(4)捏造知识产权侵权关系或者不正当竞争关系的;(5)在破产案件审理过程中申报捏造的债权的;(6)与被执行人恶意串通,捏造债权或者对查封、扣押、冻结财产的优先权、担保物权的;(7)单方或者与他人恶意串通,捏造身份、合同、侵权、继承等民事法律关系的其他行为。[138] 隐瞒债务已经全部清偿的事实,向人民法院提起民事诉讼,要求他人履行债务的,以"以捏造的事实提起民事诉讼"论。

另外,根据2021年3月4日公布的最高人民法院、最高人民检察院、公安部、司法部《关于进一步加强虚假诉讼犯罪惩治工作的意见》第4条的规定,实施上述捏造事实行为,并有下列情形之一的,应当认定为"以捏造的事实提起民事诉讼":(1)提出民事起诉的;(2)向人民法院申请宣告失踪、宣告死亡,申请认定公民无民事行为能力、限制民事行为能力,申请认定财产无主,申请确认调解协议,申请实现担保物权,申请支付令,申请公示催告的;(3)在民事诉讼过程中增加独立的诉讼请求、提出反诉,有独立请求权的第三人提出与本案有关的诉讼请求的;(4)在破产案件审理过程中申报债权的;(5)案外人申请民事再审的;(6)向人民法院申请执行仲裁裁决、公证债权文书的;(7)案外人在民事执行过程中对执行标的提出异议,债权人在民事执行过程中申请参与执行财产分配的;(8)以其他手段捏造民事案件基本事实,虚构民事纠纷,提起民事诉讼的。

由上可见,虚假诉讼罪中的"捏造民事法律关系",仅仅是指"无中生有型"虚假诉讼行为,其必须满足两个条件:伪造民事法律关系,虚构民事纠纷。前者是指行为人与他人之间根本不存在特定的民事法律关系,但行为人通过伪造证据、虚假陈述等手段无中生有、凭空伪造双方存在民事法律关系的假象;后者是指双方本来不存在民事纠纷,故意虚构因为捏造出来的民事法律关系而产生民事纠纷的事实。只有同时满足上述两个条件的,才能认定为"捏造事实"。据此,行为人在与他人存在真实的民事法律关系的情况下,采取伪造证据、虚假陈述等手段篡改部分案件事实,骗取人民法院裁判文书的行为,即"部分篡改型"行为,不能认定为虚假诉讼罪。[139]

在判断是否属于"无中生有"捏造民事法律关系和民事纠纷时,一般来说,应当坚持实质判断,不能进行形式化、机械化认定。行为人起诉的法律关系与实际诉争的法律关系不一致的,人民法院结案时应当根据法庭查明的当事人之间实际存在的法律关系的性质,相应变更案件的案由。在双方存在A民事法律关系的情况下,一方行为人因对法律理解不当或者出于诉讼策略的考虑,以B民事法律关系为案由提起民事诉讼的,应当适用《民事案件案由规定》的相关规定处理,一般不能以该行为人"无中生有"捏造B民事法律关系为由,认定其构成虚假

---

〔138〕 2018年最高人民法院、最高人民检察院《关于办理虚假诉讼刑事案件适用法律若干问题的解释》第1条第1~2款。

〔139〕 周峰、李加玺:《虚假诉讼罪具体适用中的两个问题》,载《人民法院报》2019年9月12日,第6版。

诉讼罪。当然,行为人在对他人仅享有普通债权的情况下,为达到优先受偿的目的,采用伪造证据等手段将普通债权捏造成优先债权的,由于其从根本上改变了该债权债务关系的性质,可以认定为"无中生有"捏造民事法律关系。

如果行为人与他人之间实际上存在民事法律关系和民事纠纷,为了达到胜诉目的,篡改了部分证据,并没有从实质上改变原民事法律关系和民事纠纷的,不认定为虚假诉讼罪。如果构成其他违法犯罪的,按照有关规定追究法律责任。例如,在实施"部分篡改型"虚假诉讼过程中,伪造公司、企业、事业单位、人民团体印章或者以暴力、威胁、贿买等方法阻止证人作证的,可以伪造公司、企业、事业单位、人民团体印章罪或者妨害作证罪等罪名定罪处罚;对于通过"部分篡改型"行为非法占有公私财产的,可以诈骗罪等侵财型罪名追究其刑事责任。

行为人实施的行为必须达到妨害司法秩序或者严重侵害他人合法权益的程度。所谓妨害司法秩序,是指足以使司法机关陷入错误,做出错误的判决或者裁定、决定。所谓严重侵害他人合法权益,是指虚假诉讼足以侵害国家、集体、他人合法权益或逃避履行法律文书确定的义务。

按照相关司法解释,〔140〕单独或者与他人恶意串通,以捏造的事实提起民事诉讼,涉嫌下列情形之一的,应予立案追诉:(1)致使人民法院基于捏造的事实采取财产保全或者行为保全措施的;(2)致使人民法院开庭审理,干扰正常司法活动的;(3)致使人民法院基于捏造的事实作出裁判文书、制作财产分配方案,或者立案执行基于捏造的事实作出的仲裁裁决、公证债权文书的;(4)多次以捏造的事实提起民事诉讼的;(5)因以捏造的事实提起民事诉讼被采取民事诉讼强制措施或者受过刑事追究的;(6)其他妨害司法秩序或者严重侵害他人合法权益的情形。

本罪主体是一般主体,具有刑事责任能力的自然人和单位均可构成。本罪的主观要件是故意,即对自己捏造事实提起民事诉讼的行为会侵害司法秩序或者严重侵害他人合法权益的行为具有明知。谋取不正当利益的目的不是成立本罪的主观要件。

(二)处罚

依照刑法第307条之一的规定,犯本罪的,处3年以下有期徒刑、拘役或者管制,并处或者单处罚金;情节严重的,处3年以上7年以下有期徒刑,并处罚金。单位犯本罪的,对单位判处罚金,并对其直接负责的主管人员和其他直接责任人员,依照自然人犯本罪的规定处罚。有本条第1款行为,非法占有他人财产或者逃避合法债务,又构成其他犯罪的,依照处罚较重的规定定罪从重处罚。司法工作人员利用职权,与他人共同实施以上行为的,从重处罚;同时构成其他犯罪的,依照处罚较重的规定定罪从重处罚。

在本罪处罚中,应当注意以下几点:

1."情节严重"的理解。按照相关司法解释,〔141〕其是指有下列情形之一:(1)有该解释第2条第1项情形,造成他人经济损失100万元以上的;(2)有该解释第2条第2项至第4项情形之一,严重干扰正常司法活动或者严重损害司法公信力的;(3)致使义务人自动履行生效裁判文书确定的财产给付义务或者人民法院强制执行财产权益,数额达到100万元以上的;(4)致使他人债权无法实现,数额达到100万元以上的;(5)非法占有他人财产,数额达到10万元以

〔140〕 2022年最高人民检察院、公安部《关于公安机关管辖的刑事案件立案追诉标准的规定(二)》第78条,2018年最高人民法院、最高人民检察院《关于办理虚假诉讼刑事案件适用法律若干问题的解释》第2条。

〔141〕 2018年最高人民法院、最高人民检察院《关于办理虚假诉讼刑事案件适用法律若干问题的解释》第3条。

上的;(6)致使他人因为不执行人民法院基于捏造的事实作出的判决、裁定,被采取刑事拘留、逮捕措施或者受到刑事追究的;(7)其他情节严重的情形。

2. 一罪与数罪。刑法第 307 条之一第 3 款规定,有本条第 1 款行为,非法占有他人财产或者逃避合法债务,又构成其他犯罪的,依照处罚较重的规定定罪从重处罚。这实际上涉及诉讼诈骗是否构成诈骗罪的问题。

所谓诉讼诈骗,是指向法院提出虚假事实,欺骗法院,使法院作出判决,并依据该判决骗取财产或免除自己的债务。诉讼诈骗构成诈骗罪。所谓错误,就是对事实真相产生误解。在诉讼诈骗中,行为人伪造证据,虚构事实,以本不存在、但貌似真实的事实为依据提起民事诉讼,欺骗人民法院这一民事纠纷的裁判者,使人民法院对其提供的证据和事实信以为真并赖以作出违背事实真相的裁判的情形并不少见。换言之,提起虚假诉讼,让人民法院对事实真相产生误解的情况是客观存在的,这种情形只能看作"诈骗",而且这样理解并没有什么不当,诉讼诈骗行为符合诈骗罪中的行为特征。同时,法院所做出的判决具有强制执行的法律效力,一旦法院在受骗之后,作出了对另一方不利的判断,另一方就只有执行,其利益必然受损。正好属于具有处分权限的人和受害人不是同一人的情形。司法实践当中之所以不承认这一点,主要是因为担心法院陷入错误的话,就要承担赔偿责任。但这种担心是多余的。即便是承担赔偿责任的场合,行为人也必须在主观上有过错。在诉讼诈骗的场合,如果说在当时的情况下,法官在事实判断以及适用法律上没有错误,按照形式真实原则,只能做如此判断的话,就不能说行为人主观上有过错。行为人对这种判决结果当然可以不承担责任。

正因如此,在《刑法修正案(九)》增设虚假诉讼罪的同时,特地增设有本条第 1 款行为,非法占有他人财产或者逃避合法债务,又构成诈骗罪(包括未遂犯),妨害作证罪,帮助毁灭、伪造证据罪等其他犯罪的,构成想象竞合犯,按照从一重处罚原则,依照处罚较重的规定定罪从重处罚,即虚假诉讼的场合,可以构成诈骗罪。

3. 共犯问题。诉讼代理人、证人、鉴定人等诉讼参与人与他人通谋,代理人提起虚假民事诉讼、故意作虚假证言或者出具虚假鉴定意见,共同实施刑法第 307 条之一前三款行为的,依照共同犯罪的规定定罪处罚;同时构成妨害作证罪,帮助毁灭、伪造证据罪等犯罪的,依照处罚较重的规定定罪从重处罚。

4. 司法工作人员利用职权,与他人共同实施本罪的,从重处罚;同时构成滥用职权罪,民事枉法裁判罪,执行判决、裁定滥用职权罪等犯罪的,依照处罚较重的规定定罪从重处罚。

六、打击报复证人罪

本罪,是指故意对证人进行打击报复的行为。

本罪在客观上表现为,对证人进行打击报复。所谓证人,特指在各种诉讼过程中已经作证的人,包括被害人在内。知道案件情况但尚未作证的人,不是这里的证人,对其进行打击报复的,构成妨害作证罪。对证人的亲友进行打击,旨在对证人的作证行为进行报复的场合,根据《刑事诉讼法》第 63 条[142]的精神,可以构成本罪。所谓打击报复,是指以各种方式损害证人

---

〔142〕《刑事诉讼法》第 63 条规定:"人民法院、人民检察院和公安机关应当保障证人及其近亲属的安全。对证人及其近亲属进行威胁、侮辱、殴打或者打击报复,构成犯罪的,依法追究刑事责任;尚不够刑事处罚的,依法给予治安管理处罚。"

的利益,有多种形式,如降职降薪、解聘解雇、扣发工资奖金、恐吓伤害、加害亲属、骚扰安宁等,但不包括故意导致证人重伤或者死亡的行为在内。本罪的主体为一般主体,通常是证人证词对其不利的人或其亲友。

依照刑法第 308 条的规定,犯本罪的,处 3 年以下有期徒刑或者拘役;情节严重的,处 3 年以上 7 年以下有期徒刑。

七、泄露不应公开的案件信息罪

本罪是指司法工作人员、辩护人、诉讼代理人或者其他诉讼参与人,泄露依法不公开审理的案件中不应当公开的信息,造成信息公开传播或者其他严重后果的行为。

我国的司法审判以公开审判为原则,不公开审判为例外。司法公开有助于保障公民的知情权,促进司法公正。但对于一些涉及国家秘密、个人隐私以及商业秘密的案件,基于对国家利益、商业利益以及个人隐私的保护,有必要不公开审理。但现实当中,司法工作人员、辩护人、诉讼代理人或者其他诉讼参与人违反相关法律规定,违法泄露不应当公开的信息,妨害司法机关的正常运作,也给当事人造成了重大侵害。本罪就是基于这种原因而设置的。

本罪客观上表现为,泄露依法不公开审理的案件中不应当公开的信息,造成信息公开传播或者其他严重后果。首先,必须具有泄露行为。所谓泄露,就是向不特定的公众公开披露,让不知道或者不应该知道的人知道。泄露行为的方式多种多样,可以是口头泄露,也可以是书面泄露。无论哪种方式,都是泄露。其次,泄露的内容是"依法不公开审理的案件中不应当公开的信息"。所谓依法不应当公开审理的案件,根据《刑事诉讼法》、《民事诉讼法》以及《行政诉讼法》的相关规定,是指有关国家秘密案件、个人隐私案件、当事人申请不公开审理的涉及商业秘密的案件以及审判的时候被告人不满 18 周岁的案件。根据刑法第 308 条之一第 2 款的规定:"有前款行为,泄露国家秘密的,依照本法第三百九十八条的规定定罪处罚。"由于所泄露秘密的内容属于"国家秘密"的场合,成立泄露国家秘密罪,而非本罪,故本罪中"依法不公开审理的案件",主要是指涉及个人隐私的案件、当事人申请不公开审理的涉及商业秘密的案件以及审判的时候被告人不满 18 周岁的案件。如此说来,所谓"不应当公开的信息",首先是指个人隐私、商业秘密以及未成年人身份信息及其他个人隐私。但是,相关规定似乎扩大了这一范围。例如,就辩护人、诉讼代理人而言,《律师法》要求律师对在执业活动中知悉的委托人和其他人不愿泄露的有关情况和个人信息保密,而中华全国律师协会制定的行业规范则扩大了范围,将"与案情有关的信息""摘抄、复制的材料""同案犯罪嫌疑人的情况和意见"也列入了保密范围。最高人民法院、最高人民检察院、公安部、国家安全部、司法部《关于依法保障律师执业权利的规定》第 14 条第 4 款也规定,律师不得违反规定,披露、散布"案件重要信息和案卷材料"。但案件信息即案情,一般以案卷材料为载体,律师披露案情或者将复制的案卷材料交给当事人及其近亲属查阅,是否属于泄露案件信息?律师在开庭前能否将辩护意见在网上公布?辩护词、起诉意见书、起诉书和案卷材料是否属于"不应当公开的信息"?这些都需要研究。最后,必须造成信息公开传播或者其他严重后果。"造成"一词,意味着信息公开传播的后果,不是由行为人的直接公布所引起的,而是泄露后被他人获知、公开的结果。所谓公开传播,就是广为流传,为不特定或者多数人所知悉;所谓严重后果,如使案件当事人的隐私被泄露、名誉受损或者案件的审理进程受到严重影响等。

本罪的主体是特殊主体,即司法工作人员、辩护人、诉讼代理人或者其他诉讼参与人。所谓司法工作人员，是指参与案件负有侦查、检察、审判、保安职责的工作人员；所谓辩护人，是指接受犯罪嫌疑人、被告人的委托或人民法院的指定，帮助犯罪嫌疑人、被告人行使辩护权，以维护其合法权益的人；所谓诉讼代理人，是指以当事人一方的名义，在法律规定范围内或者当事人授予的权限范围内代理实施诉讼行为，接受诉讼行为的人；所谓其他诉讼参与人，是指参与诉讼的其他人员，如证人、鉴定人和翻译人员。本罪的主观要件是故意，即明知是依法不公开审理的案件中不应当公开的信息而加以泄露。

按照刑法第 308 条之一的规定，犯本罪的，处 3 年以下有期徒刑、拘役或者管制，并处或者单处罚金。泄露国家秘密的，依照刑法第 398 条的规定定罪处罚。

八、披露、报道不应公开的案件信息罪

本罪是指公开披露、报道依法不公开审理的案件中不应当公开的信息，情节严重的行为。

成立本罪，客观上必须满足以下条件：(1)有公开披露、报道的行为。所谓公开披露，是指面向大众或者多数人发布或者透露。其中，所谓多数人，是指能够为社会一般人所了解的程度，因此，仅是复数的人还不够，还必须达到相当的人数。披露行为，并不要求同时对多数人实施，以发送邮件、单个面谈的形式按顺序连续对多数人实施的场合，也是公开披露。由于公开披露就是使不特定或者多数人能够知道，因此，希望或者预见到能够为多数人所知道而向少数特定的人披露的行为，也是公开披露。披露的方式不限，可以是举行新闻发布会、接受记者采访、散发有关宣传材料等方式，甚至可以是公众面前演讲的方式。所谓报道，是指通过广播、电视、报纸、杂志、信息网络或其他媒体形式向公众报告。(2)公开披露、报道的对象是“依法不公开审理的案件中不应当公开的信息”。其具体内容，参见泄露不应公开的案件信息罪中的相关内容。(3)必须达到“情节严重”的程度。何谓情节严重，尚没有司法解释。一般来说，是指公开披露、报道所传播的对象多、范围广；多次公开披露、报道不应公开的案件信息；对案件的公正审理造成重大影响；等等。

本罪的主体是一般主体，包括自然人和单位。没有互联网之前，本罪多半只有传统媒体及其工作人员才可以构成；互联网生活下，各类网站层出不穷，都可以充当或代替传统媒体的角色，向大众报道新闻消息；在这一点上网站之间、网站与传统媒体之间，区别的只是影响力。本罪的主观要件是故意。

依照刑法第 308 条之一第 3 款的规定，犯本罪的，处 3 年以下有期徒刑、拘役或者管制，并处或者单处罚金。单位犯本罪的，对单位判处罚金，并对其直接负责的主管人员和其他直接责任人员，依照自然人犯本罪的规定处罚。

九、扰乱法庭秩序罪

本罪，是指聚众哄闹、冲击法庭，或者殴打、侮辱、诽谤、威胁司法工作人员或者诉讼参与人，不听法庭制止，或者毁坏法庭设施，抢夺损毁诉讼文书、证据等严重扰乱法庭秩序的行为。

本罪在客观上表现为，在法庭审判过程中，行为人实施了如下行为之一：(1)聚众哄闹、冲击法庭。所谓聚众哄闹，是指聚集多人在法庭内外起哄、喧闹，干扰法庭审判活动的正常进行；所谓聚众冲击，是指未被法庭允许参加庭审活动及旁听案件的人员强行冲进法庭，在法庭外进行破坏活动；所谓法庭，是指各级人民法院正在进行或者即将进行庭审活动的场所，既包括人民法院专设的审判案件的场所，也包括临时设置的审判案件的场所。(2)殴打司法工作人员

或者诉讼参与人,既包括殴打正在法庭上执行公务的审判人员、书记员、法警、正在出庭支持公诉的检察人员和其他司法工作人员,也包括殴打正在出庭参加诉讼的其他诉讼参与人。所谓其他诉讼参与人,是指在诉讼活动中,享有一定诉讼权利,并承担一定诉讼义务的除国家专门机关工作人员以外的人。在不同的诉讼程序当中,其内容并不一致。就刑事诉讼而言,所谓诉讼参与人,是指当事人(被害人、自诉人,犯罪嫌疑人、被告人,附带民事诉讼的原告和被告)和其他诉讼参与人(法定代理人、诉讼代理人、辩护人、证人、鉴定人和翻译人员);就民事诉讼而言,所谓诉讼参与人,包括当事人(原告、被告、共同诉讼人、第三人)和诉讼代理人(法定代理人、委托代理人),以及其他诉讼参与人(证人、鉴定人、勘验人员和翻译人员)。就行政诉讼而言,诉讼参与人包括:诉讼参加人(当事人和诉讼代理人)和证人、鉴定人、勘验人员和翻译人员。殴打司法工作人员或者诉讼参与人,不要求采取聚众的形式。从法条的规定来看,上述第1~2项属于行为犯,只要行为人实施上述行为之一,即可构成犯罪,没有其他情节或者后果的要求。(3)侮辱、诽谤、威胁司法工作人员或者诉讼参与人,不听法庭制止,严重扰乱法庭秩序的行为。也就是说,对司法工作人员或其他诉讼参与人进行侮辱、诽谤、威胁的。但本项下的扰乱法庭秩序罪,则是情节犯,需要达到严重扰乱法庭秩序的程度。何谓严重扰乱法庭秩序,目前尚无统一适用的标准,也不便用与第1项、第2项下的行为相当来参照适用。本项下的扰乱法庭秩序罪的另一个特点是,构成本罪需要经过前置程序,即发生前述行为之一后,不听法庭制止,仍继续实施前述行为之一的。也就是说,本项下的罪责追究,除具备本罪共同的要素即必须发生于法庭审判过程中之外,还需要具备下列条件:有侮辱、诽谤、威胁司法工作人员或其他诉讼参与人的行为;不听法庭制止仍继续前述行为;严重扰乱法庭秩序。所谓严重扰乱了法庭秩序,是指使法庭秩序严重混乱、无法继续审理案件或者审理案件活动被迫中断等。(4)毁坏法庭设施,抢夺、损毁诉讼文书、证据等扰乱法庭秩序行为,情节严重的。

依照刑法第309条的规定,犯本罪的,处3年以下有期徒刑、拘役、管制或者罚金。

十、窝藏、包庇罪

(一)概念和构成

本罪,可以分解为窝藏罪与包庇罪两个罪名。窝藏罪,是指明知是犯罪的人而为其提供隐藏处所、财物,帮助其逃匿的行为;包庇罪,是指明知是犯罪的人而作假证明予以包庇的行为。它们的构成如下:

1. 主体。本罪的主体是已满16周岁,具有辨认、控制能力的自然人。犯罪人教唆他人窝藏自己或者为自己作假证明的,不成立窝藏、包庇罪的教唆犯。因为在犯罪人自己窝藏、逃匿都不构成犯罪的情况下,教唆他人对自己实施这种行为的,更不应成立本罪。因为,在实施正犯行为都不处罚的情况下,处罚共犯行为,似乎理由并不充分。

2. 危害行为和危害结果。两罪客观上表现为实施了窝藏或包庇犯罪人的行为。在认定上,应注意以下内容:

(1)窝藏。所谓窝藏,是指为了帮助犯罪人逃匿而为其提供隐藏处所、财物的行为。具体来说,包括以下行为:一是提供隐藏处所,如将犯罪分子留宿于家中,为犯罪分子包用客房、租赁房屋、介绍至亲友处隐藏等;二是提供财物,如提供路费、住宿费、为隐藏的犯罪分子送水、送饭等,资助或者协助犯罪分子逃匿;三是提供其他便利条件,如提供交通工具、介绍信、通行证、身份证等证明其身份的证件,指示行动路线或者逃匿方向等,帮助其逃匿。

罪犯逃跑之后，其妻随夫潜逃生活的场合，是否构成窝藏，需要具体分析。由于犯罪后的人处于公安机关的缉捕当中，其活动范围和生活方式受到了较大的限制，不能像正常人一样生活。而为犯罪人提供隐藏处所、财物的窝藏者的行为之所以具有社会危害性，很大程度上就是因为让犯罪人能够像正常人一样生活，让犯罪人有了对抗抓捕的能力，加大了司法机关的打击成本。因此，妻子和犯罪的丈夫一起生活的行为是否构成窝藏，主要是看妻子的行为是否为犯罪分子的逃匿提供了物质上的方便。如果妻子的行为客观上为犯罪人逃匿提供了隐藏处所、财物上的帮助的话，可以构成本罪，但若仅仅是因为在一起而提供了日常生活范围之内的帮助，并没有提供其他有助于罪犯逃匿的物质上的帮助的话，不能构成窝藏罪中的“窝藏”。

按照 2021 年 8 月 9 日最高人民法院、最高人民检察院《关于办理窝藏、包庇刑事案件适用法律若干问题的解释》第 1 条的规定，明知是犯罪的人，为帮助其逃匿，实施下列行为之一的，以窝藏罪定罪处罚：一是为犯罪的人提供房屋或者其他可以用于隐藏的处所的；二是为犯罪的人提供车辆、船只、航空器等交通工具，或者提供手机等通讯工具的；三是为犯罪的人提供金钱的；四是其他为犯罪的人提供隐藏处所、财物，帮助其逃匿的情形。保证人在犯罪的人取保候审期间，协助其逃匿，或者明知犯罪的人的藏匿地点、联系方式，但拒绝向司法机关提供的，应当依照刑法第 310 条第 1 款的规定，对保证人以窝藏罪定罪处罚。虽然为犯罪的人提供隐藏处所、财物，但不是出于帮助犯罪的人逃匿的目的，不以窝藏罪定罪处罚；对未履行法定报告义务的行为人，依法移送有关主管机关给予行政处罚。

（2）包庇。所谓包庇，本来是指向司法机关提供虚假证明，为犯罪分子掩盖罪行。不过，最高人民法院《关于审理黑社会性质组织犯罪的案件具体应用法律若干问题的解释》第 5 条规定，刑法第 294 条第 3 款规定的“包庇”，是指国家机关工作人员为使黑社会性质组织及其成员逃避查禁，而通风报信，隐匿、毁灭、伪造证据，阻止他人作证、检举揭发，指使他人作伪证，帮助逃匿，或者阻挠其他国家机关工作人员依法查禁的行为。但是，这个规定仅是针对刑法第 294 条第 3 款的规定作出的，不适用于本罪。包庇，在现行刑法之下，应限于非以证人身份向司法机关提供虚假证明，掩盖犯罪事实或者开脱、减轻罪责的行为。例如，假冒证人编造犯罪人逃跑的路线、方向以及地点，提供虚假的出生证明隐瞒犯罪人身份，就是如此。在刑事案件发生之后，在加害人和被害人之间进行斡旋、说和，让被害人不要向司法机关告发的行为，因为不是向司法机关提供虚假证明的行为，因此，不是包庇。但“替人顶包”即假冒犯罪嫌疑人或者被告人向司法机关自首承担罪责的行为，实际上是作假证明掩盖事实真相的行为，属于包庇行为。让他人作假证的行为，构成刑法第 307 条第 1 款规定的妨害作证罪。帮助犯罪人毁灭或者伪造证据的，不是包庇，而是构成刑法第 307 条第 2 款规定的帮助毁灭、伪造证据罪。

按照相关司法解释，[143]实施下列行为之一的，以包庇罪定罪处罚：一是故意顶替犯罪的人欺骗司法机关的；二是故意向司法机关作虚假陈述或者提供虚假证明，以证明犯罪的人没有实施犯罪行为，或者犯罪的人所实施行为不构成犯罪的；三是故意向司法机关提供虚假证明，以证明犯罪的人具有法定从轻、减轻、免除处罚情节的；四是其他作假证明包庇的行为。按照上述解释第 3 条的规定，明知他人有间谍犯罪或者恐怖主义、极端主义犯罪行为，在司法机关向其调查有关情况、收集有关证据时，拒绝提供，情节严重的，依照刑法第 311 条的规定，以拒绝提供间谍犯罪、恐怖主义犯罪、极端主义犯罪证据罪定罪处罚；作假证明包庇的，依照刑法第

---

〔143〕 2021 年最高人民法院、最高人民检察院《关于办理窝藏、包庇刑事案件适用法律若干问题的解释》第 2 条。

310 条的规定,以包庇罪从重处罚。

按照法律规定,行为人只要实施了窝藏或者包庇犯罪人其中一种行为的,就构成本罪;实施两种行为的,仍为一罪,不实行并罚。

(3)犯罪的人。上述两罪的对象是犯罪的人,即已经实施了犯罪行为,正受追查或者正在逃匿的人,既包括犯罪后潜逃未归的犯罪人,也包括被司法机关羁押而挣脱的未决犯与已决犯。但何谓"犯罪",则大有讲究。通常认为,成立犯罪,必须符合犯罪构成四个方面的要件,具体来说,行为人不仅客观上实施了危害社会的行为,造成了危害社会的结果,主观上具有故意或者过失,而且还必须是达到刑事责任年龄、具有辨认和控制能力的人,否则,即便实施了危害社会的行为,也称不上是"犯罪",也不能说行为人是"犯罪的人"。正因如此,传统学说认为,父母明知自己 13 周岁的儿子犯有杀人行为,却予以窝藏或者包庇的场合,不构成窝藏、包庇罪。因为,13 周岁的小孩不能成立故意杀人罪的主体。这种场合下,不存在窝藏、包庇罪成立前提的"犯罪的人"。

但是,这种结论让人难以满意。一方面,其是否符合窝藏、包庇罪的宗旨,值得怀疑。按照我国刑法的规定,窝藏、包庇罪属于妨害司法活动秩序的犯罪,其保护法益是司法机关对罪犯的刑事追诉和刑罚执行活动。作为窝藏、包庇对象的少年尽管在实施杀人行为的时候,未满 14 周岁,不被追究刑事责任,但是,其杀了人的事实却是客观存在的。只要有这种严重危害社会的事实存在,司法机关就要展开立案侦查等一系列的活动,这些活动是司法机关正常活动的组成部分,相关人员有义务予以配合。但是,作为杀人凶手的父母,不仅不配合司法人员的侦查活动,反而将孩子送到乡下亲戚家里藏起来,并亲自毁灭相关证据,传授反侦查的方法,耽误了侦查活动的正常展开。这种行为显然是妨害了司法活动的正常秩序,具有窝藏、包庇罪所要求的严重的社会危害性。

另一方面,上述理解也有强人所难的嫌疑。就一般人而言,只知道杀人、放火等行为是天理不容的犯罪行为,哪里会知道有 14 周岁的年龄限制呢?如果说"完全合乎犯罪构成四个方面内容的要求的人"才是"犯罪的人"的话,则法律专家以外的、没有受过专业训练的一般人都可以因为没有这种程度的认识而说不具有本罪的故意了;同时,按照刑事诉讼法的相关规定,[144] 任何人哪怕是犯罪嫌疑人和被告人,在没有经过人民法院的宣判之前,都被看作无罪的人。因此,即便是法律专家的认识,在没有法院的正式宣判之前,也是靠不住的,因为,法院完全有可能做出和专家认识相反的判决。所以,在严格意义上讲,在法院判决出来之前,谁都无法明知谁是"有罪的人"。这样,结果岂不是因为无人能够满足本罪所要求的"明知是犯罪的人"的规定而使刑法第 310 条成为虚置条款了吗?因此,将完全满足犯罪构成四个方面的要件作为本罪中"犯罪的人"的认定标准的话,无疑会造成缩小甚至取消本罪处罚范围的结果。

根据以上理解,本书认为,窝藏、包庇罪中的"犯罪的人",只要是"实施了客观犯罪行为的人"即可,而不要求达到"实施了符合特定犯罪构成行为,需要追究其刑事责任的人"的程度。被窝藏、包庇的人实施的犯罪事实清楚,证据确实、充分,但尚未到案、尚未依法裁判或者因不具有刑事责任能力依法未予追究刑事责任的,不影响窝藏、包庇罪的认定。如此说来,前述父母窝藏或者包庇自己 13 周岁、犯有杀人行为的孩子的场合,尽管孩子因为不满 14 周岁,不能追究其刑事责任,但由于其客观上实施了杀人这种犯罪行为,属于"犯罪的人",因此,对其窝

---

[144] 《刑事诉讼法》第 12 条规定:未经人民法院依法判决,对任何人都不得确定有罪。

藏或者包庇的父母就要构成窝藏、包庇罪。

接下来的问题是，如果行为人在实施窝藏、包庇行为时以为是“犯罪的人”，但法院事后查明或者宣判其不是“犯罪的人”的场合，对实施窝藏、包庇者该如何处理？这种场合，涉及维持司法机关的正常活动和保护公民个人合法权益之间的冲突该如何平衡的问题。以上场合，尽管事后查明，所窝藏、包庇的并不是真正“犯罪的人”即真犯人，但现代社会中，公民在享受权利时，也应当承担一定的协助维持司法机关活动正常进行的义务。既然该窝藏、包庇行为客观上妨害了司法机关对真犯人的调查，因此，就对司法机关的司法活动而言，该行为还是具有社会危害性的，所以，理论上对上述行为，还是应当作为本罪加以处罚。但是，相关司法解释规定，被窝藏、包庇的人归案后被宣告无罪的，应当依照法定程序宣告窝藏、包庇行为人无罪。[145]

3. 主观要件。本罪的主观要件是故意，即明知是犯罪的人而予以窝藏、包庇。就行为人的主观认识内容而言，只要认识到对方是或者可能是犯罪的人就够了，不要求还具有使其逃避法律制裁的意图。因此，那种认为“知道对方是犯罪分子但没有使其逃避法律制裁的目的的，不构成本罪”的观点[146]是不当地增加了本罪的主观要件内容的见解，并不妥当。明知的内容，包括：明知对方是被司法机关采取了强制措施或者正在被司法机关通缉、抓捕的犯罪嫌疑人、刑事被告人；明知对方是正在服刑的罪犯；明知对方已经实施了犯罪行为，需要逃避司法机关的调查、处理；等等。总之，只要具备上述要求之一，就可以说行为人具有“明知”。

按照相关司法解释，[147]认定本罪的“明知”，应当根据案件的客观事实，结合行为人的认知能力，接触被窝藏、包庇的犯罪人的情况，以及行为人和犯罪人的供述等主观、客观因素进行认定。行为人将犯罪的人所犯之罪误认为其他犯罪的，不影响刑法第310条第1款规定的“明知”的认定。行为人虽然实施了提供隐藏处所、财物等行为，但现有证据不能证明行为人知道犯罪的人实施了犯罪行为的，不能认定为刑法第310条第1款规定的“明知”。

在判断行为人是否明知是“犯罪的人”的时候，应当以行为人在实施窝藏、包庇行为时所了解的事实为基础，从行为人所属的一般人的立场进行判断。例如，在公安机关尚未接到报案的时候，陈某将受伤的犯罪嫌疑人杨某送往外地医院治疗的案件中，查明的事实是：杨某在被砍伤后，电话告诉陈某其双手被人严重砍伤（“被人劈去了”）；两人见面后，杨某又告诉陈某说刚才两方多人都用刀打架，对方有好几个被劈得伤势严重（“被劈得蛮惨的”），自己和同伙的另一人也被劈伤了；上车后，陈某问杨某去哪里治伤，杨某说不能在A县人民医院治疗，因为对方也被劈得伤势较重，可能也在人民医院，并且派出所也可能到医院来抓。根据这些事实，应当说，足以推定陈某知道杨某是“实施了犯罪行为的人”即“犯罪的人”。因为，杨某不仅告诉了他有双方参与斗殴的事实，而且他也亲眼看见了陈某的伤情，并且他也能预料到警察正在追查此事。当然，如果确实不知道对方是犯罪人，因为受到欺骗而为其提供了一定处所或者帮助其逃亡外地的，则不能说行为人具有明知。

（二）本罪的认定

在本罪的认定中，应当注意以下几个问题：

1. 窝藏、包庇罪与知情不举的界限。所谓知情不举，是指明知他人犯罪而不检举揭发的行

---

[145] 2021年最高人民法院、最高人民检察院《关于办理窝藏、包庇刑事案件适用法律若干问题的解释》第6条第2款。

[146] 孙国祥主编：《刑法学》，科学出版社2008年版，第576页。

[147] 2021年最高人民法院、最高人民检察院《关于办理窝藏、包庇刑事案件适用法律若干问题的解释》第5条。

为。窝藏、包庇罪与知情不举在表现形式上有相似的地方,但是,前者是以积极主动的方式,对明知是犯罪的人而为其提供隐藏处所、财物,帮助其逃匿或者作假证明予以包庇,表现为作为形式;而后者仅是消极地不向司法机关举报犯罪分子,任其逍遥法外,表现为不作为方式。前者是犯罪,而后者并不是犯罪。在我国刑法中"知情不举"构成犯罪的,有两种情况:(1)明知他人犯有间谍犯罪行为,在国家安全机关向其调查有关情况、收集有关证据时,拒绝提供,情节严重的,构成拒绝提供间谍犯罪证据罪;(2)负有查禁违法犯罪行为职责的人员,明知他人是犯罪人或有犯罪行为发生而不依法履行查禁职责的,可能构成玩忽职守罪或帮助犯罪分子逃避处罚罪。[148]前者的特定义务来源于法律的特别规定,后者的特定义务来源于职责要求。

2. 本罪与事前有通谋的共同犯罪的区分。刑法第 310 条第 2 款规定"犯前款罪,事前通谋的,以共同犯罪论处"。这意味着,如果行为人事前与被窝藏、包庇的犯罪人通谋,商定待其实施犯罪以后,予以窝藏、包庇的,成立事前有通谋的共同犯罪,因为,该窝藏、包庇行为是事前商定的共同犯罪的一部分。相反地,行为人与被窝藏、包庇的犯罪人事前没有通谋,只是在其犯罪之后,才予以窝藏、包庇的,就构成窝藏、包庇罪。二者之间的根本区别是,事前通谋的共同犯罪的场合,行为人窝藏、包庇他人的故意在事前就已经存在;相反地,窝藏、包庇罪的场合,行为人窝藏、包庇他人的犯罪故意是在他人犯罪以后才具有的。在事前通谋的认定上,要注意在实施犯罪前,向他人流露犯罪意图,他人未置可否的,不属于意思联络,不应认定为事前通谋。发现他人携带凶器,后又发现该人正在使用该凶器实施犯罪行为的,不能认为存在意思联络,不应认定为事前通谋。

3. 本罪与伪证罪的区别。包庇罪与伪证罪,在一般情况下,比较容易区分:(1)看虚假证明及虚伪陈述的主体是否具有证人身份;(2)看虚假证明以及虚伪陈述的内容是否确实与案件有重要关系。本不具有证人资格的人即本来不知道案件真实情况的人假冒证人的,尽管其所陈述内容与案件有重要关系,也不能定伪证罪,而应定包庇罪;反之,尽管确实是知道案件真实情况的人,如果所陈述的内容不与案件有重要关系,也不成立伪证罪,而应以包庇罪论处。只有既具有证人身份,同时所虚伪陈述的内容又确实与案件有重要关系的场合,才构成伪证罪。但是,在犯罪的被害人推翻原来的陈述,在有关案件的重要情节上向司法机关进行虚假陈述,包庇加害人的场合,情况比较复杂。由于被害人同时具有证人的身份,因此,其行为既符合伪证罪的犯罪构成,又符合包庇罪的犯罪构成,二者之间属于想象竞合犯的关系,依据从一重处罚的原则,通常情况下,以伪证罪处罚;但在情节严重的场合,应以包庇罪处罚。因为,后者的法定刑更重。

4. 本罪与帮助毁灭、伪造证据罪的区别。帮助刑事案件中的犯罪人毁灭、伪造证据的行为,本质上是包庇该犯罪人,因此,该行为同时符合了包庇罪和刑法第 307 条第 2 款所规定的帮助毁灭、伪造证据罪这样两个罪名,二者之间属于想象竞合犯的关系,应当按照从一重处罚的原则处理。由于帮助毁灭、伪造证据只有"情节严重"的场合才能构成犯罪,而包庇罪没有这个要求,相比较而言,包庇罪属于重罪。因此,在以伪造证据的方式,作假证明包庇犯罪分子的场合,应当以包庇罪定罪处罚,而不必以毁灭、伪造证据罪论处。

5. 本罪与刑法另外特别规定的窝藏、包庇性质的犯罪的界限。刑法对窝藏、包庇特定种类犯罪分子的行为规定了单独的罪名。例如,刑法第 349 条规定,包庇走私、贩卖、运输、制造毒

---

〔148〕《人民警察法》第 9 条和第 10 条规定。如果人民警察明知是逃匿的犯罪分子而不履行职责的,可能构成玩忽职守罪。

品犯罪分子的，为犯罪分子窝藏、转移、隐瞒毒品或者犯罪所得的财物的，以包庇毒品犯罪分子罪或者窝藏、转移、隐瞒毒品、毒赃罪定罪处罚，法定刑比窝藏、包庇罪要重，对这些犯罪，根据特别法优于普通法的原则，不再以窝藏、包庇罪论处。

6. 特殊规定。刑法第 362 条规定，旅馆业、饮食服务业、文化娱乐业、出租汽车业等单位的人员，在公安机关查处卖淫、嫖娼活动时，为违法犯罪分子通风报信，情节严重的，依照刑法第 310 条的规定定罪处罚，即按照包庇罪定罪处罚。这是包庇罪的特殊形式，其显著特点是将向违法犯罪分子通风报信的行为规定为了包庇罪。其构成特征如下：(1)犯罪主体是旅馆业、饮食服务业、文化娱乐业、出租汽车业等单位的人员，指的是这些单位的全体工作人员，既包括负责人，也包括其他职工；既包括正式员工，也包括临时雇用的工作人员。(2)危害行为是在公安机关查处卖淫、嫖娼活动时，为违法犯罪分子通风报信、情节严重。其中，“在公安机关查处卖淫、嫖娼活动时”，是指在公安机关依法查处的全过程中的任何阶段，既包括查处卖淫、嫖娼活动的部署阶段，也包括实施阶段；“通风报信”，是指将公安机关依法查处卖淫、嫖娼活动行动的时间、地点、对象等相关信息告知违法犯罪人员；或者为违法犯罪分子放哨、望风，在发现前来查处的公安机关人员时，立即向违法犯罪分子通报情况，使其躲避；“违法犯罪分子”，是指从事卖淫、嫖娼活动的违法犯罪分子，既包括组织、强迫、引诱、容留、介绍卖淫的犯罪分子，也包括从事卖淫、嫖娼的违法人员；“情节严重”，是指具有下列情形之一：①向组织、强迫卖淫犯罪集团通风报信的；②2 年内通风报信 3 次以上的；③1 年内因通风报信被行政处罚，又实施通风报信行为的；④致使犯罪集团的首要分子或者其他共同犯罪的主犯未能及时归案的；⑤造成卖淫嫖娼人员逃跑，致使公安机关查处犯罪行为因取证困难而撤销刑事案件的；⑥非法获利人民币 1 万元以上的；⑦其他情节严重的情形。[149] (3)主观上是故意，通常具有使卖淫嫖娼人员逃避查处的目的。另外，明知是有犯罪行为的人而为其提供出租房屋、帮助其逃避或者为其做假证明的，能够以刑法第 310 条追究其刑事责任。[150]

(三)处罚

依照刑法第 310 条的规定，犯本罪的，处 3 年以下有期徒刑、拘役或者管制；情节严重的，处 3 年以上 10 年以下有期徒刑。犯前款罪，事前通谋的，以共同犯罪论处。

按照相关司法解释，[151]“情节严重”，是指具有下列情形之一：(1)被窝藏、包庇的人可能被判处无期徒刑以上刑罚的；(2)被窝藏、包庇的人犯危害国家安全犯罪、恐怖主义或者极端主义犯罪，或者系黑社会性质组织犯罪的组织者、领导者，且可能被判处 10 年有期徒刑以上刑罚的；(3)被窝藏、包庇的人系犯罪集团的首要分子，且可能被判处 10 年有期徒刑以上刑罚的；(4)被窝藏、包庇的人在被窝藏、包庇期间再次实施故意犯罪，且新罪可能被判处 5 年有期徒刑以上刑罚的；(5)多次窝藏、包庇犯罪的人，或者窝藏、包庇多名犯罪的人的；(6)其他情节严重的情形。前款所称“可能被判处”刑罚，是指根据被窝藏、包庇的人所犯罪行，在不考虑自首、立功、认罪认罚等从宽处罚情节时应当依法判处的刑罚。

---

〔149〕 2017 年最高人民法院、最高人民检察院《关于办理组织、强迫、引诱、容留、介绍卖淫刑事案件适用法律若干问题的解释》第 14 条第 2 款。

〔150〕 2004 年公安部、中央社会治安综合治理委员会办公室、民政部等《关于进一步加强和改进出租房屋管理工作有关问题的通知》第 3 条第 13 项。

〔151〕 2021 年最高人民法院、最高人民检察院《关于办理窝藏、包庇刑事案件适用法律若干问题的解释》第 4 条。

十一、拒绝提供间谍犯罪、恐怖主义犯罪、极端主义犯罪证据罪

本罪,是指明知他人有间谍犯罪或者恐怖主义、极端主义犯罪行为,在司法机关向其调查有关情况、收集有关证据时,拒绝提供,情节严重的行为。

其中,“明知”,是指有证据证明知道他人有间谍犯罪或者恐怖主义、极端主义犯罪行为,或者经国家司法机关明确告知他人有间谍犯罪或者恐怖主义、极端主义犯罪行为。根据《反间谍法》第38条,“间谍犯罪行为”是指下列行为:(1)间谍组织及其代理人实施或者指使、资助他人实施,或者境内外机构、组织、个人与其相勾结实施的危害中华人民共和国国家安全的活动;(2)参加间谍组织或者接受间谍组织及其代理人的任务的;(3)间谍组织及其代理人以外的其他境外机构、组织、个人实施或者指使、资助他人实施,或者境内机构、组织、个人与其相勾结实施的窃取、刺探、收买或者非法提供国家秘密或者情报,或者策动、引诱、收买国家工作人员叛变的活动;(4)为敌人指示攻击目标的;(5)进行其他间谍活动的。所谓恐怖主义,是指通过暴力、破坏、恐吓等手段,制造社会恐慌、危害公共安全或者胁迫国家机关、国际组织的主张和行为。所谓极端主义,是指歪曲宗教教义和宣扬宗教极端,以及其他崇尚暴力、仇视社会、反对人类等极端的思想、言论和行为。但无论如何,在我国的现在,“极端主义”行为是和“恐怖主义”行为并列的一种严重犯罪,二者都是以制造社会恐慌为目的,针对无辜第三者实施暴力,造成严重社会后果的行为。这一点是毋庸置疑的。所谓拒绝提供,是指国家司法机关向行为人了解他人的间谍或者恐怖主义、极端主义犯罪活动的情况,提取有关间谍或者恐怖主义、极端主义犯罪活动的证据时,不讲实情或者不交出有关证据。其以受到国家安全机关的调查、取证为前提。没有受到国家司法机关的调查,知情而不主动报告的,属于知情不举。知情不举不是“拒绝提供”。成立本罪,还必须达到“情节严重”的程度。一般认为,其是指:因为拒绝提供有关证据而使得间谍或者恐怖主义、极端主义犯罪案件的侦破受到重大影响、国家利益受到重大损失,或者延误了案件的侦破等。

依照刑法第311条的规定,犯本罪的,处3年以下有期徒刑、拘役或者管制。

十二、掩饰、隐瞒犯罪所得、犯罪所得收益罪

(一)概念和构成

本罪,是指明知是犯罪所得及其产生的收益而予以窝藏、转移、收购、代为销售或者以其他方法掩饰、隐瞒的行为,通称为“赃物犯罪”。

关于赃物犯罪的保护法益,理论上向来有追索权说与违法状态维持说之争。追索权说认为,设置本罪所保护的是本犯的被害人即本权人在私法上请求返还其被害财物及利益的权利,因此,犯罪所得只能是指财产犯罪所得之物;相反地,违法状态维持说则认为,设置本罪的意图是维持所有犯罪所造成的违法财产的状态,因此,犯罪所得并不一定限于财产犯罪的被害物品,也包括受贿、赌博等财产犯罪之外的犯罪所得。[152] 我国刑法将本罪规定为妨害司法罪,因此,刑法理论认为,赃物首先是证实犯罪、揭露犯罪的重要证据,其次才是本犯的被害人被侵害的财物,在赃物犯罪所侵犯的两方面的关系中,妨害司法机关的正常活动是直接的、主要的,而妨害本犯之被害人的财产追索权不过是破坏司法机关正常活动以后所出现的相应后果。[153]

---

〔152〕 [日]西田典之:《日本刑法各论》(第3版),刘明祥、王昭武译,中国人民大学出版社2007年版,第204页。

〔153〕 王作富主编:《刑法分则实务研究》(第4版)(下),中国方正出版社2010年版,第1348页。

也正因如此,在我国刑法当中,赃物犯罪是妨害司法罪,而不是财产犯罪。从此意义上讲,在我国,违法状态维持说更加合适一些,而有关赃物的理解,也应当从广义上理解,除财产犯罪之外,其他犯罪的所得也包括在内。

本罪的犯罪构成如下:

1.主体。本罪的主体是一般主体,即作为赃物犯罪的基础的先行犯罪的罪犯(本犯)以外的人,包括单位在内。因为,本犯窝藏、转移、收购、代为销售或者以其他方法掩饰、隐瞒自己犯罪所得、犯罪所得收益的行为,是不可罚的事后行为。本犯即便教唆、帮助他人实施有关赃物的犯罪,也是本犯的共罚的或者说不可罚的事后行为,而不构成别的犯罪。只有和本犯行为无关的第三人,才能成为本罪的主体。

2.危害行为和危害结果。本罪客观上表现为,窝藏、转移、收购、代为销售或者以其他方法掩饰、隐瞒犯罪所得、犯罪所得收益。

在理解"赃物"即"犯罪所得及其产生的收益"的时候,必须注意以下几个问题:

(1)本罪的行为对象是"犯罪所得及其产生的收益"。所谓犯罪所得,是指通过犯罪行为直接得到的赃款、赃物,包括:其一,通过盗窃、抢劫、诈骗等财产犯罪所获得的财物,即狭义的赃物;其二,通过实施其他犯罪所获得的不法财产,如通过生产、销售伪劣商品,侵犯著作权获取的不法收入,通过受雇杀人、伤害所获得的佣金,通过非法侵入他人计算机信息系统而非法获取的计算机信息系统数据等。犯罪分子自用的犯罪物品,如作案工具等不是赃物。赃物既可以是有形财物,也可以是无形的财产性利益。这里的犯罪,既包括财产犯罪、经济犯罪,也包括其他可能获得财物的犯罪,因此,赌博罪、受贿罪甚至是非法狩猎罪所得之财物,也能成为本罪的赃物。这里的犯罪,还必须是既遂犯罪。在未遂的情况下,本犯通常没有获得财物;如果本犯已经取得了财物,但行为没有既遂,而行为人参与处理财物的,成立共同犯罪。赃物还必须是他人犯罪所得的赃物,而不包括本人犯罪所得的赃物。被加工变形的物品,只要是犯罪所得的,无论其加工行为将原物形状改变到何种程度,也无论加工后物品价值发生多大变化,都应视为赃物。所谓犯罪所得产生的收益,是指上游犯罪的行为人对犯罪所得进行处理后得到的孳息、租金等,如通过犯罪行为强占的承包经营权、公司、企业的股权、租赁权、矿产开采权、土地开发权等。按照有关司法解释,[154]掩饰、隐瞒犯罪所得及其产生的收益的数额,应当以实施掩饰、隐瞒行为时为准。收购或者代为销售财物的价格高于其实际价值的,以收购或者代为销售的价格计算。多次实施掩饰、隐瞒犯罪所得及其产生的收益行为,未经行政处罚,依法应当追诉的,犯罪所得、犯罪所得收益的数额应当累计计算。

(2)赃物不要求必须是达到追责程度的犯罪的所得之物。例如,没有达到法定年龄的人所盗窃的财物,或者没有达到数额较大标准的财物,也可以说是赃物。赃物犯罪中的"犯罪"所指为何,理论上存在争议。按照传统的犯罪观念,只有符合四要件的行为才能成立犯罪的话,则没有达到法定年龄的人所盗窃的财物,或者没有达到数额较大标准的财物,都不能说是犯罪所得。但是,刑法第312条所规定的"犯罪所得及其产生的收益"是一般人认识上的概念,而不是法学专家眼中的概念,因此,其内容不必一定要满足传统的四要件的内容;否则,就会造成强人所难的结局,也会使本罪的规定失去其意义。特别是,在我国,赃物犯罪不是财产犯罪,而是妨害司法秩序的犯罪,是为了保障犯罪调查顺利进行而设立的,因此,虽说认定掩

〔154〕 2021年最高人民法院《关于审理掩饰、隐瞒犯罪所得、犯罪所得收益刑事案件适用法律若干问题的解释》第4条。

饰、隐瞒犯罪所得、犯罪所得收益罪,以上游犯罪事实成立为前提,但上游犯罪尚未依法裁判,却查证属实的,不影响掩饰、隐瞒犯罪所得、犯罪所得收益罪的认定。上游犯罪事实经查证属实,但因行为人未达到刑事责任年龄等原因依法不予追究刑事责任的,不影响掩饰、隐瞒犯罪所得、犯罪所得收益罪的认定。当然,考虑到和《治安管理处罚法》第 72 条第 3 项[155]之间的衔接,对于窝藏、转移、收购、销售、掩饰、隐瞒犯罪所得、犯罪所得收益的行为,情节比较轻微的,可以不作为犯罪考虑。

(3)违禁品也可以成为赃物。由于刑法第 64 条将“违禁品”和“犯罪分子违法所得”分别加以规定,因此,违禁品是否能成为赃物,存在争议。本书认为,对此应当分别看待,不能一概而论。对于假币、枪支、弹药、爆炸物等违禁品,刑法规定,只要非法持有或者非法买卖,就单独构成犯罪,而不必以赃物犯罪对其加以评价。但是,违禁品也是物,能够成为犯罪所得,而且,对违法所得的违禁品进行窝藏、转移、收购、代为销售,也会严重妨害司法活动的正常进行,因此,将违禁品包含在刑法第 312 条所规定的“犯罪所得及其产生的收益”当中也未尝不可。

(4)所谓窝藏,是指受托将犯罪所得及其产生的收益放置在一定场所,予以隐藏、保管,具有浓厚的事后共犯的色彩。窝藏,既可以是有偿的,也可以是无偿的。作为抵押物而收受的场合,或者作为贷款的担保而收受的场合,都是窝藏。委托人不要求一定是本犯人。行为人当初并不知道是犯罪所得及其收益而予以窝藏,但知道之后仍然予以窝藏的时候,尽管这种行为也会对司法机关追缴犯罪所得或者其他收益具有妨害作用,但是不构成本罪。因为,行为人在实施窝藏行为时,不具有犯罪故意。但其后续的不交出赃物的行为,有可能构成刑法第 307 条第 2 款规定的帮助毁灭、伪造证据罪。

(5)所谓转移,是指将犯罪所得及其产生的收益由一个地方转移到另一个地方。这种转移必须达到足以妨害司法机关追缴的程度。虽是将犯罪所得及其收益从一幢大楼里的某个房间搬到另一个房间,但如果足以让司法机关难以发现并予以追缴的话,也是转移。但是,通过金融机构以转账的方式转移赃款的,不是这里所说的转移,而是洗钱。

(6)所谓收购,是指有偿收受,即以买卖、交换、偿还债务等名义有偿地取得犯罪所得及其所产生的收益,和是否接受了本犯人的委托无关,包括大量收买犯罪所得自用的行为在内。收购,仅仅签订收购合同还不够,还必须具有实际交付和接受犯罪所得的行为,但不要求已经交付了对价。相反地,只要在有偿的意向下收受了犯罪所得及其所产生的收益,即便还没有支付对价,或者没有决定价款,都构成收购。从本犯人手中收购的场合就不用说了,从其他人手中转手购进的场合,也是收购。在签订合同的时候,不知道是犯罪所得,在交货的时候才意识到的,也构成收购。但在拿到犯罪所得之后才认识到是犯罪所得的场合,不能成立收购。因为,成立收购,以行为人在行为时有认识为前提。

(7)所谓代销,是指为本犯销售犯罪所得及其所产生的收益,或低价买进、高价卖出犯罪所得及其所产生的收益。代销包括:为犯罪分子代销,即从本犯处取得犯罪所得及其产生的收益进行销售;利用自己的销售渠道,直接为本犯推销;在本犯和收赃人之间进行沟通、撮合,充当介绍人或者中介人,帮助本犯销售;等等。

---

[155] 该项规定:明知是赃物而窝藏、转移或者代为销售的,处 5 日以上 10 日以下拘留,可以并处 1000 元以下罚款;情节较轻的,处警告或者 1000 元以下罚款。

（8）所谓其他方法，是指以上述手段之外的其他方法掩盖犯罪所得及其收益的来源、性质、存在等。明知是犯罪所得及其产生的收益而采取窝藏、转移、收购、代为销售以外的方法，如居间介绍买卖，收受、持有、使用、加工赃物，为掩饰隐瞒犯罪所得提供资金账户，协助将财物转换为现金、金融票据、有价证券，协助将资金转移、汇往境外、修改赃车的发动机号、大架号，并介绍买卖的行为等，应当认定为刑法第312条规定的"其他方法"。另外，对犯罪所得进行加工改造，因其目的是帮助犯罪分子逃避司法机关对赃物的追缴以及对犯罪行为的追究，因此，属于以其他方法掩饰、隐瞒犯罪所得。同样，大量收买犯罪所得自用的行为，虽然不是为卖而买，难以归入收购范围，但因为其也会严重妨害司法机关的追缴，因此，也可以算入"其他方法"之列。

但是，将所抓获的盗窃分子的犯罪所得据为己有的行为，帮助运输假冒烟草的行为，均不构成掩饰、隐瞒犯罪所得。

（9）所谓犯罪所得，是指通过犯罪直接得到的赃款、赃物，如通过受贿所得的豪宅、盗窃所得的高级轿车以及各类珍稀首饰等；所谓犯罪所得产生的收益，是指上游犯罪的行为人对犯罪所得进行处理后得到的孳息、租金等，包括对犯罪所得进行处理而得到的增值、租金、利息，投资、经营的收益在内。

按照刑法第312条的规定，本罪属于选择性罪名，行为人只要实施了上述行为之一的，就构成犯罪；实施了两种以上行为的，仍为一罪，不实行并罚。

3. 主观要件。本罪主观上由故意构成，即明知是他人犯罪所得及其产生的收益而予以窝藏、转移、收购、代为销售。由于刑法第312条用语是"犯罪所得及其产生的收益"，而没有限定为何种罪名，因此，即便行为人对他人所实施的犯罪的性质具有误认，如将诈骗所得误认为受贿所得而予以窝藏、转移、收购、代为销售的，也不影响本罪的成立。实务当中，对明知是犯罪所得的油气而予以窝藏、转移、收购、加工、代为销售或者以其他方式掩饰、隐瞒的；明知是盗窃文物、盗掘古文化遗址、古墓葬等犯罪所获得的三级以上文物，而予以窝藏、转移、收购、加工、代为销售或者以其他方法掩饰、隐瞒的；知道或者应当知道是盗窃所得的窨井盖及其产生的收益而予以窝藏、转移、收购、加工、代为销售或者以其他方法掩饰、隐瞒的；明知是在长江流域重点水域非法捕捞犯罪所得的水产品而收购、贩卖，价值1万元以上的；明知系利用医保骗保购买的药品而非法收购、销售，金额5万元以上，符合刑法第312条规定的，均以掩饰、隐瞒犯罪所得、犯罪所得收益罪追究刑事责任。

问题是如何认定本罪中的"明知"。1998年最高人民法院、最高人民检察院、公安部、原国家工商行政管理局《关于依法查处盗窃、抢劫机动车案件的规定》第17条将刑法第312条所称的"明知"，理解为"知道或者应当知道"。但是，这一解释中包括了过失（"应当知道"）的情形，需要研究。

本书认为，明知是他人犯罪所得及其产生的收益，包括明知肯定是他人犯罪所得及其产生的收益与明知可能是他人犯罪所得及其产生的收益。所谓明知肯定是，是指行为人根据有关事项，判断出自己窝藏、转移、收购、代为销售的肯定是犯罪所得，不会是其他性质的财物。所谓明知可能是，是指行为人根据有关事项，认识到可能是犯罪所得的赃物，但又不能肯定其为赃物。因此，行为人对他人犯罪所得及其产生的收益的认识，不要求是确切的，只要认识到可能是他人犯罪所得及其产生的收益就可以。

"明知"的认定，应当结合被告人的认知能力，接触他人犯罪所得及其收益的情况，犯罪所得及其收益的种类、数额,犯罪所得及其收益的转换、转移方式以及被告人的供述等主、客观因素进行认定。依据相关司法解释,[156]具有下列情形之一的,可以认定被告人明知系犯罪所得及其收益,但有证据证明确实不知道的除外:(1)知道他人从事犯罪活动,协助转换或者转移财物的;(2)没有正当理由,通过非法途径协助转换或者转移财物的;(3)没有正当理由,以明显低于市场的价格收购财物的;(4)没有正当理由,协助转换或者转移财物,收取明显高于市场的"手续费"的;(5)没有正当理由,协助他人将巨额现金散存于多个银行账户或者在不同银行账户之间频繁划转的;(6)协助近亲属或者其他关系密切的人转换或者转移与其职业或者财产状况明显不符的财物的;(7)其他可以认定行为人明知的情形。

(二)本罪的认定

本罪在认定中,应当注意以下几个问题:

1. 本罪和窝藏、包庇罪的界限。(1)二者的对象不同。本罪的对象是他人的犯罪所得及其产生的收益,而窝藏、包庇罪的对象是犯罪的人。藏匿他人犯罪使用的工具如凶器、运输工具的场合,属于为使犯罪的人逃避处罚而藏匿物证的行为,构成包庇罪。(2)客观表现不同。本罪表现为明知是犯罪所得、犯罪所得收益而窝藏、转移、收购、代为销售或者以其他方法掩饰、隐瞒;窝藏、包庇罪表现为明知是犯罪的人而为其提供隐藏处所、财物,帮助其隐匿或者作假证明包庇,使其逃避法律制裁。(3)主观要件有所不同。本罪主观上多出于帮忙、牟利、贪便宜等心态;窝藏、包庇罪的目的则偏重于使犯罪分子逃避制裁。

2. 本罪和其他刑法特别规定的窝藏特定物品或者包庇特定种类的犯罪分子的犯罪的界限。刑法除设有本罪之外,还规定有一些本罪的特殊类型。例如,就涉及毒品的犯罪而言,将贩卖、运输、非法持有走私犯罪分子走私来的毒品的行为规定为贩卖毒品罪、运输毒品罪、非法持有毒品罪;将包庇毒品犯罪分子,为其窝藏、转移、隐瞒毒品或者犯罪所得的财物的行为规定为包庇毒品犯罪分子罪和窝藏、转移、隐瞒毒品、毒赃罪;将明知是毒品犯罪等七类犯罪的违法所得及其产生的收益,为掩饰、隐瞒其来源和性质而为其洗钱的行为规定为洗钱罪。因为有以上特殊规定,因此,上述行为不再以窝藏、包庇罪或者掩饰、隐瞒犯罪所得、犯罪所得收益罪定罪处罚。

3. 本罪与洗钱罪的界限。二者之间是特殊法与普通法的关系。因此,明知是犯罪的所得及其产生的收益而予以隐瞒、掩饰的,构成本罪。但如果所掩饰、隐瞒的对象恰好是毒品犯罪、黑社会性质的组织犯罪、恐怖活动犯罪、走私犯罪、贪污贿赂犯罪、破坏金融管理秩序犯罪、金融诈骗犯罪这样七种犯罪的违法所得及其收益的话,则同时构成刑法第191条规定的洗钱罪。正常情况下,按照特殊法优于普通法的原则,应当构成洗钱罪。[157]

4. 本罪的共犯。行为人事前与盗窃、抢劫、诈骗、抢夺等犯罪分子通谋,掩饰、隐瞒犯罪所得及其产生的收益的,以盗窃、抢劫、诈骗、抢夺等犯罪的共犯论处。

5. 对犯罪所得及其产生的收益实施盗窃、抢劫、诈骗、抢夺等行为,构成犯罪的,分别以盗窃罪、抢劫罪、诈骗罪、抢夺罪等定罪处罚。

6. 盗用单位名义实施掩饰、隐瞒犯罪所得及其产生的收益行为,违法所得由行为人私分的,依照刑法和司法解释有关自然人犯罪的规定定罪处罚。

---

[156]　2009年最高人民法院《关于审理洗钱等刑事案件具体应用法律若干问题的解释》(已失效)第1条第2款。

[157]　2024年最高人民法院、最高人民检察院《关于办理洗钱刑事案件适用法律若干问题的解释》第6条。

（三）处罚

依照刑法第312条的规定，犯本罪的，处3年以下有期徒刑、拘役或者管制，并处或者单处罚金；情节严重的，处3年以上7年以下有期徒刑，并处罚金。单位犯本罪的，对单位判处罚金，并对其直接负责的主管人员和其他直接责任人员，依照自然人犯本罪的规定处罚。

其中，所谓情节严重，按照相关司法解释，[158]是指具有下列情形之一：（1）掩饰、隐瞒犯罪所得及其产生的收益价值总额达到10万元以上的；（2）掩饰、隐瞒犯罪所得及其产生的收益10次以上，或者3次以上且价值总额达到5万元以上的；（3）掩饰、隐瞒的犯罪所得系电力设备、交通设施、广播电视设施、公用电信设施、军事设施或者救灾、抢险、防汛、优抚、扶贫、移民、救济款物，价值总额达到5万元以上的；（4）掩饰、隐瞒行为致使上游犯罪无法及时查处，并造成公私财物重大损失无法挽回或其他严重后果的；（5）实施其他掩饰、隐瞒犯罪所得及其产生的收益行为，严重妨害司法机关对上游犯罪予以追究的。司法解释对掩饰、隐瞒涉及机动车、计算机信息系统数据、计算机信息系统控制权的犯罪所得及其产生的收益行为认定"情节严重"已有规定的，审理此类案件依照该规定。

十三、拒不执行判决、裁定罪

（一）概念和构成

本罪，是指对人民法院的判决、裁定有能力执行而拒不执行，情节严重的行为。其构成如下：

1. 主体。本罪的主体是有义务而且有能力执行或者协助执行人民法院判决、裁定的人，包括被执行人、担保人、协助执行义务人。负有执行义务的人，包括自然人和单位。负有执行人民法院判决、裁定义务的单位中直接负责的主管人员和其他直接责任人员，为了本单位的利益拒不执行法院判决、裁定或者暴力抗拒执行的，对该主管人员和其他直接责任人员，依照刑法第313条和第277条的规定，分别以拒不执行判决、裁定罪和妨害公务罪论处。[159] 国家机关工作人员与被执行人、担保人、协助执行义务人通谋，利用国家机关工作人员的职权妨害执行，致使判决、裁定无法执行的，以拒不执行判决、裁定罪的共犯追究刑事责任；收受贿赂或者滥用职权，有前述行为的，同时又构成刑法第385条、第397条规定之罪的，依照处罚较重的规定定罪处罚。[160]

2. 危害行为和危害结果。本罪客观上表现为，有能力执行而拒不执行人民法院的判决、裁定，且情节严重。其包括两方面的内容：

（1）对人民法院的判决、裁定有能力执行而拒不执行。所谓人民法院的判决、裁定，是指人民法院依法作出的具有执行内容并已发生法律效力的判决、裁定。人民法院为依法执行支付令、生效的调解书、仲裁裁决、公证债权文书等所作的裁定属于人民法院的裁定。[161] 不包括

---

〔158〕 2021年最高人民法院《关于审理掩饰、隐瞒犯罪所得、犯罪所得收益刑事案件适用法律若干问题的解释》第3条。

〔159〕 2007年最高人民法院、最高人民检察院、公安部《关于依法严肃查处拒不执行判决裁定和暴力抗拒法院执行犯罪行为有关问题的通知》第3条。

〔160〕 2007年最高人民法院、最高人民检察院、公安部《关于依法严肃查处拒不执行判决、裁定和暴力抗拒法院执行犯罪行为有关问题的通知》第4条。

〔161〕 2002年全国人民代表大会常务委员会《关于〈中华人民共和国刑法〉第三百一十三条的解释》。

人民法院的调解书。[162] 所谓有能力执行,是指负有执行义务的人有全部执行或者部分执行给付财产义务或履行特定行为义务的能力。在认定负有执行义务的人的执行能力时,应当扣除负有执行义务的人及其所扶养家属的生活必需费用。所谓拒不执行,是指采用各种手段和方法,抗拒执行。负有执行义务的单位和个人以更换企业名称、隐瞒到期收入等方式妨害执行,致使已经发生法律效力的判决、裁定无法执行,情节严重的,应当以拒不执行判决、裁定罪予以追诉。[163] "致使判决、裁定无法执行",一般是指人民法院依据法律及相关规定采取执行措施后仍无法执行的情形,包括判决、裁定全部无法执行,也包括部分无法执行。行为人为逃避执行义务,在诉讼开始后、裁判生效前实施隐藏、转移财产等行为,在判决、裁定生效后经查证属实,要求其执行而拒不执行的,可以认定其有能力执行而拒不执行,情节严重,以拒不执行判决、裁定罪追究刑事责任。诉讼开始后,一般是指被告接到人民法院应诉通知后。

(2)必须达到"情节严重"的程度。本罪是情节犯,情节尚不属于严重,即使行为人实施了拒不执行的行为,也不应以本罪论处。是否情节严重,要根据行为人拒不执行判决、裁定行为的持续时间、行为方式、标的额、行为人主观罪过程度以及行为后果等方面,综合认定。根据有关司法解释,[164] 所谓情节严重,是指具有下列情形之一:一是以放弃债权、放弃债权担保等方式恶意无偿处分财产权益,或者恶意延长到期债权的履行期限,或者以虚假和解、虚假转让等方式处分财产权益,致使判决、裁定无法执行的;二是实施以明显不合理的高价受让他人财产、为他人的债务提供担保等恶意减损责任财产的行为,致使判决、裁定无法执行的;三是伪造、毁灭、隐匿有关履行能力的重要证据,以暴力、威胁、贿买方法阻止他人作证或者指使、贿买、胁迫他人作伪证,妨碍人民法院查明负有执行义务的人财产情况,致使判决、裁定无法执行的;四是具有拒绝报告或者虚假报告财产情况、违反人民法院限制消费令等拒不执行行为,经采取罚款、拘留等强制措施后仍拒不执行的;五是经采取罚款、拘留等强制措施后仍拒不交付法律文书指定交付的财物、票证或者拒不迁出房屋、退出土地,致使判决、裁定无法执行的;六是经采取罚款、拘留等强制措施后仍拒不履行协助行使人身权益等作为义务,致使判决、裁定无法执行,情节恶劣的;七是经采取罚款、拘留等强制措施后仍违反人身安全保护令、禁止从事相关职业决定等不作为义务,造成被害人轻微伤以上伤害或者严重影响被害人正常的工作生活的;八是以恐吓、辱骂、聚众哄闹、威胁等方法或者以拉拽、推搡等消极抗拒行为,阻碍执行人员进入执行现场,致使执行工作无法进行,情节恶劣的;九是毁损、抢夺执行案件材料、执行公务车辆和其他执行器械、执行人员服装以及执行公务证件,致使执行工作无法进行的;十是其他有能力执行而拒不执行,情节严重的情形。

(3)拒不执行判决、裁定行为和"情节严重"之间必须具有因果关系。针对转移、隐匿财产型拒执行为,全国人大对刑法第313条的立法解释将"致使判决、裁定无法执行"作为"情节严重"的标准,要求被执行人实施了隐藏、转移、故意毁损财产等行为,该行为"致使判决、裁定无法执行"的后果,两者应同时具备,且具有因果关系。"致使判决、裁定无法执行",是指因债务人抗拒或逃避执行的行为,致使人民法院无法运用法定强制执行措施,或者虽运用了强制执行措施,仍无法执行判决、裁定内容,致使债权人的合法权益无法实现,破坏了司法秩序和司法权

---

[162] 2000年最高人民法院研究室《关于拒不执行人民法院调解书的行为是否构成拒不执行判决、裁定罪的答复》。

[163] 上海甲建筑装饰有限公司、吕某拒不执行判决立案监督案,最高人民检察院指导性案例第92号(2020年)。

[164] 2024年最高人民法院、最高人民检察院《关于办理拒不执行判决、裁定刑事案件适用法律若干问题的解释》第3条。

威。对此，应从两方面理解：一方面，从债权人是否最终实现债权角度看，当行为人的拒执行为导致债权人权利最终无法得以实现时，应认定拒执行为达到了“情节严重”的程度，依法定罪处罚；另一方面，从人民法院执行工作的角度看，由于该罪侵犯的法益主要是司法秩序和司法权威，对于因拒执行为致使人民法院无法运用强制措施，或运用强制措施无法继续执行的，仍可认定“致使判决、裁定无法执行”的结果，依法追究刑事责任。[165]

3. 主观要件。本罪的主观要件为故意，即明知是人民法院已经发生法律效力的判决、裁定而故意拒绝执行。

（二）本罪的认定

本罪在认定中，应当注意以下几个问题：

1. 当行为人以暴力、威胁等方法拒不执行判决、裁定，并造成司法机关执行人员身体伤害时，对行为人之行为应分不同情况来认定。如果行为人以暴力、威胁等方法妨害或者抗拒执行判决、裁定，并造成司法机关执行人员轻伤害的，仍应以本罪论处。但行为人以暴力、威胁方法妨害或者抗拒执行判决、裁定，并造成司法机关执行人员重伤害的，属本罪与故意伤害罪的想象竞合犯，对此应按照处理想象竞合犯的原则，从一重罪处断。

2. 负有执行义务的人有能力执行而拒不执行人民法院的判决、裁定，同时构成拒不执行判决、裁定罪，妨害公务罪，袭警罪，非法处置查封、扣押、冻结的财产罪等犯罪的，依照处罚较重的规定定罪处罚。

3. 当行为人以毁坏、抢夺等方法拒不执行判决、裁定，并造成执行公务的车辆、器械、执行人员服装毁损时，如果造成了价值较小的财产毁损，对行为人仍应定本罪；如果造成了重大财产损毁，则该行为属本罪与故意毁坏财物罪的想象竞合犯，对其应按处理想象竞合犯的原则，从一重罪处断。

4. 行为人聚众哄闹、冲击执行现场，围攻、扣押、殴打执行人员，致使执行工作无法进行的；毁损、抢夺执行案件材料、执行公务车辆和其他执行器械、执行人员服装以及执行公务证件，造成严重后果的；其他以暴力、威胁方法妨害或者抗拒执行，致使执行工作无法进行的，以妨害公务罪论处。

5. 案外人明知负有执行义务的人有能力执行而拒不执行人民法院的判决、裁定，与其通谋，协助实施隐藏、转移财产等拒不执行行为，致使判决、裁定无法执行的，以拒不执行判决、裁定罪的共犯论处。

（三）处罚

依照刑法第 313 条的规定，犯本罪的，处 3 年以下有期徒刑、拘役或者罚金；情节特别严重的，处 3 年以上 7 年以下有期徒刑，并处罚金。单位犯本罪的，对单位判处罚金，并对其直接负责的主管人员和其他直接责任人员，依照自然人犯本罪的规定处罚。其中，“情节特别严重”，是指具有下列情形之一：（1）通过虚假诉讼、虚假仲裁、虚假公证等方式妨害执行，致使判决、裁定无法执行的；（2）聚众冲击执行现场，致使执行工作无法进行的；（3）以围攻、扣押、殴打等暴力方法对执行人员进行人身攻击，致使执行工作无法进行的；（4）因拒不执行，致使申请执

---

〔165〕 苏某拒不执行判决、裁定案——拒不执行判决、裁定罪中转移、隐匿财产“情节严重”的认定（入库编号：2023－05－1－301－002）。

行人自杀、自残或者造成其他严重后果的;(5)其他情节特别严重的情形。[166]

在本罪的处罚上,应注意以下几点:[167]

1. 拒不执行支付赡养费、扶养费、抚养费、抚恤金、医疗费用、劳动报酬等判决、裁定,构成犯罪的,应当依法从重处罚。

2. 拒不执行判决、裁定行为,情节显著轻微危害不大的,不认为是犯罪;在提起公诉前,履行全部或者部分执行义务,犯罪情节轻微的,可以依法不起诉。在一审宣告判决前,履行全部或者部分执行义务,犯罪情节轻微的,可以依法从轻或者免除处罚。

3. 对被告人以拒不执行判决、裁定罪追诉时,对其故意毁损、无偿处分、以明显不合理价格处分、虚假转让等方式违法处置的财产,应当依法予以追缴或者责令退赔,交由执行法院依法处置。

4. 申请执行人有证据证明同时具有下列情形,人民法院认为符合《刑事诉讼法》第 210 条第 3 项规定的,以自诉案件立案审理:(1)负有执行义务的人拒不执行判决、裁定,侵犯了申请执行人的人身、财产权利,应当依法追究刑事责任的;(2)申请执行人曾经提出控告,而公安机关或者人民检察院对负有执行义务的人不予追究刑事责任的。自诉人在判决宣告前,可以同被告人自行和解或者撤回自诉。

5. 有能力执行而拒不执行判决、裁定的时间从判决、裁定发生法律效力时起算。具有执行内容的判决、裁定发生法律效力后,负有执行义务的人有隐藏、转移、故意毁损财产等拒不执行行为,致使判决、裁定无法执行,情节严重的,应当以本罪处罚。[168]

十四、非法处置查封、扣押、冻结的财产罪

本罪,是指隐藏、转移、变卖、故意毁损已被司法机关查封、扣押、冻结的财产,情节严重的行为。

本条规定的犯罪对象是已经被司法机关查封、扣押、冻结的财产。所谓查封,是指被司法机关贴上封条,就地封存,不许任何人转移和处理;所谓扣押,是指被司法机关暂时扣留,通常扣留在司法机关,但一些大宗物品也可扣押在仓库;所谓冻结,是指司法机关向有关金融机构发出通告,不许提取、转移或者转让与案件有关的存款、资产、债权等。此处的财产,既包括动产,也包括不动产;既可以实物形态存在,也可以货币、有价票证等形态存在。本罪的实行行为包括隐藏、转移、变卖、故意毁损四种方式。所谓隐藏,是指藏匿或者收藏,使难以被发现;所谓转移,是指从一个地方转移到另一个地方,进行空间上的转移,必须达到使司法机关的上述措施难以奏效的程度;所谓变卖,是指出卖;所谓故意毁损,是指故意毁灭或者损坏,使该财物从物质或者价值形态上消失或者减少。成立本罪,还必须达到“情节严重”的程度。所谓情节严重,是指非法处置行为严重妨害诉讼活动的正常运作;或者使国家、集体、个人利益造成重大损失,或者造成其他严重后果;非法处置的财产数额巨大;多次实施非法处置行为等。

在本罪的认定中,应注意其与拒不执行判决、裁定罪的区别。拒不执行判决、裁定罪所侵

---

[166] 2024 年最高人民法院、最高人民检察院《关于办理拒不执行判决、裁定刑事案件适用法律若干问题的解释》第 4 条。

[167] 2024 年最高人民法院、最高人民检察院《关于办理拒不执行判决、裁定刑事案件适用法律若干问题的解释》第 10 ~ 14 条。

[168] 毛建文拒不执行判决、裁定案,最高人民法院指导案例第 71 号(2017 年)。

犯的，是人民法院依法做出的、具有执行内容并已发生法律效力的判决和裁定，而本罪所侵犯的对象是作为诉讼保全措施而查封、扣押、冻结的财产，不具有执行的内容，旨在确保生效法律文书得到执行。因此，开发商擅自出售被查封的楼房的行为构成非法处置查封、扣押、冻结的财产罪，而不构成拒不执行判决、裁定罪。因为，该楼房被查封的时候，法院并没有作出任何判决和裁定。但拒不执行判决、裁定罪的行为当中也包括隐藏、转移、变卖、故意毁损被执行的财产的行为，和非法处置查封、扣押、冻结的财产罪之间客观上有交叉之处。在案件进入强制执行阶段，人民法院查封、扣押、冻结的财产被非法处置导致不能执行的，或者当具有执行判决、裁定义务的自然人隐藏、转移、变卖、故意毁损已被司法机关查封、扣押、冻结的财产时，属于拒不执行判决、裁定罪与非法处置查封、扣押、冻结的财产罪的竞合。对此，基于全面评价和罪责刑相适应原则的考量，可以适用拒不执行判决、裁定罪。

依照刑法第 314 条的规定，犯本罪的，处 3 年以下有期徒刑、拘役或者罚金。

十五、破坏监管秩序罪

本罪，是指依法被关押的罪犯，故意破坏监管秩序，情节严重的行为。

本罪的保护法益是监管秩序，但对其内容应作扩大解释，它既指一般监狱的秩序，也包括看守所的秩序。

因此，本罪的主体尽管是特殊主体，但也应当作扩大解释，即依法被关押的罪犯，包括被人民法院判处死刑还未执行或判处死缓、无期徒刑、有期徒刑、拘役而不适用缓刑的犯罪分子之外，这包括在押未决犯即尚未经法院最后判决的被告人。行政拘留人员，因为还不能说是“罪犯”，所以即便具有严重破坏监管秩序的行为，也不能构成本罪。这种场合，若造成了他人轻伤以上结果，可以构成故意伤害罪。

本罪客观上表现为，破坏监管秩序，情节严重。其包括两个内容：

1. 破坏监管秩序。其具体表现为以下形式：(1) 殴打监管人员。所谓殴打，是对他人身体实施打击行为，但不包括重伤和故意杀人行为在内；所谓监管人员，是指在监狱或者看守所等机关中负责监押、管理罪犯的司法工作人员。(2) 组织其他被监管人破坏监管秩序。所谓组织，就是召集、安排、指使其他被监管人破坏监管秩序的行为。(3) 聚众闹事，扰乱正常监管秩序。所谓聚众闹事，是指 3 个以上的罪犯纠集在一起，以绝食、静坐、抗议、冲击监管场所、抗拒劳动、骚乱等方式，扰乱正常监管秩序的行为。(4) 殴打、体罚或者指使他人殴打、体罚其他被监管人。所谓体罚，是指罚跪、罚站、冻饿等除殴打以外的使人身体感到痛苦的行为。所谓其他被监管人，应作广义解释，包括已决人犯和未决人犯在内。

2. 上述行为均必须达到“情节严重”的程度。所谓情节严重，包括以下内容：(1) 当众殴打监管人员，产生恶劣影响的；殴打监管人员多次或多人的；(2) 多次组织他人或组织多人抗拒、破坏监管秩序的；(3) 聚集多人起哄闹事，使监管人员无法正常管理监所的；(4) 多次殴打、体罚其他被监管人的，或者多次指使他人殴打、体罚其他被监管人的；等等。

本罪在认定上，应当注意其和其他犯罪的区别：(1) 和故意伤害罪、故意杀人罪的区别。行为人殴打被监管人员或者指使他人殴打其他被监管人，致人重伤、死亡的，应按照故意伤害罪或者故意杀人罪定罪处罚。(2) 和虐待被监管人罪的区别。二者的主要区别在于主体不同。本罪的主体是依法被关押的罪犯，而虐待被监管人罪的主体是监狱、拘留所、看守所等监管机构的监管人员。

依照刑法第315条的规定,犯本罪的,处3年以下有期徒刑。

十六、脱逃罪

(一)概念和构成

本罪,是指依法被关押的罪犯、被告人、犯罪嫌疑人从被关押的处所逃逸的行为。其构成如下:

1. 主体。本罪的主体为特殊主体,即被关押的罪犯、被告人、犯罪嫌疑人。劳教人员、被行政拘留的人员和经法院审理判决有罪但未被关押的人员都不能构成本罪的主体。依法被关押但事实上无罪的人脱逃,是否构成本罪的主体,存在争议。通说认为,被错误关押的人从监押场所脱逃的,不能构成脱逃罪。[169] 本书同意这种观点,只是认为在理由上需要进一步说明。依照刑法第316条的规定,本罪主体是“依法被关押的罪犯”等,对此可以从两方面加以分析:一方面,“关押”肯定是经过了刑事审判的,属于“依法关押”。因此,仅仅从“依法被关押”的角度来看,难以将无辜者从监押场所脱逃的行为出罪,只能另想办法。另一方面,成为本罪主体的是“依法被关押的罪犯”,尽管脱逃者是依法被关押的人,但其必须还是“罪犯”,否则就不能成为本罪主体。依法被关押但事实上无罪的人,显然不能满足这一要求。因此,被错误关押的人从监押场所脱逃的,不能构成脱逃罪。只是,要注意的是,在进行这种认定的场合,必须经过以下程序,即对脱逃的人必须被重新审判,只有在判决确定其无罪之后,才能得出“脱逃者不构成脱逃罪”的结论。否则,会导致很多依法被关押的罪犯,都会以自己无辜为由而脱逃的结果。可见,确定本罪主体必须考虑两方面的因素,一是“被依法关押”,二是属于“罪犯、被告人、犯罪嫌疑人”。不能仅以最终结果是否被判定有罪来作为被关押者是否构成脱逃罪的唯一判断标准。如此说来,被超期关押者由于不属于被依法关押者,因此,即便其脱逃,也不能构成本罪。

2. 危害行为。本罪在客观上表现为实施了脱逃行为。所谓脱逃,就是脱离监管机关的支配和控制。例如,从羁押和改造场所逃走,脱离监管;在押解途中逃走,脱离监管;借探亲之机逃走、逾期不归;等等。都构成脱逃。从公安留置室逃跑的行为也构成脱逃。因为,根据《人民警察法》第9条的规定,“人民警察对有违法犯罪嫌疑的人员……可以将其带至公安机关,经该公安机关批准,对其继续盘问”,而留置室是对有关涉嫌违法犯罪的人员进行留置审查的地方,故临时看管在留置室的犯罪嫌疑人,应视为被司法机关依法扣押或者监管。因此,从公安留置室逃走的行为,构成脱逃。总之,只要依法被关押的行为人逃避监管机关的监管和控制,无论是从看守所、监狱逃跑,还是从其他临时被关押的场所或者从被押解的交通工具上逃逸,都构成脱逃。但是,由于某种原因,短时间内脱离监管场所之后,自动返回的行为,一般不应作为脱逃行为处理。对被错判徒刑的在服刑期间“脱逃”的行为,可不以脱逃论罪判刑;但在脱逃期间犯罪的,应依法定罪判刑;对被错判已服刑的日期与后来犯罪所判处的刑期不宜折抵,可在量刑时酌情考虑从轻或者减轻处罚。[170]

3. 主观要件。本罪的主观要件是故意,即有意脱离司法机关的监管,过失不能构成本罪。

---

〔169〕 王作富主编:《刑法分则实务研究》(第4版)(下),中国方正出版社2010年版,第1375页。

〔170〕 1983年最高人民法院研究室《关于因错判在服刑期间“脱逃”后确有犯罪其错判服刑期限可否与后判刑期折抵问题的电话答复》。

（二）本罪的认定

本罪在认定中，应当注意以下问题：

1. 一罪与数罪问题。如行为人在脱逃过程中同时又有伤害或杀人等行为的，一般认为，应当作为牵连犯，从一重罪处断。具体来说，如果行为人在脱逃过程中轻伤他人的，对其仍应定脱逃罪。因为，此时，脱逃罪为重罪；但如果行为人在实施脱逃行为时重伤他人或者杀害他人的，则应定故意伤害罪或者故意杀人罪，因为此时脱逃罪为轻罪。将在押犯罪嫌疑人从看守所劫出，并提供钱财资助其逃匿的，构成脱逃罪与窝藏罪的牵连犯，应择一重罪从重处罚。

2. 既遂与未遂问题。关于脱逃罪的既遂与未遂的标准，我国刑法理论有两种观点：一种观点认为，认定本罪的既遂与未遂，应以行为人是否从被关押的处所逃出为准；另一种观点认为，认定本罪的既遂与未遂，应以行为人是否逃出了监管人员的控制范围为准，已逃出的，是既遂，未逃出的是未遂。行为人只是逃出了监管设施但并没有逃脱监管人员控制的，仍应按未遂处理。〔171〕 本书同意后一种观点。应当注意的是，在二人以上共谋脱逃并予以实施，有人脱离了司法机关的控制，而有的人则被抓获的场合，只要有人实际摆脱司法机关控制，就成立脱逃既遂，只是在处罚上要区分情况而已。换言之，在脱逃罪的共同实行犯中，不可能出现既遂与未遂并存的情形。

3. 看守人员私放罪犯，而罪犯借机脱逃的，该脱逃人犯是否成立本罪？一般认为，这种情况下，看守人员构成私放在押人员罪，但对被私放人犯的脱逃行为不应定罪。理由是，根据期待可能性理论，此种情况下，不可能期待在押人犯不脱逃，既然如此，则犯人的脱逃的行为由于不具有主观责任而难以定罪。反过来，如果是在押人犯收买看管人员，放其脱逃的，罪犯构成脱逃罪，而看管人员构成脱逃罪的共犯。

（三）处罚

依照刑法第 316 条第 1 款的规定，犯本罪的，处 5 年以下有期徒刑或者拘役。

十七、劫夺被押解人员罪

本罪，是指劫夺押解途中的罪犯、被告人、犯罪嫌疑人的行为。

本罪客观上表现为，劫夺押解途中的罪犯、被告人、犯罪嫌疑人。所谓劫夺，是指使用暴力、胁迫或者其他手段夺取或者释放被押解的人，使其脱离司法机关的控制的行为，因此，没有采用劫夺手段，而是采用秘密手段单纯放走被押解人使其逃走的，不构成本罪。所谓押解途中，是指自关押场所押解出来之后直至押解入关押场所的全过程，不仅包括交通途中，也包括临时住宿、停留、开庭等场所。本罪的犯罪对象是罪犯、被告人、犯罪嫌疑人。因此，劫夺被非法带走的人就不用说了，劫夺被劳动教养的人、被行政拘留的人的也不成立本罪。劫夺未经司法机关采取正式的立案手续并使用强制措施而抓捕的人的，也不能成立本罪。

依照刑法第 316 条第 2 款的规定，犯本罪的，处 3 年以上 7 年以下有期徒刑；情节严重的，处 7 年以上有期徒刑。

十八、组织越狱罪

本罪，是指依法被关押的犯罪分子、犯罪嫌疑人、被告人在首要分子的组织、策划、指挥下，

---

〔171〕 谢望原、赫兴旺主编：《刑法分论》（第 2 版），中国人民大学出版社 2011 年版，第 328 页。

进行非暴力的越狱行为。

本罪客观上表现为,在首要分子的组织、策划、指挥下,进行非暴力的越狱行为。这种越狱行为的特点为:(1)有组织、有计划,即在首要分子的组织、指挥下,在押的犯罪分子进行周密的准备和分工,选择一定的方法和手段、时机,从关押场所逃走。(2)聚众性,即参加人员至少为3人;参加人员尽管在3人以上,但没有相互分工之类的组织的场合,不能认定为组织越狱。(3)非暴力性。采用暴力手段越狱的,构成本条第2款规定的暴动越狱罪,而不是本罪。但不排除在越狱过程中采用轻微的暴力或者对个别人员采用了暴力。所谓越狱,即从狱中逃走。这里的"狱",泛指一切关押犯罪分子、犯罪嫌疑人、被告人的场所,包括监狱、看守所以及其他临时关押前述三类人员的场所和押解交通工具。本罪的主体为特殊主体,即依法被关押的犯罪分子、犯罪嫌疑人、被告人。本罪的主观要件为故意,即有组织越狱的故意或者参加有组织的越狱行动的故意。不明真相乘乱尾随逃跑或者单独逃跑的,不构成本罪,但可以构成脱逃罪。

依照刑法第317条第1款的规定,犯本罪的,对首要分子和积极参加者处5年以上有期徒刑;其他参加的,处5年以下有期徒刑或者拘役。

十九、暴动越狱罪

本罪,是指在押的犯罪分子、犯罪嫌疑人、被告人,在首要分子的组织、策划、指挥下,使用暴力手段集体越狱逃跑的行为。

本罪客观上表现为,在首要分子的组织、策划、指挥下,实施了暴动越狱的行为。通常具有以下三个特点:(1)聚众性,即3人以上,有首要分子和积极参加者,否则谈不上聚众。(2)暴动性,是指前述3类在押人犯组织起来,对监管人员和监管场所施以暴力,如杀死杀伤监管人员、砸烂监所门窗、撞倒监所墙壁,从而逃逸。(3)强行越狱,即共同以暴力行为排除监管人员的控制,脱离关押场所。本罪的主体是特殊主体,即在押的犯罪分子、犯罪嫌疑人、被告人。本罪的主观要件为故意,即具有集体使用暴力手段强行越狱的故意。

本罪与组织越狱罪的区别在于,是否采用了共同的暴力手段越狱。采取共同的暴力手段越狱的,构成本罪;仅仅实施有组织的越狱行为,但没有采用共同暴力手段的,构成组织越狱罪。在越狱过程中,既有组织又采用了共同暴力手段的,构成暴动越狱罪。

依照刑法第317条第2款的规定,犯本罪的,对首要分子和积极参加者处10年以上有期徒刑或者无期徒刑;情节特别严重的,处死刑;其他参加的,处3年以上10年以下有期徒刑。

二十、聚众持械劫狱罪

本罪,是指聚集多人持械劫夺狱中在押人犯的行为。

其中,"聚众",就是纠集多人,一般为3人以上;"持械",是指行为人手拿刀、枪、棍棒等凶器实施劫狱行为;"劫夺",就是以暴力方式夺取。所劫夺的必须是被依法关押于监狱、看守所等处的罪犯、被告人、犯罪嫌疑人,不包括押解途中的上述人员。单独一人持械将被羁押人劫出的,不构成聚众持械劫狱罪,应以脱逃罪的共犯论处。

依照刑法第317条第2款的规定,犯本罪的,对首要分子和积极参加者处10年以上有期徒刑或者无期徒刑;情节特别严重的,处死刑;其他参加的,处3年以上10年以下有期徒刑。

第四节　妨害国(边)境管理的犯罪

一、组织他人偷越国(边)境罪

本罪,是指组织他人偷越国(边)境的行为。

本罪的保护法益是国家对国(边)境的管理制度。所谓国(边)境管理制度,既指我国与邻国的国境出入管理制度,又指我国内地(大陆)与港、澳、台地区的边境出入管理制度。

组织他人偷越国(边)境,根据相关司法解释,是指领导、策划、指挥他人偷越国(边)境或者在首要分子指挥下,实施拉拢、引诱、介绍他人偷越国(边)境等行为。[172] 所谓国境,是指我国与外国的境界;边境是指我国内地(大陆)与港、澳、台地区的交界。偷越国(边)境,既可以是组织境内人员偷渡至境外,也可以是组织境外人员偷渡至境内。所谓"偷越",是指违反国(边)境管理法规,非法出入。偷越国(边)境最典型的方式是从不设口岸的国(边)境无证偷渡,但也可从设有口岸的国(边)境进行有证偷越。此种场合下,行为人所持有的出入境证件主要是通过伪造、变造出入境证件,购买伪造、变造的出入境证件等不合法的方式取得的。持骗取的真实证件出入国(边)境的行为不是偷越国(边)境的行为,因为,该证件是国家有权机关颁发的,持该证件出入国(边)境是合法的,不能对其出入境的行为追究其责任,应对其骗取行为,以骗取出境证件罪追究责任。

按照有关司法解释,[173]具有下列情形之一的,应当认定为"组织他人偷越国(边)境"行为:(1)组织他人通过虚构事实、隐瞒真相等方式掩盖非法出入境目的,骗取出入境边防检查机关核准出入境的。(2)组织依法限定在我国边境地区停留、活动的人员,违反国(边)境管理法规,非法进入我国非边境地区的。对于前述行为,在决定是否追究刑事责任以及如何裁量刑罚时,应当综合考虑组织者前科情况、行为手段、组织人数和次数、违法所得数额及被组织人员偷越国(边)境的目的等情节,依法妥当处理。(3)事前与组织、运送他人偷越国(边)境的犯罪分子通谋,在偷越国(边)境人员出境前或者入境后,提供接驳、容留、藏匿等帮助的,以组织他人偷越国(边)境罪或者运送他人偷越国(边)境罪的共同犯罪论处。(4)《关于办理妨害国(边)境管理刑事案件应用法律若干问题的解释》第1条第2款、第4条规定的"人数",以实际组织、运送的人数计算;未到案人员经查证属实的,应当计算在内。(5)明知他人实施骗取出境证件犯罪,提供虚假证明、邀请函件以及面签培训等帮助的,以骗取出境证件罪的共同犯罪论处;符合刑法第318条规定的,以组织他人偷越国(边)境罪定罪处罚。(6)事前与组织他人偷越国(边)境的犯罪分子通谋,为其提供虚假证明、邀请函件以及面签培训等帮助,骗取入境签证等入境证件,为组织他人偷越国(边)境使用的,以组织他人偷越国(边)境罪的共同犯罪论处。(7)徒步带领他人通过隐蔽路线逃避边防检查偷越国(边)境的,属于运送他人偷越国(边)境。领导、策划、指挥他人偷越国(边)境,并实施徒步带领行为的,以组织他人偷越国

[172] 2012年最高人民法院、最高人民检察院《关于办理妨害国(边)境管理刑事案件应用法律若干问题的解释》第1条第1款。

[173] 2022年最高人民法院、最高人民检察院、公安部、国家移民管理局《关于依法惩治妨害国(边)境管理违法犯罪的意见》第2~11条。

(边)境罪论处。徒步带领偷越国(边)境的人数较少,行为人系初犯,确有悔罪表现,综合考虑行为动机、一贯表现、违法所得、实际作用等情节,认为对国(边)境管理秩序妨害程度明显较轻的,可以认定为犯罪情节轻微,依法不起诉或者免予刑事处罚;情节显著轻微危害不大的,不作为犯罪处理。

根据刑法第318条的规定,犯本罪的,处2年以上7年以下有期徒刑,并处罚金。有下列情形之一的,处7年以上有期徒刑或者无期徒刑,并处罚金或者没收财产:(1)组织他人偷越国(边)境集团的首要分子。(2)多次组织他人偷越国(边)境或者组织他人偷越国(边)境人数众多的。“多次”,一般是指3次以上;“人数众多”,是指10人以上。[174] (3)造成被组织人重伤、死亡的。从本罪的最高法定刑为无期徒刑,以及刑法第318条第2款规定,即犯本罪“对被组织人有杀害、伤害”行为的,依照数罪并罚的规定来看,此处的“造成被组织人重伤、死亡”,应当仅限于在组织他人偷越国(边)境过程中,过失引起的场合。(4)剥夺或者限制被组织人人身自由的。(5)以暴力、威胁方法抗拒检查的。(6)违法所得数额巨大的。“违法所得数额巨大”,根据相关司法解释,[175]是指违法所得数额在20万元以上。(7)有其他特别严重情节的。犯本罪,对被组织人有杀害、伤害、强奸、拐卖等犯罪行为,或者对检查人员有杀害、伤害等犯罪行为的,依照数罪并罚的规定处罚。

依据有关司法解释,[176]以组织他人偷越国(边)境为目的,招募、拉拢、引诱、介绍、培训偷越国(边)境人员,策划、安排偷越国(边)境行为,在他人偷越国(边)境之前或者偷越国(边)境过程中被查获的,应当以组织他人偷越国(边)境罪(未遂)论处;具有刑法第318条第1款规定的情形之一的,应当在相应的法定刑幅度基础上,结合未遂犯的处罚原则量刑。

二、骗取出境证件罪

本罪,是指以劳务输出、经贸往来或者其他名义,弄虚作假,骗取护照、签证等出境证件,为组织他人偷越国(边)境使用的行为。

本罪客观上表现为,实施了骗取出境证件的行为。其具体表现特征是:(1)假借劳务输出、经贸往来或者其他名义,弄虚作假。这里的“弄虚作假”,是指为组织他人偷越国(边)境,编造出境事由、身份信息或者相关的境外关系证明。[177] (2)骗取护照、签证等出境证件,为组织他人偷越国(边)境使用。这里的“出境证件”,包括“护照或者代替护照使用的国际旅行证件,中华人民共和国海员证,中华人民共和国出入境通行证,中华人民共和国旅行证,中国公民往来香港、澳门、台湾地区证件,边境地区出入境通行证,签证、签注,出国(境)证明、名单,以及其他出境时需要查验的资料”[178]。但是,办理出入境证件所需的邀请函不属于出入境

---

[174] 2012年最高人民法院、最高人民检察院《关于办理妨害国(边)境管理刑事案件应用法律若干问题的解释》第1条第2款。

[175] 2012年最高人民法院、最高人民检察院《关于办理妨害国(边)境管理刑事案件应用法律若干问题的解释》第4条。

[176] 2012年最高人民法院、最高人民检察院《关于办理妨害国(边)境管理刑事案件应用法律若干问题的解释》第1条第3款。

[177] 2012年最高人民法院、最高人民检察院《关于办理妨害国(边)境管理刑事案件应用法律若干问题的解释》第2条第1款。

[178] 2012年最高人民法院、最高人民检察院《关于办理妨害国(边)境管理刑事案件应用法律若干问题的解释》。

证件。[179]

在本罪的适用中，应当注意其与组织他人偷越国（边）境罪的界限。组织他人偷越国（边）境罪的方式很多，骗取出境证件只是其中一种，而骗取出境证件罪中所骗取的只能是“为组织他人偷越国（边）境使用”的证件，因此，二者之间存在重合之处。但二者的立法宗旨不同，组织他人偷越国（边）境罪处罚的是偷越行为本身，而骗取出境证件罪处罚的是为偷越国（边）境提供方便的行为，因此，二者之间在适用上必须区别开来：（1）在骗取出境证件后尚未来得及实施组织他人偷越国（边）境行为，或者骗取出境证件后提供给他人，由他人用来组织偷越国（边）境的，一律认定为骗取出境证件罪。（2）行为人在骗取出境证件后用于自己实施的组织他人偷越国（边）境的，应将其骗取出境证件的行为视为手段行为，将其组织他人偷越国（边）境的行为视为目的行为，两者之间具有牵连关系，按照牵连犯从一重处断原则，应当只认定为组织他人偷越国（边）境罪。（3）单位不是组织他人偷越国（边）境罪的主体，因此，单位既实施了骗取出境证件的行为，又实施了组织他人偷越国（边）境行为的场合，只能定骗取出境证件罪。

根据刑法第 319 条的规定，犯本罪的，处 3 年以下有期徒刑，并处罚金；情节严重的，处 3 年以上 10 年以下有期徒刑，并处罚金。单位犯本罪的，对单位判处罚金，并对其直接负责的主管人员和其他直接责任人员，依照自然人犯本罪的规定处罚。其中，所谓情节严重，是指具有下列情形之一：（1）骗取出境证件 5 份以上的；（2）非法收取费用 30 万元以上的；（3）明知是国家规定的不准出境的人员而为其骗取出境证件的；（4）其他情节严重的情形。[180] 明知他人实施骗取出境证件犯罪，提供虚假证明、邀请函件以及面签培训等帮助的，以骗取出境证件罪的共同犯罪论处。[181]

三、提供伪造、变造的出入境证件罪

本罪，是指为他人提供伪造、变造的护照、签证等出入境证件的行为。

其中，“提供”，是指供给，包括有偿的和无偿的提供。“伪造”，是指无权制作出入境证件的人非法制造虚假证件的行为。“变造”，是指直接在真实的出入境证件上进行涂改、接换等加工、改造。“出入境证件”，包括刑法第 319 条所列的出境证件之外，也包括其他入境时需要查验的资料在内。

根据刑法第 320 条的规定，犯本罪的，处 5 年以下有期徒刑，并处罚金；情节严重的，处 5 年以上有期徒刑，并处罚金。其中，所谓“情节严重”，是指具有下列情形之一：（1）为他人提供伪造、变造的出入境证件 5 份以上的；（2）非法收取费用 30 万元以上的；（3）明知是国家规定的不准出入境的人员而为其提供伪造、变造的出入境证件的；（4）其他情节严重的情形。[182]

---

〔179〕 2001 年公安部法制局《对〈关于倒卖邀请函的行为如何处理的请示〉的答复》。

〔180〕 2012 年最高人民法院、最高人民检察院《关于办理妨害国（边）境管理刑事案件应用法律若干问题的解释》第 2 条第 3 款。

〔181〕 2022 年最高人民法院、最高人民检察院、公安部、国家移民管理局《关于依法惩治妨害国（边）境管理违法犯罪的意见》第 6 条。对仅仅是为他人联系提供办理出入境证件所需邀请函并获得报酬的行为，如果该邀请函真实有效、当事人之间没有欺诈行为，不应按招摇撞骗行为予以处罚；也不应将该行为认定为组织、运送他人偷越国（边）境的行为以刑事或行政处罚。对以联系提供办理出入境证件所需的邀请函为名，编造情况，提供假证明，骗取出入境证件以及从事诈骗、组织他人偷越国（边）境等违法犯罪活动的，应依法予以查处。

〔182〕 2012 年最高人民法院、最高人民检察院《关于办理妨害国（边）境管理刑事案件应用法律若干问题的解释》第 3 条第 2 款。

四、出售出入境证件罪

本罪,是指向他人出售护照、签证等出入境证件的行为。

其中,所谓"出售",既可以是出售本人出入境的护照、签证等,也可以是倒卖他人出入境的护照、签证等,但所出售的必须是国家有权机关制发的真实有效的出入境证件。对于出售伪造、变造的出入境证件的行为,则应以提供伪造、变造的出入境证件罪论处。将盗窃的护照出售的行为,也是"出售"。

根据刑法第 320 条的规定,犯本罪的,处 5 年以下有期徒刑,并处罚金;情节严重的,处 5 年以上有期徒刑,并处罚金。其中,所谓"情节严重",是指具有下列情形之一:(1)出售出入境证件 5 份以上的;(2)非法收取费用 30 万元以上的;(3)明知是国家规定的不准出入境的人员而向其出售出入境证件的;(4)其他情节严重的情形。[183]

五、运送他人偷越国(边)境罪

本罪,是指违反国家边境管理规定,运送他人偷越国(边)境的行为。

所谓运送,是指使用车船等交通工具或者徒步将偷越国(边)境的人员接入或者送出我国国(边)境。根据相关司法解释,[184]明知是偷越国(边)境人员,分段运送其前往国(边)境的,应当认定为"运送他人偷越国(边)境",以运送他人偷越国(边)境罪定罪处罚。但是,在决定是否追究刑事责任以及如何裁量刑罚时,应当充分考虑行为人在运送他人偷越国(边)境过程中所起作用等情节,依法妥当处理。徒步带领他人通过隐蔽路线逃避边防检查偷越国(边)境的,属于运送他人偷越国(边)境。但徒步带领偷越国(边)境的人数较少,行为人系初犯,确有悔罪表现,综合考虑行为动机、一贯表现、违法所得、实际作用等情节,认为对国(边)境管理秩序妨害程度明显较轻的,可以认定为犯罪情节轻微,依法不起诉或者免予刑事处罚;情节显著轻微危害不大的,不作为犯罪处理。其中,"人数",以实际组织、运送的人数计算;未到案人员经查证属实的,应当计算在内。

本罪在适用中,应注意其与组织他人偷越国(边)境罪之间的区别。二者的主要差别在于客观行为不同。运送他人偷越国(边)境罪主要表现为:为他人提供交通运输工具,并且将他人送出或者送入国(边)境,而组织他人偷越国(边)境罪则表现为采取煽动、串联、拉拢、引诱、欺骗、强迫等手段,策划、联络安排他人偷越国(边)境。对于实践中常出现的既组织他人偷越国(边)境又运送他人偷越国(边)境,而这些偷越国(边)境人员又不是同一批的,应定组织他人偷越国(边)境罪和运送他人偷越国(边)境罪,数罪并罚;如果组织和运送的是同一批偷越国(边)境者,按组织他人偷越国(边)境罪定罪处罚,因为运送行为包含在组织行为之中。[185]

依照刑法第 321 条的规定,犯本罪的,处 5 年以下有期徒刑、拘役或者管制,并处罚金;有下列情形之一的,处 5 年以上 10 年以下有期徒刑,并处罚金:(1)多次实施运送行为或者运送人数众多的。"多次",一般是指 3 次以上。"多次实施运送行为",指累计运送人数一般应当接近 10 人;"人数众多",是指 10 人以上。(2)所使用的船只、车辆等交通工具不具备必要的

---

[183] 2012 年最高人民法院、最高人民检察院《关于办理妨害国(边)境管理刑事案件应用法律若干问题的解释》第 3 条第 2 款。

[184] 2022 年最高人民法院、最高人民检察院、公安部、国家移民管理局《关于依法惩治妨害国(边)境管理违法犯罪的意见》第 4、11 条。

[185] 王作富主编:《刑法分则实务研究》(第 5 版)(下),中国方正出版社 2013 年版,第 1297 页。

安全条件,足以造成严重后果的。(3)违法所得数额巨大的。所谓“违法所得数额巨大”,是指违法所得在20万元以上。(4)有其他特别严重情节的。在运送他人偷越国(边)境中造成被运送人重伤、死亡,或者以暴力、威胁方法抗拒检查的,处7年以上有期徒刑,并处罚金。犯本罪,又对被运送人有杀害、伤害、强奸、拐卖等犯罪行为,或者对检查人员有杀害、伤害等犯罪行为的,依照数罪并罚的规定处罚。

六、偷越国(边)境罪

本罪,是指违反国(边)境管理法规,偷越国(边)境,情节严重的行为。

其中,“偷越国(边)境”,是指在没有获得出入国(边)境管理部门批准的情况下,擅自出入我国国(边)境的行为。因此,我国公民偷越他国国境,如从新加坡非法进入日本的行为,虽然妨害了新加坡和日本国的国境管理秩序,但并没有妨害我国的国(边)境管理秩序,所以不构成我国刑法中的偷越国(边)境罪。偷越国(边)境行为的表现形式多样,包括不在指定地点出入国(边)境,乘边防人员不备偷越国(边)境,藏身于船只、车辆之中偷渡出境,冒用他人的出入境证件蒙混出境,等等。依照有关司法解释,[186]具有下列情形之一的,应当认定为“偷越国(边)境”行为:(1)没有出入境证件出入国(边)境或者逃避接受边防检查的;(2)使用伪造、变造、无效的出入境证件出入国(边)境的;(3)使用他人出入境证件出入国(边)境的;(4)使用以虚假的出入境事由、隐瞒真实身份、冒用他人身份证件等方式骗取的出入境证件出入国(边)境的;(5)采用其他方式非法出入国(边)境的。

“情节严重”,是指具有下列情形之一:(1)在境外实施损害国家利益行为的。(2)偷越国(边)境3次以上或者3人以上结伙偷越国(边)境的。对于偷越国(边)境的次数,按照非法出境、入境的次数分别计算。但是,对于非法越境后及时返回,或者非法出境后又入境投案自首的,一般应当计算为一次。偷越国(边)境人员相互配合,共同偷越国(边)境的,属于该解释第5条第2项规定的“结伙”。偷越国(边)境人员在组织者、运送者安排下偶然同行的,不属于“结伙”。在认定偷越国(边)境“结伙”的人数时,不满16周岁的人不计算在内。[187] (3)拉拢、引诱他人一起偷越国(边)境的。(4)勾结境外组织、人员偷越国(边)境的。(5)因偷越国(边)境被行政处罚后1年内又偷越国(边)境的。(6)其他情节严重的情形。[188] 这里情节严重,是指犯罪后为逃避刑事追究偷越国(边)境的;破坏边境物理隔离设施后,偷越国(边)境的;以实施电信网络诈骗、开设赌场等犯罪为目的,偷越国(边)境的;曾因妨害国(边)境管理犯罪被判处刑罚,刑罚执行完毕后2年内又偷越国(边)境的;非法进入我国领海,经驱赶拒不离开的;或者被驱离后又非法进入我国领海的;或者因非法进入我国领海被行政处罚或者被刑事处罚后,1年内又非法进入我国领海的;或者非法进入我国领海从事捕捞水产品等活动,尚不构成非法捕捞水产品等犯罪的;其他情节严重的情形。[189]

---

[186] 2012年最高人民法院、最高人民检察院《关于办理妨害国(边)境管理刑事案件应用法律若干问题的解释》第6条。

[187] 2022年最高人民法院、最高人民检察院、公安部、国家移民管理局《关于依法惩治妨害国(边)境管理违法犯罪的意见》第8条、第9条。

[188] 2012年最高人民法院、最高人民检察院《关于办理妨害国(边)境管理刑事案件应用法律若干问题的解释》第5条。

[189] 2016年最高人民法院《关于审理发生在我国管辖海域相关案件若干问题的规定(二)》第3条。

本罪的主体为一般主体。本罪的主观要件为故意。

在本罪的认定中,应当注意以下问题:

1. 跳板偷渡型案件的处理。所谓跳板偷渡型案件,是指通过合法手续出境进入第三国,以其为跳板,然后进入偷渡目的国的案件。这种行为是否构成偷越国(边)境罪,存在争议。多数意见认为,从维护国家形象的角度考虑,应当作为本罪处理。[190] 但是,偷越国(边)境罪的保护法益并不是国家形象,而是国家的边境管理制度。跳板偷渡型案件当中,行为人持合法证件出境,并没有实施偷越国(边)境的行为,其取道第二国,前往第三国,妨害了第二国、第三国的国(边)境管理,并没有妨害我国的国(边)境管理秩序,因此,本书认为,对这种行为不宜依照我国刑法追究其刑事责任。

2. 本罪与组织他人偷越国(边)境罪的区别。二者在客观表现上并不完全相同。本罪系行为人自己亲自偷越国(边)境,并不带领他人;而组织他人偷越国(边)境罪的行为人常常是"组织"他人偷越国(边)境,首先要有领导、策划、指挥、拉拢、介绍、引诱等行为,其次行为人自己可能并不越境。

3. 本罪与叛逃罪的区别。二者的主要区别在于:(1)犯罪主体不同。本罪是一般主体,而叛逃罪是特殊主体,即国家机关工作人员以及掌握国家秘密的国家工作人员。(2)时间要求不同。本罪的成立,无时间要求,即在任何时间实施偷越国(边)境,均可成立本罪;而叛逃罪只能发生在履行公务期间。(3)行为有所不同。成立本罪,必须具有偷越国(边)境的行为;而叛逃罪的场合,行为人往往已经身在境外,不需要偷越。

根据刑法第 322 条的规定,犯本罪的,处 1 年以下有期徒刑、拘役或者管制,并处罚金。为参加恐怖活动组织、接受恐怖活动培训或者实施恐怖活动,偷越国(边)境的,处 1 年以上 3 年以下有期徒刑,并处罚金。实施偷越国(边)境犯罪,又实施妨害公务、袭警、妨害传染病防治等行为,并符合有关犯罪构成的,应当数罪并罚。

七、破坏界碑、界桩罪

本罪,是指故意破坏国家边境的界碑、界桩的行为。

其中,"破坏",是以捣毁、拆除、损坏、盗窃、掩埋、移动等手段,使界碑、界桩失去其原有意义和作用;"界碑、界桩",是由我国政府为确定国界线走向而设立或确认的人工或者天然的标志物,二者之间只有形状的不同,没有实质性的差别。

依照刑法第 323 条的规定,犯本罪的,处 3 年以下有期徒刑或者拘役。

八、破坏永久性测量标志罪

本罪,是指故意破坏国家永久性测量标志的行为。

所谓永久性测量标志,是指国家测量机关建造或埋设的各种永久性的测量标志,如各种等级的三角点、水准点、重力点、地形点、天文点、破解点、导线点、炮控点、海控点等。

依照刑法第 323 条的规定,犯本罪的,处 3 年以下有期徒刑或者拘役。

---

〔190〕 王作富主编:《刑法分则实务研究》(第 5 版)(下),中国方正出版社 2013 年版,第 1303 页。

第五节　妨害文物管理的犯罪

一、故意损毁文物罪

本罪,是指故意损毁国家保护的珍贵文物或者被确定为全国重点文物保护单位、省级文物保护单位的文物的行为。

所谓损毁,是指改变文物的性质、面貌和形状,其表现形式多样,如摔、砸、撞以及烧毁等。所谓文物,是指历代遗留下来的在文化发展史上有价值的物品,如建筑、碑刻、工具、武器、生活器皿以及各种艺术品等。根据2024年修订的《文物保护法》第2条的规定,我国境内的下列文物受国家保护:(1)具有历史、艺术、科学价值的古文化遗址、古墓葬、古建筑、石窟寺和石刻、壁画;(2)与重大历史事件、革命运动或者著名人物有关的以及具有重要纪念意义、教育意义或者史料价值的近代现代重要史迹、实物、代表性建筑;(3)历史上各时代珍贵的艺术品、工艺美术品;(4)历史上各时代重要的文献资料以及具有历史、艺术、科学价值的手稿和图书资料等;(5)反映历史上各时代、各民族社会制度、社会生产、社会生活的代表性实物。具有科学价值的古脊椎动物化石、古人类化石,同文物一样受国家保护。[191] 其中,具有重要历史、艺术、科学价值者,为珍贵文物。是否为珍贵文物,由国家文物鉴定委员会根据《文物保护法》和《文物藏品定级标准》的规定鉴定确认。所谓全国重点文物保护单位、省级文物保护单位的文物,是指由国务院,省、自治区、直辖市人民政府根据法定程序确定的,具有历史、艺术、科学价值的革命遗址、纪念建筑物、古文化遗址、古墓葬、古建筑、石窟寺、石刻等文物。根据有关司法解释,[192]故意损毁国家保护的珍贵文物或者被确定为全国重点文物保护单位、省级文物保护单位的文物的,应予立案追诉。

依照刑法第324条第1款的规定,犯本罪的,处3年以下有期徒刑或者拘役,并处或者单处罚金;情节严重的,处3年以上10年以下有期徒刑,并处罚金。其中,"情节严重",是指:(1)造成5件以上三级文物损毁的;(2)造成二级以上文物损毁的;(3)致使全国重点文物保护单位、省级文物保护单位的本体严重损毁或者灭失的;(4)多次损毁或者损毁多处全国重点文物保护单位、省级文物保护单位的本体的;(5)其他情节严重的情形。故意毁坏文物,拒不执行国家行政主管部门作出的停止侵害文物的行政决定或者命令的,酌情从重处罚。[193]

二、故意损毁名胜古迹罪

本罪,是指故意损毁国家保护的名胜古迹,情节严重的行为。

其中,"名胜古迹",是指具有重大历史、艺术、科学价值,并被核定为国家或者地方重点文物保护单位的风景区或与名人事迹、历史事件有关而值得后人登临凭吊的胜地和建筑物。风

---

〔191〕 2005年全国人民代表大会常务委员会《关于〈中华人民共和国刑法〉有关文物的规定适用于具有科学价值的古脊椎动物化石、古人类化石的解释》。

〔192〕 2008年最高人民检察院、公安部《关于公安机关管辖的刑事案件立案追诉标准的规定(一)》第46条。

〔193〕 2015年最高人民法院、最高人民检察院《关于办理妨害文物管理等刑事案件适用法律若干问题的解释》第3条第2、3款。

景名胜区的核心景区以及未被确定为全国重点文物保护单位、省级文物保护单位的古文化遗址、古墓葬、古建筑、石窟寺、石刻、壁画、近代现代重要史迹和代表性建筑等不可移动文物的本体,应当认定为“国家保护的名胜古迹”。“情节严重”,是指:(1)致使名胜古迹严重损毁或者灭失的;(2)多次损毁或者损毁多处名胜古迹的;(3)其他情节严重的情形。[194] 风景名胜区的核心景区属于刑法第324条第2款规定的“国家保护的名胜古迹”。对核心景区内的世界自然遗产实施打岩钉等破坏活动,严重破坏自然遗产的自然性、原始性、完整性和稳定性的,综合考虑有关地质遗迹的特点、损坏程度等,可以认定为故意损毁国家保护的名胜古迹“情节严重”。[195]

在本罪的适用上,要注意本罪与故意损毁文物罪的界限。二者的区别在于对象不同,一个是文物,另一个是名胜古迹,二者不难区分。若行为人损毁的对象具有文物与名胜古迹的双重性质,则属于想象竞合犯,故对此应按照处理想象竞合犯的原则,从一重罪处断。

根据刑法第324条第2款的规定,犯本罪的,处5年以下有期徒刑或者拘役,并处或者单处罚金。

三、过失损毁珍贵文物罪

本罪,是指过失损毁国家保护的珍贵文物或被确定为全国重点文物保护单位、省级文物保护单位的文物,造成严重后果的行为。

造成严重后果,一般是指损毁文物的程度严重或者范围很广、文物遭受不可弥补的毁坏、修复遭损毁的文物耗资巨大等。根据有关司法解释,[196] 过失损毁国家保护的珍贵文物或者被确定为全国重点文物保护单位、省级文物保护单位的文物,具有下述情形之一的,应当认定为“造成严重后果”:(1)造成5件以上三级文物损毁的;(2)造成二级以上文物损毁的;(3)致使全国重点文物保护单位、省级文物保护单位的本体严重损毁或者灭失的。

依照刑法第324条第3款的规定,犯本罪的,处3年以下有期徒刑或者拘役。

四、非法向外国人出售、赠送珍贵文物罪

本罪,是指违反文物保护法规,将收藏的国家禁止出口的珍贵文物私自出售或者私自赠送给外国人的行为。

其中,所谓珍贵文物,是个人或者国家收藏的国家禁止进出口的珍贵文物,这种文物具有重要的历史、艺术、科学价值,除经国务院批准运往境外展览的以外,一律不准出境。所谓收藏,是指收集保存和保藏,收藏既包括国家收藏,也包括个人收藏。国家收藏通常通过博物馆进行。所谓非法,是指违反《文物保护法》中关于禁止私自向外国人出售、赠送珍贵文物的相关规定。所谓私自出售,是指未经有关部门允许而有偿转让;所谓私自赠送,是指未经有关部门允许而无偿转让。所谓外国人,是指不具有中国国籍的人,包括无国籍人。本罪属选择性罪名,司法实践中应根据具体案情确定具体罪名。

---

[194] 2015年最高人民法院、最高人民检察院《关于办理妨害文物管理等刑事案件适用法律若干问题的解释》第4条第2款。

[195] 张永明、毛伟明、张鹭故意损毁名胜古迹案,最高人民法院指导案例第147号(2020年)。

[196] 2015年最高人民法院、最高人民检察院《关于办理妨害文物管理等刑事案件适用法律若干问题的解释》第5条。

在本罪的适用中,必须注意其与走私文物罪的界限。私自出售、赠送珍贵文物的行为发生在我国境内的话,构成非法向外国人出售、赠送珍贵文物罪;携带、邮寄珍贵文物出境的话,即便是出于出售、赠送的目的,也构成走私文物罪。

依照刑法第 325 条的规定,犯本罪的,处 5 年以下有期徒刑或者拘役,可以并处罚金。单位犯本罪的,对单位判处罚金,并对其直接负责的主管人员和其他直接责任人员,依照自然人犯本罪的规定处罚。

五、倒卖文物罪

本罪,是指以牟利为目的,倒卖国家禁止经营的文物,情节严重的行为。

根据《文物保护法》的相关规定,中国境内地下、内水和领海中遗存的一切文物,属于国家所有,公民、法人和其他组织不得擅自买卖;文物收藏单位以外的公民、法人和其他组织只能收藏通过下列方式取得的文物,如依法继承或者接受赠与、从文物商店购买、从经营文物拍卖的拍卖企业购买、公民个人合法所有的文物相互交换或者依法转让、国家规定的其他合法方式。以上述法律规定以外的方式取得文物,均为违法。特别是以牟利为目的而倒卖国家禁止经营的文物的行为,要构成倒卖文物罪。

本罪客观上表现为,倒卖国家禁止经营的文物,情节严重。所谓倒卖,就是低价买进,高价卖出。所谓国家禁止经营的文物,既可以是珍贵文物也可以是国家禁止经营的一般文物。其中,“倒卖国家禁止经营的文物”,包括两层意思:(1)指无权从事文物经营活动的单位或者个人,从事文物的收购和销售,从中牟取暴利。响应博物馆等官办文物管理机构有奖征集文物的号召,将自己收集的来路不明的文物,捐赠给博物馆,领得奖励的行为,不属于倒卖行为。因为,捐赠所获取的奖励,谈不上暴利。(2)即便是具有文物经营权的单位,也不得经营国家禁止自由买卖的文物。所谓情节严重,是指具有下列情形之一:(1)倒卖三级文物的;(2)交易数额在 5 万元以上的;(3)其他情节严重的情形。[197]

本罪主观方面是故意,并且行为人必须具有“以牟利为目的”的主观超过要素。“以牟利为目的”的判断,可以结合行为人的从业经历、认知能力、违法犯罪记录、供述情况,交易的价格、次数、件数、场所,文物的来源、外观形态等综合审查判断,认定其行为系刑法第 326 条规定的“以牟利为目的”,但文物来源符合《文物保护法》第 50 条规定的除外。[198] 对于行为人明知是盗掘古文化遗址、古墓葬犯罪所获取的文物仍多次收购,且拒不交代文物去向的,可综合全案证据认定其具有牟利目的,以倒卖文物罪追究刑事责任。[199]

在本罪的适用中,要注意以下问题:

1. 本罪与非法向外国人出售珍贵文物罪的区别。二者在以下方面存在显著不同:(1)售卖对象不同。本罪中的对象没有限制,既可以是中国人,也可以是外国人;而后罪的对象只能是外国人。(2)犯罪对象不同。本罪的对象是国家禁止经营的一切文物,包括珍贵文物和一

---

〔197〕 2015 年最高人民法院、最高人民检察院《关于办理妨害文物管理等刑事案件适用法律若干问题的解释》第 6 条第 2 款。

〔198〕 2022 年最高人民法院、最高人民检察院、公安部、国家文物局《关于办理妨害文物管理等刑事案件若干问题的意见》第 2 条第 3 款。

〔199〕 2023 年最高人民检察院与国家文物局联合发布《依法惩治涉文物犯罪典型案例(第一批)》案例二:王某某倒卖文物案。

般文物;而后罪的对象限于单位或个人收藏的珍贵文物。(3)主观方面不同。本罪的成立,要求行为人必须具有牟利的目的,而后罪之成立,并不以特定目的为必要。(4)犯罪主体不同。本罪为一般主体;而后罪的主体是特殊主体,即收藏文物的单位或个人。当然,在行为人倒卖自己收藏的国家禁止出口的文物,且售卖的对象又是外国人的时候,存在想象竞合犯的问题。此时,应按处理想象竞合犯的原则,从一重罪处断。

2. 本罪与非法经营罪的区别。二者都是未经许可经营法律、行政法规规定的专营专卖的物品的行为。但二者的对象显著不同。本罪的对象限于国家禁止经营的文物,而非法经营罪的对象则是一切专营专卖物品和其他限制买卖物品。因为法律将倒卖文物的行为独立规定为犯罪,因此,对倒卖文物的行为,同时可以适用倒卖文物罪和非法经营罪两个法条,二者之间存在法条竞合的关系,对此,应按照特殊法优于普通法的原则,优先适用倒卖文物罪。

依照刑法第326条的规定,犯本罪的,处5年以下有期徒刑或者拘役,并处罚金;情节特别严重的,处5年以上10年以下有期徒刑,并处罚金。其中,"情节特别严重",是指具有下列情形之一的:(1)倒卖二级以上文物的;(2)倒卖三级文物5件以上的;(3)交易数额在25万元以上的;(4)其他情节特别严重的情形。[200] 单位犯本罪的,对单位判处罚金,并对其直接负责的主管人员和其他直接责任人员,依照自然人犯本罪的规定处罚。

六、非法出售、私赠文物藏品罪

本罪,是指国有博物馆、图书馆等单位,违反文物保护法规,将国家保护的文物藏品出售或私自赠送给非国有单位或者个人的行为。

本罪保护的法益是国家文物保护管理制度和国有文物藏品的所有权。其犯罪对象是国有馆藏文物即国有博物馆、图书馆、纪念馆等单位所保管的文物,因此,《文物保护法》中所称的"民间收藏文物"及其他种类的文物,即国有文物收藏单位以外的公民、法人及其他组织的文物,不能成为本罪的犯罪对象。此处的"文物",包括珍贵文物和一般文物。本罪客观上表现为,将国有文物藏品出售或私自赠送给非国有单位或个人。其中,"出售",就是有偿转让,由于国家禁止国有博物馆等将国家保护的文物藏品出售或者私自送给非国有单位或者个人,任何将国家保护的文物藏品出售或者私自送给非国有单位或者个人的行为都是违法的,因此,这里的出售包括私自有偿转让和经过有关部门"批准"的有偿转让;而"私自赠送",就是未经有关部门批准而无偿转让;"非国有单位",是指利用非国有资产举办的企业或者其他组织,"个人",是指包括中国人、外国人在内的任何人。本罪的主体为特殊主体,即国有博物馆、图书馆等单位中的负责人或者直接责任人员以及国有博物馆、图书馆等单位,非国有单位中的有关人员和个人不能成为本罪的主体。本罪的主观要件为故意。至于行为人出于何种目的与动机,均不影响本罪的成立。

在本罪的认定中,要注意以下问题:

1. 本罪与非法向外国人出售、赠送珍贵文物罪的区别。二者的相同之处在于:所侵犯的客体都是国家的文物管理制度,都有售卖、赠送文物的行为等。但其显著区别在于:(1)售卖、赠送的对象有所不同。本罪的对象是国有博物馆、图书馆等单位的文物藏品,既可能是珍贵文

---

[200] 2015年最高人民法院、最高人民检察院《关于办理妨害文物管理等刑事案件适用法律若干问题的解释》第6条第3款。

物，也可能是一般文物；而后罪的对象仅限于国家禁止出口的珍贵文物。（2）售卖、赠送文物的对象不同。本罪的对象可以是中国人，也可以是外国人；而后罪的对象，只能是外国人。当然，行为人非法赠送的文物藏品属于珍贵文物，且非法赠送的对象是外国人的话，该行为就同时触犯了私赠文物藏品罪和向外国人赠送珍贵文物罪两个罪名，应当按照处理想象竞合犯的原则，从一重罪处断。

2. 本罪与倒卖文物罪的区别。二者的主要区别在于：（1）犯罪对象不同。本罪的犯罪对象只能是国有文物藏品；而后罪的对象是国家禁止经营的一切文物。（2）行为方式不同。本罪是非法"出售""私赠"；而后罪则是"倒卖"。（3）犯罪主体不同。本罪是国有博物馆、图书馆等单位和其中的个人；而后罪则是未经许可经营文物的单位或个人。（4）主观内容不同。成立本罪无须具有特定目的；而成立后罪，行为人必须具有牟利的目的。当然，国有博物馆、图书馆等单位以牟利为目的，将国家保护的文物藏品出售，情节严重的场合，该行为就同时触犯了非法出售文物藏品罪和倒卖文物罪两个罪名，对此应按照处理想象竞合犯的原则，从一重罪处断。

依照刑法第 327 条的规定，犯本罪的，对单位判处罚金，并对其直接负责的主管人员和其他直接责任人员，处 3 年以下有期徒刑或者拘役。按照相关司法解释，[201] 国有博物馆、图书馆以及其他国有单位，违反文物保护法规，将收藏或者管理的国家保护的文物藏品出售或者私自送给非国有单位或者个人的，以非法出售、私赠文物藏品罪追究刑事责任。

七、盗掘古文化遗址、古墓葬罪

本罪，是指盗掘具有历史、艺术、科学价值的古文化遗址、古墓葬的行为。

本罪客观上表现为，行为人实施了盗掘古文化遗址、古墓葬的行为。

其中，"古文化遗址、古墓葬"包括水下古文化遗址、古墓葬；"古文化遗址、古墓葬"不以公布为不可移动文物的古文化遗址、古墓葬为限。[202] 针对古建筑、石窟寺等不可移动文物中包含的古文化遗址、古墓葬部分实施盗掘，符合刑法第 328 条规定的，以盗掘古文化遗址、古墓葬罪追究刑事责任。盗掘对象是否属于古文化遗址、古墓葬，应当按照《关于办理妨害文物管理等刑事案件适用法律若干问题的解释》第 8 条、第 15 条的规定作出认定。[203] 对案件涉及的文物等级、类别、价值等专门性问题，如是否属于古文化遗址、古墓葬、古建筑、石窟寺、石刻、壁画、近代现代重要史迹和代表性建筑等不可移动文物，是否具有历史、艺术、科学价值，是否属于各级文物保护单位，是否属于珍贵文物，以及有关行为对文物造成的损毁程度和对文物价值造成的影响等，案发前文物行政部门已作认定的，可以直接对有关案件事实作出认定；案发前未作认定的，可以结合国务院文物行政部门指定的机构出具的《涉案文物鉴定评估报告》作出认定，必要时，办案机关可以依法提请文物行政部门对有关问题作出说明。[204] 所谓盗掘，是指

---

[201] 2015 年最高人民法院、最高人民检察院《关于办理妨害文物管理等刑事案件适用法律若干问题的解释》第 7 条。

[202] 2015 年最高人民法院、最高人民检察院《关于办理妨害文物管理等刑事案件适用法律若干问题的解释》第 8 条第 1 款。

[203] 2022 年最高人民法院、最高人民检察院、公安部、国家文物局《关于办理妨害文物管理等刑事案件若干问题的意见》第 2 条第 1 款。

[204] 2022 年最高人民法院、最高人民检察院、公安部、国家文物局《关于办理妨害文物管理等刑事案件若干问题的意见》第 3 条。

未经国家主管部门的批准而擅自挖掘,本身并不以盗窃文物行为的存在为要件。将不可移动文物的一部分从其整体中挖掘或者凿割下来的,属于盗掘。针对古建筑、石窟寺等不可移动文物中包含的古文化遗址、古墓葬部分实施盗掘,符合刑法第328条规定的,以盗掘古文化遗址、古墓葬罪追究刑事责任。盗掘古墓葬墓室以外墓道上的石像生即帝王陵墓前安设的石人、石兽的,构成盗掘古墓葬罪。实施盗掘行为,已损害古文化遗址、古墓葬的历史、艺术、科学价值的,应当认定为盗掘古文化遗址、古墓葬罪既遂。[205] 以盗掘为目的,在古文化遗址、古墓葬表层进行钻探、爆破、挖掘等作业,由于意志以外的原因,尚未损害古文化遗址、古墓葬的历史、艺术、科学价值的,属于盗掘古文化遗址、古墓葬未遂,应当区分情况分别处理:(1)以被确定为全国重点文物保护单位、省级文物保护单位的古文化遗址、古墓葬为盗掘目标的,应当追究刑事责任;(2)以被确定为市、县级文物保护单位的古文化遗址、古墓葬为盗掘目标的,对盗掘团伙的纠集者、积极参加者,应当追究刑事责任;(3)以其他古文化遗址、古墓葬为盗掘目标的,对情节严重者,依法追究刑事责任。实施前款规定的行为,同时构成刑法第324条第1款、第2款规定的故意损毁文物罪、故意损毁名胜古迹罪的,依照处罚较重的规定定罪处罚。[206] 另外,盗掘古文化遗址罪的犯罪对象为古文化遗址的保护范围,不包括建设控制地带。因行为人对保护范围与建设控制地带的界限认识不清,而在建设控制地带进行盗掘,从而未能实现盗掘古文化遗址的犯罪目的的,构成盗掘古文化遗址罪(未遂)。[207]

本罪在认定中,应当注意以下问题:

1. 本罪与故意损毁名胜古迹罪的区别。两者区别在于:(1)犯罪对象不同。本罪的对象为清代和清代以前的具有历史、艺术、科学价值的古文化遗址、古墓葬以及辛亥革命以后与著名历史事件有关的名人墓葬、遗址和纪念地;而后罪的对象是国家保护的名胜古迹。(2)客观表现不同。本罪是“盗掘”,即未经批准而擅自挖掘,而后罪是“损毁”,即改变文物的性质、形状和原貌。(3)故意内容不同。本罪是要通过盗掘古文化遗址、古墓葬来获取文物,而后罪是想通过损毁行为来破坏名胜古迹。当然,如果在盗掘古文化遗址、古墓葬的过程中,又故意损毁了名胜古迹的话,则同时触犯了上述两个罪名,构成想象竞合犯,按照从一重处罚的原则,以盗掘古文化遗址、古墓葬罪处理。关于本罪与故意损毁珍贵文物罪的区别,也可以参照以上理解。

2. 本罪与盗窃罪的区别。对于古文化遗址、古墓葬没有进行挖掘,而只是从其中窃取文物的,构成盗窃罪,不构成盗掘古文化遗址、古墓葬罪;对古文化遗址、古墓葬进行挖掘,并从其中窃取文物的,应构成盗掘古文化遗址、古墓葬罪,而不构成盗窃罪。因为,本罪的法定刑较重,足以将盗窃其中文物的行为评价在内;盗掘其他墓葬、遗址,窃取财物(包括文物)数额较大的,以盗窃罪论处。采用破坏性手段盗窃古文化遗址、古墓葬以外的古建筑、石窟寺、石刻、壁画、近代现代重要史迹和代表性建筑等其他不可移动文物的,以盗窃罪追究刑事责任。

根据刑法第328条第1款的规定,犯本罪的,处3年以上10年以下有期徒刑,并处罚金;情节较轻的,处3年以下有期徒刑、拘役或者管制,并处罚金;有下列情形之一的,处10年以上

---

[205] 2015年最高人民法院、最高人民检察院《关于办理妨害文物管理等刑事案件适用法律若干问题的解释》第8条第2款。

[206] 2022年最高人民法院、最高人民检察院、公安部、国家文物局《关于办理妨害文物管理等刑事案件若干问题的意见》第2条第1款第2项。

[207] 最高人民法院研究室《关于盗掘古文化遗址罪适用法律问题的研究意见》(参见《司法研究与指导》2012年总第1辑)。

有期徒刑或者无期徒刑,并处罚金或者没收财产:(1)盗掘确定为全国重点文物保护单位和省级文物保护单位的古文化遗址、古墓葬的。(2)盗掘古文化遗址、古墓葬集团的首要分子。(3)多次盗掘古文化遗址、古墓葬的。此处的"多次盗掘",是指盗掘 3 次以上。对于行为人基于同一或者概括犯意,在同一古文化遗址、古墓葬本体周边一定范围内实施连续盗掘,已损害古文化遗址、古墓葬的历史、艺术、科学价值的,一般应认定为一次盗掘。[208] (4)盗掘古文化遗址、古墓葬,并盗窃珍贵文物或者造成珍贵文物严重破坏的。

八、盗掘古人类化石、古脊椎动物化石罪

本罪,是指盗掘国家保护的具有科学价值的古人类化石、古脊椎动物化石的行为。

其中,"古人类化石",是指保存在各地质时期岩层中或埋藏于地下的万年前直立人、早晚期智人的遗骸和遗迹;"古脊椎动物化石",是指保存在各地质时期岩层中或埋藏于地下的古爬行动物、哺乳动物和鱼类的遗骸和遗迹;"具有科学价值",一般是指能够反映和鉴别地层、地球历史,能够反映出动物(特别是脊椎动物)和人类的起源、发展历史及其规律的价值。

根据刑法第 328 条第 2 款的规定,犯本罪的,处 3 年以上 10 年以下有期徒刑,并处罚金;情节较轻的,处 3 年以下有期徒刑、拘役或者管制,并处罚金;有下列情形之一的,处 10 年以上有期徒刑或者无期徒刑,并处罚金或者没收财产:(1)盗掘确定为全国重点文物保护单位和省级文物保护单位的古人类化石、古脊椎动物化石的;(2)盗掘古人类化石、古脊椎动物化石集团的首要分子;(3)多次盗掘古人类化石、古脊椎动物化石的;(4)盗掘古人类化石、古脊椎动物化石,造成严重破坏的。

九、抢夺、窃取国有档案罪

本罪,是指抢夺、窃取国有档案的行为。

其中,所谓国有档案,根据《档案法》第 2 条的规定,是指国家所有的、过去和现在的国家机构、社会组织以及个人从事政治、军事、经济、科技、文化、社会、生态文明、外事等活动直接形成的对国家和社会有保存价值的各种文字、图表、声像等不同形式的历史记录。档案的复印件也属于档案的范畴。本罪客观方面表现为行为人实施了抢夺、窃取国家所有的档案的行为。所谓抢夺,是指对物使用暴力强取,不要求乘人不备;窃取,是指采用平和的方式获取,不要求采用乘对方不知道的秘密手段。

在本罪的认定中,应当注意以下两个问题:

1. 抢劫国有档案的定性问题。在行为人采用抢劫方式获取国有档案的场合,既不能以罪刑法定原则为由不予处理,也不能以连抢夺档案的行为都要处罚,则抢劫档案的行为更要处罚为由,以抢夺国有档案罪对其予以处罚,而应当以抢劫罪直接处罚该行为。首先,抢劫国有档案侵犯了国家对国有档案的所有权,而这种所有权也是一种包括有形财产和无形财产的财产权,对这种行为以抢劫罪定罪处罚并不违背立法宗旨。其次,抢劫罪的成立并没有对象数额上的要求,因此,即使对国有档案无法估量定价,也不影响对抢劫国有档案的抢劫定性。最后,也符合刑法第 329 条第 3 款的规定。

---

[208] 2022 年最高人民法院、最高人民检察院、公安部、国家文物局《关于办理妨害文物管理等刑事案件若干问题的意见》第 2 条第 1 款第 3 项。

2. 一罪与数罪的问题。根据刑法第 329 条第 3 款的规定,犯本罪同时又构成刑法规定的其他犯罪的,依照处罚较重的规定定罪处罚。这是指实施了抢夺、窃取国有档案的行为,同时又构成本法规定的其他犯罪的,依照处罚较重的规定定为一罪,或者是想象竞合犯,或者是牵连犯,均应从一重处罚。例如,行为人抢夺、窃取的国有档案同时属于国家秘密时,则行为人往往还触犯刑法第 282 条所规定的非法获取国家秘密罪。这种情况下,按照刑法第 329 条第 3 款的规定,根据具体情况,可以较重的罪名即非法获取国家秘密罪定罪处罚。

根据刑法第 329 条第 1 款和第 3 款的规定,犯本罪的,处 5 年以下有期徒刑或者拘役。其行为同时又构成其他犯罪的,依照处罚较重的规定定罪处罚。

十、擅自出卖、转让国有档案罪

本罪,是指违反《档案法》的规定,擅自出卖、转让国有档案,情节严重的行为。

所谓擅自出卖,是指未经国家档案行政管理部门批准,自作主张,将国有档案或其复制件有偿转让给他人;所谓擅自转让,是指未经国家档案行政管理部门批准,自作主张,将国有档案或其复制件无偿移交、出让或者赠予他人或者与他人交换。本罪属选择罪名,行为人只要实施了擅自出卖和擅自转让这两种行为之一,就能构成本罪。所谓情节严重,一般是指:出卖、转让重要国有档案的;多次出售、转让国有档案的;以出卖、转让国有档案牟利的;出卖、转让国有档案给国家造成重大损失或不良政治影响的;等等。

根据刑法第 329 条第 2 款和第 3 款的规定,犯本罪的,处 3 年以下有期徒刑或者拘役。该行为同时又构成其他犯罪的,依照处罚较重的规定定罪处罚。

第六节　危害公共卫生的犯罪

一、妨害传染病防治罪

本罪,是指违反传染病防治法的规定,引起甲类传染病以及依法确定采取甲类传染病预防、控制措施的传染病传播或者有传播严重危险的行为。

本罪客观上表现为,违反《传染病防治法》的规定,引起甲类传染病以及依法确定采取甲类传染病预防、控制措施的传染病传播或者有传播严重危险的行为。具体言之,即行为人实施了下列行为之一:(1)供水单位供应的饮用水不符合国家规定的卫生标准的;(2)拒绝按照疾病预防控制机构提出的卫生要求,对传染病病原体污染的污水、污物、场所和物品进行消毒处理的;(3)准许或者纵容传染病病人、病原携带者和疑似传染病病人从事国务院卫生行政部门规定禁止从事的易使该传染病扩散的工作的;(4)出售、运输疫区中被传染病病原体污染或者可能被传染病病原体污染的物品,未进行消毒处理的;(5)拒绝执行县级以上人民政府、疾病预防控制机构依照传染病防治法提出的预防、控制措施的。

其中,"传播",是指实际造成了甲类传染病传播的后果,使他人感染上了这种疫病;"有严重传播危险",是指虽然未实际造成甲类传染病传播的后果,但具有造成这种传染病传播的重大可能性;"甲类传染病",目前是指《传染病防治法》第 3 条第 2 款所规定的鼠疫、霍乱。另外,根据有关司法解释,[209]按甲类管理的传染病也属于“甲类传染病”。所谓按甲类管理的传染病,依照《传染病防治法》第 4 条的规定,是指乙类传染病中传染性非典型肺炎、炭疽中的肺炭疽以及国务院疾病预防控制部门提出建议、国务院卫生健康主管部门报经国务院批准公布实施的其他需要按甲类管理的乙类传染病和突发原因不明的传染病。国务院可以根据具体情况,增加或者减少甲类传染病病种,并予以公布。本罪属于危险犯,行为人只要实施了上列行为之一,引起了甲类传染病传播或者有传播严重危险,无论是否实际已经导致甲类传染病传播,便足以成立本罪。

关于本罪的主观要件,存在争议,有三种学说:一说为过失,即行为人对于违反传染病防治法规定的行为是故意,但对于其行为所引起的甲类传染病传播或有传播严重危险的结果是过失。[210] 二说为故意,但该故意仅限于对行为本身,不包括对行为严重后果的故意。行为的严重后果属于客观的超过要素,不在行为人的认识范围之内。[211] 三说为本罪的主观罪过应有故意和过失两种。[212] 就成立犯罪故意,行为人必须明知“自己的行为会发生危害社会的结果”,即对行为和结果都必须具有认识,因此,将行为和结果分开,认为在妨害传染病防治罪的场合,行为人对结果没有认识,而只是对行为有认识,因此,只能成立过失犯的“过失说”是有问题的。就妨害传染病防治罪的成立而言,行为人的行为没有“引起甲类传染病传播或者有传播严重危险”的话,是难以成立的。换言之,“引起甲类传染病传播或者有传播严重危险”是成立该罪的重要客观要素,而此重要内容当然应当在行为人的认识内容之内,否则难以成立故意,因此,上述第二种观点也是值得商榷的。在客观内容都相同且法定刑一致的情况下,同一犯罪当中,竟然能够同时容纳故意和过失两种责任要素,这是不可想象的。因此,上述第三种观点是错误的。

本书认为,本罪的主观要件应当是故意,即行为人明知自己的违反国家传染病防治法的规定的行为具有引起甲类传染病传播或者有传播严重危险而希望或者放任该种结果的发生。因为,从本罪的实行行为来看,行为人多半是明知故犯,说行为人在行为时对自己可能引起的后果没有认识,是难以想象的。只是,刑法对本罪的处罚较轻,与绝大多数过失犯罪的最高法定刑一致,因此,很多人认为,本罪中的主观要求只能是过失。这种理解是偏颇的。其实,本罪之所以处罚较轻,是因为本罪的实行行为,如“不消毒处理”或者“拒绝供应”都是拒不履行作为义务的不作为行为,而与此相近的危害公共安全的投放危险物质罪的实行行为通常是作为,二者之间具有结构上的差异,不能同等看待,因此,处罚较轻。

在本罪的认定上,应当注意其与以危险方法危害公共安全罪的区分。根据 2020 年最高人民法院、最高人民检察院、公安部、司法部印发的《关于依法惩治妨害新型冠状病毒感染肺炎疫情防控违法犯罪的意见》第 2 条第 1 款的规定,以危险方法危害公共安全罪必须是已经被确诊的新型冠状病毒感染病人、病原携带者,拒绝隔离治疗或者隔离期未满擅自脱离隔离治疗,并进入公共场所或者公共交通工具的;或者新型冠状病毒感染疑似病人有上述行为,造成新型冠状病毒传播的。因此,即便行为人有隐瞒其曾与从疫区来的人接触的历史,并且四处移动,

---

[209] 2008 年最高人民检察院、公安部《关于公安机关管辖的刑事案件立案追诉标准的规定(一)》第 49 条第 2 款。

[210] 阮齐林、耿佳宁:《中国刑法各论》,中国政法大学出版社 2023 年版,第 357 页;王新:《刑法分论精解》,北京大学出版社 2023 年版,第 325 页。

[211] 刘艳红、夏伟主编:《刑法学》(第 3 版)(下),北京大学出版社 2024 年版,第 448 页。

[212] 李希慧主编:《妨害社会管理秩序罪新论》,武汉大学出版社 2001 年版,第 450 页。

最终导致数名医护人员以及其他人员被感染,但只要其在四处移动的当时,并未被确诊为传染病人或者疑似病人,就只能构成妨害传染病防治罪,而不得以危险方法危害公共安全罪对其定罪处罚。

依照刑法第 330 条的规定,犯本罪的,处 3 年以下有期徒刑或者拘役;后果特别严重的,处 3 年以上 7 年以下有期徒刑。单位犯本罪的,对单位判处罚金,并对其直接负责的主管人员和其他直接责任人员,依照自然人犯本罪的规定处罚。

二、传染病菌种、毒种扩散罪

本罪,是指从事实验、保藏、携带、运输传染病菌种、毒种的人员,违反国务院卫生行政部门的有关规定,造成传染病菌种、毒种扩散,后果严重的行为。

本罪是侵害国家关于传染病菌种、毒种实验、保藏、携带、运输的管理制度的犯罪。客观上表现为,违反有关规定,造成传染病菌种、毒种扩散,后果严重。其中,"违反有关规定",是指违反卫生部门有关传染病菌种、毒种的保藏、携带、运输的具体规定;"传染病菌种、毒种",根据《传染病防治法实施办法》第 16 条的规定,包括三种类型的菌种、毒种:第一类包括鼠疫耶尔森氏菌、霍乱弧菌、天花病毒、艾滋病病毒;第二类主要包括布氏菌、麻风杆菌、肝炎病毒、狂犬病毒、斑疹伤寒立克次体等;第三类主要包括脑膜炎双球菌、链球菌、结核杆菌、梅毒螺旋体、乙型脑炎病毒等。"造成传染病菌种、毒种扩散",是指造成上述菌种、毒种失去控制,流传到社会;"后果严重",是指致人重伤、死亡或者使公私财产发生重大损失,而不是指造成传染病暴发、流行或者有暴发、流行的重大危险。因为,从刑法第 331 条的规定来看,本罪是实害犯,而不是危险犯。本罪主体是特殊主体,只有从事实验、保藏、携带、运输传染病菌种、毒种的人员才能成为本罪主体。本罪的主观要件,一般认定为过失。

根据有关司法解释,[213] 从事实验、保藏、携带、运输传染病菌种、毒种的人员,违反国务院卫生行政部门的有关规定,造成传染病菌种、毒种扩散,涉嫌下列情形之一的,应予立案追诉:(1)导致甲类和按甲类管理的传染病传播的;(2)导致乙类、丙类传染病流行、暴发的;(3)造成人员重伤或者死亡的;(4)严重影响正常的生产、生活秩序的;(5)其他造成严重后果的情形。

依照刑法第 331 条的规定,犯本罪的,处 3 年以下有期徒刑或者拘役;后果特别严重的,处 3 年以上 7 年以下有期徒刑。

三、妨害国境卫生检疫罪

本罪,是指违反国境卫生检疫规定,引起检疫传染病传播或者有引起检疫传染病传播严重危险的行为。

所谓违反国境卫生检疫规定,主要是指违反《国境卫生检疫法》及其实施细则的规定。例如,应当接受入境检验的船舶不悬挂检疫信号,有关人员在出入境的交通工具未接受检疫之前擅自上下货物,或者未经出入境卫生处理擅自移运尸体、骸骨等,都属于此。所谓引起检疫传染病传播,是指实际造成了检疫传染病传播的后果,使他人感染上这种疾病,但不要求发生死亡等严重后果。所谓检疫传染病,是指鼠疫、霍乱、黄热病以及国务院确定和公布的其他传染病。所谓严重危险,是指虽然尚未实际造成检疫传染病传播,但极有可能造成这类疾病传播的

---

〔213〕 2008 年最高人民检察院、公安部《关于公安机关管辖的刑事案件立案追诉标准的规定(一)》第 50 条。

危险。

根据相关司法解释，[214]实施下列行为之一的，属于妨害国境卫生检疫行为：(1)检疫传染病染疫人或者染疫嫌疑人拒绝执行海关依照国境卫生检疫法等法律法规提出的健康申报、体温监测、医学巡查、流行病学调查、医学排查、采样等卫生检疫措施，或者隔离、留验、就地诊验、转诊等卫生处理措施的；(2)检疫传染病染疫人或者染疫嫌疑人采取不如实填报健康申明卡等方式隐瞒疫情，或者伪造、涂改检疫单、证等方式伪造情节的；(3)知道或者应当知道实施审批管理的微生物、人体组织、生物制品、血液及其制品等特殊物品可能造成检疫传染病传播，未经审批仍逃避检疫，携运、寄递出入境的；(4)出入境交通工具上发现有检疫传染病染疫人或者染疫嫌疑人，交通工具负责人拒绝接受卫生检疫或者拒不接受卫生处理的；(5)来自检疫传染病流行国家、地区的出入境交通工具上出现非意外伤害死亡且死因不明的人员，交通工具负责人故意隐瞒情况的；(6)其他拒绝执行海关依照《国境卫生检疫法》等法律法规提出的检疫措施的。实施上述行为，引起鼠疫、霍乱、黄热病以及新冠肺炎等国务院确定和公布的其他检疫传染病传播或者有传播严重危险的。

在本罪的认定中，应当注意其与妨害传染病防治罪的界限。二者的区别在于：首先，行为表现不同。本罪表现为违反国境卫生检疫规定，逃避对其人身和物品的检查，而后罪表现为违反《传染病防治法》的相关规定。其次，结果要求不同。本罪的后果范围较广，除了引起甲类传染病，还包括其他检疫传染病的传播或者传播的严重危险，后罪是引起甲类传染病传播或者有传播的严重危险。

依照刑法第 332 条的规定，犯本罪的，处 3 年以下有期徒刑或者拘役，并处或者单处罚金。单位犯本罪的，对单位判处罚金，并对其直接负责的主管人员和其他直接责任人员，依照自然人犯本罪的规定处罚。

四、非法组织卖血罪

本罪，是指违反国家有关规定，组织他人出卖血液的行为。

本罪的保护法益是侵害国家血液采集、供应的管理制度和公民的身体健康与生命安全的犯罪。行为对象只能是自愿卖血者，如果卖血者不是出于自愿，不能构成本罪。本罪客观上表现为非法组织他人卖血。所谓非法，系指违反国家卫生行政部门《单采血浆站管理办法》等行政法规。所谓组织，是指以招募、雇佣、纠集、容留、引诱、串联、拉拢、诱骗等多种方法与手段，策划、领导、指挥并安排、控制多人进行出卖血液活动。但暴力、威胁方法不在本罪犯罪手段之列。对于以暴力、胁迫手段强迫公民出卖血液的，应以强迫卖血罪论处。

根据有关司法解释，[215]非法组织他人出卖血液，涉嫌下列情形之一的，应予立案追诉：(1)组织卖血 3 人次以上的；(2)组织卖血非法获利 2000 元以上的；(3)组织未成年人卖血的；(4)被组织卖血的人的血液含有艾滋病病毒、乙型肝炎病毒、丙型肝炎病毒、梅毒螺旋体等病原微生物的；(5)其他非法组织卖血应予追究刑事责任的情形。

在本罪的适用中，应当注意一罪与数罪的认定问题。根据刑法第 333 条第 2 款的规定，非

---

〔214〕 2020 年最高人民法院、最高人民检察院、公安部、司法部、海关总署《关于进一步加强国境卫生检疫工作　依法惩治妨害国境卫生检疫违法犯罪的意见》第 2 条第 1 款第 2 项。

〔215〕 2008 年最高人民检察院、公安部《关于公安机关管辖的刑事案件立案追诉标准的规定（一）》第 52 条。

法组织他人卖血,对他人造成伤害的,不以数罪论,而应依照刑法第 234 条规定的故意伤害罪定罪处罚。其主要是指在组织他人卖血活动过程中超量采血或者让因患疾病不能抽血的人卖血而严重损害其健康甚至引起死亡结果的场合。必须注意的是,这里的伤害,是指重伤,造成他人轻伤的,仍应按本罪定罪处罚。否则,会造成重罪轻判的结果。因为,刑法第 234 条所规定的故意轻伤的法定刑比本罪的要轻。

依照刑法第 333 条的规定,犯本罪的,处 5 年以下有期徒刑,并处罚金。实施非法组织他人卖血的行为,对他人造成伤害的,依照本法第 234 条规定的故意伤害罪定罪处罚。

五、强迫卖血罪

本罪,是指以暴力、威胁方法强迫他人出卖血液的行为。

所谓暴力,是指对他人人身实施有形的强制力量,如殴打、捆绑等;所谓威胁,是指对他人实施无形的精神上的强制,如以暴力威胁或者以揭发隐私相威胁等。同样,以暴力强迫他人卖血,造成他人重伤结果的,以故意伤害罪一罪论处,而不实行数罪并罚。根据有关司法解释,〔216〕以暴力、威胁方法强迫他人出卖血液的,应予立案追诉。

依照刑法第 333 条的规定,犯本罪的,处 5 年以上 10 年以下有期徒刑,并处罚金。实施非法强迫他人卖血的行为,对他人造成伤害的,依照本法第 234 条规定的故意伤害罪定罪处罚。

六、非法采集、供应血液、制作、供应血液制品罪

本罪,是指非法采集、供应血液或者制作、供应血液制品,不符合国家规定的标准,足以危害人体健康的行为。

本罪客观上表现为,非法采集、供应血液或者制作、供应血液制品,足以危害人体健康。其中,"非法采集、供应血液或者制作、供应血液制品",是指未经国家主管部门批准或者超过批准的业务范围,采集、供应血液或者制作、供应血液制品。这里的"血液",是指人体血液,包括全血、成分血和特殊血液成分,不包括仿制血液和动物血液;"血液制品",主要指由人体血液制作的以备输入人体所用的血浆制品等,即各种人血浆蛋白制品。"不符合国家规定的标准,足以危害人体健康",根据有关司法解释,〔217〕是指非法采集、供应血液或者制作、供应血液制品,具有下列情形之一:(1)采集、供应的血液含有艾滋病病毒、乙型肝炎病毒、丙型肝炎病毒、梅毒螺旋体等病原微生物的;(2)制作、供应的血液制品含有艾滋病病毒、乙型肝炎病毒、丙型肝炎病毒、梅毒螺旋体等病原微生物,或者将含有上述病原微生物的血液用于制作血液制品的;(3)使用不符合国家规定的药品、诊断试剂、卫生器材,或者重复使用一次性采血器材采集血液,造成传染病传播危险的;(4)违反规定对献血者、供血浆者超量、频繁采集血液、血浆,足以危害人体健康的;(5)其他不符合国家有关采集、供应血液或者制作、供应血液制品的规定标准,足以危害人体健康的。本罪属危险犯,只要行为人之行为"足以危害人体健康",便成立本罪。

---

〔216〕 2008 年最高人民检察院、公安部《关于公安机关管辖的刑事案件立案追诉标准的规定(一)》第 53 条。

〔217〕 2008 年最高人民法院、最高人民检察院《关于办理非法采供血液等刑事案件具体应用法律若干问题的解释》第 2 条。

在本罪的认定上，应注意其与非法组织卖血罪的区别。二者的主要区别在于：(1)客观方面不同。本罪客观上表现为行为人自己采集、供应血液或者制作、供应血液制品，而后罪是行为人组织他人出卖血液。(2)成立条件不同。本罪是危险犯，以“足以危害人体健康”为要件；后罪是行为犯，只要行为人实施了符合构成要件的危害行为，就构成犯罪。

根据刑法第 334 条的规定，犯本罪，足以危害人体健康的，处 5 年以下有期徒刑或者拘役，并处罚金；对人体健康造成严重危害的，处 5 年以上 10 年以下有期徒刑，并处罚金；造成特别严重后果的，处 10 年以上有期徒刑或者无期徒刑，并处罚金或者没收财产。其中，“对人体健康造成严重危害”，是指非法采集、供应血液或者制作、供应血液制品，具有下列情形之一：(1)造成献血者、供血浆者、受血者感染乙型肝炎病毒、丙型肝炎病毒、梅毒螺旋体或者其他经血液传播的病原微生物的；(2)造成献血者、供血浆者、受血者重度贫血、造血功能障碍或者其他器官组织损伤导致功能障碍等身体严重危害的；(3)对人体健康造成其他严重危害的。[218]“造成特别严重后果”，是指非法采集、供应血液或者制作、供应血液制品，具有下列情形之一：(1)因血液传播疾病导致人员死亡或者感染艾滋病病毒的；(2)造成 5 人以上感染乙型肝炎病毒、丙型肝炎病毒、梅毒螺旋体或者其他经血液传播的病原微生物的；(3)造成 5 人以上重度贫血、造血功能障碍或者其他器官组织损伤导致功能障碍等身体严重危害的；(4)造成其他特别严重后果的。[219]

七、采集、供应血液、制作、供应血液制品事故罪

本罪，是指经国家主管部门批准采集、供应血液或者制作、供应血液制品的部门，不依照规定进行检测或者违背其他操作规定，造成危害他人身体健康后果的行为。

其中，“经国家主管部门批准采集、供应血液或者制作、供应血液制品的部门”，主要指医院、血站等承担血液采集、供应或者血液制品的制作、供应的单位，包括血液中心、中心血站、中心血库、脐带血造血干细胞库和国家卫生行政主管部门根据医学发展需要批准、设置的其他类型血库、单采血浆站，以及经国家主管部门批准的采供血机构和血液制品生产经营单位；“不依照规定进行检测或者违背其他操作规定”，是指经国家主管部门批准采集、供应血液或者制作、供应血液制品的部门，具有下列情形之一：(1)血站未用两个企业生产的试剂对艾滋病病毒抗体、乙型肝炎病毒表面抗原、丙型肝炎病毒抗体、梅毒抗体进行两次检测的；(2)单采血浆站不依照规定对艾滋病病毒抗体、乙型肝炎病毒表面抗原、丙型肝炎病毒抗体、梅毒抗体进行检测的；(3)血液制品生产企业在投料生产前未用主管部门批准和检定合格的试剂进行复检的；(4)血站、单采血浆站和血液制品生产企业使用的诊断试剂没有生产单位名称、生产批准文号或者经检定不合格的；(5)采供血机构在采集检验标本、采集血液和成分血分离时，使用没有生产单位名称、生产批准文号或者超过有效期的一次性注射器等采血器材的；(6)不依照国家规定的标准和要求包装、储存、运输血液、原料血浆的；(7)对国家规定检测项目结果呈阳性的血液未及时按照规定予以清除的；(8)不具备相应资格的医务人员进行采血、检验操作的；(9)对献血者、供血浆者超量、频繁采集血液、血浆的；(10)采供血机构采集血液、血浆前，

---

[218] 2008 年最高人民法院、最高人民检察院《关于办理非法采供血液等刑事案件具体应用法律若干问题的解释》第 3 条。

[219] 2008 年最高人民法院、最高人民检察院《关于办理非法采供血液等刑事案件具体应用法律若干问题的解释》第 4 条。

未对献血者或供血浆者进行身份识别，采集冒名顶替者、健康检查不合格者血液、血浆的；（11）血站擅自采集原料血浆，单采血浆站擅自采集临床用血或者向医疗机构供应原料血浆的；（12）重复使用一次性采血器材的；（13）其他不依照规定进行检测或者违背操作规定的。[220]“造成危害他人身体健康后果”，是指：（1）造成献血者、供血浆者、受血者感染艾滋病病毒、乙型肝炎病毒、丙型肝炎病毒、梅毒螺旋体或者其他经血液传播的病原微生物的；（2）造成献血者、供血浆者、受血者重度贫血、造血功能障碍或者其他器官组织损伤导致功能障碍等身体严重危害的；（3）造成其他危害他人身体健康后果的。[221]

根据刑法第334条的规定，犯本罪的，对单位判处罚金，并对其直接负责的主管人员和其他直接责任人员，处5年以下有期徒刑或者拘役。

八、非法采集人类遗传资源、走私人类遗传资源材料罪

本罪是指违反国家有关规定，非法采集我国人类遗传资源或者非法运送、邮寄、携带我国人类遗传资源材料出境，危害公众健康或者社会公共利益，情节严重的行为。

本罪为2020年《刑法修正案（十一）》第38条所增设，与《生物安全法》的相关规定进行有效衔接。人类遗传资源在科学研究、商业竞争乃至国家生物安全等领域都具有重要的基础性意义，是企业和国家争夺的资源高地。我国是一个历史源远流长、地域广阔的多民族的人口大国。拥有极其丰富的民族遗传和典型的疾病遗传资源，和大量特殊生态环境人群、地理人群以及疾病核心家系等遗传资源，具备优渥的人类遗传资源研究与开发禀赋。设立本罪的意义在于，通过具体罪名及刑罚的设置，将非法从事基因编辑、克隆胚胎，非法采集人类遗传资源或者非法运送、邮寄、携带人类遗传资源材料出境等行为纳入刑法规制，织密了危害人类遗传安全犯罪的刑事法网，使国家生物安全法律制度体系更加严密、更加完备。设立本罪，既严厉保护国家人类遗传资源主权和生物安全，保护公众生命健康和社会公共利益，又依法保障和推进生物技术健康发展，推动国家生物安全治理效能的整体提升。

关于“人类遗传资源”，理论上讲，所有从人体采集的样本都应构成“人类遗传资源”，但从我国《生物安全法》《人类遗传资源管理条例》的定义来看，其仅仅是指“人类遗传资源材料”和“人类遗传资源信息”。其中，前者是指含有人体基因组、基因等遗传物质的器官、组织、细胞等遗传材料，后者是指利用人类遗传资源材料产生的数据等信息资料。二者的区分，在本罪的认定上具有重要意义。就非法采集而言，无论是采集“人类遗传资源材料”还是采取“人类遗传资源信息”，都构成犯罪即非法采集人类遗传资源罪，但就走私而言，只有走私人类遗传资源材料的行为才构成犯罪。我国并没有对走私人类遗传资源信息的行为作为犯罪处理，其系行政法调整范畴。另外，要注意的是，人类遗传资源材料必须“含有人体基因组、基因等遗传物质”。有一些常见的人类生物样本材料，如从血液中提取出的血清，经过离心提取后，并不含有人体基因组、基因等遗传物质。在实务中，在认定人类遗传资源时，必须注意这一点。

走私人类遗传资源材料罪的保护法益是复合法益。虽然本罪被规定为非法采集人类遗传

---

〔220〕 2008年最高人民法院、最高人民检察院《关于办理非法采供血液等刑事案件具体应用法律若干问题的解释》第5条。

〔221〕 2008年最高人民法院、最高人民检察院《关于办理非法采供血液等刑事案件具体应用法律若干问题的解释》第6条。

资源这种具有人体个人生物信息类犯罪以及走私类犯罪,但其并没有规定在刑法分则第三章“破坏社会主义市场经济秩序罪”的第二节“走私罪”以及第四章“侵犯公民人身权利、民主权利罪”之中,而是规定在了第六章“妨害社会管理秩序罪”的第五节“危害公共卫生罪”之中。因此,本罪法益保护的侧重点并非我国海关监督管理制度以及公民个人人身权利,而主要是人类遗传资源管理制度、生物安全领域的社会公共利益。

本罪的实行行为包括两种:

1. 非法采集我国人类遗传资源的行为。根据相关法律规定,采集我国人类遗传资源,必须满足相关法律规定要求的程序、目的。例如,《人类遗传资源管理条例》第 11 条规定,采集我国重要遗传家系、特定地区人类遗传资源或者采集国务院卫生健康主管部门规定种类、数量的人类遗传资源的,应当符合下列条件,并经国务院卫生健康主管部门批准:(1)具有法人资格;(2)采集目的明确、合法;(3)采集方案合理;(4)通过伦理审查;(5)具有负责人类遗传资源管理的部门和管理制度;(6)具有与采集活动相适应的场所、设施、设备和人员。第 12 条规定,采集我国人类遗传资源,应当事先告知人类遗传资源提供者采集目的、采集用途、对健康可能产生的影响、个人隐私保护措施及其享有的自愿参与和随时无条件退出的权利,征得人类遗传资源提供者书面同意。在告知人类遗传资源提供者前款规定的信息时,必须全面、完整、真实、准确,不得隐瞒、误导、欺骗。违反上述规定而采集人类遗传资源的,就是违法采集。同时,要注意的是,本罪保护的对象是“我国人类遗传资源材料”。这就意味着,并非所有从人类身体中提取的生物材料都是本罪的保护对象,只有从我国公民身上所提取的人类遗传资源材料才是本罪的保护对象。在我国境内居住的外国人的人类遗传资源,不属于我国种族的遗传资源。同样,如果涉案材料采集自境外的外国人,只是在我国进行加工处理后出境,或在我国中转出境,即使有非法运送、邮寄、携带等逃避海关监管的行为,也不触犯本罪。

2. 走私人类遗传资源出境的行为。所谓走私,就是绕过海关监管而私自运送境外,方式包括非法运送、邮寄、携带等。根据《人类遗传资源管理条例》第 27 条的规定,利用我国人类遗传资源开展国际合作科学研究,或者因其他特殊情况确需将我国人类遗传资源材料运送、邮寄、携带出境的,应当符合下列条件,并取得国务院卫生健康主管部门出具的人类遗传资源材料出境证明:(1)对我国公众健康、国家安全和社会公共利益没有危害;(2)具有法人资格;(3)有明确的境外合作方和合理的出境用途;(4)人类遗传资源材料采集合法或者来自合法的保藏单位;(5)通过伦理审查。利用我国人类遗传资源开展国际合作科学研究,需要将我国人类遗传资源材料运送、邮寄、携带出境的,可以单独提出申请,也可以在开展国际合作科学研究申请中列明出境计划一并提出申请,由国务院卫生健康主管部门合并审批。换言之,将我国人类遗传资源材料运送、邮寄、携带出境的,凭人类遗传资源材料出境证明办理海关手续。如果科研机构、高等学校、医疗机构、企业因利用我国人类遗传资源开展国际合作、科学研究,或者因其他特殊情况确需将我国人类遗传资源材料运送、邮寄、携带出境的,需要符合一定条件,并取得国务院科学技术行政部门出具的《人类遗传资源材料出境证明》。

本罪主观罪过为故意,即行为人明知其所采取我国人类遗传资源的行为,以及运送、邮寄、携带我国人类遗传资源材料出境的行为违法,但是仍然希望或者放任这种危害结果的发生。在判断行为人主观认识的时候,需要结合遗传材料本身、嫌疑人个人和违法行为的因素综合判断。例如,遗传材料是否被专业的生物医疗容器所保存,外观上是否带有关于材料本身的说明与注意事项,嫌疑人是否有相关从业背景或达到相当的文化程度,嫌疑人所获取报酬的高低,运送、邮寄、携带与联系、交接行为是否隐蔽,嫌疑人被查获时的反应和表现,等等。

成立本罪,上述行为还必须达到"危害公众健康或者社会公共利益,情节严重"的程度。由于本罪所造成的严重后果短时间内很难显现出来,因此对于"危害公众健康或者社会公共利益,情节严重"的理解和判断要结合采集的目的、方法手段、采集对象的年龄段、采集的地区、对采集对象所造成的危害、走私出境的数量等多方面的因素加以判断。

按照刑法第341条之一的规定,犯本罪的,处3年以下有期徒刑、拘役或者管制,并处或者单处罚金;情节特别严重的,处3年以上7年以下有期徒刑,并处罚金。

九、医疗事故罪

(一)概念和构成

本罪,是指医务人员在医务工作中由于严重不负责任,造成就诊人死亡或者严重损害就诊人身体健康的行为。其构成如下:

1. 主体。本罪属身份犯,主体为医务人员。这里医务人员应作广义解释,凡经过卫生行政机关批准、承认的从事医务职业的各级各类医务人员,包括医生、护士、防疫人员、药剂人员、医疗管理人员、麻醉人员等都属于医务人员的范畴。另外,1988年5月10日原卫生部颁布的《关于〈医疗事故处理办法〉若干问题的说明》(已失效)第1条第1款第1项指出,因诊疗护理工作是群体性的活动,构成医疗事故的行为人,还包括从事医疗管理、后勤服务等人员。因此,在医疗单位工作的党政、后勤管理人员,若因工作严重不负责任,造成严重后果的,也能作为医疗事故罪的主体。但这种理解显然过于宽泛,不符合刑法规定的医疗事故罪的宗旨。一般来说,医疗单位当中,和病人的生命、健康保障直接相关的人,如业务副院长、保障医疗活动正常进行的医院电工、氧气工、救护车司机等可以成为本罪主体,但基建人员、行政副院长等和病人的生命、健康保障并不直接相关的人,不能成为本罪主体。

2. 危害行为和危害结果。本罪客观上表现为,严重不负责任,造成了医疗事故。其认定应注意以下两点:

(1)在医务工作中严重不负责任。所谓严重不负责任,是指在诊疗护理工作中严重违反规章制度和诊疗护理常规,不履行或者不正确履行职责。此处的规章制度,是指与保障病人的生命健康有关的诊疗护理制度,包括诊断、处方、麻醉、手术、输血、护理、化验、消毒、医嘱、查房等多个医疗环节的规程、规则、制度等。诊疗护理常规,是指长期以来在诊疗护理实践中被公认的行之有效的操作习惯与惯例。因此,违反规章制度和诊疗护理常规是造成医疗事故的原因,也是行为人承担刑事责任的前提。根据有关司法解释,[222]具有下列情形之一的,属于本条规定的"严重不负责任":一是擅离职守的;二是无正当理由拒绝对危急就诊人实行必要的医疗救治的;三是未经批准擅自开展试验性治疗的;四是严重违反查对、复核制度的;五是使用未经批准使用的药品、消毒药剂、医疗器械的;六是严重违反国家法律法规及有明确规定的诊疗技术规范、常规的;七是其他严重不负责任的情形。因此,卫生所医生不行药物皮试导致患者死亡的,处置不力延误病情导致病重患儿死亡的,非法诊所有资格无执照医生因药害诱发患儿死亡的,具有行医资格和执业许可证的个体诊所医生用偏方私制胶囊造成患者药害身亡的,均为在医务工作中严重不负责任的体现。

---

[222] 2008年最高人民检察院、公安部《关于公安机关管辖的刑事案件立案追诉标准的规定(一)》第56条第1款。

（2）造成了就诊人死亡或者严重损害了就诊人的身体健康。也就是说，只有造成了重大医疗事故的场合，才能构成本罪。其中，“严重损害就诊人身体健康”，是指造成就诊人严重残疾、重伤、感染艾滋病、病毒性肝炎等难以治愈的疾病或者其他严重损害就诊人身体健康的后果。重大医疗事故，分为造成病员死亡、造成病员严重残疾或者严重功能障碍和造成病员残疾或者功能障碍三个等级。无论是属于哪个级别的重大医疗事故，均不影响本罪的成立。所谓就诊人，就是到医疗机构治疗疾患、进行健康体检或者为计划生育而治疗的人。

3. 主观要件。本罪的主观要件为过失。

（二）本罪的认定

本罪在认定上，应注意以下问题：

1. 本罪与一般医疗过错的界限。区分二者的关键在于：是否造成了就诊人死亡或者严重损害了就诊人身体健康。如果没有造成就诊人死亡或者身体健康严重损害的，即使给被害人造成了一般轻微伤害的，也只能作为一般医疗事故处理。

2. 本罪与医疗技术事故的界限。所谓医疗技术事故，是指医务人员在医务工作中，由于业务水平低下，或者经验不足，或者单位医疗技术设备太差等客观原因，造成就诊人病情恶化或者死亡。这种情况，一般不应按犯罪论处。行为人有民事过错的，可按民事违法行为处理。

3. 本罪与医疗意外的界限。所谓医疗意外，是指由于现代医疗水平的局限，在治疗过程中发生的难以预料和防范的不良后果。例如，在给心脏病人做开刀手术时病人突然休克死亡便是适例。本罪与医疗意外的区别在于：本罪中“造成就诊人死亡或者严重损害就诊人身体健康”是医务人员严重不负责任的过失行为所致；而医疗意外造成的就诊人伤亡，是由于出现了目前的治疗技术所难以预料或者不可抗拒的原因。

（三）处罚

依照刑法第 335 条的规定，犯本罪的，处 3 年以下有期徒刑或者拘役。

十、非法行医罪

（一）概念和构成

本罪，是指未取得医生执业资格的人非法行医，情节严重的行为。其构成如下：

1. 主体。本罪的主体为一般主体，但限于没有取得医生执业资格的人。其中，“未取得医生执业资格”，不单纯是指未取得经过医师执业技术考试合格后取得的“医师执业证书”，还包括未取得卫生行政主管机关依法审批的《医疗机构执业许可证》的情形在内。2021 年公布的国家《医师法》第 12 条规定，医师资格考试成绩合格，取得执业医师资格或者执业助理医师资格，发给医师资格证书。第 13 条规定，国家实行医师执业注册制度。未注册取得医师执业证书，不得从事医师执业活动。据此可知，我国实行执业医师资格（证）与医师执业注册（照）分离的制度，尽管其拥有执业医师资格，但未依法在行医所在县（市、区）注册取得医师执业证书的，仍应视为没有取得医生执业资格的人。因此，持外地行医执照而未在当地注册行医的，属于非法行医。但是，医科大学本科毕业，分配到医院担任见习医生，在试用期内从事相应的医疗活动，不属于非法行医。[223] 药剂师资格和医师资格是两种不同的资格，因此，只具有药剂师

---

[223] 2002 年全国人大常委会法制工作委员会就河北省人大常委会法制工作委员会“《刑法》第 336 条非法行医的含义”的法律询问的答复。

资格的人坐诊行医也属于非法行医。

相关司法解释[224]规定,"未取得医生执业资格的人非法行医",是指以下四种情形:一是未取得或者以非法手段取得医师资格从事医疗活动;二是被依法吊销医师执业证书期间从事医疗活动;三是未取得乡村医生执业证书,从事乡村医疗活动;四是家庭接生员实施家庭接生以外的医疗行为。

2. 危害行为和危害结果。本罪客观上表现为,未取得医生执业资格的人非法行医,情节严重。其包括以下内容:

(1)非法行医。所谓非法行医,是指未取得医生执业资格,非法开展诊疗活动。所谓诊疗活动,按照原国家卫生和计划生育委员会2017年修正的《医疗机构管理条例实施细则》第88条的规定,是指通过各种检查,使用药物、器械及手术等方法,对疾病作出判断和消除疾病、缓解病情、减轻痛苦、改善功能、延长生命、帮助患者恢复健康的活动。因此,民间流传的火烧疗法、热敷疗法,甚至祖传的熏蒸疗法、扎银针、拔火罐以及让人数天之内禁水、禁食的"断食"疗法甚至通过祷告增加患者的信心,通过信仰力量加身从而更坚强地抵御病魔的所谓祷告疗法,也是医疗行为。但上述医疗行为,都必须由具有医生职业资格的人进行。否则,就是非法行医。非法行医,无论行为人是挂牌行医、坐堂问诊、走街串巷,还是挂靠医疗单位,只要没有医生执业资格,均是非法行医。行医,不仅包括为人治疗,还包括为人接生。

(2)必须达到"情节严重"的程度。所谓情节严重,是指具有下列情形之一:一是造成就诊人轻度残疾、器官组织损伤导致一般功能障碍的;二是造成甲类传染病传播、流行或者有传播、流行危险的;三是使用假药、劣药或不符合国家规定标准的卫生材料、医疗器械,足以严重危害人体健康的;四是非法行医被卫生行政部门行政处罚2次以后,再次非法行医的;五是其他情节严重的情形。[225] 如未取得医师执业资格非法行医,具有造成突发传染病病人、病原携带者、疑似突发传染病病人贻误诊治或者造成交叉感染等严重情节的,就是如此。[226]

(3)因果关系。非法行医行为系造成就诊人死亡的直接、主要原因的,应认定为刑法第336条第1款规定的"造成就诊人死亡"。非法行医行为并非造成就诊人死亡的直接、主要原因的,可不认定为刑法第336条第1款规定的"造成就诊人死亡",但根据案件情况,可以认定为刑法第336条第1款规定的"情节严重"。要注意的是,非法行医的场合,就诊人死亡往往系"多因一果"作用的产物。换言之,就诊人之死,除了行为人的非法行医行为之外,还有就诊人自身的特异体质的原因。因此,在判断非法行医行为是不是造成就诊人死亡的直接、主要原因时存在一定困难。但从本书的立场来看,就非法行医罪而言,在以危险现实化说来判断非法行医罪中因果关系的时候,不应当将就诊人即被害人的特异体质因素考虑在内。一方面,被害人往往就是因为具有某种疾病才来就医的,因此以就诊人存在特异体质为由而认为非法行医行为不是导致就诊人死亡的原因的话,则会导致非法行医的场合,几乎所有的因果关系均无法认定的结局;另一方面,被害人的特殊体质并不是因果关系认定中的介入因素,而是行为时已经存在的特定条件。因此,由于被害人存在某种疾病或者特殊体质,行为人所实施的通常情形下不足以致人死亡的行为,导致了被害人死亡的,也应当肯定因果关系。否则,会造成特殊体质

---

[224] 2016年最高人民法院《关于审理非法行医刑事案件具体应用法律若干问题的解释》第1条。

[225] 2016年最高人民法院《关于审理非法行医刑事案件具体应用法律若干问题的解释》第2条。

[226] 2003年最高人民法院、最高人民检察院《关于办理妨害预防、控制突发传染病疫情等灾害的刑事案件具体应用法律若干问题的解释》第12条。

人群在适用法律上的差别化待遇，使得其在基本无过错的情况下要为自身特殊体质“买单”，从根本上违背法律面前人人平等的宪法原则。

3. 主观要件。本罪的主观要件为故意，并具有牟利的目的。应当指出，这里说本罪的主观要件为故意，仅仅是就行医而言的。但对非法行医所造成的危害结果，行为人是出于过失。事实上，行为人并不希望或放任危害结果发生。如果行为人以行医为名，而实施伤害或杀人的行为，则应以故意伤害罪或故意杀人罪论处。

（二）本罪的认定

本罪在适用中，应当注意以下问题：

1. 本罪与医疗事故罪的区别。二者的区别在于：（1）主体不同。本罪主体为未取得医生执业资格的人；而医疗事故罪的主体是国家认可的医务人员。（2）主观要件不同。本罪的主观要件为故意，医疗事故罪的主观要件则是过失。

2. 一罪与数罪的问题。实施非法行医犯罪，同时构成生产、销售假药罪，生产、销售劣药罪，诈骗罪等其他犯罪的，依照刑法处罚较重的规定定罪处罚。

（三）处罚

根据刑法第336条第1款的规定，犯本罪的，处3年以下有期徒刑、拘役或者管制，并处或者单处罚金；严重损害就诊人身体健康的，处3年以上10年以下有期徒刑，并处罚金。造成就诊人死亡的，处10年以上有期徒刑，并处罚金。其中，“严重损害就诊人身体健康”，依据有关司法解释，是指具有下列情形之一：（1）造成就诊人中度以上残疾、器官组织损伤导致严重功能障碍的；（2）造成3名以上就诊人轻度残疾、器官组织损伤导致一般功能障碍的。[227]

十一、非法进行节育手术罪

本罪，是指未取得医生执业资格的人擅自为他人进行节育复通手术、假节育手术、终止妊娠手术或者摘取宫内节育器，情节严重的行为。

本罪客观上表现为，非法为他人进行节育手术的行为。这里，“节育手术”，是指复通手术、假节育手术、终止妊娠手术或者摘取宫内节育器四种行为。其中，“终止妊娠手术”应作狭义理解，只应限于具有破坏计划生育政策嫌疑的终止妊娠手术，主要是指具有性别歧视性质，即了解胎儿的男女性别之后，选择其中一方而进行的终止妊娠手术。行为人只要实施其中之一，即可成立本罪。

成立本罪，还必须达到“情节严重”的程度。所谓情节严重，一般是指，多次为他人非法进行节育手术的；非法进行节育手术而严重妨害计划生育工作的；非法为他人进行节育手术致人伤残的；等等。根据有关司法解释，[228] 未取得医生执业资格的人擅自为他人进行节育复通手术、假节育手术、终止妊娠手术或者摘取宫内节育器，涉嫌下列情形之一的，应予立案追诉：（1）造成就诊人轻伤、重伤、死亡或者感染艾滋病、病毒性肝炎等难以治愈的疾病的；（2）非法进行节育复通手术、假节育手术、终止妊娠手术或者摘取宫内节育器5人次以上的；（3）致使他人超计划生育的；（4）非法进行选择性别的终止妊娠手术的；（5）非法获利累计5000元以上的；（6）其他情节严重的情形。本罪主体为一般主体，但必须是没有取得医生执业资格的人。

---

[227] 2016年最高人民法院《关于审理非法行医刑事案件具体应用法律若干问题的解释》第3条。

[228] 2008年最高人民检察院、公安部《关于公安机关管辖的刑事案件立案追诉标准的规定（一）》第58条。

具有医生执业资格的人非法进行节育手术的场合,不构成犯罪。[229] 本罪的主观要件为故意,行为人一般具有牟利的目的。

根据刑法第336条第2款的规定,犯本罪的,处3年以下有期徒刑、拘役或者管制,并处或者单处罚金;严重损害就诊人身体健康的,处3年以上10年以下有期徒刑,并处罚金;造成就诊人死亡的,处10年以上有期徒刑,并处罚金。

十二、非法植入基因编辑、克隆胚胎罪

本罪是指将基因编辑、克隆的人类胚胎植入人体或者动物体内,或者将基因编辑、克隆的动物胚胎植入人体内,情节严重的行为。

本罪,是基于近年来,一些科学家针对人类胚胎,进行以生物体基因组特定目标基因进行修饰的行为,可能会引起难以预料的风险和重大伦理问题的现实而制定的。[230] 基因编辑(gene editing),是指通过基因编辑技术对生物体基因组特定目标进行修饰,高效而精准地实现基因插入、缺失或替换,从而改变其遗传信息和表现型特征的技术手段。作为一种前沿生物科技方法,其对于疾病产生的原因以及抑制而言,有着不可替代的作用。但遗憾的是,就目前的技术发展来看,基因编辑技术远未达到可以进行人体实验的程度,任其泛滥,会导致人类基因组多态性格局面发生重大改变,有可能沦为个别人进行种族主义或其他反人类目的行为的工具,最终将对人类社会和谐稳定发展造成巨大的冲击,影响人类命运共同体的构建。因此,2020年公布的《刑法修正案(十一)》特定增设本罪名。

本罪的行为,具体有两类:一是将基因编辑、克隆的人类胚胎植入人体或者动物体内;二是将基因编辑、克隆的动物胚胎植入人体内。两类行为要求必须是已经“植入”,如果是前期的准备工作未植入的,不作为犯罪处理。随着科学技术发展,模拟的人体子宫、动物子宫等体外培育的技术已经成为可能,本罪客观方面仅规定了植入人体或者动物体内的情形,生物体外培育的不构成本罪。此外,上述两类行为必须达到“情节严重”的程度,才构成犯罪。关于本罪中“情节严重”的认定和把握,可以考虑以下一项或者多项因素,综合作出判断:是否存在将不同生物体基因进行混合编辑、是否进行不符合人类伦理的克隆等情形;基因编辑、克隆的动机与用途,是否为了治愈人类疾病、商业用途或者其他用途等;基因编辑、克隆的人类胚胎、动物胚胎的数量多少;植入体内后胚胎是否成功培育、出生;等等。如果行为人自动终止培育的,可以不认为是“情节严重”,出生后的胎儿是否存在残疾等情况也是判断“情节严重”的参考因素。

要注意的是,本法所禁止的是对人类有关的非法基因编辑和非法克隆行为,对于人以外的动物的相关行为,不在本罪所处罚的范围之内。另外,本罪处罚的是复杂客体,除行为对象本身的健康受损之外,国家基因管理秩序和基因安全也会受到一定程度的损害,因此,本罪的场

---

[229] 刑法的这种规定存在问题。本罪的目的是保护我国的计划生育政策,只要行为对我国的计划生育政策造成危害,达到犯罪程度,就应追究其刑事责任,而不应将合法行医者和非法行医者加以区分。

[230] 特别是2018年11月,国内某大学教师宣布两名进行过基因编辑的婴儿在我国出生,该消息引起新闻媒体与社会公众的强烈关注,并引发较大国际关切。尽管该教师宣称此次“基因编辑婴儿”是为了艾滋病免疫,但基因编辑对受体的长远影响并没有接受有效评估,可能造成接受编辑的人不可逆转的健康伤害。人体胚胎基因编辑技术在国际上仍处于早期研究阶段,欧美等国家由于严格管控,并无“基因编辑婴儿”出生,若我国不及时编织严密法网,存在国际上从事该项研究的人在我国设置地下产业的可能,将对人体健康构成潜在的严重威胁。

合，不能适用同意无侵害的原理，即便行为对象同意，也不能排除本罪的社会危害性。

关于本罪的处罚，按照刑法第 336 条之一的规定，犯本罪的，处 3 年以下有期徒刑或者拘役，并处罚金；情节特别严重的，处 3 年以上 7 年以下有期徒刑，并处罚金。

十三、妨害动植物防疫、检疫罪

本罪，是指违反进出境动植物检疫法的规定，逃避动植物检疫，引起重大动植物疫情，或者有引起重大动植物疫情危险，情节严重的行为。

根据相关司法解释，[231] 违反有关动植物防疫、检疫的国家规定，有引起重大动植物疫情危险，涉嫌下列情形之一的，应予立案追诉：(1)非法处置疫区内易感动物或者其产品，货值金额 5 万元以上的；(2)非法处置因动植物防疫、检疫需要被依法处理的动植物或者其产品，货值金额 2 万元以上的；(3)非法调运、生产、经营感染重大植物检疫性有害生物的林木种子、苗木等繁殖材料或者森林植物产品的；(4)输入《进出境动植物检疫法》规定的禁止进境物逃避检疫，或者对特许进境的禁止进境物未有效控制与处置，导致其逃逸、扩散的；(5)进境动植物及其产品检出有引起重大动植物疫情危险的动物疫病或者植物有害生物后，非法处置导致进境动植物及其产品流失的；(6)一年内携带或者寄递《禁止携带、邮寄进境的动植物及其产品名录》所列物品进境逃避检疫 2 次以上，或者窃取、抢夺、损毁、抛洒动植物检疫机关截留的《禁止携带、邮寄进境的动植物及其产品名录》所列物品的；(7)其他情节严重的情形。本条规定的“重大动植物疫情”，按照国家行政主管部门的有关规定认定。

本罪在认定上，必须注意以下问题：

1. 本罪与妨害国境卫生检疫罪的区别。二者的主要区别是行为对象不同。本罪行为所指向的是进出境动植物、动植物产品和其他检疫物，装载动植物、动植物产品和其他检疫物的旧容器、包装物以及来自疫区的运输工具等；而后罪的行为对象是入境、出境的人员、交通工具、运输工具、运输设备以及可能传染检疫传染病的行李、货物、邮包等物品。

2. 本罪与妨害传染病防治罪的区别。二者的最主要区别是行为的具体表现不同。本罪是逃避动植物检疫，而后者的行为是刑法第 330 条所列举的 5 种，主要是拒绝或者逃避预防甲类传染病传播的措施以及纵容某种引起甲类传染病传播的行为。

根据刑法第 337 条的规定，犯本罪的，处 3 年以下有期徒刑或者拘役，并处或者单处罚金。单位犯本罪的，对单位判处罚金，并对其直接负责的主管人员和其他直接责任人员，依照自然人犯本罪的规定处罚。

第七节　破坏环境资源保护的犯罪

本类犯罪是破坏国家环境保护制度和公私财产与公民健康、生命安全的犯罪。所谓环境保护制度，是指由我国《环境保护法》《水污染防治法》《大气污染防治法》《传染病防治法》等

---

[231] 2017 年最高人民检察院、公安部《关于公安机关管辖的刑事案件立案追诉标准的规定(一)的补充规定》第 9 条第 2、3 款。

一系列法律、法规所形成的环境保护制度。本罪的各种表现形式——向土地、水体、大气中排放、倾倒或者处置有放射性的废物、含传染病病原体的废物、有毒物质或其他有害物质,均是对我国环境保护制度的破坏。由于人类的生存与发展均离不开环境,因此,保护环境就是保护人类自己的生存空间,我们有必要采取一切有效手段来防止环境污染犯罪的发生。

就环境犯罪的保护法益而言,近年来出现了独立的、和人的生命及身体无关的"环境"自身就是保护法益的观点,这就是近年来流行的所谓生态学的法益概念。这种观点认为,破坏环境(以水体、土壤、大气之类为媒介)本身就是犯罪,而不用考虑对人类生活造成了何种直接影响。[232] 在我国刑法第341条等之中也能依稀看见这种见解的痕迹。我国刑法第341条明文规定,非法猎捕、杀害国家重点保护的珍贵、濒危野生动物,或者非法收购、运输、出售国家重点保护的珍贵、濒危野生动物及其制品的行为,构成犯罪。因此,在有关本罪的保护法益的问题上,就必须能够以各种方法证明,珍贵、濒危野生动物的存在对人类的生活具有某种意义,否则,就不能说刑法中所保护的法益均和人有关,即必须承认生态学的法益概念。

确实,近年来国内外流行的生态学的法益论,在当今自然环境每况愈下的背景之下,确实有其提倡价值。但保护环境是不是就一定要颠覆传统的法益概念,则是另外一回事。传统的法益观之下,并非不重视环境保护,而是在与人类生存和发展相平衡的基础上考虑对环境的保护。况且,完全和人无关的生态法益,是不是可能存在,也值得怀疑。因为,现代社会之所以如此重视环境,也无非是因为其被看作人以及人类现在和将来的生活基础。同时,即便说环境具有作为法益保护的价值,在判断应当如何对其加以保护的时候,最终也还是要以是否对人有利为参照标准。如就发展中国家而言,绝对不能以饿死人的方式来保护热带雨林。同样,就发达国家而言,也不可能为了保护臭氧层不被破坏而禁止生产和使用空调、冰箱等排放氟里昂的产品。如此说来,完全与人的存在无关的环境法益是难以想象的。当然,这里所谓的"人的存在",不限于生命、身体,可以扩大到和特定或者不特定的人的生活利益相关的范畴。同时,从我国刑法的规定来看,其中尽管强调对独立于土地、水体、大气等环境的珍贵、濒危野生动物及其制品的保护,似乎是在承认与人无关的生态学上的环境法益,但是保护珍贵、濒危野生动物以及制品等事物就是在保护人类生存赖以维继的生物多样性。一般认为,物种多样性的存在与发展是一个生态系统,没有物种多样性,就没有生态系统的和谐存在以及发展,则人类自身必将受到严重的影响,甚至难以存在。如此说来,保护生物多样性最终还是保护人类自己。即便就我国刑法的规定来看,法条上也是非常明确地规定,只有"非法"地实施猎捕、杀害等行为的,才能构成犯罪,并非所有的猎捕、杀害等都构成犯罪,而是否"非法",显然还是与人的利益以及价值观的判断有关。因此,与人的利益无关的绝对意义上的生态学的法益论,是不可能存在的。

一、污染环境罪

(一)概念和构成

本罪,是指违反国家规定,排放、倾倒或者处置有放射性的废物、含传染病病原体的废物、有毒物质或其他有害物质,严重污染环境的行为。

本罪在客观上表现为违反国家自然资源保护法规,实施了破坏自然环境和自然资源,造成

---

[232] 赵秉志、冯军:《论环境污染的刑法治理:理念更新与立法完善》,载《法治研究》2013年第4期;齐文远、吴霞:《对环境刑法的象征性标签的质疑——与刘艳红教授等商榷》,载《安徽大学学报(哲学社会科学版)》2019年第5期。

严重污染后果的行为。具体来说,包括以下两方面的内容:

首先,违法排放、倾倒或者处置有放射性的废物、含传染病病原体的废物、有毒物质或者其他有害物质。

其中,"排放",是指把各种危险废物排入土地、水体、大气的行为,包括泵出、溢出、泄出、喷出、倒出等;"倾倒",是指通过船舶、航空器、平台或者其他载运工具,向土地、水体、大气倾卸危险废物的行为;"处置",是指以焚烧、填埋或其他改变危险废物属性的方式处理危险废物或者将其置于特定场所或者设施并不再取回的行为。一般来说,向环境中排放、倾倒、处置生产、生活中产生的废物,是法律允许的行为,其本身就是利用环境的体现。本罪所处罚的是"违反国家规定"向土地、水体、大气中排放、倾倒、处置各种废弃物的行为。具体来说,就是不按照指定的地点、方法等处理以上所列举的各种废弃物。

关于非法排放、倾倒、处置行为的认定,实务中,通常是从其行为方式是否违反国家规定或者行业操作规范、污染物是否与外环境接触、是否有造成环境污染的危险或者危害等方面进行综合分析判断。例如,对名为运输、贮存、利用实为排放、倾倒、处置的行为应当认定为非法排放、倾倒、处置行为,可以依法追究刑事责任。又如,对于未采取相应防范措施将没有利用价值的危险废物长期贮存、搁置,放任危险废物或者其有毒有害成分大量扬散、流失、泄漏、挥发,污染环境的行为,[233]以及无危险废物经营许可证,以营利为目的,从危险废物中提取物质作为原材料或者燃料,并具有超标排放污染物、非法倾倒污染物或者其他违法造成环境污染的情形的行为,都应认定为"非法处置危险废物"。

违法排放、倾倒或者处置的对象为危险废物,具体包括放射性废物、含传染病病原体的废物、有毒物质或者其他危险废物。所谓危险废物,是指列入《国家危险废物名录》,或者根据国家规定的危险废物鉴别标准和鉴别方法所认定的具有危险特性的废物。其中,"放射性废物"是指放射性核素超过国家规定限值的固体、液体和气体废弃物,包括放射性废水、废气和固体废物。"含传染病病原体的废物"是指含有传染病病菌的污水、粪便等废物。"有毒物质"是指对人体有毒害,可能对人体健康和环境造成严重危害的固体、泥状及液体废物,具体如下:(1)危险废物,是指列入《国家危险废物名录》,或者根据国家规定的危险废物鉴别标准和鉴别方法认定的,具有危险特性的固体废物;(2)《关于持久性有机污染物的斯德哥尔摩公约》附件所列物质;(3)重金属含量超过国家或者地方污染物排放标准的污染物;(4)其他具有毒性,可能污染环境的物质。"其他危险废物"则是指上述列举之外的,列入《国家危险废物名录》或者根据国家规定的危险废物鉴别标准和鉴别方法认定的具有危险特性的废物。

关于有害物质的认定,应当坚持主客观相一致原则,从行为人的主观恶性、污染行为恶劣程度、有害物质危险性毒害性等方面进行综合分析判断,准确认定其行为的社会危害性。实践中,常见的有害物质主要有:工业危险废物以外的其他工业固体废物;未经处理的生活垃圾;有害大气污染物、受控消耗臭氧层物质和有害水污染物;在利用和处置过程中必然产生有毒有害物质的其他物质;国务院生态环境主管部门会同国务院卫生主管部门公布的有毒有害污染物名录中的有关物质等。

---

〔233〕依据2019年最高人民法院、最高人民检察院、公安部、司法部、生态环境部发布的《关于办理环境污染刑事案件有关问题座谈会纪要》,应当根据《固体废物污染环境防治法》和最高人民法院、最高人民检察院《关于办理环境污染刑事案件适用法律若干问题的解释》的有关规定精神认定非法排放、倾倒、处置行为。

关于危险废物的认定,对于列入《国家危险废物名录》的,如果来源和相应特征明确,司法人员根据自身专业技术知识和工作经验认定难度不大的,司法机关可以依据名录直接认定。对于来源和相应特征不明确的,由生态环境部门、公安机关等出具书面意见,司法机关可以依据涉案物质的来源、产生过程、被告人供述、证人证言以及经批准或者备案的环境影响评价文件等证据,结合上述书面意见作出是否属于危险废物的认定。对于需要生态环境部门、公安机关等出具书面认定意见的,区分下列情况分别处理:(1)对已确认固体废物产生单位,且产废单位环评文件中明确为危险废物的,根据产废单位建设项目环评文件和审批、验收意见、案件笔录等材料,可对照《国家危险废物名录》等出具认定意见。(2)对已确认固体废物产生单位,但产废单位环评文件中未明确为危险废物的,应进一步分析废物产生工艺,对照判断其是否列入《国家危险废物名录》。列入名录的可以直接出具认定意见;未列入名录的,应根据原辅材料、产生工艺等进一步分析其是否具有危险特性,不可能具有危险特性的,不属于危险废物;可能具有危险特性的,抽取典型样品进行检测,并根据典型样品检测指标浓度,对照《危险废物鉴别标准》(GB5085.1-7)出具认定意见。(3)对固体废物产生单位无法确定的,应抽取典型样品进行检测,根据典型样品检测指标浓度,对照《危险废物鉴别标准》(GB 5085.1-7)出具认定意见。对确需进一步委托有相关资质的检测鉴定机构进行检测鉴定的,生态环境部门或者公安机关按照有关规定开展检测鉴定工作。

其次,严重污染环境。所谓"严重污染环境",按照相关司法解释,[234]是指具有下列情形之一:(1)在饮用水水源保护区、自然保护地核心保护区等依法确定的重点保护区域排放、倾倒、处置有放射性的废物、含传染病病原体的废物、有毒物质的;(2)非法排放、倾倒、处置危险废物3吨以上的;(3)排放、倾倒、处置含铅、汞、镉、铬、砷、铊、锑的污染物,超过国家或者地方污染物排放标准3倍以上的;(4)排放、倾倒、处置含镍、铜、锌、银、钒、锰、钴的污染物,超过国家或者地方污染物排放标准10倍以上的;(5)通过暗管、渗井、渗坑、裂隙、溶洞、灌注、非紧急情况下开启大气应急排放通道等逃避监管的方式排放、倾倒、处置有放射性的废物、含传染病病原体的废物、有毒物质的;(6)2年内曾因在重污染天气预警期间,违反国家规定,超标排放二氧化硫、氮氧化物等实行排放总量控制的大气污染物受过2次以上行政处罚,又实施此类行为的;(7)重点排污单位、实行排污许可重点管理的单位篡改、伪造自动监测数据或者干扰自动监测设施,排放化学需氧量、氨氮、二氧化硫、氮氧化物等污染物的;(8)2年内曾因违反国家规定,排放、倾倒、处置有放射性的废物、含传染病病原体的废物、有毒物质受过2次以上行政处罚,又实施此类行为的;(9)违法所得或者致使公私财产损失30万元以上的;(10)致使乡镇集中式饮用水水源取水中断12小时以上的;(11)其他严重污染环境的情形。

其中,所谓"公私财产损失",包括污染环境行为直接造成的财产损毁、减少的实际价值,以及为防止污染扩大、消除污染而采取必要合理措施所产生的费用。

本罪主体是一般主体,包括单位在内。为了单位利益,实施环境污染行为,并具有下列情形之一的,应当认定为单位犯罪:(1)经单位决策机构按照决策程序决定的;(2)经单位实际控制人、主要负责人或者授权的分管负责人决定、同意的;(3)单位实际控制人、主要负责人或者授权的分管负责人得知单位成员个人实施环境污染犯罪行为,并未加以制止或者及时采取措施,而是予以追认、纵容或者默许的;(4)使用单位营业执照、合同书、公章、印鉴等对外开展活

---

[234] 2023年最高人民法院、最高人民检察院《关于办理环境污染刑事案件适用法律若干问题的解释》第1条。

动,并调用单位车辆、船舶、生产设备、原辅材料等实施环境污染犯罪行为的。单位犯罪中的"直接负责的主管人员",一般是指对单位犯罪起决定、批准、组织、策划、指挥、授意、纵容等作用的主管人员,包括单位实际控制人、主要负责人或者授权的分管负责人、高级管理人员等;"其他直接责任人员",一般是指在直接负责的主管人员的指挥、授意下积极参与实施单位犯罪或者对具体实施单位犯罪起较大作用的人员。[235] 就本罪而言,在单位犯罪的认定上,应当依法合理把握追究刑事责任的范围,贯彻宽严相济刑事政策,重点打击出资者、经营者和主要获利者,既要防止不当缩小追究刑事责任的人员范围,又要防止打击面过大。

关于本罪的主观要件,传统认为是过失,[236] 这种过失是指就造成环境污染,致使公私财产遭受重大损失或者人身伤亡严重后果的心理态度而言,行为人对这种事故及严重后果本应预见,但由于疏忽大意而没有预见,或者虽已预见到但轻信能够避免。至于行为人对违反国家规定排放、倾倒、处置危险废物这一行为本身有时则常常是有意为之,但这并不影响本罪的过失犯罪性质。

但在实务部门认为污染环境是故意犯之后,现在的通说也认为,本罪主观上是故意。[237] 有关司法解释[238] 认为,判断犯罪嫌疑人、被告人是否具有环境污染犯罪的故意,应当依据犯罪嫌疑人、被告人的任职情况、职业经历、专业背景、培训经历、本人因同类行为受到行政处罚或者刑事追究情况以及污染物种类、污染方式、资金流向等证据,结合其供述,进行综合分析判断。具体而言,在实践中,具有下列情形之一,犯罪嫌疑人、被告人不能作出合理解释的,可以认定其故意实施环境污染犯罪,但有证据证明确系不知情的除外:(1)企业没有依法通过环境影响评价,或者未依法取得排污许可证,排放污染物,或者已经通过环境影响评价并且防治污染设施验收合格后,擅自更改工艺流程、原辅材料,导致产生新的污染物质的;(2)不使用验收合格的防治污染设施或者不按规范要求使用的;(3)防治污染设施发生故障,发现后不及时排除,继续生产放任污染物排放的;(4)生态环境部门责令限制生产、停产整治或者予以行政处罚后,继续生产放任污染物排放的;(5)将危险废物委托第三方处置,没有尽到查验经营许可的义务,或者委托处置费用明显低于市场价格或者处置成本的;(6)通过暗管、渗井、渗坑、裂隙、溶洞、灌注等逃避监管的方式排放污染物的;(7)通过篡改、伪造监测数据的方式排放污染物的;(8)其他足以认定的情形。

(二)本罪的认定

在本罪的认定上,要注意以下问题:

1. 本罪与投放危险物质罪的区别。理论上认为,二罪的不同主要表现在客观方面,本罪的行为方式是"排放""倾倒""处置",而后罪的行为方式是"投放";本罪排放、倾倒或者处置的是有放射性的废物、含传染病病原体的废物、有毒物质或者其他危险废物,即必须是"废物",即使是有毒物质,也只能是含有毒物质的废物,而不能是有毒物质本身;而后罪所投放的应当

---

[235] 2019 年最高人民法院、最高人民检察院、公安部、司法部、生态环境部《关于办理环境污染刑事案件有关问题座谈会纪要》第 1 条第 2、3 款。

[236] 马克昌主编:《刑法》(第 2 版),高等教育出版社 2010 年版,第 532 页。

[237] 王新:《刑法分论精解》,北京大学出版社 2023 年版,第 332 页;阮齐林、耿佳宁:《中国刑法各论》,中国政法大学出版社 2023 年版,第 369 页。

[238] 2019 年最高人民法院、最高人民检察院、公安部、司法部、生态环境部《关于办理环境污染刑事案件有关问题座谈会纪要》第 3 条第 3 款。

是毒害性、放射性、传染病病原体等物质本身,即使是掺在其他物质中投放,也不是作为废物而排放、倾倒的。但在行为人有意向土地、水体、大气中违法排放、倾倒或者处置各种危险废弃物,威胁到不特定或者多数人的生命、身体、财产安全时,就超出了本罪的处罚范围,应当以投放危险物质罪论处。司法实践中对环境污染行为适用投放危险物质罪追究刑事责任时,一般重点审查判断行为人的主观恶性、污染行为恶劣程度、污染物的毒害性危险性、污染持续时间、污染结果是否可逆以及是否对公共安全造成现实、具体、明确的危险或者危害等各方面因素。对于行为人明知其排放、倾倒、处置的污染物含有毒害性、放射性、传染病病原体等危险物质,仍实施环境污染行为放任其危害公共安全,造成重大人员伤亡、重大公私财产损失等严重后果,以本罪论处明显不足以罚当其罪的,可以按投放危险物质罪定罪量刑。实践中,此类情形主要是向饮用水水源保护区,饮用水供水单位取水口和出水口,南水北调水库、干渠、涵洞等配套工程,重要渔业水体以及自然保护区核心区等特殊保护区域,排放、倾倒、处置毒害性极强的污染物,危害公共安全并造成严重后果的情形。[239]

2. 本罪与非法经营罪的区别。对此,应当把握两个原则:一要坚持实质判断原则,对行为人非法经营危险废物行为的社会危害性作实质性判断。比如,一些单位或者个人虽未依法取得危险废物经营许可证,但其收集、贮存、利用、处置危险废物经营活动,没有超标排放污染物、非法倾倒污染物或者其他违法造成环境污染情形的,则不宜以非法经营罪论处。二要坚持综合判断原则,对行为人非法经营危险废物行为根据其在犯罪链条中的地位、作用综合判断其社会危害性。比如,有证据证明单位或者个人的无证经营危险废物行为属于危险废物非法经营产业链的一部分,并且已经形成了分工负责、利益均沾、相对固定的犯罪链条,如果行为人或者与其联系紧密的上游或者下游环节具有排放、倾倒、处置危险废物违法造成环境污染的情形,且交易价格明显异常的,对行为人可以根据案件具体情况在本罪和非法经营罪中,择一重罪处断。[240]

3. 本罪的未遂。依据 2019 年 2 月 20 日最高人民法院、最高人民检察院、公安部、司法部、生态环境部公布的《关于办理环境污染刑事案件有关问题座谈会纪要》第 2 条第 2 款,本罪处罚未遂犯。对于行为人已经着手实施非法排放、倾倒、处置有毒有害污染物的行为,由于有关部门查处或者其他意志以外的原因未得逞的情形,可以本罪(未遂)追究刑事责任。

4. 本罪的共犯。行为人明知他人无危险废物经营许可证,向其提供或者委托其收集、贮存、利用、处置危险废物,严重污染环境的,以本罪的共同犯罪论处。[241]

(三)处罚

依照刑法第 338 条第 1 款的规定,本罪的处罚,分为以下三个档次的法定刑:

首先,犯本罪的,处 3 年以下有期徒刑或者拘役,并处或者单处罚金。其认定标准,参见前述相关内容。

其次,情节严重的,处 3 年以上 7 年以下有期徒刑,并处罚金。所谓情节严重,按照相关司

---

〔239〕 2019 年最高人民法院、最高人民检察院、公安部、司法部、生态环境部《关于办理环境污染刑事案件有关问题座谈会纪要》第 6 条第 2 款。

〔240〕 2019 年最高人民法院、最高人民检察院、公安部、司法部、生态环境部《关于办理环境污染刑事案件有关问题座谈会纪要》第 5 条第 2 款。

〔241〕 2023 年最高人民法院、最高人民检察院《关于办理环境污染刑事案件适用法律若干问题的解释》第 8 条。

法解释,[242]是指具有下列情形之一:(1)在饮用水水源保护区、自然保护地核心保护区等依法确定的重点保护区域排放、倾倒、处置有放射性的废物、含传染病病原体的废物、有毒物质,造成相关区域的生态功能退化或者野生生物资源严重破坏的;(2)向国家确定的重要江河、湖泊水域排放、倾倒、处置有放射性的废物、含传染病病原体的废物、有毒物质,造成相关水域的生态功能退化或者水生生物资源严重破坏的;(3)非法排放、倾倒、处置危险废物100吨以上的;(4)违法所得或者致使公私财产损失100万元以上的;(5)致使县级城区集中式饮用水水源取水中断12小时以上的;(6)致使永久基本农田、公益林地10亩以上,其他农用地20亩以上,其他土地50亩以上基本功能丧失或者遭受永久性破坏的;(7)致使森林或者其他林木死亡50立方米以上,或者幼树死亡2500株以上的;(8)致使疏散、转移群众5000人以上的;(9)致使30人以上中毒的;(10)致使1人以上重伤、严重疾病或者3人以上轻伤的;(11)其他情节严重的情形。

最后,有下列情形之一的,处7年以上有期徒刑,并处罚金。[243] (1)在饮用水水源保护区、自然保护地核心保护区等依法确定的重点保护区域排放、倾倒、处置有放射性的废物、含传染病病原体的废物、有毒物质,具有下列情形之一的:一是致使设区的市级城区集中式饮用水水源取水中断12小时以上的;二是造成自然保护地主要保护的生态系统严重退化,或者主要保护的自然景观损毁的;三是造成国家重点保护的野生动植物资源或者国家重点保护物种栖息地、生长环境严重破坏的;四是其他情节特别严重的情形。(2)向国家确定的重要江河、湖泊水域排放、倾倒、处置有放射性的废物、含传染病病原体的废物、有毒物质,具有下列情形之一的:一是造成国家确定的重要江河、湖泊水域生态系统严重退化的;二是造成国家重点保护的野生动植物资源严重破坏的;三是其他情节特别严重的情形。(3)致使永久基本农田50亩以上基本功能丧失或者遭受永久性破坏的。(4)致使3人以上重伤、严重疾病,或者1人以上严重残疾、死亡的。

另外,违反国家规定,排放、倾倒或者处置有放射性的废物、含传染病病原体的废物、有毒物质或其他有害物质,严重污染环境的行为,具有下列情形之一的,应当从重处罚:(1)阻挠环境监督检查或者突发环境事件调查,尚不构成妨害公务等犯罪的;(2)在医院、学校、居民区等人口集中地区及其附近,违反国家规定排放、倾倒、处置有放射性的废物、含传染病病原体的废物、有毒物质或者其他有害物质的;(3)在突发环境事件处置期间或者被责令限期整改期间,违反国家规定排放、倾倒、处置有放射性的废物、含传染病病原体的废物、有毒物质或者其他有害物质的;(4)具有危险废物经营许可证的企业违反国家规定排放、倾倒、处置有放射性的废物、含传染病病原体的废物、有毒物质或者其他有害物质的;(5)实行排污许可重点管理的企业事业单位和其他生产经营者未依法取得排污许可证,排放、倾倒、处置有放射性的废物、含传染病病原体的废物、有毒物质或者其他有害物质的。[244] 行为人实施刑法第338条规定的行为后认罪认罚,积极修复生态环境,有效合规整改的,可以从宽处罚;犯罪情节轻微的,可以不起诉或者免予刑事处罚;情节显著轻微危害不大的,不作为犯罪处理。

---

[242] 2023年最高人民法院、最高人民检察院《关于办理环境污染刑事案件适用法律若干问题的解释》第2条。

[243] 2023年最高人民法院、最高人民检察院《关于办理环境污染刑事案件适用法律若干问题的解释》第3条。

[244] 2023年最高人民法院、最高人民检察院《关于办理环境污染刑事案件适用法律若干问题的解释》第5条。

二、非法处置进口的固体废物罪

本罪,是指违反国家规定,将境外固体废物进境倾倒、堆放、处置的行为。

固体废物是构成环境污染的重要来源之一,因此,我国 2020 年 9 月 1 日实施的修订后的《固体废物污染环境防治法》第 23 条规定,禁止中华人民共和国境外的固体废物进境倾倒、堆放、处置。非法处置进口固体废物的行为正是对这种管理制度的破坏。所谓固体废物,是指在生产建设、日常生活和其他活动中产生的污染环境的固态、半固态废弃物。本罪客观方面是违反国家规定,将境外的固体废物进境倾倒、堆放、处置。所谓违反国家规定,是指违反《固体废物污染环境防治法》等的规定。"将境外的固体废物进境倾倒、堆放、处置",包括两方面的内容:(1)"违反国家规定,将境外的固体废物进境";(2)将进境的固体废物"倾倒、堆放、处置"。前者实际上和刑法第 152 条第 2 款关于"逃避海关监管将境外固体废物……运输进境,情节严重的",以走私论处的规定是完全相同的。因此,对本罪的客观行为必须作限定解释,即将并非走私进境的限制进口和自动许可进口的固体废物违规倾倒、堆放、处置。所谓倾倒,是以各种交通运载工具,向土地、水体倾卸;所谓堆放,就是随意存放;所谓处置,就是不按要求处理,销售也是一种特殊的处置行为。本罪是行为犯,只要违反国家规定实施了上述行为即可构成犯罪,不要求行为足以造成环境污染或者其他社会危害。

在本罪的认定中,应当注意其与走私废物罪的界限。两者的区别是,后者逃避海关监管,前者则不逃避海关监管;后者处罚的是走私行为,前者处罚的是将固体废物在我国境内倾倒、堆放、处置的行为。因此,如果行为人走私固体废物之后,在我国境内倾倒、堆放、处置的,则既构成走私废物罪,又构成本罪,应当实行并罚。

关于本罪的处罚,按照刑法第 339 条第 1 款、第 346 条的规定,具有以下三个量刑幅度:

1. 犯本罪的,处 5 年以下有期徒刑或者拘役,并处罚金。单位犯本罪的,对单位判处罚金,并对其直接负责的主管人员和其他直接责任人员,依照自然人犯本罪的规定处罚。依照相关规定,[245]违反国家规定,将境外的固体废物进境倾倒、堆放、处置的,应予立案追诉。

2. 犯本罪,造成重大环境污染事故,致使公私财产遭受重大损失或者严重危害人体健康的,处 5 年以上 10 年以下有期徒刑,并处罚金;单位犯本罪的,对单位判处罚金,并对其直接负责的主管人员和其他直接责任人员,依照自然人犯本罪的规定处罚。其中,所谓"致使公私财产遭受重大损失或者严重危害人体健康",依照有关司法解释,[246]是指具有下列情形之一:(1)致使公私财产损失 100 万元以上的。(2)具有该司法解释第 2 条第 5 项至第 10 项规定情形之一的。第 2 条第 5 项至第 10 项规定情形,参见前述污染环境罪关于"情节严重"的规定。(3)其他致使公私财产遭受重大损失或者严重危害人体健康的情形。

3. 犯本罪,后果特别严重的,处 10 年以上有期徒刑,并处罚金。单位犯本罪的,对单位判处罚金,并对其直接负责的主管人员和其他直接责任人员,依照自然人犯本罪的规定处罚。根据相关司法解释,[247]犯本罪,具有下列情形之一的,应当从重处罚:(1)阻挠环境监督检查或者突发环境事件调查,尚不构成妨害公务等犯罪的;(2)在医院、学校、居民区等人口集中地区及其附近,违反国家规定排放、倾倒、处置有放射性的废物、含传染病病原体的废物、有毒物质

---

[245] 2008 年最高人民检察院、公安部《关于公安机关管辖的刑事案件立案追诉标准的规定(一)》第 61 条。

[246] 2023 年最高人民法院、最高人民检察院《关于办理环境污染刑事案件适用法律若干问题的解释》第 4 条。

[247] 2023 年最高人民法院、最高人民检察院《关于办理环境污染刑事案件适用法律若干问题的解释》第 5 条。

或者其他有害物质的;(3)在突发环境事件处置期间或者被责令限期整改期间,违反国家规定排放、倾倒、处置有放射性的废物、含传染病病原体的废物、有毒物质或者其他有害物质的;(4)具有危险废物经营许可证的企业违反国家规定排放、倾倒、处置有放射性的废物、含传染病病原体的废物、有毒物质或者其他有害物质的;(5)实行排污许可重点管理的企业事业单位和其他生产经营者未依法取得排污许可证,排放、倾倒、处置有放射性的废物、含传染病病原体的废物、有毒物质或者其他有害物质的。

三、擅自进口固体废物罪

本罪,是指未经国务院有关主管部门许可,擅自进口固体废物用作原料,造成重大环境污染事故,致使公私财产遭受重大损失或者严重危害人体健康的行为。

所谓擅自进口固体废物用作原料,是指未经环境保护部门以及其他有关监督管理部门对进口可用作原料的废物的许可而私自进口。自2021年1月1日起,我国已经全面禁止了固体废物的进口。根据生态环境部、商务部、国家发展和改革委员会、海关总署发布的《关于全面禁止进口固体废物有关事项的公告》,任何形式的固体废物进口都被禁止。对于某些特定的再生材料,如再生铜铝原料,如果符合特定要求,则不属于固体废物,可以自由进口,但有严格要求,并且不同种类的再生铜铝原料不能混装。具体的海关商品编号和检验标准也有详细规定。限制进口的废物,是指列入《国家限制进口类可用作原料的固体废物目录》的废物。以进口原料为名,进口不能用作原料的固体废物、液态废物和气态废物的,构成刑法第152条第2款、第3款所规定的走私废物罪,而不是本罪。所谓造成重大环境污染事故,致使公私财产遭受重大损失或者严重危害人体健康,根据相关规定,[248]是指具有下列情形之一:(1)致使公私财产损失30万元以上的;(2)致使基本农田、防护林地、特种用途林地5亩以上,其他农用地10亩以上,其他土地20亩以上基本功能丧失或者遭受永久性破坏的;(3)致使森林或者其他林木死亡50立方米以上,或者幼树死亡2500株以上的;(4)致使1人以上死亡、3人以上重伤、10人以上轻伤,或者1人以上重伤并且5人以上轻伤的;[249](5)致使传染病发生、流行或者人员中毒达到《国家突发公共卫生事件应急预案》中突发公共卫生事件分级Ⅲ级以上情形,严重危害人体健康的;(6)其他致使公私财产遭受重大损失或者严重危害人体健康的情形。

本罪在适用过程中,应当划清以下界限:

1. 本罪与走私废物罪的界限。两者的界限如下:(1)保护法益不同。后者的保护法益是海关的监管制度,前者的保护法益则是国家的环境保护制度。(2)行为不同。后者表现为逃避海关监管的行为,前者则不逃避海关监管。按照刑法第152条第2款的规定,逃避海关监管,将境外废物运输进境,情节严重的,属于走私性质的犯罪,以走私废物罪论处。(3)后者属于行为犯,行为人只要走私固体废物、液态废物、气态废物就构成犯罪,而前者则是结果犯,要求造成重大环境污染事故,致使公私财产遭受重大损失或者严重危害人体健康。(4)犯罪对象不同。后者走私的废物应当理解为国家禁止进口的固体废物、液态废物、气态废物,而前者进口的则是国家限制进口的固体废物,如果进口这些固体废物用作原料,必须经国务院有关主

---

〔248〕 2008年最高人民检察院、公安部《关于公安机关管辖的刑事案件立案追诉标准的规定(一)》第62条。

〔249〕 需要注意的是,本项规定与2023年最高人民法院、最高人民检察院《关于办理环境污染刑事案件适用法律若干问题的解释》第2条第10项、第4条第2项的规定不符。

管部门批准。

2. 本罪与非法处置进口的固体废物罪的界限。两者的区别主要是目的不同。前者具有利用废物作原料的目的,而后者则没有这种目的,只是具有将境外的固体废物进境加以倾倒、堆放、处置的目的。后者目的支配之下的行为,实际上是将我国作为“洋垃圾”处理场所的行为,比擅自进口固体废物的性质更为恶劣,社会危害性更大。

3. 本罪与走私犯罪的界限。刑法第339条第3款规定,以原料利用为名,进口不能用作原料的固体废物、液态废物和气态废物的,依照刑法第152条第2款、第3款规定的走私废物罪定罪处罚。根据最高人民法院、最高人民检察院《关于办理走私刑事案件适用法律若干问题的解释》第21条第1款的规定,经许可进口国家限制进口的可用作原料的废物时,偷逃应缴税额,构成犯罪的,应当依照刑法第153条规定,以走私普通货物罪定罪处罚;既未经许可,又偷逃应缴税额,同时构成走私废物罪和走私普通货物罪的,应当按照刑法处罚较重的规定定罪处罚。虽经许可,但超过许可数量进口国家限制进口的可用作原料的废物的,超过部分以未经许可论。

根据刑法第339条第2款、第346条的规定,犯本罪的,处5年以下有期徒刑或者拘役,并处罚金;后果特别严重的,处5年以上10年以下有期徒刑,并处罚金。单位犯本罪的,对单位判处罚金,并对其直接负责的主管人员和其他直接责任人员,依照自然人犯本罪的规定处罚。

根据相关司法解释,[250]犯本罪具有下列情形之一的,应当从重处罚:(1)阻挠环境监督检查或者突发环境事件调查,尚不构成妨害公务等犯罪的;(2)在医院、学校、居民区等人口集中地区及其附近,违反国家规定排放、倾倒、处置有放射性的废物、含传染病病原体的废物、有毒物质或者其他有害物质的;(3)在突发环境事件处置期间或者被责令限期整改期间,违反国家规定排放、倾倒、处置有放射性的废物、含传染病病原体的废物、有毒物质或者其他有害物质的;(4)具有危险废物经营许可证的企业违反国家规定排放、倾倒、处置有放射性的废物、含传染病病原体的废物、有毒物质或者其他有害物质的;(5)实行排污许可重点管理的企业事业单位和其他生产经营者未依法取得排污许可证,排放、倾倒、处置有放射性的废物、含传染病病原体的废物、有毒物质或者其他有害物质的。

四、非法捕捞水产品罪

(一)概念和构成

本罪,是指违反保护水产资源法规,在禁渔区、禁渔期或者使用禁用的工具、方法捕捞水产品,情节严重的行为。

本罪的行为对象为各种水产资源。所谓水产资源,包括具有经济价值的水生动物和水生植物产品两类。前者主要指各种鱼类、虾蟹类、贝类、淡水食用水生动物类以及其他龟鳖、乌贼、海参等,后者主要是指海藻类、淡水食用水生植物类等其他水生植物产品。但珍贵、濒危的陆生、水生野生动物和有益的或者有重要经济、科学研究价值的陆生野生动物是刑法第341条第1款规定的危害珍贵、濒危野生动物罪的保护对象,不是本罪的保护对象。人工养殖的水产品已经丧失其天然属性而成为所有权的对象,因此,也不是本罪的保护对象。行为人非法捕捞,数额较大的,可以构成盗窃罪。

---

[250]　2023年最高人民法院、最高人民检察院《关于办理环境污染刑事案件适用法律若干问题的解释》第5条。

本罪在客观方面表现为违反保护水产资源法规,在禁渔区、禁渔期或者使用禁用的工具、方法捕捞水产品,情节严重的行为。所谓禁渔区,是指由国家法令或者地方政府规定,对某些重要的鱼、虾、蟹、贝、藻等以及其他重要水生生物的产卵场、索饵场、越冬场和洄游通道,划定禁止所有或者特定渔业生产作业的区域。所谓禁渔期,是指对某些重要水生生物的产卵场、索饵场、越冬场和洄游通道,规定禁止渔业生产作业或者限制作业的一定期限。所谓禁用的工具,是指禁止使用的超过国家对不同捕捞对象所分别规定的最小网目尺寸的渔具。所谓禁用的方法,是指禁止采用的损害水产资源正常繁殖、生长的方法,如炸鱼、毒鱼、电鱼等。所谓情节严重,依据相关司法解释,其认定标准有所不同。在内陆水域,根据相关司法解释,[251]是指违反保护水产资源法规,在禁渔区、禁渔期或者使用禁用的工具、方法捕捞水产品,具有下列情形之一:(1)非法捕捞水产品500公斤以上或者价值1万元以上的;(2)非法捕捞有重要经济价值的水生动物苗种、怀卵亲体或者在水产种质资源保护区内捕捞水产品50公斤以上或者价值1000元以上的;(3)在禁渔区使用电鱼、毒鱼、炸鱼等严重破坏渔业资源的禁用方法或者禁用工具捕捞的;(4)在禁渔期使用电鱼、毒鱼、炸鱼等严重破坏渔业资源的禁用方法或者禁用工具捕捞的;(5)其他情节严重的情形。非法捕捞水产品,根据渔获物的数量、价值和捕捞方法、工具等情节,认为对水生生物资源危害明显较轻的,可以认定为犯罪情节轻微,依法不起诉或者免予刑事处罚,但是曾因破坏水产资源受过处罚的除外。非法猎捕、收购、运输、出售珍贵、濒危水生野生动物,尚未造成动物死亡,综合考虑行为手段、主观罪过、犯罪动机、获利数额、涉案水生生物的濒危程度、数量价值以及行为人的认罪悔罪态度、修复生态环境情况等情节,认为适用《依法惩治长江流域非法捕捞等违法犯罪的意见》规定的定罪量刑标准明显过重的,可以结合具体案件的实际情况依法作出妥当处理,确保罪责刑相适应。在海洋水域,根据有关规定,[252]是指在禁渔区、禁渔期或者使用禁用的工具、方法捕捞水产品,具有下列情形之一:(1)非法捕捞水产品1万公斤以上或者价值10万元以上的;(2)非法捕捞有重要经济价值的水生动物苗种、怀卵亲体2000公斤以上或者价值2万元以上的;(3)在水产种质资源保护区内捕捞水产品2000公斤以上或者价值2万元以上的;(4)在禁渔区内使用禁用的工具或者方法捕捞的;(5)在禁渔期内使用禁用的工具或者方法捕捞的;(6)在公海使用禁用渔具从事捕捞作业,造成严重影响的;(7)其他情节严重的情形。

在长江流域重点水域,根据有关意见,[253]除按照上述内陆水域的标准认定之外,要特别注意,“在禁捕区域使用电鱼、毒鱼、炸鱼等严重破坏渔业资源的禁用方法捕捞”和“在禁捕区域使用农业农村部规定的禁用工具捕捞”是本罪的入罪追诉标准。在认定“禁用方法”时,要注意审查具体方法对渔业资源的危害程度。对于在禁捕区域使用电鱼、毒鱼、炸鱼方法的,一般应当以本罪追究刑事责任。对于确属情节轻微、对渔业资源危害不大,依法不需要判处刑罚或者可以免除刑罚的,可以依法作出不起诉决定。

对于电鱼、毒鱼、炸鱼以外的其他严重破坏渔业资源的禁用方法,注意从两个方面来把握:(1)具有破坏渔业资源正常生长繁殖的现实危害或危险性;(2)与电鱼、毒鱼、炸鱼方法的社会

---

[251] 2022年最高人民法院、最高人民检察院《关于办理破坏野生动物资源刑事案件适用法律若干问题的解释》第3条第1款。

[252] 2016年最高人民法院《关于审理发生在我国管辖海域相关案件若干问题的规定(二)》第4条。

[253] 2020年最高人民法院、最高人民检察院、公安部、农业农村部《依法惩治长江流域非法捕捞等违法犯罪的意见》第2条第1款第3、4项。

危害程度大致相当。[254] 在认定“禁用工具”时,应当适用农业农村部出台的标准。办案中可参照2021年农业农村部《关于发布长江流域重点水域禁用渔具名录的通告》的规定,将单船拖网、双船拖网、多船拖网、有翼单囊张网、框架张网、拦河撑架敷网、船敷敷网、插网陷阱、箔筌陷阱、拖曳齿耙耙刺、定置延绳滚钩耙刺等36种渔具,认定为“农业农村部规定的禁用工具”。农业农村部没有相应标准的,对相关工具不应认定为本罪中的“禁用工具”;前述认定不影响对相应行为的行政处罚。

本罪主观方面是故意。在认定行为人是否具有非法捕捞水产品犯罪的主观故意时,应当依据其生活背景、职业经历、捕捞方法、捕捞工具、渔获物去向、获利资金流向以及本人有无因同类行为受到行政处罚或者刑事追究情况等方面的证据,进行综合分析判断。在办理非法捕捞水产品的案件时,认定主观故意原则上不要求行为人对有关禁渔区、禁渔期或者禁用的工具、方法等法律规定具有明确的认知,只要其认识到行为可能违法、被禁止即可。对于行为人作出合理解释,或者有证据证明其确系对禁捕区域、禁捕时间、禁用方法或者禁用工具不知情的,依法可不作为犯罪处理。

(二)认定中的问题

在本罪特别是在长江流域重点水域实施本罪的认定上,要注意把握本罪与其他关联犯罪的界限:

1. 注意把握本罪与掩饰、隐瞒犯罪所得、犯罪所得收益罪的界限。两罪是上下游犯罪的关系,后罪的成立要求上游行为达到犯罪的程度。基于处罚平衡的考虑,为避免罪刑倒挂现象,对于明知是在长江流域重点水域非法捕捞犯罪所得的水产品而予以窝藏、转移、收购、代为销售或者以其他方法掩饰、隐瞒,价值1万元以上的,一般应依照刑法第312条的规定以掩饰、隐瞒犯罪所得、犯罪所得收益罪,提出处3年以下有期徒刑、拘役或者管制,并处或者单处罚金的量刑建议。

2. 注意认定本罪的其他关联犯罪。制造、销售禁用渔具,情节严重,符合刑法第140条或者第146条规定的,以生产、销售伪劣产品罪或者生产、销售不符合安全标准的产品罪定罪处罚。明知是长江流域非法捕捞渔获物而利用信息网络设立用于收购、出售的网站、通讯群组,或者发布相关犯罪信息,情节严重,符合刑法第287条之一规定的,以非法利用信息网络罪定罪处罚。

3. 注意认定本罪的共同犯罪。事前通谋,按照分工分别实施非法捕捞、运输、销售等行为的,以共同犯罪论处。明知他人从事非法捕捞,仍为其提供工具、运输、加工、销售等帮助的,以共同犯罪论处。

(三)处罚

依照刑法第340条、第346条的规定,犯本罪的,处3年以下有期徒刑、拘役、管制或者罚

---

[254] 与电鱼、毒鱼、炸鱼方法的社会危害程度大致相当的禁用方法中,实践争议较大的是“活饵钓鱼”。其是指大量采用泥鳅、虾类等活体水生物作为窝料、饵料诱集鱼类进行垂钓,这种“野蛮式”掠夺水生生物资源的钓法危害极大,也可以说是一种灭绝性的钓法,看似垂钓实为非法捕捞,属于明文禁止使用的捕捞方法。另外,根据四川省农业农村厅《关于发布四川省天然水域禁用渔具和禁用捕捞方法名录的通告》第3条,与电鱼、毒鱼、炸鱼方法的社会危害程度大致相当的,除了“活饵钓鱼”,还有“光诱捕鱼”,即利用鱼类的趋光习性,用灯光诱集后进行捕捞;“涸泽而渔”,即利用工具阻断河道,将原有河道水抽出,从而捕捞渔获物;“可视钓鱼”,即在钓具上增加可视设备,提高钓获效率。

金。单位犯本罪的，对单位判处罚金，并对其直接负责的主管人员和其他直接责任人员，依照自然人犯本罪的规定处罚。

犯本罪，具有下列情形之一的，从重处罚：(1)暴力抗拒、阻碍国家机关工作人员依法履行职务，尚未构成妨害公务罪、袭警罪的；(2)2年内曾因破坏野生动物资源受过行政处罚的；(3)对水生生物资源或者水域生态造成严重损害的；(4)纠集多条船只非法捕捞的；(5)以非法捕捞为业的。犯本罪，根据渔获物的数量、价值和捕捞方法、工具等，认为对水生生物资源危害明显较轻的，综合考虑行为人自愿接受行政处罚、积极修复生态环境等情节，可以认定为犯罪情节轻微，不起诉或者免予刑事处罚；情节显著轻微危害不大的，不作为犯罪处理。[255]

五、危害珍贵、濒危野生动物罪

(一)概念和构成

本罪，是指非法猎捕、杀害国家重点保护的珍贵、濒危野生动物，或者非法收购、运输、出售国家重点保护的珍贵、濒危野生动物及其制品的行为。

珍贵、濒危野生动物因为其珍稀性，受到我国法律制度的特别保护。根据《野生动物保护法》第28条第2款、第34条第1款规定，即使是因国家有计划的科学研究、人工繁育、公众展示展演、文物保护等特殊需要，出售、购买、利用国家重点保护的珍贵、濒危野生动物及其制品，也必须经省、自治区、直辖市人民政府野生动物保护主管部门批准；运输、携带国家重点保护野生动物及其制品出县境的，必须经省、自治区、直辖市人民政府野生动物保护主管部门批准。因此，凡违反上述规定，有非法猎捕、杀害、收购、运输、出售珍贵、濒危野生动物或者其制品的行为之一，便足以成立本罪。

本罪客观上表现为非法猎捕、杀害国家重点保护的珍贵、濒危野生动物的行为，或者非法收购、运输、出售国家重点保护的珍贵、濒危野生动物及其制品的行为。其中，"野生动物"，指珍贵、濒危野生动物的整体，包括活体与死体；"珍贵、濒危野生动物制品"，是指动物的部分、衍生物以及经人为处置、加工形成的产品，如标本、皮革和其他具有较高经济价值的动物部位、肉食等。关于珍贵、濒危野生动物，根据2022年4月6日最高人民法院、最高人民检察院《关于办理破坏野生动物资源刑事案件适用法律若干问题的解释》第4条的规定，包括：(1)列入《国家重点保护野生动物名录》的野生动物；(2)经国务院野生动物保护主管部门核准按照国家重点保护的野生动物管理的野生动物。

作为本罪实行行为的非法捕杀的行为方式多种多样，可以归纳为三类：(1)猎取珍贵、濒危的陆生野生动物；(2)捕捞珍贵、濒危的水生野生动物；(3)杀害珍贵、濒危的陆生或水生野生动物。只要具备上述方式之一，即可构成本罪。同时具备两种方式的，也只构成一罪，不能按数罪并罚。使用爆炸、投毒、设置电网等危险方法破坏野生动物资源，构成非法猎捕、杀害珍贵、濒危野生动物罪，同时构成刑法第114条或者第115条规定的危害公共安全犯罪的，依照处罚较重的规定定罪处罚。另外，作为本罪实行行为的"收购"包括以营利、自用等为目的的购买行为；"运输"包括采用携带、邮寄、利用他人、使用交通工具等方法进行运送的行为；"出售"包括出卖和以营利为目的的加工利用行为。对野生动物的乱捕滥猎、非法交易破坏生物

---

[255] 2022年最高人民法院、最高人民检察院《关于办理破坏野生动物资源刑事案件适用法律若干问题的解释》第3条第2、3款。

链的完整性和生物多样性，进而破坏整个生态环境，需要加大对野生动物的刑事司法保护。行为人只要实施了非法猎捕、杀害或者非法收购、运输、出售国家重点保护的野生动物的行为，即便未予以出售获利，或者在非法运输、出售国家重点保护野生动物的过程中，没有获利，也构成犯罪。[256]

本罪的主体为一般主体。

本罪的主观要件表现为故意，即知道或者应当知道是国家重点保护的珍贵、濒危野生动物而加以猎捕、杀害。在是否应当知道的判断上，不能仅凭行为人的供述，而应当依据行为人实施犯罪行为的过程、物品被查获时的情形等证据，结合行为人的年龄、阅历、智力等情况，进行综合分析判断。按照相关立法解释，知道或者应当知道是国家重点保护的珍贵、濒危野生动物及其制品，为食用或者其他目的而非法购买的，属于本罪犯罪行为。[257]

（二）认定中的问题

1. 非法收购、运输驯养繁殖的保护野生动物的处理。按照 2022 年 4 月 6 日最高人民法院、最高人民检察院公布的《关于办理破坏野生动物资源刑事案件适用法律若干问题的解释》第 4 条的规定，只要是列入了有关保护野生动物名录的动物，即便是驯养繁殖的野生动物，也是本罪的保护对象。但是，根据 2015 年 4 月 30 日原国家林业局修改的《国家重点保护野生动物驯养繁殖许可证管理办法》第 2 条的规定，对于国家重点保护的陆生野生动物，在人为控制条件下，为保护、研究、科学实验、展览及其他经济目的，可以进行野生动物驯养繁殖活动。这就意味着，对于一些国家重点保护野生动物，有关个人和单位只要办理相关手续，就可以驯养繁殖、经营利用、运输携带和进出口。依照这个规定，有些地区已经开始对上述动物进行商业性经营利用。如虎纹蛙就是海南省政府部门鼓励农民养殖的经济性动物。这种情况下，如果有人涉嫌非法收购、运输驯养繁殖技术成熟的国家重点保护野生动物的话，该如何处理，就成为问题。

对此，2022 年最高人民法院、最高人民检察院公布的《关于办理破坏野生动物资源刑事案件适用法律若干问题的解释》第 13 条规定，实施该解释规定的相关行为，在认定是否构成犯罪以及裁量刑罚时，应当考虑涉案动物是否系人工繁育、物种的濒危程度、野外存活状况、人工繁育情况、是否列入人工繁育国家重点保护野生动物名录、行为手段、对野生动物资源的损害程度，以及对野生动物及其制品的认知程度等情节，综合评估社会危害性，准确认定是否构成犯罪，妥当裁量刑罚，确保罪责刑相适应；根据该解释的规定定罪量刑明显过重的，可以根据案件的事实、情节和社会危害程度，依法作出妥当处理。涉案动物系人工繁育，具有下列情形之一的，对所涉案件一般不作为犯罪处理；需要追究刑事责任的，应当依法从宽处理：（1）列入人工繁育国家重点保护野生动物名录的；（2）人工繁育技术成熟、已成规模，作为宠物买卖、运输的。对于涉案动物的种属类别、是否系人工繁育，非法捕捞、狩猎的工具、方法，以及对野生动物资源的损害程度等专门性问题，可以由野生动物保护主管部门、侦查机关依据现场勘验、检查笔录等出具认定意见；难以确定的，依据司法鉴定机构出具的鉴定意见、该解释第 16 条所列机构出具的报告，被告人及其辩护人提供的证据材料，结合其他证据材料综合审查，依法作出

---

〔256〕 张某民、李某等非法猎捕、收购、运输、出售珍贵、濒危野生动物案，载《最高人民法院公报》2018 年第 2 期。

〔257〕 2014 年 4 月 24 日第十二届全国人民代表大会常务委员会第 8 次会议通过的《关于〈中华人民共和国刑法〉第三百四十一条、第三百一十二条的解释》。

认定。

2. 本罪与非法捕捞水产品罪的界限。二者的区别主要在于行为对象不同。本罪的对象是国家重点保护的珍贵、濒危野生动物,既包括陆生的野生动物也包括水生的野生动物,而非法捕捞水产品罪的对象是除珍贵、濒危野生动物以外的其他水生动植物。行为人基于同一主观故意,实施同一非法捕捞行为,但捕捞对象同时涉及一般水生动物与珍贵、濒危水生动物的,应区分以下情况处理:第一种情况,同一行为同时构成两罪,应当从一重罪论处,将涉案一般水生生物的数量或价值作为量刑情节考虑,以本罪定性并酌情从重处理;第二种情况,同一行为不能分别构成两罪,但涉案水生生物的数量或价值按相应比例折算后合计达到非法捕捞水产品罪入罪标准的,应以非法捕捞水产品罪定性处理;第三种情况,同一行为构成非法捕捞水产品罪,但尚不构成本罪的,对涉案珍贵、濒危水生动物的数量或价值按相应比例折算后,一并以非法捕捞水产品罪定性处理;第四种情况,同一行为构成本罪,但尚不构成非法捕捞水产品罪的,将涉案一般水生生物的数量或价值作为量刑情节考虑,以本罪定性并酌情从重处理。但在非法捕捞水产品过程中,由于不认识或者意想不到而误捕到了珍贵、濒危水生野生动物的,由于行为人主观上没有犯非法猎捕、杀害珍贵、濒危野生动物罪的故意,因此,不能以本罪论处,而只能以非法捕捞水产品罪定罪处罚。

(三)处罚

根据刑法第 341 条第 1 款、第 346 条的规定以及相关司法解释,[258] 本罪的处罚如下:

1. 非法猎捕、杀害国家重点保护的珍贵、濒危野生动物,或者非法收购、运输、出售国家重点保护的珍贵、濒危野生动物及其制品,价值 2 万元以上不满 20 万元的,处 5 年以下有期徒刑或者拘役,并处罚金。单位犯本罪的,对单位判处罚金,并对其直接负责的主管人员和其他直接责任人员,依照自然人犯本罪的规定处罚。

2. 非法猎捕、杀害国家重点保护的珍贵、濒危野生动物,或者非法收购、运输、出售国家重点保护的珍贵、濒危野生动物及其制品,价值 20 万元以上不满 200 万元的,应当认定为"情节严重",处 5 年以上 10 年以下有期徒刑,并处罚金。单位犯本罪的,对单位判处罚金,并对其直接负责的主管人员和其他直接责任人员,依照自然人犯本罪的规定处罚。

3. 非法猎捕、杀害国家重点保护的珍贵、濒危野生动物,或者非法收购、运输、出售国家重点保护的珍贵、濒危野生动物及其制品,价值 200 万元以上的,应当认定为"情节特别严重",处 10 年以上有期徒刑,并处罚金或者没收财产。单位犯本罪的,对单位判处罚金,并对其直接负责的主管人员和其他直接责任人员,依照自然人犯本罪的规定处罚。

实施上述行为,具有下列情形之一的,从重处罚:(1)属于犯罪集团的首要分子的;(2)为逃避监管,使用特种交通工具实施的;(3)严重影响野生动物科研工作的;(4)2 年内曾因破坏野生动物资源受过行政处罚的。实施非法猎捕、杀害国家重点保护的珍贵、濒危野生动物,或者非法收购、运输、出售国家重点保护的珍贵、濒危野生动物及其制品的行为,但不具有上述从重处罚的情形,且未造成动物死亡或者动物、动物制品无法追回,行为人全部退赃退赔,确有悔罪表现的,按照下列规定处理:(1)珍贵、濒危野生动物及其制品价值 200 万元以上的,可以认定为"情节严重",处 5 年以上 10 年以下有期徒刑,并处罚金。(2)珍贵、濒危野生动物及其制品价值 20 万元以上不满 200 万元的,可以处 5 年以下有期徒刑或者拘役,并处罚金。(3)珍

---

[258] 2022 年最高人民法院、最高人民检察院《关于办理破坏野生动物资源刑事案件适用法律若干问题的解释》第 6 条。

贵、濒危野生动物及其制品价值 2 万元以上不满 20 万元的,可以认定为犯罪情节轻微,不起诉或者免予刑事处罚;情节显著轻微危害不大的,不作为犯罪处理。

对于涉案动物及其制品的价值,应当根据下列方法确定:(1)对于国家禁止进出口的珍贵动物及其制品、国家重点保护的珍贵、濒危野生动物及其制品的价值,根据国务院野生动物保护主管部门制定的评估标准和方法核算;(2)对于有重要生态、科学、社会价值的陆生野生动物、地方重点保护野生动物、其他野生动物及其制品的价值,根据销赃数额认定;无销赃数额、销赃数额难以查证或者根据销赃数额认定明显偏低的,根据市场价格核算,必要时,也可以参照相关评估标准和方法核算。

根据上述方法难以确定涉案动物及其制品价值的,依据司法鉴定机构出具的鉴定意见,或者下列机构出具的报告,结合其他证据作出认定:(1)价格认证机构出具的报告;(2)国务院野生动物保护主管部门、国家濒危物种进出口管理机构或者海关总署等指定的机构出具的报告;(3)地、市级以上人民政府野生动物保护主管部门、国家濒危物种进出口管理机构的派出机构或者直属海关等出具的报告。

六、非法狩猎罪

本罪,是指违反狩猎法规,在禁猎区、禁猎期或者使用禁用的工具、方法进行狩猎,破坏野生动物资源,情节严重的行为。

所谓非法狩猎,是指违反狩猎法规,在禁猎区、禁猎期狩猎,或者使用禁用的工具、方法狩猎;违反狩猎法规,主要是指违反我国《野生动物保护法》等有关野生动物保护的法律、法规;所谓禁猎区,是指国家根据野生动物保护需要,划定的禁止狩猎的区域;所谓禁猎期,是指国家为了充分保护和合理利用野生动物资源,根据野生动物的繁殖规律和皮毛、肉食、药材的成熟季节,分别规定的禁止狩猎的期间;禁用的工具,一般是指具有极大杀伤力的狩猎器械,如地弓、地枪、大铁夹、军用武器等;禁用的方法,是指一切足以破坏野生动物资源的方法,如以化学药品毒杀、布电网围杀、爆炸等方法。需要注意的是,使用爆炸、投毒、设置电网等危险方法破坏野生动物资源,构成本罪,同时构成刑法第 114 条或者第 115 条规定的危害公共安全犯罪的,依照处罚较重的规定定罪处罚。

本罪的行为对象是野生动物资源。所谓“野生动物资源”,是指受《野生动物保护法》等保护的野生动物,包括国家重点保护野生动物、地方重点保护野生动物和“有益的或者有重要经济、科学研究价值的陆生野生动物”(“三有动物”)三类,包括麻雀、青蛙、壁虎、蟾蜍、野鸡、野兔和各种蛇类等。所谓情节严重,根据有关司法解释,[259]是指具有下列情形之一:(1)非法猎捕野生动物价值 1 万元以上的;(2)在禁猎区使用禁用的工具或者方法狩猎的;(3)在禁猎期使用禁用的工具或者方法狩猎的;(4)其他情节严重的情形。实施上述行为,根据猎获物的数量、价值和狩猎方法、工具等,认为对野生动物资源危害明显较轻的,综合考虑猎捕的动机、目的、行为人自愿接受行政处罚、积极修复生态环境等情节,可以认定为犯罪情节轻微,不起诉或者免予刑事处罚;情节显著轻微危害不大的,不作为犯罪处理。

本罪在认定上,应当注意其与危害珍贵、濒危野生动物罪的界限。二者的主要区别是,行

---

[259] 2022 年最高人民法院、最高人民检察院《关于办理破坏野生动物资源刑事案件适用法律若干问题的解释》第 7 条第 1 款。

为对象不同。本罪的对象是珍贵、濒危野生动物以外的一般陆生动物，而危害珍贵、濒危野生动物罪的行为对象是列入《国家重点保护野生动物名录》的珍贵、濒危野生动物，包括陆生的野生动物和水生的野生动物。因此，行为人在非法狩猎的过程中，猎捕或者杀害了珍贵、濒危野生动物的话，就要构成危害珍贵、濒危野生动物罪，而不是本罪。但行为人在实施非法狩猎行为时，因为使用一张“翻网”而同时猎捕到不同保护动物（如国家二级保护野生动物鸳鸯1只和被列入《国家保护的有益的或者有重要经济、科学研究价值的陆生野生动物名录》和《中华人民共和国政府和日本国政府保护候鸟及其栖息环境协定》的保护名录的动物绿翅鸭4只）时，因为它们属于不同种类的动物，因此，即便只有一个猎捕行为，也应当构成危害珍贵、濒危野生动物罪和本罪两个罪名，数罪并罚。

依照刑法第341条第2款、第346条的规定，犯本罪的，处3年以下有期徒刑、拘役、管制或者罚金。单位犯本罪的，对单位判处罚金，并对其直接负责的主管人员和其他直接责任人员，依照自然人犯本罪的规定处罚。非法狩猎行为，具有下列情形之一的，从重处罚：(1)暴力抗拒、阻碍国家机关工作人员依法履行职务，尚未构成妨害公务罪、袭警罪的；(2)对野生动物资源或者栖息地生态造成严重损害的；(3)2年内曾因破坏野生动物资源受过行政处罚的。

七、非法猎捕、收购、运输、出售陆生野生动物罪

本罪是指违反野生动物保护管理法规，以食用为目的非法猎捕、收购、运输、出售珍贵、濒危野生动物以外的在野外环境自然生长繁殖的陆生野生动物，情节严重的行为。

本罪为2020年《刑法修正案（十一）》第41条所增设。其立法目的是通过禁止以食用为目的猎杀蝙蝠等陆生野生动物，防止疾病传染，保护公共卫生安全。有些陆生野生动物，尽管不是珍贵、濒危动物，但属于国家保护的有益的或者有重要经济、科学研究价值的陆生野生动物，其也在法律保护范围之内。2016年修订的《野生动物保护法》已将《国家保护的有益的或者有重要经济、科学研究价值的陆生野生动物名录》修正为《有重要生态、科学、社会价值的陆生野生动物名录》。2020年2月，全国人民代表大会常务委员会发布了《关于全面禁止非法野生动物交易、革除滥食野生动物陋习、切实保障人民群众生命健康安全的决定》，其中第2条第2款规定，全面禁止以食用为目的猎捕、交易、运输在野外环境自然生长繁殖的陆生野生动物。本罪实际上是对上述规定的落实。

本罪客观上表现为，非法猎捕、收购、运输、出售珍贵、濒危野生动物以外的在野外环境自然生长繁殖的陆生野生动物，情节严重。其中，作为实行行为的“收购”包括以营利、自用等为目的的购买行为。“运输”包括采用携带、邮寄、利用他人、使用交通工具等方法进行运送的行为。“出售”包括出卖和以营利为目的的加工利用行为。“情节严重”，根据相关司法解释，[260]是指具有下列情形之一：(1)非法猎捕、收购、运输、出售有重要生态、科学、社会价值的陆生野生动物或者地方重点保护陆生野生动物价值1万元以上的；(2)非法猎捕、收购、运输、出售第1项规定以外的其他陆生野生动物价值5万元以上的；(3)其他情节严重的情形。

本罪主观方面为故意，还必须具有特定目的即“以食用为目的”。对于“以食用为目的”，应当综合涉案动物及其制品的特征，被查获的地点，加工、包装情况，以及可以证明来源、用途

---

〔260〕 2022年最高人民法院、最高人民检察院《关于办理破坏野生动物资源刑事案件适用法律若干问题的解释》第8条第1款。

的标识、证明等证据作出认定。一般来说,实施刑法第 341 条第 3 款规定的行为,具有下列情形之一的,可以认定为“以食用为目的”:(1)将相关野生动物及其制品在餐饮单位、饮食摊点、超市等场所作为食品销售或者运往上述场所的;(2)通过包装、说明书、广告等介绍相关野生动物及其制品的食用价值或者方法的;(3)其他足以认定以食用为目的的情形。[261]

依照刑法第 341 条第 3 款、第 346 条的规定,犯本罪的,处 3 年以下有期徒刑、拘役、管制或者罚金。单位犯本罪的,对单位判处罚金,并对其直接负责的主管人员和其他直接责任人员,依照自然人犯本罪的规定处罚。实施本罪行为,同时构成非法狩猎罪的,应当依照刑法第 341 条第 3 款的规定,以非法猎捕陆生野生动物罪定罪处罚。

八、非法占用农用地罪

本罪,是指违反土地管理法规,非法占用耕地、林地等农用地,改变被占用土地用途,数量较大,造成耕地、林地等农用地大量毁坏的行为。

其中,“违反土地管理法规”,是指违反《土地管理法》《森林法》《草原法》等法律以及有关行政法规中关于土地管理的规定。本罪的对象是耕地、林地等农用地。所谓农用地,是指直接用于农业生产的土地,包括耕地、林地、草地、农田水利用地、养殖水面等。其中,所谓耕地,分为已开垦的耕地和尚未开发利用的后备耕地。已开垦的耕地包括熟地、当年新开荒地、连续撂荒未满 3 年的耕地、当年的休闲地、以种植农作物为主并附带其他作物的土地和沿海沿湖地区围垦利用的海涂湖田等。根据《基本农田保护条例》第 10 条第 1 款规定,基本农田所包含的耕地范围是:国务院有关主管部门或者县级以上地方人民政府批准确定的粮、棉、油生产基地内的耕地;有良好的水利与水土保持设施的耕地,正在实施改造计划以及可以改造的中、低产田;蔬菜生产基地;农业科研、教学试验田。所谓林地,是指成片的天然林、次生林和人工林覆盖的土地,包括用材林、经济林、薪炭林和防护林等各种林木的成林、幼林和苗圃等所占用的土地。根据《森林法实施条例》第 2 条第 4 款,林地包括郁闭度 0.2 以上的乔木林地以及竹林地、灌木林地、疏林地、采伐迹地、火烧迹地、未成林造林地、苗圃地和县级以上人民政府规划的宜林地。

本罪的行为通常表现为行为人实施了非法占用或者改变被占用耕地、林地等农用地的用途,数量较大,造成耕地、林地等农用地大量毁坏的行为。“非法占用”就是未经批准,擅自占用,因此,未经批准擅自占用农用地的场合就不用说了,少批多占农用地即少部分是经过合法批准的但大部分是没有经过批准的场合,以及提供虚假文件、盗用他人名义申请等以欺骗手段获得批准即欺骗批准而占用的场合,也属于“非法占用”。“改变被占用土地用途”是将土地管理部门批准占用的土地的用途擅自加以改变,包括在耕地或者林地上建窑、建坟、建房、挖沙、采石、采矿、取土、堆放固体废弃物或者进行其他非农业、非林业建设的情形在内。按照相关司法解释,[262] 违反土地管理法规,非法占用林地,改变被占用林地用途,具有下列情形之一的,应当认定为刑法第 342 条规定的造成林地“毁坏”:(1)在林地上实施建窑、建坟、建房、修路、硬化等工程建设的;(2)在林地上实施采石、采砂、采土、采矿等活动的;(3)在林地上排放污染物、堆放废弃物或者进行非林业生产、建设,造成林地被严重污染或者原有植被、林业生产条件

---

[261] 2022 年最高人民法院、最高人民检察院《关于办理破坏野生动物资源刑事案件适用法律若干问题的解释》第 11 条。

[262] 2023 年最高人民法院《关于审理破坏森林资源刑事案件适用法律若干问题的解释》第 1 条第 1 款。

被严重破坏的。

成立本罪,客观上必须引起“数量较大,造成耕地、林地等农用地大量毁坏”的结果。按照相关司法解释,[263]具有下列情形之一的,应当认定为刑法第 342 条规定的“数量较大,造成耕地、林地等农用地大量毁坏”:(1)非法占用并毁坏公益林地 5 亩以上的;(2)非法占用并毁坏商品林地 10 亩以上的;(3)非法占用并毁坏的公益林地、商品林地数量虽未分别达到第 1 项、第 2 项规定标准,但按相应比例折算合计达到有关标准的;(4)2 年内曾因非法占用农用地受过 2 次以上行政处罚,又非法占用林地,数量达到第 1 项至第 3 项规定标准一半以上的。

另外,根据相关司法解释,[264]非法占用草原,改变被占用草原用途,数量在 20 亩以上的,或者曾因非法占用草原受过行政处罚,在 3 年内又非法占用草原,改变被占用草原用途,数量在 10 亩以上的,应当认定为刑法第 342 条规定的“数量较大”。非法占用草原,改变被占用草原用途,数量较大,具有下列情形之一的,应当认定为刑法第 342 条规定的“造成耕地、林地等农用地大量毁坏”:(1)开垦草原种植粮食作物、经济作物、林木的;(2)在草原上建窑、建房、修路、挖砂、采石、采矿、取土、剥取草皮的;(3)在草原上堆放或者排放废弃物,造成草原的原有植被严重毁坏或者严重污染的;(4)违反草原保护、建设、利用规划种植牧草和饲料作物,造成草原沙化或者水土严重流失的;(5)其他造成草原严重毁坏的情形。此处所谓草原,是指天然草原和人工草地,天然草原包括草地、草山和草坡,人工草地包括改良草地和退耕还草地,不包括城镇草地。在禁牧区偷牧造成草场大量毁坏的行为,不构成本罪,但有可能构成盗窃罪。[265]行为人违反土地管理法规,在耕地上建设“大棚房”“生态园”“休闲农庄”等,非法占用耕地数量较大,造成耕地等农用地大量毁坏的,应当以本罪追究实际建设者、经营者的刑事责任。[266]

根据刑法第 342 条、第 346 条的规定,犯本罪的,处 5 年以下有期徒刑或者拘役,并处或者单处罚金。单位犯本罪的,对单位判处罚金,并对其直接负责的主管人员和其他直接责任人员,依照自然人犯本罪的规定处罚。

九、破坏自然保护地罪

本罪,是指违反自然保护地管理法规,在国家公园、国家级自然保护区进行开垦、开发活动或者修建建筑物,造成严重后果或者有其他恶劣情节的行为。

自然保护地是由各级政府依法划定或确认,对重要的自然生态系统、自然遗迹、自然景观及其所承载的自然资源、生态功能和文化价值实施长期保护的陆域或海域,是生态建设的核心载体、中华民族的宝贵财富、美丽中国的重要象征,在维护国家生态安全中居于首要地位。按照自然生态系统原真性、整体性、系统性及其内在规律,依据管理目标与效能并借鉴国际经验,将自然保护地按生态价值和保护强度高低依次分为三类,形成以国家公园为主体、自然保护区为基础、各类自然公园为补充的自然保护地分类系统。其中,国家公园是指以保护具有国家代表性的自然生态系统为主要目的,实现自然资源科学保护和合理利用的特定陆域或海域,其是我国自然生态系统中最重要、自然景观最独特、自然遗产最精华、生物多样性最富集的部分。

---

[263] 2023 年最高人民法院《关于审理破坏森林资源刑事案件适用法律若干问题的解释》第 1 条第 2 款。

[264] 2012 年最高人民法院《关于审理破坏草原资源刑事案件应用法律若干问题的解释》第 2 条、第 7 条。

[265] 2018 年最高人民检察院法律政策研究室《关于对〈“在禁牧区偷牧造成草场大量毁坏”行为性质的认定和法律适用问题的请示〉的答复》。

[266] 刘某非法占用农用地案,最高人民检察院指导性案例 60 号(2019 年)。

自然保护区是指保护典型的自然生态系统、珍稀濒危野生动植物种的天然集中分布区、有特殊意义的自然遗迹的区域,具有较大面积,确保主要保护对象安全,维持和恢复珍稀濒危野生动植物种群数量及赖以生存的栖息环境的特点。自然公园是指保护重要的自然生态系统、自然遗迹和自然景观,具有生态、观赏、文化和科学价值,可持续利用的区域,包括森林公园、地质公园、海洋公园、湿地公园等各类自然公园。

本罪行为方式有三种表现:开垦、进行开发活动和修建建筑物。开垦表现为改变原土地生态状态后变为农田进行农业生产,种植粮食作物、经济作物、林木等行为。开垦行为会导致自然生态体系被破坏或者退化。进行开发活动的范围比较广,不仅有生产经营活动,还有科学研究、科学试验等活动,常见有修路、采伐林木、挖土、采矿、采砂、采石、放牧、捕猎、捕捞、采药等。修建建筑物,主要是指修建供人民进行生产、生活、经营或者其他活动的房屋或者场所。

成立本罪,客观上还要求"造成严重后果或者有其他恶劣情节"。"造成严重后果"主要表现为开垦行为、开发活动和修建建筑物占用自然保护地达到一定的面积,导致自然保护地内的森林、其他林木、幼苗、野生动物死亡,对自然保护地的修复费用达到一定数额或者造成了一定经济损失等情况。"其他恶劣情节"主要表现为违法所得或者经营达到一定规模或者数额,在自然保护区内禁止人为活动的核心区内进行开垦、开发活动或者修建建筑物等情形。

要注意的是,国家公园、国家级自然保护区并非完全禁止开发利用,而是根据保护的级别进行区分管理。经过批准的合法行为,如在自然保护地内为休憩、观光、科教、调查等设置座椅、临时休息场所的,属于对自然保护地的合理利用。

根据刑法第 342 条之一、第 346 条的规定,犯本罪的,处 5 年以下有期徒刑或者拘役,并处或者单处罚金。有前述行为,同时构成其他犯罪的,依照处罚较重的规定定罪处罚。单位犯本罪的,对单位判处罚金,并对直接负责的主管人员和其他直接责任人员,依照自然人犯本罪的规定处罚。

十、非法采矿罪

(一)概念和构成

本罪,是指违反矿产资源法的规定,未取得采矿许可证擅自采矿,擅自进入国家规划矿区、对国民经济具有重要价值的矿区和他人矿区范围采矿,或者擅自开采国家规定实行保护性开采的特定矿种,情节严重的行为。

本罪客观上表现为,非法采矿、情节严重。所谓采矿,通俗地讲,就是把埋藏在地下的矿物开采出来。实务当中,需要将采矿和探矿区分开来。依照我国《矿产资源法实施细则》第 5 条第 1 款,国家对矿产资源的勘查、开采实行许可证制度。勘查矿产资源,必须依法申请登记,领取勘查许可证,取得探矿权;开采矿产资源,必须依法申请登记,领取采矿许可证,取得采矿权。实务当中,既存在取得探矿权之后,便进行采矿的情形,也存在误将探矿理解为采矿的情形。探矿是在确立、设置的找矿、探矿靶区内,利用各种探矿手段有目的地进行由浅入深的矿产资源勘查,最终实现矿业开发,过程当中也会涉及按照勘查许可证规定的区域、期限、工作对象进行勘查,在勘查作业区及相邻区域架设供电、供水、通讯管线,自行销售勘查中按照批准的工程设计施工回收的矿产品等问题,具体表现为山皮剥离、槽探、坑探等工程清理及副产矿的挑拣筛选等,形式上和采矿行为相似。但要注意的是,探矿行为只要在行使法定的探矿权的范围之内,就不能将其理解为采矿,从而将依法探矿行为认定为本罪中作为客观构成要件所规定的非法采矿。

非法采矿，具体来说，包括以下两方面的内容：

1. 非法采矿。其包括以下五种情形：

（1）未取得采矿许可证擅自采矿。所谓“未取得采矿许可证”，是指具有下列情形之一：一是无许可证的；二是许可证被注销、吊销、撤销的；三是超越许可证规定的矿区范围或者开采范围的；四是超出许可证规定的矿种的（共生、伴生矿种除外）；五是其他未取得许可证的情形。[267] 被告人在采矿许可证到期后继续开采矿石，与行政机关未依法履职、不及时作为有关，不属于违反刑法规定应当追究刑事责任的非法采矿行为。[268] 在河道管理范围内采砂的场合，依据相关规定应当办理河道采砂许可证，未取得河道采砂许可证的；或者依据相关规定应当办理河道采砂许可证和采矿许可证，既未取得河道采砂许可证，又未取得采矿许可证的，以本罪定罪处罚。未取得海砂开采海域使用权证，且未取得采矿许可证，采挖海砂，符合其他条件的，以本罪定罪处罚。但是，对是否构成“未取得采矿许可证”情形，要在准确把握盗采矿产资源行为入罪的前提条件下，在综合考量案件具体事实、情节的基础上依法认定。[269]

（2）擅自对进入国家规划矿区采矿。其中，“国家规划矿区”，是指在一定时期内，根据国民经济建设长期需要和资源分布情况，经国务院或者有关机关依法定程序审查、批准、确定列入国家矿产资源开发长期或者中期规划的矿区以及作为老矿区后备资源基地的矿区。

（3）擅自对国民经济具有重要价值的矿区采矿。其中，“对国民经济具有重要价值的矿区”，是指从国民经济角度来看，经济价值重大或者经济效益很高，对国家经济建设的全局性、战略性有重要影响的矿区。

（4）擅自在他人矿区的范围内采矿。其中，“矿区的范围”，是指矿井（露天采场）设计部门确定并依照法律程序批准的矿井四周边界的范围。

（5）擅自开采国家规定实行保护性开采的特定矿种。其中，“国家规定实行保护性开采的特定矿种”，是指对国民经济建设、高科技发展具有特殊重要价值，资源严重稀缺，矿产品贵重或者在国际市场上占有明显优势等，在一定时期内由国家依法定程序确定的矿种，如黄金、钨、锡、锑、离子型稀土矿等都是国家规定实行保护性开采的特定矿种。另外，违反矿产资源法的规定，非法开采石油、天然气资源的，也构成非法采矿。[270]

2. 必须达到“情节严重”的程度。所谓“情节严重”，依据相关规定，[271] 是指具有下列情形之一：（1）开采的矿产品价值或者造成矿产资源破坏的价值在 10 万元至 30 万元以上的；（2）在国家规划矿区、对国民经济具有重要价值的矿区采矿，开采国家规定实行保护性开采的特定矿种，或者在禁采区、禁采期内采矿，开采的矿产品价值或者造成矿产资源破坏的价值在 5 万元至 15 万元以上的；（3）2 年内曾因非法采矿受过 2 次以上行政处罚，又实施非法采矿行为的；（4）造成生态环境严重损害的；（5）其他情节严重的情形。

---

[267] 2016 年最高人民法院、最高人民检察院《关于办理非法采矿、破坏性采矿刑事案件适用法律若干问题的解释》第 2 条。

[268] 汤某珍等三人非法采矿再审改判无罪案，湖北省高级人民法院（2022）鄂刑再 2 号刑事判决书。

[269] 2022 年最高人民法院《关于充分发挥环境资源审判职能作用　依法惩处盗采矿产资源犯罪的意见》第 6 条。

[270] 2007 年最高人民法院、最高人民检察院《关于办理盗窃油气、破坏油气设备等刑事案件具体应用法律若干问题的解释》第 6 条。

[271] 2017 年最高人民法院、最高人民检察院、公安部《关于公安机关管辖的刑事案件立案追诉标准的规定（一）的补充规定》第 11 条第 1 款；2016 年最高人民法院、最高人民检察院《关于办理非法采矿、破坏性采矿刑事案件适用法律若干问题的解释》第 3 条第 1 款。

以下情形也属于本罪的“情节严重”:在河道管理范围内采砂,依据相关规定应当办理河道采砂许可证而未取得河道采砂许可证,或者应当办理河道采砂许可证和采矿许可证,既未取得河道采砂许可证又未取得采矿许可证,具有刑法第343条第1款规定的情形之一,或者严重影响河势稳定危害防洪安全的;采挖海砂,未取得海砂开采海域使用权证且未取得采矿许可证,具有刑法第343条第1款规定的情形之一,或者造成海岸线严重破坏的。

(二)认定中应注意的问题

在本罪的认定中,要注意以下几点:[272]

1. 违反矿产资源法的规定,非法采矿,造成重大伤亡事故或者其他严重后果,同时构成本罪和刑法第134条规定的重大责任事故罪,强令、组织他人违章冒险作业罪或者第135条规定的重大劳动安全事故罪的,依照数罪并罚的规定处罚。

2. 明知是犯罪所得的矿产品及其产生的收益,而予以窝藏、转移、收购、代为销售或者以其他方法掩饰、隐瞒的,依照刑法第312条的规定,以掩饰、隐瞒犯罪所得、犯罪所得收益罪定罪处罚。实施前述犯罪行为,事前通谋的,以共同犯罪论处。明知他人盗采矿产资源,而为其提供重要资金、工具、技术、单据、证明、手续等便利条件或者居间联络,结合全案证据可以认定为形成通谋的,以共同犯罪论处。对受雇佣为非法采矿、破坏性采矿犯罪提供劳务的人员,除参与利润分成或者领取高额固定工资的以外,一般不以犯罪论处,但曾因非法采矿、破坏性采矿受过处罚的除外。

3. 实施非法采矿犯罪,不属于“情节特别严重”,或者实施破坏性采矿犯罪,行为人系初犯,全部退赃退赔,积极修复环境,并确有悔改表现的,可以认定为犯罪情节轻微,不起诉或者免予刑事处罚。

4. 非法开采的矿产品价值,根据销赃数额认定;无销赃数额,销赃数额难以查证,或者根据销赃数额认定明显不合理的,根据矿产品价格和数量认定。矿产品价值难以确定的,依据下列机构出具的报告,结合其他证据作出认定:(1)价格认证机构出具的报告;(2)省级以上人民政府国土资源、水行政、海洋等主管部门出具的报告;(3)国务院水行政主管部门在国家确定的重要江河、湖泊设立的流域管理机构出具的报告。多次非法采矿、破坏性采矿构成犯罪,依法应当追诉的,或者2年内多次非法采矿、破坏性采矿未经处理的,价值数额累计计算。要准确把握矿产品价值认定规则:为获取非法利益而对矿产品进行加工、保管、运输的,其成本支出一般不从销赃数额中扣除;销赃数额与评估、鉴定的矿产品价值不一致的,要结合案件的具体事实、情节作出合理认定。

5. 非法采集海砂的问题。近年来,非法采集海砂问题高发,2023年6月6日最高人民法院、最高人民检察院、中国海警局发布了《依法打击涉海砂违法犯罪座谈会纪要》,其中,对未取得海砂开采海域使用权证,且未取得采矿许可证,在中华人民共和国内水、领海采挖海砂行为,以及行为人的主观故意、共同犯罪、海砂价值计算等相关刑法适用问题进行了明确。

(三)处罚

依照刑法第343条第1款、第346条的规定,犯本罪的,处3年以下有期徒刑、拘役或者管制,并处或者单处罚金;情节特别严重的,处3年以上7年以下有期徒刑,并处罚金。单位犯本

---

[272] 2016年最高人民法院、最高人民检察院《关于办理非法采矿、破坏性采矿刑事案件适用法律若干问题的解释》第7条、第8条、第10条、第11条、第13条。

罪的，对单位判处罚金，并对其直接负责的主管人员和其他直接责任人员，依照自然人犯本罪的规定处罚。其中，“情节特别严重”，是指具有下列情形之一：(1)数额达到情节严重标准5倍以上的；(2)造成生态环境特别严重损害的；(3)其他情节特别严重的情形。[273] 对实施盗采矿产资源行为同时构成两种以上“情节严重”或者“情节特别严重”情形的，要综合考虑各情节，精准量刑。对在河道管理范围、海域实施盗采砂石行为的，要充分关注和考虑其危害堤防安全、航道畅通、通航安全或者造成岸线破坏等情况。

十一、破坏性采矿罪

本罪，是指违反矿产资源法的规定，采取破坏性的开采方法开采矿产资源，造成矿产资源严重破坏的行为。

其中，“采取破坏性的开采方法”，是指违反矿产资源法的规定，使用不合理的开采顺序、开采方法和选矿工艺，致使矿产资源的开采回采率、采矿贫化率和选矿回收率达不到设计要求，通常是指违反地质矿产主管部门审查批准的矿产资源开发利用方案开采矿产资源，并造成矿产资源严重破坏的行为；[274]“造成矿产资源严重破坏”，是指造成矿产资源破坏的价值在50万元至100万元以上，或者造成国家规划矿区、对国民经济具有重要价值的矿区和国家规定实行保护性开采的特定矿种资源破坏的价值在25万元至50万元以上。[275] 违反矿产资源法的规定，破坏性开采石油、天然气资源的，也是破坏性采矿。[276] 本罪主体为特殊主体，即取得采矿许可证的个人或单位。如果未取得采矿许可证的个人或单位采取破坏性的方法开采矿产资源，则构成非法采矿罪。

在本罪的适用中，要注意以下两个问题：(1)本罪与非法采矿罪的界限。二者的根本区别是，本罪是在持有采矿许可证的前提之下，采用违反矿产资源法的破坏性手段采矿，而非法采矿罪是未取得采矿许可证擅自采矿，擅自进入国家规划矿区、对国民经济具有重要价值的矿区和他人矿区范围采矿，或者擅自开采国家规定实行保护性开采的特定矿种。(2)本罪的罪数问题。违反矿产资源法的规定，采取破坏性的开采方法开采矿产资源，造成重大伤亡事故或者其他严重后果，同时构成本罪和刑法第134条规定的重大责任事故罪，强令、组织他人违章冒险作业罪或者第135条规定的重大劳动安全事故罪的，依照数罪并罚的规定处罚。

根据刑法第343条第2款、第346条的规定，犯本罪的，处5年以下有期徒刑或者拘役，并处罚金。单位犯本罪的，对单位判处罚金，并对其直接负责的主管人员和其他直接责任人员，依照自然人犯本罪的规定处罚。

十二、危害国家重点保护植物罪

本罪，是指违反国家规定，非法采伐、毁坏珍贵树木或者国家重点保护的其他植物，或者非法收购、运输、加工、出售珍贵树木或者国家重点保护的其他植物及其制品的行为。

---

〔273〕 2016年最高人民法院、最高人民检察院《关于办理非法采矿、破坏性采矿刑事案件适用法律若干问题的解释》第3条第2款。

〔274〕 2003年最高人民法院《关于审理非法采矿、破坏性采矿刑事案件具体应用法律若干问题的解释》(已失效)第4条。

〔275〕 2016年最高人民法院、最高人民检察院《关于办理非法采矿、破坏性采矿刑事案件适用法律若干问题的解释》第6条。

〔276〕 2007年最高人民法院、最高人民检察院《关于办理盗窃油气、破坏油气设备等刑事案件具体应用法律若干问题的解释》第6条。

其中,所谓珍贵树木和国家重点保护的其他植物,是指古树名木,包括由省级以上林业主管部门或者其他部门确定的具有重大历史纪念意义、科学研究价值或者年代久远的古树名木,国家禁止、限制出口的珍贵树木,以及列入《国家重点保护野生植物名录》的野生植物。野生植物限于原生地天然生长的植物。人工培育的植物,除古树名木外,不属于刑法第 344 条规定的"珍贵树木或者国家重点保护的其他植物"。所谓非法采伐,是指没有取得采伐许可证而进行采伐,或者违反许可证规定的面积、株数、树种进行采伐;所谓毁坏,是指采用剥皮、砍枝、取脂等方式使树木死亡或者影响其正常生长的行为;所谓收购,就是有偿买入,包括以出售、自用为目的的收购;所谓运输,是指在我国国境之内由甲地到乙地的运送,包括采用携带、邮寄、利用他人、使用交通工具等方法进行运送的行为;所谓加工,是指按照规定的要求进行制作;所谓出售,就是有偿转让。

对于非法移栽珍贵树木或者国家重点保护的其他植物,依法应当追究刑事责任的,均以本罪论处。鉴于移栽在社会危害程度上与砍伐存在一定差异,对非法移栽珍贵树木或者国家重点保护的其他植物的行为,在认定是否构成犯罪以及裁量刑罚时,应当考虑植物的珍贵程度、移栽目的、移栽手段、移栽数量、对生态环境的损害程度等情节,综合评估社会危害性,确保罪责刑相适应。非法采集或者采伐天然种质资源,符合刑法第 344 条规定的,以本罪定罪处罚。在种质资源库、种质资源保护区或者种质资源保护地实施上述行为的,应当酌情从重处罚。

本罪属行为犯,且"采伐""毁坏"为选择性行为,只要行为人实施了其中之一,便可成立本罪。根据相关司法解释,[277]违反国家规定,非法采伐、毁坏列入《国家重点保护野生植物名录》的野生植物,或者非法收购、运输、加工、出售明知是非法采伐、毁坏的上述植物及其制品,具有下列情形之一的,应当依照刑法第 344 条的规定,以本罪定罪处罚:(1)危害国家一级保护野生植物 1 株以上或者立木蓄积 1 立方米以上的;(2)危害国家二级保护野生植物 2 株以上或者立木蓄积 2 立方米以上的;(3)危害国家重点保护野生植物,数量虽未分别达到第 1 项、第 2 项规定标准,但按相应比例折算合计达到有关标准的;(4)涉案国家重点保护野生植物及其制品价值 2 万元以上的。

在本罪的适用过程中,应当注意本罪的故意认定问题。如果行为人确实因为不认识或者无从意识到是珍贵树木或者国家重点保护的其他植物及其制品,或者收购、运输、加工、出售上述物品行为违法的话,可以说其具有事实上的认识错误,不具有本罪的故意;但是,行为人已经意识到是珍贵树木或者国家重点保护的其他植物及其制品,或者认识到收购、运输、加工、出售上述物品的行为可能违法而仍然实施上述行为的话,就难以排除其犯罪故意。认定被告人是否具有非法采伐国家重点保护植物的主观故意,可结合野生植物是否具有可普遍识别的外观特征、被告人是否具有林木行业工作经验、自然保护区是否设置有特殊的林木保护设施等因素予以确定。

根据刑法第 344 条、第 346 条的规定,犯本罪的,处 3 年以下有期徒刑、拘役或者管制,并处罚金;情节严重的,处 3 年以上 7 年以下有期徒刑,并处罚金。单位犯本罪的,对单位判处罚金,并对其直接负责的主管人员和其他直接责任人员,依照自然人犯本罪的规定处罚。其中"情节严重",是指具有下列情形之一:[278](1)危害国家一级保护野生植物 5 株以上或者立木蓄积 5 立方米以上的;(2)危害国家二级保护野生植物 10 株以上或者立木蓄积 10 立方米以上

---

[277] 2023 年最高人民法院《关于审理破坏森林资源刑事案件适用法律若干问题的解释》第 2 条第 1 款。

[278] 2023 年最高人民法院《关于审理破坏森林资源刑事案件适用法律若干问题的解释》第 2 条第 2、3 款。

的;(3)危害国家重点保护野生植物,数量虽未分别达到第1项、第2项规定标准,但按相应比例折算合计达到有关标准的;(4)涉案国家重点保护野生植物及其制品价值20万元以上的;(5)其他情节严重的情形。违反国家规定,非法采伐、毁坏古树名木,或者非法收购、运输、加工、出售明知是非法采伐、毁坏的古树名木及其制品,涉案树木未列入《国家重点保护野生植物名录》的,根据涉案树木的树种、树龄以及历史、文化价值等因素,综合评估社会危害性,依法定罪处罚。

十三、非法引进、释放或者丢弃外来入侵物种罪

本罪,是指违反国家规定,非法引进、释放或者丢弃外来入侵物种,情节严重的行为。

本罪是为了应对日益加剧的生物安全风险而制定的。生物安全是指与生物有关的因子对国家社会、经济、公共健康与生态环境所产生的危害或潜在风险。生物安全是国家和民族安全的重要内容,也是构建人类命运共同体必须要面对的问题。外来入侵物种,就是在新的环境中没有与之相抗衡或制约它的生物的物种,其会打破自然平衡,改变或破坏当地的生态环境、严重破坏生物物种的多样性,因此,必须在法律上予以制止。

所谓外来入侵物种,按照《外来入侵物种管理办法》第2条第2款的规定,是指传入定殖并对生态系统、生境、物种带来威胁或者危害,影响我国生态环境,损害农林牧渔业可持续发展和生物多样性的外来物种。要注意的是,对"外来入侵物种"要做扩大解释,其不仅包括处于存活状态的"物",还包括具有繁殖能力、扩散风险的"种",因此,相关物种的活体就不用说了,相关植物物种的种子、苗木,以及动物物种的卵、蛋及胚胎等其他繁殖材料也包括在内。

本罪客观上表现为,非法引进、释放或者丢弃外来入侵物种,情节严重。

其中,所谓非法引进,是指行为人违反有关法律规定,从境外进口或者通过携带、邮寄和运输等方式向境内输入该物种。《生物安全法》特别规定,对从境外引进的野生动物物种,引进的单位或者个人、繁育养殖的单位或者个人要采取有效措施,防止或者避免其逃到野外。所谓释放,是指行为人主动解除对某一外来入侵物种的控制、封闭状态,使其不被阻挡地逃逸到开放的生态环境中。近年来,巴西龟、虎皮鹦鹉、小葵花鹦鹉等外来物种交易在宠物交易市场较为活跃,宠物逃逸或者弃养宠物后随意放生的现象突出,带来生物和生态安全隐患。所谓丢弃,是指行为人随意抛弃外来入侵物种,放任其进入外部环境的行为。丢弃与释放的行为方式具有相似性,二者的区别主要包括两个方面:(1)行为对象,释放行为一般针对的是具有自主行动能力的动物物种;而丢弃行为一般针对的是植物物种的种子、苗木,或者是动物死体、幼崽、雏鸟、卵、蛋等缺乏自主行动能力的物种载体。(2)行为动机,释放行为一般是为了让物种"自生自灭",对被释放物种进入的环境常常具有一定的选择性,如释放鱼、虾等水生动物会选择河流、池塘等水域环境;丢弃行为则更具随意性,对物种未来的生存状态没有明显的预期,对于被丢弃物种可能进入的环境也不具有选择性。

非法引进、释放或者丢弃外来入侵物种的行为必须达到"情节严重"的程度,才构成犯罪。对于"情节严重",目前尚无司法解释,可以综合司法实践的具体情况,结合非法引进、释放或者丢弃外来入侵物种的数量、造成经济损失的数额、引起传染病传播或者传播严重风险的严重程度以及对生物多样性和生态安全的破坏程度,加以认定。

本罪主体为一般主体,包括自然人和单位。本罪主观方面表现为故意,过失不构成本罪。因此,"无意引进"即伴随人类的运输传播系统而扩散到特种物种的自然分布区域之外的非人

为引进行为,不构成本罪。[279]

根据刑法第 344 条之一、第 346 条的规定,犯本罪的,处 3 年以下有期徒刑或者拘役,并处或者单处罚金。单位犯本罪的,对单位判处罚金,并对其直接负责的主管人员和其他直接责任人员,处 3 年以下有期徒刑或者拘役,并处或者单处罚金。

十四、盗伐林木罪

本罪,是指盗伐森林或者其他林木,数量较大的行为。

其中,所谓盗伐林木,是指以非法占有为目的,具有下列情形之一:(1)未取得采伐许可证,擅自采伐国家、集体或者他人所有的林木的;(2)违反《森林法》第 56 条第 3 款的规定,擅自采伐国家、集体或者他人所有的林木的;(3)在采伐许可证规定的地点以外采伐国家、集体或者他人所有的林木的。不以非法占有为目的,违反森林法的规定,进行开垦、采石、采砂、采土或者其他活动,造成国家、集体或者他人所有的林木毁坏,符合刑法第 275 条规定的,以故意毁坏财物罪定罪处罚。[280]

所谓盗伐林木"数量较大",根据相关司法解释,[281]是指涉案林木具有下列情形之一:(1)立木蓄积 5 立方米以上的;(2)幼树 200 株以上的;(3)数量虽未分别达到第 1 项、第 2 项规定标准,但按相应比例折算合计达到有关标准的;(4)价值 2 万元以上的。实施盗伐林木的行为,所涉林木系风倒、火烧、水毁或者林业有害生物等自然原因死亡或者严重毁损的,在决定应否追究刑事责任和裁量刑罚时,应当从严把握;情节显著轻微危害不大的,不作为犯罪处理。[282]

在本罪的适用中,应注意以下两个问题:

1. 本罪与以树木为对象的盗窃罪的界限。盗窃罪的保护法益是公私财产所有权,属于侵犯财产类犯罪,而本罪被列在刑法妨害社会管理秩序罪章中的"破坏环境资源保护罪"一节,是鉴于盗伐林木行为使成活树木对资源环境的有益贡献损失殆尽,盗伐行为造成的破坏不可逆转、无法恢复,所以其最终必然破坏生态环境。也正因如此,二者的区别在于:(1)犯罪对象有所不同。本罪侵犯的对象是森林保护资源范围之内的、正在生长中的森林或者其他成片的林木,而盗窃罪的对象则广泛得多。因此,将国家、集体、他人所有并已经伐倒的树木窃为己有,以及偷砍他人在自留地、房前屋后种植的零星树木,数额较大的,均构成盗窃罪,而不是本罪。另外,非法实施采种、采脂、掘根、剥树皮等行为,牟取经济利益数额较大的,也构成盗窃罪。[283] (2)成立犯罪的标准有所不同。本罪的成立,须符合盗伐数量较大的要求,以立木蓄积 5 立方米或者幼树 200 株为起点;而盗窃树木的行为依然是构成盗窃罪,其成立标准仍是"数额较大",一般是指盗窃价值 1000 元至 3000 元以上。当然,本罪是盗窃罪的一种特殊形式,二者之间存在特别法与普通法的法条竞合关系,在适用上可能会出现"重法优于轻法"的情形,因此,在盗伐林木数量特别巨大、后果极为严重,"处七年以上有期徒刑,并处罚金"仍然难以

---

[279] 杨万明主编:《〈刑法修正案(十一)〉条文及配套〈罪名补充规定(七)〉理解与适用》,人民法院出版社 2021 年版,第 431 页。

[280] 2023 年最高人民法院《关于审理破坏森林资源刑事案件适用法律若干问题的解释》第 3 条。

[281] 2023 年最高人民法院《关于审理破坏森林资源刑事案件适用法律若干问题的解释》第 4 条第 1 款。

[282] 2023 年最高人民法院《关于审理破坏森林资源刑事案件适用法律若干问题的解释》第 4 条第 3 款。

[283] 2023 年最高人民法院《关于审理破坏森林资源刑事案件适用法律若干问题的解释》第 11 条。

罚当其罪的时候,可以盗窃罪处罚盗伐林木的情况。

2. 本罪与危害国家重点保护植物罪的界限。二者的区别在于对象不同。前者为普通林木,后者为珍贵树木及其他国家重点保护植物。在盗伐林木时,又故意非法采伐、毁坏国家重点保护植物的,构成数罪。

关于本罪的处罚,根据刑法第345条第1款、第4款和第346条的规定,犯本罪的,处3年以下有期徒刑、拘役或者管制,并处或者单处罚金;数量巨大的,处3年以上7年以下有期徒刑,并处罚金;数量特别巨大的,处7年以上有期徒刑,并处罚金。盗伐国家级自然保护区内的森林或者其他林木的,从重处罚。单位犯本罪的,对单位判处罚金,并对其直接负责的主管人员和其他直接责任人员,依照自然人犯本罪的规定处罚。

其中,"数量巨大",是指实施盗伐林木行为,达到前述"数量较大"标准的10倍以上;"数量特别巨大",是指实施盗伐林木行为,达到前述"数量较大"标准的50倍以上。

按照相关司法解释,[284]实施破坏森林资源犯罪,具有下列情形之一的,从重处罚:(1)造成林地或者其他农用地基本功能丧失或者遭受永久性破坏的;(2)非法占用自然保护地核心保护区内的林地或者其他农用地的;(3)非法采伐国家公园、国家级自然保护区内的林木的;(4)暴力抗拒、阻碍国家机关工作人员依法执行职务,尚不构成妨害公务罪、袭警罪的;(5)经行政主管部门责令停止违法行为后,继续实施相关行为的。实施该司法解释规定的破坏森林资源行为,行为人系初犯,认罪认罚,积极通过补种树木、恢复植被和林业生产条件等方式修复生态环境,综合考虑涉案林地的类型、数量、生态区位或者涉案植物的种类、数量、价值,以及行为人获利数额、行为手段等因素,认为犯罪情节轻微的,可以免予刑事处罚;认为情节显著轻微危害不大的,不作为犯罪处理。

十五、滥伐林木罪

本罪,是指违反森林法的规定,滥伐森林或者其他林木,数量较大的行为。

所谓滥伐林木,依据有关司法解释,[285]是指具有下列情形之一:(1)未取得采伐许可证,或者违反采伐许可证规定的时间、地点、数量、树种、方式,任意采伐本单位或者本人所有的林木的;(2)违反《森林法》第56条第3款的规定,任意采伐本单位或者本人所有的林木的;(3)在采伐许可证规定的地点,超过规定的数量采伐国家、集体或者他人所有的林木的。林木权属存在争议,一方未取得采伐许可证擅自砍伐的,以滥伐林木论处。实施滥伐林木的行为,所涉林木系风倒、火烧、水毁或者林业有害生物等自然原因死亡或者严重毁损的,一般不以犯罪论处;确有必要追究刑事责任的,应当从宽处理。

滥伐森林或者其他林木,必须达到"数量较大"的程度。所谓数量较大,是指具有下列情形之一:(1)立木蓄积20立方米以上的;(2)幼树1000株以上的;(3)数量虽未分别达到第1项、第2项规定标准,但按相应比例折算合计达到有关标准的;(4)价值5万元以上的。实施前述行为,达到第1项至第4项规定标准5倍以上的,应当认定为刑法第345条第2款规定的"数量巨大"。[286] 另外,违反森林法的规定,在林木采伐许可证规定的地点以外,采伐本单位

---

[284] 2023年最高人民法院《关于审理破坏森林资源刑事案件适用法律若干问题的解释》第12条。

[285] 2023年最高人民法院《关于审理破坏森林资源刑事案件适用法律若干问题的解释》第5条。

[286] 2023年最高人民法院《关于审理破坏森林资源刑事案件适用法律若干问题的解释》第6条第1、2款。

或者本人所有的森林或者其他林木的,除农村居民采伐自留地和房前屋后个人所有的零星林木以外,属于"未经林业行政主管部门及法律规定的其他主管部门批准并核发林木采伐许可证"规定的情形,数量较大的,应当以本罪定罪处罚。[287]

在本罪的认定中,应当注意以下两点:(1)本罪与盗伐林木罪的区别。二者的根本区别是,盗伐林木罪的场合,原则上是在没有取得林木采伐许可证的情况下任意采伐他人林木,而本罪则是有许可证但不按照许可证的要求任意砍伐他人林木,或者无证采伐自己所有的林木。(2)在滥伐林木的同时,触犯危害国家重点保护植物罪的,应按照想象竞合犯的处罚原则,择一重罪定罪处罚。

根据刑法第 345 条第 2 款、第 4 款和第 346 条的规定,犯本罪的,处 3 年以下有期徒刑、拘役或者管制,并处或者单处罚金;数量巨大的,处 3 年以上 7 年以下有期徒刑,并处罚金。滥伐国家级自然保护区内的森林或者其他林木的,从重处罚。单位犯本罪的,对单位判处罚金,并对其直接负责的主管人员和其他直接责任人员,依照自然人犯本罪的规定处罚。本罪的从重处罚情节,参见前述盗伐林木罪的相关规定。

十六、非法收购、运输盗伐、滥伐的林木罪

本罪,是指非法收购、运输明知是盗伐、滥伐的林木,情节严重的行为。

其中,"收购",包括以营利、自用等为目的的购买行为;"运输",包括采用携带、邮寄、利用他人、使用交通工具等方式进行运送的行为;"明知",是指知道或者可能知道。认定本罪要求的"明知是盗伐、滥伐的林木",应当根据涉案林木的销售价格、来源以及收购、运输行为违反有关规定等情节,结合行为人的职业要求、经历经验、前科情况等作出综合判断。具有下列情形之一的,可以认定行为人具有明知,但有相反证据或者能够作出合理解释的除外:(1)收购明显低于市场价格出售的林木的;(2)木材经营加工企业伪造、涂改产品或者原料出入库台账的;(3)交易方式明显不符合正常习惯的;(4)逃避、抗拒执法检查的;(5)其他足以认定行为人明知的情形。[288]

成立本罪,要求"情节严重"。所谓情节严重,是指具有下列情形之一:(1)涉案林木立木蓄积 20 立方米以上的;(2)涉案幼树 1000 株以上的;(3)涉案林木数量虽未分别达到上述第(1)项、第(2)项规定标准,但按相应比例折算合计达到有关标准的;(4)涉案林木价值 5 万元以上的;(5)其他情节严重的情形。[289]

在本罪的认定中,应当注意其与掩饰、隐瞒犯罪所得、犯罪所得收益罪的区别。二者的区别主要是犯罪对象不同。本罪的对象是盗伐、滥伐的林木,而后罪的对象是一般犯罪所得及其收益。当然,盗伐、滥伐的林木在广义上也是犯罪所得,因此对其进行非法收购、运输,也属于一种收购、转移犯罪所得的行为。换言之,本罪和掩饰、隐瞒犯罪所得、犯罪所得收益罪之间存在法条竞合关系。但由于刑法将明知是盗伐、滥伐的林木而非法收购、运输的行为已经规定为独立犯罪,所以按照特别法优于普通法的原则,对于非法收购、运输盗伐、滥伐的林木的行为,通常应以本罪论处。只有在非法收购、运输盗伐、滥伐林木数量未达"情节严重"程度(如收购

---

〔287〕 2023 年最高人民法院《关于审理破坏森林资源刑事案件适用法律若干问题的解释》第 5 条第 2 项。

〔288〕 2023 年最高人民法院《关于审理破坏森林资源刑事案件适用法律若干问题的解释》第 7 条。

〔289〕 2023 年最高人民法院《关于审理破坏森林资源刑事案件适用法律若干问题的解释》第 8 条第 1 款。

盗伐的林木19立方米,价值9458元),不能以本罪处罚的场合,才可依“重法优于轻法”的处罚原则,以掩饰、隐瞒犯罪所得、犯罪所得收益罪对上述行为进行处罚。

根据刑法第345条第3款、第346条的规定,犯本罪的,处3年以下有期徒刑、拘役或者管制,并处或者单处罚金;情节特别严重的,处3年以上7年以下有期徒刑,并处罚金。单位犯本罪的,对单位判处罚金,并对其直接负责的主管人员和其他直接责任人员,依照自然人犯本罪的规定处罚。

第八节　走私、贩卖、运输、制造毒品的犯罪

一、走私、贩卖、运输、制造毒品罪

(一)概念和构成

本罪,是指明知是毒品而故意走私、贩卖、运输、制造的行为。

所谓毒品,按照刑法第357条第1款的规定,是指鸦片、海洛因、甲基苯丙胺(冰毒)、吗啡、大麻、可卡因等国家进行严格管制的能够使人形成瘾癖的麻醉药品和精神药品。走私、贩卖、运输、制造毒品的行为,不仅破坏了国家的毒品管理制度(走私毒品的行为还侵犯了国家进出口管理制度),有害于人民的身体健康,还是其他犯罪的隐患。随意使用毒品,必然会出现滥用,产生中毒现象,不仅使人民生活颓废,还有害于人民整体的身体健康,如常见毒品吗啡,服用后容易让人情绪剧烈起伏,还会产生攻击性,故因毒瘾发作而实施严重刑事犯罪的情形常有发生。另外,毒品问题需要从根源上进行防控,减少毒品的生产、流通和传播。我国东南沿海、东北、西北地区都受到境外毒品的影响,其中“金三角”地区是我国西南边境的天然罂粟种植港,是海洛因的主要来源地。通过打击贩毒活动,我国可以减少毒品流入,从而降低毒品问题的严重程度。因此,有必要对毒品进行严格管制,对有关毒品的犯罪进行严厉处罚。

本罪的犯罪构成如下:

1. 主体。本罪的主体既可以是自然人,也可以是单位。根据刑法第17条第2款之规定,已满14周岁不满16周岁具有刑事责任能力之人实施贩卖毒品行为的,应以本罪论处。

2. 危害行为和危害结果。本罪客观上表现为实施了走私、贩卖、运输、制造毒品这四种行为之一。

(1)所谓走私,是指明知是毒品而非法将其运输、携带、寄递进出国(边)境的行为。直接向走私人非法收购走私进口的毒品,或者在内海、领海、界河、界湖运输、收购、贩卖毒品的,以走私毒品罪立案追诉。[290]

(2)所谓贩卖,是指明知是毒品而非法销售或者以贩卖为目的而非法收买的行为,通俗地说,就是销售毒品,包括批发和零售。典型的贩卖毒品形式是,将毒品买入之后卖出,从中牟利。只买不卖,仅供自己吸食的,不属于贩卖。将家中祖传下来的鸦片等毒品卖出牟利的行为也是贩卖。自己制造毒品之后又销售即自制自销的,也是贩卖毒品的行为。另外,司法实践肯定以下两种特殊的毒品交易行为的性质:一是以毒品作为支付手段进行交易的行为,即用毒品

---

[290] 2012年最高人民检察院、公安部《关于公安机关管辖的刑事案件立案追诉标准的规定(三)》第1条第2款。

支付劳务报酬、偿还债务或者换取其他财产性利益的行为,其中财产性利益具体包括可折算为货币的物质利益以及需要支付货币的其他利益。二是毒品犯罪分子或吸毒人员互换毒品的情形,即用毒品向他人换取毒品用于贩卖的,被告人在向他人有偿转让毒品的同时,也以贩卖为目的非法购入了毒品,故应当认定为贩卖毒品罪。但双方以吸食为目的互换毒品的行为,不宜以贩卖毒品罪定罪处罚,但可以构成非法持有毒品罪等其他犯罪的。[291] 另外,根据刑法第355条的规定,依法从事生产、运输、管理、使用国家管制的麻醉药品、精神药品的人员,违反国家规定,向走私、贩卖毒品的犯罪分子或者以牟利为目的,向吸食、注射毒品的人提供国家规定管制的能够使人形成瘾癖的麻醉药品、精神药品的,也是贩卖毒品的行为,依照刑法第347条的规定定罪处罚。

(3)所谓运输,是指明知是毒品而采用携带、寄递、托运、利用他人或者使用交通工具等方法非法运送毒品的行为,简单地讲,就是变换毒品所在的空间位置,方式不限。但空间范围仅限于我国境内。将毒品自境内非法运输至境外或者自境外非法运输至境内,则应属于走私毒品而非运输毒品。要注意的是,一般情况下,运输毒品的行为是将毒品从甲地运往乙地,伴随着地点的转移,但是也并不都是如此。在有些情况下,毒品所在地在最终结果上虽未发生变化,但使毒品的所在地曾经发生了变化的行为也是运输毒品。如行为人将毒品由甲地转移到乙地,由于未找到联络的人而又将毒品由乙地带回甲地,虽然毒品所在地最终没有发生变化,但仍属于运输毒品的行为。因为,运输毒品并不以毒品所在地点的转移为要件。[292] 行为人虽然怀疑物品内为毒品,仍然转交的,应以运输毒品罪定罪处罚。运输毒品罪中,毒品起运,犯罪即告既遂。运输毒品,拒不供认毒品来源,不能证明系受人指使、雇用参与运输毒品的,应予严惩。

(4)所谓制造,是指非法利用毒品原植物直接提炼或者用化学方法加工、配制毒品,或者以改变毒品成分和效用为目的,用混合等物理方法加工、配制毒品的行为,但不包括种植毒品原植物的行为。为欺骗购毒者或者逃避查缉等,对毒品掺杂使假,通过物理方法使毒品溶解、混合、吸附于某种物质,或者以自用为目的对少量毒品添加其他物质、改变形态的,不认定为制造毒品。[293] 为了便于隐蔽运输、销售、使用,欺骗购买者或者增重,对毒品掺杂使假,添加或者去除其他非毒品物质,也不属于制造毒品的行为。对未被国家管制但含有国家管制的麻醉药品、精神药品成分的原生植物,采取特定方法提炼出植物中国家管制的麻醉药品、精神药品成分,改变了原生植物的物理形态,使其具备毒品效用的行为,应当认定为制造毒品行为。以未列入国家管制的化学品为原料,生产出含有国家管制的麻醉药品、精神药品成分的食品的,应当认定为制造毒品行为。[294] 按照相关规定,以制造毒品为目的,采挖、收购麻黄草的,以加工、

---

[291] 2023年最高人民法院《全国法院毒品案件审判工作会议纪要》第2条第1款第4项。

[292] 2023年最高人民法院《全国法院毒品案件审判工作会议纪要》第2条第1款。

[293] 2023年最高人民法院《全国法院毒品案件审判工作会议纪要》第2条第1款第7项。

[294] 对于生产、销售含有国家管制的麻醉药品、精神药品成分的食品的行为,应当区分不同情形依法惩处。行为人以未被国家管制的化学品为原料,生产、销售含有国家管制的麻醉药品、精神药品成分的食品,明知该成分的毒品属性的,应当认定为贩卖、制造毒品罪。行为人对化学品可生成毒品的特性或者相关成分的毒品属性不明知,如果化学品系食品原料,超限量、超范围添加足以造成严重食物中毒事故或者其他严重食源性疾病的,依法构成生产、销售不符合安全标准的食品罪;如果化学品系有毒、有害非食品原料,依法构成生产、销售有毒、有害食品罪。行为人犯贩卖、制造毒品罪,同时构成生产、销售不符合安全标准的食品罪或者生产、销售有毒、有害食品罪的,应当按照处罚较重的罪名追究刑事责任。行为人对于相关毒品成分主观上是否明知,不能仅凭其口供,还应当根据其对相关物质属性的认识、从业经历、生产制作工艺、产品标签标注、销售场所及价格等情况综合认定。参见王某贩卖、制造毒品案,最高人民检察院指导案例150号(2022年)。

提炼制毒物品制造毒品为目的,购买麻黄碱类复方制剂,或者运输、携带、寄递麻黄碱类复方制剂进出境的,也是制造毒品。[295] 为了制造毒品而采用生产、加工、提炼等方法非法制造易制毒化学品的,以制造毒品罪(预备)立案追诉。购进制造毒品的设备和原材料,开始着手制造毒品,尚未制造出毒品或者半成品的,以制造毒品罪(未遂)立案追诉。明知他人制造毒品而为其生产、加工、提炼、提供醋酸酐、乙醚、三氯甲烷等制毒物品的,以制造毒品罪的共犯立案追诉。[296]

以上所述的走私、贩卖、运输、制造毒品四种行为是选择性行为,可能分别独立存在,也可能结合在一起。行为人只要实施上述行为中的一种,就构成本罪。即便实施上述行为中的多种,也只构成一罪,而不能数罪并罚。2023 年 6 月发布的《全国法院毒品案件审判工作会议纪要》(也称《昆明会议纪要》)第 2 条第 1 款第 1 项也认为,本罪是选择性罪名,确定罪名时不以行为实施的先后、毒品数量或者危害大小排列,一律按照刑法条文规定的顺序表述。对同一宗毒品实施了不同种犯罪行为且有确凿证据证明的,应当按照犯罪行为的性质并列确定罪名,毒品数量不重复计算,不实行数罪并罚。对同一宗毒品可能实施了不同种犯罪行为,但根据证据只能认定其中一种或者几种行为,认定其他行为的证据不属确实、充分的,则按照依法能够认定的行为性质定罪。对不同宗毒品分别实施了不同种犯罪行为的,应对不同行为并列确定罪名,累计毒品数量,不实行数罪并罚。

《全国法院毒品案件审判工作会议纪要》第 2 条第 1 款第 2 项还规定,检察机关起诉指控或者原审法院判决确定的选择性罪名不准确或顺序不当的,审理法院可以减少部分罪名或者改动罪名顺序;检察机关指控了相关犯罪事实,但未适用相应选择性罪名的,在充分听取控辩双方意见的基础上,可以根据审理认定的事实,增加或者变更为相应选择性罪名,但上诉案件不得加重刑罚或者对刑罚执行产生不利于被告人的影响。这就意味着,过去在毒品犯罪裁判中坚持的法院在审理中对检察院起诉的事实"不得增加罪名"的规则修改为了"可以增加选择性罪名",只是具有一定条件,即检察机关指控了相关犯罪事实,且该犯罪事实根据现有证据足以认定,在充分听取控辩双方意见的基础上增加或变更,但是二审不得加重刑罚或者对刑罚执行产生不利于被告人的影响。

3. 主观要件。本罪的主观要件表现为故意,即明知是毒品而走私、贩卖、运输、制造。如果行为人在不知情的情况下实施了上述行为的话,就不能以本罪论处。但是,本罪只要求行为人认识到所走私、贩卖、运输、制造的是毒品就足够了,而不要求对毒品的名称、种类、数量、效用等具体情况有详细认识。即便是将此种毒品误认为是彼种毒品,也对其故意没有影响。

在判断毒品犯罪的行为人主观上是否具有对行为对象即毒品的明知的时候,首先还是要综合运用在案证据加以证明。对此,《全国法院毒品案件审判工作会议纪要》第 6 条第 1 项规定,被告人到案后否认明知是毒品的,应当综合运用在案证据加以证明,必要时可要求检察机关补充提供相关证据。综合被告人供述,相关证人证言,从涉毒场所、物品上提取的痕迹、生物检材,从被告人体内或者贴身隐秘处查获的毒品,从被告人体表、随身物品上提取的毒品残留物,以及调取的物流寄递单据、资金交易记录、通信记录、行程轨迹信息等证据,足以证明被告

---

[295] 2013 年最高人民法院、最高人民检察院、公安部、原农业部、原国家食品药品监督管理总局《关于进一步加强麻黄草管理严厉打击非法买卖麻黄草等违法犯罪活动的通知》第 3 条第 1 项;2012 年最高人民法院、最高人民检察院、公安部《关于办理走私、非法买卖麻黄碱类复方制剂等刑事案件适用法律若干问题的意见》第 1 条第 1 款。

[296] 2012 年最高人民检察院、公安部《关于公安机关管辖的刑事案件立案追诉标准的规定(三)》第 1 条第 7 款。

人明知是毒品的,可以依法认定。

其次,只有在在案证据无法直接证明的场合,才可以运用推定来认定明知,以防止盲目扩大推定适用范围。对此,《全国法院毒品案件审判工作会议纪要》第6条第2项规定,被告人到案后否认明知是毒品,又缺乏其他证据证明其明知的,可以根据其实施毒品犯罪的方式、过程及毒品被查获时的情形,结合其年龄、文化程度、生活状况、职业背景、是否有毒品违法犯罪经历及与共同犯罪人之间的关系等情况,综合分析判断。运用此方法认定明知的,应当认真审查被告人的辩解是否有事实依据、对异常行为的解释是否合理、是否存在被蒙骗的可能等,防止认定错误,在决定对被告人是否适用死刑时更要特别慎重。在此,明文规定,对于运用推定认定明知的案件,在决定对被告人是否适用死刑时更要特别慎重,这是坚持死刑案件最高证据标准的具体体现。

依据《全国法院毒品案件审判工作会议纪要》的规定,具有下列情形之一,被告人不能作出合理解释的,可以认定其明知走私、贩卖、运输、非法持有的是毒品,但有证据证明其确实不知情或者确系被蒙骗的除外:(1)执法人员在口岸、机场、车站、港口、邮局、快递站点等场所检查时,要求申报为他人运输、携带、寄递的物品和其他毒品疑似物,并告知法律责任,但被告人未如实申报,在其运输、携带、寄递的物品中查获毒品的;(2)以伪报、藏匿、伪装等蒙蔽手段逃避海关、边防等检查,或者行程路线故意绕开检查站点,在其运输、携带、寄递的物品中查获毒品的;(3)在执法人员检查时有逃跑、藏匿、丢弃、试图销毁其携带的物品、弃车逃离或者其他逃避、抗拒检查行为,在其携带的物品或者遗弃的车辆中查获毒品的;(4)采用高度隐蔽方式运输、携带、交接物品,明显违背合法物品的惯常运输、携带、交接方式,从中查获毒品的;(5)以虚假的身份、地址或者物品名称办理托运、寄递手续,从托运、寄递的物品中查获毒品的;(6)采用隐匿真实身份、支付不等值报酬等不合理方式,指使、雇用他人运输、携带、寄递物品或者代为接收物流寄递的物品,从中查获毒品的;(7)为获取不同寻常的高额、不等值报酬,为他人运输、携带、寄递物品或者接收物流寄递的物品,从中查获毒品的;(8)其他可以认定被告人明知的情形。

就走私、贩卖、运输、制造麻黄碱类复方制剂犯罪的主观目的与明知的认定而言,另有规定。依照相关司法解释,[297]应当根据物证、书证、证人证言以及犯罪嫌疑人、被告人供述和辩解等在案证据,结合犯罪嫌疑人、被告人的行为表现,重点考虑以下因素综合予以认定:(1)购买、销售麻黄碱类复方制剂的价格是否明显高于市场交易价格;(2)是否采用虚假信息、隐蔽手段运输、寄递、存储麻黄碱类复方制剂;(3)是否采用伪报、伪装、藏匿或者绕行进出境等手段逃避海关、边防等检查;(4)提供相关帮助行为获得的报酬是否合理;(5)此前是否实施过同类违法犯罪行为;(6)其他相关因素。

以上是有关走私、贩卖、运输、非法持有毒品犯罪中"明知"的认定方法,其不能包括制造毒品犯罪中"明知"的认定。制造毒品主观故意中的"明知",是指行为人知道或者应当知道其所实施的是制造毒品行为。其认定,首先也还是要根据在案证据,只有在根据在案证据无法认定的场合,才能推定。在推定时要注意,有下列情形之一,结合行为人的供述和其他证据综合审查判断,可以认定其"应当知道",但有证据证明确属被蒙骗的除外:(1)购置了专门用于制

---

[297] 2013年最高人民法院、最高人民检察院、公安部《关于办理走私、非法买卖麻黄碱类复方制剂等刑事案件适用法律若干问题的意见》第5条。

造毒品的设备、工具、制毒物品或者配制方案的;(2)为获取不同寻常的高额或者不等值的报酬为他人制造物品,经检验是毒品的;(3)在偏远、隐蔽场所制造,或者采取对制造设备进行伪装等方式制造物品,经检验是毒品的;(4)制造人员在执法人员检查时,有逃跑、抗拒检查等行为,在现场查获制造出的物品,经检验是毒品的;(5)有其他证据足以证明行为人应当知道的。[298]

(二)本罪的认定

在本罪的认定中,应当注意以下问题:

1. 关于毒品的数量和纯度(含量)问题

虽然刑法第347条第1款规定,本罪所涉及的毒品,无论数量多少,都应当追究刑事责任,但数量和纯度对本罪的认定和处罚都具有极为重要的影响。就数量而言,刑法第347条第7款规定:“对多次走私、贩卖、运输、制造毒品,未经处理的,毒品数量累计计算。”对此,按照《全国法院毒品案件审判工作会议纪要》第3条规定的精神,对于毒品的数量和纯度(含量)问题按照以下原则解决:

(1)走私、贩卖、运输、制造、非法持有刑法、司法解释明确规定了定罪量刑数量标准的毒品的,按照相关标准依法定罪量刑。走私、贩卖、运输、制造、非法持有两种以上毒品,刑法、司法解释明确规定了定罪量刑数量标准的,可以根据现有定罪量刑数量标准,将不同种类的毒品分别折算为海洛因的数量,以折算后累加的毒品总量作为定罪量刑的根据,但在裁判文书中,应当客观表述涉案毒品的种类和数量,不表述折算的毒品数量。

(2)对于刑法、司法解释未规定定罪量刑数量标准的毒品,参考已有折算标准,综合考虑其毒害性、滥用情况、受管制程度、纯度及犯罪形势、交易价格等因素,依法定罪量刑。刑法、司法解释未规定定罪量刑数量标准的,参照前述规定,综合考虑相关因素,依法定罪量刑。

涉案毒品既无定罪量刑数量标准,亦无折算标准的,应当委托有关专业机构确定涉案毒品的致瘾癖性、毒害性、纯度等,综合考虑其滥用情况、受管制程度及犯罪形势、交易价格等因素,依法定罪量刑。

无法根据现有证据认定涉案毒品具体数量的,可以在事实部分客观表述毒品交易的金额、次数或者制毒原料的数量等,表明其实施毒品犯罪的情节、危害。对于未查获实物的甲基苯丙胺片剂(俗称“麻古”等)、MDMA片剂(俗称“摇头丸”)等混合型毒品,可以根据在案证据证明的毒品粒数,参考相关案件中查获的同类毒品的一般重量计算毒品数量;在裁判文书中,则只客观表述根据在案证据认定的毒品粒数。

(3)对于有吸毒情节的贩毒人员,一般应当按照其购买的毒品数量认定其贩毒数量,量刑时酌情考虑其吸食毒品的情节;购买的毒品数量无法查明的,按照能够证明的贩卖数量及查获的毒品数量认定其贩毒数量;确有证据证明其购买的部分毒品并非用于贩卖的,不计入其贩毒数量。除司法解释另有规定或者为了逃避查缉等临时改变毒品常规形态的情形外,一般均应将查证属实的毒品数量认定为毒品犯罪的数量,并据此确定适用的法定刑幅度。涉案毒品纯度明显低于同类毒品的正常纯度的,量刑时可酌情考虑。

(4)毒品成品、半成品的数量应当全部认定为制造毒品的数量,废液、废料不计入制造毒品的数量。制毒废液、废料的认定,可以根据其残存毒品成分的含量、外观形态、存放的容器和

---

[298] 2012年最高人民检察院、公安部《关于公安机关管辖的刑事案件立案追诉标准的规定(三)》第1条第9款。

位置,结合被告人对制毒过程、查获毒品疑似物性质的供述和辩解等证据进行分析判断,必要时可以听取专业机构意见。对于查获的相关毒品,未根据最高人民法院、最高人民检察院、公安部《办理毒品犯罪案件毒品提取、扣押、称量、取样和送检程序若干问题的规定》第33条进行鉴定的,应当要求公安机关委托鉴定机构进行含量鉴定。

(5)对于含有两种以上毒品成分的混合型毒品,应当根据相关成分和含量鉴定,确定其所含不同毒品的成分及比例,并根据主要毒品成分和具体形态认定毒品种类、确定名称。混合型毒品中含有海洛因或者甲基苯丙胺成分的,一般以海洛因或者甲基苯丙胺分别认定毒品种类;不含海洛因、甲基苯丙胺成分,或者海洛因、甲基苯丙胺含量极低的,可以根据混合型毒品中其他定罪量刑数量标准较低且含量较高的毒品成分认定毒品种类,并在量刑时综合考虑其他毒品的成分、含量和全案毒品数量。

2. 关于涉麻醉药品、精神药品行为

毒品一定属于国家规定管制的麻精药品。但是,部分国家规定管制的麻精药品具有医疗等合法用途,国家规定管制的麻精药品并不一定都被用作毒品。因此,《全国法院毒品案件审判工作会议纪要》第2条第3款规定,需要从麻精药品的用途和行为的目的两个维度,对于涉麻精药品行为的性质进行审查判断,确保裁判定性准确、罚当其罪。

(1)有关涉无合法用途麻精药品行为的定性。《全国法院毒品案件审判工作会议纪要》首先根据麻精药品是否具有医疗等合法用途加以划分,其第2条第3款第1项规定对于走私、贩卖、运输、制造没有医疗等合法用途的麻精药品,一般可以直接按照本罪定罪处罚。但同时规定,确有证据证明系出于治疗疾病等相关目的,未经批准生产研制国家规定管制的麻精药品,未经批准进口在境外也未合法上市的此类药品,或者明知是上述未经批准生产、进口的麻精药品而予以销售的,虽然严格来说此类麻精药品并不具有合法用途,但由于被告人确系出于治疗疾病等目的实施相关行为,故可不以毒品犯罪定罪处罚,对于构成妨害药品管理罪的,依法定罪处罚。[299]

(2)关于涉有合法用途麻精药品行为的定性。有医疗等合法用途的麻精药品通常具有双重属性,在正常发挥医疗效用时属于药品,被滥用则成为毒品。对于涉及此类麻精药品的行为,不能一律按照毒品犯罪定罪处罚,而需结合行为主体、对象、目的等因素,准确判断其性质。因此,《全国法院毒品案件审判工作会议纪要》依照不同标准,分别进行了规定:

一是对于向毒品犯罪分子、吸毒人员贩卖或者提供麻精药品行为的定性,区分一般主体与特殊主体,分别作出规定。对于一般主体,明确规定以贩卖毒品罪定罪处罚,并将明知贩卖对象的身份由隐含条件转予列明。对于依法从事生产、运输、管理、使用国家规定管制的麻精药品的人员,违反国家规定,向吸毒人员提供,或者不以牟利为目的向吸毒人员有偿提供国家规定管制的麻精药品的,以非法提供麻醉药品、精神药品罪定罪处罚;上述特殊主体向走私、贩卖毒品的犯罪分子,或者以牟利为目的向吸毒人员提供国家规定管制的麻精药品的,以贩卖毒品罪定罪处罚。[300]

二是对于实施带有自救、互助性质的此类行为者,考虑到行为人的行为目的及患者的实际用药需求,确有证据证明系出于治疗疾病等相关目的,违反有关药品管理的国家规定,未经许

---

[299] 2023年最高人民法院《全国法院毒品案件审判工作会议纪要》第2条第3款第2项。

[300] 2023年最高人民法院《全国法院毒品案件审判工作会议纪要》第2条第3款第3项。

可经营国家规定管制的、具有医疗等合法用途的麻醉药品、精神药品的，不以毒品犯罪论处；情节严重，构成其他犯罪的，依法处理。实施带有自救、互助性质的上述行为，一般可不作为犯罪处理；确须追究刑事责任的，应依法充分体现从宽。[301]

3. 关于代购毒品行为的定性

代购毒品行为在零包贩毒案件中广泛存在，如何界定代购毒品行为，并准确认定其性质，直接关系到末端毒品犯罪的打击力度和惩治效果。对此，《全国法院毒品案件审判工作会议纪要》第 2 条第 2 款采用了广义代购概念，从四个角度对代购毒品行为性质进行不同界定：

（1）将明知他人实施毒品犯罪而为其代购毒品，未从中牟利的，以相关毒品犯罪的共犯论处。将过去的"无论是否牟利"改为"未从中牟利"，缩小了相关毒品犯罪的共犯成立范围。

（2）将代购者为他人代购毒品时加价或者变相加价从中牟利的，以贩卖毒品罪定罪处罚。这是考虑到代购已成为一个独立的转卖环节，因此一律按照贩卖毒品罪定罪处罚。至于代购者是明知托购者是以贩卖或吸食为目的而委托其购买毒品，或者不知道也不关心托购者委托其购买毒品的具体目的，均在所不问。同时，扩大了代购的认定范围，将代购者收取、私自截留部分购毒款、毒品，或者通过在交通、食宿等开销外收取"介绍费""劳务费"等方式从中牟利的，认定为变相加价，而不再限定于以贩卖为目的，进一步限缩了代购毒品牟利行为出罪的范围。但同时也明确了"代购蹭吸"行为的出罪条件，即代购者从托购者事先联系的贩毒者处，为托购者购买仅用于吸食的毒品，并收取、私自截留少量毒品供自己吸食的，一般不以贩卖毒品罪论处。

（3）将其他代购毒品行为进行整合，统一规定为，没有证据证明代购者明知他人实施毒品犯罪而为其代购毒品，代购者亦未从中牟利，代购毒品数量达到刑法第 348 条规定的最低数量标准，代购者因购买、存储毒品被查获的，以非法持有毒品罪定罪处罚；因运输毒品被查获的，一般以运输毒品罪定罪处罚。

（4）明确了对代购毒品行为的认证规则，即对于辩称系代购毒品者，规定应当全面审查其所辩称的托购者、贩毒者身份，购毒目的，毒品价格及其实际获利等情况，综合判断其行为是否属于代购，并依照前述规定处理，向购毒者收取毒资并提供毒品，但购毒者无明确的托购意思表示，又没有其他证据证明存在代购行为的，一般以贩卖毒品罪定罪处罚。

4. 关于隐匿身份人员实施侦查案件的处理问题

隐匿身份人员实施侦查案件，又称"特情引诱"，是指为了侦破某些特殊案件，侦查人员的特情人员（线人），主动接近、鼓动潜在的犯罪行为人实施犯罪，侦查机关在其实施犯罪行为时将其抓获的一种特殊的侦查方法。我国《刑事诉讼法》第 153 条第 1 款规定了隐匿身份实施侦查的合法性，但明确禁止诱使他人犯罪。这意味着，执法人员在进行侦查时，不能采取可能诱使他人犯罪的手段。由于毒品犯罪具有高度隐蔽性和严密组织性，一般的外线侦查很难侦破，由特情人员贴靠毒品犯罪分子进而采取内线侦查手段是世界各国侦查机关侦破毒品犯罪案件普遍使用的手段。但是，这种侦查手段一直受到人们的诟病，其具有严重的侵犯人权之嫌。在毒品案件中，行为人没有实施主观犯罪的意图，或者本来只有实施数量较小的毒品犯罪故意，在特情人员引诱下形成了犯意（"犯意引诱"），或者行为人虽然有毒品犯罪的想法但苦于没有机会，最终被人引诱去实施了犯罪（"机会引诱"），或者有实施数量较小的毒品犯罪想法但在

---

[301] 2023 年最高人民法院《全国法院毒品案件审判工作会议纪要》第 2 条第 3 款第 4 项。

蛊惑之下实施了数量较大甚至达到死刑数量标准的毒品犯罪("数量引诱")。这些都严重侵犯公民的人格自律权,事关国家打击犯罪的底线问题,作为法治国家,必须慎重考虑这一侦查手段的正当性。

对此,《全国法院毒品案件审判工作会议纪要》第 7 条指出,对于有证据证明被告人正在准备或者已经着手实施毒品犯罪,隐匿身份人员采取贴靠、接洽手段破获案件,不存在犯罪引诱的,应当依法处理。隐匿身份人员在侦查活动中违反刑事诉讼法等相关规定,诱使本无犯意的人实施毒品犯罪的,属于"犯意引诱"。隐匿身份人员向被引诱人提供毒品或者毒资、购毒渠道的,其所提供的毒品、毒资、被引诱人从其提供的渠道购买的毒品及其证实被引诱人实施毒品犯罪的证据材料,不得作为认定被引诱人实施毒品犯罪的证据。排除上述证据后,在案证据达不到认定被引诱人有罪的证明标准的,应当依法作出证据不足、指控的犯罪不能成立的无罪判决。隐匿身份人员诱使他人超出其原本意图实施的毒品犯罪数量,实施了更大数量的毒品犯罪的,属于"数量引诱"。对于因受"数量引诱"实施毒品犯罪的被告人,一般应当从轻处罚。特别是对于因受"数量引诱"而实施了对应更高量刑幅度或刑种的毒品犯罪的被告人,量刑时更应充分体现从宽。被引诱人又诱使本无犯意的其他人实施毒品犯罪,或者诱使其他人超出原本意图实施了更大数量的毒品犯罪的,属于"间接引诱"。对于受"间接引诱"实施毒品犯罪的被告人,参照前述关于"犯意引诱"或者"数量引诱"的规定处理。存在或者不排除存在其他不规范使用隐匿身份人员实施侦查的情形,影响定罪量刑的,应当作出有利于被告人的处理。

5. 关于毒品犯罪的共同犯罪问题

关于毒品犯罪的共同犯罪问题,刑法第 349 条第 3 款规定,缉毒人员或者其他国家机关工作人员掩护、包庇走私、贩卖、运输、制造毒品的犯罪分子,为犯罪分子窝藏、转移、隐瞒毒品或者犯罪所得的财物且事先通谋的,以本罪的共犯论处。刑法第 350 条第 2 款、第 3 款规定,明知他人制造毒品而为其生产、买卖、运输制毒物品的,以制造毒品罪的共犯论处;单位亦同。

对于上述规定,《全国法院毒品案件审判工作会议纪要》第 4 条具体化为以下规定:

(1)对于毒品共同犯罪,根据现有证据能够区分主从犯的,应当依法认定,不能因为涉案毒品数量巨大,就不加区分一律将在案被告人认定为主犯,或者实际上都按主犯处罚。部分涉案人员未到案,根据现有证据能够认定系共同犯罪,或者能够认定在案被告人系共同犯罪中的主犯的,应当依法认定。确有证据证明在案被告人起次要或者辅助作用的,不能因为部分共同犯罪人未到案而不认定为从犯,甚至认定为主犯或者实际上按主犯处罚。

(2)关于主从犯的认定依据,应当从犯意提起、具体分工、出资或者占有毒品的比例、约定或者实际分得毒赃的多少及共犯之间的相互关系等方面,认定共同犯罪人的地位和作用。对于在共同犯罪中起次要或者辅助作用的被告人,不能因其具有累犯、毒品再犯等从重处罚情节而认定为主犯或者实际上按主犯处罚。具体而言,在毒品共同犯罪中,为主出资者、毒品所有者或者起意、策划、纠集、组织、指使、雇用他人参与犯罪的以及其他起主要作用的是主犯;起次要或者辅助作用的是从犯。受指使、雇用实施毒品犯罪的,应根据其在犯罪中实际发挥的作用具体认定为主犯或者从犯。

(3)关于主从犯的毒品数量认定,强调并非对所有共同犯罪人均按照涉案毒品的总数量认定处罚,对各共同犯罪人应根据其具体地位、作用、参与犯罪情况准确认定毒品数量。对毒品犯罪集团的首要分子,应当按照集团毒品犯罪的总数量认定处罚。对一般共同犯罪的主犯,应当按照其所参与的或者组织、指挥的毒品犯罪的数量认定处罚。对从犯,应当按照其所参与的毒品犯罪的数量认定处罚。

(4)主从犯的处罚原则上,对于有多名主犯的共同犯罪案件,应当在全面考察各主犯实际发挥作用的差别,具体犯罪情节、危害后果的差异及主观恶性、人身危险性不同的基础上,对其中罪行更为严重者依法判处更重的刑罚。对于从犯的处罚,不同的毒品案件不能简单类比。本案从犯的涉案毒品数量可能大于他案主犯,但对本案从犯的处罚并非必然重于他案主犯。依法认定为从犯的,无论主犯是否到案,也无论其涉案毒品数量是否大于他案主犯,均应依法从轻、减轻或者免除处罚。

(5)对于居间介绍买卖毒品行为,应当准确认定并与居中倒卖毒品行为相区别。居间介绍者在毒品交易中处于中间人地位,发挥介绍联络作用,通常与交易一方构成共同犯罪,但不以牟利为要件。受购毒者或者贩毒者委托,为其提供交易信息、介绍交易对象、居中协调交易数量和价格,或者提供其他帮助,促成毒品交易的,属于居间介绍买卖毒品。居中倒卖者则属于毒品交易主体,与前后环节的交易对象是上下家关系,直接与上家、下家联系,自主决定交易毒品的数量、价格并赚取差价。

受贩毒者委托,为其居间介绍贩卖毒品的,与贩毒者构成贩卖毒品共同犯罪。明知购毒者以贩卖为目的购买毒品,受委托为其介绍联络贩毒者的,与购毒者构成贩卖毒品共同犯罪。受以吸食为目的的购毒者委托,为其提供购毒信息或者介绍认识贩毒者,毒品数量达到刑法第348条规定的最低数量标准的,一般与购毒者构成非法持有毒品共同犯罪;同时与贩毒者、购毒者共谋,联络促成双方交易的,与贩毒者构成贩卖毒品共同犯罪。居间介绍者实施帮助行为,对促成毒品交易起次要或者辅助作用,一般应当认定为从犯。以居间介绍者的身份介入毒品交易,但在交易中实际已超出居间介绍者的地位,对交易的发起和达成起重要作用的,可以认定为主犯。

(6)关于运输毒品的共同犯罪,二人以上同行运输毒品的,应当从是否明知他人带有毒品,有无共同运输毒品的犯意联络,有无实施配合、掩护他人运输毒品的行为等方面,综合审查认定是否构成共同犯罪。受雇于同一雇主同行运输毒品,但受雇者之间没有共同犯罪故意,或者虽然明知他人受雇运输毒品,但各自的运输行为相对独立,既未实施配合、掩护他人运输毒品的行为,又分别按照各自运输的毒品数量获取报酬的,不认定为共同犯罪,受雇者对各自运输的毒品承担刑事责任。受雇于同一雇主分段运输同一宗毒品,但受雇者之间没有共谋的,也不认定为共同犯罪。雇用他人运输毒品的雇主,以及其他对受雇者起到一定组织、指挥作用的人员,与各受雇者分别构成运输毒品共同犯罪,对运输的全部毒品承担刑事责任。

6. 关于毒品犯罪的既遂与未遂问题

对于这一问题,尽管《全国法院毒品案件审判工作会议纪要》没有明确规定,但是,刑法理论上一般认为:(1)明知是假毒品而冒充毒品贩卖的,以诈骗罪定罪处罚。不知道是假毒品而当作毒品走私、贩卖、运输、窝藏的,可以走私、贩卖、运输、窝藏毒品犯罪(未遂)定罪处罚。例如误认尸块为毒品予以运输的,应以运输毒品罪(未遂)论处。但从本书的立场出发,这里的"假毒品"应是指含有有毒成分,但未达到成分要求的毒品。完全不含有毒成分的物质,不属于这里所说的假毒品。因为,之所以查禁毒品是考虑到其对人体有危害,而不含有毒成分的物质是不可能产生这种效果的。(2)在走私毒品的场合,因为走私途径无非是海路、空路、陆路,因此,应当以装载毒品的船舶停靠本国港口或航空器降落本国领土时为既遂,否则,就是未遂。

(3)贩卖毒品的场合,以毒品实际上转移给买方时为既遂,转移毒品后,行为人是否已经获取了利益,不影响既遂的成立。毒品实际上没有转移时,即使已经达成转移的协议,或者行为人已经获取了利益,也不能认为是既遂。(4)运输毒品的场合,行为人着手实施运输以后,由于意志以外的原因致使未能到达目的地而定为犯罪的未遂,毒品到达目的地时,是犯罪的既遂;到达目的地以后,即使由于某种原因而将毒品运回原地或者运到其他地方的,也是犯罪既遂。(5)制造毒品的场合,应以实际上制造出毒品时为既遂,至于所制造出来的毒品的数量、纯度等,哪怕是粗制毒品或者半成品,也不影响既遂的成立。购进制造毒品的设备和原材料,开始着手制造毒品,但尚未制造出粗制毒品或者半成品的,以制造毒品罪(未遂)论处。

7. 本罪与其他犯罪的界限

对于行为人以为是走私其他货物、物品但实际上所走私的是毒品的,以行为人的主观认识为准认定犯罪,不能认定为走私毒品罪;行为人在一次走私活动中,既走私毒品又走私其他货物、物品的,一般应以走私毒品罪和构成的其他走私罪分别定罪,实行数罪并罚。行为人在生产、销售的食品中掺入微量毒品的,应认定为生产、销售有毒、有害食品罪,不宜认定为贩卖毒品罪。盗窃、抢夺、抢劫毒品的,应当分别以盗窃罪、抢夺罪或者抢劫罪定罪,但不计犯罪数额,根据情节轻重予以定罪量刑。盗窃、抢夺、抢劫毒品后又实施其他毒品犯罪的,以盗窃罪、抢夺罪、抢劫罪和所犯的具体毒品犯罪分别定罪,依法数罪并罚。走私毒品,又走私其他物品构成犯罪的,以走私毒品罪和其所犯的其他走私罪分别定罪,依法数罪并罚。

(三)处罚

本罪在处罚上所涉及的问题比较多,以下分别叙述:

1. 本罪的量刑

本罪的量刑包括如下方面:

(1)根据刑法第347条第2款的规定,犯本罪,有下列情形之一的,处15年有期徒刑、无期徒刑或者死刑,并处没收财产:一是走私、贩卖、运输、制造鸦片1000克以上、海洛因或者甲基苯丙胺50克以上或者其他毒品数量大的。其中,“其他毒品数量大”,参照2016年4月6日最高人民法院公布的《关于审理毒品犯罪案件适用法律若干问题的解释》第1条的相关规定,如可卡因50克以上,吗啡100克以上;芬太尼125克以上,咖啡因、罂粟壳200千克以上,苯巴比妥250千克以上等;国家定点生产企业按照标准规格生产的麻醉药品或者精神药品被用于毒品犯罪的,根据药品中毒品成分的含量认定涉案毒品数量。二是走私、贩卖、运输、制造毒品集团的首要分子。三是武装掩护走私、贩卖、运输、制造毒品的。在实施走私、贩卖、运输、制造毒品犯罪的过程中,携带枪支、弹药或者爆炸物用于掩护的,应认定为“武装掩护走私、贩卖、运输、制造毒品”。四是以暴力抗拒检查、拘留、逮捕,情节严重的。在实施走私、贩卖、运输、制造毒品犯罪的过程中,以暴力抗拒检查、拘留、逮捕,造成执法人员死亡、重伤、多人轻伤或者具有其他严重情节的,应当认定为“以暴力抗拒检查、拘留、逮捕,情节严重”。五是参与有组织的国际贩毒活动的。

(2)根据刑法第347条第3款的规定,走私、贩卖、运输、制造鸦片200克以上不满1千克、海洛因或者甲基苯丙胺10克以上不满50克或者其他毒品数量较大的,处7年以上有期徒刑,并处罚金。其中,“其他毒品数量较大”,可以参照2016年最高人民法院公布的《关于审理毒品犯罪案件适用法律若干问题的解释》第2条的相关规定。

(3)根据刑法第347条第4款的规定,走私、贩卖、运输、制造鸦片不满200克、海洛因或者甲基苯丙胺不满10克或者其他少量毒品的,处3年以下有期徒刑、拘役或者管制,并处罚金;情节严重的,处3年以上7年以下有期徒刑,并处罚金。其中,“其他少量毒品”,参照2007年12月18日最高人民法院、最高人民检察院、公安部发布的《办理毒品犯罪案件适用法律若干问题的意见》第3条第3款的规定。“情节严重”,依照2016年4月6日最高人民法院公布的《关于审理毒品犯罪案件适用法律若干问题的解释》第4条的规定确定,即具有下列情形之一:向多人贩卖毒品或者多次走私、贩卖、运输、制造毒品的;在戒毒场所、监管场所贩卖毒品的;向在校学生贩卖毒品的;组织、利用残疾人、严重疾病患者、怀孕或者正在哺乳自己婴儿的妇女走私、贩卖、运输、制造毒品的;国家工作人员走私、贩卖、运输、制造毒品的;其他情节严重的情形。

(4)根据刑法第347条第5款的规定,单位犯本罪的,对单位判处罚金,并对其直接负责的主管人员和其他直接责任人员,依照自然人犯本罪的规定处理。

(5)根据刑法第347条第6款之规定,利用、教唆未成年人走私、贩卖、运输、制造毒品,或者向未成年人出售毒品的,从重处罚。[302]

2. 毒品犯罪的死刑适用问题

《全国法院毒品案件审判工作会议纪要》第5条对毒品犯罪的死刑适用问题有详细规定,主要包括以下内容:

(1)毒品死刑案件的处理原则。强调要毫不动摇地坚持依法从严惩处毒品犯罪的方针,并从犯罪性质、犯罪分子特点和犯罪情节三个方面明确了打击重点:一是走私、制造和大宗贩卖毒品等源头性犯罪;二是毒品犯罪集团首要分子、职业毒犯、累犯、毒品再犯等犯罪分子;三是具有武装掩护毒品犯罪、以暴力抗拒查缉情节严重、参与有组织的国际贩毒活动等严重情节的犯罪分子。重申要充分发挥死刑对于预防和惩治毒品犯罪的重要作用,同时提出,在毒品死刑案件审判中要全面、准确贯彻宽严相济刑事政策,体现区别对待,做到罚当其罪,明确了死刑适用的总体要求和考虑的具体因素,确保死刑只适用于极少数罪行极其严重的犯罪分子。需要说明的是,《全国法院毒品案件审判工作会议纪要》中的死刑均指死刑立即执行。

(2)毒品犯罪适用死刑的一般规定。具体来说,包括以下内容:其一,明确毒品数量是量刑的重要情节,但不是唯一情节。在对被告人决定死刑适用时,应当坚持“毒品数量+其他情节”的标准,不能仅因涉案毒品数量远超实际掌握的死刑适用数量标准,就不加区分地判处一案多名被告人死刑,还应充分考虑不同被告人的不同犯罪情节。其二,对可以判处死刑的情形,以毒品数量“接近”“刚超过”实际掌握的死刑适用数量为标准,规定了两种情形,即毒品数量接近实际掌握的死刑适用数量标准,具有累犯,毒品再犯,利用、教唆未成年人走私、贩卖、运输、制造毒品,或者向未成年人出售毒品等法定从重处罚情节的,可以判处被告人死刑。毒品数量刚超过实际掌握的死刑适用数量标准,具有多次走私、贩卖、运输、制造毒品,向多人贩卖毒品,在戒毒、监管场所贩卖毒品,向在校学生贩卖毒品,组织、利用残疾人等特定人员实施毒品犯罪,或者国家工作人员利用职务便利实施毒品犯罪等情节的,可以判处被告人死刑。其三,对可以不判处死刑的情形进行了列举,即毒品数量达到实际掌握的死刑适用数量标准,具

---

[302] 2008年最高人民法院《全国部分法院审理毒品犯罪案件工作座谈会纪要》第10条第1项。

有下列情形之一的,可以不判处被告人死刑:一是被告人自首或者立功的;二是已查明[303]的毒品数量未达到实际掌握的死刑适用数量标准,被告人到案后坦白司法机关尚未掌握的其他毒品犯罪,累计数量达到实际掌握的死刑适用数量标准的;三是经鉴定,毒品纯度明显低于同类毒品正常纯度,掺杂掺假后数量达到实际掌握的死刑适用数量标准,或者有证据表明毒品纯度明显偏低但因客观原因无法鉴定的;四是原本意图实施的毒品犯罪数量未达到实际掌握的死刑适用数量标准,确系或者不排除因受隐匿身份人员引诱,毒品数量达到实际掌握的死刑适用数量标准的;五是其他不是必须判处死刑的。毒品数量达到实际掌握的死刑适用数量标准,同时具有法定、酌定从严和从宽处罚情节的,应当在全面考察犯罪的事实、性质、情节和对社会危害程度的基础上,结合被告人的主观恶性、人身危险性等因素,审慎决定是否适用死刑。其四,规定了死刑案件的证据要求,即对全案未查获毒品的,一般不判处被告人死刑;主要犯罪事实中未查获毒品的,判处被告人死刑应当特别慎重。

(3)毒品共同犯罪的死刑适用条件。具体来说,包括以下内容:其一,涉案毒品数量超过实际掌握的死刑适用数量标准,但未达到数量巨大,依法应当判处死刑的,要进一步区分主犯间的罪责大小,一般只对其中罪责最大的一名主犯判处死刑。其二,涉案毒品数量达到巨大以上,两名以上主犯的罪责均很突出,或者罪责稍小的主犯具有法定从重处罚情节,判处二人以上死刑符合罪刑相适应原则,并利于实现全案量刑平衡的,可以依法判处。涉案毒品数量刚超过实际掌握的死刑适用数量标准,共同犯罪人地位和作用相当或者责任大小难以区分,且均不具有法定从重处罚情节的,可以不判处被告人死刑。其三,对于部分共同犯罪人未到案的毒品案件,在案被告人罪行最为严重,或者在案被告人与未到案共同犯罪人均属罪行极其严重,即使共同犯罪人到案也不影响对在案被告人适用死刑的,可以依法判处在案被告人死刑。在案被告人的罪行不足以判处死刑,或者根据已查明的事实全案只宜判处未到案共同犯罪人死刑的,不能因为共同犯罪人未到案而对在案被告人适用死刑。在案被告人与未到案共同犯罪人的罪责大小难以准确认定,进而影响准确适用死刑的,不应对在案被告人判处死刑。

(4)毒品上下家犯罪的死刑适用条件。具体来说,包括以下内容:对于买卖同宗毒品的上下家,涉案毒品数量超过实际掌握的死刑适用数量标准,但未达到数量巨大的,一般不同时判处死刑,上家持毒待售或者已掌握毒品来源,主动联络销售毒品,积极促成毒品交易的,可以考虑判处上家死刑;下家积极筹资,主动向上家约购毒品,对促成毒品交易起更大作用的,可以考虑判处下家死刑。涉案毒品数量达到巨大以上的,也应综合考量上述因素决定死刑适用,同时判处上下家死刑符合罪刑相适应原则,并利于实现全案量刑平衡的,可以依法判处。多名共同犯罪人、上下家针对同宗或者部分同宗毒品实施犯罪的,综合运用前述毒品共同犯罪、上下家犯罪的死刑适用原则予以处理。

(5)运输毒品犯罪的死刑适用条件,从犯罪性质、犯罪情节、犯罪分子类型等方面,进一步重申了运输毒品犯罪的打击重点。强调对于运输毒品犯罪,要聚焦打击锋芒,将死刑适用于其中罪行极其严重者。具体来说,包括以下内容:其一,对于运输毒品犯罪,重点打击运输毒品犯罪集团的首要分子,组织、指使、雇用他人运输毒品的主犯或者职业毒犯、毒品再犯,以及具有武装掩护运输毒品、以暴力抗拒查缉情节严重、以运输毒品为业、多次运输毒品等严重情节的

---

[303] “已查明”与原来规定中的“已查获”不同,既包括已查获毒品的情况,也包括虽未查获毒品但司法机关根据现有证据已掌握涉案毒品犯罪的情况。

被告人,对其中依法应当判处死刑的,坚决依法判处。其二,对于涉嫌为实施走私、贩卖、制造毒品犯罪而运输毒品,由于认定走私、贩卖、制造毒品犯罪的证据不充分而认定为运输毒品犯罪的被告人,在决定死刑适用时,应当与单纯受指使、雇用为他人运输毒品的情形有所区别。其三,对于受人指使、雇用运输毒品的被告人,应当充分考虑其在毒品犯罪链条中所处的地位和实际发挥的作用,体现区别对待,不能单纯根据涉案毒品数量大小或者所获报酬多少决定死刑适用。要综合考虑其运输毒品的次数和距离、犯罪的主动性和独立性、在共同犯罪中的地位和作用、社会危害大小、获利方式、主观恶性、人身危险性,结合毒品数量等因素,慎重适用死刑。对于确属受人指使、雇用运输毒品的被告人,具有不排除系初次运输毒品,被雇用者严密指挥或同行人员监视,从属性、辅助性明显,与雇用者同行运输毒品,处于被支配地位,或者确因急迫生活困难而运输毒品等情形之一的,即使毒品数量超过实际掌握的死刑适用数量标准,也可以不判处死刑。对于不能排除受人指使、雇用运输毒品的被告人,符合上述条件的,也可以考虑不判处死刑。其四,多人受雇同行或者分段运输毒品的,在决定死刑适用时,除各被告人运输毒品的数量外,还应当综合考虑其具体犯罪情节、参与犯罪程度、与雇用者的关系及其主观恶性、人身危险性等因素,同时判处二人死刑应当特别慎重。

(6)制造毒品犯罪的死刑适用条件。具体而言,包括以下内容:其一,从严惩处制造毒品犯罪。已经制出粗制毒品或者半成品的,以制造毒品罪的既遂论处。应当综合考虑被告人制造毒品的种类、次数、规模,有无制出毒品成品,被查获时所处的制毒阶段,制出的毒品成品、半成品或者粗制毒品的数量、性状、含量及造成的危害后果等因素,决定死刑适用。其二,已制出的毒品成品数量达到实际掌握的死刑适用数量标准,又无法定、酌定从宽处罚情节的,可以判处被告人死刑。没有证据证明被告人曾制出毒品成品,仅查获毒品半成品,或者现有证据表明由于制毒原料、方法等问题实际无法制出毒品成品的,不得判处被告人死刑。已制出的毒品成品数量未达到实际掌握的死刑适用数量标准,或者仅制出粗制毒品的,判处被告人死刑应当慎重。

(7)非传统毒品犯罪的死刑适用条件。具体而言,包括以下内容:其一,甲基苯丙胺片剂中的甲基苯丙胺含量相对较低,危害性亦有所不同,其死刑适用数量标准可以按照甲基苯丙胺的2倍左右掌握。其二,综合考虑致瘾癖性、毒害性、滥用范围和犯罪形势等因素,氯胺酮(俗称“K粉”)的死刑适用数量标准可以按照海洛因的10倍以上掌握。走私、贩卖、制造氯胺酮,数量超过上述标准,且犯罪情节严重、社会危害大,或者具有法定从重处罚情节的,可以判处死刑。其三,涉案毒品为刑法、司法解释未规定定罪量刑数量标准的新类型毒品的,一般不判处被告人死刑。对于刑法、司法解释规定了定罪量刑数量标准的新类型毒品,实施走私、制造或者大宗贩卖等源头性犯罪,毒品数量远超实际掌握的死刑适用数量标准,被告人系犯罪集团首要分子、其他罪责更为突出的主犯,或者具有法定从重处罚情节,不判处死刑难以体现罚当其罪的,可以判处死刑。

(8)毒品犯罪死缓限制减刑的适用条件。对于实施毒品犯罪论罪应当判处死刑,因案件的具体情况而被判处死缓的累犯,具有武装掩护毒品犯罪,以暴力抗拒查缉情节严重,或者曾因暴力犯罪被判处10年有期徒刑以上刑罚等情形之一的,为实现罚当其罪、确保量刑平衡,可以决定限制减刑。

3. 毒品案件的自首、立功问题

对此,《全国法院毒品案件审判工作会议纪要》第8条有以下明确规定:

（1）毒品犯罪中的自首情节具有较高司法价值，对于自首的被告人，一般应当依法从宽处罚。对于积极响应司法机关发布的敦促涉毒在逃人员投案自首通告，在通告期限内自行或者经亲属劝说、陪同投案，并如实供述犯罪事实的被告人，从宽处罚的幅度应当更大；有的虽不构成自首，量刑时也应充分考虑其自动投案情节，尽可能地兑现政策。

（2）认定立功情节，应当充分考虑毒品犯罪线索发现、案件侦破及抓捕工作的特殊性。按照公安机关的安排，经现场或即时视频通讯方式指认、辨认其他犯罪嫌疑人（包括同案犯），或者通过打电话、发信息、即时通讯等方式将其他犯罪嫌疑人（包括同案犯）约至指定地点，公安机关据此抓获该人员的，以及通过打电话、发信息、即时通讯等方式稳控其他犯罪嫌疑人（包括同案犯），对抓获该人员起到实质性协助作用的，可以认定为协助公安机关抓捕其他犯罪嫌疑人（包括同案犯）。具有到案后规劝其他犯罪嫌疑人（包括同案犯）投案、提供线索协助公安机关查获大量案外毒品等情形之一的，可以认定为其他有利于国家和社会的突出表现。

（3）被告人提供毒品共同犯罪人，上下家的姓名、住址、体貌特征等基本情况，或者提供犯罪前、犯罪中使用、掌握的上述人员的联络方式、藏匿地址，公安机关据此抓获该人员的，虽不认定有立功表现，但量刑时可酌情考虑。

（4）对于具有立功情节的被告人，是否从宽处罚及从宽处罚的幅度，应当根据犯罪性质、具体情节、危害后果、毒品数量及其主观恶性、人身危险性，结合立功的类型、价值大小等因素综合考量，以功是否足以抵罪为标准。对于部分被告人具有立功情节的案件，要注意共同犯罪人及上下家之间的量刑平衡。犯罪集团首要分子、罪责相对较大的主犯检举揭发其他罪行相对较轻的犯罪分子，或者协助抓获从犯、罪责相对较小的主犯构成立功的，量刑时应当从严掌握，如果被告人罪行极其严重，只有一般立功表现，功不足以抵罪的，可不予从宽处罚；如果其检举揭发的是其他案件中罪行同样严重的犯罪分子，或者协助抓获的是其他首要分子、罪责相对较大的主犯，功足以抵罪的，可以从轻或者减轻处罚。对于从犯、罪责相对较小的主犯立功，特别是协助抓获首要分子、罪责相对较大的主犯的，应当充分体现政策，依法从轻、减轻或者免除处罚。

4. 累犯、毒品再犯问题

刑法第356条规定，因走私、贩卖、运输、制造、非法持有毒品罪被判过刑，又犯刑法分则第六章第七节规定之罪的，从重处罚。这就是有关毒品犯罪再犯的特殊规定。据此，因走私、贩卖、运输、制造、非法持有毒品罪被判过刑的被告人，无论是在刑罚执行完毕或者赦免后，还是在缓刑、假释、暂予监外执行期间或者缓刑考验期满后，又犯刑法分则第六章第七节规定之罪的，均应认定为毒品再犯。对于上述在前罪缓刑、假释或者暂予监外执行期间又犯罪的被告人，应当对其所犯新的毒品犯罪依法从重处罚后，再与前罪依法并罚。对此，《全国法院毒品案件审判工作会议纪要》第9条第2项规定，累犯、毒品再犯是法定从重处罚情节，即使本次毒品犯罪情节较轻，也要体现从严惩处的精神。尤其对于曾因严重暴力犯罪被判刑的累犯、刑罚执行完毕后短期内又实施毒品犯罪的再犯，以及在缓刑、假释或者暂予监外执行期间又实施毒品犯罪的再犯，应当严格依法从重处罚。

对于同时构成累犯和毒品再犯的被告人，在裁判文书中应当同时引用刑法关于累犯和毒品再犯的条款。对于因同一毒品犯罪前科同时构成累犯和毒品再犯的，量刑时不得重复从重处罚。对于因不同犯罪前科分别构成累犯和毒品再犯的，从重处罚幅度一般应大于上述情形。对于因不同现行犯罪分别构成累犯和毒品再犯的，应当对其所犯各罪分别予以从重处罚。

5. 特定人员参与毒品犯罪问题

近年来，一些毒品犯罪分子为了逃避打击，雇用孕妇、哺乳期妇女、急性传染病人、残疾人或者未成年人等特定人员进行毒品犯罪活动，成为影响我国禁毒工作成效的突出问题。基于这一现实，《全国法院毒品案件审判工作会议纪要》第10条规定，对于毒品犯罪分子为逃避打击，组织、利用残疾人、严重疾病患者、怀孕或者正在哺乳自己婴儿的妇女等特定人员实施毒品犯罪的案件，要做到区别对待，依法准确惩处。对于利用、教唆上述特定人员实施毒品犯罪的组织者、指挥者和教唆者，应当依法从严惩处，该判处重刑直至死刑的，坚决依法判处。对被利用、被诱骗参与毒品犯罪的特定人员，可以从宽处罚。对于利用自身特殊状况积极实施毒品犯罪，以及曾在取保候审、监视居住或者暂予监外执行期间又实施毒品犯罪的特定人员，应当从严把握上述强制措施和暂予监外执行的适用条件。

6. 毒品犯罪涉案财物处理、财产刑适用问题

为了更加精准彻底地对毒品犯罪分子进行财产上的剥夺，《全国法院毒品案件审判工作会议纪要》第11条进行了如下规定：

（1）对涉案财物处理、财产刑适用提出更加严格的工作要求。不能因为被告人没有财产，或者其财产难以查清、难以分割或者难以执行，就不判处财产刑或者判处与主刑不相匹配的财产刑。对于未依照相关规定，全面收集证明被告人财产状况的证据并随案移送财产清单和相关证据材料的，应当要求有关机关收集并移送。应当更加注重审查证明涉案财物及其孳息的来源、性质、用途和权属情况的证据。判处罚金刑，应当结合毒品犯罪的性质、情节、危害后果及被告人的获利情况、经济状况等因素，合理确定罚金数额。对于决定并处没收财产的毒品犯罪，判处被告人有期徒刑的，应当按照上述确定罚金数额的原则，确定没收个人部分财产的数额；判处无期徒刑的，可以并处没收个人全部财产；判处死缓或者死刑的，应当并处没收个人全部财产。

（2）依法扩大了涉毒资产的追缴范围。对于被告人将依法应当追缴的毒品犯罪涉案财物用于投资、置业，因此形成的财产及其收益，或者将依法应当追缴的毒品犯罪涉案财物与其他合法财产共同用于投资、置业，因此形成的财产中与涉案财物对应的份额及其收益，均应予以追缴。对查封、扣押、冻结的财物及其孳息，经查确属毒品犯罪的违法所得及其收益、供毒品犯罪所用的本人财物或者依法应当追缴的其他涉案财物的，除法律另有规定的以外，应当判决没收上缴国库。

（3）对有组织毒品犯罪的涉案财产等值没收、认定违法所得的“高度可能”证明标准问题作出规定。审理黑社会性质组织、恶势力组织实施的毒品犯罪案件，依法应当追缴、没收的涉案财产无法找到、灭失或者与其他合法财产混合且不可分割的，可以判决追缴、没收其他等值财产或者混合财产中的等值部分。有证据证明被告人在毒品犯罪期间获得的财产高度可能属于黑社会性质组织犯罪的违法所得及其孳息、收益，被告人不能说明财产合法来源的，应当判决追缴、没收。

（4）对重大毒品犯罪案件犯罪嫌疑人、被告人逃匿、死亡情况下，违法所得没收程序的适用及认定违法所得的“高度可能”证明标准问题作出规定。重大毒品犯罪案件的犯罪嫌疑人、被告人逃匿，在通缉一年后不能到案，或者犯罪嫌疑人、被告人死亡，依照刑法规定应当追缴其违法所得及其他涉案财产的，适用刑事诉讼法有关犯罪嫌疑人、被告人逃匿、死亡案件违法所得没收程序审理。经审理认为申请没收的财产高度可能属于违法所得及其他涉案财产的，应

当裁定没收。

7. 毒品犯罪缓刑适用及减刑、假释问题

对毒品罪犯的缓刑、减刑以及假释应当严格适用,《全国法院毒品案件审判工作会议纪要》也继承了这一过往的司法实践做法,在第12条中有如下规定:

(1)应当从严掌握毒品犯罪被告人的缓刑适用条件。对于毒品再犯,一般不适用缓刑。对于不能排除有多次贩毒嫌疑的零包贩毒被告人,因认定构成贩卖毒品等犯罪的证据不足而认定为非法持有毒品罪的被告人,以及引诱、教唆、欺骗、强迫他人吸毒的被告人,应当严格控制缓刑适用。

(2)对于具有犯罪集团首要分子、累犯、毒品再犯等情节的毒品罪犯,应当从严掌握减刑条件,适当延长减刑起始时间、间隔时间,严格控制减刑幅度。应当严格审查毒品罪犯履行生效裁判中财产性判项的能力,对于确有履行能力而不履行或者不全部履行相关财产性判项的,一般不认定其确有悔改表现。对于刑法未禁止假释的上述毒品罪犯,应当严格控制假释适用。

8. 毒品犯罪的管辖问题

毒品犯罪往往涉及的地区很广,通常涉及几个省份,为了全方位打击毒品犯罪,让涉毒之人无处可逃,我国对毒品犯罪的管辖机关规定得较为广泛。同时,不同地区对于判处死刑的毒品数量的内部规定是不一样的,这极容易导致"死"与"不死"取决于管辖机关的选择,同时可能导致公权力被滥用,形成无人监管的黑洞。因此,《全国法院毒品案件审判工作会议纪要》第13条对毒品犯罪的管辖问题进行了专门规定:

(1)对关联案件的并案审理作了更为体系化的规定。毒品犯罪的犯罪地,包括犯罪预谋地,毒资筹集地,交易进行地,毒品制造地,毒品和毒资、毒赃的藏匿地、转移地,走私或者贩运毒品的途经地、目的地等。对于毒品案件中一人犯数罪、上下家犯罪、共同犯罪及共同犯罪的被告人实施其他犯罪的,一般应当并案审理。对于上下家犯罪的被告人实施的其他犯罪,以及他人实施的包庇毒品犯罪分子、窝藏毒品、为毒品犯罪洗钱等关联犯罪,并案审理有利于查明案件事实的,可以并案审理。对于分案起诉的毒品共同犯罪或者关联犯罪案件,合并审理更有利于查明案件事实、保障诉讼权利、准确定罪量刑的,可以并案审理。因客观原因造成毒品共同犯罪或者密切关联的上下家犯罪分案审理且无法并案的,应当及时了解关联案件的审理进展和处理结果,充分保障被告人的质证权等诉讼权利,并注重量刑平衡。

(2)明确了网络涉毒犯罪管辖问题,即主要利用计算机网络实施的毒品犯罪中,犯罪地还包括用于实施犯罪行为的网络服务使用的服务器所在地,网络服务提供者所在地,犯罪过程中被告人、被害人使用的信息网络系统所在地等。

二、非法持有毒品罪

本罪,是指违反国家毒品管理法规,非法持有毒品且数量较大的行为。

其中,"非法",是指行为人违反了《药品管理法》《麻醉药品和精神药品管理条例》等有关禁止个人持有毒品的规定。"持有",即实际支配和控制,对其应作广义理解,必须具备以下几个特征:(1)对于毒品来源没有特殊要求。至于行为人是自己购买、捡拾、非法占有还是祖辈遗留等,对持有毒品的成立来说,没有任何影响。(2)行为的本质特征在于持有人对毒品的实际支配和控制,也即毒品处于自己的实际控制范围之内。一方面,持有人并不一定要求是毒品的所有人;另一方面,持有人对所持有的毒品并不一定是随时带有,也即毒品的存在方式和状态并不影响持有的成立，既可以是暗藏于自己家中，也可以是委托他人代为收藏，既可以是随身携带，也可以是置于车船之内，总之，无论毒品放置何处，也无论毒品以何种方式存在，凡行为人可以自由支配毒品的方式，均可以理解为持有。(3)持有既可以是共同持有，也可以是单独持有，前者的成立只需所有共同犯罪人实际上享有对毒品的支配权并相互明知即可。(4)持有毒品必须以不进行其他犯罪为目的或作为其他犯罪的延续，前者如为贩卖、走私毒品而非法持有，后者如买进毒品为以后贩卖而非法持有等，这类对于毒品的暂时持有行为不是本罪中的“持有”行为。如毒贩邓某从甘肃购入吗啡4000余克，在其所在城市贩卖，在卖出3000余克以后被查获的场合，邓某所剩余的1000克毒品显然不能认定为非法持有的毒品，而应当看作尚未贩卖的毒品。(5)持有行为必须具有一定的时间延续性，并非一持有就构成本罪。本罪属于数额犯，即非法持有的毒品必须达到法定数量，才构成犯罪。“法定数量”，是指非法持有鸦片200克以上不满1000克、海洛因或者甲基苯丙胺10克以上不满50克或者其他毒品数量较大的情况。毒品的数量以查证属实的数量计算，不以纯度折算。

本罪的主观要件为故意，即明知是毒品而有意识地持有。至于行为人是否了解毒品的具体名称、确切数量、纯度以及价值、效用等，对行为人故意的认定没有影响。明知的意义和判断标准，参见前述相关内容。

在本罪的认定上，应当注意以下问题：

1. 本罪与走私、贩卖、运输、制造毒品罪的区别。二者的区别在于：(1)客观表现不同。本罪是“持有”；而走私、贩卖、运输、制造毒品罪的行为方式限于“走私、贩卖、运输、制造”。虽然走私、贩卖、运输、制造毒品的过程中行为人也可能有“持有”毒品的行为，但该种附带的持有行为被主行为即“走私、贩卖、运输、制造”行为所吸收，不能独立成罪。实践中，相当一部分持有毒品的行为属于走私、贩卖、运输、制造毒品行为过程中的一个环节，因此，只有不能查实持有人持有毒品是用于走私、贩卖、运输或者来自制造毒品行为的，才能以本罪论处。(2)成立犯罪的标准不同。本罪属于数额犯，须行为人持有法定数量的毒品才构成犯罪；而走私、贩卖、运输、制造毒品罪属于行为犯，只要行为人实施了走私、贩卖、运输、制造毒品的行为之一，不论数量多少，都足以成立犯罪。

2. 对于吸毒者实施的毒品犯罪，在认定犯罪事实和确定罪名时要慎重。吸毒者在购买、运输、存储毒品过程中被查获的，如没有证据证明其是为了实施贩卖等其他毒品犯罪行为，且毒品数量未超过刑法第348条规定的最低数量标准的，一般不定罪处罚；查获毒品数量达到较大以上的，应以其实际实施的毒品犯罪行为定罪处罚。在行为人提出所起获的毒品是用于自己吸食时，不能单纯依据当场所起获的毒品数量来判断，还应结合其吸食毒品种类与查获毒品种类是否相同，有无采用特定运输方式、运输路线及其职业、经济状况、违法犯罪经历等情节综合判定运输目的。如有证据证明吸毒者系受雇运输毒品、职业运输毒品的，应当以运输毒品罪定罪处罚。没有证据证明代购者明知他人实施毒品犯罪而为其代购毒品，代购者亦未从中牟利，代购毒品数量达到刑法第348条规定的最低数量标准，代购者因购买、存储毒品被查获的，以非法持有毒品罪定罪处罚。[304]

3. 非法持有多种毒品，但每一种毒品数量均没有达到法定数额要求的场合，可以其中一种毒品为标准，对其所持有的其他毒品进行数量折算，然后相加。在总和超过法定数额要求的时

---

[304] 2023年最高人民法院《全国法院毒品案件审判工作会议纪要》第2条第2款第3项。

候,可以本罪定罪处罚。

根据刑法第 348 条的规定,非法持有鸦片 1000 克以上、海洛因或者甲基苯丙胺 50 克以上或者其他毒品数量大的,处 7 年以上有期徒刑或者无期徒刑,并处罚金;非法持有鸦片 200 克以上不满 1000 克、海洛因或者甲基苯丙胺 10 克以上不满 50 克或者其他毒品数量较大的,处 3 年以下有期徒刑、拘役或者管制,并处罚金;情节严重的,处 3 年以上 7 年以下有期徒刑,并处罚金。其中,关于"情节严重",依照相关司法解释,[305]是指非法持有毒品达到刑法第 348 条或者该司法解释第 2 条规定的"数量较大"标准,且具有下列情形之一:在戒毒场所、监管场所非法持有毒品的;利用、教唆未成年人非法持有毒品的;国家工作人员非法持有毒品的;其他情节严重的情形。又据刑法第 356 条规定,因走私、贩卖、运输、制造、非法持有毒品罪被判过刑,又犯本罪的,从重处罚。

三、包庇毒品犯罪分子罪

本罪,是指明知是走私、贩卖、运输、制造毒品的犯罪分子而包庇的行为。

其中,所谓包庇,是指明知是走私、贩卖、运输、制造毒品的犯罪分子,而为其掩盖罪行、向司法机关作虚假证明或毁灭罪证,从而使其逃避法律制裁。包庇的对象,限于走私、贩卖、运输、制造毒品的犯罪分子。按照相关司法解释,[306]包庇走私、贩卖、运输、制造毒品的犯罪分子,涉嫌下列情形之一的,应予立案追诉:(1)作虚假证明,帮助掩盖罪行的;(2)帮助隐藏、转移或者毁灭证据的;(3)帮助取得虚假身份或者身份证件的;(4)以其他方式包庇犯罪分子的。实施前述行为,事先通谋的,以走私、贩卖、运输、制造毒品罪的共犯立案追诉。

在本罪的认定上,应注意其与包庇罪的区别。二者之间的根本区别是行为对象不同。本罪的行为对象是走私、贩卖、运输、制造毒品的犯罪分子即毒品犯罪分子,而包庇罪的对象是毒品犯罪分子以外的其他犯罪分子。

根据刑法第 349 条第 1 款、第 2 款的规定,犯本罪的,处 3 年以下有期徒刑、拘役或者管制;情节严重的,处 3 年以上 10 年以下有期徒刑。缉毒人员或者其他国家机关工作人员掩护、包庇走私、贩卖、运输、制造毒品的犯罪分子的,依照本罪的规定从重处罚。根据刑法第 356 条规定,因走私、贩卖、运输、制造、非法持有毒品罪被判过刑,又犯本罪的,从重处罚。其中,"情节严重",是指具有下列情形之一:(1)被包庇的犯罪分子依法应当判处 15 年有期徒刑以上刑罚的;(2)包庇多名或者多次包庇走私、贩卖、运输、制造毒品的犯罪分子的;(3)严重妨害司法机关对被包庇的犯罪分子实施的毒品犯罪进行追究的;(4)其他情节严重的情形。[307]

四、窝藏、转移、隐瞒毒品、毒赃罪

本罪,是指明知是毒品或毒赃,而加以窝藏、转移、隐瞒的行为。

其中,所谓毒赃,是指犯罪分子通过走私、贩卖、运输、制造毒品所获得的财物,包括金钱在内。要注意的是,这里所说的"毒品或毒赃",是指他人通过特定的犯罪手段即走私、贩卖、运输、制造毒品犯罪的所得,而不是没有范围限定的毒品犯罪所得。这一点从刑法第 349 条第 1

---

〔305〕 2016 年最高人民法院《关于审理毒品犯罪案件适用法律若干问题的解释》第 5 条。

〔306〕 2012 年最高人民检察院、公安部《关于公安机关管辖的刑事案件立案追诉标准的规定(三)》第 3 条。

〔307〕 2016 年最高人民法院《关于审理毒品犯罪案件适用法律若干问题的解释》第 6 条第 1 款。

款的逻辑结构就能看得出来。刑法第 349 条第 1 款对包庇的毒品犯罪分子已经限定为“走私、贩卖、运输、制造”毒品的犯罪分子，那么，在接着的“窝藏、转移、隐瞒毒品或者犯罪所得的财物”中的“犯罪分子”前，即便没有写明犯罪分子的具体范围，也应当是指“走私、贩卖、运输、制造”毒品的犯罪分子。因此，为非法持有毒品者窝藏毒品的，根据情况，可以构成非法持有毒品罪，而不是窝藏毒品罪。所谓窝藏，是指将毒品或者毒赃置于一定的场所隐蔽、保管。行为人碍于熟人情面，同意他人将用于贩卖的毒品寄存于自己的暂住处，也是窝藏。所谓转移，是指在他人犯罪既遂之后，将毒品或者毒赃进行场所上的转移，其和运输毒品的不同之处在于行为人的主观心态不同。“转移”的场合，行为人是为了抗拒司法机关对毒品或者犯罪所得的赃物的追缴，帮助毒品犯罪分子逃避法律的制裁，而“运输”的场合，行为人的目的在于走私、贩卖、制造毒品。所谓隐瞒，就是在被司法机关询问调查有关毒品犯罪的情况时，有意隐瞒事实真相。如在司法机关调查询问有关毒品犯罪的情况时，行为人明知毒品、毒赃的隐藏处所却谎称不知。

在本罪的适用中，应注意以下两点：

1. 本罪与洗钱罪的区别。所谓洗钱罪，是指明知是毒品等犯罪的所得及其产生的收益，而掩饰、隐瞒其来源和性质的行为，和本罪明知是毒品或毒赃，而加以窝藏、转移、隐瞒的行为之间存在重合之处。2024 年最高人民法院、最高人民检察院《关于办理洗钱刑事案件适用法律若干问题的解释》第 6 条第 2 款规定，实施刑法第 191 条规定的洗钱行为，构成洗钱罪，同时又构成刑法第 349 条规定的犯罪的，依照处罚较重的规定定罪处罚。换言之，在该司法解释看来，本罪与洗钱罪之间存在竞合关系。但实际上，本罪与洗钱罪之间还是存在相当大的差别的：洗钱是对毒赃从性质上加以掩饰、隐瞒，让人看不出其本来性质的行为，所破坏的主要是金融管理秩序；而本罪是对毒赃进行窝藏、转移、隐瞒的行为，多半是进行物理场所上的转移和处理，所破坏的主要是社会管理秩序中的毒品管理秩序，二者之间既有重合又有区别。因此，在窝藏、转移、隐瞒毒赃的行为和国家的金融管理秩序有关的时候，可以洗钱罪处理，否则就应当以本罪处理。例如，在行为人为毒品犯罪分子提供资金账户存放毒赃，然后取现交给毒品犯罪分子的场合，行为人的行为就是利用金融机构帮助毒品犯罪分子将毒赃“漂白”，掩饰、隐瞒其本来性质的行为，宜以洗钱罪论处。但在行为人仅帮助毒品犯罪分子将毒赃放置在家中，而后交给毒犯的场合，由于该行为在实施过程中与银行等金融机构没有发生任何联系，没有侵害国家金融秩序法益，不符合设立洗钱罪所保护的法益，宜以窝藏、转移、隐瞒毒赃罪论处。因此，上述司法解释第 6 条所规定的“依照处罚较重的规定定罪处罚”，只有一种情况，就是通过金融机构转移毒赃。如行为人提供微信账户和银行账户帮助转移毒赃 20 万元，此时洗钱罪和本罪存在交叉，从量刑考量上看，转移毒赃 5 万元以上即为“情节严重”，法定刑为有期徒刑 3 年至 10 年，比洗钱罪重，宜以本罪论处。

2. 本罪与非法持有毒品罪的区别。二者的关键区别在于，是否能够查清毒品的来源。在能够查清行为人是替他人保管毒品的场合，就构成本罪；如果不能查清或者证明该毒品的来源，就只能认定为非法持有毒品罪。

根据刑法第 349 条第 1 款的规定，犯本罪的，处 3 年以下有期徒刑、拘役或者管制；情节严重的，处 3 年以上 10 年以下有期徒刑。其中，“情节严重”，依照相关司法解释，[308] 是指具有下

---

[308] 2016 年最高人民法院《关于审理毒品犯罪案件适用法律若干问题的解释》第 6 条第 2 款。

列情形之一:(1)为犯罪分子窝藏、转移、隐瞒毒品达到刑法第347条第2款第1项或者该司法解释第1条第1款规定的“数量大”标准的;(2)为犯罪分子窝藏、转移、隐瞒毒品犯罪所得的财物价值达到5万元以上的;(3)为多人或者多次为他人窝藏、转移、隐瞒毒品或者毒品犯罪所得的财物的;(4)严重妨害司法机关对该犯罪分子实施的毒品犯罪进行追究的;(5)其他情节严重的情形。相反地,包庇走私、贩卖、运输、制造毒品的近亲属,或者为其窝藏、转移、隐瞒毒品或者毒品犯罪所得的财物,不具有上述“情节严重”情形,归案后认罪、悔罪、积极退赃,且系初犯、偶犯,犯罪情节轻微不需要判处刑罚的,可以免予刑事处罚。

五、非法生产、买卖、运输制毒物品、走私制毒物品罪

(一)概念和构成

本罪,是指违反国家规定,非法生产、买卖、运输醋酸酐、乙醚、三氯甲烷或者其他用于制造毒品的原料、配剂,或者携带上述物品进出境,情节较重的行为。

易制毒化学品是国家规定管制的可用于制造麻醉药品和精神药品的原料和配剂,既广泛应用于工农业生产和群众日常生活,又可用于制造毒品。无论是大麻、可卡因等植物天然毒品还是冰毒、摇头丸等合成化学毒品的加工都离不开易制毒化学品,从某种意义上说,没有易制毒化学品就没有毒品。因此,国家对其生产、买卖、运输以及进出口实行严格管制。

本罪的对象为特定物品,即醋酸酐、乙醚、三氯甲烷或者其他用于制造毒品的原料、配剂,具体品种以及范围,按照《易制毒化学品管理条例》附表的相关规定确定。“其他用于制造毒品的原料、配剂”,可参考我国批准参加的《联合国禁止非法贩运麻醉药品和精神药物公约》附件表一、表二所列物质确定。要注意的是,由于刑法第350条仅仅对走私“醋酸酐、乙醚、三氯甲烷或者其他用于制造毒品的原料、配剂”作出规定,因此,本罪的犯罪对象只包括用于制造毒品的化学原料,而不能包括其他的制毒设备、制毒工具。已去除糖衣包装的新康泰克药品混合颗粒实为去除了空心胶囊的颗粒,因不用于预防、治疗、诊断人的疾病,且不具有功能主治、用法和用量,已不属于《药品管理法》规定的药品范畴。伪麻黄素属于《易制毒化学品管理条例》附表所列第一类易制毒化学品,最高人民法院、最高人民检察院、公安部《关于办理制毒物品犯罪案件适用法律若干问题的意见》规定,若检验发现缴获的新康泰克药品混合颗粒中含有伪麻黄素且成分含量达到制毒物品犯罪定罪量刑的有关数量标准,即应当依法处理。[309]

本罪的实行行为为非法生产、买卖、运输以及走私。其中,“非法生产”,是指未经行政主管部门审批,取得生产许可证而加工、制作;“非法买卖”,是指未经行政主管部门审批,取得经营许可证而在境内非法买卖,既包括无经营权的单位或个人在境内进行制毒物品买卖的行为,也包括有经营权的单位或个人超范围、超量经营的行为;“非法运输”,是指未经审批取得易制毒化学品运输许可证而将易制毒物品在我国境内进行地点上的转移;“走私”,是指未经商务主管部门审批,取得进口或者出口许可证,逃避海关监管,携带上述物品进出国(边)境。对于走私的方式,刑法第350条第1款只规定了“运输”和“携带”两种,邮寄不包括在内。其中,“运输”,是指利用交通工具,将制毒物品从境外运入境内或者由境内运往境外;“携带”,是指随身或者夹藏在行李或者交通工具中带入境内或者带出境外。

本罪主观上为故意,即“明知”是制毒物品而非法买卖。“明知”的判断,以推定的方式进

---

〔309〕 公安部《关于对已去除糖衣包装的新康泰克药品混合颗粒能否认定为制毒物品的意见》。

行，即有下列情形之一，且查获了易制毒化学品，结合犯罪嫌疑人、被告人的供述和其他证据，经综合审查判断，可以认定其“明知”是制毒物品而走私或者非法买卖，但有证据证明确属被蒙骗的除外：(1)改变产品形状、包装或者使用虚假标签、商标等产品标志的；(2)以藏匿、夹带或者其他隐蔽方式运输、携带易制毒化学品逃避检查的；(3)抗拒检查或者在检查时丢弃货物逃跑的；(4)以伪报、藏匿、伪装等蒙蔽手段逃避海关、边防等检查的；(5)选择不设海关或者边防检查站的路段绕行出入境的；(6)以虚假身份、地址办理托运、邮寄手续的；(7)以其他方法隐瞒真相，逃避对易制毒化学品依法监管的。[310]

(二)本罪的认定

在本罪的认定上，应当注意以下几方面：

1. 罪与非罪的区别。易制毒化学品生产、经营、使用单位或者个人未办理许可证明或者备案证明，购买、销售易制毒化学品的，如果有证据证明确实用于合法生产、生活需要，依法能够办理只是未及时办理许可证明或者备案证明，且未造成严重社会危害，可不以非法买卖制毒物品罪论处。

2. 本罪与走私毒品罪的区别。二者的关键区别在于犯罪对象不同。本罪的犯罪对象限于“制毒物品”，即醋酸酐、乙醚、三氯甲烷或者其他用于制造毒品的原料或配剂；而走私毒品罪的犯罪对象是毒品本身，如海洛因、甲基苯丙胺、吗啡、大麻、可卡因等。

3. 本罪的预备犯。为了走私制毒物品犯罪而采用生产、加工、提炼等方法非法制造易制毒化学品的，根据刑法第22条第1款的规定，以走私制毒物品的预备行为论处。为了非法买卖制毒物品犯罪而采用生产、加工、提炼等方法非法制造易制毒化学品的，以非法买卖制毒物品的预备行为论处。

4. 明知他人制造毒品而为其生产、买卖、运输醋酸酐、乙醚、三氯甲烷或者其他用于制造毒品的原料或配剂的，以制造毒品罪的共犯论处。明知他人实施走私制毒物品犯罪，而为其运输、储存、代理进出口或者以其他方式提供便利的，以走私制毒物品罪的共犯论处。

5. 非法买卖制毒物品行为同时构成其他犯罪的，依照处罚较重的规定定罪处罚。走私制毒物品行为同时构成其他犯罪的，依照处罚较重的规定定罪处罚。

(三)处罚

关于本罪的处罚，根据刑法第350条第1款的规定，有三个法定刑档次：

1. 犯本罪，情节较重的，处3年以下有期徒刑、拘役或者管制，并处罚金。其中“情节较重”的认定，参照最高人民法院《关于审理毒品犯罪案件适用法律若干问题的解释》第7条的相关规定，具体而言，是指违反国家规定，非法生产、买卖、运输制毒物品、走私制毒物品，达到下列数量标准的：(1)麻黄碱(麻黄素)、伪麻黄碱(伪麻黄素)、消旋麻黄碱(消旋麻黄素)1千克以上不满5千克；(2)1－苯基－2－丙酮、1－苯基－2－溴－1－丙酮、3,4－亚甲基二氧苯基－2－丙酮、羟亚胺2千克以上不满10千克；(3)3－氧－2－苯基丁腈、邻氯苯基环戊酮、去甲麻黄碱(去甲麻黄素)、甲基麻黄碱(甲基麻黄素)4千克以上不满20千克；(4)醋酸酐10千克以上不满50千克；(5)麻黄浸膏、麻黄浸膏粉、胡椒醛、黄樟素、黄樟油、异黄樟素、麦角酸、麦角胺、麦角新碱、苯乙酸20千克以上不满100千克；(6)N－乙酰邻氨基苯酸、邻氨基苯甲

---

[310] 2009年最高人民法院、最高人民检察院、公安部《关于办理制毒物品犯罪案件适用法律若干问题的意见》第2条；2012年最高人民检察院、公安部《关于公安机关管辖的刑事案件立案追诉标准的规定(三)》第5条第4款。

酸、三氯甲烷、乙醚、哌啶50千克以上不满250千克;(7)甲苯、丙酮、甲基乙基酮、高锰酸钾、硫酸、盐酸100千克以上不满500千克;(8)其他制毒物品数量相当的。

违反国家规定,非法生产、买卖、运输制毒物品,走私制毒物品,达到该司法解释第1款规定的数量标准最低值的50%,且具有下列情形之一的,应当认定为刑法第350条第1款规定的"情节较重":(1)曾因非法生产、买卖、运输制毒物品,走私制毒物品受过刑事处罚的;(2)2年内曾因非法生产、买卖、运输制毒物品,走私制毒物品受过行政处罚的;(3)一次组织5人以上或者多次非法生产、买卖、运输制毒物品,走私制毒物品,或者在多个地点非法生产制毒物品的;(4)利用、教唆未成年人非法生产、买卖、运输制毒物品,走私制毒物品的;(5)国家工作人员非法生产、买卖、运输制毒物品,走私制毒物品的;(6)严重影响群众正常生产、生活秩序的;(7)其他情节较重的情形。易制毒化学品生产、经营、购买、运输单位或者个人未办理许可证明或者备案证明,生产、销售、购买、运输易制毒化学品,确实用于合法生产、生活需要的,不以制毒物品犯罪论处。

2. 犯本罪,情节严重的,处3年以上7年以下有期徒刑,并处罚金。按照相关司法解释,[311]违反国家规定,非法生产、买卖、运输制毒物品,走私制毒物品,具有下列情形之一的,应当认定为"情节严重":(1)制毒物品数量在该司法解释第7条第1款规定的最高数量标准以上,不满最高数量标准5倍的;(2)达到该司法解释第7条第1款规定的数量标准,且具有该司法解释第7条第2款第3项至第6项规定的情形之一的;(3)其他情节严重的情形。

3. 情节特别严重的,处7年以上有期徒刑,并处罚金或者没收财产。按照相关司法解释,[312]违反国家规定,非法生产、买卖、运输制毒物品、走私制毒物品,具有下列情形之一的,应当认定为"情节特别严重":(1)制毒物品数量在该司法解释第7条第1款规定的最高数量标准5倍以上的;(2)达到该司法解释第8条第1款第1项规定的数量标准,且具有该司法解释第7条第2款第3项至第6项规定的情形之一的;(3)其他情节特别严重的情形。

六、非法种植毒品原植物罪

本罪,是指违反国家毒品原植物种植管制法规,私自种植罂粟、大麻等毒品原植物,情节严重的行为。

本罪的行为对象是毒品原植物。所谓毒品原植物,是指用来提炼、加工成鸦片、海洛因、吗啡等麻醉药品和精神药品的植物。毒品原植物主要有罂粟、大麻等。不以提炼毒品或者非法买卖为目的,种植罂粟、大麻等毒品原植物,构成本罪的,可以酌情从宽处罚;犯罪情节轻微不需要判处刑罚的,可以免予刑事处罚。[313] 对毒品原植物及其种子、幼苗,应当委托具备相应资质的鉴定机构进行鉴定。当地没有具备相应资质的鉴定机构的,可以委托侦办案件的公安机关所在地的县级以上农牧、林业行政主管部门,或者设立农林相关专业的普通高等学校、科研院所出具检验报告。[314] 其中,"非法",是指行为人违反了《麻醉药品和精神药品管理条例》等法规的规定,擅自种植毒品原植物,包括未获批准而种植与超计划种植。"种植",是指为了获

---

[311] 2016年最高人民法院《关于审理毒品犯罪案件适用法律若干问题的解释》第8条第1款。

[312] 2016年最高人民法院《关于审理毒品犯罪案件适用法律若干问题的解释》第8条第2款。

[313] 2023年最高人民法院《全国法院毒品案件审判工作会议纪要》第2条第4款第3项。

[314] 2016年最高人民法院、最高人民检察院、公安部《办理毒品犯罪案件毒品提取、扣押、称量、取样和送检程序若干问题的规定》第34条。

得毒品原植物而进行的播种、培植、施肥、灌溉等农事活动。不管行为人是实施其中一个行为还是几个行为,也不管是自己亲自实施还是雇用他人实施,都是“种植”。

在本罪的认定上,主要应注意其与制造毒品罪的界限。二者的关键区别在于:本罪的行为特点是对毒品原植物进行农业耕作;而制造毒品罪的行为特点则是对各种毒品原料进行工业性加工,如提炼、合成等。非法种植毒品原植物后,又对其进行加工,提炼成鸦片等毒品贩卖的,属吸收犯,可按重行为吸收轻行为的原则处理,即以制造、贩卖毒品罪处罚。

关于本罪的处罚,根据刑法第 351 条第 1 款、第 2 款的规定,种植罂粟 500 株以上不满 3000 株或者其他毒品原植物数量较大的,经公安机关处理后又种植的,抗拒铲除的,处 5 年以下有期徒刑、拘役或者管制,并处罚金;非法种植罂粟 3000 株以上或者其他毒品原植物数量大的,处 5 年以上有期徒刑,并处罚金或者没收财产。其中,“经公安机关处理后又种植的”,是指种植毒品原植物,经公安机关批评教育、治安处罚或者提出刑事起诉意见,行为人自行铲除或者被强制铲除后,又非法种植毒品原植物。由于刑法将“非法种植毒品原植物数量较大的”和“经公安机关处理后又种植的”并列规定,因此,对于“又种植的”,没有数量上的要求。“抗拒铲除”,是指使用暴力、胁迫或者其他方法对抗有关机关实施的强制铲除行为,其行为必须是积极的作为方式,不包括消极的不协助行为。

“数量较大”,根据有关司法解释,[315]是指具有下列情形之一:非法种植大麻 5000 株以上不满 3 万株的;非法种植罂粟 200 平方米以上不满 1200 平方米、大麻 2000 平方米以上不满 12,000 平方米,尚未出苗的;非法种植其他毒品原植物数量较大的。非法种植毒品原植物,达到前述最高数量标准的,应当认定为刑法第 351 条第 2 款规定的“数量大”。但根据刑法第 351 条第 3 款之规定,非法种植罂粟或者其他毒品原植物,在收获前自动铲除的,可以免除处罚。此外,根据刑法第 356 条的规定,因走私、贩卖、运输、制造、非法持有毒品罪被判过刑,又犯本节规定之罪的,从重处罚。

七、非法买卖、运输、携带、持有毒品原植物种子、幼苗罪

本罪,是指非法买卖、运输、携带、持有数量较大的未经灭活的罂粟等毒品原植物种子或者幼苗的行为。

其中,所谓未经灭活,是指对罂粟等毒品原植物种子不进行烘烤、放射线照射等消灭植物繁殖和生长机能的处理,使其还能继续繁殖、发芽。所谓数量较大,是指具有下列情形之一:罂粟种子 50 克以上、罂粟幼苗 5000 株以上;大麻种子 50 千克以上、大麻幼苗 5 万株以上;其他毒品原植物种子或者幼苗数量较大。[316]

依照刑法第 352 条的规定,犯本罪的,处 3 年以下有期徒刑、拘役或者管制,并处或者单处罚金。另根据刑法第 356 条的规定,因走私、贩卖、运输、制造、非法持有毒品罪被判过刑,又犯本罪的,从重处罚。

八、引诱、教唆、欺骗他人吸毒罪

本罪,是指以引诱、教唆、欺骗的手段,使他人吸食、注射毒品的行为。

---

[315] 2016 年最高人民法院《关于审理毒品犯罪案件适用法律若干问题的解释》第 9 条第 1 款。

[316] 2016 年最高人民法院《关于审理毒品犯罪案件适用法律若干问题的解释》第 10 条。

本罪的保护法益是国家毒品管制制度和他人身心健康。对象是不吸毒的人或者已经戒除吸食、注射毒品瘾癖的人,尚在吸毒者即有毒瘾者,不能成为本罪的对象。刑法规定本罪的目的主要是打击那些引诱、教唆、欺骗未吸过毒或者曾经吸毒但已经戒掉的人吸毒的行为。

本罪客观上表现为,引诱、教唆、欺骗他人吸食、注射毒品。其中,所谓吸毒,是指通过呼吸器官或者消化器官使用毒品的行为,方式多样,主要有口服、口吸、鼻吸、注射等多种方式。所谓引诱,是指以金钱、物质或者其他好处为诱饵,勾引、拉拢或者鼓动他人吸食、注射毒品;所谓教唆,就是以劝说、建议、鼓动、怂恿、请求等方式,使他人吸食、注射毒品。引诱本为教唆手段之一,但由于本罪中引诱被独立规定,因此,这里的教唆不包括引诱在内。利用信息网络,组织他人吸毒,构成本罪等犯罪的,依法定罪处罚。所谓欺骗,是指虚构事实、隐瞒真相,使他人在不知情的情况下,吸食、注射毒品。罂粟壳属于国家管制的毒品,国家法律对罂粟壳管理使用有明确规定,禁止非法供应、运输、使用。因此,对于在火锅调料中掺用罂粟壳,吸引顾客食用的,应以欺骗他人吸毒罪处理。本罪属选择性罪名,行为人只要实施了这三种行为之一,便可成立本罪。

依照刑法第 353 条第 1 款的规定,犯本罪的,处 3 年以下有期徒刑、拘役或者管制,并处罚金;情节严重的,处 3 年以上 7 年以下有期徒刑,并处罚金。所谓情节严重,根据相关司法解释,[317] 是指具有下列情形之一:引诱、教唆、欺骗多人或者多次引诱、教唆、欺骗他人吸食、注射毒品的;对他人身体健康造成严重危害的;导致他人实施故意杀人、故意伤害、交通肇事等犯罪行为的;国家工作人员引诱、教唆、欺骗他人吸食、注射毒品的;其他情节严重的情形。引诱、教唆、欺骗未成年人吸食、注射毒品的,从重处罚。对于引诱、教唆、欺骗他人吸毒的被告人,应当严格控制缓刑适用。[318] 另根据刑法第 356 条的规定,因走私、贩卖、运输、制造、非法持有毒品罪被判过刑,又犯本罪的,从重处罚。

九、强迫他人吸毒罪

本罪,是指强迫他人吸食、注射毒品的行为。

法律规定本罪的目的是打击犯罪分子强迫他人吸毒的行为,因此,只要行为人实施强迫行为,即便对象是尚在吸毒的人,也能成立本罪。所谓强迫,是指违背他人意志,使用暴力、胁迫等手段,迫使他人吸食、注射毒品。

关于本罪的处罚,依据刑法第 353 条第 2 款、第 3 款的规定,犯本罪的,处 3 年以上 10 年以下有期徒刑,并处罚金。强迫未成年人吸食、注射毒品的,从重处罚。对于强迫他人吸毒的被告人,应当严格控制缓刑适用。[319] 另根据刑法第 356 条的规定,因走私、贩卖、运输、制造、非法持有毒品罪被判过刑,又犯本罪的,从重处罚。

十、容留他人吸毒罪

本罪,是指为他人吸食、注射毒品提供场所的行为。

容留他人吸毒,是指为他人吸食、注射毒品提供场所或者允许他人在自己管理的场所内吸

---

〔317〕 2016 年最高人民法院《关于审理毒品犯罪案件适用法律若干问题的解释》第 11 条。
〔318〕 2023 年最高人民法院《全国法院毒品案件审判工作会议纪要》第 12 条第 1 项。
〔319〕 2023 年最高人民法院《全国法院毒品案件审判工作会议纪要》第 12 条第 1 项。

食、注射毒品的行为。容留他人吸毒行为可以是主动实施的,也可以是被动实施的,既可以是明示的,也可以是默许的。其中,"容留",是指为他人吸食、注射毒品提供场所和场所上的方便;"场所",泛指一切可供吸毒的空间,如住宅、旅店、办公室、娱乐场所等。就提供场所上的方便的情形而言,其认定比较广泛。如提供自己的身份证供吸毒者在宾馆开房的行为、酒吧或者宾馆服务人员放任他人吸毒的行为、同居者以及合租者听任他人在自己房间里吸毒的行为、为他人吸毒提供临时场所的行为,都可能构成容留他人吸毒的行为。但是,为吸毒者提供吸毒场所信息的行为,由于不是向吸毒者提供自己可以控制(包括临时控制)的场所的行为,因此,不是容留吸毒的行为。酒吧或者餐厅的经营者由于不具体管理某个房间,故在自己经营或者管理的场所内有人吸毒的场合,只要不明知,就不构成本罪。根据相关司法解释,[320]容留他人吸食、注射毒品,具有下列情形之一的,应当以本罪定罪处罚:一次容留多人吸食、注射毒品的;2年内多次容留他人吸食、注射毒品的;2年内曾因容留他人吸食、注射毒品受过行政处罚的;容留未成年人吸食、注射毒品的;以牟利为目的容留他人吸食、注射毒品的;容留他人吸食、注射毒品造成严重后果的;其他应当追究刑事责任的情形。

向他人贩卖毒品后又容留其吸食、注射毒品,或者容留他人吸食、注射毒品并向其贩卖毒品,符合本罪的定罪条件的,以贩卖毒品罪和本罪数罪并罚。容留近亲属吸食、注射毒品,情节显著轻微危害不大的,不作为犯罪处理;需要追究刑事责任的,可以酌情从宽处罚。

根据刑法第354条的规定,犯本罪的,处3年以下有期徒刑、拘役或者管制,并处罚金。另根据刑法第356条的规定,因走私、贩卖、运输、制造、非法持有毒品罪被判过刑,又犯本罪的,从重处罚。

根据2021年最高人民法院、最高人民检察院公布的《关于常见犯罪的量刑指导意见(试行)》第4条第22款,构成容留他人吸毒罪的,在1年以下有期徒刑、拘役幅度内确定量刑起点;在量刑起点的基础上,根据容留他人吸毒的人数、次数等其他影响犯罪构成的犯罪事实增加刑罚量,确定基准刑;构成容留他人吸毒罪的,根据容留他人吸毒的人数、次数、违法所得数额、危害后果等犯罪情节,综合考虑被告人缴纳罚金的能力,决定罚金数额;构成容留他人吸毒罪的,综合考虑容留他人吸毒的人数、次数、危害后果等犯罪事实、量刑情节,以及被告人主观恶性、人身危险性、认罪悔罪表现等因素,决定缓刑的适用。

十一、非法提供麻醉药品、精神药品罪

本罪,是指依法从事生产、运输、管理、使用国家管制的麻醉药品、精神药品的人员,违反国家规定,向吸食、注射毒品的人提供国家规定管制的能够使人形成瘾癖的麻醉药品、精神药品的行为。

麻醉药品、精神药品具有双重属性,既可以作为毒品,使人形成瘾癖并产生依赖性,而致人身心健康受到损害,又可以作为药物,科学合理地用于止疼、镇静、催眠等医疗方面。麻醉药品、精神药品的这种特性,使得国家对于其生产、运输、管理、使用制定了一套严密的规章制度。非法向吸食、注射毒品的人提供麻醉药品、精神药品的行为,正是对这类国家制度的破坏。

本罪客观上表现为,非法向他人提供国家规定管制的能够使人形成瘾癖的麻醉药品、精神药品。其中,"非法",是指违反《麻醉药品和精神药品管理条例》等国家有关毒品管理的法律

---

[320] 2016年最高人民法院《关于审理毒品犯罪案件适用法律若干问题的解释》第12条第1款。

规定。与其他毒品犯罪相比,本罪中的行为人具有合法地管理、支配麻醉药品、精神药品的权力,因此,其行为必须是违反了相关法律规定。“提供”,可以是有偿转让,也可以是无偿送给,但不得以牟利为目的。以牟利为目的,向吸食、注射毒品的人提供麻醉药品、精神药品的,构成刑法第347条规定的贩卖毒品罪。提供的对象是“吸食、注射毒品的人”,即没有医学上的正当理由而吸食、注射毒品的人。因此,向那些虽然吸毒成瘾但由于具有医疗上的正当理由而不得不使用的人提供麻醉药品、精神药品的,不能构成本罪。[321] “能够使人形成瘾癖”的精神药品,是指使用后能使人的中枢神经系统兴奋或者抑制,连续使用能使人产生依赖性的药品。安定注射液属于刑法第355条第1款规定的“国家规定管制的能够使人形成瘾癖的”精神药品。鉴于安定注射液属于《麻醉药品和精神药品管理条例》规定的第二类精神药品,医疗实践中使用较多,在处理此类案件时,应当慎重掌握罪与非罪的界限。对于明知他人是吸毒人员而多次向其出售安定注射液,或者贩卖安定注射液数量较大的,可以依法追究行为人的刑事责任。[322] 阿普唑仑和曲马多为国家管制的二类精神药品。根据刑法第355条的规定,如果行为人具有生产、管理、使用阿普唑仑和曲马多的资质,却将其掺加在其他药品中,违反国家规定向吸食、注射毒品的人提供的,构成非法提供精神药品罪;向走私、贩卖毒品的犯罪分子或以牟利为目的向吸食、注射毒品的人提供的,构成走私、贩卖毒品罪。根据刑法第347条的规定,如果行为人没有生产、管理、使用阿普唑仑和曲马多的资质,而将其掺加在其他药品中予以贩卖,构成贩卖、制造毒品罪。[323]

本罪主体为特殊主体,即限于依法从事生产、运输、管理、使用国家管制的麻醉药品、精神药品的人员。单位也可成为本罪主体。当然,该单位通常是依法从事生产、运输、管理、使用国家管制的麻醉药品、精神药品的单位。

在本罪的认定上,应当注意其与贩卖毒品罪的区别。二者的主要区别是,本罪是利用对国家管制的麻醉药品、精神药品依法进行生产、运输、管理、使用的便利,而提供麻醉药品、精神药品给他人;但贩卖毒品罪的场合,则没有这一要求。从此意义上讲,本罪与贩卖毒品罪之间存在特别法与一般法的关系。

关于本罪的处罚,依照刑法第355条第1款的规定,有两档法定刑:

第一,犯本罪的,处3年以下有期徒刑或者拘役,并处罚金。根据相关司法解释,[324] 依法从事生产、运输、管理、使用国家管制的麻醉药品、精神药品的人员,违反国家规定,向吸食、注射毒品的人提供国家规定管制的能够使人形成瘾癖的麻醉药品、精神药品,具有下列情形之一的,应当以本罪定罪处罚:(1)非法提供麻醉药品、精神药品达到刑法第347条第3款或者该司法解释第2条规定的“数量较大”标准最低值的50%,不满“数量较大”标准的;(2)2年内曾因非法提供麻醉药品、精神药品受过行政处罚的;(3)向多人或者多次非法提供麻醉药品、精神药品的;(4)向吸食、注射毒品的未成年人非法提供麻醉药品、精神药品的;(5)非法提供麻醉药品、精神药品造成严重后果的;(6)其他应当追究刑事责任的情形。

---

[321] 王作富主编:《刑法分则实务研究》(第5版)(下),中国方正出版社2013年版,第1478页。

[322] 2002年最高人民检察院法律政策研究室《关于安定注射液是否属于刑法第三百五十五条规定的精神药品问题的答复》。

[323] 2009年公安部《关于在成品药中非法添加阿普唑仑和曲马多进行销售能否认定为制造贩卖毒品有关问题的批复》第1条。

[324] 2016年最高人民法院《关于审理毒品犯罪案件适用法律若干问题的解释》第13条第1款。

第二，犯本罪，情节严重的，处 3 年以上 7 年以下有期徒刑，并处罚金。所谓“情节严重”，是指具有下列情形之一：（1）非法提供麻醉药品、精神药品达到刑法第 347 条第 3 款或者该司法解释第 2 条规定的“数量较大”标准的；（2）非法提供麻醉药品、精神药品达到该司法解释第 1 款第 1 项规定的数量标准，且具有该司法解释第 1 款第 3 项至第 5 项规定的情形之一的；（3）其他情节严重的情形。[325]

向走私、贩卖毒品的犯罪分子或者以牟利为目的，向吸食、注射毒品的人提供国家规定管制的能够使人形成瘾癖的麻醉药品、精神药品的，依照刑法第 347 条规定的走私、贩卖毒品罪定罪处罚。单位犯本罪的，对单位判处罚金，并对其直接负责的主管人员和其他直接责任人员，依照自然人犯本罪的规定处罚。另根据刑法第 356 条的规定，因走私、贩卖、运输、制造、非法持有毒品罪被判过刑，又犯本罪的，从重处罚。

十二、妨害兴奋剂管理罪

本罪，是指引诱、教唆、欺骗运动员使用兴奋剂参加国内、国际重大体育竞赛，或者明知运动员参加国内、国际重大体育竞赛而向其提供兴奋剂，情节严重的行为，以及组织、强迫运动员使用兴奋剂参加国内、国际重大体育竞赛的行为。

本罪是针对近年来国内外重大体育赛事中不断出现使用兴奋剂事件的现状而增设的。体育赛事中使用兴奋剂等药物，不仅会损害运动员的身体和健康，违背公平竞赛的体育规则，损害体育事业的健康和可持续发展，还会严重损害国家的荣誉和社会道德，因此，世界各国在体育运动中均严厉禁止使用兴奋剂。

本罪客观上表现为三种行为：

1. 引诱、教唆、欺骗运动员使用兴奋剂参加国内、国际重大体育竞赛。其中，“引诱”，是指以金钱等利益诱导、拉拢运动员使用兴奋剂的行为；“教唆”，是指劝说、怂恿、鼓动、唆使运动员使用兴奋剂的行为；“欺骗”，是指以隐瞒事实真相或者制造假象等方法让运动员使用兴奋剂的行为。“运动员”，是指在全国性体育社会团体及其会员单位注册的运动员，参加国际或国家级比赛的运动员，参加全国性体育社会团体及其会员单位举办或授权举办的其他比赛的运动员，参加其他政府资助的比赛的运动员，不专门从事体育训练和比赛的普通体育运动参加者（大众运动员），体育社会团体及其会员单位管理的其他运动员，以及其他所有反兴奋剂中心依照《世界反兴奋剂条例》的有关规定行使管辖权的运动员，包括所有具有中国国籍的、居住在中国的、持有中国证件的、属于中国各级各类体育组织成员的、在中国境内的以及参加中国国家级比赛或赛事的运动员。“兴奋剂”，是指兴奋剂目录所列的禁用物质等。兴奋剂目录由国务院体育主管部门会同国务院相关部门制定、调整并公布。2020 年 12 月，国家体育总局等五部门联合发布了《2021 年兴奋剂目录公告》，该目录规定的兴奋剂包括蛋白同化制剂品种 87 种，肽类激素品种 65 种，麻醉药品品种 14 种，刺激剂（含精神药品）品种 75 种，药品类易制毒化学品品种 3 种，医疗用毒性药品品种 1 种，以及其他品种 113 种。可见，兴奋剂和毒品存在交叉重叠，部分兴奋剂属于毒品。“国内、国际重大体育竞赛”，是指由国际奥委会、国际残奥委会、国际单项体育联合会、重大赛事组织机构或其他国际体育组织作为其组织机构的，或者任命技术官员的赛事或比赛，以及国际级或国家级运动员参加的、非国际赛事的体育赛事或

---

[325] 2016 年最高人民法院《关于审理毒品犯罪案件适用法律若干问题的解释》第 13 条第 2 款。

比赛。应当注意的是,对于“运动员”“兴奋剂”“国内、国际重大体育竞赛”,应当根据《体育法》《反兴奋剂条例》《反兴奋剂规则》等法律法规规定,必要时结合体育行政主管部门出具的意见作出认定。

2. 明知运动员参加国内、国际重大体育竞赛而向其提供兴奋剂。“提供”,就是供给,至于有偿还是无偿,在所不问。

3. 组织、强迫运动员使用兴奋剂参加国内、国际重大体育竞赛。“组织”,是指有组织地使运动员使用兴奋剂的行为;“强迫”,是指违背运动员的意志,迫使运动员使用兴奋剂的行为。

上述行为中,除了第三种组织、强迫类行为之外,成立本罪,还必须达到“情节严重”的程度。所谓情节严重,一般而言,是指具有以下情形之一:(1)因引诱、教唆、欺骗运动员使用兴奋剂或者为运动员提供兴奋剂,受过行政处罚或刑事处罚的;(2)行为人系国家工作人员,实施引诱、教唆、欺骗运动员使用兴奋剂或者为运动员提供兴奋剂行为的;(3)多次引诱、教唆、欺骗运动员使用兴奋剂或者为运动员提供兴奋剂,或者引诱、教唆、欺骗多名运动员使用兴奋剂或者为多名运动员提供兴奋剂的;(4)引诱、教唆、欺骗运动员使用兴奋剂或者为运动员提供兴奋剂,造成运动员轻伤以上后果的;(5)引诱、教唆、欺骗未成年、残疾运动员使用兴奋剂或者为未成年、残疾运动员提供兴奋剂的;(6)抗拒、阻挠兴奋剂检查、调查的;(7)造成严重恶劣社会影响的。

本罪主观方面是故意,过失不构成本罪。本罪主体主要是运动员辅助人员,即为运动员参加体育训练和比赛等提供帮助、指导的人员,包括教练员、队医、领队、科研人员等,而非运动员本人。体育赛事中运动员本人使用兴奋剂,既是违规行为又是自损行为,因此,最多只能交由体育行业协会处理,而运动员周边的人如教练人员、辅助人员等组织、强迫、欺骗、教唆其在体育运动中使用兴奋剂的场合,则不是自损行为,而是对运动员本人的侵害行为,属于刑法规制的范畴。对未成年人、残疾人负有监护、看护职责的人组织未成年人、残疾人在体育运动中非法使用兴奋剂,情节恶劣,同时符合本罪和虐待被监护、看护人罪的,属于想象竞合,应择一重罪处罚。

关于本罪的处罚,根据刑法第355条之一,犯本罪的,处3年以下有期徒刑或者拘役,并处罚金。

第九节　组织、强迫、引诱、容留、介绍卖淫的犯罪

一、组织卖淫罪

(一)概念和构成

本罪,是指以招募、雇佣、强迫、引诱、容留等方式,组织他人卖淫的行为。

本罪是侵害社会治安管理秩序和良好的社会道德风尚的犯罪。卖淫是指以营利为目的而提供性服务,常可在短期内获得大量财富,从而诱使一些好逸恶劳或缺乏技能而急于致富的人走此“捷径”,导致当事人道德感、羞耻心减弱,好逸恶劳、贪图享受,对我国历来所推崇的靠诚实劳动为生、靠诚实劳动致富的传统美德和国家一再提倡的良好的社会生活准则造成巨大冲击。不仅如此,卖淫也是杀人、伤害等恶性犯罪的诱因,因此,对于卖淫行为,在法律上有必要予以禁止。但是,考虑到卖淫行为本身是一种当事人处分自己性的自主决定权的行为,同时,

从事卖淫活动的当事人有时候或许也有不得已的难言之隐，从期待可能性的角度来说，难以对其处罚，故对卖淫活动自身，各国刑法一般均不将其作为犯罪，而是诉诸行政处罚。但是，组织他人卖淫等的第三人，所从事的则不是处分自己的性的自主决定权的行为，也不具有一定意义上不得不如此的期待可能性，故世界各国刑法通常都将其规定为犯罪。我国也不例外，规定有组织卖淫等犯罪。

本罪的犯罪构成如下：

1. 主体。本罪的主体是卖淫的组织者，属于一般主体，既可以是男性，也可以是女性，既可以是几个人，也可以是一个人，关键要看其在卖淫活动中是否起组织者的作用。单位不能成为本罪主体。旅馆业、饮食服务业、文化娱乐业、出租汽车业等单位利用本单位的条件，组织他人卖淫的，按自然人犯罪处理，即对直接负有责任的主管人员或其他直接责任人员按本罪论处。

2. 危害行为和危害结果。本罪客观上表现为组织他人卖淫。所谓组织，是指将分散的卖淫人员纠集、控制起来，系统管理、协调安排。其有三个特征：(1)有较为完整、系统的组织架构来操控卖淫活动；(2)有较为明确的人员分工，负责卖淫活动的场所租赁、费用收取、人员调度、账务管理、拉客望风等事项；(3)有较为固定的管理措施与方法，在组织者与卖淫者之间形成管理与被管理的关系。通过这种组织活动，形成对卖淫人员的控制。这种控制不一定体现为对卖淫者的人身自由的控制，但卖淫者在卖淫活动中需服从组织者的安排与管理，通过实施卖淫行为、遵守活动规则、服从组织管理来获得非法利益。如此说来，在组织卖淫的场合，组织者与卖淫者之间不要求具有人身依附或者人身控制关系。在这一点上，组织卖淫罪与后述强迫卖淫罪具有明显的不同。

组织卖淫罪中的组织，具体体现为以招募、雇佣、强迫、引诱、容留、控制等手段，对多名卖淫人员加以安排调度，形成管理与被管理的关系。如建立和设置相对固定的卖淫场所或者卖淫窝点，就是其体现。所谓招募，就是征召、募集自愿卖淫的他人参与卖淫活动；所谓雇佣，就是以出资为条件召集自愿卖淫的他人参与卖淫活动；所谓强迫，就是以暴力、胁迫或者其他方法，使其他不愿意卖淫者参与卖淫活动；所谓引诱，就是以金钱、物质或者其他好处为诱饵，诱惑他人参与卖淫活动；所谓容留，就是以提供场所或者其他方便的方式，使自愿卖淫者参与卖淫活动；所谓控制，是指行为人对卖淫者从事卖淫活动进行掌管和操纵，即掌握多名卖淫人员，安排、布置或者调度他们从事卖淫活动。“他人”，不特指女性，也包括男性在内。“多人”，指3人以上，包括3人在内。所谓卖淫，是指不特定的异性之间或者同性之间以金钱、财物为媒介，发生不正当性关系，其内容通常认为，除性器官的接触之外，还包括口淫、手淫、鸡奸等其他性器官的接触在内。行为主体之间主观上已经就卖淫嫖娼达成一致，已经谈好价格或者已经给付金钱、财物，并且已经着手实施，但由于其本人主观意志以外的原因，尚未发生性关系的，或者已经发生性关系，但尚未给付金钱、财物的，可以按卖淫嫖娼行为依法处理。[326]

---

[326] 2003年公安部《关于以钱财为媒介尚未发生性行为或发生性行为尚未给付钱财如何定性问题的批复》。这主要是因为《治安管理处罚法》第66条也有处罚卖淫、嫖娼行为的规定，因此公安机关将卖淫的行为理解得比较宽泛。但是，这种规定是不是可以直接套用于刑法中的相关规定，值得商榷。组织卖淫罪属于无被害人犯罪，其社会危害性和有被害人的犯罪相比，应当比较小，处罚也应当比较轻，但是我国刑法中，其最低法定刑为5年，比强奸罪的法定刑都高(对强迫卖淫罪规定这样的法定刑是没有问题的)，一定程度上存在不合理之处，因此对其规制的行为处罚范围应当进行限定解释，将“卖淫”限定于那些具有实质意义的性交行为，如男女之间、男男之间的生殖器官的插入以及一个人用口刺激另一个人的生殖器(无论是男性还是女性)的所谓“口交”行为，而将手淫、女人赤身裸体贴在男人的身上为男人按摩或推油的所谓“推油服务”等排除在外。

3. 主观要件。本罪的主观要件为故意。

(二)本罪的认定

在本罪的认定上,要注意以下几个问题:

1. 将本罪与卖淫者自动结伙卖淫的行为区别开来。所谓自动结伙卖淫,是指卖淫者为了更多地赚取钱财,相互传递信息、互相提供方便,互为掩护,共同从事卖淫的行为。由于此种情况下结伙人都是自愿卖淫者,相互之间没有主从关系,也没有固定的组织策划者,对此一般不应以犯罪论处,而应以违反《治安管理处罚法》的行为论处。但应当指出,如果行为人自己参与卖淫,同时又组织他人卖淫的,应当以本罪论处。

2. 将组织卖淫的犯罪分子与卖淫人员区分开来。在组织卖淫活动中,既有组织他人卖淫的分子,也有为获得报酬而卖淫的人员。前者是组织、策划、部署、控制他人卖淫的犯罪分子,在本罪中居于核心地位,是我国刑法打击的对象。后者是自愿或者受胁迫、受诱骗参与卖淫的人,在组织卖淫活动中处于被支配的地位,是犯罪分子实现其营利或者其他目的的工具,刑法没有将其行为规定为犯罪。因此,二者必须区分开来。

3. 一罪与数罪的认定。在组织他人卖淫的犯罪活动中,对被组织卖淫的人有强迫、引诱、容留、介绍卖淫行为的,应当作为本罪的量刑情节予以考虑,不实行数罪并罚。如果这些行为是对被组织者以外的其他人实施的,仍应当分别定罪,实行数罪并罚。

(三)处罚

关于本罪的处罚,根据刑法第 358 条第 1 款的规定,有两档法定刑:

1. 犯本罪的,处 5 年以上 10 年以下有期徒刑,并处罚金。以招募、雇佣、纠集等手段,管理或者控制他人卖淫,卖淫人员在 3 人以上的,应当认定为"组织他人卖淫"。组织卖淫者是否设置固定的卖淫场所、组织卖淫者人数多少、规模大小,不影响组织卖淫行为的认定。

2. 情节严重的,处 10 年以上有期徒刑或者无期徒刑,并处罚金或者没收财产。对于情节严重的认定,应当综合考虑行为人组织卖淫的手段、后果,在共同犯罪中的地位、作用,有无强迫、强奸行为,有无对被组织卖淫者造成严重后果等情节,同时结合组织卖淫的规模、人次对行为人作出罪责刑相适应的判决。根据相关司法解释,[327] 组织他人卖淫,具有下列情形之一的,应当认定为"情节严重":(1)卖淫人员累计达 10 人以上的;(2)卖淫人员中未成年人、孕妇、智障人员、患有严重性病的人累计达 5 人以上的;(3)组织境外人员在境内卖淫或者组织境内人员出境卖淫的;(4)非法获利人民币 100 万元以上的;(5)造成被组织卖淫的人自残、自杀或者其他严重后果的;(6)其他情节严重的情形。

组织未成年人卖淫的,依照前述规定从重处罚。犯本罪,并有杀害、伤害、强奸、绑架等犯罪行为的,依照数罪并罚的规定处罚。所谓未成年人是指未满 18 周岁的人,男女不限。根据刑法第 361 条的规定,旅馆业、饮食服务业、文化娱乐业、出租汽车业等单位的人员,利用本单位的条件,组织他人卖淫的,依照本罪定罪处罚。上述单位的主要负责人,利用本单位的条件,犯本罪的,从重处罚。

根据刑法第 362 条规定,旅馆业、饮食服务业、文化娱乐业、出租汽车业等单位的人员,在公安机关查处卖淫、嫖娼活动时,为违法犯罪分子通风报信,情节严重的,依照刑法第 310 条规

---

[327] 2017 年最高人民法院、最高人民检察院《关于办理组织、强迫、引诱、容留、介绍卖淫刑事案件适用法律若干问题的解释》第 2 条。

定的包庇罪，从重处罚。事前与犯罪分子通谋的，以共同犯罪论处。

其中，所谓情节严重，根据相关司法解释，[328]是指具有下列情形之一：(1)向组织、强迫卖淫犯罪集团通风报信的；(2)2年内通风报信3次以上的；(3)1年内因通风报信被行政处罚，又实施通风报信行为的；(4)致使犯罪集团的首要分子或者其他共同犯罪的主犯未能及时归案的；(5)造成卖淫嫖娼人员逃跑，致使公安机关查处犯罪行为因取证困难而撤销刑事案件的；(6)非法获利人民币1万元以上的；(7)其他情节严重的情形。

二、强迫卖淫罪

本罪，是指以暴力、胁迫或者其他强制手段，迫使他人卖淫的行为。

本罪最基本的特征是强迫他人卖淫。所谓强迫，就是以暴力、胁迫或者其他手段迫使。其中，“暴力”，是指殴打、捆绑、拘禁等对他人身体所施加的有形的物理力量；胁迫，是指为了使对方产生恐惧心理而告知不利后果；其他强制手段，是指利用被害人因患病、醉酒、睡觉或者被麻醉而处于不知反抗或者无力反抗的状态。另外，利用从属关系迫使他人卖淫、恶意使被害人处于孤立无援的境地而迫使其卖淫的，也包括在“其他强制手段”之内。

在本罪的认定中，要注意以下问题：

1. 本罪与组织卖淫罪的区别。组织卖淫罪当中，也有使用强迫手段组织他人卖淫的情形，因此，二者难以区分。在行为人以暴力、胁迫等方法组织3名以上人员卖淫时，该行为就同时触犯了组织卖淫罪与本罪，属于想象竞合犯，从一重罪处断。鉴于本罪与组织卖淫罪的法定刑完全相同，而且该行为在形式上更加符合组织卖淫罪的特征，因此，以组织卖淫罪定罪处罚更为合适。但是，在行为人以暴力、胁迫等方法组织2名或者2名以下人员卖淫时，构成强迫卖淫罪。连续3次使用强迫或要挟手段迫使1名妇女卖淫的行为，主观上没有控制3人以上卖淫的故意，不构成组织卖淫罪，也应认定为强迫卖淫罪。

2. 本罪与强奸罪的区别。由于本罪在客观上亦表现为以暴力、胁迫等方法强迫被害人与他人发生性行为，故与强奸罪的帮助犯有若干相似之处，但二者之间还是存在较大区别的。本罪的场合是为强迫他人卖淫即与对方发生以金钱为媒介的性行为而实施暴力、胁迫或者其他行为，而强奸罪的帮助犯的场合则是为强迫他人与对方即男性单纯发生性行为而实施暴力、胁迫等。因此，强迫被害人与对方进行无偿性行为的，构成强奸罪，而不是本罪。实践中，存在行为人为了消除被害人的贞操观念，迫使其卖淫而先强奸被害人，之后逼其卖淫的情形。这种情况下，对行为人是以本罪一罪论处还是以强奸罪和本罪并罚，理论上可能有不同看法。对此，刑法第358条第3款明确规定，犯组织、强迫妇女卖淫的犯罪，并有强奸等行为的，依照数罪并罚的规定处罚，因此，此种情况下，应定强奸罪和组织卖淫罪、本罪数罪。但如果被强奸的妇女最终并未卖淫的，则对行为人以强奸一罪论处即可。

3. 本罪的既、未遂区分标准。本罪是行为犯，只要行为人出于迫使他人卖淫的目的而对他人实施了暴力、胁迫或者其他强制手段，即可构成既遂，而不要求被害人答应卖淫或者实际从事了卖淫活动。因此，在将被害人骗至一个陌生的环境，对其实施强奸胁迫行为，后又限制人身自由，使被害人的精神和自由完全处于一种受强制的状态，在此种情况下被迫作出同意卖淫

---

[328] 2017年最高人民法院、最高人民检察院《关于办理组织、强迫、引诱、容留、介绍卖淫刑事案件适用法律若干问题的解释》第14条第2款。

的意思表示时,即便被害人之后成功脱逃,并没有实际从事卖淫行为,也可认定被告人构成本罪的既遂。

根据刑法第358条第1~3款的规定,犯本罪的,处5年以上10年以下有期徒刑,并处罚金;情节严重的,处10年以上有期徒刑或者无期徒刑,并处罚金或者没收财产。强迫未成年人卖淫的,依照前述规定从重处罚。犯本罪,并有杀害、伤害、强奸、绑架等犯罪行为的,依照数罪并罚的规定处罚。

上述规定中,所谓情节严重,根据相关司法解释,[329]是指具有下列情形之一:(1)卖淫人员累计达5人以上的;(2)卖淫人员中未成年人、孕妇、智障人员、患有严重性病的人累计达3人以上的;(3)强迫不满14周岁的幼女卖淫的;(4)造成被强迫卖淫的人自残、自杀或者其他严重后果的;(5)其他情节严重的情形。行为人既有组织卖淫犯罪行为,又有强迫卖淫犯罪行为,且具有下列情形之一的,以组织、强迫卖淫"情节严重"论处:(1)组织卖淫、强迫卖淫行为中具有该司法解释第2条、第6条第1款规定的"情节严重"情形之一的;(2)卖淫人员累计达到该司法解释第2条第1、2项规定的组织卖淫"情节严重"人数标准的;(3)非法获利数额相加达到该司法解释第2条第4项规定的组织卖淫"情节严重"数额标准的。

另外,根据刑法第361条的规定,旅馆业、饮食服务业、文化娱乐业、出租汽车业等单位的人员,利用本单位的条件,强迫他人卖淫的,依照本罪定罪处罚;上述单位的主要负责人,利用本单位的条件犯本罪的,从重处罚。根据刑法第362条规定,旅馆业、饮食服务业、文化娱乐业、出租汽车业等单位的人员,在公安机关查处卖淫、嫖娼活动时,为违法犯罪分子通风报信,情节严重的,依照刑法第310条规定的包庇罪定罪处罚。事前与犯罪分子通谋的,以共同犯罪论处。

三、协助组织卖淫罪

本罪,是指为组织卖淫的人招募、运送人员或者有其他协助组织他人卖淫的行为。

所谓协助,是指为组织卖淫的人从事卖淫活动提供方便。具体来说,就是为组织卖淫的人招募、运送人员或者有其他协助组织他人卖淫的行为。其中,"招募",是指募集,即让不特定的人聚集在一起;"运送",就是运输、接送,进行空间上的移动;"其他协助组织他人卖淫的行为",就是上述行为之外的为组织卖淫者提供方便的行为,如寻找卖淫场所,充当保镖、打手、管账人等。本质上讲,协助组织卖淫是组织卖淫罪的一种帮助行为,其基本特征为自己不直接实行组织卖淫行为,而在他人具有组织卖淫的决意之后,为他人实施该行为创造条件或者提供方便。在刑法规定中,其本是共犯的一种表现形式,但由于在本罪中,立法者把此种"帮助"行为作为一种独立的犯罪加以规定,故其不再是一般共同犯罪中的帮助行为,而成为一个独立罪名,不适用刑法总则关于从犯的处罚原则。

关于本罪的处罚,依照刑法第358条第4款的规定,有两档法定刑:

1. 犯本罪的,处5年以下有期徒刑,并处罚金。根据相关司法解释,[330]明知他人实施组织

---

〔329〕 2017年最高人民法院、最高人民检察院《关于办理组织、强迫、引诱、容留、介绍卖淫刑事案件适用法律若干问题的解释》第6条。

〔330〕 2017年最高人民法院、最高人民检察院《关于办理组织、强迫、引诱、容留、介绍卖淫刑事案件适用法律若干问题的解释》第4条。

卖淫犯罪活动而为其招募、运送人员或者充当保镖、打手、管账人等的,依照刑法第358条第4款的规定,以本罪定罪处罚,不以组织卖淫罪的从犯论处。在具有营业执照的会所、洗浴中心等经营场所担任保洁员、收银员、保安员等,从事一般服务性、劳务性工作,仅领取正常薪酬,且无前述协助组织卖淫行为的,不认定为本罪。

2. 犯本罪,情节严重的,处5年以上10年以下有期徒刑,并处罚金。所谓情节严重,是指具有下列情形之一:(1)招募、运送卖淫人员累计达10人以上的;(2)招募、运送的卖淫人员中未成年人、孕妇、智障人员、患有严重性病的人累计达5人以上的;(3)协助组织境外人员在境内卖淫或者协助组织境内人员出境卖淫的;(4)非法获利人民币50万元以上的;(5)造成被招募、运送或者被组织卖淫的人自残、自杀或者其他严重后果的;(6)其他情节严重的情形。[331]

四、引诱、容留、介绍卖淫罪

(一)概念和构成

本罪,是指以金钱、物质或其他利益诱使他人卖淫,或为他人卖淫提供场所,或为卖淫、嫖娼进行沟通、撮合的行为。

其中,"引诱",是指以金钱、物质或者其他利益为诱饵,进行勾引、拉拢、唆使。"容留",是指为卖淫者提供卖淫场所或者其他方便。明知他人在出租房屋内从事卖淫活动仍出租房屋的,明知卖淫者在其经营的浴场内卖淫而予以容认,从嫖资中提成但缺少对卖淫者的组织控制的,均应认定为容留卖淫。"介绍",是指在卖淫者与嫖客之间联络沟通、牵线搭桥,使卖淫嫖娼行为得以顺利进行。行为人为牟取非法利益,以在宾馆等公共场所发放招嫖卡片的形式介绍卖淫嫖娼,对卖淫者未实施操纵、控制、管理等组织行为,且无固定卖淫场所的,应认定为介绍卖淫。利用互联网发布卖淫信息的,是介绍卖淫。在互联网上发布卖淫信息,并为互联网访问者所知悉的,应以介绍卖淫罪既遂论处。通过互联网向社会公众发布卖淫信息,多人通过该卖淫信息而前往嫖娼的,具有严重的社会危害性,应认定为介绍卖淫罪情节严重。[332] 从法律规定来看,本罪是行为犯,实际上是否已经发生卖淫或者其他特定的结果,不影响犯罪既遂的成立。换言之,只要他人在行为人的引诱、容留、介绍下,已经着手实施卖淫行为,就应当认定成立本罪。他人卖淫行为本身完成与否,与本罪既遂的成立无关。同时,本罪是一个选择性罪名,这三种行为,不论是同时实施还是只实施其中一种,均构成本罪。例如,介绍他人卖淫的,定介绍他人卖淫罪;兼有引诱、容留、介绍他人卖淫三种行为的,定引诱、容留、介绍他人卖淫罪,不实行数罪并罚。

(二)本罪的认定

本罪在适用中,应注意以下几个问题:

1. 介绍嫖娼的行为和介绍卖淫的行为的区分。所谓介绍卖淫,是指为卖淫人员介绍嫖客的淫媒行为,表现为替卖淫者寻找、招徕、介绍嫖客,在卖淫者与嫖客之间牵线搭桥、沟通撮合,使卖淫嫖娼得以实现的行为,俗称"拉皮条"。介绍卖淫,是直接为卖淫人员服务,甚至干脆受

---

[331] 2017年最高人民法院、最高人民检察院《关于办理组织、强迫、引诱、容留、介绍卖淫刑事案件适用法律若干问题的解释》第5条。

[332] 《林庆介绍卖淫案[第193号]——通过互联网发布卖淫信息行为的定性》,载最高人民法院刑事审判第一、二庭编:《刑事审判参考》总第27辑,法律出版社2002年版。

雇于卖淫者,常常会从卖淫者那里收取介绍费或者借助其他方式获取利益。而所谓介绍嫖娼,严格意义上讲,主要是指为嫖客介绍何处有暗娼、如何联系或者直接将嫖客带往卖淫地点等。因此,介绍卖淫和介绍嫖娼的相同之处是二者都是一种淫媒行为。不同之处是介绍卖淫者与卖淫者关系密切、利益相关,他们对卖淫者的情况十分熟悉,双方通常有固定关系,一般具有固定性、营利性的特点。而介绍嫖娼者一般与卖淫者没有联系,他们主要是与嫖客接触,没有营利目的,而将嫖客引至可以嫖娼之处。单纯的介绍嫖娼行为一般多是偶发的,介绍嫖娼者往往不具有营利性、固定性和经常性的特点,因此,社会危害性也较之介绍卖淫行为小,刑法没有作为犯罪加以规定。

2. 本罪与组织卖淫罪、协助组织卖淫罪的区别。区分的关键是,行为人是否对卖淫者具有管理、控制等组织行为。如果行为人只是实施了容留、介绍甚至引诱卖淫的行为,没有对卖淫活动进行管理组织的,就不能以组织卖淫罪处罚。卖淫团伙中,在组织卖淫活动中发挥核心作用、具有核心地位以及处于或接近该团伙核心层的行为人,可以认定为组织卖淫者;隶属核心人物又不接近核心层的行为人,应当被认定为协助组织卖淫者;而不参与组织卖淫活动,只以金钱、物质或其他利益诱使他人卖淫,或为他人卖淫提供场所,或为卖淫、嫖娼进行沟通、撮合的行为,就构成本罪。

3. 本罪与《治安管理处罚法》第 79 条规定的区别。《治安管理处罚法》第 79 条规定:"引诱、容留、介绍他人卖淫的,处十日以上十五日以下拘留,可以并处五千元以下罚款;情节较轻的,处五日以下拘留或者一千元以上二千元以下罚款。"二者在行为方式的规定上,用语完全相同,因此,二者该如何区分,成为问题。一般来说,二者主要从行为后果以及所造成的恶劣影响上来划分其适用。如仅引诱、容留、介绍卖淫一次,且没有造成其他严重影响或者后果的,就适用《治安管理处罚法》进行行政处罚;如引诱、容留、介绍卖淫 2 次以上或者 2 人以上,或者造成了其他严重后果或者恶劣影响,则要适用刑法处罚。另外,引诱、容留、介绍未成年人或者性病患者卖淫的,其社会危害性也比一般情况要大,应当受到更加严厉的处罚。相关司法解释也是这样理解的。

(三)处罚

关于本罪的处罚,根据刑法第 359 条第 1 款的规定,有两档法定刑:

1. 犯本罪的,处 5 年以下有期徒刑、拘役或者管制,并处罚金。根据相关司法解释,[333]引诱、容留、介绍他人卖淫,具有下列情形之一的,应当依照刑法第 359 条第 1 款的规定定罪处罚:(1)引诱他人卖淫的;(2)容留、介绍 2 人以上卖淫的;(3)容留、介绍未成年人、孕妇、智障人员、患有严重性病的人卖淫的;(4)1 年内曾因引诱、容留、介绍卖淫行为被行政处罚,又实施容留、介绍卖淫行为的;(5)非法获利人民币 1 万元以上的。利用信息网络发布招嫖违法信息,情节严重的,依照刑法第 287 条之一的规定,以非法利用信息网络罪定罪处罚。同时构成介绍卖淫罪的,依照处罚较重的规定定罪处罚。引诱、容留、介绍他人卖淫是否以营利为目的,不影响犯罪的成立。引诱不满 14 周岁的幼女卖淫的,依照刑法第 359 条第 2 款的规定,以引诱幼女卖淫罪定罪处罚。被引诱卖淫的人员中既有不满 14 周岁的幼女,又有其他人员的,分别以引诱幼女卖淫罪和引诱卖淫罪定罪,实行并罚。

---

[333] 2017 年最高人民法院、最高人民检察院《关于办理组织、强迫、引诱、容留、介绍卖淫刑事案件适用法律若干问题的解释》第 8 条。

2. 情节严重的,处 5 年以上有期徒刑,并处罚金。其中,"情节严重",根据相关司法解释,[334] 是指具有下列情形之一:(1)引诱 5 人以上或者引诱、容留、介绍 10 人以上卖淫的;(2)引诱 3 人以上的未成年人、孕妇、智障人员、患有严重性病的人卖淫,或者引诱、容留、介绍 5 人以上该类人员卖淫的;(3)非法获利人民币 5 万元以上的;(4)其他情节严重的情形。组织、强迫、引诱、容留、介绍他人卖淫的次数,作为酌定情节在量刑时考虑。

根据刑法第 361 条的规定,旅馆业、饮食服务业、文化娱乐业、出租汽车业等单位的人员,利用本单位的条件,引诱、容留、介绍他人卖淫的,依照本罪定罪处罚;上述单位的主要负责人,利用本单位的条件犯本罪的,从重处罚。

五、引诱幼女卖淫罪

本罪,是指引诱不满 14 周岁的幼女卖淫的行为。

其中,"引诱",是指以金钱、物质或者其他利益为诱饵进行勾引、拉拢、唆使,使没有卖淫意思的幼女产生卖淫的意思;"幼女"是指不满 14 周岁的女性。成立本罪只可以采用引诱手段,如果行为人采用了容留、介绍手段,为已经具有卖淫意思的幼女提供方便的话,则成立容留、介绍卖淫罪,而不成立本罪。

依照刑法第 359 条第 2 款的规定,犯本罪的,处 5 年以上有期徒刑,并处罚金。

六、传播性病罪

本罪,是指明知自己患有梅毒、淋病等严重性病而卖淫或者嫖娼的行为。

本罪客观上表现为,明知自己患有梅毒、淋病或感染艾滋病病毒等严重性病而卖淫或者嫖娼。所谓明知,就是明确地知道,其判断是通过推定的方式。具备以下情形之一的,可以认定为"明知":(1)有证据证明曾到医院或者其他医疗机构就医或者检查,被诊断为患有严重性病的;(2)根据本人的知识和经验,能够知道自己患有严重性病的;(3)通过其他方法能够证明行为人是"明知"的。[335] 所谓严重性病,有一种观点认为,其有两层含义,即性质严重和程度严重。即便是梅毒、淋病等性质严重的性病,只要没有达到溃烂等相当严重的程度,就不可能为行为人所明知,因此不能称为"严重性病"。[336] 但这种观点并不妥当。因为,按照这种观点,会将一些性质严重但初期症状并不明显的性病(如艾滋病初期)排除在外。实际上,患有性质严重的性病,但由于症状不明显而自己不知晓的,即便行为人实施了卖淫、嫖娼行为,也完全可以通过行为人不"明知"而将其排除在本罪的处罚范围之外。相关司法解释[337]认为,所谓"严重性病",包括梅毒、淋病等。其他性病是否认定为"严重性病",应当根据《传染病防治法》《性病防治管理办法》的规定,在国家卫生健康委员会规定实行性病监测的性病范围内,依照其危害、特点与梅毒、淋病相当的原则,从严掌握。

---

[334] 2017 年最高人民法院、最高人民检察院《关于办理组织、强迫、引诱、容留、介绍卖淫刑事案件适用法律若干问题的解释》第 9、10 条。

[335] 2017 年最高人民法院、最高人民检察院《关于办理组织、强迫、引诱、容留、介绍卖淫刑事案件适用法律若干问题的解释》第 11 条第 1 款。

[336] 孙国祥主编:《刑法学》(第 2 版),科学出版社 2012 年版,第 622 页。

[337] 2017 年最高人民法院、最高人民检察院《关于办理组织、强迫、引诱、容留、介绍卖淫刑事案件适用法律若干问题的解释》第 11 条第 3 款。

本罪主体为特殊主体,即有梅毒、淋病等严重性病的人。中国公民和外国人均可成为本罪的主体。卖淫、嫖娼,是指以金钱或者其他物质利益为交易条件的性交或者其他淫乱行为。其中,卖淫,是通过向不特定的人出卖肉体而获取报酬;嫖娼,是以金钱或者财物为代价,与他人进行淫乱活动。行为人通过其他方式(如通奸、聚众淫乱等)将性病传播给他人的,不构成本罪。本罪是抽象危险犯,只要实施了卖淫、嫖娼行为,就拟制性地认为具有传播性病的危险,至于实际是否已造成他人染上性病的结果,在所不问。本罪为选择性罪名,行为人实施"卖淫"或"嫖娼"之一即可成立本罪。本罪的主观要件为故意。

根据刑法第360条的规定,犯本罪的,处5年以下有期徒刑、拘役或者管制,并处罚金。传播性病行为是否实际造成他人患上严重性病的后果,不影响本罪的成立。明知自己患有艾滋病或者感染艾滋病病毒而卖淫、嫖娼的,依照刑法第360条的规定,以本罪定罪,从重处罚。具有下列情形之一,致使他人感染艾滋病病毒的,认定为刑法第95条第3项"其他对于人身健康有重大伤害"所指的"重伤",依照刑法第234条第2款的规定,以故意伤害罪定罪处罚:(1)明知自己感染艾滋病病毒而卖淫、嫖娼的;(2)明知自己感染艾滋病病毒,故意不采取防范措施而与他人发生性关系的。[338]

第十节　制作、贩卖、传播淫秽物品的犯罪

一、制作、复制、出版、贩卖、传播淫秽物品牟利罪

(一)概念和构成

本罪,是指以牟利为目的,制作、复制、出版、贩卖、传播淫秽物品的行为。

本罪是破坏国家文化市场管理制度和良好的社会风尚的犯罪。对于社会生活的正常运行、保障个人对幸福生活的追求来说,社会生活中已经形成的性风俗和性观念即良好的社会风尚已经成为公共利益的一部分,有必要予以维护。[339] 制作淫秽物品等行为,由于侵害了这种已经存在的健康的性风俗、性道德和性习惯而威胁到了公共利益,容易让一些意志薄弱的青少年因为接触到淫秽物品而实施其他犯罪,成为引起其他犯罪的原因,因而有必要入罪。

本罪的犯罪构成如下:

1. 主体。本罪的主体为一般主体,既可以是自然人,也可以是单位。

2. 危害行为和危害结果。本罪客观上表现为制作、复制、出版、贩卖、传播淫秽物品。在具体认定上,要注意以下内容:

首先,本罪的行为对象是淫秽物品。所谓淫秽物品,按照刑法第367条第1款的规定,是指"具体描绘性行为或者露骨宣扬色情的诲淫性的书刊、影片、录像带、录音带、图片及其他淫秽物品"。其中,"书刊",就是通过文字来表示色情或者淫秽意思内容的物品;"影片",是指视觉艺术形式,通过使用移动图像来表达、沟通色情、淫秽思想内容,通常是指淫秽电影;"录像

[338] 2017年最高人民法院、最高人民检察院《关于办理组织、强迫、引诱、容留、介绍卖淫刑事案件适用法律若干问题的解释》第12条。

[339] [日]大谷实:《刑法讲义各论》(新版第5版),黎宏、邓毅丞译,中国人民大学出版社2023年版,第526、527页。

带”，是用来录制、播放色情、淫秽声音和图像的磁带；“录音带”，是指存储、记录和播放色情淫秽声音的磁带；“图片”，是用来说明色情、淫秽事物的图画、照片、拓片等的统称；至于“其他淫秽物品”，我国相关司法解释对其进行了扩大解释，认为包括具体描绘性行为或者露骨宣扬色情的诲淫性的视频文件、音频文件、电子刊物、图片、文章、短信息等互联网、移动通讯终端电子信息和声讯台语音信息等。[340] 以上所列举的淫秽物品中，书刊、图片是通过实物的方式，直观地表示色情、淫秽意思，而影片、录像带、录音带等则要经过显像、放映等程序才能显示出其中的色情、淫秽内容。实际上，“其他淫秽物品”除上述所列之外，雕刻、性器官的模拟物品等外观上能够确认存在淫秽性的物品，储存有淫秽画像信息的计算机硬盘，也都包括在内。虽然将淫秽内容通过一定手段加以处理，加以遮蔽，但是该处理很容易被消除的场合，如将有关解除该种处理的程序软件和存有淫秽内容的光盘一起发售的场合，该光盘也仍然是淫秽物品。

实务中，存在争议的是“裸聊”画面是否能够认定为淫秽物品？如行为人在家中以视频通话的方式与多人一起“裸聊”，让其他人围观的场合，是否构成传播淫秽物品？对此存在争议。反对见解认为，既然是物品，那么必须具有某种固定的形式，而“裸聊”画面并不具有这种形式。但是，本书对此持肯定态度。一方面，我国相关司法解释对“淫秽物品”进行了扩大解释，认为具体描绘性行为或者露骨宣扬色情的诲淫性互联网、移动通讯终端电子信息和声讯台语音信息也包括在内；另一方面，“裸聊”案中，行为人在聊天室中与多人“裸聊”的时候，其传递的信息既有露骨的肢体动作，也可能有淫秽的语音信息和文字信息，在表现形式上比描绘性行为和露骨宣扬有过之而无不及。因此，将“裸聊”画面认定为淫秽物品并无不妥。

对于“淫秽物品”的认定，主要是依据1988年原新闻出版署颁布的《关于认定淫秽及色情出版物的暂行规定》第2条来进行的。其将“淫秽出版物”界定为整体上宣扬淫秽行为，挑动人们的性欲，足以导致普通人腐化堕落，而又没有艺术价值或者科学价值的出版物。并规定是否为淫秽出版物，由国家新闻出版署和各省、自治区、直辖市的出版主管部门鉴定。鉴定时主要考虑是否包含以下内容：(1)淫亵性地具体描写性行为、性交及其心理感受；(2)公然宣扬色情淫荡形象；(3)淫亵性地描述或者传授性技巧；(4)具体描写乱伦、强奸或者其他性犯罪的手段、过程或者细节，足以诱发犯罪；(5)具体描写儿童少年的性行为；(6)淫亵性地具体描写同性恋的性行为或者其他性变态行为，或者具体描写与性变态有关的暴力、虐待、侮辱行为；(7)其他令普通人不能容忍的对性行为的淫亵性描写。[341] 当然，必须注意，淫秽物品并不仅限于出版物。自然人的私人生活安宁和不愿受他人干扰的私密空间、私密活动、私密信息，依法不受侵犯。发生在酒店、旅馆、民宿等非公开空间内的性行为，属于隐私保护的范围。行为人偷拍他人性行为的视频，并经互联网传播扩散的行为，不仅侵害个人隐私，而且如果该视频客观上具有描绘性行为的淫秽性，则具有宣扬色情的危害性，符合刑法对“淫秽物品”的界定。[342] 当然，如果该视频内容不含有具体性行为，未有暴露性器官等具体情节，则不属于淫秽

---

[340] 2004年最高人民法院、最高人民检察院《关于办理利用互联网、移动通讯终端、声讯台制作、复制、出版、贩卖、传播淫秽电子信息刑事案件具体应用法律若干问题的解释》第9条第1款。

[341] 《关于认定淫秽及色情出版物的暂行规定》第2条。另外，要注意区分淫秽物品和色情物品的界限。按照该规定第3条的解释，色情物品，是指整体上不是淫秽物品，但其中存在部分淫秽内容，对普通人特别是未成年人身心健康有毒害作用，缺乏科学价值或者艺术价值的作品。从广义上来讲，淫秽物品包括色情物品，但鉴于有关法律法规已经明确将色情物品和淫秽物品区分开来，因此，色情物品不属于淫秽物品。

[342] 钱某制作、贩卖、传播淫秽物品牟利案，最高人民检察院指导案例139号(2022年)。

视频,即便行为人有在网上传播该视频的行为,也不构成传播淫秽物品罪。

实践中,纯粹属于具体描绘性行为或者露骨宣扬色情的淫秽性物品,比较容易认定。比较麻烦的是淫秽性与科学性、艺术性并存时“淫秽物品”的判断。由于我国刑法第367条第2款、第3款明确规定:“有关人体生理、医学知识的科学著作不是淫秽物品。包含有色情内容的有艺术价值的文学、艺术作品不视为淫秽物品。”因此,容易让人得出“有关人体生理、医学知识的科学著作或者包含色情内容但有艺术价值的文学、艺术作品不视为淫秽物品”的结论。但这种理解太过简单。且不说其没有注意到刑法第367条第2款和第3款之间用语上的差别,而且也给人以艺术或者科学作品具有给公众提供淫秽物品的特权的感觉。实际上,“艺术也不具有给公众提供淫秽内容的任何特权。艺术家在完成其使命时,也应尊重羞耻感情和道德的法律,不得违反一般公民所应承担的义务”[343]。

在含有色情内容的科学或者艺术作品是否属于刑法所禁止的淫秽物品的判断上,之所以感到为难,主要是因为其涉及刑法惩罚淫秽物品犯罪和《宪法》保障公民的言论、出版自由(第35条),国家发展自然科学、社会科学事业(第20条)和文学艺术事业(第22条)的责任之间的平衡。而且,众所周知,所谓淫秽的本质是无故挑起人的性欲、伤害普通人的性的羞耻心,但具有科学性、艺术性的作品也能挑起性欲,让人感到难堪,因此,假借科学、艺术之名的淫秽物品和真正的带有色情内容的学术、艺术作品之间,必须划分出一个明确的界限来。

基于上述考虑,并结合前述各种法律规定,本书认为,在淫秽性与科学性、艺术性并存的“淫秽物品”的判断上,要注意以下几点:

(1)整体性原则,即看整个作品所描述和刻画的主题是什么,其中具有争议的色情内容,在整个作品中占多大分量。一般来说,对色情内容的描写所占比重越大,就越容易被认定为淫秽物品;相反地,对色情内容的描写所占比重越小的话,就越不容易被判断为淫秽物品。但这也不绝对,还要看作者在描述过程中所采用的手法、态度等是否充满挑逗性、是否不必要地过于详细。以严肃认真的笔调和手法向读者介绍性科学知识的作品,即便通篇充满性描述的,只要整个作品的整体主题具有科学或者艺术价值,色情描写整体上没有影响到该作品的科学、艺术价值的话,则可以说,该作品不属于“淫秽物品”。

(2)关联性原则,即看有争议的色情部分和整个作品的思想、审美和艺术价值之间是否具有密切联系。如果有争议的色情描述部分属于作品表现的思想性、艺术性和审美价值所必需的,抽掉如此描写,反而有害于作品整体的思想性、艺术性和审美价值的提升的话,则不宜将此类作品认定为淫秽物品。相反地,如果该色情描写对整个作品的思想性、艺术性和审美价值的提升没有任何价值,即便抽掉该部分,对整个作品的主题内容也没有任何影响的话,则该作品容易被认定为淫秽物品。

(3)相对性原则。争议作品的散布、贩卖对象和方法,对于该作品是否为淫秽物品的认定也有影响。刑法之所以对淫秽物品进行严厉规制,主要是考虑到其是否对社会良好风尚造成不良影响。但是,这种影响在针对不同人群、采用不同方式的时候,效果是不一样的。如在公众场合或者大众传媒中散布有色情描写的作品和在会员制的小组织当中散布的影响是完全不同的,针对未成年人散布和针对成年人散布所产生的感觉也不一样。另外,影视作品由于采用了声、光、电等现代科技手段,能够吸引到足够多的观众,在较短的时间给予观众以强烈的刺激

---

[343] [日]大塚仁:《刑法概说(各论)》(第3版),冯军译,中国人民大学出版社2003年版,第565页。

和感受,因此,在以这种手段传播带有色情内容的作品时,其判断标准应当比一般纸质作品低。

(4)普通人原则,即是否淫秽,应当从普通人的善良的性道德观念的角度来判断。其中,“普通人”,就是作为成年人的社会一般人;“善良的性道德观念”,就是现实社会中的一般人所具有的良知。因为处罚有关淫秽物品的犯罪,毕竟具有保护社会普通大众所接受的良好社会风尚的一面。

总之,是否淫秽,必须从该作品的整体上进行考察,而不能只看部分的性描写或者表达,即在判断书刊的淫秽性的时候,要着重考察该书刊中露骨的性描写的详细程度和方法,这种描写在作品中所占比重以及和作品所表现的思想之间的关系,作品的构成和展开以及作品的艺术性、思想性等对性刺激的冲淡程度。在性表现是整个作品当中必不可少的组成部分,即没有该种程度的描写反而不自然,而且所占比重不大,不属于纯粹唤起普通人的性羞耻感的作品的时候,不能将该作品判断为淫秽物品。

其次,本罪的危害行为是制作、复制、出版、贩卖、传播淫秽物品。所谓制作,就是创造,使淫秽物品从无到有、见之于世,包括生产、录制、编写、翻译、绘制、印刷、刻印、摄制、洗印等方式。编写添加淫秽色情内容的手机网站建站程序并贩卖的,属于制作淫秽物品。所谓复制,是指对已有的物品进行重复制作,包括翻印、翻拍、复印、复写、复录等方式。所谓出版,就是以合法名义将作品编辑加工、印刷之后,向公众发行,包括编辑、排版、绘制、录制、印刷、装订、发行等系列行为在内。所谓贩卖,就是销售即有偿转让给不特定或者多数人,以获取利润,包括发行、批发、零售等。所谓传播,就是广泛散布,即通过出租、出借、运输、携带、播放等方式,让不特定或者多数人了解。放映电影、播放录音是其典型体现。将电话接在某种播放录音的装置上,只要接通电话,就能使多数人同时听到淫秽声音的行为也是传播。将硬盘中记忆、储存的淫秽录像的数据通过计算机通讯,置于可以显示、浏览状态的行为也是传播。行为人有偿提供互联网链接,他人付费后可以实时在线观看,与建立并运营“点对面”式互联网直播平台的传播行为性质相同,属于贩卖、传播行为。[344] 通过邮寄方式传播的场合,已经通过邮局寄出但是没有到达目的地的,不是传播。因为其还没有达到让不特定或者多数人了解的程度。本罪是选择性罪名,在定罪时应以行为人实施的具体行为来确定具体罪名。例如,行为人若实施的是制作淫秽物品的行为,则对其定“制作淫秽物品罪”。

鉴于近年来,利用互联网、移动通讯终端制作、传播淫秽电子信息,通过声讯台传播淫秽语言信息的行为日益猖獗,全国人民代表大会常务委员会《关于维护互联网安全的决定》第3条第5项中规定,在互联网上建立淫秽网站、网页,提供淫秽站点链接服务,或者传播淫秽书刊、影片、音像、图片的,依照现行刑法有关规定追究刑事责任。基于这一规定,2004年9月3日,最高人民法院、最高人民检察院发布的《关于办理利用互联网、移动通讯终端、声讯台制作、复制、出版、贩卖、传播淫秽电子信息刑事案件具体应用法律若干问题的解释》规定,对以牟利为目的,利用互联网、移动通信终端制作、复制、出版、贩卖、传播淫秽电子信息(第1条第1款),利用聊天室、论坛、即时通信软件、电子邮件等方式,实施制作、复制、出版、贩卖、传播淫秽电影、表演、动画等视频文件等行为,达到一定条件的,以本罪论处(第1条第2款);以牟利为目的,通过声讯台传播淫秽语音信息,达到一定条件的,以传播淫秽物品牟利罪定罪处罚(第5条)。2010年2月2日,最高人民法院、最高人民检察院公布的《关于办理利用互联网、移动通

---

[344] 钱某制作、贩卖、传播淫秽物品牟利案,最高人民检察院指导案例139号(2022年)。

讯终端、声讯台制作、复制、出版、贩卖、传播淫秽电子信息刑事案件具体应用法律若干问题的解释(二)》规定,以牟利为目的,利用互联网、移动通讯终端制作、复制、出版、贩卖、传播内容含有不满14周岁未成年人的淫秽电子信息,达到一定条件的,以本罪定罪处罚(第1条第2款);以牟利为目的,网站建立者、直接负责的管理者明知他人制作、复制、出版、贩卖、传播的是淫秽电子信息,允许或者放任他人在自己所有、管理的网站或者网页上发布,具备一定条件的,以传播淫秽物品牟利罪定罪处罚(第4条);电信业务经营者、互联网信息服务提供者明知是淫秽网站,为其提供互联网接入、服务器托管、网络存储空间、通讯传输通道、代收费等服务,并收取服务费,具备一定条件的,对直接负责的主管人员和其他直接责任人员,以传播淫秽物品牟利罪定罪处罚(第6条);明知是淫秽网站,以牟利为目的,通过投放广告等方式向其直接或者间接提供资金,或者提供费用结算服务,具备一定条件的,对直接负责的主管人员和其他直接责任人员,以本罪的共同犯罪处罚(第7条)。其中,"移动通信终端",是指具有移动和通信功能,用来发指令或者接收信息的装置,如手机可以认定为移动通信终端,但MP4播放器、PSP游戏机、SD存储卡等电子装置,虽然具有移动和接收信息功能,但因不具备通信功能,故不能认定为移动通信终端;"网站",是指可以通过互联网域名、IP地址等方式访问的内容提供站点;"淫秽网站",是指以制作、复制、出版、贩卖、传播淫秽电子信息为目的的建立或者建立后主要从事制作、复制、出版、贩卖、传播淫秽电子信息活动的网站。[345] 另外,以牟利为目的,利用手机存储卡、U盘等移动存储介质复制、贩卖淫秽电子信息的,也是传播淫秽物品。其定罪量刑标准可以参考相关司法解释的规定,同时综合考虑移动存储介质数量、传播人数、获利金额等情节。对于移动存储介质中淫秽视频电子信息的数量计算以电子视频文件的个数为单位,一个淫秽文件视为一张影碟、一个软件、一盘录像带;具体定罪量刑标准,可以参考制作、复制、贩卖淫秽影碟、软件、录像带的相关规定。[346] 以牟利为目的,利用网络云盘制作、复制、贩卖、传播淫秽电子信息的行为,符合条件的,可以制作、复制、贩卖、传播淫秽物品牟利罪追究刑事责任,但在追究刑事责任时,鉴于网络云盘的特点,不应单纯考虑制作、复制、贩卖、传播淫秽电子信息的数量,还应充分考虑传播范围、违法所得、行为人一贯表现以及淫秽电子信息、传播对象是否涉及未成年人等情节,综合评估社会危害性,恰当裁量刑罚,确保罪责刑相适应。[347]

3. 主观要件。本罪的主观要件为故意,并具有牟利的目的。所谓故意,是指行为人对犯罪对象属于淫秽物品,或者投放广告的网站为淫秽网站具有明知。是否具有明知,必须根据一定

---

[345] 现实生活中,一些淫秽网站的建立者为了谋取更多的非法利益,可能会尽量扩大淫秽网站的数量,登记注册不同的网站域名,在这些网站之间建立链接,并在不同域名的网站内发布完全相同或者大致相同的内容,增加浏览人员数和网站的点击率。由于这些淫秽网站的建立者是同一人或同一伙人,网站后台程序相同,网站内容完全相同或者大致相同,所以有观点认为此类链接淫秽网站的数量不应当分别计算,而是应当认定为一家网站。然而,虽然此类淫秽网站的内容完全相同或者大致相同,但是因其网站域名不同,故可以通过不同的域名登录淫秽网站,增加了淫秽电子信息在网络上的传播空间,同时由于链接淫秽网站的数量成倍增加,网站的点击率也随之成倍增加,淫秽网站谋取的非法利益亦随之增加,所以此类链接淫秽网站与单个淫秽网站相比具有更大的社会危害性。从传播淫秽物品牟利罪的社会危害性着眼,对于此类链接淫秽网站,应当分别计算网站的数量。实践中,广告投放者为了更好地达到促销产品的目的,也通常在多个链接淫秽网站上同时投放广告。因此,对于投放广告的链接淫秽网站的数量,也应当分别予以计算。

[346] 2015年最高人民检察院法律政策研究室《对〈关于利用移动存储介质复制、贩卖淫秽视频电子信息牟利如何适用法律问题的请示〉的答复意见》。

[347] 2017年最高人民法院、最高人民检察院《关于利用网络云盘制作、复制、贩卖、传播淫秽电子信息牟利行为定罪量刑问题的批复》。

的事实加以判断。就传播淫秽物品牟利罪而言,允许或者放任他人在自己所有、管理的网站或者网页上发布淫秽电子信息等,且具有下列情形之一的,应当认定行为人"明知",但是有证据证明其确实不知道的除外:(1)行政主管机关书面告知后仍然实施上述行为的;(2)接到举报后不履行法定管理职责的;(3)为淫秽网站提供互联网接入、服务器托管、网络存储空间、通讯传输通道、代收费、费用结算等服务,收取服务费明显高于市场价格的;(4)向淫秽网站投放广告,广告点击率明显异常的;(5)其他能够认定行为人明知的情形。[348]

(二)本罪的认定

在本罪的认定中,要注意以下问题:

1. 本罪与走私淫秽物品罪的界限。二者的主要差别在于客观方面。走私淫秽物品罪客观上表现为非法运输、携带、邮寄淫秽物品进出国(边)境,逃避海关监管的行为,而本罪则是在境内对淫秽物品予以制作、复制、出版、贩卖、传播的行为。行为人走私淫秽物品入境后予以贩卖、传播的,贩卖、传播行为是走私的后续行为,是行为人走私目的的具体落实,因此应以走私淫秽物品罪一罪论处。行为人走私淫秽物品后予以大量复制、出版的,复制、出版行为是单独行为,同时成立复制、出版淫秽物品牟利罪,应当和走私淫秽物品罪实行并罚。

2. 既遂与未遂的区别。本罪从刑法第363条第1款的规定形式上看,是行为犯,只要行为人着手即构成犯罪,但实际上,其也有既遂与未遂之分。例如在被告人庞某某于某民房贩卖盗版光盘给祖某时被公安民警当场抓获,并当场查扣各类音像制品17,663张,其中17,204张属未经著作权人许可复制的音像制品,另外的459张属淫秽物品的案件中,法院认为,被告人庞某某已经着手实施贩卖淫秽物品行为,由于意志以外的原因而未得逞,是犯罪未遂,可以比照既遂犯从轻处罚。但是,在行为人以将存储有其购买的淫秽视频、软件的电脑主机和目录簿放在店内供客户选择,待客户选好视频文件后,行为人将相关淫秽视频复制到客户的手机中,并收取费用的方式贩卖淫秽物品的场合,只要行为人以牟利为目的下载并储存淫秽视频,且已将视频复制到客户的手机之中,并收取费用的场合,就是已经贩卖完毕,不属于犯罪未遂。相反地,在行为人已经将淫秽视频存储在自己的电脑之中,但在尚未被其他人复制出售的场合,由于存储于其电脑中的淫秽视频仅为待复制状态,尚未传播出去,故可以认定行为人的行为属于犯罪未遂。

3. 本罪的共犯问题。明知是淫秽网站而利用淫秽网站投放广告、销售产品,向淫秽网站直接或者间接地提供资金的,应认定为传播淫秽物品牟利罪的共犯。明知他人建立微信群是为了传播淫秽物品牟利的情况下,为了留在群中观看淫秽物品而接受群主安排,在其中上传、发布淫秽视频,实质上为他人传播淫秽物品牟利提供帮助的,其行为符合共同犯罪的特征,构成传播淫秽物品牟利罪的共犯。

---

[348] 2010年最高人民法院、最高人民检察院公布的《关于办理利用互联网、移动通讯终端、声讯台制作、复制、出版、贩卖、传播淫秽电子信息刑事案件具体应用法律若干问题的解释(二)》第8条。实务当中,有的广告投放者可能辩解自己并不明知自己投放广告的网站为淫秽网站。对此,除依据上述司法解释中所说的"广告点击率明显异常"来判断之外,还可以结合以下几个方面的内容加以综合判断:首先,网站标题及内容本身显示出的淫秽性。对于一些淫秽网站,普通人基于自己的知识水平和社会经验就可以判断网站内容具有淫秽性。其次,广告投放者的资质及广告内容本身。实践中,在淫秽网站上投放的广告通常都是由不法广告投放者投放的成人性用品广告或者色情服务等。最后,广告投放者与淫秽网站的管理者的聊天记录等证据。通常情况下,广告投放者都是通过网络聊天室与淫秽网站的管理者取得联系,进而商定在淫秽网站上投放广告的具体事宜。

4. 即便行为人实施了制作、贩卖、传播淫秽物品的数行为,也不数罪并罚,而只是作为本罪一罪处理。如在行为人为了博取流量,在网上直播嫖娼,引导网友付费充值的场合,行为人直播嫖娼过程,其角色相当于淫秽直播的导演和主角,符合"制作"标准;行为人的所谓直播,是制作淫秽物品同时通过网络传播,视频录制后又被上传至网站,供人浏览的行为,实际上就是"传播"。此时,尽管行为人同时实施了制作和传播淫秽物品两个行为,但最终也只能以制作、传播淫秽物品牟利罪对其定罪处罚。

(三)处罚

根据刑法第 363 条第 1 款、第 366 条的规定,犯本罪的,处 3 年以下有期徒刑、拘役或者管制,并处罚金;情节严重的,处 3 年以上 10 年以下有期徒刑,并处罚金;情节特别严重的,处 10 年以上有期徒刑或者无期徒刑,并处罚金或者没收财产。单位犯本罪的,对单位判处罚金,并对其直接负责的主管人员和其他直接责任人员,依照自然人犯本罪的规定处罚。

其中,就制作、复制、出版、贩卖、传播淫秽物品场合的处罚标准而言,参见 1998 年最高人民法院《关于审理非法出版物刑事案件具体应用法律若干问题的解释》第 8 条,2008 年最高人民检察院、公安部公布的《关于公安机关管辖的刑事案件立案追诉标准的规定(一)》第 82 条第 1 款的规定。就利用互联网、移动通讯终端制作、复制、出版、贩卖、传播淫秽电子信息场合的处罚标准而言,参见 2004 年最高人民法院、最高人民检察院公布的《关于办理利用互联网、移动通讯终端、声讯台制作、复制、出版、贩卖、传播淫秽电子信息刑事案件具体应用法律若干问题的解释》第 1 条、第 2 条。2008 年最高人民检察院、公安部《关于公安机关管辖的刑事案件立案追诉标准的规定(一)》第 82 条第 2 款的规定。就利用互联网、移动通讯终端、声讯台制作、复制、出版、贩卖、传播淫秽电子信息场合的处罚标准而言,参见 2010 年最高人民法院、最高人民检察院公布的《关于办理利用互联网、移动通讯终端、声讯台制作、复制、出版、贩卖、传播淫秽电子信息刑事案件具体应用法律若干问题的解释(二)》第 1 条的规定。

二、为他人提供书号出版淫秽书刊罪

本罪,是指违反国家书刊出版管理法规,为他人出版淫秽书刊提供书号,出版淫秽书刊的行为。

"书号",是国家新闻出版管理部门出具的允许出版发行的凭证,表示国家对该出版书刊的批准和认可。没有书号的书刊,属于非法出版物。无论是出版管理部门,还是申请和使用书号的出版社等,都应当根据国家规定批准和使用书号。利用正式的书号制作、复制、出版、发行淫秽出版物的,可能造成公众对淫秽物品性质认识的混淆或者更大的危害后果,因此,为他人提供书号出版淫秽书刊,或者明知他人出版淫秽书刊而提供书号的行为,与制作、复制、出版、贩卖、传播行为一样,被认定为犯罪行为而受到严厉打击。

"为他人出版淫秽书刊提供书号,出版淫秽书刊",包括三方面的内容:(1)为他人提供书号。这里的提供,既包括按照正常的出版手续提供书号的合法提供,也包括违反出版法律法规的非法提供。所谓非法提供,是指违反出版法律法规,出卖或者以其他方式提供他人书号的行为。具体包括非法出售、出租、转让、以书号代替刊号、以刊号代替书号以及以增刊的方式向他人提供书刊号的行为。另外,超出协作出书的范围和协作对象,放弃对协作出版的图书的编辑、校对、印刷、发行等环节职责的,按"买卖书号"处理。所谓协作出书的范围,是指出版文科方面的学术著作和自然科学、工程技术方面的图书。所谓协作对象,是指与出版单位以及著作者协作并提供一定资金出版上述图书的国家科研机关、教学机构和国有企业。(2)接受书号的人将上述书号用于出版淫秽书刊。不是如此的话,则不构成本罪。(3)接受该书号的人出版了淫秽书刊。本罪属于过失犯罪,以引起结果为前提。没有造成这一结果的,不能构成犯罪。本罪的主观要件只能为过失。如果行为人故意为他人出版淫秽书刊提供书号,则应按刑法第363条第1款规定的出版淫秽物品牟利罪论处。

根据刑法第363条第2款、第366条的规定,犯本罪的,处3年以下有期徒刑、拘役或者管制,并处或者单处罚金;明知他人用于出版淫秽书刊而提供书号的,依照出版淫秽物品牟利罪的规定处罚。单位犯本罪的,对单位判处罚金,并对其直接负责的主管人员和其他直接责任人员,依照自然人犯本罪的规定处罚。

根据相关司法解释,[349]为他人提供书号、刊号,出版淫秽书刊的,依照刑法第363条第2款的规定,以本罪定罪处罚。为他人提供版号,出版淫秽音像制品的,以本罪定罪处罚。明知他人用于出版淫秽书刊而提供书号、刊号的,依照刑法第363条第1款的规定,以出版淫秽物品牟利罪定罪处罚。

三、传播淫秽物品罪

本罪,是指传播淫秽书刊、影片、音像、图片或者其他淫秽物品,情节严重的行为。

其中,所谓传播,是指以一定手段,让不特定或者多数人所知悉、了解。如果行为人只是私下在很小范围内借阅、传看淫秽物品,不能作为本罪处理。如对于携带、藏匿淫秽VCD的行为,不能简单地视为"传播"。如果行为人主观上没有"传播"故意,只是为了自己观看,不能认定为"传播淫秽物品"。[350] 不以牟利为目的,利用互联网或者移动通讯终端传播淫秽电子信息,或者利用聊天室、论坛、即时通信软件、电子邮件等方式传播淫秽电子信息,也是传播淫秽物品。[351] 将自己与他人的性行为视频上传至个人博客,使不特定多数人得以浏览的,属于传播淫秽物品。

本罪的成立,以传播行为达到"情节严重"为限。所谓情节严重,是指向他人传播淫秽的书刊、影片、音像、图片等出版物达300～600人次以上或者造成恶劣社会影响。[352] 另外,根据相关司法解释,[353]传播淫秽的书刊、影片、音像、图片或者其他淫秽物品,涉嫌下列情形之一的,应予立案追诉:(1)向他人传播300～600人次以上的;(2)造成恶劣社会影响的。不以牟利为目的,利用互联网、移动通讯终端传播淫秽电子信息,涉嫌下列情形之一的,应予立案追诉:(1)数量达到《关于公安机关管辖的刑事案件立案追诉标准的规定(一)》第82条第2款第1项至第5项规定标准2倍以上的;(2)数量分别达到《关于公安机关管辖的刑事案件立案追诉标准的规定(一)》第82条第2款第1项至第5项2项以上标准的;(3)造成严重后果的。

在本罪的认定中,应当注意其与传播淫秽物品牟利罪的区别。二者的差别在于:(1)主观要件不同。本罪的场合,没有牟利目的的要求,而传播淫秽物品牟利罪的场合,有牟利目的的

---

[349] 1998年最高人民法院《关于审理非法出版物刑事案件具体应用法律若干问题的解释》第9条。

[350] 1998年公安部《关于携带、藏匿淫秽VCD是否属于传播淫秽物品问题的批复》。

[351] 2004年最高人民法院、最高人民检察院《关于办理利用互联网、移动通讯终端、声讯台制作、复制、出版、贩卖、传播淫秽电子信息刑事案件具体应用法律若干问题的解释》第3条。

[352] 1998年最高人民法院《关于审理非法出版物刑事案件具体应用法律若干问题的解释》第10条第1款。

[353] 2008年最高人民检察院、公安部《关于公安机关管辖的刑事案件立案追诉标准的规定(一)》第84条第1、2款。

要求。(2)在客观上有所不同。尽管二者客观上都表现为传播淫秽物品,但本罪不包括出卖、出租等牟利性传播形式,而且有情节严重的要求;但传播淫秽物品牟利罪的场合,则不包括赠予等非牟利性传播方式,也没有情节严重的要求。

按照刑法第 364 条第 1 款、第 366 条的规定,犯本罪的,处 2 年以下有期徒刑、拘役或者管制。单位犯本罪的,对单位判处罚金,并对其直接负责的主管人员和其他直接责任人员,依照自然人犯本罪的规定处罚。

四、组织播放淫秽音像制品罪

本罪,是指不以营利为目的,纠集多人,播放、观看淫秽电影、录像等音像制品的行为。

其中,“播放”,是指利用录音机、录像机、影碟机等播放设备将图像、声音等内容予以展示,供人观看或者收听;“组织”,是指通过筹划安排,聚集多人收听、观看。播放的内容必须是淫秽影像制品。本罪主体为特殊主体即播放淫秽音像制品行为的组织者,其可以是个人,也可以是单位。本罪的主观要件为故意,且行为人不具有牟利的目的。如果行为人以牟利为目的实施本罪行为,则应以传播淫秽物品牟利罪论处。根据有关司法解释,[354]组织播放淫秽的电影、录像等音像制品达 15 ~ 30 场次以上的或者造成恶劣社会影响的,以本罪定罪处罚。

依照刑法第 364 条第 2 ~ 4 款、第 366 条的规定,犯本罪的,处 3 年以下有期徒刑、拘役或者管制,并处罚金;情节严重的,处 3 年以上 10 年以下有期徒刑,并处罚金。制作、复制淫秽的电影、录像等音像制品组织播放的,依照本罪规定从重处罚。向不满 18 周岁的未成年人传播淫秽物品的,从重处罚。单位犯本罪的,对单位判处罚金,并对其直接负责的主管人员和其他直接责任人员,依照自然人犯本罪的规定处罚。

五、组织淫秽表演罪

本罪,是指组织他人当众进行淫秽表演的行为。

其中,“当众”,就是让不特定或者多数人知晓;“组织”,是指为了进行淫秽表演而采取策划、招募、强迫、雇佣、引诱、提供场地、提供资金等手段,招集、聚合多人。其中,“提供”是指提供“进行淫秽表演的场所”,而直播中主播进行淫秽表演的场地,通常是主播自行决定的物理空间,因此,除非平台事先已经安排了场所和制定了相关规则,否则不宜认定为直播平台“提供场所”;“引诱”的核心内容是提供利益,“令原本不具有淫秽表演意图的人产生淫秽表演意图”;“淫秽表演”,是指以表演者的体态动作展示、表达性行为或者淫秽色情意识,刺激观众的性欲,伤害普通人的性的羞耻心的行为,如跳裸体舞、性行为表演等,就是如此。摄影者招募模特,要求模特暴露生殖器、摆出淫秽姿势供摄影者拍摄的,构成本罪。一对一的表演活动中,由于受众具有不特定性与多数性,符合本罪的公开性特征,不影响本罪的认定。但歌舞等艺术表演中没有宣扬淫荡、下流意识的真情表演,即使有裸露或性行为动作,也不能以犯罪论。本罪的主体为特殊主体即淫秽表演的组织者,被组织的表演者不构成本罪。组织者既可以是个人,也可以是单位。在实践中,一般是文化娱乐场所、饮食服务行业的经营者,如歌厅、舞厅、夜总会的老板。

依照刑法第 365 条、第 366 条的规定,犯本罪的,处 3 年以下有期徒刑、拘役或者管制,并

---

[354]　2008 年最高人民检察院、公安部《关于公安机关管辖的刑事案件立案追诉标准的规定(一)》第 85 条。

处罚金；情节严重的，处3年以上10年以下有期徒刑，并处罚金。单位犯本罪的，对单位判处罚金，并对其直接负责的主管人员和其他直接责任人员，依照自然人犯本罪的规定处罚。其中“情节严重”，主要是指多次地、经常地组织淫秽表演；虽然次数不多，但被传播的对象人数众多，造成的后果严重；在未成年人中传播，造成严重后果。

根据相关司法解释，[355]以策划、招募、强迫、雇佣、引诱、提供场地、提供资金等手段，组织进行淫秽表演，涉嫌下列情形之一的，应予立案追诉：(1)组织表演者进行裸体表演的；(2)组织表演者利用性器官进行诲淫性表演的；(3)组织表演者半裸体或者变相裸体表演并通过语言、动作具体描绘性行为的；(4)其他组织进行淫秽表演应予追究刑事责任的情形。胁迫、诱骗未成年人通过网络视频聊天或者发送视频、照片等方式，暴露身体隐私部位或者实施淫秽行为，符合刑法第237条规定的，以强制猥亵罪或者猥亵儿童罪定罪处罚。胁迫、诱骗未成年人通过网络直播方式实施前述行为，同时符合刑法第237条、第365条的规定，构成强制猥亵罪、猥亵儿童罪及本罪的，依照处罚较重的规定定罪处罚。[356]

---

〔355〕 2008年最高人民检察院、公安部《关于公安机关管辖的刑事案件立案追诉标准的规定(一)》第86条。

〔356〕 2023年最高人民法院、最高人民检察院《关于办理强奸、猥亵未成年人刑事案件适用法律若干问题的解释》第9条。

第八章　危害国防利益罪

危害国防利益罪，是指违反国防法律、法规，危害国防利益，依法应受刑罚处罚的行为。其侵害的客体是国防利益。所谓国防，依照《国防法》第2条的规定，是指国家为了防备和抵抗侵略，制止武装颠覆和分裂，保卫国家主权、统一、领土完整、安全和发展利益所进行的军事活动以及与军事有关的政治、经济、外交、科技、教育等方面的活动。国防是国家生存和发展的安全保障，因此，危害国防利益的行为，必须作为犯罪处理。

刑法分则第七章所规定的危害国防利益罪，可以分为两大类，即平时危害国防利益的犯罪和战时危害国防利益的犯罪。以下分别叙述。

第一节　平时危害国防利益的犯罪

一、阻碍军人执行职务罪

本罪，是指以暴力、威胁方法对依法执行职务的军人进行妨碍、阻挠的行为。

其中，所谓暴力，是指使用有形力量，对军人实施打击或强制。和妨害公务罪中一样，本处的“暴力”以造成轻伤程度者为限。如果行为人使用暴力阻碍军人执行职务，并造成军人重伤、死亡结果，则是本罪与故意伤害罪、故意杀人罪的竞合，应当以后者定罪处罚。所谓威胁，是指告知不利后果，使军人产生恐惧心理。暴力、威胁方法必须对军人实施，但不要求直接对军人的身体实施。只要能够阻碍军人执行职务行为，即便是对其辅助人员或者所携带的物品实施，也能构成。所谓阻碍军人依法执行职务，是指对军人依法执行职务造成障碍，使其不能顺利地执行职务。

在本罪的认定中，应当注意本罪与妨害公务罪的界限。其区别关键在于侵害的对象不同：本罪的侵害对象是正在依法执行职务的军人，妨害公务罪的侵害对象则是正在执行职务的国家机关工作人员、人大代表、红十字会工作人员等。由于两罪之间具有法条竞合的关系，而本罪属于特别规定，因此，对阻碍军人依法执行职务的行为，应当以本罪论处。

依照刑法第368条第1款的规定，犯本罪的，处3年以下有期徒刑、拘役、管制或者罚金。

二、阻碍军事行动罪

本罪，是指故意阻碍武装部队的军事行动，造成严重后果的行为。

其中，所谓阻碍，就是制造障碍，即通过各种手段拖延、阻挠、妨害、破坏，影响军事活动的顺利进行。所谓军事行动，是指为实现一定目的而有组织地使用武装力量的活动，既指战时的军事行动，也指平时的军事行动，如国家在和平时期的特定情况下实施的军队救灾、抢险、军事演习或者戒严等。成立本罪,必须造成“严重后果”。所谓严重后果,一般是指延误战机,造成重大政治或者经济方面的影响,或者造成武装部队人员伤亡、装备较大损失,战时造成战役和战斗失利,军事任务完成受影响等。行为人虽然实施了阻碍武装部队军事行动的行为,但没有造成严重后果的,只能按阻碍军人执行职务罪定罪处罚。

在本罪的认定上,必须注意区分其与有关犯罪的界限:(1)本罪与刑法第104条规定的武装叛乱、暴乱罪的界限。以武装叛乱或者武装暴乱的方式阻碍军事行动,造成严重后果的,属于想象竞合犯,应按从一重罪处断的原则,以武装叛乱、暴乱罪定罪处罚。(2)本罪与危害公共安全罪、妨害社会管理秩序罪章中某些犯罪的界限。以放火、爆炸、决水、投放危险物质等危险方法或者以破坏交通、通信工具和设施,破坏电力、易燃、易爆设备,扰乱公共场所秩序,冲击军事机关或以侵入军用计算机信息系统的手段阻碍军事行动,造成严重后果的,也是想象竞合犯,应按照从一重罪处断的原则处理。

依照刑法第368条第2款的规定,犯本罪的,处5年以下有期徒刑或者拘役。

三、破坏武器装备、军事设施、军事通信罪

本罪,是指故意破坏武器装备、军事设施、军事通信的行为。

其中,所谓破坏,就是使武器装备全部或者部分地丧失其使用功能,其方式可以是作为,如砸坏、烧毁、拆卸重要零部件,损毁军事通信线路、设备,破坏军事通信计算机信息系统,干扰、侵占军事通信电磁频谱等;也可以是不作为,如拒不履行保管、维修义务而致使武器装备的功能受到影响等。破坏的对象是武器装备、军事设施、军事通信。所谓武器装备,是指直接用于武装部队实施和保障作战行动的武器、武器系统、军事技术器材,包括枪械、匕首、导弹、通信器材、气象保障器材等;所谓军事设施,是指国家直接用于军事目的的建筑、场地和设备,如军需仓库、射击场、教练飞机、军事禁区的围墙等;所谓军事通信,是指军队为实施指挥和武器控制而进行的信息传递。本罪不要求造成严重后果,只要行为人故意实施了破坏武器装备、军事设施、军事通信的行为,使其正常功能受到影响,就构成本罪。施工单位直接负责的主管人员、施工管理人员,明知是军事通信线路、设备而指使、强令、纵容他人予以损毁的,或者不听管护人员劝阻,指使、强令、纵容他人违章作业,造成军事通信线路、设备损毁的,以本罪处罚。

在本罪的认定中,应当注意以下问题:

1. 本罪与破坏交通设施罪、破坏易燃易爆设备罪及破坏广播电视设施、公用电信设施罪的区别。本罪同后三罪的关键不同在于犯罪对象不同。本罪的犯罪对象仅限于武器装备、军事设施和军事通信;后三罪则应是非武器装备、军事设施和军事通信。由于本罪同后三罪之间具有法条竞合的关系,而本罪属于特别规定,因此,对破坏武器装备、军事设施、军事通信的行为,应当以本罪论处。

2. 本罪与盗窃罪的界限。在司法实践中,应注意区别以盗窃固定在军事设施上的设备、器材为表现形式的破坏军事设施罪与以盗窃军事设施内的军用物资为表现形式的盗窃罪的界限。如果所盗窃物品的数额较大,同时又影响了武器装备、军事设施、军事通信的功能的正常发挥,就是本罪与盗窃罪的想象竞合犯,应当从一重罪处罚。如果所盗窃的物品数额较大,但是对于武器装备、军事设施、军事通信的功能的正常发挥没有任何影响的话,就是盗窃罪;相反地,如果所盗窃的物品数额没有达到较大的程度,但是对于武器装备、军事设施、军事通信的功能的正常发挥有影响的话,就构成本罪。违反国家规定,侵入国防建设、尖端科学技术领域的

军事通信计算机信息系统,尚未对军事通信造成破坏的,依照刑法第285条第1款规定的非法侵入计算机信息系统罪定罪处罚;对军事通信造成破坏,同时构成刑法第285条第1款规定的非法侵入计算机信息系统罪、第286条规定的破坏计算机信息系统罪、第369条第1款规定的破坏军事通信罪的,依照处罚较重的规定定罪处罚。

违反国家规定,擅自设置、使用无线电台、站,或者擅自占用频率,经责令停止使用后拒不停止使用,干扰无线电通讯正常进行,构成犯罪的,依照刑法第288条规定的扰乱无线电通讯管理秩序罪处罚;造成军事通信中断或者严重障碍,同时构成刑法第288条规定的扰乱无线电通讯管理秩序罪、第369条第1款规定的破坏军事通信罪的,依照处罚较重的规定定罪处罚。

本罪在处罚上,根据对象以及情节的不同而不同。根据刑法第369条第1款的规定,犯本罪的,处3年以下有期徒刑、拘役或者管制;破坏重要武器装备、军事设施、军事通信的,处3年以上10年以下有期徒刑;情节特别严重的,处10年以上有期徒刑、无期徒刑或者死刑。战时犯本罪的从重处罚。其中,所谓重要军事通信,按照有关司法解释,[1]是指军事首脑机关及重要指挥中心的通信,部队作战中的通信,等级战备通信,飞行航行训练、抢险救灾、军事演习或者处置突发性事件中的通信,以及执行试飞试航、武器装备科研试验或者远洋航行等重要军事任务中的通信。所谓情节特别严重,就破坏"军事通信"而言,是指以下情况:(1)造成重要军事通信中断或者严重障碍,严重影响部队完成作战任务或者致使部队在作战中遭受损失的;(2)造成部队执行抢险救灾、军事演习或者处置突发性事件等任务的通信中断或者严重障碍,并因此贻误部队行动,致使死亡3人以上、重伤10人以上或者财产损失100万元以上的;(3)破坏重要军事通信3次以上的;(4)其他情节特别严重的情形。[2]

四、过失损坏武器装备、军事设施、军事通信罪

本罪,是指过失损坏武器装备、军事设施、军事通信,造成严重后果的行为。

与破坏武器装备、军事设施、军事通信罪不同,本罪是由于行为人主观上的过失而引起的。建设、施工单位直接负责的主管人员、施工管理人员,忽视军事通信线路、设备保护标志,指使、纵容他人违章作业,致使军事通信线路、设备损毁,构成犯罪的,以本罪定罪处罚。就过失损坏军事通信而言,造成重要军事通信中断或者严重障碍就是所谓"造成严重后果"。过失损坏军事通信具有下列情形之一的,就是"造成特别严重后果":(1)造成重要军事通信中断或者严重障碍,严重影响部队完成作战任务或者致使部队在作战中遭受损失的;(2)造成部队执行抢险救灾、军事演习或者处置突发性事件等任务的通信中断或者严重障碍,并因此贻误部队行动,致使死亡3人以上、重伤10人以上或者财产损失100万元以上的;(3)其他后果特别严重的情形。[3]

根据刑法第369条第2款、第3款的规定,犯本罪的,处3年以下有期徒刑或者拘役;造成特别严重后果的,处3年以上7年以下有期徒刑。战时犯本罪的,从重处罚。

五、故意提供不合格武器装备、军事设施罪

本罪,是指明知是不合格的武器装备、军事设施而故意提供给武装部队的行为。

---

[1] 2007年最高人民法院《关于审理危害军事通信刑事案件具体应用法律若干问题的解释》第7条第1款。

[2] 2007年最高人民法院《关于审理危害军事通信刑事案件具体应用法律若干问题的解释》第2条。

[3] 2007年最高人民法院《关于审理危害军事通信刑事案件具体应用法律若干问题的解释》第4条。

其中，所谓不合格，是指不符合质量标准；所谓提供，包括为武装部队从事生产制造、修筑、装配、修理等工作。

根据刑法第370条第1款、第3款的规定，犯本罪的，处5年以下有期徒刑或者拘役；情节严重的，处5年以上10年以下有期徒刑；情节特别严重的，处10年以上有期徒刑、无期徒刑或者死刑。单位犯本罪的，对单位判处罚金，并对其直接负责的主管人员和其他直接责任人员，依照自然人犯本罪的规定处罚。

六、过失提供不合格武器装备、军事设施罪

本罪，是指过失向武装部队提供不合格的武器装备、军事设施，并且造成严重后果的行为。

其中，所谓造成严重后果，是指造成人员重伤、死亡的，造成装备、设施严重毁损，经济损失严重的，严重影响部队完成任务的，等等。

依照刑法第370条第2款的规定，犯本罪的，处3年以下有期徒刑或者拘役；造成特别严重后果的，处3年以上7年以下有期徒刑。

七、聚众冲击军事禁区罪

本罪，是指聚众冲击军事禁区，严重扰乱军事禁区秩序的行为。

其中，所谓冲击，是指驾驶交通工具或徒步强行闯入军事禁区。所谓军事禁区，根据《军事设施保护法》第9条第2款的规定，是指重要或具有重大危险因素的军事设施保护性区域，包括陆域、水域和空域。就陆域军事禁区而言，修筑有围墙、设置有铁丝网等；就水域军事禁区而言，设置有障碍物或者界线标志。所谓严重扰乱军事禁区秩序，是指冲击行为使得军事禁区指挥失调，军事人员、车辆、船舰无法通过，飞机不能起降，作战、训练、戒严、抢险救灾、教学科研等活动无法正常进行，等等。本罪的主体为一般主体。处罚对象限于首要分子和其他积极参加者。首要分子，是指在聚众冲击军事禁区中起组织、策划、指挥作用的犯罪分子；其他积极参加者，是指虽然不是首要分子，但主动参与冲击军事禁区，并在冲击行动中起重要作用的人员。

在本罪的认定中，应当注意区分本罪与聚众冲击国家机关罪的界限。如果行为人聚众冲击的不是军事禁区，而是国家机关，则构成聚众冲击国家机关罪。

根据刑法第371条第1款的规定，犯本罪的，对首要分子，处5年以上10年以下有期徒刑；对其他积极参加的，处5年以下有期徒刑、拘役、管制或者剥夺政治权利。

八、聚众扰乱军事管理区秩序罪

本罪，是指聚众扰乱军事管理区秩序，情节严重，致使军事管理区工作无法正常进行，造成严重损失的行为。

其中，所谓军事管理区，根据《军事设施保护法》第9条第3款，是指较重要的军事设施保护区，但重要性不及军事禁区。要成立本罪，必须实施了聚众扰乱军事管理区秩序的行为，且须“情节严重”“致使军事管理区工作无法正常进行”“造成严重损失”三个条件同时具备。

根据刑法第371条第2款的规定，犯本罪的，对首要分子，处3年以上7年以下有期徒刑；对其他积极参加的，处3年以下有期徒刑、拘役、管制或者剥夺政治权利。

九、冒充军人招摇撞骗罪

本罪,是指以谋取非法利益为目的,冒充军人招摇撞骗的行为。

这里的军人是严格意义上的军人,即具有中国人民解放军军籍的现役军人或者现役武警。所谓招摇撞骗,是指非军人冒充军人、级别较低的军人冒充级别较高的军人、一般部门的军人冒充要害部门的军人进行炫耀,骗取非法利益。按照相关规定,[4]有下列情形之一的,应当认定为刑法第372条规定的"冒充军人":(1)冒充国家机关中真实存在或者虚构的军人的;(2)冒充虚构的国家机关中的军人,易让他人信以为真的;(3)身为军人冒充其他军人的;(4)以骗取非法利益为目的,制造假象,诱使他人误以为系军人的。所谓非法利益,既包括金钱、财物等物质利益,也包括荣誉待遇、异性的性爱等非物质利益。行为人仅有冒充军人的行为,但未骗取利益的,不构成本罪。

在本罪的认定中,一是要注意其与冒充国家机关工作人员招摇撞骗罪之间的区别。二者的差别在于,前者冒充的是现役军人,而后者冒充的是一般的国家机关工作人员。二是要注意其与诈骗罪之间的区别。如果行为人冒充军人招摇撞骗,骗取了他人数额较大的财物,就是本罪与诈骗罪的想象竞合犯,依照从一重处罚的原则处断。

依照刑法第372条的规定,犯本罪的,处3年以下有期徒刑、拘役、管制或者剥夺政治权利;情节严重的,处3年以上10年以下有期徒刑。

十、煽动军人逃离部队罪

本罪,是指以口头、书面等形式唆使、鼓动现役军人逃离部队,情节严重的行为。

所谓煽动,就其本意而言,是指公然怂恿、鼓动他人做坏事,据此,就本罪而言,所谓煽动军人逃离部队,就是公然鼓动、怂恿军人产生逃离部队的意思,或者助长、坚定其已经具有的逃离部队的意思。煽动必须公开进行,针对不特定或者多数人实施,否则就只是逃离部队罪的教唆犯,而不是构成本罪。如此说来,煽动军人逃离部队罪并非仅仅是刑法第435条规定的逃离部队罪的教唆犯。煽动的表现形式多样,包括口头、书面以及其他方式。煽动的内容是让军人逃离部队。逃离部队,包括擅自离开部队或者逾期不归等。所谓情节严重,是指战时煽动军人逃离部队的,用威胁、欺骗等各种卑劣手段,煽动军人逃离部队的,煽动军人逃离部队人数多、时间长,影响极坏的,煽动在重要岗位的人员或者指挥、值班、值勤人员逃离部队,影响部队正常工作和战备任务完成,后果严重的,等等。应该注意的是,本罪是行为犯,故本罪的成立不要求实际发生被煽动军人逃离部队的结果,只要行为人实施了煽动行为,且情节严重,即构成本罪。

依照刑法第373条的规定,犯本罪的,处3年以下有期徒刑、拘役或者管制。

十一、雇用逃离部队军人罪

本罪,是指明知是逃离部队的军人而雇用,情节严重的行为。

所谓雇用,就是支付报酬,让逃离部队的军人为自己劳动。所谓情节严重,一般是指雇用多名逃离部队军人的,多次雇用的,雇用军队机要、保密和首脑机关的人员,造成严重后果的,对逃兵委以重用的,抗拒部队将其带走的,等等。

依照刑法第373条的规定,犯本罪的,处3年以下有期徒刑、拘役或者管制。

---

[4] 2021年最高人民法院、最高人民检察院、公安部《关于依法惩治招摇撞骗等违法犯罪行为的指导意见》第5条。

十二、接送不合格兵员罪

本罪，是指在征兵工作中徇私舞弊，接送不合格兵员入伍，情节严重的行为。

其中，所谓征兵，按照《兵役法》的规定，是指征集应征公民到武装部队（包括中国人民解放军、中国人民武装警察部队）服现役。所谓徇私舞弊，是指为徇私情而弄虚作假、违法乱纪。如冒名顶替、在体检表上不如实填写或者涂改、在政审当中隐瞒不符合政治条件的情况，伪造、变造、涂改入伍登记表等。所谓不合格兵员，是指年龄、学历、健康、政审等方面达不到要求的兵员。本罪主体是特殊主体，即负责征兵工作的人员，既包括地方负责征兵工作的人员，也包括军队中负责征兵工作的人员。兵员隐瞒自己情况的，不构成本罪。所谓情节严重，一般是指由于接送不合格兵员严重影响部队建设或造成其他严重后果的，多次实施接送不合格兵员以及接送多个不合格兵员的，接送不合格兵员在部队造成恶劣影响的，等等。本罪的主观要件是故意。

在本罪的认定中，必须注意其与滥用职权罪之间的界限。二者之间存在一定交叉关系，特别是滥用职权行为和徇私舞弊行为的界限并不一定清楚。但仔细比较，也能将二者区分开来。一般来说，成立滥用职权罪，要求致使公共财产、国家和人民利益遭受重大损失，即一定数额的物质损失，而本罪中没有这一要求；同时，本罪的行为是在征兵工作中发生的。因此，如果行为人在征兵工作中有滥用职权行为，一般应当认定为本罪。另外，需要注意的是，行为人在接送不合格兵员的过程中，若有收受他人数额较大的贿赂的行为，或者伪造公文、证件的行为，应按牵连犯从一重处断，不可数罪并罚。

依照刑法第 374 条的规定，犯本罪的，处 3 年以下有期徒刑或者拘役；造成特别严重后果的，处 3 年以上 7 年以下有期徒刑。

十三、伪造、变造、买卖武装部队公文、证件、印章罪

本罪，是指伪造、变造、买卖武装部队公文、证件、印章的行为。

武装部队的公文、证件、印章直接关系到国防安全和利益，因此，刑法对其单独加以规定。其中，“武装部队”，是指中国人民解放军的现役部队和武装警察部队。“伪造”“变造”“买卖”“公文”“证件”“印章”的含义参见前述相关内容。依照有关司法解释，[5]具有下列情形之一的，以本罪定罪处罚：(1)伪造、变造、买卖武装部队公文 1 件以上的；(2)伪造、变造、买卖武装部队军官证、士兵证、车辆行驶证、车辆驾驶证或者其他证件 2 本以上的；(3)伪造、变造、买卖武装部队机关印章、车辆牌证印章或者其他印章 1 枚以上的。

在本罪的适用中，应当注意其与刑法第 280 条第 1 款所规定的伪造、变造、买卖国家机关公文、证件、印章罪的区别。二者之间存在法条竞合的关系，主要差别在于行为对象不同。在所伪造、变造、买卖的是武装部队公文、证件、印章的场合，就要适用本罪，而不能依照刑法第 280 条第 1 款定罪处罚。

依照刑法第 375 条第 1 款的规定，犯本罪的，处 3 年以下有期徒刑、拘役、管制或者剥夺政治权利；情节严重的，处 3 年以上 10 年以下有期徒刑。其中，“情节严重”，是指具有下列情形之一：(1)伪造、变造、买卖武装部队公文 5 件以上的；(2)伪造、变造、买卖武装部队军官证、士

---

〔5〕 2011 年最高人民法院、最高人民检察院《关于办理妨害武装部队制式服装、车辆号牌管理秩序等刑事案件具体应用法律若干问题的解释》第 1 条第 1 款。

兵证、车辆行驶证、车辆驾驶证或者其他证件10本以上的;(3)伪造、变造、买卖武装部队机关印章、车辆牌证印章或者其他印章5枚以上的;(4)造成其他严重后果的。[6]

依照有关司法解释,[7]买卖伪造、变造的武装部队公文、证件、印章的,应当追究刑事责任。定罪量刑标准适用上述规定。

十四、盗窃、抢夺武装部队公文、证件、印章罪

本罪,是指盗窃、抢夺武装部队公文、证件、印章的行为。

依照有关司法解释,[8]具有下列情形之一的,以本罪定罪处罚:(1)盗窃、抢夺武装部队公文1件以上的;(2)盗窃、抢夺武装部队军官证、士兵证、车辆行驶证、车辆驾驶证或者其他证件2本以上的;(3)盗窃、抢夺武装部队机关印章、车辆牌证印章或者其他印章1枚以上的。

在本罪的适用中,应当注意其与刑法第280条第1款所规定的盗窃、抢夺、毁灭国家机关公文、证件、印章罪的区别,二者之间存在法条竞合的关系。主要差别在于行为对象不同。在所盗窃、抢夺的是武装部队公文、证件、印章的场合,就要适用本罪;但是,在毁灭武装部队公文、证件、印章的场合,应当依照刑法第280条第1款定罪处罚。

依照刑法第375条第1款的规定,犯本罪的,处3年以下有期徒刑、拘役、管制或者剥夺政治权利;情节严重的,处3年以上10年以下有期徒刑。其中,"情节严重"是指具有下列情形之一:(1)盗窃、抢夺武装部队公文5件以上的;(2)盗窃、抢夺武装部队军官证、士兵证、车辆行驶证、车辆驾驶证或者其他证件10本以上的;(3)盗窃、抢夺武装部队机关印章、车辆牌证印章或者其他印章5枚以上的;(4)造成其他严重后果的。[9]

依照有关司法解释,[10]盗窃、抢夺伪造、变造的武装部队公文、证件、印章的,应当追究刑事责任。定罪量刑标准适用上述规定。

十五、非法生产、买卖武装部队制式服装罪

本罪,是指非法生产、买卖武装部队制式服装,情节严重的行为。

所谓武装部队制式服装,是指武装部队依法按统一制式订购、监制,仅供武装部队官兵使用的服装。所谓情节严重,是指具有下列情形之一:(1)非法生产、买卖成套制式服装30套以上,或者非成套制式服装100件以上的;(2)非法生产、买卖帽徽、领花、臂章等标志服饰合计100件(副)以上的;(3)非法经营数额2万元以上的;(4)违法所得数额5000元以上的;(5)其

---

〔6〕 2011年最高人民法院、最高人民检察院《关于办理妨害武装部队制式服装、车辆号牌管理秩序等刑事案件具体应用法律若干问题的解释》第1条第2款。

〔7〕 2011年最高人民法院、最高人民检察院《关于办理妨害武装部队制式服装、车辆号牌管理秩序等刑事案件具体应用法律若干问题的解释》第4条。

〔8〕 2011年最高人民法院、最高人民检察院《关于办理妨害武装部队制式服装、车辆号牌管理秩序等刑事案件具体应用法律若干问题的解释》第1条第1款。

〔9〕 2011年最高人民法院、最高人民检察院《关于办理妨害武装部队制式服装、车辆号牌管理秩序等刑事案件具体应用法律若干问题的解释》第1条第2款。

〔10〕 2011年最高人民法院、最高人民检察院《关于办理妨害武装部队制式服装、车辆号牌管理秩序等刑事案件具体应用法律若干问题的解释》第4条。

他情节严重的情形。[11]

依照刑法第 375 条第 2 款、第 4 款的规定，犯本罪的，处 3 年以下有期徒刑、拘役或者管制，并处或者单处罚金。单位犯本罪的，对单位判处罚金，并对其直接负责的主管人员和其他直接责任人员，依照自然人犯本罪的规定处罚。买卖仿制的现行装备的武装部队制式服装，情节严重的，应予立案追诉。

十六、伪造、盗窃、买卖、非法提供、使用武装部队专用标志罪

本罪，是指伪造、盗窃、买卖或者非法提供、使用武装部队车辆号牌等专用标志，情节严重的行为。

所谓武装部队车辆号牌，是指军队最高车辆主管部门监制的，专供武装部队使用的车辆号牌。所谓武装部队其他专用标志，是指武装部队依法订购、监制，专供武装部队使用的标志。所谓情节严重，是指非法生产、买卖武装部队车辆号牌等专用标志数量大的，影响部队执行作战、戒严等军事任务的，扰乱部队和社会管理秩序的，严重损害武装部队形象的，造成严重经济损失或其他恶劣影响的，等等。依照有关规定，[12]具有下列情形之一的，构成"情节严重"：(1)伪造、盗窃、买卖或者非法提供、使用武装部队军以上领导机关车辆号牌 1 副以上或者其他车辆号牌 3 副以上的；(2)非法提供、使用军以上领导机关车辆号牌之外的其他车辆号牌累计 6 个月以上的；(3)伪造、盗窃、买卖或者非法提供、使用军徽、军旗、军种符号或者其他军用标志合计 100 件(副)以上的；(4)造成严重后果或者恶劣影响的。盗窃、买卖、提供、使用伪造、变造的武装部队车辆号牌等专用标志，情节严重的，应予立案追诉。

依照刑法第 375 条第 3 款、第 4 款的规定，犯本罪的，处 3 年以下有期徒刑、拘役或者管制，并处或者单处罚金；情节特别严重的，处 3 年以上 7 年以下有期徒刑，并处罚金。单位犯本罪的，对单位判处罚金，并对其直接负责的主管人员和其他直接责任人员，依照自然人犯本罪的规定处罚。其中，"情节特别严重"，是指具有下列情形之一：(1)伪造、盗窃、买卖或者非法提供、使用武装部队军以上领导机关车辆号牌 5 副以上或者其他车辆号牌 15 副以上，或者伪造、盗窃、买卖或者非法提供、使用军徽、军旗、军种符号或者其他军用标志合计 500 件(副)以上的；(2)非法提供、使用军以上领导机关车辆号牌累计 6 个月以上或者其他车辆号牌累计 1 年以上的；(3)造成特别严重后果或者特别恶劣影响的。[13]

依照有关司法解释，[14]盗窃、买卖、提供、使用伪造、变造的武装部队车辆号牌等专用标志情节严重的，应当追究刑事责任。定罪量刑标准适用上述规定。

---

[11] 2017 年最高人民检察院、公安部《关于公安机关管辖的刑事案件立案追诉标准的规定(一)的补充规定》第 14 条第 1 款。

[12] 2017 年最高人民检察院、公安部《关于公安机关管辖的刑事案件立案追诉标准的规定(一)的补充规定》第 15 条。

[13] 2011 年最高人民法院、最高人民检察院《关于办理妨害武装部队制式服装、车辆号牌管理秩序等刑事案件具体应用法律若干问题的解释》第 3 条。

[14] 2011 年最高人民法院、最高人民检察院《关于办理妨害武装部队制式服装、车辆号牌管理秩序等刑事案件具体应用法律若干问题的解释》第 4 条。

第二节　战时危害国防利益的犯罪

一、战时拒绝、逃避征召、军事训练罪

本罪,是指预备役人员在战时拒绝、逃避征召或者军事训练,情节严重的行为。

其中,所谓战时,是指国家宣布进入战争状态、部队受领作战任务或者遭敌突然袭击时。部队执行戒严任务或者处置突发性暴力事件时,以战时论。所谓征召,是指兵役机关依法向预备役人员发出通知,要其按规定的时间、地点报到,准备转服现役。所谓军事训练,是指军事理论和作战技能教练活动。所谓拒绝、逃避征召或者军事训练,就是拒不接受或者躲避国家征召或军事训练。成立本罪,必须达到"情节严重"的程度。所谓情节严重,是指无故拒绝、逃避,经多次教育而拒不改正,拒绝、逃避行为影响作战或重要军事任务的完成,煽动多人共同拒绝、逃避,以暴力抗拒征召或军事训练,等等。犯罪主体为特殊主体,即只能是预备役人员,预备役人员是指编入民兵组织或者经过登记服预备役的人员,包括预备役军官和预备役士兵。

依照刑法第 376 条第 1 款的规定,犯本罪的,处 3 年以下有期徒刑或者拘役。

二、战时拒绝、逃避服役罪

本罪,是指公民战时拒绝、逃避服役,情节严重的行为。

其中,所谓拒绝服役,是指拒不接受服兵役,包括拒不服役和抗拒服役。所谓逃避服役,是指以某种行为或虚假理由躲避服兵役,包括以自伤身体、装病、装残等方式逃避服兵役,雇人或请他人冒名顶替自己服役,等等。所谓情节严重,是指拒绝、逃避服役影响作战或其他重要任务完成的,煽动他人拒绝、逃避服役的,以暴力手段拒绝服役的,等等。和前罪一样,本罪也只能发生在"战时",并且以"情节严重"为成立要件。本罪的主体是特殊主体,即依法应服兵役的公民。

依照刑法第 376 条第 2 款的规定,犯本罪的,处 2 年以下有期徒刑或者拘役。

三、战时故意提供虚假敌情罪

本罪,是指战时故意向武装部队提供虚假敌情,造成严重后果的行为。

所谓虚假敌情,即与事实不符的有关敌人的信息,具体包括虚假的敌方军情以及与军事有关的政治、经济、科技、气象、地理等方面的情况。所谓严重后果,是指因提供虚假敌情而扰乱了部队的作战部署,干扰了部队的军事行动,破坏了指挥人员的作战计划和安排等。本罪成立的时间前提为战时,非战时不构成本罪。犯罪主体为特殊主体,即现役军人以外的普通公民。如果现役军人战时提供虚假敌情,应按谎报军情罪处理。

依照刑法第 377 条的规定,犯本罪的,处 3 年以上 10 年以下有期徒刑;造成特别严重后果的,处 10 年以上有期徒刑或者无期徒刑。

四、战时造谣扰乱军心罪

本罪,是指战时造谣惑众、扰乱军心的行为。

所谓造谣惑众,是指制造谣言并加以散布,蛊惑官兵,煽动厌战、怯战、恐怖情绪,或夸大、吹捧敌方势力,极力贬低我军武器的杀伤力和我军的战斗力,等等。所谓扰乱军心,是指行为人的造谣惑众致使我军军心动摇或混乱。造谣惑众行为不要求事实上已经扰乱了军心,只要具有扰乱军心的现实危险性即可。行为人仅一般地传播不真实的战况消息,或将他人的流言蜚语加以传播、渲染,但不足以造成动摇军心后果的,不应视为犯罪。本罪成立的时间前提为战时,非战时不构成本罪。犯罪主体为特殊主体,即现役军人以外的一般公民。军人战时造谣惑众、扰乱军心的,应以战时造谣惑众罪论处。主观要件为故意,战时过失扰乱军心的,不构成本罪。

依照刑法第 378 条的规定,犯本罪的,处 3 年以下有期徒刑、拘役或者管制;情节严重的,处 3 年以上 10 年以下有期徒刑。

五、战时窝藏逃离部队军人罪

本罪,是指战时明知是逃离部队的军人而为其提供隐蔽处所、财物,情节严重的行为。

所谓逃离部队的军人,是指擅自离队的军人,既包括不经请假私自离开部队的军人,也包括合法地离开部队逾期不归的军人。所谓情节严重,是指因窝藏逃离部队军人,影响部队作战或其他重要军事任务完成的;窝藏部队指挥人员或者其他负有重要职责的人员的,如机要人员、保密人员;战时国家发布动员令后窝藏的;窝藏多名逃离部队军人的;窝藏时间长,次数多,经批评教育后继续窝藏、屡教不改的;引起其他严重后果的;等等。本罪成立的时间前提为战时,非战时不构成本罪。犯罪主体为一般主体,包括一般公民和军人。主观要件为故意,即行为人明知是逃离部队的军人而故意为其提供隐蔽处所、财物。

依照刑法第 379 条的规定,犯本罪的,处 3 年以下有期徒刑或者拘役。

六、战时拒绝、故意延误军事订货罪

本罪,是指战时拒绝或故意延误军事订货,情节严重的行为。

“战时”是本罪成立的时间前提。“军事订货”包括武器装备和其他军用物资。所谓拒绝军事订货,是指拒不接受生产军事订货。所谓故意延误军事订货,是指故意在规定的时间以后供货。所谓情节严重,一般是指拒绝手段恶劣,影响部队完成作战任务,导致战斗、战役失利,等等。犯罪主体为一般主体,个人和单位均可成立。具体承担刑事责任的是负有订货义务的生产、销售单位及其直接负责的主管人员和其他直接责任人员。犯罪主观要件为故意,过失不构成本罪。本罪成立的时间前提为战时,非战时不构成本罪。

根据刑法第 380 条的规定,犯本罪的,对单位判处罚金,并对其直接负责的主管人员和其他直接责任人员,处 5 年以下有期徒刑或者拘役;造成严重后果的,处 5 年以上有期徒刑。所谓造成严重后果,是指战时因拒绝军事订货或延误交货,严重贻误战机,直接造成战斗、战役严重失利,我方人员、装备、物资严重受损等。

七、战时拒绝军事征收、征用罪

本罪,是指战时拒绝军事征收、征用,情节严重的行为。

本罪的保护法益,具体来说,是国家的军事征用制度。军事征用,是国家在战时采用的一种特别措施,它是指国家根据动员的需要,在特殊情况下,对军事部门以外的组织和个人的物

资、设施和设备等强行调用或征购,用于军事行动。客观上表现为在战时拒绝军事征用。拒绝军事征用,是指行为人故意不将被征用的物品交付部队使用。成立本罪以"情节严重"为条件。所谓情节严重,是指煽动他人拒绝军事征用的;以暴力、威胁方法,拒绝提供战时急需的物资、设备、设施、运输工具等;因拒绝军事征用严重影响作战等军事任务完成的;造成其他严重后果的;等等。本罪成立的时间前提为战时,非战时不构成本罪。

依照刑法第381条的规定,犯本罪的,处3年以下有期徒刑或者拘役。

第九章　贪污贿赂罪

第一节　概　　说

贪污贿赂罪是指国家工作人员利用职务上的便利，贪污、挪用公共财产，或者索取、收受贿赂，或者不履行法定财产申报、境外存款申报等义务，侵犯职务行为的公正性的行为，以及行贿、单位行贿、对单位行贿、介绍贿赂等其他个人或者组织实施的与国家工作人员贪污渎职行为有关的犯罪行为。

贪污贿赂罪在采用盗窃、侵吞、骗取或者索取、收受等手段获取他人财产这一点上，与财产犯罪有共同之处，但在利用职务之便实施上述行为这一点上，具有渎职犯罪的一面，因此，其所侵害的法益应当是复杂法益。但从其在现行刑法中所处的位置即在“危害国防利益罪”和“渎职罪”之间的角度来看，应当说，其主要是属于侵害国家利益的犯罪，具体来说，是侵害国家机关的正常活动以及国家工作人员职务行为的廉洁性（贪污犯罪）、公正性（贿赂犯罪）的犯罪。换言之，贪污贿赂罪是一种与公务活动密切相关的渎职性犯罪。

根据刑法分则第八章的规定，贪污贿赂罪可分为以下两类：一是贪污挪用犯罪，包括贪污罪、挪用公款罪、巨额财产来源不明罪、隐瞒境外存款罪、私分国有资产罪、私分罚没财物罪；二是贿赂犯罪，具体包括受贿罪、单位受贿罪、利用影响力受贿罪、行贿罪、对有影响力的人行贿罪、对单位行贿罪、介绍贿赂罪、单位行贿罪。

第二节　贪污挪用犯罪

一、贪污罪

（一）概念和构成

本罪，是指国家工作人员利用职务上的便利，侵吞、窃取、骗取或者以其他手段非法占有公共财物，数额较大或者有其他较重情节的行为。

本罪是侵害国家工作人员职务行为的廉洁性和公共财产的所有权的犯罪。从本罪在刑法分则中的类属来看，本罪主要是保护国家工作人员职务行为的廉洁性，其次是公共财产所有权。贪污罪本是监守自盗型的职务侵占类型犯罪，属于财产犯罪，但因为现行刑法将其和贿赂犯罪放在一起，因此其不仅只是“破坏占有，据为己有”的侵财犯罪，还具有侵害国家工作人员职务形象的性质。因此，贪污罪的处罚范围比作为侵财犯罪的职务侵占罪的范围要宽泛，行为人所占有的不仅是自己直接占有的财产,还包括自己作为单位成员根据其职权、地位能够工作需要能够处理、支配的财产。如利用作为单位成员出公差能够报销差旅费的地位或者权利,欺骗单位主管领导,将和自己一道出去旅游的亲属的食宿费用,也混入自己的公差费用中,予以报销的场合,就是如此。

本罪的犯罪构成如下:

1. 主体。本罪的主体包括两类:一是典型主体即国家工作人员,二是拟制主体即刑法第382条第2款所规定的,受国家机关、国有公司、企业、事业单位、人民团体委托管理、经营国有财产的人。下面分别叙述。

首先,探讨贪污罪的典型主体即国家工作人员。关于如何界定"国家工作人员",主要有"身份说"和"公务说"之分。前者认为国家工作人员的本质在于其身份即国家工作人员;后者则认为国家工作人员的本质在于其从事公务即不管有无国家工作人员身份,只要是依法从事公务者就足以成为国家工作人员。[1] 目前的通说是"公务说"。

本书赞成"公务说",认为所谓从事公务,就是从事组织、领导、监督、管理国家事务和社会公共事务的活动。它具有下列特点:

(1)管理性,即依照有关法律、法规或者有关规章制度,代表国家行使组织、领导、监督公共事务的职能。正是这一点,使得其与直接从事物质资料的生产和服务的劳务活动区别开来。所谓劳务是指生产劳动和劳动服务。公务和劳务的主要区别在于:其一,劳务的存在与所有制的性质无关,公务则只存在于全民所有制的机关、单位之中。其二,劳务人员主要从事体力性劳动,公务人员则从事对国家、集体事务的管理性活动,这种管理活动主要或基本上是智力性的,方式表现为组织、监督、领导等公共事务。一切劳务活动,归根结底,都要在公务人员的管理下进行。其三,公务人员在单位内的职能部门中,享有职务上对某种事务进行决策、管理和处理的一定权力,劳务人员则不享有这种权力。这样说来,国有企业的汽车售票员、商店售货员、宾馆的收银员、国企的汽车司机等所从事的活动,因并非代表国家从事组织、领导、监督、管理活动,所以不是公务活动,而只是劳务活动。

从事公务与从事劳务的界限,通常是不难区分的,而且他们的活动与身份性质是单一的,即从事劳务的人员不具有公务人员的身份,而从事公务的人不具有劳务人员的身份。但在实践中,情况并非如此简单,有的人的活动集公务活动与劳务活动于一身,二者交织在一起,但以一种活动为主,因而为其行为性质的认定带来了一定困难。例如,证券公司的保荐业务是劳务行为还是职务行为,实践当中存在争议。一般认为,职务行为和劳务行为,除以上差别之外,还有一种区别,即劳务行为具有服务性和对价性,劳务行为是可以购买并可以用金钱交换的,交易基础在于双方的民事合意,而职务行为具有单向性和决定性,是一种决定权,不能基于民事合意进行交易和购买。否则,就是"权钱交易"。证券公司的保荐业务属于复合业务,既具有劳务行为性质又具有职务行为性质。保荐业务中对拟发行证券的人进行辅导、培训的行为,旨在提高拟上市公司的从业能力,具有服务性和劳务性特点,属于劳务性质,但是出具保荐书,推荐发行人证券上市或者发行证券,[2] 则属于推荐行为,是《证券法》等法律规范赋予的决定权。因此,保荐代表人向拟上市公司索取或者收受拟上市公司提供的经济利益,就是"利用职务之

---

〔1〕 相关学说的变迁,参见赵秉志主编:《贪污贿赂及相关犯罪认定处理》,中国方正出版社1999年版,第65页以下。

〔2〕《证券发行上市保荐业务管理办法》(2025年修订)第7条。

便”，收受贿赂，有可能构成非国家工作人员受贿罪。[3]

（2）职务性。一般来说，从事管理工作的人都有一定职务，在法律意义上，职务意味着获得一定的法定身份，代表国家、集体或者社会团体执行一定的具有管理性质的事务。据此，能够比较清楚地将国家工作人员和不具有该种身份的人区别开来。由于公务活动带有国家管理性质，因此，这种活动应该由特定人员去行使。管理者在行使管理职权的过程中，通常会被赋予一定范围的自由裁量权，这种裁量权实际上就是组织、领导、监督、管理国家事务和社会公共事务的体现，因此，“管理性”和“职务性”是从事公务的两个方面，它们之间互为表里。“管理性”是从事公务的实质内容，而“职务性”是从事公务的表现形式。只要是依法从事公务，即便是地方人民政府设立的行使特定管理职能的非常设性机构，也属于国家行政机关；只要是在其中从事公务，非在编人员亦视为国家工作人员。

从事公务活动的身份和权责，或是基于法律规定，或是基于委派而取得的，通常具有职务来源的合法性。但是，这并不意味着通过伪造证件等手段取得国家工作人员身份的人就不是国家工作人员，不能成为贪污罪的主体。因为，在这种场合，尽管行为人获得身份的手段是不合法的，但其所取得的国家工作人员的身份却是货真价实的；同时，以伪造证件等方式获得国家工作人员身份和通过伪造证件或者替考等手段获得国家工作人员身份之间，并没有本质上的差别。二者都通过了录用或者任命程序，至少在形式上没有瑕疵。正因如此，最高人民法院研究室在《关于对行为人通过伪造国家机关公文、证件担任国家工作人员职务并利用职务上的便利侵占本单位财物、收受贿赂、挪用本单位资金等行为如何适用法律问题的答复》中指出，行为人通过伪造国家机关公文、证件担任国家工作人员职务后，又利用职务上的便利实施侵占本单位财物、收受贿赂、挪用本单位资金等行为，构成犯罪的，应当分别以伪造国家机关公文、证件罪和相应的贪污罪、受贿罪、挪用公款罪等追究刑事责任，实行数罪并罚。据此，通过伪造国家机关公文、证件等方式获取国家工作人员身份的，在刑法上也是国家工作人员，可以成为贪污罪的主体。

作为贪污罪的典型主体的国家工作人员，主要是指以下四类人：

第一，国家机关工作人员，即刑法第 93 条第 1 款规定的在国家机关中从事公务的人员。根据《全国法院审理经济犯罪案件工作座谈会纪要》第 1 条，在国家机关中从事公务的人员，包括在各级国家权力机关、行政机关、司法机关和军事机关中从事公务的人员。根据有关立法解释的规定，[4]在依照法律、法规规定行使国家行政管理职权的组织中从事公务的人员，或者在受国家机关委托代表国家行使职权的组织中从事公务的人员，或者虽未列入国家机关人员编制但在国家机关中从事公务的人员，视为国家机关工作人员。在乡（镇）以上中国共产党机关、人民政协机关中从事公务的人员，从我国的实际情况来看，也属于国家机关工作人员。

第二，国有公司、企业、事业单位、人民团体中从事公务的人员。所谓国有公司、企业，是指由国家投资，其财产归国家所有，以实现国家利益为目标而建立的组织。国有公司、企业从事公务的人员，既包括管理干部，也包括工人编制中从事财产管理的人员，如出纳、收费人员，他们属于管理国有财产的人员，应当属于国有公司、企业中从事公务的国家工作人员。但是，国

---

〔3〕 郭大磊、金华捷：《保荐代表人低价突击入股行为的刑法分析》，载《中国检察官》2021 年第 12 期。

〔4〕《关于〈中华人民共和国刑法〉第九章渎职罪主体适用问题的解释》，2002 年 12 月 28 日第九届全国人民代表大会常务委员会第 31 次会议通过。

家参股、合资、合作的公司都不是法律意义上的国有公司、企业，其中从事管理工作的人，除非受到国有公司、企业的委派从事公务工作，否则不能以国家工作人员论，不能成为贪污罪的主体。这一点已经为司法机关所认可。如最高人民法院在《关于在国有资本控股、参股的股份有限公司中从事管理工作的人员利用职务便利非法占有本公司财物如何定罪问题的批复》中指出，在国有资本控股、参股的股份有限公司中从事管理工作的人员，除受国家机关、国有公司、企业、事业单位委派从事公务的以外，不属于国家工作人员。《全国法院审理经济犯罪案件工作座谈会纪要》第 1 条也规定，国有公司、企业改制为股份有限公司后原国有公司、企业的工作人员和股份有限公司新任命的人员中，除代表国有投资主体行使监督、管理职权的人以外，不以国家工作人员论。

第三，国家机关、国有公司、企业、事业单位委派到非国有公司、企业、事业单位、社会团体从事公务的人员。这一类国家工作人员本身不在国有单位而在非国有单位工作，但他们到非国有单位从事公务是由国家机关、国有公司、企业、事业单位、人民团体委、派，负责维护国家在这些单位里的利益（主要是财产利益）或者从国家利益出发，对其活动进行监督、指导。因此，也属于国家工作人员。根据《全国法院审理经济犯罪案件工作座谈会纪要》第 1 条，所谓委派，即委任、派遣，其形式多种多样，如任命、指派、提名、批准等。无论被委派的人身份如何，只要是接受国家机关、国有公司、企业、事业单位委派，代表国家机关、国有公司、企业、事业单位在非国有公司、企业、事业单位、社会团体中从事组织、领导、监督、管理等工作，都可以认定为国家机关、国有公司、企业、事业单位委派到非国有公司、企业、事业单位、社会团体从事公务的人员。

实践中，对于经国有单位提名或者批准，而非由国有公司、企业董事会选举或者任命从事公务的人，能否认定为“委派人员”，存在争议。针对这一点，最高人民法院、最高人民检察院《关于办理国家出资企业中职务犯罪案件具体应用法律若干问题的意见》第 6 条第 1、2 款中规定，经国家机关、国有公司、企业、事业单位提名、推荐、任命、批准等，在国有控股、参股公司及其分支机构中从事公务的人员，应当认定为国家工作人员。具体的任命机构和程序，不影响国家工作人员的认定。经国家出资企业中负有管理、监督国有资产职责的组织批准或者研究决定，代表其在国有控股、参股公司及其分支机构中从事组织、领导、监督、经营、管理工作的人员，应当认定为国家工作人员。可见，只要是属于国有单位提名或者批准，代表国有单位在非国有公司、企业、事业单位、社会团体中从事组织、领导、监督、管理等工作的人员，不论在被委派企业是通过何种方式产生的，都应被认定为“委派人员”。

第四，“其他依照法律从事公务的人员”。这主要是指被依法选出在人民法院履行职务的人民陪审员以及履行特定手续被聘为特邀检察员的人员等。在这一类人中，争议较大的是农村村民委员会或城镇居民委员会的组成人员是不是属于“其他依照法律从事公务的人员”。

本书认为，根据 2009 年 8 月 27 日全国人民代表大会常务委员会公布的《关于〈中华人民共和国刑法〉第九十三条第二款的解释》，对农村村民委员会或城镇居民委员会组成人员的属性认识，既要从国家工作人员的本质属性“从事公务”和法律规定去把握，也要从我国的现实情况出发来理解。根据我国宪法规定，村民委员会、居民委员会并不是一级行政机关，而是基层群众自治性组织，其基本职责就是管理行政村、居民点的集体事务，同时还要协助行政机关传达、贯彻党和国家的法律、方针、政策，代行一些行政管理事务。因此，我们不能简单地从农村村委会或城镇居民委员会的组成人员这一外在身份来判断其是不是国家工作人员，而应当从是否依法“从事公务”这一国家工作人员的本质属性来进行判断。如果其从事的仅是集体的事务，如管理村或者街道的财产，就不能以国家工作人员论；但如果其受行政机关的委托，代替行政机关从事一定的行政管理事务，如救灾、抢险、防汛、优抚、扶贫、移民、救济款物的管理，社会捐助公益事业款物的管理，国有土地的经营和管理，土地征收、征用补偿费用的管理，代征、代缴税款，有关计划生育、户籍、征兵工作，协助人民政府从事其他行政管理工作，那他就是依法受委托从事公务，属于“其他依照法律从事公务的人员”，应当以国家工作人员论。其利用职务上的便利，非法占有公共财物的，应当构成贪污罪。

此外需要注意的是，刑法第 382 条第 2 款规定，受国家机关、国有公司、企业、事业单位、人民团体委托管理、经营国有财产的人也能成为贪污罪的主体。这些人是因承包、租赁、临时聘用等管理、经营国有财产而具有成为贪污罪主体的资格。[5] 他们在受委托，以承包、租赁等方式管理、经营国有财产之前，可能是工人、农民或者从事其他职业的人或是待业人员，即便在被“委托”后，他们也不具有国家工作人员身份，因此，在这部分人因为侵吞、窃取、骗取承包、租赁企业的财产而构成贪污罪的场合，其非法占有的只能是“国有财物”，而其他被委派到非国有单位的国家工作人员，则可能贪污非国有单位的财物。另外，这类人只能成为贪污罪的主体，但不能成为以国家工作人员为主体要件的其他犯罪，如挪用公款罪、受贿罪、巨额财产来源不明罪、隐瞒境外存款罪的主体。[6]

同时，要注意的是上述人员只有在“受托”管理、经营“国有财产”时，才能成为贪污罪主体。在经销商骗取国家家电下乡补贴款[7]的案件中，经销商并没有权力支配和处分国有财产。也就是说，在经销商决定将补贴款先行垫付给农户时，国有财产并没有因为经销商的决定而转移，只是在相关单位审核确认后，经相关单位批准，国有财产才从国家账户进入经销商账户。具体而言，只有相关单位而非经销商才可以管理、经营国有财产。因此，经销商不符合贪污罪的主体条件，其骗取国家家电下乡补贴款的行为不构成贪污罪，而是构成诈骗罪。

2. 客观行为。本罪客观上表现为利用职务上的便利，侵吞、窃取、骗取或者以其他手段非法占有公共财物。具体分析如下：

首先，通常认为，依照刑法第 382 条第 1 款的规定，本罪的行为对象是“公共财物”，[8] 但从其他刑法条文的规定来看，情况恐怕不是如此简单，需要具体探讨。

依照刑法第 382 条第 1 款的规定，本罪行为对象是“公共财物”，即刑法第 91 条规定的下列财产：(1)国有财产，即国家所有的财产，主要包括国家机关、国有公司、企业、国有事业单位、人民团体中的财产。(2)劳动群众集体所有的财产，主要包括集体所有制的公司、企业、事业单位、经济组织中的财产。在经济活动中，公民多人合伙经营积累的财产，属于合伙人共有，不属于集体所有的财产。(3)用于扶贫和其他公益事业的社会捐助或者专项基金的财产，其中“公益事业”，主要是指服务于社会公益的非营利性事项；“社会捐助”，是指个人、组织或单

---

〔5〕 2003 年《全国法院审理经济犯罪案件工作座谈会纪要》第 2 条。

〔6〕 2000 年最高人民法院《关于对受委托管理、经营国有财产人员挪用国有资金行为如何定罪问题的批复》。

〔7〕 根据山东省财政厅、山东省商务厅《关于改进家电下乡补贴资金审核兑付方式的紧急通知》(鲁财建〔2010〕13 号)文件精神，销售网点是在初步审核购买人身份证、户口簿等相关证件，将补贴资金先行垫付给购买人之后，再将家电下乡补贴资金结算表、购买人身份证、销售发票等相关资料交由财政部门具体审核，审核通过的由财政部门拨付补贴资金，不符合条件的，不予结算，由此发生的损失由销售网点自行承担。

〔8〕 高铭暄、马克昌主编：《刑法学》(第 10 版)，北京大学出版社、高等教育出版社 2022 年版，第 634 页。

位向社会公益事业以及向贫困地区所捐赠、赞助的款物;“专项基金”,是指专门用于上述公益事业的各种基金。(4)在国家机关、国有公司、企业、集体企业和人民团体管理、使用或者运输中的私人财产。是否为“公共财物”,主要取决于其所属单位的经济性质。对此,应在工商行政管理机关核定的基础上,综合考虑注册资金来源、人员管理、利润分配等情况,实事求是地确定。单位虽然有国有、集体所有制企业的营业执照,但是在国有、集体所有制主体没有投资,没有贷款和集资,也没有按国有、集体所有制企业管理机制进行管理,完全由个人自筹资金、自聘人员、自主经营的场合,其中的财物不能认定为“公共财物”;单位成员对剩余的利润,按约定可以自主分配的,不属于贪污。

但贪污罪的对象并不一定限于“公共财物”。刑法第271条第2款规定,国有公司、企业或者其他国有单位委派到非国有公司、企业以及其他单位从事公务的人员,利用职务上的便利,将本单位财物非法占为己有,数额较大的,也构成贪污罪。换言之,国家工作人员在非国有公司、企业、事业单位中从事公务,利用职务上的便利贪污本单位财产的也构成贪污罪,非国有单位的财产,如国有控股、参股公司的财产也能成为本罪的对象。这样说来,贪污罪的对象,并不如通常所说的那样,一定限于“公共财物”。

要注意的是,正如前述财产犯罪中所介绍的那样,作为贪污罪对象的“公共财物”,包括财产性利益在内。所谓财产性利益,是指动产、不动产、有价证券等财物或者期权、债权等其他具有经济性价值的利益。这种利益既可能是永久性利益,也可能是暂时性利益;既可能是积极利益,也可能是消极利益。如土地使用权具有用金钱计算数额的财产性利益的属性,属于“公共财物”,可以成为贪污的对象;期货交易过程中,行为人先用个人控制账户买入或卖出期货产品,再与国有公司账户相互交易的行为,属于在正常期货交易过程中增设相互交易环节,该行为直接造成国有公司交易成本提高,使本应归属国有公司的利益被个人占有,具有侵吞公共财产的性质,一定条件下可依法认定为贪污罪。〔9〕

关于贪污罪的行为对象,有以下四个问题值得探讨:

(1)债权能否成为贪污罪的对象?从形式上看,债权在民法当中属于请求权,其实现具有不确定性,故不能等同于所有权,同时,刑法第382条只将“公共财物”规定为贪污罪的对象,而没有规定债权,因此,完全可以说,“财物”不可能解释到包括债权的地步。但本书认为,债权可以成为贪污罪的对象。理由是:其一,虽然债权是一种请求权,但在债权实现后,隐瞒债权的行为人实际上就取得了财产权。其二,国有公司、企业转制过程中国有资产评估的对象不仅包括公司、企业的货币(资金)、实物、工业产权,还包括债权;如果不把债权作为贪污罪的对象看待,对保护国有资产不利。其三,债权能否成为贪污罪的对象,实际上是作为债权或者债的标的能否成为贪污罪的对象的问题。由于作为财产的债权标的在尚未实现时,实际上还属于一种财产性利益,因此,其涉及刑法第382条对贪污罪对象规定的“公共财物”的范围理解问题。虽说对于财物是否包括财产性利益,尚有不同意见,但在贪污罪中,由于行为人具有职务上的便利,完全可以通过隐瞒债权这种欺骗的形式使债权的标的失控于债权人,从而使债权人的利益受到损害,因此,在解释论上,将贪污罪对象“公共财物”理解为包括作为财产的债权标的,也未尝不可。

(2)国有事业单位管理、使用或者运输中的私人财产能否成为贪污罪的对象?由于刑法

---

〔9〕 沈某某、郑某某贪污案,最高人民检察院指导案例187号(2023年)。

第91条第2款没有列举国有事业单位,因此,说国有事业单位管理、使用、运输中的私人财产不属于公共财物,此类财物不能成为贪污罪犯罪对象的观点也是有其法律根据的。但本书认为,既然刑法第271条第2款将贪污罪的对象作了扩大理解,没有限定于公共财物,而是只要是具有国家工作人员身份或拟制国家工作人员身份者,利用职务便利将并非公共财物的本单位财物非法占为己有的,都构成贪污罪,则将国有事业单位中从事公务的人员利用职务便利侵占国有事业单位管理、使用、运输中的私人财产的行为作为贪污罪处理,也未尝不可。实际上,在国有医院使用、管理的患者的住院预交费用等基于合同暂时管理、使用、运输的私人财物发生损失或灭失的场合,国有事业单位依法须承担赔偿责任,也就等同于本单位的财物损失,因此,国有事业单位管理、使用、运输中的私人财物也应视为"本单位财物",完全有理由将其作为贪污罪的犯罪对象。司法实践中的相关指导性案例也认可了这个结论。[10]

(3)不动产能否成为贪污罪的对象?不动产是财产的一种,国有性质的不动产当然是公共财物的重要组成部分。但不动产特别是房产在产权转移时必须遵循法定的登记程序才能实现,所以,说不动产不能被贪污也是有其道理的。但本书认为,这种观点值得商榷,作为不动产的房产,同样可以成为贪污罪的犯罪对象,其所有权转移的方式并不影响其财物的本质属性。贪污罪具有财产犯罪的一面,从本书所主张的本权说的立场来看,行为人是否控制了公共财物,对犯罪的认定具有重要意义。在非法占有国有房产的场合,只要行为人利用职务上的便利,使该国有房产脱离了国有单位的控制而转归自己控制之下,就可以认定为非法占有了该公有房产,即便其产权没有转移,也同样可以成立贪污罪。因为,刑法中的占有并不意味着民法意义上的财产所有权转移,财产所有权转移时固然是典型的占有,但财产所有权未转移的情况下也能对财物进行占有。这一点已经为有关司法解释所认可。最高人民法院、最高人民检察院《关于办理受贿刑事案件适用法律若干问题的意见》第8条第1款明确规定,国家工作人员利用职务上的便利为请托人谋取利益,收受请托人房屋、汽车等物品,未变更权属登记或者借用他人名义办理权属变更登记的,不影响受贿的认定。这一规定对贪污房产行为性质的认定同样具有参考意义。

(4)"小金库"的资产能否成为贪污罪的对象?所谓"小金库"是指违反法律法规及其他有关规定,应列入而未列入符合规定的单位账簿的各项资金(含有价证券)及其形成的资产。"小金库"里的资金本应上缴国家财政,依法予以支配。正因如此,故财政部、审计署、中国人民银行《关于清理检查"小金库"的意见》第1条规定,凡违反国家财经法规及其他有关规定,侵占、截留国家和单位收入,未列入本单位财务会计部门账内或未纳入预算管理,私存私放的各项资金,均属"小金库"。故在单位截留粮食轮换差价和粮食仓储补贴款,故意使其逃避和脱离监管,应入账不入账,私设"小金库"的案件中,"小金库"的钱款系私存私放的公款,其本质上仍属于单位公款,国家工作人员利用职务便利贪污、挪用"小金库"的资金,仍是对国有财

---

〔10〕最高人民法院刑事审判第二庭曾发布过一起利用职务便利侵吞国有事业单位管理、使用中的私人财物构成贪污罪的典型案例。参见顾保华:《利用职务便利侵吞国有事业单位管理、使用中的私人财物构成贪污罪》,载《人民法院报》2003年7月7日。审判机关经二审终审认为:被告人石某某身为国有事业单位中从事公务的人员,利用职务便利,使用欺骗的方法将本单位管理的学生"讲义费"非法占为己有,其行为已构成贪污罪,依法应予以惩处。该指导案例的编写者认为,刑法第91条规定了"公共财产"的内容,但这并不意味着刑法第91条规定的"公共财产"是贪污罪的唯一犯罪对象。结合刑法第271条第2款的规定来看,国有单位和受国有单位委派从事公务的人员任职的非国有单位的"本单位财物"也应纳入贪污罪的犯罪对象。如此说来,认为贪污罪的犯罪对象仅仅是公共财产,并不准确。

产权益的侵犯。[11]

其次,本罪的危害行为是利用职务上的便利,侵吞、窃取、骗取或者以其他手段非法占有公共财物。具体分析如下:

(1)必须利用职务上的便利。"利用职务上的便利"是指利用职务上主管、管理、经手公共财物的权力及方便条件,既包括利用本人职务上主管、管理公共财物的职务便利,也包括利用职务上有隶属关系的其他国家工作人员的职务便利。因此,在被告人利用其担任市委常委、市人大常委会副主任和兼任建设领导小组副组长兼指挥部总指挥,主持指挥部全面工作的职务便利,对其具有隶属关系的下属即土地确权报批科人员及其分管副总指挥打招呼,使得他人将其所购房屋谎报为祖传旧房,骗得旧房拆迁安置资格,骗取国有土地确权,使他人按无房户得到了土地安置补偿的场合,构成贪污罪。在行为人将个人消费以公款报销的场合,是否构成贪污,应以行为人是否"利用职务上的便利"为标准区别对待。在行为人将个人消费拿到与其具有隶属关系的机构或者单位报销的场合,就是利用职务之便获取公共财物,构成贪污。

在"利用职务上的便利"的认定上,必须将其与"利用劳务上的便利"区分开来。后者是指行为人与非法占有的财物之间并无职责上管理与支配的权限,仅仅是因为利用劳务之机或者偶然情况而接触到他人管理、经手的财物,或者因为劳务工作关系熟悉周围环境等,形成了非法占有财物的方便条件。二者区分的标准主要是看行为人对于所经手或者接触的财物,是否具有监督管理与独立支配的权限。如果行为人所从事劳务的岗位职责中,包含对所经手的财物进行监管与独立支配的权限,也即行为人非法占有财物时不存在其他障碍,就是利用了职务上的便利。如在户外安装电线的电工,对于其所领用的电线材料,负有不被他人拿走的保管职责,同时也具有对电线材料独立支配的权限。如果其将电线非法据为己有,就是利用了职务上的便利。相反地,如果行为人对于劳务中所经手的财物并无独立的支配权,非法占有还需要采用其他逃避监管的手段,就是利用工作即劳务便利的行为。

(2)必须以侵吞、窃取、骗取或者其他手段非法占有公共财物。所谓侵吞,与"侵占"是同义语,指将自己合法控制之下的公共财物非法据为己有。例如对于自己保管、使用的公共财物应上交而不上交,加以扣留,或者应当下发而不下发,非法转归己有或者第三者所有;财会人员收款不入账,执法人员收缴赃物或者罚没款物应当交公而不交公;将受本单位指派向他人或者其他单位转交的财物从中截留归个人所有。其与侵占(委托物)罪的对象不同在于,除自己实际占有的财物之外,还包括作为单位领导如董事长、总经理、财务总监,基于职权能够调度、支配、控制的财物。例如,国有公司的总经理虽然并不实际占有本单位的一钱一物,但其能够调度、支配、控制单位的所有财物,其利用职权将单位财物非法占为己有的,成立侵吞型贪污。

所谓窃取,是指将自己基于职务与他人共同占有管理(而不是行为人单独管理)的公共财物非法地、平和地占为己有。这是由我国的财会制度和财产保管制度的特点所决定的。就资金管理而言,国家机关、企业、事业单位的财务制度都规定钱账分离,银行中的金库也都由两人以上共同保管。因此,行为人要窃取公共财物,必然要乘与其共同管理、经手财物的他人不备,才能达到非法占有的目的。工厂保卫科长系本单位财物的监视占有者,其利用管理之机,伙同外人将本单位财物占为己有的,属于利用职务之便的窃取。通说认为,贪污罪中的"窃取"是

[11] 2023年最高人民检察院《关于印发〈粮食购销领域职务犯罪典型案例〉的通知》案例五:宫某某、杨某某、王某某贪污、挪用公款案。

指行为人窃取自己保管、经手的财物（监守自盗）。但这种说法存在逻辑问题。行为人不可能采取不被自己发觉的方法盗窃、占有公共财物；另外，其也混淆了将自己控制、占有、保管下的财物非法占为己有的侵吞与窃取的界限。

所谓骗取，是指利用行为人作为单位成员的特殊身份或地位，采取虚构事实或者隐瞒真相的方法，欺骗本单位主管、管理、控制、支配公共财物的人员，将本单位的公共财物占为己有。例如工程项目负责人伪造工资表，从财会人员手中冒领根本不存在的工人工资并占为己有；公职人员伪造发放奖金账册，利用职务之便，伙同他人套取本单位资金及收入不上账的租金并予以私分；国有保险公司工作人员和国有保险公司委派到非国有保险公司从事公务的人员，利用职务上的便利，故意编造未曾发生的保险事故进行虚假理赔，骗取保险金归自己所有（刑法第183条第2款）；国有企业管理人员，利用职务之便，采用虚构事实的方法骗取国家养老保险金；国家工作人员或以国家工作人员论的人员，利用职务上的便利，虚报、骗取地上附着物补偿款后予以私分。但要注意的是，骗取财物的时候，也必须是利用了职务上的便利。例如国家工作人员没有出差，却谎称出差，将其配偶的外出旅游费用单据拿到单位报销的，不构成贪污，而是构成诈骗。因为，国家工作人员出差、参与公务活动之后依据原始凭据，按规定的审批程序办理的经费结算活动，和国家工作人员的职务及职权并没有什么关系。国家工作人员出差办事是和职权有关，但是其报销出差款却和其职权无关，只是和自己在出公差的时候，能够将花费依照规定报销的身份有关。换句话说，在骗领出差报销款的过程中，国家工作人员的身份在其骗领报销款中起到了主要作用。

所谓其他手段，是指采取侵吞、窃取、骗取以外的方法，将公共财物占为已有。如动植物检疫部门的工作人员违反规定，多割样品肉卖钱私分的行为；国企管理人员乘国有企业改制之机，隐瞒国有企业财产，夸大企业债务，乘机将国有财产据为己有的行为；国家工作人员利用职务上的便利，以本单位名义向有关单位索要财物并占为己有的行为；国家工作人员利用所管理的国家建设专项奖金为少数人购买房屋的行为；集体决定将公款用于单位个人购买私房的行为；国家工作人员利用职务上的便利，私自截留公款，以单位名义买房，由个人非法占有的行为。国有公司的经理、董事增设中间环节获取购销差价的行为中，如果所增设的中间环节客观上并不存在，或虽然客观上存在，但缺少实际的经营能力或并不承担相应的经营风险，且获取的购销差价并不合理的，属于非法截留国有资产，构成贪污罪。[12] 另外，国家工作人员在国内公务活动或者对外交往中接受礼物，依照国家规定应当交公而不交公，数额较大的，依照刑法第394条的规定，也是贪污。这是有关不作为形式贪污的特殊规定。在其适用上，应当注意“不上交”的特定含义。并不是仅仅违反了收受礼品应当上交的规定，就构成贪污，还要考虑该“不上交”的行为和贪污罪的本来行为即利用职务之便，盗窃、侵吞、骗取或用其他手段获取公共财物之间是否具有等价性即是否能够同等评价。从此角度出发，这里的“不上交”，应当是指经催促上交而不上交，或者是采用其他积极手段隐瞒接受了礼品的事实或隐瞒所接受的礼品数额大小的行为，而单纯地将礼品放在办公室中没有上交的行为，不能认定为贪污。

（3）非法占有财物必须达到“数额较大”或者“有其他较重情节”的程度。贪污公共财物数额较小且情节较轻的，不按照贪污罪论处，由其所在单位或者上级主管机关酌情给予行政处

---

〔12〕林辛建：《祝贵财等贪污案[第1087号]——如何区分非法经营同类营业罪和贪污罪》，载最高人民法院刑事审判第一、二、三、四、五庭主办：《刑事审判参考》总第103辑，法律出版社2016年版。

分。按照刑法第383条的规定,贪污罪的定罪标准实际上有两个:一是考虑数额是否达到较大。根据最高人民法院、最高人民检察院《关于办理贪污贿赂刑事案件适用法律若干问题的解释》第1条第1款的规定,贪污数额在3万元以上不满20万元的,应当认定为"数额较大"。二是在数额没有达到较大时,考察其情节是否较为严重。依照上述司法解释第1条第2款的规定,贪污数额在1万元以上不满3万元,且具有下列情形之一的,应当认定为"其他较重情节":贪污救灾、抢险、防汛、优抚、扶贫、移民、救济、防疫、社会捐助等特定款物的;曾因贪污、受贿、挪用公款受过党纪、行政处分的;曾因故意犯罪受过刑事追究的;赃款赃物用于非法活动的;拒不交代赃款赃物去向或者拒不配合追缴工作,致使无法追缴的;造成恶劣影响或者其他严重后果的。

3. 主观要件。本罪的主观要件只能是故意,并且具有非法占有公共财物的目的。对于受委托管理、经营国有财产的人员,其利用职务便利以各种手段非法占有单位财物的,不要求明知是"国有财物"而占有才构成本罪。只要行为人知道其非法占有的是其管理、经营的单位的"公物",而不是自己或者其他个人的财产,就构成本罪。

(二)本罪的认定

本罪在认定上,要注意以下问题:

1. 对科研人员贪污科研经费案件的处理。近年来,科研人员套取并占有科研经费的行为被论以贪污罪的情形时有发生。司法判决的主要理由是:(1)国家拨付的科研经费,属于贪污罪中的"公共财物";(2)科研人员作为科研项目负责人,具有管理、拨付、分配、使用科研经费的职权,属于国有事业单位人员从事公务,符合贪污罪中的"国家工作人员"要件;(3)涉案人员利用开具虚假发票、虚列开支、虚增合同款的方式套取国家拨付的科研经费,造成国家财产的损失,属于贪污罪中"窃取、骗取"的非法手段。对这种科研人员套取并占有科研经费的行为被论以贪污罪的做法,学界看法不一。肯定说认为,科研人员在使用科研经费时,要进行经费的申领和核销,其申领和核销活动,是学校科研经费公款管理的一个重要环节,属于"利用职务之便,经手公共财物"的行为,属于公务活动,因此科研人员能够成为贪污罪中的国家工作人员。[13] 相反地,否定说则认为,科研人员违规套取科研经费不构成贪污罪,理由是:科研人员从事科学研究,没有代表国家进行行政管理,对公共财物也没有主管、管理、经手之职务便利,不是"从事公务"。同时,科研经费是国家有关部门用于"购买"科研人员智力成果(科研成果)及补助相关支出的费用。即便科研人员采取不正当手段套取科研经费,只要科研人员真实地从事了科研活动,便不属于侵害国家财产的行为。[14]

上述两种说法都有过于极端之嫌。按照肯定说,科研人员在使用科研经费时所进行的申领和核销就是"利用职务之便,经手公共财物",且不说科研人员申领和核销经费是不是能够直接导致科研经费的占有被转移,尚有疑问,更为重要的是,在核销过程中,将科研业务费调整为实验材料费、仪器设备购置费等费用等是常有的事,如果说这种行为就是欺骗,所领得的经费就是贪污,则有过严之嫌。相反地,否定说认为科研经费是国家有关部门用于"购买"科研人员智力成果(科研成果)及补助相关支出的费用的见解,和科研经费的管理规定严重背离。教育部、财政部《关于加强中央部门所属高校科研经费管理的意见》,教育部《关于进一步加强

[13] 孙国祥:《套取并占有科研经费的刑法性质研究》,载《法学论坛》2016年第2期。

[14] 肖中华:《科研人员不当套取国家科研经费不应认定为贪污罪》,载《法治研究》2014年第9期。

高校科研项目管理的意见》和教育部《关于进一步规范高校科研行为的意见》,明确提出不管是纵向科研经费,还是横向科研经费,应全部纳入学校财务统一管理,科研经费从来都不属于项目负责人个人所有。

从本书的角度来讲,科研经费属于国家交给各个单位或者科研人员个人代为管理、指定了用途的财物,本质上是公共财物。科研人员一旦被批准承担国家项目的研究,管理与该项目有关的科研经费,就意味着代为"从事公务",具有了"国家工作人员"的身份。其在履行科研经费管理的公务的过程中,通过虚列支出、虚开发票等手段套取科研经费转入个人实际控制的公司的行为,或从关联公司购买发票来报销的"拼发票"行为、报高价预算买低价实物的"凑预算"行为、一个项目多头申报翻新再报的"攒项目"行为、将没有实际发生的费用列入科研项目报销并据为己有的行为,符合贪污罪中侵吞、窃取、骗取或者以其他手段非法占有公共财物的构成要件要求,构成贪污罪。

当然,在案件实际处理过程中,根据2016年最高人民检察院《关于充分发挥检察职能依法保障和促进科技创新的意见》第7、8条,要区分科研人员合法的股权分红、知识产权收益、科技成果转化收益分配与贪污之间的界限;要区分科技创新探索失败、合理损耗与骗取科研立项、虚增科研经费投入的界限;要区分突破现有规章制度,按照科技创新需求使用科研经费与贪污、私分科研经费的界限。没有徇私舞弊、中饱私囊,或者没有造成严重后果的,不作为犯罪处理。这就意味着,在国家科研经费的使用当中,即便存在将实验材料费、仪器设备购置费、试验外协费、人员劳务费、租赁费相互调账,如将人员劳务费谎报为仪器设备购置费等行为,只要费用最终还是用在了科研项目之中,科研人员只是存在使用不规范的问题,没有中饱私囊,就不应当构成贪污罪。

2. 本罪与为亲友非法牟利罪的区别。特殊情况下,为亲友非法牟利罪可转化为贪污罪。如国有公司中的国家工作人员利用职务便利,通过为亲友非法牟利罪的三种行为手段,侵吞国有财产,在数额均达到相应立案标准的情况下,到底构成贪污罪还是为亲友非法牟利罪,存在争议。通常来说,可从以下两方面区分认定:一看是否有真实经营行为。若行为人只是假借与亲友经营管理的单位进行购销活动之名,并无实施购销等经营行为之实,仅通过在亲友单位"走账",将国有公司的利润等国有财产转移、截留,则应认定为贪污。二看是否承担市场风险。为亲友非法牟利的场合,行为人只是将国有单位的优势商业机会提供给亲友,二者之间具有实际的经营活动,亲友经营管理的单位也实际承担了一定的市场风险。而贪污的场合,亲友经营管理的单位看似有经营活动,但实际在该"经营活动"中并无市场风险,属于人为增设中间环节截留国有财产,获取的所谓"购销差价"实为国有财产的一部分。

3. 本罪和国有公司、企业人员滥用职权罪的区别。行为人利用职务上的便利非法占有公共财物的贪污,广义上讲,也是一种滥用职权的行为,只是这种滥用为非法占有公共财物服务。因此,其和刑法第168条规定的国有公司、企业人员滥用职权罪该如何区别,就成为问题。特别是在隐匿国有资产并转入改制后的、行为人占有股份的股份制公司的场合,如何处理,存在争议。

贪污罪虽然也是一种滥用职权的行为,但作为其构成要件的危害结果却不是国有公司、企业人员滥用职权罪所能评价完毕的。在国有公司、企业人员滥用职权罪的场合,行为人只要"造成国有公司、企业破产或者严重损失,致使国家利益遭受重大损失"即可构成,而不要求将公共财物据为己有,具有"损人不利己"的毁坏财物性质。但是,在贪污罪的场合,行为人滥用职权的结果,必须是"非法占有公共财物",具有"损人利己"的利得型犯罪性质。

国有公司、企业人员利用职务上的便利隐匿国有财产并将之转移到自己占有股份的公司的场合,应当构成贪污罪。因为,其完全符合贪污罪的犯罪构成。贪污罪中的"非法占有",既可以理解为为自己而占有,也可以理解为为第三人而占有。利用职务上的便利将本单位的财物转移给朋友,或者代替自己或亲属占有股份的公司偿还债务的,本质上还是"非法占有",因此,将该种行为理解为贪污罪并没有法律上的障碍。

4. 本罪和职务侵占罪的区别。从本质上讲,贪污罪也是一种职务侵占行为,因此,通说认为,单从行为方式上难以将二者区分开来,二者的关键在于主体和行为对象不同。[15] 但这种观点并不准确。二者的差别主要在于犯罪主体和保护法益不同。从主体上讲,本罪的主体是国家工作人员和受国家机关、国有公司、企业、事业单位、人民团体委托管理、经营国有财产的人员,而职务侵占罪的主体则是公司、企业中不具有国家工作人员身份的工作人员。从保护法益来看,本罪的保护法益主要是国家工作人员职务行为的廉洁性,而职务侵占罪的保护法益是公司、企业或者其他单位的财产所有权。这种保护法益上的差别,对于两罪客观行为的认定,也有微妙的影响。在贪污罪中,由于其保护的法益是职务行为的廉洁性,所以其中的"利用职务上的便利"应当和贪污罪的保护法益紧密相连,职务行为的廉洁性主要是国家公务行为的廉洁性,因此,该职务需要区分公务和劳务;而在职务侵占罪中,保护法益是财产所有权,因此就没有必要进行这种区分,其更多地具有同为财产犯罪的侵占罪的特征。不管是公司的公务还是劳务,都属于行为人的业务,在行为人的职务范围之内。因此,在贪污罪的场合,只要是利用职务上的便利,侵吞、窃取、骗取或者以其他方式将自己占有或者自己能够处置的公共财物据为己有的,都构成本罪,但在职务侵占罪的场合,由于其更加类似于侵犯财产犯罪中的侵占罪,因此,其犯罪手段只有侵吞,即将自己控制之下的财物据为己有一种形式。

5. 共犯。刑法第 382 条第 3 款规定,与国家工作人员或者受委托管理、经营国有财产的人员勾结,伙同贪污的,以共犯论处,即非国家工作人员可以和国家工作人员一道成为贪污罪的共犯。对此,最高人民法院《关于审理贪污、职务侵占案件如何认定共同犯罪几个问题的解释》第 1、2 条和《全国法院审理经济犯罪案件工作座谈会纪要》第 2 条将其具体化为以下三种情形:(1)行为人与国家工作人员勾结,利用国家工作人员的职务便利,共同侵吞、窃取、骗取或者以其他手段非法占有公共财物的,以贪污罪共犯论处;(2)行为人与公司、企业或者其他单位的人员勾结,利用公司、企业或者其他单位人员的职务便利,共同将该单位财物非法占为己有,数额较大的,以职务侵占罪共犯论处;(3)公司、企业或者其他单位中,不具有国家工作人员身份的人与国家工作人员勾结,分别利用各自的职务便利,共同将本单位财物非法占为己有的,按照主犯的犯罪性质定罪。

但是,从本书所持的行为共同说的角度来看,对于刑法第 382 条第 3 款的规定,应当按照以下情形理解:(1)没有身份的人与国家工作人员勾结,利用国家工作人员的职务便利,共同侵吞、窃取、骗取或者以其他手段非法占有公共财物的,以贪污罪共犯论处。从本书所持行为共同说的立场来讲,以上场合,没有身份的人本应成立侵占罪、盗窃罪、诈骗罪,但因为这几种犯罪的处罚通常比贪污罪重(贪污罪尽管有死刑,但其入罪标准远高于侵占罪和盗窃罪、诈骗

---

〔15〕 高铭暄、马克昌主编:《刑法学》(第 10 版),北京大学出版社、高等教育出版社 2022 年版,第 637 页;谢望原、赫兴旺主编:《刑法分论》(第 2 版),中国人民大学出版社 2011 年版,第 405 页。

罪，属于较轻的犯罪)，所以从公平原则以及罪疑时有利于被告人的立场来看，对没有身份的人以贪污罪共犯处罚为妥。(2)非国有的公司、企业或者其他单位的人员与国家工作人员相勾结，利用国家工作人员的职务之便，共同将该单位财物非法占为己有，数额较大的，从行为共同说的角度来看，构成贪污罪和职务侵占罪的共同犯罪，由于此处的身份是影响责任的身份，故在处罚上按照“违法是连带的，身份是个别的”道理，有国家工作人员身份者构成贪污罪，无身份者构成职务侵占罪。

刑法第383条对于贪污罪的定罪量刑是按照个人贪污的数额来确定的。但在二人以上共同贪污总额较大或者巨大，个人分赃数额较小的场合，存在主张以共同贪污的总数额为确定各共犯刑事责任标准的“犯罪总额说”和主张以个人分赃数额为标准确定各共犯的刑事责任的“分赃数额说”之间的严重对立。为消除这种理解不一的弊端，《全国法院审理经济犯罪案件工作座谈会纪要》第2条规定，刑法第383条第1款规定的“个人贪污数额”，在共同贪污犯罪案件中应理解为个人所参与或者组织、指挥共同贪污的数额，不能只按个人实际分得的赃款数额来认定。对共同贪污犯罪中的从犯，应当按照其所参与的共同贪污的数额确定量刑幅度，并依照刑法第27条第2款的规定，从轻、减轻处罚或者免除处罚。

6. 既遂与未遂。尽管贪污罪本质上是侵犯职务行为廉洁性的渎职犯罪，但其在表现形式上体现为国家工作人员利用职务上的便利，非法占有公共财物，具有财产犯的性质，属于结果犯。如此说来，在贪污罪的认定上，就必须将财产是否被非法占有作为判断既、未遂的标准。只有当行为人将其所主管、经营、经手的财物非法转为己有的时候，才能构成贪污罪既遂。相反地，行为人已经着手实施贪污行为，但由于其意志以外的原因而未能将财物转为己有的，如行为人意图利用职务上的便利，以转账支票方式将本单位银行存款划到自己账户上，但由于意志以外的原因而未能得逞的，可以说是贪污罪未遂。这一点，也为司法实践所认可。《全国法院审理经济犯罪案件工作座谈会纪要》第2条规定，贪污罪是一种以非法占有为目的的财产性职务犯罪，与盗窃、诈骗、抢夺等侵犯财产罪一样，应当以行为人是否实际控制财物作为区分贪污罪既遂与未遂的标准。行为人利用职务上的便利，实施了虚假平账等贪污行为，但公共财物尚未实际转移，或者尚未被行为人控制就被查获的，应当认定为贪污未遂。行为人控制公共财物后，是否将财物据为己有，不影响贪污既遂的认定。

(三)处罚

依照刑法第383条及相关司法解释的规定，犯本罪的，根据情节轻重，分别依照下列规定处罚：

1. 贪污数额较大或者有其他较重情节的，处3年以下有期徒刑或者拘役，并处罚金。“数额较大”或者有“其他较重情节”，参见前述相关内容。

2. 贪污数额巨大或者有其他严重情节的，处3年以上10年以下有期徒刑，并处罚金或者没收财产。根据最高人民法院、最高人民检察院《关于办理贪污贿赂刑事案件适用法律若干问题的解释》第2条第1款、第2款，贪污数额在20万元以上不满300万元的，应当认定为刑法第382条第1款规定的“数额巨大”。贪污数额在10万元以上不满20万元，且具有下列情形之一的，应当认定为刑法第383条第1款规定的“其他严重情节”：贪污救灾、抢险、防汛、优抚、扶贫、移民、救济、防疫、社会捐助等特定款物的；曾因贪污、受贿、挪用公款受过党纪、行政处分的；曾因故意犯罪受过刑事追究的；赃款赃物用于非法活动的；拒不交代赃款赃物去向或者拒不配合追缴工作，致使无法追缴的；造成恶劣影响或者其他严重后果的。

3.贪污数额特别巨大或者有其他特别严重情节的,处10年以上有期徒刑或者无期徒刑,并处罚金或者没收财产;数额特别巨大,并使国家和人民利益遭受特别重大损失的,处无期徒刑或者死刑,并处没收财产。根据最高人民法院、最高人民检察院《关于办理贪污贿赂刑事案件适用法律若干问题的解释》第3条第1款、第2款,贪污数额在300万元以上的,应当认定为"数额特别巨大";贪污数额在150万元以上不满300万元,且具有下列情形之一的,应当认定为刑法第383条第1款规定的"其他特别严重情节":贪污救灾、抢险、防汛、优抚、扶贫、移民、救济、防疫、社会捐助等特定款物的;曾因贪污、受贿、挪用公款受过党纪、行政处分的;曾因故意犯罪受过刑事追究的;赃款赃物用于非法活动的;拒不交代赃款赃物去向或者拒不配合追缴工作,致使无法追缴的;造成恶劣影响或者其他严重后果的。国家工作人员出于贪污的故意,非法占有公共财物之后,将赃款赃物用于单位公务支出或者社会捐赠的,不影响贪污罪的认定,但量刑时可以酌情考虑。

4.对多次贪污未经处理的,按照累计贪污数额处罚。对于"多次贪污未经处理"该如何解释,虽说实践中存在争议,但一般认为,其是指两次以上(含两次)的贪污行为,既没有受到刑事处罚,也没有受到行政处分。贪污行为如果已经被发现,并且给予了行政处分,就不应该认定为"未经处理",不应该将该数额累计。另外在累计贪污数额时,应依照刑法有关追诉时效的规定进行,在追诉时效期限内的贪污数额应累计计算,但已过追诉时效期限的贪污数额不应计算在内。另外,需要注意的是,参照最高人民法院《关于审理挪用公款案件具体应用法律若干问题的解释》第2条第2项,贪污公款所生利息,不应作为贪污公款的犯罪数额计算。但该利息是贪污公款行为给被害单位造成实际经济损失的一部分,应作为被告人的非法所得,连同其贪污的公款一并依法追缴。

5.贪污数额巨大或者有其他特别严重情节,有刑法第383条第1款第3项规定情形被判处死刑缓期执行的,人民法院根据犯罪情节等情况可以同时决定在其死刑缓期执行2年期满依法减为无期徒刑后,终身监禁,不得减刑、假释。

需要注意的是,针对贪污犯罪的终身监禁并非真的就"牢底坐穿"。结合刑法第50条第1款和刑法第383条第4款的规定,可以看出,因为贪污犯罪而被判处终身监禁的罪犯,实际上也面临以下多种出路:(1)在死缓执行期间,故意犯罪,情节恶劣,报请最高人民法院核准后执行死刑。但这种可能性微乎其微。(2)在死缓执行期间有重大立功表现,2年期满之后,减为25年有期徒刑。这种情况下,犯罪分子因为具有重大立功表现而被减为有期徒刑,不受作为"不得减刑、假释"前提的"无期徒刑"的限制,因此,犯罪分子也不会面临"牢底坐穿"的困境。但这种情况也应当是少数。(3)在死刑缓期执行期间,没有故意犯罪,2年期满以后,必须减为"终身监禁,不得减刑、假释"的无期徒刑。这种情况应当是被判处死刑缓期执行的罪犯所面临的一般出路,也是一般舆论所理解的"牢底坐穿"的无期徒刑。

但即便如此,犯罪分子只要努力改造,也不至于没有自我救赎的机会。如有学者指出,刑法第383条第4款有关终身监禁的规定,并非刑法第78条第1款的例外规定。[16] 依照刑法第78条第1款的规定,被判处无期徒刑的犯罪分子,在执行期间,有重大立功表现的,应当减刑。尽管依照刑法第383条第4款的规定,死刑缓期执行期间,如果没有故意犯罪,2年期满以后,减为"终身监禁,不得减刑、假释"的无期徒刑,但对不得减刑、假释的无期徒刑执行期间,犯罪

〔16〕 黄京平:《终身监禁的法律定位与司法适用》,载《北京联合大学学报(人文社会科学版)》2015年第4期。

分子有重大立功表现的，是否仍然“不得减刑、假释”，却没有明文规定。从我国刑法第 50 条第 1 款的规定来看，“重大立功表现”即“立大功”对于死缓罪犯来说，是一个和“确有悔改表现”或者“立功”不同的非常特殊的减刑情节，应当特殊对待；如果说被判处死缓后终身监禁的贪污、贿赂犯罪分子在死缓执行期间，因为“有重大立功表现”而允许依照刑法第 50 条第 1 款的规定，在 2 年考验期满之后减为 25 年有期徒刑的理论成立，则可以说，因为贪污、受贿而被判处终身监禁的犯罪分子在无期徒刑执行期间，只要“有重大立功表现”，则其应当与在死缓执行期间一样，被特殊对待，即享受刑法第 78 条第 1 款所规定的“应当减刑”的优遇。

6. 贪污犯罪分子违法所得的一切财物，应当依照刑法第 64 条的规定予以追缴或者责令退赔，对被害人的合法财产应当及时返还。对尚未追缴到案或者尚未足额退赔的违法所得，应当继续追缴或者责令退赔。〔17〕

7. 对贪污罪判处 3 年以下有期徒刑或者拘役的，应当并处 10 万元以上 50 万元以下的罚金；判处 3 年以上 10 年以下有期徒刑的，应当并处 20 万元以上犯罪数额 2 倍以下的罚金或者没收财产；判处 10 年以上有期徒刑或者无期徒刑的，应当并处 50 万元以上犯罪数额 2 倍以下的罚金或者没收财产。对刑法规定并处罚金的其他贪污犯罪，应当在 10 万元以上犯罪数额 2 倍以下判处罚金。〔18〕

二、挪用公款罪

（一）概念和构成

本罪，是指国家工作人员利用职务上的便利，将公款或者用途特定的款物挪作他用的行为。

本罪是侵害职务行为的廉洁性以及公共财物的占有权的犯罪。因为：(1) 从挪用公款罪所处的位置来看，它被规定在刑法第八章贪污贿赂犯罪之中，而第八章贪污贿赂犯罪所规定的大部分犯罪是职务犯罪，这就说明立法者是将挪用公款罪作为职务犯罪的一种而规定出来的，说明挪用公款罪是和职务行为紧密相关的；(2) 刑法第八章所规定的职务犯罪的保护法益是国家工作人员职务行为的廉洁性，因此，挪用公款罪的同类法益是国家工作人员职务行为的廉洁性；(3) 作为主管、保管、经手公共财物的国家工作人员，在执行职务时，应当廉洁奉公，保证公款的合理使用，不得图私利而挪作他用，所以，挪用公款是一种滥用职权的行为，为私利而改变公款的真实用途，必定玷污职守，破坏国家公职人员职务行为的廉洁性；(4) 根据我国民法原理，财产的所有权包括占有权、使用权、收益权和处分权，而挪用公款，显然侵犯了公款的占有权、使用权和收益权，而不是所有权，正因如此，在刑法中才有别于贪污罪而另行规定，且量刑也较贪污罪轻。

本罪的犯罪构成如下：

1. 主体。本罪的主体为国家工作人员。与贪污罪不同，受国家机关、国有公司、企业、事业单位、人民团体委托管理、经营国有财产的人员，不能成为本罪的主体。但经国家机关、国有公司、企业、事业单位提名、推荐、任命、批准等，在国有控股、参股公司及其分支机构中从事公务

---

〔17〕 2016 年最高人民法院、最高人民检察院《关于办理贪污贿赂刑事案件适用法律若干问题的解释》第 18 条。

〔18〕 2016 年最高人民法院、最高人民检察院《关于办理贪污贿赂刑事案件适用法律若干问题的解释》第 19 条。

的人员,应当认定为国家工作人员。[19] 被国有事业单位聘为财务出纳,负责学员学费的收取、保管等工作,代表学校对某校区的财务行使监督、管理职权的人能够成为本罪的主体。国有金融机构的工作人员和国有金融机构委派到非国有金融机构从事公务的人员,国有公司、企业或者其他国有单位中从事公务的人员和国有公司、企业或者其他国有单位委派到非国有公司、企业以及其他单位从事公务的人员,均能成为本罪主体。[20]

2. 危害行为和危害结果。本罪客观上表现为,利用职务上的便利挪用公款归个人使用。具体来说,包括以下内容:

(1)本罪的行为对象是公款,即公共财产中呈货币或有价证券形态的部分,包括人民币、人民币外汇券和外汇。挪用上述特定款物以外的非特定公物归个人使用的,不构成挪用公款罪。如构成其他犯罪的,依照刑法的相关规定定罪处罚。[21] 国库券属于本罪的犯罪对象,[22] 但金融票证、有价证券是否属于挪用公款罪的犯罪对象,需要具体分析。金融票证是资金、货币的载体,可以作为挪用公款罪的对象,而有价证券就不能一概而论:那些作为资金、货币载体,可以兑换成资金、货币的有价证券,能够成为挪用公款罪的对象。因为它们作为资金、货币的载体,一旦被使用,就会使与该有价证券对应的资金、货币处于风险当中,与挪用公款为他人提供担保没有实质的区别。公款不要求一定是行为人所在单位的公款,国有单位的领导利用职务上的便利指令具有法人资格的下级单位将公款供个人使用的,也属于挪用公款行为。[23]

另外,由于刑法第 272 条第 2 款规定,国有公司、企业或者其他国有单位委派到非国有公司、企业以及其他单位从事公务的人员,利用职务上的便利,挪用本单位资金的,也构成刑法第 384 条规定的挪用公款罪,这样说来,挪用公款罪的对象并不一定限定于公共财产。

(2)行为是利用职务上的便利挪用公款归个人使用。在其认定上,要注意以下几点:

第一,利用职务上的便利挪用公款。所谓利用职务上的便利,其意义和贪污罪中的一样,是指行为人利用本人职务所形成的主管、管理、经手公款的便利条件,其中既包括利用本人直接经手、管理公款的便利条件,也包括行为人因其职务关系而具有的调拨、支配、使用公款的便利条件。关于挪用,则值得探讨。最高人民法院在有关规定中指出,[24] 挪用公款后尚未投入实际使用的,只要同时具备"数额较大"和"超过 3 个月未还"的条件,就要认定为挪用公款罪,只是可以酌情从轻处罚而已,似乎挪用的成立标准,只要是使公款脱离单位占有就够了,不要求被实际使用。但是,从刑法第 384 条第 1 款关于挪用公款罪所规定的三种类型来看,使公款脱离单位至少必须达到准备使用也能够使用的程度,否则,"挪用"公款就成为"挪动"公款,对应当上缴的公款没有及时上缴的行为也要成为挪用公款了。这显然有扩大本罪处罚范围的嫌疑,因此,所谓挪用,应当是指未经合法批准程序或者违反财经纪律,私自使公款脱离单位占有

---

[19] 2010 年最高人民法院、最高人民检察院《关于办理国家出资企业中职务犯罪案件具体应用法律若干问题的意见》第 6 条第 1 款。

[20] 1999 年最高人民检察院《关于人民检察院直接受理立案侦查案件立案标准的规定(试行)》第 1 条第 2 项。

[21] 2000 年最高人民检察院《关于国家工作人员挪用非特定公物能否定罪的请示的批复》。

[22] 1997 年最高人民检察院《关于挪用国库券如何定性问题的批复》指出,国家工作人员利用职务上的便利,挪用公有或本单位的国库券的行为以挪用公款论;符合刑法第 384 条、第 272 条第 2 款规定的情形构成犯罪的,按挪用公款罪追究刑事责任。

[23] 2003 年最高人民法院《全国法院审理经济犯罪案件工作座谈会纪要》第 4 条。

[24] 2003 年最高人民法院《全国法院审理经济犯罪案件工作座谈会纪要》第 4 条。

并加以使用的行为。[25]

第二,对挪用公款行为,应当区分以下三种不同情况加以认定:

其一,挪用公款归个人使用,进行非法活动的。这里的"非法活动",包括构成犯罪的活动和不构成犯罪的一般非法活动,如挪用公款用于个人赌博、诈骗、倒卖外汇、走私或者进行其他非法活动,就属于此。根据有关立法解释,[26]有下列情形之一的,属于挪用公款"归个人使用":一是将公款供本人、亲友或者其他自然人使用的。实践中,不具备法人资格的私营独资企业、私营合伙企业等都应看作其他自然人。二是以个人名义将公款供其他单位使用的。经单位领导集体研究决定将公款给个人使用,或者单位负责人为了单位的利益,决定将公款给个人使用的,不以挪用公款罪定罪处罚。上述行为致使单位遭受重大损失,构成其他犯罪的,依照刑法有关规定对责任人员定罪处罚。司法实践中,对于将公款供其他单位使用的,认定其是否属于"以个人名义",不能只看形式,要从实质上把握。行为人逃避财务监管,或者与使用人约定以个人名义进行,或者借款、还款都以个人名义进行,将公款给其他单位使用的,应认定为"以个人名义"。三是个人决定以单位名义将公款供其他单位使用,谋取个人利益的。"个人决定"既包括行为人在职权范围内决定,也包括超越职权范围决定。"谋取个人利益",既包括行为人与使用人事先约定谋取个人利益实际尚未获取的情况,也包括虽未事先约定但实际已获取了个人利益的情况。其中的"个人利益",既包括不正当利益,也包括正当利益;既包括财产性利益,也包括非财产性利益,但这种非财产性利益应当是具体的实际利益,如升学、就业等。[27] 个人决定以单位名义将公款供其他单位使用,既有为单位谋取利益的一面又有为个人谋取利益的一面的时候,也应当认定为"谋取个人利益"。如银行高级管理人员为避免发生逾期贷款而影响个人政绩和职务升迁,同时也为了避免行为人本人所在银行遭受损失,私自以银行名义挪用其他单位的贷款保证金供即将发生贷款逾期的单位暂时还贷的,可以认定为挪用公款归个人使用。[28]

国家工作人员利用职务上的便利,实施上述三种行为之一的,无论使用公款的是个人还是单位以及单位的性质如何,均应认定为挪用公款归个人使用。[29] 挪用公款归还个人进行非法活动产生的欠款的,属于挪用公款进行非法活动。但经单位领导集体研究决定将公款给个人使用,或者单位负责人为了单位的利益,决定将公款给个人使用的,不以挪用公款罪定罪处罚。从刑法的字面含义来看,本类挪用公款行为,无论挪用的数额有多大,挪用的时间有多长,也无论归本人还是归他人进行非法活动,原则上都应当追究刑事责任,但实际上还是有数额限制的。根据有关司法解释,挪用公款归个人使用,进行非法活动的,以挪用公款 3 万元为追究刑事责任的数额起点。[30]

"挪用公款归个人使用",既包括挪用者本人使用,也包括给他人使用。多次挪用公款不

---

〔25〕 谢望原、赫兴旺主编:《刑法分论》(第 2 版),中国人民大学出版社 2011 年版,第 407 页。

〔26〕《关于〈中华人民共和国刑法〉第三百八十四条第一款的解释》,2002 年 4 月 28 日第九届全国人民代表大会常务委员会第 27 次会议通过。

〔27〕 2003 年最高人民法院《全国法院审理经济犯罪案件工作座谈会纪要》第 4 条。

〔28〕 为了防范信贷风险,目前我国银行业都将贷款逾期率作为本单位和高级管理人员业绩考核的重要参考因素。

〔29〕 2002 年最高人民检察院《关于认真贯彻执行全国人民代表大会常务委员会〈关于刑法第二百九十四条第一款的解释〉和〈关于刑法第三百八十四条第一款的解释〉的通知》第 2 条。

〔30〕 2016 年最高人民法院、最高人民检察院《关于办理贪污贿赂刑事案件适用法律若干问题的解释》第 5 条。

还的,挪用公款数额累计计算。[31] 问题是,多次挪用公款,每次使用后均归还的场合,该如何计算挪用数额。从理论上讲,这种情形属于连续犯,应比照多次盗窃、贪污、受贿的做法,累计计算其总数额。但考虑到实务中对"多次挪用公款,并以后次挪用的公款归还前次挪用的公款"的场合,尚且以"案发时未还的实际数额"来认定其挪用公款数额,[32] 则应当说,上述情形下的数额认定,以单次最高挪用的公款数额作为犯罪数额,而将反复挪用行为作为量刑情节考虑的做法比较稳妥。挪用公款用于质押,帮助他人获取贷款的场合,挪用数额应是实际用于质押的款项的数额,而不是实际取得的贷款的数额。挪用公款给其他个人使用的案件,使用人与挪用人共谋,指使或者参与策划取得挪用贷款的,对使用人以挪用公款罪的共犯追究刑事责任。

其二,挪用公款数额较大,进行营利活动的。这里的"营利活动",是指合法的营利活动,包括从事放贷、存入银行收息、购买股票、国债、经商等。挪用公款归还个人欠款的,应当区分产生欠款的原因,分别认定属于挪用公款的何种情形。归还个人进行营利活动所产生的欠款,应当认定为挪用公款进行营利活动。挪用公款用于注册公司、企业的场合,由于申报注册资本是为进行生产经营活动做准备,属于成立公司、企业进行营利活动的组成部分,因此,挪用公款归个人用于公司、企业注册资本验资证明的,应当认定为挪用公款进行营利活动。挪用公款归个人进行经商、炒股、放贷等追求经济利益的活动,无论挪用公款的时间有多长,只要数额较大,就应追究刑事责任。但是,案发以前已经部分或者全部归还本息的,可以酌情从轻处罚。行为人挪用公款所获取的利息、收益等违法所得,应当依法追缴,但不计入挪用公款的数额。挪用公款数额较大,进行营利活动的,以挪用公款 5 万元为"数额较大"的起点。[33]

其三,挪用公款归个人使用,数额较大,超过 3 个月未还的。这里的"归个人使用",不包括上述进行非法活动或者进行营利活动的行为,仅指个人购买物品、偿还债务或进行个人消费等;"超过 3 个月未还",是指挪用公款未还,期限超过 3 个月,而不是指挪用公款时间超过 3 个月,且在案发时未主动归还。挪用公款之后尚未投入实际使用的,只要同时具备"数额较大"和"超过 3 个月未还"的构成要件,就应当认定为挪用公款罪,但可以酌情从轻处理。[34] 挪用正在生息或者需要支付利息的公款归个人使用,数额较大,超过 3 个月但在案发前全部归还本金的,可以从轻处罚或者免除处罚。给国家、集体造成的利息损失应予追缴。挪用公款数额巨大,超过 3 个月,案发前全部归还的,可以酌情从轻处罚。挪用公款给他人使用,不知道使用人用公款进行营利活动或者用于非法活动,数额较大、超过 3 个月未还的,构成挪用公款罪;但明知使用人用于营利活动或者非法活动的,应当认定为挪用人挪用公款进行营利活动或者非法活动。数额较大、超过 3 个月未还的,以挪用公款 5 万元为"数额较大"的起点。挪用救灾、抢险、防汛、优抚、扶贫、移民、救济款物归个人使用的数额标准,参照挪用公款归个人使用进行非法活动的数额标准;多次挪用公款不还,挪用公款数额累计计算;多次挪用公款,并以后次挪用的公款归还前次挪用的公款,挪用公款数额以案发时未还的实际数额认定。

需要注意的是,挪用公款罪三种用途的认定,应当按照其最终的客观用途、实际使用性质加以认定,而不能按照行为人最初的计划用途加以认定。在行为人挪用公款,分别用于非法活

---

〔31〕 1998 年最高人民法院《关于审理挪用公款案件具体应用法律若干问题的解释》第 4 条。
〔32〕 1998 年最高人民法院《关于审理挪用公款案件具体应用法律若干问题的解释》第 4 条。
〔33〕 2016 年最高人民法院、最高人民检察院《关于办理贪污贿赂刑事案件适用法律若干问题的解释》第 6 条。
〔34〕 2003 年最高人民法院《全国法院审理经济犯罪案件工作座谈会纪要》第 4 条。

动、营利活动或者其他活动,就其中某一项活动的数额来看,挪用公款的数额并未达到定罪标准,但是,挪用公款的总数额却达到了某项定罪标准的场合,考虑到挪用公款用于非法活动、营利活动的危害性显然要重于挪用公款用于非法活动或者营利活动以外的其他活动,在挪用公款用于非法活动或者营利活动均未达到定罪标准的场合,在均超过3个月未还的前提下,可以将相应数额同用于其他活动的数额累计计算,看是否达到定罪标准,从而按照挪用公款归个人用于其他活动的构成条件加以定罪。但是在3个月之内归还的数额,不应计算在内。同样,在挪用公款分别用于非法活动和营利活动,而用于非法活动的公款数额不足以定罪时,可以将该笔数额同挪用公款用于营利活动的款项合计,认定其是否构成挪用公款罪。但是,不能将较轻的挪用类型的数额计算在较重的挪用类型中。

3. 主观要件。本罪的主观要件为故意,即明知自己的行为侵犯了职务行为的廉洁性以及公款的占有权与使用权,并希望这种结果发生,但行为人主观上具有归还公款的意思,否则就构成贪污罪。

(二)本罪的认定

在本罪的认定中,必须注意以下问题:

1. 本罪与贪污罪的区别。两罪的本质区别在于:(1)主观故意内容不同。前者是为临时使用而暂时占有公款,准备将来归还,后者则是为了将公款永远归己所有而占有公款,不准备归还。(2)行为方式不同。前者因属非法借用,因此总是在账面、他人面前留有"挪用"的痕迹,甚至留有借条,没有平账,一查就能知道公款被行为人挪用;后者则必然不择手段地隐瞒、掩盖其侵吞、窃取、骗取公款的行为,因此,很难发现公款已经被人侵吞,即便心存怀疑而追查,也很难弄清该公款已被行为人非法占有,因为行为人已经涂改或销毁了账簿,以假货、次货填补了已被侵吞的货物等。

对于挪用公款后不退还的,在过去曾规定为"挪用公款数额较大不退还的,以贪污论处"。但现在的刑法第384条第1款对于"挪用公款数额巨大不退还的",不再以贪污罪论处,只是作为挪用公款罪予以较重处罚的一个情节。"不退还"的时间,根据有关司法解释,[35]是指挪用公款数额巨大,因客观原因在一审宣判前不能退还。以一审宣判前确认行为人挪用公款是否退还,有利于最大限度地为国家、集体挽回损失。应当指出的是,挪用公款数额巨大不退还不再以贪污论处,仅指挪用公款后因客观原因不能退还的情况,如做生意亏本、被骗、被盗,借给他人未归还等,并不排除挪用公款行为转化为贪污罪的情形。

挪用公款是否转化为贪污,应当按照主客观相一致的原则,具体判断行为人是否具有"非法占有公款"的目的。在司法实践中,具有以下情形之一的,可以认定行为人具有"非法占有公款"的目的:(1)行为人"携带挪用的公款潜逃的",对其携带的挪用公款部分,以贪污罪定罪处罚;(2)行为人挪用公款后采取虚开发票平账、销毁有关账目等手段,使所挪用的公款已难以在单位财务账目上反映出来,且没有归还的,应当以贪污罪定罪处罚;(3)行为人截取单位收入不入账,非法占有,使所占有的公款难以在单位财务账目上反映出来,且没有归还的,应当以贪污罪定罪处罚;(4)有证据证明行为人有能力归还所挪用的公款而拒不归还,并隐瞒挪用的公款去向的,应当以贪污罪定罪处罚。

2. 本罪与挪用资金罪的界限。二者的区别主要表现在:(1)对象不同。本罪的犯罪对象

---

〔35〕 1998年最高人民法院《关于审理挪用公款案件具体应用法律若干问题的解释》第5条。

是公款;而挪用资金罪的对象是非国有单位的资金。(2)主体不同。本罪的主体是国家工作人员,而挪用资金罪的主体则是非国有公司、企业的人员。

3. 本罪与挪用特定款物罪的区别。二罪的主要区别在于:(1)犯罪主体不同。本罪的主体是国家工作人员,而挪用特定款物罪的主体则是管理、支配、经手特定款物即专用于救灾、抢险、防汛、优抚、扶贫、移民、救济款物的直接责任人员,包括国家工作人员、集体经济组织工作人员,以及其他经手、管理上述特定款物的人员。(2)挪用用途不同。本罪一般是挪用公款归个人或他人使用,实质上是“公款私用”;挪用特定款物罪是将特定款物挪归单位其他事项使用,未能专款(物)专用,实质上仍具有“公款公用”的性质。(3)客观要求不尽一致。本罪是将公款挪作个人使用,只要符合法定的相应用途、挪用数额、挪用时间即可成立,不要求使国家和人民利益遭受重大损失的后果。相反地,挪用特定款物罪则不仅要求将特定款物挪作其他公用事项,而且要求具有情节严重、致使国家和人民利益遭受重大损失的结果。

(三)处罚

依照刑法第384条第1款的规定,犯本罪的,处5年以下有期徒刑或者拘役;情节严重的,处5年以上有期徒刑。挪用公款数额巨大不退还的,处10年以上有期徒刑或者无期徒刑。其中,最高人民法院、最高人民检察院《关于办理贪污贿赂刑事案件适用法律若干问题的解释》第5条规定,挪用公款归个人使用,进行非法活动,数额在3万元以上的,应当以挪用公款罪追究刑事责任;数额在300万元以上的,应当认定为挪用公款“数额巨大”。具有下列情形之一的,应当认定为刑法第384条第1款规定的“情节严重”:(1)挪用公款数额在100万元以上的;(2)挪用救灾、抢险、防汛、优抚、扶贫、移民、救济特定款物,数额在50万元以上不满100万元的;(3)挪用公款不退还,数额在50万元以上不满100万元的;(4)其他严重的情节。该解释第6条规定,挪用公款归个人使用,进行营利活动或者超过3个月未还,数额在5万元以上的,应当认定为挪用公款“数额较大”;数额在500万元以上的,应当认定为刑法第384条第1款规定的“数额巨大”。具有下列情形之一的,应当认定为刑法第384条第1款规定的“情节严重”:(1)挪用公款数额在200万元以上的;(2)挪用救灾、抢险、防汛、优抚、扶贫、移民、救济特定款物,数额在100万元以上不满200万元的;(3)挪用公款不退还,数额在100万元以上不满200万元的;(4)其他严重的情节。

此外,因挪用公款索取、收受贿赂构成犯罪的,依照数罪并罚的规定处罚。挪用公款进行非法活动构成其他犯罪的,同样依照数罪并罚的规定处罚。[36] 携带挪用公款潜逃的,依照刑法第382条、第383条的规定以贪污罪论处。挪用公款给他人使用,使用人与挪用人共谋,指使或者参与策划取得挪用款的,以挪用公款罪的共犯定罪处罚。[37]

三、巨额财产来源不明罪

(一)概念和构成

本罪,是指国家工作人员的财产、支出明显超过合法收入,且差额巨大,经责令说明来源,本人不能说明其来源合法的行为。

本罪是侵害国家工作人员职务行为的廉洁性的犯罪。虽然不能说国家工作人员的收入和

〔36〕 1998年最高人民法院《关于审理挪用公款案件具体应用法律若干问题的解释》第7条。

〔37〕 1998年最高人民法院《关于审理挪用公款案件具体应用法律若干问题的解释》第8条。

支出之间存在巨大差额的，就马上断定其为非法收入，但我国在一定范围内实行公务员收入申报制度，国家工作人员拥有巨额财产，并且不能向司法机关说明其来源，在我国当前反腐形势较为严峻的情况下，无疑会被推定为违法所得，损害国家工作人员自身的清廉形象。因此，规定本罪，本质上是为了保证国家工作人员收入的合法性。

本罪的犯罪构成如下：

1. 主体。犯罪的主体是特殊主体，即只能由国家工作人员构成。

2. 危害行为和危害结果。本罪客观上表现为，明知自己的财产或支出明显超过合法收入，且差额巨大，而本人又不能说明其来源合法。具体包括两个方面的内容：(1)行为人的财产或者支出明显超过合法收入，且差额巨大。这里的“财产”，是指行为人实际拥有的财物，包括现金、有价证券以及物品。“支出”，是指行为人已经支付的款物。“合法收入”，是指行为人依法获得的财物，如工资、奖金、合法继承的遗产、接受的合法赠与等。“差额巨大”，是指数额在30万元以上。(2)不能说明其合法来源，即面对司法机关不能说明巨额财产的合法来源，包括以下情况：一是行为人拒不说明财产来源；二是行为人无法说明财产的具体来源；三是行为人所说的财产来源经司法机关查证并不属实；四是行为人所说的财产来源因线索不具体等原因，司法机关无法查实，但能排除存在来源合法的可能性和合理性。[38]

在行为人不能说明其财产合法来源时，差额部分以非法所得论。所谓非法所得，一般是指行为人的全部财产与能够认定的所有支出的总和减去能够证实的有真实来源的所得。在具体计算时，应注意以下问题：(1)应把国家工作人员的个人财产和与其共同生活的家庭成员人的财产、支出等一并计算，而且一并减去他们所有的合法收入以及确属与其共同生活的家庭成员个人的非法收入。(2)行为人所有的财产包括房产、家具、生活用品、学习用品及股票、债券、存款等动产和不动产；行为人的支出包括合法支出和不合法支出，包括日常生活、工作、学习费用、罚款及向他人行贿的财物等；行为人的合法收入包括工资、奖金、稿酬、继承等法律和政策允许的各种收入。(3)为了便于计算犯罪数额，对于行为人的财产和合法收入，一般可以从行为人有比较确定的收入和财产时开始计算。[39]

3. 主观要件。犯罪的主观要件是直接故意，即行为人明知自己的财产或者支出明显超过合法收入，差额巨大，其财产或者支出的来源是非法的，当司法机关责令其说明来源时，因主观上不愿意而拒绝加以说明。

(二)本罪的认定

在本罪的适用中，必须注意以下两个问题：

1. 只有在司法机关用尽各种手段，仍无法查清差额巨大的财产的真实来源时，才能适用本罪。虽然作为犯罪嫌疑人或者被告人的国家工作人员不能说明其巨额财产的合法来源，但是司法机关经过调查，能够证明该财产确实属于贪污、受贿或者走私、盗窃等犯罪手段所得的时候，仍然应当以其实际实施的犯罪行为定罪处罚。本人因死亡不能对财产来源作出说明的，应当结合其近亲属说明的来源，或者其他利害关系人主张权利以及提供证据的情况，依法认定是否属于违法所得。已死亡人员的近亲属或其他利害关系人主张权利或说明来源的，应要求其提供相关证据或线索，并进行调查核实。没有近亲属或其他利害关系人主张权利或说明来源，

---

〔38〕 2003年最高人民法院《全国法院审理经济犯罪案件工作座谈会纪要》第5条。

〔39〕 2003年最高人民法院《全国法院审理经济犯罪案件工作座谈会纪要》第5条。

或者近亲属或其他利害关系人虽然主张权利但提供的证据没有达到相应证明标准,或者说明的来源经查证不属实的,应当依法认定为违法所得,予以申请没收。[40] 另外,在能够被证明的贪污、受贿等犯罪之外,仍有巨额的不明来源的财产时,应当以巨额财产来源不明罪和贪污、受贿等罪数罪并罚。这要求司法机关在案件的侦查中,要尽职尽责,不能将一些本应构成贪污、受贿的犯罪,简单地以本罪处理了之;同时,对于一些来源不明的巨额财产,虽然不能证明其为贪污、贿赂罪所得,但也不能一放了之,在符合条件的情况下,可以认定为巨额财产来源不明罪。

2. 以本罪定罪量刑之后,又查清巨额财产真实来源的,该如何处理,学界对此有不同看法。一种观点认为,对这种情况,应通过审判监督程序撤销原判,并根据所查清的事实重新定罪量刑,将已经执行的刑期进行折抵;若系合法所得,则撤销原判,宣告无罪,返还追缴的财产。[41] 另一种观点认为,对这种情况不能改判。因为巨额财产来源不明罪只要求当时被告人不能说明来源,并符合其他条件。不能因为后来又查清来源或者被告人说出来源而否定原判决的正确性,所以不能改判。[42]

本书同意上述前一种观点。确实,从本罪的实行行为不是非法取得行为,行为人不是因为有巨额财产而遭到刑罚处罚,而是因为其拒不说明财产的真实来源的不作为而受到处罚的角度来看,说原判决仍然有效也有一定道理。但是,首先,本罪不是国家工作人员财产申报制度的保障法,而是贪污、受贿犯罪的兜底性罪名。这一点,从其在刑法中处于贪污、受贿罪之后的位置上就能看出来。另外,仅仅是不履行如实申报财产义务,也不至于受到如此重的处罚。这样说来,说本罪的处罚依据是因为行为人不说明财产的真实来源,是难以叫人接受的。其次,从法益侵害的角度来说,本罪的处罚依据是行为人拥有不能说清其合法来源的财产,损害了公职人员的廉洁性,从此意义上讲,本罪的保护法益和贪污、贿赂等犯罪没有本质上的区别。最后,考虑到其后认定的贪污罪、贿赂罪的数额已经为先前所判决的巨额财产来源不明罪全部或者部分包括,如果不进行改判,则只有按照在刑罚执行完毕之前发现漏罪的情形进行数罪并罚,这不仅会引起同一数额被作为两个犯罪处理的重复评价的问题,还会引起重复处罚的结果。因此,在以本罪定罪量刑之后,又查清巨额财产真实来源的时候,应当按照审判监督程序对全案事实进行重新认定,在查明该财产的全部或者部分属于贪污、受贿所得的时候,就要撤销原判,重新判决,已经执行的刑期予以折抵。同样,在行为人拥有差额巨大的财产又不能说明其合法来源,人民法院以本罪对其进行判决之后,司法机关又查清了其合法来源,或者行为人后来能够说明其合法来源的时候,也应当按照审判监督程序予以改判。

(三)处罚

依照刑法第 395 条第 1 款的规定,犯本罪的,处 5 年以下有期徒刑或者拘役;差额特别巨大的,处 5 年以上 10 年以下有期徒刑。财产的差额部分予以追缴。

四、隐瞒境外存款罪

本罪,是指国家工作人员对于个人在境外的存款,应当依照国家规定申报而隐瞒不报,数

---

〔40〕 任润厚受贿、巨额财产来源不明违法所得没收案,最高人民检察院指导案例 130 号(2021 年)。

〔41〕 谢望原、赫兴旺主编:《刑法分论》(第 2 版),中国人民大学出版社 2011 年版,第 426 页。

〔42〕 王作富主编:《刑法分则实务研究》(第 5 版)(下),中国方正出版社 2013 年版,第 1716 页。

额较大的行为。

我国刑法第 395 条第 2 款规定,国家工作人员在境外的存款,应当依照国家规定申报。这是成立本罪的前提。所谓境外存款,是指行为人在国(边)境外各种金融机构存入的各种货币、有价证券、货币支付凭证以及黄金等具有货币价值的贵重金属。这些境外存款的来源是否合法,不影响犯罪构成。所谓数额较大,是指折合人民币 30 万元以上。[43] 犯罪主体是特殊主体,即只能由国家工作人员构成。犯罪主观要件是直接故意。

依照刑法第 395 条第 2 款的规定,犯本罪的,处 2 年以下有期徒刑或者拘役;情节较轻的,由其所在单位或者上级主管机关酌情给予行政处分。

五、私分国有资产罪

本罪,是指国家机关、国有公司、企业、事业单位、人民团体,违反国家规定,以单位名义将国有资产集体私分给个人,数额较大的行为。

其中,所谓国有资产,是指国家依法取得和认定的,或者国家以各种形式对企业投资和投资收益、国家向行政事业单位拨款等形成的资产,[44] 包括以出租、出借国有资产开展创收活动的行政事业单位取得的租借收益在内。县交通局稽查队代征的车船使用税、代办的个体工商管理费的返还款均属于利用国家公权力收取的费用,虽然系违法代收,但仍无法改变款项的公款性质。县交通局稽查队收到的违章停车费也属于公款。因此,上述费用均属于本罪中的"国有资产"。所谓违反国家规定,就是违反有关国有资产管理、使用、处理的法律和行政法规。如将应当向国家上缴的利润隐瞒、截留,隐瞒财政收入;将预算内资金转到预算外,将正常的行政业务收费不列入财政管理,私自设立账户;等等。所谓以单位名义,是指由国家机关、国有公司、企业、事业单位、人民团体的负责人决定,或者经单位决策机构集体讨论决定,其体现的是单位的意志,而非某个人或者某几个人的擅自决定。"私分"是指公开或者半公开地以单位分红、单位发奖金、单位下发节日慰问费、单位集体给职工买保险等名义,将国有资产分给单位中的每一个成员或者绝大多数成员。如果只在少数负责人或员工中私分,应属贪污行为,不构成私分国有资产罪。所以,同贪污罪相比,私分国有资产的场合,不需要采用涂改账目、虚报冒领等弄虚作假的手段,往往具有公开性和形式上的合法性。私分国有资产,数额较大的,才能构成犯罪。"数额较大",以人民币 10 万元为起点。[45]

本罪的主体是特殊主体,即国家机关、国有公司、企业、事业单位、人民团体。私营企业、集体所有制企业、三资企业、有限责任公司和股份有限公司等不能成为本罪的主体。值得注意的是,私分国有资产罪虽属于单位犯罪,但仅处罚自然人,即私分国有资产的直接负责的主管人员和其他责任人员。

在本罪的认定上,应当注意其与贪污罪的区别。其区别在于:(1)获益者不同。在贪污罪的场合,获益者往往是单位中的某个人或者某几个人,而私分国有资产罪的场合,则往往是单位全体人员或者绝大多数人。如果只是其中少数人获益而其他多数人没有获益,或者只是少数几个人大量获益而其他绝大多数人极少获益,可以说是少数人利用职务之便,采用私分的形

---

〔43〕 1999 年最高人民检察院《关于人民检察院直接受理立案侦查案件立案标准的规定(试行)》第 1 条第 10 项。

〔44〕 1999 年最高人民检察院《关于人民检察院直接受理立案侦查案件立案标准的规定(试行)》第 4 条第 6 项。

〔45〕 1999 年最高人民检察院《关于人民检察院直接受理立案侦查案件立案标准的规定(试行)》第 1 条第 11 项。

式掩盖其贪污的性质,应当认定为贪污罪。(2)行为的表现方式不同。在贪污罪的场合,行为人采用侵吞、窃取、骗取等手段将公共财产非法据为己有,具有形式上的隐蔽性;而私分国有资产罪表现为以单位名义,集体私分国有资产,获得财物的是单位所有人员或者大多数人员,具有形式上的公开性。(3)体现的意思不同。贪污罪体现的是贪污者个人的意思,而私分国有资产罪体现的是单位集体的意思。

依照刑法第 396 条第 1 款的规定,犯本罪的,处 3 年以下有期徒刑或者拘役,并处或者单处罚金;数额巨大的,处 3 年以上 7 年以下有期徒刑,并处罚金。

六、私分罚没财物罪

本罪,是指司法机关、行政执法机关违反国家规定,将应当上缴国家的罚没财物,以单位名义集体私分给个人的行为。

其中,"司法机关"应按照刑法第 94 条的规定作广义理解,包括公安机关、国家安全机关、检察机关、审判机关和监狱管理机关。"行政执法机关",是指政府所属的工商、税务、海关、质量监督、卫生检疫、交通管理、环境保护等机关。这类机关,依照有关行政法规,均拥有对公民、单位进行行政处罚的权力。本罪的对象仅限于罚没财物,既包括司法机关在办理刑事案件过程中追缴、没收的犯罪嫌疑人、被告人的财物,对犯罪分子判处的罚金、没收的财产,也包括行政执法机关在执法活动中没收的和处罚收缴的财物、罚款。依照相关法律,罚没财物必须上缴国库,不允许司法机关、行政机关占为己有,因此,罚没财物实际上也是国有资产,因此,私分罚没财物的行为实际上也是私分国有资产的行为。但既然刑法将私分罚没财物的行为单独规定出来,则按照特殊法优于普通法的原则,对私分罚没财物的行为应当按照本罪处理。"以单位名义",是指私分罚没财物给个人的决议经过了单位领导集体研究,体现了单位的意识和意志;"私分给个人",是指分给单位的所有成员或者绝大多数成员,因此,和私分国有资产罪一样,本罪在表现形式上具有公开性和程序上的合法性。单位领导和其他直接责任人员是否分得财物,对本罪的成立没有影响。私分罚没财物,数额较大的,才能构成犯罪。"数额较大",以人民币 10 万元为起点。[46]

依照刑法第 396 条第 2 款的规定,犯本罪的,处 3 年以下有期徒刑或者拘役,并处或者单处罚金;数额巨大的,处 3 年以上 7 年以下有期徒刑,并处罚金。

第三节　贿赂犯罪

一、受贿罪

(一)概念和保护法益

本罪,是指国家工作人员,利用职务上的便利,索取他人财物,或者非法收受他人财物为他人谋取利益,或者利用本人职权或者地位形成的便利条件,通过其他国家工作人员职务上的行为,为请托人谋取不正当利益,索取请托人财物或者收受请托人财物的行为。

---

〔46〕 1999 年最高人民检察院《关于人民检察院直接受理立案侦查案件立案标准的规定(试行)》第 1 条第 12 项。

关于受贿犯罪的保护法益，通说认为，是国家工作人员职务行为的廉洁性。[47] 详言之，国家工作人员在已经获得合法报酬的情况下，不能以职务上的作为或者不作为为由索取、收受他人的财物。国家工作人员直接或者间接地索取或者接受他人财物，以作为其在执行职务时作为或者不作为的条件的，即构成对其职务廉洁性的侵害，以犯罪论处。[48]

但是，近年来，这种通说观点已经遭受批判。反对观点认为，"廉洁"本身的含义不明确，没有说明其是以纯洁性说为基本立场还是以不可收买性说为基本立场，不能使受贿罪与贪污罪、巨额财产来源不明罪相区别，主张受贿罪的保护法益是国家工作人员职务行为的不可收买性，或者说是国家工作人员职务行为与财物的不可交换性。[49]

关于贿赂犯罪的法律性质，学说上，自古以来，就存在"纯粹性说"和"不可收买性说"的对立。前者源自日耳曼法的立场，以公务员的职务行为的不可侵犯性即公正性或者说纯粹性为基本，主张对于偏离公务员职责的不正当的职务行为，公务员收受报酬的，成立受贿罪。按照这种见解，贿赂犯罪的保护法益就是"国家机能"或者"职务行为的公正性"。后者即"不可收买性说"源自罗马法的立场，认为是否实施一定公务行为，不得受他人是否给予一定对价或者报酬的影响；公务员在职务行为上收受对价或者报酬的，即便没有实施不正当的职务行为，也要成立受贿罪。按照这种观点，贿赂犯罪的保护法益就是"国家权威"或者"公务的威信"。按照这种观点，在实施职务行为之前提供或者约定的职务行为的对价，属于贿赂；但事后向公务员提供的谢礼，由于不能说是职务行为的对价，所以不是贿赂。[50] 从当今各国的刑事立法例来看，关于受贿犯罪，可以说在以"不可收买性说"为基本的同时，也加进了"纯粹性说"的宗旨，即采用了折中说的立场。具体来说，就是收受贿赂，和职务行为公正与否无关，一律成立受贿犯罪；在实施不正当行为，有害职务行为的公正性的时候，则加重处罚。

但是，从我国现行刑法的规定来看，将"职务行为的不可收买性"作为贿赂犯罪的保护法益，则明显地存在以下两方面的问题：（1）难以对刑法第 388 条规定的受贿罪作出妥当说明。刑法第 388 条规定的实际上是通常所说的"斡旋受贿罪"。这种形式的受贿罪中，行为人收受财物的时候并没有利用自己的职务行为，而是斡旋其他国家工作人员，收受作为其斡旋其他国家工作人员的不当行为的对价，难以说是"以权换利"。（2）难以对刑法第 388 条之一规定的利用影响力受贿罪作出妥当的说明。在利用影响力受贿罪中，其主体是国家工作人员的近亲属、其他与该国家工作人员关系密切的人以及离职的国家工作人员，即没有公职人员身份，不可能"利用本人职权或者地位形成的便利条件"的人。这些人手中并不掌握权力，不存在"以权换利"的前提。其从受托人那里获取的财物，不可能是其职务行为的对价。

本书认为，从我国刑法将受贿罪规定为国家工作人员利用职权取财犯罪的角度来看，我国的受贿罪的保护法益是复杂法益，具体而言，其所侵犯的一方面是国家工作人员职务行为的公正性，另一方面是他人的财产利益。理由如下：

1. 受贿罪侵害了国家工作人员职务行为的公正性。从我国《宪法》第 2 条第 1 款关于"中华人民共和国的一切权力属于人民"的规定来看，国家工作人员是全体人民的公仆，而不是部分人的仆人。正因如此，国家工作人员必须客观公正地为所有的人民服务，而不是为某个人或

---

〔47〕 高铭暄、马克昌主编：《刑法学》（第 10 版），北京大学出版社、高等教育出版社 2022 年版，第 643 页。

〔48〕 曲新久：《刑法学》（第 2 版），中国政法大学出版社 2009 年版，第 550 页。

〔49〕 张明楷：《刑法学》（第 6 版），法律出版社 2021 年版，第 1203 页。

〔50〕 ［日］飞田清弘、佐藤道夫：《贿赂》（二订），立花书房 1994 年版，第 37 页。

者部分人服务;同时,就国家的立法、司法、行政等权力的运用而言,伴随有国家工作人员自由裁量的职务行为也必须是公正的,否则整个国家机关的权力运行就会因为丧失公信力而陷入瘫痪状态。国家工作人员在履行其职责的时候,收受某个人或者部分人提供的利益,实施不当行为或者不实施当为行为时,就是为了该个人或者部分人的利益而执行了职务,对职务行为的公正性造成了极大的伤害,应当作为受贿犯罪而受到处罚。从此意义上讲,将职务行为公正性作为贿赂犯罪的保护法益,符合我国宪法的相关规定,也是国家权力运行的必然要求。

2. 刑法规定也将侵害职务行为公正性作为受贿罪的处罚依据。这一点在刑法第 388 条及第 388 条之一中有明确体现。刑法第 388 条及第 388 条之一所规定的“受贿罪”和“利用影响力受贿罪”都不是国家工作人员以权换利的行为,但仍然要作为受贿罪处理,因为其中都存在导致国家工作人员职务行为的公正性受到侵害的行为。详言之,国家工作人员、国家工作人员的近亲属或者其他与国家工作人员关系密切的人以及离职的国家工作人员,能够对其他国家工作人员产生影响,属于对公权力具有实际控制力的人。他们利用其他国家工作人员职务上的行为,为请托人谋取不正当利益,毫无疑问侵害了国家工作人员职务行为的公正性。就刑法第 385 条所规定的受贿罪而言,其中没有要求行为人为他人谋取不正当利益,即便是为他人谋取正当利益的场合也成立该罪。因为在谋取合法利益的手段为贿赂所决定的时候,也可以说是对职务行为公正性的侵害。国家工作人员在从事职务行为中,伴随有自由裁量。这种裁量在为贿赂所左右的时候,就有不当行使的危险,即便是合法的职务裁量,也有侵害职务公正之虞。

3. 采用职务行为公正性说,也能妥当地说明为何将“为他人谋取利益”作为受贿罪的成立要件。在国外刑法中,公务员只要是在职务关系上收受他人贿赂,就要构成受贿罪,并不要求“为他人谋取利益”,如公务员依法为他人办理了审批某项营业资格的事项,事后,收受他人作为感谢而送来的财物的场合,该行为就是受贿,即便事先没有任何约定,也是如此。[51] 而受贿之后,为他人谋取利益,则属于受托受贿罪,必须按照受贿罪加重处罚。在这种规定之下,将“职务行为的不可收买性”作为受贿罪的保护法益,是对该罪法益最忠实的理解。因为,公务员在职务行为上收受对价或者报酬的话,即便没有实施不正当的职务行为,也要成立受贿罪。[52] 但是,我国刑法则不同。刑法第 385 条以及第 388 条等均明确地将“为他人谋取利益”作为受贿罪的成立条件。尽管在对“为他人谋取利益”意义的理解上,众说纷纭,但将其作为受贿罪的成立要件,就意味着在我国,受贿罪所体现的是职务行为的公正性或者说是纯粹性,即国家工作人员在职务关系上收受他人财物的行为并不一定都构成受贿罪,只有在这种收受财物行为可能对其职务行为的公正性产生影响的场合,才能成立犯罪。

4. “不可收买性说”本质上还是“职务行为公正性说”。因为,如果把“不可收买性说”推到极端,进一步追问为什么不能以权换利,将公务作为财物即贿赂的对价,答案最终也会是,因为可能会引起不公正的职务行为。从这一点来看,“不可收买性说”最终还是落脚于“职务行

---

〔51〕 [日]大谷实:《刑法讲义各论》(新版第 5 版),黎宏、邓毅丞译,中国人民大学出版社 2023 年版,第 657 页以下。

〔52〕 既然收受他人财物的行为已经和过去所实施的职务行为之间不可能具有因果关系,那么,收受财物对其职务行为(如办理审批某项营业资格的事项)而言,根本不存在任何影响。因此,将这种行为认定为受贿罪,更多的是出于刑事政策上的考虑。

为公正性说”。[53]

对于职务行为公正性说,批判意见认为,其难以对不违背职务行为的受贿行为即“贪赃不枉法”做出妥当说明。但是,从本书的角度来看,上述批判是有问题的:一方面,职务行为的公正性,既包括依据职务行为裁量的具体事项的实体内容的公正性,也包括作出该种裁量结果的过程的公正性。即便是实体内容公正的事项,如果裁量过程不公正,也难以说是公正的职务行为。在职务行为裁量过程中,公务人员收受贿赂,就会出现将职务行为置于贿赂影响之下的危险,进而出现职务执行过程中不当行使裁量权的危险。换言之,即便是合法的职务行为,在其为贿赂所影响的时候,也难免出现不公正裁量的危险,最终会因为危及职务行为公正性而成立受贿犯罪。从此意义上讲,受贿犯罪,是属于针对职务行为公正性的危险犯。[54] 另一方面,从实体上看,对职务行为公正性的侵害,不仅是对职务行为“合法性”的侵害,还包括对职务行为“公正性”的侵害。合法的职务行为和公正的职务行为不是一回事。即便是形式上合法的职务行为当中,也还存在具体细节上的公正裁量问题。具体细节裁量上的不公,也是对职务行为公正性的侵害。例如,就解决住房问题而言,尽管最终结果都是给他人提供了同等面积的住房,但对送礼者提供了区位、朝向较好的住房,而对没有送礼者则提供区位、朝向不好的房子。此时,尽管行为人声称是照章办事,没有违法,但这种由于送礼的影响而导致的细节上的不同,不能说是“公正”的裁量。又如,就办理工商营业执照而言,存在办理手续时间长短的问题,对送礼者从速办理,没几天就办下来了,而对没有送礼者拖了几周才办下来。这种因为有无送礼而引起的期限上的区别对待,也不能说是“公正”的裁量。如此说来,在“贪赃不枉法”的场合,虽说职务行为的形式合法性没有受到“赃”即财物的影响,但若职务行为履行中的细节受到影响,公正性被破坏,也成立受贿罪。

同时,要注意的是,尽管受贿罪的保护法益是职务行为的公正性,但我国刑法将其从最初所在的“渎职罪”中单列了出来,和具有职务侵占犯罪这种财产犯罪性质的贪污罪放在一起,使得受贿罪也具有了浓厚的财产犯的特征。这一点在我国有关受贿罪的司法实践中尤为明显。实务当中,成立本罪不仅要求所收受的财物的数额必须达到一定程度,而且也只有财物实际交付或者实际置于受贿人的控制之下,才能认定成立本罪。这一点和国外有关受贿罪的成立,只要求行为人实施了破坏职务行为公正性的行为,承诺为他人谋取利益的情形差别较大。认识到受贿罪的财产犯的性质,对于受贿罪的成立,特别是在受贿罪的未遂形态的判断上,具有重要的意义。

(二)犯罪构成

1. 行为主体。本罪的主体为特殊主体,即国家工作人员,具体来说,就是国家机关中从事公务的人员,国有公司、企业、事业单位、人民团体中从事公务的人员,国家机关、国有公司、企业、事业单位委派到非国有公司、企业、事业单位、社会团体从事公务的人员,以及其他依照法律从事公务的人员。这些人的共同特点是依法从事公务。因此,经过乡镇政府或者主管行政机

---

〔53〕 实际上,将是否影响职务行为公正性作为认定是否构成贿赂的标准,已经为相关党内法规所认可。《中国共产党纪律处分条例》第 97 条第 1 款规定:收受可能影响公正执行公务的礼品、礼金、消费卡(券)和有价证券、股权、其他金融产品等财物,情节较轻的,给予警告或者严重警告处分;情节较重的,给予撤销党内职务或者留党察看处分;情节严重的,给予开除党籍处分。第 101 条规定:接受、提供可能影响公正执行公务的宴请或者旅游、健身、娱乐等活动安排,情节较重的,给予警告或者严重警告处分;情节严重的,给予撤销党内职务或者留党察看处分。

〔54〕 [日]山口厚:《刑法各论》(第 2 版),王昭武译,中国人民大学出版社 2011 年版,第 719 页。

关任命的乡镇卫生院院长,尽管不是国家机关工作人员,但在依法从事本区域卫生工作的管理与业务技术指导,承担医疗预防保健服务工作等公务活动时,属于刑法第 93 条第 2 款规定的其他依照法律从事公务的人员。对其利用职务上的便利,索取他人财物的,或者非法收受他人财物,为他人谋取利益的,应当以受贿罪追究刑事责任。[55] 社区卫生服务中心的网络管理员也不是国家工作人员,但在其负有对本单位的网络信息进行维护,对医生用药情况进行统计、汇总、监控的职责的时候,从事的活动具有公务性质,应当将其认定为国家工作人员,其利用职务便利,收受医药销售代表给予的财物,为其提供医生药品用量信息(俗称"拉单")的行为构成受贿罪。同样,国有医疗机构中,从事医疗数据统计、传输、维护等信息管理工作的事业编制人员,其统计、传输、维护的信息和数据系国有医疗机构对医疗业务进行管理、监督、决策的重要依据,属于医保信息,工作内容具有公务性质,该人员系国有事业单位中从事公务的人员,应以国家工作人员论。该类人员利用从事信息管理的职务便利,非法收受医药营销人员财物,向其提供本医疗机构药品使用情况统计数据等信息,为相关药品生产、销售企业以不正当手段销售药品提供便利的行为,应当依照刑法第 385 条第 1 款的规定,以受贿罪定罪处罚。[56] 但佛教协会属于社会团体,其工作人员除符合刑法第 93 条第 2 款的规定属于受委托从事公务的人员外,既不属于国家工作人员,也不属于公司、企业人员。根据刑法的规定,对非受委托从事公务的佛教协会的工作人员利用职务之便收受他人财物,为他人谋取利益的行为,不能按受贿罪或者公司、企业人员受贿罪追究刑事责任。[57]

冒充国家工作人员的人不能成为受贿罪的主体,但是通过伪造国家机关公文、证件担任国家工作人员职务的,仍然可以构成受贿罪。尚未成为国家工作人员的人,以成为国家工作人员之后为他人谋取利益为要约,而收受他人财物的,也不能构成受贿罪,但其在成为国家工作人员之后因此而利用职务之便为他人谋取利益的,仍然构成受贿罪。关于已经退休的国家工作人员收受他人财物的问题,按照最高人民法院《关于国家工作人员利用职务上的便利为他人谋取利益离退休后收受财物行为如何处理问题的批复》,国家工作人员利用职务上的便利为请托人谋取利益,并与请托人事先约定,在其离退休后收受请托人财物,构成犯罪的,以受贿罪定罪处罚。[58]

2. 危害行为和危害结果。本罪在客观上表现为,利用职务上的便利,索取他人财物或者非法收受他人财物为他人谋取利益,或者利用本人职权或者地位形成的便利条件,通过其他国家工作人员职务上的行为,为请托人谋取不正当利益,索取请托人财物或者收受请托人财物。具体而言,包括以下内容:

(1)本罪的对象即受贿行为所索取、收受的必须是贿赂。所谓贿赂,是与国家工作人员的职务有关的、作为不正当报酬的利益。按照我国刑法的规定,就是财物。但在理论上,对于何谓贿赂,则有不同理解:一是财物说。认为贿赂仅限于金钱和可以用金钱计算的财物,不包括其他利益。二是财产性利益说。认为贿赂除包括金钱及其他财物以外,还应当包括各种物质

---

〔55〕 2003 年最高人民检察院法律政策研究室《关于集体性质的乡镇卫生院院长利用职务之便收受他人财物的行为如何适用法律问题的答复》。

〔56〕 上海市嘉定区人民检察院诉丁某康受贿案,载《最高人民法院公报》2014 年第 9 期。

〔57〕 2003 年最高人民检察院《关于佛教协会工作人员能否构成受贿罪或者公司、企业人员受贿罪主体问题的答复》。

〔58〕 这个批复的内容值得商榷。即便国家工作人员与请托人之间没有约定,只要能够认定其所收受的财物就是其先前为请托人所谋取的利益的对价,就能够认定该财物为贿赂。是否事先约定不应成为决定是否为贿赂的因素。

性利益,如提供住房使用权、免费旅游、免除债务等。三是需要说。认为凡是能够满足人的物质或精神需要的一切有形或无形、物质或非物质、财产或非财产性利益,都是贿赂。其中,非财产性利益包括,安排子女就业、解决招工指标、提供就业机会、提职晋级乃至提供色情服务等。[59]

就贿赂的本质是公职人员职务行为的对价而言,可以说,凡是能够影响公职人员职务行为的公正性的利益或者说好处,都是贿赂,从此意义上讲,需要说最为恰当。但这种观点和我国现行刑法的规定不符,有违反罪刑法定原则之嫌。从现行刑法第 385 条的规定来看,受贿罪的对象只能是"财物",即金钱和具有金钱价值的其他物品,如现钞、房屋、汽车、有价证券、珠宝首饰等,而安排子女就业、解决招工指标、提供性服务[60]等难以用金钱衡量或者换算的利益或者说是好处,由于其无形且难以说是"财物",故不能成为受贿罪的对象。当然,现在的刑法学通说认为,对"财物"的理解也不能过于形式,仅仅将其限定为金钱或者其他财物。实际上,有些财产性利益,如安排旅游、免除债务或者长期让他人无偿使用住房或者汽车等利益,都可以直接根据市场价格换算为金钱,其与狭义的财物在本质上并无二致,因此,对刑法第 385 条所规定的"财物"进行扩大解释,将上述能够直接折算为金钱的利益纳入其中,也并无不可。因此,关于贿赂的理解,上述第二种观点即财产性利益说,比较妥当。[61] 司法实践也采用了这种观点。如最高人民法院、最高人民检察院《关于办理商业贿赂刑事案件适用法律若干问题的意见》第 7 条指出:"商业贿赂中的财物,既包括金钱和实物,也包括可以用金钱计算数额的财产性利益,如提供房屋装修、含有金额的会员卡、代币卡(券)、旅游费用等。具体数额以实际支付的资费为准"。尽管其是对商业贿赂犯罪中"贿赂"的理解,但其精神值得参考。

鉴于刑法理论和司法实践对于贿赂的具体范围一直没有定论,而现实生活中贿赂的形式却不断翻新,最高人民法院、最高人民检察院《关于办理贪污贿赂刑事案件适用法律若干问题的解释》第 12 条规定,贿赂犯罪中的"财物",包括货币、物品和财产性利益。财产性利益包括可以折算为货币的物质利益如房屋装修、债务免除等,以及需要支付货币的其他利益如会员服务、旅游等。后者的犯罪数额,以实际支付或者应当支付的数额计算。

(2)必须有利用职务上的便利收受贿赂的行为。具体如下:

第一,必须利用职务上的便利。贿赂罪的本质是通过不正当报酬对国家工作人员职务行为的公正性产生影响,因此,作为贿赂,其所影响的对象必须是国家工作人员的职务行为。换言之,行为人所收受的财物必须与其职务行为有关;如果财物所影响的不是国家工作人员的职务行为,就不存在对职务行为的公正性的侵犯,该财物也就不称为贿赂。所谓利用职务上的便利,是指利用本人职务范围内的权力,即自己主管、负责或者承办某项公共事务的职权(刑法第 385 条)及其所形成的便利条件(刑法第 388 条)。这种权力对他人(或单位)所谋求的利益具有制约关系,其行使能够影响到他人利益的有无及多寡。

在理解受贿罪中的"利用职务上的便利"时,必须将其和贪污罪中的"利用职务上的便利"

---

[59] 孙国祥:《贿赂犯罪的学说与案解》,法律出版社 2012 年版,第 112 ~ 114 页。

[60] 性贿赂是否构成贿赂,存在争议。本书认为,行贿人为了获取某种利益而和国家工作人员发生性行为的,由于这种情形难以用金钱估算其价值而难以说是"财物",所以不属于贿赂,但是,行贿人让国家工作人员接受性服务而后为其支付费用的,该费用可以认定为贿赂。

[61] 高铭暄、马克昌主编:《刑法学》(第 10 版),北京大学出版社、高等教育出版社 2022 年版,第 643 页;贾宇主编:《刑法学》(下册 · 各论),高等教育出版社 2019 年版,第 267 页。

区别开来。受贿罪和贪污罪尽管都以“利用职务上的便利”为成立条件,但二者的内容有显著差别。贪污罪中“利用职务上的便利”既包括利用本人职务上主管、管理公共财物的便利,也包括利用职务上有隶属关系的其他国家工作人员的职务便利,而受贿罪中“利用职务上的便利”既包括利用本人职务上主管、负责、承办某项公共事务的职权,也包括利用职务上有隶属、制约关系的其他国家工作人员的职权。换言之,受贿罪中“利用职务上的便利”的范围更宽。与隶属关系不同,制约关系是指行为人的职权能够对其他国家工作人员的行为产生一定约束力,但不能直接决定其他国家工作人员的职务行为,也不能通过其他国家工作人员对其所在单位的财物形成实质上的主管或者管理。这种差别的存在使得在相近案件的处理上,结论会有较大的差别。如在某市生态环境局局长张某利用本人负责环评检查的职务便利,向当地城投集团负责人王某提出报销个人费用的场合,张某提出报销个人费用的行为实际上是借故向城投集团索要财物,应认定为受贿罪,而不是贪污罪。因为,虽说城投集团在投资开发项目过程中,属于市生态环境局的监管对象,张某作为市生态环境局局长自然能够制约城投集团负责人王某,但其也仅停留在制约层面,而非隶属关系层面,张某不可能主管或者管理城投集团的财物,所以张某要求王某报销个人费用,并非利用其职务上具有隶属关系的他人职权这种贪污罪意义上的“职务便利”,而是利用其职务上具有制约关系的他人职权这种受贿罪意义上的“职务便利”。

从刑法的有关规定和司法机关的有关解释〔62〕来看,“利用职务上的便利”包括以下三种情况:第一种情况是利用行为人本人的职权,即国家工作人员本人在职务上主管、负责、承办某项公共事务的职权。如利用主管招生的权力,或者主管干部提拔的权力,从考生或者选拔对象那里收受钱财的行为,就是其例。单位中担任负责全面工作的领导职务的国家工作人员通过不属于自己主管的下级部门的国家工作人员的职务为他人谋取利益的,也属于“利用职务上的便利”。第二种情况是利用和自己的职权之间存在隶属或者制约关系的其他国家工作人员职务的便利。这种职务便利,虽然不属于本人职权范围之内,但由于和自己职权有密切关系,所以应当比照职权行为进行处理。如不负责具体案件的法院主管刑事审判业务的副院长,向承办某具体案件的员额法官打招呼,让其对某具体案件予以照顾的场合,就是如此。所谓隶属,是指行为人与被利用人在职务上存在上下级的关系;所谓制约是指行为人与被利用人之间存在相互制约、相互依存的关系。这种制约既可以是同一单位内不同部门之间的制约,也可以是不同单位之间的制约。中国人民银行的分行行长和某商业银行行长之间,尽管分属不同单位,但中国人民银行负责制定和执行货币政策,对商业银行存在一定指导制约,因此,二者之间存在制约关系。第三种情况是利用本人职权或者地位形成的便利条件。这种情形,严格来讲,属于刑法第388条所规定的情形,而不属于刑法第385条所规定的“利用职务上的便利”,但由于刑法第388条规定的情形也是按照刑法第385条规定的受贿罪处理,所以在此一并解释。所谓“利用本人职权或者地位形成的便利条件”,是指虽然行为人与被利用的国家工作人员之间在职务上没有隶属、制约关系,但是行为人利用了本人职权或者地位产生的影响和一定的工作关系,如单位内部不同部门的国家工作人员之间,没有职务上隶属、制约关系的不同层级的国家工作人员之间,有工作联系的不同国家工作人员之间等。实践中主要体现为利用工作关系等。比如,某区民政局局长向该区人民法院院长打招呼,请其对一起案件给予照顾。该区民

〔62〕 2003年最高人民法院《全国法院审理经济犯罪案件工作座谈会纪要》第3条。

政局局长与法院院长之间不存在职务上的隶属、制约关系,只是基于日常工作关系请求提供帮助,应当认定为利用本人职权或地位形成的便利条件,通过其他国家工作人员职务上的行为为他人谋取利益。行为人与被其利用的第三人之间如果存在制约或者隶属关系,就意味着行为人与被其利用的第三人之间具有支配、控制等权力关系,第三人的行为就是行为人职务行为的延伸,行为人的利用行为本质上就是基于其职务行为,属于直接利用其职务上的便利的行为。

利用职务便利的行为,通常是作为,但也可以是不作为。如故意缺席需要达到法定人数才能通过的会议,使得不利于行贿人的决议无法形成的场合,就是其例。利用职务上的便利,也不意味着行为人在收受财物的时候,一定要违背自己的职责。实际上,利用本人的职权或职务上的便利而受贿,包括两种情况:一是"贪赃枉法",即违背职责为对方谋取利益而收受贿赂。如税务局局长接受辖区内餐厅老板的贿赂之后,明知对方不符合减免税的条件,而为其减免了税款。二是"贪赃不枉法",即没有实施违背职务行为的受贿。同样是前面的案例中,税务局局长明知餐厅老板符合免税条件,仍接受餐厅老板的财物,之后为其减免了税款。这种场合下,虽然行为人本次没有违背职权为对方谋取利益,职务行为的公正性看似没有受到破坏,但餐厅就在自己的辖区之内,因为行为人收受了贿赂,不排除其在今后的职务活动中对餐厅老板网开一面的可能,所以税务局局长仍应成立受贿。[63]

第二,必须具有受贿行为。其包括两种方式:索取贿赂;收受贿赂为他人谋取利益。以下分别叙述。

其一,索取贿赂,指主动索要并收取贿赂。索贿具有两个特点:一是主动性,即受贿人先提出贿赂要求,主动要求他人给予财物,以他人是否给予财物作为自己是否为对方行使职权、如何行使职权的条件;二是他人交付财物的被动性,即对方是在索贿人的索要或勒索之下,基于自身利益的考虑,不得不应行为人的要求而被动地交付财物。正是这两个特点,决定了在索贿形式的受贿罪的场合,行为人一定要有主动索要财物的意思表示。至于索要财物的方式,没有特别限定。既可以是明示,也可以是暗示,甚至还可以将应当办理的事情以久拖不决的方式来示意对方送上财物;既可以是直接向对方索要,也可以是通过第三人间接地向对方索要财物。以虚构事实、隐瞒真相,夸大其词的欺骗方式令他人主动交付财物的,构成索贿。

索贿中,包括敲诈勒索贿赂的行为。因为,国家工作人员在他人有求于自己的职务行为之际勒索财物时,这种财物就是与其职务有关的、作为职务行为的不正当报酬的利益,国家工作人员的这种行为同样侵犯了职务行为的公正性,符合受贿罪的本质。要求、索要与勒索,都是国家工作人员在他人有求于自己的职务行为时提出的非法要求,它们之间只有程度上的差别,没有本质差异,事实上也难以区分;如果认为对勒索财物的行为应定为敲诈勒索罪,则会导致严重的罪刑不均衡现象。刑法第389条第3款规定:"因被勒索给予国家工作人员以财物,没有获得不正当利益的,不是行贿。"这表明,国家工作人员利用职务上的便利勒索财物时,被勒索的人获得了不正当利益的,仍然构成行贿罪,反过来也就意味着,国家工作人员利用职务上的便利勒索财物的,成立受贿罪。因此,索取贿赂包括勒索贿赂在内。

在索贿构成受贿罪的场合,不需要具备为他人谋取利益的要件。因为,国家工作人员在履行职务的过程中,利用职务上的便利,主动向职务行为的对方索要财物本身就足以严重侵害公

---

〔63〕 否则,该税务局局长的行为就要构成诈骗。

职行为的公正性,是对职务行为的亵渎,比被动受贿影响更坏,情节更为恶劣,所以,其没有像被动收受贿赂那样,要求具备为他人谋取利益的要件。这是索贿形式的受贿罪与被动受贿形式的受贿罪在成立要件上的一个重要差别。

其二,收受贿赂为他人谋取利益。指行为人以许诺为他人谋取利益为条件,被动地接受对方给付自己的财物。收受贿赂的基本特征是行贿人给付财物的主动性、自愿性和受贿人接受他人财物的被动性。就行贿人而言,其主观上是想通过给予受贿人财物从而换取某种利益,系主动地给予国家工作人员财物。就受贿人来说,不是其本人索要,而是在他人主动给付的前提下接受财物。事实上,还存在一种约定的方式,即行贿人与受贿人就贿赂一事相互勾结、达成协议。刑法第385条第2款规定:"国家工作人员在经济往来中,违反国家规定,收受各种名义的回扣、手续费,归个人所有的,以受贿论处。"这实际上是一种约定的受贿方式。但能够以谁提出为标准,将其归入索贿与受贿:国家工作人员先提出约定的,属于索贿;对方先提出约定的,属于受贿。

问题是如何理解"为他人谋取利益"?"旧客观要件说"认为,"为他人谋取利益"是受贿罪的客观要件,即行为人必须实施为他人谋取利益的行为,如果国家工作人员收受财物但事实上并没有为他人谋取利益,就不成立受贿罪。同时认为,是否已经为他人谋取利益不影响受贿罪的成立。[64]"主观要件说"认为,"为他人谋取利益"是受贿罪的主观要件,即构成受贿罪只要求行为人主观上具有为他人谋取利益的心理态度,并不要求具体实施为他人谋取利益的行为。[65]上述两种观点都有不妥之处。如按照"旧客观要件说",将为他人谋取利益作为客观要件,那么,只有谋利目的实现了,才具备受贿罪的客观要件,才是受贿罪的既遂,但是,司法实践中,是以实际接受他人财物为受贿罪的既遂标准的,因此"旧客观要件说"不妥。"主观要件说"的缺陷也极为明显。从为他人谋取利益这句话本身来讲,应该说,它是受贿罪的客观要件。因为,很明显,它所描述的是一种行为。"谋取利益"是个动词加名词的动宾结构,是对客观行为的描述。即从法律规定上来看,为他人谋取利益应当是受贿罪的客观要件。

由于上述问题的存在,现在通行的见解认为,为他人谋取利益仍然是受贿罪的客观要件,只是其内容是许诺为他人谋取利益,这被称为"新客观要件说"。[66]按照这种理解,国家工作人员在非法收受他人财物之前或者之后许诺为他人谋取利益的,客观上就形成了以权换利的约定,而且,即便在收受财物之后公正地行使了职务行为,也难免让人对其公正性产生怀疑。这种怀疑本身就意味着职务行为的公正性受到了侵害,这样理解也符合刑法的规定;为他人谋取利益的许诺本身是一种行为,所以符合刑法将其规定为客观要件的表述;为他人谋取利益只是一种许诺,不要求有谋取利益的实际行为与结果;为他人谋取利益只是一种许诺,所以,只要收受了财物就是受贿既遂,而不是实际上为他人谋取利益之后才是既遂。

按照上述理解,为他人谋取利益包括承诺、实施和实现三个阶段的行为。只要具有其中一个阶段的行为,如国家工作人员收受他人财物时,根据他人提出的具体请托事项,承诺为他人谋取利益,就具备了为他人谋取利益的要件。明知他人有具体请托事项而收受其财物的,视为承诺为他人谋取利益。承诺可以是明示的,也可以是暗示的。在他人主动行贿并提出为他人

---

〔64〕张瑞幸主编:《经济犯罪新论》,陕西人民教育出版社1991年版,第305页。

〔65〕王作富主编:《刑法分则实务研究》(第5版)(下),中国方正出版社2013年版,第1626页。

〔66〕高铭暄、马克昌主编:《刑法学》(第10版),北京大学出版社、高等教育出版社2022年版,第644页;张明楷:《刑法学》(第6版),法律出版社2021年版,第1206页。

谋取利益的要求之后，国家工作人员虽没有答应办理，但只要不予拒绝，就应当看作一种暗示的承诺。而司法实务部门对“为他人谋取利益”的理解则更为宽泛。最高人民法院、最高人民检察院《关于办理贪污贿赂刑事案件适用法律若干问题的解释》第 13 条第 1 款规定，具有下列情形之一的，应当认定为“为他人谋取利益”：其一，实际或者承诺为他人谋取利益的；其二，明知他人有具体请托事项的；其三，履职时未被请托，但事后基于该履职事由收受他人财物的。特别是上述第 3 项规定引起了很大的争议。这个规定意味着，从此以后，事后受财的，只要该财物客观上与职务行为有关，即便事先没有约定，也构成受贿罪。但是，受贿罪的本质是“权钱交易”，既然是“交易”，那么双方必须对交易的内容和价格具有认识，否则就说不上是“交易”。在行为人事先没有约定，也没有任何征兆，事后却意外地收到了来自他人的财物的场合，如果说这种场合也构成受贿罪，则会偏离受贿罪的“权钱交易”本质而违反罪刑法定原则。

的确，近年来，我国的贿赂犯罪形势已经发生了巨大变化。持续多年的高压反腐使那种“一事一贿”、临时抱佛脚式的即时性权钱交易模式逐渐减少，取而代之的是“放长线，钓大鱼”，以“培养感情”为名向官员赠送礼金，形成了一种彼此信赖且互相依存的权钱交易关系。在这种关系之下，单次受贿行为中必不可少的“受财”与“谋利”之间的因果关系以及时间的先后顺序已经无关紧要，重要的是双方已经形成的那种只需意会、不用言传的“礼尚往来（权钱交易）”的心理默契。这种默契之下的“礼尚往来”，实际上是一种更加隐蔽的行、受贿手段，其现实危害和即时性权钱交易的常规受贿没有什么差别。而且，和分次出卖国家权力的“一事一贿”的即时性权钱交易相比，这种腐败是一种更彻底地将职权奉与金钱驱使的行为，性质更加恶劣，官员更难抵御，侦查更为困难，社会危害性更大。因此，进行上述规定也是无可奈何的。但即便如此，也还是应当遵循刑法有关受贿罪的相关规定，在能够推定行为人执行公务时，具有事后收受来自他人的职务行为对价的心理期待或者内心联想时，即便双方没有事先约定，也能认定事后受财行为是受贿。这是因为，行为人在履职时所具有的事后收受财物的预期或者心理联想，会影响行为人的职务裁量行为的公正性，从而产生将“职务行为置于贿赂影响之下的危险”。在进行这种推定时，必须考虑以下因素：其一，行为人与提供财物的他人的交往情况。包括行为人与他人交往的契机、交往的时间、交往的方式、双方人情往来的经历、双方相互之间的了解情况等。其二，行为人和财物提供者所处领域或者行业的“潜规则”。其三，行为人与财物提供者之间的从属关系。行为人一旦收受来自下属或者被管理者的财物，即便现在没有具体的请求事项，也会在心中悄然生发出以后给予行贿人方便或者照顾的“还人情式”的心理预期或者承诺，而这种预期或者承诺，必然会导致平常履职行为偏离公正裁量。〔67〕也正因如此，最高人民法院、最高人民检察院《关于办理贪污贿赂刑事案件适用法律若干问题的解释》第 13 条第 2 款规定，国家工作人员索取、收受具有上下级关系的下属或者具有行政管理关系的被管理人员的财物价值 3 万元以上，可能影响职权行使的，视为承诺为他人谋取利益。

实践中，与承诺为他人谋取利益有关的问题是虚假承诺，即国家工作人员具有为他人谋取利益的职权和条件，在他人有求于已的时候，并不打算为他人谋取利益，却又承诺为他人谋取利益。这种虚假承诺行为不构成受贿罪，而是构成诈骗罪。因为，此时，国家工作人员不仅没有为他人谋取利益的实际行为，而且连为对方谋取利益的预备行为都没有，不可能危及职务行

---

〔67〕 黎宏：《贿赂犯罪的保护法益与事后受财行为的定性》，载《中国法学》2017 年第 4 期。

为的公正性。但即便如此,就向国家工作人员给付财物的他人而言,其行为仍然构成行贿罪。因为,其是为了谋取不正当利益而实施给予国家工作人员财物的行为的,属于不得请求返还的不法原因给付,完全符合行贿罪的犯罪构成。因此,此种场合下,行贿人即便被骗,也不能以其属于诈骗犯罪的被害人而要求返还财物。

以上是受贿的两种方式。需要注意的是,无论是索贿还是收受贿赂,都并不局限于受贿人直接占有财物的情形,也包括受贿人要求向第三人提供财物的情形。在第三人同国家工作人员通谋的情形下,第三人构成受贿罪的共犯。但是与自己收受财物不同,在国家工作人员明知他人已经向第三人支付财物而为他人谋取利益的场合,如果国家工作人员同第三人之间具有某种特定的共同利益关系或者事前通谋,也可以认定其构成受贿。因此,在实践中,国家工作人员确实不知道第三人收受财物,而利用职务便利为他人谋取利益的,不应认定构成受贿。

按照有关司法解释,[68]下列行为属于受贿,应当以受贿罪论处:

其一,关于以交易形式收受贿赂问题。国家工作人员利用职务上的便利为请托人谋取利益,以下列交易形式收受请托人财物的,以受贿论处:一是以明显低于市场的价格向请托人购买房屋、汽车等物品的;二是以明显高于市场的价格向请托人出售房屋、汽车等物品的;三是以其他交易形式非法收受请托人财物的。受贿数额按照交易时当地市场价格与实际支付价格的差额计算。前述市场价格包括商品经营者事先设定的不针对特定人的最低优惠价格。根据商品经营者事先设定的各种优惠交易条件,以优惠价格购买商品的,不属于受贿。房产交易型受贿行为中,受贿的数额应当以商品房买卖合同成立时间为交易时间进行计算。真正反映市场交易价格的是开发商针对不特定人优惠折扣后的实际成交价格。判断是否"明显低于市场价格",应从受贿罪权钱交易的本质出发,通过查证房产开发商内部的优惠销售记录,结合特定地区、特定时期的经济发展水平、房产市场的交易规则及差额占涉案房屋价值总额的比例等,综合进行判断。[69] 国家工作人员以优惠价格购买商品房的行为中,经营者预先设定的不针对特定人的优惠价格属于商品房的正常市场价格,不应计入受贿罪数额。国家工作人员收受请托人所赠房产,而后请托人又将房产用于抵押贷款的,应认定为受贿既遂。

其二,关于收受干股问题。干股是指未出资而获得的股份。国家工作人员利用职务上的便利为请托人谋取利益,收受请托人提供的干股的,以受贿论处。进行了股权转让登记,或者相关证据证明股份发生了实际转让的,受贿数额按转让行为发生时股份价值计算,所分红利按受贿孳息处理。股份未实际转让,以股份分红名义获取利益的,实际获利数额应当认定为受贿数额。

在办理涉及股票的受贿案件时,应当注意:一是国家工作人员利用职务上的便利,索取或非法收受股票,没有支付股本金,为他人谋取利益,构成受贿罪的,其受贿数额按照收受股票时的实际价格计算。二是行为人支付股本金而购买较有可能升值的股票的,由于不是无偿收受请托人财物,不以受贿罪论处。三是股票已上市且已升值,行为人仅支付股本金的,其"购买"股票时的实际价格与股本金的差价部分应认定为受贿。

其三,关于以开办公司等合作投资名义收受贿赂问题。国家工作人员利用职务上的便利

[68] 2007 年最高人民法院、最高人民检察院《关于办理受贿刑事案件适用法律若干问题的意见》第 1 ~7 条。

[69] 杨海受贿案,载最高人民法院中国应用法学研究所编:《人民法院案例选》2013 年第 1 辑,人民法院出版社 2013 年版。

为请托人谋取利益，由请托人出资，“合作”开办公司或者进行其他“合作”投资的，以受贿论处。受贿数额为请托人给国家工作人员的出资额。国家工作人员利用职务上的便利为请托人谋取利益，以合作开办公司或者其他合作投资的名义获取“利润”，没有实际出资和参与管理、经营的，以受贿论处。[70] 由于投资型受贿具有一定的隐蔽性，受贿人实际出资且由他人代持则更加掩人耳目，所以在查办此类案件时要把握权钱交易本质，重点审查受贿人是否实际承担市场风险，如果收受固定回报、不承担风险则与直接贿送钱款并无区别，依法以受贿罪追责。

其四，关于以委托请托人投资证券、期货或者其他委托理财的名义收受贿赂问题。国家工作人员利用职务上的便利为请托人谋取利益，以委托请托人投资证券、期货或者其他委托理财的名义，未实际出资而获取“收益”，或者虽然实际出资，但获取“收益”明显高于出资应得收益的，以受贿论处。受贿数额，前一情形，以“收益”额计算；后一情形，以“收益”额与出资应得收益额的差额计算。

需要注意的是，办理以投融资方式收受贿赂的案件时，要综合审查投融资的背景、方式、真实性、风险性、风险与收益是否相符等，判断是否具备受贿罪权钱交易的本质特征。对于利用股权收益权代持融资等投融资手段进行利益输送的受贿案件，司法机关应当着重审查投融资的背景情况、请托方是否有真实融资需求、投融资的具体方式、受贿人是否支付对价以及是否需要承担投资风险、风险是否与所获收益相符等情况。对于资本运作或相关交易异于正常市场投资，受贿人职务行为和非法获利之间紧密关联，受贿人所支付对价与所获收益明显不对等，具备受贿犯罪权钱交易特征的，依法认定构成受贿罪。[71]

其五，关于以赌博形式收受贿赂的认定问题。国家工作人员利用职务上的便利为请托人谋取利益，通过赌博方式收受请托人财物的，构成受贿。实践中应注意区分贿赂与赌博活动、娱乐活动的界限。具体认定时，主要应当结合以下因素进行判断：一是赌博的背景、场合、时间、次数；二是赌资来源；三是其他赌博参与者有无事先通谋；四是输赢钱物的具体情况和金额大小。

其六，关于特定关系人“挂名”领取薪酬问题。国家工作人员利用职务上的便利为请托人谋取利益，要求或者接受请托人以给特定关系人安排工作为名，使特定关系人不实际工作却获取所谓薪酬的，以受贿论处。

其七，国家工作人员利用职务上的便利为他人谋取利益，并指定他人将财物送给其他人，构成犯罪的，应以受贿罪定罪处罚。例如利用职务便利为他人谋取利益，授意他人向第三人借款，还款义务被免除的，成立受贿罪。

根据《关于办理受贿刑事案件适用法律若干问题的意见》，国家工作人员在貌似正常的民事行为的表面下，利用职务之便，获取“一本万利”“无本万利”的收益，且不承担市场风险的“借鸡生蛋”型案件，本质上是权钱交易，应以受贿论处。这种理解有其道理。出资者承担风

---

〔70〕 在这种类型的受贿的认定上，必须注意，国家公职人员在合作投资过程中，仅象征性出资、象征性地参与经营、管理，不承担经营风险，最后以“利润分成”名义收受明显高于其付出应得收益的情形。在此类情形中，国家公职人员获取利润并非简单地基于投资或者参与经营、管理，收益过高离不开公权作用，其本质上系权钱交易，应当以受贿罪处理。也就是说，即使是国家公职人员真实投资或者实际参与经营、管理的情形，也应围绕受贿罪权钱交易的本质，综合审查其出资数额与其他股东或者合伙人出资数额差距，参与经营、管理的角色，按比例获得的利润，差距产生的原因、幅度，并结合同种情况下同行业的通常标准，查明其所获利润与付出的比例是否在合理范围内，是否系以投资为名收受贿赂。

〔71〕 桑某受贿、国有公司人员滥用职权、利用未公开信息交易案，最高人民检察院指导案例 188 号（2023 年）。

险并享受收益是一般民事和商业行为的基本原则。无论是个人之间的民事行为,还是企业之间的商业行为,谁出资投资、谁承担相应风险、谁享受收益,是一条基本原则。对于大多数"借鸡生蛋"型案件而言,表面上看是国家工作人员寻找的投资机会,但其本质上属于"空手套白狼",资金的损失风险和资金成本实际上是由出资者请托人在承担。这种情形不仅违反了上述"谁投资,谁担风险,谁受益"的基本原则,也违反了国家工作人员从业禁止性规定,具有以权换钱的违法性基础。

3. 主观要件。本罪的主观要件只能是故意。具体来说,行为人已经认识到是作为职务行为对价的物品或者利益而仍然收受。如果没有收受贿赂的意图,事实上也没有接受的,不可能成立受贿罪;行贿人将财物送给行为人但行为人根本不知道的,也不成立受贿罪。

根据相关司法解释,国家工作人员收受请托人财物后及时退还或者上交的,不是受贿。[72]这种场合下,之所以不认定为受贿,只能理解为,行为人尽管在客观上收受了财物,但其并没有作为贿赂而收受的故意。因此,在收受财物后退还或者上交的场合,在是否成立受贿的认定上,行为人当时的主观心理态度判断就极为重要。

在这种情形的处理上,应考虑以下因素:(1)行为人退还或者上交的原因。国家工作人员受贿后,因自身或者与其受贿有关联的人、事被查处,为掩饰犯罪而退还或者上交的,不影响认定受贿罪。(2)客观上能拒绝的情形下是否有拒绝行为,在可以表示拒绝的情形下是否有拒绝的表示。(3)从知道收受了请托人的财物到退还或者上交之间的时间间隔长短。(4)是否存在影响国家工作人员退还或者上交的客观原因。(5)是否存在影响国家工作人员退还或者上交的主观原因等。要注意的是,即便及时"交"给组织,也有可能构成受贿。如某单位"一把手"收受财物后担心被查处,将其收受的财物交本单位纪检组、监察室,并交代"代为保管""暂存",暗示下属不能打开和"交公"。其真正用意是观察时机,如果有关部门调查,则辩称已上交;如果没有被调查,则在条件成熟时将财物要回。这种情形,应认定行为人有受贿的故意。

(三)本罪的认定

在本罪的认定中,应当注意以下几个问题:

1. 经济往来中本罪的认定。刑法第385条第2款规定,国家工作人员在经济往来中,违反国家规定,收受各种名义的回扣、手续费,归个人所有的,以受贿论处。这就是通常所说的经济受贿。和普通受贿相比,经济受贿具有以下特征:(1)受贿行为发生在经济往来中。所谓经济往来,是指在经济上有来有往,是双向或者多向的,是平等的民事主体之间的交往,而不包括单向的经济管理活动。最典型的经济往来就是商品的"购"与"销"。(2)违反国家规定,收受各种名义的回扣、手续费。所谓违反国家规定,是指违反各种法律、法规、命令、决定等。所谓回扣,是指在商品交易中,卖方从收取的价款中扣出一部分回送给买方或者买方经办人的现金。应当注意的是,必须将回扣与折扣、佣金等区别开来。所谓折扣,是指商品买卖中,由卖方以明示或者入账的方式给予买方一种价格上的优惠。所谓佣金,是指买卖双方或者一方向居间人或者经纪人支付的一种劳务报酬。享受折扣和接受佣金都不能构成经济往来中的受贿。所谓手续费,是指单位或个人为了推销产品、购买原料、联系承包业务或者进行其他经济活动,给予对方单位或者对方推销人员、采购人员、业务人员等作为"酬劳"的金钱,其具体称呼多种多样,如"好处费""酬劳费""活动费""信息费"等。(3)归个人所有。收受回扣、手续费之后,交

---

〔72〕 2007年最高人民法院、最高人民检察院《关于办理受贿刑事案件适用法律若干问题的意见》第9条第1款。

给单位的，当然不构成本罪。

2. 国家工作人员为企业牵线搭桥收取中介费的行为性质认定。实践中存在国家工作人员，利用其广泛的人脉关系、地位和影响力，在民企之间牵线搭桥，促成合作，然后从双方或者其中一方收取“中介费”或者“手续费”的现象。这种行为该如何处理，是不是构成受贿，存在争议。本书认为，对其应当区分情况，分别对待。在国家工作人员与其所牵线搭桥的企业之间存在隶属、制约关系的场合，即便具有牵线搭桥、沟通信息的行为，对于所收取的“手续费”“中介费”，也应当认定为受贿；相反地，在国家工作人员与其所牵线搭桥的企业之间不存在隶属、制约关系的场合，对于所收取的“手续费”“中介费”，只能看作违规从事有偿中介活动收取的费用，按照《中国共产党纪律处分条例》第 103 条第 1 款第 4 项的相关规定处理。

对此，我们可以对照以下案例进行分析。案例 1：甲系国有银行某支行行长，乙、丙均系房地产开发企业主，二人不认识。甲曾多次利用职权为乙、丙在贷款融资方面提供帮助。某日，乙因公司资金周转困难，找甲帮忙，并提出愿意按照年化 10% 的利率支付利息。甲找到丙，希望丙能出借 1000 万元用于乙周转，丙同意，后丙将 1000 万元直接转入甲提供的乙公司账户中，乙将款项用于生产经营。1 年后，乙用款完毕，告诉甲打算归还本金和利息。甲将此事转告丙，丙表示把本金给自己即可。后乙按照甲要求，将 1000 万元还给丙，将 100 万元利息转给甲。对于甲收受 100 万元利息行为，到底该如何认定，存在争议。本书认为，甲的行为构成受贿罪。首先可以肯定的是，作为国有银行某支行行长的甲和房地产开发商乙、丙之间存在职务上的制约关系，即甲能够决定是不是给乙、丙提供贷款融资、给予多少贷款融资，因此，甲收受具有职务上的制约关系的企业主的钱财，原则上考虑为权钱交易，构成受贿。受贿的对方即行贿人，就是曾经受到甲的多次职务关照的乙和丙，二人构成向甲行贿的行贿罪的共犯。只是，本案中，甲在乙、丙的借贷活动之间有牵线搭桥、沟通信息的工作，因此，可能有人会说，甲所收取的 100 万元属于乙丙双方约定给予甲的中介费。但这种理解非常勉强。一方面，100 万元的“中介费”远远超出正常中介费的比例。一般来说，为企业融资，融资中介费在 1% 到 3% 之间。就本案而言，即便说是“中介费”，最多也只能是 30 万元，100 万元显然远超出这个数字。另一方面，在与自己的职权地位有制约关系的企业之间进行中介、斡旋而后收费，被中介、斡旋的企业付给行为人远高于一般中介费的“中介费”的，不排除该费用就是对过去已经提供的帮助或者对将来可能提供的帮助而进行的回报或者支付的对价，这种回报或者对价就是贿赂。从此意义上讲，在和自己职务上主管、负责事务有关的企业之间进行中介，而后收取高额中介费的，一般构成受贿。

案例 2：已经退休的某出版社副社长甲受私企老板丁的委托，为其 B 公司寻找融资渠道，二者之间签订了书面协议，约定事成之后，丁按照融资总额的 2% 给甲感谢费。甲找到其过去的同事乙的丈夫——某大型国有金融企业的副总经理丙帮忙，丙指示其下属的 A 公司按程序对丁的 B 公司进行尽职调查、现场考察、审核评估、集体审议后，同意与其合作，丁的 B 公司顺利地从 A 公司获得 3000 万元融资。事后，丁按约给予甲 60 万元感谢费。该案中，甲的行为不应当构成受贿罪。首先，甲是退休国家工作人员，找丙帮忙并非基于其国家工作人员身份，也不是利用其本人职权和地位形成的便利条件，而是利用了其与丙的妻子乙曾经的同事关系即熟人关系。其次，从甲与丙的职务关系来看，甲在出版社工作，丙在金融企业工作，二者之间没有隶属、制约关系，不存在甲利用其职权或者地位形成的便利条件，通过丙的职务行为为丁谋取不正当利益的行为。最后，B 公司与 A 公司之间是商业合作关系，B 公司的资质也符合 A

公司对融资对象的要求,且经过了 A 公司的相关融资程序,两个公司的合作互利具有正当性。甲未参与双方的融资谈判,也没有为 B 公司获取较低的融资利率,其行为并未导致 B 公司在平等市场主体中获得竞争优势,未违背市场交易公平公正原则,不符合为请托人谋取不正当利益的构成要件。

3. 正确划分受贿罪与取得合理报酬、正当馈赠以及借用之间的界限。国家工作人员在法律允许的范围内,利用业余时间,通过自己的劳动为他人提供服务,从而获得合理报酬的,不成立受贿罪。特别是对于身兼行政职务的科研人员,尤其是学术带头人,要区分其科研人员与公务人员的身份,区分科技创新活动与公务管理,正确把握科研人员以其自身专业知识提供咨询等合法兼职获利的行为;区分科研人员合法的股权分红、知识产权收益、科技成果转化收益分配与受贿之间的界限。但应当注意的是,国家工作人员在经济来往中,违反国家规定,收取各种名义的手续费、回扣,归个人所有的,应以受贿罪论处,不能作为合理报酬对待。具体而言,行为人接受正当馈赠的行为和受贿行为之间的区别:(1)看接受方与提供方之间是否存在亲友关系;(2)看提供方是否有求于接受方的职务行为;(3)看接受方是否许诺为他人谋取利益;(4)看所接受财物的数量与价值;(5)看接受方是否利用了职务之便;(6)看有无馈赠的适当理由;(7)看接受与提供方式是不是具有隐蔽性;等等。对上述问题要综合分析、全面判定。

认定以房屋、汽车等物品为对象的受贿,应注意其与借用的区分。具体认定时,不能仅仅看是否有书面借款手续,应当根据以下因素综合判定:(1)有无正当、合理的借款事由;(2)款项的去向;(3)双方平时关系如何、有无经济往来;(4)出借方是否要求国家工作人员利用职务上的便利为其谋取利益;(5)借款后是否有归还的意思表示及行为;(6)是否有归还的能力;(7)未归还的原因;等等。国家工作人员利用职务上的便利为请托人谋取利益,收受请托人房屋、汽车等物品,未变更权属登记或者借用他人名义办理权属变更登记的,不影响受贿的认定。

4. 本罪的既遂与未遂。关于受贿罪的既、未遂的区分标准,理论上有承诺谋利说、实际谋利说、取财说以及取财并谋利说之争,[73] 通说主张取财说。[74] 按照取财说,即以行为人是否实际收受贿赂作为判断受贿罪既遂与未遂的标准。

从受贿罪属于渎职犯罪的角度来看,行为人只要是在他人贿赂的影响之下,实施了为他人谋取利益的行为,就足以影响职务行为的公正性,因此,实际谋利说有其合理性。但是,在我国,受贿罪具有财产犯罪的一面,以行为人利用手中的职务获取财物为内容,因此,在受贿罪的认定上也不得不考虑这一点。行为人尽管利用职务之便为他人谋取了利益或者承诺为他人谋利,但如果没有得到作为贿赂的财物,也可以说权钱交易没有最终完成。从此意义上讲,将行为人是否实际获取了财物作为判断受贿罪是否既遂的标准,是有其道理的。

在将是否收受财物作为判断受贿是否既遂的唯一标准时,对是否收受也必须进行实质判断。例如国家工作人员利用职务上的便利,收受他人购物卡之后,即便还没来得及购物,也应当作为受贿罪既遂处理;同样,在收受他人汽车、房地产之后,尽管没有办理转移所有权的过户手续,但由于行为人已经实际控制和使用该物,所以也应当成立受贿罪既遂,不能因为行为人在民法上不能对该物享有所有权而认定该行为为受贿未遂。在国家工作人员口头承诺收受钱

---

〔73〕 孙国祥:《贿赂犯罪的学说与案解》,法律出版社 2012 年版,第 214 页。

〔74〕 贾宇主编:《刑法学》(下册·各论),高等教育出版社 2019 年版,第 272 页;阮齐林、耿佳宁:《中国刑法各论》,中国政法大学出版社 2023 年版,第 431 页。

款，虽然该款项在案发时尚未到账，但事实上对该款项或其中部分款项具有支配权的场合，应当认定为受贿罪既遂。相反地，在行贿人为受贿人代持贿赂，受贿人已经利用职务之便，为行贿人谋取利益之后，即便作为贿赂的财物尚未转移，只要渎职行为已经完成，进而为他人谋取利益的行为已经完成，也可以考虑既遂。

5. 本罪的共犯问题。在两个以上的国家工作人员以共同故意利用职务上的便利，为他人谋取利益，索取或者非法收受他人财物的场合，构成受贿罪的共同犯罪，这是没有任何问题的。但是，非国家工作人员和国家工作人员相互勾结共同受贿的如何处理，则值得考虑。根据《全国法院审理经济犯罪案件工作座谈会纪要》第3条第5项以及2007年最高人民法院、最高人民检察院公布的《关于办理受贿刑事案件适用法律若干问题的意见》第7条第2款，非国家工作人员和国家工作人员相互勾结，共同受贿的，按照以下原则处理：(1)非国家工作人员是否构成受贿罪共犯，取决于双方有无共同受贿的故意和行为，国家工作人员的近亲属或者密切关系人之类的特定关系人向国家工作人员代为转达请托事项，收受请托人财物并告知该国家工作人员，或者国家工作人员明知其近亲属或者密切关系人收受了他人财物，仍按照近亲属或者密切关系人的要求利用职权为他人谋取利益的，对该国家工作人员应认定为受贿罪，其近亲属或者密切关系人以受贿罪共犯论处；(2)近亲属或者密切关系人以外的其他人与国家工作人员通谋，由国家工作人员利用职务上的便利为请托人谋取利益，收受请托人财物后双方共同占有的，构成受贿罪共犯。

在此要注意的是，上述文件明确区分了特定关系人成立受贿罪共犯与非特定关系人成立受贿罪共犯的要件。特定关系人成立受贿罪共犯需具备两个要件：(1)与国家工作人员通谋，(2)与国家工作人员共同实施了受贿罪实行行为。非特定关系人成立受贿罪共犯的认定标准更为严格，需具备三个要件：除具有“通谋”和“共同受贿的实行行为”之外，还要求非特定关系人与国家工作人员“共同占有财物”。

6. 本罪的一罪与数罪。行为人收受他人财物的行为构成受贿罪，为他人谋取利益的行为本身又构成他罪的，通常按照数罪并罚的原则处理。因为，受贿罪中的“为他人谋取利益”只要是承诺为他人谋取利益就够了，并不要求实际上为他人谋取了利益，所以，在为他人谋取利益时又触犯其他犯罪的，需要作为数罪实行并罚。如因为受贿而犯挪用公款罪，或者因为受贿而犯玩忽职守、滥用职权等渎职犯罪的，均要数罪并罚。但要注意的是，如果刑法中有特别规定的，则需要按照特别规定处理。如刑法第399条第4款规定：“司法工作人员收受贿赂，有前三款行为的，同时又构成本法第三百八十五条规定之罪的，依照处罚较重的规定定罪处罚。”这里法律明确规定，司法工作人员收受贿赂，有徇私枉法，民事、行政枉法裁判行为，或在执行判决、裁定活动中严重不负责任或者滥用职权构成犯罪的，“依照处罚较重的规定定罪处罚”即从一重处罚，而不是实行数罪并罚。

7. “截贿”行为的处理。所谓截贿，是指在行受贿案件中，中间人在接受行贿人委托，代为向受贿人转交行贿财物过程中，出于非法占有目的，截取部分或全部财物行为的俗称，属于“黑吃黑”现象的一种。从理论上讲，截贿应当仅仅是指，行为人在受托向他人转交贿赂的过程中，在委托人不知情的情况下，自己截留部分或者全部款项的情形。但是，就我国的现实而言，其实际上还包括行为人欺骗他人，让他人将贿赂交由自己转交第三人，行为人借此机会，截留部分款项或者全部款项的情形。

对于截贿现象，我国实务中常见的做法有三：(1)作为介绍贿赂罪处理，即将中间人的转交贿赂行为看作介绍贿赂行为,认定为介绍贿赂罪。一旦认定行为人的行为构成介绍贿赂罪,对行为人的截贿行为也就不再单独评价,而只是将中间人通过截贿所占有的财物作为非法所得予以没收。但这种方式是不妥的。介绍贿赂的场合,中间人可能会另外收取介绍费,但不会从贿赂款中截留。如果在委托人不知情的情况下,截留部分贿赂款,就不是介绍贿赂了;而且,仅仅以介绍贿赂罪处理,对行为人截取财物的行为无法完全评价。(2)作为诈骗罪处理,认为在行为人收到请托人让其转送的款项后,只将其中部分转送,其余的谎称已经转送而实际占为己有的情况下,就自己私自占有的部分应构成诈骗罪,追缴后直接发还被害人(委托人)。但是,这种场合下,中间人的行为也不能认定为诈骗罪。因为,诈骗罪是破坏占有,并取得占有的犯罪,行为人在破坏占有时,必须有虚构事实,让委托人将财物交给自己占有的欺骗行为。但在上述中间人将受托转交的贿赂自己截留的场合,其在接受委托人转交的贿赂时,并没有欺骗行为。其只是在获得财物的占有之后,才产生截留意思,之后的欺骗行为只是将自己占有的他人财物据为己有,拒不返还的一种侵占行为,不能评价为诈骗。(3)作为侵占罪处理,即认为行为人截贿占有的款项仍属于委托人,委托人是被害人,明确案发后行为人将截贿款项主动退还给委托人的,不属于"拒不返还"。这种做法主要是参照国外特别是日本判例的做法。在日本,对于截贿的行为,判例认定构成侵占罪。这种观点从违法相对性的立场出发,认为虽然《日本民法》第708条规定有"由于不法原因而给付的,该给付物不得请求返还",但刑法有自己的考虑,即便说民法上,委托物是不法原因给付物,委托者没有请求返还权,由于在刑法上,委托人具有所有权,所以委托人将此消费的话,也成立侵占罪。〔75〕 同样,还有学者从区分不法原因委托和不法原因寄托的角度出发,认为中间人手中的贿赂不是给付物,而是委托物,不适用《日本民法》第708条,肯定委托人对委托物有所有权,中间人成立侵占罪。〔76〕

问题是,截贿行为在刑法上要不要评价?作为主流学说的肯定说认为,贿赂款这种非法财物也应该受到法律的保护,如果对于非法财物谁都可以随便处置,那这相当于变相鼓励私刑,很明显是不可以的,这样既不利于维护刑法的威严也不利于维护社会秩序。如认为嫖娼之后,不付嫖资的行为,构成诈骗。明面上的理由是,没有诈骗,就没有卖淫,但背后的理由是,如果国家公权力不管,就会滋生黑恶势力来管,更为糟糕。〔77〕 相反地,作为有力说的否定说认为,从法秩序统一性、预防犯罪的角度出发,会得出无罪的结论,因为,有罪结论不仅和民法基本原理即不法原因给付不得请求返还的规定一致,而且中间截贿行为不构成任何犯罪的话,能够更好地预防贿赂犯罪。〔78〕

本书的初步看法是,若中间人在一开始就有欺骗行为,则将所谓截贿作为诈骗罪处理;若一开始没有欺骗行为,则可以将其作为侵占罪处理。理由如下:(1)刑法和民法在违法性的理解上,具有相对性。如在我国民法上,胎儿是人,具有继承权,但在我国刑法上就不认为其是人。就财产权益的保护而言,民法作为主要调整个人之间的利益的法律,基于交易效率考虑,保护的是动态的财产安全;而刑法作为主要调整国家和个人、公共秩序关系的手段,基于维护秩序的考虑,将保护重点置于静态的财产秩序的维持上,只要抢夺盗窃犯人所占有的违禁品或

---

〔75〕 [日]前田雅英:《刑法各论讲义》(第6版),东京大学出版会2015年版,第266、267页。

〔76〕 [日]大谷实:《刑法讲义各论》(新版第5版),黎宏、邓毅丞译,中国人民大学出版社2023年版,第337、338页。

〔77〕 孙国祥:《"截贿"行为的刑法性质辨析》,载《法治研究》2016年第1期;陈惜珍:《"截贿"行为的定性:中外比较与借鉴》,载《南昌大学学报(人文社会科学版)》2023年第4期。

〔78〕 张明楷:《不法原因给付与侵占罪的成否》,载《东方法学》2024年第1期。

者盗赃物的行为要受到处罚，则即便是基于贿赂目的的物，也同样受到刑法的保护。(2)从我国诈骗罪高发的现实出发，对于截贿行为不在法律上予以否定评价的话，很多骗子就会利用这种法律处罚上的空当，伺机行骗，导致诈骗行为的猖獗，故从预防的角度也要将其作为犯罪。同时，在我国有一些灰色模糊地带。这种规则尽管不见容于法律的明规则，但确实在整个社会的运转中发挥作用。国家对这种处于灰色地带的秩序不予干预，就会让黑社会性质之类的组织、恶势力等违法犯罪组织乘虚而入，为其滋生提供空间。(3)国外判例也是这样理解的。如日本判例对于截贿行为认定为侵占罪。[79]

从这种角度来看，对于截贿行为，可以按照以下情形分类处理：(1)受托人（截贿者）利用民法上不法原因给付不得请求返还条款，故意让委托人向其交付用于行贿的财物，而后予以截留，或者挪作他用的场合，受托人构成诈骗罪或者侵占罪；(2)委托人委托受托人向第三人行贿，受托人在得到第三人同意（包括默示同意乃至心照不宣的同意）之后，作为手续费而将贿赂款截留一部分归自己所有的场合，截贿者构成第三人受贿罪的共犯。

(四)处罚

刑法第385条只对本罪的罪状进行了规定，但没有规定对本罪的处罚。刑法第386条规定："对犯受贿罪的，根据受贿所得数额及情节，依照本法第三百八十三条的规定处罚。索贿的从重处罚。"可见，本罪的处罚与贪污罪完全相同。具体来说，根据情节轻重，对本罪分别按照下列规定处罚：

1. 个人受贿数额较大或者有其他较重情节的，处3年以下有期徒刑或者拘役，并处罚金。根据最高人民法院、最高人民检察院《关于办理贪污贿赂刑事案件适用法律若干问题的解释》第1条第1款、第2款、第3款，所谓受贿"数额较大"是指受贿数额在3万元以上不满20万元；受贿数额在1万元以上不满3万元，具有下列情形之一的，应当认定为"其他较重情节"：曾因贪污、受贿、挪用公款受过党纪、行政处分；曾因故意犯罪受过刑事追究；将赃款赃物用于非法活动；拒不交代赃款赃物去向或者拒不配合追缴工作，致使无法追缴；造成恶劣影响或者其他严重后果；多次索贿；为他人谋取不正当利益，致使公共财产、国家和人民利益遭受损失；为他人谋取职务提拔、调整。

2. 个人受贿数额巨大或者有其他严重情节的，处3年以上10年以下有期徒刑，并处罚金或者没收财产。根据最高人民法院、最高人民检察院《关于办理贪污贿赂刑事案件适用法律若干问题的解释》第2条第1款、第3款，所谓受贿"数额巨大"是指受贿数额在20万元以上不满300万元；受贿数额在10万元以上不满20万元，具有下列情形之一的，应当认定为"其他严重情节"：多次索贿的；为他人谋取不正当利益，致使公共财产、国家和人民利益遭受损失的；

---

[79] 日本《刑集》第2卷第7号，第641页。A、B为掩饰其受贿行为，花2.2万元收买其共同上司某警察署司法主任，并将此钱交由被告人保管。被告人在保管这些金钱时，将其中的2万元用来购买吗啡。原审认定被告人成立侵占罪。被告方认为，用于收买司法主任而实施的前述金钱交付是不法原因给付（《日本民法典》第708条），给付者A等对于所交付的金钱没有返还请求权，被告人处于能够自由处分该金钱的地位，即便将其自主消费，也不成立侵占罪。日本最高法院基于以下理由驳回了上诉，即"尽管民法第708条规定，实施不法原因给付的人，对于其给付，不得请求返还，但刑法第252条第1款侵占罪中的目的物，仅仅被规定为了犯人所占有的他人之物，并不以物的给付者是民法上能够请求返还之人为要件。因此，按照原判的话，被告人所持有的出于向其他人行贿的目的的本案金钱，是从A、B处拿来的保管之物，本案被告人所占有的本案之物，不能说是被告人的物品，而且，也不能说因为是金钱之类的代替物（种类物），就马上断定其是被告人的财物，因此，本案中的财物，实际上是被告人所占有的他人之物，不管给付人是不是具有民法上的请求权，只要被告人将其用于自己消费，就必须说其构成侵占罪"。

为他人谋取职务提拔、调整的。

3. 个人受贿数额特别巨大或者有其他特别严重情节的,处10年以上有期徒刑或者无期徒刑,并处罚金或者没收财产;数额特别巨大,并使国家和人民利益遭受特别重大损失的,处无期徒刑或者死刑,并处没收财产。根据最高人民法院、最高人民检察院《关于办理贪污贿赂刑事案件适用法律若干问题的解释》第3条第1款、第3款,所谓受贿"数额特别巨大"是指受贿数额在300万元以上;受贿数额在150万元以上不满300万元,具有下列情形之一的,应当认定为"其他特别严重情节":多次索贿的;为他人谋取不正当利益,致使公共财产、国家和人民利益遭受损失的;为他人谋取职务提拔、调整的。对多次受贿未经处理的,按照累计受贿数额处罚。

刑法第383条第3款、第4款规定,在提起公诉前如实供述自己罪行、真诚悔罪、积极退赃,避免、减少损害结果的发生,有前述第1项规定情形的,可以从轻、减轻或者免除处罚;有前述第2项、第3项规定情形的,可以从轻处罚。有第3项规定情形被判处死刑缓期执行的,人民法院根据犯罪情节等情况可以同时决定在其死刑缓期执行2年期满依法减为无期徒刑后,终身监禁,不得减刑、假释。

关于受贿罪的处罚,需要注意以下几点:

第一,受贿数额的认定。对多次受贿未经处理的,累计计算受贿数额。国家工作人员利用职务上的便利为请托人谋取利益前后多次收受请托人财物,受请托之前收受的财物数额在1万元以上的,应当一并计入受贿数额。[80] 对于共同受贿犯罪,被告人受贿数额原则上应当以其参与或者组织、指挥的共同受贿数额认定。作为例外,在难以区分主从犯的共同受贿案件中,行贿人的贿赂款分别或者明确送给多人,且按照各被告人实际所得数额处罚更能实现罪刑相适应的,依法按照被告人实际所得数额,并考虑共同受贿犯罪情况予以处罚。上述例外情况的认定,必须同时满足以下几个条件:(1)难以区分主、从犯;(2)贿赂款分别或者明确送给多人;(3)被动受贿,而不是主动索贿;(4)按照个人实际所得数额处罚更能实现罪责刑相适应。

第二,国家工作人员出于受贿的故意,非法占有公共财物、收受他人财物之后,将赃款赃物用于单位公务支出或者社会捐赠的,不影响受贿罪的认定,但量刑时可以酌情考虑。特定关系人索取、收受他人财物,国家工作人员知道后未退还或者上交的,应当认定国家工作人员具有受贿故意。

第三,国家工作人员利用职务上的便利,收受他人财物,为他人谋取利益,同时构成受贿罪和刑法分则第三章第三节、第九章规定的渎职犯罪的,除刑法另有规定外,以受贿罪和渎职犯罪数罪并罚。

第四,贿赂罪犯罪分子违法所得的一切财物,应当依照刑法第64条的规定予以追缴或者责令退赔,对被害人的合法财产应当及时返还。对尚未追缴到案或者尚未足额退赔的违法所得,应当继续追缴或者责令退赔。[81]

第五,对受贿罪判处3年以下有期徒刑或者拘役的,应当并处10万元以上50万元以下的罚金;判处3年以上10年以下有期徒刑的,应当并处20万元以上犯罪数额2倍以下的罚金或者没收财产;判处10年以上有期徒刑或者无期徒刑的,应当并处50万元以上犯罪数额2倍以

---

[80] 2016年最高人民法院、最高人民检察院《关于办理贪污贿赂刑事案件适用法律若干问题的解释》第15条。

[81] 2016年最高人民法院、最高人民检察院《关于办理贪污贿赂刑事案件适用法律若干问题的解释》第18条。

下的罚金或者没收财产。对刑法规定并处罚金的其他贿赂犯罪,应当在10万元以上犯罪数额2倍以下判处罚金。[82]

第六,对受贿罪,要严格控制和慎用死刑,一般不判处死刑立即执行,但对于受贿数额在1亿元以上,且犯罪情节特别严重、社会影响特别恶劣、给国家和人民利益造成特别重大损失的,可以判处死刑立即执行。但在死刑的适用上,要注意的是,被告人在提起公诉前,具有如实供述自己罪行、真诚悔罪、积极退赃,避免、减少损害结果的发生等情节的,可以从轻处理。赃款赃物全部或者大部分追缴的,视具体情况可以酌定从轻处理。犯罪分子及其亲友主动退赃或者在办案机关追缴赃款赃物过程中积极配合的,在量刑时应当与办案机关查办案件过程中依职权追缴赃款赃物的有所区别。受贿犯罪案件立案后,犯罪分子及其亲友自行挽回的经济损失,司法机关或者犯罪分子所在单位及其上级主管部门挽回的经济损失,或者因客观原因减少的经济损失,不予扣减,但可以作为酌情从轻处罚的情节。[83]

第七,关于针对受贿罪犯的终身监禁。参见前述贪污罪的相关论述。

第八,受贿人受贿后将财物退还行贿人的,是否属于"积极退赃",需要具体分析。受贿罪中的财物属于犯罪所得,通常只能由国家没收,而不能退回给行贿人,但在行贿方因被勒索而交付财物,又没有谋取不正当利益时,由于其实际上是被害人,应将财物退还给他,这是"积极退赃"的表现,所以,退还财物的,只存在于普通受贿的场合。问题是在应当没收的情况下,行为人秘密退还给对方的,一般来说,对行为人不能减轻或免除处罚。因为,其往往是行为人担心罪行败露而采取的措施,不能表明其有悔改表现。

二、单位受贿罪

本罪,是指国家机关、国有公司、企业、事业单位、人民团体索取或者非法收受他人财物,为他人谋取利益,情节严重的行为。

在本罪的认定中,应当注意其与受贿罪的区别。二者的主要区别在于:(1)主体不同。前者的主体是单位即国家机关、国有公司、企业、事业单位、人民团体,而后者的主体是个人。国有单位的内设机构利用其行使职权的便利,索取、非法收受他人财物并归该内设机构所有或者支配,为他人谋取利益,情节严重的,依照刑法第387条的规定以单位受贿罪追究刑事责任。上述内设机构在经济往来中,在账外暗中收受各种名义的回扣、手续费的,以受贿论。(2)定罪标准不同。前者只有在"情节严重"的场合,才能构罪,通常要求收受价值10万元以上的财物,而后者则只要收受价值3万元以上的财物,即可定罪。在实际判断上,主要是看以谁的名义收受了作为贿赂的财物,该财物最后落入了谁的手中。如果以单位的名义收受财物,并且该财物最终归单位所有,则构成单位受贿;相反地,尽管以单位名义收受贿赂,但该贿赂最终没有进入单位账户,而落入了单位里的个人手中,则构成个人受贿;在该贿赂进入单位账户之后,单位有关人员据为己有的,则构成贪污。

实务当中,行为人的受贿行为到底是单位受贿还是个人受贿,可以从以下几方面加以判断:(1)受贿行为当中所体现出来的意志。单位受贿属于单位犯罪,应体现单位意志。具有以

---

〔82〕 2016年最高人民法院、最高人民检察院《关于办理贪污贿赂刑事案件适用法律若干问题的解释》第19条。

〔83〕 2009年最高人民法院、最高人民检察院《关于办理职务犯罪案件认定自首、立功等量刑情节若干问题的意见》第4条第2~4款。

下情形的,能够体现单位意志:其一,经单位决策机构按照决策程序决定的;其二,经单位实际控制人、主要负责人或者授权的分管负责人决定、同意的;其三,单位实际控制人、主要负责人或者授权的分管负责人得知单位成员个人在单位业务活动中受贿,并未加以制止或者及时采取措施,而是予以追认、纵容或者默许的;其四,单位成员在受贿活动中,使用单位营业执照、合同书、公章、印鉴等对外开展活动的。(2)受贿所得的归属。单位受贿时,因犯罪行为而获取的利益应归属单位。

依照刑法第387条第1款的规定,犯本罪的,对单位判处罚金,并对其直接负责的主管人员和其他直接责任人员,处3年以下有期徒刑或者拘役;情节特别严重的,处3年以上10年以下有期徒刑。依照刑法第387条第2款的规定,单位在经济往来中,在账外暗中收受各种名义的回扣、手续费的,以受贿论,依照该条第1款的规定处罚。据此,国有单位在经济往来中,在账外暗中收受各种名义的回扣、手续费的,即使不具有"为他人谋取利益"的情节,也构成本罪。

根据有关司法解释,[84]单位受贿,涉嫌下列情形之一的,应予立案:(1)单位受贿数额在10万元以上的;(2)单位受贿数额不满10万元,但故意刁难、要挟有关单位、个人,造成恶劣影响的,强行索取财物的,或者致使国家或者社会利益遭受重大损失的,也应予立案。

三、利用影响力受贿罪

(一)概念和构成

本罪,是指国家工作人员的近亲属或者其他与其关系密切的人,通过该国家工作人员职务上的行为,或者利用该国家工作人员职权或者地位形成的便利条件,或者离职的国家工作人员或者其近亲属以及其他与其关系密切的人,利用该离职的国家工作人员原职权或者地位形成的便利条件,通过其他国家工作人员职务上的行为,为请托人谋取不正当利益,索取请托人财物或者收受请托人财物,数额较大或者有其他严重情节的行为。

本罪突破了受贿犯罪只能是国家公职人员实施的犯罪的传统理解,为处理不具有国家工作人员身份的家属或者其他关系人利用国家工作人员的职务行为等收受财物的行为提供了法律依据。

本罪的基本构成如下:

1. 主体。本罪的主体是特殊主体,即与国家工作人员有某种特定关系的非国家工作人员,包括国家工作人员的近亲属以及其他与该国家工作人员关系密切的人。

(1)国家工作人员的近亲属。"近亲属"的概念在《刑事诉讼法》和《民法典》中都有规定,但两者规定的范围并不完全相同,民法意义上的"近亲属"除包括《刑事诉讼法》第108条第6项规定的"夫、妻、父、母、子、女、同胞兄弟姐妹"外,还包括"祖父母、外祖父母、孙子女、外孙子女"。

本书认为,"近亲属"概念采民法意义上的近亲属范围更为妥当。其理由在于:一是对刑法中的"近亲属"范围不宜过于严格限制,否则可能导致大量的危害行为游离于刑法规制之外,对打击腐败犯罪不利。二是民法意义上的近亲属更接近"关系密切的人"中的"近亲属"本义。《刑事诉讼法》规定的近亲属与民法意义上的近亲属,立法着眼点不同。前者着重于程序

---

[84] 1999年最高人民检察院《关于人民检察院直接受理立案侦查案件立案标准的规定(试行)》第1条第4款第4项。

权利义务的行使,在特定情况下由近亲属为当事人代为委托诉讼代理人、提起自诉、上诉和申诉等。后者着眼于近亲属与本人日常生活中的实体关系。凭借这种关系,近亲属在特定条件下可依法履行监护职责,保护被监护人的人身、财产及其他合法权益,代理被监护人进行民事活动。但这种关系也可能被滥用,如为自己谋取不正当的利益,甚至进行收受贿赂等犯罪活动,从而进入刑法调整的范畴。

(2)与该国家工作人员关系密切的人。何谓"关系密切的人",其界限何在,存有争议。在刑法制定之前,就有"特定关系人"的称谓。2007 年最高人民法院、最高人民检察院《关于办理受贿刑事案件适用法律若干问题的意见》第 11 条规定,该意见所称"特定关系人"是指与国家工作人员有近亲属、情妇(夫)以及其他共同利益关系的人,其强调的是"共同利益关系的人"。但刑法第 388 条之一中的"关系密切的人"并不限于"共同利益关系的人",还包括其他"关系密切的人"。换言之,"关系密切的人"比"共同利益关系的人"的范围要广。

"关系密切的人"的认定中,关键是如何认定"关系密切"? 实践中,判断"关系"是否"密切",关键是看行为人对国家工作人员是否具有影响力:具有影响力,就说明其关系达到了密切的程度;否则,就难以说是关系密切的人。在判断上,必须分为两个层次进行:首先看是否具有某种关系,一般来说,除因传统的血缘、地域、共同学习、共同工作而产生一定关系之外,共同的利害关系(如赌博、吸毒关系)、利益关系(共同投资、合作等)、特殊感情以及其他任何情况下相识并产生的相互信任、相互接触关系,都可以成为具有某种关系的根据;其次,在确认具有某种关系之后,还必须考虑这种关系是否达到了密切的程度。这要通过相识时间的长短、接触次数的多少、交往的动机和目的、交往的层次标准、周围人的感官印象、请托人的认知程度等来加以确定。[85]

2. 危害行为和危害结果。首先,本罪客观上表现为:

利用影响力而受贿,具体来说,是指以下四种行为:(1)国家工作人员的关系密切人通过该国家工作人员职务上的行为,为请托人谋取不正当利益,索取请托人财物或者收受请托人财物;(2)国家工作人员的关系密切人通过该国家工作人员职权或者地位形成的便利条件,通过其他国家工作人员职务上的行为,为请托人谋取不正当利益,索取请托人财物或者收受请托人财物;(3)离职的国家工作人员利用本人原职权或者地位形成的便利条件,通过其他国家工作人员职务上的行为,为请托人谋取不正当利益,索取请托人财物或者收受请托人财物;(4)离职的国家工作人员的关系密切人,利用该离职的国家工作人员原职权或者地位形成的便利条件,通过其他国家工作人员职务上的行为,为请托人谋取不正当利益,索取请托人财物或者收受请托人财物。上述四种受贿行为尽管表现形式不同,但都是利用了行为人的"影响力"而收受财物。所谓影响力,是指一个人在与他人交往过程中,影响或者改变他人心理和行为的一种能力。就本罪而言,行为人尽管是非国家工作人员,不可能利用自己的权力性影响力对其他国家工作人员施加影响,从而获取对价,但在其利用自己和其他国家工作人员之间由于血缘、地缘或者情感因素而形成的影响力,让对方为请托人谋取不正当利益,自己从中获利的场合,同样会侵害、威胁其他国家工作人员职务行为的公正性,其效果和国家工作人员受贿没有什么两样。

利用影响力骗取财物的,也构成本罪。例如在甲县县长刘某之表弟赵某利用其与刘某系关系密切人的身份,通过刘某为张三投标提供帮助,之后,以不知情的刘某需要"辛苦费"为名

[85] 王玉杰:《利用影响力受贿罪若干问题探究》,载《河南省政法管理干部学院学报》2010 年第 1 期。

向张三索要钱财并全部私吞的场合,赵某的行为构成本罪,而不是诈骗罪。在这种场合,赵某的行为不构成受贿罪。赵某尽管在所索要的财物的归属上撒谎,但这并不影响该财物属于刘某职务行为对价的性质。本案中,赵某虽然在收受财物时编造了理由,即在索要财物的动机即索要财物的理由上撒谎,但这种动机错误并不影响赵某受贿行为的性质。其通过其表兄的职务行为为请托人谋取投标行为中的竞争优势的事实是真实存在的,故其所骗取的财物与其利用其表哥甲县县长刘某的职务行为之间存在对价关系,属于贿赂。赵某属于与刘某关系密切的人,其利用刘某的职务便利,为张某谋取不正当利益,并索取财物,构成本罪。

其次,必须为他人谋取不正当利益。根据刑法第 388 条之一,“为请托人谋取不正当利益”是成立本罪的必备要件。有关“谋取不正当利益”的理解,参见后述行贿罪中的相关内容。

最后,索取请托人财物或者收受请托人财物,必须达到数额较大或者有其他严重情节的程度。其认定,按照 2016 年 4 月 18 日最高人民法院、最高人民检察院公布的《关于办理贪污贿赂刑事案件适用法律若干问题的解释》第 10 条第 1 款,参照该解释中关于受贿罪的规定执行。

3. 主观要件。本罪的主观要件为故意,即对通过利用与其关系密切的国家工作人员的职权行为,或者利用其职权、地位形成的便利并通过其他国家工作人员的职务行为为他人谋取不正当利益,从而收受或者索取请托人财物这一点有认识,并且希望或放任其发生。

(二)本罪的认定

1. 本罪与受贿罪的界限。本罪与刑法第 388 条规定的斡旋受贿形式的受贿罪的根本区别在于主体不同,本罪主体是国家工作人员的近亲属或者其他关系密切的人,而受贿罪的主体是国家工作人员。正因如此,二者在用以受贿的手段上也存在区别。斡旋型受贿罪虽然利用的也是他人的职务影响力,但其所依托的是本人职权、地位形成的便利条件,并且这种条件对于被利用的其他国家工作人员的职务活动具有纵向或者横向的制约关系,而利用影响力受贿罪的场合,行为人同被利用的国家工作人员之间,只是具有近亲属或者其他密切关系,而不是职务活动上的制约关系。即便离职的国家工作人员所利用的是其在职时的职务或者职权、地位形成的影响力,这种影响力与他人职务活动也不具制约关系。

2. 本罪与受贿罪共犯、教唆犯的界限。二者的区别主要是国家工作人员与其近亲属或者其他关系密切的人之间是否具有受贿的意思联络,即通谋。如果有通谋,比如把具体请托事项告诉了被利用的国家工作人员,则二者构成受贿罪共犯。2007 年最高人民法院、最高人民检察院《关于办理受贿刑事案件适用法律若干问题的意见》第 7 条规定,国家工作人员利用职务上的便利为请托人谋取利益,授意请托人以本意见所列形式,将有关财物给予特定关系人的,以受贿论。特定关系人与国家工作人员通谋,共同实施前款行为的,对特定关系人以受贿罪的共犯论处。但是,2016 年最高人民法院、最高人民检察院《关于办理贪污贿赂刑事案件适用法律若干问题的解释》第 16 条第 2 款却修改了上述规定,规定只要特定关系人索取、收受他人财物,国家工作人员知道后未退还或者上交的,应当认定为国家工作人员具有受贿故意,即去除了有关“授意”“共谋”的规定,而采用了纯粹根据事后表现推定国家工作人员具有受贿故意的做法。但即便如此,在国家工作人员没有利用职务上的便利,破坏职务行为的公正性,为他人谋取利益的时候,即便在事后知道特定关系人的受财行为而没有上交的,也不能构成自己的受贿罪,而只能由对方构成利用影响力受贿罪。毕竟,受贿罪是权钱交易的犯罪,贿赂是职务行为的对价,不能因为国家工作人员因为疏忽大意没有管好“身边人”就构成“身边人”的犯罪行为的共犯,这是违反刑法基本原理的。如果被利用的国家工作人员因其近亲属或者其他关系密切人的唆使，利用职务影响力滥用职权、徇私枉法的话，则该国家工作人员构成滥用职权罪或者徇私枉法罪。

（三）处罚

依照刑法第388条之一，犯本罪的，处3年以下有期徒刑或者拘役，并处罚金；数额巨大或者有其他严重情节的，处3年以上7年以下有期徒刑，并处罚金；数额特别巨大或者有其他特别严重情节的，处7年以上有期徒刑，并处罚金或者没收财产。其中，有关"数额较大"、"数额巨大"、"数额特别巨大"以及"其他较重情节"、"其他严重情节"、"其他特别严重情节"的理解，参照受贿罪部分的说明。

四、行贿罪

（一）概念和构成

本罪，是指为谋取不正当利益，违规给予国家工作人员财物、回扣、手续费的行为。

本罪客观上表现为，给予国家工作人员财物。具体表现为以下两类行为：(1)给予国家工作人员财物。这是最一般的行贿形式。它分为两种情况：一种是主动地给予国家工作人员财物。这种场合，无论行为人是否谋取了不正当利益，也不论受贿人是否实际为行贿人谋取了不正当利益，都构成本罪；另一种是因国家工作人员索要而被动地给予财物，即被勒索的情形。在这种场合，只有当行为人实际获取了不正当利益时，才能构成本罪。(2)在经济往来中，违反国家规定，给予国家工作人员以财物，数额较大的，或者违反国家规定，给予国家工作人员以各种名义的回扣、手续费。虽然只有刑法第389条第2款对行贿行为有"数额较大"的要求，而在第1款和第3款中没有这一要求，但这并不意味着成立行贿罪就没有情节和数额的要求。根据有关司法解释，[86]涉嫌行贿，数额在3万元以上的，应当追究刑事责任。行贿数额在1万元以上不满3万元，具有下列情形之一的，应当追究刑事责任：向3人以上行贿的；将违法所得用于行贿的；通过行贿谋取职务提拔、调整的；向负有食品、药品、安全生产、环境保护等监督管理职责的国家工作人员行贿，实施非法活动的；向司法工作人员行贿，影响司法公正的；造成经济损失数额在50万元以上不满100万元的。多次行贿未经处理的，按照累计行贿数额处罚。本罪的主体是一般主体。

本罪的主观要件是故意。就一般行贿罪而言，同时具有谋取不正当利益的目的。

何谓贿赂犯罪中的"不正当利益"，长期以来，学说上有不同的理解。有的认为，不正当利益就是指非法利益；[87]也有的认为，不正当利益，既包括非法利益，也包括违背政策、规章、制度而得到的利益；[88]还有的认为，不正当利益就是违背法律、政策规定和道德规范的利益。[89]

"不正当利益"的理解对贿赂犯罪的处罚范围有重大影响。如果说"不正当利益"仅仅是指非法利益，那么，只有在通过走私、非法经营、赌博、逃税等手段获得利益，即按照国家法律规定，任何人、任何单位，在任何时候都不允许取得该利益的场合，才能说是"谋取不正当利益"。但这样理解"不正当利益"，显然缩小了其范围。实际上，即便请托人意图获取的并非非法利

---

〔86〕 2016年最高人民法院、最高人民检察院《关于办理贪污贿赂刑事案件适用法律若干问题的解释》第7条。

〔87〕 赵秉志主编：《新刑法全书》，中国人民公安大学出版社1997年版，第1265页。

〔88〕 高铭暄、马克昌主编：《刑法学》（第10版），北京大学出版社、高等教育出版社2022年版，第651页。

〔89〕 陈正云主编：《经济犯罪的刑法理论与司法适用》，中国方正出版社1998年版，第841页。

益,而是荣誉、职位之类的合法利益,在使用了行贿手段获得的场合,也要构成受贿罪。因此,不正当利益,包括但不限于非法利益。当然,其也不意味着“不正当利益”就是仅指非法利益和违背政策、规章、制度而得到的利益。实际上,在几个人竞争一个职位的时候,其中一人通过行贿而获得该职位的,尽管获得该职位并不是谋取不正当利益,但是,该职位是要通过竞争而取得的利益,通过行贿而避免竞争,最终获得职位,本身就是一种以不正当手段而获得的利益,当然属于不正当利益。只是该利益既不是违法利益,也不是违反政策、规章、制度的利益,而是违反公平竞争原则,在损害其他人利益基础上所获得的利益,属于违反公平竞争这种道德规范要求的利益。如此说来,上述最后一种观点是妥当的。

司法实践也采用了这种理解。1999 年最高人民检察院《关于人民检察院直接受理立案侦查案件立案标准的规定(试行)》第 4 条第 5 项明确规定,“本规定中有关贿赂罪案中的‘谋取不正当利益’,是指谋取违反法律、法规、国家政策和国务院各部门规章规定的利益,以及谋取违反法律、法规、国家政策和国务院各部门规章规定的帮助或者方便条件”。根据这一规定,谋取“不正当利益”包括两种情况:(1)谋取违反法律、法规、国家政策和国务院各部门规章规定的利益,如通过走私、非法经营等违法手段所获得的利益,通过伪造证明、虚报年龄骗取结婚证等所获得利益都属于此。(2)要求国家工作人员或有关单位提供违反法律、法规、国家政策和国务院各部门规章规定的帮助或者条件。其是指通过行贿手段最终获得的利益可能并不违反法律以及有关规定,但其为获得利益所采取的手段却违反法律或者有关规定,或者要求国家工作人员或有关单位通过违反法律或有关规定的手段提供该利益。换言之,“不正当利益”,简单地说,一是实体内容本身不正当的利益,二是虽然内容正当但属于违反程序规定获得的利益。

上述规定为司法实践中正确认定“不正当利益”提供了法律依据,但仍然存在模糊不清之处,特别是第二种“不正当利益”的范围过窄。针对这种现实,最高人民法院、最高人民检察院《关于办理商业贿赂刑事案件适用法律若干问题的意见》第 9 条规定:“在行贿犯罪中,‘谋取不正当利益’,是指行贿人谋取违反法律、法规、规章或者政策规定的利益,或者要求对方违反法律、法规、规章、政策、行业规范的规定提供帮助或者方便条件。在招标投标、政府采购等商业活动中,违背公平原则,给予相关人员财物以谋取竞争优势的,属于‘谋取不正当利益’。”该规定进一步扩大了“谋取不正当利益”的范围,明确地将采用非法手段“谋取竞争优势”的行为也规定为“谋取不正当利益”。

如此说来,认定行为人所谋取的是否是不正当利益,从根本上说,就是看该利益是否符合法律、法规、规章、政策、行业性规范的规定和公平原则,违反上述规定的利益,以及可能破坏公平竞争的因素,都是不正当利益。当然,并非一切伴随有行贿手段的利益都是不正当利益。对按照有关规定应当得到的利益如公民个人所应得的报酬、工资,符合条件的结婚登记,或者符合审批条件的营业执照,即便行为人在获得的过程中,出于某种考虑,实施了某种不正当手段,也不能认定为不正当利益。因为,这些利益本身是公民应当得到的利益,具有明显的正当属性;“谋取竞争优势”是一个中性用语,任何人参与竞争性活动,都要谋取竞争优势,这一用语本身并不能给“谋取不正当利益”之“不正当”提供有效解释。对于没有明确的归属,必须采用合法方式、手段或者通过正当途径取得的利益,如必须通过竞聘获得的岗位、职位,必须通过招投标方式获得的建筑工程等,则必须考虑行为人所使用的手段的妥当性。对于这种利益,虽说符合条件的行为人可能获取,但也充满不确定性。行为人采用不正当手段获得竞争优势的场合，由于该手段破坏了公平竞争原则，所以，该竞争优势本身就成为"不正当利益"。

（二）本罪的认定

在本罪的认定中，应当注意以下问题：

1. 一罪与数罪的问题。在行贿的场合，行贿人要求没有受贿意思的国家工作人员收受其给予的财物，或者帮助具有收受其财物意思的国家工作人员收受其给予的财物的，尽管行为在形式上看起来属于受贿罪的教唆、帮助行为，但由于行贿和受贿之间是必要共犯的关系，所以行贿人的行为并不另外构成受贿罪的教唆犯或者帮助犯。

行贿人在行贿之后，借助受贿人的帮助，进一步实施了独立的如生产、销售伪劣商品以及走私等犯罪行为的时候，由于这些行为已经超越了行贿罪的构成要件，所以应当对其单独评价，并和前面实施的行贿罪数罪并罚。在行贿人行贿要求为其谋取不正当利益，而该不正当利益本身构成犯罪，如行贿人给予司法工作人员以财物，要求其枉法裁判或者私放在押人员，但未得逞的场合，行贿人的行为具有双重性质：一是行贿罪，二是所意欲谋取不正当利益所构成的犯罪的教唆犯。二者之间属于想象竞合的关系，此时，可以按照从一重处罚的原则处理。

2. 行贿罪的排除条件。刑法第389条第3款规定："因被勒索给予国家工作人员以财物，没有获得不正当利益的，不是行贿。"其中，所谓被勒索，是指给付财物的行为人受到刁难，被强索硬要，实质上是被索贿；所谓没有获得不正当利益，是指给付财物的行为人，没有得到索贿者所承诺的为其谋取的不正当利益。按照该规定，只有同时具备"被索贿"和"没有获得不正当利益"这两个条件，行为人才能不被认为是行贿。如果行为人不是被索贿或者虽被勒索，但实际获得了不正当利益，则其给付财物的行为达到立案标准的，应当以行贿罪论处。对此，相关司法解释〔90〕是这样规定的，即因被勒索给予国家工作人员以财物，已获得不正当利益的，以行贿罪追究刑事责任。

3. 受贿方成立犯罪，而行贿方不成立犯罪的问题。根据刑法第389条的规定，行贿罪是指为了谋取不正当利益，给予国家工作人员以财物的行为，从理论上讲，其和受贿罪是对向犯，在通常情况下，行贿方与受贿方的行为均成立犯罪。但这并不意味着一方行为成立犯罪时，另一方行为也必然成立犯罪。仅一方的行为成立犯罪而另一方不成立犯罪的现象也是大量存在的。例如，因被勒索给予财物，没有获得不正当利益的，不是行贿；但国家工作人员的行为仍然是索取贿赂。又如，为了谋取正当利益而给予国家工作人员以财物的，不是行贿；但国家工作人员接受财物的行为成立受贿罪。再如，为了谋取不正当利益而给予国家工作人员以财物的，构成行贿罪；但国家工作人员没有接受贿赂的故意，立即将财物送交有关部门处理的，不构成受贿罪。

（三）处罚

关于本罪的处罚，依照刑法第390条第1款的规定，有以下三个刑罚幅度：

1. 犯本罪的，处3年以下有期徒刑或者拘役，并处罚金。

2. 因行贿谋取不正当利益，情节严重的，或者使国家利益遭受重大损失的，处3年以上10年以下有期徒刑，并处罚金。其中，所谓"情节严重"，（1）行贿数额在100万元以上不满500万元的。（2）行贿数额在50万元以上不满100万元，并具有下列情形之一：向3人以上行贿；将违法所得用于行贿；通过行贿谋取职务提拔、调整；向负有食品、药品、安全生产、环境保护等

---

〔90〕 1999年最高人民检察院《关于人民检察院直接受理立案侦查案件立案标准的规定（试行）》第1条第5项。

监督管理职责的国家工作人员行贿,实施非法活动;向司法工作人员行贿,影响司法公正。(3)其他严重情节。所谓"使国家利益遭受重大损失",是指为谋取不正当利益,向国家工作人员行贿,造成经济损失数额在100万元以上不满500万元。[91]

3. 情节特别严重的,或者使国家利益遭受特别重大损失的,处10年以上有期徒刑或者无期徒刑,并处罚金或者没收财产。所谓"情节特别严重",是指犯行贿罪,具有下列情形之一:(1)行贿数额在500万元以上的。(2)行贿数额在250万元以上不满500万元,并具有下列情形之一:向3人以上行贿;将违法所得用于行贿;通过行贿谋取职务提拔、调整;向负有食品、药品、安全生产、环境保护等监督管理职责的国家工作人员行贿,实施非法活动;向司法工作人员行贿,影响司法公正。(3)有其他特别严重情节。所谓"使国家利益遭受特别重大损失",是指为谋取不正当利益,向国家工作人员行贿,造成经济损失数额在500万元以上。[92]

有下列情形之一的,从重处罚:(1)多次行贿或者向多人行贿的;(2)国家工作人员行贿的;(3)在国家重点工程、重大项目中行贿的;(4)为谋取职务、职级晋升、调整行贿的;(5)对监察、行政执法、司法工作人员行贿的;(6)在生态环境、财政金融、安全生产、食品药品、防灾救灾、社会保障、教育、医疗等领域行贿,实施违法犯罪活动的;(7)将违法所得用于行贿的。

另外,在行贿罪的认定上,要注意刑法第390条第3款的规定。该款规定,行贿人在被追诉前主动交代行贿行为的,可以从轻或者减轻处罚。其中,犯罪较轻的,对调查突破、侦破重大案件起关键作用的,或者有重大立功表现的,可以减轻或者免除处罚。其中,"犯罪较轻",是指根据行贿犯罪的事实、情节,可能被判处3年有期徒刑以下刑罚;"重大案件",是指根据犯罪的事实、情节,已经或者可能被判处10年有期徒刑以上刑罚,或者在本省、自治区、直辖市或者全国范围内有较大影响的案件;"对调查突破、侦破重大案件起关键作用",是指具有下列情形之一:主动交代办案机关未掌握的重大案件线索的;主动交代的犯罪线索不属于重大案件的线索,但该线索对于重大案件侦破有重要作用的;主动交代行贿事实,对于重大案件的证据收集有重要作用的;主动交代行贿事实,对于重大案件的追逃、追赃有重要作用的。[93]

在上述规定的适用过程中,应当注意以下问题:

第一,定罪情节与法定刑升格情节竞合的处理问题。刑法第390条第2款将"多次行贿或者向多人行贿、将违法所得用于行贿"等情节规定为对行贿罪的"从重处罚"情节,和2016年最高人民法院、最高人民检察院《关于办理贪污贿赂刑事案件适用法律若干问题的解释》第7条将其作为行贿罪的定罪情节不同。由此而来的问题是,"将违法所得用于行贿"等情节被用作入罪(定罪)情节之后,还能将其作为从重处罚的量刑情节吗?本书的回答是肯定的。入罪(定罪)情节和从重处罚的量刑情节,本质上并不冲突。任何行为都主要是因为对法益的侵害或者威胁达到一定的严重程度,才被入罪的,同样,任何侵害或者威胁法益的行为,也主要是因为达到一定的严重程度,才被升格法定刑,提高对其处罚力度的。因此,认为将"将违法所得用于行贿"规定为从重处罚的量刑情节之后,就不得再将其作为刑法第390条规定的行贿罪入罪情节的观点,是值得商榷的。但是,上述法定的从宽处罚情节在被司法解释认定为特定场合下的入罪情节之后,就不得再次被作为量刑情节适用。否则,有重复评价之嫌。

---

[91] 2016年最高人民法院、最高人民检察院《关于办理贪污贿赂刑事案件适用法律若干问题的解释》第8条第2款。

[92] 2016年最高人民法院、最高人民检察院《关于办理贪污贿赂刑事案件适用法律若干问题的解释》第9条第2款。

[93] 2016年最高人民法院、最高人民检察院《关于办理贪污贿赂刑事案件适用法律若干问题的解释》第14条。

第二，七类情节之间的相互交叉问题。刑法第 390 条第 2 款所规定的七类从重处罚情节，是从不同角度作出的规定，相互间可能会有所交叉。例如，国家工作人员为谋取职务、职级晋升、调整而行贿的场合，就存在第 2 项“国家工作人员行贿的”与第 4 项“为谋取职务、职级晋升、调整行贿的”之间的交叉。此种场合下，只是存在一个行为，即行为人出于谋取职务、职级晋升、调整等目的而行贿，并不存在两个行为，因此，将其作为两个从重处罚情节加以双重从重处罚，显然是不合适的，只须作为一个从重处罚情节即“国家工作人员行贿的”即可。第 5 项“对监察、行政执法、司法工作人员行贿的”中的“行政执法”与第 6 项“在生态环境、财政金融、安全生产、食品药品、防灾救灾、社会保障、教育、医疗等领域行贿，实施违法犯罪活动的”之间也存在具体领域的重合。但是，如果对这两项进行限定解释，这种重合是能够避免的，即将第 5 项限定解释为，其所针对的是行为人的行贿使得监察部门、行政执法部门、司法部门的工作人员在相关执纪执法以及司法过程中，进行不公正处理，即行贿本身就是干涉案件的公正处理。而第 6 项当中，除行贿之外，还规定有“实施违法犯罪活动”，这样就可以将其理解为行贿之外，还伴随有其他违法行为。详言之，在第 6 项规定当中，行为人除行贿之外，还伴随有“实施违法犯罪活动”的行为，因此，要在一般的行贿行为之上，从重处罚。如此说来，对第 6 项可以限定为，其是针对行为人在生态环境、财政金融、食品药品、医疗等领域为了获得相关项目或者在竞争中取得优势地位而行贿，使得对方从事违法犯罪活动的情形而言的。例如行为人在生态环境领域行贿，使得对方在为其违法中标、办理危险废物经营许可证或者生产经营等方面提供了帮助；在财政金融领域行贿，使得对方为其获取不符合条件的优惠贷款而提供了帮助；在医疗领域行贿，使得对方为其获取对方所在医院长期使用本单位医疗器材、医药产品而提供了帮助；等等。

第三，行贿罪从宽处罚特殊规定的适用问题。刑法第 390 条第 3 款规定：“行贿人在被追诉前主动交待行贿行为的，可以从轻或者减轻处罚。其中，犯罪较轻的，对调查突破、侦破重大案件起关键作用的，或者有重大立功表现的，可以减轻或者免除处罚。”这便是所谓行贿罪从宽处罚特殊规定。

其中，“被追诉前”，应当是指“监察机关对行贿人的行贿行为立案调查前，包括立案调查的阶段”的整个阶段。这是因为，之所以有行贿罪从宽处罚特殊规定，是考虑到行贿受贿所具有的对向犯特点，意图利用“囚徒困境”模式，瓦解二者之间的攻守同盟关系，进而加速案件的侦破调查。行贿人如果在谈话、函询、讯问甚至被采取留置措施的立案调查阶段，仍然不主动交代其行贿行为，则上述从宽处罚特殊规定的宗旨难以实现。

“主动交代”，应当是指行贿人在被追诉前主动交代行贿行为，行贿人在纪检监察部门查处他人受贿案件时，交代（承认）向他人行贿的事实，亦应属于被追诉前主动交代行贿行为的情形。即使检察机关已经对受贿人立案查处，行贿人作为证人接受检察机关调查，只要检察机关对行贿人尚未立案查处，行贿人承认其向受贿人行贿的事实，也应当认定为被追诉前主动交代行贿行为的情形。因为行贿罪从宽处罚特别规定，是一种既不同于自首，又不同于立功的特别规定，是在传统的重点惩治受贿，对行贿犯罪予以从宽处理的理念之下，结合了自首和立功从宽处罚制度的精髓，意图对行贿人在被追诉前主动交代行贿行为予以最为全面优惠的特殊规定。其中，“行贿人在被追诉前主动交代行贿行为的，可以从轻或者减轻处罚”，吸收了刑法总则中自首规定的内容；“对调查突破、侦破重大案件起关键作用的，或者有重大立功表现的，可以减轻或者免除处罚”，吸收了刑法总则中立功规定的内容。这种特殊从宽规定，既可以解除行贿人如果供述犯罪就是自投罗网的后顾之忧,又可以突破贿赂犯罪通常是“一对一”进行,较为隐蔽,物证、书证较少,难以查实的难题,具有重要的现实意义。由此说来,对于行贿人在被追诉前主动交代自己的行贿行为的,视情况既可以作为自首又可以作为立功对待。只要有利于行贿人主动交代行贿行为,到底是自首还是立功,就其性质而言,无关紧要。

五、对有影响力的人行贿罪

本罪是指为谋取不正当利益,向国家工作人员的近亲属或者其他与该国家工作人员关系密切的人,或者向离职的国家工作人员或者其近亲属以及其他与其关系密切的人行贿的行为。

本罪,从字面上解释,就是向国家工作人员身边的人行贿,即便其不具有国家工作人员身份,也要构成行贿罪。其中,关于“为谋取不正当利益”、国家工作人员的“近亲属以及其他与其关系密切的人”的理解,参见前述相关罪名中的说明。

按照刑法第390条之一的规定,犯本罪的,处3年以下有期徒刑或者拘役,并处罚金;情节严重的,或者使国家利益遭受重大损失的,处3年以上7年以下有期徒刑,并处罚金;情节特别严重的,或者使国家利益遭受特别重大损失的,处7年以上10年以下有期徒刑,并处罚金。单位犯本罪的,对单位判处罚金,并对其直接负责的主管人员和其他直接责任人员,处3年以下有期徒刑或者拘役,并处罚金。其中,本罪的定罪量刑适用标准,参见前文行贿罪的规定;单位对有影响力的人行贿数额在20万元以上的,以本罪追究刑事责任。

六、对单位行贿罪

本罪,是指个人或者单位为谋取不正当利益,给予国家机关、国有公司、企业、事业单位、人民团体以财物的,或者在经济往来中,违反国家规定,给予各种名义的回扣、手续费的行为。

本罪客观上有两种具体表现形式:(1)给予国家机关、国有公司、企业、事业单位、人民团体以财物。向非国有公司、企业、事业单位、社会团体给予财物的,不能构成对单位行贿。(2)在经济往来中,违反国家规定,给予国家机关、国有公司、企业、事业单位、人民团体各种名义的回扣、手续费。虽然刑法第391条对行贿行为没有“数额较大”的要求,但这并不意味着成立对单位行贿罪就没有情节和数额的要求。根据有关司法解释,[94]涉嫌对单位行贿,个人行贿数额在10万元以上,单位行贿数额在20万元以上的,才应予以立案。个人行贿数额不满10万元、单位行贿数额在10万元以上不满20万元,但具有下列情形之一的,也可以立案:(1)为谋取非法利益而行贿的;(2)向3个以上单位行贿的;(3)向党政机关、司法机关、行政执法机关行贿的;(4)致使国家或者社会利益遭受重大损失的。

依照刑法第391条的规定,犯本罪的,处3年以下有期徒刑或者拘役,并处罚金;情节严重的,处3年以上7年以下有期徒刑,并处罚金。单位犯本罪的,对单位判处罚金,并对其直接负责的主管人员和其他直接责任人员,依照自然人犯本罪的规定处罚。

七、介绍贿赂罪

本罪,是指在行贿人与受贿人之间进行沟通、撮合,使行贿与受贿得以实现,并且情节严重的行为。

---

〔94〕 1999年最高人民检察院《关于人民检察院直接受理立案侦查案件立案标准的规定(试行)》第1条第6项。

本罪客观上表现为，在行贿人与受贿人之间进行沟通、撮合，促使行贿与受贿得以实现，情节严重。客观表现具体包括两种形式：（1）为受贿人寻找可能的行贿人，转告受贿人的要求等；（2）受行贿人之托，为其沟通、寻找受贿的对象等。此外，构成本罪，客观上还必须是"情节严重"。所谓情节严重，是指：（1）介绍个人向国家工作人员行贿，数额在2万元以上的；介绍单位向国家工作人员行贿，数额在20万元以上的。（2）介绍贿赂数额不满足上述标准，但具有为使行贿人获取非法利益而介绍贿赂，3次以上或者为3人以上介绍贿赂，向党政领导、司法工作人员、行政执法人员介绍贿赂或者致使国家或者社会利益遭受重大损失的情形。[95]

本罪在适用中，应当注意以下问题：

1. 本罪与行贿罪、受贿罪的共犯的界限。就本罪与行贿罪的共犯的界限而言，一般来说，仅仅只是在行、受贿双方之间沟通关系、撮合条件，而没有其他更多行为，可以将该行为认定为介绍贿赂，但居中介绍之后又帮助转交财物，就超出了介绍贿赂的范围，而成为行贿的帮助行为了。就本罪与受贿罪的共犯的界限而言，一般来说，和前述一样，如果仅仅只是在行、受贿双方之间沟通关系、撮合条件，而没有其他更多的行为，可以将该行为认定为介绍贿赂，但居中介绍之后，又和受贿者共同分享该贿赂，就不是介绍贿赂，而是受贿罪的共犯。当然，是否共同分享该贿赂，必须具体分析。因为，通常情况下，受贿者为表感谢或者作为酬劳，可能会从所收受的贿赂中给介绍者一部分，这种场合，不能说是介绍者和受贿者共同分享了该贿赂。

2. 本罪与斡旋受贿型的受贿罪的界限。二者的主要区别在于：（1）成立要件不同。斡旋受贿犯罪以行为人居间介绍之后，收受请托人的财物为必要条件，而本罪则没有这个要求，从法律上讲，介绍人即便没有收受任何好处，也要成立犯罪。（2）主体不同。斡旋受贿罪的主体必须是国家工作人员，而且其与受贿人之间存在职务或者地位上的制约关系。只有在不存在这种关系，而仅仅是利用亲情、友谊等而从中斡旋的场合，才能构成本罪；而本罪的主体是一般主体，其与受贿人之间没有任何职务或者地位上的关系。

3. 本罪和经济活动中的居间行为的界限。所谓居间行为，是指为双方的买卖关系的顺利实现而居中沟通、撮合，并收取报酬的行为，其属于合法行为。其与本罪的界限在于：作为沟通联系桥梁的中间人的行为所指向的对象到底是买卖双方还是行贿、受贿的双方，中间行为的后果是促成经济业务的完成还是以权换利的实现？如果是前者，就是居间行为；如果是后者，就是介绍贿赂。

依照刑法第392条的规定，犯本罪的，处3年以下有期徒刑或者拘役，并处罚金。介绍贿赂人在被追诉前主动交代介绍贿赂行为的，可以减轻处罚或者免除处罚。

八、单位行贿罪

本罪，是指单位为谋取不正当利益，给予国家工作人员以财物或者违反国家规定，在经济往来中给予国家工作人员各种名义的回扣、手续费，情节严重的行为。

本罪的主体是单位，即公司、企业、事业单位、机关、团体。"公司、企业、事业单位"，既包括国有、集体所有的公司、企业、事业单位，也包括依法设立的合资经营、合作经营企业和具有法人资格的独资、私营公司、企业单位。一人公司也能成为本罪主体。单位分支机构或者内设机构、部门，以该单位分支机构或者内设机构、部门名义行贿，并且是为该单位分支机构或者内

〔95〕 1999年最高人民检察院《关于人民检察院直接受理立案侦查案件立案标准的规定（试行）》第1条第7项。

设机构、部门谋取利益的,也能成为本罪主体。[96] 涉嫌犯罪的单位被撤销、注销、吊销营业执照或者宣告破产的,应当根据刑法关于单位犯罪的相关规定,对实施犯罪行为的该单位直接负责的主管人员和其他直接责任人员追究刑事责任,对该单位不再追诉。[97]

构成本罪,还必须是"情节严重"。所谓情节严重,根据有关司法解释,[98] 是指:(1)单位行贿数额在 20 万元以上的;(2)单位为谋取不正当利益而行贿,数额在 10 万元以上不满 20 万元,但具有为谋取非法利益而行贿,向 3 人以上行贿,向党政领导、司法工作人员、行政执法人员行贿或者致使国家或者社会利益遭受重大损失的情形之一的。

在认定单位行贿犯罪时,重点是确定犯罪主体是否具备单位主体身份、行为是否体现单位意志、行贿是否为了单位利益。如是则构成单位行贿罪,反之则构成个人行贿罪。一般来说,实务中难以区分的有以下几种情况:

1. "假集体、真个人"的犯罪。其是指挂集体之名实为个体性质的经济组织,有一定的组织机构,工商部门核发的营业执照上的经济组织性质为集体,对外以经济组织的名义从事生产经营的情形。这种组织实施犯罪后,易被认定为单位犯罪。对这种情形,应当从该企业的资金来源、经营管理形式、盈亏的分享和分担及民事责任的承担等方面综合认定是否为单位犯罪。

2. 在企业的承包经营活动中,承包个人以发包单位的名义实施犯罪。对这种情况,如果发包单位对承包个人不进行任何投资,或投资后的一定时间内全部抽回投资,发包单位只收取一定的管理费,不参与利润分成,也不参与承包单位的财务管理,不承担任何风险责任,承包个人自主经营,自负盈亏,即通常所说的"硬承包",就是承包个人以发包单位的名义实施行贿犯罪,应构成个人行贿罪;反之,则为单位行贿罪。

3. 企业经营管理人员和其他直接责任人员"盗用单位名义"实施的个人行贿犯罪。对此,应结合"违法所得"去向加以判断。在违法所得流向了个人的时候,大致能肯定直接责任人员的行为并非单位的意志体现,也不是为了单位的集体利益,而是为了其个人利益的非法占有。相反地,该行贿行为如果事后得到单位的追认,或单位在明知的情况下并未表示反对,便可认定该行为属于单位行为,应认定为单位行贿罪。

依照刑法第 393 条的规定,犯本罪的,处 3 年以下有期徒刑或者拘役,并处罚金;情节特别严重的,处 3 年以上 10 年以下有期徒刑,并处罚金。因行贿取得的违法所得归个人所有的,即用单位财物以单位名义行贿,为个人谋取非法物质利益的,依照刑法第 389 条、第 390 条的规定,以行贿罪对直接负责的主管人员和其他直接责任人员定罪处罚。

---

[96] 2001 年最高人民法院《全国法院审理金融犯罪案件工作座谈会纪要》第 2 条第 1 项。

[97] 2002 年最高人民检察院《关于涉嫌犯罪单位被撤销、注销、吊销营业执照或者宣告破产的应如何进行追诉问题的批复》。

[98] 1999 年最高人民检察院《关于人民检察院直接受理立案侦查案件立案标准的规定(试行)》第 1 条第 8 项。

第十章　渎　职　罪

第一节　概　　说

一、渎职罪的概念和构成

渎职罪，是指国家机关工作人员在公务活动中滥用职权、玩忽职守、徇私舞弊，妨害国家管理活动，致使公共财产或者国家与人民的利益遭受重大损失的行为。

渎职罪是一种典型的职务犯罪，其构成要件如下：

1. 本类罪的保护法益是国家机关的正常管理活动。所谓国家机关的正常管理活动，是指各级国家机关依法行使国家管理职权的正常活动，如各级行政部门（包括工商、卫生、内外贸易、海关、教育、财政税收、交通、农林渔政等部门）、司法部门的正常管理活动。渎职罪是国家机关工作人员的严重亵渎公职行为，而这种行为显然是对国家机关正常管理活动，准确地讲，是对国家机关职务行为公正性的严重侵害。

2. 本类犯罪客观上表现为，滥用职权、玩忽职守、徇私舞弊（包括徇私枉法、徇情枉法等）并使公共财产、国家和人民利益遭受重大损失。所谓滥用职权，是指国家机关工作人员不依法行使职权而利用手中的权力胡作非为；玩忽职守，是指国家机关工作人员疏于职守，不按法律、法规或规章行使管理职权；徇私舞弊，则是指国家机关工作人员视公职如儿戏，为了一己之私而徇情枉法。应当指出，一般的滥用职权、玩忽职守和徇私舞弊的行为并不都构成渎职罪，只有那些因为渎职行为而致使公共财产或者国家和人民利益遭受重大损失的行为才构成犯罪。重大损失，通常表现为经济损失，是指渎职犯罪或者与渎职犯罪相关联的犯罪立案时已经实际造成的财产损失，包括为挽回渎职犯罪所造成损失而支付的各种开支、费用等。立案后至提起公诉前持续发生的经济损失，应一并计入渎职犯罪造成的经济损失。其中，“直接经济损失”，是指与行为有直接因果关系而造成的财产损毁、减少的实际价值；“间接经济损失”，是指由直接经济损失引起和牵连的其他损失，包括失去的在正常情况下可以获得的利益和为恢复正常的管理活动或者挽回所造成的损失所支付的各种开支、费用等。有下列情形之一的，虽然有债权存在，但已无法实现债权，可以认定为已经造成了经济损失：（1）债务人已经法定程序被宣告破产；（2）债务人潜逃，去向不明；（3）因行为人责任，致使超过诉讼时效；（4）有证据证明债权无法实现的其他情况。〔1〕 直接经济损失和间接经济损失，是指立案时确已造成的经济损失。移送审查起诉前，犯罪嫌疑人及其亲友自行挽回的经济损失，以及由司法机关或者犯罪嫌疑人所在单位及其上级主管部门挽回的经济损失，不予扣减，但可作为对犯罪嫌疑人从轻处理

---

〔1〕 2003 年最高人民法院《全国法院审理经济犯罪案件工作座谈会纪要》第 6 条第 1 项。

的情节考虑。

渎职类犯罪的客观要件中,要注意其因果关系的认定。渎职类犯罪中,结果往往并非由滥用职权或者玩忽职守的行为单一引起,其中往往掺有介入因素以及其他因素,系多种因素合并而共同地造成损害结果的发生,这就决定了渎职类犯罪中,因果关系的认定不要求行为人对重大损失的出现具有因果支配。这也是渎职案件因果关系所共同具有的特点。从本书所主张的行为危险现实化的角度来讲,即便行为人实施了法所规定的渎职行为,现实中也发生了重大损害结果,但若该损害不能说是渎职行为危险的现实化,而是其中的介入因素或者其他因素所导致的,那就要否定结果对行为的归责,渎职行为和结果之间没有因果关系。

3. 本类犯罪的主体为特殊主体,即只有那些具有特定身份的人,才能成为这类犯罪的主体,故渎职罪为身份犯。所谓特定身份,在这类犯罪中是指国家机关工作人员,即各级国家机关中的管理人员。具体来说,国家机关工作人员是指国家立法、行政、司法、军事等部门的公职人员,还包括中国共产党的各级机关、中国人民政治协商会议各级机关的公职人员。在依照法律、法规规定行使国家行政管理职权的组织中从事公务的人员,或者在受国家机关委托代表国家机关行使职权的组织中从事公务的人员,或者虽未列入国家机关人员编制但在国家机关中从事公务的人员,在代表国家机关行使职权时,有渎职行为,构成犯罪的,依照刑法关于渎职罪的规定追究刑事责任。[2] 但刑法第 398 条规定的故意泄露国家秘密罪和过失泄露国家秘密罪除外。

4. 本类犯罪的主观要件,有的是故意,有的是过失。

5. 本类犯罪的处罚和罪数。由于渎职犯罪仅仅只是对国家工作人员违反职务行为的评价,而该行为的后果或者动机往往涉及其他犯罪,且在渎职行为实施过程中,还会有其他人的参与,所以仅仅以一个渎职犯罪对其行为难以全部评价完毕。换言之,在国家工作人员渎职犯罪的处罚上,通常会涉及其他犯罪。根据相关司法解释,[3] 国家机关工作人员实施滥用职权或者玩忽职守犯罪行为,触犯刑法分则第九章第 398 条至第 419 条规定的,依照该规定定罪处罚。国家机关工作人员滥用职权或者玩忽职守,因不具备徇私舞弊等情形,不符合刑法分则第九章第 398 条至第 419 条的规定,但依法构成第 397 条规定的犯罪的,以滥用职权罪或者玩忽职守罪定罪处罚。国家机关工作人员实施渎职犯罪并收受贿赂,同时构成受贿罪的,除刑法另有规定外,以渎职犯罪和受贿罪数罪并罚;实施渎职行为,放纵他人犯罪或者帮助他人逃避刑事处罚,构成犯罪的,依照渎职罪的规定定罪处罚;与他人共谋,利用其职务行为帮助他人实施其他犯罪行为,同时构成渎职犯罪和共谋实施的其他犯罪共犯的,依照处罚较重的规定定罪处罚;与他人共谋,既利用其职务行为帮助他人实施其他犯罪,又以非职务行为与他人共同实施该其他犯罪行为,同时构成渎职犯罪和其他犯罪的共犯的,依照数罪并罚的规定定罪处罚。

二、渎职罪的种类

刑法分则第九章共有 25 个条文。依据犯罪主体身份的不同,本章犯罪大体可分为如下几类:一是一般国家机关工作人员的渎职罪;二是司法机关工作人员的渎职罪;三是其他特定国

---

〔2〕《关于〈中华人民共和国刑法〉第九章渎职罪主体适用问题的解释》,2002 年 12 月 28 日第九届全国人民代表大会常务委员第 31 次会议通过。

〔3〕 2012 年最高人民法院、最高人民检察院《关于办理渎职刑事案件适用法律若干问题的解释(一)》第 2、3、4 条。

家机关工作人员的渎职罪。所谓特定国家机关,是指公司、证券管理部门,税务机关,林木采伐管理机关,环境保护机关,卫生防疫部门,海关,商检部门,出入境证件管理部门等。

第二节 一般国家机关工作人员的渎职罪

一、滥用职权罪

(一)概念和构成

本罪,是指国家机关工作人员超越职权,违法决定、处理其无权决定、处理的事项,或者违反规定处理公务,致使公共财产、国家和人民利益遭受重大损失的行为。其具体构成如下:

1. 主体。本罪的主体为特殊主体,即国家机关工作人员,是指在国家机关中从事公务的人员,包括在各级国家权力机关、行政机关、司法机关和军事机关中从事公务的人员。在依照法律、法规规定行使国家行政管理职权的组织中从事公务的人员,或者在受国家机关委托代表国家行使职权的组织中从事公务的人员如村民委员会、居民委员会等基层组织人员,或者虽未列入国家机关人员编制但在国家机关中从事公务的人员,在代表国家机关行使职权时,视为国家机关工作人员。在乡(镇)以上中国共产党机关、人民政协机关中从事公务的人员,视为国家机关工作人员。[4] 依法或者受委托行使国家行政管理职权的公司、企业、事业单位的工作人员,在行使行政管理职权时滥用职权,构成犯罪的,应当依照全国人民代表大会常务委员会《关于〈中华人民共和国刑法〉第九章渎职罪主体适用问题的解释》的规定,适用渎职罪的规定追究刑事责任。[5] 因此,下列人员在从事公务期间,均应以国家机关工作人员论:属行政执法事业单位的镇财政所中按国家机关在编干部管理的工作人员在从事政府行政公务活动期间;合同制民警在依法执行公务期间;经人事部门任命,但为工人编制的乡(镇)工商所所长,在依法履行工商行政管理职责期间;在机构改革过程中尚未列入公安机关建制的企业事业单位的公安机构的工作人员在行使侦查职责期间;海事局及其分支机构工作人员在行使国家水上安全监督和防止船舶污染及海上设施检验、航海保障的管理职权期间。

2. 危害行为和危害结果。本罪客观上表现为,超越职权,违法决定、处理其无权决定、处理的事项,或者违反规定处理公务,致使公共财产、国家和人民利益遭受重大损失。具体而言,其包括以下几方面的内容:

(1)滥用职权。所谓滥用职权,就是非法使用职务上的权限,实施违反其职务宗旨的行为。国家工作人员所实施的侵害他人权利行为,如果与其职权无关,就不能成立本罪。

所谓滥用,可分为两种情况:其一,超越职权,违法决定、处理其无权决定、处理的事项。这是针对行为人无权处理的事务而言的。例如,公安机关本无权管理环境保护方面的工作,但超越职权地以环境污染为由而对工矿企业处以罚款等行政处罚的行为;看守所所长本无权让犯人替自己干私活,却从看守所提出 4 名在押人员为自己妻子经营的超市干私活的行为;民警对强行冲越检查关卡的面包车开枪,造成车内 3 名无辜人员死伤的行为;明知违反《刑事诉讼

---

〔4〕 2006 年最高人民检察院《关于渎职侵权犯罪案件立案标准的规定》第 3 条第 3 项。

〔5〕 2012 年最高人民法院、最高人民检察院《关于办理渎职刑事案件适用法律若干问题的解释(一)》第 7 条。

法》等的规定,仍对犯罪嫌疑人、被告人超期羁押,情节严重的行为。国家机关工作人员以单位名义擅自将本单位资金提供给其他单位使用,不论行为人是否从中谋取个人利益,只要给公共财产、国家和人民利益造成重大损失,即应以滥用职权罪论处。其二,违反规定处理公务。这是针对行为人有权处理的事务而言的。例如,工商行政管理机关的工作人员对合法经营的工商从业人员百般刁难,并无事生非,对其处以罚款或吊销营业执照等行政处罚的行为;盐务管理局局长、盐业公司经理擅自批准无资格的公司经销盐产品的行为;卫生局卫生监督所综合卫生监督员利用体检医院管理混乱及其人员熟悉的便利条件,通过用借用的医院检验合格章擅自加盖的方法,为2000余名从事食品生产经营和公共场所服务的人员伪造合格的化验单和健康检查表,使这些人员在未参加健康检查的情况下通过体检并取得健康证,从而获得从业资格的行为;兼任农村合作基金会主任的副乡长违反超过5万元的"贷款"必须经乡领导批准的规定,违规发放贷款29笔,未能收回,给该乡造成了503万元的经济损失的行为;刑侦队长为创收放走犯罪嫌疑人的行为;国家机关工作人员明知是登记手续不全或者不符合规定的机动车而办理登记手续,指使他人为明知是登记手续不全或者不符合规定的机动车办理登记手续,违规或者指使他人违规更改、调换车辆档案的行为;国家机关工作人员为他人违法偷盖印章提供便利条件的行为。公路管理检查人员对逃费车辆穷追不舍,致使车毁人亡的场合,公路管理检查人员的行为也属于这种情形。因为,对于公民来说,只要法无明文规定就可以做,但对行政执法人员来说,必须遵循"公权法定"的原则,只要法无明文规定就不可以做。上路稽查养路费是法律允许的,但并没有任何法规提到对逃避稽查的车辆可以追赶,行政执法只能在法律明确规定的范围内进行。因此,上述行为属于滥用职权的行为。[6]

(2)行为人滥用职权的行为造成了公共财产、国家和人民利益的重大损失。所谓重大损失,是指以下内容:其一,造成死亡1人以上,或者重伤3人以上,或者轻伤9人以上,或者重伤2人、轻伤3人以上,或者重伤1人、轻伤6人以上的;其二,造成经济损失30万元以上的;其三,造成恶劣社会影响的;[7]如男狱警违反规定,在女死刑犯苦苦哀求之下,单独提审女犯,与其发生性关系、致使女死刑犯怀孕而无法执行死刑的场合、属于这种情形;其四,其他致使公共财产、国家和人民利益遭受重大损失的情形。[8] 这里的所谓"经济损失",是指渎职犯罪或者与渎职犯罪相关联的犯罪立案时已经实际造成的财产损失,包括为挽回渎职犯罪所造成损失而支付的各种开支、费用等。立案后至提起公诉前持续发生的经济损失,应一并计入渎职犯罪造成的经济损失。债务人经法定程序被宣告破产,债务人潜逃、去向不明,或者因行为人的责任超过诉讼时效等,致使债权已经无法实现的,无法实现的债权部分应当认定为渎职犯罪的经济损失。渎职犯罪或者与渎职犯罪相关联的犯罪立案后,犯罪分子及其亲友自行挽回的经济损失、司法机关或者犯罪分子所在单位及其上级主管部门挽回的经济损失,或者由于客观原因

〔6〕 2019年《交通警察和警务辅助人员安全防护规定》第18条第6项中规定,除机动车驾驶人驾车逃跑后可能对公共安全和他人生命安全有严重威胁以外,不得驾车追缉。《公路巡逻民警队警务工作规范》第21条第3款规定,对可疑机动车进行检查时,"驾驶人逃逸的,应当立即向上级或者指挥中心报告,请求部署堵截、追缉"。因此,交通警察发现可疑车辆拒检逃逸的应当首先向上级或者指挥中心报告,请求部署堵截、追缉,而不是自行决定追缉。同样,《公安派出所执法执勤工作规范》第75条规定:"对可疑车辆进行检查时……若驾驶员拒检逃逸,应当立即报告,请求部署堵截、追缉。"如此说来,公安派出所发现违章车辆而高速追缉,也是滥用职权的行为。

〔7〕 罗甲、罗乙、朱某、罗丙滥用职权案,最高人民检察院指导案例6号(2012年)。

〔8〕 2012年最高人民法院、最高人民检察院《关于办理渎职刑事案件适用法律若干问题的解释(一)》第1条第1款。

减少的经济损失,不予扣减,但可以作为酌定从轻处罚的情节。[9] 另外,公共财产的重大损失,通常是指渎职行为已经造成的重大经济损失。在司法实践中,有以下情形之一的,虽然公共财产作为债权存在,但已无法实现债权的,可以认定为行为人的渎职行为造成了经济损失:一是债务人已经法定程序被宣告破产;二是债务人潜逃,去向不明;三是因行为人责任,致使超过诉讼时效;四是有证据证明债权无法实现的其他情况。[10]

(3)滥用职权行为和重大损失之间必须具有因果关系。在有无因果关系的理解上,可以以行为危险现实化说为依据,依“行为危险是否在结果当中变为了现实”而判断。就滥用职权罪而言,国家工作人员的渎职行为所引起的犯罪,大多属于“多因一果”类型,即最终所发生的“重大损失”结果,往往是在国家工作人员的渎职行为之后,介入了其他因素,或者是渎职行为和其他因素竞合而引起的,因此,在依据危险现实化说判断渎职犯罪的因果关系时,首先必须查明渎职行为和损害结果之间所存在的介入因素,然后以行为时所存在的全部事实为基础,以科学的一般人为标准,判断损害结果到底归属于渎职行为还是介入因素。在介入因素属于渎职行为的伴随因素或者为渎职行为所诱发时,最终的损害结果仍然应当归属于渎职行为,渎职行为和损害结果之间存在因果关系;但是,在二者之间不存在这种伴随或者诱发关系时,则只能将损害结果归属于介入因素,渎职行为和损害结果之间不存在因果关系。

以下以“赖某滥用职权案”对上述见解进行说明。某区人力资源和社会保障局党组副书记、局长赖某,明知辖区J公司安置的下岗职工数未达到减免企业营业税的标准,仍帮助J公司伪造47份职工失业证,使该公司满足了减免税费的条件,J公司当年度免征营业税及附加税费共计225万元。后查明,按照J公司申报减免时的标准,其实际应当减免税费55万元,但因税务人员在具体办理的过程中,收受贿赂,徇私舞弊,致使J公司的税费减免额度达225万元。本案中,赖某的滥用职权行为所造成的损失该如何计算,多减免的170万元税费,是不是也要归咎于赖某的渎职行为,成为问题。从本书主张的危险现实化的角度来讲,170万元的税费损失,不应当归咎于赖某的滥用职权行为。换言之,其二者之间没有因果关系。首先,赖某的滥用职权行为中并不具有非法免征税费的危险。因为,被告人赖某为J公司伪造47份职工失业证的行为,只是为J公司申请减免55万元税费提供了前提条件,但并不必然导致J公司能够被减免225万元税费。因此,将225万元的税费减免后果,都归结于赖某非法开具47份职工失业证的行为,显然是不合适的。其次,J公司被减免225万元的税费是赖某的渎职行为和税务人员的渎职行为共同造成的。其中,赖某违规开具47份职工失业证为J公司减免了55万元的税费,而税务人员的受贿行为为J公司贡献了55万元之外的其他份额即170万元的减免。由于赖某和税务人员在促成J公司减免税费的行为上,并无事前商议,所以二者不构成共同犯罪,各人只对自己行为所造成的结果承担责任。最后,必须查明,税务人员的受贿行为是不是赖某滥用职权行为的伴随行为,或者说是其所诱发的行为。从国家权力的分配上看,被告人赖某系某区人力资源和社会保障局党组副书记、局长,税务人员对J公司违规减免税收,并非赖某滥用职权行为的伴随状态或者诱发后果。因此,不能将作为介入因素的税务人员违规为J公司减免税费的行为归咎于赖某的渎职行为。

3. 主观要件。本罪的主观要件为故意,即行为人明知自己滥用职权的行为会导致公共财

---

〔9〕 2012年最高人民法院、最高人民检察院《关于办理渎职刑事案件适用法律若干问题的解释(一)》第8条。

〔10〕 2003年最高人民法院《全国法院审理经济犯罪案件工作座谈会纪要》第6条第1项。

产、国家和人民利益遭受重大损失的结果，并且希望或者放任这种结果发生。

(二)本罪的认定

在本罪的认定中，应注意以下问题：

1. 应当注意其与特定主体滥用职权犯罪的区别。刑法第 397 条第 1 款后段规定“本法另有规定的，依照规定”，即刑法在该条中规定了一般的滥用职权罪的同时，还在其他条文中将某些特定的滥用职权(徇私舞弊)行为规定为独立犯罪。如第 399 条的徇私枉法罪，民事、行政枉法裁判罪，执行判决、裁定滥用职权罪等。应当说，本罪和其他条文所规定的犯罪之间属于普通法和特别法的关系。在行为人的行为同时符合刑法第 397 条所规定的滥用职权罪和上述条款的时候，应当适用特别条款，而不再按照滥用职权罪处理。也就是说，国家机关工作人员滥用职权，符合刑法第九章所规定的特殊渎职罪构成要件的，按照该特殊规定追究刑事责任；主体不符合刑法第九章所规定的特殊渎职罪的主体要件，但滥用职权涉嫌犯罪的，按照刑法第 397 条的规定以滥用职权罪追究刑事责任。[11]

2. 刑法第 397 条第 2 款的适用问题。刑法第 397 条第 2 款规定：“国家机关工作人员徇私舞弊，犯前款罪的，处五年以下有期徒刑或者拘役；情节特别严重的，处五年以上十年以下有期徒刑……”这意味着徇私舞弊是前款规定的滥用职权罪的加重处罚情节。其中，所谓徇私舞弊，是指国家机关工作人员为了私情、私利，故意违背事实和法律，伪造材料，隐瞒情况，弄虚作假的行为。如为了金钱、女色以及其他个人利益而违背事实和法律，处理公务。徇私舞弊型渎职犯罪中的“徇私”，应理解为徇个人私情、私利。国家机关工作人员为了本单位的利益，实施滥用职权行为，构成犯罪的，由于不具有徇私动机，因此，依照刑法第 397 条第 1 款的规定定罪处罚。[12] 另外，因为徇私舞弊只能由故意构成，所以刑法第 397 条第 2 款规定的“前款罪”，应当理解为滥用职权罪，而不包括玩忽职守罪在内。国家机关工作人员为了本单位利益，实施滥用职权、玩忽职守行为，构成犯罪的，依照刑法第 397 条第 1 款的规定，以滥用职权罪、玩忽职守罪定罪处罚。[13] 行为人实施本罪并收受贿赂，同时构成受贿罪的，除法律另有规定的以外，以本罪和受贿罪数罪并罚。

3. 本罪的共犯问题。国家机关工作人员实施渎职行为，放纵他人犯罪或者帮助他人逃避刑事处罚，构成本罪的，依照本罪的规定定罪处罚。国家机关工作人员与他人共谋，利用其职务行为帮助他人实施其他犯罪行为，同时构成本罪和共谋实施的其他犯罪共犯的，依照处罚较重的规定定罪处罚。国家机关工作人员与他人共谋，既利用其职务行为帮助他人实施其他犯罪，又以非职务行为与他人共同实施该其他犯罪行为，同时构成本罪和其他犯罪的共犯的，依照数罪并罚的规定定罪处罚。

国家机关负责人员违法决定，或者指使、授意、强令其他国家机关工作人员违法履行职务或者不履行职务，构成本罪的，应当依法追究刑事责任。以“集体研究”形式实施本罪的，应当以本罪的规定追究国家机关负有责任的人员的刑事责任。对于具体执行人员，应当在综合认定其行为性质、是否提出反对意见、危害结果大小等情节的基础上决定是否追究刑事责任和应

---

〔11〕 2006 年最高人民检察院《关于渎职侵权犯罪案件立案标准的规定》第 1 条第 1 项。

〔12〕 2003 年最高人民法院《全国法院审理经济犯罪案件工作座谈会纪要》第 6 条第 4 款。

〔13〕 2003 年最高人民法院《全国法院审理经济犯罪案件工作座谈会纪要》第 6 条第 4 款。

当判处的刑罚。[14]

（三）处罚

依照刑法第397条的规定，犯本罪的，处3年以下有期徒刑或者拘役；情节特别严重的，处3年以上7年以下有期徒刑。徇私舞弊犯本罪的，处5年以下有期徒刑或者拘役；情节特别严重的，处5年以上10年以下有期徒刑。其中，所谓情节特别严重，是指具有下列情形之一：(1)造成死亡3人以上，或者重伤9人以上，或者轻伤27人以上，或者重伤6人、轻伤9人以上，或者重伤3人、轻伤18人以上的；(2)造成经济损失150万元以上的；(3)致使公共财产、国家和人民利益遭受重大损失，不报、迟报、谎报或者授意、指使、强令他人不报、迟报、谎报事故情况，致使损失后果持续、扩大或者抢救工作延误的；(4)造成特别恶劣社会影响的；(5)其他特别严重的情节。[15] 需要注意的是，本罪的成立以发生危害结果为前提。因此，本罪的追诉期限，从危害结果发生之日起计算；有数个危害结果的，从最后一个危害结果发生之日起计算。

二、玩忽职守罪

（一）概念和构成

本罪，是指国家机关工作人员严重不负责任，不履行或者不认真履行职责，致使公共财产、国家和人民利益遭受重大损失的行为。其构成如下：

1. 主体。本罪的主体为特殊主体，即只有那些具有国家机关工作人员身份的人才能成为本罪主体。一般国家工作人员不能成为本罪的主体。

2. 危害行为和危害结果。本罪客观上表现为，不履行或者不认真履行职责，致使公共财产、国家和人民利益遭受重大损失。具体来说，包括以下方面的内容：

(1)不履行或者不认真履行职责。其中，不履行职责是不作为形式的玩忽职守行为，表现为擅离职守或者对自己工作范围内的事项不传达、不布置、不报告、不检查、不执行等；不认真履行职责是作为形式的玩忽职守行为，表现为行为人虽然履行了职责，但却不尽职尽责，而是马虎草率、粗心大意、敷衍塞责。例如某镇农电网改造指挥部办公室成员、安全监督员在农电网改造中，为省时、省力，违反电业安全工作规程，用白棕绳与钢绳对接起吊电杆，结果因白棕绳断裂，电杆倾倒，击中民工熊某，致其死亡的场合；公安局副局长在值班期间，不认真听取案情汇报，不认真审查案件的基本事实，随意、草率地在《治安管理处罚审批表》上签发同意行政拘留意见，导致被错误处罚的被害人王某某分裂性精神病发作，被释放后在家服农药自杀身亡的场合；某监狱监管责任人对服刑人员的监管工作疏忽大意，在明知罪犯可能脱离监管场所的情况下，未采取有效的安全防范措施，造成罪犯多人多次脱离监管场所实施盗窃及其他活动，社会影响恶劣的场合。另外，作为执法对象的行政相对人发病，执法人员不予救助，致使其死亡的场合，也构成玩忽职守。因为，执法人员和管理相对人的关系是在其依法执行职务的过程中形成的，两人之间具有权利义务明确的具体行政法律关系。在这种关系当中，执法人员有依法对相对人的行为进行管理的权力，同时对其人身、财产安全也负有保障义务。因此，在相对人发病时，执法人员应当积极救助，但他却没有正确履行自己的法律义务，对相对人的生命健

[14] 2012年最高人民法院、最高人民检察院《关于办理渎职刑事案件适用法律若干问题的解释(一)》第5条。

[15] 2012年最高人民法院、最高人民检察院《关于办理渎职刑事案件适用法律若干问题的解释(一)》第1条。

康严重不负责任,致使其死亡,应当构成本罪中的玩忽职守。

(2)致使公共财产、国家和人民利益遭受重大损失。关于"重大损失"的理解,参见前述滥用职权罪的相关内容。

(3)玩忽职守行为和致使公共财产、国家和人民利益遭受重大损失的危害结果之间必须具有因果关系。关于因果关系的判断,和滥用职权罪的场合一样,以行为危险现实化说进行判断。对此,以"龚某玩忽职守案"[16]进行说明。1999 年,车管所负责体检工作的被告人龚某在既未对蒋某进行体检,也未要求其到指定医院体检的情况下,擅自在蒋某的《机动车驾驶证申请表》上的"视力"栏中填写上"5.2",在"有无妨碍驾驶疾病及生理缺陷"栏中填上"无",致使自 1995 年起左眼即已失明的蒋某换领了准驾 B 型车辆的驾驶证。此后,在连续 3 年的年度审验中,蒋某均通过当地交警的年度审验。2002 年 8 月 20 日,蒋某驾驶的中型客车翻覆,造成特大交通事故。交警认定,蒋某对此次事故负全部责任。一审法院认为,被告人龚某在蒋某申请换证时,未能正确履行职责,致使蒋某驾驶证换证手续得以办理,但其效力仅及于当年,此后年审均在当地交警大队办理,且现有证据不能确定发生车祸的具体原因,被告人龚某的行为不构成玩忽职守罪,判决被告人龚某无罪。二审法院也同意这种判决,认为在驾驶员蒋某申请换证时,被告人龚某未履行对其身体进行检查的职责,客观上存在玩忽职守行为,但其失职行为与"8·20"特大交通事故之间不存在刑法上的因果关系,因此,不能认定被告人龚某的玩忽职守行为已致使公共财产、国家和人民利益遭受重大损失。

本案的情形确实比较复杂。如果本案发生在龚某对驾驶员未予体检之后的 1999 年,那么可以毫无疑问地说,龚某的玩忽职守行为和最终结果之间,存在刑法上的因果关系。但实际上,龚某的玩忽职守行为和最终发生的结果之间,存在"在连续 3 年的年度审验中,蒋某均通过当地交警的年度审验"的介入因素。此时,还能将"8·20"特大交通事故的后果归咎于龚某的玩忽职守行为吗?这是问题症结所在。

按照当时有效的《机动车驾驶证管理办法》第 19 条第 1 项规定,车辆管理所须对持有准驾车型 B 驾驶证的人进行一年一度的审验,且审验时必须进行身体检查。如此规定,除增强驾车人的驾驶技术和安全意识之外,还有对年龄不断增长的驾车人的身体条件的考虑。因此,这种审验必须每年进行,并且每次都必须对驾驶人员的身体状况重新检查。就本案而言,尽管龚某在 1999 年玩忽职守,对申请人蒋某的身体情况应检而未检,埋下了蒋某在身体条件不允许的情况下冒险上路驾驶的隐患(危险),但其并非导致 2002 年所发生的重大事故的隐患或者说危险。因为,该危险并不必然导致或者诱发后面的负责体检的其他国家工作人员的失职行为。换言之,在随后 3 年,由其他国家工作人员所进行的应检而未检的玩忽职守行为,并非龚某 1999 年玩忽职守行为的伴随状态或者诱发结果。即便说龚某在 1999 年的玩忽职守行为存在危险,但这种危险的效力也只能持续 1 年。在之后所依法进行的年度审验中,如果其他国家工作人员恪尽职守,就能发现蒋某左眼失明,不适合驾驶客车的问题,蒋某以带病之躯驾驶客车可能酿成大祸的危险就会消失。如此说来,蒋某的翻车事故和龚某之后的其他国家工作人员的失职行为有关。这种介入因素阻断了龚某的玩忽职守行为中的危险和 2002 年发生的"8·20"特大交通事故结果之间的关系,故龚某的失职行为与蒋某的特大交通事故之间不存

---

〔16〕 于天敏、王飞:《龚某玩忽职守案[第 294 号]——渎职犯罪的因果关系判断》,载最高人民法院刑事审判第一、二庭编:《刑事审判参考》总第 37 辑,法律出版社 2004 年版。

在刑法上的因果关系，不符合玩忽职守罪的构成要件。

3. 主观要件。本罪的主观要件只能是过失，即行为人作为国家机关工作人员理应恪尽职守，尽心尽力，在履行公职时时刻保持必要注意，但行为人却持一种疏忽大意或过于自信的心态，对自己玩忽职守的行为可能导致的公共财产、国家和人民利益的重大损失应当预见而没有预见，或者已经预见而轻信能够避免。

（二）本罪的认定

在本罪的认定中，要注意以下几个问题：

1. 要区分本罪与滥用职权罪的界限。二者的主要区别在于：（1）主观心态不同，前者为过失，后者为故意。（2）客观方面有所不同。前者为玩忽职守，即违反职责义务，不履行或者不正确履行职责；后者为滥用职权，即超越职权范围或者违反规定实施相关行为。

2. 要分清本罪与其他玩忽职守罪的界限。刑法第397条第1款后段规定“本法另有规定的，依照规定”。这表明该条是对玩忽职守罪的概括性规定，属于一般法。刑法分则另外规定的玩忽职守罪，如第400条第2款的失职致使在押人员脱逃罪，第406条的国家机关工作人员签订、履行合同失职被骗罪，第408条的环境监管失职罪，第409条的传染病防治失职罪等，属于特别法。本罪与这些犯罪之间属于一般法与特别法之间的法条竞合关系。在行为人的行为同时符合刑法第397条所规定的玩忽职守罪和上述条款的时候，应当适用特别条款，而不再按照玩忽职守罪处理。也就是说，国家机关工作人员玩忽职守，符合刑法第九章所规定的特殊渎职罪构成要件的，按照该特殊规定追究刑事责任；主体不符合刑法第九章所规定的特殊渎职罪的主体要件，但玩忽职守涉嫌犯罪的，按照刑法第397条的规定以玩忽职守罪追究刑事责任。[17]

3. 关于本罪的追诉期限。依照相关司法解释，以危害结果为条件的渎职犯罪的追诉期限，从危害结果发生之日起计算；有数个危害结果的，从最后一个危害结果发生之日起计算。[18]只是，本罪中的“危害结果”如何理解，存在争议。例如在某警察玩忽职守，不认真履行抓捕职责，既未安排派出所布控，又未按规定上网追逃，致使两名犯罪嫌疑人被批捕后长期在逃并继续实施犯罪，造成严重后果的场合，本罪中的“危害结果”到底是指未被抓获的犯罪嫌疑人“实施犯罪，造成严重后果”，还是警察的不认真履职致使发生“两名犯罪嫌疑人被批捕后长期在逃”的结果呢？对此，应当结合刑法第89条第1款即“追诉期限从犯罪之日起计算；犯罪行为有连续或者继续状态的，从犯罪行为终了之日起计算”的规定来理解。玩忽职守罪以发生一定结果为成立要件，其中的“结果”是指应当被制止的违法状态因为得不到制止而持续存在意义上的结果，即应当被制止的危险状态本身就是“结果”。就上述案例而言，结果就是“两名犯罪嫌疑人被批捕后长期在逃”。如此说来，就上述案例而言，玩忽职守罪的追诉期限，不应从未被抓获的犯罪嫌疑人“实施犯罪，造成严重后果”之日起计算，而应当从玩忽职守行为的结果发生之日，即批捕之后“既未安排派出所布控，又未按规定上网追逃”，致使“两名犯罪嫌疑人被批捕后长期在逃”的状态开始之日起计算。

（三）处罚

依照刑法第397条第1款的规定，犯本罪的，处3年以下有期徒刑或者拘役；情节特别严

〔17〕 2006年最高人民检察院《关于渎职侵权犯罪案件立案标准的规定》第1条第2项。

〔18〕 2012年最高人民法院、最高人民检察院《关于办理渎职刑事案件适用法律若干问题的解释(一)》第6条。

重的,处3年以上7年以下有期徒刑。关于“情节特别严重”的理解,参见前述滥用职权罪中的相关内容。

三、故意泄露国家秘密罪

(一)概念和构成

本罪,是指国家机关工作人员或者非国家机关工作人员违反保守国家秘密法,故意使国家秘密被不应知悉者知悉,或者故意使国家秘密超出了限定的接触范围,情节严重的行为。其构成如下:

1. 主体。本罪的主体主要是国家机关工作人员,但非国家机关工作人员也可以成为本罪的主体。这里,“非国家机关工作人员”应作限定理解,即此处的非国家机关工作人员不是一般的自然人主体,而是具有一定职责,可以接触或知悉国家秘密的非国家机关工作人员,即特殊主体。因为,故意泄露国家秘密罪规定在第九章渎职罪中,因此在解释本章条文时首先应考虑到渎职罪的章法益,即泄露国家秘密的行为并非任何人都可为之,其前提是“渎职”。在此,职责当然不应指遵守2024年修订的《保守国家秘密法》第5条第2款中“一切国家机关和武装力量、各政党和各人民团体、企业事业组织和其他社会组织以及公民都有保密的义务”,更不应是《宪法》第53条中的“中华人民共和国公民必须遵守宪法和法律,保守国家秘密”,而是基于特定身份而产生的特定职责。因此,虽然泄露国家秘密罪的主体不限于国家机关工作人员,还包括非国家机关工作人员,但是这并不意味着所有的自然人都能成为泄露国家秘密罪的主体,要成为泄露国家秘密罪的主体,必须是知悉或者掌握国家秘密的自然人。因此,本罪的主体是特殊主体。

2. 危害行为和危害结果。本罪的客观方面表现为,违反保守国家秘密法的规定,泄露国家秘密,情节严重。其具体包括:

(1)违反保守国家秘密法的规定,泄露国家秘密。所谓违反保守国家秘密法的规定,是指违反我国《保守国家秘密法》《保守国家秘密法实施条例》等法律、法规关于保守国家秘密的规定。所谓泄露,是指让其他不应该知悉该事项的人了解或者知悉该事项,如以口头或者书面方式让他人了解,为他人提供阅览、复制、摘抄原件的机会,向他人直接提供秘密的原件或者复制品,在书籍、报刊、音像制品等大众传媒中披露该秘密等。泄露的方式通常是作为,但也可以是不作为,如应当采取保密措施而不采取,致使国家秘密被盗、丢失,等等。将国家秘密通过互联网予以发布的,也是泄露。[19] 所谓国家秘密,是指国家法律、法规所规定的、一定时间内只允许特定人员知悉的有关国家安全、政治、经济、军事等利益的重要事项,具体而言,包括以下内容:一是国家事务重大决策中的秘密事项;二是国防建设和武装力量活动中的秘密事项;三是外交和外事活动中的秘密事项以及对外承担保密义务的秘密事项;四是国民经济和社会发展中的秘密事项;五是科学技术中的秘密事项;六是维护国家安全活动和追查刑事犯罪中的秘密事项;七是经国家保密行政管理部门确定的其他秘密事项。政党的秘密事项中符合前述规定的,属于国家秘密。[20] 国家秘密的密级分为绝密、机密、秘密三级。

---

〔19〕 2001年最高人民法院《关于审理为境外窃取、刺探、收买、非法提供国家秘密、情报案件具体应用法律若干问题的解释》第6条。

〔20〕 2024年修订后的《保守国家秘密法》第13条。

(2)情节严重。所谓情节严重,是指泄露绝密级国家秘密1项(件)以上的;泄露机密级国家秘密2项(件)以上的;泄露秘密级国家秘密3项(件)以上的;向非境外机构、组织、人员泄露国家秘密,造成或者可能造成危害社会稳定、经济发展、国防安全或者其他严重危害后果的;通过口头、书面或者网络等方式向公众散布、传播国家秘密的;利用职权指使或者强迫他人违反保守国家秘密法的规定泄露国家秘密的;以牟取私利为目的泄露国家秘密的;其他情节严重的情形。[21]

3. 主观要件。本罪的主观要件为故意。但行为人如果出于危害国家安全的目的而故意将国家秘密提供给境外的机构、组织或人员,则应按刑法第111条之规定定罪量刑。

(二)本罪的认定

认定故意泄露国家秘密罪时,应注意以下问题:

1. 本罪与为境外窃取、刺探、收买、非法提供国家秘密、情报罪的区别。二者的主要区别在于:(1)主体不同。前者主要是国家机关工作人员,后者则是一般主体,任何有责任能力之人皆可。(2)泄露对象要求不同。前者对所泄露对象没有特定要求,只要是不应该了解该秘密的人即可;后者则有特定要求,必须是境外的机构、组织、人员。(3)情节要求不同。前者必须是"情节严重"才成立犯罪,后者则并无有关情节的具体要求,只要故意实施为境外窃取、刺探、收买、非法提供国家秘密、情报的行为,原则上都构成犯罪。(4)侵害对象不同。前者侵害的对象限于国家秘密;后者则既包括国家秘密,还包括不属于秘密的国家情报。因此,故意将国家情报泄露给境外的机构、组织、人员的,无论情节如何,一律构成为境外窃取、刺探、收买、非法提供国家秘密、情报罪,而不是本罪。

2. 本罪与非法获取国家秘密罪以及非法持有国家绝密、机密文件、资料、物品罪的区别。二者的主要区别在于:(1)主体不同。前者主要是国家机关工作人员(包括没有国家机关工作人员身份但能够接触国家秘密的人),后者是一般主体,包括任何具有责任能力的人。(2)客观表现不同。前者是"泄露"国家秘密,即将先前通过合法手段所知悉的国家秘密让其他不应该了解的人知悉,后者则表现为"窃取、刺探、收买"国家秘密或"非法持有属于国家绝密、机密的文件、资料或者其他物品,拒不说明来源与用途"。假如行为人将"窃取、刺探、收买"的国家秘密又泄露出去,则属于吸收犯的情况,应从一重罪处断。

(三)处罚

依照刑法第398条的规定,犯本罪的,处3年以下有期徒刑或者拘役;情节特别严重的,处3年以上7年以下有期徒刑。非国家机关工作人员犯本罪的,依照国家机关工作人员犯本罪的规定酌情处罚。

四、过失泄露国家秘密罪

本罪,是指国家机关工作人员或者非国家机关工作人员违反保守国家秘密法,过失泄露国家秘密,或者遗失国家秘密载体,致使国家秘密被不应知悉者知悉或者超出了限定的接触范围,情节严重的行为。

根据有关司法解释,[22]本罪涉嫌下列情形之一的,应予立案:(1)泄露绝密级国家秘密1

---

〔21〕 2006年最高人民检察院《关于渎职侵权犯罪案件立案标准的规定》第1条第3款第2项。

〔22〕 2006年最高人民检察院《关于渎职侵权犯罪案件立案标准的规定》第1条第4项。

项(件)以上的;(2)泄露机密级国家秘密3项(件)以上的;(3)泄露秘密级国家秘密4项(件)以上的;(4)违反保密规定,将涉及国家秘密的计算机或者计算机信息系统与互联网相连接,泄露国家秘密的;(5)泄露国家秘密或者遗失国家秘密载体,隐瞒不报、不如实提供有关情况或者不采取补救措施的;(6)其他情节严重的情形。

必须注意的是,尽管刑法第398条将故意泄露国家秘密罪与过失泄露国家秘密罪规定在同一个条文中,并且在处罚上没有做任何区分,但由于过失犯的主观恶性显然低于故意犯,所以对过失泄露国家秘密罪的行为人处刑应当轻于故意泄露国家秘密罪的行为人。

依照刑法第398条的规定,犯本罪的,处3年以下有期徒刑或者拘役;情节特别严重的,处3年以上7年以下有期徒刑。非国家机关工作人员犯本罪的,依照自然人犯本罪的规定酌情处罚。

第三节　司法机关工作人员的渎职罪

一、徇私枉法罪

(一)概念和构成

本罪,是指司法工作人员徇私枉法、徇情枉法,对明知是无罪的人而使他受追诉、对明知是有罪的人而故意包庇不使他受追诉,或者在刑事审判活动中故意违背事实和法律作枉法裁判的行为。其犯罪构成如下:

1. 主体。本罪的主体是特殊主体,即司法工作人员。不仅包括公安机关、国家安全机关、检察机关和审判机关中具有侦查、检察、审判职能的工作人员,还包括其他依法负有侦查、检察、审判、监管职责的人员,如参与案件侦查的单位保卫人员、治安联防人员、公安机关聘用的从事侦查工作的人员、人民法院聘用的从事审判工作的人员(如人民陪审员)等。非司法工作人员与司法工作人员勾结,共同实施徇私枉法行为,构成犯罪的,应以本罪的共犯处理。[23]

2. 危害行为和危害结果。本罪在客观方面表现为,司法工作人员在刑事审判当中,徇私枉法、徇情枉法,对明知是无罪的人而使他受追诉、对明知是有罪的人而故意包庇不使他受追诉,或者在刑事审判活动中故意违背事实和法律作枉法裁判。

(1)“徇私枉法”。从字面上看,徇私枉法就是为了私情、私利而做不合法的事。其中,徇私,具体而言,就是“徇”私情、私利。所谓私情,包括亲情、友情、色情等,所谓私利,包括金钱、财物或其他物质性或非物质性利益;实际上,私情和私利难以截然区分。从法律规定的角度来看,徇私是其行为动机,枉法是具体表现。但实际上,徇私既是本罪“动机”,同时也是本罪的客观行为,与枉法结果相互依存,不可分割,二者紧密结合构成完整的一个犯罪行为。因法律素质、政策水平、技术能力不高而出现差错的枉法行为,如因为水平不高而违反证据使用规则,出现了损害司法公正的结果的场合,由于行为人没有徇私情、私利动机和行为而应当排除在徇私枉法罪之外,仅可能构成滥用职权罪或者玩忽职守罪。

(2)对明知是无罪的人而使他受追诉,是指对没有实施危害行为,或者根据刑法第13条

〔23〕 2003年最高人民检察院法律政策研究室《关于非司法工作人员是否可以构成徇私枉法罪共犯问题的答复》。

的规定，情节显著轻微危害不大，不认为是犯罪以及其他依照规定不负刑事责任的人，采取伪造、隐匿、毁灭证据或者其他隐瞒事实、违背法律的手段，以追究刑事责任为目的进行侦查（包含采取强制措施）、起诉、审判等追诉活动。

（3）对明知是有罪的人而故意包庇不使他受追诉，是指对有确凿的事实证明其实施了犯罪的人，采取伪造、隐匿、毁灭证据或其他隐瞒事实、违背法律的手段，故意包庇使其不受侦查、起诉或者审判。例如审判人员在审理民事案件时发现当事人涉嫌重大刑事犯罪后故意隐匿不报；检察人员在受贿之后，为了让真犯人逃避追诉，让其他人冒充真犯人出庭应诉受罚，结果使真犯人脱逃。这里所谓"有罪的人"，不完全是指法院判决确定有罪的人，只要当时（后案行为人枉法时）有证据能够证实其达到了法律规定的刑事案件的查处标准，即"有证据证明犯罪事实存在的"，就可以认定，包括犯罪嫌疑人、被告人和罪犯。当然，徇私枉法罪是具体危险犯，以枉法行为对司法机关的正常活动和人们对司法机关的信赖造成了实际影响为成立犯罪的基准。因此，在枉法行为人当时以为对方是具有犯罪事实需要追究刑事责任的人即"有罪的人"而故意包庇使其不受法律追究，即具有枉法追诉行为，但事后却证明对方不是"有罪的人"的时候，由于行为人的行为并没有对司法机关的正常活动以及信誉造成实际的影响，所以这种场合下，不能因为行为人具有徇私枉法的行为，就认定其构成徇私枉法罪。这种场合下的行为，尽管是违反法定程序的行为，但其危害尚未达到成立徇私枉法罪所要求的应当追究刑事责任的程度。故意包庇不使其受追诉的犯罪事实，既可以是全部犯罪事实，也可以是部分犯罪事实或情节。例如伪造投案自首或立功材料，篡改供词或证人笔录，抽走或毁灭案卷中有罪或重罪的证据材料等，均属于"对明知是有罪的人而故意包庇不使他受追诉"的表现形式。包庇他人使其不受追诉，是指在立案后，采取伪造、隐匿、毁灭证据或者其他隐瞒事实、违反法律的手段，应当采取强制措施而不采取强制措施，或者虽然采取了强制措施，但中断侦查或者超过法定期限不采取任何措施，实际放任不管，以及违法撤销、变更强制措施，致使犯罪嫌疑人、被告人实际脱离司法机关侦控的行为。

（4）在刑事审判活动中故意违背事实和法律作枉法裁判，是指采取伪造、隐匿、毁灭证据或者其他隐瞒事实、违反法律的手段，故意使罪重的人受较轻的追诉，或者使罪轻的人受较重的追诉。[24]

按照相关司法解释，[25]行为人实施上述几种行为之一，涉嫌下列情形的，应予立案：一是对明知是没有犯罪事实或者其他依法不应当追究刑事责任的人，采取伪造、隐匿、毁灭证据或者其他隐瞒事实、违反法律的手段，以追究刑事责任为目的立案、侦查、起诉、审判的；二是对明知是有犯罪事实需要追究刑事责任的人，采取伪造、隐匿、毁灭证据或者其他隐瞒事实、违反法律的手段，故意包庇使其不受立案、侦查、起诉、审判的；三是采取伪造、隐匿、毁灭证据或者其他隐瞒事实、违反法律的手段，故意使罪重的人受较轻的追诉，或者使罪轻的人受较重的追诉的；四是在立案后，采取伪造、隐匿、毁灭证据或者其他隐瞒事实、违反法律的手段，应当采取强制措施而不采取强制措施，或者虽然采取强制措施，但中断侦查或者超过法定期限不采取任何措施，实际放任不管，以及违法撤销、变更强制措施，致使犯罪嫌疑人、被告人实际脱离司法机关侦控的；五是在刑事审判活动中故意违背事实和法律，作出枉法判决、裁定，即有罪

---

〔24〕 2006年最高人民检察院《关于渎职侵权犯罪案件立案标准的规定》第1条第5项。

〔25〕 2006年最高人民检察院《关于渎职侵权犯罪案件立案标准的规定》第1条第5项。

判无罪、无罪判有罪,或者重罪轻判、轻罪重判的;六是其他徇私枉法应予追究刑事责任的情形。

3. 主观要件。本罪的主观要件是故意,并且具有徇私、徇情的动机。徇私是谋取个人私利,徇情是出于私情。徇私和徇情,本质上没有什么差别,都是为了个人一己之私、一己之利,包括袒护亲友、泄愤报复、贪图钱财等。徇私也包括徇单位之私。从法益保护的角度来看,无论司法工作人员是徇个人之私,还是徇单位之私,都会侵害国家机关工作人员职务行为的公正性,以及国民对该客观公正性的信赖,具有客观违法性。构成本罪,之所以要求行为人主观上具有这种动机,一是为了将一些尽管有枉法存在,但不是出于"徇私、徇情",而是因为业务水平不高的行为排斥在本罪的范围之外;二是因为具有"徇私、徇情"动机的场合,从社会一般人的角度来看,更加值得谴责。

(二)本罪的认定

在本罪的认定中,应当注意以下几个问题:

1. 责任分担问题。刑事诉讼中的各个环节往往由多人完成,主体责任分散,使得徇私枉法罪在处理上存在一定困难。一般而言,可以考虑以下几种情形:首先,在数人参与同一枉法行为,参与者都具有徇私徇情的动机的场合,则所有的参与者都构成本罪的共同犯罪。即便只是出于工作上的需要而予以配合,并没有徇私徇情的主观动机,只要客观上参与了枉法行为,也能构成帮助犯。其次,在枉法行为由集体讨论决定实施的场合,持反对意见者除外,持赞成意见的人构成本罪。但在集体讨论由少数人或者个别人操纵的场合,则可将讨论的结果视为该少数人或者个人的意思决定,并追究其个人刑事责任。最后,在主管领导同意或者批准实施徇私枉法行为的场合,如该领导明知事实真相而支持或者同意,则该领导与承办人一道成立本罪的共犯;相反地,如该领导并不知道事实真相,即便其有批准和同意,也不能就此追究该领导徇私枉法的刑事责任,但在符合其他条件的情况下,可追究该领导玩忽职守的刑事责任。

2. 本罪与诬告陷害罪的界限。诬告陷害罪表现为故意捏造犯罪事实,向国家机关或者有关单位告发,意图使他人受刑事追究的行为。其与徇私枉法罪的区别在于,行为人是否违背了其作为司法工作人员的职责或者说是利用了职务上的便利。司法工作人员违背其职责,使无罪的人受刑事追诉的,构成本罪。

3. 本罪与妨害司法罪的区别。司法工作人员在徇私枉法时,也会采用毁灭、伪造证据、妨害作证、包庇等手段,因此本罪和妨害司法罪之间存在很多交叉之处。不过,徇私枉法罪作为司法工作人员渎职犯罪的一种,要求主体在实施枉法行为时,必须利用了职务上的便利。因此,本罪与妨害司法类犯罪的区分关键在于,行为人是否利用了职务上的便利。如就徇私枉法罪与包庇罪的区分而言,司法工作人员在刑事追诉过程中实施了包庇犯罪嫌疑人的行为的,如果没有利用职务上的便利,则成立包庇罪而不构成徇私枉法罪;如果行为人负有追究犯罪行为的责任,同时又实施了包庇行为,则成立徇私枉法罪和包庇罪的想象竞合犯,从一重罪处罚。

4. 一罪与数罪的问题。根据刑法第 399 条第 4 款的规定,司法工作人员贪赃枉法,犯徇私枉法罪,同时其受贿、索贿行为又构成刑法第 385 条规定的受贿罪的,构成牵连犯,依照处罚较重的规定定罪处罚。如身为乘警的警察在担任列车乘警期间,收受盗窃分子的赃款,并对盗窃分子故意包庇,不予立案、侦查的,不构成包庇罪,而是构成受贿罪和徇私枉法罪,依照较重的犯罪处罚;与他人共谋,由他人在其所执勤的区域盗窃并分赃的,构成盗窃罪的共犯,而非徇私枉法罪。[26]

（三）处罚

依照刑法第 399 条第 1 款的规定,犯本罪的,处 5 年以下有期徒刑或者拘役;情节严重的,处 5 年以上 10 年以下有期徒刑;情节特别严重的,处 10 年以上有期徒刑。根据刑法第 399 条第 4 款的规定,犯本罪同时又构成受贿罪的,应依照处罚较重的规定定罪处罚。

二、民事、行政枉法裁判罪

本罪,是指司法工作人员在民事、行政审判活动中,故意违背事实和法律作枉法裁判,情节严重的行为。

其中,“民事审判”,是指依法适用民事诉讼法审判案件的活动,包括民事案件、海事案件和经济案件的审判;“行政审判”,指应适用行政诉讼法审判案件的活动,即行政案件的审判。“裁判”包括判决、裁定和决定。调解是否包括在裁判之内,存在争议。我国《民事诉讼法》第 9 条规定:“人民法院审理民事案件,应当根据自愿和合法的原则进行调解;调解不成的,应当及时判决。”可见,调解和判决、裁定一样,是民事诉讼中的一项重要的诉讼活动。并且,依法制作的民事调解书是具有法律效力的协议,具有强制执行的效力。审判人员违背事实和法律,为徇私情私利,枉法调解,情节严重的,也可以构成本罪。

“违背事实和法律作枉法裁判”,是指不忠于事实和不遵守法律规定,进行枉法裁判,如在审判活动中对一些重要证据借故不予采信;篡改、隐瞒、销毁证据或者编造证据;故意曲解法律,对法律没有规定的情况含混不清地以“根据法律有关规定”作为审判依据,甚至自己编造出一些法律当中并不存在的规定作为审判依据;将应当败诉的一方判胜诉,故意提高或者降低赔偿数额;等等。

“情节严重”,按照相关司法解释,[27]是指具有下列情形之一:(1)枉法裁判,致使当事人或者其近亲属自杀、自残造成重伤、死亡,或者精神失常的;(2)枉法裁判,造成个人财产直接经济损失 10 万元以上,或者直接经济损失不满 10 万元,但间接经济损失 50 万元以上的;(3)枉法裁判,造成法人或者其他组织财产直接经济损失 20 万元以上,或者直接经济损失不满 20 万元,但间接经济损失 100 万元以上的;(4)伪造、变造有关材料、证据,制造假案枉法裁判的;(5)串通当事人制造伪证,毁灭证据或者篡改庭审笔录而枉法裁判的;(6)徇私情、私利,明知是伪造、变造的证据予以采信,或者故意对应当采信的证据不予采信,或者故意违反法定程序,或者故意错误适用法律而枉法裁判的;(7)其他情节严重的情形。

本罪的主体为特殊主体,即审判人员。检察人员在办理民事、行政案件时,徇私舞弊、枉法处理的,可以构成滥用职权罪,但不能构成本罪。本罪主观要件是故意,但不要求具有徇私、徇情的动机。

在本罪的认定中,应当注意以下两个问题:

1. 本罪与徇私枉法罪之间的区别。区别在于:(1)主体不完全相同。前者的主体只能是

---

〔26〕 安某文等五人徇私枉法案,载最高人民法院中国应用法学研究所编:《人民法院案例选》2005 年第 3 辑,人民法院出版社 2006 年版。

〔27〕 2006 年最高人民检察院《关于渎职侵权犯罪案件立案标准的规定》第 1 条第 6 项。

审判人员,后者除审判人员之外,还包括负有侦查、检察、监管职责的人员。(2)发生领域不同。前者发生在民事、行政审判活动之中,后者则发生在刑事诉讼的过程中。(3)前者构成犯罪必须以"情节严重"为要件,而后者则没有这一要求。

2. 一罪与数罪的问题。根据刑法第 399 条第 4 款的规定,司法工作人员贪赃枉法,在民事、行政审判活动中故意违背事实和法律作枉法裁判情节严重,同时又构成刑法第 385 条规定的受贿罪的,属于牵连犯,从一重处罚。

依照刑法第 399 条第 2 款的规定,犯本罪的,处 5 年以下有期徒刑或者拘役;情节特别严重的,处 5 年以上 10 年以下有期徒刑。根据刑法第 399 条第 4 款的规定,犯本罪同时又构成受贿罪的,依照处罚较重的规定定罪处罚。

三、执行判决、裁定失职罪

本罪,是指司法工作人员在执行判决、裁定活动中,严重不负责任,不依法采取诉讼保全措施、不履行法定执行职责,或者违法采取保全措施、强制执行措施,致使当事人或者其他人的利益遭受重大损失的行为。

其中,"判决、裁定",是指人民法院依法作出的具有执行内容并已发生法律效力的判决、裁定;"裁定"包括人民法院为依法执行支付令、生效的调解书、仲裁裁决、公证债权文书等所作的裁定在内。[28] "诉讼保全",是指财产保全,即人民法院在诉讼开始后,或者在诉讼开始前,为保证将来判决的顺利执行,对当事人争议的财产或者与本案有关的财产所采取的各种强制性保护措施。行为人不依法采取这些强制性保护措施,就属于"不依法采取诉讼保全措施"。"不履行法定执行职责",是指不采取强制措施,要求当事人履行已经发生法律效力的裁判和其他法律文书规定的义务。如对应当执行也有条件执行的案件,不积极采取措施执行,而是敷衍了事,甚至故意不执行、拖延执行;应当对被执行人的财产进行调查、搜查、查封、扣押、冻结、变卖,或者应委托有关机构审计、评估、拍卖的,不依法进行;等等。"致使当事人或者其他人的利益遭受重大损失",依据有关司法解释,[29] 是指:(1)致使当事人或者其近亲属自杀、自残造成重伤、死亡,或者精神失常的;(2)造成个人财产直接经济损失 15 万元以上,或者直接经济损失不满 15 万元,但间接经济损失 75 万元以上的;(3)造成法人或者其他组织财产直接经济损失 30 万元以上,或者直接经济损失不满 30 万元,但间接经济损失 150 万元以上的;(4)造成公司、企业等单位停业、停产 1 年以上,或者破产的;(5)其他致使当事人或者其他人的利益遭受重大损失的情形。本罪的主体限于司法工作人员,实践中构成本罪的主要是法院中担负执行法院判决、裁定职责的执行工作人员。本罪的主观要件是过失。

在本罪的适用当中,应当注意其与拒不执行判决、裁定罪的区别。二者的主要区别在于:(1)主体不同。本罪的主体是司法工作人员,包括审判人员、执行人员以及主管领导,而后者的主体是被执行人、担保人、协助执行义务人等。(2)行为不同。前者客观上表现为,在执行判决、裁定活动中,严重不负责任,不依法采取诉讼保全措施、不履行法定执行职责,或者违法采取保全措施、强制执行措施,致使当事人或者其他人的利益遭受重大损失的行为,而后者表

---

〔28〕《关于〈中华人民共和国刑法〉第三百一十三条的解释》,2002 年 8 月 29 日第九届全国人民代表大会常务委员会第 29 次会议通过。

〔29〕2006 年最高人民检察院《关于渎职侵权犯罪案件立案标准的规定》第 1 条第 7 项。

现为对于人民法院的判决、裁定,有能力执行而拒不执行,情节严重的行为。

依照刑法第399条第3款的规定,犯本罪的,处5年以下有期徒刑或者拘役;致使当事人或者其他人的利益遭受特别重大损失的,处5年以上10年以下有期徒刑。根据该条第4款的规定,犯本罪同时又构成受贿罪的,依照处罚较重的规定定罪处罚。

四、执行判决、裁定滥用职权罪

本罪,是指司法工作人员在执行判决、裁定活动中,滥用职权,不依法采取诉讼保全措施、不履行法定执行职责,或者违法采取保全措施、强制执行措施,致使当事人或者其他人的利益遭受重大损失的行为。

根据有关司法解释,[30]执行判决、裁定滥用职权,涉嫌下列情形之一的,应予立案:(1)致使当事人或者其近亲属自杀、自残造成重伤、死亡,或者精神失常的;(2)造成个人财产直接经济损失10万元以上,或者直接经济损失不满10万元,但间接经济损失50万元以上的;(3)造成法人或者其他组织财产直接经济损失20万元以上,或者直接经济损失不满20万元,但间接经济损失100万元以上的;(4)造成公司、企业等单位停业、停产6个月以上,或者破产的;(5)其他致使当事人或者其他人的利益遭受重大损失的情形。

依照刑法第399条第3款的规定,犯本罪的,处5年以下有期徒刑或者拘役;致使当事人或者其他人的利益遭受特别重大损失的,处5年以上10年以下有期徒刑。根据该条第4款的规定,犯本罪同时又构成受贿罪的,依照处罚较重的规定定罪处罚。

五、枉法仲裁罪

本罪,是指依法承担仲裁职责的人员,在仲裁活动中故意违背事实和法律作枉法裁决,情节严重的行为。其构成如下:

1. 主体是依法承担仲裁职责的人员,具体来说,是通过仲裁委员会聘任以后,又被选定或者指定为某一具体案件仲裁庭成员的个人,其不仅包括《仲裁法》中规定的承担仲裁职责的人员,还包括其他依法承担仲裁职责的人员。我国《体育法》《反兴奋剂条例》《著作权法》《劳动法》《公务员法》等法律法规中都有关于仲裁机构和仲裁人员的规定,依据这些法律法规从事仲裁活动承担仲裁职责的人员,均可成为本罪的犯罪主体。如体育裁判是依照《体育法》承担仲裁职责的人,对于收受、索取贿赂或者徇私情、徇私利的"黑哨"体育裁判,可以本罪定罪处罚。

2. 发生在仲裁活动当中。所谓仲裁,是发生争议的双方,根据其在争议发生前后所达成的协议,或者根据法律规定,将争议提交中立的第三方进行裁决的争议解决方式。尽管仲裁结果和司法机关的判决不尽相同,但在依法设立的仲裁机构,依照法定程序所进行的裁决也具有法律约束效力。

3. 行为表现为违背事实和法律进行枉法仲裁。例如对有充分证据证明的事实不予认定;对证据明显不足的事实予以认定;故意捏造、毁灭证据,歪曲事实;故意违反法律规定进行裁决;故意引用已经失效或者尚未生效的法条进行裁决;法律冲突时故意引用位阶较低或者不应当引用的法条进行裁决;在涉外裁决时,故意对某一法律作错误翻译,因而作出错误裁决;等等。

---

〔30〕 2006年最高人民检察院《关于渎职侵权犯罪案件立案标准的规定》第1条第8项。

4. 必须达到情节严重的程度。何谓情节严重,尚无司法解释。一般认为,有下列情形之一的,可以认定为"情节严重":(1)致使当事人或者其近亲属自杀、自残造成死亡、重伤,或者精神失常的;(2)造成个人、法人或者其他组织财产重大损失的;(3)造成公司、企业等单位停业、停产或者破产的;(4)其他致使当事人或者其他人的利益遭受重大损失的情形。

本罪的主观要件为故意,即明知是违背事实和法律而进行裁判。但考虑到裁判和司法审判活动一样,是一种很个人化、专业化的判断活动,因此,不能将所有的与事实和法律不符的裁决都视为枉法仲裁。有些错误裁决,是由于仲裁人员业务水平不高或者对事实掌握不全而造成的,这种情况下,即便引起了危害结果,也很难说行为人主观上有值得作为犯罪追究的故意。因此,在本罪应用上,应当将那些由于理解不同或者由于业务水平有限而错误裁决的情形,作为没有犯罪故意的类型,排除在本罪的处罚范围之外。

依照刑法第399条之一,犯本罪的,处3年以下有期徒刑或者拘役;情节特别严重的,处3年以上7年以下有期徒刑。

六、私放在押人员罪

(一)概念和构成

本罪,是指司法工作人员私放在押(包括在羁押场所和押解途中)的犯罪嫌疑人、被告人或者罪犯的行为。

本罪的主体是司法工作人员,主要为狱政管理机关的工作人员和执行监所看守任务的武警人员。工人等非监管机关在编监管人员、未被公安机关正式录用的人员在受委托履行监管职责期间,也能成为本罪主体。

本罪客观上表现为,私放在押(包括在羁押场所和押解途中)的犯罪嫌疑人、被告人或者罪犯。所谓私放,是指行为人利用职务便利,非法将犯罪嫌疑人、被告人或者罪犯放走,使其脱离监管机关的控制范围。具体表现为:(1)私自将在押的犯罪嫌疑人、被告人、罪犯放走,或者授意、指使、强迫他人将在押的犯罪嫌疑人、被告人、罪犯放走;(2)伪造、变造有关法律文书、证明材料,以使在押的犯罪嫌疑人、被告人、罪犯逃跑或者被释放;(3)为私放在押的犯罪嫌疑人、被告人、罪犯,故意向其通风报信、提供条件,致使该在押的犯罪嫌疑人、被告人、罪犯脱逃;(4)其他私放在押的犯罪嫌疑人、被告人、罪犯应予追究刑事责任的情形。[31] 私放的对象是在押的犯罪嫌疑人、被告人或者罪犯,既包括在看守所、拘留所、拘役所、少年犯管教所和监狱内关押的犯罪嫌疑人、被告人和罪犯,也包括在押解、拘留、逮捕执行过程中的犯罪嫌疑人、被告人和罪犯,但不包括已被控制而未办理拘留手续的犯罪嫌疑人。因为,本罪侵犯的客体是国家机关的监管制度,在犯罪嫌疑人办理法定拘留手续之前,司法人员尚不具备对其的监管职责。换言之,尚未办理拘留手续的犯罪嫌疑人,即便人身被控制,也不属于在押。此时,无论是犯罪嫌疑人的逃脱行为,还是公安人员的渎职行为,都不可能对国家机关的监管制度造成侵害。劳改劳教人员或被行政拘留、司法拘留的人员因为不是犯罪嫌疑人、被告人或者罪犯,故不能成为本罪的对象。被私放的在押人员脱管时间长还是短,其是否按时返回监管场所,均不影响本罪的成立。

本罪的主观要件是故意,即行为人明知是在押的犯罪嫌疑人、被告人、罪犯而故意将其

---

〔31〕 2006年最高人民检察院《关于渎职侵权犯罪案件立案标准的规定》第1条第9项。

释放。

（二）本罪的认定

在本罪的认定中，要注意以下问题：

1. 本罪与司法工作人员帮助被依法关押的罪犯、被告人、犯罪嫌疑人脱逃的行为的界限。行为人利用职务上的便利或者职权，帮助上述在押人员脱逃的，构成本罪；没有利用职务便利或职权，而是利用自己熟悉监所地理环境等条件，帮助前述在押人员脱逃的，应以脱逃罪的共犯论处。

2. 本罪与徇私枉法罪的界限。广义上讲，私放在押人员也是一种徇私枉法行为，而徇私枉法罪中，也存在行为人对明知是有罪的人而故意包庇不加追诉，从而将在押的犯罪嫌疑人、被告人放走，或者对有罪的人作无罪宣告致使在押的犯罪嫌疑人、被告人被释放的情形，故二者相近。二者的不同在于：前者是行为人利用职务便利或职权，不经合法程序，直接将在押人员放走，后者则是假借合法程序，或者伪造、篡改证据，伪造文书、证明，故意曲解法律等来为犯罪嫌疑人、被告人开脱罪责。

3. 私放已被控制但未被拘留的犯罪嫌疑人的处理。此时，由于犯罪嫌疑人尚未被办理拘留手续，故其不属于在押人员，因此，实施私放行为的司法工作人员不构成本罪，但可能构成滥用职权罪或徇私枉法罪。徇私枉法罪和滥用职权罪之间是特别法条和普通法条的竞合关系。如果司法工作人员有徇私情节，并且有证据证明私放犯罪嫌疑人是为了让其不受到刑事追究，则该行为应定为徇私枉法罪，否则，就可定为滥用职权罪。司法工作人员不负责任，致使已经被控制住的犯罪嫌疑人逃脱，造成严重后果的，构成玩忽职守罪。

4. 私放在押人员出监后，在押人员如期返回的处理。如某监狱副分监区长兰某，为了感谢罪犯龚某在其住院期间所提供的各种关照，便以让龚某去监狱附近县城为他拿药为借口，私自将龚某放回离监狱 40 余公里的家中，8 天后才回到监区。对这种行为的处理，存在争议。本罪属于危险犯，只要行为人利用职务便利，非法将犯罪嫌疑人、被告人或者罪犯放走，有使其脱离监管机关的控制范围的危险，犯罪即告成立。本案当中，兰某在未采取任何监管措施的情况下，让在押人员龚某独自一人在外停留 8 天之久，显然是对国家司法机关对犯罪嫌疑人、被告人或者罪犯的监管制度的破坏，因此，应当构成本罪。当然，在押人员如期返回了监所，可以作为对私放其脱离监管的兰某从轻处罚的情节。

（三）处罚

依照刑法第 400 条第 1 款的规定，犯本罪的，处 5 年以下有期徒刑或者拘役；情节严重的，处 5 年以上 10 年以下有期徒刑；情节特别严重的，处 10 年以上有期徒刑。

七、失职致使在押人员脱逃罪

本罪，是指司法工作人员由于严重不负责任，不履行或者不认真履行职责，致使在押（包括在羁押场所和押解途中）的犯罪嫌疑人、被告人、罪犯脱逃，造成严重后果的行为。

按照有关司法解释，[32] 失职致使在押人员脱逃，涉嫌下列情形之一的，应予立案：（1）致使依法可能判处或者已经判处 10 年以上有期徒刑、无期徒刑、死刑的犯罪嫌疑人、被告人、罪犯脱逃的；（2）致使犯罪嫌疑人、被告人、罪犯脱逃 3 人次以上的；（3）犯罪嫌疑人、被告人、罪

---

〔32〕 2006 年最高人民检察院《关于渎职侵权犯罪案件立案标准的规定》第 1 条第 10 项。

犯脱逃以后,打击报复报案人、控告人、举报人、被害人、证人和司法工作人员等,或者继续犯罪的;(4)其他致使在押的犯罪嫌疑人、被告人、罪犯脱逃,造成严重后果的情形。如公安人员在释放被拘留的在押人员时,由于粗心大意,念错了名字,将该放的没放、不该放的却放了,致使在押人员脱逃。

依照刑法第400条第2款的规定,犯本罪的,处3年以下有期徒刑或者拘役;造成特别严重后果的,处3年以上10年以下有期徒刑。

八、徇私舞弊减刑、假释、暂予监外执行罪

本罪,是指司法工作人员徇私舞弊,对不符合减刑、假释、暂予监外执行条件的罪犯予以减刑、假释、暂予监外执行的行为。

这里的减刑,应作广义理解,包括死刑缓期执行减为无期徒刑或者有期徒刑的情形在内。根据我国刑法规定,减刑、假释或者暂予监外执行都必须符合法定条件。其中,减刑,必须是在执行期间认真遵守监规,接受教育改造,确有悔改表现,或者有立功表现;假释,就被判处有期徒刑的人而言,必须是已经执行原判刑期一半以上,对被判处无期徒刑的人而言,必须已经执行13年以上,认真遵守监规,接受教育改造,确有悔改表现,且假释后不致再危害社会;暂予监外执行,则必须是被判处剥夺人身自由刑罚的犯罪分子具有严重疾病等法定理由需要保外就医。而本罪的客观方面恰好是违反上述法律规定,虚构、夸大或者隐瞒事实真相,伪造有关材料,将不符合条件的罪犯予以减刑、假释或者暂予监外执行。根据有关司法解释,[33]有下列情形之一的,应予立案:(1)刑罚执行机关的工作人员对不符合减刑、假释、暂予监外执行条件的罪犯,捏造事实,伪造材料,违法报请减刑、假释、暂予监外执行的;(2)审判人员对不符合减刑、假释、暂予监外执行条件的罪犯,徇私舞弊,违法裁定减刑、假释或者违法决定暂予监外执行的;(3)监狱管理机关、公安机关的工作人员对不符合暂予监外执行条件的罪犯,徇私舞弊,违法批准暂予监外执行的;(4)不具有报请、裁定、决定或者批准减刑、假释、暂予监外执行权的司法工作人员利用职务上的便利,伪造有关材料,导致不符合减刑、假释、暂予监外执行条件的罪犯被减刑、假释、暂予监外执行的;(5)其他徇私舞弊减刑、假释、暂予监外执行应予追究刑事责任的情形。本罪主观上表现为故意,并且必须具有徇私即徇私情或私利的动机。

依照刑法第401条的规定,犯本罪的,处3年以下有期徒刑或者拘役;情节严重的,处3年以上7年以下有期徒刑。

第四节　其他特定国家机关工作人员的渎职罪

一、徇私舞弊不移交刑事案件罪

(一)概念和构成

本罪,是指工商行政管理、税务、监察等行政执法人员,徇私舞弊,对依法应当移交司法机

---

〔33〕 2006年最高人民检察院《关于渎职侵权犯罪案件立案标准的规定》第1条第11项。

关追究刑事责任的案件不移交,情节严重的行为。其构成如下:

1. 主体。本罪的主体是特殊主体,即行政执法人员。依照 2020 年修订的《行政执法机关移送涉嫌犯罪案件的规定》第 2 条,行政执法机关是指依照法律、法规或者规章的规定,对破坏社会主义市场经济秩序、妨害社会管理秩序以及其他违法行为具有行政处罚权的行政机关,以及法律、法规授权的具有管理公共事务职能、在法定授权范围内实施行政处罚的组织。可见,行政执法人员既包括在行政执法机关中从事执法活动的人员,也包括在法律、法规授权的组织中从事执法活动的人员,同时还包括受行政机关委托从事执法活动、受行政机关聘用从事公务的人员。司法实践中,该罪主体一般为负责查处某种行政违法案件,实施具体行政行为的行政机关的部门负责人及案件承办人员,如工商、税务、海关、质检等机关的工作人员。因为本罪并不处罚单位,所以对经过单位或部门办公会等形式集体研究决定,以罚代刑、不移交刑事案件的情形不能作为单位犯罪处理,而只能作为个人犯罪,追究其直接负责的主管人员和其他直接责任人员的刑事责任。

实践中,关于本罪主体,存在争议的是:

(1)公安机关工作人员能否成为本罪主体?一般认为,对此需要具体分析。公安机关具有双重性质:一方面,作为政府的重要组成部门,依法从事管理社会治安、户籍、交通、边境和特种行业等工作;另一方面,依照《刑事诉讼法》第 3 条第 1 款的规定,履行刑事案件的侦查、拘留、执行逮捕等刑事司法职能。因此,判断公安机关工作人员能否成为本罪主体的关键是考察行为人在徇私舞弊时是在行使行政执法权还是在行使刑事司法权。如果行使的是行政执法权,可以成为本罪主体;如果行使的是刑事司法权,则不能成为本罪主体。如警务区警察王某在巡查时发现郑某等人形迹可疑,遂上前盘问,发现其是在盗伐林木,于是将林木暂扣,在此过程中,王某履行的是行政执法职责,其身份应为行政执法人员。此时,若王某不向上级机关报告并移送该案件,就可以构成本罪。

(2)纪检、监察机关工作人员能否成为本罪主体?对此,争议较大,存在肯定说、否定说、折中说等观点。本书主张否定说,认为纪检、监察人员徇私舞弊不移交刑事案件的,对其可以滥用职权罪定罪处罚。根据《中国共产党章程》和《监察法》的相关规定,纪律检查机关是中国共产党对党员、党员干部和党的组织遵守党纪国法的情况进行监督、教育、检查和执行纪律的职能机关;监察机关是行使国家监察职能的机关,依法对国家行政机关、公务员和国家行政机关任命的其他人员实施监察,监察机关的权限主要是检查和调查违反行政纪律的行为,并根据检查、调查结果依法作出监察决定或提出监察建议。由此可知,行政监察是行政主体在内部行政组织管理过程中所作的,只对行政组织内部产生法律效力的行政行为,体现的是一种内部行政关系。纪检部门对违法违纪人员进行查处时,执行的是党的纪律。监察机关是与行政机关并列的国家机关,并非政府的职能部门,本身不具有对外管理的行政职权。如果肯定纪检、监察人员能成为本罪主体,则会违反行政执法体现的是行政主体与行政相对人之间的外部行政管理关系的基本原理,不符合本罪设置的宗旨。

2. 危害行为和危害结果。本罪客观上表现为,行政执法人员徇私舞弊不移交刑事案件,情节严重。

所谓徇私,就是徇个人私情、私利;所谓舞弊,就是弄虚作假,如伪造案件材料,或篡改鉴定结论等。不移交刑事案件,是指对明知有犯罪嫌疑的案件不移交给有关司法机关,或当作其他违法行为处理,或根本不作任何处理。当然,不移交,对行政执法机关中不同层级的人而言,意义不同。对一般办事人员而言,是不向上级移交;对于上级而言,是不按规定提交集体讨论或者向司法机关移交。不移交的时间,应当是在行政执法主体对已构成刑事犯罪的案件作出不处罚或以罚代刑决定的时候,而不是行政执法人员在执法中发现有严重违法情形应当追究刑事责任的时候。另外,"刑事案件",是指有证据证明涉嫌构成犯罪,不要求经过人民法院作出有罪的生效判决。而且,这里的"刑事案件",应当是公诉案件,不包括自诉案件在内。因为,对自诉案件,自诉权人享有选择不移送的权利。

所谓情节严重,是指具有下列情形之一:(1)对依法可能判处3年以上有期徒刑、无期徒刑、死刑的犯罪案件不移交的;(2)不移交刑事案件涉及3人次以上的;(3)司法机关发现并提出意见后,无正当理由仍不移交的;(4)以罚代刑,放纵犯罪嫌疑人,致使犯罪嫌疑人继续进行违法犯罪活动的;(5)行政执法部门主管领导阻止移交的;(6)隐瞒、毁灭证据,伪造材料,改变刑事案件性质的;(7)直接负责的主管人员和其他直接责任人员为牟取本单位私利而不移交刑事案件,情节严重的;(8)其他情节严重的情形。[34]

3. 主观要件。本罪主观上表现为故意,除此之外,行为人还必须具有徇私即徇私情、私利的动机。

(二)本罪的认定

本罪在认定上,应当注意以下两个问题:

1. 本罪与包庇罪的界限。正如国有企业保卫人员对所抓获的盗窃犯罪嫌疑人,擅自以罚代刑、一放了之,而不移交给相关的司法机关的行为,客观上具有帮助犯罪嫌疑人逃避刑法处罚,包庇犯罪嫌疑人的效果一样,本罪和包庇罪容易混淆。二者的差别在于:(1)性质不同。本罪是国家机关工作人员的渎职犯罪,而包庇罪是妨害司法活动的犯罪。(2)客观方面不同。本罪是不作为,即将在行政执法活动中所查获的刑事案件不移交给司法机关;而包庇罪是作为,即通过作假证明方式欺骗司法机关。(3)主体不一样。本罪的主体是行政执法人员,而包庇罪的主体是一般主体。因此,国有企业保卫人员对所抓获的盗窃犯罪嫌疑人,擅自以罚代刑、一放了之,而不移交给相关司法机关的行为,只能构成本罪,而不构成包庇罪。

2. 本罪与徇私枉法罪的界限。二者的区别在于:(1)主体不同。本罪的主体是行政执法人员,即对犯罪行为没有直接进行侦查、检察、审判等职责的行政机关的执法人员,而徇私枉法罪的主体是司法工作人员,即对犯罪行为有侦查、检察、审判等职责的人员。(2)客观方面不同。本罪发生在行政执法过程中,即将在行政执法活动中所查获的刑事案件不移交给司法机关,从而使犯罪嫌疑人逃脱刑事处罚,徇私枉法罪当中尽管也有"对明知是有罪的人故意包庇不使他受追诉"的一面,但其发生在司法工作人员履行侦查、检察、审判职责的过程当中,与发生在行政执法过程中的情形不同。需要注意的是,一般认为,公安机关既是行政执法机关又是司法机关。其中,具有侦查、监管职责的人是司法人员,这些人在履行职责时,徇私舞弊,使有罪的人不受刑事追诉的,应当构成徇私枉法罪。而其他人则属于行政执法人员,他们在履行职责时,徇私舞弊,对所查获的应当移交的刑事案件不移交的,则应以本罪处理。

(三)处罚

依照刑法第402条的规定,犯本罪的,处3年以下有期徒刑或者拘役;造成严重后果的,处3年以上7年以下有期徒刑。

---

〔34〕 2006年最高人民检察院《关于渎职侵权犯罪案件立案标准的规定》第1条第12项。

二、滥用管理公司、证券职权罪

(一)概念和构成

本罪,是指市场监督管理、证券管理等国家有关主管部门的工作人员在公司设立、登记申请或者股票、债券发行、上市过程中,徇私舞弊,滥用职权,致使公共财产、国家和人民利益遭受重大损失的行为。其构成如下:

1. 主体。本罪的主体为特殊主体,即国家有关主管部门的工作人员,具体指国家市场监督管理机关和国务院证券管理部门中对公司设立、登记申请或者股票、证券发行、上市申请具有批准或者登记职权的国家机关工作人员。其上级部门直接负责的主管人员也可以成为本罪的主体。证券交易所的工作人员,通常不能成为本罪主体。但是,根据2019年修订的《证券法》第21条的规定,国务院证券监督管理机构可以授权证券交易所依照法定条件和法定程序核准股票、公司债券上市申请。这意味着,在有授权的条件下,证券交易所具有证券管理的职权,其工作人员也能成为本罪主体。

2. 危害行为和危害结果。本罪客观上表现为,徇私舞弊、滥用职权,对不符合法律规定条件的公司设立、登记申请或者股票、债券发行、上市申请予以批准或者登记,致使公共财产、国家和人民利益遭受重大损失,以及上级部门、当地政府强令登记机关及其工作人员实施上述行为。其中,"舞弊",是指国家机关工作人员违背事实和法律,伪造材料,隐瞒情况,弄虚作假的行为。"滥用职权",是指滥用对公司、证券的批准或者登记权力,具体体现为依法不应该批准、登记而予以批准、登记。"法律规定条件",是指公司法和有关法规规定的关于公司设立、登记申请或者股票、债券发行、上市申请的必备要件。"重大损失",是指:(1)造成直接经济损失50万元以上的;(2)工商行政管理部门的工作人员对不符合法律规定条件的公司设立、登记申请,违法予以批准、登记,严重扰乱市场秩序的;(3)金融证券管理机构工作人员对不符合法律规定条件的股票、债券发行、上市申请,违法予以批准,严重损害公众利益,或者严重扰乱金融秩序的;(4)工商行政管理部门、金融证券管理机构的工作人员对不符合法律规定条件的公司设立、登记申请或者股票、债券发行、上市申请违法予以批准或者登记,致使犯罪行为得逞的;(5)上级部门、当地政府直接负责的主管人员强令登记机关及其工作人员,对不符合法律规定条件的公司设立、登记申请或者股票、债券发行、上市申请予以批准或者登记,致使公共财产、国家或者人民利益遭受重大损失的;(6)其他致使公共财产、国家和人民利益遭受重大损失的情形。[35]

3. 主观要件。本罪主观上为故意,并且要求行为人具有徇私即徇私情、私利的动机。否则,不构成本罪。

(二)本罪的认定

在本罪的认定中,应当注意本罪与虚报注册资本罪、虚假出资罪和欺诈发行证券罪等罪的关系。实践中,申请公司登记的人员使用虚假证明文件虚报注册资本,或者公司发起人、股东违反公司法的规定未交付货币、实物或者未转移财产权而虚假出资,或在招股说明书、认股书和公司、企业债券募集办法中隐瞒重要事实或编造重大虚假内容等的,若对上述公司设立、登记申请或者股票、债券发行、上市申请,有关主管机关工作人员明知其有前述虚假、欺诈行为,而徇私舞弊、滥用职权,予以批准或者登记,致使公共财产、国家和人民利益遭受重大损失,因

---

〔35〕 2006年最高人民检察院《关于渎职侵权犯罪案件立案标准的规定》第1条第13项。

为刑法对各自的行为都作了明确规定,所以不构成共同犯罪。对有关主管机关的工作人员来说,应以本罪论处,而对公司的有关人员来说,则可能分别构成虚报注册资本罪、虚假出资罪或者欺诈发行证券罪。[36]

(三)处罚

依照刑法第403条第1款的规定,犯本罪的,处5年以下有期徒刑或者拘役。

三、徇私舞弊不征、少征税款罪

本罪,是指税务机关工作人员徇私舞弊,不征、少征应征税款,致使国家税收遭受重大损失的行为。

其中,“税务机关工作人员”,是指代表国家依法负有向纳税人或者纳税单位征收税款义务并行使征收税款职权的人;“徇私”,是指徇个人私情、私利;“舞弊”,是指行为人在税收征管中违背事实和法律,伪造材料,隐瞒情况,弄虚作假的行为;“应征税款”,是指依法应当向国家缴纳的税款;“不征”,是指对应当征收的税款不予征收;“少征”,是指虽然征收,但减少纳税人应征税款。要注意的是,税务稽查人员在稽查阶段,弄虚作假,隐瞒事实真相,不向审理部门报送该案的,因为最终也会形成不征、少征税款的后果,所以也属于徇私舞弊不征、少征税款的情形。股权转让过程中,转让股权后的实际收益,即股权转让所得与实际投资的差额,属于税法中的应征税款。行为人利用职务便利,滥用征管职权以不作为的方式擅自减少应纳税额的,构成徇私舞弊不征税款。税收损失数额以实际取得数额为计算基础。所谓重大损失,根据有关司法解释,[37]是指:(1)徇私舞弊不征、少征应征税款,致使国家税收损失累计达10万元以上的;(2)上级主管部门工作人员指使税务机关工作人员徇私舞弊不征、少征应征税款,致使国家税收损失累计达10万元以上的;(3)徇私舞弊不征、少征应征税款不满10万元,但具有索取或者收受贿赂或者其他恶劣情节的;(4)其他致使国家税收遭受重大损失的情形。

本罪主观上表现为故意,并要求行为人具有徇私情、私利的动机,“徇私”就是这种意思。因此,征税人员因为业务水平低下或者工作疏忽而未征、少征纳税人应征税款的,不应以本罪论处。

在本罪的适用中,应注意本罪与逃税罪共犯的关系。实践中存在税收工作人员与纳税人相互勾结,为帮助其逃税而出主意或者帮助纳税人在账簿上多列支出或者不列、少列收入,以不缴或者少缴税款,而后故意不征或者少征应收税款的情形。这种情形既可能符合本罪的追诉标准,也可能符合逃税罪的追诉标准,属于一行为同时触犯数罪名的想象竞合犯,应当从一重处罚。由于本罪的法定刑明显重于逃税罪,所以最终应当以本罪定罪处罚。

依照刑法第404条的规定,犯本罪的,处5年以下有期徒刑或者拘役;造成特别重大损失的,处5年以上有期徒刑。

四、徇私舞弊发售发票、抵扣税款、出口退税罪

本罪,是指税务机关的工作人员违反法律、行政法规的规定,在办理发售发票、抵扣税款、出口退税工作中,徇私舞弊,致使国家利益遭受重大损失的行为。

---

〔36〕 王作富主编:《刑法分则实务研究》(第5版)(下),中国方正出版社2013年版,第1791~1792页。

〔37〕 2006年最高人民检察院《关于渎职侵权犯罪案件立案标准的规定》第1条第14项。

其中,“在发售发票工作中徇私舞弊”,是指税务人员在发售发票过程中,给不具备领购发票主体资格的单位和个人发售发票,或者这些单位和个人虽然具备了领购发票的主体资格,但税务人员没有按照发票领购簿核准的种类、数量以及购票方式,向申请人发售发票的行为。“在抵扣税款工作中徇私舞弊”,是指税务人员没有按照规定,凭借增值税专用发票抵扣税收,而对应该抵扣税款的没有抵扣,或者抵扣税款的数额低于应抵扣的数额,给国家的税收和财政收入造成损失的。“在出口退税工作中徇私舞弊”,是指税务人员在出口退税工作中徇私舞弊,给利用增值税专用发票骗税的犯罪分子以可乘之机,使国家税款被骗。“重大损失”,是指:(1)徇私舞弊,致使国家税收损失累计达10万元以上的;(2)徇私舞弊,致使国家税收损失累计不满10万元,但发售增值税专用发票25份以上或者其他发票50份以上或者增值税专用发票与其他发票合计50份以上,或者具有索取、收受贿赂或者其他恶劣情节的;(3)其他致使国家利益遭受重大损失的情形。[38]

依照刑法第405条第1款的规定,犯本罪的,处5年以下有期徒刑或者拘役;致使国家利益遭受特别重大损失的,处5年以上有期徒刑。

五、违法提供出口退税凭证罪

本罪,是指海关、外汇管理等国家机关工作人员违反国家规定,在提供出口货物报关单、出口收汇核销单等出口退税凭证的工作中徇私舞弊,致使国家利益遭受重大损失的行为。

其中,“提供出口货物报关单、出口收汇核销单等出口退税凭证”,是指海关等工作人员向税务机关提供和出示的用于退税的凭证。“出口货物报关单、出口收汇核销单”,是指在出口货物过程中,可以用于退税的专用单据。“徇私舞弊”,是指在提供上述出口退税凭证的过程中,提供虚假的单据,伪造、篡改单据数额以及重复退税等。“致使国家利益遭受重大损失”,是指:(1)徇私舞弊,致使国家税收损失累计达10万元以上的;(2)徇私舞弊,致使国家税收损失累计不满10万元,但具有索取、收受贿赂或者其他恶劣情节的;(3)其他致使国家利益遭受重大损失的情形。[39]

依照刑法第405条第2款的规定,犯本罪的,处5年以下有期徒刑或者拘役;致使国家利益遭受特别重大损失的,处5年以上有期徒刑。

六、国家机关工作人员签订、履行合同失职被骗罪

本罪,是指国家机关工作人员在签订、履行合同的过程中,因严重不负责任而被诈骗,致使国家利益遭受重大损失的行为。

具体而言,包括两方面的内容:(1)在签订、履行合同中严重不负责任。所谓严重不负责任,是指在签订、履行合同时,不按照法律规定或者合同约定履行自己的职责或者不正确履行自己的职责。例如不认真审查对方当事人的合同主体资格、资信情况等,不认真审查对方的履约能力,应当公证或者签证而不公证或者签证,超越职权范围签订合同,或者盲目为他人提供担保,导致发生纠纷时必须承担连带责任等。(2)导致国家利益遭受重大损失。所谓重大损失,是指造成直接经济损失30万元以上,或者直接经济损失不满30万元,但间接经济损失150

[38] 2006年最高人民检察院《关于渎职侵权犯罪案件立案标准的规定》第1条第15项。

[39] 2006年最高人民检察院《关于渎职侵权犯罪案件立案标准的规定》第1条第16项。

万元以上,以及其他致使国家利益遭受重大损失的情形。其中,“直接经济损失”,是指与行为有直接因果关系而造成的财产损毁、减少的实际价值;“间接经济损失”,是指由直接经济损失引起和牵连的其他损失,包括失去的在正常情况下可以获得的利益和为恢复正常的管理活动或者挽回所造成的损失所支付的各种开支、费用等。有下列情形之一,虽然有债权存在,但已无法实现债权的,可以认定为已经造成了经济损失:债务人已经法定程序被宣告破产,且无法清偿债务;债务人潜逃,去向不明;因行为人责任,致使超过诉讼时效;有证据证明债权无法实现的其他情况。[40]

本罪在认定中应当注意以下两个问题:

1. 本罪与玩忽职守罪的区别。本罪也是一种玩忽职守的行为,但由于刑法第397条第1款后段明确规定“本法另有规定的,依照规定”,所以对于国家机关工作人员签订、履行合同失职被骗的行为,应当按刑法第406条之规定论处,而不能按刑法第397条定玩忽职守罪。

2. 本罪与国有公司、企业、事业单位人员失职罪的区别。二者的区别在于主体不同,前者主体为国家机关工作人员,后者主体为国有公司、企业、事业单位中直接负责的主管人员,通常为厂长、经理等。

依照刑法第406条的规定,犯本罪的,处3年以下有期徒刑或者拘役;致使国家利益遭受特别重大损失的,处3年以上7年以下有期徒刑。

七、违法发放林木采伐许可证罪

本罪,是指林业主管部门的工作人员违反森林法的规定,超过批准的年采伐限额发放林木采伐许可证或者违反规定滥发林木采伐许可证,情节严重,致使森林遭受严重破坏的行为。

其中,“林业主管部门”,是指国务院的林业主管部门以及县级以上地方人民政府中主管本地区林业工作的机构。根据有关司法解释,[41]行为人有以下情形之一的,应当立案查处:(1)发放林木采伐许可证允许采伐数量累计超过批准的年采伐限额,导致林木被超限额采伐10立方米以上的;(2)滥发林木采伐许可证,导致林木被滥伐20立方米以上,或者导致幼树被滥伐1000株以上的;(3)滥发林木采伐许可证,导致防护林、特种用途林被滥伐5立方米以上,或者幼树被滥伐200株以上的;(4)滥发林木采伐许可证,导致珍贵树木或者国家重点保护的其他树木被滥伐的;(5)滥发林木采伐许可证,导致国家禁止采伐的林木被采伐的;(6)其他情节严重,致使森林遭受严重破坏的情形。在核发林木采伐许可证的过程中,虽存在不符合法律规定的行为,但仍在法定权限范围内履行职权,没有违反关于发放对象的范围和发放限额的规定,且与森林遭受严重破坏后果之间不具有刑法上的因果关系的,不构成本罪。

依照刑法第407条的规定,犯本罪的,处3年以下有期徒刑或者拘役。林业主管部门工作人员之外的国家机关工作人员,违反森林法的规定,滥用职权或者玩忽职守,致使林木被滥伐40立方米以上或者幼树被滥伐2000株以上,或者致使防护林、特种用途林被滥伐10立方米以上或者幼树被滥伐400株以上,或者致使珍贵树木被采伐、毁坏4立方米或者4株以上,或者致使国家重点保护的其他植物被采伐、毁坏后果严重的,或者致使国家严禁采伐的林木被采

〔40〕 2006年最高人民检察院《关于渎职侵权犯罪案件立案标准的规定》第1条第17项、第3条第4项。

〔41〕 2006年最高人民检察院《关于渎职侵权犯罪案件立案标准的规定》第1条第18项。

伐、毁坏情节恶劣的,按照刑法第 397 条的规定以滥用职权罪或者玩忽职守罪追究刑事责任。[42]

八、环境监管失职罪

本罪,是指负有环境保护监督管理职责的国家机关工作人员严重不负责任,不履行或者不认真履行环境保护监管职责导致发生重大环境污染事故,致使公私财产遭受重大损失或者造成人身伤亡的严重后果的行为。

其中,所谓"负有环境保护监督管理职责的国家机关工作人员",既包括国务院环境保护行政主管部门、县级以上地方人民政府环境保护行政主管部门从事环境保护的工作人员,也包括在国家海洋行政主管部门、港务监督、渔政渔港监督、军队环境保护部门和各级公安、交通、铁道、民航管理部门中依照有关规定对环境污染防治实施监督管理的工作人员。此外,县级以上人民政府的土地、矿产、林业、农业、水利行政主管部门中依照有关法律规定对资源的保护实施监督管理的工作人员,也可以成为本罪的主体。事业单位人员属于依照法律、法规行使环境保护监管职权的单位中从事公务的人员,或者受国家机关委托代表国家机关行使环境保护监督职权、管理职权的组织中从事公务的人员,也视为"负有环境保护监督管理职责的国家机关工作人员"。

所谓"严重不负责任",是指不履行或者不正确履行其职务职责要求。例如应当对管辖范围内的排污单位进行现场检查而不检查;对建设项目任务书中的环境影响报告不认真审查,或者对防止污染的设施不进行审查验收即批准投入生产或者使用;发现污染隐患不及时采取措施防止污染事故的发生;对造成环境严重污染的单位应当提出限期治理意见而没有提出;在环境受到污染时该报告但不报告或者未及时报告;对有关单位排放污染物的申报不认真审查;对限期治理单位的治理情况不认真验收;等等。

依照刑法第 408 条的规定,犯本罪的,处 3 年以下有期徒刑或者拘役。

九、食品、药品监管渎职罪

本罪,是指负有食品药品安全监督管理职责的国家机关工作人员,滥用职权或者玩忽职守,造成严重后果或者有其他严重情节的行为。

本罪主体是"负有食品药品安全监督管理职责的国家机关工作人员",具体来说,包括县级以上卫生行政、农业行政、质量监督、工商行政管理和食品药品监督管理部门中依照有关法律规定对食品药品安全实施监督管理的工作人员。

本罪的实行行为是"滥用职权或者玩忽职守",实施以下行为之一:(1)瞒报、谎报食品安全事故、药品安全事件。其中,"瞒报"是指隐瞒事实真相不报告;"谎报"是指进行不真实的报告,如对事故、事件的危害后果进行避重就轻的报告;"食品安全事故",是指食源性疾病、食品污染等源于食品,对人体健康有危害或者可能有危害的事故;"药品安全事件",是指在药品研发、生产、经营、使用中发生的,对人体健康造成或者可能造成危害的事件。(2)对发现的严重食品药品安全违法行为未按规定查处。所谓"严重食品药品安全违法行为",是指严重违反《食品安全法》、《药品管理法》、《疫苗管理法》及其配套规定的行为。对于这些严重违法行

---

[42] 2006 年最高人民检察院《关于渎职侵权犯罪案件立案标准的规定》第 1 条第 18 项。

为,有关国家机关工作人员已经发现,但不按照法律法规规定的权限和程序查处的,就可能构成本罪。(3)在药品和特殊食品审评审批过程中,对不符合条件的申请准予许可。此处的"药品",是指用于预防、治疗、诊断人的疾病,有目的地调节人的生理机能并规定有适应症或者功能主治、用法和用量的物质,包括中药、化学药和生物制品等;"特殊食品",包括保健食品、特殊医学用途配方食品和婴幼儿配方食品等。根据《药品管理法》和《食品安全法》的规定,药品和特殊食品在研制、生产、经营、使用等环节,需要依法向监管部门申请审评审批,监管部门的工作人员应当依照有关法律规定和技术标准进行审评审批。有关国家机关工作人员对明知不符合条件的药品和特殊食品审评审批申请准予许可的,对食品药品安全造成危害,可能构成本罪。(4)依法应当移交司法机关追究刑事责任不移交。食品药品监管机关的工作人员对于行政执法中发现的犯罪线索,应当依法及时移交司法机关追究刑事责任。如果不移交或者降格处理以罚代刑,可能构成本罪。(5)有其他滥用职权或者玩忽职守行为的。

本罪的成立,还要求"造成严重后果或者有其他严重情节"。一般而言,是指在食物(食品)种植、养殖、生产加工、包装、仓储、运输、流通、消费等环节中发生食源性疾患,造成社会公众大量病亡或者可能对人体健康构成潜在的重大危害,并造成严重社会影响的重大食品安全事故。所谓造成严重社会影响的重大食品安全事故,是一个兜底性条款,是指虽未发生重大安全事故,但由于食品安全监管方面的原因,造成其他严重后果的情形。如某县食品安全监管人员对辖区内的食品抽检等食品安全事项未进行有效监管,导致大量违法生产经营的食品流入社会,自2013年以来该县公安局共立案侦查危害食品安全刑事案件65件69人,其中生产、销售不符合安全标准的食品罪34件38人,生产、销售有毒有害食品罪18件18人,法院已对该类案件作出有罪判决40件44人。虽然该类案件并未造成重大食品安全事故,但已判决生效的40起危害食品安全刑事案件足以证明,负有监管职责的部门长期没有依法履行监管职责,对给人民群众生命健康安全造成的危害负有不可推卸的责任。

本罪主观上是过失,但是在滥用职权的场合,也可能是故意。

在本罪的适用当中,应当注意其与刑法第402条规定的徇私舞弊不移交刑事案件罪的区别。二者的区别在于:(1)主体不同。徇私舞弊不移交刑事案件罪的主体是行政执法人员,而本罪的主体是负有食品药品安全监管职责的国家机关工作人员。(2)行为不同。徇私舞弊不移交刑事案件罪的场合,要求行政执法人员有徇私舞弊情节,而本罪的场合没有要求徇私舞弊情节。(3)处罚不同。本罪的刑罚比徇私舞弊不移交刑事案件罪重。当然,以上区别只是形式上的差别。总体上讲,二者之间部分存在法条竞合关系。规定徇私舞弊不移交刑事案件罪的刑法第402条是一般法,而规定"徇私舞弊犯本罪的,从重处罚"的刑法第408条之一第2款是特别法。在负有食品药品安全监管职责的国家机关工作人员徇私舞弊犯本罪的场合,按照特别法优于一般法的原则,应当适用刑法第408条之一,而不是刑法第402条。

依照刑法第408条之一的规定,犯本罪的,处5年以下有期徒刑或者拘役;造成特别严重后果或者有其他特别严重情节的,处5年以上10年以下有期徒刑。徇私舞弊犯本罪的,从重处罚。

十、传染病防治失职罪

本罪,是指从事传染病防治的政府卫生行政部门的工作人员严重不负责任,不履行或者不认真履行传染病防治监管职责,导致传染病传播或者流行,情节严重的行为。具体来说,包括以下几方面的内容：

1. 本罪的主体为特殊主体，即只有从事传染病防治的政府卫生行政部门的工作人员才能成为本罪的主体。在预防、控制突发传染病疫情等灾害期间，从事传染病防治的政府卫生行政部门的工作人员，或者在受政府卫生行政部门委托代表政府卫生行政部门行使职权的组织中从事公务的人员，或者虽未列入政府卫生行政部门人员编制但在政府卫生行政部门从事公务的人员，在代表政府卫生行政部门行使职权时，严重不负责任，导致传染病传播或者流行，情节严重的，也以本罪定罪处罚。[43]

2. 客观上存在对传染病防治工作严重不负责任，导致了传染病传播或者流行的行为。这里，行为人对传染病防治工作严重不负责任，与传染病传播或者流行有直接的因果关系。所谓严重不负责任，是指不履行或者不正确履行传染病防治监督管理职责。如对传染病的预防、治疗、监测、控制和疫情管理监督不力、不进行检查等；发现传染病后或者接到疫情报告之后，该报告而不报告或者瞒报、谎报、延误报告；发现传染病后该采取措施而不采取或者采取措施不力；发生重大传染疫情时不及时组织力量控制等。所谓导致传染病传播或者流行，是指致使传染病通过一定的途径散播给其他健康的人，致使某一地区某种传染病发病率明显超过该病历年的一般发病率。

3. 必须达到情节严重的程度。所谓情节严重，是指失职行为引起以下结果之一：(1)导致甲类传染病传播的；(2)导致乙类、丙类传染病流行的；(3)因传染病传播或者流行，造成人员重伤或者死亡的；(4)因传染病传播或者流行，严重影响正常的生产、生活秩序的；(5)在国家对突发传染病疫情等灾害采取预防、控制措施后，对发生突发传染病疫情等灾害的地区或者突发传染病病人、病原携带者、疑似突发传染病病人，未按照预防、控制突发传染病疫情等灾害工作规范的要求做好防疫、检疫、隔离、防护、救治等工作，或者采取的预防、控制措施不当，造成传染范围扩大或者疫情、灾情加重的；(6)在国家对突发传染病疫情等灾害采取预防、控制措施后，隐瞒、缓报、谎报或者授意、指使、强令他人隐瞒、缓报、谎报疫情、灾情，造成传染范围扩大或者疫情、灾情加重的；(7)在国家对突发传染病疫情等灾害采取预防、控制措施后，拒不执行突发传染病疫情等灾害应急处理指挥机构的决定、命令，造成传染范围扩大或者疫情、灾情加重的；(8)其他情节严重的情形。[44]

本罪主观上为过失。

依照刑法第409条的规定，犯本罪的，处3年以下有期徒刑或者拘役。

十一、非法批准征收、征用、占用土地罪

本罪，是指国家机关工作人员徇私舞弊，违反土地管理法规，滥用职权，非法批准征收、征用、占用土地，情节严重的行为。

其中，“国家机关工作人员”，是指有土地审批权限的国家机关工作人员，主要是各级政府中的主管人员以及土地管理、城市规划等部门的工作人员。“违反土地管理法规”，是指违反《土地管理法》《森林法》《草原法》等法律以及有关行政法规中关于土地管理的规定。《草原

---

〔43〕 2003年最高人民法院、最高人民检察院《关于办理妨害预防、控制突发传染病疫情等灾害的刑事案件具体应用法律若干问题的解释》第16条第1款。

〔44〕 2006年最高人民检察院《关于渎职侵权犯罪案件立案标准的规定》第1条第20项。

征占用审核审批管理规范》是有关行政主管部门为执行《草原法》所作出的细化规定,属于部门规范性文件,不属于此处所称“土地管理法规”。“非法批准征收、征用、占用土地”,是指非法批准征收、征用、占用耕地、农地等。按照2019年修正后的《土地管理法》第79条第1款,其包括无权批准征收、使用土地的单位或者个人非法批准占用土地的行为,超越批准权限非法批准占用土地的行为,不按照土地利用总体规划确定的用途批准用地的行为,或者违反法律规定的程序批准占用、征收土地的行为,有关当事人拒不归还应当收回的被非法批准、使用的土地的行为,等等。“情节严重”,是指具有下列情形之一:(1)非法批准征用、占用基本农田10亩以上;(2)非法批准征用、占用基本农田以外的耕地30亩以上;(3)非法批准征用、占用其他土地50亩以上;(4)虽未达到上述数量标准,但造成有关单位、个人直接经济损失30万元以上,或者造成耕地大量毁坏或者植被遭到严重破坏;(5)非法批准征用、占用土地,影响群众生产、生活,引起纠纷,造成恶劣影响或者其他严重后果;(6)非法批准征用、占用防护林地、特种用途林地分别或者合计10亩以上;(7)非法批准征用、占用其他林地20亩以上;(8)非法批准征用、占用林地造成直接经济损失30万元以上,或者造成防护林地、特种用途林地分别或者合计5亩以上或者其他林地10亩以上毁坏;(9)其他情节严重的情形。[45] 多次实施非法批准征用、占用土地行为依法应当追诉且未经处理的,应当按照累计的数量、数额处罚。[46] 另外,国家机关工作人员徇私舞弊,违反《草原法》等土地管理法规,具有下列情形之一的,应当认定为“情节严重”:(1)非法批准征收、征用、占用草原40亩以上;(2)非法批准征收、征用、占用草原,造成20亩以上草原被毁坏;(3)非法批准征收、征用、占用草原,造成直接经济损失30万元以上,或者具有其他恶劣情节。[47]

本罪主观上表现为故意,且行为人还必须具有徇私即徇私情、私利的动机。

依照刑法第410条的规定,犯本罪的,处3年以下有期徒刑或者拘役;致使国家或者集体利益遭受特别重大损失的,处3年以上7年以下有期徒刑。其中,“致使国家或者集体利益遭受特别重大损失”,是指:(1)非法批准征用、占用防护林地、特种用途林地数量分别或者合计达到20亩以上;(2)非法批准征用、占用其他林地数量达到40亩以上;(3)非法批准征用、占用林地造成直接经济损失数额达到60万元以上,或者造成上述第(1)项规定的林地数量分别或者合计达到10亩以上或者上述第(2)项规定的林地数量达到20亩以上毁坏。[48] 另外,具有下列情形之一的,也应当认定为“致使国家或者集体利益遭受特别重大损失”:(1)非法批准征收、征用、占用草原80亩以上的;(2)非法批准征收、征用、占用草原,造成40亩以上草原被毁坏的;(3)非法批准征收、征用、占用草原,造成直接经济损失60万元以上,或者具有其他特别恶劣情节的。[49] 多次实施破坏草原资源的违法犯罪行为,未经处理,应当依法追究刑事责任的,按照累计的数量、数额定罪处罚。

十二、非法低价出让国有土地使用权罪

本罪,是指国家机关工作人员徇私舞弊,违反土地管理法规,滥用职权,非法低价出让国有

〔45〕 2006年最高人民检察院《关于渎职侵权犯罪案件立案标准的规定》第21条。
〔46〕 2023年最高人民法院《关于审理破坏森林资源刑事案件适用法律若干问题的解释》第9条。
〔47〕 2012年最高人民法院《关于审理破坏草原资源刑事案件应用法律若干问题的解释》第3条第1款。
〔48〕 2005年最高人民法院《关于审理破坏林地资源刑事案件具体应用法律若干问题的解释》(已失效)第3条。
〔49〕 2012年最高人民法院《关于审理破坏草原资源刑事案件应用法律若干问题的解释》第3条第2款。

土地使用权,情节严重的行为。

其中,“非法低价出让国有土地使用权”,是指违反《土地管理法》及有关法规关于土地使用权有偿转让的规定,在转让土地使用权时,故意压低土地使用权转让的价格;“情节严重”,是指具有以下情形之一:(1)非法低价出让国有土地30亩以上,并且出让价额低于国家规定的最低价额标准的60%;(2)造成国有土地资产流失价额30万元以上;(3)非法低价出让国有土地使用权,影响群众生产、生活,引起纠纷,造成恶劣影响或者其他严重后果;(4)非法低价出让林地合计30亩以上,并且出让价额低于国家规定的最低价额标准的60%;(5)造成国有资产流失30万元以上;(6)其他情节严重的情形。多次实施非法低价出让国有土地使用权行为依法应当追诉,或者1年内多次实施该行为未经处理的,应当按照累计的数量、数额处罚。[50]

在本罪的认定上,必须注意其与刑法第169条规定的徇私舞弊低价折股、出售公司、企业资产罪之间的关系。徇私舞弊低价折股、出售公司、企业资产罪是国家机关工作人员在转让企业产权过程中,徇私舞弊低价折股、出售公司、企业资产,其对象包括国有土地,因此,二者之间属于想象竞合的关系。在行为对象是企业的国有土地的场合,一般来讲,应当按照本罪定罪处罚。但在处罚不相当的场合,可以按照徇私舞弊低价折股、出售公司、企业资产罪定罪处罚。

依照刑法第410条的规定,犯本罪的,处3年以下有期徒刑或者拘役;致使国家或者集体利益遭受特别重大损失的,处3年以上7年以下有期徒刑。其中,“致使国家或者集体利益遭受特别重大损失”,是指造成国有土地资产流失价额在50万元以上。[51]

十三、放纵走私罪

本罪,是指海关工作人员徇私舞弊,放纵走私,情节严重的行为。

其中,“放纵走私”,是指对应当查缉的走私货物、物品不予查缉,或者对应当追究法律责任的走私行为人不予追究,而包庇、放纵、放走走私行为人的行为。放纵走私行为,一般是消极的不作为,如在过关检查中发现走私物品而佯装不知,或者放弃职守,对过关人员与物品不作验关检查,致使走私物品出入境等。如果海关工作人员与走私分子通谋,在放纵走私过程中以积极的行为配合走私分子逃避海关监管或者在放纵走私之后分得赃款,应以共同走私犯罪追究刑事责任。“情节严重”,根据有关规定,是指具有以下情形之一的行为:(1)放纵走私犯罪;(2)因放纵走私致使国家应收税额损失累计达10万元以上;(3)放纵走私行为3起次以上;(4)放纵走私行为,具有索取或者收受贿赂情节;(5)其他情节严重的情形。[52] 本罪主观上表现为故意,且要求行为人具有徇私即徇私情、私利的动机。

在本罪的认定中,应当注意以下问题:(1)海关工作人员故意放纵走私,不依法征收关税的,应认定为本罪,而不认定为徇私舞弊不征、少征税款罪。(2)海关工作人员在办理走私案件时,发现行为构成走私罪,但徇私舞弊,既不移交司法机关追究刑事责任,也不按照海关法作出处理的,应以本罪处理;虽没有移交,但按照海关法处理的,则应以法定刑轻于本罪的徇私舞弊不移交刑事案件罪处理。(3)海关工作人员事前与走私犯通谋,为走私犯提供方便的,按照

---

〔50〕 2000年最高人民法院《关于审理破坏土地资源刑事案件具体应用法律若干问题的解释》第9条。

〔51〕 2000年最高人民法院《关于审理破坏土地资源刑事案件具体应用法律若干问题的解释》第7条第2项。

〔52〕 2006年最高人民检察院《关于渎职侵权犯罪案件立案标准的规定》第1条第23项。

刑法第156条的规定,应认定为走私罪的共犯,而不能认定为本罪。(4)海关工作人员收受贿赂又放纵走私的,应当以受贿罪和本罪数罪并罚。

依照刑法第411条的规定,犯本罪的,处5年以下有期徒刑或者拘役;情节特别严重的,处5年以上有期徒刑。

十四、商检徇私舞弊罪

本罪,是指出入境检验检疫机关、检验检疫机构工作人员徇私舞弊,伪造检验结果的行为。

其中,所谓伪造检验结果,既可以是为不合格的商品出具合格检验证明,也可以是将合格商品的检验结果写成不合格,还可以是在没有真正对商品进行检验的情况下对商品出具合格或不合格的检验结论,等等。依据有关司法解释,[53]有下列情形之一的,应予立案:(1)采取伪造、变造的手段对报检的商品的单证、印章、标志、封识、质量认证标志等作虚假的证明或者出具不真实的证明结论的;(2)将送检的合格商品检验为不合格,或者将不合格商品检验为合格的;(3)对明知是不合格的商品,不检验而出具合格检验结果的;(4)其他伪造检验结果应予追究刑事责任的情形。本罪主观上表现为故意,且要求行为人具有徇私即徇私情、私利的动机。

依照刑法第412条第1款的规定,犯本罪的,处5年以下有期徒刑或者拘役;造成严重后果的,处5年以上10年以下有期徒刑。

十五、商检失职罪

本罪,是指出入境检验检疫机关、检验检疫机构工作人员严重不负责任,对应当检验的物品不检验,或者延误检验出证、错误出证,致使国家利益遭受重大损失的行为。

所谓致使国家利益遭受重大损失,依据有关司法解释,[54]是指具有下列情形之一:(1)致使不合格的食品、药品、医疗器械等商品出入境,严重危害生命健康;(2)造成个人财产直接经济损失15万元以上,或者直接经济损失不满15万元,但间接经济损失75万元以上;(3)造成公共财产、法人或者其他组织财产直接经济损失30万元以上,或者直接经济损失不满30万元,但间接经济损失150万元以上;(4)未经检验,出具合格检验结果,致使国家禁止进口的固体废物、液态废物和气态废物等进入境内;(5)不检验或者延误检验出证、错误出证,引起国际经济贸易纠纷,严重影响国家对外经贸关系,或者严重损害国家声誉;(6)其他致使国家利益遭受重大损失的情形。

依照刑法第412条第2款的规定,犯本罪的,处3年以下有期徒刑或者拘役。

十六、动植物检疫徇私舞弊罪

本罪,是指出入境检验检疫机关、检验检疫机构工作人员徇私舞弊,伪造检疫结果的行为。

其中,"伪造检验结果",是指采取伪造、变造的手段对检疫的单证、印章、标志、封识等作虚假证明或者出具不真实的结论,包括将合格检疫为不合格,或者将不合格检疫为合格等行为。根据有关司法解释,[55]有下列情形之一的,应予立案:(1)采取伪造、变造的手段对检疫的

---

[53] 2006年最高人民检察院《关于渎职侵权犯罪案件立案标准的规定》第1条第24项。

[54] 2006年最高人民检察院《关于渎职侵权犯罪案件立案标准的规定》第1条第25项。

[55] 2006年最高人民检察院《关于渎职侵权犯罪案件立案标准的规定》第1条第26项。

单证、印章、标志、封识等作虚假的证明或者出具不真实的结论；(2)将送检的合格动植物检疫为不合格，或者将不合格动植物检疫为合格；(3)对明知是不合格的动植物，不检疫而出具合格检疫结果；(4)其他伪造检疫结果应予追究刑事责任的情形。本罪主观上表现为故意，且要求行为人具有徇私情、私利的动机。

依照刑法第413条第1款的规定，犯本罪的，处5年以下有期徒刑或者拘役；造成严重后果的，处5年以上10年以下有期徒刑。

十七、动植物检疫失职罪

本罪，是指出入境检验检疫机关、检验检疫机构工作人员严重不负责任，对应当检疫的检疫物不检疫，或者延误检疫出证、错误出证，致使国家利益遭受重大损失的行为。

其中，“致使国家利益遭受重大损失”，根据有关司法解释，[56]是指行为人之行为符合以下情形之一：(1)导致疫情发生，造成人员重伤或者死亡；(2)导致重大疫情发生、传播或者流行；(3)造成个人财产直接经济损失15万元以上，或者直接经济损失不满15万元，但间接经济损失75万元以上；(4)造成公共财产或者法人、其他组织财产直接经济损失30万元以上，或者直接经济损失不满30万元，但间接经济损失150万元以上；(5)不检疫或者延误检疫出证、错误出证，引起国际经济贸易纠纷，严重影响国家对外经贸关系，或者严重损害国家声誉；(6)其他致使国家利益遭受重大损失的情形。

依照刑法第413条第2款的规定，犯本罪的，处3年以下有期徒刑或者拘役。

十八、放纵制售伪劣商品犯罪行为罪

本罪，是指对生产、销售伪劣商品犯罪行为负有追究责任的国家机关工作人员徇私舞弊，不履行法律规定的追究职责，情节严重的行为。

其中，“对生产、销售伪劣商品犯罪行为负有追究责任的国家机关工作人员”，是指对生产、销售伪劣商品犯罪行为负有追究责任的国家机关如工商管理、质量监督、司法机关等部门的工作人员；“情节严重”，根据有关司法解释，[57]是指具有以下情形之一：(1)放纵制售假药，有毒、有害食品犯罪行为；(2)放纵依法可能判处3年有期徒刑以上刑罚的生产、销售、伪劣商品犯罪行为；(3)对生产、销售伪劣商品犯罪行为不履行追究职责，致使生产、销售伪劣商品犯罪行为得以继续；(4)对生产、销售伪劣商品犯罪行为不履行追究职责，致使国家和人民利益遭受重大损失或者造成恶劣影响；(5)3次以上不履行追究职责，或者对3个以上有生产、销售伪劣商品犯罪行为的单位或个人不履行追究职责。本罪的主观要件是故意，而且要求行为人具有徇私即徇私情、私利的动机。

在本罪的认定中，应注意以下两个问题：

1. 本罪与滥用职权罪的界限。从本质上讲，本罪也是一种滥用职权的行为。但由于刑法第397条第1款后段规定“本法另有规定的，依照规定”，因此，对放纵制售伪劣商品犯罪的行为不应按刑法第397条规定的滥用职权罪定罪处罚，而应按本罪定罪处罚。

2. 本罪与徇私舞弊不移交刑事案件罪的界限。一般来说，行政执法人员在查处生产、销售

---

〔56〕 2006年最高人民检察院《关于渎职侵权犯罪案件立案标准的规定》第1条第27项。

〔57〕 1999年最高人民检察院《关于人民检察院直接受理立案侦查案件立案标准的规定（试行）》第2条第26项。

伪劣商品违法案件过程中,发现该案件已经构成犯罪,应当追究责任而不追究的,就构成本罪;应当移交司法机关追究刑事责任而不移交,仅以行政处理结案的,构成徇私舞弊不移交刑事案件罪。

依照刑法第414条的规定,犯本罪的,处5年以下有期徒刑或者拘役。

十九、办理偷越国(边)境人员出入境证件罪

本罪,是指负责办理护照、签证以及其他出入境证件的国家机关工作人员,对明知是企图偷越国(边)境的人员,予以办理出入境证件的行为。

本罪的主体是负责办理护照、签证以及其他出入境证件的国家机关工作人员,如外交、外事、公安等有关机关的人员;客观上表现为,在办理护照、签证以及其他出入境证件的过程中,对明知是企图偷越国(边)境的人员,予以办理出入境证件。所谓办理,就本罪而言,是指利用职务上的便利即本人职务范围内的权力以及地位形成的便利条件,为不符合条件的人签发护照、签证等有效证件的行为。本罪主观上表现为故意,包括间接故意在内。

在本罪的认定上,应注意其与提供伪造、变造的出入境证件罪的界限。二者的客观要件不同。负责办理护照、签证以及其他出入境证件的国家机关工作人员利用职务上的便利,向明知是企图偷越国(边)境的人员提供伪造、变造的出入境证件的,一律构成提供伪造、变造的出入境证件罪;如果所提供的是真实的出入境证件,就要构成本罪。

依照刑法第415条的规定,犯本罪的,处3年以下有期徒刑或者拘役;情节严重的,处3年以上7年以下有期徒刑。

二十、放行偷越国(边)境人员罪

本罪,是指边防、海关等国家机关工作人员,对明知是偷越国(边)境的人员,予以放行的行为。

负责入境检查的工作人员利用职务上的便利,为他人假造入境记录而使其得以顺利出境的,就是本罪的既遂;为他人假造入境记录但他人并未利用该记录实际出境的,就是本罪的未遂。

依照刑法第415条的规定,犯本罪的,处3年以下有期徒刑或者拘役;情节严重的,处3年以上7年以下有期徒刑。

二十一、不解救被拐卖、绑架妇女、儿童罪

本罪,是指负有解救职责的公安、司法等国家机关工作人员接到相关举报之后,对被拐卖、绑架的妇女、儿童不进行解救,造成严重后果的行为。

本罪的主体为特殊主体,即负有解救职责的国家机关工作人员。全国人民代表大会常务委员会《关于严惩拐卖、绑架妇女、儿童的犯罪分子的决定》第5条第1款规定:"各级人民政府对被拐卖、绑架的妇女、儿童负有解救职责,解救工作由公安机关同有关部门负责执行……"负有解救职责的国家机关工作人员,乃是各级人民政府的工作人员、公安人员等。

本罪的危害行为和危害后果,包含以下三方面的内容:(1)行为人已经获悉有拐卖、绑架妇女、儿童的案情发生。这说明行为人已经"明知"。(2)行为人在"明知"的前提下对被拐卖、绑架的妇女、儿童不进行解救。其中,"不进行解救",是对被害人及其家属或者其他人的解救

要求或者举报置之不理,不采取任何解救措施,或者推诿、拖延救助工作。这说明行为人有放弃职守的不作为违法行为。(3)行为人不解救的行为造成了"严重后果"。其中,"严重后果",是指行为人的行为符合以下情形之一:一是导致被拐卖、绑架的妇女、儿童或者其家属重伤、死亡或者精神失常的;二是导致被拐卖、绑架的妇女、儿童被转移、隐匿、转卖,不能及时进行解救的;三是对被拐卖、绑架的妇女、儿童不进行解救3人次以上的;四是对被拐卖、绑架的妇女、儿童不进行解救,造成恶劣社会影响的;五是其他造成严重后果的情形。[58]

本罪主观上表现为故意。

依照刑法第416条第1款的规定,犯本罪的,处5年以下有期徒刑或者拘役。

二十二、阻碍解救被拐卖、绑架妇女、儿童罪

本罪,是指负有解救职责的国家机关工作人员利用职务阻碍解救被拐卖、绑架的妇女、儿童的行为。

所谓利用职务阻碍,是指行为人不但自己不解救,而且利用自己的职权为其他人解救被拐卖、绑架的妇女、儿童设置障碍,如组织群众围攻解救人员,利用自己掌握的信息为拐卖、绑架妇女、儿童者通风报信,使其逃逸或转移被拐卖、绑架的妇女、儿童的藏匿地点,等等。根据有关司法解释,[59]涉嫌下列情形之一的,应予立案:(1)利用职权,禁止、阻止或者妨碍有关部门、人员解救被拐卖、绑架的妇女儿童的;(2)利用职务上的便利,向拐卖、绑架者或者收买者通风报信,妨碍解救工作正常进行的;(3)其他利用职务阻碍解救被拐卖、绑架的妇女、儿童应予追究刑事责任的情形。

在本罪的认定上,应当注意其与不解救被拐卖、绑架妇女、儿童罪的界限。本罪是指利用职务上的便利阻碍解救被拐卖、绑架的妇女、儿童的行为,行为形式可以是作为,也可以是不作为,但主要是作为;而不解救被拐卖、绑架妇女、儿童罪是接到解救要求或者举报而不解救,造成严重后果的行为,其行为形式表现为不作为。二者在行为方式上存在基本的不同。

依照刑法第416条第2款的规定,犯本罪的,处2年以上7年以下有期徒刑;情节较轻的,处2年以下有期徒刑或者拘役。

二十三、帮助犯罪分子逃避处罚罪

本罪,是指有查禁犯罪活动职责的国家机关工作人员,帮助犯罪分子逃避处罚的行为。

本罪客观上表现为,有查禁犯罪活动职责的国家机关工作人员,向犯罪分子通风报信、提供便利,帮助犯罪分子逃避处罚。具体来说,包括以下几方面的内容:

1. 犯罪主体是有查禁犯罪活动职责的国家机关工作人员,即有查禁某特定或者具体犯罪活动职责的司法及公安、国家安全、海关、税务等国家机关工作人员。对于其中的"等"应作广义理解,即凡是法律、法规或者司法解释明确规定有协助查处某特定或者具体犯罪义务的国家机关工作人员都包括在内。因此,以下行为均构成本罪:市委、市政府在特殊条件下抽调公、检、法等部门人员成立的清收工作组的成员为作为清收对象的犯罪嫌疑人通风报信,帮助其逃避处罚;烟草稽查员向销售假烟者通风报信帮助其逃避处罚;看守所干警帮助在押人员传递信

---

[58] 2006年最高人民检察院《关于渎职侵权犯罪案件立案标准的规定》第1条第31项。

[59] 2006年最高人民检察院《关于渎职侵权犯罪案件立案标准的规定》第1条第32项。

件,帮助其逃避处罚;有查禁扰乱无线电管理秩序犯罪活动职责的国家机关工作人员,向犯罪分子通风报信、提供便利,帮助犯罪分子逃避处罚;负有查禁破坏水生生物资源犯罪活动职责的国家机关工作人员,向犯罪分子通风报信、提供便利,帮助犯罪分子逃避处罚。

2. 必须利用了职务上的便利。尽管刑法第 417 条当中没有这一规定,但从本罪属于渎职犯罪的角度来看,这是理所当然的要求。所谓利用职务上的便利,是指利用直接承办或者参与办理、协助办理案件的便利,或者利用指挥、督办案件所获得的消息等。如果行为人不是利用职务便利而是因为偶然机会得知消息之后向犯罪分子"通风报信、提供便利",则可能构成窝藏、包庇罪或者泄露国家秘密罪等,而不能构成本罪。[60]

3. 必须具有向犯罪分子通风报信、提供便利的行为。通风报信、提供便利,是行为人帮助犯罪分子逃避处罚的两种具体形式。所谓通风报信,是指向犯罪分子传递其将受到刑事追究的信息,可以以电讯方式告知,也可以以口头或书信形式告知。所谓提供便利,是指为犯罪分子提供交通工具、藏匿处所、出逃经费等。这里的犯罪分子,是指虽未经人民法院判决宣告为有罪,但有查禁犯罪活动职责的国家机关工作人员认为有证据证明其涉嫌实施或者参加犯罪活动的人,包括以下两类:(1)有证据证明其涉嫌实施或者参加犯罪活动,但尚未被司法机关发觉的人;(2)正在被司法机关立案侦查、起诉、审判的犯罪嫌疑人或者刑事被告人。向不是犯罪分子的人,如违反《治安管理处罚法》的人员通风报信、提供便利,帮助违法人员逃避处罚的,不构成本罪。有查禁犯罪活动职责的国家机关工作人员认为某人实施或者参加了犯罪活动但其实际并未参加,而向其通风报信、提供便利的场合,不构成本罪。从本罪的主体是"有查禁犯罪活动职责的国家机关工作人员"的规定来看,本罪中的"逃避处罚",应当是指刑事处罚,而不应包括行政处罚。公安人员对盗窃、抢劫的机动车辆,非法提供机动车牌证或者为其取得机动车牌证提供便利,帮助犯罪分子逃避处罚的,依照本罪规定处罚。[61]

根据最高人民检察院《关于渎职侵权犯罪案件立案标准的规定》第 1 条第 33 款第 2 项,有查禁犯罪活动职责的司法及公安、国家安全、海关、税务等国家机关工作人员,向犯罪分子通风报信、提供便利,帮助犯罪分子逃避处罚,涉嫌下列情形之一的,应予立案:(1)向犯罪分子泄露有关部门查禁犯罪活动的部署、人员、措施、时间、地点等情况的;(2)向犯罪分子提供钱物、交通工具、通讯设备、隐藏处所等便利条件的;(3)向犯罪分子泄露案情的;(4)帮助、示意犯罪分子隐匿、毁灭、伪造证据,或者串供、翻供的;(5)其他帮助犯罪分子逃避处罚应予追究刑事责任的情形。

在本罪的适用中,首先,应当注意其与窝藏、包庇罪的关系。在负有查禁具体犯罪活动职责的国家机关工作人员以提供方便的方式帮助犯罪分子逃避处罚的场合,二者之间存在法条竞合关系,根据特别法优于一般法的原则,对该行为还是应当以本罪定罪处罚。其次,应当注意其与故意泄露国家秘密罪之间的关系。在负有查禁具体犯罪活动职责的国家机关工作人员以向犯罪分子通风报信、泄露国家秘密的方式帮助犯罪分子逃避处罚的场合,应当说,行为人

---

〔60〕 相反的观点认为,2006 年最高人民检察院发布的《关于渎职侵权犯罪案件立案标准的规定》第 1 条第 33 款第 2 项将向犯罪分子提供钱物、交通工具、通讯设备、隐藏处所等并非利用职务之便实施的行为规定为应当作为本罪立案的情形。参见王晓霞:《帮助犯罪分子逃避处罚罪若干问题探讨》,载《人民检察》2002 年第 9 期。但是,"提供钱物、交通工具、通讯设备、隐藏处所"等行为也应当是在利用职务上的便利获取了相关信息之后实施的。

〔61〕 1998 年最高人民法院、最高人民检察院、公安部、原国家工商行政管理局《关于依法查处盗窃、抢劫机动车案件的规定》第 10 条。

的行为同时触犯了上述两个法条，而这两个法条之间又存在包容关系，形成法条竞合，按照特别法优于一般法的原则，应定本罪。

依照刑法第417条的规定，犯本罪的，处3年以下有期徒刑或者拘役；情节严重的，处3年以上10年以下有期徒刑。

二十四、招收公务员、学生徇私舞弊罪

本罪，是指国家机关工作人员在招收公务员、学生工作中徇私舞弊，情节严重的行为。

1.本罪的主体是国家机关工作人员，一般是指在政府职能部门具有招录公务员与学生职权的工作人员，如政府部门主管公务员招录命题、考试、录用的工作人员，教育行政部门主管学生入学命题、考试、招生的工作人员，等等。但是，学校的教师属于文教事业单位人员，不属于国家机关工作人员，因此，通常情况下，不能成为本罪的主体。但在接受委托或者聘请临时担任考试监考员等与招收学生相关的职务时，能够成为本罪的主体。户籍管理工作是招生工作的一部分，公安人员属于特指的国家机关中负责招收学生工作的人员，符合本罪的主体要件。

2.在招收公务员、省级以上教育行政部门组织招收学生的工作中舞弊，情节严重。所谓舞弊，就是违反规定，弄虚作假。如将不符合招收条件的人予以录用或者录取，或者将符合条件的不予录取等。其表现方式为篡改年龄、篡改考试成绩或者档案以及伪造体检表、个人履历、立功受奖记录等。所谓情节严重，是指具有下列情形之一：(1)徇私舞弊，利用职务便利，伪造、变造人事、户口档案，考试成绩或者其他影响招收工作的有关资料，或者明知是伪造、变造的上述材料而予以认可的；(2)徇私舞弊，利用职务便利，帮助5名以上考生作弊的；(3)徇私舞弊招收不合格的公务员、学生3人次以上的；(4)因徇私舞弊招收不合格的公务员、学生，导致被排挤的合格人员或者其近亲属自杀、自残造成重伤、死亡，或者精神失常的；(5)因徇私舞弊招收公务员、学生，导致该项招收工作重新进行的；(6)其他情节严重的情形。[62]

本罪主观要件为故意，而且要求行为人具有徇私即徇私情、私利的动机。

依照刑法第418条的规定，犯本罪的，处3年以下有期徒刑或者拘役。

二十五、失职造成珍贵文物损毁、流失罪

本罪，是指国家机关工作人员严重不负责任，造成珍贵文物损毁或者流失，后果严重的行为。

本罪的主体为特殊主体，即国家机关工作人员，通常是指文物行政部门、公安机关、工商行政管理部门、海关、城乡建设规划部门等国家机关工作人员。文物管理单位所聘用的、负责夜间巡逻并做好检查记录的合同制人员，不是主管文物保护的国家机关工作人员，没有相应的管理职权，其只是受雇从事保护文物所必要的一些辅助工作，属于“提供劳务”，而不是“执行公务”。这些人即便由于不认真履行职责，引起了文物被盗的严重后果，也不能构成本罪。本罪的主观要件为过失，如果行为人故意损毁文物的，则应按刑法第324条第1款、第2款规定的故意损毁文物罪、故意损毁名胜古迹罪定罪处罚。

本罪的危害行为表现为严重不负责任，造成珍贵文物损毁或者流失，后果严重。其中，严重不负责任，是指行为人不履行法定的或者其职务所要求的文物管理职责，在文物管理工作中

---

〔62〕 2006年最高人民检察院《关于渎职侵权犯罪案件立案标准的规定》第1条第34项。

草率马虎,敷衍塞责。珍贵文物,是指国家文物分类中的一级、二级文物。损毁,是指行为人的失职行为使珍贵文物被毁灭或破坏;流失,则是指行为人的失职行为使珍贵文物流落于国家控制之外。后果严重,是指具有下列情形之一:(1)导致二级以上文物或者5件以上三级文物损毁或者流失的;(2)导致全国重点文物保护单位、省级文物保护单位的本体严重损毁或者灭失的;(3)其他后果严重的情形。[63] 本罪的主观要件为过失。

依照刑法第419条的规定,犯本罪的,处3年以下有期徒刑或者拘役。

---

〔63〕 2015年最高人民法院、最高人民检察院《关于办理妨害文物管理等刑事案件适用法律若干问题的解释》第10条。

第十一章　军人违反职责罪

第一节　概　　说

军人违反职责罪，是指军人、文职人员违反职责，危害国家军事利益，依照法律应当受刑罚处罚的行为。这类犯罪的客体，是国家的军事利益。所谓国家的军事利益，是指国家在国防建设、作战行动、军队物质保障、军事科学研究等方面的利益。具体来说，危害国家的军事利益，就是破坏我国陆、海、空军的军威、军机、军械、军供、军纪等在平时和战时的正常状态与正常关系。危害国家军事利益，是军人违反职责罪区别于刑法分则其他各类犯罪的最本质特征。“违反职责”，是指违反国家法律、法规，军事法规、军事规章所规定的军人职责，包括军人的共同职责，士兵、军官和首长的一般职责，各类主管人员和其他从事专门工作的军人的专业职责等。

这类犯罪的主体为特殊主体，统称“军人”。具体可以分为三类：(1)现役军人，即正在中国人民解放军和中国人民武装警察部队中服役的军官、警官、文职干部、士兵以及具有军籍的学员。“现役军人”的资格应当从公民依法参军之日即被兵役机关正式批准入伍之日起算，至其被部队批准退役、退休、离休或因受处分被除名、开除军籍之日终止。正在服刑的军人，只要军籍被保留，仍然属于现役军人。(2)执行军事任务的预备役人员和其他人员。预备役人员是指编入民兵组织或者经过登记服预备役的人员；其他人员是指军内在编职工等。执行军事任务是指执行作战、支前、战场救护等任务。(3)文职人员，即在军队编制岗位依法履行职责的非服兵役人员，是军队人员的组成部分，依法享有国家工作人员相应的权利、履行相应的义务。我军文职人员主要编配在军民通用、非直接参与作战，且专业性、保障性、稳定性较强的岗位，按照岗位性质分为管理类文职人员、专业技术类文职人员、专业技能类文职人员。

关于军人违反职责罪的分类，通常有两种划分方法：(1)根据各个军人违反职责罪所侵犯的客体而加以归类。按此方法，可将军人违反职责罪分为如下几类：一是危害作战利益的犯罪；二是违反部队管理秩序的犯罪；三是危害军事秘密安全的犯罪；四是危害部队物质保障的犯罪；五是侵犯部属、伤病军人、平民、俘虏利益的犯罪。(2)按犯罪发生的时间、地点来划分。按此方法，可把军人违反职责罪分为：一是战时的犯罪；二是平时的犯罪；三是军事行动地区才能构成的犯罪；四是战时、平时以及非军事行动地区均能构成的犯罪。本书采用了前一种划分方法。

第二节 危害作战利益的犯罪

一、战时违抗命令罪

本罪,是指军人在战时违抗命令,对作战造成危害的行为。

所谓战时,根据刑法第451条的规定,是指国家宣布进入战争状态、部队受领作战任务或者遭敌突然袭击时;部队执行戒严任务或者处置突发性暴力事件时,以战时论。所谓命令,是指上级、首长在职权范围内对下级、部属下达的必须执行的命令,不仅指战斗命令,还应包括与战斗有关的一系列命令,如战时军需物资调遣命令、救助伤员命令等。所谓违抗命令,是指以违背和抗拒的方式,不执行命令的行为。其表现可以是作为,也可以是不作为。本罪的成立,以违抗命令的行为对作战造成危害为要件。所谓对作战造成危害,是指由于行为人违抗命令而扰乱了战斗部署,贻误了战机,影响了作战任务的完成。如果根据当时具体情况灵活变通执行命令,不仅没有对作战造成损失,反而对作战有利,那么对行为人不仅不能处罚,还应给予肯定和奖励。根据有关司法解释,〔1〕战时违抗命令,涉嫌下列情形之一的,应予立案:(1)扰乱作战部署或者贻误战机的;(2)造成作战任务不能完成或者迟缓完成的;(3)造成我方人员死亡1人以上,或者重伤2人以上,或者轻伤3人以上的;(4)造成武器装备、军事设施、军用物资损毁,直接影响作战任务完成的;(5)对作战造成其他危害的。

依照刑法第421条的规定,犯本罪的,处3年以上10年以下有期徒刑;致使战斗、战役遭受重大损失的,处10年以上有期徒刑、无期徒刑或者死刑。

二、隐瞒、谎报军情罪

本罪,是指行为人故意隐瞒、谎报军情,对作战造成危害的行为。

其中,“隐瞒军情”,是指将应当向首长、上级报告的军事情况隐瞒不报;“谎报军情”,是指用编造或者篡改的军事情况欺骗首长、上级;“报告”,是指用口头或者书面等形式,将军事情况正式告诉首长、上级或者部队;“军情”,是指与作战有关的我军、友军和敌军的情报及其他重要信息。成立本罪,以“对作战造成危害”为条件。所谓对作战造成危害,是指扰乱了作战部署,贻误了战机,影响了作战任务的完成等。当然,这种危害结果不要求实际发生,只要足以对作战造成危害就够了。本罪不属于战时犯罪。部队平时的战备工作本身就是一种作战准备活动,隐瞒或者谎报军情会影响领导机关的正确决策,最终危及作战和其他国防安全利益。根据有关司法解释,〔2〕隐瞒、谎报军情,涉嫌下列情形之一的,应予立案:(1)造成首长、上级决策失误的;(2)造成作战任务不能完成或者迟缓完成的;(3)造成我方人员死亡1人以上,或者重伤2人以上,或者轻伤3人以上的;(4)造成武器装备、军事设施、军用物资损毁,直接影响作战任务完成的;(5)对作战造成其他危害的。

依照刑法第422条的规定,犯本罪的,处3年以上10年以下有期徒刑;致使战斗、战役遭

---

〔1〕2013年最高人民检察院、中国人民解放军原总政治部《军人违反职责罪案件立案标准的规定》第1条第3款。

〔2〕2013年最高人民检察院、中国人民解放军原总政治部《军人违反职责罪案件立案标准的规定》第2条第2款。

受重大损失的，处10年以上有期徒刑、无期徒刑或者死刑。

三、拒传、假传军令罪

本罪，是指拒传、假传军令，对作战造成危害的行为。

与隐瞒、谎报军情罪不同，本罪的行为对象是“军令”，即与部队军事活动有关的命令、指示等。及时准确地传递作战指令，也是作战胜利的必要条件。拒传，是指拒绝传递军事命令；假传是指传递假军事命令。和隐瞒、谎报军情罪一样，本罪的成立，也以对作战造成危害为必要条件。关于“对作战造成危害”的理解，参见前述。根据有关司法解释，[3]拒传、假传军令，涉嫌下列情形之一的，应予立案：(1)造成首长、上级决策失误的；(2)造成作战任务不能完成或者迟缓完成的；(3)造成我方人员死亡1人以上，或者重伤2人以上，或者轻伤3人以上的；(4)造成武器装备、军事设施、军用物资损毁，直接影响作战任务完成的；(5)对作战造成其他危害的。

依照刑法第422条的规定，犯本罪的，处3年以上10年以下有期徒刑；致使战斗、战役遭受重大损失的，处10年以上有期徒刑、无期徒刑或者死刑。

四、投降罪

本罪，是指在战场上贪生怕死，自动放下武器投降敌人的行为。

所谓贪生怕死，是指为了活命而放弃战斗；所谓自动放下武器，是指有能力作战而不作战，并非专指扔下手中的武器，凡能用武器作战而不作战，不论是否抛弃手中的武器，均属于“自动放下武器”；所谓投降敌人，是指军人停止作战，向敌人屈服、让步。在战场上因为弹尽粮绝、武器损毁、负伤而丧失战斗能力并成为敌人俘虏的情形，不属于投降。根据有关司法解释，[4]凡涉嫌投降敌人的，应予立案。

依照刑法第423条的规定，犯本罪的，处3年以上10年以下有期徒刑；情节严重的，处10年以上有期徒刑或者无期徒刑。投降后为敌人效劳的，处10年以上有期徒刑、无期徒刑或者死刑。

五、战时临阵脱逃罪

本罪，是指军人在战时临阵脱逃的行为，即在战斗中或者在接受作战任务后，逃离战斗岗位的行为。

其中，关于“战时”的意义，参见前述。所谓临阵，是指部队已经受领战斗任务，进入待命出击的地域及战场。所谓脱逃，就是擅自逃离战斗岗位，有作为和不作为两种形式。前者如与敌交战中擅自撤出战斗，从遭敌攻击的阵地上擅自退却；后者如有意不随部队参加战斗。“脱逃”只要行为人逃避参加战斗即可构成，不要求行为人一定要逃离部队。

在本罪的认定中，必须注意以下几点：

1. 本罪与投降罪的界限。通常情况下，两罪比较好区分，主要看行为人有无“投降”即放下武器、投降敌人的行为。如果行为人临阵脱逃，并没有向敌人投降，就构成本罪；如果行为人

---

〔3〕 2013年最高人民检察院、中国人民解放军原总政治部《军人违反职责罪案件立案标准的规定》第3条第3款。

〔4〕 2013年最高人民检察院、中国人民解放军原总政治部《军人违反职责罪案件立案标准的规定》第4条第2款。

不仅临阵脱逃,还投向了敌人一方,向敌人屈服、让步,就构成投降罪。但投降罪特别是战时临阵放下武器、投奔敌方的行为当中,又有战时临阵脱逃的一面,二者在"战时临阵脱逃"这一点上有竞合之处。换言之,投降罪在一定意义上,也是临阵脱逃的一种表现形式。如此说来,在投降后虽没有为敌人效劳,但因临阵退出战斗而使战斗、战役遭受重大损失的,可以本罪处10年以上有期徒刑、无期徒刑或者死刑。

2. 本罪与战时违抗命令罪的界限。战时违背上级坚守阵地的命令而临阵脱逃的行为,实际上也是战时违抗命令的行为,二者之间具有竞合关系。但由于构成战时违抗命令罪以"对作战造成危害"为成立要件,而本罪则没有这一要求,所以战时单纯的临阵脱逃,但对作战没有造成什么危害后果的行为,应当以本罪论处。

根据有关司法解释,[5]凡战时涉嫌临阵脱逃的,应予立案。

依照刑法第424条的规定,犯本罪的,处3年以下有期徒刑;情节严重的,处3年以上10年以下有期徒刑;致使战斗、战役遭受重大损失的,处10年以上有期徒刑、无期徒刑或者死刑。

六、违令作战消极罪

本罪,是指军事指挥人员违抗命令,临阵畏缩,作战消极,造成严重后果的行为。

本罪的主体是指挥人员,即对部队和部属负有领导、管理职责的军人。客观上表现为违抗命令,临阵畏缩,作战消极,造成严重后果。所谓违抗命令,是指违背、抗拒执行上级命令;所谓临阵畏缩,是指在作战中贪生怕死、畏缩不前;所谓作战消极,是指在作战中不尽全力、消极避战、怠战;所谓严重后果,是指因行为人作战消极而致使我军损失重大、贻误战机等。

根据有关司法解释,[6]指挥人员违抗命令,临阵畏缩,作战消极,涉嫌下列情形之一的,应予立案:(1)扰乱作战部署或者贻误战机的;(2)造成作战任务不能完成或者迟缓完成的;(3)造成我方人员死亡1人以上,或者重伤2人以上,或者轻伤3人以上的;(4)造成武器装备、军事设施、军用物资或者其他财产损毁,直接经济损失20万元以上,或者直接经济损失、间接经济损失合计100万元以上的;(5)造成其他严重后果的。其中"直接经济损失",是指与行为有直接因果关系而造成的财产损毁、减少的实际价值;"间接经济损失",是指由直接经济损失引起和牵连的其他损失,包括失去在正常情况下可能获得的利益和为恢复正常管理活动或者为挽回已经造成的损失所支付的各种费用等。

依照刑法第428条的规定,犯本罪的,处5年以下有期徒刑;致使战斗、战役遭受重大损失或者有其他特别严重情节的,处5年以上有期徒刑。

七、拒不救援友邻部队罪

本罪,是指指挥人员在战场上,明知友邻部队因被敌人包围、追击或者阵地将被攻陷等处境危急请求救援,能救援而不救援,致使友邻部队遭受重大损失的行为。

其中,"友邻部队",是指由于驻地、配置或者执行任务而相邻,但没有隶属关系的部队(分队);"处境危急",是指因为处于被敌人围困、追击或者阵地将被攻陷等危难之中而迫切需要

---

[5] 2013年最高人民检察院、中国人民解放军原总政治部《军人违反职责罪案件立案标准的规定》第5条第2款。

[6] 2013年最高人民检察院、中国人民解放军原总政治部《军人违反职责罪案件立案标准的规定》第9条第3款。

救援的紧急情形;“能救援而不救援”,是指根据当时自己部队(分队)所处的环境、作战能力以及所担负的任务,完全有能力救援而不救援;“重大损失”,主要是指造成友邻部队人员大量伤亡或者被俘、武器装备大量丢失等。本罪的主体是部队的指挥人员即军队中享有指挥作战权限的军官。

根据有关司法解释,[7]拒不救援友邻部队,涉嫌下列情形之一的,应予立案:(1)造成战斗失利的;(2)造成阵地失陷的;(3)造成突围严重受挫的;(4)造成我方人员死亡3人以上,或者重伤10人以上,或者轻伤15人以上的;(5)造成武器装备、军事设施、军用物资损毁,直接经济损失100万元以上的;(6)造成其他重大损失的。

依照刑法第429条的规定,犯本罪的,处5年以下有期徒刑。

八、战时造谣惑众罪

本罪,是指在战时造谣惑众,动摇军心的行为。

其中,“造谣惑众,动摇军心”,是指战时在部队中公开或者私下,通过口头或者普通文字、图像、计算机网络或者其他途径,故意编造、散布谣言,煽动怯战、厌战或恐怖情绪,蛊惑官兵,造成或者足以造成部队情绪恐慌、士气不振、军心涣散的行为。如果行为人所散布的消息内容确属实情,即便对我国不利,也不能认定为造谣。至于我军军心是否实际上已被谣言所动摇,对成立本罪并无实质意义。根据有关司法解释,[8]凡战时涉嫌造谣惑众、动摇军心的,应予立案。

依照刑法第433条的规定,犯本罪的,处3年以下有期徒刑;情节严重的,处3年以上10年以下有期徒刑;情节特别严重的,处10年以上有期徒刑或者无期徒刑。

九、战时自伤罪

本罪,是指在战时自伤身体,逃避军事义务的行为。

所谓自伤身体,是指行为人有意伤害自己的身体,包括加重已有的伤情。由于行为人自伤的目的是逃避军事义务,所以这种伤害必须达到一定程度,即必须达到使行为人客观上难以履行军事义务的程度。一般的轻微伤害,只要没有达到影响执行军事任务的程度,就不能构成本罪中的自伤。所谓逃避军事义务,是指逃避临战准备、作战行动、战场勤务和其他作战保障任务等与作战有关的义务。本罪的主体是参加作战的军官与战士,不参加作战的军职人员或非军职人员教唆或帮助参加作战的军官和战士用自伤身体的手段逃避军事义务的,可以成为本罪的共犯。本罪行为必须发生在战时,非战时不成立本罪。根据有关司法解释,[9]凡战时涉嫌自伤致使不能履行军事义务的,应予立案。

依照刑法第434条的规定,犯本罪的,处3年以下有期徒刑;情节严重的,处3年以上7年以下有期徒刑。

---

〔7〕 2013年最高人民检察院、中国人民解放军原总政治部《军人违反职责罪案件立案标准的规定》第10条第3款。

〔8〕 2013年最高人民检察院、中国人民解放军原总政治部《军人违反职责罪案件立案标准的规定》第16条第3款。

〔9〕 2013年最高人民检察院、中国人民解放军原总政治部《军人违反职责罪案件立案标准的规定》第17条第3款。

第三节 违反部队管理秩序的犯罪

一、擅离、玩忽军事职守罪

本罪,是指指挥人员和值班、值勤人员擅自离开正在履行职责的岗位,或者在履行职责的岗位上,严重不负责任,不履行或者不正确履行职责,造成严重后果的行为。

所谓擅离职守,是指擅自离开正在工作的岗位,如哨兵擅自离开哨位等。所谓玩忽职守,是指未履行或未认真履行自己应尽的职责,如值班期间酗酒、放哨时打瞌睡。部队汽车连连长明知汽车超载、客货混装非常危险,仍放任士兵违章驾驶,最终造成5死6伤重大后果的,也是玩忽军事职守的体现。所谓严重后果,是指擅离职守、玩忽职守的行为引起了重大军事利益损失,如贻误战机致使战斗失败,让敌特乘机混入军事禁区并造成重大破坏,等等。本罪的主体是特殊主体,即现役军人中的指挥人员或正在值班、值勤的人员。所谓指挥人员,是指对部队或者部属负有组织、领导、管理职责的人员,专业主管人员在其业务管理范围内,视为指挥人员;所谓值班人员,是指军队各单位、各部门为保持指挥或者履行职责不间断而设立的负责处理本单位、本部门特定事务的人员;所谓值勤人员,是指正在担任警卫、巡逻、观察、纠察、押运等勤务或者作战勤务工作的人员。

根据有关司法解释,〔10〕擅离、玩忽军事职守涉嫌下列情形之一的,应予立案:(1)造成重大任务不能完成或者迟缓完成的;(2)造成死亡1人以上,或者重伤3人以上,或者重伤2人、轻伤4人以上,或者重伤1人、轻伤7人以上,或者轻伤10人以上的;(3)造成枪支、手榴弹、爆炸装置或者子弹10发、雷管30枚、导火索或者导爆索30米、炸药1000克以上丢失、被盗,或者不满规定数量,但后果严重的,或者造成其他重要武器装备、器材丢失、被盗的;(4)造成武器装备、军事设施、军用物资或者其他财产损毁,直接经济损失30万元以上,或者直接经济损失、间接经济损失合计150万元以上的;(5)造成其他严重后果的。

依照刑法第425条的规定,犯本罪的,处3年以下有期徒刑或者拘役;造成特别严重后果的,处3年以上7年以下有期徒刑。战时犯本罪的,处5年以上有期徒刑。

二、阻碍执行军事职务罪

本罪,是指以暴力、威胁方法,阻碍指挥人员或者值班、值勤人员执行职务的行为。

所谓暴力,是指对他人身体施加羁押、殴打、捆绑、杀害等有形的物理力量;所谓威胁,是指告知不利后果,进行精神上的强制,如以殴打、伤害、杀害等相要挟;所谓阻碍执行职务,是指军人以暴力、威胁方法,使指挥人员或者值班、值勤人员中断执行职务、放弃执行职务或者变更执行职务的行为。根据有关司法解释,〔11〕凡涉嫌阻碍执行军事职务的,应予立案。

在本罪的认定中,应当将其与阻碍军人执行职务罪区别开来。其不同主要表现在以下两个方面:(1)犯罪对象不同。阻碍军人执行职务罪侵害的是正在依法执行职务的现役军人,包

---

〔10〕 2013年最高人民检察院、中国人民解放军原总政治部《军人违反职责罪案件立案标准的规定》第6条第5款。

〔11〕 2013年最高人民检察院、中国人民解放军原总政治部《军人违反职责罪案件立案标准的规定》第7条第2款。

括指挥人员和普通士兵；而本罪侵害的是正在执行职务的军事指挥人员或者正在值班、值勤的军人。(2)犯罪主体不同。阻碍军人执行职务罪的主体是一般主体，而本罪的主体是特殊主体，即军人。

依照刑法第426条的规定，犯本罪的，处5年以下有期徒刑或者拘役；情节严重的，处5年以上10年以下有期徒刑；情节特别严重的，处10年以上有期徒刑或者无期徒刑。战时从重处罚。

三、指使部属违反职责罪

本罪，是指指挥人员滥用职权，指使部属进行违反职责的活动，造成严重后果的行为。

所谓指挥人员，是指部队中具有指挥、调动、命令一定数量军队或下属人员之权的军职干部，普通士兵不能成为本罪的主体。所谓滥用职权，指使部属进行违反职责的活动，是指超越职权范围行使职权或者不当行使职权，指挥或命令和自己具有隶属关系的被领导者从事与其军职要求相违背的事情，如让部属为私人武装押运货物、命令部属用军车为他人运送走私物品等。所谓造成严重后果，含义非常宽泛，通常包括人员死亡、武器装备或者军事设施遭受毁坏、影响部队完成任务等。

根据有关司法解释，[12]指挥人员滥用职权，指使部属违反职责，涉嫌下列情形之一的，应予立案：(1)造成重大任务不能完成或者迟缓完成的；(2)造成死亡1人以上，或者重伤2人以上，或者重伤1人、轻伤3人以上，或者轻伤5人以上的；(3)造成武器装备、军事设施、军用物资或者其他财产损毁，直接经济损失20万元以上，或者直接经济损失、间接经济损失合计100万元以上的；(4)造成其他严重后果的。

依照刑法第427条的规定，犯本罪的，处5年以下有期徒刑或者拘役；情节特别严重的，处5年以上10年以下有期徒刑。

四、军人叛逃罪

本罪，是指军人在履行公务期间，擅离岗位，叛逃境外或者在境外叛逃，危害国家军事利益的行为。

其中，“叛逃境外”，是指通过合法或者非法手段从境内逃往境外；“在境外叛逃”，是指在境外履行国家、国防事务以及其他军事事务期间，擅自离队或者与派出单位和有关部门脱离关系，并滞留不归。构成本罪，以处于履行公务期间为限。如果不是在履行公务期间，而是在因私出境后失去联系，则属于出走，而不是境外叛逃。根据有关司法解释，[13]军人叛逃涉嫌下列情形之一的，应予立案：(1)因反对国家政权和社会主义制度而出逃的；(2)掌握、携带军事秘密出境后滞留不归的；(3)申请政治避难的；(4)公开发表叛国言论的；(5)投靠境外反动机构或者组织的；(6)出逃至交战对方区域的；(7)进行其他危害国家军事利益活动的。

在适用过程中，要注意本罪与投敌叛变罪的区别。二者区别在于：本罪并不要求行为人主观上一定是以投奔敌方为目的，而投敌叛变罪的行为人主观上必然具有投奔敌方的目的。

依照刑法第430条的规定，犯本罪的，处5年以下有期徒刑或者拘役；情节严重的，处5年

---

〔12〕 2013年最高人民检察院、中国人民解放军原总政治部《军人违反职责罪案件立案标准的规定》第8条第2款。

〔13〕 2013年最高人民检察院、中国人民解放军原总政治部《军人违反职责罪案件立案标准的规定》第11条第2款。

以上有期徒刑。驾驶航空器、舰船叛逃的,或者有其他特别严重情节的,处10年以上有期徒刑、无期徒刑或者死刑。

五、逃离部队罪

本罪,是指违反兵役法规,逃离部队,情节严重的行为。

其中,所谓违反兵役法规,是指违反《国防法》、《兵役法》和军队条令条例以及其他有关兵役方面的法律规定。所谓逃离部队,是指擅自离开部队或者经批准外出逾期拒不归队。但因迷失方向、受伤掉队,或被敌人围困而脱离部队的,不属于此。本罪的主体为现役军人。非现役军人教唆或帮助现役军人逃离部队的,可成为本罪的共犯。根据有关司法解释,〔14〕逃离部队,涉嫌下列情形之一的,应予立案:(1)逃离部队持续时间达3个月以上或者3次以上或者累计时间达6个月以上的;(2)担负重要职责的人员逃离部队的;(3)策动3人以上或者胁迫他人逃离部队的;(4)在执行重大任务期间逃离部队的;(5)携带武器装备逃离部队的;(6)有其他情节严重行为的。

依照刑法第435条的规定,犯本罪的,处3年以下有期徒刑或者拘役。战时犯本罪的,处3年以上7年以下有期徒刑。

六、私放俘虏罪

本罪,是指违反军事纪律,私自释放俘虏的行为。

所谓俘虏,即在战争或者武装冲突中被我方俘获的敌方武装人员及其他为敌方武装部队服务的人员。所谓私放,是指未经批准,擅自将俘虏放走。本罪的主体,通常是对俘虏有管理、看护等权限的军官和值勤人员。根据有关司法解释,〔15〕凡涉嫌私放俘虏的,应予立案。

依照刑法第447条的规定,犯本罪的,处5年以下有期徒刑;私放重要俘虏、私放俘虏多人或者有其他严重情节的,处5年以上有期徒刑。

第四节　危害军事秘密安全的犯罪

一、非法获取军事秘密罪

本罪,是指违反国家和军队的保密规定,采取窃取、刺探、收买的方法,非法获取军事秘密的行为。

其中,"军事秘密",是关系国防安全和军事利益,依照规定的权限和程序确定,在一定时间内只限一定范围的人员知悉的事项。内容包括:(1)国防和武装力量建设规划及其实施情况;(2)军事部署,作战、训练以及处置突发事件等军事行动中需要控制知悉范围的事项;(3)军事情报及其来源,军事通信、信息对抗以及其他特种业务的手段、能力,密码以及有关资料;(4)武装力量的组织编制,部队的任务、实力、状态等情况中需要控制知悉范围的事项,特

〔14〕 2013年最高人民检察院、中国人民解放军原总政治部《军人违反职责罪案件立案标准的规定》第18条第4款。

〔15〕 2013年最高人民检察院、中国人民解放军原总政治部《军人违反职责罪案件立案标准的规定》第30条第2款。

殊单位以及师级以下部队的番号;(5)国防动员计划及其实施情况;(6)武器装备的研制、生产、配备情况和补充、维修能力,特种军事装备的战术技术性能;(7)军事学术和国防科学技术研究的重要项目、成果及其应用情况中需要控制知悉范围的事项;(8)军队政治工作中不宜公开的事项;(9)国防费分配和使用的具体事项,军事物资的筹措、生产、供应和储备等情况中需要控制知悉范围的事项;(10)军事设施及其保护情况中不宜公开的事项;(11)对外军事交流与合作中不宜公开的事项;(12)其他需要保密的事项。[16] 获取军事秘密的手段是"窃取、刺探、收买"。所谓窃取,是指秘密偷取;所谓刺探,是指打听与收集;所谓收买,是指行为人用金钱等物质利益换取。本罪的主体限于军职人员。本罪的主观要件为故意,过失不构成本罪。根据有关司法解释,[17] 凡涉嫌非法获取军事秘密的,应予立案。

依照刑法第431条第1款的规定,犯本罪的,处5年以下有期徒刑;情节严重的,处5年以上10年以下有期徒刑;情节特别严重的,处10年以上有期徒刑。

二、为境外窃取、刺探、收买、非法提供军事秘密罪

本罪,是指为境外的机构、组织、人员窃取、刺探、收买、非法提供军事秘密的行为。

其中,"境外的机构、组织、人员",是指境外企图搜集我国情报的一切机构、组织和人员;关于"窃取、刺探、收买"的含义,参见前述;"非法提供",是指违反国家和军队的保密规定,未经批准,擅自提供或者故意泄露军事秘密的行为。窃取、刺探、收买、非法提供是本罪的四种表现形式,行为人实施其中之一的,应予立案。[18]

依照刑法第431条第2款的规定,犯本罪的,处5年以上10年以下有期徒刑;情节严重的,处10年以上有期徒刑、无期徒刑或者死刑。

三、故意泄露军事秘密罪

本罪,是指违反国家和军队的保密规定,故意使军事秘密被不应知悉者知悉或者超出了限定的接触范围,情节严重的行为。

其中,所谓泄露,即以口头或者书面等方式,让无关人员知悉军事秘密的内容。行为对象是军事秘密。军事秘密的载体,包括文件、资料、图表、书刊等纸介质载体,光盘、硬盘、软盘、音像磁带等电磁介质载体以及重要的内部网络系统等。成立本罪,必须"情节严重"。所谓情节严重,一般是指具有下列情形之一:军队机要人员泄露军事秘密;出卖军事秘密;多次泄密或泄露多种军事秘密;因泄密造成严重后果;等等。按照有关司法解释,[19] 故意泄露军事秘密,涉嫌下列情形之一的,应予立案:(1)泄露绝密级或者机密级军事秘密1项(件)以上的;(2)泄露秘密级军事秘密3项(件)以上的;(3)向公众散布、传播军事秘密的;(4)泄露军事秘密造成严重危害后果的;(5)利用职权指使或者强迫他人泄露军事秘密的;(6)负有特殊保密义务的人员泄密的;(7)以牟取私利为目的泄露军事秘密的;(8)执行重大任务时泄密的;(9)有其他情节严重行为的。

---

〔16〕 2013年最高人民检察院、中国人民解放军原总政治部《军人违反职责罪案件立案标准的规定》第12条第2款。

〔17〕 2013年最高人民检察院、中国人民解放军原总政治部《军人违反职责罪案件立案标准的规定》第12条第3款。

〔18〕 2013年最高人民检察院、中国人民解放军原总政治部《军人违反职责罪案件立案标准的规定》第13条第2款。

〔19〕 2013年最高人民检察院、中国人民解放军原总政治部《军人违反职责罪案件立案标准的规定》第14条第2款。

在本罪的认定中，必须注意以下两点：

1. 本罪与故意泄露国家秘密罪的界限。二者同属于侵犯国家秘密的犯罪，但有特殊与一般的区别，在具体应用当中，应当按照特别法优于一般法的原则处理：军人故意泄露军事秘密的，应当适用本罪；军人泄露了军事秘密以外的国家秘密的，应按故意泄露国家秘密罪定罪处罚。

2. 本罪与为境外窃取、刺探、收买、非法提供军事秘密罪中的“非法提供”行为之间的界限。在本罪和为境外非法提供军事秘密罪之间，后者是特别法，前者是一般法，因此，凡故意向境外机构、组织、人员提供军事秘密的，不能以本罪处罚，而应适用为境外非法提供军事秘密罪，只有为境内人员非法提供军事秘密的，才能以本罪处理。

依照刑法第432条的规定，犯本罪的，处5年以下有期徒刑或者拘役；情节特别严重的，处5年以上10年以下有期徒刑。战时犯本罪的，处5年以上10年以下有期徒刑；情节特别严重的，处10年以上有期徒刑或者无期徒刑。

四、过失泄露军事秘密罪

本罪，是指违反保守国家秘密法规，过失泄露国家军事秘密，情节严重的行为。

所谓过失泄露军事秘密，是指过失泄露军事秘密或者遗失军事秘密载体，致使军事秘密被不应知悉者知悉或者超出了限定的接触范围。按照有关司法解释，[20]过失泄露军事秘密，涉嫌下列情形之一的，应予立案：(1)泄露绝密级军事秘密1项(件)以上的；(2)泄露机密级军事秘密3项(件)以上的；(3)泄露秘密级军事秘密4项(件)以上的；(4)负有特殊保密义务的人员泄密的；(5)泄露军事秘密或者遗失军事秘密载体，不按照规定报告，或者不如实提供有关情况，或者未及时采取补救措施的；(6)有其他情节严重行为的。

依照刑法第432条的规定，犯本罪的，处5年以下有期徒刑或者拘役；情节特别严重的，处5年以上10年以下有期徒刑。战时犯本罪的，处5年以上10年以下有期徒刑；情节特别严重的，处10年以上有期徒刑或者无期徒刑。

第五节　危害部队物质保障的犯罪

一、武器装备肇事罪

本罪，是指违反武器装备使用规定，情节严重，因而发生责任事故，致人重伤、死亡或者造成其他严重后果的行为。

所谓武器装备，是指用于杀伤敌人的武器和军事技术装备，如枪、炮、弹药、战车、飞机、船舰、化学武器、核武器和通讯、侦察、工程、防化等军事技术设备。对于这些武器装备，军队有关部门都分别制定了使用规定和操作规程。本罪是违反了这些使用规定和操作规程，情节严重，因而发生责任事故，致人重伤、死亡或者造成其他严重后果的行为。具体而言：(1)行为人实施了违反武器装备使用规定的行为；(2)行为的情节严重，指行为人故意违背武器装备的使用

〔20〕 2013年最高人民检察院、中国人民解放军原总政治部《军人违反职责罪案件立案标准的规定》第15条第2款。

规定，或者在使用过程中严重不负责任；（3）发生了重大事故，致人重伤、死亡或者造成了其他严重后果。所谓其他严重后果，是指因武器装备肇事而引起爆炸、火灾、大面积污染或者其他重大损失等。专职武装干部在组织民兵进行军事训练中，严重违反关于手榴弹实弹投掷训练的有关规定，在未经上级领导机关批准同意且未按规定施行有关训练和考核的情况下，擅自使用私存的手榴弹组织民兵进行实弹投掷训练，以致发生重大责任事故，造成人员死亡的行为，属于武器装备肇事行为。本罪的主体是军职人员。本罪的主观要件是过失，但行为人对违反武器装备使用规定也可能是明知故犯。这里所说的“过失”，是针对行为人对自己的行为引起的责任事故而言的。

按照有关司法解释，[21]武器装备肇事，涉嫌下列情形之一的，应予立案：（1）影响重大任务完成的；（2）造成死亡 1 人以上，或者重伤 2 人以上，或者轻伤 3 人以上的；（3）造成武器装备、军事设施、军用物资或者其他财产损毁，直接经济损失 30 万元以上，或者直接经济损失、间接经济损失合计 150 万元以上的；（4）严重损害国家和军队声誉，造成恶劣影响的；（5）造成其他严重后果的。

在本罪的适用中，应当注意以下几个问题：

1. 本罪与过失致人重伤罪、过失致人死亡罪和过失爆炸罪的界限。本罪中的致人重伤、死亡或造成其他严重后果与过失致人重伤罪、过失致人死亡罪、过失爆炸罪在主观过错形式和客观危害后果上完全一样。但前者致人重伤、死亡是由军职人员在违反武器装备使用规定的情况下造成的；后者则是在日常生活中造成的。因此，军职人员在执勤、训练、作战时使用、操作武器装备，或者在管理、维修、保养武器装备的过程中，违反武器装备使用规定和操作规程，情节严重，因而发生重大责任事故，致人重伤、死亡或者造成其他严重后果的，都是武器装备肇事行为；凡违反枪支、弹药管理使用规定，私自携带枪支、弹药外出，因玩弄而造成走火或者爆炸，致人重伤、死亡或者使公私财产遭受重大损失的，分别以过失致人重伤罪、过失致人死亡罪或者过失爆炸罪论处。[22]

2. 区分本罪与交通肇事罪的界限。根据 1988 年中国人民解放军军事法院发布的《关于审理军人违反职责罪案件中几个具体问题的处理意见》第 4 条，军职人员驾驶军用装备车辆，违反武器装备使用规定和操作规程，情节严重，因而发生重大责任事故，致人重伤、死亡或者造成其他严重后果的，即使同时违反交通运输规章制度，也应当以本罪论处；如果仅因违反交通运输规章制度而发生重大事故，致人重伤、死亡或者使公私财产遭受重大损失，则以交通肇事罪论处。

依照刑法第 436 条的规定，犯本罪的，处 3 年以下有期徒刑或者拘役；后果特别严重的，处 3 年以上 7 年以下有期徒刑。

二、擅自改变武器装备编配用途罪

本罪，是指违反武器装备管理规定，未经有权机关批准，擅自将编配的武器装备改作其他用途，造成严重后果的行为。

所谓擅自改变武器装备的编配用途，是指未经有权机关批准而自行将编配的武器装备改

[21] 2013 年最高人民检察院、中国人民解放军原总政治部《军人违反职责罪案件立案标准的规定》第 19 条第 3 款。

[22] 1988 年中国人民解放军军事法院发布的《关于审理军人违反职责罪案件中几个具体问题的处理意见》第 1 条。

作其他用途,如擅自将军用飞机、军舰用于商业活动,甚至是走私等违法犯罪活动,就是如此。但经过上级批准,将武器装备用于其他非军事用途的,如将军用飞机用于抢险救灾,就不是擅自改变武器装备的编配用途。根据有关司法解释,[23]擅自改变武器装备编配用途,涉嫌下列情形之一的,应予立案:(1)造成重大任务不能完成或者迟缓完成的;(2)造成死亡1人以上,或者重伤3人以上,或者重伤2人、轻伤4人以上,或者重伤1人、轻伤7人以上,或者轻伤10人以上的;(3)造成武器装备、军事设施、军用物资或者其他财产损毁,直接经济损失30万元以上,或者直接经济损失、间接经济损失合计150万元以上的;(4)造成其他严重后果的。

依照刑法第437条的规定,犯本罪的,处3年以下有期徒刑或者拘役;造成特别严重后果的,处3年以上7年以下有期徒刑。

三、盗窃、抢夺武器装备、军用物资罪

本罪,是指以非法占有为目的,秘密窃取武器装备、军用物资的行为;抢夺武器装备、军用物资罪是指以非法占有为目的,乘人不备,公然夺取武器装备、军用物资的行为。

所谓武器装备,本来是指用于杀伤敌人的武器和军事技术装备,包括枪、炮、弹药等在内,但由于刑法第438条将作为犯罪对象的"武器装备"与"枪支、弹药、爆炸物"分离开来,分别规定了刑罚,所以形成了同一条文、同一犯罪对象,但适用不同法律的特殊立法模式,这就是在同一法条之内的法条竞合现象。在该条当中,第1款是一般法,第2款属于特别法。根据特别法优于一般法的适用原则,在军人所盗窃、抢夺的"武器装备"是"枪支、弹药、爆炸物"的场合,就适用刑法第438条第2款的规定处理,而不适用第1款。这样说来,这里所说的"武器装备",从立法本意上讲,应当是指除枪支、弹药、爆炸物以外的其他一切武器装备。

所谓军用物资,是除武器装备以外专供武装力量使用的各种物资的统称,包括装备器材、军需物资、医疗物资、油料物资、营房物资等。根据有关司法解释,[24]涉嫌盗窃、抢夺军用物资价值2000元以上,或者不满规定数额,但后果严重的,应予立案。此处所称"以上",包括本数;有关犯罪数额"不满",是指已达到该数额的80%以上。

依照刑法第438条第1款的规定,犯本罪的,处5年以下有期徒刑或者拘役;情节严重的,处5年以上10年以下有期徒刑;情节特别严重的,处10年以上有期徒刑、无期徒刑或者死刑。

四、非法出卖、转让武器装备罪

本罪,是指非法出卖、转让武器装备的行为。

所谓非法出卖、转让武器装备,是指未经有权机关批准,擅自将武器装备出售、赠与他人,或者换取其他物品的行为。关于"武器装备"的含义,参见前述相关内容。根据有关司法解释,[25]非法出卖、转让武器装备,涉嫌下列情形之一的,应予立案:(1)非法出卖、转让枪支、手榴弹、爆炸装置的;(2)非法出卖、转让子弹10发、雷管30枚、导火索或者导爆索30米、炸药1000克以上,或者不满规定数量,但后果严重的;(3)非法出卖、转让武器装备零部件或者维修

---

〔23〕 2013年最高人民检察院、中国人民解放军原总政治部《军人违反职责罪案件立案标准的规定》第20条第2款。

〔24〕 2013年最高人民检察院、中国人民解放军原总政治部《军人违反职责罪案件立案标准的规定》第21条第6款、第35条。

〔25〕 2013年最高人民检察院、中国人民解放军原总政治部《军人违反职责罪案件立案标准的规定》第22条第3款。

器材、设备,致使武器装备报废或者直接经济损失30万元以上的;(4)非法出卖、转让其他重要武器装备的。

依照刑法第439条的规定,犯本罪的,处3年以上10年以下有期徒刑;出卖、转让大量武器装备或者有其他特别严重情节的,处10年以上有期徒刑、无期徒刑或者死刑。

五、遗弃武器装备罪

本罪,是指违抗命令,遗弃武器装备的行为。

所谓违抗命令,是指不遵守武器装备使用、保管、处置的有关规则和命令;所谓遗弃,就是放弃,既包括积极抛弃正常状态下的武器装备,也包括将应予妥善保管的武器装备放置不管,致使其性能丧失或者降低的行为。本罪中的遗弃行为,一般认为主要是发生于军事行动期间,如战场上或戒严期间。平时在训练中抛弃武器装备的行为,情节严重的,也应当以本罪论处。按照有关司法解释,[26]违抗命令,遗弃武器装备,涉嫌下列情形之一的,应予立案:(1)遗弃枪支、手榴弹、爆炸装置的;(2)遗弃子弹10发、雷管30枚、导火索或者导爆索30米、炸药1000克以上,或者不满规定数量,但后果严重的;(3)遗弃武器装备零部件或者维修器材、设备,致使武器装备报废或者直接经济损失30万元以上的;(4)遗弃其他重要武器装备的。

依照刑法第440条的规定,犯本罪的,处5年以下有期徒刑或者拘役;遗弃重要或者大量武器装备的,或者有其他严重情节的,处5年以上有期徒刑。

六、遗失武器装备罪

本罪,是指遗失武器装备,不及时报告或者有其他严重情节的行为。

本罪在客观方面表现为两种形式,即遗失武器装备而不及时报告或者遗失武器装备情节严重。这两种情形是选择关系,只要具备其中之一,就可以构成犯罪,而不要求同时具备。换言之,只要是遗失武器装备而不及时报告就可构成本罪,而不要求情节严重;如果遗失武器装备情节严重,也可以构成本罪,而不要求具有不及时报告的情节。所谓遗失,是指在武器装备的操作、使用、维护、修理、保养、运送等过程中,因疏忽大意或者过于自信而造成武器装备丢失。所谓不及时报告,是指丢失武器装备后不按有关规定如实向首长、上级报告,因而丧失追查、寻找武器装备的机会。所谓其他严重情节,是指遗失武器装备严重影响重大任务完成的;给人民群众生命财产安全造成严重危害的;遗失的武器装备被敌人或者境外的机构、组织和人员或者国内恐怖组织和人员利用,造成严重后果或者恶劣影响的;遗失的武器装备数量多、价值高的;战时遗失的;等等。根据有关司法解释,[27]凡涉嫌遗失武器装备不及时报告或者有其他严重情节的,应予立案。

依照刑法第441条的规定,犯本罪的,处3年以下有期徒刑或者拘役。

七、擅自出卖、转让军队房地产罪

本罪,是指违反军队房地产管理和使用规定,未经有权机关批准,擅自出卖、转让军队房地产,情节严重的行为。

---

〔26〕 2013年最高人民检察院、中国人民解放军原总政治部《军人违反职责罪案件立案标准的规定》第23条第2款。

〔27〕 2013年最高人民检察院、中国人民解放军原总政治部《军人违反职责罪案件立案标准的规定》第24条第3款。

军队房地产,是指依法由军队使用管理的土地及其地上地下用于营房保障的建筑物、构筑物、附属设施设备,以及其他附着物。其是国家财产的重要组成部分,属于国有资产。擅自出卖、转让军队房地产,不仅侵害了国有资产的所有权,而且影响了部队的正常管理、训练和生产、生活,严重危害国防利益,因此,擅自出卖、转让军队房地产的行为也值得用刑罚处罚。擅自出卖、转让,是指违反规定,未经有权机关批准,擅自将军队房地产出售、赠与他人或者换取其他物品的行为,本质上是有偿或者无偿地改变军队房地产的产权关系。如果是临时出租或者出借给他人使用,到期收回,不改变产权关系,不属于出卖或者转让。成立本罪,以"情节严重"为条件。根据有关司法解释,[28]擅自出卖、转让军队房地产,涉嫌下列情形之一的,应予立案:(1)擅自出卖、转让军队房地产价值30万元以上的;(2)擅自出卖、转让军队房地产给境外的机构、组织、人员的;(3)擅自出卖、转让军队房地产严重影响部队正常战备、训练、工作、生活和完成军事任务的;(4)擅自出卖、转让军队房地产给军事设施安全造成严重危害的;(5)有其他情节严重行为的。

依照刑法第442条的规定,犯本罪的,对直接责任人员,处3年以下有期徒刑或者拘役;情节特别严重的,处3年以上10年以下有期徒刑。

第六节　侵犯部属、伤病军人、平民、俘虏利益的犯罪

一、虐待部属罪

本罪,是指滥用职权,虐待部属,情节恶劣,致人重伤、死亡或者造成其他严重后果的行为。

所谓滥用职权,就是超越自己的权限或者不公正地使用手中权力。所谓虐待部属,是指对部属刁难、摧残、折磨,包括给部属施加精神上的不正当压力和使其感受肉体上的痛苦,如打骂、冻饿、滥关禁闭、故意派遣繁重勤务、无端克扣津贴等。所谓部属,是指下级军职人员或士兵。加害人与受害人之间必须具有隶属关系。没有隶属关系的军人如老兵和新兵之间,不能称为部属。所谓情节恶劣,是指虐待手段残酷的,虐待3人以上的,虐待部属3次以上的,虐待伤病残部属的,等等。所谓其他严重后果,是指部属不堪忍受虐待而自杀、自残造成重伤或者精神失常的;诱发其他案件、事故的;导致部属1人逃离部队3次以上,或者2人以上逃离部队的;造成恶劣影响的;等等。本罪的主体是处于领导岗位的军职人员,包括班长以及各级军官。因为只有处于一定的领导岗位,才有可能发生对部属滥用职权,进行虐待的问题。根据有关司法解释,[29]凡涉嫌虐待部属,情节恶劣,致人重伤、死亡或者造成其他严重后果的,应予立案。

依照刑法第443条的规定,犯本罪的,处5年以下有期徒刑或者拘役;致人死亡的,处5年以上有期徒刑。

二、遗弃伤病军人罪

本罪,是指在战场上故意遗弃我方伤病军人,情节恶劣的行为。

---

〔28〕 2013年最高人民检察院、中国人民解放军原总政治部《军人违反职责罪案件立案标准的规定》第25条第3款。
〔29〕 2013年最高人民检察院、中国人民解放军原总政治部《军人违反职责罪案件立案标准的规定》第26条第5款。

本罪的行为是故意遗弃,即对伤病军人有条件救护、收容、转移而弃之不顾。如果对伤病军人负有救护责任的救护人员和指挥人员因为过失而将伤病军人留在战场上,不构成本罪。行为对象是伤病军人,即因伤、因病而需要救护的我方军人,不包括受伤、生病的俘虏。行为发生的地点是战场,即军队执行作战任务的地域,包括部队执行戒严任务或者处置突发性暴力事件的地域。构成本罪还必须以情节恶劣为要件。根据有关司法解释,[30]遗弃伤病军人,涉嫌下列情形之一的,应予立案:(1)为挟嫌报复而遗弃伤病军人的;(2)遗弃伤病军人3人以上的;(3)导致伤病军人死亡、失踪、被俘的;(4)有其他恶劣情节的。

依照刑法第444条的规定,犯本罪的,处5年以下有期徒刑。

三、战时拒不救治伤病军人罪

本罪,是指战时在救护治疗职位上的军人,有条件救治而拒不救治危重伤病军人的行为。

其中,战时,是指国家宣布进入战争状态、部队受领作战任务或者遭敌突然袭击时。部队执行戒严任务或者处置突发性暴力事件时,以战时论。有条件救治而拒不救治,是指根据伤病军人的伤情或者病情,结合救护人员的技术水平、医疗单位的医疗条件及当时的客观环境等因素,能够给予救治而拒绝抢救、治疗。危重伤病军人,是指伤势、病情严重、危险,如果不及时治疗,将会发生死亡结果的军人。本罪的主体是在救护治疗职位上的军人,不要求一定是专职的军医、护理人员,只要是战时处在救治医疗岗位上的人就可以,普通参战士兵和军官被临时指定承担救治职责的场合,也能成为本罪主体。根据有关司法解释,[31]凡战时涉嫌拒不救治伤病军人的,应予立案。

依照刑法第445条的规定,犯本罪的,处5年以下有期徒刑或者拘役;造成伤病军人重残、死亡或者有其他严重情节的,处5年以上10年以下有期徒刑。

四、战时残害居民、掠夺居民财物罪

战时残害居民罪,是指战时在军事行动地区残害无辜居民的行为;战时掠夺居民财物罪,是指战时在军事行动地区抢劫、抢夺无辜居民财物的行为。

所谓军事行动地区,是指我军采取军事行动的地区,既包括我军作战地区,也包括我军宣布戒严的地区。由于受战时的限制,所以军事行动地区不包括我军平时训练、演习的地区。所谓无辜居民,是指对我军无敌对行动的平民。所谓残害,不是一种具体犯罪行为的体现,而是一个集合的犯罪行为概念,是指对军事行动地区无辜居民实施伤害、强奸、烧杀等暴行;所谓掠夺,与残害一样,不是一般意义上的抢夺,而是对包括抢劫、抢夺、敲诈勒索等在内的各种夺取财物行为的总称。本罪的主体是在军事行动地区实施军事行动的军职人员。本罪的主观要件是故意。本罪是选择性罪名,根据行为的具体情况而选择适用,即便行为人同时实施了两个行为,也以本罪处理,而不数罪并罚。根据有关司法解释,[32]战时残害居

---

〔30〕 2013年最高人民检察院、中国人民解放军原总政治部《军人违反职责罪案件立案标准的规定》第27条第2款。

〔31〕 2013年最高人民检察院、中国人民解放军原总政治部《军人违反职责罪案件立案标准的规定》第28条第3款。

〔32〕 2013年最高人民检察院、中国人民解放军原总政治部《军人违反职责罪案件立案标准的规定》第29条第3款、第5款。

民,涉嫌下列情形之一的,应予立案:(1)故意造成无辜居民死亡、重伤或者轻伤3人以上的;(2)强奸无辜居民的;(3)故意损毁无辜居民财物价值5000元以上,或者不满规定数额,但手段恶劣、后果严重的。战时掠夺居民财物,涉嫌下列情形之一的,应予立案:(1)抢劫无辜居民财物的;(2)抢夺无辜居民财物价值2000元以上,或者不满规定数额,但手段恶劣、后果严重的。

依照刑法第446条的规定,犯本罪的,处5年以下有期徒刑;情节严重的,处5年以上10年以下有期徒刑;情节特别严重的,处10年以上有期徒刑、无期徒刑或者死刑。

五、虐待俘虏罪

本罪,是指虐待俘虏,情节恶劣的行为。

所谓俘虏,是指在作战中被我方俘获的敌方武装人员及其他为敌方武装部队服务的人员;所谓虐待,是指对俘虏实施精神折磨、肉体摧残和生活上不人道待遇的虐待行为。虐待俘虏,不仅违背人道主义和《关于战俘待遇之日内瓦公约》,也违背了我军的俘虏政策。虐待俘虏,情节恶劣的,才构成犯罪。根据有关司法解释,[33]虐待俘虏,涉嫌下列情形之一的,应予立案:(1)指挥人员虐待俘虏的;(2)虐待俘虏3人以上,或者虐待俘虏3次以上的;(3)虐待俘虏手段特别残忍的;(4)虐待伤病俘虏的;(5)导致俘虏自杀、逃跑等严重后果的;(6)造成恶劣影响的;(7)有其他恶劣情节的。

依照刑法第448条的规定,犯本罪的,处3年以下有期徒刑。

---

〔33〕 2013年最高人民检察院、中国人民解放军原总政治部《军人违反职责罪案件立案标准的规定》第31条第2款。